LEGISLAÇÃO PENAL ESPECIAL

ESQUEMATIZADO

www.editorasaraiva.com.br/direito
Visite nossa página

Histórico da Obra

- **1.ª edição:** jan./2015
- **2.ª edição:** jan./2016
- **3.ª edição:** jan./2017; 2.ª tir., set./2017
- **4.ª edição:** jan./2018
- **5.ª edição:** dez./2018
- **6.ª edição:** fev./2020
- **7.ª edição:** fev./2021; 2.ª tir., maio/2021

Victor Eduardo Rios Gonçalves
Procurador de Justiça Criminal e
Professor em curso preparatório para concursos

José Paulo Baltazar Junior
Oficial de Registro de Imóveis e
Ex-Juiz Federal

LEGISLAÇÃO PENAL ESPECIAL

ESQUEMATIZADO

Coordenador
Pedro Lenza

7ª edição
2ª tiragem
2021

saraiva jur

saraiva EDUCAÇÃO | saraiva jur

Av. Paulista, 901, 3º andar
Bela Vista – São Paulo – SP – CEP: 01311-100

SAC | sac.sets@saraivaeducacao.com.br

Direção executiva	Flávia Alves Bravin
Direção editorial	Renata Pascual Müller
Gerência de projetos e produção editoriais	Fernando Penteado
Planejamento	Josiane de Araujo Rodrigues
Novos projetos	Sérgio Lopes de Carvalho Dalila Costa de Oliveira
Edição	Clarissa Boraschi Maria (coord.) Liana Ganiko Brito
Produção editorial	Daniele Debora de Souza (coord.) Luciana Cordeiro Shirakawa Estela Zaniski Zumbano
Arte e digital	Mônica Landi (coord.) Camilla Felix Cianelli Chaves Claudirene de Moura Santos Silva Deborah Mattos Guilherme H. M. Salvador Tiago Dela Rosa
Projetos e serviços editoriais	Daniela Maria Chaves Carvalho Kelli Priscila Pinto Laura Paraíso Buldrini Filogônio Marília Cordeiro Nicoly Wasconcelos Razuk
Diagramação	Laís Soriano
Revisão	Carolina Massanhi
Capa	Aero Comunicação
Produção gráfica	Marli Rampim Sergio Luiz Pereira Lopes
Impressão e acabamento	Bercrom Gráfica e Editora

DADOS INTERNACIONAIS DE CATALOGAÇÃO NA PUBLICAÇÃO (CIP) DE ACORDO COM ISBD
ELABORADO POR VAGNER RODOLFO DA SILVA - CRB-8/9410

G635l Gonçalves, Victor Eduardo Rios

Legislação penal especial / Victor Eduardo Rios Gonçalves, José Paulo Baltazar Junior ; coordenado por Pedro Lenza. – 7. ed. – São Paulo: Saraiva Educação, 2021. (Coleção Esquematizado®)
816 p.

ISBN: 978-65-5559-494-2

1. Direito. 2. Direito penal. 3. Legislação penal. I. Baltazar Junior, José Paulo. II. Lenza, Pedro. III. Título. IV. Série.

2020-3036 CDD 345
CDU 343

Índice para catálogo sistemático:

1. Direito penal 345
2. Direito penal 343

Data de fechamento da edição: 12-1-2021

Dúvidas? Acesse www.editorasaraiva.com.br/direito

CL 606883 CAE 752222

Às minhas amadas filhas Isabella e Valentina.
Victor Gonçalves

Para Carmela, Helena, Alice e Bento, sempre.
José Paulo Baltazar Junior

METODOLOGIA ESQUEMATIZADO

Durante o ano de 1999, pensando, naquele primeiro momento, nos alunos que prestariam o exame da OAB, resolvemos criar uma **metodologia** de estudo que tivesse linguagem "fácil" e, ao mesmo tempo, oferecesse o conteúdo necessário à preparação para provas e concursos.

O trabalho foi batizado como ***Direito constitucional esquematizado***. Em nosso sentir, surgia ali uma metodologia **pioneira**, idealizada com base em nossa experiência no magistério e buscando, sempre, otimizar a preparação dos alunos.

A metodologia se materializou nos seguintes "pilares":

- **esquematizado:** a parte teórica é apresentada de forma objetiva, dividida em vários itens e subitens e em parágrafos curtos. Essa estrutura revolucionária rapidamente ganhou a preferência dos concurseiros;
- **superatualizado:** doutrina, legislação e jurisprudência em sintonia com as grandes tendências da atualidade e na linha dos concursos públicos de todo o País;
- **linguagem clara:** a exposição fácil e direta, a leitura dinâmica e estimulante trazem a sensação de que o autor está "conversando" com o leitor;
- **palavras-chave (*keywords*):** os destaques na cor azul possibilitam a leitura "panorâmica" da página, facilitando a fixação dos principais conceitos. O realce colorido recai sobre os termos que o leitor certamente grifaria com a sua caneta marca-texto;
- **recursos gráficos:** esquemas, tabelas e gráficos favorecem a assimilação e a memorização dos principais temas;
- **questões resolvidas:** ao final de cada capítulo, o assunto é ilustrado com questões de concursos ou elaboradas pelos próprios autores, o que permite conhecer as matérias mais cobradas e também checar o aprendizado.

Depois de muitos anos de **aprimoramento**, o trabalho passou a atingir tanto os candidatos ao **Exame de Ordem** quanto todos aqueles que enfrentam os concursos em geral, sejam das **áreas jurídica** ou **não jurídica**, de **nível superior** ou mesmo os de **nível médio**, assim como os **alunos de graduação** e demais **profissionais**.

Ada Pellegrini Grinover, sem dúvida, anteviu, naquele tempo, a evolução do *Esquematizado*. Segundo a Professora escreveu em 1999, "a obra destina-se, declaradamente, aos candidatos às provas de concursos públicos e aos alunos de graduação, e, por isso mesmo, após cada capítulo, o autor insere questões para aplicação da parte teórica. Mas será útil também aos operadores do direito mais experientes, como fonte de consulta rápida e imediata, por oferecer grande número de informações buscadas em diversos autores, apontando as posições predominantes na doutrina, sem eximir-se de criticar algumas delas e de trazer sua própria contribuição. Da leitura amena surge um livro 'fácil', sem ser reducionista, mas que revela, ao contrário, um grande poder de síntese, difícil de encontrar mesmo em obras de autores mais maduros, sobretudo no campo do direito".

Atendendo ao apelo de "concurseiros" de todo o País, sempre com o apoio incondicional da Saraiva Educação, convidamos professores das principais matérias exigidas nos concursos públicos das *áreas jurídica* e *não jurídica* para compor a **Coleção Esquematizado®**.

Metodologia pioneira, vitoriosa, consagrada, testada e aprovada. **Professores** com larga experiência na área dos concursos públicos. Estrutura, apoio, profissionalismo e *know-how* da **Saraiva Educação**. Sem dúvida, ingredientes indispensáveis para o sucesso da nossa empreitada!

Para o tema da **legislação penal especial**, tivemos a honra de contar com o trabalho preciso de dois grandes estudiosos: **José Paulo Baltazar Junior** e **Victor Eduardo Rios Gonçalves**, que souberam, com maestria, aplicar a **metodologia "Esquematizado"** à vasta e reconhecida experiência profissional de ambos, como professores, juiz federal — caso do primeiro —, promotor de justiça — caso do segundo — e autores de consagradas obras.

Baltazar, aprovado em **primeiro lugar** no concurso público para promotor de justiça do Rio Grande do Sul, naquele mesmo ano de 1994, ingressou na carreira como juiz federal e, desde 1996, ocupou o cargo de Juiz Federal Titular da 7ª Vara de Porto Alegre, especializada em Crime Organizado, Crimes contra o Sistema Financeiro Nacional e Lavagem de Dinheiro.

Mestre e doutor pela Universidade Federal do Rio Grande do Sul, **Baltazar** foi bolsista da *Comissão Fulbright* no *Programa Humphrey*, junto à *American University*, em Washington, DC, e da *Baden-Württemberg Stiftung*, sendo autor de vários trabalhos, entre os quais o já consagrado *Crimes Federais*, pela Saraiva Educação.

Victor, por sua vez, formou-se, em 1990, na prestigiosa Faculdade de Direito do Largo São Francisco, ingressando, logo no ano seguinte, no Ministério Público de São Paulo, onde atua profissionalmente com a temática da legislação especial.

Desde 1994, **Victor** tem lecionado no Damásio Educacional, motivo este que o credencia a ser um dos maiores e mais respeitados professores da área.

Por tudo isso, este trabalho consagra a reunião de especialistas, seja com maior ênfase na área federal (**Baltazar**), seja na estadual (**Victor**), tornando o livro, em razão dessa sinergia vitoriosa, um precioso trabalho não só para os concurseiros do Brasil, como, sem dúvida, para os profissionais e atores do direito que lidam com a temática da legislação penal especial.

Não temos dúvida dc que este livro contribuirá para "encurtar" o caminho do ilustre e "guerreiro" concurseiro na busca do "sonho dourado"!

Esperamos que a **Coleção Esquematizado®** cumpra o seu papel. Em constante parceria, estamos juntos e aguardamos suas críticas e sugestões.

Sucesso a todos!

Pedro Lenza

Mestre e Doutor pela USP

Visiting Scholar pela Boston College Law School

pedrolenza@terra.com.br

https://twitter.com/pedrolenza

http://instagram.com/pedrolenza

http://www.periscope.tv/pedrolenza

https://www.facebook.com/pedrolenza

https://www.youtube.com/pedrolenza

saraiva jur http://www.saraivajur.com.br/esquematizado

NOTA DOS AUTORES À 7ª EDIÇÃO

Ao aceitarmos o honroso convite que nos foi dirigido pelo Professor Pedro Lenza, para que aplicássemos ao estudo das Leis Penais Especiais o consagrado método concebido pelo citado mestre, descortinou-se a possibilidade de oferecermos aos estudantes e operadores do Direito uma diferenciada fonte de estudo e de consulta que primasse pela abrangência do conteúdo e pela clareza na forma de sua exposição.

Para que essa meta fosse alcançada, a obra teria de contemplar o extenso programa que usualmente é exigido nos concursos públicos de ingresso nas carreiras jurídicas, sem, no entanto, deslustrar-se com divagações ou com repetições desnecessárias. Além disso, deveria servir de repositório de informações atualizadas também a profissionais já experientes, que buscam, por exigência das atividades diárias, manancial dessa natureza.

Convictos da eficácia didática do método "Esquematizado" e contando com as valorosas sugestões de seu idealizador, entregamo-nos ao estimulante trabalho de oferecer, em obra única, análise pormenorizada das principais leis especiais em vigor no Brasil na esfera criminal, com exame das variantes doutrinárias sobre cada um dos temas, complementadas pela menção aos julgados mais relevantes dos Tribunais Superiores.

A esse esforço somou-se a preocupação de garantir, com a utilização de recursos gráficos, a sistematização do estudo da disciplina e maior facilidade de memorização das matérias. A reunião de questões de concursos públicos teve por escopo exaltar a importância de vários dos temas que, com frequência, constituem objeto das provas e, também, estimular a aplicação criteriosa dos conhecimentos hauridos.

Nesta 7ª edição foram inseridos e comentados novos julgados do Supremo Tribunal Federal e do Superior Tribunal de Justiça.

Resta-nos, enfim, oferecer essa singela obra ao seleto público leitor, com a esperança de que possa auxiliá-lo em sua jornada, visando à aprovação nos exames e à complementação na atuação profissional.

Victor Eduardo Rios Gonçalves

victorriosgoncalves@gmail.com

José Paulo Baltazar Junior

josebaltazar@hotmail.com

SUMÁRIO

1

CRIMES HEDIONDOS E EQUIPARADOS
LEI N. 8.072/90

1.1. FUNDAMENTO CONSTITUCIONAL

A necessidade de maior rigor na punição dos autores de crimes de natureza hedionda e equiparados encontra amparo no art. 5º, XLIII, da Constituição Federal, o qual dispõe que "**a lei considerará crimes inafiançáveis e insuscetíveis de graça ou anistia a prática da tortura, o tráfico ilícito de entorpecentes e drogas afins, o terrorismo e os definidos como crimes hediondos, por eles respondendo os mandantes, os executores e os que, podendo evitá-los, se omitirem**".

A Carta Magna, portanto, estabeleceu **restrições** em relação a essas infrações penais mais gravosas, vedando benefícios àqueles que estejam sendo processados por tais crimes — proibição de **fiança** — e aos condenados por tais delitos — vedação à **graça** e à **anistia**. Concomitantemente, determinou a elaboração de **lei federal** para definir os crimes de natureza **hedionda**.

1.2. A LEI DOS CRIMES HEDIONDOS

Em 25 de julho de 1990, foi aprovada a **Lei n. 8.072**, conhecida como **Lei dos Crimes Hediondos**, que, além de definir os delitos dessa natureza, trouxe diversas outras providências de cunho **penal** e **processual penal**, bem como referentes à **execução da pena** dos próprios crimes hediondos, do tráfico de entorpecentes, do terrorismo e da tortura. Deve, contudo, ser mencionado que diversas leis posteriores efetuaram alterações importantes na Lei n. 8.072/90.

A Lei n. 8.930/94 acrescentou ao rol **original** de crimes hediondos o homicídio simples cometido em atividade típica de grupo de extermínio, o homicídio qualificado, bem como o crime de genocídio. Ao mesmo tempo, excluiu do rol o delito de envenenamento de água potável qualificado pela morte.

A Lei n. 9.695/98 incluiu na lista de crimes hediondos o delito de falsificação de medicamentos.

A Lei n. 11.464/2007 modificou o sistema de progressão da pena em relação a todos os delitos regulamentados pela Lei n. 8.072/90.

Por sua vez, a Lei n. 12.015/2009 unificou os crimes de estupro e atentado violento ao pudor, ambos de natureza hedionda, sob a denominação única de "estupro". Por consequência, excluiu o atentado violento ao pudor do rol dos crimes hediondos. Concomitantemente, inseriu a figura do estupro de vulnerável em tal rol.

A Lei n. 12.978/2014 passou a considerar hediondo o delito de favorecimento da prostituição ou de outra forma de exploração sexual de criança ou adolescente ou de vulnerável (art. 218-B, *caput* e §§ 1º e 2º, do CP). A Lei n. 13.142/2015 acrescentou ao rol os crimes de lesões corporais gravíssimas ou seguidas de morte contra policiais ou integrantes das Forças Armadas (ou contra seus familiares em razão dessa condição).

A Lei n. 13.964/2019, por fim, acrescentou diversos crimes ao rol: furto qualificado pelo emprego de explosivo, roubo com emprego de arma de fogo ou restrição da liberdade, roubo qualificado pela lesão grave, extorsão qualificada pela restrição da liberdade, organização criminosa visando à prática de crimes hediondos ou equiparados, posse ou porte ilegal de arma de fogo de uso proibido, comércio ilegal e tráfico internacional de armas de fogo.

O **elenco** dos crimes hediondos será abordado oportunamente.

1.3. CRIMES EQUIPARADOS A HEDIONDOS

O **tráfico** ilícito de entorpecentes ou drogas afins, o **terrorismo** e a **tortura** não são crimes hediondos, porque não constam do rol do art. 1º da Lei n. 8.072/90. Todavia, como possuem tratamento semelhante nos demais dispositivos da lei, são chamados de **figuras equiparadas (ou assemelhadas)**. Tal equiparação encontra fundamento no próprio art. 5º, XLIII, da Constituição Federal, que expressamente faz menção a tais infrações penais.

O crime de **tráfico** ilícito de **entorpecentes** mencionado no texto constitucional encontra-se descrito nos arts. 33, *caput* e § 1º, e 34 da Lei n. 11.343/2006 (Lei de Drogas). As Cortes Superiores firmaram entendimento no sentido de que o delito de associação para o tráfico (art. 35 da Lei Antidrogas) não possui natureza hedionda por não constar expressamente do rol da Lei n. 8.072/90. A Lei n. 13.964/2019 excluiu, de forma expressa, a equiparação do tráfico privilegiado (art. 33, § 4º) aos crimes hediondos — embora esse entendimento já estivesse consolidado nas Cortes Superiores (ver abordagem específica adiante).

O art. 243 do Estatuto da Criança e do Adolescente (Lei n. 8.069/90), com a redação que lhe foi dada pela Lei n. 13.106/2015, prevê pena de detenção, de dois a quatro anos, e multa para quem "vender, fornecer, servir, ministrar ou entregar, ainda que gratuitamente, de qualquer forma, a criança ou a adolescente, bebida alcoólica ou, sem justa causa, outros produtos cujos componentes possam causar dependência física ou psíquica". Esse delito, porém, não é considerado pela doutrina como forma de tráfico de entorpecentes ou drogas afins, pois se refere a produtos de outra natureza (não listados como entorpecentes ou assemelhados). Ex.: cigarro, cola de sapateiro etc.

Já o delito de **terrorismo** está descrito na Lei n. 13.260/2016.

Por fim, o crime de **tortura** possui diversas formas, todas tipificadas na Lei n. 9.455/97.

1.4. O ROL DOS CRIMES HEDIONDOS

No sistema vigente, o caráter hediondo depende única e exclusivamente da existência de **previsão legal** reconhecendo essa natureza para determinada espécie delituosa. Com efeito, o art. 1º da Lei n. 8.072/90 apresenta um rol **taxativo** desses crimes, **não** admitindo **ampliação** pelo **juiz**. Não se admite, tampouco, que o magistrado deixe de reconhecer a natureza hedionda em delito que expressamente conste do rol. Adotou-se, portanto, um critério que se baseia exclusivamente na existência de lei que confira caráter hediondo a certos ilícitos penais. Assim, por mais grave que seja determinado crime, o juiz não lhe poderá conferir o caráter hediondo, se tal ilícito não constar do rol da Lei n. 8.072/90.

A redação **inicial** da Lei dos Crimes Hediondos sofreu severas críticas porque não reconhecia tal caráter ao crime de homicídio qualificado, tendo sido necessária aprovação de lei modificativa para corrigir a falha (Lei n. 8.930/94).

A Lei n. 8.072/90 confere caráter hediondo a determinados delitos descritos no Código Penal e também ao crime de genocídio, a alguns delitos descritos no Estatuto do Desarmamento e ao crime de organização criminosa, quando visa ao cometimento de crimes hediondos ou equiparados. Tal lei especifica o nome e o número do artigo do delito considerado hediondo. Ex.: considera-se hediondo, nos termos do art. 1º, *caput*, V, da Lei n. 8.072/90, o "**crime de estupro (art. 213, *caput*, e §§ 1º e 2º)**". Assim, quando o juiz condena alguém por estupro, o delito automaticamente é considerado hediondo, não sendo necessário que o magistrado declare tal circunstância, que, em verdade, decorre de texto expresso de lei.

> **Observação:** Nada obsta a que o legislador modifique o sistema atual de indicar **nominalmente** os crimes de natureza hedionda e que passe a adotar critérios genéricos, como, por exemplo, considerar hediondos os crimes que tenham pena máxima superior a 12 anos, ou, ainda, que estabeleça que caberá ao juiz, nos casos concretos, definir se um delito é ou não hediondo. Tal providência, entretanto, é muito improvável, na medida em que poderia trazer insegurança jurídica.

▪ 1.5. CRIMES HEDIONDOS EM ESPÉCIE

Os crimes hediondos estão elencados no art. 1º da Lei n. 8.072/90. Conforme veremos, são crimes previstos, em sua maioria, no Código Penal. Saliente-se, outrossim, que a natureza hedionda independe de o crime ser **consumado** ou **tentado**, conforme consta expressamente no *caput* do referido dispositivo.

> **Art. 1º**, *caput* — São considerados hediondos os seguintes crimes, todos tipificados no Decreto-lei n. 2.848/40 — Código Penal, consumados ou tentados:
> I — homicídio (art. 121), quando praticado em atividade típica de grupo de extermínio, ainda que cometido por um só agente, e homicídio qualificado (art. 121, § 2º, I, II, III, IV, V, VI, VII e VIII);

Não havia menção ao delito de homicídio na redação original da Lei n. 8.072/90, tendo sido introduzido pela Lei n. 8.930/94. Essa lei foi aprovada em decorrência de veementes críticas de juristas e da imprensa ao caráter hediondo reconhecido em alguns crimes sexuais, que, incompreensivelmente, era negado ao homicídio, crime que atinge o bem jurídico mais valioso do ser humano.

O caráter hediondo é conferido em duas hipóteses:

a) *Homicídio simples praticado em atividade típica de grupo de extermínio, ainda que cometido por um só agente.*

O dispositivo, em verdade, não menciona expressamente que se trata de homicídio simples, mas essa conclusão é inexorável porque, na segunda parte do dispositivo, considera-se hedionda toda e qualquer forma de homicídio qualificado. Assim, a hipótese em análise é de configuração improvável, uma vez que, em regra, o homicídio praticado em **atividade típica de grupo de extermínio** apresenta alguma qualificadora (motivo torpe, recurso que dificultou a defesa da vítima etc.) e, em tais casos, a existência da qualificadora já torna o delito hediondo. O dispositivo, contudo, atende aos reclamos da sociedade no sentido de uma punição mais severa sempre que houver conduta dessa natureza.

Discute a doutrina o significado da expressão "grupo de extermínio", havendo, entretanto, consenso de que não se trata de sinônimo de concurso de agentes (coautoria e participação), pois, em geral, quando a lei quer se referir ao simples concurso de duas ou mais pessoas, fá-lo de forma explícita, o que não ocorre na hipótese em análise. Assim, para alguns basta o envolvimento de três pessoas, enquanto, para outros, é necessário o número mínimo de quatro. Saliente-se, entretanto, que, nos termos da lei, o caráter hediondo mostra-se presente **ainda que o crime seja praticado por uma só pessoa**, desde que em atividade **típica** de grupo de extermínio. Ex.: uma pessoa resolve sair sozinha de casa, durante as madrugadas, em uma motocicleta, para procurar moradores de rua dormindo em calçadas, a fim de neles atear fogo. Os homicídios foram por ele cometidos em atividade típica de grupo de extermínio, embora em atitude solo, tornando aplicável a Lei dos Crimes Hediondos.

Para que a atividade seja considerada típica de grupo de extermínio, basta que a prática do homicídio seja caracterizada pela **impessoalidade** na escolha da vítima (que a escolha do sujeito passivo seja pautada genericamente por suas características, sendo feita a esmo: o agente (ou os agentes) resolve, por exemplo, que vai matar homossexuais; travestis; prostitutas; ladrões; policiais; menores abandonados etc.). De acordo com Cézar Roberto Bitencourt[1], atividade típica de grupo de extermínio "é a chacina que elimina a vítima pelo simples fato de pertencer a determinado grupo ou determinada classe social ou racial, como, por exemplo, mendigos, prostitutas, homossexuais, presidiários etc. A impessoalidade da ação (...) é uma das características fundamentais, sendo irrelevante a unidade ou pluralidade de vítimas. Caracteriza-se a ação de extermínio mesmo que seja morta uma única pessoa, desde que se apresente a impessoalidade da ação, ou seja, pela razão exclusiva de pertencer ou ser membro de determinado grupo social, ético, econômico, étnico etc.".

A Lei n. 12.720, de 27 de setembro de 2012, acrescentou um § 6º ao art. 121 do Código Penal, passando a prever um aumento de pena de 1/3 até 1/2 se o crime de homicídio for praticado por milícia privada, sob o pretexto de prestação de serviço de

[1] BITENCOURT, Cezar Roberto. *Tratado de direito penal.* 11. ed. São Paulo: Saraiva, 2011. v. 2, p. 68.

segurança, ou **por grupo de extermínio**. Por se tratar, agora, de causa de aumento de pena, o tema deve ser objeto de questionamento aos jurados na votação dos quesitos, durante o julgamento do homicídio pelo Tribunal do Júri.

Note-se que, para o delito ser considerado **hediondo**, basta que o crime seja cometido em atividade **típica** de grupo de extermínio, não havendo a necessidade de existir efetivamente um grupo montado a fim de cometer, de forma reiterada, homicídios a pretexto de "limpeza social". Caso exista efetivamente a **formação de um grupo**, além de o delito ser hediondo, será aplicada a **causa de aumento** do art. 121, § 6º, do Código Penal. Ex.: os chamados "esquadrões da morte", montados por policiais para matar supostos criminosos que atuam em determinada região.

Por ausência de previsão legal, o homicídio simples cometido por integrante de **milícia privada** não constitui crime hediondo, embora a pena possa ser agravada de 1/3 até 1/2, se o crime for cometido sob o pretexto de prestação de serviço de segurança.

b) *Homicídio qualificado.*

O caráter hediondo abrange todas as formas de homicídio qualificado (art. 121, § 2º, I a VII, do CP).

Em tais dispositivos, o legislador elegeu uma série de circunstâncias como configuradoras de maior gravidade no homicídio. Os critérios utilizados no texto legal para considerar o delito qualificado permitiram que a doutrina realizasse a seguinte classificação: a) qualificadoras quanto aos **motivos** do delito; b) quanto aos **meios** mais gravosos empregados; c) quanto ao **modo** de execução; d) decorrentes da **conexão** com outro crime; e) contra a mulher por **razões da condição de sexo feminino**.

De acordo com o Código Penal, considera-se qualificado o homicídio (pena de 12 a 30 anos de reclusão), se cometido:

I — *mediante paga ou promessa de recompensa, ou por outro motivo torpe.* Essas qualificadoras são relacionadas ao **motivo** do crime.

II — *por motivo fútil.* Esta hipótese também diz respeito ao **motivo**.

III — *com emprego de veneno, fogo, explosivo, asfixia, tortura ou outro meio insidioso ou cruel, ou de que possa resultar perigo comum.* São qualificadoras relacionadas ao **meio** mais gravoso empregado para ceifar a vida alheia.

IV — *à traição, de emboscada, ou mediante dissimulação, ou outro recurso que dificulte ou torne impossível a defesa do ofendido.* Qualificadoras referentes ao **modo** de execução.

V — *para assegurar a execução, a ocultação, a impunidade ou a vantagem de outro crime.* Estas figuras qualificadas decorrem da conexão do homicídio com outro crime.

VI — *contra a mulher por razões da condição de sexo feminino* (feminicídio).

VII — *contra autoridade ou agente descrito nos arts. 142 e 144 da Constituição Federal, integrantes do sistema prisional e da Força Nacional de Segurança Pública, no exercício da função ou em decorrência dela, ou contra seu cônjuge, companheiro ou parente consanguíneo até terceiro grau, em razão dessa condição.* As qualificadoras dos incisos VI e VII também referem-se à **motivação** do agente.

Além disso, por outra ótica, a doutrina classifica as qualificadoras dos incisos III e IV (referentes a meio e modo de execução) como de caráter **objetivo**, enquanto as demais (incs. I, II, V, VI e VII) como de caráter **subjetivo**. Veja-se, entretanto, que o Superior Tribunal de Justiça firmou entendimento de que o feminicídio, em caso de violência doméstica ou familiar contra mulher, tem natureza **objetiva**: "Nos termos do art. 121, § 2º-A, I, do CP, é devida a incidência da qualificadora do feminicídio nos casos em que o delito é praticado contra mulher em situação de violência doméstica e familiar, possuindo, portanto, natureza de ordem objetiva, o que dispensa a análise do *animus* do agente. Assim, não há se falar em ocorrência de *bis in idem* no reconhecimento das qualificadoras do motivo torpe e do feminicídio, porquanto, a primeira tem natureza subjetiva e a segunda objetiva" (HC 433.898/RS — Rel. Min. Nefi Cordeiro — 6ª T. — j. em 24/4/2018, *DJe* 11/5/2018); "As qualificadoras do motivo torpe e do feminicídio não possuem a mesma natureza, sendo certo que a primeira tem caráter subjetivo, ao passo que a segunda é objetiva, não havendo, assim, qualquer óbice à sua imputação simultânea. Doutrina. Precedentes" (HC 430.222/MG — Rel. Min. Jorge Mussi — 5ª T. — j. em 15/3/2018, *DJe* 22/3/2018).

O feminicídio foi acrescentado ao Código Penal como forma qualificada do crime de homicídio pela Lei n. 13.104, de março de 2015, passando a constar em seu art. 121, § 2º, VI. Consiste no homicídio contra a mulher por razões da condição de sexo feminino, que se tipifica, de acordo com o § 2º-A do mesmo art. 121 do Código Penal, quando o crime é cometido em situação de violência doméstica e familiar ou quando determinado por menosprezo ou discriminação à condição de mulher. A mesma Lei determinou a inserção de tal modalidade de crime no rol dos delitos hediondos.

Ao aprovar a Lei n. 13.964/2019 o legislador pretendia tornar qualificado o homicídio quando cometido com emprego de arma de fogo de uso restrito ou proibido. Tal regra seria inserida no art. 121, § 2º, VIII, do CP e, por essa razão, o legislador alterou também a Lei dos Crimes Hediondos para inserir esse inciso VIII. Ocorre que aquele dispositivo que acrescentava a qualificadora no Código Penal foi vetado pela presidência da República, sendo, contudo, mantida a nova redação no art. 1º, *caput*, I, da Lei n. 8.072/90. Em suma, a Lei n. 8.072/90 menciona como crime hediondo uma forma qualificada do homicídio que não existe.

Os jurados **não são questionados acerca do caráter hediondo** do delito, já que essa característica decorre **automaticamente** do reconhecimento de uma das qualificadoras.

- **Homicídio privilegiado-qualificado**

É sabido que um homicídio pode ser **concomitantemente** qualificado e privilegiado (cometido por motivo de relevante valor social ou moral, ou sob o domínio de violenta emoção logo em seguida a injusta provocação da vítima — art. 121, § 1º, do CP). Tal possibilidade só existe, contudo, quando a qualificadora é de caráter **objetivo**, ou seja, quando se refere ao **meio** ou **modo** de execução. Essa conclusão é inevitável, porque o **privilégio**, por ser sempre ligado à **motivação** do homicídio (caráter **subjetivo**), é incompatível com as qualificadoras subjetivas. Não se pode imaginar um homicídio privilegiado pelo motivo de relevante valor social e, ao mesmo tempo, qualificado pelo motivo fútil. Assim, como o privilégio (causa de diminuição de pena) é votado antes pelos jurados, nos termos do art. 483, IV e V, do CPP, o seu reconhecimento impede que o juiz ponha em votação as qualificadoras subjetivas, podendo fazê-lo, contudo, em relação às objetivas. O crime pode, por exemplo, ser qualificado pelo recurso que dificultou a defesa da vítima (tiro pelas costas, por exemplo) e privilegiado em razão da violenta emoção.

Nesse caso, fica a indagação: *o homicídio qualificado-privilegiado tem caráter hediondo?*

Como a lei não aborda expressamente o tema, surgiram duas orientações:

1ª) O crime **não** é hediondo. O grande defensor dessa tese foi Damásio de Jesus[2], que utilizava como fundamento a regra contida no art. 67 do Código Penal. Tal dispositivo, ao traçar norma de aplicação da pena — para hipótese de reconhecimento concomitante de circunstâncias **agravantes** e **atenuantes** genéricas —, estabelece que devem preponderar as circunstâncias de caráter subjetivo. Por isso, como no homicídio qualificado-privilegiado as qualificadoras são sempre objetivas e o privilégio é necessariamente de cunho subjetivo, este deve prevalecer, e, portanto, o crime não será hediondo. Observe-se que, de acordo com tal corrente, o juiz efetivamente aplica a qualificadora e o privilégio, porém não lhe reconhece o caráter hediondo.

Essa é a opinião amplamente majoritária, que foi, inclusive, adotada pelo Superior Tribunal de Justiça: "Por incompatibilidade axiológica e por falta de previsão legal, o homicídio qualificado-privilegiado não integra o rol dos denominados crimes hediondos (Precedentes)" (HC 153.728/SP, Rel. Min. Felix Fischer, 5ª Turma, julgado em 13/04/2010, *DJe* 31/05/2010); "A Lei n. 8.072/90, alterada pela Lei n. 8.930/94, em seu art. 1º, considerou hediondo, entre outros, o homicídio qualificado, consumado ou tentado. Não faz nenhuma referência à hipótese do homicídio qualificado-privilegiado. A extensão, aqui, viola o princípio da reserva legal, previsto entre nós tanto na Carta Magna como em regra infraconstitucional (art. 5º, inc. XXXIX, da *Lex Maxima*, e art. 1º, do CP)" (STJ — HC 180.694/PR, Rel. Min. Félix Fischer, 5ª Turma, julgado em 02/02/1999, *DJ* 22/03/1999, p. 229); "O homicídio qualificado-privilegiado não figura no rol dos crimes hediondos. Precedentes do STJ. 2. Afastada a incidência da Lei n. 8.072/90, o regime prisional deve ser fixado nos termos do disposto no art. 33, § 3º, c.c. o art. 59, ambos do Código Penal" (STJ — HC 41.579/SP, Rel. Min. Laurita Vaz, 5ª Turma, julgado em 19/04/2005, *DJ* 16/05/2005, p. 378); "Conforme jurisprudência desta Corte e do Pretório Excelso, ante a inexistência de previsão legal, o homicídio qualificado-privilegiado não integra o rol dos crimes hediondos (...)" (STJ — HC 17.064/RJ, Rel. Min. Jorge Scartezzini, 5ª Turma, julgado em 09/10/2001, *DJ* 20/05/2002, p. 170); "1. A Lei n. 8.072/1990, em seu art. 1º, inc. I, com a redação dada pela Lei n. 8.930/1994, considerou hediondo o homicídio simples (art. 121, *caput*), quando praticado em atividade típica de grupo de extermínio, ainda que cometido por um só agente, e o homicídio qualificado (art. 121, § 2º, I, II, III, IV

[2] JESUS, Damásio de. *Código Penal anotado*. 15. ed. São Paulo: Saraiva, 2004. p. 403.

e V), não fazendo qualquer menção ao homicídio privilegiado (art. 121, § 1º), mesmo que qualificado (STJ — HC 39.280/RS, Rel. Min. Arnaldo Esteves Lima, 5ª Turma, julgado em 17/03/2005, *DJ* 09/05/2005, p. 440)"; "O homicídio qualificado-privilegiado não é crime hediondo (...) (Lei n. 8.072/90, artigos 1º e 2º, parágrafo 1º). 2. Ordem concedida" (STJ — HC 43.043/MG, Rel. Min. Hamilton Carvalhido, 6ª Turma, julgado em 18/08/2005, *DJ* 06/02/2006, p. 352).

2ª) O homicídio qualificado-privilegiado é hediondo. Para os seguidores dessa corrente, é descabida a aplicação do art. 67 do CP, já que tal artigo trata apenas do reconhecimento conjunto de agravantes e atenuantes genéricas, que são circunstâncias que se equivalem por serem aplicadas na mesma fase da aplicação da pena. As qualificadoras, todavia, não são equivalentes ao privilégio, pois aquelas modificam a própria tipificação do crime (estabelecendo nova pena em abstrato), enquanto este é tão somente uma causa de diminuição de pena, a ser considerada na última fase da sua fixação. Como não se equivalem, inaplicável o art. 67 do Código Penal, devendo prevalecer o caráter hediondo, uma vez que a Lei n. 8.072/90 não faz qualquer ressalva ao mencionar o homicídio qualificado como delito dessa natureza.

> **Art. 1º**, *caput* — São considerados hediondos os seguintes crimes, todos tipificados no Decreto-lei n. 2.848/40 — Código Penal, consumados ou tentados:
> (...)
> I-A — lesão corporal dolosa de natureza gravíssima (art. 129, § 2º) e lesão corporal seguida de morte (art. 129, § 3º), quando praticadas contra autoridade ou agente descrito nos arts. 142 e 144 da Constituição Federal, integrantes do sistema prisional e da Força Nacional de Segurança Pública, no exercício da função ou em decorrência dela, ou contra seu cônjuge, companheiro ou parente consanguíneo até terceiro grau, em razão dessa condição.

Essas infrações penais foram inseridas na Lei dos Crimes Hediondos pela Lei n. 13.142/2015. Referem-se às hipóteses em que o agente provoca lesão corporal gravíssima ou seguida de morte em uma das pessoas elencadas no texto legal. Os arts. 142 e 144 da Constituição Federal mencionados no dispositivo dizem respeito aos integrantes das Forças Armadas e aos policiais civis ou militares. Para que o delito tenha natureza hedionda, é necessário que o agente tenha provocado as lesões gravíssimas ou seguidas de morte quando a vítima estava no exercício da função ou que o delito tenha sido praticado em decorrência dela. Além disso, se essas mesmas infrações foram cometidas contra cônjuge, companheiro ou parente consanguíneo até terceiro grau de uma das autoridades ou agentes acima mencionados, em razão dessa condição, o delito será igualmente considerado hediondo. O parentesco até terceiro grau a que a lei se refere abrange, na linha reta, crime contra pai ou filho, avô ou neto, bisavô ou bisneto, e, na linha colateral, crime contra irmão, tio ou sobrinho.

A expressão parentesco consanguíneo foi utilizada para excluir da majorante o parentesco por afinidade. Abrange, evidentemente, o crime cometido contra filho adotivo porque a Constituição Federal veda este tipo de distinção (art. 227, § 6º). Cuida-se de interpretação extensiva.

> **Art. 1º**, *caput* — São considerados hediondos os seguintes crimes, todos tipificados no Decreto-lei n. 2.848/40 — Código Penal, consumados ou tentados:
> (...)
> II — roubo:
> a) circunstanciado pela restrição da liberdade da vítima (art. 157, § 2º, inciso V);
> b) circunstanciado pelo emprego de arma de fogo (art. 157, § 2º-A, inciso I) ou pelo emprego de arma de fogo de uso proibido ou restrito (art. 157, § 2º-B);
> c) qualificado pelo resultado lesão corporal grave ou morte (art. 157, § 3º).

Antes do advento da Lei n. 13.964/2019, apenas o roubo qualificado pelo resultado **morte** (latrocínio), consumado ou tentado, era considerado hediondo. Com a entrada em vigor de tal lei, todavia, inúmeras modalidades do crime de roubo passaram a ter tal natureza. Com efeito, atualmente o roubo é considerado hediondo se cometido mediante restrição da liberdade da vítima, com emprego de arma de fogo, ou quando houver resultado morte ou lesão grave.

O roubo cometido com qualquer espécie de arma de fogo passou a ser considerado hediondo, contudo, não terá tal natureza quando praticado com emprego de arma branca, ou mediante simulação de arma, emprego de arma de brinquedo ou outro simulacro. Igualmente não se reconhecerá a natureza hedionda ao roubo cometido com emprego de arma verdadeira inapta a efetuar disparos em razão de algum defeito ou que esteja desmuniciada. Com efeito, os tribunais superiores refutam a aplicação da majorante do emprego de arma de fogo nesses casos, não podendo o roubo, em tais condições, ser considerado hediondo.

A majorante da restrição de liberdade, de acordo com entendimento doutrinário e jurisprudencial, só se configura quando o agente mantém a vítima em seu poder durante espaço de tempo **não prolongado** (meia hora, uma hora etc). Tal interpretação se deve ao fato de o legislador ter empregado a expressão "restrição de liberdade" que difere de "privação de liberdade", expressão esta indicativa de permanência da vítima em poder do roubador por período prolongado, e que gera a configuração de crime de roubo em concurso material com delito de sequestro ou cárcere privado (art. 148 do CP) — ex.: manter a vítima do roubo no porta-malas de um carro durante 4 horas, enquanto o veículo roubado é levado para outro município. Nesta última hipótese poderá acontecer de o crime não ter natureza hedionda. É o que ocorrerá, por exemplo, se o roubo não for cometido com emprego de arma de fogo (crime sem natureza hedionda).

Existe latrocínio quando o agente emprega violência física para cometer um roubo e, dessa violência, resulta a morte da vítima. Esse resultado pode ter sido causado dolosa ou culposamente, sendo que, em ambos os casos, o delito será considerado hediondo.

O roubo qualificado pela lesão grave (ou gravíssima) pressupõe que o agente provoque o resultado na vítima sem a intenção de matá-la, pois quando presente tal intenção o crime é o de tentativa de latrocínio. Veja-se, contudo, que, atualmente, ambas as figuras têm natureza hedionda.

O latrocínio e o roubo qualificado pela lesão grave possuem natureza hedionda ainda que não sejam cometidos com emprego de arma de fogo.

> **Art. 1º**, *caput* — São considerados hediondos os seguintes crimes, todos tipificados no Decreto-lei n. 2.848/40 — Código Penal, consumados ou tentados:
> (...)
> III — extorsão qualificada pela restrição de liberdade da vítima, ocorrência de lesão corporal ou morte (art. 158, § 3º).

O crime de extorsão consiste em constranger alguém, mediante violência ou grave ameaça, e com o intuito de obter para si ou para outrem indevida vantagem econômica, a fazer, tolerar que se faça ou deixar de fazer alguma coisa (art. 158, *caput*, do CP).

A Lei n. 13.964/2019 trouxe muitas mudanças em relação ao caráter hediondo conferido a algumas modalidades do crime de extorsão. Antes da referida Lei, apenas a extorsão qualificada pela morte (art. 158, § 2º) possuía natureza hedionda. A nova lei, contudo, passou a prever que possui natureza hedionda o crime conhecido como "sequestro relâmpago" (extorsão qualificada pela restrição da liberdade). Nessa modalidade do delito, em regra, dois ou mais criminosos, mediante violência ou grave ameaça, subtraem o cartão bancário da vítima e exigem que ela forneça o número da senha. Assim, enquanto um dos agentes fica em poder da vítima (restrição da liberdade), os comparsas utilizam o cartão e a senha para fazer compras ou saques em caixas eletrônicos.

A parte final do art. 158, § 3º, do CP, prevê penas maiores para o "sequestro relâmpago" do qual decorra lesão grave ou morte. Essas modalidades igualmente passaram a ter natureza hedionda.

A nova redação dada a esse inciso IV pela Lei n. 13.964/2019 certamente provocará polêmica, pois o legislador, ao não mencionar a extorsão (sem restrição de liberdade) seguida de morte (art. 158, § 2º, do CP), de modo surpreendente, excluiu essa gravíssima infração penal do rol dos delitos hediondos.

> **Art. 1º**, *caput* — São considerados hediondos os seguintes crimes, todos tipificados no Decreto-lei n. 2.848/40 — Código Penal, consumados ou tentados:
> (...)
> IV — extorsão mediante sequestro e na forma qualificada (art. 159, *caput* e §§ 1º, 2º e 3º);

A Lei n. 8.072/90 deu especial atenção a esse delito em decorrência do grande número de crimes dessa natureza ocorridos durante sua tramitação, estabelecendo o caráter hediondo tanto em sua forma **simples** (sequestrar pessoa com o fim de obter, para si ou para outrem, qualquer vantagem como condição ou preço do resgate) como nas **formas qualificadas** (se dura mais de 24 horas; se a vítima é menor de 18 anos ou maior de 60; se o crime é cometido por quadrilha; se a vítima sofre lesão grave ou morre).

Art. 1º, *caput* — São considerados hediondos os seguintes crimes, todos tipificados no Decreto-lei n. 2.848/40 — Código Penal, consumados ou tentados:
(...)
V — estupro (art. 213, *caput* e §§ 1º e 2º);

O estupro **simples** (*caput*), bem como suas formas qualificadas pela **lesão grave** ou **morte** (§§ 1º e 2º), são considerados crimes hediondos. Esse inciso V recebeu nova redação em decorrência da Lei n. 12.015/2009. Como o texto atual menciona expressamente a figura do art. 213, *caput*, do Código Penal, encerrou-se em definitivo a polêmica em torno de ser ou não hedionda a figura **simples** do estupro.

▪ Natureza hedionda do estupro simples antes do advento da Lei n. 12.015/2009

A redação originária do art. 1º, V, da Lei n. 8.072/90 — que foi, posteriormente, modificada pela Lei n. 12.015/2009, dizia ter natureza hedionda o crime de "**estupro (art. 213 e sua combinação com o art. 223, *caput* e parágrafo único)**". O art. 223, na redação anterior à Lei n. 12.015/2009, previa o estupro qualificado pela lesão grave e pela morte (atualmente, essas qualificadoras encontram-se nos §§ 1º e 2º do art. 213).

Surgiram, então, **duas** correntes:

a) a conjunção aditiva "e" presente no texto legal indica que só o estupro qualificado é hediondo ("art. 213 **e** sua combinação com o art. 223...");

b) o estupro simples é hediondo. Para os defensores dessa tese, a conjunção aditiva "e" tem finalidade contrária daquela vislumbrada pela outra corrente, ou seja, foi inserida no texto legal para explicitar que tanto o estupro simples quanto o qualificado são hediondos. Ademais, se o legislador quisesse ter restringido o caráter hediondo ao delito em suas formas mais gravosas, teria escrito "estupro qualificado", e não meramente "estupro", como constou.

O Supremo Tribunal Federal e o Superior Tribunal de Justiça solucionaram a controvérsia, entendendo que o estupro simples também possuía natureza hedionda:

"A jurisprudência deste Supremo Tribunal firmou entendimento no sentido de que, nos casos de estupro e atentado violento ao pudor, as lesões corporais graves ou morte traduzem resultados qualificadores do tipo penal, não constituindo elementos essenciais e necessários para o reconhecimento legal da natureza hedionda das infrações. 2. Em razão do bem jurídico tutelado, que é a liberdade sexual da mulher, esses crimes, mesmo em sua forma simples, dotam-se da condição hedionda..." (STF — HC 88.245, Rel. Min. Marco Aurélio, Rel. p/ Acórdão: Min. Cármen Lúcia, Tribunal Pleno, julgado em 16/11/2006, *DJ* 20/04/2007, p. 87).

"A Lei n. 8.072, de 25 de julho de 1990, ao relacionar quais os delitos considerados hediondos, foi expressa ao referir o estupro, apondo-lhe, entre parênteses, a capitulação legal: art. 213 e sua combinação com o art. 223, *caput* e parágrafo único. Pretendeu o legislador, atento à efetiva gravidade do crime, ao utilizar-se da conjunção coordenativa aditiva, significar que são considerados hediondos: (1) o estupro em sua forma simples que, na definição legal, corresponde a: constranger mulher à conjunção carnal, mediante violência ou grave ameaça[3]; (2) o estupro de que resulte lesão corporal de natureza grave e (3) o estupro do qual resulte a morte da vítima" (STF — HC 81.360, Rel. Min. Ellen Gracie, 1ª Turma, julgado em 19/12/2001, *DJ* 19/12/2002, p. 71).

"Os crimes de estupro e atentado violento ao pudor, ainda que em sua forma simples, configuram modalidades de crime hediondo porque o bem jurídico tutelado é a liberdade sexual e não a integridade física ou a vida da vítima, sendo irrelevante, para tanto, que a prática dos ilícitos tenha resultado lesões corporais de natureza grave ou morte. 2. As lesões corporais e a morte são resultados que qualificam o crime, não constituindo, pois, elementos do tipo penal necessários ao reconhecimento do caráter hediondo do delito, que exsurge da gravidade mesma dos crimes praticados contra a liberdade sexual e merecem tutela diferenciada, mais rigorosa. Precedentes do STJ e STF. 3. Recurso especial representativo de controvérsia provido para declarar a natureza hedionda dos crimes de estupro e atentado violento ao pudor praticados antes da edição da Lei n. 12.015/09, independentemente que tenham resultado lesões corporais de natureza grave ou morte. Acórdão sujeito ao regime do art. 543-C do CPC e da Resolução STJ 08/2008" (STJ — REsp 1.110.520/SP, Rel. Min. Maria Thereza de Assis Moura, 3ª Seção, julgado em 26/09/2012, *DJe* 04/12/2012).

Art. 1º, *caput* — São considerados hediondos os seguintes crimes, todos tipificados no Decreto-lei n. 2.848/40 — Código Penal, consumados ou tentados:
(...)
VI — estupro de vulnerável (art. 217-A, *caput* e §§ 1º, 2º, 3º e 4º);

Cuida-se de figura criminosa criada pela Lei n. 12.015/2009, consistente em ter conjunção carnal ou praticar outro ato libidinoso com menor de 14 anos, com deficiente ou enfermo mental que não tenha o necessário discernimento para a prática do ato, ou com pessoa que, por qualquer outra causa, não pode oferecer resistência (pessoa em coma, em avançado grau de embriaguez, a quem foi ministrado sonífero etc.). Evidente que, também nas hipóteses qualificadas pela lesão grave ou morte, o crime é considerado hediondo.

O crime configura-se pela prática do ato sexual com pessoa definida como vulnerável no texto legal, independentemente do emprego de violência ou grave ameaça e ainda que a vítima alegue ter concordado com a relação sexual, uma vez que esse consentimento é considerado inválido. A propósito: "A violência presumida foi eliminada pela Lei n. 12.015/2009. A simples conjunção carnal com menor de 14 anos consubstancia crime de estupro. Não há mais de se perquirir se houve ou não violência. A lei consolidou de vez a jurisprudência do Supremo Tribunal Federal" (STF — HC 101.456, Rel. Min. Eros Grau, 2ª Turma, *DJe* 76, p. 378).

[3] Redação anterior à Lei n. 12.015/2009.

▪ Natureza hedionda do estupro com violência presumida cometido antes do advento da Lei n. 12.015/2009

A figura criminosa **autônoma** denominada **estupro de vulnerável** constitui inovação trazida pela Lei n. 12.015/2009. Antes dela, o crime de estupro era sempre cometido mediante violência ou grave ameaça, contudo o art. 224 do Código Penal **presumia** a ocorrência da violência (que não precisava, portanto, ser provada), se a vítima não fosse maior de 14 anos, fosse alienada ou débil mental e o agente soubesse disso, ou, se não pudesse, por qualquer outra causa, oferecer resistência.

Como a redação originária do art. 1º, *caput*, V, da Lei n. 8.072/90, conferia caráter hediondo ao crime de "**estupro (art. 213 e sua combinação com o art. 223, *caput* e parágrafo único)**", sem mencionar o art. 224, alguns doutrinadores e parte da jurisprudência sustentavam que o estupro com violência presumida não possuía caráter hediondo. Se esse entendimento tivesse sido vencedor, não se poderia reconhecer a natureza hedionda a fatos ocorridos antes da Lei n. 12.015/2009. Prevaleceu, todavia, nos tribunais superiores a interpretação de que também nas hipóteses de presunção de violência o estupro reveste-se de caráter hediondo. A circunstância de não existir menção ao art. 224 na redação originária da Lei n. 8.072/90 não significa que o legislador quis afastar a hediondez dessa modalidade delitiva, devendo-se, exclusivamente, ao fato de que nesse dispositivo não havia um tipo penal, mas apenas a previsão de que a violência (elementar do delito do art. 213) não necessitava ser provada se a vítima não fosse maior de 14 anos etc.

A propósito:

> "Esta Suprema Corte possui entendimento consolidado no sentido de considerar hediondo o estupro e o atentado violento ao pudor praticado com violência presumida. Precedentes" (STF — HC 99.406, Rel. Min. Ellen Gracie, 2ª Turma, julgado em 24/08/2010, *DJe* 168, p. 373-380).
>
> "Estupro e atentado violento ao pudor praticado contra menores (arts. 213 e 214, ambos c/c art. 224, alínea "a", do Código Penal). 3. Alegação de que os crimes de estupro e atentado violento ao pudor, quando aplicada a regra do art. 224, alínea "a", do CP, não se caracterizam como hediondos. 4. Improcedência da alegação (...) Precedentes: HC 81.288, Rel. Min. Mauricio Corrêa, Red. Acórdão Min. Carlos Velloso; RHC 82.098/PR, Rel. Min. Ellen Gracie, *DJ* 29/11/2002" (STF — HC 82.712, Rel. Min. Gilmar Mendes, 2ª Turma, julgado em 20/05/2003, *DJ* 27/06/2003, p. 54).
>
> "Firme o entendimento nesta eg. Quinta Turma de que o crime de estupro cometido antes da vigência da Lei n. 12.015/2009, nas suas formas simples, qualificada ou mesmo com violência presumida, configura crime hediondo. Agravo regimental desprovido" (STJ — AgRg no REsp 1.263.181/RS, Rel. Min. Marilza Maynard (Desembargadora convocada do TJ/SE), 5ª Turma, julgado em 23/04/2013, *DJe* 26/04/2013).

> **Art. 1º**, *caput* — São considerados hediondos os seguintes crimes, todos tipificados no Decreto-lei n. 2.848/40 — Código Penal, consumados ou tentados:
>
> (...)
>
> VII — epidemia com resultado morte (art. 267, § 1º);

Epidemia é o **surto** de uma **doença** que **atinge grande número de pessoas** em determinado local ou região mediante a propagação de germes patogênicos. A provocação **intencional** de epidemia é punida com reclusão, de dez a quinze anos, mas só terá caráter hediondo quando resultar em **morte**. Nessa hipótese, além de hediondo, o crime terá a pena aplicada em **dobro**.

O crime **culposo** de epidemia (art. 267, § 2º) **não** é considerado **hediondo**, ainda que provoque a morte de alguém.

> **Art. 1º**, *caput* — São considerados hediondos os seguintes crimes, todos tipificados no Decreto-lei n. 2.848/40 — Código Penal, consumados ou tentados:
> (...)
> VII-A — corrupção, adulteração, falsificação ou alteração de substância ou produto alimentício destinado a consumo, tornando-o nocivo à saúde ou reduzindo-lhe o valor nutritivo (art. 272, *caput* e § 1º-A e § 1º, com a redação dada pela Lei n. 9.677, de 2 de julho de 1998); (*vetado*)

Esse dispositivo foi vetado pela Presidência da República por contrariar o interesse público. A justificativa do veto tem o seguinte teor: "O tipo penal previsto no art. 272, ao descrever as diversas condutas passíveis de punição, contempla a adulteração de produtos alimentícios que possa causar danos à saúde ou reduzir o seu valor nutritivo. A última situação descrita — adulteração de produtos alimentícios com redução de valor nutritivo — poderá ensejar que se considere crime hediondo qualquer alteração, ainda que insignificante, de produto alimentício que acarrete a redução de seu valor nutritivo. A abertura textual do tipo penal sob análise pode permitir sua aplicação com amplo grau de subjetividade ou discrição. Tal fato já seria suficiente *per se* para não se recomendar a sua inclusão no rol dos crimes considerados hediondos. É fácil ver, outrossim, que uma análise acurada das consequências indica que, em muitos casos, tal qualificação acabará por afrontar a ideia de razoabilidade ou de proporcionalidade positivada, entre nós, no art. 5º, inciso LIV da Constituição (princípio do devido processo legal). É certo, outrossim, que a qualificação de uma dada ação ou omissão como crime hediondo não pode ser banalizada, sob pena de se retirar o significado específico que o constituinte e o legislador pretenderam conferir a esse especialíssimo mecanismo institucional".

> **Art. 1º**, *caput* — São considerados hediondos os seguintes crimes, todos tipificados no Decreto-lei n. 2.848/40 — Código Penal, consumados ou tentados:
> (...)
> VII-B — falsificação, corrupção, adulteração ou alteração de produto destinado a fins terapêuticos ou medicinais (art. 273, *caput* e § 1º, § 1º-A, § 1º-B, com a redação dada pela Lei n. 9.677/98);

A Lei n. 9.677/98, além de alterar a redação, aumentou a pena desse crime para reclusão, de dez a quinze anos, e multa. Poucos dias depois, a Lei n. 9.695/98 acrescentou à Lei dos Crimes Hediondos o inciso VII-B, transformando em crime dessa natureza a **falsificação de medicamento**. Apesar de não haver menção expressa, é claro que também serão consideradas hediondas as formas **qualificadas** descritas no art. 285 do Código Penal (lesão grave ou morte), uma vez que são mais graves.

Observe-se que a Corte Especial do Superior Tribunal de Justiça, no julgamento no HC 239.363/PR, reconheceu a inconstitucionalidade do preceito secundário (pena em abstrato) do art. 273 do Código Penal, por ofensa aos princípios da proporcionalidade e razoabilidade porque o legislador teria sido açodado na modificação legislativa ao estabelecer penas tão altas. Como consequência, determinou que, por analogia *in bonam partem*, devem ser aplicadas a este crime as penas do delito de tráfico de drogas (art. 33, *caput*, da Lei n. 11.343/2006): reclusão, de cinco a quinze anos. O Superior Tribunal de Justiça, entretanto, não afastou a natureza hedionda da infração penal. No âmbito do Supremo Tribunal Federal, há decisões que reconhecem a constitucionalidade da pena: RE 844152, Rel. Min. Gilmar Mendes; RE 662090, Rel. Min. Cármen Lúcia; e RE 870410, Rel. Min. Roberto Barroso. Em razão da divergência, foi reconhecida a repercussão geral no julgamento do tema 1003, razão pela qual o Plenário do Supremo Tribunal Federal deverá se pronunciar em definitivo em relação ao tema.

Por sua vez, **não** se considera **hediondo** o crime de falsificação **culposa** de medicamento (simples ou qualificado).

> **Art. 1º**, *caput* — São considerados hediondos os seguintes crimes, todos tipificados no Decreto-lei n. 2.848/40 — Código Penal, consumados ou tentados:
> (...)
> VIII — favorecimento da prostituição ou de outra forma de exploração sexual de criança ou adolescente ou de vulnerável (art. 218-B, *caput* e §§ 1º e 2º).

O presente dispositivo foi introduzido na Lei n. 8.072/90 pela Lei n. 12.978/2014.

O *caput* do art. 218-B prevê pena de reclusão, de quatro a dez anos, para quem submeter, induzir ou atrair à prostituição ou outra forma de exploração sexual alguém menor de 18 anos ou que, por enfermidade ou deficiência mental, não tem o necessário discernimento para a prática do ato, e, ainda, para quem facilitá-la, impedir ou dificultar que a abandone.

O § 1º, por sua vez, prevê a aplicação cumulativa de pena de multa se o delito for cometido com intenção de obter vantagem econômica.

Por fim, serão também consideradas hediondas as condutas daqueles que infringirem o § 2º do art. 218-B, ou seja, daqueles que praticarem conjunção carnal ou outro ato libidinoso com alguém menor de 18 e maior de 14 anos em situação de prostituição ou exploração sexual (se a vítima tiver menos de 14 anos ou for doente mental, o crime será o de estupro de vulnerável), bem como do proprietário, gerente ou responsável pelo local em que se verifiquem referidas práticas (donos ou gerentes de estabelecimentos onde ocorra prostituição de menores, por exemplo).

Art. 1º, *caput* — São considerados hediondos os seguintes crimes, todos tipificados no Decreto-lei n. 2.848/40 — Código Penal, consumados ou tentados:
(...)
IX — furto qualificado pelo emprego de explosivo ou de artefato análogo que cause perigo comum (art. 155, § 4º-A).

Essa forma qualificada do crime de furto foi inserida no Código Penal pela Lei n. 13.718/2018 devido ao grande número de explosões efetuadas em caixas eletrônicos com a finalidade de viabilizar a subtração das cédulas contidas em seu interior. A gravidade diferenciada da conduta é evidente devido aos grandes danos provocados no local e ao perigo a que ficam expostas as pessoas que estejam nas proximidades. Tal figura qualificada do crime de furto passou a ter natureza hedionda a partir da entrada em vigor da Lei n. 13.964/2019.

O legislador foi muito criticado por ter deixado de inserir no rol dos crimes hediondos o **roubo** majorado pelo emprego de explosivo (art. 157, § 2º-A, II), pois este delito é mais grave que o furto com a mesma qualificadora.

Art. 1º, parágrafo único — Consideram-se também hediondos, tentados ou consumados:
I — o crime de genocídio previsto nos arts. 1º, 2º e 3º da Lei n. 2.889/56.

O art. 1º da Lei n. 2.889/56 pune quem, com **a intenção de destruir, no todo ou em parte**, grupo nacional, étnico, racial ou religioso:

a) **mata** membros do grupo;
b) causa **lesão grave** à integridade física ou mental em membros do grupo;
c) submete intencionalmente o grupo a **condições de existência** capazes de ocasionar-lhe a destruição física total ou parcial;
d) adota medidas destinadas a impedir os **nascimentos** no seio do grupo;
e) efetua a **transferência forçada de crianças** do grupo para outro grupo.

O art. 2º pune a associação de mais de três pessoas para a prática dos crimes mencionados no artigo anterior, e o art. 3º incrimina quem incita, direta e publicamente, alguém a cometer qualquer dos crimes de que trata o art. 1º.

O texto da Lei n. 8.072/90 contém um equívoco, pois confere caráter hediondo aos crimes de genocídio previstos nos arts. 1º, 2º e 3º, da Lei n. 2.889/56, quando, em verdade, apenas a figura do art. 1º consiste efetivamente em genocídio. Nos demais dispositivos, encontram-se os delitos de associação e incitação. Qual, então, seria a solução? Considerar hediondas todas as figuras, levando em conta que os números dos artigos foram mencionados na Lei n. 8.072/90, ou apenas o delito que consiste efetivamente em genocídio? Parece-nos que a última solução é a correta.

Art. 1º, parágrafo único — Consideram-se também hediondos, tentados ou consumados:
(...)
II — o crime de posse ou porte ilegal de arma de fogo de uso proibido, previsto no art. 16 da Lei n. 10.826, de 22 de dezembro de 2003.

A Lei n. 13.964/2019 trouxe importante modificação em relação a essa modalidade de crime hediondo. Com efeito, antes da entrada em vigor desta Lei não apenas o porte e a posse de arma de fogo de uso **proibido** eram considerados hediondos, como também as mesmas condutas que fossem relacionadas a arma de fogo de uso **restrito**. A nova Lei é benéfica e, portanto, afasta o caráter hediondo em relação àqueles que cometeram crime de porte ou posse ilegal de arma de fogo de uso restrito durante a vigência da lei anterior. As normas benéficas, como se sabe, retroagem em favor do autor da infração.

O crime de porte ou posse ilegal de arma de fogo de uso **proibido** está atualmente tipificado no art. 16, § 2º, do Estatuto do Desarmamento, tendo pena de reclusão, de 4 a 12 anos. Armas de uso **proibido** são aquelas para as quais há **vedação total** ao uso. De acordo com o art. 2º, III, do Decreto n. 9.847/2019, são armas de fogo de uso proibido: a) as armas de fogo classificadas como de uso proibido em acordos e tratados internacionais dos quais a República Federativa do Brasil seja signatária; ou b) as armas de fogo dissimuladas, com aparência de objetos inofensivos.

A redação do art. 16, § 2º, do Estatuto (dada pela Lei n. 13.964/2019), não menciona acessórios e munição de uso proibido, contudo, trata-se, evidentemente, de equívoco do legislador passível de ser sanado por interpretação extensiva, pois a diferenciação não faria qualquer sentido. São **munições** de uso **proibido** aquelas que sejam assim definidas em acordo ou tratado internacional de que a República Federativa do Brasil seja signatária e as munições incendiárias ou química (art. 2º, V, do Decreto n. 9.847/2019).

> **Art. 1º**, parágrafo único — Consideram-se também hediondos, tentados ou consumados:
> (...)
> III — o crime de comércio ilegal de armas de fogo, previsto no art. 17 da Lei n. 10.826, de 22 de dezembro de 2003.

Esse crime foi inserido no rol dos crimes hediondos pela Lei n. 13.964/2019. Consiste em "adquirir, alugar, receber, transportar, conduzir, ocultar, ter em depósito, desmontar, montar, remontar, adulterar, vender, expor à venda, ou de qualquer forma utilizar, em proveito próprio ou alheio, no exercício de atividade comercial ou industrial, arma de fogo, acessório ou munição, sem autorização ou em desacordo com determinação legal ou regulamentar". A pena é de reclusão, de 6 a 12 anos, e multa.

> **Art. 1º**, parágrafo único — Consideram-se também hediondos, tentados ou consumados:
> (...)
> IV — o crime de tráfico internacional de arma de fogo, acessório ou munição, previsto no art. 18 da Lei n. 10.826, de 22 de dezembro de 2003.

Esse crime foi inserido no rol dos crimes hediondos pela Lei n. 13.964/2019. Consiste em "importar, exportar, favorecer a entrada ou saída do território nacional, a qualquer título, de arma de fogo, acessório ou munição, sem autorização da autoridade competente. A pena é de reclusão, de 8 a 16 anos, e multa.

> **Art. 1º**, parágrafo único — Consideram-se também hediondos, tentados ou consumados:
> (...)
> V — o crime de organização criminosa, quando direcionado à prática de crime hediondo ou equiparado.

Esse crime foi inserido no rol dos crimes hediondos pela Lei n. 13.964/2019.

Nos termos do art. 1º, § 1º, da Lei n. 12.850/2013, considera-se organização criminosa a associação de **quatro** ou mais pessoas estruturalmente ordenada caracterizada pela divisão de tarefas, ainda que informalmente, com o objetivo de obter, direta ou indiretamente, vantagem de qualquer natureza, mediante a prática de infrações penais cujas penas máximas sejam superiores a quatro anos, ou que sejam de caráter transnacional. De acordo com o art. 2º, *caput*, da mesma lei, comete o delito de **organização** criminosa quem promove, constitui, financia ou integra, pessoalmente ou por interposta pessoa, organização criminosa. A pena é de reclusão, de 3 a 8 anos, e multa.

O delito só tem natureza hedionda quando a finalidade do grupo é a prática de crimes hediondos ou equiparados. Há concurso material entre o delito de organização criminosa e os crimes hediondos ou equiparados efetivamente cometidos.

De acordo com o art. 2º, § 9º, da Lei n. 12.850/2013, com a redação dada pela Lei n. 13.964/2019, o condenado expressamente em sentença por integrar organização criminosa ou por crime praticado por meio de organização criminosa **não poderá progredir de regime de cumprimento de pena** ou obter livramento condicional ou outros benefícios prisionais **se houver elementos probatórios que indiquem a manutenção do vínculo associativo, ou seja, que ainda integra a organização. Essa regra vale para qualquer condenação por delito de organização criminosa**.

O crime de **associação criminosa**, qualificada pela finalidade de cometer crimes hediondos (art. 288 do CP, c/c o art. 8º, *caput*, da Lei n. 8.072/90), não é considerado hediondo. Este delito qualificado consiste na associação de **três** ou mais pessoas com o fim específico de cometer crimes hediondos, mas não exige os mesmos requisitos do delito de organização criminosa que, quando presentes, afastam o crime do Código Penal.

▪ Tráfico privilegiado

No julgamento do HC 118.533, Rel. Min. Cármen Lúcia, em 23/06/2016, o Plenário do STF decidiu que o **tráfico privilegiado de drogas não possui natureza equiparada à dos crimes hediondos**. Considera-se privilegiado o tráfico quando o agente é primário, tem bons antecedentes, não se dedica às atividades criminosas e não integra organização criminosa. Em tal hipótese, descrita no art. 33, § 4º, da Lei de Drogas, a pena do réu será reduzida de 1/6 a 2/3. A decisão da Corte Suprema sobrepôs-se ao que havia decidido o Superior Tribunal de Justiça, que entendera ter natureza equiparada a hedionda o tráfico privilegiado (Súmula n. 512 — cancelada em 23/11/2016). **Posteriormente, a Lei n. 13.964/2019 inseriu no art. 112, § 5º, da LEP, regra expressa no sentido de que o tráfico privilegiado não possui natureza**

hedionda ou equiparada. Em razão disso, quando o tráfico for considerado privilegiado, serão aplicadas as regras da legislação comum.

- **Associação para o tráfico**

A Constituição Federal e a Lei n. 8.072/90 equiparam o tráfico ilícito de entorpecentes aos delitos hediondos, contudo não definem referida infração penal, tarefa que coube à Lei n. 11.343/2006 (conhecida como Lei Antidrogas ou Lei de Drogas). Referida lei, entretanto, não nomenclaturou as diversas condutas típicas nela previstas, cabendo à doutrina tal tarefa. Nesse contexto, não há dúvida de que a infração penal descrita no art. 33, *caput*, da Lei n. 11.343/2006, constitui crime de tráfico, já que pune a venda, o transporte, a importação etc. da **própria droga**. Também existe certo consenso doutrinário no sentido de que os crimes descritos nos arts. 33, § 1º, e 34 da lei em tela constituem tráfico porque têm como objeto material matérias-primas destinadas à produção de drogas e maquinismos ou objetos destinados à preparação ou fabricação de entorpecentes.

Maior polêmica envolveu o crime de **associação para o tráfico**, assim definido no art. 35 da Lei n. 11.343/2006: "associarem-se duas ou mais pessoas para o fim de praticar, reiteradamente ou não, qualquer dos crimes previstos nos arts. 33, *caput*, e § 1º, e 34 desta Lei". Não obstante parte da doutrina sustentasse que tal delito também era equiparado a hediondo, o Supremo Tribunal Federal e o Superior Tribunal de Justiça apreciaram o tema e decidiram que a Lei n. 8.072/90 não fez menção ao crime de associação, que, assim, **não** pode ter tratamento equiparado ao dos delitos de natureza hedionda.

A propósito:

"*Habeas corpus*. Associação para o tráfico de entorpecentes. (...). Não equiparação a crime hediondo. O art. 2º, § 1º, da Lei 8.072/90 é explícito ao fixar que somente o tráfico de entorpecentes (art. 12 da Lei 6.368/76) se assemelha aos crimes hediondos (...). O crime de associação para o tráfico não está previsto na lista do art. 2º da Lei 8.072/90 e, portanto, a esse tipo não se aplica a proibição do § 1º do artigo. *Habeas corpus* deferido em parte" (STF — HC 83.656, Rel. Min. Nelson Jobim, 2ª Turma, julgado em 20/04/2004, *DJ* 28/05/2004, p. 63).

"O Superior Tribunal de Justiça entende que o delito de associação para o tráfico de drogas não possui natureza hedionda, por não estar expressamente previsto nos arts. 1º e 2º, da Lei n. 8.072/90. 3. Afastada a condição de hediondo do delito descrito no art. 35 da Lei n. 11.343/06, deve ser cumprido o lapso de 1/6 de pena para a progressão de regime — art. 112 da LEP —, não se aplicando o disposto no art. 2º, § 2º, da Lei n. 8.072/90" (STJ — HC 388.391/SP, Rel. Min. Joel Ilan Paciornik, 5ª Turma, julgado em 20/06/2017, *DJe* 30/06/2017).

"A jurisprudência pacífica do Superior Tribunal de Justiça reconhece que o crime de associação para o tráfico de entorpecentes (art. 35 da Lei n. 11.343/2006) não figura no rol taxativo de delitos hediondos ou a eles equiparados, tendo em vista que não se encontra expressamente previsto no rol taxativo do art. 2º da Lei n. 8.072/1990. 2. Não se tratando de crime hediondo, não se exige, para fins de concessão de benefício da progressão de regime, o cumprimento de 2/5 da pena, se o apenado for primário, e de 3/5,

> se reincidente para a progressão do regime prisional, sujeitando-se ele, apenas ao lapso de 1/6 para preenchimento do requisito objetivo" (STJ — HC 394.327/SP, Rel. Min. Antonio Saldanha Palheiro, 6ª Turma, julgado em 13/06/2017, *DJe* 23/06/2017).
>
> "O crime de associação para o tráfico de entorpecentes (art. 35 da Lei n. 11.343/2006) não figura no rol de crimes hediondos ou a delitos a eles equiparados" (STJ — HC 482.209/RS, Rel. Min. Reynaldo Soares da Fonseca, 5ª Turma, julgado em 7/2/2019, *DJe* 15/2/2019).

Dessa forma, se alguém for condenado concomitantemente pelos crimes de tráfico (não privilegiado) e associação para o tráfico, o cálculo para o cumprimento da pena deverá ser feito levando em conta que um dos delitos é equiparado a hediondo e o outro não. Suponha-se que o réu tenha sido condenado a 5 anos pelo tráfico e 3 anos pela associação, totalizando 8 anos de reclusão. Para que tenha direito à progressão para regime mais brando, deverá cumprir 40% da pena do tráfico e 16% da pena do crime de associação.

- **Crimes militares**

A Lei n. 8.072/90 **não** faz menção aos crimes **militares**. Em razão disso, infrações penais cometidas por militares em serviço, ainda que possuam elementares idênticas à de algum crime comum considerado hediondo, não terão tal natureza. Por isso, se um militar que **não** está em serviço constrange, por exemplo, outra pessoa, mediante violência ou grave ameaça, à prática de ato libidinoso, incorre em crime **comum** de estupro (art. 213 do CP), delito que será considerado hediondo em decorrência do que prevê o art. 1º, V, da Lei n. 8.072/90. Se, entretanto, o policial estivesse em serviço, estaria incurso no crime de estupro descrito no art. 232 do Código Penal Militar, que, por não constar do rol da Lei n. 8.072/90, não é considerado hediondo.

- **Envenenamento de água potável ou de substância alimentícia ou medicinal**

O crime de envenenamento de água potável ou de substância alimentícia ou medicinal, qualificado pela morte (art. 270, combinado com o art. 285 do CP), constava do rol original da Lei dos Crimes Hediondos, mas foi retirado pela Lei n. 8.930/94. Assim, atualmente não possui tal natureza.

1.6. ANISTIA, GRAÇA, INDULTO E FIANÇA

> **Art. 2º**, *caput* — Os crimes hediondos, a prática da tortura, o tráfico ilícito de entorpecentes e drogas afins e o terrorismo são insuscetíveis de:
> I — anistia, graça e indulto;
> II — fiança.

A própria **Constituição Federal**, em seu art. 5º, XLIII, determina que todos esses crimes são insuscetíveis de **anistia**, **graça** e **fiança**.

O art. 323, II, do **Código de Processo Penal** também veda expressamente a **fiança** para esses delitos.

A Lei n. 8.072/90, por sua vez, aumentou as vedações, incluindo a proibição ao **indulto**. O Supremo Tribunal Federal entendeu não haver inconstitucionalidade quanto a esse aspecto, porque a palavra "graça" foi mencionada no texto constitucional em sentido amplo (abrangendo a graça em sentido estrito e o indulto). Posteriormente, o art. 1º, § 6º, da Lei n. 9.455/97 (Lei de Tortura) voltou a vedar apenas a graça e a anistia ao crime de tortura. Entende-se, porém, que o indulto continua proibido, pois, conforme mencionado, o Supremo Tribunal Federal entende que a palavra "graça" contida na Carta Magna abrange o indulto: "O inciso I do art. 2º da Lei n. 8.072/90 retira seu fundamento de validade diretamente do art. 5º, XLII, da Constituição Federal. III — O art. 5º, XLIII, da Constituição, que proíbe a graça, gênero do qual o indulto é espécie, nos crimes hediondos definidos em lei, não conflita com o art. 84, XII, da Lei Maior" (STF — HC 90.364, Rel. Min. Ricardo Lewandowski, Tribunal Pleno, julgado em 31/10/2007, public. 30/11/2007, p. 29).

O art. 44, *caput*, da Lei n. 11.343/2006 (Lei de Drogas) também proíbe **expressamente** o indulto, a graça e a anistia aos crimes de **tráfico** e seus **equiparados**. Caso se trate, todavia, de tráfico privilegiado (art. 33, § 4º, da Lei de Drogas), tais benefícios não estão vedados, na medida em que o Plenário do Supremo Tribunal Federal considerou que tal modalidade do delito não é equiparada aos crimes hediondos (HC 118.533, Rel. Min. Cármen Lúcia, julgado em 23/06/2016), sendo que, posteriormente, a Lei n. 13.964/2019 inseriu regra expressa nesse sentido no art. 112, § 5º, da LEP). Em suma, os três institutos (anistia, graça e indulto) são vedados aos crimes de tráfico (não privilegiado), terrorismo, tortura e de natureza hedionda.

Em relação à **liberdade provisória**, é preciso mencionar que a Lei n. 11.343/2006 (Lei de Drogas), em seu art. 44, *caput*, proíbe sua concessão ao crime de tráfico. Ocorre que, embora se trate de lei especial, a jurisprudência se inclina no sentido de ser possível sua concessão também a esse delito, na medida em que a Lei n. 11.464/2007, que alterou o art. 2º da Lei n. 8.072/90, passou a **admiti-la** até mesmo para crimes hediondos, terrorismo e tortura.

Atualmente, as pessoas presas em flagrante pela prática de crime hediondo podem, teoricamente, obter a liberdade provisória, bem como ter o flagrante relaxado por excesso de prazo ou por outras causas (nulidade do auto de prisão, ausência de situação de flagrância etc.). Convém lembrar, entretanto, que a Lei n. 11.464/2007 apenas **retirou a proibição** da liberdade provisória, mas é evidente que, na prática, os juízes só irão deferir o benefício em situações excepcionais, na medida em que os delitos em estudo são de extrema gravidade.

Observação: A Súmula 697 do Supremo Tribunal Federal perdeu a razão de existir após o advento da Lei n. 11.464/2007. O teor dessa súmula era o seguinte: "a proibição de liberdade provisória nos processos por crimes hediondos não veda o relaxamento da prisão processual por excesso de prazo".

1.7. REGIME INICIAL FECHADO

> **Art. 2º, § 1º** A pena por crime previsto neste artigo será cumprida inicialmente em regime fechado.

Na legislação penal **comum**, somente é fixado regime inicial **fechado** quando o réu é condenado, por crime apenado com reclusão, a pena superior a **oito** anos, ou se for **reincidente**. Para os crimes hediondos, o tráfico de entorpecentes, o terrorismo e a tortura, o dispositivo em análise, todavia, estabelece que o regime inicial a ser fixado pelo juiz na sentença deve ser **sempre o fechado**, independentemente do **montante** da pena aplicada e de ser o réu **primário ou reincidente**. Acontece que o **Plenário** do Supremo Tribunal Federal, em 27 de junho de 2012, declarou, por oito votos contra três, a **inconstitucionalidade** desse art. 2º, § 1º, da Lei n. 8.072/90 por entender que a obrigatoriedade de regime inicial fechado para penas não superiores a 8 anos fere o princípio constitucional da **individualização da pena** (art. 5º, XLVI, da Constituição Federal). Assim, mesmo para crimes hediondos, tráfico de drogas, terrorismo e tortura, o regime inicial só poderá ser o fechado (quando a pena fixada na sentença não for maior do que 8 anos), se o acusado for **reincidente** ou se as **circunstâncias do caso concreto** indicarem uma gravidade diferenciada daquele crime específico, o que deverá constar expressamente da fundamentação da sentença. Essa decisão ocorreu no julgamento do HC 111.840/ES, que teve como relator o Ministro Dias Toffoli:

> "Ementa: *Habeas corpus*. Penal. Tráfico de entorpecentes. Crime praticado durante a vigência da Lei n. 11.464/07. Pena inferior a 8 anos de reclusão. Obrigatoriedade de imposição do regime inicial fechado. Declaração incidental de inconstitucionalidade do § 1º do art. 2º da Lei n. 8.072/90. Ofensa à garantia constitucional da individualização da pena (inciso XLVI do art. 5º da CF/88). Fundamentação necessária (CP, art. 33, § 3º, c/c o art. 59). Possibilidade de fixação, no caso em exame, do regime semiaberto para o início de cumprimento da pena privativa de liberdade. Ordem concedida. 1. Verifica-se que o delito foi praticado em 10/10/09, já na vigência da Lei n. 11.464/07, a qual instituiu a obrigatoriedade da imposição do regime inicialmente fechado aos crimes hediondos e assemelhados. 2. Se a Constituição Federal menciona que a lei regulará a individualização da pena, é natural que ela exista. Do mesmo modo, os critérios para a fixação do regime prisional inicial devem-se harmonizar com as garantias constitucionais, sendo necessário exigir-se sempre a fundamentação do regime imposto, ainda que se trate de crime hediondo ou equiparado. 3. Na situação em análise, em que o paciente, condenado a cumprir pena de seis (6) anos de reclusão, ostenta circunstâncias subjetivas favoráveis, o regime prisional, à luz do art. 33, § 2º, alínea *b*, deve ser o semiaberto. 4. Tais circunstâncias não elidem a possibilidade de o magistrado, em eventual apreciação das condições subjetivas desfavoráveis, vir a estabelecer regime prisional mais severo, desde que o faça em razão de elementos concretos e individualizados, aptos a demonstrar a necessidade de maior rigor da medida privativa de liberdade do indivíduo, nos termos do § 3º do art. 33, c/c o art. 59, do Código Penal. 5. Ordem concedida tão somente para remover o óbice constante do § 1º do art. 2º da Lei n. 8.072/90, com a redação dada pela Lei n. 11.464/07, o qual determina que "[a] pena por crime previsto neste artigo será cumprida

> inicialmente em regime fechado". Declaração incidental de inconstitucionalidade, com efeito *ex nunc*, da obrigatoriedade de fixação do regime fechado para início do cumprimento de pena decorrente da condenação por crime hediondo ou equiparado".

Desse modo, se o réu primário for condenado a pena não superior a 8 anos, não bastará que o juiz diga que aquele crime é previsto em lei como hediondo para aplicar o regime inicial fechado. Deverá explicar por que aquele crime hediondo ou equiparado se reveste de especial gravidade. Exs.: porque a quantidade da droga é muito elevada no crime de tráfico; porque o acusado manteve diversas conjunções carnais com a vítima no crime de estupro etc.

Em novembro de 2017, confirmando tal entendimento, o Supremo Tribunal Federal aprovou a tese 972, em sede de repercussão geral: "É inconstitucional a fixação *ex lege*, com base no art. 2º, § 1º, da Lei n. 8.072/90, do regime inicial fechado, devendo o julgador, quando da condenação, ater-se aos parâmetros previstos no art. 33 do Código Penal".

▪ 1.8. REGRAS PARA PROGRESSÃO DE REGIME

A Lei n. 8.072/90 (Lei dos Crimes Hediondos), em sua redação originária, estabelecia que, para os crimes hediondos, a tortura, o terrorismo e o tráfico de drogas, a pena deveria ser cumprida em regime integral fechado, ou seja, sem ter direito o condenado a progressão para regimes mais brandos. Durante quase 16 anos, o Supremo Tribunal Federal considerou constitucional essa vedação, tendo, inclusive, aprovado a Súmula 698 nesse sentido. Ocorre que, de modo surpreendente, ao julgar o HC 82.959/SP, em 23 de fevereiro de 2006, o mesmo Supremo Tribunal Federal, por maioria de votos, declarou a inconstitucionalidade da mencionada redação originária do art. 2º, § 1º, da Lei n. 8.072/90 (Lei dos Crimes Hediondos), por entender que a proibição de progressão de regime feria os princípios da individualização da pena e da dignidade humana. De acordo com o Supremo, o regime progressivo é um direito reconhecido na Constituição, embutido no princípio da individualização da pena. Com essa decisão, os condenados por crimes comuns ou por crimes hediondos poderiam obter a progressão com o mero cumprimento de 1/6 da pena, razão pela qual foi rapidamente apresentado projeto de lei que, aprovado, transformou-se na Lei n. 11.464, publicada em 29 de março de 2007. Esta lei alterou o art. 2º, § 2º, da Lei n. 8.072/90, estabelecendo que a *progressão dar-se-á com o cumprimento mínimo de 2/5 da pena, se o sentenciado for primário, e de 3/5 se reincidente* (art. 2º, § 2º, da Lei n. 8.072/90). Ocorre que esse dispositivo foi expressamente revogado pela Lei n. 13.964/2019, que, ao mesmo tempo, modificou a redação do art. 112 da Lei de Execuções Penais, e trouxe uma série de novas regras relativas à progressão de regime para crimes hediondos e equiparados.

Pelas regras atuais, a progressão pressupõe o cumprimento ao menos de:

1) 40% da pena, se for condenado pela prática de crime hediondo ou equiparado, se for primário (art. 112, V);

2) 50% da pena, se for condenado pela prática de crime hediondo ou equiparado, com resultado morte, se for primário (art. 112, VI, "a");

3) 60% da pena, se for reincidente na prática de crime hediondo ou equiparado (art. 112, VII);

4) 70% da pena, se for reincidente em crime hediondo ou equiparado com resultado morte (art. 112, VIII).

Essas novas regras só valem para os crimes cometidos após a entrada em vigor da Lei n. 13.964/2019. Para os condenados por crimes hediondos ou equiparados praticados antes de 29 de março de 2007, a progressão poderá ser obtida com o cumprimento de apenas 1/6 da pena (em razão da declaração de inconstitucionalidade da redação originária da Lei dos Crimes Hediondos). Para os que foram ou forem condenados por crimes hediondos ou equiparados cometidos após 29 de março de 2007 e antes de 23 de janeiro de 2020 (entrada em vigor da Lei n. 13.964/2019), a progressão dar-se-á pelo cumprimento de 2/5 da pena se primário, e 3/5 se reincidente.

Lembre-se que o art. 2º, § 2º, da Lei n. 8.072/90 foi expressamente revogado pela Lei n. 13.964/2019. Tal dispositivo, em sua parte final, previa regras mais brandas para a progressão de regime — relativa a crimes hediondos ou equiparados — para mulheres gestantes, mães ou responsáveis por crianças ou pessoas com deficiência, se o crime não tivesse sido cometido com emprego de violência ou grave ameaça, se a sentenciada não integrasse organização criminosa, se fosse primária e tivesse bom comportamento carcerário e não tivesse cometido o crime contra filho ou dependente. Com a revogação do dispositivo, o tempo de cumprimento de pena para gestantes, mães ou responsáveis por crianças ou pessoas com deficiência conseguirem progressão de regime em relação a crimes hediondos ou equiparados é o mesmo exigido para as demais pessoas, exceto quanto a crimes cometidos antes da entrada em vigor da Lei n. 13.964/2019.

- **Exame criminológico**

A atual redação do art. 112, § 1º, da Lei de Execuções Penais diz que, para a **comprovação** do requisito **subjetivo** necessário para a progressão de regime, basta a existência de **atestado de boa conduta carcerária elaborado pelo diretor do presídio**, não mais se exigindo, como na antiga redação do mencionado artigo, o **exame criminológico** e o **parecer da Comissão Técnica de Classificação**.

A finalidade da alteração foi a de tornar mais célere o procedimento de progressão; contudo, severas críticas merece o legislador, na medida em que o diretor do presídio dificilmente tem condições de analisar a conduta de cada um dos presos de sua unidade, cuja lotação geralmente chega à casa das centenas ou dos milhares. Ao contrário, o **exame criminológico** é feito por **equipe multidisciplinar** de peritos (assistente social, psicólogo, psiquiatra, educador) que, obrigatoriamente, fazem entrevistas e exames no preso que pretende a progressão. Tal equipe verifica se ele demonstra ou não periculosidade, arrependimento, condições de retornar ao convívio social, problemas de relacionamento, dependências etc. Tais conclusões se mostram relevantíssimas, precipuamente, se considerarmos que, no regime semiaberto, o condenado terá direito às saídas temporárias, sem acompanhamento direto.

Em razão das críticas contundentes que essas novas regras sofreram por parte da doutrina e da jurisprudência, os tribunais passaram a entender que a realização do exame criminológico deixou de ser **obrigatória, mas não foi proibida**. Assim, dependendo das circunstâncias do caso concreto, o Ministério Público poderá requerer sua realização, e o juiz poderá, **em decisão fundamentada**, deferi-la.

O **Superior Tribunal de Justiça** acabou aprovando a Súmula 439, afirmando que "*admite-se o exame criminológico pelas peculiaridades do caso, desde que em decisão motivada*". Essa súmula tem caráter genérico e se aplica também aos crimes hediondos e equiparados.

Também o **Supremo Tribunal Federal** manifestou-se em tal direção:

> "Entendeu-se que o aludido art. 112 da LEP, em sua nova redação, admite a realização facultativa do exame criminológico, desde que fundamentada e quando necessária à avaliação do condenado e de seu mérito para a promoção a regime mais brando. Ressaltou-se, ainda, que esse exame pode ser contestado, nos termos do § 1º do próprio art. 112, o qual prevê a instauração de contraditório sumário. A partir de interpretação sistemática do ordenamento (CP, art. 33, § 2º e LEP, art. 8º), concluiu-se que a citada alteração não objetivou a supressão do exame criminológico para fins de progressão do regime, mas, ao contrário, introduziu critérios norteadores à decisão do juiz para dar concreção ao princípio da individualização da pena. Vencido o Min. Marco Aurélio que deferia o *Writ* por considerar não ter havido modificação substancial das exigências legais para a concessão de tal benefício" (STF — HC 86.631/PR, 1ª Turma, Rel. Min. Ricardo Lewandowski, 05/09/2006).

O Supremo aprovou, ainda, a **Súmula Vinculante n. 26**, a qual ressalva que o juiz, a fim de verificar se o condenado por **crime hediondo** ou **equiparado** encontra-se apto para a progressão a regime mais brando, pode determinar a realização do **exame criminológico**. O texto da súmula é o seguinte: "para efeito de progressão de regime no cumprimento da pena por crime hediondo, ou equiparado, o juízo da execução observará a inconstitucionalidade do art. 2º da Lei n. 8.072, de 25 de julho de 1990, sem prejuízo de avaliar se o condenado preenche, ou não, os requisitos objetivos e subjetivos do benefício, **podendo determinar para tal fim, de modo fundamentado, a realização do exame criminológico**". A parte inicial dessa súmula, que trata da inconstitucionalidade do art. 2º da Lei n. 8.072/90, diz respeito somente aos crimes hediondos ou equiparados cometidos antes da Lei n. 11.464/2007.

Em suma, para a progressão de regime, o mérito do sentenciado deve ser demonstrado sempre por atestado de boa conduta carcerária e, eventualmente, pelo exame criminológico, caso assim determinado fundamentadamente pelo juiz, de acordo com as peculiaridades do caso concreto.

▪ 1.9. DIREITO DE APELAR EM LIBERDADE

> **Art. 2º, § 3º** Em caso de sentença condenatória, o juiz decidirá fundamentadamente se o réu poderá apelar em liberdade.

Referido dispositivo permite que o juiz decida livremente se o condenado, que está solto, poderá ou não apelar em liberdade, desde que justifique sua decisão. Assim, mesmo que ele seja reincidente, por exemplo, poderá o juiz deixar de decretar sua prisão por ocasião da condenação recorrível, caso entenda que não existe necessidade imediata de encarceramento.

É evidente que, se o réu esteve preso **durante a instrução**, por estarem presentes os requisitos da prisão **preventiva**, o juiz, ao condená-lo, deverá verificar se continuam ou não presentes tais requisitos. Caso persistam os motivos, deverá manter o condenado no cárcere.

> **Observação:** A regra do art. 2º, § 3º, da Lei n. 8.072/90 se aplica apenas aos crimes hediondos, à tortura e ao terrorismo, pois, em relação ao tráfico de drogas, o art. 59 da Lei n. 11.343/2006 (Lei de Drogas) prevê que o réu poderá apelar em liberdade, se for primário e de bons antecedentes. Teoricamente, de acordo com tal dispositivo, se o juiz condenar um traficante reincidente que estava solto, deve determinar que se recolha à prisão para apelar. Ocorre que havia regra idêntica no art. 594 do Código de Processo Penal, determinando a prisão em tais casos, se a condenação fosse por qualquer espécie de crime inafiançável, dispositivo que acabou sendo revogado pela Lei n. 11.719/2008, que passou a prever a necessidade de prisão por ocasião da sentença recorrível, apenas se surgirem razões específicas para tanto no caso concreto (art. 387, parágrafo único, do CPP). Assim, embora a Lei de Drogas seja especial, na prática, passou-se a adotar o mesmo entendimento, no sentido de ser o réu preso apenas se o juiz entender que é necessária a decretação da prisão preventiva por ocasião da sentença (para garantia da ordem pública ou para assegurar a aplicação da lei penal).

Em suma, quer se trate de crime hediondo, tortura, terrorismo ou tráfico de drogas, na prática, não existe mais a necessidade de se determinar compulsoriamente a prisão em caso de condenação em 1º grau, quando o réu respondeu solto à acusação. Por sua vez, se estava preso durante a instrução, só deverá ser solto se, excepcionalmente, cessaram os motivos que justificaram a manutenção no cárcere durante o transcorrer da ação.

1.10. PRISÃO TEMPORÁRIA

> **Art. 2º, § 4º** A prisão temporária, sobre a qual dispõe a Lei n. 7.960/89, nos crimes previstos neste artigo, terá o prazo de trinta dias, prorrogável por igual período em caso de extrema e comprovada necessidade.

A prisão temporária, decretada **quando imprescindível para as investigações do inquérito policial**, terá prazo de **trinta** dias **prorrogável** por mais **trinta** — em caso de **extrema** e **comprovada necessidade** — quando se tratar de crime hediondo, tráfico de entorpecentes, terrorismo ou tortura. Para crimes **comuns**, o prazo da prisão temporária é de **cinco** dias, prorrogáveis por **mais** cinco.

Como a prisão temporária é decretada por **prazo certo**, previamente estipulado pelo juiz, ela não se computa nos demais prazos processuais quando há pedido de relaxamento de flagrante por excesso de prazo de prisão durante o transcorrer da ação penal.

De acordo com o art. 1º, da Lei n. 7.960/89, caberá prisão temporária:

I — **Quando for imprescindível para as investigações durante o inquérito policial**, ou seja, quando houver indícios de que, sem a prisão, as diligências serão malsucedidas.

II — **Quando o indiciado não tiver residência fixa ou não fornecer elementos necessários ao esclarecimento de sua identidade**.

III — **Quando houver indícios de autoria ou de participação em um dos seguintes crimes: homicídio doloso, sequestro ou cárcere privado, roubo, extorsão ou extorsão mediante sequestro, estupro, epidemia ou envenenamento de água ou alimento, quadrilha, genocídio, tráfico de entorpecentes ou crime contra o sistema financeiro**.

Apesar de divergências a respeito, prevalece o entendimento de que a prisão temporária só é cabível nos crimes mencionados no inciso III e desde que também presente a hipótese do inciso I **ou** do inciso II. Ocorre que o art. 2º, § 4º, da Lei n. 8.072/90 possibilita também a decretação da prisão temporária nos crimes de terrorismo, tortura e **em todos os crimes hediondos** — ainda que não constem do rol acima, como o crime de estupro de vulnerável (art. 217-A), criado pela Lei n. 12.015/2009.

O crime de quadrilha, mencionado no inciso III, atualmente é denominado **associação criminosa**, devido às modificações da Lei n. 12.850/2013. Admite também a prisão temporária, porque esta Lei é mais gravosa.

A prisão temporária só pode ser decretada **durante o inquérito policial**, nunca durante o tramitar da ação.

Quando foi aprovada a Lei n. 7.960/89, alguns juristas passaram a defender a tese de que a **prisão preventiva** não mais seria cabível na fase inquisitorial, já que a prisão temporária teria tomado seu lugar. A aprovação da Lei n. 12.403/2011 deu nova redação aos arts. 283 e 311 do CPP, reconhecendo a coexistência das modalidades de prisão preventiva e temporária em nossa legislação, e reiterando que a primeira também pode ser decretada durante a fase de investigação policial. A Lei n. 13.964/2019 modificou novamente a redação do art. 311 do CPP, mantendo a possibilidade de prisão preventiva durante o inquérito policial. Em suma, o juiz pode decretar qualquer das modalidades de prisão processual durante o inquérito, na medida em que elas têm requisitos diversos.

1.11. ESTABELECIMENTOS PENAIS

> **Art. 3º** A União manterá estabelecimentos penais, de segurança máxima, destinados ao cumprimento de penas impostas a condenados de alta periculosidade, cuja permanência em presídios estaduais ponha em risco a ordem ou incolumidade pública.

Trata-se de medida de enorme importância em virtude da grande periculosidade daqueles que infringem os crimes dessa lei. Não são raros os casos de facilitação de fugas e resgates de presos extremamente perigosos — principalmente sequestradores e traficantes —, uma vez que possuem organização e dinheiro para tanto. Assim, a colocação desses criminosos em presídios de segurança máxima, de preferência em locais distantes daqueles em que o condenado costuma agir, tornou-se imperativa na atualidade. Lamenta-se, entretanto, que os governos tenham demorado para atentar para esse dispositivo, de imensa relevância no combate à violência.

■ 1.12. DISPOSITIVO VETADO

> **Art. 4º** O § 1º do art. 60 do Código Penal passa a vigorar com a seguinte redação:
> § 1º A multa pode ser aumentada se o juiz considerar que, em virtude da situação econômica do réu, é ineficaz, embora aplicada no máximo. (*vetado*)

O presente dispositivo foi vetado com a seguinte fundamentação: "No que concerne ao art. 4º, sua redação parece incompreensível. Ela difere da do atual parágrafo 1º do artigo 60 em apenas um ponto: a supressão da expressão "até o triplo". O que quer dizer que, enquanto o texto vigente prevê uma quantificação aplicável: "a multa pode ser aplicada **até o triplo**" — a proposta do projeto é retirar o parâmetro de quantificação: "a multa pode ser aumentada". Desse modo, fica **em aberto** a fixação da multa pelo juiz, situação **juridicamente inadmissível**. Apesar da intenção moralizadora do projeto, melhor será manter a redação atual".

■ 1.13. LIVRAMENTO CONDICIONAL

> **Art. 5º** Ao art. 83 do Código Penal é acrescido o seguinte inciso: (...)
> V — cumprido mais de dois terços da pena, nos casos de condenação por crime hediondo, prática da tortura, tráfico ilícito de entorpecentes e drogas afins, tráfico de pessoas e terrorismo, se o apenado não for reincidente específico em crimes dessa natureza.

Pela legislação comum, o livramento condicional pode ser obtido após o cumprimento de **um terço** da pena para os réus **primários** e **metade** para os **reincidentes**, desde que satisfeitas as outras **exigências legais** (pena fixada na sentença igual ou superior a dois anos, bom comportamento carcerário, reparação do dano etc.).

Para os crimes **hediondos**, **terrorismo** e **tortura**, o benefício só pode ser concedido, de acordo com o dispositivo em análise, após o cumprimento de **dois terços** da reprimenda imposta, desde que o condenado não seja **reincidente específico**.

A Lei n. 9.455/97, que tipifica os crimes de **tortura**, não fez referência ao livramento condicional, de forma que a regra em estudo continua sendo aplicável a tais infrações penais.

Em relação ao crime de **tráfico**, a Lei de Drogas (Lei n. 11.343/2006) contém regra semelhante em seu art. 44, parágrafo único, exigindo também o cumprimento de **dois terços** da pena.

Existem duas orientações a respeito do alcance da expressão **reincidência específica** neste art. 83, V. Uma corrente, denominada **restritiva**, entende que ela só está presente quando o agente, após condenado por um determinado delito hediondo ou equiparado, comete novamente a **mesma espécie** de crime. Ex.: condenado em definitivo por crime de estupro, o agente novamente comete essa espécie de infração penal. A outra corrente, chamada **ampliativa**, diz que há vedação ao livramento quando o agente, após ser condenado por **um dos crimes hediondos ou assemelhados, comete outro crime dessa natureza**. Ex.: após ser condenado por estupro, o agente comete um latrocínio. Esta é a corrente mais aceita. Parece-nos que esta última interpretação é a correta. Com efeito, se a lei mencionasse apenas "reincidente específico" a solução seria diversa, mas ao mencionar "reincidente específico em crimes dessa natureza" deixou claro o legislador que pretendia vedar o livramento sempre que a pessoa fosse condenada por dois crimes hediondos ou assemelhados, ainda que não da mesma espécie.

Saliente-se, todavia, que, em relação ao crime de **tráfico** de drogas, existe dispositivo mais recente e previsto em lei **especial** (art. 44, parágrafo único, da Lei n. 11.343/2006), estabelecendo a possibilidade do livramento condicional após o cumprimento de 2/3 da pena, nos crimes descritos em seus arts. 33, *caput* e § 1º, e 34 a 37, salvo se o condenado for reincidente específico. Como essa lei somente cuida de crimes relacionados a entorpecentes, a expressão "reincidência específica" refere-se somente aos crimes de tráfico elencados no dispositivo. Assim, apenas a pessoa condenada **duas vezes por tráfico** é que não poderá obter o livramento condicional.

Observe-se que, no julgamento do HC 118.533, Rel. Min. Cármen Lúcia, em 23/06/2016, o Plenário do Supremo Tribunal Federal decidiu que o **tráfico privilegiado de drogas não possui natureza equiparada à dos crimes hediondos** e que, por tal razão, não são exigíveis os requisitos mais severos para a obtenção do livramento, previstos no art. 44, parágrafo único, da Lei n. 11.343/2006. Considera-se privilegiado o tráfico quando o agente é primário, tem bons antecedentes, não se dedica às atividades criminosas e não integra organização criminosa. Em tal hipótese, descrita no art. 33, § 4º, da Lei de Drogas, a pena do réu será reduzida de 1/6 a 2/3 e ele poderá obter o livramento de acordo com as regras comuns do Código Penal (art. 83 do Código Penal). Essa decisão da Corte Suprema sobrepôs-se ao que havia decidido o Superior Tribunal de Justiça, que entendera ter natureza hedionda o tráfico privilegiado (Súmula n. 512 — cancelada em 23/11/2016). **Posteriormente, a Lei n. 13.964/2019 inseriu no art. 112, § 5º, da LEP, regra expressa no sentido de que o tráfico privilegiado não possui natureza hedionda ou equiparada**.

No tráfico de drogas comum (não privilegiado) será necessário o cumprimento do montante diferenciado de pena previsto no art. 44, parágrafo único, da Lei n. 11.343/2006 para a obtenção do livramento.

O Superior Tribunal de Justiça fixou entendimento no sentido de que não há reincidência específica se a pessoa for condenada inicialmente por tráfico privilegiado e depois por tráfico comum (art. 33, *caput*): "*In casu*, embora o paciente já ostentasse condenação anterior por tráfico privilegiado quando praticou o crime de tráfico de drogas (art. 33, *caput*, da Lei n. 11.343/2006), não se configurou a reincidência específica, uma vez que se trata de condutas de naturezas distintas" (STJ — HC 453.983/SP, Rel. Min. Felix Fischer, 5ª Turma, julgado em 02/08/2018, *DJe* 09/08/2018); "Imperioso afastar a reincidência específica em relação ao tráfico privilegiado e o tráfico previsto no *caput* do art. 33 da Lei de Drogas, nos termos do novo entendimento jurisprudencial, para fins da concessão do livramento condicional" (STJ — HC 436.103/DF, Rel. Min. Nefi Cordeiro, 6ª Turma, julgado em 19/06/2018,

DJe 29/06/2018); "O sentenciado condenado, primeiramente, por tráfico privilegiado (art. 33, § 4º, da Lei n. 11.343/2006) e, posteriormente, pelo crime previsto no *caput* do art. 33 da Lei n. 11.343/2006, não é reincidente específico, nos termos da legislação especial; portanto, não é alcançado pela vedação legal, prevista no art. 44, parágrafo único, da referida Lei" (HC 419.974/SP, Rel. Min. Maria Thereza de Assis Moura, 6ª Turma, julgado em 22/05/2018, *DJe* 04/06/2018).

A Lei n. 13.344/2016 inseriu nesse art. 83, V, do Código Penal o crime de tráfico de pessoas, embora este não tenha natureza hedionda.

É muito importante ressaltar, por sua vez, as inovações trazidas pela Lei n. 13.964/2019, que modificou o art. 112 da LEP, trazendo regras mais rigorosas em relação a crimes hediondos mais graves. Com efeito, o art. 112, em seus incisos VI, "a", e VIII, veda por completo o livramento condicional para pessoas condenadas por crimes hediondos ou equiparados com **resultado morte**. Ex.: latrocínio consumado, homicídio qualificado consumado, estupro qualificado pela morte, tortura qualificada pela morte etc.

- **Exame criminológico**

A lei **não** exige a realização do exame criminológico para a obtenção do livramento condicional, porém também não a proíbe. Assim, a jurisprudência dos tribunais superiores é no sentido de que o juiz pode determinar a realização desse exame, **em decisão fundamentada**, sempre que entender que as circunstâncias do **caso concreto** justificam a medida. Esse exame é realizado por equipe multidisciplinar de peritos (assistentes sociais, psicólogos, psiquiatras, educadores) que, obrigatoriamente, fazem entrevistas e exames no preso e, evidentemente, podem trazer inúmeros subsídios para que o juiz tome a decisão acertada, concedendo ou negando o benefício.

A propósito, veja-se a Súmula 439 do Superior Tribunal de Justiça: "Admite-se o exame criminológico pelas peculiaridades do caso, desde que em decisão motivada". A Súmula Vinculante n. 26 do Supremo Tribunal Federal, embora trate da questão da progressão do regime para crimes hediondos e equiparados, e não do livramento condicional, deixa claro que tal exame ainda pode ser determinado, de modo que, se as circunstâncias do caso concreto justificarem, o juiz poderá determinar a realização do exame criminológico antes de decidir acerca do livramento condicional, desde que fundamente sua decisão.

1.14. ALTERAÇÃO DAS PENAS DOS CRIMES HEDIONDOS

> **Art. 6º** Os arts. 157, § 3º; 159, *caput* e seus §§ 1º, 2º e 3º; 213; 214; 223, *caput* e seu parágrafo único; 267, *caput*, e 270, *caput*, todos do Código Penal, passam a vigorar com a seguinte redação:
>
> Art. 157, § 3º, *in fine*: se resulta morte, a reclusão é de vinte a trinta anos, sem prejuízo da multa.
>
> Art. 159, *caput*: pena — reclusão, de oito a quinze anos.
>
> § 1º: pena — reclusão, de doze a vinte anos.
>
> § 2º: pena — reclusão, de dezesseis a vinte e quatro anos.
>
> § 3º: pena — reclusão, de vinte e quatro a trinta anos.

Art. 213: pena — reclusão, de seis a dez anos.
Art. 214: pena — reclusão, de seis a dez anos.
Art. 223, *caput*: pena — reclusão, de oito a doze anos.
Art. 223, parágrafo único: pena — reclusão, de doze a vinte e cinco anos.
Art. 267: pena — reclusão, de dez a quinze anos.
Art. 270: pena — reclusão, de dez a quinze anos.

A Lei n. 8.072/90, além de todas as providências já estudadas, aumentou as penas previstas em **abstrato** para os crimes hediondos.

Passou o crime de **latrocínio** a ter pena de vinte a trinta anos, que, nos termos do art. 158, § 2º, do Código Penal, automaticamente estendeu-se ao crime de **extorsão** qualificada pela morte.

O delito de **extorsão mediante sequestro** sofreu alteração na pena em todas as suas figuras (simples e qualificadas). Acontece que, ao aumentar o montante das penas privativas de liberdade, o legislador, talvez por equívoco, **excluiu** a pena de **multa** antes prevista, fazendo com que tal crime não mais possua essa espécie de reprimenda.

Em relação ao crime de **epidemia** (art. 267), ocorreu situação interessante. Com efeito, a figura simples não é considerada hedionda (art. 1º, VII) e, por tal razão, não deveria ter sido abordada pela Lei dos Crimes Hediondos. Entretanto, o legislador aumentou a pena desse crime para reclusão, de dez a quinze anos. O caráter hediondo, contudo, só estará presente se a epidemia for **qualificada pelo resultado morte**, hipótese em que o § 1º do art. 267 determina que a pena será aplicada em **dobro**.

O art. 270 do Código Penal tipifica os crimes de envenenamento de água potável, substância alimentícia ou medicinal. Exatamente como no caso anterior, esse ilícito penal só era considerado hediondo quando qualificado pelo resultado morte (art. 285 do CP). A Lei n. 8.072/90, entretanto, tornou maior a pena da figura simples, punindo-a com reclusão, de dez a quinze anos, pena esta que será duplicada quando resultar em morte. A Lei n. 8.930/94, por sua vez, **excluiu** esse crime do rol dos delitos hediondos, mas a alteração na pena continua em vigor.

■ 1.15. DELAÇÃO EFICAZ

Art. 7º Ao art. 159 do Código Penal fica acrescido o seguinte parágrafo:
§ 4º Se o crime é cometido em concurso, o concorrente que o denunciar à autoridade, facilitando a libertação do sequestrado, terá sua pena reduzida de um a dois terços.

Esse dispositivo, **introduzido no Código Penal** pela Lei dos Crimes Hediondos, descrevia, em sua redação originária, requisitos tão difíceis de serem atingidos que foi necessária uma alteração legislativa para adequá-lo à realidade. Essa adequação foi feita pela Lei n. 9.269/96.

Trata-se de causa obrigatória de **diminuição de pena**, que, para ser aplicada, exige que o crime de extorsão mediante sequestro tenha sido cometido por pelo menos **duas pessoas** e que qualquer delas (coautor ou partícipe) arrependa-se e **delate** as demais à **autoridade** (policiais, juízes, promotores), de tal forma que o sequestrado venha a ser **libertado**. Para a obtenção do benefício, o agente deve, por iniciativa própria ou quando questionado pela autoridade, prestar informações que **efetivamente** facilitem a localização e a libertação da vítima. Assim, se as informações prestadas em nada colaborarem para isso, a pena não sofrerá qualquer diminuição. Daí o nome "delação eficaz".

Os requisitos, portanto, são os seguintes:

a) **prática de extorsão mediante sequestro por duas ou mais pessoas**;
b) **delação feita por um dos concorrentes à autoridade**;
c) **eficácia da delação**.

Para decidir acerca do *quantum* da redução, o juiz deverá levar em conta a **maior** ou **menor** colaboração para a libertação da vítima. Quanto maior a **contribuição**, maior deverá ser a **redução**. Ex.: se o delator disser o local exato onde se encontra a vítima em cativeiro, e os policiais conseguirem de imediato ir até o local e a libertarem, o redutor será aplicado no patamar máximo.

Interessante notar que, se o crime for praticado por uma única pessoa e esta, por arrependimento ou por não ter conseguido receber o valor do resgate, soltar a vítima, não terá o benefício legal.

A Lei n. 9.807/99, que ficou conhecida por estabelecer normas de proteção a testemunhas e vítimas, em seu art. 13, previu a possibilidade de o juiz conceder **perdão judicial** ao delator nos crimes em geral. Esse dispositivo, entretanto, não revogou o art. 159, § 4º, do Código Penal, uma vez que, não obstante preveja maior benefício ao delator, possui também requisitos maiores (primariedade, identificação dos comparsas, repercussão social do fato etc.). Assim, quando incabível a aplicação desse benefício, e normalmente o será, poderá ser reconhecido o instituto da delação eficaz criado pela Lei dos Crimes Hediondos.

■ 1.16. ASSOCIAÇÃO CRIMINOSA QUALIFICADA

> **Art. 8º**, *caput* — Será de três a seis anos de reclusão a pena prevista no art. 288 do Código Penal, quando se tratar de crimes hediondos, prática da tortura, tráfico ilícito de entorpecentes e drogas afins ou terrorismo.

O art. 288 do Código Penal, modificado pela Lei n. 12.850/2013, define o delito de **associação criminosa**, que consiste na união de **três ou mais pessoas com o fim de cometer reiteradamente crimes**. O art. 8º da Lei n. 8.072/90 prevê o delito de associação criminosa qualificado pela especial finalidade de seus integrantes de cometerem os crimes previstos nessa lei. Assim, enquanto o crime comum possui pena de reclusão, de um a três anos, essa modalidade qualificada é punida com reclusão, de três a seis anos. Ex.: grupo de justiceiros visando a prática reiterada de crimes de homicídio qualificado. A pena da associação criminosa é autônoma em relação aos delitos efetivamente cometidos por seus integrantes. Assim, formado um grupo para a prática de homicídios qualificados, os seus integrantes responderão pelo crime de associação criminosa (com a pena do art. 8º) e pelos homicídios efetivamente cometidos, em concurso material.

Entendemos que o parágrafo único do art. 288 do Código Penal, que determina aplicação da pena aumentada em até metade se a associação criminosa for **armada**, aplica-se também àquela formada para cometer crimes hediondos ou figuras equiparadas.

O art. 8º, *caput*, da Lei n. 8.072/90 menciona também a associação formada para praticar **tráfico de entorpecentes**, porém a Lei n. 11.343/2006 (nova Lei de Drogas), que é posterior, contém crime específico para a hipótese, chamado "associação para o tráfico" (art. 35, *caput*), que pune com reclusão, de três a dez anos, a associação de **duas ou mais** pessoas para o fim de praticar, de forma reiterada ou não, o tráfico de drogas.

■ 1.17. TRAIÇÃO BENÉFICA

> **Art. 8º**, parágrafo único — O participante e o associado que denunciar à autoridade o bando ou quadrilha, possibilitando seu desmantelamento, terá a pena reduzida de um a dois terços.

Esse instituto foi chamado por Damásio de Jesus de "**traição benéfica**", pois resulta redução da pena como consequência da **delação de comparsas**. Veja-se que, nos termos da lei, só haverá a diminuição da pena se a delação implicar o **efetivo** desmantelamento da associação, ou seja, se as autoridades conseguirem impedir o prosseguimento das atividades do grupo.

Pode-se dizer que a aplicação do instituto pressupõe os seguintes requisitos:

a) existência de uma associação criminosa;

b) delação da existência do grupo à autoridade por um de seus integrantes;

c) eficácia da delação, possibilitando o seu desmantelamento.

O *quantum* da redução, entre **um e dois terços**, deve guardar relação com a maior ou menor colaboração do agente. Quanto **maior** a colaboração, **maior** a redução. No caso de concurso **material** entre o crime de associação criminosa e outros delitos praticados por seus integrantes, a redução da pena atingirá apenas o **primeiro** (associação).

Apesar de o dispositivo mencionar expressamente o crime de "quadrilha ou bando" — denominação afastada pela Lei n. 12.850/2013 —, é viável sua aplicação ao crime de **associação criminosa**, uma vez que o dispositivo em questão é **norma benéfica** (que gera redução da pena).

1.18. CAUSAS DE AUMENTO DE PENA

> **Art. 9º** As penas fixadas no art. 6º para os crimes capitulados nos arts. 157, § 3º, 158, § 2º, 159, *caput* e seus §§ 1º, 2º e 3º, 213, *caput*, e sua combinação com o art. 223, *caput* e parágrafo único, 214 e sua combinação com o art. 223, *caput* e parágrafo único, todos do Código Penal, são acrescidas de metade, respeitado o limite superior de trinta anos de reclusão, estando a vítima em qualquer das hipóteses referidas no art. 224 também do Código Penal.

Esse dispositivo prevê um aumento de metade da pena nos crimes hediondos de natureza patrimonial e sexual se a vítima não for maior de 14 anos, se for alienada ou débil mental e o agente souber disso ou se não puder, por qualquer causa, oferecer resistência. Ocorre que referido art. 9º foi **tacitamente** revogado na medida em que a Lei n. **12.015/2009** expressamente **revogou** o art. 224 do Código Penal, que lhe dava **complemento**. Assim, nos crimes patrimoniais mencionados no dispositivo **não há mais causa de aumento de pena** e, nos crimes sexuais, a mesma Lei n. 12.015/2009 transformou as hipóteses em crime autônomo denominado **estupro de vulnerável**.

1.19. PRAZO EM DOBRO PARA O TRÁFICO DE ENTORPECENTES

> **Art. 10.** O art. 35 da Lei n. 6.368, de 21 de outubro de 1976, passar a vigorar acrescido de parágrafo único, com a seguinte redação:
>
> Art. 35. (...)
>
> Parágrafo único. Os prazos procedimentais deste capítulo serão contados em dobro quando se tratar dos crimes previstos nos arts. 12, 13 e 14.

Esse dispositivo contém regra determinando que, a partir de sua entrada em vigor, os prazos previstos na Lei n. 6.368/76 (antiga Lei Antitóxicos), para apuração do crime de tráfico de drogas e associação para o tráfico, passam a ser contados em dobro. Essa regra perdeu o sentido após a aprovação da Lei n. 11.343/2006 (Lei de Drogas), que estabeleceu novos prazos procedimentais para a apuração do tráfico de drogas.

1.20. PRIORIDADE DE TRAMITAÇÃO

De acordo com o art. 394-A do Código de Processo Penal, introduzido pela Lei n. 13.285/2016, os processos que apurem a prática de crime hediondo terão prioridade de tramitação em todas as instâncias.

1.21. PRINCIPAIS REGRAS DA LEI DOS CRIMES HEDIONDOS

ROL DOS CRIMES HEDIONDOS	a) homicídio quando praticado em atividade típica de grupo de extermínio, ainda que cometido por um só agente e homicídio qualificado; b) homicídio qualificado; c) lesão gravíssima ou seguida de morte contra policiais, integrantes das Forças Armadas, da Força Nacional de Segurança ou do sistema prisional (ou contra seus familiares); d) roubo circunstanciado pela restrição da liberdade e emprego de arma de fogo, e roubo qualificado pela lesão grave ou morte; e) extorsão circunstanciada pela restrição da liberdade, ocorrência de lesão corporal ou morte; f) extorsão mediante sequestro simples e em suas formas qualificadas; g) estupro simples e qualificado pela lesão grave ou morte; h) estupro de vulnerável em sua forma simples ou qualificada pela lesão grave ou morte; i) epidemia com resultado morte; j) falsificação, corrupção, adulteração ou alteração de produto destinado a fins terapêuticos ou medicinais; k) favorecimento da prostituição ou de outra forma de exploração sexual de criança ou adolescente ou de vulnerável; l) furto qualificado pelo emprego de explosivo ou de artefato análogo que cause perigo comum; m) genocídio; n) posse ou porte ilegal de arma de fogo de uso proibido; o) comércio ilegal de armas de fogo; p) tráfico internacional de arma de fogo; q) crime de organização criminosa quando direcionado à prática de crime hediondo ou equiparado. Observação: as modalidades tentadas desses delitos também configuram crime hediondo.
FIGURAS EQUIPARADAS	■ Tráfico ilícito de drogas (exceto o tráfico privilegiado), terrorismo e tortura.
VEDAÇÕES	■ Os crimes hediondos e os equiparados são insuscetíveis de anistia, graça, indulto e fiança.
REGIME INICIAL	■ Nos termos do art. 2º, § 1º, da Lei n. 8.072/90, regime inicial deve ser necessariamente o fechado. O Plenário do STF, todavia, declarou a inconstitucionalidade desse dispositivo. Assim, devem ser seguidas as regras comuns do Código Penal para a fixação do regime inicial.
PROGRESSÃO DE REGIME	■ Cumprimento de a) 40% da pena, se for condenado pela prática de crime hediondo ou equiparado, se for primário (art. 112, V, da LEP); b) 50% da pena, se for condenado pela prática de crime hediondo ou equiparado, com resultado morte, se for primário (art. 112, VI, "a", da LEP); c) 60% da pena, se for reincidente na prática de crime hediondo ou equiparado (art. 112, VII, da LEP); d) 70% da pena, se for reincidente em crime hediondo ou equiparado com resultado morte (art. 112, VIII, da LEP).
LIVRAMENTO CONDICIONAL	■ O livramento condicional só pode ser obtido pelo cumprimento de dois terços da pena e desde que o réu não seja reincidente específico em crime dessa natureza. É vedado o livramento condicional a pessoas condenadas por crime hediondo ou equiparado do qual tenha resultado morte.
PRISÃO TEMPORÁRIA	■ O prazo de prisão temporária é de trinta dias, prorrogáveis por mais trinta em caso de extrema e comprovada necessidade.

1.22. QUESTÕES

1. (Delegado de Polícia/PB — CESPE — 2009) Os crimes hediondos ou a eles assemelhados não incluem

a) o atentado violento ao pudor (atual estupro).
b) a extorsão mediante sequestro.
c) a falsificação de produto destinado a fins terapêuticos.
d) a associação permanente para o tráfico ilícito de substância entorpecente.
e) a tentativa de genocídio.

2. (Defensoria Pública/RN — 2006) Constitui crime hediondo segundo a legislação vigente

a) causar epidemia.
b) envenenar água potável de uso comum ou particular.
c) falsificar produto destinado a fins terapêuticos.
d) manter em depósito água ou substância envenenada.

3. (Ministério Público/PR — 2008) Para classificar um crime como hediondo ou assemelhado, a Lei Federal n. 8072/90:

a) atribuiu ao órgão julgador a possibilidade de, em virtude da gravidade do fato ou em decorrência da maneira de execução do crime, emoldurar um delito como hediondo ou a ele equiparado.
b) elencou os delitos considerados hediondos de forma taxativa. Entretanto, em relação aos crimes a eles assemelhados, atribuiu ao órgão julgador a possibilidade da análise do caso concreto para o enquadramento do delito como equiparado a hediondo.
c) atribuiu ao órgão julgador, em virtude da gravidade do fato ou em decorrência da maneira de execução do crime, a possibilidade de emoldurar um delito como hediondo ou assemelhado, desde que observado o conceito acerca da hediondez previamente estabelecido na própria lei.
d) elencou os delitos considerados hediondos e assemelhados de forma taxativa. Entretanto, permitiu expressamente ao magistrado, diante do caso concreto, excluir determinados crimes do rol previamente estabelecido na própria lei.
e) elencou os delitos considerados hediondos e aqueles a eles equiparados de forma taxativa, deixando de fazer qualquer previsão expressa que permita ao magistrado excluir, a partir do caso concreto, determinado crime do rol previamente estabelecido na própria lei.

4. (Delegado de Polícia/DF — 2015 — Universa) A respeito dos crimes hediondos, assinale a alternativa correta com base na legislação de regência.

a) O crime de epidemia com resultado morte não é considerado hediondo.
b) Os crimes hediondos são insuscetíveis de anistia, graça e indulto, embora lhes seja admitida fiança.
c) A pena do condenado por crime hediondo deverá ser cumprida em regime integralmente fechado, apesar de haver precedente jurisprudencial em que se admite o cumprimento da pena em regime inicialmente fechado.
d) Se o crime hediondo de extorsão mediante sequestro for cometido por quadrilha ou bando, o coautor que denunciá-lo à autoridade, facilitando a libertação do sequestrado, será beneficiado com a redução da pena de um a dois terços.
e) Entre os crimes hediondos previstos na lei, apenas as condutas consumadas são consideradas hediondas; as tentadas configuram a modalidade simples de crime.

5. (Polícia Civil/PA — 2016 — FUNCAB) Nos termos da Lei n. 8.072, de 1990, é correto afirmar que constitui crime hediondo:

a) A epidemia sem o resultado morte.
b) Sequestro ou cárcere privado.
c) Extorsão simples.
d) Homicídio simples, em qualquer caso.
e) A lesão corporal seguida de morte, quando praticada contra cônjuge, de integrantes da Força Nacional de Segurança Pública, em razão dessa condição.

6. (Ministério Público/SP — 2017) São considerados crimes hediondos, dentre outros:

a) o roubo qualificado, o homicídio qualificado, a lesão corporal grave e o estupro.
b) o estupro, o latrocínio, o homicídio qualificado e o estupro de vulnerável.
c) o peculato, o homicídio, o latrocínio e o tráfico de drogas.
d) o tráfico de drogas, o homicídio qualificado, o peculato e a extorsão mediante sequestro.
e) o sequestro, o roubo qualificado, o infanticídio e o peculato.

7. (Polícia Civil/BA — 2018 — VUNESP) Considere o seguinte caso hipotético. A Força Nacional está atuando legalmente em Salvador. O civil "X", irmão de um Policial Militar do Estado de São Paulo que integra a Força Nacional, residente na referida cidade, se envolveu em acidente de trânsito sem vítimas, ao abalroar o veículo do condutor "Y". Após se identificar como irmão do Militar do Estado integrante da Força Nacional, foi violentamente agredido por "Y", que confessou ter assim agido apenas por saber dessa condição. As agressões provocaram lesões corporais gravíssimas no civil "X". Diante do exposto, é correto afirmar que o crime praticado por "Y"

a) não é considerado hediondo, pois a legislação contempla apenas o crime de homicídio doloso perpetrado contra o Militar do Estado.
b) é considerado hediondo, apenas por se tratar de uma lesão corporal dolosa de natureza gravíssima, independentemente da condição da eventual vítima.
c) não é considerado hediondo, pois a legislação não contempla lesão corporal dolosa de natureza gravíssima como crime hediondo.
d) é considerado hediondo, pois o civil "X" foi vítima de lesão corporal dolosa de natureza gravíssima apenas por ser irmão de Militar do Estado em razão de sua função.
e) somente seria considerado hediondo se o crime de lesão corporal dolosa de natureza gravíssima fosse perpetrado contra o próprio Militar do Estado em razão de sua função.

8. (Defensor Público/AM — 2018 — FCC) À luz do que dispõe o direito brasileiro sobre os crimes hediondos,

a) somente recebem essa classificação os crimes consumados em razão do princípio da reserva legal.
b) é obrigatória a fixação de regime inicial fechado para o cumprimento da pena.
c) todas as modalidades de tráfico de drogas são equiparadas a crime hediondo, o que não ocorre no crime de associação para o tráfico.
d) sua prática autoriza a majoração da pena-base acima do mínimo legal.
e) existe vedação legal expressa à concessão dos institutos da graça e do indulto.

9. (Magistratura/MT — 2018 — Vunesp) Perseu cometeu um crime hediondo e Medusa o crime de tráfico de entorpecentes. Considerando o disposto, expressamente, na Constituição Federal no tocante aos direitos e garantias fundamentais, é correto afirmar que

a) Perseu não terá direito à fiança e nem à obtenção de graça ou anistia, e Medusa terá direito à fiança, mas não à graça ou à anistia.
b) Perseu e Medusa terão direito à fiança, mas ambos não terão direito à obtenção de graça ou anistia.
c) Perseu e Medusa não terão direito à fiança e nem à obtenção de graça ou anistia, mas os crimes de ambos são sujeitos à prescrição.
d) Perseu não terá direito à fiança, graça ou anistia, mas seu crime é sujeito à prescrição, enquanto que Medusa terá direito à fiança, graça e anistia e o crime cometido por ela sujeita-se à prescrição.
e) ambos não terão direito à fiança nem à obtenção de graça ou anistia, e os crimes por eles cometidos são considerados imprescritíveis.

GABARITO

1. "d". O crime de associação para o tráfico não é equiparado a hediondo.
2. "c". Os demais delitos não constam do rol do art. 1º, da Lei n. 8.072/90.
3. "e". O rol dos crimes hediondos é taxativo e encontra-se no art. 1º da Lei n. 8.072/90.
4. "d".
5. "e". É o que diz o art. 1º, *caput*, I-A, da Lei n. 8.072/90.
6. "b".
7. "d".
8. "e". A forma tentada dos crimes que constam do rol da Lei n. 8.072/90 também possuem natureza hedionda. O STF entendeu inconstitucional a obrigatoriedade de regime inicial fechado para crimes hediondos e equiparados. O tráfico privilegiado não possui natureza hedionda de acordo com as Cortes Superiores. Não há regra determinando que a pena-base deva ser aumentada por ser o crime hediondo.
9. "c". Para os crimes hediondos e equiparados (tráfico de drogas, por exemplo), são vedadas a anistia, a graça e a concessão de fiança. Tais delitos, por sua vez, são sujeitos à prescrição.

2

DROGAS

LEI N. 11.343/2006

■ 2.1. INTRODUÇÃO

A Lei n. **11.343**, sancionada em 23 de agosto de 2006, é a atual **Lei de Drogas**.

Referido diploma legal institui o Sistema Nacional de Políticas Públicas sobre Drogas — Sisnad; prescreve medidas para prevenção do uso indevido, atenção e reinserção de usuários e dependentes de drogas, e estabelece normas para a repressão à produção não autorizada e ao tráfico ilícito, além de definir os respectivos ilícitos penais e regulamentar o procedimento para a sua apuração. As Leis ns. **6.368/76** e **10.409/2002**, que tratavam do tema, foram expressamente revogadas.

No âmbito criminal, as principais inovações foram o tratamento diferenciado em relação ao usuário, a tipificação de crime específico para a cessão de pequena quantia de droga para consumo conjunto, o agravamento da pena do tráfico, a criação da figura do tráfico privilegiado, a tipificação do crime de financiamento ao tráfico, bem como a regulamentação de novo rito processual, temas que serão estudados a seguir.

■ 2.2. DOS CRIMES E DAS PENAS

■ 2.2.1. Porte e cultivo para consumo próprio

> **Art. 28.** Quem adquirir, guardar, tiver em depósito, transportar ou trouxer consigo, para consumo pessoal, drogas sem autorização ou em desacordo com determinação legal ou regulamentar será submetido às seguintes penas:
> I — advertência sobre os efeitos das drogas;
> II — prestação de serviços à comunidade;
> III — medida educativa de comparecimento a programa ou curso educativo.
> § 1º Às mesmas medidas submete-se quem, para seu consumo pessoal, semeia, cultiva ou colhe plantas destinadas à preparação de pequena quantidade de substância ou produto capaz de causar dependência física ou psíquica.

1. Objetividade jurídica

A saúde pública.

2. Natureza jurídica

A Lei, ao tratar do tema, classificou a conduta como **crime**. O próprio procedimento estabelecido, junto ao **Juizado Especial Criminal**, também leva a essa conclusão. Além disso, ao tratar da **prescrição** dessa modalidade de infração penal, o art. 30 determina que se apliquem as regras do art. 107 do **Código Penal**, reforçando, portanto, a condição de crime.

Não é possível aceitar a tese de que o fato não é mais considerado infração penal, apenas porque a Lei **não** prevê pena **privativa de liberdade** em **abstrato**, com base no art. **1º da Lei de Introdução ao Código Penal**, que estabelece que são considerados crimes os fatos ilícitos a que a lei comine pena de **reclusão** ou **detenção**. Com efeito, a finalidade desse dispositivo era apenas a de diferenciar **crimes** e **contravenções** por ocasião da entrada em vigor concomitante do Código Penal e da Lei das Contravenções Penais, em 1º de janeiro de 1942.

A propósito do tema, decidiu o **Supremo Tribunal Federal** que o porte de drogas para consumo pessoal efetivamente constitui crime:

> "I — Posse de droga para consumo pessoal: (art. 28 da L. 11.343/06 — nova lei de drogas): natureza jurídica de crime. 1. O art. 1º da LICP — que se limita a estabelecer um critério que permite distinguir quando se está diante de um crime ou de uma contravenção — não obsta a que lei ordinária superveniente adote outros critérios gerais de distinção, ou estabeleça para determinado crime — como o fez o art. 28 da L. 11.343/06 — pena diversa da privação ou restrição da liberdade, a qual constitui somente uma das opções constitucionais passíveis de adoção pela lei incriminadora (CF/88, art. 5º, XLVI e XLVII). 2. Não se pode, na interpretação da L. 11.343/06, partir de um pressuposto desapreço do legislador pelo "rigor técnico", que o teria levado inadvertidamente a incluir as infrações relativas ao usuário de drogas em um capítulo denominado "Dos Crimes e das Penas", só a ele referentes. (L. 11.343/06, Título III, Capítulo III, arts. 27/30). 3. Ao uso da expressão "reincidência", também não se pode emprestar um sentido "popular", especialmente porque, em linha de princípio, somente disposição expressa em contrário na L. 11.343/06 afastaria a regra geral do C. Penal (C. Penal, art. 12). 4. Soma-se a tudo a previsão, como regra geral, ao processo de infrações atribuídas ao usuário de drogas, do rito estabelecido para os crimes de menor potencial ofensivo, possibilitando até mesmo a proposta de aplicação imediata da pena de que trata o art. 76 da L. 9.099/95 (art. 48, §§ 1º e 5º), bem como a disciplina da prescrição segundo as regras do art. 107 e seguintes do C. Penal (L. 11.343, art. 30). 6. Ocorrência, pois, de "despenalização", entendida como exclusão, para o tipo, das penas privativas de liberdade. 7. Questão de ordem resolvida no sentido de que a L. 11.343/06 não implicou *abolitio criminis* (C. Penal, art. 107). II. Prescrição: consumação, à vista do art. 30 da L. 11.343/06, pelo decurso de mais de 2 anos dos fatos, sem qualquer causa interruptiva. III. Recurso extraordinário julgado prejudicado" (RE 430.105 QO, Rel. Min. Sepúlveda Pertence, 1ª Turma, julgado em 13/02/2007, *DJe* 004 26/04/2007, public. 27/04/2007).

O Superior Tribunal de Justiça passou a entender que, embora o porte de droga para consumo pessoal constitua crime, a condenação por tal conduta não gera reincidência por parte de quem comete novo crime posteriormente. Alegam que o reconhecimento da reincidência ofenderia o princípio da proporcionalidade porque a condenação anterior por contravenção penal não gera reincidência, de modo que a condenação por crime para o qual não é prevista pena privativa de liberdade (art. 28) também não pode gerar:

"À luz do posicionamento firmado pelo Supremo Tribunal Federal na questão de ordem no RE n. 430.105/RJ, julgado em 13/02/2007, de que o porte de droga para consumo próprio, previsto no artigo 28 da Lei n. 11.343/2006, foi apenas despenalizado pela nova Lei de Drogas, mas não descriminalizado, esta Corte Superior vem decidindo que a condenação anterior pelo crime de porte de droga para uso próprio configura reincidência, o que impõe a aplicação da agravante genérica do artigo 61, inciso I, do Código Penal e o afastamento da aplicação da causa especial de diminuição de pena do parágrafo 4º do artigo 33 da Lei n. 11.343/06. 2. Todavia, se a contravenção penal, punível com pena de prisão simples, não configura reincidência, resta inequivocamente desproporcional a consideração, para fins de reincidência, da posse de droga para consumo próprio, que conquanto seja crime, é punida apenas com "advertência sobre os efeitos das drogas", "prestação de serviços à comunidade" e "medida educativa de comparecimento a programa ou curso educativo", mormente se se considerar que em casos tais não há qualquer possibilidade de conversão em pena privativa de liberdade pelo descumprimento, como no caso das penas substitutivas. 3. Há de se considerar, ainda, que a própria constitucionalidade do artigo 28 da Lei de Drogas, que está cercado de acirrados debates acerca da legitimidade da tutela do direito penal em contraposição às garantias constitucionais da intimidade e da vida privada, está em discussão perante o Supremo Tribunal Federal, que admitiu Repercussão Geral no Recurso Extraordinário n. 635.659 para decidir sobre a tipicidade do porte de droga para consumo pessoal. 4. E, em face dos questionamentos acerca da proporcionalidade do direito penal para o controle do consumo de drogas em prejuízo de outras medidas de natureza extrapenal relacionadas às políticas de redução de danos, eventualmente até mais severas para a contenção do consumo do que aquelas previstas atualmente, o prévio apenamento por porte de droga para consumo próprio, nos termos do artigo 28 da Lei de Drogas, não deve constituir causa geradora de reincidência. 5. Recurso improvido" (REsp 1.672.654/SP, Rel. Min. Maria Thereza de Assis Moura, 6ª Turma, julgado em 21/08/2018, *DJe* 30/08/2018); "O prévio apenamento do agente pela conduta de porte de drogas para consumo próprio (art. 28 da Lei de Drogas) não constitui causa geradora de reincidência. Precedentes. 2. Uma vez que a acusada registra, em sua folha de antecedentes penais, apenas uma condenação anterior relativa à prática da conduta descrita no art. 28 da Lei de Drogas, deve ser afastada a agravante da reincidência" (AgRg no REsp 1.832.209/SP, Rel. Min. Rogerio Schietti Cruz, 6ª Turma, julgado em 30/06/2020, *DJe* 04/08/2020); "É desproporcional o reconhecimento da agravante da reincidência decorrente de condenação anterior pelo delito do art. 28 da Lei 11.343/2006, uma vez que a infringência da referida norma legal não acarreta a aplicação de pena privativa de liberdade e sua constitucionalidade está sendo debatida no STF. 4. Com maior razão, por ser o antecedente um instituto penal subsidiário ao da agravante da reincidência, é incabível, também, a utilização de condenação anterior pelo delito de posse de drogas a título de maus antecedentes, para aumentar a pena-base. Precedentes" (HC 550.775/SP, Rel. Min. Ribeiro Dantas, 5ª Turma, julgado em 06/02/2020, *DJe* 12/02/2020).

3. Condutas típicas

São incriminadas cinco condutas:

a) *adquirir*: obter a propriedade, a título oneroso ou gratuito. O mais comum, entretanto, é a compra;

b) *trazer consigo*: é sinônimo de portar, conduzir pessoalmente a droga;

c) *guardar* e *ter em depósito*: é manter a droga em algum local;
d) *transportar*: conduzir de um local para outro em algum meio de transporte.

Trata-se de crime de **ação múltipla** em que a realização **de mais de uma conduta** em relação à **mesma droga** constitui crime único. Ex.: agente que compra e depois traz consigo o entorpecente.

O legislador **não** tipificou o uso **pretérito** da droga. Assim, caso um exame de sangue ou de urina constate que alguém usou droga, ou, ainda, se ele confessar ter feito uso de entorpecente em determinada oportunidade, não responderá pelo delito. A hipótese de o exame de urina constatar o uso anterior de droga é bastante comum no caso de exame *antidoping* de atletas, sendo sempre atípico o fato (sem prejuízo de eventuais punições no âmbito desportivo). Percebe-se, portanto, que a lei pune apenas o **perigo** social representado pela detenção atual da substância, que deixa de existir quando ela já foi consumida.

Se alguém for preso fumando um cigarro de maconha, responderá pelo crime apenas se o cigarro for apreendido e a perícia constatar a existência do **princípio ativo** da droga. Se o cigarro já havia sido consumido por completo e não se constatar a existência do princípio ativo, o fato será atípico.

4. Elemento subjetivo do tipo

O art. 28 exige que a droga seja **exclusivamente** para **uso** do agente (consumo próprio). O art. 33, *caput*, também descreve as condutas adquirir, guardar, ter em depósito, transportar e trazer consigo, diferenciando-se do art. 28, porque naquele a intenção do agente é a **entrega da droga ao consumo de outrem** (tráfico), enquanto neste, é o consumo pelo próprio agente.

De acordo com o art. 28, § 2º, para determinar se a droga destinava-se a consumo pessoal ou ao tráfico, o juiz atenderá à **natureza e à quantidade da substância apreendida, ao local e às condições em que se desenvolveu a ação, às circunstâncias sociais e pessoais, bem como à conduta e aos antecedentes do agente**. Se o juiz, ainda assim, ficar na dúvida a respeito da intenção, deve condenar o réu pelo crime menos grave, ou seja, pelo porte para consumo pessoal — princípio do *in dubio pro reo*.

De acordo com a jurisprudência, o sujeito que tem a droga para uso próprio, mas que acaba vendendo parte dela, responde apenas pelo crime de tráfico (o porte fica absorvido). Igualmente, o traficante que faz uso de pequena parte do entorpecente que tem em seu poder só responde pelo tráfico.

5. Objeto material

Como nos demais crimes da Lei, o objeto material é a substância entorpecente ou que determine dependência física ou psíquica, que a atual lei chama, singelamente, de **droga**. É necessário que exista capitulação (em lei ou normas infralegais) do **princípio ativo** componente da droga e que sua existência seja constatada por **exame químico-toxicológico**.

6. Elemento normativo do tipo

Encontra-se na expressão "**sem autorização ou em desacordo com determinação legal ou regulamentar**". Para mais detalhes, *v.* tópico respectivo no crime de tráfico (art. 33, *caput*).

7. Crime de perigo abstrato

O art. 28 da Lei de Drogas descreve crime de perigo **presumido**, abstrato, pois pune o **risco à saúde pública**, representado por quem detém o entorpecente. Por essa razão, não importa que a **quantia** de droga portada seja pequena. Sendo constatada a **existência do princípio ativo**, haverá crime. Nesse sentido: "A jurisprudência deste Superior Tribunal considera que não se aplica o princípio da insignificância aos delitos de tráfico de drogas e uso de substância entorpecente, pois se trata de crimes de perigo abstrato ou presumido, sendo irrelevante para esse específico fim a quantidade de droga apreendida" (STJ — AgRg no REsp 1.647.314/SP, Rel. Min. Sebastião dos Reis Júnior, 6ª Turma, julgado em 09/05/2017, *DJe* 15/05/2017); "Não merece prosperar a tese sustentada pela defesa no sentido de que a pequena quantidade de entorpecente apreendida com o agravante ensejaria a atipicidade da conduta ao afastar a ofensa à coletividade, primeiro porque o delito previsto no art. 28 da Lei n. 11.343/2006 é crime de perigo abstrato e, além disso, o reduzido volume da droga é da própria natureza do crime de porte de entorpecentes para uso próprio. 2. Ainda no âmbito da ínfima quantidade de substâncias estupefacientes, a jurisprudência desta Corte de Justiça firmou entendimento no sentido de ser inviável o reconhecimento da atipicidade material da conduta também pela aplicação do princípio da insignificância no contexto dos crimes de entorpecentes"(STJ — AgRg no AREsp 1.093.488/RS, Rel. Min. Jorge Mussi, 5ª Turma, julgado em 12/12/2017, *DJe* 18/12/2017); "Conquanto a quantidade de droga encontrada com os Adolescentes seja ínfima — em torno de 1,05 g (um grama e cinco centigramas) de maconha —, o ato infracional análogo ao crime de porte de pequena quantidade de droga para uso pessoal, previsto no art. 28 da Lei n. 11.343/2006, está caracterizado. 2. O entendimento desta Corte é no sentido de que a pequena quantidade de droga apreendida não retira o potencial ofensivo da conduta, fazendo incidir o tipo penal previsto no art. 28 da Lei n. 11.343/2006. Precedentes. 3. Agravo regimental desprovido" (STJ — AREsp 56.002/MG, Rel. Min. Laurita Vaz, 5ª Turma, julgado em 01/03/2012, *DJe* 15/03/2012).

De ver-se, entretanto, que a 1ª Turma do Supremo Tribunal Federal reconheceu o princípio da insignificância em hipótese em que o acusado trazia consigo 0,6 g de maconha para uso próprio. Eis a ementa:

> "Penal. *Habeas corpus*. Artigo 28 da Lei n. 11.343/2006. Porte ilegal de substância entorpecente. Ínfima quantidade. Princípio da insignificância. Aplicabilidade. *Writ* concedido. 1. A aplicação do princípio da insignificância, de modo a tornar a conduta atípica, exige sejam preenchidos, de forma concomitante, os seguintes requisitos: (I) mínima ofensividade da conduta do agente; (II) nenhuma periculosidade social da ação; (III) reduzido grau de reprovabilidade do comportamento; e (IV) relativa inexpressividade da lesão jurídica. 2. O sistema jurídico há de considerar a relevantíssima circunstância de que a privação da liberdade e a restrição de direitos do indivíduo somente se justificam quando estritamente necessárias à própria proteção das pessoas, da sociedade e de outros bens jurídicos que lhes sejam essenciais, notadamente naqueles casos em que os valores penalmente tutelados se exponham a dano, efetivo ou potencial, impregnado de significativa lesividade. O direito penal não se deve ocupar de condutas que produzam resultado cujo desvalor — por não importar em lesão significativa a bens jurídicos rele-

vantes — não represente, por isso mesmo, prejuízo importante, seja ao titular do bem jurídico tutelado, seja à integridade da própria ordem social. 3. Ordem concedida" (STF — HC 110.475, Rel. Min. Dias Toffoli, 1ª Turma, julgado em 14/02/2012, processo eletrônico *DJe* 054, 14/03/2012, public. 15/03/2012, *RB* v. 24, n. 580, 2012, p. 53-58).

Existem, ainda, aqueles que sustentam que a incriminação ao mero porte de entorpecente para uso próprio seria **inconstitucional**, por ser vedado ao Estado interferir na liberdade de as pessoas fazerem o que quiserem com a própria saúde. Para justificar tal interpretação, utilizam-se, inclusive, de direito comparado. Deve-se lembrar, porém, que o porte de entorpecente representa um perigo para toda a coletividade, e não apenas para aqueles que portam e fazem uso da droga. A pessoa dependente, além de danos à própria saúde, pode ficar violenta, causar vários tipos de acidentes e, até mesmo, em face da necessidade de sustentar seu vício, cometer crimes contra o patrimônio ou de outra natureza. Por essas razões, entendemos não haver qualquer inconstitucionalidade no dispositivo. Saliente-se, todavia, que a constitucionalidade do dispositivo será em breve apreciada pelo Plenário do Supremo Tribunal Federal, que, no julgamento do Recurso Extraordinário 635.659, reconheceu a repercussão geral do tema. Nesse recurso, a Defensoria Pública de São Paulo alega ser inconstitucional criminalizar o porte de droga para consumo próprio porque isso fere os princípios da intimidade e da vida privada (art. 5º, X, da Constituição), e, por consequência, o princípio da lesividade.

8. Sujeito ativo

Pode ser qualquer pessoa. Trata-se de crime **comum**. Abrange o usuário eventual e o dependente.

A **coautoria** é possível e ocorre, por exemplo, quando duas ou mais pessoas compram determinada quantia de droga para uso conjunto. Veja-se, contudo, que não há coautoria quando existem duas pessoas no interior de um automóvel e os policiais encontram o entorpecente em poder de apenas uma delas, não se conseguindo provar que a outra tinha alguma relação com a droga.

É também muito comum que policiais encontrem uma porção de maconha sob o banco de um carro em que estavam várias pessoas. Nesse caso, se não ficar provado quem era o responsável, nenhum deles poderá ser acusado pelo crime ou condenado.

9. Sujeito passivo

A coletividade.

10. Consumação

A **modalidade** adquirir é **instantânea** e consuma-se quando há o **acordo de vontades** entre o vendedor e o comprador. As modalidades **trazer consigo**, **guardar**, **ter em depósito** e **transportar** constituem crimes **permanentes** e consumam-se no momento em que o agente obtém a posse da droga, protraindo-se no tempo enquanto ele a mantiver.

11. Tentativa

Nas modalidades **permanentes**, ela é **inadmissível**.

Em relação ao verbo "adquirir", existem várias interpretações. Para uns, se a pessoa procura o traficante, compra a droga, mas é presa nesse momento, antes de recebê-la, responde por tentativa. Para outros, o fato é atípico, pois seria pressuposto do delito o recebimento da droga. Não podemos, contudo, concordar com esses entendimentos. Com efeito, parece-nos que a interpretação correta é a seguinte: nos termos da lei civil (art. 482 do Código Civil), a compra e venda aperfeiçoa-se com o simples acordo de vontades entre vendedor e comprador, já que se trata de contrato consensual. Assim, se o comprador, por exemplo, entra em contato pela internet com o fornecedor, efetua o pagamento da droga e fica de recebê-la pelo correio, mas a droga acaba sendo apreendida antes de chegar ao destino, o crime já está consumado, pois ele já tinha adquirido a substância (o efetivo recebimento, portanto, não é requisito para a tipificação ou para a consumação do ilícito penal). Porém, se alguém procura um conhecido traficante e lhe diz que quer comprar determinada quantia de entorpecente, mas não chegam a um acordo em relação ao preço, é inegável a ocorrência de tentativa (de aquisição).

Ademais, exigir que o agente efetivamente receba a droga para que a modalidade "adquirir" esteja consumada significa, em verdade, inviabilizar essa figura, pois, na prática, se o agente já recebeu o entorpecente, ele é acusado de "trazer consigo", "guardar" ou "ter em depósito" a substância, ou até mesmo por tráfico, caso a tenha repassado para terceiro.

12. Pena

A grande inovação da Lei n. 11.343/2006 foi deixar de prever pena **privativa de liberdade** para o crime de porte para consumo próprio, cujas penas passaram a ser de **advertência** sobre os efeitos da droga, **prestação de serviços** à comunidade e medida educativa de **comparecimento a programa** ou **curso educativo**. De acordo com o art. 27, essas penas podem ser aplicadas **isolada** ou **cumulativamente**, bem como **substituídas**, umas pelas outras, a qualquer tempo, ouvidos o Ministério Público e o defensor.

As penas de prestação de serviços e medida educativa de frequência a cursos serão aplicadas pelo prazo **máximo** de **cinco meses**, mas em caso de **reincidência** poderão ser aplicadas pelo prazo **máximo** de **dez meses** (art. 28, §§ 3º e 4º).

A prestação de serviços à comunidade será cumprida em programas comunitários, entidades educacionais ou assistenciais, hospitais, estabelecimentos congêneres, públicos ou privados sem fins lucrativos, que se ocupem, preferencialmente, da prevenção do consumo ou da recuperação de usuários e dependentes de drogas (art. 28, § 5º).

Para a **garantia do cumprimento** dessas medidas educativas, a que **injustificadamente** se recuse o condenado a cumprir, poderá o juiz submetê-lo, sucessivamente, a: I — **admoestação verbal**; II — **multa**.

O juiz, atendendo à reprovabilidade da conduta, fixará o número de dias-multa, em quantidade nunca inferior a **quarenta** nem superior a **cem**, atribuindo depois a cada um, segundo a capacidade econômica do agente, o valor de um trinta avos até três vezes o valor do maior salário mínimo. Os valores decorrentes da imposição dessa multa serão creditados à conta do Fundo Nacional de Drogas (art. 29).

Segundo o art. 30 da Lei n. 11.343/2006, **prescrevem** em **dois anos** a imposição e a execução das penas previstas para esse crime, observado, no tocante à **interrupção** do prazo, o disposto nos arts. 107 e seguintes do Código Penal.

O art. 28, § 7º, dispõe que o juiz determinará ao Poder Público que coloque à disposição do infrator, gratuitamente, estabelecimento de saúde, preferencialmente ambulatorial, para tratamento especializado em recuperação.

A 1ª Turma do Supremo Tribunal Federal decidiu que não cabe *habeas corpus* para trancamento de ação penal que apura o crime de porte para consumo próprio, na medida em que não é apenado com pena privativa de liberdade (HC 127.834).

13. Figura equiparada

O art. 28, § 1º, estabelece o mesmo tratamento penal a quem, para seu **consumo pessoal**, **semeia**, **cultiva** ou **colhe plantas** destinadas à preparação de **pequena** quantidade de substância ou produto capaz de causar dependência física ou psíquica. O dispositivo é aplicado, em geral, para pessoas que plantam algumas poucas mudas de maconha em sua própria residência para consumo pessoal. Note-se que, se a intenção do agente for a venda ou a entrega ao consumo de terceiro, a conduta será enquadrada no art. 33, § 1º, II, que é equiparada ao tráfico.

O cultivo para uso pessoal, embora não previsto expressamente na Lei n. 6.368/76, já vinha obtendo da jurisprudência tratamento equiparado ao crime de porte para consumo próprio, por analogia *in bonam partem*.

14. Ação penal e procedimento

A ação é **pública incondicionada**.

O **procedimento** em relação a qualquer das condutas previstas no art. 28, **salvo se houver concurso com crime mais grave**, é aquele descrito nos arts. 60 e seguintes da Lei n. 9.099/95, sendo, assim, de competência do **Juizado Especial Criminal**. Dessa forma, a quem for flagrado na prática de infração penal dessa natureza não se imporá prisão em flagrante, devendo o autor do fato ser imediatamente encaminhado ao juizado competente, ou, na falta deste, assumir o compromisso de a ele comparecer, lavrando-se **termo circunstanciado** e providenciando a autoridade policial as requisições dos exames e perícias necessários. Concluída a lavratura do termo circunstanciado, o agente será submetido a exame de corpo de delito se o requerer, ou se a autoridade policial entender conveniente, e, em seguida, será liberado.

No Juizado Especial, será realizada a **audiência preliminar** para a propositura da **transação penal** — se o réu perfizer os requisitos do art. 76 da Lei n. 9.099/95.

Na transação penal, o Ministério Público poderá propor a aplicação imediata das penas previstas no art. 28, *caput*, da Lei (advertência, prestação de serviços ou frequência a curso educativo).

Se o infrator **aceitar** a proposta e for ela **homologada** pelo juiz, aguardar-se-á o cumprimento da medida pelo agente e, ao final, será declarada **extinta** a pena. O autor da infração penal, contudo, não perde sua primariedade.

Se **não** houver êxito na transação penal por ter o acusado **recusado** a proposta ou por **não ter comparecido** à audiência, ou, ainda, por estarem **ausentes** os **requisitos** legais, a **denúncia** será **oferecida** verbalmente na própria audiência, observando-se, em seguida, o rito **sumaríssimo** dos arts. 77 e seguintes da Lei n. 9.099/95.

2.2.1.1. *Principais aspectos do crime de porte de droga para consumo próprio*

OBJETIVIDADE JURÍDICA	■ A saúde pública.
TIPO OBJETIVO	a) Condutas típicas: adquirir, guardar, ter em depósito, transportar ou trazer consigo. O uso pretérito constatado em exame de sangue ou urina não constitui crime. b) Objeto material: droga. Trata-se de norma penal em branco, que depende da menção ao princípio ativo em leis ou normas infralegais. c) Elemento normativo: que a conduta seja realizada sem autorização ou em desacordo com determinação legal ou regulamentar.
ELEMENTO SUBJETIVO	■ Intenção de consumo pessoal da droga.
SUJEITO ATIVO	■ Pode ser qualquer pessoa. Trata-se de crime comum.
SUJEITO PASSIVO	■ A coletividade.
CONSUMAÇÃO	■ No instante em que o agente realiza a conduta típica. Algumas são permanentes, como ter em depósito ou transportar.
TENTATIVA	■ Possível na tentativa de aquisição.
FIGURA EQUIPARADA	■ Semear, cultivar ou colher plantas destinadas à preparação de pequena quantidade de droga para consumo pessoal.
PENAS	■ Advertência sobre os efeitos das drogas, prestação de serviços à comunidade ou comparecimento a programa ou curso educativo. O prazo máximo nas duas últimas hipóteses é de cinco meses ou, se o réu for reincidente, de dez meses. Para garantia do cumprimento das medidas, o juiz poderá admoestar verbalmente o acusado ou aplicar-lhe pena de multa. ■ A prescrição se dá em dois anos.
AÇÃO PENAL	■ É pública incondicionada, de competência do Juizado Especial Criminal.

2.2.2. Tráfico ilícito de drogas

> **Art. 33**, *caput* — Importar, exportar, remeter, preparar, produzir, fabricar, adquirir, vender, expor à venda, oferecer, ter em depósito, transportar, trazer consigo, guardar, prescrever, ministrar, entregar a consumo ou fornecer drogas, ainda que gratuitamente, sem autorização ou em desacordo com determinação legal ou regulamentar:
> Pena — reclusão de cinco a quinze anos e pagamento de quinhentos a mil e quinhentos dias-multa.

1. Introdução

O crime de **tráfico ilícito de drogas**, previsto na atual Lei de Drogas, é praticamente idêntico ao antigo crime previsto no art. 12, *caput*, da Lei n. 6.368/76. As diferenças existentes serão analisadas nos próximos tópicos.

2. Objetividade jurídica

A **saúde pública**, colocada em risco pela disseminação de substâncias que provocam dependência e expõem a risco a saúde física e mental dos usuários.

3. Sujeito ativo

Pode ser qualquer pessoa. Trata-se de crime **comum**. A **coautoria** e a **participação** são possíveis em todas as condutas descritas no tipo penal.

Se o agente comete o crime prevalecendo-se de **função pública** ou no desempenho de função de **educação**, **poder familiar**, **guarda** ou **vigilância**, a pena será aumentada de **um sexto** a **dois terços** (art. 40, II), devido à maior gravidade da conduta.

4. Sujeito passivo

A coletividade.

5. Condutas típicas

A lei contém, ao todo, **dezoito** condutas típicas:

Importar consiste em fazer **entrar** o entorpecente no País, por via aérea, marítima ou por terra. O crime pode ser praticado até pelo correio. O delito **consuma-se** no momento em que a droga **entra** no território nacional. Pelo princípio da **especialidade**, aplica-se a Lei de Drogas, e não o art. 334 do Código Penal (contrabando ou descaminho), delito que, dessa forma, só pune a importação de outros produtos proibidos.

Exportar é **enviar** o entorpecente para **outro país** por qualquer dos meios mencionados.

Remeter é deslocar a droga de um local para outro do território nacional.

Preparar consiste em **combinar substâncias** não entorpecentes, formando uma tóxica pronta para o uso.

Produzir é criar. É a preparação com **capacidade criativa**, ou seja, que não consista apenas em misturar outras substâncias.

Fabricação é a **produção** por meio **industrial**.

Adquirir é **comprar**, obter a propriedade, a título **oneroso** ou **gratuito**. Só configura o crime de tráfico se a pessoa adquire com intenção de, posteriormente, entregar a consumo de outrem. Quem compra droga para uso próprio incide na conduta prevista no art. 28 — porte de droga para consumo próprio, que possui pena muito mais branda.

Vender é **alienar** mediante **contraprestação** em dinheiro ou outro valor econômico.

Expor à venda consiste em **exibir** a mercadoria aos **interessados** na aquisição.

Oferecer significa abordar eventuais compradores e fazê-los saber que possui a droga para venda.

O significado das condutas "**guardar**" e "**ter em depósito**" é objeto de **controvérsia** na doutrina. Com efeito, Nélson Hungria[1] entende que "ter em depósito" é **reter** a droga que **lhe pertence**, enquanto "**guardar**" é reter a droga pertencente a **terceiro**. É esse também o entendimento de Fernando Capez[2]. Para Vicente Greco Filho[3], ambas as condutas implicam retenção da substância entorpecente, mas a figura "**ter em depósito**" sugere **provisoriedade** e possibilidade de **deslocamento rápido** da droga de um local para outro, enquanto "**guardar**" tem um sentido, pura e simplesmente, de ocultação.

---

1 HUNGRIA, Nélson. *Comentários ao Código Penal*. 2. ed. Rio de Janeiro: Forense, 1959. v. IX, p. 138.

2 CAPEZ, Fernando. *Curso de direito penal. Legislação penal especial*. 8. ed. São Paulo: Saraiva, 2013. v. 4, p. 704-705.

3 GRECO FILHO, Vicente. *Tóxicos*. 11. ed. São Paulo: Saraiva, 1996. p. 84-85.

Transportar significa **conduzir** de um local para outro em um **meio de transporte** e, assim, difere da conduta "**remeter**" porque, nesta, não há utilização de meio de transporte viário. Enviar droga por correio, portanto, constitui "remessa", exceto se for entre dois países, quando consistirá em "importação" ou "exportação". Por sua vez, o motorista de um caminhão que leva a droga de Campo Grande para São Paulo está "transportando" a mercadoria entorpecente.

Trazer consigo é **conduzir pessoalmente** a droga. É, provavelmente, a conduta mais comum, porque se configura quando o agente, por exemplo, traz o entorpecente em seu bolso ou bolsa.

Prescrever, evidentemente, é sinônimo de **receitar**. Por essa razão, a doutrina costuma mencionar que se trata de crime **próprio**, pois só médicos e dentistas podem receitar medicamentos. Lembre-se de que há substâncias entorpecentes que podem ser vendidas em farmácias, desde que haja prescrição médica. Porém, se o médico, **intencionalmente**, prescreve o entorpecente, apenas para facilitar o acesso à droga, responde por tráfico. O crime consuma-se no momento em que a receita é **entregue** ao destinatário. O Superior Tribunal de Justiça, todavia, entende que o crime também pode ser cometido por quem não é médico ao firmar entendimento de que "quando o agente no exercício irregular da medicina prescreve substância caracterizada como droga, resta configurado, em tese, o delito do art. 282 do Código Penal — CP, em concurso formal com o do art. 33, *caput*, da Lei n. 11. 343/2006" (jurisprudência em teses, edição n. 126 — maio de 2019). Nesse sentido: HC 139667/RJ, Rel. Min. Felix Fischer, 5ª Turma, julgado em 17/12/2009, *DJe* 01/02/2010; HC 9126/GO, Rel. Min. Hamilton Carvalhido, 6ª Turma, julgado em 05/12/2000, *DJ* 13/08/2001, p. 265.

Se alguém, que não é médico ou dentista, falsifica uma receita e consegue comprar a droga, responde por tráfico na modalidade "adquirir" com intuito de venda posterior.

A prescrição **culposa** de entorpecente (em dose maior que a necessária ou em hipótese em que não é recomendável o seu emprego) caracteriza crime específico, previsto no **art. 38 da Lei de Drogas**.

Ministrar é **aplicar**, inocular, introduzir a substância entorpecente no organismo da vítima — quer via oral, quer injetável. Exemplo: um farmacêutico injeta drogas em determinada pessoa sem existir prescrição médica para tanto.

Fornecer é sinônimo de **proporcionar**. O fornecimento pressupõe intenção de entrega **continuada** do tóxico ao comprador e, por tal razão, difere das condutas "vender" ou simplesmente "entregar". O fornecimento e a entrega, **ainda que gratuitos**, tipificam o crime.

6. Crime de ação múltipla

Nota-se facilmente que o crime do art. 33, *caput*, da Lei n. 11.343/2006 é de **ação múltipla**, isto é, possui **várias** condutas típicas separadas pela conjunção alternativa "ou". Em razão disso, a **pluralidade** de condutas envolvendo o **mesmo objeto material** constitui **crime único**. Exemplo: adquirir, transportar, guardar e depois vender a mesma substância entorpecente. Nesse caso, há um só crime, porque as diversas condutas são fases sucessivas de um mesmo ilícito. Os crimes de ação múltipla são também chamados de crimes de **conteúdo variado** ou de **tipo misto alternativo**.

A prática de qualquer das condutas descritas no art. 33, *caput*, é suficiente para a caracterização do crime de tráfico ilícito de drogas, sendo desnecessária a realização de atos de venda do entorpecente. Não haverá, por sua vez, delito único quando as condutas se referirem a **cargas diversas** de entorpecente sem qualquer ligação fática. Assim, se uma pessoa compra um quilo de maconha e depois o vende, e, na semana seguinte, compra mais dois quilos e vende, responde por dois delitos em continuação delitiva, já que as formas de execução foram as mesmas (a compra e a venda). Se o agente, contudo, importa cinquenta quilos de maconha e produz 10 quilos de *crack*, responderá pelos delitos na forma do concurso **material**, uma vez que as condutas são diversas (importar e produzir) e o objeto material também.

7. Elemento subjetivo

Todas as figuras relacionadas ao tráfico de entorpecentes são **dolosas**. Pressupõem, também, prova de que a intenção do agente é a entrega da droga a outrem, a título gratuito ou oneroso. Essa prova pode ser feita pela quantidade do entorpecente, pela forma de acondicionamento (em várias porções individuais prontas para a entrega ao consumo alheio), pela variedade da droga (o mero usuário não traz consigo diversos tipos de drogas), pelo comportamento do acusado (parado em via pública, aguardando compradores), por interceptações telefônicas, pela apreensão de listas de clientes, por confissão etc. É evidente que, quando o sujeito é flagrado durante a própria venda, a questão é muito mais facilmente solucionada no âmbito probatório.

Existe o crime, quer o traficante venda a droga para outro traficante, quer para o usuário.

8. Objeto material (norma penal em branco)

A atual Lei de Drogas alterou a denominação do objeto material do crime. Na redação antiga do art. 12 da Lei n. 6.368/76, era utilizada a expressão "*substância entorpecente ou que determine dependência física ou psíquica*". Na atual redação, o objeto material recebeu a singela denominação de "**droga**", e o art. 1º, parágrafo único, da Lei n. 11.343/2006, por sua vez, estabeleceu que são assim consideradas as **substâncias ou os produtos capazes de causar dependência, especificados em lei ou relacionados em listas atualizadas periodicamente pelo Poder Executivo da União**, mais especificamente pelo Ministério da Saúde.

Percebe-se, portanto, que se trata de **norma penal em branco** que precisa ser complementada por outra, a fim de ser possível a completa tipificação do ilícito penal. O art. 1º, parágrafo único, permite que o complemento ocorra por norma de **igual** nível (lei) ou de nível **inferior** (decretos, portarias etc.). Na prática, entretanto, o complemento tem sido feito quase sempre por meio de decretos e portarias, porque, desse modo, facilitam-se as **revisões**, para excluir e, principalmente, incluir novas substâncias entorpecentes, exatamente como preconiza o art. 1º, parágrafo único, já que o surgimento de novas drogas é muito comum e a punição dos traficantes depende da **prévia** menção na norma complementar.

As portarias e decretos que completam o tipo penal não precisam fazer menção ao nome comercial ou popular (maconha, lança-perfume, *ecstasy*), bastando que contenham o nome do princípio ativo, que é o componente tóxico que causa a dependência (tetrahidrocanabinol, cloreto de etila, Metilenodioxidometanfetamina).

A relação de substâncias entorpecentes que se encontrava em aplicação no momento da aprovação da atual Lei de Drogas era a Portaria n. 344/98, da Anvisa (Agência Nacional de Vigilância Sanitária, que integra o Ministério da Saúde). A fim de **confirmar seu teor**, a nova Lei, em seu art. 66, estabeleceu que, "para fins do disposto no parágrafo único do art. 1º desta Lei, até que seja atualizada a terminologia da lista mencionada no preceito, denominam-se drogas as substâncias entorpecentes, psicotrópicas, precursoras e outras sob controle especial, da Portaria SVS n. 344, de 12 de maio de 1998", ou seja, **referida portaria ganhou força de lei**. Na prática, as drogas mais comumente apreendidas são a maconha, a cocaína (em pó ou em pedra — conhecida como *crack*), o lança-perfume, o *ecstasy,* a heroína, o LSD, o ópio, dentre outras.

Para que uma substância seja considerada droga e inserida na norma complementar, basta que provoque dependência física **ou** psíquica.

Dependência **física** é um estado fisiológico alterado, com uma adaptação do organismo à presença continuada da droga, de tal forma que sua retirada desencadeia distúrbios fisiológicos, com sentido geralmente oposto ao dos efeitos farmacológicos da droga. É a chamada **síndrome de abstinência**, que se verifica quando ocorrem alterações orgânicas geradas pela supressão mais ou menos súbita do uso da droga e que se caracteriza pelo aparecimento de sinais e sintomas algumas horas após o término dos efeitos da última dose. Conforme já mencionado, tem sempre forma de sofrimento, com sensações, em geral, opostas àquelas conferidas pela droga. Dependência **psíquica**, por sua vez, é manifestada por alguns indivíduos pela "ânsia" ou desejo intenso de usar a droga, cujo uso periódico tem por objetivo obter prazer, aliviar a tensão ou evitar um desconforto emocional. A maconha costuma ser usada como exemplo de substância que, apesar de causar apenas dependência psíquica, é considerada entorpecente.

Tendo em vista que, para constituir crime, existe a necessidade de o material encontrado com o agente possuir o **princípio ativo**, exige a lei, para a comprovação da **materialidade** do delito, a realização de um exame **químico-toxicológico** com tal finalidade. Assim, se for apreendido pela polícia um pó branco que fora vendido como cocaína, mas o exame resultar negativo, o fato será considerado atípico. Em sendo positivo o exame estará demonstrada a materialidade da infração penal, sendo desnecessária a aferição do grau de pureza da substância apreendida. Por isso, se traficantes misturarem farinha à cocaína que têm em seu poder, responderão pela infração penal. Nesse sentido: STJ — RHC 57526/SP, Rel. Min. Gurgel de Faria, 5ª Turma, julgado em 25/08/2015, *DJe* 11/09/2015; STJ — RHC 57579/SP, Rel. Min. Leopoldo de Arruda Raposo (Desembargador Convocado do TJ/PE), 5ª Turma, julgado em 18/08/2015, *DJe* 01/09/2015.

As Cortes Superiores entendem inaplicável o princípio da insignificância ao crime de tráfico de drogas, ou seja, o delito se aperfeiçoa qualquer que seja a quantidade de entorpecente, ainda que ínfima, desde que confirmada a presença do princípio ativo: "Esta Corte Superior de Justiça há muito consolidou seu entendimento no sentido de que não se aplica o princípio da insignificância ao delito de tráfico ilícito de drogas, uma vez que o bem jurídico protegido é a saúde pública, sendo o delito de perigo abstrato, afigurando-se irrelevante a quantidade de droga apreendida (AgRg no REsp 1.578.209/SC, Rel. Min. Maria Thereza de Assis Moura, 6ª Turma, julgado em 07/06/2016, *DJe* 27/06/2016)" (STJ RHC 67.379/RN, Rel. Min. Ribeiro Dantas, 5ª Turma, julgado em 20/10/2016, *DJe* 09/11/2016).

9. Elemento normativo do tipo

Está contido na expressão "**sem autorização ou em desacordo com determinação legal ou regulamentar**".

Em geral, as pessoas **não** possuem **autorização** para comprar, transportar, guardar, trazer consigo ou realizar qualquer outra conduta envolvendo substância entorpecente ou matéria-prima destinada à sua produção. Para essas pessoas, portanto, o crime estará sempre tipificado. Há, entretanto, vários indivíduos que, em razão de sua profissão ou por outro motivo relevante, possuem licença das autoridades competentes para manuseio, posse, compra e até importação de entorpecentes. Tais pessoas, evidentemente, **não** cometem crime se agirem **dentro dos limites dessa licença** (art. 31). Essas licenças ou autorizações podem decorrer de leis ou normas inferiores (na prática, são as próprias portarias e resoluções da Anvisa que regulamentam o tema). Dessa forma, a pessoa que possui a autorização deve exercê-la dentro dos limites impostos. Se não os respeita, comete o delito. Ex.: uma pessoa é autorizada a ter a posse de droga para fim terapêutico (farmacêutico, por exemplo), mas, indevida e abusivamente, passa a fornecê-la sem receita médica ou a ministrá-la em quantia superior àquela receitada.

Trata-se de **elemento normativo** porque pressupõe um **juízo de valor** por parte do juiz, em cada caso concreto, no sentido de verificar se há ou não autorização, se ela é ou não válida, e se o agente observou ou não os seus limites.

10. Consumação

No momento em que o agente realiza a conduta típica. Algumas constituem crimes **instantâneos**, como, por exemplo, vender, adquirir, oferecer etc. Há também aquelas que constituem delitos **permanentes**, como os verbos transportar, trazer consigo, guardar, ter em depósito etc. Nestas, a consumação se alonga no tempo, ou seja, durante todo o período em que o agente estiver com a droga o crime estará em plena consumação, de forma que a **prisão em flagrante** será possível em qualquer momento.

É possível, inclusive, a prisão em flagrante do responsável pela droga quando ela for encontrada em sua casa, mas ele estiver em outro local, já que as condutas "**guardar**" e "**ter em depósito**" constituem crime **permanente**.

O Plenário do Supremo Tribunal Federal, ao julgar o **RE 603.616/RO**, entendeu ser válida a apreensão de drogas mantidas em depósito no interior de residência invadida por policiais, sem autorização judicial, por se tratar de crime permanente e **porque as circunstâncias do caso concreto permitiam aos agentes públicos concluírem, antes do ingresso no imóvel, que a situação de flagrante estava ocorrendo** (Rel. Min. Gilmar Mendes, julgado em 05/11/2015, *Informativo STF* n. 806). Em suma, o STF passou a entender que não serão admitidas as provas obtidas por meio de entrada forçada em domicílio, sem autorização judicial, quando não houver **fundadas razões** (art. 240, § 1º, do CPP), constatadas antes da realização da diligência e passíveis de demonstração *a posteriori*, para a realização da busca.

O Superior Tribunal de Justiça, em casos em que aplicou essa orientação firmada pela Suprema Corte, estabeleceu que a mera existência de **notícia anônima** da prática de tráfico em determinado local não se constitui em justa causa para ingresso sem mandado em domicílio (HC 499.163/SP, Rel. Min. Rogerio Schietti Cruz, 6ª Turma, julgado em 09/06/2020, *DJe* 17/06/2020), nem mesmo se associada à fuga de suspeito ao avistar a polícia (AgRg no HC 585.150/SC, Rel. Min. Reynaldo Soares da Fonseca, 5ª Turma, julgado em 04/08/2020, *DJe* 13/08/2020), revelando-se legítima a diligência, contudo, se a notícia apócrifa for confirmada por outros elementos preliminares obtidos em monitoramento ou campana (AgRg no HC 547.971/SP, Rel. Min. Nefi Cordeiro, 6ª Turma, julgado em 05/05/2020, *DJe* 15/05/2020).

É importante salientar, no entanto, que a garantia constitucional de inviolabilidade do domicílio não se estende a imóveis em que não há sinais de habitação, nem mesmo de forma transitória ou habitual, tal como casa que é utilizada apenas para o armazenamento de entorpecentes (HC 588.445/SC, Rel. Min. Reynaldo Soares da Fonseca, 5ª Turma, julgado em 25/08/2020, *DJe* 31/08/2020).

Em relação ao verbo "adquirir", para fim de tráfico, deve-se salientar que a compra e venda aperfeiçoa-se com o simples acordo de vontades entre vendedor e comprador, já que se trata de contrato consensual. Assim, se um traficante, por exemplo, entra em contato pela internet com o fornecedor (outro traficante), efetua o pagamento da droga e fica de recebê-la pelo correio, mas a droga acaba sendo apreendida antes de chegar ao destino, o tráfico já está consumado também para o comprador, pois ele já tinha adquirido a substância (o efetivo recebimento, portanto, não é requisito para a tipificação ou para a consumação do ilícito penal).

11. Tentativa

É **possível**. Na prática, contudo, dificilmente será vista a forma tentada, uma vez que o legislador tipificou como **infração autônoma** inúmeras figuras que normalmente constituiriam mero **ato preparatório** de condutas ilícitas posteriores, como, por exemplo, preparar substância entorpecente com o fim de vendê-la. Ora, se o agente é preso após preparar e antes de vender, responde pela forma consumada (preparo), e não por tentativa de venda.

Por sua vez, o médico que é preso antes de terminar a prescrição ilegal de entorpecente responde por tentativa. Igualmente, a pessoa que, via internet, entra em contato com fornecedores internacionais para adquirir grande lote de droga e depois vendê-la a varejo no Brasil, mas, por questão de preço, não consegue efetuar a compra, responde também por tentativa.

▪ Revista íntima

Apreciando a alegação de Defensores no sentido de haver violação ao princípio da dignidade humana, que tornaria ilícita a prova quando a droga fosse encontrada em revista íntima realizada antes da entrada de visitas em estabelecimentos prisionais, o Superior Tribunal de Justiça assim decidiu:

> "A jurisprudência desta Corte Superior de Justiça consolidou-se no sentido de que, havendo fundada suspeita de que o visitante do presídio esteja portando drogas, armas, telefones ou outros objetos proibidos, é possível a revista íntima que, por si só, não ofende a dignidade da pessoa humana, notadamente quando realizada dentro dos ditames legais, sem qualquer procedimento invasivo, exatamente como ocorreu na espécie" (STJ — HC 460.234/SC, Rel. Min. Reynaldo Soares da Fonseca, 5ª Turma, julgado em 11/09/2018, *DJe* 20/09/2018).
>
> "Ante fundadas suspeitas de o visitante do presídio estar portando material ilícito, é possível a realização de revista íntima, com fins de segurança, o que, por si só, não ofende a dignidade da pessoa humana, notadamente se for feita dentro dos parâmetros legais e constitucionais, sem nenhum procedimento invasivo, tal como ocorreu nos autos. Precedentes" (STJ — REsp 1681778/RS, Rel. Min. Rogerio Schietti Cruz, 6ª Turma, julgado em 06/08/2019, *DJe* 12/08/2019).
>
> "Revista íntima em estabelecimento prisional. Observância das normas fiscalizatórias e fundada suspeita de que a ré transportava drogas. Ausência de violação ao princípio da dignidade da pessoa humana. Prova lícita. Crime impossível. Não ocorrência. Ausência de manifesta ilegalidade. *Writ* não conhecido (...). Não viola o princípio dignidade da pessoa humana, a revista íntima realizada conforme as normas administrativas que disciplinam a atividade fiscalizatória, e quando há fundada suspeita de que a visitante esteja trazendo a seu corpo droga para o interior do estabelecimento prisional, pois, diante da inexistência de direito absoluto, a proteção da intimidade da ré não pode ser usada como escudo para práticas ilícitas. Precedentes. 3. A revista íntima no estabelecimento prisional, por se tratar de atividade humana, sujeita a falhas, não impede, de forma absoluta, a consumação do delito de tráfico de drogas, ou seja, a entrada do entorpecente no estabelecimento prisional, sendo, portanto, típica a conduta praticada pela recorrente. Precedentes. 4. *Habeas corpus* não conhecido" (HC 381.593/RS, Rel. Min. Ribeiro Dantas, 5ª Turma, julgado em 16/05/2017, *DJe* 19/05/2017).

O Superior Tribunal de Justiça, inclusive, firmou a seguinte tese: "não viola o princípio da dignidade da pessoa humana a revista íntima realizada conforme as normas administrativas que disciplinam a atividade fiscalizatória, quando houver fundada suspeita de que o visitante esteja transportando drogas ou outros itens proibidos para o interior do estabelecimento prisional" (jurisprudência em teses, edição n. 126 — maio de 2019).

Tal questão será apreciada pelo Plenário do Supremo Tribunal Federal que reconheceu a repercussão geral no julgamento do ARE 959620 (tema 998).

12. Flagrante preparado

A respeito do tema ver comentários ao art. 33, § 1º, IV, da Lei de Drogas.

13. Pena

A pena prevista no art. 33, *caput*, da Lei n. 11.343/2006 é de reclusão de **cinco a quinze anos** e pagamento de **quinhentos a mil e quinhentos dias-multa**. Essas penas foram aumentadas em relação àquelas previstas na Lei n. 6.368/76.

Reza o art. 42 que o juiz, na fixação das penas, considerará, com preponderância sobre o previsto no art. 59 do Código Penal, a **natureza** e a **quantidade** da substância ou do produto, a **personalidade** e a **conduta social** do agente. De acordo com esse dispositivo, e com o art. 43, o juiz fixará o montante da pena privativa de liberdade e o número de dias-multa de acordo com os critérios ali mencionados, sendo evidente, portanto, que a pessoa presa ao vender uma pequena porção de maconha deve sofrer uma punição muito menor que aquela flagrada na posse de uma tonelada de cocaína.

No que se refere à pena de multa, o art. 43 dispõe que o juiz estabelecerá, para cada dia-multa, valor não inferior a um trinta avos nem superior a cinco vezes o maior salário mínimo. Para tanto, deverá levar em conta as **condições econômicas** dos acusados. Caso, porém, o juiz a considere ineficaz em virtude da situação econômica do acusado, poderá aumentá-la até o **décuplo** (art. 43, parágrafo único).

No caso de **concurso** de **crimes**, as penas de **multa** serão impostas sempre **cumulativamente**, ou seja, ainda que se trate de **crime continuado** ou **concurso formal**, as penas de multa serão **somadas**. É o que diz o art. 43, parágrafo único, da Lei de Drogas. O Superior Tribunal de Justiça, todavia, firmou entendimento de que tal regra é inaplicável quando se tratar de crime continuado com o argumento de que, por ficção, a lei determina que seja o fato interpretado como crime único (e não como **concurso** de crimes). Assim, quanto ao crime continuado, deve ser aplicado o sistema da exasperação, mesmo no que se refere à pena pecuniária.

Nos termos do art. 2º, § 1º, da Lei n. 8.072/90, o regime inicial para o crime de tráfico deve ser necessariamente o **fechado**, independentemente do montante da pena aplicada e de ser o réu primário ou reincidente. Acontece que o **Plenário** do Supremo Tribunal Federal, em 27 de junho de 2012, declarou, por oito votos contra três, a inconstitucionalidade deste art. 2º, § 1º, da Lei n. 8.072/90, por entender que a obrigatoriedade de regime inicial fechado para penas não superiores a 8 anos fere o princípio constitucional da **individualização da pena** (art. 5º, XLVI, da Constituição Federal). Assim, mesmo para crimes hediondos, tráfico de drogas, terrorismo e tortura, o regime inicial só poderá ser o fechado (quando a pena fixada na sentença não for maior do que 8 anos), se o acusado for reincidente ou se as circunstâncias do caso concreto indicarem uma gravidade diferenciada daquele crime específico, o que deverá constar expressamente da fundamentação da sentença. Essa decisão ocorreu no julgamento do **HC 111.840/ES**.

A propósito:

> "O Plenário desta Corte, no julgamento do HC 111.840/ES, Rel. Min. Dias Toffoli, declarou a inconstitucionalidade do § 1º do art. 2º da Lei n. 8.072/1990 (redação dada pela Lei n. 11.464/2007), que determinava o cumprimento de pena dos crimes hediondos, de tortura, de tráfico ilícito de entorpecentes e de terrorismo no regime inicial fechado. V — *Habeas corpus* não conhecido. VI — Ordem concedida de ofício para: (...) fixar o

> regime de cumprimento da pena de forma fundamentada, afastando a regra do § 1º do art. 2º da Lei n. 8.072/1990, declarado inconstitucional pelo Plenário desta Corte (STF — HC 119.357, Rel. Min. Ricardo Lewandowski, 2ª Turma, julgado em 11/03/2014, processo eletrônico *DJe* 059, 25/03/2014, p. 26/03/2014); **e** "O artigo 2º, § 1º, da Lei n. 8.072/90, na redação conferida pela Lei n. 11.464/07 — que determina que o condenado pela prática de crime hediondo inicie o cumprimento da pena privativa de liberdade, necessariamente, no regime fechado — foi declarado inconstitucional pelo Plenário do Supremo Tribunal Federal, em sessão realizada em 27.06.12, ao julgar o HC 111.840, Relator o Ministro Dias Toffoli. (...) Ordem concedida de ofício para fixar o regime aberto para o início do cumprimento da pena, nos termos do artigo 33, § 2º, *b*, do Código Penal (...)" (STF — HC 118.676, Rel. Min. Luiz Fux, 1ª Turma, julgado em 11/03/2014, processo eletrônico *DJe* 062, 27/03/2014, public. 28/03/2014).

Dessa forma, se o réu primário for condenado a pena não superior a 8 anos, não bastará que o juiz diga que aquele crime é o de tráfico para fixar o regime fechado, só podendo fazê-lo se justificar a providência em razão da gravidade diferenciada do delito cometido (envolvimento de menores no tráfico, quantidade muito elevada de droga etc. Em novembro de 2017, confirmando tal entendimento, o Supremo Tribunal Federal aprovou a tese 972, em sede de repercussão geral: "É inconstitucional a fixação *ex lege*, com base no art. 2º, § 1º, da Lei n. 8.072/90, do regime inicial fechado, devendo o julgador, quando da condenação, ater-se aos parâmetros previstos no art. 33 do Código Penal".

Na prática, portanto, a **diferença** do crime de tráfico e de suas figuras equiparadas em relação aos crimes comuns é o prazo para a **progressão** de regime e para a obtenção do **livramento condicional**.

- **Progressão de regime**

Antes do advento da Lei n. 13.964/2019 a progressão para regime mais brando pressupunha o cumprimento de **dois quintos** da pena, se o condenado fosse primário, e de **três quintos**, se **reincidente**. Tais regras eram encontradas no art. 2º, § 2º, da Lei n. 8.072/90, que, todavia, foi expressamente revogado pela nova lei, que, concomitantemente, alterou o art. 112 da LEP, passando a exigir o cumprimento de ao menos 40% da pena aos condenados por crime equiparado a hediondo (art. 112, V) ou 60%, se reincidente na prática de crime hediondo ou equiparado (art. 112, VII).

Em crimes **comuns**, a progressão pressupõe o cumprimento de apenas 16% da pena. Quanto ao tráfico privilegiado (art. 33, § 4º), ver próximo item 2.2.2.1.

- **Livramento condicional**

O art. 44, parágrafo único, da Lei n. 11.343/2006 estabelece que, para os crimes de tráfico, o livramento condicional só poderá ser obtido após o cumprimento de **dois terços** da pena, vedada sua concessão ao **reincidente específico**. A menção ao reincidente específico, dentro da própria Lei de Drogas, refere-se àquele que já foi condenado por tráfico e que volta a cometer crime dessa mesma natureza. Nos delitos comuns, o livramento pode ser obtido após o cumprimento de 1/3 da pena, se o sentenciado for primário, e de 1/2 se reincidente em crime doloso.

O Superior Tribunal de Justiça fixou entendimento no sentido de que não há reincidência específica se a pessoa for condenada inicialmente por tráfico privilegiado e depois por tráfico comum (art. 33, *caput*): "*In casu*, embora o paciente já ostentasse condenação anterior por tráfico privilegiado quando praticou o crime de tráfico de drogas (art. 33, *caput*, da Lei n. 11.343/2006), não se configurou a reincidência específica, uma vez que se trata de condutas de naturezas distintas" (STJ — HC 453.983/SP, Rel. Min. Felix Fischer, 5ª Turma, julgado em 02/08/2018, *DJe* 09/08/2018); "Imperioso afastar a reincidência específica em relação ao tráfico privilegiado e o tráfico previsto no *caput* do art. 33 da Lei de Drogas, nos termos do novo entendimento jurisprudencial, para fins da concessão do livramento condicional" (STJ — HC 436.103/DF, Rel. Min. Nefi Cordeiro, 6ª Turma, julgado em 19/06/2018, *DJe* 29/06/2018); "O sentenciado condenado, primeiramente, por tráfico privilegiado (art. 33, § 4º, da Lei n. 11.343/2006) e, posteriormente, pelo crime previsto no *caput* do art. 33 da Lei n. 11.343/2006, não é reincidente específico, nos termos da legislação especial; portanto, não é alcançado pela vedação legal, prevista no art. 44, parágrafo único, da referida Lei" (HC 419.974/SP, Rel. Min. Maria Thereza de Assis Moura, 6ª Turma, julgado em 22/05/2018, *DJe* 04/06/2018).

Quanto ao tráfico privilegiado (art. 33, § 4º), ver próximo item 2.2.2.1.

▪ Vedações

O art. 44, *caput*, da Lei n. 11.343/2006, estabelece que o crime de tráfico de drogas e seus equiparados são insuscetíveis de *sursis*, graça, anistia e indulto. Além disso, veda a concessão de fiança e liberdade provisória, de forma que, pelo texto legal, o traficante preso em flagrante deve permanecer nesse estado até a prolação da sentença, sendo, porém, possível o relaxamento da prisão se houver excesso de prazo na instrução, ou seja, se os prazos processuais forem extrapolados. Não se pode deixar de mencionar, todavia, que, após o advento da Lei n. 11.464/2007, que deixou de proibir a liberdade provisória para crimes hediondos, solidificou-se entendimento de que também para o tráfico a concessão é cabível, muito embora a lei especial diga o contrário em relação a tal delito.

▪ Constitucionalidade da pena de multa

Não é raro que defensores aleguem que o montante da pena de multa previsto em abstrato para crimes como o tráfico de drogas, a associação para o tráfico e o financiamento ao tráfico é **inconstitucional** por ofensa ao princípio da **proporcionalidade**. Sustentam que, nesses crimes, o número de dias-multa é muito maior e, portanto, desproporcional em relação a crimes comuns como roubo, extorsão, extorsão mediante sequestro, dentre outros. É que, para os crimes comuns, o art. 49 do Código Penal estabelece que o juiz deve fixar a pena entre 10 e 360 dias-multa. No crime de tráfico, por sua vez, o art. 33 da Lei n. 11.343/2006 dispõe que o juiz deve estabelecer pena entre 500 e 1.500 dias-multa. Já no delito de associação para o tráfico, o montante a ser fixado é de 700 a 1.200 dias-multa. Por fim, no financiamento ao tráfico, o juiz deve estabelecer a pena entre 1.500 e 4.000 dias-multa.

Os Tribunais, todavia, não têm reconhecido a alegada inconstitucionalidade, com o argumento de que os traficantes e seus financiadores buscam a obtenção de lucro fácil, pouco se importando com a vida e a saúde de milhares de pessoas que são prejudicadas pela dependência, de modo que o legislador, ao prever pena de multa em patamares maiores, visa, tão somente, utilizar meio de maior eficácia na inibição do comércio de drogas. Salientam, ainda, que a pena pecuniária não pode ser convertida em privativa de liberdade, de modo que, se o agente for condenado e não tiver condições de arcar com os valores fixados na sentença, nada poderá ser feito contra ele.

14. Ação penal

É pública incondicionada.

2.2.2.1. *Tráfico privilegiado*

> **Art. 33, § 4º** Nos delitos definidos no *caput* e no § 1º deste artigo, as penas poderão ser reduzidas de um sexto a dois terços, desde que o agente seja primário, de bons antecedentes, não se dedique às atividades criminosas nem integre organização criminosa.

O dispositivo em questão, que permite significativa redução das penas **privativa de liberdade** e de **multa** nos crimes de **tráfico** de drogas e **equiparados**, pressupõe a coexistência de quatro requisitos:

a) que o réu seja **primário**;
b) que tenha **bons antecedentes**;
c) que **não se dedique às atividades criminosas**;
d) que não **integre organização criminosa**.

Tal modalidade, conhecida como "tráfico privilegiado", foi criada pelo legislador para beneficiar pessoas primárias e de bons antecedentes, que sejam condenadas por referidos crimes, quando as provas indicarem que não se trata de traficante **contumaz** (que faz do tráfico um **meio de vida**) e que o réu não integra organização criminosa.

A benesse, portanto, deve ser concedida ao chamado traficante **eventual** (ocasional), que praticou ato de comércio de droga de forma **isolada**. Ex.: pessoa que, às vésperas do carnaval, compra algumas caixas de lança-perfume para revendê-las em tal ocasião festiva, em que é grande o consumo de referida droga.

Saliente-se que a dedicação **rotineira** ao tráfico pode ser comprovada por diversas formas, como, por exemplo, pela confissão do réu, pela existência de interceptação telefônica demonstrando venda a inúmeros usuários, pela apreensão, com o acusado, de listas com nomes de clientes, pela quantidade elevada de drogas etc. A elevada quantidade de drogas também pode ser fator indicativo de que o acusado se dedica ao tráfico.

De acordo com as Cortes Superiores, o fato de alguém ser flagrado atuando como "mula do tráfico" não induz necessariamente à conclusão de que integre organização criminosa e de que, portanto, não faz jus ao benefício: "(...) acolho o entendimento uníssono do Supremo Tribunal Federal sobre a matéria, no sentido de que a simples atuação nessa condição não induz, automaticamente, à conclusão de que o sentenciado integre organização criminosa, sendo imprescindível, para tanto, prova inequívoca do seu envolvimento, estável e permanente, com o grupo criminoso, para autorizar a redução da pena em sua totalidade. Precedentes do STF" (STJ — HC 387.077/SP, Rel. Min. Ribeiro Dantas, 5ª Turma, julgado em 06/04/2017, *DJe* 17/04/2017); "A jurisprudência desta Corte é firme no sentido de a condição de mula, por si só, não revelar a participação em organização criminosa. Precedentes" (STF — HC 136.736, Rel. Min. Ricardo Lewandowski, 2ª Turma, julgado em 28/03/2017, *DJe*-095 divulg. 05/05/2017, public. 08/05/2017); "A jurisprudência desta Suprema Corte é no sentido de que 'o exercício da função de mula, embora indispensável para o tráfico internacional, não traduz, por si só, adesão, em caráter estável e permanente, à estrutura de organização criminosa, até porque esse recrutamento pode ter por finalidade um único transporte de droga', porquanto 'descabe afastar a incidência da causa de diminuição de pena do art. 33, § 4º, da Lei n. 11.343/06 com base em mera conjectura ou ilação de que os réus integrariam organização criminosa' (HC 124.107/SP, Rel. Min. Dias Toffoli, 1ª Turma, *DJe* 24/11/2014)" (STF — HC 129.449, Rel. Min. Rosa Weber, 1ª Turma, julgado em 14/03/2017, *DJe*-088 divulg. 27/04/2017, public. 28/04/2017).

Saliente-se, outrossim, que a 3ª Seção do Superior Tribunal de Justiça, no julgamento do EREsp 1.431.091/SP[4], Rel. Min. Felix Fischer, julgado em 14/12/2016,

4 Este o teor do *Informativo* 596 do Superior Tribunal de Justiça: "A divergência existente no âmbito da Terceira Seção do STJ consiste na possibilidade (ou não) de utilização de inquéritos e processos penais em tramitação para avaliar a possível dedicação do réu a atividades criminosas, de modo a afastar a causa de diminuição prevista no artigo 33, § 4º, da Lei de Drogas. Enquanto a Quinta Turma entende plenamente possível a utilização de inquéritos e ações penais em andamento para afastar a causa de diminuição, a Sexta Turma tem entendimento oposto. A Lei 11.343/06 inovou na ordem jurídica em diversos fatores, dentre eles, inseriu uma causa de diminuição de pena para o delito de tráfico de drogas e equiparados, prevista no § 4º do artigo 33. Os requisitos cumulativos previstos para diminuição de pena são: i) primariedade; ii) bons antecedentes; iii) não se dedicar às atividades criminosas; iv) não integrar organização criminosa. A inserção no ordenamento dessa causa de diminuição teve por escopo diferenciar aquele que não é dedicado a ilícitos penais, daquele que efetivamente se dedica ao tráfico de drogas com maior potencialidade lesiva à sociedade. Assim, a regra não deve ser a aplicação da benesse de forma desmedida, mas sua aplicação somente deve ocorrer em casos singulares, quando preenchidos os requisitos, os quais merecem interpretação restritiva, de modo a prestigiar quem efetivamente mereça redução de pena. É consabido que inquéritos e ações penais em curso não podem ser valoradas como maus antecedentes, de modo a agravar a pena do réu quando das circunstâncias judiciais avaliadas em dosimetria de pena na primeira fase, para fins de aumentar a pena-base. Contudo, na espécie, não se trata de avaliação de inquéritos ou ações penais para agravar a situação do réu condenado por tráfico de drogas, mas como forma de afastar um benefício legal, desde que existentes elementos concretos para concluir que ele se dedique a atividades criminosas, sendo inquestionável que em determinadas situações, a existência de investigações e/ou ações penais em andamento possam ser elementos aptos para formação da convicção do magistrado. Ademais, como os princípios constitucionais devem ser interpretados de forma harmônica, não merece ser interpretado de forma absoluta o princípio da inocência, de modo a impedir que a existência de inquéritos ou ações penais impeçam a interpretação em cada caso para mensurar a dedicação do Réu em atividade criminosa. Assim não o fazendo, conceder o benefício do artigo 33, § 4º, da Lei 11.343/06 para aquele que responde a inúmeras ações penais, ou seja, investigado, é equipará-lo com quem numa única ocasião na vida se envolveu com as drogas, situação que ofende o princípio também previsto na Constituição Federal de individualização da pena. Por fim, mister salientar que não se pretende tornar regra que a existência de inquéri-

DJe 1/2/2017, firmou entendimento de que a existência de inquéritos policiais ou ações penais em curso por crime de tráfico de drogas podem ser levadas em conta pelo juiz para concluir que o acusado se dedica de forma contumaz ao tráfico ou que integra organização criminosa.

No que se refere à reincidência, é pacífico o entendimento de que **não** é necessário que seja **específica** (dupla condenação por tráfico de drogas). Assim, qualquer espécie de reincidência impede o benefício: "Outrossim, a reincidência, seja ela específica ou não, constitui óbice à aplicação da minorante prevista no § 4º do art. 33 da Lei n.11.343/06, tendo em vista que um dos requisitos para a incidência do benefício é que o paciente seja primário. 5. Dessa forma, a reincidência pode ensejar o agravamento da pena, na segunda fase da dosimetria, bem como impedir a aplicação do redutor previsto no § 4º do art. 33 da Lei 11.343/2006, na medida em que a primariedade é requisito para a incidência desse benefício. Ressalta-se que, por não ser a reincidência elemento constitutivo ou que qualifica o crime de tráfico de drogas, mas apenas um dos elementos que obstam determinado benefício penal, não há falar em *bis in idem*" (STJ — HC 393.862/DF, Rel. Min. Reynaldo Soares da Fonseca, 5ª Turma, julgado em 26/09/2017, *DJe* 02/10/2017); **e** "A reincidência afasta a possibilidade de aplicação da causa de diminuição de pena do § 4º do art. 33 da Lei n. 11.343/2006, não se exigindo que a reincidência seja específica em tráfico de drogas. Precedentes" (STJ — HC 244.611/SP, Rel. Min. Marilza Maynard (Desembargadora convocada do TJ/SE), 6ª Turma, julgado em 05/12/2013, *DJe* 16/12/2013).

Com a aplicação do redutor desse art. 33, § 4º, a pena do traficante pode ser fixada em patamar igual ou inferior a **4 anos**, o que permitiria, em tese, a substituição da pena privativa de liberdade por restritiva de direitos (art. 44, I, do CP). A fim de inviabilizar tal substituição, o legislador expressamente inseriu **proibição** nesse sentido no próprio art. 33, § 4º, bem como no art. 44, *caput*, da Lei n. 11.343/2006. Acontece que o **Supremo Tribunal Federal**, no HC 97.256/RS, em 1º de setembro de 2010, julgou **inconstitucional** a referida vedação à substituição por pena **restritiva de direitos** nos crimes de tráfico de drogas e equiparados, argumentando que tal proibição fere o princípio constitucional da **individualização** da pena — art. 5º, XLVI, da Constituição Federal —, pois, de acordo com a regra do art. 44, I, do Código Penal, a substituição por pena restritiva de direitos é cabível **sempre** que a pena fixada não exceder 4 anos, nos crimes cometidos sem violência ou grave ameaça, desde que as circunstâncias do crime indiquem que a medida é **suficiente** para a prevenção e repressão do delito cometido (art. 44, III, do CP). Assim, se, em razão da redução de pena do art. 33, § 4º, a pena fixada na sentença para o traficante **não** exceder 4 anos, **será cabível** a substituição, nos termos do art. 44, I, do Código Penal. Se, todavia, a pena for superior a 4 anos, o réu deverá cumpri-la. Após a declaração de **inconstitucionalidade** por parte do Supremo Tribunal Federal, o **Senado Federal** aprovou a **Resolução n. 05/2012**, excluindo **expressamente** do art. 33, § 4º, da Lei de Drogas, a vedação à conversão da pena privativa de liberdade em restritiva de direi-

---

to ou ação penal obste o benefício em todas as situações, mas sua avaliação para concluir se o réu é dedicado a atividades criminosas também não pode ser vedada de forma irrestrita, de modo a permitir a avaliação pelo magistrado em cada caso concreto".

tos. De ver-se, contudo, que o juiz poderá **deixar** de efetuar a substituição se entender que a gravidade do caso concreto é **incompatível** com o benefício, como, por exemplo, quando a quantidade de droga apreendida for considerável.

Em suma, diante do que já foi exposto, em relação ao regime inicial de cumprimento de pena privativa de liberdade e à possibilidade de sua conversão em pena restritiva de direitos, as decisões do Supremo Tribunal Federal fizeram com que o crime de tráfico acompanhasse as regras comuns do Código Penal (arts. 33, 44 e 59). Assim, se o acusado for condenado a 5 anos de reclusão e for primário, o juiz poderá fixar o regime **semiaberto** ou o **fechado** (este último, apenas se as circunstâncias do caso concreto demonstrarem gravidade diferenciada do crime praticado). Se for aplicado o redutor do art. 33, § 4º, da Lei de Drogas (réu primário, de bons antecedentes, que não se dedica reiteradamente ao tráfico e não integra organização criminosa) e, em razão disso, a pena fixada não superar 4 anos, o juiz poderá fixar regime aberto e substituir a pena privativa de liberdade por restritiva de direitos — salvo se as circunstâncias do delito indicarem que a medida não é suficiente.

▪ Natureza equiparada a hedionda

O crime de tráfico de drogas é equiparado a hediondo nos termos do art. 5º, XLIII, da Constituição Federal, merecendo tratamento mais rigoroso. Em junho de 2014, o Superior Tribunal de Justiça aprovou a Súmula n. 512, sustentando que: "A aplicação da causa de diminuição de pena prevista no art. 33, § 4º, da Lei n. 11.343/2006 **não afasta a hediondez do crime de tráfico de drogas**". Tal súmula foi aprovada após as Turmas dessa Corte terem proferido inúmeras decisões nesse sentido[5].

[5] "I. O tráfico de drogas, segundo expressa disposição constitucional (art. 5º, inciso XLIII), é considerado figura típica equiparada aos crimes hediondos definidos em lei, sujeitando-se, por consequência, ao tratamento dispensado a tais delitos, sendo que a Lei n. 8.072/90 não fez qualquer ressalva em sentido contrário. II. A incidência da causa de diminuição de pena prevista no art. 33, § 4º, da Lei n. 11.343/06 não descaracteriza o caráter hediondo do crime. Precedentes. III. A redução da pena, em razão do reconhecimento da causa especial de diminuição, não implica desconsiderar as razões que levaram o legislador constituinte a prever um tratamento mais rigoroso ao tráfico de drogas. IV. Ordem denegada" (STJ — HC 165.332/MS, Rel. Min. Gilson Dipp, 5ª Turma, julgado em 04/11/2010, *DJe* 22/11/2010);

"O Superior Tribunal de Justiça, no julgamento do Recurso Especial n. 1.329.088/RS, representativo da controvérsia, sedimentou o entendimento no sentido de que a aplicação da causa de diminuição de pena prevista no art. 33, § 4º, da Lei n. 11.343/06 não afasta a hediondez do crime de tráfico de drogas. 4. Agravo regimental parcialmente provido, para manter a pena, o regime e a substituição aplicados pela Corte local, dando parcial provimento ao recurso especial do Ministério Público, apenas para firmar o caráter hediondo do crime de tráfico 'privilegiado'" (STJ — AgRg no REsp 1.316.238/RS, Rel. Min. Campos Marques (Desembargador convocado do TJ/PR), Rel. p/ Acórdão Min. Marco Aurélio Bellizze, 5ª Turma, julgado em 17/12/2013, *DJe* 19/12/2013).

"Recurso especial representativo da controvérsia (art. 543-C do CPP). Penal. Tráfico de drogas. Aplicação do art. 33, § 4º, da Lei n. 11.343/2006. Causa de diminuição. Caráter hediondo. Manutenção. Delito privilegiado. Inexistência. Execução da pena. Progressão. Requisito objetivo. Observância. Art. 2º, § 2º, da Lei n. 8.072/1990. Obrigatoriedade. 1. A aplicação da causa de diminuição de pena prevista no art. 33, § 4º, da Lei n. 11.343/2006 não afasta a hediondez do crime de tráfico de drogas, uma vez que a sua incidência não decorre do reconhecimento de uma menor gravidade da conduta praticada e tampouco da existência de uma figura privilegiada do crime. 2. A criação

Ocorre que no julgamento do HC 118.533, Rel. Min. Cármen Lúcia, em 23/06/2016, o **Plenário do Supremo Tribunal Federal decidiu que o tráfico privilegiado de drogas não possui natureza hedionda**. A decisão da Corte Suprema sobrepôs-se ao que havia decidido o Superior Tribunal de Justiça, que entendera ter natureza hedionda o tráfico privilegiado (Súmula n. 512 — cancelada em 23/11/2016). **Posteriormente, a Lei n. 13.964/2019 inseriu no art. 112, § 5º, da LEP, regra expressa no sentido de que o tráfico privilegiado não possui natureza hedionda ou equiparada**. Por isso, a progressão de regime pode se dar com o cumprimento de 16% da pena imposta — ao passo que no tráfico comum (não privilegiado) a progressão pressupõe o cumprimento de ao menos 40% da pena, se o réu for primário ou 60%, se for reincidente. Além disso, o livramento condicional na figura privilegiada pode ser obtido de acordo com as regras comuns do art. 83 do Código Penal (cumprimento de 1/3 da pena, se o réu for primário, e de 1/2, se reincidente em crime doloso). Por fim, para o tráfico privilegiado não estão vedadas a anistia, a graça e o indulto.

▪ Critério de redução

Como o dispositivo em estudo não especifica qual critério deve o juiz levar em conta na escolha do índice de redução — entre um sexto e dois terços —, grande número de juízes passou a ter como critério o da quantidade, natureza e diversidade da droga apreendida com o acusado, isto é, quanto maior a quantidade, a diversidade ou a potência da droga, menor a redução.

Acontece que o art. 42 da mesma Lei dispõe que, na fixação da **pena-base**, os principais fatores que o juiz deve ter em conta são exatamente aqueles atinentes à quantidade e à natureza da droga.

Assim, tornou-se comum a aplicação, na 1ª fase da dosimetria, de pena acima do mínimo legal em razão da quantidade e da natureza da droga, atendendo-se ao disposto no art. 42, e, posteriormente, na 3ª fase da fixação da pena — na análise da causa de diminuição —, a redução em índice pequeno (1/6, 1/3 etc.), justamente em razão da quantidade e da natureza da droga.

Ocorre que o **Plenário** do Supremo Tribunal Federal, ao julgar os HCs 112.776/MS e 109.193/MG, entendeu que tal providência constitui ***bis in idem***, porque a quantidade e a natureza da droga estariam a ser consideradas duas vezes na dosimetria. A propósito: "1. A natureza e a quantidade de drogas apreendidas em poder de um réu condenado por tráfico de entorpecentes não podem ser utilizadas na primeira e na terceira fase da dosimetria da pena de forma cumulativa. Precedentes: HC 112.776/MS e

---

da minorante tem suas raízes em questões de política criminal, surgindo como um favor legislativo ao pequeno traficante, ainda não envolvido em maior profundidade com o mundo criminoso, de forma a propiciar-lhe uma oportunidade mais rápida de ressocialização. 3. Recurso especial provido para reconhecer o caráter hediondo do delito de tráfico de drogas, mesmo tendo sido aplicada a causa de diminuição prevista no art. 33, § 4º, da Lei n. 11.343/2006, e para determinar que, na aferição do requisito objetivo para a progressão de regime, seja observado o disposto no art. 2º, § 2º, da Lei n. 8.072/1990, com a redação atribuída pela Lei n. 11.464/2007, ficando restabelecida a decisão do Juízo da Execução" (STJ — REsp 1.329.088/RS, Rel. Min. Sebastião Reis Júnior, 3ª Seção, julgado em 13/03/2013, *DJe* 26/04/2013).

HC 109.193/MG, Pleno, julgamento realizado em 19/12/2013. 2. O magistrado sentenciante, de acordo com seu poder de discricionariedade, deve definir em que momento da dosimetria da pena a circunstância referente à quantidade e à natureza da droga há de ser utilizada, vedada a forma cumulativa sob pena de ocorrência de *bis in idem*. 3. *In casu*, a) o paciente foi condenado à pena de 4 (quatro) anos, 2 (dois) meses e 16 (dezesseis) dias de reclusão, em regime inicial fechado, pela prática do crime previsto no art. 33, *caput*, c/c art. 40, I, ambos da Lei n. 11.343/2006, (tráfico internacional de drogas), posto flagrado no Aeroporto Internacional de São Paulo portando 3.650 g (três mil, seiscentos e cinquenta gramas) de cocaína, presos em sua cintura, em suas pernas e em seu tênis, quando tentava embarcar para Madri, Espanha. b) O Tribunal Regional Federal da 3ª Região considerou a quantidade da droga apreendida em poder do paciente para fixar a pena-base acima do mínimo legal e utilizou desse mesmo fundamento para aplicar a causa de diminuição prevista no art. 33, § 4º, da Lei n. 11.343/2006, na fração de 1/3 (um terço) (...). Ordem parcialmente concedida para determinar ao Juízo sentenciante ou, se for o caso, ao Juízo da execução penal, que proceda a nova dosimetria, analisando as circunstâncias da natureza e da quantidade da droga apenas em uma das fases do cálculo da pena" (STF — HC 119.976, Rel. Min. Luiz Fux, 1ª Turma, julgado em 25/02/2014, processo eletrônico *DJe* 053, 17/03/2014, public. 18/03/2014); "Não agiu bem o magistrado de primeiro grau, uma vez que fixou a pena-base acima do mínimo legal, com preponderância na natureza e na quantidade da droga apreendida, e, em seguida, aplicou a fração de 1/6 (um sexto) na redução prevista no art. 33, § 4º, da Lei n. 11.343/2006, utilizando-se dos mesmos fundamentos, em flagrante *bis in idem*. (...) Ordem concedida de ofício para: (I) determinar ao juízo das execuções que proceda a nova individualização da pena, respeitadas as diretrizes firmadas pelo Plenário desta Corte, ou seja, considerando a natureza e a quantidade do entorpecente apreendido em poder do paciente em apenas uma das fases da individualização da reprimenda..." (STF — HC 119.357, Rel. Min. Ricardo Lewandowski, 2ª Turma, julgado em 11/03/2014, processo eletrônico *DJe* 059, 25/03/2014, public. 26/03/2014); "Acórdão recorrido em conformidade com a jurisprudência desta Corte, em sede de repercussão geral (tema 712), de que se revela correta a motivação da natureza e da quantidade da droga na primeira ou na terceira fase de aplicação da pena, vedada a aplicação conjunta sob pena de *bis in idem*" (ARE 880.499 AgR, Rel. Min. Gilmar Mendes, 2ª Turma, julgado em 02/08/2016, processo eletrônico *DJe*-176, divulg. 18/08/2016, public. 19/08/2016); "Ademais, conforme entendimento firmado pelo Supremo Tribunal Federal, em sede de repercussão geral, no julgamento do ARE 666.334/MG (Rel. Ministro Gilmar Mendes, *DJ* 6/5/2014), está vedada a aferição concomitante da natureza e da quantidade da droga, na primeira e na terceira fase da dosimetria, sob pena de ofensa ao princípio do *ne bis in idem*" (STJ — AgRg no REsp 1726404/MS, Rel. Min. Ribeiro Dantas, 5ª Turma, julgado em 02/08/2018, *DJe* 15/08/2018).

Saliente-se que o Plenário da Corte Suprema definiu que o magistrado **não** pode utilizar o critério **duas** vezes, mas deixa ao livre-arbítrio do magistrado escolher se o utilizará na 1ª ou na 3ª fase da dosimetria. Teoricamente, o correto seria levar em conta referidas circunstâncias — quantidade e natureza da droga — na fixação da pena-base, na medida em que o art. 42 é expresso, ou seja, menciona tais circunstâncias como fatores preponderantes para o estabelecimento da pena-base (1ª fase). Ao contrário, o art. 33, § 4º, da Lei de Drogas não faz qualquer menção a elas (quantidade e natureza do entorpecente).

▪ Quantidade e natureza da droga como circunstâncias indicativas de que o acusado se dedica ao tráfico

Não há *bis in idem* quando o juiz aumenta a pena-base com fundamento na quantidade e na natureza da droga (cumprindo a determinação do art. 42 da Lei de Drogas), e, em seguida, deixa de conceder o redutor do art. 33, § 4º, por considerar provado que o réu se dedica ao tráfico de forma contumaz ou que integra organização criminosa, mesmo que a quantidade e a natureza do entorpecente sejam usadas como um dos fundamentos para a conclusão do juiz sentenciante.

Em tais casos, não há *bis in idem*, porque o aumento na 1ª fase é decorrente da quantidade e da natureza, enquanto a não incidência do redutor decorre do fato de o acusado não ser traficante eventual.

A propósito:

> "Segundo a jurisprudência da Quinta Turma deste Tribunal, não configura *bis in idem* a aferição, concomitante, da quantidade de droga para exasperar a pena inicial e para afastar a incidência da redutora prevista no art. 33, § 4º, da Lei n. 11.343/2006, quando, neste último caso, tal circunstância evidencia o envolvimento habitual do agente no comércio ilícito de entorpecentes" (STJ — AgRg no AREsp 1.302.647/RJ, Rel. Min. Ribeiro Dantas, 5ª Turma, julgado em 02/08/2018, *DJe* 15/08/2018); "Não caracteriza *bis in idem* a utilização das circunstâncias da quantidade ou natureza da droga na primeira e terceira fases da dosimetria da pena, nos casos em que a instância ordinária tenha fundamentado a negativa da causa especial de diminuição do art. 33, § 4º, da Lei n. 11.343/2006 em outras circunstâncias concretas..." (STJ — HC 418.529/SP, Rel. Min. Nefi Cordeiro, 6ª Turma, julgado em 17/04/2018, *DJe* 27/04/2018).

▪ Inconstitucionalidade do dispositivo

Muitos juristas, dentre eles o festejado penalista Fernando Capez[6], advogam que a referida causa de diminuição de pena, conhecida como tráfico privilegiado, é **inconstitucional** por ferir o princípio da **proporcionalidade**, bem como o da **individualização da pena** (art. 5º, XLVI) e, ainda, o art. 5º, XLIII, da Carta Magna, que exige tratamento mais rigoroso ao tráfico de drogas.

Alegam, os defensores da tese da inconstitucionalidade do dispositivo, que o fato de o acusado ser primário e de bons antecedentes passou a ter efeito *sui generis* no crime de tráfico de drogas, permitindo que, com a redução de um sexto a dois terços da pena na terceira fase da dosimetria, a sanção aplicada seja **inferior** ao mínimo cominado em abstrato, o que não é possível nas demais infrações penais do Código Penal e de leis especiais. Em outras palavras, em todos os outros crimes de nossa legislação o fato de o acusado ser primário e de bons antecedentes pode fazer apenas com que a pena seja fixada no mínimo legal, enquanto no tráfico de drogas — delito

---

[6] CAPEZ, Fernando. *Curso de direito penal. Legislação penal especial*, v. 4, p. 724-726.

em relação ao qual o constituinte exigiu tratamento mais rigoroso — a pena pode ficar abaixo do mínimo legal.

De ver-se, todavia, que a alegada inconstitucionalidade não foi reconhecida em nossos tribunais, com o argumento de que o redutor não é aplicado apenas porque o acusado é primário e de bons antecedentes, mas principalmente pelo fato de não ser ele traficante contumaz ou integrante de organização criminosa. De acordo com tal entendimento, é a soma desses quatro requisitos que gera o benefício, e não apenas a primariedade e os bons antecedentes. Alega-se que não há ofensa ao princípio da proporcionalidade, porque a finalidade do legislador é justamente a de diferenciar a pena do traficante eventual daquele que faz do comércio das drogas seu meio de vida.

▪ Reincidência e *bis in idem*

Quando o juiz aprecia a prova e conclui que o acusado, **além de reincidente**, dedica-se ao tráfico de modo reiterado ou integra organização criminosa, não há qualquer problema na aplicação da pena, devendo ser aplicada a **agravante genérica** da **reincidência** (art. 61, I, do CP), na **segunda** fase da dosimetria, e, em seguida, **negada** a aplicação ao redutor do art. 33, § 4º, por ser o réu traficante **contumaz** ou integrante de **organização criminosa**.

Surge, entretanto, séria controvérsia nos casos em que o acusado é reincidente, mas não existem provas de que ele se dedica às atividades criminosas ou de que é integrante de organização criminosa.

Para alguns, não há nenhum óbice em o juiz aplicar a agravante genérica da **reincidência** na segunda fase da fixação da pena e, em seguida, recusar a aplicação do redutor em face da **mesma** circunstância. Este o entendimento sedimentado no Superior Tribunal de Justiça: "Os condenados pelo crime de tráfico de drogas terão a pena reduzida, de um sexto a dois terços, quando forem reconhecidamente primários, possuírem bons antecedentes e não se dedicarem a atividades criminosas ou integrarem organizações criminosas (art. 33, § 4º, da Lei n. 11.343/2006). 4. Reconhecida a reincidência do agente, não se admite a aplicação da mencionada benesse, porquanto ausente o preenchimento dos requisitos legais. A utilização de tal vetor concomitantemente na segunda e terceira fase da dosimetria não enseja *bis in idem*" (STJ — HC 449.317/SP, Rel. Min. Ribeiro Dantas, 5ª Turma, julgado em 07/08/2018, *DJe* 15/08/2018) "Dessa forma, a reincidência pode ensejar o agravamento da pena, na segunda fase da dosimetria, bem como impedir a aplicação do redutor previsto no § 4º do art. 33 da Lei 11.343/2006, na medida em que a primariedade é requisito para a incidência desse benefício. Ressalta-se que, por não ser a reincidência elemento constitutivo ou que qualifica o crime de tráfico de drogas, mas apenas um dos elementos que obstam determinado benefício penal, não há falar em *bis in idem*. Precedentes. 6. *Habeas corpus* não conhecido" (STJ — HC 393.862/DF, Rel. Min. Reynaldo Soares da Fonseca, 5ª Turma, julgado em 26/09/2017, *DJe* 02/10/2017); **e** "A decisão impugnada foi clara ao afirmar que não há falar em *bis in idem* em razão da utilização da reincidência como agravante genérica e para negar a aplicação da causa especial de diminuição de pena prevista no § 4º do art. 33 da Lei n. 11.343/2006, porquanto é possível que um mesmo instituto jurídico seja apreciado em fases distintas na dosimetria da pena, gerando efeitos diversos, conforme previsão legal específica (HC n. 409.134/SP, Ministra Maria Thereza de Assis Moura, Sexta Turma, *DJe* 18/9/2017)" (STJ — AgRg no HC 472.510/SC, Rel. Min. Sebastião Reis Júnior, 6ª Turma, julgado em 13/11/2018, *DJe* 10/12/2018). No mesmo sentido, dentre outros: veja-se, HC 354.611/SP, Rel. Min. Maria Thereza de Assis Moura, 6ª Turma, julgado em 09/08/2016, *DJe* 24/08/2016).

Outros defendem, todavia, que há *bis in idem* na utilização da reincidência em duas fases da dosimetria. Para estes, o fato de o réu ser reincidente pode agravar a pena uma única vez. Alegam que não há vedação em a reincidência ser também utilizada, por exemplo, como fundamento para a fixação de regime mais gravoso ou para aumentar o prazo de prescrição da pretensão executória. O que não se admite, entretanto, por constituir inegável *bis in idem*, é que a reincidência seja considerada **duas vezes na dosimetria** (2ª e 3ª fases). Para os seguidores dessa orientação, caso o magistrado, ao apreciar a prova, convença-se de que a única razão para negar o redutor do art. 33, § 4º, da Lei n. 11.343/2006, é o fato de o acusado ser reincidente, deverá considerar tal circunstância somente na 3ª fase da dosimetria (negando o redutor), por se tratar de regra específica em relação ao delito de tráfico. A agravante do art. 61, I, do Código Penal, justamente por ser genérica, não poderá ser aplicada.

- **Condenação por associação para o tráfico impede a incidência do redutor**

Considerando que a jurisprudência entende necessária, para a tipificação do delito de associação para o tráfico (art. 35 da Lei n. 11.343/2006), a demonstração da **estabilidade** e **permanência** do grupo, a condenação concomitante por esse crime com o de tráfico de drogas **impede** a concessão do redutor do art. 33, § 4º, na medida em que a conclusão inevitável é a de que os integrantes da associação dedicam-se ao comércio de drogas de forma contumaz.

Nesse sentido: "A condenação por associação para o tráfico de drogas obsta a aplicação do redutor previsto no art. 33, § 4º, da Lei de Drogas, uma vez que demanda a existência de *animus* associativo estável e permanente entre os agentes no cometimento do delito, evidenciando, assim, a dedicação do paciente em atividade criminosa. Precedentes" (STJ — HC 526.975/SP, Rel. Min. Ribeiro Dantas, 5ª Turma, julgado em 17/09/2019, *DJe* 24/09/2019); "A condenação pelo crime de associação para o tráfico evidencia que o agente se dedica a atividades criminosas, o que inviabiliza a incidência do redutor previsto no § 4º do art. 33 da Lei n. 11.343/2006. Precedentes" (STJ — HC 481.683/SC, Rel. Min. Reynaldo Soares da Fonseca, 5ª Turma, julgado em 07/02/2019, *DJe* 15/02/2019); "Não é possível a incidência da causa especial de diminuição de pena prevista no art. 33, § 4º, da Lei n. 11.343/06, haja vista que a referida benesse não é aplicável ao réu também condenado pelo crime de associação para o tráfico de drogas, tipificado no artigo 35 da mesma lei. Precedentes" (STJ — HC 389.745/SC, Rel. Min. Maria Thereza de Assis Moura, 6ª Turma, julgado em 27/04/2017, *DJe* 08/05/2017); "... consoante entendimento perfilhado por esta Corte, não é possível a incidência da causa especial de diminuição de pena prevista no art. 33, § 4º, da Lei n. 11.343/2006, ao réu também condenado pelo crime de associação pra o tráfico de drogas, tipificado no art.

35 da mesma lei. Precedentes" (STJ — AgRg no AREsp 1243873/PI, Rel. Min. Sebastião Reis Junior, 6ª Turma, julgado em 26/06/2018, *DJe* 02/08/2018).

- **Condenação anterior por crime de porte para consumo pessoal não impede o privilégio**

O Superior Tribunal de Justiça firmou entendimento no sentido de que a condenação anterior por crime de porte de droga para consumo pessoal (art. 28 da Lei de Drogas) não gera reincidência. Assim, se a pessoa que está sendo processada por crime de tráfico de drogas ostentar apenas condenação anterior pelo crime do art. 28 poderá obter o benefício. A propósito: "Consoante o posicionamento firmado pela Suprema Corte, na questão de ordem no RE n. 430.105/RJ, a conduta de porte de substância entorpecente para consumo próprio, prevista no art. 28 da Lei n. 11.343/2006, foi apenas despenalizada pela nova Lei de Drogas, mas não descriminalizada, em outras palavras, não houve *abolitio criminis*. Desse modo, tratando-se de conduta que caracteriza ilícito penal, a condenação anterior pelo crime de porte de entorpecente para uso próprio pode configurar, em tese, reincidência. 4. Contudo, as condenações anteriores por contravenções penais não são aptas a gerar reincidência, tendo em vista o que dispõe o art. 63 do Código Penal, que apenas se refere a crimes anteriores. E, se as contravenções penais, puníveis com pena de prisão simples, não geram reincidência, mostra-se desproporcional o delito do art. 28 da Lei n. 11.343/2006 configurar reincidência, tendo em vista que nem é punível com pena privativa de liberdade. 5. Nesse sentido, a Sexta Turma deste Superior Tribunal de Justiça, no julgamento do REsp n. 1.672.654/SP, da relatoria da Ministra MARIA THEREZA, julgado em 21/8/2018, proferiu julgado considerando desproporcional o reconhecimento da reincidência por condenação pelo delito anterior do art. 28 da Lei n. 11.343/2006. 6. Para aplicação da causa de diminuição de pena do art. 33, § 4º, da Lei n. 11.343/2006, o condenado deve preencher, cumulativamente, todos os requisitos legais, quais sejam, ser primário, de bons antecedentes, não se dedicar a atividades criminosas nem integrar organização criminosa, podendo a reprimenda ser reduzida de 1/6 (um sexto) a 2/3 (dois terços), a depender das circunstâncias do caso concreto. No caso, tendo em vista que a reincidência foi o único fundamento para não aplicar a benesse e tendo sido afastada a agravante, de rigor a aplicação da redutora" (HC 453.437/SP, Rel. Min. Reynaldo Soares da Fonseca 5ª Turma, julgado em 04/10/2018, *DJe* 15/10/2018).

2.2.3. Figuras equiparadas ao tráfico

2.2.3.1. Condutas relacionadas a matéria-prima, insumo ou produto químico destinado à preparação de drogas

> **Art. 33, § 1º** Nas mesmas penas incorre quem:
> I — importa, exporta, remete, produz, fabrica, adquire, vende, expõe à venda, oferece, fornece, tem em depósito, transporta, traz consigo ou guarda, ainda que gratuitamente, sem autorização ou em desacordo com determinação legal ou regulamentar, matéria-prima, insumo ou produto químico destinado à preparação de drogas;

Segundo Vicente Greco Filho[7], "matéria-prima é a substância da qual podem ser **extraídos** ou **produzidos** entorpecentes ou drogas afins, que possam causar dependência física ou psíquica. Não há necessidade de que as matérias-primas tenham, em si mesmas, capacidade de produzir a dependência ou de que estejam catalogadas nas portarias do Serviço de Vigilância Sanitária, sendo suficiente que tenham as condições e qualidades químicas necessárias para, mediante transformação, resultarem em entorpecentes ou drogas análogas".

A matéria-prima, o insumo ou o produto químico **não** precisam ser tóxicos em si, bastando que sejam **idôneos** à produção de entorpecente. Assim é que a posse de éter ou acetona pode configurar o delito, desde que exista prova de que se destinavam à preparação de cocaína.

O dispositivo em questão **não necessita de complemento**, ou seja, configura-se pela simples comprovação **da destinação ilícita da matéria-prima**, independentemente de constar em qualquer lista do Ministério da Saúde ou similar. A propósito: "Matéria-prima destinada a preparação de substância entorpecente ou que determine dependência física ou psíquica (éter e acetona destiladas de cocaína). — Inocuidade da indagação de estarem, ou não, o éter e a acetona incluídos na lista de substâncias entorpecentes, pois a condenação se fez por terem os ora pacientes fornecido tais substâncias para a refinação da cocaína, e não por serem elas substâncias entorpecentes. — Não é o *habeas corpus* meio idôneo para a reapreciação aprofundada de matéria de fato. *Habeas corpus* indeferido" (STF — HC 69.308, Rel. Min. Moreira Alves, 1ª Turma, julgado em 28/04/1992, *DJ* 22/05/1992, p. 7215, *Ement.* v. 1662-02, p. 306, *RTJ* v. 142-01, p. 259).

O art. 31 da Lei de Drogas estabelece que, para a posse, venda ou compra de matéria-prima para o fim específico de preparação de droga, é necessário **autorização** da autoridade competente, que só será concedida dentro dos **ditames legais**, de modo que, se forem respeitados os limites da autorização, o fato não constituirá crime. Daí por que o tipo penal incorporou a expressão "sem autorização ou em desacordo com determinação legal ou regulamentar".

O Superior Tribunal de Justiça firmou entendimento de que "é possível a aplicação do princípio da consunção entre os crimes previstos no § 1º do art. 33 e/ou no art. 34 pelo tipificado no *caput* do art. 33 da Lei n. 11. 343/2006, desde que não caracterizada a existência de contextos autônomos e coexistentes, aptos a vulnerar o bem jurídico tutelado de forma distinta" (jurisprudência em teses, edição n. 126 — maio de 2019). A propósito: "Segundo precedentes da Sexta Turma desta Corte, as condutas tipificadas nos arts. 33, § 1º, e 34 da Lei n. 11.343/2006 têm natureza subsidiária em relação àquelas previstas no art. 33, *caput*, da mesma Lei (anteriormente previstas nos arts. 12 e 13 da Lei n. 6.368/1976). Sendo assim, quando praticadas todas num mesmo contexto fático, responde o agente apenas pelo crime tipificado no art. 33, *caput*, da Lei n. 11.343/2006" (STJ — REsp 1470276/SP, Rel. Min. Sebastião Reis Júnior, 6ª Turma, julgado em 01/09/2016, *DJe* 13/09/2016).

---

[7] GRECO FILHO, Vicente. *Tóxicos*, 11. ed., p. 96.

2.2.3.2. Condutas relacionadas a plantas que se constituam em matéria-prima para a preparação de drogas

> **Art. 33, § 1º** Nas mesmas penas incorre quem:
> (...);
> II — semeia, cultiva ou faz a colheita, sem autorização ou em desacordo com determinação legal ou regulamentar, de plantas que se constituam em matéria-prima para a preparação de drogas;

O art. 2º, *caput*, da Lei de Drogas estabelece que são **proibidos**, em todo o território nacional, o plantio, a cultura, a colheita e a exploração de vegetais e substratos dos quais possam ser extraídas ou produzidas drogas, ressalvada a hipótese de autorização legal ou regulamentar, que, nos termos do seu parágrafo único, só pode ser concedida pela União para fins medicinais ou científicos, em local e prazo predeterminados, e mediante fiscalização. Por essa razão, o plantio, o cultivo e a colheita só constituem crime quando realizados sem autorização ou em desacordo com determinação legal ou regulamentar.

Semear é lançar a semente ao solo a fim de que ela germine. Trata-se de **crime instantâneo**.

Cultivar é manter, cuidar da plantação. Trata-se de crime **permanente**.

Fazer a colheita significa recolher a planta ou os seus frutos. Trata-se de **crime instantâneo**.

Para a configuração do delito, não se exige que a planta contenha a substância entorpecente, pois, nos termos da Lei, basta que se constitua em **matéria-prima** para sua **preparação**. Com efeito, existem algumas plantas que, em si, possuem o **princípio ativo**. É o que ocorre, por exemplo, com as folhas da *cannabis sativa* L (maconha), que contêm o tetrahidrocanabinol. Em tal caso, a posse ou a guarda dessas folhas já configura o crime de tráfico na figura do *caput* do art. 33. Existem, contudo, algumas plantas que não possuem o princípio ativo e que necessitam passar por processos químicos ou outras formas de preparo para a obtenção do princípio ativo. Nesses casos, as plantas constituem matéria-prima e configura-se a figura equiparada em análise (art. 33, § 1º, II).

É comum que o traficante semeie, cultive, faça a colheita, obtenha a droga bruta e, após o refino, venda-a a outros traficantes ou ao consumidor. Nesse caso, ele teria infringido condutas do art. 33, *caput*, e também do § 1º, II. Entretanto, como são várias fases ligadas ao mesmo produto final, deverá ele responder por **um só crime** (princípio da consunção). Na hipótese, a realização de várias condutas deverá ser levada em conta pelo juiz na fixação da pena-base (art. 59 do CP). É evidente, contudo, que, se as condutas não possuírem nexo de sucessividade, haverá concurso **material**. Assim, responderá por dois crimes o traficante que planta maconha e concomitantemente importa cocaína.

- **Posse de sementes**

A simples **posse** de **sementes** — sem que ocorra a efetiva plantação — não está abrangida no tipo penal em análise. Nesse caso, se o exame químico-toxicológico constatar a existência do **princípio ativo**, o agente deverá ser enquadrado em uma das figuras de tráfico previstas no *caput* (trazer consigo, guardar).

Mas e se o exame resultar negativo, tal como ocorre com a semente de maconha? Em tal hipótese, existem duas correntes.

a) **o agente deve ser punido na figura do art. 33, § 1º, I, da Lei n. 11.343/2006** — trazer consigo ou guardar matéria-prima destinada à preparação da droga. A propósito: "A jurisprudência majoritária desta Corte é no sentido de que a importação clandestina de sementes de *cannabis sativa linneu* (maconha) configura o tipo penal descrito no art. 33, § 1º, I, da Lei n. 11.343/2006. 3. Prevalece na Quinta Turma deste Superior Tribunal de Justiça a diretriz no sentido de que não se aplica o princípio da insignificância aos delitos de tráfico de drogas e de uso de substância entorpecente, por se tratar de crimes de perigo abstrato ou presumido, sendo irrelevante para esse específico fim a quantidade de sementes da droga apreendida. Precedentes" (STJ — AgRg no REsp 1733645/SP, Rel. Min. Reynaldo Sores da Fonseca, 5ª Turma, julgado em 05/06/2018, *DJe* 15/06/2018); **e** "É penalmente típica a conduta de importar sementes de maconha, achando-se prevista no inciso I do § 1º do artigo 33 da Lei n. 11.343/2006. 2. O conceito de "matéria-prima", para os fins do inciso I do § 1º do artigo 33 da Lei n. 11.343/2006, não se limita ao produto ou substância que imediata e diretamente seja utilizado para a produção da droga. A produção da droga pode compreender — e geralmente compreende — várias etapas, assim como também podem ser múltiplas as transformações necessárias a sua conformação. Desse modo, mesmo as substâncias ou produtos utilizados nas primeiras etapas da produção da droga são, para os fins legais, matérias-primas ou, conforme o caso, insumos. 3. O Supremo Tribunal Federal já se pronunciou no sentido de que a expressão "matéria-prima", para os efeitos da lei de regência, compreende não só as substâncias destinadas exclusivamente à preparação da droga, como as que, eventualmente, se prestem a essa finalidade, como o éter e a acetona, destacando, ademais, ser irrelevante que tais substâncias não constem na lista de proscritas. 4. Se assim é em relação ao éter e à acetona, com muito mais razão as sementes de maconha — cuja serventia mais evidente é, sem dúvida, o plantio do vegetal — devem ser consideradas alcançadas pelo conceito legal de matéria-prima. 5. O fato de as sementes de maconha não conterem o princípio ativo THC (tetrahydrocannabinol) não afasta a tipicidade da conduta, pois o objeto material do crime previsto no inciso I do § 1º do artigo 33 da Lei n. 11.343/2006 não é a droga em si, mas a matéria-prima, o insumo ou produto químico destinado a sua preparação, ou seja, também são incriminadas as etapas anteriores da produção. 6. Do fato de o inciso II do § 1º do artigo 33 da Lei n. 11.343/2006 incriminar a conduta de "semear" não resulta que a importação de sementes constitua mero ato preparatório. O tipo em questão é classificado como misto alternativo, isto é, uma conduta pode ser mais ampla ou pode ser pressuposto de outra e, mesmo assim, ambas são igualmente incriminadas, não sendo dado concluir que se tenha, em tais hipóteses, mera tentativa ou ato preparatório. 7. Ainda que a importação de sementes de maconha, feita em desacordo com determinações legais e regulamentares, não se amoldasse à previsão do inciso I do § 1º do artigo 22 da Lei n. 11.343/2006, a denúncia não poderia ser rejeitada, uma vez que, à luz do artigo 34 da Lei n. 10.711/2003 e do artigo 105 do Decreto n. 5.153/2004, seria caso de contrabando. 8. Recurso ministerial provido" (TRF-3ª Região — RSE 9203/SP 0009203-62.2011.4.03.6181, Rel. Desembargador Federal Nelton dos Santos, 2ª Turma, julgado em 11/06/2013); "A importação clandestina de sementes de *cannabis sativa linneu* (maconha) configura o tipo penal descrito no art. 33, § 1º, I, da Lei n. 11.343/2006" (STJ — AgRg no REsp 1.647.314/SP, Rel. Min. Sebastião Reis Júnior, 6ª Turma, julgado em 09/05/2017, *DJe* 15/05/2017); "(...) esta Corte Superior de Justiça já firmou entendimento no sentido de que 'A importação clandestina de sementes de *cannabis sativa linneu* (maconha) configura o tipo penal descrito no art. 33, § 1º, I, da Lei n. 11.343/2006' (EDcl no AgRg no REsp 1.442.224/SP, Rel. Min. Sebastião Reis Júnior, 6ª Turma, julgado em 13/09/2016, *DJe* 22/09/2016) e de que não é cabível a aplicação do princípio da insignificância na hipótese de importação clandestina de produtos lesivos à saúde pública, em especial a semente de maconha" (AgRg no AREsp 1.068.491/SP, Rel. Min. Jorge Mussi, 5ª Turma, julgado em 09/05/2017, *DJe* 19/05/2017).

b) o fato é **atípico** pois, embora a semente constitua matéria-prima, ela não é tecnicamente usada na **preparação** da maconha e sim em sua **produção**, o que não consta do tipo penal do art. 33, § 1º, I. Nesse sentido: "1. No que tange à tipicidade ou não da importação de sementes de maconha como crime de tráfico de drogas, é necessário distinguir "preparação de drogas" da "produção de drogas". 2. A semente de maconha presta-se à produção da maconha, mas não à preparação dela, pois a semente, em si, não apresenta o princípio ativo tetrahidrocanabinol (THC) em sua composição e não tem qualidades químicas que, mediante adição, mistura, preparação ou transformação química, possam resultar em drogas ilícitas. 3. O verbo preparar tem o sentido de "aprontar (algo) para que possa ser utilizado"; "cuidar para que (algo) aconteça como planejado"; "compor (algo) a partir de elementos ou ingredientes"; "criar um estado de coisas propício a (que algo ocorra)", entre outras acepções, conforme Minidicionário de Caldas Aulete. Já o verbo produzir significa "fazer nascer de si"; "fabricar"; "causar"; "provocar", etc. (ibidem). 4. Comparando esses verbos, verifica-se que: a) a semente de maconha não pode ser "composta" com outros elementos, substâncias ou ingredientes para, a partir dela, criar uma substância entorpecente; e b) as condutas de "aprontar" a semente de maconha, "cuidar" dela ou "criar um estado de coisas propício" a que ela germine importam a que a semente seja "semeada" ou "cultivada". Só assim, ela "produzirá" a maconha, ao dela "fazer nascer" a planta que dará origem à droga. 5. A semente de maconha não poderá ser considerada matéria-prima ou insumo destinado à preparação da maconha, a que se refere o inciso I, do § 1º do art. 33, da Lei n. 11.343/2006. 6. Para que se configure o crime de tráfico de drogas previsto no art. 33 da Lei n. 11.343/2006, é preciso que a substância por si só tenha potencialidade para a produção de efeitos entorpecentes e/ou psicotrópicos e possa causar dependência física ou psíquica, o que não ocorre com as sementes da planta Cannabis sativa Linneu. 7. A semente de maconha poderá ser considerada matéria-prima ou insumo destinado à produção da maconha. Não há, porém, qualquer referência à produção de drogas nesse inciso. Logo, não se pode equiparar a "preparação" à "produção" em face do princípio da legalidade estrita que norteia a interpretação do Direito Penal. Caso fosse a intenção do legislador, haveria referência expressa à "produção" e não apenas à "preparação" de drogas, no inciso em questão. 8. Já à luz do inciso II do § 1º do art. 33 da Lei de Drogas, a importação (e a consequente posse) da semente de maconha é meramente ato preparatório, portanto, impunível, das condutas aí previstas. 9. A semente de maconha, quando semeada ou cultivada, dá origem à planta que se constitui em matéria-prima para a preparação da droga denominada "maconha" (...)" (TRF-3ª Região — HC 0025590-03.2013.4.03.0000/SP, Rel. Desembargador Federal Toru Yamamoto, 1ª Turma, j. 12/11/2013).

Já se entendeu, outrossim, que o fato é **atípico por não ser a semente matéria-prima**: "*Habeas Corpus*. Importação de sementes de maconha. Pequena quantidade. Material que não possui substâncias psicoativas, notadamente o princípio ativo da "cannabis sativa L." (tetrahidrocanabinol ou THC). Conduta destituída de tipicidade penal. Doutrina. Precedentes. Ausência de justa causa que impede a legítima instauração de *persecutio criminis*. Necessária extinção do procedimento penal. Pedido deferido. — A semente de "cannabis sativa L." não se mostra qualificável como droga, nem constitui matéria-prima ou insumo destinado a seu preparo, pois não possui, em sua composição, o princípio ativo da maconha (tetrahidrocanabinol ou THC), circunstância de que resulta a descaracterização da tipicidade penal da conduta do agente que a importa ou que a tem em seu poder" (STF — HC 143890, Rel. Min. Celso de Mello, julgado em 13/05/2019, publicado em Processo Eletrônico *DJe*-101 Divulg. 14/05/2019, Public. 15/05/2019).

- **Distinção**

Nos termos do art. 28, § 1º, da Lei, quem semeia, cultiva ou colhe plantas destinadas à preparação de **pequena quantidade** de substância entorpecente, **para consumo pessoal**, comete crime equiparado ao porte para consumo próprio, cuja pena é muito menos grave (advertência, prestação de serviços à comunidade ou medida educativa). Esse dispositivo se aplica, em geral, a pessoas que plantam alguns poucos pés de maconha em vasos, na própria casa, para consumo pessoal. O dispositivo em questão vem solucionar polêmica existente na Lei anterior, sendo de esclarecer que a jurisprudência já era forte no sentido de a conduta não configurar tráfico, e sim o crime de porte para uso próprio (art. 16 da Lei n. 6.368/76), por analogia *in bonam partem*.

- **Destruição das plantações**

Reza o art. 32, com a redação dada pela Lei n. 12.961/2014, que as plantações **ilícitas** serão imediatamente **destruídas** pelo delegado de polícia, que recolherá quantidade suficiente para exame pericial, de tudo lavrando auto de levantamento das condições encontradas, com a delimitação do local, asseguradas as medidas necessárias para a preservação da prova.

A destruição será feita por **incineração** (art. 50-A, com a redação da Lei n. 12.961/2014). Por sua vez, o art. 32, § 3º, da Lei n. 11.343/2006 esclarece que, nesses casos, observar-se-á, além das cautelas necessárias à proteção ao meio ambiente, o disposto no Decreto n. 2.661/98, dispensada a autorização prévia do órgão próprio do Sistema Nacional do Meio Ambiente — Sisnama. O decreto citado regulamenta o emprego de fogo em áreas agropastoris e florestais.

- **Desapropriação das terras onde haja cultivo de substâncias entorpecentes**

Visando também coibir o tráfico, o art. 243 da Constituição Federal estabeleceu a **expropriação sem direito a qualquer indenização de terras onde forem localizadas culturas ilegais de substância entorpecente**. O procedimento para essa modalidade de desapropriação encontra-se na Lei n. 8.257/91.

2.2.3.3. *Utilização de local ou bem para tráfico ou consentimento de uso de local ou bem para que terceiro pratique tráfico*

> **Art. 33, § 1º** Nas mesmas penas incorre quem:
> (...)
> III — utiliza local ou bem de qualquer natureza de que tem a propriedade, posse, administração, guarda ou vigilância, ou consente que outrem dele se utilize, ainda que gratuitamente, sem autorização ou em desacordo com determinação legal ou regulamentar, para o tráfico ilícito de drogas.

Na Lei n. 6.368/76, existia dispositivo **semelhante**, porém muito **mais abrangente**, pois também punia quem utilizava ou consentia na utilização de local ou bem de sua propriedade ou posse para o **uso** de droga. Pela nova redação, o crime em análise só é tipificado se o local ou o bem forem utilizados para o **tráfico** de drogas.

O local a que a lei se refere pode ser **imóvel** (casa, apartamento, bar, pousada) ou **móvel** (veículo, barco). Não é necessário que o agente seja o dono do local utilizado, bastando que tenha a sua **posse** ou a sua simples **administração**, **guarda** ou **vigilância**. Assim, o gerente de um bar ou o vigia de um parque de diversões podem ser punidos caso permitam o tráfico de entorpecente nesses locais. Trata-se, evidentemente, de crime **doloso**, que pressupõe que o agente **saiba** tratar-se de entorpecente.

É bom lembrar que o art. 63 estabelece que o juiz, ao sentenciar, poderá decretar a perda de veículos, embarcações ou aeronaves utilizados no tráfico.

Deve-se observar que não é adequada a tipificação de crime autônomo para quem utiliza local para tráfico, pois quem está traficando já está incurso nas figuras do art. 33, *caput*. Na prática, portanto, o delito estará tipificado para quem **consentir** na utilização de local de que tem a propriedade, posse, administração, guarda ou vigilância, público ou particular, para que, nele, **terceiro** pratique o tráfico de entorpecentes. Na última hipótese — consentimento na utilização de local para tráfico —, a conduta já seria punível como **participação** no tráfico exercido pelo terceiro. Porém, como a lei transformou a conduta em **crime autônomo**, deverá ser feita a distinção: quem consente na utilização do local incidirá no § 1º, III, e quem vende a droga responderá pela figura do *caput*.

O crime se **consuma** com o **efetivo** tráfico no local, ainda que por uma única vez. A **habitualidade**, portanto, **não** é requisito.

■ **Dispositivos aplicáveis às figuras equiparadas**

Para as figuras equiparadas do art. 33, § 1º, I a III, a Lei n. 11.343/2006 expressamente estabelece que:

a) É vedada a concessão de **fiança**, **liberdade provisória**, **graça**, **anistia** e **indulto**, bem como a aplicação do *sursis* (art. 44, *caput*).

Após o advento da Lei n. 11.464/2007, que deixou de proibir a liberdade provisória para os crimes hediondos, firmou-se entendimento de que não mais se justifica a vedação ao tráfico e suas figuras equiparadas.

b) O **livramento condicional** só poderá ser obtido após o cumprimento de **dois terços** da pena e desde que o condenado não seja **reincidente específico** (art. 44, parágrafo único).

c) Nos termos do art. 2º, § 1º, da Lei n. 8.072/90, o regime **inicial** para o crime de tráfico deve ser necessariamente o **fechado**, independentemente do montante da pena aplicada e de ser o réu primário ou reincidente. Essa regra era também aplicada às figuras equiparadas. Acontece que o Plenário do Supremo Tribunal Federal, em 27 de junho de 2012, declarou, por oito votos contra três, a inconstitucionalidade deste art. 2º, § 1º, da Lei n. 8.072/90, por entender que a obrigatoriedade de regime inicial fechado para penas não superiores a 8 anos fere o princípio constitucional da individualização da pena (art. 5º, XLVI, da Constituição Federal). Assim, mesmo para crimes hediondos, tráfico de drogas, terrorismo e tortura, o regime inicial só poderá ser o fechado (quando a pena fixada na sentença não for maior do que 8 anos) se o acusado for reincidente ou se as circunstâncias do caso concreto indicarem uma gravidade diferenciada daquele crime específico, o que deverá constar expressamente da fundamentação da sentença. Essa decisão ocorreu no julgamento do HC 111.840/ES. Em novembro de 2017, confirmando tal entendimento, o Supremo Tribunal Federal aprovou a tese 972, em sede de repercussão geral: "É inconstitucional a fixação *ex lege*, com base no art. 2º, § 1º, da Lei n. 8.072/90, do regime inicial fechado, devendo o julgador, quando da condenação, ater-se aos parâmetros previstos no art. 33 do Código Penal".

d) As penas poderão ser **reduzidas de um sexto a dois terços, se o réu for primário e de bons antecedentes, e desde que não se dedique a atividades criminosas nem integre organização criminosa** (art. 33, § 4º). Trata-se do chamado tráfico **privilegiado**. Com a redução da pena, poderá esta ficar em patamar igual ou inferior a 4 anos, e, em tal hipótese, será cabível a substituição por pena **restritiva de direitos** (art. 44, I, do Código Penal), na medida em que o Supremo Tribunal Federal, ao julgar o HC 97.256/RS, em setembro de 2010, declarou a inconstitucionalidade da proibição que existia nesse dispositivo e que foi posteriormente excluída do texto legal de forma expressa pela Resolução n. 5/2012 do Senado Federal. A conversão deixou de ser proibida, mas, evidentemente, não se tornou obrigatória, uma vez que o art. 44, III, do Código Penal diz que ela só será possível se as circunstâncias do crime indicarem que a substituição é **suficiente** para a prevenção e repressão do crime. Por isso, é comum, por exemplo, que os juízes neguem a substituição em razão da gravidade diferenciada do caso concreto. Ex.: quantidade elevada de matéria-prima destinada à preparação de droga.

No julgamento do HC 118.533, Rel. Min. Cármen Lúcia, em 23/06/2016, o Plenário do Supremo Tribunal Federal decidiu **que o tráfico privilegiado** de drogas não possui natureza hedionda. A decisão da Corte Suprema sobrepôs-se ao que havia decidido o Superior Tribunal de Justiça, que entendera ter natureza hedionda o tráfico privilegiado (Súmula n. 512 — cancelada em 23/11/2016). **Posteriormente, a Lei n. 13.964/2019 inseriu no art. 112, § 5º, da LEP, regra expressa no sentido de que o tráfico privilegiado não possui natureza hedionda ou equiparada**. Por isso, a progressão de regime pode se dar com o cumprimento de 16% da pena imposta — ao passo que no tráfico comum (não privilegiado) a progressão pressupõe o cumprimento de ao menos 40% da pena se o réu for primário, ou 60% se reincidente. Além disso, o livramento condicional na figura privilegiada pode ser obtido de acordo com as regras comuns do art. 83 do Código Penal (cumprimento de 1/3 da pena, se o réu for primário, e de 1/2, se reincidente em crime doloso). Por fim, para o tráfico privilegiado não estão vedadas a anistia, a graça e o indulto.

■ 2.2.3.4. *Venda ou entrega de drogas ou matéria-prima, insumo ou produto químico destinado à preparação de drogas a agente policial disfarçado*

> **Art. 33, § 1º** Nas mesmas penas incorre quem:
> (...)
> IV — vende ou entrega drogas ou matéria-prima, insumo ou produto químico destinado à preparação de drogas, sem autorização ou em desacordo com a determinação legal ou regulamentar, a agente policial disfarçado, quando presentes elementos probatórios razoáveis de conduta criminal preexistente.

É muito comum que policiais obtenham informação anônima de que, em certo local, é praticado tráfico. Assim, estando à paisana, os policiais dirigem-se ao local indicado, tocam a campainha e, alegando serem usuários, perguntam se há droga para vender. A pessoa responde afirmativamente, recebe o valor pedido das mãos dos policiais e, ao retornar com o entorpecente, acaba sendo presa em flagrante. *Seria, nesse caso, aplicável a Súmula 145 do Supremo Tribunal Federal, que diz ser nulo o flagrante, e, portanto, atípico o fato, quando a preparação do flagrante pela polícia torna impossível a consumação do delito?* Não há dúvida de que, em relação à **compra**, a consumação seria impossível, já que os policiais não queriam realmente efetuá-la. Acontece que o flagrante não será nulo porque o traficante, na hipótese, deverá ser autuado pela conduta anterior — **ter a guarda, trazer consigo, ter em depósito** —, que constitui crime **permanente** e, conforme já estudado, admite o flagrante em qualquer momento, sendo, assim, típica a conduta. A encenação feita pelos policiais constitui, portanto, meio de prova a respeito da **intenção** de traficância do agente.

A propósito: "Não há falar em flagrante preparado se o comportamento policial não induziu à prática do delito, já consumado em momento anterior. 2. Hipótese em que o crime de tráfico de drogas estava consumado desde o armazenamento do entorpecente, o qual não foi induzido pelos policiais, perdendo relevância a indução da venda pelos agentes. 3. *Writ* denegado" (STJ — HC 245.515/SC, Rel. Min. Maria Thereza de Assis Moura, 6ª Turma, julgado em 16/08/2012, *DJe* 27/08/2012); "Não fica evidenciada hipótese de crime provocado, ou de flagrante forjado, se os agentes participam da obtenção, da guarda e do transporte de cocaína, que se destina ao exterior, consistindo a atividade da Polícia, apenas, em obter informações sobre o propósito deles e em acompanhar seus passos, até a apreensão da droga, em pleno transporte, ainda no Brasil, seguida de prisão em flagrante" (STF — HC 74.510, Rel. Min. Sydney Sanches, 1ª Turma, julgado em 08/10/1996, *DJ* 22/11/1996, p. 45690, *Ement.* v. 1851-03, p. 618); "O verbete n. 145 da Súmula do Supremo Tribunal Federal dispõe que "não há crime, quando a preparação do flagrante pela polícia torna impossível a sua consumação". Contudo, não se pode confundir o flagrante preparado — no qual a polícia provoca o agente a praticar o delito e, ao mesmo tempo, impede a sua consumação, cuidando-se, assim, de crime impossível — com o flagrante esperado — no qual a polícia tem notícias de que uma infração penal será cometida e aguarda o momento de sua consumação para executar a prisão. 4. No caso dos autos, verificou-se que os pacientes já estavam sendo monitorados, não tendo havido provocação prévia dos policiais para que se desse início à prática do crime de tráfico de drogas. Ademais, consta do acórdão impugnado que as abordagens dos veículos ocorreram de forma autônoma, tendo a ligação telefônica apenas demonstrado o vínculo entre os pacientes, encontrando-se ambos em flagrante delito. Nesse contexto, não há se falar em flagrante preparado" (STJ — AgRg no HC 438.565/SP, Rel. Min. Reynaldo Soares da Fonseca, 5ª Turma, julgado em 19/06/2018, *DJe* 29/06/2018).

O tema acima encontrava-se consideravelmente pacificado. A Lei n. 13.964/2019, desnecessariamente, procurou regulamentar essa situação inserindo como crime autônomo, no art. 33, § 1º, IV, da Lei n. 11.343/2006 — com as mesmas penas do tráfico — as condutas de **vender** ou **entregar** droga a **policial disfarçado**, desde que haja prova razoável da conduta criminal preexistente, ou seja, do ato de manter em depósito, guardar, trazer consigo a droga. *Data venia*, andou mal o Congresso Nacional que pretendeu modificar a natureza das coisas mediante aprovação de lei, pois um crime impossível — a venda — não se torna possível apenas em razão da vontade do legislador. Tecnicamente não está havendo venda porque o policial disfarçado não está comprando e sim simulando uma compra. Não faz nenhum sentido o promotor escrever na peça inicial: "...denuncio João da Silva por vender a policial disfarçado droga, por haver prova razoável que a situação era preexistente". Ora, há que se denunciar justamente pela conduta preexistente que é ilícita (crime permanente). O problema é que o novo § 1º, IV, do art. 33, não contém os verbos trazer consigo, guardar ou ter em depósito. Conclusão: os órgãos do Ministério Público devem continuar a atuar como antes, denunciando na figura do *caput* da Lei de Drogas, nos verbos trazer consigo, guardar ou ter em depósito.

Saliente-se, por outro lado, que haverá flagrante provocado e, por consequência, o fato será considerado **atípico** quando policiais à paisana abordarem alguém — **que não possua qualquer montante de droga** (consigo ou guardada) — e oferecerem a ele um bom valor por certa quantidade de cocaína, fazendo com que o sujeito se interesse pela proposta e vá adquirir o entorpecente para depois revendê-lo a maior preço aos policiais. É que, nesse caso, o sujeito foi induzido a realizar a conduta por pessoas que, em nenhum momento, iriam efetivamente comprar a droga, tratando-se, desde o início, de uma encenação.

2.2.4. Induzimento, instigação ou auxílio ao uso de droga

> **Art. 33, § 2º** Induzir, instigar ou auxiliar alguém ao uso indevido de droga:
> Pena — detenção, de um a três anos, e multa de cem a trezentos dias-multa.

1. Condutas típicas

Induzir significa dar a ideia e **convencer** alguém a fazer o uso.

Na **instigação**, a pessoa já estava pensando em fazer uso da droga, e o agente **reforça** essa ideia, encorajando-a.

No **auxílio**, o agente colabora **materialmente** com o uso, fornecendo, por exemplo, seda para que outra pessoa enrole um cigarro de maconha ou cachimbo para fumar *crack*.

Com a alteração trazida pela Lei n. 11.343/2006, quem cede local para que outrem faça uso de droga comete o crime em análise na modalidade "auxílio".

É necessário que o induzimento, o auxílio ou a instigação sejam voltados a **pessoa**(s) **determinada**(s). Saliente-se que as condutas se referem apenas ao incentivo ou contribuição ao **uso**, e, por isso, são mais brandamente apenadas. Por sua vez, quem, por exemplo, incentiva terceira pessoa a vender droga é **partícipe** no crime de **tráfico**.

Não existe na atual Lei de Drogas figura antes tipificada no art. 12, § 2º, III, que punia quem **incentivasse genericamente** (**pessoas indeterminadas**) **o porte para consumo ou o tráfico de drogas**, de modo que, na ausência de crime específico, a conduta será punida como **incitação ao crime** (art. 286 do CP). Não caracteriza, porém, infração penal a simples **opinião** no sentido de ser legalizado o uso ou a venda de droga. Por essa razão, o **Supremo Tribunal Federal** considerou incabível que decisões judiciais proíbam as chamadas "marchas da maconha", em que manifestantes realizam passeata, pleiteando a liberação do uso e porte de referido entorpecente. De acordo com o julgamento da ADIn 4.274, ocorrido em 23 de novembro de 2011, o Supremo Tribunal Federal deu interpretação conforme à Constituição ao art. 33, § 2º, da Lei de Drogas, para excluir do dispositivo "qualquer significado que enseje a proibição de manifestações e debates públicos acerca da descriminalização ou legalização do uso de drogas ou de qualquer substância que leve o ser humano ao entorpecimento episódico, ou então viciado, das suas faculdades psicofísicas". Veja-se a ementa do julgado:

"1. Cabível o pedido de "interpretação conforme à Constituição" de preceito legal portador de mais de um sentido, dando-se que ao menos um deles é contrário à Constituição Federal. 2. A utilização do § 3º do art. 33 da Lei n. 11.343/2006 como fundamento para a proibição judicial de eventos públicos de defesa da legalização ou da descriminalização do uso de entorpecentes ofende o direito fundamental de reunião, expressamente outorgado pelo inciso XVI do art. 5º da Carta Magna. Regular exercício das liberdades constitucionais de manifestação de pensamento e expressão, em sentido lato, além do direito de acesso à informação (incisos IV, IX e XIV do art. 5º da Constituição Republicana, respectivamente). 3. Nenhuma lei, seja ela civil ou penal, pode blindar-se contra a discussão do seu próprio conteúdo. Nem mesmo a Constituição está a salvo da ampla, livre e aberta discussão dos seus defeitos e das suas virtudes, desde que sejam obedecidas as condicionantes ao direito constitucional de reunião, tal como a prévia comunicação às autoridades competentes. 4. Impossibilidade de restrição ao direito fundamental de reunião que não se contenha nas duas situações excepcionais que a própria Constituição prevê: o estado de defesa e o estado de sítio (art. 136, § 1º, inciso I, alínea "a", e art. 139, inciso IV). 5. Ação direta julgada procedente para dar ao § 2º do art. 33 da Lei n. 11.343/2006 "interpretação conforme à Constituição" e dele excluir qualquer significado que enseje a proibição de manifestações e debates públicos acerca da descriminalização ou legalização do uso de drogas ou de qualquer substância que leve o ser humano ao entorpecimento episódico, ou então viciado, das suas faculdades psicofísicas" (ADI 4.274, Rel. Min. Ayres Britto, Tribunal Pleno, *DJe* 084, publicada em 02/05/2012).

2. Sujeito ativo

Qualquer pessoa.

3. Sujeito passivo

A coletividade.

4. Consumação

É necessário que a pessoa a quem a conduta foi dirigida **efetivamente faça uso da droga**. Não se pode concordar com a opinião de que basta que tal pessoa obtenha a posse do entorpecente, uma vez que a **própria lei** exige, na descrição típica, o **uso**.

Há quem argumente que, no delito em tela, não há necessidade de apreensão da droga. Veja-se, entretanto, que, se não houver prova de que a substância da qual se fez uso continha o princípio ativo, não haverá certeza de que a substância era entorpecente ou de que provocava dependência.

5. Tentativa

É possível.

6. Pena e ação penal

Na Lei n. 6.368/76, as condutas — atualmente previstas no art. 33, § 2º, da Lei n. 11.343/2006 — eram equiparadas ao tráfico, possuindo a mesma pena. Na Lei atual, a pena é consistentemente menos grave — um a três anos de detenção —, admitindo, inclusive, a **suspensão condicional do processo**, o *sursis* e a substituição por pena restritiva de direitos, bem como o acordo de não persecução penal. Trata-se, outrossim, de crime afiançável e suscetível de liberdade provisória. Além disso, o livramento condicional pode ser obtido mediante o preenchimento dos requisitos genéricos do art. 83 do Código Penal — cumprimento de um terço da pena, se o condenado for primário, ou de metade, se for reincidente em crime doloso.

A ação penal é **público incondicionada**.

2.2.5. Oferta eventual e gratuita para consumo conjunto

> **Art. 33, § 3º** Oferecer droga, eventualmente e sem objetivo de lucro, a pessoa de seu relacionamento, para juntos a consumirem:
> Pena — detenção, de seis meses a um ano, e pagamento de setecentos a mil e quinhentos dias-multa, sem prejuízo das penas previstas no art. 28.

1. Conduta típica

O presente dispositivo tem por finalidade punir quem tem uma pequena porção de droga e a **oferece**, por exemplo, a um **amigo** ou à **namorada**, para consumo **conjunto**. Na vigência da antiga Lei Antitóxicos, embora a conduta encontrasse enquadramento no crime de tráfico do art. 12, a jurisprudência era praticamente unânime em desclassificar o crime para aquele previsto no art. 16 (porte para uso próprio), já que a conduta era considerada muito menos grave do que a do verdadeiro traficante. A Lei atual solucionou a questão ao prever crime específico para a hipótese, estabelecendo que, ao agente, será imposta pena de seis meses a um ano e multa, além daquelas previstas no art. 28 (advertência, prestação de serviços à comunidade e frequência a cursos educativos). Tais penas, portanto, devem ser aplicadas **cumulativamente**.

Saliente-se que, para a configuração dessa figura mais brandamente apenada, são exigidos os seguintes requisitos:

a) que a **oferta** da droga seja **eventual**;
b) que seja **gratuita**;
c) que o destinatário seja pessoa do **relacionamento** de quem a oferece;
d) que a droga seja para **consumo conjunto**.

2. Sujeito ativo

Pode ser qualquer pessoa. Trata-se de crime **comum**. É necessário, todavia, que seja alguém do relacionamento daquele a quem a droga é oferecida. Esta, por sua vez, não incorre no crime deste art. 33, § 3º, da Lei, mas, se com ela for encontrada droga, poderá ser enquadrada no crime do art. 28.

3. Sujeitos passivos

A coletividade e a pessoa a quem a droga é oferecida.

4. Consumação

A redação do dispositivo deixa claro que se trata de crime **formal**, que se consuma no momento em que a droga é **oferecida**, ainda que não sobrevenha o resultado (o efetivo consumo conjunto do entorpecente).

5. Tentativa

Não é possível. Se o agente oferece a droga, o crime está consumado; se não o faz, o fato é atípico (ou tipifica o delito de porte para consumo próprio do art. 28).

6. Pena, vedações e ação penal

Como a pena máxima do crime é de um **ano**, enquadra-se no conceito de **infração de menor potencial ofensivo**, sendo, portanto, cabível a proposta de **transação** penal no Juizado Especial Criminal.

Além disso, a esse crime são inaplicáveis as vedações do art. 44, *caput*, da Lei, quanto a liberdade provisória, *sursis*, anistia, graça e indulto. Igualmente, causas de redução de pena do art. 33, § 4º, da Lei são inaplicáveis ao delito em análise.

A ação penal é **pública incondicionada**.

2.2.6. Maquinismos e objetos destinados ao tráfico

> **Art. 34.** Fabricar, adquirir, utilizar, transportar, oferecer, vender, distribuir, entregar a qualquer título, possuir, guardar ou fornecer, ainda que gratuitamente, maquinário, aparelho, instrumento ou qualquer objeto destinado à fabricação, preparação, produção ou transformação de drogas, sem autorização ou em desacordo com determinação legal ou regulamentar:
> Pena — reclusão, de três a dez anos, e pagamento de mil e duzentos a dois mil dias-multa.

1. Condutas típicas

As condutas típicas são semelhantes às do art. 33, *caput*: **Fabricar, adquirir, utilizar, transportar, oferecer, vender, distribuir, entregar a qualquer título, possuir, guardar ou fornecer, ainda que gratuitamente.** Entretanto, são elas relacionadas a **máquinas** ou **objetos** em geral destinados à **fabricação**, **preparação**, **produção** ou **transformação** de substância entorpecente.

A importância desse dispositivo é revelada, por exemplo, em casos em que os agentes montam uma destilaria para o refino de cocaína. Em tal caso, se os policiais não conseguirem apreender com eles qualquer quantidade de droga, serão punidos por esse delito descrito no art. 34, pois, em relação ao art. 33, a conduta constituiria apenas ato preparatório, sendo, portanto, atípica. Se, ao contrário, dentro da refinaria fosse encontrado também entorpecente, o agente responderia apenas pelo crime do art. 33 — que possui pena mais alta —, ficando absorvido o crime do art. 34. No exemplo, a maior gravidade do fato seria levada em conta na fixação da pena-base. A propósito:

"Nos termos da melhor doutrina, há nítida relação de subsidiariedade entre os tipos penais descritos no art. 12 e no art. 13 da Lei n. 6.368/1976 (atualmente, previstos nos arts. 33 e 34 da Lei n. 11.343/2006, respectivamente). Nada obsta, no entanto, que seja reconhecido o concurso material entre o crime previsto no art. 12 da Lei n. 6.368/1976 e o descrito no art. 13 da mencionada lei, na hipótese de o tráfico de drogas ser praticado em contexto diverso, pelo mesmo agente, sem nenhuma conexão com o crime de posse e guarda de maquinário destinado à fabricação de drogas (art. 13). 2. O contexto fático não deixa dúvidas de que a apreensão de maquinários, aparelhos e instrumentos, na chácara Guatapará — SP, destinados à preparação, à produção e à transformação de substâncias entorpecentes, ocorreu em um mesmo contexto, de modo que não se identifica a autonomia fática necessária para embasar a condenação simultânea do paciente pelo crime previsto no art. 12 da Lei n. 6.368/1976 e pelo delito descrito no art. 13 da referida lei. Vale dizer, o maquinário, os aparelhos e os instrumentos destinados à fabricação, à preparação, à produção e/ou à transformação de substância entorpecente destinavam-se, precipuamente, a um só crime-fim: o tráfico de drogas" (STJ — HC 104.489/SP, Rel. Min. Rogerio Schietti Cruz, 6ª Turma, julgado em 05/04/2016, *DJe* 18/04/2016).

"Há nítida relação de subsidiariedade entre os tipos penais descritos nos arts. 33 e 34 da Lei n. 11.343/2006. De fato, o tráfico de maquinário visa proteger a "saúde pública, ameaçada com a possibilidade de a droga ser produzida", ou seja, tipifica-se conduta que pode ser considerada como mero ato preparatório. Portanto, a prática do art. 33, *caput*, da Lei de Drogas absorve o delito capitulado no art. 34 da mesma lei, desde que não fique caracterizada a existência de contextos autônomos e coexistentes, aptos a vulnerar o bem jurídico tutelado de forma distinta. No caso, referida análise prescinde do reexame de fatos, pois da leitura da peça acusatória, verifica-se que a droga e os instrumentos foram apreendidos no mesmo local e num mesmo contexto, servindo a balança de precisão e a serra/alicate de unha à associação que se destinava ao tráfico de drogas, não havendo a autonomia necessária a embasar a condenação em ambos os tipos penais simultaneamente, sob pena de *bis in idem*. 4. Salutar aferir, ademais, quais objetos se mostram aptos a preencher a tipicidade penal do tipo do art. 34 da Lei de Drogas, o qual visa coibir a produção de drogas. A meu ver, deve ficar demonstrada a real lesividade dos objetos tidos como instrumentos destinados à fabricação, preparação, produção ou transformação de drogas, sob pena de a posse de uma tampa de caneta — utilizada como medidor —, atrair a incidência do tipo penal em exame. Relevante, assim, analisar se os objetos apreendidos são aptos a vulnerar o tipo penal em tela. No caso dos autos, além de a conduta não se mostrar autônoma, verifico que a apreensão de uma balança de precisão e de um alicate de unha não pode ser considerada como posse de maquinário nos termos do que descreve o art. 34 da Lei de Drogas, pois referidos instrumentos integram a prática do delito de tráfico, não se prestando à configuração do crime de posse de maquinário" (STJ — REsp 1.196.334/PR, Rel. Min. Marco Aurélio Bellizze, 5ª Turma, julgado em 19/09/2013, *DJe* 26/09/2013).

O Superior Tribunal de Justiça firmou entendimento de que "é possível a aplicação do princípio da consunção entre os crimes previstos no § 1º do art. 33 e/ou no art. 34 pelo tipificado no *caput* do art. 33 da Lei n. 11.343/2006, desde que não caracterizada a existência de contextos autônomos e coexistentes, aptos a vulnerar o bem jurídico tutelado de forma distinta" (jurisprudência em teses, edição n. 126 — maio de 2019). A propósito: "Segundo precedentes da Sexta Turma desta Corte, as condutas tipificadas nos arts. 33, § 1º, e 34 da Lei n. 11.343/2006 têm natureza subsidiária em relação àquelas previstas no art. 33, *caput*, da mesma Lei (anteriormente previstas nos arts. 12 e 13 da Lei n. 6.368/1976). Sendo assim, quando praticadas todas num mesmo contexto fático, responde o agente apenas pelo crime tipificado no art. 33, *caput*, da Lei n. 11.343/2006" (STJ — REsp 1470276/SP, Rel. Min. Sebastião Reis Júnior, 6ª Turma, julgado em 01/09/2016, *DJe* 13/09/2016).

Lembre-se, outrossim, de que inúmeros objetos utilizados na produção ou fabricação de drogas são normalmente usados em laboratórios comuns para condutas absolutamente lícitas, tais como pipetas, tubos de ensaio etc. Assim, para a configuração do delito, deve haver **prova da destinação ilícita** que os agentes dariam aos maquinismos, objetos etc. O Superior Tribunal de Justiça tem entendido que o uso e a posse de balança de precisão para pesar a cocaína ou a maconha, a fim de dividi-las em porções antes de colocá-las em embalagens individuais, não configuram o crime em análise, porque a preparação a que se refere o dispositivo em questão diz respeito à produção da droga em si, e não à sua separação em porções depois de já estar pronta (preparada). A propósito:

"A apreensão isolada de uma balança não implica, *per se*, necessária subsunção da conduta ao tipo descrito no art. 34 da Lei n. 11.343/2006. 2. Provado nos autos que a balança se destinava à medida individual de porções destinadas ao consumo, e não à fabricação, produção ou preparo da substância entorpecente, afasta-se aquela imputação — art. 34 —, por atipicidade. (...) 4. Ordem concedida para excluir a condenação decorrente do art. 34 da Lei n. 11.343/2006" (STJ — HC 153.322/BA, Rel. Min. Celso Limongi (Desembargador convocado do TJ/SP), 6ª Turma, julgado em 16/12/2010, *DJe* 03/11/2011).

Ao sentenciar, o juiz decretará a perda dos bens (art. 63).

É necessário salientar, ainda, que o **objeto material** desse crime são aqueles utilizados no processo **criativo** da droga, não havendo punição para o porte de lâminas de barbear (para o usuário separar a cocaína em doses), na posse de maricas ou cachimbos (para o fumo de maconha ou *crack*) etc.

2. Sujeito ativo

Pode ser qualquer pessoa.

3. Sujeito passivo

A coletividade.

4. Consumação

No momento em que realizada a conduta típica, independentemente da efetiva fabricação, preparação, produção ou transformação da droga.

5. Tentativa

É possível.

6. Pena, vedações e ação penal

A pena é de 3 a 10 anos de reclusão e 1.200 a 2.000 dias-multa.

Nos termos do art. 44, o crime em análise é insuscetível de fiança e liberdade provisória, e, ao condenado, não poderá ser concedido o *sursis*. Além disso, não poderá ele obter anistia, graça ou indulto. Conforme já mencionado, o dispositivo previa também a vedação à substituição da pena privativa de liberdade por restritiva de direitos; entretanto, o Supremo Tribunal Federal declarou a inconstitucionalidade dessa parte do art. 44 ao julgar o HC 97.256/RS, em setembro de 2010. Assim, se a pena fixada na sentença não superar 4 anos, será cabível a substituição por pena restritiva, nos termos do art. 44, I, do Código Penal, desde que as circunstâncias do crime indiquem que a medida é **suficiente** para a prevenção e repressão do crime (art. 44, III, do CP).

O redutor do art. 33, § 4º, da Lei n. 11.343/2006 — conhecido como tráfico privilegiado — só se aplica aos crimes descritos no *caput* e no § 1º do art. 33. Assim, não beneficia pessoas condenadas pelo dispositivo em estudo.

Por sua vez, o art. 44, parágrafo único, restringe a possibilidade de obtenção do **livramento condicional** àqueles que já tiverem cumprido **dois terços da pena** (e desde que não sejam **reincidentes específicos**).

Nos termos do art. 2º, § 1º, da Lei n. 8.072/90, o regime **inicial** para o crime de tráfico deve ser necessariamente o **fechado**, independentemente do montante da pena aplicada e de ser o réu primário ou reincidente. Essa regra era também aplicada ao crime em análise. Acontece que o Plenário do Supremo Tribunal Federal, em 27 de junho de 2012, declarou, por oito votos contra três, a inconstitucionalidade desse art. 2º, § 1º, da Lei n. 8.072/90, por entender que a obrigatoriedade de regime inicial fechado para penas não superiores a 8 anos fere o princípio constitucional da individualização da pena (art. 5º, XLVI, da Constituição Federal). Assim, mesmo para crimes hediondos, tráfico de drogas, terrorismo e tortura, o regime inicial só poderá ser o fechado (quando a pena fixada na sentença não for maior do que 8 anos) se o acusado for reincidente ou se as circunstâncias do caso concreto indicarem uma gravidade diferenciada daquele crime específico, o que deverá constar expressamente da fundamentação da sentença. Essa decisão ocorreu no julgamento do HC 111.840/ES. Em novembro de 2017, confirmando tal entendimento, o Supremo Tribunal Federal aprovou a tese 972, em sede de repercussão geral: "É inconstitucional a fixação *ex lege*, com base no art. 2º, § 1º, da Lei n. 8.072/90, do regime inicial fechado, devendo o julgador, quando da condenação, ater-se aos parâmetros previstos no art. 33 do Código Penal".

Após o advento da Lei n. 11.464/2007, que deixou de proibir a liberdade provisória para os crimes hediondos, firmou-se entendimento de que não mais se justifica a vedação ao tráfico e suas figuras equiparadas.

2.2.7. Associação para o tráfico

> **Art. 35.** Associarem-se duas ou mais pessoas para o fim de praticar, reiteradamente ou não, qualquer dos crimes previstos nos arts. 33, *caput* e § 1º, e 34 desta Lei:
> Pena — reclusão, de três a dez anos, e pagamento de setecentos a mil e duzentos dias-multa.
> Parágrafo único. Nas mesmas penas do *caput* deste artigo incorre quem se associa para a prática reiterada do crime definido no art. 36 desta Lei.

1. Condutas típicas

Tal como o delito de **associação criminosa** descrito no art. 288 do Código Penal, cuida-se de crime **plurissubjetivo** que pressupõe a **união de pessoas** visando à delinquência. É claro, entretanto, que, por se tratar de crime especial, o art. 35 da Lei possui características e requisitos próprios:

a) *envolvimento mínimo de duas pessoas.* Trata-se de crime de concurso **necessário** de condutas **paralelas**, porque os envolvidos ajudam-se na prática do delito. Diverge do crime comum de associação criminosa, que pressupõe o envolvimento de pelo menos três pessoas;

b) *intenção de cometer qualquer dos crimes previstos nos arts. 33, caput e § 1º, e 34 da Lei* (tráfico). Diferencia-se do crime comum de associação criminosa porque, neste, os integrantes visam cometer outros crimes (furto, roubo, receptação, aborto, peculato etc.).
O art. 8º da Lei dos Crimes Hediondos prevê que a pena do crime de associação criminosa do art. 288 será de reclusão, de três a seis anos, quando a finalidade for a prática de crimes hediondos, **tráfico de entorpecentes**, terrorismo ou tortura. Tal dispositivo, entretanto, restou prejudicado no que diz respeito ao tráfico, na medida em que o delito do art. 35 da Lei de Drogas é descrito em lei especial e posterior. Além disso, possui pena consideravelmente maior;

c) *que os agentes queiram cometer os crimes de forma reiterada ou não.* Assim, ao contrário do que ocorre no crime comum de associação criminosa, não é necessária a intenção de reiteração delituosa.

Nos expressos termos do art. 35, haverá o crime de associação para o tráfico, quer a união seja para a prática de um, quer para a de vários crimes. É preciso salientar, todavia, que o tipo penal pressupõe uma "**associação**" para o tráfico, de modo que, embora o art. 35 não exija a finalidade de reiteração criminosa, faz-se necessário um prévio ajuste entre as partes, um verdadeiro pacto associativo, de modo que a reunião meramente ocasional não caracteriza o delito. Na prática, para fazer valer tal distinção, leva-se em conta o grau de organização, a gravidade da conduta e, evidentemente, a intenção de reiteração criminosa. Com efeito, quando existe essa intenção, não há dúvida de que está configurado o crime de associação para o tráfico (art. 35). Porém, quando não existir prova nesse sentido, o julgador deverá verificar se existe certa organização dos envolvidos, bem como a forma como se comportaram no caso concreto. Assim, ainda que não tenham intenção de reiteração, se o juiz verificar, por exemplo, que eles se organizaram para, de uma só vez, importar e depois distribuir grande quantia da droga, responderão pelo crime autônomo (art. 35), evidentemente, em **concurso material** com o tráfico por eles realizado (art. 33, *caput*). Igual conclusão deve ocorrer quando os agentes realizam várias condutas em relação ao mesmo objeto material, como, por exemplo, quando plantam, cultivam, colhem, preparam e vendem um mesmo "lote" de entorpecente. Conforme já estudado, por se tratar de crime de ação múltipla, haverá um só crime de tráfico (art. 33), mas não se poderá cogitar de mera união eventual, já que os agentes realizaram inúmeras condutas. Assim sendo, responderão também pelo crime de associação (art. 35). Por outro lado, se um pequeno traficante tem uma quantidade de droga em seu poder e vende-a a um consumidor, e, para efetivar a entrega, solicita ajuda a um conhecido, vindo ambos a realizar a entrega na residência do comprador, terá havido uma união momentânea, extremamente transitória, incapaz de se enquadrar no conceito de "associação", de modo que eles responderão apenas pelo crime de tráfico (art. 33).

A propósito: "Para a caracterização do crime de associação para o tráfico, é imprescindível o dolo de se associar com estabilidade e permanência, uma vez que a reunião ocasional de duas ou mais pessoas não é suficiente para a configuração do tipo do art. 35 da Lei 11.343/2006. Precedentes." (STJ — HC 592.788/RJ, Rel. Min. Nefi Cordeito, 6ª Turma, julgado em 22/09/2020, *DJe* 29/09/2020); "Quanto ao crime de associação para o tráfico, vale destacar que, para a sua configuração, o fato deve ser revestido de caráter permanente e duradouro. *In casu*, consta dos autos que as provas colhidas, durante toda a investigação policial, notadamente, por meio das interceptações telefônicas, demonstram o *animus* associativo de estabilidade e permanência entre a agravante e os demais corréus para a prática do narcotráfico, ou seja, a apelante e os demais acusados tinham um esquema organizado para a comercialização das substâncias entorpecentes" (STJ — AgRg no AREsp 1699205/AC, Rel. Min. Reynaldo Soares da Fonseca, 5ª Turma, julgado em 08/09/2020, *DJe* 15/09/2020).

2. Sujeito ativo

Trata-se de crime comum. Pode ser cometido por qualquer pessoa.

3. Sujeito passivo

A coletividade.

4. Consumação

A descrição típica deixa claro que se trata de crime **formal**, que se consuma com a mera união dos envolvidos, ou seja, no momento em que se associam. Assim, ainda que sejam detidos antes da prática do primeiro tráfico de entorpecentes, já estarão incursos no tipo penal. Por sua vez, haverá concurso **material** com o crime de tráfico quando, após a associação, vierem efetivamente a cometer qualquer dos crimes dos arts. 33, *caput* e § 1º, e 34 da Lei.

A propósito da **autonomia** entre os crimes de tráfico e associação para o tráfico, vejam-se os seguintes julgados do **Superior Tribunal de Justiça**: "Art. 69 do CP. Delitos de associação e tráfico de drogas. Concurso material. Possibilidade. Crimes autônomos. Ilegalidade não evidenciada. 1. Os delitos de tráfico de entorpecentes e de associação para o tráfico, por serem autônomos, podem ser punidos na forma do concurso material (Precedentes STJ)" (HC 202.378/PB, Rel. Min. Jorge Mussi, 5ª Turma, julgado em 24/04/2012, *DJe* 03/05/2012); "Os crimes de tráfico e de associação para o tráfico de drogas são crimes autônomos, porquanto a descrição típica de cada um deles se caracteriza por elementares específicas e distintas. Assim, não há falar em continuidade delitiva entre os crimes de tráfico e de associação para o tráfico de drogas, porquanto não são da mesma espécie" (STJ — HC 305.553/SP, Rel. Min. Maria Thereza de Assis Moura, 6ª Turma, julgado em 4/11/2014, *DJe* 14/11/2014).

No mesmo sentido, podem ser também apontados julgados do Supremo Tribunal Federal: "Os crimes previstos nos artigos 12 e 14 da Lei n. 6.368/76 são autônomos, dando margem, assim, ao reconhecimento de concurso material" (HC 73.878, Rel. Min. Moreira Alves, 1ª Turma, julgado em 18/06/1996, *DJ* 07/03/1997, p. 5400, *Ement.* v. 1860-02, p. 231); **e** "Crimes de tráfico e de associação para o tráfico de entorpecentes, em concurso material. 1. É da jurisprudência do Supremo Tribunal Federal que é possível ocorrer concurso material entre os crimes de tráfico e de associação para o tráfico de entorpecentes (arts. 12 e 14 da Lei n. 6.368/76). Precedente" (HC 74.738, Rel. Min. Maurício Corrêa, 2ª Turma, julgado em 08/04/1997, *DJ* 18/05/2001, p. 432, *Ement.* v. 2031-05, p. 894).

O Superior Tribunal de Justiça firmou entendimento de que "para a configuração do crime de associação para o tráfico de drogas, previsto no art. 35 da Lei n. 11.343/2006, é irrelevante a apreensão de drogas na posse direta do agente" (jurisprudência em teses, edição n. 126 — maio de 2019). A propósito: "A ausência de apreensão de drogas na posse direta do paciente não afasta a prática do delito ou sua flagrância, eis que demonstrada sua ligação com os corréus e adolescentes, além de sua relação com os demais alvos da busca e apreensão" (STJ — HC 441.712/SP, Rel. Min. Jorge Mussi, 5ª Turma, julgado em 21/02/2019, *DJe* 12/03/2019); "Para a configuração do delito previsto no art. 35 da Lei n. 11.343/06 é desnecessária a comprovação da materialidade quanto ao delito de tráfico, sendo prescindível a apreensão da droga ou o laudo toxicológico. É indispensável, tão somente, a comprovação da associação estável e permanente, de duas ou mais pessoas, para a prática da narcotraficância" (STJ — HC 432.738/PR, Rel. Min. Maria Thereza de Assis Moura, 6ª Turma, julgado em 20/03/2018, *DJe* 27/03/2018).

5. Tentativa

As características desse delito são **incompatíveis** com a figura tentada. Havendo o acordo de vontades entre os integrantes, o crime estará consumado; caso contrário, o fato será considerado atípico.

6. Pena e ação penal

A pena prevista é de reclusão de 3 a 10 anos e 700 a 1.200 dias-multa.

Nos termos do art. 44, o crime em análise é insuscetível de fiança e liberdade provisória, e, ao condenado, não poderá ser concedido o *sursis*. Além disso, não poderá obter anistia, graça ou indulto. Conforme já mencionado, o dispositivo previa também a vedação à substituição da pena privativa de liberdade por restritiva de direitos; entretanto, o STF declarou a inconstitucionalidade dessa parte do art. 44 ao julgar o HC 97.256/RS, em setembro de 2010. Assim, se a pena fixada na sentença não superar 4 anos, será cabível a substituição por pena restritiva, nos termos do art. 44, I, do Código Penal, desde que as circunstâncias do crime indiquem que a medida é **suficiente** para a prevenção e repressão do crime (art. 44, III, do CP).

O Supremo Tribunal Federal e o Superior Tribunal de Justiça entenderam que o crime de associação para o tráfico não é equiparado a hediondo por não ter sido mencionado na Lei n. 8.072/90 (*v.* comentários no tópico 1.5 do capítulo 1). Assim, os condenados por esse crime terão direito à **progressão** de regime de acordo com as regras **comuns** da Lei de Execução Penal (art. 112).

Por sua vez, o art. 44, parágrafo único, restringe a possibilidade de obtenção do **livramento condicional** àqueles que já tiverem cumprido **dois terços** da pena (e desde que não sejam **reincidentes específicos**). O Superior Tribunal de Justiça, inclusive, já decidiu que, embora não possua natureza hedionda, a regra do art. 44, parágrafo único, da Lei de Drogas se mantém intacta: "(...) a despeito de não ser considerado hediondo, o crime de associação para o tráfico, no que se refere à concessão do livramento condicional, deve, em razão do princípio da especialidade, observar a regra estabelecida pelo art. 44, parágrafo único, da Lei n. 11.343/2006, ou seja, exigir que o cumprimento de 2/3 (dois terços) da pena, vedada a sua concessão ao reincidente específico" (STJ — AgRg no HC 499.706/SP, Rel. Min. Antonio Saldanha Palheiro, 6ª Turma, julgado em 18/06/2019, *DJe* 27/06/2019); "Em razão do Princípio da Especialidade, para a concessão do livramento condicional ao delito de associação para o tráfico, exige-se o cumprimento de 2/3 (dois terços) da pena, requisito objetivo previsto no parágrafo único do art. 44 da Lei n. 11.343/06. Precedentes. *Habeas corpus* não conhecido" (STJ — HC 467.215/SP, Rel. Min. Felix Fischer, 5ª Turma, julgado em 23/10/2018, *DJe* 31/10/2018). "Como o art. 44 da Lei de Drogas veda o indulto ao crime de associação ao tráfico, o Superior Tribunal de Justiça tem entendido que tal regra continua tendo aplicação ainda que o delito não seja equiparado a hediondo: "O crime de associação para o tráfico de entorpecentes (art. 35 da Lei n. 11.343/2006) não figura no rol de crimes hediondos ou a delitos a eles equiparados. 3. No entanto, a vedação expressa à concessão do indulto/comutação ao crime de associação para o tráfico de drogas (art. 35 da Lei n. 11.343/06), embora não conste no Decreto n. 9.246/2017, está delineada no art. 44, *caput*, da Lei n. 11.343/06, o que afasta o apontado constrangimento ilegal. Precedentes" ((HC 482.209/RS, Rel. Min. Reynaldo Soares da Fonseca, 5ª Turma, julgado em 07/02/2019, *DJe* 15/02/2019); "A vedação expressa à concessão do indulto ao crime de associação para o tráfico de drogas, embora não conste no Decreto n. 9.370/2018, está delineada no art. 44, *caput*, da Lei n. 11.343/2006" (AgRg no HC 501.917/RS, Rel. Min. Laurita Vaz, 6ª Turma, julgado em 15/08/2019, *DJe* 03/09/2019).

Após o advento da Lei n. 11.464/2007, que deixou de proibir a liberdade provisória para os crimes hediondos, firmou-se entendimento de que não mais se justifica a vedação ao presente delito.

A ação penal é **pública incondicionada**.

> **Observação:** Em relação ao crime de associação para o financiamento do tráfico previsto no art. 35, parágrafo único, *vide* o tópico seguinte.

2.2.8. Financiamento ao tráfico

> **Art. 36.** Financiar ou custear a prática de qualquer dos crimes previstos nos arts. 33, *caput* e § 1º, e 34 desta Lei:
> Pena — reclusão, de oito a vinte anos, e pagamento de mil e quinhentos a quatro mil dias-multa.

1. Condutas típicas

A tipificação desse ilícito penal é apontada como uma das principais inovações da atual Lei de Drogas, pois, no regime anterior, quem financiasse o tráfico só poderia ser punido como **partícipe** desse crime. Na legislação atual, porém, a conduta constitui **crime autônomo**, punido muito mais severamente.

A conduta ilícita abrange qualquer espécie de ajuda financeira, com a entrega de valores ou bens aos traficantes. Note-se, porém, que a configuração do delito autônomo pressupõe que o agente atue como financiador **contumaz** (habitual), ou seja, que se dedique a tal atividade de forma reiterada. Essa conclusão é inevitável porque, àquele que financia o tráfico de forma **isolada** (ocasional), está reservada a **causa de aumento** do art. 40, VII, combinado com o art. 33, *caput*, da Lei (*v.* comentários ao referido dispositivo).

O próprio art. 35, parágrafo único, ao tipificar o crime de associação para o financiamento do tráfico, exige, expressamente, que essa união de pessoas vise ao tráfico **reiterado**. Se houver essa associação reiterada, de duas ou mais pessoas, para o financiamento ou custeio do tráfico, estará caracterizado o crime previsto no art. 35, parágrafo único, da Lei n. 11.343/2006, em concurso **material** com o do art. 36.

Entendendo não se tratar de crime habitual, temos a opinião de Fernando Capez[8].

2. Sujeito ativo

Pode ser qualquer pessoa.

3. Sujeito passivo

A coletividade.

4. Consumação

No momento em que o agente financia ou custeia de modo habitual o tráfico de drogas.

5. Tentativa

Inadmissível, pois, ou existe a reiteração de atos e o crime está consumado, ou não existe e o agente responde por participação no crime de tráfico, com a pena aumentada em razão do financiamento (art. 33, *caput*, c/c art. 40, VII).

---

8 CAPEZ, Fernando. *Curso de direito penal. Legislação penal especial*, v. 4, p. 735.

6. Pena, vedações e ação penal

A pena prevista é de reclusão, de oito a vinte anos, c 1.500 a 4.000 mil dias-multa.

Aos condenados por esse tipo de infração penal, são vedadas a **liberdade provisória** e a **fiança**. Além disso, não poderão obter **graça**, **anistia** ou **indulto** (art. 44, *caput*).

O redutor do art. 33, § 4º, da Lei n. 11.343/2006 — conhecido como tráfico privilegiado — só se aplica aos crimes descritos no *caput* e no § 1º do art. 33. Assim, não beneficia pessoas condenadas pelo dispositivo em estudo.

O **livramento condicional** só poderá ser obtido após o cumprimento de **dois terços** da pena e desde que o condenado **não** seja **reincidente específico** (art. 44, parágrafo único).

Após o advento da Lei n. 11.464/2007, que deixou de proibir a liberdade provisória para os crimes hediondos, firmou-se entendimento de que não mais se justifica a vedação ao presente delito.

A ação penal é **pública incondicionada**.

■ 2.2.9. Informante colaborador

> **Art. 37.** Colaborar, como informante, com grupo, organização ou associação destinados à prática de qualquer dos crimes previstos nos arts. 33, *caput* e § 1º, e 34 desta Lei:
> Pena — reclusão, de dois a seis anos, e pagamento de trezentos a setecentos dias-multa.

1. Conduta típica

Para a configuração desse ilícito penal, criado pela Lei n. 11.343/2006, não basta a colaboração com o tráfico, exigindo o tipo penal que se trate de **informante** colaborador de **grupo**, **organização** ou **associação** voltados para o tráfico. O informante não integra efetivamente o grupo e não toma parte no tráfico, mas passa informações a seus integrantes, como, por exemplo, um policial que, ao saber que uma grande diligência será feita em certa favela, visando à apreensão de droga, telefona para o chefe do grupo, passando a informação com antecedência para que possam fugir ou esconder a droga antes da chegada dos outros policiais ao local. Se o informante integrar o grupo, estando associado efetivamente aos demais integrantes, deve responder pelo crime de associação ao tráfico (art. 35) — que tem pena maior. A propósito:

> "A norma incriminadora do art. 37 da Lei n. 11.343/2006 tem como destinatário o agente que colabora como informante com grupo (concurso eventual de pessoas), organização criminosa (art. 2º da Lei n. 12.694/2012) ou associação (art. 35 da Lei n. 11.343/2006), desde que não tenha ele qualquer envolvimento ou relação com as atividades daquele grupo, organização criminosa ou associação para as quais atua como informante. Se a prova indica que o agente mantém vínculo ou envolvimento com esses grupos, conhecendo e participando de sua rotina, bem como cumprindo sua tarefa na empreitada comum, a conduta não se subsume ao tipo do art. 37 da Lei de Tóxicos, mas sim pode configurar outras figuras penais, como o tráfico ou a associação, nas modalidades autoria e participação, ainda que a função interna do agente seja a de sentinela, fogueteiro ou informante. 3. O tipo penal trazido no art. 37 da Lei de Drogas se reveste de verda-

> deiro caráter de subsidiariedade, só ficando preenchida a tipicidade quando não se comprovar a prática de crime mais grave. De fato, cuidando-se de agente que participa do próprio delito de tráfico ou de associação, a conduta de colaborar com informações para o tráfico já é inerente aos mencionados tipos. Considerar que o informante possa ser punido duplamente, pela associação e pela colaboração com a própria associação da qual faz parte, além de contrariar o princípio da subsidiariedade, revela indevido *bis in idem*" (STJ — HC 224.849/RJ, Rel. Min. Marco Aurélio Bellizze, 5ª Turma, julgado em 11/06/2013, *DJe* 19/06/2013).

É evidente que o informante, em geral, recebe dinheiro por suas informações, e, se for funcionário público, responde também pelo crime de corrupção passiva (art. 317 do CP).

2. Sujeito ativo

Qualquer pessoa.

3. Sujeito passivo

A coletividade.

4. Consumação

No momento em que o agente presta informações ao grupo.

5. Tentativa

Não é admissível. Se o sujeito presta a informação, o crime está consumado; se não o faz, o fato é atípico.

6. Pena e ação penal

A pena prevista é de 2 a 6 anos de reclusão e 300 a 700 dias-multa.

O livramento condicional só poderá ser obtido após o cumprimento de dois terços da pena e desde que o condenado não seja reincidente específico (art. 44, parágrafo único).

A ação penal é pública incondicionada.

2.2.10. Prescrição culposa

> **Art. 38.** Prescrever ou ministrar, culposamente, drogas, sem que delas necessite o paciente, ou fazê-lo em doses excessivas ou em desacordo com determinação legal ou regulamentar:
> Pena — detenção, de seis meses a dois anos, e pagamento de cinquenta a duzentos dias-multa.

1. Condutas típicas

A lei descreve apenas **duas** condutas típicas:

a) **prescrever**: receitar; e

b) **ministrar**: inocular, introduzir a substância entorpecente no organismo de alguém.

O delito em análise, conforme dispõe expressamente a lei, é **culposo**, uma vez que prescrever ou ministrar **dolosamente** constitui **tráfico** (art. 33, *caput*).

Os crimes culposos, geralmente, possuem o tipo **aberto**, isto é, a lei não descreve em que consiste a imprudência, negligência ou imperícia, devendo o juiz, no caso concreto, verificar se o réu agiu ou não com as cautelas necessárias. No entanto, o delito culposo do art. 38 da Lei de Drogas não possui o tipo aberto, visto que a lei menciona exatamente quais condutas culposas tipificam-no, ou seja:

a) *quando o paciente não necessita da droga*: só se aplica quando ocorre um erro de avaliação, isto é, o agente supõe que o quadro do paciente indica a necessidade de aplicação de droga, quando, em verdade, isso não é efetivamente necessário. Ex.: o médico prescreve morfina a um paciente que tem câncer para fazer diminuir a dor e, depois, descobre-se que a dor referida pelo paciente não era causada pelo tumor;
b) *quando a dose é receitada ou ministrada de forma excessiva*: ocorre quando a dose é maior do que a necessária. Só haverá crime se houver uma diferença razoável entre a dose recomendável para o tratamento e a efetivamente prescrita ou aplicada. Se, em razão do excesso, a vítima morre ou sofre lesão corporal, o agente responderá também por crime de homicídio culposo ou lesão corporal culposa;
c) *quando a substância é ministrada em desacordo com determinação legal ou regulamentar*: aplica-se quando ocorre outra espécie qualquer de engano, em desatenção ao que estabelece a lei ou o regulamento.

2. Sujeito ativo

Apesar de não constar expressamente do tipo penal, trata-se de crime **próprio** que somente pode ser cometido por médico, dentista, farmacêutico ou profissional de enfermagem. Os dois últimos podem praticar o crime exclusivamente na modalidade ministrar, já que apenas médicos e dentistas podem prescrever substâncias entorpecentes — para tratamento de algum tipo de distúrbio da saúde ou para fins terapêuticos em geral (diminuição de dor, por exemplo).

O parágrafo único do art. 38 da Lei n. 11.343/2006 confirma que se trata de crime próprio ao dispor que "o juiz comunicará a condenação ao Conselho Federal da categoria profissional a que pertença o agente" para as providências pertinentes.

Saliente-se que o delito em questão, por ser infração de menor potencial ofensivo (pena máxima não superior a 2 anos), admite a transação penal, bem como a suspensão condicional do processo (pena mínima não superior a 1 ano) e o acordo de não persecução penal. Em tais casos, **não existe a obrigatoriedade** de comunicação ao Conselho Federal, já que o dispositivo determina a providência em caso de **condenação**. Nada obsta, porém, que o juiz, outra autoridade ou a própria vítima encaminhem cópia do procedimento ou alguma espécie de reclamação ao referido Conselho, solicitando apuração.

3. Sujeitos passivos

A coletividade e, secundariamente, a pessoa em quem a droga foi ministrada de forma excessiva ou desnecessária.

4. Consumação

Na modalidade "prescrever", consuma-se no momento em que a receita é entregue ao paciente. Em virtude da redação do dispositivo, não é necessário que o paciente consiga adquirir a droga.

Na modalidade "ministrar", o delito consuma-se no instante em que a substância é inoculada na vítima.

5. Tentativa

Vicente Greco Filho[9], ao comentar a antiga Lei Antitóxicos, defendeu ser possível a tentativa quando a receita fosse enviada por correio e não chegasse às mãos do paciente destinatário por ter sido interceptada pelas autoridades. Esse posicionamento era questionável, pois se sabe que não existe tentativa de crime culposo. Com efeito, na tentativa, o agente quer o resultado e não o atinge por circunstâncias alheias à sua vontade. No caso em tela, o médico não quer o resultado, ou seja, não quer prescrever **em excesso**, fazendo-o de forma culposa. Na hipótese, parece-nos que o fato é atípico.

6. Ação penal

Pública incondicionada, de competência do Juizado Especial Criminal por se tratar de infração de menor potencial ofensivo.

2.2.11. Condução de embarcação ou aeronave após o consumo de droga

> **Art. 39.** Conduzir embarcação ou aeronave após o consumo de drogas, expondo a dano potencial a incolumidade de outrem:
> Pena — detenção, de seis meses a três anos, além da apreensão do veículo, cassação da habilitação respectiva ou proibição de obtê-la, pelo mesmo prazo da pena privativa de liberdade aplicada, e pagamento de duzentos a quatrocentos dias-multa.
> Parágrafo único. As penas de prisão e multa, aplicadas cumulativamente com as demais, serão de quatro a seis anos e de quatrocentos a seiscentos dias-multa, se o veículo referido no *caput* deste artigo for de transporte coletivo de passageiros.

1. Condutas típicas

O presente tipo penal, que tutela **a segurança no espaço aéreo e aquático**, pune a condução **perigosa** de aeronave ou embarcação decorrente da **utilização de substância entorpecente**.

[9] GRECO FILHO, Vicente. *Tóxicos*. 6. ed. São Paulo: Saraiva, 1989. p. 114.

Para a configuração do delito, é necessário que, em razão do consumo da droga, o agente conduza a aeronave ou embarcação de **forma anormal**, expondo a **perigo a incolumidade de outrem**. Não é necessário, entretanto, que se prove que pessoa **determinada** foi exposta a uma situação de risco, bastando a prova de que houve condução irregular da aeronave ou embarcação. Estas, aliás, podem ser de qualquer categoria ou tamanho (exemplos: avião a jato, monomotor, turboélice, lancha, *jet-ski*, veleiro, navio).

Tratando-se de condução de **veículo automotor em via pública** (automóvel, motocicleta, caminhão etc.), sob o efeito de entorpecente, a conduta se enquadra no crime do art. **306 da Lei n. 9.503/97** (Código de Trânsito Brasileiro — CTB), cujas penas são as mesmas.

2. Sujeito ativo

Pode ser qualquer pessoa, habilitada ou não.

3. Sujeito passivo

A coletividade.

4. Consumação

No momento em que o agente inicia a condução anormal da aeronave ou embarcação.

5. Tentativa

Não é admissível. Se o agente queria, por exemplo, conduzir uma embarcação após o consumo de droga, mas seus amigos esconderam a chave, o fato é considerado **atípico**, porque não existe prova de que ocorreria condução anormal.

6. Pena e ação penal

Na modalidade simples, do *caput*, é cabível a **suspensão condicional do processo** (art. 89 da Lei n. 9.099/95), já que a pena mínima não é superior a 1 ano. O mesmo não ocorre com a modalidade qualificada do parágrafo único, em que a pena mínima é de 2 anos, quando a embarcação ou aeronave for de transporte **coletivo** de passageiros.

A ação penal é **pública incondicionada**.

2.2.12. Causas de aumento de pena

O art. 40 da Lei n. 11.343/2006 descreve diversas causas de aumento de pena que, todavia, **só se aplicam aos crimes previstos em seus arts. 33 a 37**, que são os delitos relacionados ao **tráfico de drogas**. Não incidem, portanto, nos crimes em que a intenção do agente é o **consumo próprio**, nem no crime culposo previsto no art. 38 e no de direção de embarcação ou aeronave sob efeito de droga descrito no art. 39.

O Superior Tribunal de Justiça firmou entendimento de que "não acarreta *bis in idem* a incidência simultânea das majorantes previstas no art. 40 aos crimes de tráfico de drogas e de associação para fins de tráfico, porquanto são delitos autônomos, cujas penas devem ser calculadas e fixadas separadamente" (jurisprudência em teses — edição 60).

É possível que o juiz reconheça **mais de uma** dessas causas de aumento de pena. Ex.: policial que vende droga para preso (incs. II e III). Nos termos do art. 68, parágrafo único, do Código Penal, o juiz pode aplicar apenas uma vez o índice de aumento. É claro, porém, que, nesse caso, não deverá fazê-lo no mínimo legal, já que a lei possibilita um aumento de um sexto a dois terços.

Passaremos a analisar as causas de aumento em espécie:

> **Art. 40.** As penas previstas nos arts. 33 a 37 desta Lei são aumentadas de um sexto a dois terços, se:
> I — a natureza, a procedência da substância ou do produto apreendido e as circunstâncias do fato evidenciarem a transnacionalidade do delito;

O tráfico com o exterior está presente nas hipóteses de **importação** e **exportação**. Nesses casos, como veremos adiante, a competência será da **Justiça Federal**.

Para a incidência do dispositivo, não é necessário que o agente consiga sair ou entrar no País com a droga; basta que fique demonstrado que essa era sua **finalidade**. Em abril de 2018, o Superior Tribunal de Justiça aprovou a Súmula n. 607 nesse sentido: "A majorante do tráfico transnacional de drogas (art. 40, I, da Lei n. 11.343/2006) configura-se com a prova da destinação internacional das drogas, ainda que não consumada a transposição de fronteiras".

> **Art. 40.** As penas previstas nos arts. 33 a 37 desta Lei são aumentadas de um sexto a dois terços, se:
> (...)
> II — o agente praticar o crime prevalecendo-se de função pública ou no desempenho de missão de educação, poder familiar, guarda ou vigilância;

O dispositivo possui **duas** partes:

Na **primeira**, a lei pune mais gravemente quem comete o crime prevalecendo-se de sua **função pública**. A lei se refere, por exemplo, aos policiais — civis ou militares, delegados de polícia, escrivães, peritos criminais, juízes, promotores de justiça etc.

Suponha-se que um policial, após apreender um grande carregamento de droga, desvie uma parte para vendê-la. Estará ele incurso no art. 33, *caput*, com a pena aumentada pelo art. 40, II.

Na antiga Lei Antitóxicos (Lei n. 6.368/76), a pena só era aumentada se a função pública fosse relacionada com repressão à criminalidade, mas, como na nova Lei não existe tal exigência, o aumento incide qualquer que seja a espécie de função pública exercida.

Na **segunda** hipótese, pune-se de forma mais enérgica aquele que tem missão de **educação**, **poder familiar**, **guarda** ou **vigilância**. Na revogada Lei n. 6.368/76, o aumento se referia exclusivamente à guarda ou vigilância da droga, como, por exemplo, o responsável pelo almoxarifado de um hospital que desviava morfina destinada a doentes. Na lei atual, o dispositivo se refere ao agente que comete tráfico quando está no exercício de missão de educação, poder familiar, guarda ou vigilância de **alguém**. Exs.: professor que vende droga a aluno, pais em relação aos filhos etc. Para Fernando Capez[10], haverá também o aumento quando o agente tiver a guarda ou a vigilância da própria droga, como no caso acima mencionado do responsável pelo almoxarifado de um hospital.

> **Art. 40.** As penas previstas nos arts. 33 a 37 desta Lei são aumentadas de um sexto a dois terços, se:
> (...)
> III — a infração tiver sido cometida nas dependências ou imediações de estabelecimentos prisionais, de ensino ou hospitalares, de sedes de entidades estudantis, sociais, culturais, recreativas, esportivas, ou beneficentes, de locais de trabalho coletivo, de recintos onde se realizem espetáculos ou diversões de qualquer natureza, de serviços de tratamento de dependentes de drogas ou de reinserção social, de unidades militares ou policiais ou em transportes públicos;

O agravamento da pena decorre do local em que o fato é cometido, ou seja, nas **imediações** ou no **interior** de um dos locais expressamente elencados. A expressão "nas imediações", que é sinônima de "nas proximidades", deve ser interpretada caso a caso, de acordo com as circunstâncias do fato criminoso e a gravidade do delito. Não é possível, assim, fixar previamente um limite métrico.

Apesar de se tratar de dispositivo que agrava a pena, o Superior Tribunal de Justiça entende que a enumeração legal não é taxativa, sendo cabível a majorante quando o fato ocorrer em local onde haja aglomeração de pessoas ainda que não mencionado expressamente no texto legal: AgRg no AREsp 868826/MG, Rel. Min. Ribeiro Dantas, 5ª Turma, julgado em 13/12/2018, *DJe* 19/12/2018; REsp 1255249/MG, Rel. Min. Gilson Dipp, 5ª Turma, julgado em 17/04/2012, *DJe* 23/04/2012. No caso de venda nas proximidades de estabelecimentos de **ensino, não** é necessário que o traficante queira **vender** a droga a algum dos **estudantes**. A conduta é considerada mais grave pela mera **possibilidade** de contato entre eles. A propósito: "A simples constatação de que o delito de tráfico está sendo praticado nas imediações de estabelecimento de ensino, 'por si só justifica a imposição da majorante prevista no art. 40, inciso III, da Lei n. 11.343/2006, sendo prescindível a prova de que o acusado tinha como 'público-alvo' os frequentadores desses locais' (HC 480.887/SP, Rel. Ministro Felix Fischer, Quinta Turma, julgado em 07/02/2019, *DJe* 19/02/2019). 4. Agravo regimental não provido'" (STJ — AgRg no AREsp 1533507/SP, Rel. Min. Reynaldo Soares da Fonseca, 5ª Turma, julgado em 05/09/2019, *DJe* 16/09/2019); "É pacífico neste Tribunal o entendimento de que a majorante prevista no artigo 40, inciso III, da Lei n. 11.343/06 é de índole objetiva, prescindindo, portanto, da análise da intenção do agente criminoso em comercializar entorpecentes diretamente com os alunos do estabelecimento educacional" (STJ — HC 380.024/RS, Rel. Min.

[10] CAPEZ, Fernando. *Curso de direito penal. Legislação penal especial*, v. 4, p. 745.

Maria Thereza de Assis Moura, 6ª Turma, julgado em 27/04/2017, *DJe* 08/05/2017); "O objetivo da lei, ao prever a causa de aumento de pena do inc. III do art. 40, é proteger espaços que promovam a aglomeração de pessoas, circunstância que facilita a ação criminosa. De acordo com os autos, o local onde era praticado o tráfico de drogas ficava próximo a duas igrejas (Igreja Congregação no Brasil e Igreja Comunidade Amor em Cristo). IV — A simples prática do tráfico de drogas na proximidade de tais estabelecimentos é suficiente para a aplicação da majorante, tendo em vista a exposição de pessoas ao risco inerente à atividade criminosa" (STJ — AgRg no AREsp 1028605/SP, Rel. Min. Reynaldo Soares da Fonseca, 5ª Turma, julgado em 02/08/2018, *DJe* 10/08/2018); "A jurisprudência deste Sodalício firmou-se no sentido de que a causa de aumento prevista no inciso III do artigo 40 da Lei n. 11.343/2006 possui natureza objetiva, não sendo necessária a efetiva comprovação do tráfico nas entidades nela mencionadas, ou mesmo que o comércio proscrito destina-se a atingir os seus frequentadores, bastando que o crime tenha sido cometido em locais próximos a tais estabelecimentos, o que afasta a coação ilegal suscitada na impetração" (STJ — HC 443.828/SP, Rel. Min. Jorge Mussi, 5ª Turma, julgado em 12/06/2018, *DJe* 20/06/2018).

Saliente-se, contudo, que o Superior Tribunal de Justiça afasta referida causa de aumento quando o crime ocorre durante a madrugada ou fim de semana, com o argumento de que, em tais casos, nem em tese há situação de maior gravidade. Nesse sentido: "Na espécie, diante da prática do delito em dia e horário (domingo de madrugada) em que o estabelecimento de ensino não estava em funcionamento, de modo a facilitar a prática criminosa e a disseminação de drogas em área de maior aglomeração de pessoas, não há falar em incidência da majorante, pois ausente a *ratio legis* da norma em tela" (STJ — REsp 1.719.792/MG, Rel. Min. Maria Thereza de Assis Moura, 6ª Turma, julgado em 13/03/2018, *DJe* 26/03/2018). No mesmo sentido: HC 454317/DF, Rel. Min. Laurita Vaz, 6ª Turma, julgado em 09/10/2018, *DJe* 26/10/2018; HC 451260/ES, Rel. Min. Rogerio Schietti Cruz, 6ª Turma, julgado em 07/08/2018, *DJe* 21/08/2018.

No que se refere a **estabelecimentos penais**, existe divergência jurisprudencial a respeito de sua aplicabilidade aos próprios presos ou somente a pessoas que ingressem com drogas no presídio (visitantes, agentes penitenciários etc.). Parece-nos, contudo, que não há nenhuma razão convincente para deixar de aplicar o dispositivo aos próprios presos, já que o texto legal não faz distinção, desde que o entorpecente se destine ao tráfico. Com efeito, se a pessoa reclusa tem a droga para consumo próprio, não se aplica a causa de aumento em questão, que só alcança os crimes descritos nos arts. 33 a 37, nos exatos termos do art. 40, *caput*.

A parte final do dispositivo refere-se ao tráfico de drogas cometido em **transporte público**. De acordo com a jurisprudência, é preciso que a própria **comercialização** ocorra em transporte público ou suas proximidades (estações de trem ou metrô, rodoviárias, terminais de ônibus etc.), não bastando a utilização de trens ou ônibus para o **transporte** da droga. A propósito:

"A aplicação da majorante do inciso III exige a comercialização da droga no próprio transporte público, sendo insuficiente a mera utilização do transporte para o carregamento do entorpecente. Precedentes: HC 119.782, 1ª Turma, Relatora a Ministra Rosa Weber, *DJe* de 03/02/2014 e HC 109.538, 1ª Turma, Redatora para o acórdão a Ministra Rosa Weber, *DJe* 26/10/2012. 3. *In casu*, a Corte Estadual, em sede de apelação, afirmou que "no caso em apreço, verifica-se que a recorrida não se utilizou do transporte coletivo para disseminar entorpecentes, mas tão somente para levar a droga escondida em suas partes íntimas até o destino final. Ou seja, não tinha a intenção de difundir, usar e/ou comercializar a referida droga, aproveitando-se do fato de estar no interior do veículo público (...)" (STF — HC 118.676, Rel. Min. Luiz Fux, 1ª Turma, julgado em 11/03/2014, processo eletrônico *DJe* 062, 27/03/2014, public. 28/03/2014). No mesmo sentido: "Esta Corte Superior de Justiça consolidou o entendimento no sentido de que, para a incidência da majorante prevista do inciso III do art. 40 do Diploma Antidrogas, é imprescindível a demonstração da efetiva prática da comercialização do entorpecente no interior do veículo, não sendo suficiente para a exasperação da reprimenda com fulcro no referido dispositivo legal a mera utilização do transporte público como meio de locomoção. Na espécie, ante a ausência de comprovação do comércio ilícito no interior do veículo de transporte público coletivo, não há falar em majoração da pena" (STJ — HC 410.323/SP, Rel. Min. Maria Thereza de Assis Moura, 6ª Turma, julgado em 13/03/2018, *DJe* 26/03/2018); "Esta Corte e o Supremo Tribunal Federal firmaram o entendimento de que o simples fato de o agente utilizar-se de transporte público para conduzir a droga não atrai a incidência da causa especial de aumento de pena prevista no inciso III do art. 40 da Lei n. 11.343/2006, que deve ser aplicada apenas quando constatada a efetiva intenção de comercialização da substância em seu interior" (STJ —AgRg no REsp 1379010/MS, Rel. Min. Rogerio Schietti Cruz, 6ª Turma, julgado em 15/08/2019, *DJe* 29/08/2019); "Extrai-se do texto legal que a incidência da majorante prevista no art. 40, inciso III, da Lei n. 11.343/06 pressupõe que o crime efetivamente seja praticado no interior do transporte público, em razão do maior risco ao meio social que representa a disseminação das drogas ilícitas em ambientes com grande circulação e concentração de pessoas. Partindo dessa diretriz, ambas as Turmas do Supremo Tribunal Federal firmaram o entendimento de que a mera utilização do transporte público pelo suposto criminoso, sem indícios de prática da mercancia ilícita no interior do veículo, não justifica a aplicação da causa de aumento de pena prevista no art. 40, inciso III, da Lei n. 11.343/06. No âmbito do Superior Tribunal de Justiça, todavia, prevalecia o entendimento contrário, o que perdurou até o julgamento do REsp 1.345.827/AC, Rel. Min. Marco Aurélio Bellizze, em 18/03/2014, ocasião em que esta Corte Superior passou a alinhar-se à jurisprudência da Corte Suprema, afastando a incidência da causa de aumento de pena quando não evidenciado o uso do transporte público para mercancia ilícita de drogas" (STJ — HC 329.560/RJ, Rel. Min. Joel Ilan Paciornik, 5ª Turma, julgado em 02/08/2016, *DJe* 10/08/2016).

Art. 40. As penas previstas nos arts. 33 a 37 desta Lei são aumentadas de um sexto a dois terços, se:

(...)

IV — o crime tiver sido praticado com violência, grave ameaça, emprego de arma de fogo, ou qualquer processo de intimidação difusa ou coletiva;

O dispositivo é extremamente abrangente. Agrava a pena de quem, por exemplo, ameaça outrem a fim de fazê-lo utilizar entorpecente, bem como de quem emprega violência para ministrar droga em terceiro.

Os grupos de traficantes em que parte dos integrantes faz a segurança de seus pontos de venda com armas de fogo e com intimidações aos moradores da região, terão também a pena agravada, sem prejuízo da punição pelo crime autônomo de associação para o tráfico.

No que diz respeito às **armas de fogo**, a aplicação da majorante pressupõe que os traficantes efetivamente **empreguem** a arma em suas atividades ilícitas. Em tais casos, é grande a divergência em torno da **autonomia** do crime de **porte** ilegal de arma de fogo (arts. 14 e 16 do Estatuto do Desarmamento) em relação ao tráfico com a pena majorada. Para alguns, haveria *bis in idem* na dupla punição, de modo que, com base no princípio da especialidade, deveria ser aplicada apenas a majorante da Lei de Drogas. Para outros, não existe *bis in idem* porque os bens jurídicos atingidos são diversos (a saúde pública e a incolumidade pública), de forma que o agente deve responder pelo tráfico com a pena aumentada e pelo porte ilegal de arma de fogo.

Por sua vez, é pacífico que, se a arma de fogo **não** for utilizada em processo de intimidação **difusa** ou **coletiva** relacionada ao **tráfico**, mostra-se inviável a majorante, não havendo dúvida, em tal caso, de que o réu deve ser punido pelo tráfico em sua forma simples, em concurso material com o crime de porte ou posse de arma de fogo. É o que ocorre, por exemplo, quando a arma é encontrada guardada dentro de um barraco. A propósito:

> "[...] Segundo o entendimento do Superior Tribunal de Justiça, a absorção do crime de porte ou posse ilegal de arma pelo delito de tráfico de drogas, em detrimento do concurso material, deve ocorrer quando o uso da arma está ligado diretamente ao comércio ilícito de entorpecentes, ou seja, para assegurar o sucesso da mercancia ilícita. Nesse caso, trata-se de crime meio para se atingir o crime fim que é o tráfico de drogas, exige-se o nexo finalístico entre as condutas de portar ou possuir arma de fogo e aquelas relativas ao tráfico (HC 181.400/RJ, Quinta Turma, Ministro Marco Aurélio Bellizze, *DJe* 29/6/2012) — (HC 395.762/RJ, Ministro Felix Fischer, Quinta Turma, *DJe* 21/11/2017)" (STJ — AgRg no REsp 1808590/MG, Rel. Min. Sebastião Reis Júnior, 6ª Turma, julgado em 20/08/2019, *DJe* 04/09/2019).
>
> "O art. 40, IV, da Lei n. 11.343/2006 prevê, como causa especial de aumento de pena nos delitos descritos nos arts. 33 a 37 da mesma Lei, a utilização de arma de fogo. Nesse caso, agrava-se a pena nos delitos de narcotráfico quando o agente emprega efetivamente a arma de fogo para viabilizar sua atividade. De outro lado, o art. 16 da Lei n. 10.826/2003, descreve a conduta do agente que, entre outros verbos, porta ou possui arma de fogo de uso restrito ou com numeração suprimida" (STJ — HC 377.179/RJ, Rel. Min. Joel Ilan Paciornik, 5ª Turma, julgado em 21/02/2017, *DJe* 06/03/2017).
>
> "A Lei n. 11.343/2006 prevê como causa especial de aumento para os crimes previstos nos artigos 33 a 37 o efetivo emprego de arma de fogo, em que o agente porta ilegalmente a arma apenas para viabilizar o cometimento do delito de narcotráfico, e não o fato de possuir ou de portar concomitantemente arma de fogo de uso restrito. 5. Não há como aplicar-se a causa especial de aumento de pena prevista no inciso VI do artigo 40 da Lei n. 11.343/2006 em substituição à condenação pelo crime do artigo 16 da Lei n. 10.826/2003,

quando verificado que o delito de tráfico de drogas não foi praticado com o emprego de arma de fogo (caso em que incidiria a majorante em questão), visto que a arma apreendida não estava sendo utilizada como processo de intimidação difusa ou coletiva para viabilizar a prática do narcotráfico. 6. Para afastar o acórdão impugnado e, por conseguinte, concluir que a arma de fogo estava sendo utilizada como meio de intimidação difusa para assegurar o sucesso da mercancia ilícita de drogas, seria necessário o revolvimento de matéria fático-probatória, providência essa que, conforme cediço, é inadmissível na via estreita do *habeas corpus*. 7. *Habeas corpus* não conhecido" (STJ — HC 261.601/RJ, Rel. Min. Rogério Schietti Cruz, 6ª Turma, julgado em 10/12/2013, *DJe* 19/12/2013).

Art. 40. As penas previstas nos arts. 33 a 37 desta Lei são aumentadas de um sexto a dois terços, se:

(...)

V — caracterizado o tráfico entre Estados da Federação ou entre estes e o Distrito Federal;

Trata-se de inovação da Lei n. 11.343/2006, que passou a prever o agravamento da pena quando a conduta do traficante consistir em levar a droga de **um Estado para outro**, ou para o **Distrito Federal**, ou **vice-versa**.

Para sua caracterização, basta que se demonstre a **finalidade** de transportar a droga de um Estado a outro (ou para o Distrito Federal), **não** sendo necessária a efetiva **transposição** da divisa. Assim, se uma pessoa está levando droga em um ônibus que partiu de Campo Grande para o Rio de Janeiro, deverá ser aplicada a majorante, mesmo que a prisão tenha ocorrido ainda no Estado do Mato Grosso do Sul. A propósito: "A jurisprudência do Superior Tribunal de Justiça firmou entendimento no sentido de que a configuração da interestadualidade do crime de tráfico de entorpecentes prescinde da efetiva transposição de divisa interestadual pelo agente, sendo suficiente que haja a comprovação de que a substância tinha como destino outro Estado da Federação" (STJ — HC 385.272/SP, Rel. Min. Reynaldo Soares da Fonseca, 5ª Turma, julgado em 02/05/2017, *DJe* 05/05/2017); "É irrelevante, para a aplicação da causa de aumento de pena do art. 40, V, da Lei n. 11.343/06, de interestadualidade do delito, a efetiva transposição da divisa interestadual pelo agente, sendo suficiente para sua configuração a comprovação de que a substância tinha como destino localidade em outro estado da Federação, o que ocorreu na espécie. Precedentes" (STJ — AgRg no HC 342.072/MS, Rel. Min. Nefi Cordeiro, 6ª Turma, julgado em 16/02/2017, *DJe* 02/03/2017); **e** "O entendimento prevalente na Terceira Seção deste Tribunal Superior é no sentido de que basta que esteja comprovado que o entorpecente tinha como destino outra unidade federativa, sendo irrelevante que haja ou não a efetiva transposição da divisa interestadual para a incidência da causa especial de aumento do art. 40, V, da Lei n. 11.343/06. 2. Constatado que a paciente foi flagrada em Mato Grosso do Sul e confessou que levaria a droga para Cuiabá/MT, não há ilegalidade no reconhecimento e aplicação da referida majorante" (STJ — HC 335.405/MS, Rel. Min. Jorge Mussi, 5ª Turma, julgado em 02/08/2016, *DJe* 09/08/2016).

O Superior Tribunal de Justiça aprovou a Súmula 587 nesse sentido: "Para a incidência da majorante prevista no art. 40, V, da Lei n. 11.343/2006, é desnecessária a efetiva transposição de fronteiras entre estados da Federação, sendo suficiente a demonstração inequívoca da intenção de realizar o tráfico interestadual".

Quando o agente traz a droga consigo a fim de praticar tráfico internacional ou interestadual, o delito considera-se **consumado** ainda que o sujeito não consiga transpor a divisa ou a fronteira em posse do entorpecente. Em tais casos, o agente responde pelo tráfico consumado na modalidade "trazer consigo", "guardar" ou "transportar" (que constituem crimes permanentes). O fato de não ter conseguido concretizar a exportação da droga não implica estar o delito meramente tentado. Aliás, conforme explicado no parágrafo anterior, o agente responderá pelo crime consumado, **com o aumento** de pena em razão da intenção de levar a substância para outro Estado ou país.

O Superior Tribunal de Justiça firmou entendimento no sentido de que podem ser cumuladas as majorantes relativas à transnacionalidade e interestadualidade (incs. I e V do art. 40), quando evidenciado que a droga proveniente do exterior se destina a mais de um estado da federação. Nesse sentido: AgRg no REsp 1744207/TO, Rel. Min. Felix Fischer, 5ª Turma, julgado em 26/06/2018, *DJe* 01/08/2018; HC 214942/MT, Rel. Min. Rogerio Schietti Cruz, 6ª Turma, julgado em 16/06/2016, *DJe* 28/06/2016.

> **Art. 40.** As penas previstas nos arts. 33 a 37 desta Lei são aumentadas de um sexto a dois terços, se:
> (...)
> VI — sua prática envolver ou visar a atingir criança ou adolescente ou a quem tenha, por qualquer motivo, diminuída ou suprimida a capacidade de entendimento e determinação;

Quem, no crime de tráfico, "visa" a criança ou adolescente, ou pessoa que tenha sua capacidade diminuída ou suprimida, é aquele que busca neles um **consumidor**. A causa de aumento é bastante pertinente, pois é óbvia a maior **suscetibilidade** dos jovens em se envolver com as drogas, quer pela curiosidade, quer pela inexperiência ou pela necessidade de afirmação perante seu grupo. Já a incapacidade de resistência a que se refere a lei pode ser de qualquer espécie, **parcial** ou **total**. Abrange, portanto, as hipóteses de venda ou entrega de droga a pessoa embriagada, doente mental, dependente de drogas etc.

O Estatuto do Idoso havia acrescentado na Lei n. 6.368/76 causa de aumento se a venda visasse a pessoa **idosa**, mas, como a regra **não** foi **repetida** na atual Lei de Drogas, restou prejudicada.

Na vigência da Lei n. 6.368/76, não existia a causa de aumento para os casos em que a prática do tráfico envolvesse menor, de modo que o traficante que se unisse a menores para, juntos, venderem drogas responderia por tráfico do art. 12 e pelo delito do art. 14 ou pelo art. 18, III, 1ª figura — dependendo da espécie de associação (prolongada ou eventual), — e também pelo crime de corrupção de menores do art. 1º da Lei n. 2.252/54 (atual crime do art. 244-B do Estatuto da Criança e do Adolescente — Lei n. 8.069/90). Seria punido pelo art. 14 ou 18, III, 1ª figura, pela **associa-**

ção e, pela corrupção de menores, por ter-se **unido** a um menor para o cometimento do delito. Como a atual Lei prevê aumento de pena para o traficante que envolva menor no delito, a sua punição, atualmente, é feita da seguinte forma: pela venda da droga em **conjunto** com um **menor** ou **doente mental**, responde pelo crime de tráfico (art. 33, *caput*), com a pena **aumentada** de um sexto a dois terços, em face do art. 40, VI; se tiver havido efetiva associação com o menor, responde também pelo crime do art. 35, *caput*. Tendo em vista o princípio da especialidade, não se configura o crime de corrupção de menores do art. 244-B do Estatuto da Criança e do Adolescente por se tratar de majorante específica dos crimes dos arts. 33 a 37 da Lei de Drogas. Nesse sentido, veja-se: "Configura *bis in idem* a condenação conjunta do tráfico de drogas majorado pela participação de menor com o crime de corrupção de menores previsto no art. 244-B da Lei n. 8.069/90" (STJ — AgRg nos EDcl no REsp 1716826/PR, Rel. Min. Joel Ilan Paciornik, 5ª Turma, julgado em 10/04/2018, *DJe* 23/04/2018); "A controvérsia cinge-se em saber se constitui ou não *bis in idem* a condenação simultânea pelo crime de corrupção de menores e pelo crime de tráfico de drogas com a aplicação da majorante prevista no art. 40, VI, da Lei de Drogas. 2. Não é cabível a condenação por tráfico com aumento de pena e a condenação por corrupção de menores, uma vez que o agente estaria sendo punido duplamente por conta de uma mesma circunstância, qual seja, a corrupção de menores (*bis in idem*). 3. Caso o delito praticado pelo agente e pelo menor de 18 anos não esteja previsto nos arts. 33 a 37 da Lei de Drogas, o réu poderá ser condenado pelo crime de corrupção de menores, porém, se a conduta estiver tipificada em um desses artigos (33 a 37), pelo princípio da especialidade, não será possível a condenação por aquele delito, mas apenas a majoração da sua pena com base no art. 40, VI, da Lei n. 11.343/2006. 4. *In casu*, verifica-se que o réu se associou com um adolescente para a prática do crime de tráfico de drogas. Sendo assim, uma vez que o delito em questão está tipificado entre os delitos dos arts. 33 a 37, da Lei de Drogas, correta a aplicação da causa de aumento prevista no inciso VI do art. 40 da mesma Lei. 5. Recurso especial improvido" (STJ — REsp 1.622.781/MT, Rel. Min. Sebastião Reis Júnior, 6ª Turma, julgado em 22/11/2016, *DJe* 12/12/2016).

> **Art. 40.** As penas previstas nos arts. 33 a 37 desta Lei são aumentadas de um sexto a dois terços, se:
> (...)
> VII — o agente financiar ou custear a prática do crime.

Considerando que o art. 36 da Lei prevê **crime específico** para o agente que financia ou custeia o tráfico, e que para tal delito é prevista pena de oito a vinte anos de reclusão, torna-se necessária uma diferenciação entre o crime autônomo e a presente **causa de aumento**. O crime do art. 36 exige que o agente atue como financiador **contumaz**, que invista valores de forma **reiterada** no tráfico (*v.* comentários ao art. 36). Na causa de aumento, o que se verifica é a ocorrência de crime único de tráfico em que alguém atua, de forma isolada, como financiador e, por isso, responde pelo crime do art. 33, *caput*, com a pena aumentada em razão do art. 40, VII, da Lei n. 11.343/2006.

Não nos parece adequada a distinção sugerida por Ricardo Antonio Andreucci[11]. De acordo com o respeitado doutrinador, a causa de aumento em estudo aplica-se para aqueles que, além de participar do tráfico, financiam o delito, enquanto o crime autônomo do art. 36 só se aplica para aqueles que financiam o delito sem se envolver no tráfico em si. A incongruência dessa interpretação reside no fato de que a última hipótese teria pena muito maior, embora de gravidade menor.

2.2.13. Causa de diminuição de pena

> **Art. 41.** O indiciado ou acusado que colaborar voluntariamente com a investigação policial e o processo criminal na identificação dos demais coautores ou partícipes do crime e na recuperação total ou parcial do produto do crime, no caso de condenação, terá pena reduzida de um terço a dois terços.

Para a incidência da causa de diminuição, além de ser **voluntária** a colaboração, exige-se que as informações passadas pelo agente **efetivamente** impliquem a **identificação** de **todos** os demais envolvidos no crime, bem como a **recuperação** de algum **produto** do delito (bens comprados pelos traficantes com o lucro obtido com a venda ou recebidos como forma de pagamento).

Quanto **maior** a **colaboração**, **maior** será a **redução** da pena pelo juiz.

2.2.14. Principais aspectos do crime de tráfico de drogas

OBJETIVIDADE JURÍDICA	■ A saúde pública.
TIPO OBJETIVO	a) Condutas típicas: importar, exportar, remeter, preparar, produzir, fabricar, adquirir, vender, expor à venda, oferecer, ter em depósito, transportar, trazer consigo, guardar, prescrever, ministrar, entregar a consumo ou fornecer, ainda que gratuitamente. Trata-se de tipo misto alternativo em que a realização de mais de uma conduta em relação à mesma droga constitui crime único. b) Objeto material: droga. De acordo com o art. 1º, parágrafo único, da Lei de Drogas, consideram-se como drogas as substâncias ou produtos capazes de causar dependência, assim especificadas em lei ou relacionadas periodicamente em listas publicadas pelo Poder Executivo. Trata-se, pois, de norma penal em branco. c) Elemento normativo: que a conduta seja realizada sem autorização ou em desacordo com determinação legal ou regulamentar.
SUJEITO ATIVO	■ Pode ser qualquer pessoa. Trata-se de crime comum.
SUJEITO PASSIVO	■ A coletividade.
ELEMENTO SUBJETIVO	■ O dolo de entregar a droga a terceiro, ainda que gratuitamente. Para verificar se a droga se destinava ao tráfico ou a consumo pessoal, o juiz deve analisar a natureza e a quantidade da substância apreendida, o local e as condições em que se desenvolveu a ação, bem como as circunstâncias pessoais do agente (conduta social, antecedentes etc.).
CONSUMAÇÃO	■ No momento em que for realizada a conduta típica. Algumas delas enquadram-se no conceito de crime permanente (transportar, ter em depósito etc.).

[11] ANDREUCCI, Ricardo Antonio. *Legislação penal especial*. 3. ed. São Paulo: Saraiva, 2007. p. 70.

TENTATIVA	■ Teoricamente possível, mas de difícil ocorrência na prática.
PENA	■ Reclusão, de cinco a quinze anos, e multa. Na fixação da pena, o juiz deve levar em conta a natureza e a quantidade da droga, bem como a personalidade e a conduta social do agente. ■ Nos termos do art. 2º, § 1º, da Lei n. 8.072/90, regime inicial deve ser necessariamente o fechado. O Plenário do STF, todavia, declarou a inconstitucionalidade desse dispositivo. Assim, devem ser seguidas as regras comuns do Código Penal para a fixação do regime inicial. ■ A progressão de regime somente pode ser obtida com o cumprimento de ao menos 40% da pena ou ao menos 60% se for reincidente. ■ A pena não pode ser substituída por restritiva de direitos (exceto se igual ou inferior a 4 anos) ou pelo *sursis*. ■ O livramento condicional só pode ser obtido após o cumprimento de dois terços da pena, vedada sua concessão ao reincidente específico. ■ O condenado não pode obter anistia, graça ou indulto.
FIGURAS EQUIPARADAS	■ A Lei de Drogas, em seu art. 33, § 1º, reserva as mesmas penas previstas no *caput* para quem: realiza qualquer das condutas típicas em relação a matéria-prima, insumo ou produto químico destinado à preparação de droga (inc. I); semeia, cultiva ou faz a colheita de plantas que constituam matéria-prima para a preparação de droga (inc. II); utiliza local ou bem de sua propriedade, posse, administração, guarda ou vigilância para o tráfico de droga, ou consente para que terceiro o faça (inc. III).
CAUSAS DE DIMINUIÇÃO DE PENA	■ O art. 41 estabelece uma redução de um terço a dois terços da pena ao indiciado ou acusado que colaborar voluntariamente com a investigação policial e com o processo criminal a fim de que sejam identificados os demais coautores ou partícipes do crime, bem como recuperado, total ou parcialmente, o produto do crime.
TRÁFICO PRIVILEGIADO	■ O art. 33, § 4º, prevê uma redução da pena de um sexto a dois terços, se o réu for primário e de bons antecedentes, e desde que não se dedique às atividades criminosas nem integre organização criminosa. Cuida-se, em verdade, de causa de diminuição de pena, mas a doutrina e a jurisprudência acabaram por consagrar a expressão "tráfico privilegiado" para se referir à hipótese em análise. Essa modalidade não é equiparada a crime hediondo.
OUTROS DELITOS RELACIONADOS AO TRÁFICO	■ Nos arts. 34, 35, 36 e 37 da Lei de Drogas estão elencadas outras condutas criminosas ligadas ao tráfico: a) fabricar, adquirir, utilizar, transportar, oferecer, vender, distribuir, entregar a qualquer título, possuir, guardar ou fornecer, ainda que gratuitamente, maquinário, aparelho, instrumento ou qualquer objeto destinado à fabricação, preparação, produção ou transformação de drogas, sem autorização ou em desacordo com determinação legal ou regulamentar (art. 34); b) associarem-se duas ou mais pessoas para o fim de praticar, reiteradamente ou não, qualquer dos crimes previstos nos arts. 33, *caput* e § 1º, e 34 desta Lei (art. 35); c) financiar ou custear a prática de qualquer desses crimes (art. 36); d) colaborar, como informante, com grupo, organização ou associação destinados à prática dos referidos crimes (art. 37).
CAUSAS DE AUMENTO DE PENA	■ De acordo com o art. 40, as penas dos crimes relacionados ao tráfico (arts. 33 a 37) serão aumentadas de um sexto a dois terços: I) se evidenciada a transnacionalidade do delito; II) se o agente cometer o crime prevalecendo-se de função pública ou no desempenho de missão de educação, poder familiar, guarda ou vigilância; III) se o crime for cometido em locais como estabelecimentos prisionais, de ensino, hospitalares, de recreação, esportivos etc.; IV) se o delito for cometido com violência, grave ameaça, emprego de arma ou qualquer outro método intimidativo difuso ou coletivo; V) no caso de tráfico interestadual ou entre Estado e Distrito Federal; VI) se o tráfico envolver ou visar criança ou adolescente, ou quem tenha, por qualquer motivo, diminuída ou suprimida sua capacidade de entendimento e de determinação; VII) se o agente financiar ou custear o tráfico, desde que ausentes os requisitos do crime autônomo do art. 36.
AÇÃO PENAL	■ É pública incondicionada em todas as figuras.

2.3. DO PROCEDIMENTO PENAL

2.3.1. Introdução

A Lei n. 11.343/2006 prevê um procedimento **especial** para apurar os crimes descritos **em seus arts. 33 a 39**, procedimento este que será analisado em seguida. O art. 48, entretanto, ressalva que, nas omissões, aplica-se **subsidiariamente o Código de Processo Penal**.

> **Observação:** Para os crimes previstos no art. 33, § 3º (oferta de droga para pessoa de seu relacionamento para consumo conjunto), e no art. 38 (prescrição ou administração culposa de droga), deverá ser adotado integralmente o rito da Lei n. 9.099/95, já que esses delitos se enquadram no conceito de **infração de menor potencial ofensivo**, pois suas penas máximas não excedem dois anos. O crime de porte para consumo próprio (art. 28), conforme já estudado, segue também as regras da Lei n. 9.099/95.

2.3.2. Fase policial

O art. 50 estabelece que, ocorrendo **prisão em flagrante**, a autoridade policial fará, **imediatamente**, **comunicação** ao juiz competente, remetendo-lhe **cópia** do auto lavrado, do qual será dada vista ao órgão do Ministério Público, em **vinte e quatro horas**.

O Ministério Público e o juiz devem analisar se o auto está formalmente em ordem e se o caso era mesmo de flagrante delito, pois, do contrário, a prisão deverá ser relaxada. A necessidade de comunicação da prisão decorre da regra do art. 5º, LXII, da Constituição Federal.

Para a lavratura do auto de prisão e estabelecimento da **materialidade**, dispõe o art. 50, § 1º, que é suficiente o **laudo de constatação** da **natureza** e da **quantidade** da droga, firmado por perito **oficial** ou, na falta deste, por **pessoa idônea**.

Estando o indiciado **preso**, o inquérito deverá ser concluído em **trinta dias**. Se estiver **solto**, o prazo será de **noventa** dias (art. 51). Esses prazos, porém, podem ser **duplicados** pelo juiz, ouvido o Ministério Público, mediante pedido **justificado** da autoridade policial (arts. 51, parágrafo único, e 52, II).

Findos os prazos, a autoridade policial deve encaminhar o inquérito ao juízo. Para tanto, elaborará "**relatório**", narrando sumariamente os fatos e **justificando** as razões que a levaram à **classificação** do delito, indicando a **quantidade** e a **natureza** da substância ou do produto apreendido, o **local** e as **condições** em que se desenvolveu a ação criminosa, as **circunstâncias** da prisão, a **conduta**, a **qualificação** e os **antecedentes** do agente (art. 52, I), ou **requererá** a devolução dos autos para a realização de diligências necessárias.

Estabelece o art. 52, parágrafo único, que a remessa do inquérito a juízo far-se-á sem prejuízo de diligências complementares:

I — necessárias ou úteis à plena **elucidação** do fato, cujo resultado deverá ser encaminhado ao juízo competente até **três** dias antes da **audiência** de instrução e julgamento;

II — necessárias ou úteis à **indicação** dos bens, direitos e valores de que seja titular o agente, ou que figurem em seu nome, cujo resultado deverá ser encaminhado ao juízo competente até **três** dias antes da **audiência** de instrução e julgamento.

Já o art. 53 dispõe que, em qualquer fase da persecução criminal relativa aos crimes previstos na Lei, são permitidos, além dos previstos em lei, **mediante autorização judicial** e **ouvido o Ministério Público**, os seguintes **procedimentos investigatórios**:

I — **infiltração** por agentes de polícia, em tarefas de investigação, constituída pelos órgãos especializados pertinentes;

II — **não atuação policial** sobre os portadores de drogas, seus precursores químicos ou outros produtos utilizados em sua produção, que se encontrem no território brasileiro, com a finalidade de identificar e responsabilizar maior número de integrantes de operações de tráfico e distribuição, sem prejuízo da ação penal cabível (entrega vigiada). Nesta hipótese, a autorização será concedida desde que sejam conhecidos o itinerário provável e a identificação dos agentes do delito ou de colaboradores (art. 53, parágrafo único).

2.3.3. Da instrução criminal

De acordo com o art. 54, sendo recebidos em juízo os autos de inquérito policial, de investigação feita por Comissão Parlamentar de Inquérito, ou peças de informação, dar-se-á **vista ao Ministério Público** para, no prazo de **dez dias**, adotar uma das seguintes medidas:

I — **requerer o arquivamento**;

II — **requisitar as diligências que entender necessárias**;

III — **oferecer denúncia**.

Se o Ministério Público promover o arquivamento, e o juiz **concordar** com a manifestação, os autos irão diretamente para o **arquivo**. O art. 7º da Lei n. 1.521/51 prevê que o juiz deve **recorrer de ofício** sempre que determinar o arquivamento de inquérito que apure **crime contra a saúde pública**. É pacífico, entretanto, que tal dispositivo **não** se aplica aos crimes da Lei de Drogas, que, apesar de afetarem a saúde pública, possuem **rito específico** que não determina tal providência. O recurso de ofício, portanto, só vale para **outros** crimes contra a saúde pública (arts. 267 a 285 do Código Penal).

Se o juiz **discordar** do pedido de arquivamento, deverá aplicar a regra do **art. 28** do Código de Processo Penal e remeter os autos ao **Procurador-Geral de Justiça**, que dará a **palavra final**, insistindo no arquivamento ou determinando o oferecimento de denúncia.

Por sua vez, se o Órgão do Ministério Público se convencer da existência de indícios de **autoria** e de **materialidade**, deverá oferecer **denúncia**. Nesse caso, se o crime imputado tiver pena **mínima** não superior a **um ano**, deverá ser analisada a possibilidade de proposta de **suspensão condicional do processo** (ex.: crime de condução de embarcação após o consumo de droga — art. 39). Feita a proposta pelo Ministério Público, sendo ela aceita pelo réu, e homologada pelo juiz, será decretada a suspensão, nos termos da Lei n. 9.099/95. Na maioria dos crimes da Lei de Drogas, todavia, a pena mínima é bem superior a um ano, de forma que o benefício em análise é incabível.

Na denúncia, poderão ser arroladas até **cinco** testemunhas, independentemente de o crime ser punido com reclusão ou detenção, devendo também o Ministério Público requerer as diligências necessárias (art. 54, III).

Em juízo, o procedimento deverá observar as seguintes fases:

a) defesa prévia;
b) recebimento da denúncia;
c) citação;
d) audiência para oitiva de testemunhas, interrogatório e debates orais;
e) sentença.

Com efeito, nos termos do art. 55, *caput*, oferecida a denúncia, o juiz ordenará a **notificação** do acusado para oferecer **defesa prévia**, por **escrito**, no prazo de **dez dias**. Nessa defesa, o denunciado poderá arguir **preliminares** (prescrição, por exemplo) e **exceções**, além de invocar todos os argumentos que entenda pertinentes no sentido de convencer o juiz a não receber a denúncia. Para tanto, poderá oferecer documentos e justificações. É nessa defesa que o denunciado deve elencar as provas que pretende produzir, antes e depois de eventual recebimento da denúncia, e arrolar até **cinco** testemunhas.

As exceções a que a lei se refere são aquelas previstas nos arts. 95 a 113 do Código de Processo Penal (suspeição ou impedimento, incompetência do juízo, litispendência, ilegitimidade de parte e de coisa julgada) e, nos termos do art. 55, § 2º, da Lei n. 11.343/2006, serão processadas em apartado.

Caso o denunciado **não** apresente a defesa prévia, o juiz **nomeará** defensor para oferecê-la, fixando, para tanto, mais **dez** dias de prazo e abrindo, no ato de nomeação, **vista** dos autos ao defensor (art. 55, § 3º).

Apresentada a defesa, o juiz, no prazo de **cinco** dias, terá de tomar uma das seguintes decisões: a) receber a denúncia; b) rejeitá-la; c) determinar a realização de diligências que entenda imprescindíveis. Nesta última hipótese, o juiz fixará prazo máximo de **dez** dias para a realização das diligências, exames ou perícias determinadas e, em seguida, terá mais **cinco** dias para decidir se recebe ou rejeita a denúncia.

Caso a **denúncia** seja **rejeitada**, caberá **recurso em sentido estrito** (art. 581, I, do CPP).

Recebida a denúncia, o juiz **designará** dia e hora para a **audiência de instrução e julgamento**, ordenará a **citação** pessoal do acusado, a intimação do **Ministério**

Público e do **assistente** (se for o caso), e requisitará os laudos periciais faltantes (art. 56, *caput*). Embora a Lei não mencione expressamente, é evidente que também deverá ser intimado o **defensor** do acusado, bem como determinada sua requisição, caso esteja preso.

Os arts. 394, § 4º, e 396 do Código de Processo Penal estabelecem que, mesmo para os crimes que possuam rito especial, o réu terá direito a uma **resposta escrita após o recebimento** da denúncia. Todavia, como já existe, no rito para apurar o crime de tráfico, uma fase de defesa **preliminar**, anterior ao recebimento da denúncia, não faz sentido que, imediatamente em seguida, após o recebimento da denúncia, abra-se nova oportunidade para a resposta escrita, já que a finalidade dos atos é a mesma (arrolar testemunhas, arguir preliminares e exceções etc.). Não se pode aceitar que a defesa tenha, por exemplo, duas oportunidades para arrolar suas testemunhas.

Tratando-se dos crimes previstos nos arts. 33, *caput* e § 1º, e 34 a 37, o juiz, ao receber a denúncia, poderá decretar o afastamento **cautelar** do denunciado de suas atividades, **se for funcionário público**, comunicando a decisão ao órgão onde atua o réu (art. 56, § 1º). Esse dispositivo se aplica, por exemplo, se o acusado for policial.

Se o réu for citado **pessoalmente** e **não comparecer** na audiência, será decretada sua **revelia**, de modo que ele **não** será mais **intimado** para os demais atos processuais (art. 367 do CPP). Caso compareça, será devidamente **interrogado**.

Se o réu **não** for encontrado para **citação pessoal**, o juiz determinará a citação por **edital**; nesse caso, se o réu não comparecer ao interrogatório designado nem nomear defensor, o juiz decretará **a suspensão do processo e do prazo prescricional**, nos termos do art. 366 do Código de Processo Penal, que se aplica subsidiariamente à Lei de Drogas (art. 48). Essa hipótese só ocorrerá, na prática, se o réu estiver solto, e, por tal razão, o juiz analisará se a decretação da **prisão preventiva** se mostra necessária.

A audiência de instrução e julgamento deverá ser realizada dentro do prazo de **trinta dias**, a contar do despacho em que foi recebida a denúncia, salvo se tiver sido determinada a realização de perícia para verificar eventual **dependência** de drogas do acusado, hipótese em que deverá ser realizada no prazo de **noventa dias**.

Na audiência, o juiz ouvirá inicialmente as **testemunhas**, **primeiro** as de **acusação** e **depois** as de **defesa**.

O depoimento de policiais (militares ou civis) tem o mesmo valor que em qualquer outro processo penal (furto, roubo, porte de arma etc.), devendo ser aferido pela **harmonia** com os demais depoimentos, pela **firmeza** com que foi prestado etc. Nada obsta a condenação fundada apenas em depoimento de policiais, uma vez que é extremamente comum que as testemunhas civis não queiram ser mencionadas na ocorrência policial por temerem depor contra traficantes. É óbvio, todavia, que o juiz não poderá aceitar depoimentos completamente contraditórios de policiais como fundamento para eventual condenação.

A propósito: "Inexiste óbice no fato de estar a condenação embasada no depoimento dos policiais responsáveis pelo flagrante do corréu, mormente quando colhidos sob o crivo do contraditório e em harmonia com os demais elementos de prova. Precedente" (STJ — HC 418.529/SP, Rel. Min. Nefi Cordeiro, 6ª Turma, julgado em

17/04/2018, *DJe* 27/04/2018); "A jurisprudência deste Superior Tribunal de Justiça firmou-se no sentido da validade da condenação fundamentada no conteúdo dos depoimentos testemunhais prestados por policiais envolvidos na investigação. Precedentes" (STJ — AgRg no HC 436.928/ES, Rel. Min. Jorge Mussi, 5ª Turma, julgado em 22/03/2018, *DJe* 02/04/2018).

De acordo com o art. 49, sempre que as circunstâncias recomendarem, o juiz empregará os instrumentos protetivos para testemunhas previstos na Lei n. 9.807/99.

Ouvidas as testemunhas, o juiz interrogará o acusado. De acordo com o art. 57 da Lei de Drogas o interrogatório deveria ser feito antes da oitiva das testemunhas, mas o Plenário do Supremo Tribunal Federal, no julgamento do HC 127.900, em março de 2016, decidiu que o interrogatório deve ser feito após a oitiva das testemunhas (mais informações quanto a este tema no próximo item).

O interrogatório deve ser feito na forma estabelecida no Código de Processo Penal. Deverá o magistrado, ainda, indagar ao réu acerca de eventual dependência de drogas, caso o incidente não tenha sido anteriormente instaurado. Essa providência deve ser tomada qualquer que seja o crime, já que a lei não faz distinção. Se o réu declarar-se dependente e existirem indícios nesse sentido, o juiz deverá determinar a realização de exame para verificar a dependência do acusado. Aliás, mesmo que o acusado não se declare dependente, o juiz deverá determinar o exame se, diante das provas colhidas ou de outras evidências, perceber que ele pode ser dependente.

O art. 57, parágrafo único, estabelece a possibilidade de as partes fazerem perguntas ao réu no final do interrogatório, sempre, porém, por intermédio do juiz. Essa medida já havia sido adotada no art. 188 do Código de Processo Penal, com a redação dada pela Lei n. 10.792/2003.

Após o interrogatório, as partes terão, cada qual, tempo **de vinte minutos**, prorrogáveis por **mais dez** (a critério do juiz), para a **sustentação oral** (alegações finais).

Por fim, o juiz proferirá **sentença** ou, se não se julgar habilitado a fazê-lo de imediato, ordenará que os autos lhe sejam **conclusos** para, no prazo de **dez dias**, proferi-la (art. 58, *caput*).

Em tese, essa audiência deveria ser **una**, pois, em um só ato processual, deveriam ser realizadas a **instrução**, os **debates** e, se possível, o **julgamento**. É, porém, muito comum que seja **desdobrada**, quer pela **ausência** de uma testemunha (ouvem-se as presentes e marca-se nova data para as faltantes), quer por não haver chegado o **exame químico-toxicológico** ou o **laudo do exame de dependência**.

O rito desta lei especial não prevê a substituição dos debates orais pela entrega de **memoriais** (breves alegações finais por escrito, apresentadas no prazo de cinco dias). Contudo, tal providência é extremamente comum no dia a dia forense, uma vez que os tribunais não têm reconhecido qualquer nulidade nessa atitude.

Estando devidamente provado que o réu tinha a droga em seu poder, é necessário que o juiz decida e fundamente por qual crime irá condená-lo. Nesse sentido, para o magistrado verificar se a droga se destinava ao **tráfico** ou ao **consumo** pessoal do agente, deverá levar em conta vários fatores apontados no art. 28, § 2º: **natureza** e **quanti-**

dade da droga apreendida, **local** e **condições** em que se desenvolveu a ação criminosa, **circunstâncias pessoais** e **sociais** do agente, bem como sua **conduta** e **antecedentes**.

Lembre-se de que, observados todos esses critérios e quaisquer outros considerados relevantes pelo juiz, caso persista **dúvida**, deverá ele optar pela condenação pelo crime **menos** grave (*in dubio pro reo*).

Em abril de 2019, o Superior Tribunal de Justiça aprovou a Súmula 630, segundo a qual "a incidência da **atenuante** da confissão espontânea no crime de tráfico ilícito de entorpecentes exige o reconhecimento da traficância pelo acusado, não bastando a mera admissão da posse ou propriedade para uso próprio".

Na sentença, além das fases indispensáveis — relatório, fundamentação e dispositivo —, o juiz também deverá:

a) analisar a decretação da perda do cargo ou função pública (art. 92, I, do CP), se o crime tiver sido cometido com abuso da função pública e a pena for superior a um ano;

b) decidir sobre o perdimento do produto, bem, direito ou valor apreendido ou objeto de medidas assecuratórias; e sobre o levantamento dos valores depositados em conta remunerada e a liberação dos bens utilizados nos termos do art. 63, I e II, com a redação dada pela Lei n. 13.840/2019;

c) fixar o regime inicial de cumprimento da pena e analisar a possibilidade de substituir a pena privativa de liberdade por sanção de outra natureza (restritiva de direitos, multa);

d) verificar a possibilidade de o réu apelar em liberdade, ou a necessidade de decretar-lhe a prisão.

▪ Momento do interrogatório na apuração dos crimes da Lei de Drogas

Nos expressos termos do art. 57 da Lei de Drogas, o interrogatório deveria ser realizado no **início** da audiência, antes da oitiva das testemunhas. Acontece que a Lei n. 11.709/2008 alterou o art. 400 do Código de Processo Penal, passando a prever que, no rito **ordinário**, o interrogatório deve ser feito no **final**, após a oitiva das testemunhas. Surgiu, então, controvérsia acerca da manutenção do rito especial da Lei de Drogas ou da aplicação do rito do Código de Processo Penal.

a) **O rito da lei especial — com interrogatório no início — deve prevalecer**: De acordo com esse entendimento, o art. 394, § 4º, do Código de Processo estabelece que as disposições de seus arts. 395 a 398 aplicam-se a **todos os procedimentos de primeiro grau**, ainda que não regulados pelo Código de Processo. De ver-se, todavia, que esses arts. 395 a 398 regulamentam as hipóteses de rejeição da denúncia e as fases da resposta escrita e da absolvição sumária. O dispositivo que modificou o momento do interrogatório para o final do procedimento está descrito no atual art. 400 do mesmo Código, e não existe regra determinando sua extensão aos ritos previstos em lei especial. Ao contrário, o art. 394, § 2º, do Código de Processo Penal diz que o procedimento ordinário não será aplicado aos crimes para os quais exista rito em lei especial. Assim, para os crimes de tráfico, o interrogatório continua sendo feito no início do procedimento.

A propósito:

> "Para o julgamento dos crimes previstos na Lei n. 11.343/2006 há rito próprio, no qual o interrogatório inaugura a audiência de instrução e julgamento (art. 57). Desse modo, a previsão de que a oitiva do réu ocorra após a inquirição das testemunhas, conforme disciplina o art. 400 do Código de Processo Penal, não se aplica ao caso, em razão da regra da especialidade (art. 394, § 2º, segunda parte, do Código de Processo Penal). (...) (STJ — HC 165.034/MG, Rel. Min. Laurita Vaz, 5ª Turma, *DJe* 09/10/2012); **e** "(...) Ao contrário do que ocorre no procedimento comum (ordinário, sumário e sumaríssimo), no especial rito da Lei n. 11.343/2006, o interrogatório é realizado no limiar da audiência de instrução e julgamento. (...)" (STJ — HC 212.273/MG, Rel. Min. Maria Thereza de Assis Moura, 6ª Turma, julgado em 11/03/2014), **e ainda**, "(...) Se a paciente foi processada pela prática do delito de tráfico ilícito de drogas, sob a égide da Lei n. 11.343/2006, o procedimento a ser adotado é o especial, estabelecido nos arts. 54 a 59 do referido diploma legal. II — O art. 57 da Lei de Drogas dispõe que o interrogatório ocorrerá em momento anterior à oitiva das testemunhas, diferentemente do que prevê o art. 400 do Código de Processo Penal. (...)" (STF — RHC 116.713, Rel. Min. Ricardo Lewandowski, 2ª Turma, julgado em 11/06/2013).

b) **O interrogatório no final da audiência previsto no rito ordinário constitui direito de todos os acusados em ações penais**: De acordo com tal interpretação, o interrogatório ao final deve ser adotado e aplicado em todos os procedimentos, porque confere maiores possibilidades de defesa. O Pleno do Supremo Tribunal Federal, ao julgar o HC 127.900 assim se pronunciou: "A Lei n. 11.719/08 adequou o sistema acusatório democrático, integrando-o de forma mais harmoniosa aos preceitos constitucionais da Carta de República de 1988, assegurando-se maior efetividade a seus princípios, notadamente, os do contraditório e da ampla defesa (art. 5º, inciso LV) (...) Ordem denegada, com a fixação da seguinte orientação: **a norma inscrita no art. 400 do Código de Processo Penal comum aplica-se**, a partir da publicação da ata do presente julgamento, aos processos penais militares, aos processos penais eleitorais e **a todos os procedimentos penais regidos por legislação especial** incidindo somente naquelas ações penais cuja instrução não se tenha encerrado" (STF — HC 127.900, Rel. Min. Dias Toffoli, Tribunal Pleno, julgado em 03/03/2016, processo eletrônico *DJe*-161, divulg. 02/08/2016, public. 03/08/2016).

Em razão de tal decisão do Plenário da Corte Suprema, pode-se afirmar que o interrogatório nos crimes da Lei de Drogas deve ser feito após a oitiva das testemunhas. A decisão do Plenário do Supremo Tribunal deixa claro que só haverá nulidade na realização do interrogatório no início da instrução se o ato processual tiver sido realizado após 03/08/2016 (data da publicação do acórdão).

2.3.4. Destruição da droga

De acordo com o art. 50, § 3º, da Lei de Drogas, com a redação dada pela Lei n. 12.961/2014, recebida cópia do **auto de prisão** em flagrante, o juiz, no prazo de **dez** dias, certificará a regularidade formal do laudo de constatação e determinará a **destruição das drogas** apreendidas, guardando-se **amostra** necessária à realização do laudo definitivo. Referida destruição será executada pelo **delegado de polícia** competente, no prazo de **quinze** dias, na presença do **Ministério Público** e da **autoridade sanitária** (art. 50, § 4º). O local será vistoriado antes e depois de efetivada a destruição das drogas referida no § 3º, sendo lavrado **auto circunstanciado** pelo delegado de polícia, certificando-se neste a destruição total delas (art. 50, § 5º).

Já o art. 72 dispõe que, **encerrado** o processo penal ou arquivado o inquérito policial, o juiz, de ofício, mediante representação do delegado de polícia ou a requerimento do Ministério Público, determinará a destruição das **amostras** guardadas para contraprova, certificando isso nos autos.

Por fim, prevê o art. 50-A que a destruição de drogas apreendidas **sem a ocorrência de prisão em flagrante** será feita por incineração, no prazo máximo de **trinta** dias, contados da data da apreensão, guardando-se **amostra** necessária à realização do laudo definitivo, aplicando-se, no que couber, o procedimento dos §§ 3º a 5º do art. 50.

■ 2.4. COMPETÊNCIA

Nos termos do art. 109, V, da Constituição Federal, são julgados pela **Justiça Federal** os crimes previstos em **tratado** ou **convenção internacional**, quando, iniciada a execução no País, o resultado tenha ou devesse ter ocorrido no estrangeiro, ou reciprocamente.

Assim, por ser objeto de tratado internacional, o dispositivo abrange os crimes de **tráfico**, de forma que se pode concluir que o tráfico **internacional** de entorpecentes é de competência da Justiça **Federal**, enquanto o tráfico **doméstico** é apurado na esfera **estadual**. Nesse sentido, o art. 70, *caput*, da Lei n. 11.343/2006, que confirma que o processo e o julgamento dos crimes previstos nos arts. 33 a 37, se caracterizado ilícito transnacional, são de competência da Justiça Federal.

O art. 70, parágrafo único, por sua vez, trouxe importante inovação ao dispor que os crimes transnacionais constatados em Municípios que **não** sejam **sede** de vara **federal** serão processados e julgados na vara federal da circunscrição respectiva. Assim, se em uma pequena cidade próxima a Ribeirão Preto for efetuada uma apreensão de carregamento de droga proveniente da Colômbia, os traficantes serão julgados em Ribeirão Preto, porque nesta cidade existe vara da Justiça Federal, enquanto naquela, não.

De acordo com a Súmula 528 do Superior Tribunal de Justiça "compete ao juiz federal do local da apreensão da droga remetida do exterior pela via postal processar e julgar o crime de tráfico internacional". Assim, se a droga for apreendida na sede dos Correios ou na Alfândega, na cidade de Santos, o delito de tráfico internacional será apurado em tal comarca, ainda que o destinatário final resida, por exemplo, na cidade de Ribeirão Preto. Nesse sentido, veja-se também: "No caso de remessa de drogas do exterior ao Brasil pela via postal, tem-se que o crime se consuma com a simples importação da droga, razão pela qual a competência deve ser fixada no local em que apreendida, ainda que outro seja o endereço do destinatário final da correspondência, nos termos do artigo 70 do Código de Processo Penal. Precedentes." (STJ

— HC 306.117/SP, Rel. Min. Jorge Mussi, 5ª Turma, julgado em 16/04/2015, *DJe* 29/04/2015); "A jurisprudência desta Corte, orienta-se no sentido de que o tráfico, praticado por meio de encomenda do exterior para o Brasil, tem como local do crime aquele da apreensão, não importando o local a que se direcionava a encomenda, ou até mesmo se antes havia sido consumada outra das ações típicas do delito. 2. Tendo a apreensão ocorrido na Alfândega da Receita Federal do Brasil em São Paulo/SP, local onde também se encontram as provas e testemunhas, local inclusive processualmente mais econômico, é este o competente para a persecução criminal" (STJ — CC 134.421/RJ, Rel. Min. Rogerio Schietti Cruz, Rel. p/ Acórdão Min. Nefi Cordeiro, 3ª Seção, julgado em 24/09/2014, *DJe* 04/12/2014).

O crime de **porte para consumo próprio** (art. 28) e os demais delitos da Lei com pena máxima não superior a dois anos serão julgados pelo **Juizado Especial Criminal** (art. 48, § 1º), salvo se houver concurso com crime de tráfico ou outro crime comum mais grave. Nesses casos, ambos os delitos serão julgados na Vara Comum, nos termos do art. 48, § 1º, da Lei de Drogas e art. 60, parágrafo único, da Lei n. 9.099/95, com a redação dada pela Lei n. 11.313/2006.

Normalmente, o crime de porte para consumo próprio será julgado no Juizado Especial Criminal Estadual; se, porém, o crime tiver sido cometido a bordo de navio ou aeronave, o julgamento caberá ao Juizado Especial Criminal Federal, nos termos do art. 109, IX, da CF. Da mesma forma, o crime de tráfico de drogas será de competência da Justiça Federal se cometido por meio de navio ou aeronave — ainda que não se trate de tráfico internacional. Aliás, se o crime for cometido a bordo de aeronave, a competência será da Justiça Federal, ainda que a abordagem ocorra antes de aquela levantar voo, uma vez que o texto constitucional não faz distinção. A propósito: "É da Justiça Federal, a competência para processar e julgar crime praticado a bordo de aeronave (art. 109, IX, da Constituição da República), pouco importando se esta encontra-se em ar ou em terra e, ainda, quem seja o sujeito passivo do delito. Precedentes. 2. Onde a Constituição não distingue, não compete ao intérprete distinguir" (STF — RHC 85.998/SP, Rel. Min. Cármen Lúcia, 1ª Turma, *DJ* 27/04/2007, p. 70).

Como o dispositivo constitucional usa a palavra "navio", a competência da Justiça Federal não alcança crimes cometidos a bordo de pequenas embarcações, como lanchas, botes etc., salvo se se tratar de tráfico internacional.

No caso de conexão entre crime de competência do júri e delito da Lei de Drogas, prevalecerá a competência do júri, ainda que o crime doloso contra a vida tenha pena menor. Os jurados julgarão os dois crimes.

Na conexão entre tráfico e crime eleitoral, prevalece a competência da Justiça Eleitoral, já que se trata de jurisdição especial.

Se houver conexão entre tráfico e crime militar, haverá separação de processos, porque, apesar de a Justiça Militar ser especial, o art. 79, I, do Código de Processo Penal estabelece que ela não julga crime comum conexo.

Na conexão entre tráfico internacional e doméstico (praticado apenas no território nacional), prevalece a competência da Justiça Federal para ambos os delitos. É o que diz a Súmula 122 do Superior Tribunal de Justiça: "compete à Justiça Federal o processo e julgamento unificado dos crimes conexos de competência federal e estadual, não se aplicando a regra do art. 78, II, *a*, do Código de Processo Penal".

No caso de conexão entre tráfico doméstico e outro crime comum, prevalece a competência do local em que for praticado o crime mais grave, isto é, daquele que tiver a maior pena máxima, nos termos do art. 78, II, "a", do Código de Processo Penal. Ex.: uma pessoa rouba grande quantidade de drogas de uma farmácia em São Paulo e vende-as em Santos. A pena máxima do tráfico é de quinze anos, e a do roubo é dez. Assim, o julgamento ficará a cargo da Justiça Estadual de Santos. Em relação ao rito, deve ser adotado aquele que proporcione maiores possibilidades de defesa ao acusado.

■ 2.5. LAUDO DE CONSTATAÇÃO E TOXICOLÓGICO

Apreendida a substância entorpecente, **dois** exames periciais deverão ser realizados:

a) **Laudo de constatação** (art. 50, § 1º). É um laudo **provisório**, feito de forma **superficial** e, portanto, **sem caráter científico**, logo após a apreensão da droga, por um perito oficial ou por pessoa idônea, de preferência com habilitação, a respeito da **natureza** e da quantidade da droga apreendida. Como só existe crime se for constatada a existência do **princípio ativo**, e considerando que um exame científico demanda tempo considerável para ser realizado, a lei prevê esse exame provisório, que, restando positivo, permite a **lavratura do auto de prisão** em flagrante pela autoridade policial, bem como o oferecimento de **denúncia** pelo Ministério Público e seu **recebimento** pelo juiz.

Existindo o laudo de constatação, o Ministério Público não pode devolver o inquérito à delegacia de polícia para a juntada do exame definitivo, uma vez que o art. 16 do Código de Processo Penal só admite a devolução quando a diligência for **imprescindível** para o oferecimento da denúncia, e o art. 50, § 1º, da Lei de Drogas dispensa a juntada do exame definitivo para que a ação penal seja intentada.

A doutrina considera o laudo de constatação **uma condição de procedibilidade**, pois, sem sua presença, a denúncia não pode ser recebida. Dessa forma, oferecida a denúncia desacompanhada do laudo, o juiz deve determinar sua juntada antes de decidir se a recebe ou rejeita.

b) **Laudo definitivo**. É o que resulta do **exame químico-toxicológico**, feito de forma científica e minuciosa. É esse laudo que comprova a **materialidade** do delito — a existência do princípio ativo.

O art. 50, § 2º, estabelece que o perito que elaborou o laudo de constatação **não** está proibido de participar do exame químico-toxicológico.

O laudo deve ser juntado aos autos **antes** da **audiência** de instrução e julgamento, justamente para que as partes possam conhecer seu teor com antecedência. É, porém, comum que as testemunhas sejam ouvidas antes da chegada do laudo definitivo, de forma que a audiência, que deveria ser una, acaba sendo desmembrada para aguardar o laudo, designando-se nova data para os debates e julgamento. Essa providência, apesar de contrária ao texto legal, tem contado com a benevolência dos tribunais, que, pela inexistência de prejuízo para as partes, não decretam a nulidade do feito.

No laudo definitivo, devem constar a **existência** do princípio ativo, a **quantidade** da droga e a **metodologia** empregada para a realização do exame.

A falta da assinatura do perito criminal no laudo toxicológico é mera irregularidade que não gera a sua nulidade. Nesse sentido: AgRg no REsp 1753268/MG, Rel. Min. Sebatião Reis Júnior, 6ª Turma, julgado em 26/02/2019, *DJe* 14/03/2019; AgRg no REsp 1731444/MG, Rel. Min. Ribeiro Dantas, 5ª Turma, julgado em 12/06/2018, *DJe* 20/06/2018.

■ 2.6. A INIMPUTABILIDADE NA LEI DE DROGAS

O art. 45, *caput*, da Lei n. 11.343/2006 prevê três hipóteses de inimputabilidade:

1) Quando o réu, em razão de **dependência**, era, ao tempo da ação ou da omissão criminosa, **inteiramente** incapaz de **entender** o **caráter ilícito** do fato ou de **determinar-se** de acordo com tal entendimento.
2) Se o réu, por estar **sob o efeito** de droga, proveniente de **caso fortuito**, era, ao tempo da ação ou omissão criminosa, **inteiramente** incapaz de entender o **caráter ilícito** do fato ou de **determinar-se** de acordo com tal entendimento. Existe caso fortuito, por exemplo, quando a pessoa ingere acidentalmente uma substância entorpecente.
3) Quando o réu, por estar sob o efeito de droga, **proveniente de força maior**, era, ao tempo da ação ou omissão criminosa, **inteiramente** incapaz de entender o **caráter ilícito** do fato ou de **determinar-se** de acordo com tal entendimento. Ocorre força maior, por exemplo, quando a pessoa é **forçada** mediante violência ou grave ameaça a ingerir a substância entorpecente.

A inimputabilidade, portanto, pressupõe que o agente **não tenha capacidade de entendimento ou autodeterminação no momento da prática do ilícito penal**.

Nas três hipóteses, comprovada **pericialmente** a inimputabilidade, o réu ficará **isento de pena**, qualquer que tenha sido o crime por ele cometido — da própria Lei de Drogas ou não. Exs.: prática de furto ou roubo para sustentar o vício; venda de droga para conseguir dinheiro para comprar suas próprias substâncias etc.

Nos termos do art. 45, *caput*, da Lei n. 11.343/2006, o juiz deverá **absolver** o réu e, se for ele **dependente**, submetê-lo a **tratamento médico**. Em tal caso, temos a chamada **absolvição imprópria**.

■ 2.7. A SEMI-IMPUTABILIDADE NA LEI DE DROGAS

O art. 46 da Lei n. 11.343/2006 trata dos semi-imputáveis, assim considerando quem:

1) Em razão de dependência, estava, ao tempo da ação ou omissão criminosa, **parcialmente** privado de sua capacidade de **entendimento** ou **autodeterminação**.

2) Por estar sob o efeito de droga, proveniente de **caso fortuito**, estava, ao tempo da ação criminosa, **parcialmente** privado de sua capacidade de **entendimento** ou **autodeterminação**.
3) Por estar sob o efeito de droga, proveniente de **força maior**, estava, ao tempo da ação criminosa, **parcialmente** privado de sua capacidade de **entendimento** ou **autodeterminação**.

Nos termos da lei, os semi-imputáveis não são isentos de pena e, portanto, devem ser **condenados**. Haverá, entretanto, uma redução de **um a dois terços** do montante da reprimenda. Se o sentenciado for dependente, deverá também ser submetido a tratamento no local em que tiver de cumprir a pena imposta (art. 47).

■ 2.8. O TRATAMENTO DOS DEPENDENTES

A Lei n. 11.343/2006 estabelece as seguintes regras:

a) o **inimputável** em razão de **dependência** deve ser **absolvido**, e o juiz, na sentença, deve encaminhá-lo para **tratamento médico de recuperação** (art. 45, parágrafo único);
b) a pessoa **condenada** pela prática de qualquer infração penal que seja dependente e esteja cumprindo pena privativa de liberdade ou medida de segurança, deve ter assegurado o tratamento no próprio sistema penitenciário (art. 26);
c) o condenado dependente que esteja cumprindo pena fora do sistema prisional deverá ser submetido a tratamento por profissional da saúde com competência específica na forma da lei (art. 47);
d) ao usuário de droga, o juiz determinará ao Poder Público que coloque à sua disposição, gratuitamente, estabelecimento de saúde, preferencialmente ambulatorial, para tratamento especializado (art. 28, § 7º).

■ 2.9. EXAME DE DEPENDÊNCIA

A realização do exame de dependência toxicológica deve ser **determinada pelo juiz** se o réu se **declarar** dependente ou quando houver **indícios** nesse sentido. A instauração desse incidente **não suspende** o andamento da ação penal, mas, se houver dois ou mais réus, e o exame de dependência for determinado apenas em relação a um, o juiz desmembrará o processo.

O art. 56, § 2º, da Lei diz que o juiz, ao receber a denúncia, deve marcar a audiência de instrução e julgamento em um prazo de **trinta** dias, ou de **noventa dias**, caso tenha **determinado** a realização do exame de **dependência**. Essa hipótese, porém, só ocorrerá quando a realização do exame tiver sido **anteriormente** determinada pelo juiz. Na prática, entretanto, o que normalmente ocorre é que o réu se declara dependente **na própria audiência**, ao ser interrogado, já que, no rito da nova Lei, o interrogatório é realizado **na mesma data** da audiência de instrução e julgamento. Nesse caso, o juiz deve fazer a audiência e determinar a realização do exame, marcando uma nova audiência em continuação, dentro do prazo de noventa dias, para que, à luz do laudo, sejam feitos os debates e prolatada a sentença.

Determinado o exame pelo juiz, as partes poderão **apresentar quesitos**. Dependendo das conclusões dos peritos, poderá ser o réu considerado imputável, inimputável ou semi-imputável.

2.10. DA APREENSÃO, ARRECADAÇÃO E DESTINAÇÃO DOS BENS DO ACUSADO

O Capítulo IV do Título IV da Lei n. 11.343/2006 dispõe a respeito dos bens do acusado relacionados aos crimes nela previstos (arts. 60 a 64).

2.10.1. Dos bens ou valores obtidos com o tráfico

O art. 60 da Lei de Drogas, com a redação dada pela Lei n. 13.840/2019, dispõe que o juiz, a requerimento do Ministério Público ou do assistente de acusação, ou mediante representação da autoridade de polícia judiciária, poderá decretar, no curso do inquérito ou da ação penal, a apreensão e outras medidas assecuratórias nos casos em que haja suspeita de que os bens, direitos ou valores sejam **produto** do crime ou constituam **proveito** dos crimes previstos nesta Lei, procedendo-se na forma dos arts. 125 e seguintes do Código de Processo Penal.

A ordem de apreensão ou sequestro de bens, direitos ou valores poderá, todavia, ser suspensa pelo juiz, ouvido o Ministério Público, quando a sua execução imediata puder comprometer as investigações.

Quando as medidas assecuratórias recaírem sobre moeda estrangeira, títulos, valores mobiliários ou cheques emitidos como ordem de pagamento, será determinada, imediatamente, a conversão em moeda nacional (art. 60-A). Os cheques, portanto, devem ser compensados e a moeda estrangeira deve ser vendida.

Ao proferir a sentença, o juiz decidirá sobre o perdimento do produto, bem, direito ou valor apreendido ou objeto de medidas assecuratórias (art. 63, I). Lembre-se que, de acordo com o art. 91, II, "b", do Código Penal, constitui efeito da condenação a perda em favor da União, ressalvado o direito do lesado ou de terceiro de boa-fé, do produto do crime ou de qualquer bem ou valor que constitua proveito auferido pelo agente com a prática do fato criminoso.

O Superior Tribunal de Justiça firmou entendimento no sentido de que "a expropriação de bens em favor da União, decorrente da prática de crime de tráfico ilícito de entorpecentes, constitui efeito automático da sentença penal condenatória" (jurisprudência em teses, edição n. 126 — maio de 2019). A propósito:

> "Tráfico de drogas. Perdimento de bens e valores. Efeito automático da condenação. Desnecessidade de requerimento. Valores apreendidos. Não comprovação da sua origem. Caracterização como produto do crime. Perdimento. Possibilidade. Recurso improvido. "1. A alínea "b" do inciso II do artigo 91 do Código Penal determina a perda, em favor da União, do produto do crime ou qualquer bem ou valor dele decorrente, cujo

> efeito é automático com a condenação do acusado." (STJ — AgRg no REsp 1371987/MG, Rel. Min. Jorge Mussi, 5ª Turma, julgado em 01/03/2016, *DJe* 09/03/2016).
>
> "A perda dos instrumentos e produtos do crime de tráfico ilícito de entorpecentes, em favor da União, é efeito automático da condenação (art. 91, inciso II, do Código Penal). 3. No entanto, ao prolatar a sentença, ainda que automática a perda dos bens, o juiz sentenciante deve manifestar-se a respeito, para que, efetivamente, possa ocorrer a transferência de propriedade, a teor do art. 48, *caput*, da Lei n. 10.409/2002, em vigor à época da prolação do édito condenatório, revogado pela atual Lei de Tóxicos (Lei n. 11.343/2006) que, em seu art. 63, trouxe a mesma redação. 4. Recurso desprovido" (STJ — REsp 1.133.957/MG, Rel. Min. Laurita Vaz, 5ª Turma, julgado em 18/12/2012, *DJe* 01/02/2013).

2.10.2. Dos bens utilizados para o tráfico

A **apreensão** de veículos, embarcações, aeronaves e quaisquer outros meios de transporte e dos maquinários, utensílios, instrumentos e objetos de qualquer natureza **utilizados para a prática dos crimes definidos nesta Lei** será imediatamente comunicada pela autoridade de polícia judiciária responsável pela investigação ao juízo competente (art. 61).

O juiz, no prazo de 30 dias, determinará a alienação dos bens apreendidos, excetuadas as armas, que serão recolhidas na forma da legislação específica (art. 61, § 1º).

A alienação será realizada em autos apartados, dos quais constará a exposição sucinta do nexo de instrumentalidade (vínculo) entre o delito e os bens apreendidos, a descrição e especificação dos objetos, as informações sobre quem os tiver sob custódia e o local em que se encontrem. O juiz determinará a avaliação dos bens apreendidos, que será realizada por oficial de justiça, no prazo de 5 dias a contar da autuação, ou, caso sejam necessários conhecimentos especializados, por avaliador nomeado pelo juiz, em prazo não superior a 10 dias. Feita a avaliação, o juiz intimará o órgão gestor do Funad, o Ministério Público e o interessado para se manifestarem no prazo de 5 dias e, dirimidas eventuais divergências, homologará o valor atribuído aos bens.

Por seu turno, o art. 62-A estabelece que o depósito, em dinheiro, de valores referentes ao produto da alienação ou relacionados a numerários apreendidos ou que tenham sido convertidos, serão efetuados na Caixa Econômica Federal, por meio de documento de arrecadação destinado a essa finalidade. Em caso de futura absolvição, o valor do depósito será devolvido ao acusado pela Caixa Econômica Federal no prazo de até 3 dias úteis, acrescido de juros, na forma estabelecida pelo § 4º do art. 39 da Lei n. 9.250, de 26 de dezembro de 1995. Na hipótese contrária, ou seja, de decretação do perdimento em favor da União, o valor do depósito será transformado em pagamento definitivo, **respeitados os direitos de eventuais lesados e de terceiros de boa-fé**.

De acordo com o art. 62, se houver interesse público na utilização de quaisquer dos bens de que trata o art. 61, os órgãos de polícia judiciária, militar e rodoviária poderão deles fazer uso, sob sua responsabilidade e com o objetivo de sua conservação, mediante autorização judicial, ouvido o Ministério Público e garantida a prévia avaliação dos respectivos bens. O órgão responsável pela utilização do bem deverá enviar ao juiz periodicamente, ou a qualquer momento quando por este solicitado, informações sobre seu estado de conservação. Quando a autorização judicial recair sobre veículos, embarcações ou aeronaves, o juiz ordenará à autoridade ou ao órgão de registro e controle a expedição de certificado provisório de registro e licenciamento em favor do órgão ao qual tenha deferido o uso ou custódia, ficando este livre do pagamento de multas, encargos e tributos anteriores à decisão de utilização do bem até o trânsito em julgado da decisão que decretar o seu perdimento em favor da União. Na hipótese de levantamento, se houver indicação de que os bens utilizados na forma deste artigo sofreram depreciação superior àquela esperada em razão do transcurso do tempo e do uso, poderá o interessado requerer nova avaliação judicial. Constatada a depreciação, o ente federado ou a entidade que utilizou o bem indenizará o detentor ou proprietário dos bens.

A **perda** efetiva do **bem** será declarada pelo juiz apenas na **sentença** (art. 63, I). A perda é declarada em favor da União, sendo revertida ao Fundo Nacional Antidrogas — Funad. Em geral, essa sentença será **condenatória**, mas é também possível que o juiz declare a perda do bem apesar de ter **absolvido** o réu. Suponha-se que traficantes escondam grande quantia de droga no tanque de combustível de um caminhão e, em seguida, contratem um motorista, dizendo a ele que se trata do transporte de madeira. Durante o trajeto, policiais param o caminhão e localizam o entorpecente, sendo o motorista acusado pelo tráfico. Ao final, contudo, o juiz absolve o motorista, por entender que ele fora enganado pelos traficantes — que, entretanto, não foram identificados. Apesar da absolvição, deve ser decretada a perda do caminhão (que não pertencia ao motorista).

No julgamento do RE 638.491, em 17 de maio de 2017, o Pleno da Corte Suprema, ao julgar o tema n. 647, aprovou a seguinte tese: "É possível o confisco de todo e qualquer bem de valor econômico apreendido em decorrência do tráfico de drogas, sem a necessidade de se perquirir a habitualidade, reiteração do uso do bem para tal finalidade, a sua modificação para dificultar a descoberta do local do acondicionamento da droga ou qualquer outro requisito além daqueles previstos expressamente no art. 243, parágrafo único, da Constituição Federal".

É evidente, por sua vez, que estão assegurados os **direitos de terceiros de boa-fé**. Ex.: uma pessoa compra um caminhão com alienação fiduciária e utiliza-o para traficar. Nesse caso, a decretação da perda do bem iria prejudicar a instituição financeira. Nesse sentido:

> "Inviável a determinação de perdimento de veículo, como efeito da sentença condenatória, visto que não apreendido e de propriedade de terceiro. 2. Não se pode conceber uma sucumbência reflexa a atingir outrem alheio a contenda. 3. Ademais, o magistrado *a quo* não logrou fundamentar, a partir de elementos concretos, que o automóvel foi proveito auferido pelo agente com a prática do fato criminoso. 4. Recurso ordinário em mandado de segurança provido a fim de tornar sem efeito a determinação de perdimento do veículo" (STJ — RMS 31.248/SP, Rel. Min. Maria Thereza de Assis Moura, 6ª Turma, julgado em 06/12/2012, *DJe* 13/12/2012).

A decretação da perda de veículo limita-se aos bens que estejam direta e intencionalmente ligados à prática do crime de **tráfico** e que não possam dissociar-se da sua forma de execução. Desse modo, não se decreta a perda de um carro, apenas porque o dono tinha uma pequena quantia de droga em seu interior para uso próprio. Por outro lado, se alguém usa seu carro para traficar, ou seu avião ou lancha para o mesmo fim, a perda será decretada.

■ 2.11. DESAPROPRIAÇÃO DE TERRAS UTILIZADAS PARA O CULTIVO DE CULTURAS ILEGAIS

O art. 243 da Constituição Federal prevê a desapropriação, sem indenização, de terras onde forem localizadas culturas ilegais de substância entorpecente e o confisco de bens apreendidos em decorrência do tráfico. A desapropriação das terras foi regulamentada pela Lei n. 8.257/91, que dispõe acerca do procedimento, da decretação da perda de terras em favor da União, de sua destinação para o assentamento de colonos etc.

O Plenário do Supremo Tribunal Federal, no julgamento do RE 635.336, em 14 de dezembro de 2016, ao apreciar o tema n. 399 (em sede de repercussão geral), aprovou a seguinte tese: "A expropriação prevista no art. 243 da Constituição Federal pode ser afastada, desde que o proprietário comprove que não incorreu em culpa, ainda que *in vigilando* ou *in elegendo*".

■ 2.12. QUESTÕES

1. (Delegado de Polícia/SP) Com relação aos usuários de drogas a Lei de Entorpecentes (Lei n. 11.343/2006), não prevê a:

a) criação de duas novas figuras típicas, o transportar e ter em depósito.
b) substituição da expressão substância entorpecente ou que determine dependência física ou psíquica por drogas.
c) incriminação da semeadura e cultivo de plantas relacionadas às drogas para consumo pessoal.
d) conversão da pena de prestação de serviços à comunidade em pena de detenção, em caso de descumprimento injustificado.
e) instituição de medida educativa de comparecimento a programa educacional.

2. (Magistratura/MT — Vunesp) Pode-se afirmar que a Lei n. 11.343/06, no que diz respeito à conduta de trazer consigo ou adquirir para uso pessoal drogas,

a) descriminalizou a conduta.
b) despenalizou a conduta com a supressão da pena.
c) transformou a conduta em contravenção penal.
d) abrandou a punição, todavia, a conduta continua prevista como crime.
e) agravou a punição da conduta, que agora deve ser cumprida inicialmente em regime fechado, não podendo ser substituída por pena restritiva de direitos.

3. (Magistratura/SP — concurso 181) A Lei n. 11.343/06, que afastou a incidência de pena privativa de liberdade e de multa quanto ao crime de porte de substância entorpecente para uso próprio (cominadas na Lei n. 6.368/76) e estabeleceu, em seu lugar, a aplicação de outras medidas (advertência, prestação de serviços à comunidade, etc.), configura hipótese de:

a) *abolitio criminis*.
b) *novatio legis in pejus*.
c) *novatio legis* incriminadora.
d) *novatio legis in mellius*.

4. (Magistratura/SC) De acordo com o princípio da supremacia da Constituição, no tocante à posse de droga para consumo pessoal, com o advento da Lei de Drogas n. 11.343/06, é correto afirmar:

I. Houve descriminalização.
II. Houve legalização.
III. Houve despenalização.
IV. Houve *abolitio criminis.*
V. O fato ainda é crime.

Está correta:

a) Somente a proposição IV está correta.
b) Somente a proposição III está correta.
c) Somente a proposição V está correta.
d) Somente a proposição II está correta.
e) Somente a proposição I está correta.

5. (Magistratura/DF) Qual o entendimento do Supremo Tribunal Federal relativamente ao art. 28 da Lei n. 11.343/2006 (Nova Lei de Tóxicos)?

a) Implicou *abolitio criminis* do delito de posse de drogas para consumo pessoal.
b) A posse de drogas para consumo pessoal continua sendo crime sob a égide da lei nova, tendo ocorrido, contudo, uma despenalização, cuja característica marcante seria a exclusão de penas privativas de liberdade como sanção principal ou substitutiva da infração penal.
c) Pertence ao Direito Penal, mas não constitui "crime", mas uma infração penal *sui generis*; houve descriminalização formal e ao mesmo tempo despenalização, mas não *abolitio criminis*.
d) Não pertence ao Direito Penal, constituindo-se numa infração do Direito judicial sancionador, seja quando a sanção alternativa é fixada em transação penal, seja quando imposta em sentença final (no procedimento sumaríssimo da Lei dos Juizados), tendo ocorrido descriminalização substancial (ou seja: *abolitio criminis*).
e) Nenhuma das respostas anteriores.

6. (Ministério Público/SP) Não constitui causa especial de aumento de pena a prática do tráfico de drogas

a) dentro de estabelecimento hospitalar.
b) nas imediações de delegacia de polícia.
c) nas dependências de complexo penitenciário.
d) entre municípios de um mesmo Estado.
e) no exercício de atividade educativa.

7. (Magistratura/GO — FCC) No crime de tráfico de DROGAS não constitui causa de aumento de pena:

a) a transnacionalidade do delito.
b) o concurso de pessoas.
c) o emprego de arma de fogo.
d) o transporte entre Estado da Federação e o Distrito Federal.
e) o custeio da prática do delito.

8. (Ministério Público/SP — concurso 86) Considerando as disposições contidas na Lei n. 11.343, de 23.08.2006 (nova Lei de Tóxicos), assinale a alternativa correta.

a) A "infiltração" por agentes policiais em tarefas de investigação, nos crimes descritos na referida Lei, depende de autorização do juiz ou do Ministério Público.
b) Recebidos os autos de inquérito policial, o prazo para o oferecimento da denúncia é de 5 (cinco) dias.
c) O perito que firmar o laudo de constatação da natureza e quantidade da droga ficará impedido de participar da elaboração do laudo definitivo.
d) Nos crimes de tráfico de drogas ilícitas e assemelhados (arts. 33, *caput* e § 1º, e 34 a 37), a referida Lei veda a concessão de fiança, *sursis*, graça, indulto, anistia e liberdade provisória, a progressão de regime e a substituição da pena por sanção restritiva de direitos.
e) Na fixação da pena, as circunstâncias preponderantes sobre outras circunstâncias previstas no art. 59 do Código Penal são a natureza e a quantidade da substância ou do produto, a personalidade e a conduta social do agente.

9. (OAB-SP — 2008.2 — CESPE/UnB) Assinale a opção correta com base na legislação atual de combate às drogas (Lei n. 11.343/2006).

a) Se um indivíduo, acusado de tráfico de drogas, colaborar voluntariamente com a investigação policial e o processo criminal na identificação dos demais coautores do crime e na recuperação total do produto do crime, nessa situação, caso ele seja condenado, terá sua pena reduzida nos termos da lei.
b) Segundo a novel legislação, o indivíduo que esteja cumprindo pena em decorrência de condenação por tráfico ilícito de entorpecente não pode beneficiar-se de livramento condicional.
c) O agente que, em razão da dependência de droga, era, ao tempo da ação ou da omissão, qualquer que tenha sido a infração penal praticada, inteiramente incapaz de entender o caráter ilícito do fato ou de determinar-se de acordo com esse entendimento terá sua pena reduzida pela metade.
d) É vedada, em qualquer fase da persecução criminal relativa aos crimes previstos na lei em questão, a infiltração, por agentes de polícia, em tarefas de investigação.
e) nenhuma das respostas anteriores.

10. (OAB-SP — 2007.3 — CESPE/UnB) A respeito da Lei de Drogas — Lei n. 11.343/2006 — assinale a opção correta.

a) Segundo entendimento doutrinário predominante, a conduta do usuário de drogas foi descriminalizada.
b) O número de testemunhas de defesa, nos crimes apenados com reclusão, foi reduzido de oito para cinco.
c) Não há delação premiada na nova lei de drogas, tendo diminuída a punição ao agente que, voluntariamente, colabora com a justiça na identificação dos demais coautores ou partícipes, bem como na recuperação do produto do crime.
d) O crime de associação ao tráfico exige um concurso de mais de três pessoas, da mesma forma como ocorre no crime de formação de quadrilha, tratado pelo Código Penal.
e) Nenhuma das respostas anteriores.

11. (OAB-SP — 2006.3 — Vunesp) Entre as afirmativas seguintes, assinale a que corresponde à nova Lei Antitóxicos (Lei n. 11.343/2006).

a) A nova lei não permite que se aplique qualquer tipo de sanção ao usuário.
b) A nova lei manteve o mesmo procedimento da lei antiga (Lei n. 6.368/76).
c) A nova lei pune o crime de tráfico de entorpecente na mesma gravidade com que era punido na lei antiga (Lei n. 6.368/76).
d) A nova lei cria crime inexistente na lei anterior (Lei n. 6.368/76) consistente no oferecimento eventual de droga, sem intuito de lucro, a pessoa de relacionamento do agente, para juntos consumirem.
e) Nenhuma das respostas anteriores.

12. (Magistratura/PA — 2008 — FVG) A respeito da Lei n. 11.343/2006, assinale a afirmativa incorreta.

a) Prevê a redução da pena de um sexto a um terço para os crimes definidos no *caput* e no parágrafo primeiro do art. 33, quando o agente for primário, de bons antecedentes e não se dedique às atividades criminosas nem integre organização criminosa.
b) Tipifica em separado, no art. 37, a conduta de quem colabora, como informante, com grupo criminoso destinado ao tráfico de drogas (art. 33).
c) Prevê o aumento de pena de um sexto a dois terços para o crime de tráfico (art. 33) quando o agente financiar a prática do crime.
d) Criminaliza a conduta de quem conduz aeronave após o consumo de drogas, expondo a dano potencial a incolumidade alheia no art. 39.
e) Permite que o condenado por tráfico de drogas (art. 33) obtenha livramento condicional após o cumprimento de dois terços da pena, se não for reincidente específico.

13. (Delegado de Polícia/PB — 2008 — CESPE) Acerca do tráfico ilícito e do uso indevido de substâncias entorpecentes, com base na legislação respectiva, assinale a opção correta.

a) No caso de porte de substância entorpecente para uso próprio, não se impõe prisão em flagrante, devendo o autor do fato ser imediatamente encaminhado ao juízo competente, ou, na falta deste, assumir o compromisso de a ele comparecer.

b) Para a lavratura do auto de prisão em flagrante, é suficiente o laudo de constatação da natureza e quantidade da droga, o qual será necessariamente firmado por perito oficial.
c) O inquérito policial relativo a indiciado preso deve ser concluído no prazo de 30 dias, não havendo possibilidade de prorrogação do prazo. A autoridade policial pode, todavia, realizar diligências complementares e remetê-las posteriormente ao juízo competente.
d) Findo o prazo para a conclusão do inquérito, a autoridade policial remete os autos ao juízo competente, relatando sumariamente as circunstâncias do fato, sendo-lhe vedado justificar as razões que a levaram à classificação do delito.
e) É legalmente vedada a não atuação policial aos portadores de drogas, a seus precursores químicos ou a outros produtos utilizados em sua produção, que se encontrem no território brasileiro.

14. (Agente de Investigação/PB — 2008 — CESPE) Considerando que uma pessoa tenha sido presa em flagrante pelo crime de tráfico de drogas, assinale a opção correta acerca da investigação desse caso.

a) A autoridade de polícia judiciária deve fazer, imediatamente, comunicação ao juiz competente, remetendo-lhe cópia do auto lavrado, do qual será dada vista ao órgão do Ministério Público, em 24 horas.
b) Para efeito da lavratura do auto de prisão em flagrante e estabelecimento da materialidade do delito, é prescindível o laudo de constatação da natureza e quantidade da droga.
c) O inquérito policial será concluído no prazo de 30 dias, se o indiciado estiver preso, e de 45 dias, se estiver solto.
d) A ausência do relatório circunstanciado torna nulo o inquérito policial.
e) A autoridade policial, após relatar o inquérito, deverá remeter os autos à justiça, que os encaminhará ao Ministério Público. Depois disso, a autoridade policial não poderá, de ofício, continuar a investigação, colhendo novas provas.

15. (Magistratura/SP — 2008) O agente que, em ensejo único, prepara e mantém em depósito para vender, algumas porções de cocaína, sem autorização legal ou em desacordo com determinação legal ou regulamentar, mas é preso em flagrante antes da prática de ato de comércio, comete crime de

a) tráfico consumado.
b) tráfico em concurso formal impróprio (ou imperfeito).
c) tentativa de tráfico.
d) concurso material de delitos.

16. (Ministério Público/PR — 2008) O artigo 33, § 3º, da Lei Federal n. 11.343/06, fez distinção entre o traficante e o fornecedor eventual de droga, abrandando a punição deste em relação àquele. Todavia, além da dita eventualidade no oferecimento da droga, tal dispositivo considerou também elementos necessários para o reconhecimento do mencionado tipo penal privilegiado:

a) a ausência de objetivo de lucro, a intenção do consumo conjunto e o oferecimento da droga a pessoa de seu relacionamento, independentemente de o autor da conduta dispor de antecedentes criminais por delitos da mesma natureza.
b) a ausência de objetivo de lucro e a intenção do consumo conjunto, independentemente de o oferecimento da droga se dar a pessoa de seu relacionamento e independentemente de o autor da conduta dispor de antecedentes criminais por delitos da mesma natureza.
c) a ausência de objetivo de lucro e o oferecimento da droga a pessoa de seu relacionamento, independentemente da intenção ou efetivo consumo conjunto e independentemente de o autor da conduta dispor de antecedentes criminais por delitos da mesma natureza.
d) o efetivo consumo conjunto, o oferecimento da droga a pessoa de seu relacionamento e a ausência de antecedentes criminais por delitos da mesma natureza. E, caso existente o objetivo de lucro, deve ter caráter eventual.
e) a ausência de objetivo de lucro, a intenção de consumo conjunto, o oferecimento da droga a pessoa do seu relacionamento e a ausência de antecedentes criminais por delito da mesma natureza.

17. (Delegado de Polícia/SC — 2008) "Juanito Camiñero", paraguaio, trouxe para o Brasil, no interior da porta de seu automóvel, 4 kg de maconha e 1 kg de cocaína. Ele deve ser responsabilizado

por crime de ______ e deve ser processado e julgado na Justiça _____. A alternativa correta que completa as lacunas da frase acima é:

a) tráfico de drogas e contrabando — Estadual.
b) tráfico de drogas e contrabando — Federal.
c) tráfico de drogas — Federal.
d) tráfico de drogas — Estadual.

18. (Ministério Público/SP — 2010) Dos enunciados abaixo, referentes à Lei n. 11.343/06 (Drogas), aponte o único verdadeiro:

a) no regime da Lei n. 11.343/06, é possível a concessão de *sursis* aos réus condenados pela prática do delito do art. 33, *caput* (tráfico de drogas).
b) no regime da Lei n. 11.343/06, na fixação das penas, o juiz levará em conta, com preponderância sobre as circunstâncias judiciais do art. 59 do Código Penal, a quantidade da droga e sua natureza, bem assim a personalidade e a conduta do agente.
c) constitui causa de aumento de pena, relativamente ao delito de tráfico de drogas (art. 33, *caput*, da Lei n. 11.343/06), o fato de a infração ser cometida nas imediações de condomínios residenciais.
d) o crime de associação para o tráfico (art. 35 da Lei 11.343/06) tem como descrição típica, à semelhança do crime do art. 288 do Código Penal (quadrilha ou bando), associarem-se mais de três pessoas para o fim de praticar qualquer dos crimes dos artigos 33, *caput*, e § 1º e 34 da Lei n. 11.343/06.
e) semear ou cultivar, para consumo pessoal e ainda que em pequena quantidade, plantas que se constituam em matéria-prima para a preparação de droga capaz de causar dependência física ou psíquica caracteriza modalidade do delito de tráfico de droga.

19. (Defensoria Pública/PA — 2009 — FCC) O agente que oferece droga, eventualmente e sem objetivo de lucro, a pessoa de seu relacionamento para juntos consumirem

a) está sujeito à aplicação de pena de detenção de 6 meses a 1 ano, pagamento de 700 a 1500 dias-multa, sem prejuízo de advertência, prestação de serviços à comunidade e medida educativa de comparecimento a programa ou curso.
b) não pratica crime de natureza alguma.
c) pode ter a pena reduzida de 1/3 a 2/3 desde que primário e de bons antecedentes.
d) equipara-se para todos os efeitos a quem adquire, guarda ou tem em depósito, transporta ou traz consigo para consumo pessoal a droga.
e) equipara-se a quem adquire, guarda, tem em depósito, transporta ou traz consigo para entregar a droga a consumo, ainda que gratuitamente, sem autorização ou em desacordo com determinação legal ou regulamentar.

20. (Magistratura TRF — 4ª Região — 2008) Dadas as assertivas abaixo, assinalar a alternativa correta.

I. A condenação pelo crime de tráfico de entorpecentes exige o laudo definitivo do material tóxico, que pode ser trazido até a sentença, respeitado o contraditório.
II. O consumo pessoal de drogas, sem autorização legal ou regulamentar, é punido com advertência, prestação de serviços à comunidade ou medida educativa.
III. Pune a Lei de Entorpecentes a mera colaboração como informante da organização de tráfico.
IV. O crime de tráfico, segundo a Lei n. 11.343/06, é inafiançável e insuscetível de graça, indulto, anistia e liberdade provisória, vedada a conversão de suas penas em restritivas de direitos, embora permitido o *sursis* e a unificação de penas.

a) Estão corretas apenas as assertivas III e IV.
b) Estão corretas apenas as assertivas I, II e III.
c) Estão corretas apenas as assertivas I, II e IV.
d) Estão corretas todas as assertivas.
e) Nenhuma das respostas anteriores.

21. (OAB — 2008.3 — CESPE) Com relação à legislação referente ao combate às drogas, assinale a opção correta.

a) O agente que, para consumo pessoal, semeia plantas destinadas à preparação de pequena quantidade de substância capaz de causar dependência psíquica pode ser submetido à medida educativa de comparecimento a programa ou curso educativo.

b) O agente que tiver em depósito, para consumo pessoal, drogas sem autorização poderá ser submetido à pena de reclusão.
c) O agente que transportar, para consumo pessoal, drogas em desacordo com determinação legal poderá ser submetido à pena de detenção.
d) O agente que entregar a consumo drogas, ainda que gratuitamente, em desacordo com determinação legal, pode ser submetido à pena de advertência sobre os efeitos das drogas.

22. (Magistratura/SC — 2008) Conforme a Lei n. 11.343/06 (atual Lei Antitóxicos), assinale a alternativa correta:

a) Oferecida a denúncia, com rol de até 3 testemunhas, é ela prontamente recebida com a designação de dia e hora para o interrogatório respectivo, com a citação do acusado.
b) Oferecida a denúncia, com rol de até 3 testemunhas, é designado dia e hora para o interrogatório do acusado, seguindo-se com o seu recebimento ou não.
c) Oferecida a denúncia com rol de até 8 testemunhas, é designado dia e hora para o interrogatório respectivo, com a citação do réu.
d) Oferecida a denúncia, com rol de 8 testemunhas, é ela prontamente recebida, com a notificação do acusado para o interrogatório respectivo.
e) Oferecida a denúncia com rol de até 5 testemunhas, o juiz ordenará a notificação do acusado para oferecer defesa prévia, por escrito, no prazo de 10 dias.

23. (Magistratura/SP — 2008) A possibilidade de o funcionário público, acusado de tráfico de entorpecente, ser afastado de suas atividades antes de eventual condenação, é prevista na Lei n. 11.343/06 como

a) interdição temporária de direito.
b) suspensão temporária de direito.
c) medida cautelar.
d) pena acessória.

24. (Magistratura/AC — 2012 — CESPE) Considerando a importância do tema consumo e tráfico de drogas no cenário brasileiro, assinale a opção correta à luz da Lei n. 11.343/2006.

a) O agente que prepara e mantém em depósito substância entorpecente com o objetivo de vendê-la responderá por tentativa de tráfico, crime de ação múltipla se for preso em flagrante, ainda que antes da venda da mercadoria.
b) O concurso de pessoas e o emprego de arma de fogo não constituem causas de aumento de pena imposta pela prática de crime de tráfico de drogas.
c) É equiparado a usuário de drogas, dada a baixa potencialidade lesiva da conduta, o indivíduo que, eventualmente e sem objetivo de obter lucro, oferece droga a pessoa com a qual mantém relacionamento.
d) Quem, após consumir drogas, conduz embarcação coletiva de passageiros, expondo a dano potencial a incolumidade alheia, comete, de acordo com a lei, crime qualificado.
e) Configura *abolitio criminis* o fato de a conduta de portar substância entorpecente para uso próprio ter deixado de ser punida com privação de liberdade e multa.

25. (Delegado de Polícia/DF — 2015 — Universa) Em relação à Lei n. 11.343/2006, que dispõe sobre o tráfico ilícito e o uso indevido de substâncias entorpecentes, assinale a alternativa correta.

a) Na mencionada lei, não se prevê como típica a conduta do sujeito viciado que oferece droga eventualmente, sem intuito de lucro, a um amigo, a fim de juntos a consumirem.
b) Segundo essa lei, não configura causa de aumento de pena a transnacionalidade do delito de tráfico ilícito de entorpecentes.
c) A referida lei promoveu a descriminalização do uso indevido de substâncias entorpecentes.
d) Consoante a referida norma, não é típica a conduta de induzimento ao uso indevido de droga.
e) De acordo com essa lei, as plantações ilícitas serão imediatamente destruídas pelo delegado de polícia, que recolherá quantidade suficiente para exame pericial.

26. (Ministério Público/SP — 2019) Quanto ao livramento condicional, assinale a alternativa correta.

a) Para os condenados pelo crime previsto no artigo 35 da Lei n. 11.343/06, dar-se-á após o cumprimento de dois terços da pena, vedada sua concessão ao reincidente específico.
b) A gravidade abstrata dos delitos praticados e a longevidade da pena a cumprir podem servir, por si sós, como fundamento para a determinação de prévia submissão do apenado a exame criminológico.

c) A ausência de suspensão ou revogação do livramento condicional antes do término do período de prova não enseja a extinção da punibilidade pelo integral cumprimento da pena.
d) A pena unificada para atender ao limite de trinta anos de cumprimento, determinado pelo art. 75 do Código Penal, deve ser considerada para a concessão de outros benefícios, como o livramento condicional.
e) Não se admite a realização do exame criminológico pelas peculiaridades do caso.

27. (Delegado de Polícia/AP — 2017 — FCC) Com relação ao sistema nacional de políticas públicas sobre drogas e, ainda, com base na Lei n. 11.343/2006, considere:

I. A lei descriminalizou a conduta de quem adquire, guarda, tem em depósito, transporta ou traz consigo, para consumo pessoal, drogas em autorização ou em desacordo com determinação legal ou regulamentar. Dessa forma, o usuário de drogas é isento de pena, submetendo-se, apenas, a tratamento para recuperação.
II. Constitui causa de aumento de pena no crime de tráfico de drogas o emprego de arma de fogo.
III. Equipara-se ao usuário de drogas, aquele que, eventualmente e sem objetivo de obter lucro, oferece droga a pessoa de seu relacionamento, para juntos a consumirem ou, ainda, quem induz, instiga ou auxilia alguém ao uso indevido.
IV. O indiciado ou acusado que colaborar voluntariamente com a investigação policial e o processo criminal na identificação dos demais coautores ou partícipes do crime e na recuperação total ou parcial do produto do crime, no caso de condenação, terá pena reduzida de um terço a dois terços.

Está correto o que se afirma APENAS em
a) I, III e IV.
b) I e III.
c) II e III.
d) II e IV.
e) I e II.

28. (Delegado de Polícia/AP — 2017 — FCC) Sobre o crime de associação para fins de tráfico de drogas,

a) é necessária a estabilidade do vínculo entre 3 ou mais pessoas.
b) deverá se verificar, necessariamente, a finalidade de praticar uma série indeterminada de crimes.
c) nas mesmas penas deste crime incorre quem se associa para a prática reiterada do financiamento de tráfico de drogas.
d) incidirá na hipótese de concurso formal de crimes, a prática da associação em conjunto com a do tráfico de drogas.
e) deverão os agentes, para sua configuração, praticar as infrações para as quais se associaram.

29. (Magistratura/SP — 2017) No que concerne à lei de drogas, é correto afirmar que

a) constitui crime a associação de três ou mais pessoas para o fim de, reiteradamente ou não, financiar ou custear o tráfico de drogas.
b) o emprego de arma de fogo constitui causa de aumento da pena no crime de tráfico, não configurando majorante, porém, o concurso de pessoas.
c) é isento de pena o agente que, em razão de dependência, era, ao tempo da ação ou da omissão relacionada, com exclusividade, a crimes de drogas, inteiramente incapaz de entender o caráter ilícito do fato ou de determinar-se de acordo com esse entendimento.
d) a prescrição no crime de posse de droga para consumo pessoal ocorre no menor prazo previsto no Código Penal para as penas privativas de liberdade.

30. (Ministério Público/SP — 2017) Configurado o crime de tráfico de drogas privilegiado (artigo 33, § 4º, da Lei n. 11.343/2006), a causa de diminuição de pena será calculada segundo:

a) as circunstâncias judiciais favoráveis ao réu e a extensão de sua confissão.
b) a extensão da organização criminosa integrada pelo réu.
c) o número de agentes implicados na conduta do réu.
d) a quantidade e a qualidade da droga apreendida.
e) a reincidência e os antecedentes do réu.

31. (Defensor Público — 2017 — VUNESP) Considere as duas descrições fáticas que seguem: "induzir, instigar ou auxiliar alguém ao uso indevido de droga" e "oferecer droga, eventualmente e sem objetivo de lucro, a pessoa de seu relacionamento, para juntos a consumirem". É correto afirmar que

a) apesar de serem ambas criminalmente tipificadas, as respectivas penas poderão ser reduzidas de um sexto a dois terços, desde que o agente seja primário e não integre organização criminosa.
b) ambas são condutas criminalmente tipificadas, às quais não se cominam penas restritivas de liberdade.
c) ambas são condutas criminalmente tipificadas e a primeira é mais gravemente apenada que a segunda.
d) a primeira delas é conduta criminalmente tipificada, mas a segunda não.
e) ambas são condutas equiparadas ao tráfico ilícito de entorpecentes, inclusive no que concerne às penas.

GABARITO

1. "d". Não consta da Lei de Drogas a possibilidade de conversão da pena em detenção. Em caso de descumprimento, o juiz pode submeter o sentenciado a admoestação verbal e multa (art. 28, § 6º).

Quanto à alternativa A, a Lei n. 11.343/2006 efetivamente introduziu as condutas típicas "transportar" e "ter em depósito" no crime de porte para consumo próprio, que não existiam no art. 16 da Lei n. 6.368/76. No que diz respeito à assertiva B, a Lei n. 11.343/2006 realmente passou a utilizar a palavra "droga" em substituição à expressão "substância entorpecente que determine dependência física ou psíquica", que constava na lei anterior. Em relação à assertiva C, foi introduzida tal conduta no art. 28, § 1º, da Lei n. 11.343/2006, hipótese inexistente na legislação anterior. Por fim, a medida referida na alternativa E consta no art. 28, *caput*, III, da Lei n. 11.343/2006.

2. "d". O crime de porte para consumo próprio (art. 28) está previsto no capítulo "Dos Crimes e das Penas", continuando a ser considerado crime. A pena, por sua vez, foi efetivamente abrandada em relação àquela prevista no art. 16 da Lei n. 6.368/76, já que deixou de haver previsão de pena privativa de liberdade.

3. "d". A nova lei continua a tratar o fato como crime e, por isso, não se pode dizer que houve *abolitio criminis*. Como as novas penas são menores, fala-se em *novatio legis in mellius* (lei nova mais favorável).

4. "c". O art. 28 da Lei de Drogas, que trata do crime de porte para consumo próprio, está previsto no capítulo "Dos Crimes e das Penas".

5. "b". Referida alternativa está em plena consonância com o art. 28 da Lei n. 11.343/2006, que continua constituindo infração penal, mas que não mais é apenada com pena privativa de liberdade.

As alternativas A, C e D estão erradas porque afirmam que o porte para consumo próprio deixou de ser considerado crime.

6. "d". As causas de aumento encontram-se no art. 40 da Lei n. 11.343/2006. A hipótese da alternativa D não é encontrada em nenhum dos incisos do referido artigo. As demais assertivas encontram-se todas nos incs. II e III do mencionado art. 40.

7. "b". As causas de aumento encontram-se no art. 40 da Lei n. 11.343/2006. A transnacionalidade (A) está no inc. I, o emprego de arma de fogo (C) encontra-se no inc. IV, o transporte interestadual ou com o Distrito Federal (D) está descrito no inc. V e, por fim, o custeio para o tráfico (E) consta como causa de aumento no inc. VII. Em suma, das alternativas apontadas, apenas o concurso de agentes não está previsto como causa de aumento de pena do tráfico, podendo, dependendo das circunstâncias, configurar crime autônomo do art. 35 (associação para o tráfico).

8. "e". A assertiva encontra-se em perfeita consonância com o que prevê o art. 42 da Lei de Drogas.

A alternativa A está errada porque o Ministério Público deve ser ouvido antes de o juiz decidir, contudo não pode autorizar a infiltração (art. 53). A assertiva B está errada porque o prazo para a denúncia é de 10 dias (art. 54). Por sua vez, o art. 50, § 2°, diz exatamente o contrário do que consta na assertiva C. Por fim, a alternativa D contém erro porque a Lei de Drogas não veda a progressão de regime em referidos delitos.

9. "a". Tal assertiva está em plena consonância com o que dispõe o art. 41 da Lei n. 11.343/2006.

A alternativa B está errada porque o art. 44, parágrafo único, prevê a possibilidade de livramento condicional aos condenados por tráfico após o cumprimento de 2/3 da pena, exceto se forem reincidentes específicos. A alternativa C contém erro porque se refere ao inimputável em razão da dependência, que, nos termos do art. 45, *caput*, não terá mera redução de pena e sim estará isento de reprimenda. Por fim, a hipótese D está errada porque o art. 53, I, expressamente prevê a possibilidade de infiltração policial.

10. "b". O número máximo de testemunhas é mesmo o de 5 (art. 54, III). Saliente-se, contudo, que, nas legislações anteriores referentes a drogas (Lei n. 6.368/76 e 10.409/2001), o número máximo de testemunhas já era este. O número máximo de 8 testemunhas é previsto apenas na legislação comum (art. 401 do CPP).

A alternativa A está errada porque a conduta do usuário continua a ser considerada crime, estando, inclusive, prevista no capítulo "Dos Crimes e das Penas". A assertiva C contém erro porque o art. 41 da Lei prevê hipótese de delação premiada, ao contrário do enunciado. Por fim, a hipótese D está errada porque o crime de associação para o tráfico exige o envolvimento de apenas 2 pessoas (art. 35).

11. "d". A afirmação está em perfeita consonância com o crime previsto no art. 33, § 3°, da Lei n. 11.343/2006, que não existia na legislação anterior.

As assertivas A, B e C estão erradas porque a Lei n. 11.343/2006 prevê sanção ao usuário (art. 28, I, II e III), porque descreve novo procedimento apuratório em relação à legislação antiga (art. 48, § 1°) e porque a pena para o tráfico foi alterada.

12. "a". O enunciado diz que a redução da pena é de 1/6 a 1/3, quando o correto seria redução de 1/6 a 2/3 (nos termos do art. 33, § 4°, da Lei de Drogas).

Todas as demais alternativas estão em consonância com expresso texto legal.

13. "a". O art. 48, § 1°, da Lei n. 11.343/2006 diz que para o crime de porte para consumo próprio deve ser adotado o rito da Lei n. 9.099/95, e a alternativa em questão narra exatamente o procedimento inicial desta lei.

A assertiva B está errada porque o art. 50, § 1°, diz que o laudo de constatação pode ser firmado por qualquer pessoa idônea, e não apenas por perito oficial. A alternativa C está errada porque o art. 51, parágrafo único, expressamente prevê que o prazo de 30 dias (em caso de indiciado preso) poderá ser duplicado pelo juiz (o prazo, portanto, não é improrrogável). A assertiva D contém erro porque a autoridade policial deve justificar o enquadramento por ela dado, conforme exige o art. 52, I. Por fim, o enunciado E está errado porque o art. 53, II, permite a não atuação policial em certas hipóteses.

14. "a". A assertiva está em plena consonância com o art. 50 da Lei.

A alternativa B está errada porque o laudo de constatação é imprescindível, conforme art. 50, § 1°. O enunciado C contém informação errada, porque o prazo para conclusão do inquérito, no caso de indiciado solto, é de 90 dias (art. 51). A alternativa D está errada porque não há previsão legal de nulidade de inquérito policial por falta de relatório da autoridade. Por fim, a alternativa E contém erro, porque o art. 52, parágrafo único, I, da Lei permite a realização de novas diligências.

15. "a". Como se trata do mesmo "lote" de substância entorpecente, as condutas constituem crime único, já que o crime de tráfico tem o tipo misto alternativo, em que a realização de mais de uma conduta em relação ao mesmo objeto material constitui uma só infração penal.

16. "a". É a única alternativa que se encontra em plena consonância com o teor do art. 33, § 3º, da Lei n. 11.343/2006.

17. "c". O fato de trazer droga do exterior constitui crime de tráfico agravado por se tratar de delito transnacional (art. 33 e art. 40, I). Não se cogita de crime de contrabando. A competência é da Justiça Federal, nos termos do art. 109, V, da Constituição Federal e art. 70, da Lei n. 11.343/2006.

18. "b". A alternativa encontra-se em perfeita consonância com o art. 42 da Lei. A assertiva A está errada porque o art. 44 da Lei veda o *sursis* aos condenados por tráfico. A alternativa C está errada porque não consta como causa de aumento no art. 40 da Lei o fato de o crime ter sido cometido próximo a condomínios. A assertiva D está errada porque o crime de associação para o tráfico exige o envolvimento de apenas duas pessoas. Por fim, a alternativa E contém erro, porque a hipótese mencionada no enunciado não constitui crime de tráfico e sim figura equiparada ao porte para consumo próprio (art. 28, § 1º).

19. "a". Tal assertiva encontra-se em perfeita consonância com a pena expressamente prevista no art. 33, § 3º, da Lei n. 11.343/2006.

20. "b". O enunciado IV está errado porque a Lei n. 11.343/2006 veda o *sursis* ao traficante. O enunciado II foi considerado correto, embora somente o porte para consumo próprio seja apenado.

21. "a". A assertiva está em consonância com o art. 28, § 1º, da Lei. As alternativas B e C estão erradas porque a Lei não prevê pena privativa de liberdade para o crime de porte para consumo próprio (art. 28, *caput*). Na assertiva D, o agente entrega droga a terceiro, o que configura crime de tráfico, para o qual não é prevista mera pena de advertência.

22. "e". Esse é o procedimento previsto nos arts. 54 e 55 da Lei.

23. "c". O art. 56, § 1º, diz expressamente que se trata de medida cautelar.

24. "d".

25. "e".

26. "a". É o que prevê expressamente o art. 44, parágrafo único, da Lei de Drogas.

27. "d".

28. "c". É o que se verifica no art. 35, parágrafo único, da Lei de Drogas.

29. "b".

30. "d". Este o entendimento jurisprudencial acerca do tema, na medida em que o art. 33, § 4º, não esclarece quais parâmetros devem ser considerados.

31. "c".

3

TERRORISMO LEI N. 13.260/2016

■ 3.1. INTRODUÇÃO

Quando a **Constituição Federal** (art. 5º, XLIII) e a **Lei dos Crimes Hediondos** (art. 1º, parágrafo único, da Lei n. 8.072/90) fizeram menção ao crime de terrorismo, conferindo-lhe tratamento mais **rigoroso** do que aos crimes comuns, surgiu questionamento acerca da existência de delito dessa natureza na legislação em vigor à época.

Encontrou-se apenas no art. 20 da Lei n. 7.170/83 (**Lei de Segurança Nacional**) um tipo penal que fazia menção ao terrorismo:

> **Art. 20**, *caput* — Devastar, saquear, extorquir, roubar, sequestrar, manter em cárcere privado, incendiar, depredar, provocar explosão, praticar atentado pessoal ou **atos de terrorismo**, por inconformismo político ou para obtenção de fundos destinados à manutenção de organizações políticas clandestinas ou subversivas.
> Pena — reclusão, de três a dez anos.

Ocorre que alguns autores, como Alberto Silva Franco[1], sustentavam que esse dispositivo, por se referir genericamente a **atos de terrorismo**, sem definir seu significado, feria o princípio constitucional da **legalidade**, por não delimitar o âmbito de sua incidência.

Não concordávamos com tal posicionamento. Defendíamos que, como o art. 20 continha um **tipo misto alternativo** em que as várias condutas típicas se equivaliam pela mesma finalidade — **inconformismo político ou obtenção de fundos destinados à manutenção de organizações políticas clandestinas ou subversivas** —, não haveria afronta ao princípio da legalidade. Da mesma forma, Heleno Cláudio Fragoso[2] afirmava que "não existe uma ação delituosa específica denominada terrorismo. Essa expressão se aplica a várias figuras de ilícito penal, que se caracterizam por causar dano considerável a pessoas e coisas, na perspectiva do perigo comum; pela criação real ou potencial de terror ou intimidação, e pela finalidade político-social. (...) O intérprete de nossa lei é levado à perplexidade, com o emprego, na conduta típica (...) da expressão 'praticar terrorismo' (...). Sendo, como é, o princípio da reserva

---

1 FRANCO, Alberto Silva. *Crimes hediondos*. São Paulo: RT, 1991. p. 46.

2 FRAGOSO, Heleno Cláudio. *Terrorismo e criminalidade política*. Rio de Janeiro: Forense, 1981. p. 98-99.

legal, entre nós, garantia constitucional, é óbvio que definir crime através das expressões 'praticar terrorismo' viola a Carta Magna. A lei, porém, emprega outras expressões. Temos devastar, incendiar, depredar ou praticar atentado pessoal e sabotagem. Qualquer dessas ações pode constituir crime de terrorismo". No mesmo sentido, o entendimento de Fernando Capez[3].

Tal controvérsia, contudo, perdeu o sentido com a aprovação da **Lei n. 13.260/2016**, que regulamentou o disposto no inciso XLIII do art. 5º da Constituição Federal, disciplinando detalhadamente os crimes de terrorismo, tratando de disposições investigatórias e processuais e formulando o conceito de organização terrorista.

■ 3.2. TIPO OBJETIVO

Ao contrário do que ocorria com a Lei n. 7.170/83, criticada por conter conceito vago de atos terroristas, a Lei atual descreve de forma detalhada as condutas típicas, bem como esclarece o elemento subjetivo específico dos agentes para que haja o enquadramento nessa infração penal. O texto legal, concomitantemente, enumera hipóteses em que resta afastado o enquadramento como ato de terrorismo.

As condutas típicas estão elencadas no § 1º do art. 2º da Lei n. 13.260/2016, assim redigido:

> **Art. 2º, § 1º** São atos de terrorismo:
> I — usar ou ameaçar usar, transportar, guardar, portar ou trazer consigo explosivos, gases tóxicos, venenos, conteúdos biológicos, químicos, nucleares ou outros meios capazes de causar danos ou promover destruição em massa; (...)
> IV — sabotar o funcionamento ou apoderar-se, com violência, grave ameaça a pessoa ou servindo-se de mecanismos cibernéticos, do controle total ou parcial, ainda que de modo temporário, de meio de comunicação ou de transporte, de portos, aeroportos, estações ferroviárias ou rodoviárias, hospitais, casas de saúde, escolas, estádios esportivos, instalações públicas ou locais onde funcionem serviços públicos essenciais, instalações de geração ou transmissão de energia, instalações militares, instalações de exploração, refino e processamento de petróleo e gás e instituições bancárias e sua rede de atendimento;
> V — atentar contra a vida ou a integridade física de pessoa.

Os incisos II e III desse artigo foram vetados.

Note-se que, no inciso I, é necessário que as condutas sejam capazes de provocar danos ou promover destruição em massa. Fora dessas condições o enquadramento será na legislação comum.

A configuração do crime de terrorismo pressupõe intenção específica por parte dos agentes, elencada no *caput* do art. 2º: "**O terrorismo consiste na prática por um ou mais indivíduos dos atos previstos neste artigo, por razões de xenofobia, discriminação ou preconceito de raça, cor, etnia e religião, quando cometidos**

---

[3] CAPEZ, Fernando. *Curso de direito penal. Legislação penal especial*, v. 4, p. 421-422.

com a finalidade de provocar terror social ou generalizado, expondo a perigo pessoa, patrimônio, a paz pública ou a incolumidade pública".

O dispositivo, em verdade, exige dupla motivação:

a) agir por razões de xenofobia, discriminação ou preconceito de raça, cor, etnia e religião; e

b) finalidade de provocar terror social ou generalizado, expondo a perigo pessoa, patrimônio, a paz pública ou a incolumidade pública.

Interessante notar que parte das elementares do crime de terrorismo encontra-se no *caput* do art. 2º (elemento subjetivo) e parte em seu § 1º (condutas típicas e objeto material).

O § 2º do art. 2º, por sua vez, exclui a tipificação da conduta como crime de terrorismo quando se tratar de "**conduta individual ou coletiva de pessoas em manifestações políticas, movimentos sociais, sindicais, religiosos, de classe ou de categoria profissional, direcionados por propósitos sociais ou reivindicatórios, visando a contestar, criticar, protestar ou apoiar, com o objetivo de defender direitos, garantias e liberdades constitucionais, sem prejuízo da tipificação penal contida em lei**".

Entendemos que o não enquadramento como crime de terrorismo em razão desse dispositivo somente será possível quando restar plenamente comprovado no caso concreto que o intuito dos envolvidos na manifestação ou no movimento era exclusivamente o de contestar, criticar, apoiar ou defender direitos, garantias, liberdades etc. De outro lado, se ficar provado que apenas usaram o movimento como "fachada" para, em verdade, de algum modo provocar terror social ou generalizado — tal como mencionado no *caput* —, estará tipificado o delito.

■ 3.3. SUJEITO ATIVO

Pode ser qualquer pessoa. Trata-se de crime comum.

■ 3.4. SUJEITOS PASSIVOS

O Estado e a coletividade.

■ 3.5. CONSUMAÇÃO

No momento em que realizada a conduta típica, ainda que o agente não consiga provocar terror social ou generalizado, expondo a perigo pessoa, patrimônio, a paz pública ou a incolumidade pública. Trata-se de crime formal.

■ 3.6. TENTATIVA E ATOS PREPARATÓRIOS DE TERRORISMO

A tentativa é possível em algumas hipóteses, desde que o agente inicie a execução do ato terrorista, mas não consiga concluir a conduta típica. Em tal hipótese deve ser aplicada a regra do art. 14, parágrafo único, do CP, que prevê redução da pena de um terço até dois terços. De ver-se, por sua vez, que, no art. 5º da Lei Antiterror, o legislador estabeleceu que quem realiza **atos preparatórios de terrorismo com o propósito inequívoco de consumar tal delito** incorre na pena do delito consumado, diminuída de um quarto até a metade. Tal redução de pena é menor do que aquela prevista no Código Penal para o crime tentado, embora, nesta última hipótese (tentativa), o agente já tenha percorrido parte maior do *iter criminis*. Parece-nos, pois, que, como esse dispositivo (art. 5º) permite a punição de atos preparatórios, a redução deve ser aquela prevista no Código Penal (diminuição de um a dois terços) — em atenção ao princípio da proporcionalidade.

O ato preparatório a que o dispositivo se refere não pode ser a formação de uma organização terrorista porque, se for, estará tipificado crime autônomo, previsto no art. 3º da Lei.

Saliente-se, outrossim, que o art. 10 da Lei n. 13.260/2016 dispõe que mesmo antes de iniciada a execução do crime de terrorismo, na hipótese do art. 5º desta Lei (atos preparatórios), aplicam-se as disposições do art. 15 do Código Penal, ou seja, será possível aplicar as regras referentes à desistência voluntária e ao arrependimento eficaz.

Se o integrante de uma organização terrorista envolve-se em atos preparatórios de um atentado terrorista específico, mas se arrepende antes do início da execução e desiste de tomar parte no delito, não incorrerá no crime do art. 5º (tomar parte em ato preparatório de ato terrorista), em razão da regra do art. 10. Responderá, contudo, pelo delito do art. 3º, por ter integrado a organização terrorista.

Quem integra organização terrorista e vem efetivamente a cometer ato terrorista responde pelos dois crimes **em concurso material**.

O § 1º do art. 5º, por fim, dispõe que incorrerá nas mesmas penas (a do crime consumado reduzida de um quarto até a metade) o agente que, com o propósito de praticar atos de terrorismo:

> I — *recrutar, organizar, transportar ou municiar indivíduos que viajem para país distinto daquele de sua residência ou nacionalidade*; ou
>
> II — *fornecer ou receber treinamento em país distinto daquele de sua residência ou nacionalidade*.

Em tais hipóteses, quando a conduta não envolver treinamento ou viagem para país distinto daquele de sua residência ou nacionalidade, a pena será a correspondente à do delito consumado, diminuída de metade a dois terços (art. 5º, § 2º).

■ 3.7. PENA

A pena prevista para o crime de terrorismo é de reclusão, de doze a trinta anos, **além das sanções correspondentes à ameaça ou à violência**.

A punição pelo delito de terrorismo, portanto, não impede a condenação concomitante por conduta típica que atinja bens individuais. Dessa forma, a provocação de mortes que se enquadrem nessa lei — pela motivação — será também punida na forma da legislação comum, por atingir a vida das vítimas. Não fosse dessa maneira, o terrorista seria beneficiado com pena menor. O Supremo Tribunal Federal já possuía interpretação semelhante no sentido de ser possível a punição concomitante pelos crimes de genocídio e homicídio (RE 351.487/RR). Quanto ao terrorismo, a regra agora encontra-se expressa no texto legal. Em suma, se os terroristas colocam uma bomba em um ônibus e provocam a morte de 20 passageiros, responderão por um delito de terrorismo e por 20 homicídios dolosos.

O art. 7º da Lei prevê que, "*salvo quando for elementar da prática de qualquer crime previsto nesta Lei, se de algum deles resultar lesão corporal grave, aumenta-se a pena de um terço, se resultar morte, aumenta-se a pena da metade*". Parece-nos que tais majorantes são exclusivamente **preterdolosas**, ou seja, só se aplicam quando o resultado agravador (lesão grave ou morte) for culposo, pois, como já mencionado, os crimes dolosos que decorrem da prática de ato terrorista são punidos autonomamente em concurso material — tal como prevê o preceito secundário do art. 2º. Suponha-se que um grupo — com fins terroristas — coloque uma bomba em um prédio abandonado, supondo não haver pessoas no imóvel, mas acaba provocando a morte de um morador de rua que havia adentrado o prédio. Será aplicada a majorante ora em análise — exceto se as circunstâncias indicarem a presença do dolo eventual.

■ 3.8. ORGANIZAÇÃO TERRORISTA

O art. 3º da Lei n. 13.260/2016 prevê pena de reclusão de cinco a oito anos para quem "*promover, constituir, integrar ou prestar auxílio, pessoalmente ou por interposta pessoa, a organização terrorista*". O art. 1º, § 2º, II, da Lei n. 12.850/2013, introduzido pela Lei ora em estudo, define organização terrorista como aquela voltada para a prática dos atos de terrorismo legalmente definidos, ou seja, para os crimes de terrorismo descritos na própria Lei n. 13.260/2016. Apesar de o dispositivo não mencionar o número mínimo de integrantes que o grupo deve ter para ser enquadrado como organização terrorista, o fato de ter sido inserido na Lei n. 12.850/2013 leva à conclusão de que devem ser ao menos quatro os integrantes efetivos da organização.

O tipo penal prevê que aquele que "presta auxílio" à organização, "pessoalmente ou por interposta pessoa", também responde pelo crime.

Para que seja considerada uma organização terrorista é necessário que os envolvidos tenham se associado com a intenção de cometer atos terroristas de forma reiterada. Trata-se de crime formal, que se consuma no momento da associação. Caso seus integrantes venham efetivamente a cometer algum dos crimes de terrorismo descritos no art. 2º da Lei, responderão pelas duas infrações penais em concurso material.

■ 3.9. FINANCIAMENTO AO TERROR

De acordo com o art. 6º da Lei Antiterror, incorre na pena de reclusão, de 15 a 30 trinta anos, quem "*receber, prover, oferecer, obter, guardar, manter em depósito, solicitar, investir, de qualquer modo, direta ou indiretamente, recursos, ativos, bens, direitos, valores ou serviços de qualquer natureza, para o planejamento, a preparação ou a execução dos crimes previstos nesta Lei*".

Ademais, o parágrafo único desse dispositivo prevê as mesmas penas para "*quem oferecer ou receber, obtiver, guardar, mantiver em depósito, solicitar, investir ou de qualquer modo contribuir para a obtenção de ativo, bem ou recurso financeiro, com a finalidade de financiar, total ou parcialmente, pessoa, grupo de pessoas, associa-*

ção, entidade, organização criminosa que tenha como atividade principal ou secundária, mesmo em caráter eventual, a prática dos crimes previstos nesta Lei".

3.10. VEDAÇÕES

O art. 5º, XLIII, da Constituição Federal dispõe que "a lei considerará crimes **inafiançáveis** e insuscetíveis de **graça** ou **anistia** *a prática da tortura, o tráfico ilícito de entorpecentes e drogas afins,* o **terrorismo** e os definidos como crimes hediondos, por eles respondendo os mandantes, os executores e os que, podendo evitá-los, se omitirem".

Por sua vez, o art. 2º, *caput*, da Lei n. 8.072/90 proibiu também o **indulto** em relação ao terrorismo, e o seu § 1º estabeleceu a necessidade do regime **inicial fechado** aos condenados por tal crime — dispositivo que, todavia, foi declarado inconstitucional pelo Supremo Tribunal Federal no julgamento do HC 111.840/MS (*v.* comentários ao art. 2º, § 1º, da Lei n. 8.072/90). O art. 17 da Lei n. 13.260/2016 reafirma a incidência da Lei n. 8.072/90 aos crimes de terrorismo.

3.11. AÇÃO PENAL

De acordo com o art. 11 da Lei, considera-se que os crimes nela previstos são praticados contra o interesse da União, cabendo à **Polícia Federal a investigação criminal**, em sede de inquérito policial, e à **Justiça Federal o seu processamento e julgamento**, nos termos do inciso IV do art. 109 da Constituição Federal. A ação penal é **pública incondicionada**, devendo ser promovida pelo **Ministério Público Federal**.

O art. 16 da Lei prevê que disposições da Lei n 12.850/2013 aplicam-se à investigação, processo e julgamento dos crimes nela previstos. O art. 19 da Lei n. 13.260/2016, inclusive, determinou a inclusão das organizações terroristas no rol dos delitos submetidos às regras da Lei n. 12.850/2013, regra esta que passou a constar do art. 2º, § 2º, II, desta última Lei.

Foi também inserida regra no art. 1º, III, "p", da Lei n. 7.960/86, permitindo a **prisão temporária** para os envolvidos em crime de terrorismo quando tal providência for imprescindível para as investigações durante o inquérito policial. Saliente-se que essa forma de prisão cautelar só é permitida nos delitos expressamente elencados na mencionada Lei, razão pela qual o legislador resolveu inserir expressamente o delito de terrorismo no rol. De ver-se, entretanto, que o art. 2º, § 4º, da Lei n. 8.072/90 (Lei dos Crimes Hediondos) já continha regra tornando possível a decretação da prisão temporária para o crime de terrorismo. Em tal hipótese, inclusive, a prisão temporária pode ser decretada por até 30 dias, prorrogáveis por igual período em caso de extrema e comprovada necessidade.

A prisão preventiva, por sua vez, será possível sempre que presentes os requisitos legais, nos termos do art. 312 do Código de Processo Penal.

Os arts. 12 a 14 da Lei n. 13.260/2016 contêm uma série de regras especiais no que tange à decretação de medidas assecuratórias de bens, direitos ou valores do investigado ou acusado, ou existentes em nome de interpostas pessoas, que sejam instrumento, produto ou proveito dos crimes previstos na Lei. Regulamentam, também, a nomeação de pessoa, física ou jurídica, para a administração de tais bens ou valores.

■ 3.12. ASILO POLÍTICO

De acordo com o art. 3º, III, da Lei n. 9.474/97, são excluídos da condição de refugiados políticos aqueles que tenham cometido atos terroristas.

■ 3.13. EXTRADIÇÃO

O art. 5º, LI, da Carta Magna **veda** a extradição de **brasileiro**, salvo o naturalizado, em caso de crime comum, praticado antes da naturalização, ou de comprovado envolvimento em tráfico ilícito de entorpecentes, na forma da lei.

Já em relação ao estrangeiro, o art. 5º, LII, da Constituição Federal só proíbe a extradição quando a acusação for relacionada a crime político ou de opinião.

Em relação à possibilidade de o **terrorismo** ser considerado crime **político**, assim se manifestou o Supremo Tribunal Federal, órgão jurisdicional responsável pelo julgamento dos pedidos de extradição, nos termos do art. 102, I, "g", da Constituição:

> "os atos delituosos de natureza terrorista, considerados os parâmetros consagrados pela vigente Constituição da República, não se subsumem à noção de criminalidade política, pois a Lei Fundamental proclamou o repúdio ao terrorismo como um dos princípios essenciais que devem reger o Estado brasileiro em suas relações internacionais (CF, art. 4º, VIII), além de haver qualificado o terrorismo, para efeito de repressão interna, como crime equiparável aos delitos hediondos, o que o expõe, sob tal perspectiva, a tratamento jurídico impregnado de máximo rigor, tornando-o inafiançável e insuscetível da clemência soberana do Estado e reduzindo-o, ainda, à dimensão ordinária dos crimes meramente comuns (CF, art. 5º, XLIII). — A Constituição da República, presentes tais vetores interpretativos (CF, art. 4º, VIII, e art. 5º, XLIII), não autoriza que se outorgue, às práticas delituosas de caráter terrorista, o mesmo tratamento benigno dispensado ao autor de crimes políticos ou de opinião, impedindo, desse modo, que se venha a estabelecer, em torno do terrorista, um inadmissível círculo de proteção que o faça imune ao poder extradicional do Estado brasileiro, notadamente se se tiver em consideração a relevantíssima circunstância de que a Assembleia Nacional Constituinte formulou um claro e inequívoco juízo de desvalor em relação a quaisquer atos delituosos revestidos de índole terrorista, a estes não reconhecendo a dignidade de que muitas vezes se acha impregnada a prática da criminalidade política. (...) O estatuto da criminalidade política não se revela aplicável nem se mostra extensível, em sua projeção jurídico-constitucional, aos atos delituosos que traduzam práticas terroristas, sejam aquelas cometidas por particulares, sejam aquelas perpetradas com o apoio oficial do próprio aparato governamental, à semelhança do que se registrou, no Cone Sul, com a adoção, pelos regimes militares sul-americanos, do modelo desprezível do terrorismo de Estado. — O terrorismo — que traduz expressão de uma macrodelinquência capaz de afetar a segurança, a integridade e a paz dos cidadãos e das sociedades organizadas — constitui fenômeno criminoso da mais alta gravidade, a que a comunidade internacional não pode permanecer indiferente, eis que o ato terrorista atenta contra as próprias bases em que se apoia o Estado democrático de direito, além de representar ameaça inaceitável às instituições

políticas e às liberdades públicas, o que autoriza excluí-lo da benignidade de tratamento que a Constituição do Brasil (art. 5º, LII) reservou aos atos configuradores de criminalidade política. — A cláusula de proteção constante do art. 5º, LII da Constituição da República — que veda a extradição de estrangeiros por crime político ou de opinião — não se estende, por tal razão, ao autor de atos delituosos de natureza terrorista, considerado o frontal repúdio que a ordem constitucional brasileira dispensa ao terrorismo e ao terrorista. — A extradição — enquanto meio legítimo de cooperação internacional na repressão às práticas de criminalidade comum — representa instrumento de significativa importância no combate eficaz ao terrorismo, que constitui 'uma grave ameaça para os valores democráticos e para a paz e a segurança internacionais (...)' (Convenção Interamericana Contra o Terrorismo, Art. 11), justificando-se, por isso mesmo, para efeitos extradicionais, a sua descaracterização como delito de natureza política" (Ext 855, Rel. Min. Celso de Mello, Tribunal Pleno, julgado em 26/08/2004, *DJ* 01/07/2005, p. 5, *Ement.* v. 2198-1, p. 29, *RB* v. 17, n. 501, 2005, p. 21-22).

■ 3.14. QUESTÕES

1. (MP-GO — 2016) Em conformidade com a Lei do Terrorismo (Lei 13.260/2016), marque a alternativa incorreta:

a) É ato de terrorismo a conduta de apenas uma pessoa que, movida por preconceito religioso, ameaça usar gases tóxicos capazes de promover destruição em massa com a finalidade de provocar terror generalizado mediante a exposição da paz pública a perigo.
b) A prisão temporária daquele que pratica qualquer dos crimes previstos na Lei do Terrorismo terá o prazo de 30 (trinta) dias, prorrogável por igual período em caso de extrema e comprovada necessidade.
c) É penalmente típica a conduta de realizar atos preparatórios de terrorismo com o propósito inequívoco de consumar tal delito. Essa hipótese configura um crime obstáculo que não se compraz, segundo a Lei 13.260/2016, com a resipiscência.
d) A Lei do Terrorismo considerou que os crimes nela previstos são praticados contra o interesse da União, cabendo à Polícia Federal a investigação criminal, em sede de inquérito policial, e à Justiça Federal o seu processamento e julgamento, nos termos do inciso IV do art. 109 da Constituição da República.

2. (Delegado de Polícia/SP — 2018 — VUNESP) Nos termos da Lei n. 13.260/2016 (Lei Antiterrorismo), assinale a alternativa correta:

a) Os crimes previstos na referida Lei são praticados contra o interesse da União, cabendo à Polícia Federal a investigação criminal, em sede de inquérito policial.
b) Aquele que for flagrado constituindo uma organização terrorista não cometerá um crime, estando sujeito a responsabilização por realizar atos preparatórios do terrorismo.
c) O terrorismo consistirá sempre na prática por mais de um indivíduo de atos criminosos por razões de xenofobia, discriminação ou preconceito de raça, cor, etnia e religião, quando cometidos com a finalidade de provocar terror social ou generalizado.
d) São atos de terrorismo incendiar, depredar, saquear, destruir ou explodir meios de transporte ou qualquer bem público ou privado.
e) São atos de terrorismo incendiar, interferir, sabotar ou danificar sistemas de informática ou bancos de dados, quando cometidos com a finalidade de provocar terror social ou generalizado.

■ GABARITO ■

1. "c". De acordo com o art. 10 da Lei, o arrependimento (resipiscência) tem efeito sobre os atos preparatórios de terrorismo.
2. "a".

4

TORTURA
LEI N. 9.455/97

4.1. INTRODUÇÃO

A **Declaração Universal dos Direitos do Homem**, proclamada pela Assembleia Geral das Nações Unidas, em 10 de dezembro de 1948, consagrou, em seu artigo V, o princípio básico de que *ninguém será submetido a tortura, nem a tratamento ou castigo cruel, desumano ou degradante.*

A Constituição Federal de 1988 estabeleceu em seu art. 5º, III, que *ninguém será submetido a tortura nem a tratamento desumano e degradante.*

A Convenção contra a Tortura e Outros Tratamentos ou Penas Cruéis, Desumanos ou Degradantes, adotada pela Assembleia Geral das Nações Unidas, em 10 de dezembro de 1984, **assinada pelo Brasil** em 1985 e ratificada em 1989, determinou, em seu art. 2º, que "cada Estado-Parte tomará medidas eficazes de caráter legislativo, administrativo, judicial ou de outra natureza, a fim de impedir a prática de atos de tortura em qualquer território sob sua jurisdição". Além disso, em seu art. 4º, enfatizou que "cada Estado-Parte assegurará que todos os atos de tortura sejam considerados crime segundo a sua legislação penal". No mesmo sentido, a Convenção Americana sobre Direitos Humanos, conhecida como Pacto de São José da Costa Rica, de 1969.

A Constituição Federal, em seu art. 5º, XLIII, determinou que *a lei considerará crimes inafiançáveis e insuscetíveis de graça ou anistia a prática da* ***tortura****, o tráfico ilícito de entorpecentes e drogas afins, o terrorismo e os definidos como crimes hediondos, por eles respondendo os mandantes, os executores e os que, podendo evitá-los, se omitirem.*

Esse dispositivo constitucional foi inicialmente regulamentado pela Lei n. 8.072/90, conhecida como Lei dos Crimes Hediondos, que, conforme já estudado, estabeleceu um rol dos delitos dessa natureza e tomou uma série de outras providências, de cunho penal e processual penal, relativas a esses crimes, bem como à prática da tortura, do tráfico ilícito de entorpecentes e ao terrorismo.

Não havia, entretanto, uma tipificação específica para os crimes de tortura.

Assim, para suprir essa lacuna, foi, inicialmente, criado o delito de tortura contra menores, descrito no **art. 233 do Estatuto da Criança e do Adolescente**, com a seguinte redação:

Art. 233. Submeter criança ou adolescente, sob sua autoridade, guarda ou vigilância a tortura:
Pena — reclusão, de um a cinco anos.
§ 1º Se resultar lesão corporal grave:
Pena — reclusão, de dois a oito anos.
§ 2º Se resultar lesão corporal gravíssima:
Pena — reclusão, de quatro a doze anos.
§ 3º Se resultar morte:
Pena — reclusão, de quinze a trinta anos.

Esse dispositivo, apesar de considerado constitucional pelo Supremo Tribunal Federal, foi duramente criticado pela doutrina por possuir o tipo **aberto**, já que não esclarecia exatamente em que consistia a prática da tortura e qual devia ser a **intenção** (elemento subjetivo) do torturador. Além desses defeitos, continuou a existir lacuna na legislação, uma vez que o Estatuto da Criança e do Adolescente não abrangia a tortura contra **adultos**.

Para sanar todas essas falhas, foi aprovada e promulgada, em 7 de abril de 1997, a **Lei n. 9.455**, que regulamentou todo o tema da tortura e expressamente revogou o art. 233 do Estatuto da Criança e do Adolescente.

4.2. DOS CRIMES EM ESPÉCIE

O art. 1º da Lei n. 9.455/97 descreve vários ilícitos penais ligados à prática da tortura, cada qual com características próprias.

4.2.1. Tortura-prova, tortura para a prática de crime e tortura discriminatória

> **Art. 1º**, *caput* — Constitui crime de tortura:
> I — constranger alguém com emprego de violência ou grave ameaça, causando-lhe sofrimento físico ou mental:
> *a)* com o fim de obter informação, declaração ou confissão da vítima ou de terceira pessoa;
> *b)* para provocar ação ou omissão de natureza criminosa;
> *c)* em razão de discriminação racial ou religiosa;
> Pena — reclusão, de dois a oito anos.

1. Introdução

Esse dispositivo (inc. I) contém **três** figuras **caracterizadoras** do crime de tortura. São, portanto, três espécies delituosas sob o mesmo *nomem juris,* sendo, em razão disso, necessária a adoção de outras designações para diferenciá-las (tortura-**prova**, tortura **para a prática de crime** e tortura **discriminatória**). De ver-se, porém, que quanto à objetividade jurídica, meios de execução, sujeitos ativo e passivo, consumação, tentativa e ação penal, as regras são as mesmas para todas elas, que, dessa forma, se diferenciam apenas no que se refere à **motivação** do agente **torturador**.

2. Objetividade jurídica

A incolumidade **física** e **mental** das pessoas.

3. Meios de execução

A Lei estabelece como formas de execução desses crimes de tortura a **violência** e a **grave ameaça**.

Violência consiste no emprego de qualquer **desforço físico** sobre a vítima, como socos, pontapés, choques elétricos, pauladas, chicotadas, submersão temporária em água, privação de liberdade etc.

Grave ameaça consiste na promessa de **mal grave**, **injusto** e **iminente**, como ameaça de morte, de estupro, de lesões etc.

4. Elemento subjetivo

O art. 1º, I, da Lei n. 9.455/97 descreve três hipóteses caracterizadoras do crime de tortura. A diferença entre esses ilícitos reside na **motivação** do agente.

a) A **tortura-prova** (alínea "a") está presente quando a intenção do sujeito, ao torturar a vítima, é obter alguma **informação**, **declaração** ou **confissão desta** ou de **terceira** pessoa (ex.: empregar violência contra o filho para obter declaração dos pais).

Pouco importa a **natureza** da informação visada pelo agente: comercial, criminosa, pessoal etc. O crime de tortura, entretanto, ficará absorvido se constituir meio direto e imediato para a prática de delitos como roubo ou extorsão, como ocorre, por exemplo, quando o agente emprega violência ou grave ameaça para obrigar a vítima a fornecer a senha de seu cartão bancário ou o segredo de um cofre (princípio da **consunção**).

b) A **tortura para a prática de crime** (alínea "b") ocorre quando o torturador usa a violência ou grave ameaça para obrigar a vítima a realizar uma **ação** ou **omissão criminosa**. Nesses casos, o agente responderá pelo crime de tortura em **concurso material** com o delito cometido pela vítima (**se este efetivamente ocorrer**). Assim, se o agente tortura alguém para obrigá-lo a cometer um furto, será responsabilizado pela tortura e pelo furto. A vítima, obviamente, **não** responderá pelo crime, uma vez que foi coagida **a** praticá-lo. **Antes** da Lei n. 9.455/97, o agente responderia por furto e por **constrangimento ilegal** (art. 146 do CP), delito que, por ser **subsidiário**, fica atualmente absorvido pelo delito da lei especial.

A presente modalidade do crime de tortura **não** abrange o emprego de violência ou grave ameaça para a provocação de ação **contravencional**, que, assim, continua a caracterizar **o constrangimento ilegal** em concurso **material** com a contravenção realizada pela vítima.

Nas hipóteses das alíneas "a" *e* "b", o crime de tortura consuma-se **independentemente de o agente alcançar o objetivo** almejado (informação, declaração, confissão ou prática de crime pela vítima).

c) Na tortura **discriminatória** (alínea "c"), a lei pune o emprego da violência ou grave ameaça motivadas por **discriminação racial ou religiosa**. Ex.: levado por seu sentimento discriminatório, um grupo de pessoas captura indígenas, leva-os até local ermo e lhes aplica chicotadas.

Dependendo da forma de agir do torturador, poderá também incorrer no crime de **racismo** do art. 20 da Lei n. 7.716/89.

> **Observação:** A Lei n. 9.455/97 não descreveu, no crime de tortura, as hipóteses de a motivação do agente ser **vingança, maldade** ou simples **sadismo** (prazer de ver a vítima sofrer). Por isso, em razão da ausência de previsão legal, as condutas não poderão ser enquadradas nessa lei, restando, apenas, eventual responsabilização por crime de lesões corporais, constrangimento ilegal, abuso de autoridade etc.

5. Sujeito ativo

O crime de tortura **não é próprio**, vale dizer, pode ser cometido por **qualquer pessoa**, e não apenas por policiais civis ou militares. Essa opção do legislador não retrata fielmente a Convenção Internacional assinada pelo Brasil, na qual o país se compromete a combater a tortura cometida "por agentes públicos". A lei, portanto, é **mais abrangente** que a Convenção e, além disso, prevê, em seu art. 1º, § 4º, I, que o crime terá sua pena aumentada de um **sexto a um terço**, se o delito for cometido por **agente público**.

6. Sujeitos passivos

A pessoa contra quem é empregada a violência ou grave ameaça e, eventualmente, outras pessoas prejudicadas pela conduta (ex.: tortura contra uma pessoa para obter confissão de outra).

7. Consumação

Nos tipos penais em análise, o legislador descreve o resultado, qual seja, a provocação de sofrimento físico ou mental. É justamente nesse momento que o crime se consuma. Nas modalidades das alíneas "a" e "b", o agente visa obter ainda outro resultado: confissão, declaração ou informação da vítima, ou ação ou omissão criminosa. A redação desses dispositivos, contudo, deixa claro que o delito se consuma independentemente da obtenção desses resultados. No caso da alínea "a", a obtenção da confissão, informação ou declaração constitui mero **exaurimento** do crime de tortura. Já na alínea "b", se a vítima torturada comete o delito que o agente determinou que ela praticasse, ele responderá também por esse delito (conforme já explicado).

8. Tentativa

É possível, quando o agente emprega a violência ou grave ameaça, sem conseguir provocar sofrimento à vítima.

9. Ação penal

Todos os crimes previstos nessa lei apuram-se mediante ação **pública incondicionada**.

A competência para o julgamento do crime de tortura é da Justiça **Comum** (Federal ou Estadual, dependendo do caso), ou da Justiça Militar se o delito for cometido por **policial militar em serviço**. A Lei n. 13.491/2017 alterou a redação do art. 9º, II, do Código Penal Militar, e passou a permitir que a Justiça Militar julgue também crimes previstos fora do Código Penal Militar, tal como ocorre com aqueles descritos na Lei n. 9.455/97.

10. Absorção

A configuração do crime de tortura absorve delitos menos graves decorrentes do emprego da violência ou grave ameaça, como, p. ex., os crimes de maus-tratos, lesões corporais leves, constrangimento ilegal, ameaça etc.

■ 4.2.2. Tortura-castigo

> **Art. 1º**, *caput* (...)
> II — submeter alguém, sob sua guarda, poder ou autoridade, com emprego de violência ou grave ameaça, a intenso sofrimento físico ou mental, como forma de aplicar castigo pessoal ou medida de caráter preventivo.
> Pena — reclusão, de dois a oito anos.

1. Objetividade jurídica

A incolumidade física e mental de pessoas sujeitas a guarda, poder ou autoridade de outrem.

2. Meios de execução

Trata-se de crime de **ação livre** que pode ser praticado por qualquer meio (**omissivo** ou **comissivo**): privação de alimentos ou de cuidados indispensáveis, castigos imoderados ou excessivos, privação da liberdade etc.

3. Elemento subjetivo

Intenção de expor a vítima a **grave** sofrimento, como forma de aplicação de **castigo** ou **medida de caráter preventivo**. Exige-se, pois, o chamado *animus corrigendi*.

Essa forma de tortura muito se assemelha ao crime de **maus-tratos** (art. 136 do CP). A diferença está no **elemento normativo** da tortura, existente apenas nesse inciso II, que pressupõe que a vítima seja submetida a **intenso** sofrimento físico ou mental. A caracterização desse dispositivo, assim, é reservada a **situações extremadas**. São exemplos: amarrar a vítima e chicoteá-la, trancar criança em ambiente gelado; aplicar ferro em brasa na vítima, queimá-la com cigarro etc.

4. Sujeito ativo

Trata-se de crime **próprio**, pois somente pode ser cometido por quem possui **autoridade**, **guarda** ou **poder** sobre a vítima. Essas palavras utilizadas pela lei abrangem a vinculação no campo **público** ou **privado**, bem como qualquer poder de

fato do agente em relação à vítima. Assim, pode ser cometido contra filho, tutelado, curatelado, preso, interno em escola ou hospital etc.

A propósito: "A conduta da paciente enquadra-se no tipo penal previsto no art. 1º, II, § 4º, II, da Lei n. 9.455/1997. A paciente possuía os atributos específicos para ser condenada pela prática da conduta descrita no art. 1º, II, da Lei n. 9.455/1997. Indubitável que o ato foi praticado por quem detinha as crianças sob guarda, na condição de **babá**" (STJ — HC 169.379/SP, Rel. Min. Sebastião Reis Júnior, 6ª Turma, julgado em 22/08/2011, *DJe* 31/08/2011).

5. Sujeito passivo

É quem está sujeito ao **poder**, **guarda** ou **autoridade** do agente e que, em decorrência disso, sofra alguma violência ou grave ameaça provocadora de intenso sofrimento físico ou mental.

As **esposas** não estão sob a guarda, poder ou autoridade de seus **maridos** e, por isso, não podem ser sujeito passivo do crime em análise. Eventual agressão contra elas caracterizará crime de lesões corporais ou constrangimento ilegal com a pena agravada pela violência doméstica.

6. Consumação

No momento em que a vítima é submetida a **intenso** sofrimento físico ou mental.

7. Tentativa

Somente é possível na modalidade **comissiva**, já que não existe tentativa de crime omissivo.

8. Ação penal

Pública incondicionada.

9. Absorção

A configuração do crime de tortura absorve delitos menos graves decorrentes do emprego da violência ou grave ameaça, como, p. ex., os crimes de maus-tratos, lesões corporais leves, constrangimento ilegal, ameaça etc.

4.2.3. Tortura do preso ou de pessoa sujeita a medida de segurança

> **Art. 1º, § 1º** Na mesma pena incorre quem submete pessoa presa ou sujeita a medida de segurança a sofrimento físico ou mental, por intermédio da prática de ato não previsto em lei ou não resultante de medida legal.

1. Objetividade jurídica

Garantir aos presos e às pessoas submetidas a **medida de segurança** o respeito à sua integridade física e corporal, previsto no art. 5º, XLIX, da Constituição Federal.

2. Elementos do tipo

Premissa do delito é que a vítima esteja **legalmente** presa ou sujeita a medida de segurança. Assim, comete o crime quem adota medidas não previstas na Lei de Execuções Penais ou em outras leis similares, como cela escura, solitária, aplicação de choques, sessões de "pau-de-arara" etc. Igualmente comete o crime quem coloca preso em regime disciplinar diferenciado sem prévia determinação judicial.

A figura em análise difere da modalidade de **abuso de autoridade**, prevista no art. 13, II, da Lei n. 13.869/2019. No crime de tortura, a finalidade do agente é provocar **sofrimento** físico ou mental na vítima. No abuso de autoridade, o agente público constrange o preso ou o detento, mediante violência, grave ameaça ou redução de sua capacidade de resistência, a submeter-se a situação vexatória ou a constrangimento não autorizado em lei. A finalidade, portanto, é submeter o preso a vexame ou constrangimento.

3. Sujeito ativo

Pode ser qualquer pessoa, embora normalmente o sejam o carcereiro, o agente penitenciário, o diretor do estabelecimento prisional etc. O tipo penal, ao contrário de outros desta Lei, não exige que a vítima esteja sob a guarda ou autoridade do agente, embora muito dificilmente possa ocorrer o delito sem o envolvimento direto ou a conivência de um desses agentes públicos.

4. Sujeitos passivos

Somente as pessoas **presas** ou sujeitas a **medida de segurança**. Pessoa **presa** é aquela que perdeu sua liberdade em razão de prisão em flagrante ou decorrente de ordem judicial (prisão preventiva, temporária, em virtude de condenação, prisão civil). Pessoa sujeita a **medida de segurança** é a que se encontra internada em hospital de custódia ou tratamento psiquiátrico, ou, na falta destes, em outro estabelecimento adequado, ou, ainda, a que está sendo submetida a tratamento ambulatorial.

Os **adolescentes** sujeitos a medida **socioeducativa** pela prática de ato infracional não estão abrangidos pelo texto legal. A tortura contra eles perpetrada pode se enquadrar em outro dos dispositivos da lei em estudo, dependendo da motivação do agente.

5. Consumação

No momento em que é causado o sofrimento na vítima.

6. Tentativa

É possível quando praticado o ato não previsto em lei ou não decorrente de medida legal, porém, por circunstâncias alheias à vontade do agente, não advém o sofrimento físico ou mental que ele tencionava causar.

7. Ação penal

Pública incondicionada.

4.2.4. Omissão perante a tortura

> **Art. 1º, § 2º** Aquele que se omite em face dessas condutas, quando tinha o dever de evitá-las ou apurá-las, incorre na pena de detenção de um a quatro anos.

Esse dispositivo contém um equívoco, uma vez que tipifica como crime menos grave a conduta de quem tem o dever de **evitar** a tortura e deixa de fazê-lo. Ora, nos termos do art. 13, § 2º, do Código Penal, responde pelo **resultado**, na condição de **partícipe**, aquele que deve e pode agir para evitá-lo e não o faz. Por consequência, quando uma pessoa tortura a vítima para obter dela uma confissão, e outra, que podia e devia evitar tal resultado, omite-se, ambas respondem pelo crime de tortura do art. 1º, I, "a", da Lei n. 9.455/97 (que é delito mais grave), e não por esse crime descrito no § 2º. Essa solução atende ao preceito constitucional que estabelece que também responde pela tortura aquele que, podendo evitar o resultado, deixa de fazê-lo (art. 5º, XLIII, da CF).

Dessa forma, o § 2º do art. 1º da Lei n. 9.455/97 somente será aplicável àquele que tem o dever jurídico de **apurar** a conduta delituosa e não o faz. Como tal dever jurídico incumbe às autoridades policiais e seus agentes, torna-se evidente a impossibilidade de aplicação do aumento do § 4º, I, do art. 1º da lei (crime cometido por agente público), já que isso constituiria *bis in idem*.

Atente-se a que esse delito, apesar de previsto na Lei n. 9.455/97, **não** constitui crime de tortura.

Saliente-se, por fim, que, pelo fato de a pena mínima não exceder um ano, é, em tese, cabível o benefício da **suspensão condicional do processo**, desde que presentes os demais requisitos do art. 89 da Lei n. 9.099/95.

■ 4.3. FORMAS QUALIFICADAS

> **Art. 1º, § 3º** Se resulta lesão corporal de natureza grave ou gravíssima, a pena é de reclusão de quatro a dez anos; se resulta morte, a reclusão é de oito a dezesseis anos.

Essas figuras qualificadas são exclusivamente **preterdolosas**, ou seja, configuram-se somente quando existe **dolo** de torturar e **culpa** em relação ao resultado agravador (lesão grave ou morte).

Quanto à qualificadora da morte, é muito importante estabelecer a correta distinção em relação ao crime de **homicídio qualificado pela tortura**, previsto no art. 121, § 2º, III, do Código Penal, cuja pena é de reclusão, de **doze a trinta** anos, ou seja, superior à da tortura qualificada pela morte.

No crime de homicídio, o agente **quer** a morte da vítima ou **assume o risco de produzi-la**; vale dizer, existe **dolo** em relação ao resultado morte, e o **meio** escolhido para concretizar seu intento é a tortura. Esta, portanto, é a **causa direta e eficiente da morte** visada pelo agente. Já no crime de **tortura** da lei especial, o sofrimento que o agente impõe à vítima tem por finalidade uma das circunstâncias mencionadas na lei (obter informação, declaração ou confissão de alguém; provocar ação ou omissão criminosa; praticar discriminação racial ou religiosa; impor castigo ou medida preventiva). Acontece que, por excessos na execução do crime, o agente acaba causando **culposamente** a morte da vítima. É justamente por isso que se pode afirmar que a figura do crime de tortura qualificada pela morte (art. 1º, § 3º, da Lei n. 9.455/97) é exclusivamente **preterdolosa**.

Existem, portanto, **duas** situações absolutamente distintas:

a) tortura empregada como **meio** para provocar a morte, que o agente quer ou assume o risco de produzir, constitui homicídio qualificado pela tortura, cuja pena é de reclusão, de doze a trinta anos. Nesse caso, o crime é julgado pelo Tribunal do Júri;

b) tortura empregada sem dolo de produzir a morte, que é provocada de forma culposa, caracteriza crime de tortura qualificada pela morte, cuja pena é reclusão, de oito a dezesseis anos. É o que ocorre, por exemplo, quando o agente se utiliza de um pedaço de ferro contaminado com ferrugem para cometer a tortura, e a vítima, algum tempo depois, apresenta quadro de tétano que a leva à morte. O julgamento cabe ao juízo comum (singular). Veja-se, por esse exemplo, que nem sempre o torturador assume o risco de provocar o evento morte.

É preciso, ainda, lembrar que é possível a existência **autônoma** do crime de tortura **simples** em concurso **material** com o **homicídio**. Suponha-se que os torturadores empreguem a violência ou grave ameaça para obter uma informação da vítima e, após conseguirem a informação visada, provoquem sua morte com disparos de arma de fogo. Nesse caso, a tortura **não foi a causa da morte** e, assim, não pode qualificar o homicídio, pois, conforme já mencionado, essa hipótese somente é possível quando a tortura é causa direta do óbito. Temos, na hipótese, um crime de tortura simples em concurso material com o delito de homicídio (qualificado por visar o agente, com a morte da vítima, assegurar a ocultação ou impunidade de crime anterior).

As lesões **graves** e **gravíssimas** que qualificam o crime de tortura são aquelas descritas no art. 129, §§ 1º e 2º, do Código Penal: incapacidade para as ocupações habituais por mais de trinta dias, perigo de vida, debilidade permanente de membro, sentido ou função, aceleração do parto, incapacidade permanente para o trabalho, enfermidade incurável, perda ou inutilização de membro, sentido ou função, deformidade permanente ou aborto. As lesões **leves** sofridas em razão da tortura ficam **absorvidas** por esta, mas devem ser levadas em conta pelo juiz na fixação da pena-base (art. 59 do Código Penal).

■ 4.4. CAUSAS DE AUMENTO DE PENA

> **Art. 1º, § 4º** Aumenta-se a pena de um sexto até um terço:
> I — se o crime é cometido por agente público.

Ao referir-se a agente público, a lei **não** se utilizou de **qualquer outra expressão** com a finalidade de **aumentar** ou **restringir** o **alcance** do dispositivo. Parece-nos, portanto, que o aumento será aplicável a qualquer funcionário público, na forma como define o art. 327 do Código Penal, que abrange qualquer pessoa que **exerça cargo, emprego ou função pública, ainda que transitoriamente ou sem remuneração**.

Não nos parece razoável, entretanto, considerar que o dispositivo alcança também o conceito de funcionário público **por equiparação**, contido no art. 327, § 1º, do Código Penal, que assim considera quem exerce função em entidade paraestatal (Correios, INSS, Caixa Econômica Federal) e em empresa prestadora de serviço, contratada ou conveniada, para a execução de atividade típica da administração pública.

A **lei** tampouco exige que o agente **esteja no exercício de suas funções**, ao contrário do que costumeiramente faz. É evidente, entretanto, que o aumento somente será aplicável quando a tortura aplicada tiver algum **nexo de causalidade com a função desempenhada pelo agente**.

Saliente-se, ainda, que essa causa de aumento de pena não pode ser aplicada a certos crimes da lei em que a condição de funcionário público já é requisito do próprio tipo penal, como ocorre na figura do art. 1º, § 2º.

> **Art. 1º, § 4º** Aumenta-se a pena de um sexto até um terço:
> (...)
> II — se o crime é cometido contra criança, gestante, portador de deficiência, adolescente ou maior de sessenta anos.

Criança é a pessoa **menor** de **12 anos**, enquanto **adolescente** é quem possui **12 anos ou mais**, **e menos de 18**.

No tocante às **gestantes**, exige-se que o agente tenha **ciência** da gravidez, pois, caso contrário, haveria **responsabilidade objetiva**.

Por fim, a **deficiência** da vítima que permite a exasperação da pena pode ser a **física** ou a **mental**.

O aumento em relação às vítimas com mais de **sessenta** anos foi acrescentado nesse inciso pela Lei n. 10.741/2003 (Estatuto do Idoso).

Por se tratar de causa de aumento de pena do crime de tortura, mostra-se inviável a incidência de agravantes genéricas que se referem às mesmas hipóteses no Código Penal, sob pena de se incorrer em *bis in idem*.

> **Art. 1º, § 4º** Aumenta-se a pena de um sexto até um terço:
> (...)
> III — se o crime é cometido mediante sequestro.

Sequestro é a **privação** da **liberdade** da vítima mediante **violência** ou **grave ameaça**. Veja-se, entretanto, que a privação da liberdade por **curto espaço de tempo** é decorrência quase sempre necessária à prática da tortura, uma vez que esta pressupõe, na maioria das vezes, uma ação lenta e repetitiva no sentido de causar o sofrimento físico ou mental à vítima, de forma a permitir que o agente alcance a finalidade para a qual está empregando a violência ou grave ameaça. Nesses casos, **não** se aplica a causa de aumento de pena. Percebe-se, pois, que o dispositivo só será aplicado quando houver privação da liberdade por **tempo prolongado**, absolutamente desnecessário, ou quando houver deslocamento da vítima para local distante.

Mesmo que o juiz reconheça **mais** de uma causa de aumento de pena, **poderá** aplicar apenas **um** acréscimo, nos termos do art. 68, parágrafo único, do Código Penal. Nesse caso, por óbvio, poderá aplicar o aumento **acima** do mínimo legal de um sexto.

As causas de aumento de pena aplicam-se às formas qualificadas?

Apesar de respeitáveis opiniões em sentido contrário, não vemos motivos para que não se possam aplicar as causas de aumento às formas qualificadas do § 3º, já que nenhuma incompatibilidade existe entre os institutos.

4.5. EFEITOS DA SENTENÇA CONDENATÓRIA

> **Art. 1º, § 5º** A condenação acarretará a perda do cargo, função ou emprego público e a interdição para seu exercício pelo dobro do prazo da pena aplicada.

Além da pena privativa de liberdade, o juiz deverá declarar, como **efeito** da sentença condenatória, a **perda** do cargo, emprego ou função **pública** e a **interdição** para o exercício de nova função pelo **dobro** do prazo da pena. A razão de tal efeito condenatório é o fato de ter ficado demonstrado, de forma inequívoca, que o agente público violou seus deveres funcionais de uma tal forma que o Estado e a sociedade não podem mais confiar em seus serviços. Por se tratar de consequência prevista expressamente no texto legal, **não é necessária motivação específica quanto a esse aspecto**. É preciso, contudo, que **conste da sentença** a perda do cargo, incumbindo ao Ministério Público interpor embargos de declaração em caso de omissão por parte do juiz.

Nada obsta à decretação da perda do cargo de policial militar, caso este venha a ser condenado por crime de tortura. A propósito:

> "O Tribunal de Justiça local tem competência para decretar, como consequência da condenação, a perda da patente e do posto de oficial da Polícia Militar, tal como previsto no art. 1º, § 5º, da Lei de Tortura (Lei n. 9.455/97). Não se trata de hipótese de crime militar. (HC 92.181/MG, Relator Ministro Joaquim Barbosa, *DJ* 1º/8/2008). 4. A condenação por delito previsto na Lei de Tortura acarreta, como efeito extrapenal automático da sentença condenatória, a perda do cargo, função ou emprego público e a interdição para seu exercício pelo dobro do prazo da pena aplicada. Precedentes do STJ e do STF. 5. No caso, a perda da função pública foi decretada na sentença como efeito da condenação e mantida pelo Tribunal de origem, quando do julgamento da apelação. 6. De mais a mais, embora não se fizesse necessário (por ser efeito automático da condenação), o Magistrado apontou as razões pelas quais deveria ser aplicada também a pena de perda do cargo. 7. Ordem denegada" (STJ — HC 47.846/MG, Rel. Min. Og Fernandes, 6ª Turma, julgado em 11/12/2009, *DJe* 22/02/2010); "O crime de tortura, tipificado na Lei n. 9.455/97, não se qualifica como delito de natureza castrense, achando-se incluído, por isso mesmo, na esfera de competência penal da Justiça comum (federal ou local, conforme o caso), ainda que praticado por membro das Forças Armadas ou por integrante da Polícia Militar. Doutrina. Precedentes. — A perda do cargo, função ou emprego público — que configura efeito extra-

penal secundário — constitui consequência necessária que resulta, automaticamente, de pleno direito, da condenação penal imposta ao agente público pela prática do crime de tortura, ainda que se cuide de integrante da Polícia Militar, não se lhe aplicando, a despeito de tratar-se de Oficial da Corporação, a cláusula inscrita no art. 125, § 4º, da Constituição da República" (STF — AI 769637 AgR-ED-ED, Rel. Min. Celso de Mello, 2ª Turma, julgado em 25/06/2013, acórdão eletrônico *DJe*-205, divulg. 15/10/2013, public. 16/10/2013).

4.6. VEDAÇÕES PROCESSUAIS E PENAIS

> **Art. 1º, § 6º** O crime de tortura é inafiançável e insuscetível de graça ou anistia.

O dispositivo repete apenas as vedações constantes no texto constitucional (art. 5º, XLIII), diferentemente da **Lei dos Crimes Hediondos** — que também proíbe a concessão do **indulto** para o crime de tortura. Por se tratar de norma **especial**, possibilitaria a concessão do indulto aos condenados por esse crime. O Supremo Tribunal Federal, todavia, entende que a palavra "graça" contida na **Carta Magna abrange o indulto**: "O inciso I do art. 2º da Lei n. 8.072/90 retira seu fundamento de validade diretamente do art. 5º, XLII, da Constituição Federal. III — O art. 5º, XLIII, da Constituição, que proíbe a graça, gênero do qual o indulto é espécie, nos crimes hediondos definidos em lei, não conflita com o art. 84, XII, da Lei Maior" (STF — HC 90.364, Rel. Min. Ricardo Lewandowski, Tribunal Pleno, julgado em 31/10/2007, public. 30/11/2007, p. 29). Assim, o texto constitucional, ao vedar a graça aos crimes hediondos, tráfico de drogas, terrorismo e tortura, teria também proibido o indulto a este último.

4.7. REGIME INICIAL DE CUMPRIMENTO DE PENA

> **Art. 1º, § 7º** O condenado por crime previsto nesta Lei, salvo a hipótese do § 2º, iniciará o cumprimento da pena em regime fechado.

O art. 2º, § 1º, da Lei n. 8.072/90, que teve sua redação **alterada** pela Lei n. **11.464/2007**, prevê que para os crimes hediondos, o tráfico de entorpecentes, o terrorismo e a tortura, o regime **inicial** a ser fixado pelo juiz na sentença deve ser sempre o **fechado**, independentemente do montante da pena aplicada e de ser o réu primário ou reincidente. Para crimes considerados comuns, o regime inicial fechado só é obrigatório se a pena fixada superar 8 anos ou se o réu for reincidente. Acontece que o **Plenário** do Supremo Tribunal Federal, em 27 de junho de 2012, declarou, por oito votos contra três, a **inconstitucionalidade** do referido art. 2º, § 1º, por entender que a **obrigatoriedade** de regime inicial fechado para penas não superiores a 8 anos fere o princípio constitucional da **individualização da pena** (art. 5º, XLVI, da CF). Assim, mesmo para crimes hediondos, tráfico de drogas, terrorismo e **tortura**, o regime inicial só poderá ser o fechado (quando a pena fixada na sentença não for maior do que 8 anos) se o acusado for **reincidente** ou **se as circunstâncias do caso concreto indicarem uma gravidade diferenciada daquele crime específico**, o que deverá constar expressamente da **fundamentação** da sentença. Essa decisão ocorreu no julgamento do **HC 111.840/ES** e, apesar de somente mencionar a inconstitucionalidade do art. 2º, § 1º, da Lei n. 8.072/90, estende seus efeitos ao art. 1º, § 7º, da Lei n. 9.455/97, uma vez que a redação do dispositivo da Lei dos Crimes Hediondos (Lei n. 8.072/90), que menciona também o crime de tortura, é **posterior** — decorre da Lei n. 11.464/2007. Além disso, a razão da decisão do Supremo Tribunal Federal é a mesma, qualquer que seja o dispositivo em questão. Em novembro de 2017, confirmando tal entendimento, o Supremo Tribunal Federal aprovou a tese 972, em sede de repercussão geral: "É inconstitucional a fixação *ex lege*, com base no art. 2º, § 1º, da Lei n. 8.072/90, do regime inicial fechado, devendo o julgador, quando da condenação, ater-se aos parâmetros previstos no art. 33 do Código Penal".

Antes do advento da Lei n. 13.964/2019 a progressão para regime mais brando pressupunha o cumprimento de **dois quintos** da pena, se o condenado fosse primário, e de **três quintos**, se **reincidente**. Tais regras eram encontradas no art. 2º, § 2º, da Lei n. 8.072/90, que, todavia, foi expressamente revogado pela nova lei, que, concomitantemente, alterou o art. 112 da LEP, passando a exigir o cumprimento de ao menos 40% da pena aos condenados por crime equiparado a hediondo (art. 112, V) ou 60%, se reincidente na prática de crime hediondo ou equiparado (art. 112, VII).

A Lei n. 9.455/97 silencia quanto ao **livramento condicional**, de tal sorte que deve ser aplicado o art. 83, V, do Código Penal, que exige o cumprimento de **dois terços** da pena (caso o agente não seja **reincidente específico**) para a concessão desse benefício.

Aos condenados por crime de tortura, ainda que a pena fixada na sentença não seja superior a 4 anos, será **incabível** a substituição da pena privativa de liberdade por restritiva de direitos, uma vez que esses crimes envolvem o emprego de **violência** contra pessoa ou **grave ameaça**, e o art. 44, I, do Código Penal proíbe o benefício em tais casos. Apenas em relação ao crime de **omissão** perante a tortura (art. 1º, § 2º, da Lei n. 9.455/97), que tecnicamente não constitui efetivo crime de tortura e que não é cometido mediante emprego de violência contra pessoa ou grave ameaça, é cabível a substituição por pena restritiva de direitos.

■ 4.8. EXTRATERRITORIALIDADE DA LEI

> **Art. 2º** O disposto nesta Lei aplica-se ainda quando o crime não tenha sido cometido em território nacional, sendo a vítima brasileira ou encontrando-se o agente em local sob jurisdição brasileira.

Para que o dispositivo seja aplicado, é necessário, portanto, que ocorra uma das duas hipóteses descritas: **que a vítima seja brasileira ou que o autor da tortura esteja em local em que a legislação pátria seja aplicável**.

4.9. REVOGAÇÃO DO ART. 233 DO ESTATUTO DA CRIANÇA E DO ADOLESCENTE

> **Art. 4º** Revoga-se o art. 233 da Lei n. 8.069/90 — Estatuto da Criança e do Adolescente.

Conforme já mencionado, os ilícitos penais envolvendo a prática da tortura passaram a ser regulados integralmente pela Lei n. 9.455/97, tendo sido revogado expressamente o dispositivo do Estatuto da Criança e do Adolescente que tratava do tema. Atualmente, o fato de a tortura ser cometida contra menor faz com que a pena seja aumentada de **um sexto a um terço** (art. 1º, § 4º, II, da Lei n. 9.455/97).

4.10. PRINCIPAIS ASPECTOS DOS CRIMES DE TORTURA

TORTURA-PROVA	■ Consiste em constranger alguém com emprego de violência ou grave ameaça, causando-lhe sofrimento físico ou mental com o fim de obter informação, declaração ou confissão da vítima ou terceira pessoa.
TORTURA PARA A PRÁTICA DE CRIME	■ Consiste em constranger alguém com emprego de violência ou grave ameaça, causando-lhe sofrimento físico ou mental para provocar ação ou omissão de natureza criminosa. ■ O agente responde pela tortura e pelo crime praticado pela vítima, em concurso material. ■ Se o objetivo for obrigar a vítima a cometer contravenção, o agente responderá por crime de constrangimento ilegal, e não por tortura.
TORTURA DISCRIMINATÓRIA	■ Consiste em constranger alguém com emprego de violência ou grave ameaça, causando-lhe sofrimento físico ou mental em razão de discriminação racial ou religiosa.
TORTURA-CASTIGO	■ Ocorre quando o agente submete alguém sob sua guarda, poder ou autoridade, com emprego de violência ou grave ameaça, a intenso sofrimento físico ou mental, como forma de aplicar castigo pessoal ou medida de caráter preventivo. ■ Distingue-se do crime de maus-tratos porque, neste, a vítima não é submetida a intenso sofrimento.
TORTURA DE PRESO OU PESSOA SUJEITA A MEDIDA DE SEGURANÇA	■ Comete esse crime quem submete pessoa presa ou sujeita a medida de segurança a sofrimento físico ou mental por intermédio da prática de ato não previsto em lei ou não resultante de medida legal.
OMISSÃO PERANTE A TORTURA	■ Nessa figura, pune-se aquele que se omite em face das condutas anteriores, quando tinha o dever de evitá-las ou apurá-las. ■ Esse tipo penal contém um equívoco, já que a pessoa que tinha o dever de evitar a tortura e se omitiu é partícipe de tal crime e responde também pela tortura, nos termos do art. 5º, XLIII, da Constituição Federal, e art. 13, § 2º, do CP. Assim, o § 2º do art. 1º pune apenas quem tinha o dever de apurar a tortura e não o fez. A pena para tal conduta é menor do que as anteriores, e tal crime não se enquadra no conceito de tortura.
FIGURAS QUALIFICADAS DOS CRIMES DE TORTURA	■ Se resulta lesão grave ou morte. ■ Essas qualificadoras são exclusivamente preterdolosas, isto é, só se aplicam se houver dolo na tortura e culpa no resultado agravador.
CAUSAS DE AUMENTO DE PENA	A pena é aumentada de um sexto a um terço: a) se o crime é cometido por agente público. Nesse caso, a condenação acarretará também a perda do cargo, função ou emprego e a interdição para seu exercício pelo dobro do prazo da pena aplicada; b) se o crime é cometido contra criança, adolescente, gestante, portador de deficiência ou pessoa com mais de 60 anos; c) se o crime é cometido mediante sequestro.

CONSUMAÇÃO	No momento em que a vítima é submetida a grave sofrimento físico ou mental, ainda que o agente, eventualmente, não consiga o que visava ao cometer a tortura (uma confissão da vítima, por exemplo).
TENTATIVA	Possível nas modalidades comissivas.
SUJEITO ATIVO	Pode ser qualquer pessoa. Trata-se de crime comum, exceto na tortura-castigo e na omissão perante a tortura.
SUJEITO PASSIVO	■ Qualquer pessoa. Se for criança, adolescente, gestante, portador de deficiência ou maior de 60 anos, a pena será aumentada de um sexto a um terço.
VEDAÇÕES	■ O crime de tortura é insuscetível de anistia, graça, indulto e fiança.
REGIME INICIAL	■ Nos termos do art. 2º, § 1º, da Lei n. 8.072/90, regime inicial deve ser necessariamente o fechado. O Plenário do STF, todavia, declarou a inconstitucionalidade desse dispositivo. Assim, devem ser seguidas as regras comuns do Código Penal para a fixação do regime inicial. ■ A progressão de regime somente pode ser obtida com o cumprimento de ao menos 40% da pena, ou 60% se o réu for reincidente em crime hediondo ou equiparado.
AÇÃO PENAL	■ Pública incondicionada.

■ 4.11. QUESTÕES

1. (Ministério Público/SP — 2006) Nos termos do que prevê a Lei n. 9.455/97, que define os crimes de tortura, é correto afirmar que:

a) a prática de tortura mediante sequestro qualifica o crime.
b) o homicídio praticado mediante tortura passou a ser disciplinado por esse estatuto legal.
c) somente se caracteriza a tortura quando dela resultar lesão corporal.
d) quando a lesão decorrente da tortura for de natureza leve, somente se procede mediante representação da vítima.
e) o agente ativo do crime deve ser, obrigatoriamente, agente público.

2. (Magistratura/DF — 2006) No crime de tortura, a condenação acarretará a perda do cargo, função ou emprego público:

a) qualquer que seja a pena privativa de liberdade.
b) quando a pena privativa de liberdade for superior a 1 ano.
c) quando a pena privativa de liberdade for superior a 2 anos.
d) quando a pena privativa de liberdade for superior a 4 anos.

3. (Ministério Público/PR — 2008) Analise as proposições seguintes e, na sequência, assinale a opção correta:

I. Constranger alguém com emprego de violência ou grave ameaça, causando-lhe sofrimento físico ou mental, em razão de discriminação racial ou religiosa, configura crime de tortura, delito esse equiparado a hediondo.
II. Submeter alguém, sob sua guarda, poder ou autoridade, com emprego de violência ou grave ameaça, a sofrimento físico ou mental, como forma de aplicar castigo pessoal ou medida de caráter preventivo, configura crime de tortura, delito esse que admite a progressão de regime de cumprimento de pena.
III. Nos crimes de tortura incide causa de aumento de pena quando o crime é cometido por agente público.
IV. Aquele que se omite em face das condutas tipificadas como tortura, quando tinha o dever de evitá-las ou apurá-las, incide nas mesmas penas a ele cominadas.
V. Nos crimes de tortura incide exceção ao princípio-regra da territorialidade, pois a Lei Federal n. 9.455/97 expressamente determinou a aplicação de suas disposições mesmo quando o crime não tenha sido cometido em território nacional, sendo a vítima brasileira ou encontrando-se o agente em local sob jurisdição brasileira.

a) todas as afirmativas estão corretas.
b) as afirmativas I, II, III e V estão corretas.

c) as afirmativas I, III e V estão corretas.
d) as afirmativas II, III e V estão corretas.
e) as afirmativas II, III e IV estão corretas.

4. (Defensoria/SP — 2006 — FCC) A Lei n. 9.455/97 estabelece que pratica crime de tortura

a) qualquer pessoa que submete alguém, sob sua guarda, poder ou autoridade, com emprego de violência ou grave ameaça, a intenso sofrimento físico ou mental, como forma de aplicar castigo pessoal ou medida de caráter preventivo.
b) o agente público que submete pessoa presa ou sujeita a medida de segurança, a sofrimento físico ou mental, ainda que por intermédio da prática de ato previsto em lei ou resultante de medida legal.
c) qualquer pessoa que constrange alguém com emprego de violência ou grave ameaça, causando-lhe sofrimento físico ou mental, em razão de discriminação de qualquer natureza.
d) o agente público que constrange alguém, com emprego de violência ou grave ameaça, com o fim de provocar ação ou omissão de qualquer natureza.
e) qualquer pessoa que se omita diante de constrangimento ou submissão a ato de tortura.

5. (OAB — 2010.3 — FGV) A tortura, conduta expressamente proibida pela Constituição Federal e lei específica,

a) se reconhecida, não implicará aumento de pena, caso seja cometida por agente público.
b) pode ser praticada por meio de uma conduta comissiva (positiva, por via de uma ação) ou omissiva (negativa, por via de uma abstenção).
c) exige, na configuração, que o autor provoque lesões corporais na vítima ao lhe proporcionar sofrimento físico com emprego de violência.
d) é crime inafiançável, imprescritível e insuscetível de graça ou anistia.

6. (Delegado de Polícia/PB — 2009 — CESPE) Quanto à legislação a respeito do crime de tortura, assinale a opção correta.

a) A condenação por crime de tortura acarreta a perda do cargo, função ou emprego público, mas não a interdição para seu exercício.
b) Não se aplica a lei de tortura se do fato definido como crime de tortura resultar a morte da vítima.
c) O condenado por crime previsto na lei de tortura inicia o cumprimento da pena em regime semiaberto ou fechado, vedado o cumprimento da pena no regime inicial aberto.
d) Aquele que se omite em face de conduta tipificada como crime de tortura, tendo o dever de evitá-la ou apurá-la, é punido com as mesmas penas do autor do crime de tortura.
e) Pratica crime de tortura a autoridade policial que constrange alguém, mediante emprego de grave ameaça e causando-lhe sofrimento mental, com o fim de obter informação, declaração ou confissão da vítima ou de terceira pessoa.

7. (Ministério Público/GO — 2016) De acordo com a Lei de Tortura, assinale a alternativa correta:

a) Há crime de tortura quando o constrangimento, exercido mediante violência que causa intenso sofrimento físico, se opera em razão de discriminação pela orientação sexual (art. 1º, inc. I, alínea *c*).
b) Movido por instinto de vingança e sadismo, Josef K., funcionário de um banco, constrangeu, com o emprego de violência, o juiz que outrora havia decretado sua injusta prisão e causou-lhe intenso sofrimento físico. A conduta de Josef K. não constitui crime de tortura.
c) Conforme o § 5º do art. 1º da Lei de Tortura, a condenação criminal transitada em julgado, acarretará, automaticamente, a perda do cargo, função ou emprego público, a cassação da aposentadoria e a interdição para seu exercício pelo dobro do prazo da pena aplicada.
d) Compete à Justiça Castrense o processo e o julgamento do crime de tortura praticado por policial militar em serviço.

8. (Magistratura — TJM/SP — 2016) Considere a seguinte situação hipotética: João, agente público, foi processado e, ao final, condenado à pena de reclusão, por dezenove anos, iniciada em regime fechado, pela prática do crime de tortura, com resultado morte, contra Raimundo. Nos termos da Lei n. 9.455, de 7 de abril de 1997, essa condenação acarretará a perda do cargo, função ou emprego público

a) e a interdição para seu exercício pelo dobro do prazo da pena aplicada.

b) e a interdição para seu exercício pelo triplo do prazo da pena aplicada.
c) e a interdição para seu exercício pelo tempo da pena aplicada.
d) desde que o juiz proceda à fundamentação específica.
e) como efeito necessário, mas não automático.

9. (Analista Judiciário/MT — 2016 — UFMT) Em relação aos crimes de tortura, marque V para as afirmativas que correspondam ao tipo de crime descrito e F àquelas que não correspondem.

( ) Constranger alguém com emprego de violência ou grave ameaça, causando-lhe sofrimento físico ou mental, para provocar ação ou omissão de natureza criminosa.
( ) Submeter alguém, sob sua guarda, poder ou autoridade, com emprego de violência ou grave ameaça, a intenso sofrimento físico ou mental, como forma de aplicar castigo pessoal ou medida de caráter preventivo.
( ) Constranger alguém com emprego de violência ou grave ameaça, causando-lhe sofrimento físico ou mental, em razão de discriminação racial ou religiosa.
( ) Constranger alguém com emprego de violência ou grave ameaça, causando-lhe sofrimento físico ou mental, com o fim de obter informação, declaração ou confissão da vítima ou de terceira pessoa.

Assinale a sequência correta.
a) V, V, V, V.
b) F, V, F, V.
c) F, F, F, F.
d) V, F, V, F.

10. (OAB — Exame de Ordem Unificado — XIX — 2016 — FGV) Durante uma operação em favela do Rio de Janeiro, policiais militares conseguem deter um jovem da comunidade portando um rádio transmissor. Acreditando ser ele integrante do tráfico da comunidade, mediante violência física, os policiais exigem que ele indique o local onde as drogas e as armas estavam guardadas. Em razão das lesões sofridas, o jovem vem a falecer. O fato foi descoberto e os policiais disseram que ocorreu um acidente, porquanto não queriam a morte do rapaz por eles detido, apesar de confirmarem que davam choques elétricos em seu corpo molhado com o fim de descobrir o esconderijo das drogas. Diante desse quadro, que restou integralmente provado, os policiais deverão responder pelo crime de

a) lesão corporal seguida de morte.
b) tortura qualificada pela morte com causa de aumento.
c) homicídio qualificado pela tortura.
d) abuso de autoridade.

11. (Delegado de Polícia/PI — 2018 — NUCEPE) Após a Segunda Guerra Mundial, adotada e proclamada a Declaração Universal dos Direitos Humanos, os direitos inerentes à pessoa humana passam a ser protegidos mundialmente. No Brasil, os atos de tortura e as tentativas de praticar atos dessa natureza são coibidos. Marque abaixo a alternativa CORRETA quanto ao crime de tortura.

a) O crime de tortura é inafiançável, embora suscetível de graça ou anistia.
b) Se o crime de tortura é cometido contra maior de 60 (sessenta) anos aumenta-se a pena de 1/3 (um terço) até à metade.
c) Se o crime de tortura é cometido por agente público, a pena é aumentada de 1/3 (um terço) até à metade.
d) Não se constitui crime de tortura o constrangimento de alguém com o emprego de violência ou grave ameaça, causando-lhe sofrimento físico, em razão de discriminação racial ou religiosa.
e) Constitui crime de tortura: constranger alguém com emprego de violência ou grave ameaça, causando-lhe sofrimento físico ou mental com o objetivo de obter alguma informação, declaração ou confissão.

GABARITO

1. "a". O crime de tortura, efetivamente, é agravado quando cometido mediante sequestro (art. 1º, § 4º, III, da Lei n. 9.455/97). O homicídio cometido mediante tortura não é previsto na lei especial e sim no art. 121, § 2º, III, do CP (B). O crime de tortura não tem como elementar a provocação de lesões corporais (C). O crime de tortura se apura sempre mediante ação pública incondicionada (D). O crime de tortura é comum, isto é, pode ser cometido por qualquer pessoa, e não apenas por agentes públicos (E).
2. "a". O art. 1º, § 5º, da Lei n. 9.455/97 não exige qualquer outro requisito para a decretação da perda do cargo aos condenados por crime de tortura.
3. "c". Os enunciados I, III e V estão corretos porque coincidem, respectivamente, com o disposto nos arts. 1º, I, "c"; 1º, § 4º, I; e 2º, da Lei n. 9.455/97. A afirmativa II está errada porque o crime de tortura pressupõe a provocação de "intenso" sofrimento físico ou mental, expressão que não constou do enunciado (é exatamente esse requisito que diferencia o crime de tortura do delito de maus-tratos). O enunciado IV está errado porque aquele que se omite em face da apuração da tortura não incorre nas mesmas penas do torturador, e sim em crime específico, mais brandamente apenado (art. 1º, § 2º, da Lei n. 9.455/97).
4. "a". A alternativa B contém erro porque só há tortura se o ato não for previsto em lei (art. 1º, § 1º). A assertiva C está errada porque o art. 1º, I, "c", da Lei n. 9.455/97 não menciona como hipótese de tortura condutas movidas por qualquer tipo de discriminação, mas apenas por discriminação racial ou religiosa. O enunciado D está errado porque ausente o requisito "causando-lhe sofrimento físico ou mental". A alternativa E está errada porque apenas podem ser punidos pela omissão os responsáveis pela apuração (art. 1º, § 2º), e não qualquer pessoa.
5. "b". A alternativa A está errada porque, se a tortura for praticada por agente público, a pena será aumentada (art. 1º, § 4º, I). A alternativa C contém erro porque não constitui elementar do crime de tortura a provocação de lesões corporais na vítima. Por fim, a alternativa D está errada porque o crime de tortura não é previsto na Constituição Federal ou na Lei n. 9.455/97 como crime imprescritível.
6. "e". A assertiva está em consonância com o art. 1º, I, "a", da Lei n. 9.455/97. A alternativa A está errada porque a condenação por crime de tortura acarreta a interdição para o exercício de função pública pelo dobro do prazo da condenação (art. 1º, § 5º). A alternativa B contém erro porque, se da tortura decorre a morte, a consequência é que o crime seja qualificado (art. 1º, § 3º). A assertiva C está errada porque o art. 1º, § 7º, prevê que o condenado por tortura deve iniciar a pena sempre em regime fechado. Por fim, a alternativa D está errada porque aquele que se omite na apuração da tortura incorre em crime menos grave previsto no art. 1º, § 2º.
7. "b". A conduta não se enquadra em qualquer das hipóteses da Lei n. 9.455/97, que exige outras finalidades específicas por parte do agente para a tipificação do delito de tortura.
8. "a". É o que diz o art. 1º, § 5º, da Lei n. 9.455/97.
9. "a".
10. "b".
11. "e". É o que diz o art. 1º, I, "a", da Lei n. 9.455/97.

5

ARMAS DE FOGO (ESTATUTO DO DESARMAMENTO) LEI N. 10.826/2003

5.1. INTRODUÇÃO

O **porte ilegal de arma de fogo** foi, por muito tempo, considerado somente **contravenção penal**, prevista no art. 19 da Lei das Contravenções Penais; porém, diante da enorme escalada de violência que assola nosso país, o legislador resolveu transformar a conduta em crime, o que acabou se concretizando com a promulgação da **Lei n. 9.437/97**. Essa lei, todavia, além de possuir vários defeitos redacionais, não colaborou muito na diminuição da criminalidade, fazendo com que o legislador se esforçasse na aprovação de outra lei, ainda mais rigorosa, qual seja, a Lei n. 10.826/2003, conhecida como **Estatuto do Desarmamento**, que, além de penas maiores para o crime de porte de arma, trouxe várias outras providências salutares, como a restrição à venda, registro e autorização para o porte de arma de fogo, a tipificação dos crimes de posse e porte de **munição**, tráfico **internacional** de armas de fogo, dentre outras.

O Capítulo I do Estatuto regulamenta o **Sistema Nacional de Armas** (Sinarm), órgão instituído no Ministério da Justiça, no âmbito da Polícia Federal, com circunscrição em todo o território nacional, a quem incumbe, basicamente, cadastrar: as características das armas de fogo e suas eventuais alterações; a propriedade das armas de fogo e suas respectivas transferências, bem como eventuais perdas, extravios, furtos, roubos, e, ainda, aquelas que forem apreendidas, mesmo que vinculadas a procedimento policial ou judicial; as autorizações para porte de arma de fogo e as renovações expedidas pela Polícia Federal; os armeiros em atividade no País, bem como os produtores, atacadistas, varejistas, exportadores e importadores autorizados de armas de fogo etc. As atribuições do Sinarm encontram-se elencadas no art. 2º do Estatuto.

Os Capítulos II e III tratam, respectivamente, das questões atinentes ao registro e ao porte de arma de fogo, e suas regras serão enfocadas em conjunto com os tipos penais descritos no Capítulo IV.

Já o Capítulo V cuida das denominadas "disposições gerais", e seus principais dispositivos serão estudados também em conjunto com os tipos penais.

5.2. DOS CRIMES E DAS PENAS

Os tipos penais e suas respectivas penas estão descritos no Capítulo IV do Estatuto do Desarmamento.

5.2.1. Posse irregular de arma de fogo de uso permitido

> **Art. 12.** Possuir ou manter sob sua guarda arma de fogo, acessório ou munição, de uso permitido, em desacordo com determinação legal ou regulamentar, no interior de sua residência ou dependência desta, ou, ainda no seu local de trabalho, desde que seja o titular ou o responsável legal do estabelecimento ou empresa:
> Pena — detenção, de um a três anos, e multa.

1. Objetividade jurídica

A **incolumidade pública** e o **controle** da propriedade das armas de fogo.

2. Elementos do tipo

Pelo atual regime da Lei n. 10.826/2003, a pessoa interessada na aquisição de arma de fogo deve ter **mais de 25 anos** (art. 28) e atender aos requisitos do art. 4º da mencionada lei e do art. 12 do Decreto n. 9.847/2019, como comprovar idoneidade e a inexistência de inquérito policial ou processo criminal, por meio de certidões de antecedentes criminais das Justiças Federal, Estadual, Militar e Eleitoral, ocupação lícita e residência; capacidade para manuseio da arma; demonstração de aptidão psicológica para o manuseio de arma de fogo, atestada em laudo conclusivo fornecido por psicólogo credenciado pela Polícia Federal etc. Demonstrados esses requisitos, o Sinarm expedirá autorização para a compra da arma — em nome do requerente e para a arma indicada. A aquisição de munição, por sua vez, somente poderá ser feita no calibre correspondente à arma adquirida (art. 4º, § 2º).

Efetuada a aquisição, o interessado deverá observar a regra do art. 3º do Estatuto, que estabelece a obrigatoriedade do **registro** da arma de fogo no órgão competente. Tratando-se de arma de uso **permitido**, o Certificado de Registro de Arma de Fogo será expedido pela **Polícia Federal**, após anuência do **Sinarm**, com validade **em todo o território nacional**, e autoriza o seu proprietário a mantê-la **exclusivamente no interior de sua residência ou dependência desta, ou, ainda, no seu local de trabalho, desde que seja ele o titular ou o responsável legal do estabelecimento ou empresa**. Para trazer a arma consigo em outros locais ou em **via pública**, o sujeito deve obter a **autorização** para o **porte**, nos termos dos arts. 6º e seguintes da lei (*v.* comentários ao art. 14), cujos **requisitos são maiores**.

O art. 4º, § 1º, do Decreto n. 9.847/2019, contém a seguintes definições: I — interior da residência ou dependências desta é toda a extensão da área particular do imóvel, edificada ou não, em que resida o titular do registro; II — interior do local de trabalho é toda a extensão da área particular do imóvel, edificada ou não, em que esteja instalada a pessoa jurídica, registrada como sua sede ou filial; III — titular do estabelecimento ou da empresa é aquele assim definido no contrato social; e IV — responsável legal pelo estabelecimento ou pela empresa é aquele designado em contrato individual de trabalho, com poderes de gerência.

O art. 5º, § 5º, do Estatuto (incluído pela Lei n. 13.870/2019), dispõe que aos residentes em área **rural** considera-se residência ou domicílio toda a extensão do respectivo imóvel rural.

Assim, o crime do art. 12 consiste exatamente em **possuir** ou **manter a guarda** de arma de fogo, acessório ou munição, **de uso permitido**, no interior de residência ou dependência desta, ou no local de trabalho, na condição de titular ou responsável legal do estabelecimento ou empresa, **sem o devido registro**.

O legislador estabeleceu pena menor para esse caso (detenção, de um a três anos, e multa) em relação ao crime de **porte** por entendê-lo de menor gravidade, já que a arma está no interior de residência ou estabelecimento comercial. Por sua vez, quem **portar** ou **detiver** arma de fogo, por exemplo, em via pública ou no interior de residência ou estabelecimento alheios, responderá pelo crime de **porte** ilegal de arma, caso não possua autorização para fazê-lo. Nesse caso, se a arma for de **uso permitido**, estará configurado o crime do **art. 14**, e, se for de uso **restrito** ou **proibido**, o crime do **art. 16, *caput*, e § 2º** da Lei n. 10.826/2003.

O crime do art. 12 — **posse irregular de arma de fogo de uso permitido** — pressupõe que o fato ocorra no interior da **própria** residência do agente ou em dependência desta. Assim, a detenção de arma de fogo, acessório ou munição, de uso permitido, em residência **alheia**, conforme já mencionado, caracterizará crime mais grave — o do art. 14. A mesma regra valerá se a detenção da arma ocorrer em empresa ou estabelecimento comercial, mas o agente **não** for o seu titular ou responsável legal.

O motorista de caminhão ou de táxi que traz consigo arma de fogo comete o crime de porte ilegal do art. 14. O caminhão **não** pode ser considerado extensão de sua residência ou local de trabalho. Nesse sentido: "Caracteriza-se o delito de posse irregular de arma de fogo quando ela estiver guardada no interior da residência (ou dependência desta) ou no trabalho do acusado, evidenciado o porte ilegal se a apreensão ocorrer em local diverso. O caminhão, ainda que seja instrumento de trabalho do motorista, não pode ser considerado extensão de sua residência, nem local de seu trabalho, mas apenas instrumento de trabalho. 3. No caso concreto, o recorrente foi surpreendido com a arma na cabine do caminhão, no interior de uma bolsa de viagem. Assim sendo, fica evidente que ele portava, efetivamente, a arma de fogo, que estava ao seu alcance, possibilitando a utilização imediata. 4. Ante a impossibilidade de desclassificação do crime de porte de arma para o delito de posse, está superada a irresignação no tocante à incidência da *abolitio criminis* temporária. 5. Recurso ordinário a que se nega provimento" (STJ — RHC 31.492/SP, Rel. Min. Campos Marques (Desembargador Convocado do TJ/PR), 5ª Turma, julgado em 13/08/2013, *DJe* 19/08/2013); "A conduta prevista no art. 12 da Lei n. 10.826/2003 exige que o agente possua arma de fogo no interior de sua residência ou dependência desta, ou, ainda, no seu local de trabalho. A jurisprudência desta Corte Superior possui o entendimento de que o caminhão não pode ser considerado extensão de sua residência, ainda que seja instrumento de trabalho" (STJ — AgRg no REsp 1.408.940/SC, Rel. Min. Rogerio Schietti Cruz, 6ª Turma, julgado em 04/08/2015, *DJe* 18/08/2015); "A jurisprudência do Superior Tribunal de Justiça firmou o entendimento de que veículos automotores não podem ser considerados como local de trabalho para fins da Lei n. 10.826/2003. Precedentes desta Corte Superior" (STJ — AgRg no AREsp 980.455/PR, Rel. Min. Sebastião Reis Júnior, 6ª Turma, julgado em 17/11/2016, *DJe* 01/12/2016).

Os **objetos materiais** do crime são as **armas de fogo**, **munições** ou **acessórios**.

Armas de fogo são os instrumentos que, mediante a utilização da energia proveniente da pólvora, lançam a distância e com grande velocidade os projéteis. Possuem várias espécies, como, por exemplo, revólveres, pistolas, garruchas, espingardas, metralhadoras, granadas etc. Veja-se, contudo, que esse crime do art. 12 do Estatuto do Desarmamento só abrange as armas de fogo de uso **permitido**, já que a posse de arma de fogo não registrada de uso **restrito** ou **proibido**, na própria residência ou estabelecimento comercial, constitui **crime mais grave** previsto no art. 16, *caput*, e § 2º, da mesma Lei.

Armas de fogo de uso **permitido** são aquelas cuja utilização **pode ser autorizada a pessoas físicas**, bem como a pessoas **jurídicas**, de acordo com as normas **do Comando do Exército e nas condições estabelecidas na Lei n. 10.826/2003**.

O rol das armas de uso permitido, proibido ou restrito é disciplinado em ato do Chefe do Poder Executivo Federal, mediante proposta do Comando do Exército (art. 23 do Estatuto). Trata-se, pois, de **norma penal em branco**. Atualmente, o **conceito** de arma de uso permitido encontra-se no **art. 2º, I, do Dec. n. 9.847/2019**: "as armas de fogo semiautomáticas ou de repetição que sejam: a) de porte, cujo calibre nominal, com a utilização de munição comum, não atinja, na saída do cano de prova, energia cinética superior a mil e duzentas libras-pé ou mil seiscentos e vinte joules; b) portáteis de alma lisa; ou c) portáteis de alma raiada, cujo calibre nominal, com a utilização de munição comum, não atinja, na saída do cano de prova, energia cinética superior a mil e duzentas libras-pé ou mil seiscentos e vinte joules". A relação específica das armas de fogo que se enquadram no conceito acima é encontrada na Portaria n. 1.222/2019 do Comando do Exército.

Munição é tudo quanto dê capacidade de **funcionamento** à arma, para carga ou disparo (projéteis, cartuchos, chumbo etc.). Para a configuração do delito, basta a apreensão da munição, sendo **desnecessária** a concomitante apreensão da arma de fogo. Aliás, se fosse necessária a apreensão da arma, não teria sido necessário o legislador punir o porte de munição. Nesse sentido: "A orientação deste Superior Tribunal é firme em assinalar que a posse ilegal de munição desacompanhada da respectiva arma de fogo configura o crime do art. 12, *caput*, da Lei n. 10.826/2003, delito de perigo abstrato que presume a ocorrência de dano à segurança pública e prescinde de resultado naturalístico à incolumidade física de outrem para ficar caracterizado" (STJ — AgRg no HC 391.282/MS, Rel. Min. Rogerio Schietti Cruz, 6ª Turma, julgado em 16/05/2017, *DJe* 24/05/2017)"; "Não há se falar em atipicidade em virtude da apreensão da munição desacompanhada de arma de fogo, porquanto a conduta narrada preenche não apenas a tipicidade formal mas também a material, uma vez que "o tipo penal visa à proteção da incolumidade pública, não sendo suficiente a mera proteção à incolumidade pessoal" (AgRg no REsp n.1.434.940/GO, 6ª Turma, Rel. Min. Rogerio Schietti Cruz, *DJe* de 4/2/2016). Nesse contexto, verifico que permanece hígida a jurisprudência do Superior Tribunal de Justiça, bem como do Supremo Tribunal Federal, no sentido de que a posse de munição, mesmo desacompanhada de arma apta a deflagrá-la, continua a preencher a tipicidade penal, não podendo ser considerada atípica a conduta" (STJ — HC 466.777/SC, Rel. Min. Reynaldo Soares da Fonseca, 5ª Turma, julgado em 13/08/2019, *DJe* 30/08/2019).

Temos firme entendimento no sentido de que não se pode reconhecer a atipicidade da conduta em face do princípio da insignificância com o argumento de que o acusado tem a posse de **pequena** quantidade de munição, pois é evidente que um único projétil é capaz de provocar lesões ou a morte, não podendo ser tachada a conduta de irrelevante penal. Nesse sentido: "Nos termos da jurisprudência desta Corte, o princípio da insignificância não é aplicável aos crimes de posse e de porte de arma de fogo ou munição, por se tratarem de crimes de perigo abstrato, sendo irrelevante inquirir a quantidade de munição apreendida" (STJ — HC 373.891/SC, Rel. Min. Ribeiro Dantas, 5ª Turma, julgado em 28/03/2017, *DJe* 05/04/2017); "Nos termos da jurisprudência desta Corte, o princípio da insignificância não é aplicável aos crimes de posse e de porte de arma de fogo, por se tratarem de crimes de perigo abstrato, sendo irrelevante inquirir a quantidade de munição apreendida" (STJ — HC 338.153/RS, Rel. Min. Ribeiro Dantas, 5ª Turma, julgado em 03/05/2016, *DJe* 10/05/2016).

Posteriormente, entretanto, as Cortes Superiores passaram a aplicar o princípio da insignificância em casos em que apreendida pequena quantidade de munição: "Passou-se a admitir, no entanto, a incidência do princípio da insignificância quando se tratar de posse de pequena quantidade de munição, desacompanhada de armamento capaz de deflagrá-la, uma vez que ambas as circunstâncias conjugadas denotam a inexpressividade da lesão jurídica provocada. Precedentes do STF e do STJ. 4. A possibilidade de incidência do princípio da insignificância não pode levar à situação de proteção deficiente ao bem jurídico tutelado. Portanto, não se deve abrir muito o espectro de sua incidência, que deve se dar apenas quando efetivamente mínima a quantidade de munição apreendida, em conjunto com as circunstâncias do caso concreto, a denotar a inexpressividade da lesão" (STJ — HC 446.915/RS, Rel. Ministro Reynaldo Soares da Fonseca, 5ª Turma, julgado em 07/08/2018, *DJe* 15/08/2018); "O Supremo Tribunal Federal admite a aplicação do princípio da bagatela às situações em que a inexpressiva quantidade de munição apreendida, aliada à ausência de dispositivo de disparo, evidencia a inexistência de riscos ao bem jurídico tutelado pela norma. (RHC n. 143.449/MS, Min. Ricardo Lewandowski, Segunda Turma, *DJe* 9/10/2017). 2. Na espécie, o acusado foi surpreendido em sua residência na posse de munição de uso permitido — dois cartuchos, calibres 38 e 7,62mm. Desse modo, considerando a quantidade não relevante de munições, bem como que não estavam acompanhadas de arma de fogo, deve ser afastada a tipicidade material do comportamento. Precedentes" (STJ — AgRg no HC 437.565/MG, Rel. Min. Antonio Saldanha Palheiro, 6ª Turma, julgado em 07/08/2018, *DJe* 14/08/2018); "A Sexta Turma desta Casa, alinhando-se ao Supremo Tribunal Federal, passou a admitir a aplicação do princípio da insignificância aos crimes previstos na Lei n. 10.826/2003, esclarecendo que a ínfima quantidade de munição apreendida, aliada a ausência de artefato bélico apto ao disparo, evidencia a inexistência de riscos à incolumidade pública. Precedentes. 2. Na espécie, considerando a quantidade não relevante de munições, bem como o fato de não estarem acompanhadas de arma de fogo, afastou-se a tipicidade material do comportamento, tendo em vista a ausência de lesão ao bem jurídico tutelado pela norma" (STJ — AgRg no REsp 1819558/GO, Rel. Min. Antonio Saldanha Palheiro, 6ª Turma, julgado em 05/09/2019, *DJe* 12/09/2019); "O Supremo Tribunal Federal reconheceu a possibilidade de incidência do princípio da insignificância a casos de apreensão de quantidade reduzida de munição de uso permitido, desacompanhada de arma de fogo, tendo concluído pela total inexistência de perigo à incolumidade pública (RHC 143.449/MS, Rel. Ministro Ricardo Lewandowski, Segunda Turma, *DJe* 09/10/2017), vindo a ser acompanhado por ambas as Turmas que compõem a Terceira Seção desta Corte" (STJ — RHC 108.128/RS, Rel. Min. Ribeiro Dantas, 5ª Turma, julgado em 10/09/2019, *DJe* 16/09/2019).

De acordo com o Superior Tribunal de Justiça, o crime de posse de munição não se configura quando o agente tem em seu poder um projétil que é utilizado como colar, chaveiro ou algo similar: "A atipicidade material da conduta não pode ser reconhecida, porquanto a munição apreendida com o paciente estava intacta e poderia ser utilizada em arma de fogo, diferentemente daquelas hipóteses em que a natureza do projétil é descaracterizada mediante utilização em obra de arte ou para confecção de chaveiro, colar etc." (STJ — AgRg no HC 391.282/MS, Rel. Min. Rogerio Schietti Cruz, 6ª Turma, julgado em 16/05/2017, *DJe* 24/05/2017).

Acessório é o artefato que, acoplado a uma arma, possibilita a melhoria do desempenho do atirador, a modificação de um efeito secundário do tiro ou a modificação do aspecto visual da arma.

- **Posse de arma e violência doméstica**

De acordo com o art. 12, VI-A, da Lei Maria da Penha, feito o registro da ocorrência, deverá a autoridade policial verificar se o agressor possui registro de porte ou posse de arma de fogo e, na hipótese de existência, juntar aos autos essa informação, bem como notificar a ocorrência à instituição responsável pela concessão do registro ou da emissão do porte, nos termos da Lei n. 10.826, de 22 de dezembro de 2003 (Estatuto do Desarmamento). Tal providência é relevante porque a pessoa que possua em casa arma de fogo registrada pode ter o seu registro **suspenso** pelo juiz, em razão da prática de **violência** doméstica ou familiar contra **mulher**, e, nesse caso, o juiz deve **comunicar** sua decisão à **autoridade competente**. O art. 22, I, da Lei n. 11.340/2006 (Lei Maria da Penha) diz que essa medida pode ser decretada **cautelarmente**, antes da condenação pelo crime de violência doméstica, e visa **proteger** a mulher do perigo representado pelo agressor, que continuaria a ter uma arma de fogo em casa. Se o agente mantiver a arma em casa após a decisão judicial, incorrerá no crime do art. 12 do Estatuto.

3. Sujeito ativo

Qualquer pessoa.

4. Sujeito passivo

A coletividade.

5. Consumação

No momento em que a arma entra na **residência** ou **estabelecimento comercial**. Trata-se de crime **permanente**, em que a prisão em flagrante é possível enquanto não cessada a conduta.

O delito em análise é de **perigo abstrato** e de **mera conduta**, porque dispensa prova de que **pessoa determinada** tenha sido exposta a efetiva situação de risco (a lei presume a ocorrência do perigo), bem como a superveniência de qualquer resultado.

6. Tentativa

É possível.

7. Suspensão condicional do processo

Sendo de **um ano** a pena **mínima** prevista para o crime, é cabível o benefício, desde que presentes os demais requisitos do art. 89 da Lei n. 9.099/95.

8. Vigência do dispositivo

O art. 30 do Estatuto do Desarmamento (com a redação dada, sucessivamente, pelas Leis ns. 10.884/2004, 11.118/2005, 11.191/2005, 11.706/2008 e 11.922/2009) concedeu prazo aos possuidores e proprietários de armas de fogo de uso **permitido** ainda **não registradas** para que solicitassem o registro até 31 de dezembro de 2009, mediante apresentação de nota fiscal ou outro comprovante de sua origem lícita, pelos meios de prova em direito admitidos.

Por isso, doutrina e jurisprudência têm entendido que as pessoas que tenham sido flagradas antes de 31 de dezembro de 2009 com arma de fogo de uso **permitido** no interior da própria residência ou estabelecimento comercial, sem o respectivo registro, não podem ser punidas, porque a boa-fé é presumida, de modo que se deve pressupor que iriam solicitar o registro da arma dentro do prazo.

O argumento é que o crime do art. 12 é **norma penal em branco**, que pune a posse da arma em residência ou local de trabalho **em desacordo com determinação legal ou regulamentar**, dependendo, portanto, de complemento. Em princípio, esse complemento se encontra na própria Lei, fora do capítulo "dos crimes e das penas", em seu art. 5º, que declara que o **registro autoriza o proprietário a manter a arma em sua casa ou em seu estabelecimento comercial**. Daí por que a ausência do registro tipifica a conduta, pois o agente está em desacordo com a determinação legal. Ocorre que a própria Lei, no art. 30, trouxe outro complemento para a norma penal em branco, de caráter **temporário**, permitindo a regularização das armas não registradas, no prazo já mencionado. Por isso, quem tiver sido flagrado com arma de fogo de uso permitido em casa entre a entrada em vigor do Estatuto e o dia 31 de dezembro de 2009 não agiu em desacordo com determinação legal, de modo que não pode ser punido. Esse prazo, porém, só se refere às armas de uso **permitido**, nos expressos termos do art. 30. Em relação às armas de uso restrito, o prazo concedido foi menor (*v.* comentários ao art. 16).

A propósito: "1. A Sexta Turma, a partir do julgamento do HC n. 188.278/RJ, passou a entender que a *abolitio criminis*, para a posse de armas e munições de uso permitido, restrito, proibido e com numeração raspada, tem como data final o dia 23 de outubro de 2005. 2. Dessa data até 31 de dezembro de 2009, somente as armas/munições de uso permitido (com numeração hígida) e, pois registráveis, é que estiveram abarcadas pela *abolitio criminis*" (STJ — AgRg no AREsp 311.866/MS, Rel. Min. Maria Thereza de Assis Moura, 6ª Turma, julgado em 06/06/2013, *DJe* 14/06/2013); **e** "1. É atípica a conduta relacionada ao crime de posse de arma de fogo de uso permitido, em razão da chamada *abolitio criminis* temporária, se praticada no período compreendido entre 23 de dezembro de 2003 a 31 de dezembro de 2009 (art. 20 da Lei n. 11.922/2009)" (STJ — AgRg no HC 167.461/RJ, Rel. Min. Campos Marques (Desembargador convocado do TJ/PR), 5ª Turma, julgado em 07/05/2013, *DJe* 10/05/2013).

O dispositivo em estudo, por ser relacionado à regularização **do registro**, só tornou temporariamente **atípica** a conduta (de acordo com a jurisprudência) em relação ao crime de **posse** de arma de fogo, e nunca em relação ao crime de **porte**. A propósito:

> "I. A jurisprudência do Superior Tribunal de Justiça firmou entendimento no sentido de que o transporte do artefato de uso restrito em veículo caracteriza o crime de porte ilegal de arma de fogo, e, portanto, não abrangido pela *abolitio criminis* temporária, decorrente da Lei n. 10.826/2003 e suas prorrogações. Precedentes. II. Consoante a jurisprudência do STJ, "a *abolitio criminis* temporária, prevista nos arts. 5º, § 3º, e 30 da Lei n. 10.826/2003 e nos diplomas legais que prorrogaram os prazos previstos nesses dispositivos, abrangeu apenas a posse ilegal de arma de fogo, mas não o seu porte. Precedentes desta Corte e do Supremo Tribunal Federal. Segundo entendimento desta Corte, o transporte em veículo caracteriza o porte, e não a posse de arma de fogo" (STJ, HC 148.338/MS, Rel. Min. Sebastião Reis Júnior, 6ª Turma, *DJe* 22/08/2011)" (STJ — (AgRg no AREsp 288.695/SC, Rel. Min. Assusete Magalhães, 6ª Turma, julgado em 21/05/2013, *DJe* 04/06/2013).

9. Entrega da arma

De acordo com o art. 32 do Estatuto, com a redação dada pela Lei n. 11.706/2008, o possuidor ou proprietário de arma de fogo pode **entregá-la espontaneamente**, e a **qualquer tempo**, à Polícia Federal, hipótese em que se **presume sua boa-fé e extingue-se sua punibilidade** em relação ao crime de **posse** irregular de referida arma. Se o agente for flagrado com a arma em casa, responderá pelo delito. A extinção da punibilidade pressupõe sua **efetiva entrega**. A propósito:

> "*Abolitio criminis* temporária. Não ocorrência. Conduta praticada após 31/12/2009. Excludente de punibilidade. Ausência de devolução espontânea. Não configuração. No caso concreto, tendo sido encontrada na residência do recorrente, em 22/06/2011 (fls. 2/3), arma de fogo de uso permitido, não tinha mais como ser beneficiado com a *abolitio criminis*. De outra parte, também não se beneficia com a extinção da punibilidade, pois não realizou o ato de entrega espontânea, consoante o ditame legal. 5. Agravo regimental a que se nega provimento" (STJ — AgRg no AREsp 311.866/MS, Rel. Min. Maria Thereza de Assis Moura, 6ª Turma, julgado em 06/06/2013, *DJe* 14/06/2013).

Repita-se:

a) o dispositivo em análise (art. 32 do Estatuto) não está sujeito a prazo, ou seja, a entrega pode ocorrer a qualquer tempo;

b) desde que ocorra a entrega, fica extinta a punibilidade do réu.

10. Registro federal

O art. 5º, § 3º, do Estatuto (modificado pelas Leis ns. 11.706/2008 e 11.922/2009) estabelece que o proprietário de arma de fogo com certificado de registro de propriedade expedido por órgão estadual ou do Distrito Federal, até a data da publicação desta Lei, que não optar pela entrega espontânea prevista no art. 32 desta Lei, deverá renová-lo, mediante o pertinente registro federal, até o dia 31 de dezembro de 2009. Até essa data, portanto, todos deveriam ter providenciado o registro federal de suas armas de fogo. Se não o fizeram e forem flagrados com a arma no interior da própria residência, estarão em desacordo com determinação legal e incorrerão no crime do art. 12.

Além disso, o art. 18, § 3º, do Decreto n. 5.123/2004 estabelecia que o registro deveria ser renovado a **cada três anos**. Posteriormente, os arts. 3º, § 10, e 4º, § 2º, do Decreto n. 9.845/2019, passaram a exigir que a renovação do registro ocorra a cada dez anos.

No Superior Tribunal de Justiça, firmou-se o entendimento de que, se a arma é registrada em nome de determinada pessoa, a falta de renovação constitui mera infração administrativa, caso encontrada em sua residência. Veja-se: "Se o agente já procedeu ao registro da arma, a expiração do prazo é mera irregularidade administrativa que autoriza a apreensão do artefato e aplicação de multa. A conduta, no entanto, não caracteriza ilícito penal" (STJ — APn 686/AP, Rel. Min. João Otávio de Noronha, Corte Especial, julgado em 21/10/2015, *DJe* 29/10/2015); "Ao julgar o mérito da APn n. 686/AP, a Corte Especial deste Sodalício firmou a compreensão de que, se o agente já procedeu ao registro da arma, a expiração do prazo constitui mera irregularidade administrativa, não caracterizando, portanto, ilícito penal. 2. No caso dos autos, a acusada teria guardado em sua casa arma de fogo com registro vencido, conduta que se revela penalmente atípica, configurando, apenas, ilícito administrativo que enseja a apreensão do armamento e a aplicação de multa. Precedentes da Quinta e da Sexta Turma. 3. Recurso provido para determinar o trancamento da ação penal instaurada contra a recorrente" (STJ — RHC 66.698/CE, Rel. Min. Jorge Mussi, 5ª Turma, julgado em 19/04/2016, *DJe* 04/05/2016); **e** "No julgamento da APn n. 686/AP, em 21/10/2015, da relatoria do Ministro João Otávio de Noronha, a Corte Especial concluiu ser atípica a conduta de posse e guarda tanto da arma quanto das munições de uso permitido com registro expirado. 2. Tratando os autos de denúncia por apreensão de armas e munições de uso permitido com registro vencido, deve ser trancada a ação penal por atipicidade da conduta no âmbito penal. 3. Recurso em *habeas corpus* provido" (STJ — RHC 53.795/MG, Rel. Min. Sebastião dos Reis Júnior, 6ª Turma, julgado em 03/03/2016, *DJe* 14/03/2016).

5.2.2. Omissão de cautela

> **Art. 13**, *caput* — Deixar de observar as cautelas necessárias para impedir que menor de dezoito anos ou pessoa portadora de deficiência mental se apodere de arma de fogo que esteja sob sua posse ou que seja de sua propriedade:
> Pena — detenção, de um a dois anos, e multa.

1. Objetividade jurídica

A **incolumidade pública** em face do perigo decorrente do apoderamento da arma de fogo por pessoa **despreparada**, e ainda a própria **integridade física** do menor de idade ou deficiente mental, que também fica exposta a risco em tal situação.

2. Elementos do tipo

A conduta incriminada é nitidamente **culposa**, na modalidade de **negligência**, já que se pune a **omissão** do agente, que não observa as **cautelas** devidas para **evitar** o apoderamento de arma de fogo pelo menor ou deficiente, como, por exemplo, deixando-a no banco de um carro e não trancando a sua porta, ou deixando-a em uma gaveta da sala de casa, sem trancá-la etc.

3. Sujeito ativo

Qualquer pessoa que tenha a posse ou propriedade de arma de fogo. Se o agente não possui o registro da arma de fogo, incorre também no delito do art. 12.

A omissão de cautela em relação a **munição** ou **acessório não** está prevista no tipo penal.

4. Sujeitos passivos

A coletividade, bem como o menor ou deficiente mental que se apodere da arma de fogo.

5. Consumação

Pela redação do dispositivo, é possível notar que, ao contrário dos demais crimes da lei, esse delito **não é de mera conduta**, e sim **material**. Com efeito, o crime não se consuma com a omissão do possuidor ou proprietário da arma, exigindo, para tanto, que algum menor ou doente mental efetivamente se apodere da arma. Assim, se alguém deixa uma arma em local de fácil apossamento por uma das pessoas mencionadas na lei, mas isso não ocorre, não se aperfeiçoa o ilícito penal.

O delito em análise é de **perigo abstrato**, porque se configura pelo simples apoderamento pelo menor ou doente mental, independentemente de ter ele apontado a arma para alguém ou para ele próprio. Em suma, não é necessário que se prove que pessoa determinada tenha sido exposta a risco.

6. Tentativa

Não se admite, já que se trata de crime culposo. Se o menor ou deficiente se apossar da arma, o crime estará consumado; se não o fizer, o fato será atípico, conforme já mencionado.

5.2.3. Omissão de comunicação de perda ou subtração de arma de fogo

> **Art. 13, parágrafo único.** Nas mesmas penas incorrem o proprietário ou diretor responsável de empresa de segurança e transporte de valores que deixarem de registrar ocorrência policial e de comunicar à Polícia Federal perda, furto, roubo ou outras formas de extravio de arma de fogo, acessório ou munição que estejam sob sua guarda, nas primeiras vinte e quatro horas depois de ocorrido o fato.

1. Objetividade jurídica

A **veracidade** dos **cadastros** de armas de fogo junto ao **Sinarm** e do respectivo registro perante os órgãos competentes.

2. Elementos do tipo

Nos termos do art. 7º, *caput*, do Estatuto do Desarmamento, as armas de fogo **utilizadas** pelas empresas de segurança e transporte de valores deverão **pertencer** a elas, ficando também sob sua **guarda** e **responsabilidade**. O dispositivo estabelece, outrossim, que o registro e a autorização para o porte, expedida pela Polícia Federal, deverão ser elaborados em seu nome. A empresa deverá, ainda, apresentar ao Sinarm, **semestralmente**, a relação dos **empregados habilitados** — nos termos da lei — que poderão **portar** as armas. Tal porte, evidentemente, só poderá ocorrer em **serviço**.

Dessa forma, como a **responsabilidade** pela arma de fogo recai precipuamente sobre a **empresa**, o Estatuto estabelece também a **obrigatoriedade** de seu proprietário ou diretor comunicar a **subtração**, **perda** ou qualquer outra forma de **extravio** a ela referentes. Assim, se não for efetuado o registro da ocorrência e não houver comunicação à Polícia Federal, em um prazo de **vinte e quatro horas a contar do fato**, o crime se aperfeiçoará.

3. Sujeito ativo

Trata-se de crime **próprio**, que só pode ser cometido pelo **proprietário** ou pelo **diretor** responsável por **empresa de segurança** ou de **transporte de valores**.

4. Sujeito passivo

A **coletividade**, já que a veracidade dos cadastros é de interesse coletivo, e não apenas dos órgãos responsáveis.

5. Consumação

Com o decurso do prazo de **vinte e quatro horas** mencionado no tipo penal. É evidente que esse prazo não corre enquanto **não** tiver sido **descoberta** a subtração, perda ou extravio. Como a lei estabelece um período de tempo para o delito se aperfeiçoar, ele pode ser classificado como **crime a prazo**.

6. Tentativa

Tratando-se de crime **omissivo próprio**, não admite a figura da tentativa.

5.2.4. Porte ilegal de arma de fogo de uso permitido

> **Art. 14.** Portar, deter, adquirir, fornecer, receber, ter em depósito, transportar, ceder, ainda que gratuitamente, emprestar, remeter, empregar, manter sob sua guarda ou ocultar arma de fogo, acessório ou munição, de uso permitido, sem autorização e em desacordo com determinação legal ou regulamentar:
> Pena — reclusão, de dois a quatro anos, e multa.
> Parágrafo único. O crime previsto neste artigo é inafiançável, salvo quando a arma de fogo estiver registrada em nome do agente.

1. Objetividade jurídica

A **incolumidade pública**, no sentido de evitar que pessoas armadas coloquem em risco a vida, a incolumidade física ou o patrimônio dos cidadãos.

2. Elementos do tipo

Embora a denominação legal do delito seja "porte ilegal de arma de fogo de uso permitido", é fácil notar que o texto legal possui abrangência **muito maior**, já que existem inúmeras outras condutas típicas. Com efeito, as *ações* **nucleares** são portar, deter, adquirir, fornecer, receber, ter em depósito, transportar, ceder, ainda que gratuitamente, emprestar, remeter, empregar, manter sob sua guarda ou ocultar. Trata-se, porém, de **crime de ação múltipla** — também chamado de crime de conteúdo variado ou de tipo misto alternativo — em que a realização de mais de uma conduta típica, em relação ao **mesmo objeto material**, constitui crime único, na medida em que as diversas ações descritas na lei estão separadas pela conjunção alternativa "ou". Assim, se o agente adquire e, em seguida, porta a mesma arma de fogo, comete apenas um crime.

Tratando-se de arma de uso **permitido**, estão previstas duas hipóteses na legislação: a **posse** em **residência** ou no **local de trabalho** caracteriza o crime do **art. 12**, se a arma **não** for **registrada**, enquanto o **porte**, em outros locais, caracteriza o crime do **art. 14**, se o agente não tiver a devida **autorização** expedida pela Polícia Federal, ainda que a arma seja registrada. No caso de arma de uso **proibido** ou **restrito**, tanto a **posse** em residência quanto o **porte** caracterizam crime **mais grave**, previsto no **art. 16**, *caput*, e § 2º, da Lei n. 10.826/2003. Se a arma estiver com a numeração, marca ou qualquer outro sinal identificador **raspado**, **suprimido** ou **alterado**, a posse ou o porte caracterizará, indistintamente, o crime do **art. 16, § 1º, IV**, do Estatuto, quer se trate de arma de uso permitido ou restrito. Caso se trate de arma de uso proibido com numeração raspada, a pena é a do art. 16, § 2º, do Estatuto, modificado pelo Lei n. 13.964/2019.

Os doutrinadores costumam dizer que aquele que **oculta** revólver utilizado por outra pessoa na prática de um delito **comete favorecimento pessoal**, previsto no art. 348 do Código Penal. Ocorre que tal conduta, **atualmente**, enquadra-se no art. 14 da Lei n. 10.826/2003, que pune, com pena mais grave, a ocultação de arma de fogo própria ou de terceiro.

Os **objetos materiais** do crime são as armas de fogo, munições ou acessórios de uso permitido.

Atualmente, o conceito de armas de uso permitido encontra-se no art. 2º, I, do Dec. n. 9.847/2019: "as armas de fogo semiautomáticas ou de repetição que sejam: a) de porte, cujo calibre nominal, com a utilização de munição comum, não atinja, na saída do cano de prova, energia cinética superior a mil e duzentas libras-pé ou mil seiscentos e vinte joules; b) portáteis de alma lisa; ou c) portáteis de alma raiada, cujo calibre nominal, com a utilização de munição comum, não atinja, na saída do cano de prova, energia cinética superior a mil e duzentas libras-pé ou mil seiscentos e vinte joules". A relação específica das armas de fogo que se enquadram no conceito acima pode ser encontrada na Portaria n. 1.222/2019[1] do Comando do Exército.

Munição é tudo quanto dê capacidade de funcionamento à arma, para carga ou disparo (projéteis, cartuchos, chumbo etc.).

Acessório é o artefato que, acoplado a uma arma, possibilita a melhoria do desempenho do atirador, a modificação de um efeito secundário do tiro ou a modificação do aspecto visual da arma.

O **elemento normativo do tipo** encontra-se na expressão "**sem autorização e em desacordo com determinação legal ou regulamentar**". Com efeito, só comete o crime quem porta arma de fogo e não possui **autorização** para tanto, ou o faz em **desacordo** com as normas que disciplinam o tema.

O "porte" para **trazer consigo** arma de fogo de uso permitido é expressamente **vedado**, como regra, em todo o território nacional, nos termos do art. 6º da Lei n. 10.826/2003. A própria lei, todavia, traz algumas exceções, estabelecendo que ele será admitido em algumas hipóteses, **quer em decorrência da função do sujeito** (art. 6º), **quer pela obtenção de autorização junto à Polícia Federal**, após a concordância do Sinarm. De acordo com o art. 17 do Decreto n. 9.847/2019, "o porte de arma de fogo é pessoal, intransferível e revogável a qualquer tempo e será válido apenas em relação à arma nele especificada e com a apresentação do documento de identificação do portador".

O art. 6º do Estatuto estabelece que, além das hipóteses previstas em lei própria (como no caso dos membros do Ministério Público ou da Magistratura), **podem portar** arma de fogo os integrantes das Forças Armadas, os policiais civis ou

---

1 De acordo com tal Portaria, são armas de uso permitido: 9x19mm PARABELLUM, 9x18 Makarov, 9x23 Winchester, 10mm Automatic, 221 Remington Fireball, 25 Automatic, 25 North American Arms, 30 Luger (7.65mm), 32 Automatic, 32 H&R Magnum, 32 North American Arms, 32 Short Colt, 32 Smith & Wesson, 32 Smith &Wesson Long, 327 Federal Magnum, 356 TSW, 357 Magnum, 357 Sig, 38 Automatic, 38 Smith & Wesson, 38 Special, 38 Super Automatic +P, 380 Automatic, 40 Smith &Wesson, 400 Cor-Bom, 44 S&W Special, 45 Automatic, 45 Auto Rim, 45 Colt, 45 Glock Automatic Pistol, 45 Winchester Magnum, 6 x 45mm, 17 Hornet, 17 Remington, 17 Remington Fireball, 218 Bee, 22 Hornet, 221 Remington Fireball, 25-20 Winchester, 30 Carbine, 32-20 Winchester, 38-40 Winchester, 38-55 Winchester, 44-40 Winchester, 17 Mach 2 , 17 Hornady Magnum Rimfire, 17 Winchester Super Magnum, 22 Short, 22 Long, 22 Long Rifle, 22 Winchester Rimfire, 22 Winchester Magnum (Rimfire).

militares[2], os integrantes da Força Nacional de Segurança Pública, os integrantes das guardas municipais das capitais dos Estados e dos Municípios com mais de 500.000 habitantes, os integrantes das guardas municipais dos Municípios com mais de 50.000 e menos de 500.000 habitantes, quando em serviço[3], os agentes operacionais da Agência Brasileira de Inteligência e os agentes do Departamento de Segurança do Gabinete de Segurança Institucional da Presidência da República, os policiais da Câmara dos Deputados ou do Senado Federal, os agentes e guardas prisionais, os integrantes de escolta de presos, os guardas portuários, os trabalhadores de empresas de segurança privada e de transporte de valores que estejam devidamente habilitados, os integrantes das entidades de desporto legalmente constituídas cujas atividades esportivas demandem o uso de armas de fogo, os integrantes da Carreira de Auditor da Receita Federal do Brasil e de Auditoria-Fiscal do Trabalho, os Auditores-Fiscal e Analistas Tributários e, por fim, os servidores dos tribunais do Poder Judiciário descritos no art. 92 da Constituição Federal e dos Ministérios Públicos da União e dos Estados que efetivamente estejam no exercício de funções de segurança, na forma do regulamento emitido pelo Conselho Nacional de Justiça — CNJ — e pelo Conselho Nacional do Ministério Público — CNMP.

Aqueles que têm em lei especial autorização para o porte de armas de fogo, como os membros do Ministério Público e os juízes de direito, não se eximem da obrigação do registro da arma. Nesse sentido: "O Estatuto do Desarmamento estabelece que o registro do material bélico é obrigatório, nos órgãos competentes (art. 3º da Lei 10.826/2003) proibindo o porte de arma em todo o território nacional, salvo para os casos previstos em legislação própria (art. 6º da Lei 10.826/2003). 2. A Lei 10.826/2003 condiciona a aquisição de arma de fogo e a expedição do respectivo registro ao cumprimento de requisitos dispostos no art. 4º da referida lei. Segundo o art. 4º, III, do Estatuto do Desarmamento, para o registro de arma de fogo é necessário, entre outros requisitos, que o interessado comprove capacidade técnica para o manuseio de arma de fogo, atestada na forma disposta no regulamento da Lei 10.826/2003. 3. A Lei 8.625/1993 (Lei Orgânica Nacional do Ministério Público) garante o porte de arma, independentemente de qualquer ato formal de licença ou autorização (art. 42), com similar prerrogativa aos magistrados (art. 33 da Lei Orgânica da Magistratura Nacional). 4. A capacidade técnica é um dos requisitos para o registro de arma de fogo, e não para o porte de arma. O presente requisito técnico visa atestar que o interessando possui conhecimentos básicos, teóricos e práticos, para o manuseio e uso de arma de fogo que se pretende adquirir. Não resta dúvida de que aquele que visa adquirir arma de fogo deve ao menos conhecer o funcionamento do instrumento

---

[2] De acordo com o art. 5º, § 5º, da Lei n. 13.500/2017, o direito ao porte de arma estende-se aos militares da reserva remunerada dos Estados e do Distrito Federal, que exerçam cargo ou função em Gabinete Militar, em Casa Militar ou em órgão equivalente dos governos dos Estados e do Distrito Federal.

[3] O art. 16 da Lei n. 13.022/2014 (Estatuto das Guardas Municipais) reconhece, como prerrogativa de seus integrantes, o porte de arma de fogo, "conforme previsto em lei".

bélico, bem como as normas de segurança sobre o uso e manuseio de arma de fogo. 5. O Superior Tribunal de Justiça, na Ação Penal 657/PB, teve a oportunidade de consignar que a Lei 10.826/2003 'não dispensa o respectivo registro de arma de fogo, não fazendo exceções quanto aos agentes que possuem autorização legal para o porte ou posse de arma'. 6. A *mens legis* do Estatuto do Desarmamento sempre foi o de restringir o porte e a posse de armas de fogo, estabelecendo regras rígidas para este fim. Há também um procedimento rigoroso de registro e recadastramento de material bélico" (STJ — REsp 1.327.796/BA, Rel. Min. Herman Benjamin, 2ª Turma, julgado em 28/04/2015, *DJe* 04/08/2015).

Em alguns casos, como dos integrantes das Forças Armadas e dos policiais civis e militares, a autorização é **pura** decorrência legal, em consequência da função exercida (art. 24 do Decreto n. 9.847/2019), enquanto para outros exige-se o preenchimento de certos requisitos, como na hipótese dos guardas municipais, agentes e guardas prisionais, agentes da ABIN, Auditores da Receita ou Fiscais do Trabalho (§§ 2º e 3º do art. 6º). O art. 24 do Decreto n. 9.847/2019 estabelece que o porte de arma de fogo é decorrência automática da função de policial da Câmara dos Deputados e do Senado, contudo, o art. 6º, § 2º, combinado com o art. 4º, III, do Estatuto condiciona a autorização à comprovação de capacidade técnica e de aptidão psicológica para o manuseio de arma de fogo.

Por sua vez, o art. 10 do Estatuto estabelece que as pessoas interessadas poderão obter autorização para portar arma de fogo junto à **Polícia Federal**, mediante **anuência** do Sinarm, desde que demonstrem **efetiva necessidade, por exercício de atividade profissional de risco ou da existência de ameaça à sua integridade física, que apresente documento de propriedade da arma e seu respectivo registro junto ao órgão competente, que comprove sua idoneidade mediante juntada de certidões de antecedentes criminais, que apresente documento comprobatório de ocupação lícita e residência certa, e que demonstre capacidade técnica e aptidão psicológica para o manuseio de arma de fogo**. Se não for feita prova de qualquer desses requisitos, a autorização será negada.

A autorização para o porte pode ser concedida com eficácia temporária e territorial (art. 10, § 1º). Além disso, perderá **automaticamente** sua eficácia, caso o portador seja com ela detido ou abordado em estado de **embriaguez** ou sob o efeito de substâncias **químicas** ou **alucinógenas** (art. 10, § 2º). O art. 20, § 2º, do Decreto n. 9.847/2019 inclui nas hipóteses de cassação aquela em que o sujeito porta a arma de fogo sob o efeito de medicamento que provoque alteração do desempenho intelectual ou motor.

O art. 22, I, da Lei n. 11.340/2006 estabelece que o juiz pode **restringir** o direito ao porte de arma de fogo, com comunicação ao órgão competente, quando verificar a prática de **violência doméstica** ou **familiar** contra **mulher** e constatar que a manutenção integral de tal direito expõe a perigo a vítima agredida. O juiz deve especificar os limites da restrição, e o desrespeito a esses limites implicará a tipificação do crime do art. 14 do Estatuto.

Nos termos do art. 20 do Decreto n. 9.847/2019, a autorização não dá direito de portar **ostensivamente** a arma de fogo, ou de adentrar, ou com ela permanecer, em locais públicos, tais como igrejas, escolas, estádios desportivos, clubes, agências bancárias ou outros locais onde haja aglomeração de pessoas, em virtude de eventos de qualquer natureza. A **inobservância** dessa regra importará na **cassação** da autorização e na apreensão da arma de fogo (art. 20, § 1º).

O art. 14, *caput*, do Decreto prevê, ainda, que serão cassadas as autorizações de posse e de porte de arma de fogo do titular que esteja respondendo a inquérito ou a processo criminal por crime doloso. Tal dispositivo se refere às pessoas mencionadas nos incisos VIII ao inciso XI do *caput* do art. 6º e o § 1º do art. 10 do Estatuto. De acordo com o § 2º desse dispositivo, a cassação da autorização de posse (registro) ou de porte de arma de fogo será determinada a partir do indiciamento do investigado no inquérito policial ou do recebimento da denúncia ou queixa pelo juiz. Em tais casos, o proprietário deverá entregar a arma de fogo à Polícia Federal ou ao Comando do Exército (conforme o caso), mediante indenização, ou providenciar sua transferência no prazo máximo de sessenta dias, contado da data da ciência do indiciamento ou do recebimento da denúncia ou da queixa pelo juiz. Não haverá cancelamento do registro ou porte se o inquérito ou ação penal forem relativos à da utilização da arma em estado de necessidade, legítima defesa, em estrito cumprimento do dever legal ou exercício regular de direito, exceto nas hipóteses em que o juiz, convencido da necessidade da medida, justificadamente determinar (art. 14, § 2º).

A aquisição, o registro e o porte de armas de fogo e munições por atiradores, colecionadores e caçadores são regulamentadas pelo Decreto n. 9.846/2019. As autorizações ficam a cargo do Comando do Exército.

O porte na categoria de "**caçador de subsistência**" poderá ser concedido pela Polícia Federal aos residentes em áreas **rurais** que comprovem depender do emprego de arma de fogo para prover a subsistência alimentar familiar, desde que se trate de arma portátil, de uso permitido, de tiro simples, com um ou dois canos, de alma lisa e de calibre igual ou inferior a 16 (art. 6º, § 5º, da Lei n. 10.826/2003).

> **Observação:** Nos termos do art. 29 do Estatuto, as autorizações para porte já existentes quando da entrada em vigor da nova Lei perderiam a sua validade no prazo de noventa dias. Esse prazo foi alterado pelo art. 1º da Lei n. 10.884/2004, de modo que o prazo de noventa dias passou a ser contado a partir de 23 de junho de 2004, tendo-se encerrado, portanto, em 20 de setembro do mesmo ano. O parágrafo único do mencionado art. 29, entretanto, permite que os detentores de referidas autorizações vencidas pleiteiem sua renovação perante a Polícia Federal, desde que satisfeitas as exigências dos arts. 4º, 6º e 10 da Lei.

3. Crime de perigo

O crime em análise é de perigo **abstrato**, em que a lei presume, de forma **absoluta**, a existência do risco causado à coletividade por parte de quem, sem autorização, porta arma de fogo, acessório ou munição. É, portanto, totalmente desnecessária prova de que o agente tenha causado perigo a pessoa **determinada**. Por isso, pode-se também dizer que se trata de crime de **mera conduta**, que se aperfeiçoa com a ação típica, independentemente de qualquer resultado.

Tratando-se de crime de perigo, a jurisprudência fixou entendimento de que o porte concomitante de **mais de uma arma de fogo** caracteriza situação única de risco à coletividade, e, assim, o agente só responde por **um delito, não se aplicando a regra do concurso formal**. O juiz, todavia, pode levar em conta a quantidade de armas na fixação da **pena-base**, em face da maior gravidade do fato (art. 59 do CP). Se uma das armas for de uso proibido e a outra, de uso permitido, configura-se o crime mais grave, previsto no art. 16, § 2º, da Lei.

Quando se diz que o crime é de perigo **presumido** ou **abstrato**, conclui-se apenas que é desnecessária **prova de situação de risco a pessoa determinada**. Exige-se, porém, que a arma possa causar dano, pois, do contrário, não se diria que o crime é de **perigo**. Por isso, a própria Lei (art. 25) menciona a elaboração de **perícia** nas armas de fogo, acessórios ou munições que tenham sido apreendidos, bem como a sua juntada aos autos, com o intuito de demonstrar a **potencialidade lesiva** da arma. Assim, pode-se afirmar que não há crime quando a perícia constata tratar-se de arma obsoleta ou quebrada (inoperante). Nesse sentido: "O objeto jurídico tutelado pelo delito previsto no art. 14 da Lei 10.826/03 não é a incolumidade física, porque o tipo tem uma matiz supraindividual, voltado à proteção da segurança pública e da paz social. Precedente. 3. É irrelevante para a tipificação do art. 14 da Lei 10.826/03 o fato de estar a arma de fogo municiada, bastando a comprovação de que esteja em condições de funcionamento. Precedente. 4. Ordem denegada" (STF — HC 107.447, Rel. Min. Cármen Lúcia, 1ª Turma, julgado em 10/05/2011, *DJe*-107 divulg. 03/06/2011, public. 06/06/2011, RT v. 100, n. 910, 2011, p. 406-412); "(...) demonstrada por laudo pericial a total ineficácia da arma de fogo (inapta a disparar), como no caso dos autos, a jurisprudência desta Corte Superior tem orientado no sentido da atipicidade da conduta perpetrada, diante da ausência de afetação do bem jurídico incolumidade pública, tratando-se de crime impossível pela ineficácia absoluta do meio (REsp n. 1.451.397/MG, Ministra Maria Thereza de Assis Moura, Sexta Turma, *DJe* 1º/10/2015)" (STJ — AgRg no AgInt no AREsp 923.594/ES, Rel. Min. Sebastião Reis Junior, 6ª Turma, julgado em 18/05/2017, *DJe* 08/06/2017); e "Flagrado o recorrido portando um objeto eleito como arma de fogo, temos um fato provado — o porte do instrumento — e o nascimento de duas presunções, quais sejam, de que o objeto é de fato arma de fogo, bem como tem potencial lesivo. 4. Sendo a tese nuclear da defesa o fato de o objeto não se adequar ao conceito de arma, por estar quebrado e, consequentemente, inapto para realização de disparo, circunstância devidamente comprovada pela perícia técnica realizada, temos, indubitavelmente, o rompimento da ligação lógica entre o fato provado e as mencionadas presunções. 5. No caso, o acórdão revela o porte de instrumento com um dos canos quebrado (sem engatilhar), condição que demandaria, para o seu efetivo uso, reparos de considerável complexidade, que exigiriam *expertise* do acusado e ferramentas específicas, não se podendo incluir o objeto, no seu estado atual, sequer no conceito técnico de arma de fogo" (STJ — REsp 1.387.227/MG, Rel. Min. Marco Aurélio Bellizze, 5ª Turma, julgado em 17/09/2013, *DJe* 25/09/2013).

As Cortes Superiores firmaram, ainda, entendimento no sentido de que há uma presunção (relativa) de que as armas de fogo possuem aptidão para efetuar disparos. Assim, se o laudo pericial atesta ser a arma inoperante, cessa a presunção e o fato é considerado atípico, conforme visto acima. De outro lado, se não for juntado o laudo pericial ou se este for considerado nulo (e não houver qualquer outra prova da inoperância da arma), poderá haver a condenação pelo delito. Nesse sentido: "Tratando-se de crime de perigo abstrato, é prescindível a realização de laudo pericial para atestar a potencialidade lesiva da arma apreendida e, por conseguinte, caracterizar o crime de porte ilegal de arma de fogo. Precedentes do Supremo Tribunal Federal" (STJ — EREsp 1.005.300/RS, Rel. Min. Maria Thereza de Assis Moura, Rel. p/ Acórdão Min. Laurita Vaz, 3ª Seção, julgado em 14/08/2013, *DJe* 19/12/2013).

- **Arma desmuniciada**

Em relação à configuração do delito em face de arma desmuniciada, a Lei n. 9.437/97, ao prever a conduta típica "transportar" arma de fogo — inexistente no art. 19 da Lei das Contravenções Penais —, trouxe à tona forte entendimento no sentido da caracterização do ilícito penal. Não se pode, porém, esquecer a existência de consistente entendimento em sentido contrário, argumentando ser atípica a conduta, com o fundamento de que a punição do agente estaria em desacordo com o princípio da lesividade. Critica-se essa interpretação, com o argumento de que seus defensores não teriam avaliado a possibilidade de a arma desmuniciada ser utilizada para lesar o patrimônio alheio, como se o crime colocasse em risco apenas a vida, e não outros bens jurídicos.

A questão, contudo, foi **solucionada** pelo Estatuto do Desarmamento, que equiparou o porte de munição ao de arma de fogo. Assim, se há crime no porte de munição desacompanhada da respectiva arma de fogo, não há como negar a tipificação da conduta ilícita no porte da arma sem aquela. O Supremo Tribunal Federal entendeu que o fato não constituía crime no julgamento do RHC 81.057/SP, que, todavia, referia-se a fato **anterior** à aprovação do Estatuto do Desarmamento. Embora referido julgamento tenha sido muito noticiado à época, a verdade é que, posteriormente, o Supremo Tribunal reverteu tal entendimento e passou a interpretar que existe crime, ainda que a arma de fogo não esteja municiada, reconhecendo que o crime é de perigo abstrato. O tribunal mostrou-se sensível ao argumento da Procuradoria-Geral da República no sentido de que, se a circunstância de a arma estar desmuniciada tornasse o fato atípico, não haveria crime por parte de quem transportasse enorme carregamento de armas, desde que desacompanhadas dos respectivos projéteis, o que é absurdo.

Entendendo haver crime de porte ilegal de arma de fogo em caso de arma desmuniciada, existem atualmente dezenas de julgados do Supremo Tribunal Federal e do Superior Tribunal de Justiça, dos quais podemos destacar alguns:

"O Supremo Tribunal Federal firmou o entendimento de que é de perigo abstrato o crime de porte ilegal de arma de fogo, sendo, portanto, irrelevante para sua configuração encontrar-se a arma desmontada ou desmuniciada" (STF — HC 95861, Rel. Min. Cezar Peluso, Rel. p/ Acórdão: Min. Dias Toffoli, 2ª Turma, julgado em 02/06/2015, Acórdão eletrônico *DJe*-128 divulg 30-06-2015 public 01-07-2015).

"Tratando-se o crime de porte ilegal de arma de fogo de delito de perigo abstrato, que não exige demonstração de ofensividade real para sua consumação, é irrelevante para sua configuração encontrar-se a arma municiada ou não. Precedentes. *Writ* denegado" (STF — HC 103.539, Rel. Min. Rosa Weber, 1ª Turma, julgado em 17/04/2012, Acórdão eletrônico *DJe* 096, public. 17/05/2012).

"Arma desmuniciada. Tipicidade. Crime de mera conduta ou perigo abstrato. Tutela da segurança pública e da paz social. Ordem denegada. 3. A conduta de portar arma de fogo desmuniciada sem autorização e em desacordo com determinação legal ou regulamentar configura o delito de porte ilegal previsto no art. 14 da Lei n. 10.826/2003, crime de mera conduta e de perigo abstrato. 4. Deveras, o delito de porte ilegal de arma de fogo tutela a segurança pública e a paz social, e não a incolumidade física, sendo irrelevante o fato de o armamento estar municiado ou não. Tanto é assim que a lei tipifica até mesmo o porte da munição, isoladamente. Precedentes: HC 104.206/RS, rel. Min. Cármen Lúcia, 1ª Turma, *DJ* 26/8/2010; HC 96.072/RJ, rel. Min. Ricardo Lewandowski, 1ª Turma, *DJe* de 8/4/2010; RHC 91.553/DF, rel. Min. Carlos Britto, 1ª Turma, *DJe* 20/8/2009. 5. Parecer do Ministério Público Federal pela denegação da ordem. 6. Ordem denegada, cassada a liminar para que o processo retome o seu trâmite regular" (STF — HC 88.757, Rel. Min. Luiz Fux, 1ª Turma, julgado em 06/09/2011, *DJe* 180, p. 200).

"A Terceira Seção desta Corte Superior, à oportunidade do julgamento do EARESP 260556/SC, firmou o entendimento no sentido de que o mero porte de arma de fogo de uso permitido, sem autorização ou em desconformidade com determinação legal ou regulamentar, ainda que desmuniciada, viola o previsto no art. 14 da Lei n. 10.826/2003, por se tratar de delito de perigo abstrato, cujo bem jurídico protegido é a segurança coletiva e a incolumidade pública, independentemente da existência de qualquer resultado naturalístico" (STJ — AgRg no REsp 1.574.444/RJ, Rel. Min. Reynaldo Soares da Fonseca, 5ª Turma, julgado em 28/06/2016, *DJe* 01/08/2016).

"O entendimento deste Superior Tribunal de Justiça, firmado no julgamento do AgRg no EAREsp n. 260.556/SC, em 26/03/2014, tendo como relator o eminente Ministro Sebastião Reis Júnior, é no sentido de que o crime previsto no art. 14 da Lei n. 10.826/2003 é de perigo abstrato, sendo irrelevante o fato de a arma estar desmuniciada ou, até mesmo, desmontada ou estragada, porquanto o objeto jurídico tutelado não é a incolumidade física, e sim a segurança pública e a paz social, colocados em risco com o porte de arma de fogo sem autorização ou em desacordo com determinação legal, revelando-se despicienda até mesmo a comprovação do potencial ofensivo do artefato através de laudo pericial" (ATJ — AgRg no AgRg no AREsp 1437702/RJ, Rel. Min. Ribeiro Dantas, 5ª Turma, julgado em 20/08/2019, *DJe* 23/08/2019).

"A conclusão do Colegiado *a quo* se coaduna com a jurisprudência deste Superior Tribunal de Justiça, pacificada nos autos do AgRg nos EAREsp n. 260.556/SC, no sentido de que o crime previsto no art. 14 da Lei n. 10.826/2003 é de perigo abstrato, sendo irrelevante o fato de a arma estar desmuniciada ou, até mesmo, desmontada, porquanto o objeto jurídico tutelado não é a incolumidade física, e sim a segurança pública e a paz social, colocados em risco com o porte de arma de fogo sem autorização ou em desacordo com determinação legal, revelando-se despicienda a comprovação do potencial ofensivo do artefato através de laudo pericial. Precedentes" (STJ — HC 396.863/SP, Rel. Min. Ribeiro Dantas, Quinta Turma, julgado em 13/06/2017, *DJe* 22/06/2017).

"Esta Corte Superior de Justiça firmou a compreensão de que a previsão do delito descrito no art. 14 da Lei n. 10.826/03 busca tutelar a segurança pública, colocada em risco com a posse ou porte de arma, acessório ou munição de uso permitido à revelia do controle estatal, não impondo à sua configuração, pois, resultado naturalístico ou efetivo perigo de lesão. 2. Na hipótese dos autos, a inexistência de comprovação do potencial lesivo do artefato, em razão de a arma apreendida estar desmuniciada, não descaracteriza a natureza criminosa da conduta" (STJ — AgRg nos EDcl no REsp 1.595.187/RN, Rel. Min. Jorge Mussi, 5ª Turma, julgado em 16/05/2017, *DJe* 24/05/2017).

"Este Superior Tribunal firmou seu entendimento no sentido de que o porte de arma desmuniciada se insere no tipo descrito no art. 14 da Lei n. 10.826/2003, por ser delito de perigo abstrato, cujo bem jurídico é a segurança pública e a paz social, sendo irrelevante a demonstração de efetivo caráter ofensivo por meio de laudo pericial" (STJ — AgRg nos EAREsp 260.556/SC, Rel. Min. Sebastião Reis Júnior, Terceira Seção, julgado em 26/03/2014, *DJe* 03/04/2014).

▪ Constitucionalidade da tipificação de crimes de perigo abstrato

Conforme acima mencionado, existe quem entenda que é inconstitucional a tipificação de crimes de perigo abstrato. O Supremo Tribunal Federal, todavia, seguindo a orientação da melhor doutrina, consagrou que não há inconstitucionalidade nessa modalidade de infração penal. Assim, continuam a existir, em nosso ordenamento jurídico, dezenas de infrações penais caracterizadas pelo perigo presumido (abstrato).

A propósito:

"*Habeas corpus*. Porte ilegal de arma de fogo desmuniciada. (a)tipicidade da conduta. Controle de constitucionalidade das leis penais. Mandatos constitucionais de criminalização e modelo exigente de controle de constitucionalidade das leis em matéria penal. Crimes de perigo abstrato em face do princípio da proporcionalidade. Legitimidade da criminalização do porte de arma desmuniciada. Ordem denegada. 1. Controle de constitucionalidade das leis penais. 1.1. Mandatos constitucionais de criminalização: A Constituição de 1988 contém significativo elenco de normas que, em princípio, não outorgam direitos, mas que, antes, determinam a criminalização de condutas (CF, art. 5º, XLI, XLII, XLIII, XLIV; art. 7º, X; art. 227, § 4º). Em todas essas é possível identificar um mandato de criminalização expresso, tendo em vista os bens e valores envolvidos. Os direitos fundamentais não podem ser considerados apenas proibições de intervenção (*Eingriffsverbote*), expressando também um postulado de proteção (*Schutzgebote*). Pode-se dizer que os direitos fundamentais expressam não apenas uma proibição do excesso (*Übermassverbote*), como também podem ser traduzidos como proibições de proteção insuficiente ou imperativos de tutela (*Untermassverbote*). Os mandatos constitucionais de criminalização, portanto, impõem ao legislador, para seu devido cumprimento, o dever de observância do princípio da proporcionalidade como proibição de excesso e como proibição de proteção insuficiente. 1.2. Modelo exigente de controle de constitucionalidade das leis em matéria penal, baseado em níveis de intensidade: Podem ser distinguidos 3 (três) níveis ou graus de intensidade do controle de constitucionalidade de leis penais, consoante as diretrizes elaboradas pela doutrina e jurisprudência constitucional alemã: a) controle de evidência (*Evidenzkontrolle*); b) controle de sustentabilidade ou justificabilidade (*Vertretbarkeitskontrolle*); c) controle material de intensidade (*intensivierten inhaltlichen Kontrolle*). O Tribunal deve sempre levar em conta que a Constituição confere ao legislador amplas margens de ação para eleger os bens jurídicos penais e avaliar as medidas adequadas e necessárias para a efetiva proteção desses bens. Porém, uma vez que se ateste que as medidas legislativas adotadas transbordam os limites impostos pela Constituição — o que poderá ser verificado com base no princípio da proporcionalidade como proibição de excesso (*Übermassverbot*) e como proibição de proteção deficiente (*Ubermassverbot*) —, deverá o Tribunal exercer um rígido controle sobre a atividade legislativa, declarando a inconstitucionalidade de leis penais transgressoras de princípios constitucionais. 2. Crimes de perigo abstrato. Porte de arma. Princípio da proporcionalidade. A Lei n. 10.826/2003 (Estatuto do Desarmamento) tipifica o porte de arma como crime de perigo abstrato. De acordo com a lei, constituem crimes as meras condutas de possuir, deter, portar, adquirir, fornecer, receber, ter em depósito, transportar, ceder, emprestar, remeter, empregar, manter sob sua guarda ou ocultar arma de fogo. Nessa espécie de delito, o legislador penal não toma como pressuposto da criminalização a lesão ou o perigo de lesão concreta a determinado bem jurídico. Baseado em dados empíricos, o legislador seleciona grupos ou classes de ações que geralmente levam consigo o indesejado perigo ao bem jurídico. A criação de crimes de perigo abstrato não representa, por si só, comportamento inconstitucional por parte do legislador penal. A tipificação de condutas que geram perigo em abstrato, muitas vezes, acaba sendo a melhor alternativa ou a medida mais eficaz para a proteção de bens jurídico-penais supraindividuais ou de caráter coletivo, como, por exemplo, o meio ambiente, a saúde etc. Portanto, pode o legislador, dentro de suas amplas margens de avaliação e de decisão, definir quais as medidas mais adequadas e necessárias para a efetiva proteção de determinado bem jurídico, o que lhe permite escolher espécies de tipificação próprias de um direito penal preventivo. Apenas a atividade legislativa que, nessa hipótese, transborde os limites da proporcionalidade, poderá ser tachada de inconstitucional. 3. Legitimidade da criminalização do porte de arma. Há, no contexto empírico legitimador da veiculação da norma, aparente lesividade da conduta, porquanto se tutela a segurança pública (art. 6º e 144, CF) e indiretamente a vida, a liberdade, a integridade física e psíquica do indivíduo etc. Há inequívoco interesse público e social na proscrição da conduta. É que a arma de fogo, diferentemente de outros objetos e artefatos (faca, vidro etc.), tem, inerente à sua natureza, a característica da lesividade. A danosidade é intrínseca ao objeto. A questão, portanto, de possíveis injustiças pontuais, de absoluta ausência de significado lesivo deve ser aferida concretamente e não em linha diretiva de ilegitimidade normativa. 4. Ordem denegada" (STF — HC 102.087, Rel. Min. Celso de Mello, Rel. p/ Acórdão: Min. Gilmar Mendes, 2ª Turma, julgado em 28/02/2012, *DJe* 159, p. 68).

▪ Armas de brinquedo e réplicas

As armas de **brinquedo**, **simulacros** ou **réplicas** não constituem armas de fogo, de modo que o seu porte **não** está abrangido na figura penal. Na Lei n. 10.826/2003, não foi repetido o crime descrito no art. 10, § 1º, II, da Lei n. 9.437/97, que punia com detenção de um a dois anos, e multa, quem utilizasse arma de brinquedo ou simulacro de arma capaz de atemorizar outrem, para o fim de cometer crimes. Houve, portanto, *abolitio criminis* em relação a tais condutas.

O Estatuto do Desarmamento se limita a proibir (sem prever sanção penal) a fabricação, a venda, a comercialização e a importação de brinquedos, réplicas e simulacros de armas de fogo, que possam com estas se confundir, exceto para instrução, adestramento ou coleção, desde que autorizados pelo Comando do Exército (art. 26).

As armas de brinquedo que estejam sendo comercializadas ou fabricadas devem ser apreendidas pela fiscalização, na medida em que são proibidas.

4. Sujeito ativo

Qualquer pessoa. Trata-se de **crime comum**.

Se o delito for cometido por qualquer das pessoas elencadas nos arts. 6º, 7º e 8º da Lei, a pena será aumentada em **metade** (art. 20 — *v.* comentários).

5. Sujeito passivo

A **coletividade**.

6. Consumação

Tratando-se de crime de mera conduta, a consumação ocorre no momento da **ação**, independentemente de qualquer resultado.

7. Tentativa

Em tese, é **possível**, como, por exemplo, tentar adquirir arma de fogo.

8. Absorção e concurso

Atualmente, a interpretação adotada pela maioria dos doutrinadores e julgadores é no sentido de só considerar absorvido o crime de porte ilegal de arma de fogo quando a conduta tiver sido realizada única e exclusivamente como meio para outro crime.

Assim, se o agente se desentende com outrem em um bar e vai para casa buscar uma arma de fogo, retornando em seguida ao local para matar o desafeto, responde apenas pelo homicídio. Igualmente, só responde pelo roubo — agravado pelo emprego de arma de fogo (art. 157, § 2º-A, I, do CP) — quem sai armado com o intuito específico de utilizá-la em um roubo, ainda que seja preso depois do crime em poder da arma. Há, todavia, concurso material, se o agente, por exemplo, já está portando um revólver e, ao ser abordado por policial, saca a arma e o mata, exatamente para evitar a prisão em flagrante em razão do porte. É que, nesse caso, o agente não estava portando a arma com o intuito de matar aquele policial. Por isso, responde pelo porte em concurso material com homicídio qualificado, porque matou para garantir a impunidade de outro crime — o porte ilegal. Igualmente, existe concurso **material** se alguém utiliza um revólver para roubar um carro e, dias depois, é encontrado dirigindo o veículo, estando com a arma em seu poder. Nesse caso, o porte da arma no dia da prisão não constitui meio para o roubo, já que a subtração tinha acontecido dias antes.

Entendemos que a aquisição de arma de origem criminosa (produto de furto ou roubo) constitui crime autônomo de **receptação**, sem prejuízo da punição pelo crime de porte ilegal de arma. Não se pode falar em absorção de um delito pelo outro, na medida em que os bens jurídicos e as vítimas são diferentes. Lembre-se de que, na receptação, o sujeito passivo é o dono da arma subtraída, e o bem jurídico protegido, o patrimônio, ao passo que, no porte ilegal de arma, a objetividade jurídica é a incolumidade pública (evitar o risco a que fica sujeita a coletividade — sujeito passivo). A propósito: "A jurisprudência desta Corte está consolidada no sentido da inaplicabilidade da consunção, pois 'a receptação e o porte ilegal de arma de fogo configuram crimes de natureza autônoma, com objetividade jurídica e momento consumativo diversos' (STJ — AgRg no REsp 1.623.534/RS, Rel. Min. Nefi Cordeiro, 6ª Turma, julgado em 10/04/2018, *DJe* 23/04/2018)"; "A jurisprudência deste Superior Tribunal de Justiça é firme no sentido de que o delito de receptação e os do Estatuto do Desarmamento seriam, de regra, crimes autônomos, com naturezas jurídicas e bens tutelados distintos, devendo o agente responder pela sua prática em concurso material" (STJ — AgRg no HC 368.990/PR, Rel. Min. Reynaldo Soares da Fonseca, 5ª Turma, julgado em 07/08/2018, *DJe* 15/08/2018); "É inaplicável o princípio da consunção entre os delitos de receptação e porte ilegal de arma de fogo, por ser diversa a natureza jurídica dos tipos penais" (STJ — AgRg no REsp 1.494.204/RS, Rel. Min. Jorge Mussi, 5ª Turma, julgado em 07/03/2017, *DJe* 27/03/2017); "A prática dos delitos de porte ilegal de arma e receptação deflagra típica hipótese caracterizadora de concurso material de crimes. Esses, por se revestirem de autonomia jurídica e por tutelarem bens jurídicos diversos, impedem a aplicação do princípio da consunção — *major absorbet minorem*. Precedentes" (STF — HC 119581, Rel. Min. Dias Toffoli, 1ª Turma, julgado em 01/04/2014, Processo Eletrônico *DJe*-085 divulg. 06/05/2014, public. 07/05/2014).

9. Crime inafiançável

O parágrafo único do art. 14 expressamente declara ser **inafiançável** o crime de porte ilegal de arma de fogo, salvo se a arma estiver **registrada** em nome do agente.

O Supremo Tribunal Federal, todavia, por julgamento em **Plenário**, declarou a inconstitucionalidade do dispositivo ao apreciar **ação direta de inconstitucionalidade** (ADIn 3.112), no dia 2 de maio de 2007. Assim, no crime de porte ilegal de arma, é possível a concessão de fiança, ainda que a arma não esteja registrada em nome do agente. É claro, porém, que a fiança só será concedida se ausentes as vedações do art. 324 do Código de Processo Penal, ou seja, desde que o réu não tenha quebrado a fiança anteriormente concedida, que não tenha descumprido as obrigações de comparecimento a todos os atos do processo e que estejam ausentes os requisitos da prisão preventiva.

O argumento para a declaração da inconstitucionalidade pelo Supremo foi o de que o delito em tela não pode ser equiparado aos crimes hediondos para os quais a Carta Magna veda a fiança, porque é crime de perigo, que não acarreta lesão efetiva à vida ou à propriedade. A propósito: "IV — A proibição de estabelecimento de fiança para os delitos de "porte ilegal de arma de fogo de uso permitido" e de "disparo de arma de fogo", mostra-se desarrazoada, porquanto são crimes de mera conduta, que não se equiparam aos crimes que acarretam lesão ou ameaça de lesão à vida ou à propriedade" (STF — ADI 3.112, Rel. Min. Ricardo Lewandowski, Tribunal Pleno, julgado em 02/05/2007, *DJe* 131, p. 538).

10. Suspensão condicional do processo

Tendo em vista que a pena mínima para o delito é de **dois** anos, é **incabível** o benefício da suspensão condicional do processo, nos termos do art. 89 da Lei n. 9.099/95.

5.2.5. Disparo de arma de fogo

> **Art. 15.** Disparar arma de fogo ou acionar munição em lugar habitado ou em suas adjacências, em via pública ou em direção a ela, desde que essa conduta não tenha como finalidade a prática de outro crime:
> Pena — reclusão, de dois a quatro anos, e multa.
> Parágrafo único. O crime previsto neste artigo é inafiançável.

1. Objetividade jurídica

A segurança pública.

2. Elementos do tipo

Disparar significa atirar, apertar o gatilho da arma de fogo (revólver, pistola, espingarda, garrucha, fuzil, metralhadora etc.), deflagrando projétil.

A realização de **vários** disparos, em um **mesmo momento**, configura **um** só delito, não se aplicando a regra do concurso **formal** ou da **continuação** delitiva dos arts. 70 e 71 do Código Penal, já que a situação de risco à coletividade é única. O juiz, entretanto, pode levar em conta o número de disparos na fixação da **pena-base**, em face da maior **gravidade** da conduta (art. 59 do CP).

O **projétil** tem de ser verdadeiro. A deflagração de balas de festim não configura a infração, porque não causa perigo.

Se o disparo é efetuado por que o agente está **prestes a ser agredido**, afasta-se a ilicitude da ação em face da **legítima defesa**.

A segunda conduta típica prevista consiste em **acionar munição**, que significa de alguma **outra forma detonar**, **deflagrar** a munição (cartucho, projétil etc.). Não se confunde munição com artefato **explosivo**, como bombas e dinamites, cuja detonação constitui crime **mais grave** previsto no art. 16, § 1º, III, do Estatuto do Desarmamento, ou com a deflagração perigosa e não autorizada de **fogos de artifício**, que constitui **contravenção penal**, descrita no art. 28, parágrafo único, da Lei das Contravenções Penais.

De acordo com o tipo penal, o fato só constitui crime se ocorrer:

a) **em lugar habitado ou suas adjacências**; e

b) **em via pública ou em direção a ela**.

Esses requisitos somam-se para a configuração do delito. Assim, se uma cidade ou vila tiver sido totalmente evacuada, por exemplo, para a futura instalação de uma hidrelétrica e, depois disso, alguém efetuar disparos no meio de uma das ruas, o fato será atípico, porque, apesar de ter ocorrido em via pública, o local não é habitado.

Lugar habitado é aquele onde reside um núcleo de pessoas ou famílias. Pode ser uma cidade, uma vila, um povoado etc. **Adjacência** de local habitado é o local próximo àquele. Não se exige que seja dependência de moradia ou local contíguo, bastando que seja perto de local habitado. Por consequência, disparar em local descampado ou em uma floresta distante de local habitado não configura a infração.

Tratando-se de local habitado ou suas adjacências, é ainda necessário que o fato ocorra em **via pública ou em direção a ela**.

Via pública é o local **aberto** a qualquer pessoa, cujo acesso é sempre permitido. É todo local aberto ao público, quer por destinação, quer por autorização de particulares. Exs.: ruas, avenidas, praças, estradas.

Nos termos do texto legal, também existe o crime quando o disparo não é efetuado na via pública, mas a arma é **apontada para ela**, como, por exemplo, do quintal de uma residência em direção à rua.

Colocar alvo no quintal de uma casa e disparar em sua direção, sem possibilidade de atingir a via pública, não configura a infração.

O disparo efetuado para o alto (para a comemoração de gol do time, em festas juninas ou por outra razão qualquer) caracteriza o crime, desde que seja feito em via pública ou em sua direção.

O delito em análise também é de **perigo abstrato**, em que não é necessária prova de que pessoa determinada tenha sido exposta a risco. O perigo é **presumido**, porque o disparo em via pública ou em direção a ela, por si só, **coloca em risco a coletividade**. Assim, quem efetua disparo na rua, de madrugada, sem ninguém por perto, mas em local habitado, comete o crime.

3. Sujeito ativo

Qualquer pessoa. Trata-se de crime **comum**.

Se o delito for cometido por qualquer das pessoas elencadas nos arts. 6º, 7º e 8º da Lei, a pena será aumentada em metade (art. 20 — *v.* comentários).

4. Sujeitos passivos

Em primeiro plano, a **coletividade**. Em segundo, as pessoas que, **eventualmente**, tenham sofrido perigo de dano decorrente do disparo da arma.

5. Consumação

No momento em que ocorre o disparo ou quando a munição é acionada por qualquer outro modo.

6. Tentativa

É possível. Ex.: agente aperta o gatilho do revólver, mas o disparo não ocorre porque outra pessoa, repentinamente, segura o tambor da arma, impedindo que gire (o que inviabiliza o disparo).

7. Absorção

A própria lei somente confere **autonomia** ao crime de disparo de arma de fogo quando essa **conduta não tem como objetivo a prática de outro crime**. Assim, quando o autor do disparo visa, por exemplo, matar alguém, responde por homicídio — consumado ou tentado, dependendo do resultado. Se a intenção do agente é matar a vítima, mas o disparo não a atinge, temos a chamada tentativa **branca** de homicídio. Se o disparo e a morte ocorrem no contexto fático de um roubo, o agente responde por crime de latrocínio.

Haverá também absorção se os disparos forem efetuados dolosamente e provocarem lesões **graves** ou **gravíssimas** na vítima, já que as penas previstas no Código Penal para tais casos são maiores. Para a lesão grave, a pena máxima prevista é de 5 anos (art. 129, § 1º, do CP), e para a gravíssima é de 8 anos.

Já quando se trata de provocação de lesão corporal de natureza **leve** mediante disparo de arma de fogo, a questão se mostra mais complexa, na medida em que a pena da lesão leve é **menor** (detenção, de 3 meses a 1 ano). Como o art. 15 **não** diz que absorção só existe quando o **crime-fim** for mais **grave**, existe a possibilidade de se interpretar que o crime de disparo ficaria absorvido. Tal interpretação, contudo, não é aceitável. Fernando Capez[4], analisando com maestria o tema, assim se pronunciou: "o delito definido no art. 129, *caput*, do Código Penal é de menor gravidade do que o disparo. Por essa razão, a infração definida na nova Lei não pode ser simplesmente considerada fase de sua execução. Seria estranho que o 'todo' (lesões leves) fosse menos grave do que uma de suas partes integrantes (o disparo). Sendo assim, não podemos conceber os disparos como simples fase normal de execução das lesões. No princípio da subsidiariedade, a norma definidora do fato mais amplo e de maior gravidade (norma primária) absorve a norma que descreve o fato menos grave (norma subsidiária), e não o contrário. Existe, portanto, uma impossibilidade jurídica de considerar absorvidos os disparos. Em resumo, o delito previsto no art. 15, *caput*, da Lei n. 10.826/2003 não é absorvido pelo crime de lesões corporais de natureza leve, em face de sua maior gravidade. Entendemos que o agente responde por **ambos** os crimes em concurso".

▪ Disparo e crime de periclitação para a vida ou para a saúde de outrem (art. 132 do CP)

O art. 132 do Código Penal descreve a seguinte infração penal: "expor a vida ou a saúde de outrem a perigo direto e iminente". Até algum tempo atrás, uma das hipóteses mais comuns de configuração desse crime era justamente o disparo de arma de fogo próximo a alguém para colocá-lo em situação de perigo. Se o agente, entretanto, efetuasse o disparo para cima, e não próximo à vítima, estaria configurada apenas a contravenção penal de disparo de arma de fogo em via pública (art. 28 do LCP). O crime do art. 132 é de perigo concreto, porque o agente quer expor pessoa **determinada** a situação de risco, enquanto a contravenção era de perigo abstrato, porque

---

4 CAPEZ, Fernando. *Curso de direito penal. Legislação penal especial*, v. 4, p. 421-422.

punia o risco causado genericamente à coletividade pelo disparo feito em local habitado ou em suas adjacências, na via pública ou em direção a ela. A contravenção foi revogada pelo crime do art. 15 do Estatuto do Desarmamento, e este possui pena consideravelmente maior do que a prevista no art. 132 (detenção, de 3 meses a 1 ano, **se o fato não constitui crime mais grave**). Por essa razão, pode gerar dúvida a hipótese em que o sujeito efetua disparo próximo a alguém para expô-lo a risco. Estaria configurado o crime do Estatuto, que tem pena maior, ou o do art. 132, em razão da intenção do agente de expor a perigo pessoa certa e determinada? A resposta não é complicada, na medida em que **ambos os dispositivos são expressamente subsidiários**, conforme se nota pela simples leitura dos tipos penais. Assim, deve prevalecer aquele que tem maior pena, ou seja, o do art. 15 do Estatuto.

O crime de periclitação da vida, assim, continua tendo aplicação em outras hipóteses (lançar objetos próximos a alguém, passar com o carro do lado de uma pessoa para assustá-la etc.).

- **Posse e disparo**

É bastante comum que o autor do disparo não possua registro para manter a arma em casa e efetue disparos em direção à via pública (comemoração de um gol, por exemplo). Embora exista corrente em sentido contrário[5], entendemos que os delitos são autônomos, porque o sujeito já possuía a arma sem registro anteriormente, e o disparo ocorreu depois.

É evidente, por sua vez, que, se o agente tem o registro da arma que disparou, só incorre no crime do art. 15.

- **Porte e disparo**

Em relação à hipótese em que o agente efetua o disparo em via pública, sem ter autorização para portar a arma naquele local, existem duas correntes. A primeira no sentido de que o porte é sempre **crime-meio** para o disparo e, por isso, fica sempre **absorvido** em face do princípio da **consunção**. A segunda é no sentido de haver absorção apenas quando ficar provado que o agente só portou a arma com a finalidade específica de efetuar o disparo. É a corrente que adotamos. Por ela, se o agente já estava portando a arma e, em determinado instante, resolveu efetuar o disparo, responderá pelos dois crimes, se não possuía autorização para o porte, ou só pelo disparo, se possuía tal autorização. Por sua vez, se uma pessoa tem uma arma registrada em casa, mas não tem autorização para porte e, para efetuar uma comemoração, leva-a para a rua, apenas com a finalidade de efetuar disparos, e, de imediato, retorna para casa, responde pelo crime de disparo — o porte fica absorvido. Este o entendimento adotado pelo Superior Tribunal de Justiça: "Aplica-se o princípio da consunção aos crimes de porte ilegal e de disparo de arma de fogo ocorridos no

---

5 CAPEZ, Fernando. *Curso de direito penal. Legislação penal especial*, v. 4, p. 415.

mesmo contexto fático, quando presente nexo de dependência entre as condutas, considerando-se o porte crime-meio para a execução do disparo de arma de fogo" (STJ — AgRg no AREsp 1.211.409/MS, Rel. Min. Nefi Cordeiro, 6ª Turma, julgado em 08/05/2018, *DJe* 21/05/2018); "Estabelecido pelo Tribunal de origem que os crimes de porte ilegal e de disparo de arma de fogo ocorreram no mesmo contexto fático e diante do nexo de dependência entre as condutas, sendo o primeiro meio para a execução do segundo delito, escorreita a aplicação do princípio da consunção no caso concreto" (AgRg no AREsp 635.891/SC, Rel. Min. Jorge Mussi, 5ª Turma, julgado em 17/05/2016, *DJe* 25/05/2016); **e** "Esta Corte Superior entende que a absorção do delito de porte de arma pelo de disparo não é automática, pois depende do contexto fático do caso concreto em que se deram as condutas. Não ficou caracterizada a hipótese de aplicação do princípio da consunção, na espécie, porque os momentos consumativos dos delitos ocorreram em situações diversas, em contextos destacados" (AgRg no REsp 1.347.003/SC, Rel. Min. Moura Ribeiro, 5ª Turma, julgado em 17/12/2013, *DJe* 03/02/2014).

Aqueles que adotam a tese de que o crime de porte sempre fica absorvido pelo disparo têm que enfrentar uma séria questão: como aplicar a pena no caso em que o disparo é feito com arma com numeração raspada ou de uso restrito? O problema é que, nesses casos, o crime de disparo possui pena menor (2 a 4 anos) do que o porte (3 a 6 anos). Assim, se um delito tem que absorver o outro, o justo seria o porte absorver o disparo, e não o contrário.

8. Crime inafiançável

O parágrafo único do art. 15 expressamente declara ser inafiançável o delito de disparo de arma de fogo. Não há, porém, vedação à concessão de liberdade provisória.

Em relação à vedação da fiança, é preciso mencionar, todavia, que o Supremo Tribunal Federal declarou a inconstitucionalidade do art. 15, parágrafo único, do Estatuto, no julgamento da ADIn 3.112, ocorrido no dia 2 de maio de 2007. Por isso, no crime de disparo de arma de fogo em via pública, é possível a concessão de fiança. É claro, porém, que ela só será concedida se ausentes as vedações do art. 324 do Código de Processo Penal, ou seja, desde que o réu não tenha quebrado a fiança anteriormente concedida, que não tenha descumprido as obrigações de comparecimento a todos os atos do processo e que estejam ausentes os requisitos da prisão preventiva.

O argumento para a declaração da inconstitucionalidade pelo Supremo foi o de que o delito em tela não pode ser equiparado aos crimes hediondos para os quais a Carta Magna veda a fiança, porque é delito de **perigo**, que não acarreta lesão efetiva à vida ou à propriedade. A propósito: "IV — A proibição de estabelecimento de fiança para os delitos de "porte ilegal de arma de fogo de uso permitido" e de "disparo de arma de fogo", mostra-se desarrazoada, porquanto são crimes de mera conduta, que não se equiparam aos crimes que acarretam lesão ou ameaça de lesão à vida ou à propriedade" (STF — ADI 3.112, Rel. Min. Ricardo Lewandowski, Tribunal Pleno, julgado em 02/05/2007, *DJe* 131, p. 538).

9. Suspensão condicional do processo

Tendo em vista que a pena **mínima** para o delito é de **dois** anos, é incabível o benefício da **suspensão condicional do processo**, nos termos do art. 89 da Lei n. 9.099/95.

5.2.6. Posse ou porte ilegal de arma de fogo de uso restrito ou proibido

> **Art. 16**, *caput* — Possuir, deter, portar, adquirir, fornecer, receber, ter em depósito, transportar, ceder, ainda que gratuitamente, emprestar, remeter, empregar, manter sob sua guarda ou ocultar arma de fogo, acessório ou munição de uso proibido ou restrito, sem autorização e em desacordo com determinação legal ou regulamentar:
> Pena — reclusão, de três a seis anos, e multa.
> (...)
> § 2º — Se as condutas descritas no *caput* e no § 1º deste artigo envolverem arma de fogo de uso proibido, a pena é de reclusão, de 4 a 12 anos.

1. Objetividade jurídica

É também a incolumidade pública, no sentido de se evitar que sejam expostos a risco a vida, a integridade física e o patrimônio dos cidadãos.

2. Elementos do tipo

As condutas típicas são possuir, deter, portar, adquirir, fornecer, receber, ter em depósito, transportar, ceder, ainda que gratuitamente, emprestar, remeter, empregar, manter sob sua guarda ou ocultar.

Antes do advento da Lei n. 13.964/2019, o porte ou a posse de armas de fogo de uso restrito ou proibido tipificavam o mesmo delito, qual seja, aquele do art. 16, *caput*, cuja pena é de reclusão de 3 a 6 anos, e multa. A referida Lei, entretanto, trouxe importante inovação ao isolar na figura do *caput* as condutas relacionadas a armas de fogo, acessórios ou munição de uso **restrito**. Caso se trate de arma de fogo de uso **proibido**, o enquadramento deve se dar no art. 16, § 2º, cuja pena é maior: 4 a 12 anos de reclusão (sem previsão de multa).

Armas de fogo de uso **restrito** (**objeto material**), nos termos do art. 2º, II, do Decreto n. 9.847/2019, são: as armas de fogo automáticas e as semiautomáticas ou de repetição que sejam: a) não portáteis; b) de porte, cujo calibre nominal, com a utilização de munição comum, atinja, na saída do cano de prova, energia cinética superior a mil e duzentas libras-pé ou mil seiscentos e vinte joules; ou c) portáteis de alma raiada, cujo calibre nominal, com a utilização de munição comum, atinja, na saída do cano de prova, energia cinética superior a mil e duzentas libras-pé ou mil seiscentos e vinte joules. A relação específica de armas de fogo, cujo calibre nominal, com a utilização de munição comum, atingem, na saída do cano de prova, energia cinética superior a mil seiscentos e vinte joules, encontra-se na Portaria n. 1.222/2019[6] do Comando do Exército.

Acessórios de uso **restrito** são aqueles que são agregados a uma arma para aumentar sua eficácia, como, por exemplo, certas miras especiais, visores noturnos, ou para dissimular seu uso, como silenciadores, por exemplo.

Armas de uso **proibido** são aquelas para as quais há **vedação total** ao uso. De acordo com o art. 2º, III, do Decreto n. 9.847/2019, são armas de fogo de uso proibido: a) as armas de fogo classificadas como de uso proibido em acordos e tratados internacionais dos quais a República Federativa do Brasil seja signatária; ou b) as armas de fogo dissimuladas, com aparência de objetos inofensivos.

São munições de uso **restrito** aquelas que: a) atinjam, na saída do cano de prova de armas de porte ou portáteis de alma raiada, energia cinética superior a mil e duzentas libras-pé ou mil seiscentos e vinte joules; b) sejam traçantes, perfurantes ou fumígenas; c) sejam granadas de obuseiro, de canhão, de morteiro, de mão ou de bocal; ou d) sejam rojões, foguetes, mísseis ou bombas de qualquer natureza (art. 2º, IV, do Decreto n. 9.847/2019).

São munições de uso **proibido** aquelas que sejam assim definidas em acordo ou tratado internacional de que a República Federativa do Brasil seja signatária e as munições incendiárias ou química (art. 2º, V, do Decreto n. 9.847/2019).

---

[6] De acordo com a Portaria n. 1.222/2019, enquadram-se no conceito: 41 Remington, 44 Remington Magnum, 454 Casull, 460 S&W Magnum, 457 Linebaugh, 480 Ruger, 50 Action Express, 500 S&W Magnum, 500 Special, 6mm Remington, 6.5 Creedmoor, 6.5 Grendel, 6.5 x 55 Swedish, 6.8mm Remington SPC, 7mm Mauser (7x57), 7mm Remington Magnum, 7mm Remington Short Action Ultra Magnum, 7mm Remington Ultra Magnum, 7mm Shooting Times Westerner, 7mm Weatherby Magnum, 7mm Winchester Short Magnum, 7mm-08 Remington, 7 x 64 Brenneke, 7-30 Waters, 7.62 x 39, 8mm Mauser (8x57), 8mm Remington Magnum, 9.3 x 62, 204 Ruger, 22-250 Remington, 220 Swift, 222 Remington, 222 Remington Magnum, 223 Remington, 223 Winchester Super Short Magnum, 225 Winchester, 243 Winchester, 243 Winchester Super Short Magnum, 25 Winchester Super Short Magnum, 25-06 Remington, 25-35 Winchester, 250 Savage, 257 Roberts, 257 Weatherby Magnum, 26 Nosler, 260 Remington, 264 Winchester Magnum, 27 Nosler, 270 Weatherby Magnum, 270 Winchester, 270 Winchester Short Magnum, 28 Nosler, 280 Ackley Improved, 280 Remington, 284 Winchester, 30 Nosler, 30 Remington AR, 30 Thompson Center, 30-06 Springfield, 30-30 Winchester, 30-40 Krag, 300 AAC Blackout, 300 Holland&Holland Magnum, 300 Remington Short Action Ultra Magnum, 300 Remington Ultra Magnum, 300 Ruger Compact Magnum, 300 Savage, 300 Weatherby Magnum, 300 Winchester Magnum, 300 Winchester Short Magnum, 303 British, 307 Winchester, 308 Marlin Express, 308 Winchester, 32 Winchester Special, 325 Winchester Short Magnum, 33 Nosler, 338 Federal, 338 Lapua Magnum, 338 Marlin Express, 338 Remington Ultra Magnum, 338 Ruger Compact Magnum, 338 Winchester Magnum, 340 Weatherby Magnum, 348 Winchester, 35 Nosler, 35 Remington, 35 Whelen, 350 Remington Magnum, 356 Winchester, 358 Winchester, 36 Nosler, 370 Sako Magnum, 375 Holland&Holland Magnum, 375 Remington Ultra Magnum, 375 Ruger, 375 Winchester, 376 Steyr, 405 Winchester, 416 Remington Magnum, 416 Rigby, 416 Ruger, 416 Weatherby Magnum, 44 Remington Magnum, 444 Marlin, 45-70 Government, 450 Bushmaster, 450 Marlin, 457 Wild West Guns, 458 Lott, 458 Winchester Magnum, 470 Nitro Express, 475 Turnbull, 500 Nitro Express 3", 5.56x45 mm, 7.62x51 mm, 12.7x99 mm.

O **elemento normativo do tipo** está contido na expressão "**sem autorização e em desacordo com determinação legal ou regulamentar**". No que diz respeito ao **registro**, por exemplo, temos várias regras. O art. 27 da Lei n. 10.826/2003 diz que a **aquisição** de arma de uso restrito poderá ser autorizada, excepcionalmente, pelo Comando do Exército, e seu art. 3º, parágrafo único, estabelece que o registro também será feito em tal **Comando**. As armas de uso permitido, conforme já estudado, são registradas na Polícia Federal.

O delito em análise é uma espécie de figura **qualificada** dos crimes de posse e porte de arma, previsto, porém, em um **tipo penal autônomo**. A pena maior se justifica em virtude da **maior potencialidade** lesiva das armas de fogo de uso proibido ou restrito, que, por tal razão, **elevam** o risco à coletividade.

Cuida-se, também, de crime de **perigo abstrato** e de **mera conduta**, em que é desnecessária prova de que pessoa determinada tenha sido exposta a risco e cuja configuração independe de qualquer resultado.

3. Natureza hedionda

A Lei n. 13.497, de 26 de outubro de 2017, introduziu no rol dos crimes hediondos o crime de porte e de posse ilegal de arma de fogo de uso **restrito** ou **proibido**. Posteriormente, contudo, a Lei n. 13.964/2019 modificou o art. 1º, parágrafo único, II, da Lei n. 8.072/90 (Lei dos Crimes Hediondos) e passou a prever que somente as condutas relacionadas a armas de fogo de uso **proibido** é que configuram crime hediondo. Por se tratar de norma benéfica em relação às armas de uso restrito tal lei retroage para afastar a natureza hedionda daqueles que foram flagrados em poder de arma de fogo de uso restrito.

4. Sujeito ativo

Pode ser qualquer pessoa. Trata-se de crime **comum**.

Se o delito for cometido por qualquer das pessoas elencadas nos arts. 6º, 7º e 8º da Lei, a pena será aumentada em **metade** (art. 20 — *v.* comentários).

5. Sujeito passivo

A coletividade.

6. Consumação

Tratando-se de crime de **mera conduta**, a consumação ocorre no momento da ação, independentemente de qualquer resultado.

7. Tentativa

Em tese, é possível, como, por exemplo, tentar adquirir arma de fogo.

8. Absorção e concurso

Só haverá **absorção** se o porte da arma de uso restrito for meio para outro crime. Assim, se, após uma discussão, o agente vai até sua casa e pega a arma com o intuito específico de matar o desafeto, a jurisprudência entende que o crime de porte fica absorvido. Veja-se, porém, que, se o agente não tinha o registro da arma de uso restrito, responderá pela posse anterior da arma (art. 16), em concurso **material** com o homicídio. Apenas o porte ficará absorvido em tal caso.

9. Vedação de liberdade provisória

O art. 21 da Lei n. 10.826/2003 **proíbe** a concessão de liberdade provisória ao crime em análise. O **Supremo Tribunal Federal**, todavia, declarou a **inconstitucionalidade** desse dispositivo, em 2 de maio de 2007, no julgamento da ADIn 3.112, de modo que o juiz pode conceder a liberdade provisória aos autores desse tipo de infração penal, desde que presentes os requisitos exigidos para o benefício pelo Código de Processo Penal.

10. Vigência do dispositivo

O art. 30 do Estatuto do Desarmamento (com a redação dada, sucessivamente, pelas Leis ns. 10.884/2004, 11.118/2005 e 11.191/2005) concedeu prazo aos possuidores e proprietários de armas de fogo de uso **permitido** ou **restrito** ainda não registradas para que solicitassem o registro até **23 de outubro de 2005**, mediante apresentação de nota fiscal ou outro comprovante de sua origem lícita, pelos meios de prova em direito admitidos. Posteriormente, as Leis ns. 11.706/2008 e 11.922/2009 prorrogaram esse prazo até **31 de dezembro de 2009 somente** para as armas de fogo de uso **permitido**.

Por isso, em razão da possibilidade de regularização do registro, doutrina e jurisprudência têm entendido que:

a) As pessoas que tenham sido flagradas desde a entrada em vigor do Estatuto até 23 de outubro de 2005 com a posse de arma de fogo de uso **restrito** no interior da própria residência ou estabelecimento comercial, sem o respectivo registro, não podem ser punidas porque a boa-fé é presumida, de modo que se deve pressupor que iriam solicitar o registro da arma dentro do prazo.

A partir de 24 de outubro de 2005, as pessoas flagradas com a **posse** de arma de fogo de uso **restrito** ou **proibido** no interior de sua residência ou de seu estabelecimento comercial devem ser punidas como incursas no art. 16, *caput*, do Estatuto. Nesse sentido, existe a Súmula 513 do Superior Tribunal de Justiça.

O **porte** em via pública não foi abrangido por esses prazos (que se referem apenas à regularização do registro — que dá direito a ter a arma no interior da própria residência ou estabelecimento comercial), de modo que, desde a entrada em vigor do Estatuto, a punição por porte ilegal já é possível.

b) As pessoas que tenham sido flagradas, desde a entrada em vigor do Estatuto até 31 de dezembro de 2009, com a posse de arma de uso **permitido** não podem ser punidas. Se o fato tiver ocorrido a partir de 01 de janeiro de 2010, o agente estará incurso no art. 12 do Estatuto.

A propósito:

> "1. A *abolitio criminis*, para a posse de armas e munições de uso permitido, restrito, proibido ou com numeração raspada, tem como data final o dia 23 de outubro de 2005. Desta data até 31 de dezembro de 2009, somente as armas/munições de uso permitido (com numeração hígida) e, pois, registráveis, é que foram abarcadas pela *abolitio criminis*. 2. No presente caso, a conduta atribuída à agravante — posse ilegal de arma proibida ocorrida em 16/1/2009 — não foi alcançada pela *abolitio criminis* temporária, não havendo que se falar em atipicidade da conduta" (STJ — AgRg no REsp 1.362.425/MG, Rel. Min. Og Fernandes, 6ª Turma, julgado em 11/06/2013, *DJe* 21/06/2013).

11. Entrega da arma

De acordo com o art. 32 do Estatuto, com a redação dada pela Lei n. 11.706/2008, o possuidor ou proprietário de arma de fogo pode **entregá-la espontaneamente**, e a **qualquer tempo**, à **Polícia Federal**, hipótese em que se presume sua boa-fé e **extingue-se sua punibilidade** em relação ao crime de **posse** irregular de referida arma. Se o agente, todavia, for flagrado com a arma em casa, responderá pelo delito. A extinção da punibilidade **pressupõe sua efetiva entrega**.

5.2.7. Figuras com penas equiparadas (art. 16, § 1º[7])

No art. 16, § 1º, o legislador descreve vários tipos penais **autônomos**, sendo que cada um deles possui **condutas típicas** e **objetos materiais próprios**, tendo sido aproveitadas tão somente as **penas** do art. 16, *caput*, e seu § 2º. Não há nenhuma exigência de que essas condutas típicas sejam relacionadas a arma de uso restrito. Para que se chegue a essa conclusão, basta notar, por exemplo, que o art. 16, *caput*, já pune, com reclusão, de três a seis anos, e multa, quem fornece arma de uso restrito para qualquer outra pessoa. Assim, a figura do art. 16, § 1º, V, que pune, com as mesmas penas, quem fornece arma para criança ou adolescente, tem a evidente finalidade de abranger quem fornece arma de uso permitido para menores de idade. Aliás, se as figuras desse § 1º só se referissem a arma de fogo de uso proibido ou restrito, ficaria sem sentido o inciso II, que pune quem modifica arma de fogo para torná-la equivalente às de uso proibido ou restrito — referindo-se, obviamente, às de uso permitido que venham a ser alteradas. De ver-se, porém, que, quando se tratar de arma de fogo de uso proibido em uma das figuras do § 1º, a pena será maior, ou seja, aquela prevista no § 2º, conforme consta expressamente deste dispositivo.

5.2.7.1. Supressão ou alteração de marca ou numeração

> **Art. 16, § 1º.** Nas mesmas penas incorre quem:
> I — suprimir ou alterar marca, numeração ou qualquer sinal de identificação de arma de fogo ou artefato;

Esse dispositivo pune o **responsável** pela **supressão** (eliminação completa) ou **alteração** (mudança) da **marca** ou **numeração**. Assim, quando existir prova de que

7 A Lei n. 13.964/2019 transformou as antigas figuras do art. 16, par. único, em art. 16, § 1º.

o réu foi o autor da supressão, responderá por tal delito; mas, se não tiver sido ele o autor da adulteração, a **posse** ou o **porte** da arma com numeração suprimida ou alterada tipificará a conduta do art. 16, § 1º, IV, do mesmo Estatuto.

O bem jurídico tutelado é a **veracidade** do cadastro das armas no Sinarm.

O crime pode ser cometido por qualquer pessoa.

■ 5.2.7.2. *Modificação de características da arma*

> **Art. 16, § 1º.** Nas mesmas penas incorre quem:
> (...)
> II — modificar as características de arma de fogo, de forma a torná-la equivalente a arma de fogo de uso proibido ou restrito ou para fins de dificultar ou de qualquer modo induzir a erro autoridade policial, perito ou juiz;

É comum a conduta de serrar o cano de uma espingarda, tornando maior o seu potencial lesivo. O dispositivo em análise pune o **autor da modificação**. Qualquer outra pessoa que porte a arma já modificada, estará incursa no art. 16, *caput*, da Lei n. 10.826/2003 — porte de arma de fogo de uso restrito.

Tendo em vista a redação dada ao art. 16, § 2º, do Estatuto pela Lei n. 13.964/2019, caso a modificação faça a arma tornar-se equivalente a uma de uso proibido, a pena será aquela do § 2º (4 a 12 anos).

Na segunda figura, o agente altera as características da arma para, por exemplo, evitar que o exame de confronto balístico tenha resultado positivo. Pela redação legal, o delito se caracteriza ainda que o agente não consiga enganar a autoridade, perito ou juiz. Trata-se de crime **formal**.

O crime de fraude processual do art. 347 do Código Penal deixou de ser aplicável em tal hipótese para existir agora figura específica.

■ 5.2.7.3. *Posse, detenção, fabrico ou emprego de artefato explosivo ou incendiário*

> **Art. 16, § 1º.** Nas mesmas penas incorre quem:
> (...)
> III — possuir, detiver, fabricar ou empregar artefato explosivo ou incendiário, sem autorização ou em desacordo com determinação legal ou regulamentar;

Esse tipo penal, por ser mais recente e com pena maior, torna inaplicável o art. 253 do Código Penal, no que se refere a **artefatos explosivos**. O art. 253 pune com detenção, de seis meses a dois anos, e multa, quem fabrica, fornece, adquire, possui ou transporta, sem licença da autoridade, substância ou engenho explosivo, gás tóxico ou asfixiante, ou material destinado à sua fabricação. Embora o novo tipo penal não mencione alguns verbos contidos no art. 253, como, por exemplo, "transportar" ou "adquirir", a verdade é que tais condutas estão abrangidas pelo verbo "possuir" existente na Lei n. 10.826/2003.

O art. 253 continua em vigor em relação a **gases tóxicos** ou **asfixiantes**, bem como em relação a **substâncias explosivas** (tolueno, p. ex.), já que a nova lei só se refere a **artefato explosivo** pronto (dinamite, p. ex.).

A Lei n. 10.826/2003 incrimina também a posse ou transporte de artefato **incendiário**, como, por exemplo, de coquetel *molotov*. Como a Lei não menciona substância, mas apenas artefato incendiário, a posse de álcool, evidentemente, não caracteriza o delito.

Deve-se notar, outrossim, que, em caso de efetiva explosão ou incêndio decorrentes dos artefatos, duas situações podem ocorrer. Se a explosão ou incêndio expuser a perigo concreto número **elevado** e **indeterminado** de pessoas ou coisas, estarão configurados os crimes de incêndio ou explosão dos arts. 250 e 251 do Código Penal. Se não houver tal consequência, estará configurado o crime do art. 16, § 1º, III, do Estatuto do Desarmamento, na figura "empregar artefato explosivo ou incendiário". Embora as penas, atualmente, sejam iguais, os crimes dos arts. 250 e 251 continuam em vigor pelo princípio da especialidade e por possuírem causas de aumento de pena inexistentes no Estatuto.

A deflagração perigosa de fogo de artifício continua a configurar a contravenção penal descrita no art. 28, parágrafo único, da Lei das Contravenções Penais.

■ 5.2.7.4. *Posse ou porte de arma de fogo com numeração raspada ou adulterada*

> **Art. 16, § 1º.** Nas mesmas penas incorre quem:
> (...)
> IV — portar, possuir, adquirir, transportar ou fornecer arma de fogo com numeração, marca ou qualquer outro sinal de identificação raspado, suprimido ou adulterado;

Esse dispositivo veio atender a um anseio dos aplicadores do Direito, na medida em que a Lei n. 9.437/97 só punia o responsável pela supressão da numeração, delito cuja autoria quase sempre era ignorada, pois, em geral, os policiais apreendiam a arma em poder de alguém já com a numeração raspada, sendo, na maioria das vezes, impossível desvendar a autoria de tal adulteração. Com a nova lei, todavia, a posse, ainda que em residência, ou o porte, de arma de fogo com numeração raspada, por si só, torna a pena maior, pela aplicação do dispositivo em análise. Por sua vez, se for também identificado o próprio autor da adulteração, será ele punido na figura do art. 16, § 1º, I, da Lei n. 10.826/2003 — já estudado.

O delito em tela descreve as **condutas típicas** — portar, possuir, adquirir, transportar e fornecer — e o objeto **material** — arma de fogo com numeração, marca ou qualquer outro sinal de identificação **raspado**, **suprimido** ou **adulterado**. Trata-se, portanto, de delito autônomo, que não guarda relação com a figura do *caput*, de modo que se caracteriza quer seja a arma de fogo de uso permitido, quer de uso proibido ou restrito. O próprio dispositivo não fez qualquer distinção. A propósito: "Porte ilegal de arma de fogo com a numeração suprimida. Artigo 16, parágrafo único, da Lei n. 10.826/2003. Reclassificação para o delito de porte ilegal de arma de fogo de uso permitido. Artigo 14 da indigitada lei. Impossibilidade. Objetos jurídicos distintos. Precedentes da Corte. 1. Não há falar em reclassificação do delito de porte ilegal de arma de fogo de uso restrito com numeração suprimida (art. 16, parágrafo único, inciso IV da Lei n. 10.826/03) para o crime de porte ilegal de arma de fogo de uso permitido, previsto no art. 14 da indigitada lei, ao argumento de que teria havido impropriedade legislativa. 2. Conforme entendimento consolidado na Corte, 'o delito de que trata o inciso IV do parágrafo único do art. 16 do Estatuto do Desarmamento é Política Criminal de valorização do poder-dever do Estado de controlar as armas de fogo que circulam em nosso país' (HC 99.582/RS, 1ª Turma, Relator o Ministro Ayres Britto, *DJe* 06/11/2009). 3. *Habeas corpus* denegado" (STF — HC 104.116, Rel. Min. Dias Toffoli, 1ª Turma, julgado em 30/08/2011, *DJe* 186, p. 411-415); "Deveras, para configuração do delito de porte ilegal de arma de fogo com a numeração suprimida, não importa ser a arma de fogo de uso restrito ou permitido, basta que a arma esteja com o sinal de identificação suprimido ou alterado, pois o que se busca proteger é a segurança pública, por meio do controle realizado pelo Poder Público das armas existentes no País. Precedentes: RHC 89.889/DF, Rel. Min. Cármen Lúcia, Pleno, *DJe* 05/12/2008; HC 99.582/RS, Rel. Min. Ayres Britto, 1ª Turma, *DJe* 06/11/2009; HC 104.116/RS, Rel. Min. Dias Toffoli, 1ª Turma, *DJe* 28/09/2011" (STF — HC 110.792, Rel. Min. Luiz Fux, 1ª Turma, julgado em 17/09/2013, processo eletrônico *DJe*-197, divulg. 04/10/2013, public. 07/10/2013); **e** "Art. 16, inciso IV, da Lei n. 10.826/03. Desclassificação para o art. 12, *caput*, da Lei n. 10.826/03. Impossibilidade. Tipo penal autônomo. Arma de uso permitido ou restrito. Irrelevância. I — Em razão da independência entre as formas típicas descritas no *caput* e no parágrafo único do art. 16 da Lei n. 10.826/03, para a caracterização dos incisos deste parágrafo único, é irrelevante se a arma de fogo, acessório e munição são de uso permitido ou de uso restrito (Precedente do STF). II — 'Inicialmente, enfatizou-se que, nas condutas descritas no referido inciso, não se exigiria como elementar do tipo a arma ser de uso permitido ou restrito, e que, no caso, a arma seria de uso permitido, tendo sido comprovada a supressão do seu número de série por abrasão' (Informativo n. 494 do Pretório Excelso). Ordem denegada" (STJ — HC 92.367/RJ, Rel. Min. Felix Fischer, 5ª Turma, julgado em 24/06/2008, *DJe* 01/09/2008). Caso se a arma de fogo seja de uso proibido, todavia, será aplicada a pena do art. 16, § 2º.

Firmou-se entendimento no sentido de que haverá concurso formal de crimes quando o agente portar uma arma com numeração raspada e outra com a respectiva numeração, com o argumento de que os bens jurídicos tutelados não são exatamente os mesmos. Veja-se: "Condenação pelos crimes dos arts. 12 e 16 da Lei n. 10.826/03. Reconhecimento de crime único em sede de apelação. Restabelecimento do concurso formal. Precedentes. Embora as condutas de possuir arma com numeração raspada e munições e acessórios de uso permitido tenham sido praticadas em um mesmo contexto fático, houve lesão a bens jurídicos diversos, pois o art. 16 do Estatuto do Desarmamento, além da paz e segurança públicas, também protege a seriedade dos cadastros do Sistema Nacional de Armas, sendo inviável o reconhecimento de crime único" (STJ — AgRg no REsp 1732505/MG, Rel. Min. Reynaldo Soares da Fonseca, 5ª Turma, julgado em 15/5/2018, *DJe* 25/5/2018). No mesmo sentido: STJ — AgRg no REsp 1619960/MG, Rel. Min. Reynaldo Soares da Fonseca, 5ª Turma, julgado em 27/6/2017, *DJe* 1º/8/2017).

- **Entrega da arma**

De acordo com o art. 32 do Estatuto, com a redação dada pela Lei n. 11.706/2008, o possuidor ou proprietário de arma de fogo pode **entregá-la espontaneamente**, e a **qualquer tempo**, à Polícia Federal, hipótese em que se presume sua boa-fé e **extingue-se sua punibilidade** em relação ao crime de posse irregular de referida arma. Se o agente, todavia, for flagrado com a arma em casa, responderá pelo delito. A extinção da punibilidade pressupõe sua efetiva entrega.

Saliente-se que o Superior Tribunal de Justiça aprovou a Súmula 513 salientando que "a *abolitio criminis* temporária prevista na Lei n. 10.826/2003 aplica-se ao crime de posse de arma de fogo de uso permitido com numeração, marca ou qualquer outro sinal de identificação raspado, suprimido ou adulterado, praticado somente até 23/10/2005".

■ 5.2.7.4.1. *Quadros sinóticos da posse irregular e do porte ilegal de armas de fogo*

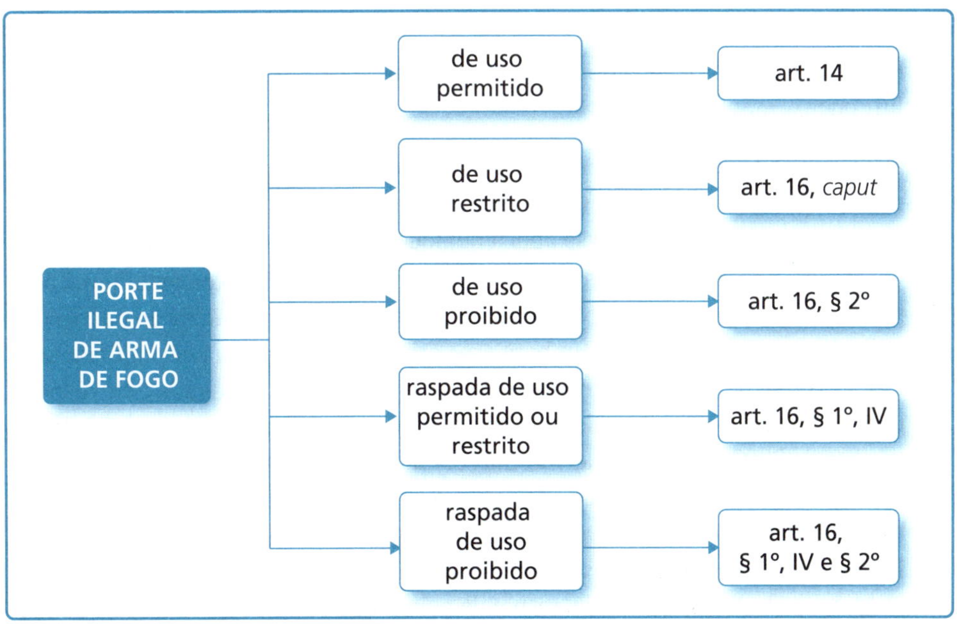

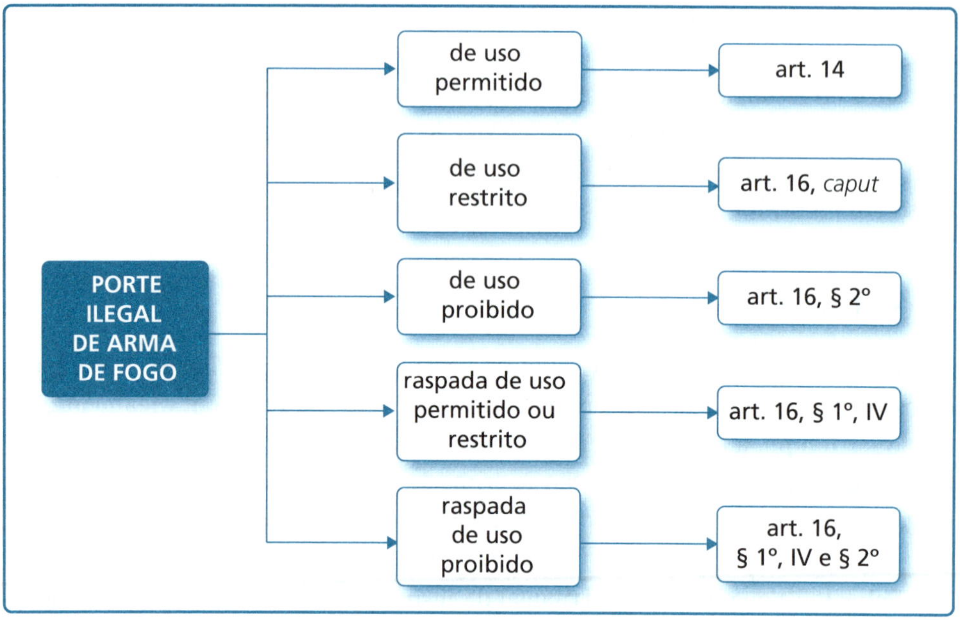

5.2.7.5. *Venda, entrega ou fornecimento de arma, acessório, munição ou explosivo a menor de idade*

> **Art. 16, § 1º.** Nas mesmas penas incorre quem:
> (...)
> V — vender, entregar ou fornecer, ainda que gratuitamente, arma de fogo, acessório, munição ou explosivo a criança ou adolescente;

Pela comparação desse tipo penal com outros da Lei n. 10.826/2003, pode-se concluir que:

a) Quem vende, entrega ou fornece qualquer espécie de arma de fogo, acessório ou munição, **intencionalmente** (dolosamente) a **menor de idade**, comete o crime do art. 16, § 1º, V. O dispositivo se aplica qualquer que seja a arma de fogo.

O art. 242 da Lei n. 8.069/90 (Estatuto da Criança e do Adolescente) pune com reclusão de três a seis anos a venda ou fornecimento de arma, munição ou explosivo a criança ou adolescente. Embora esse crime tenha tido sua pena alterada pela Lei n. 10.764, de 12 de novembro de 2003, acabou sendo **derrogado** pelo dispositivo em análise do Estatuto do Desarmamento, que entrou em vigor em 22 de dezembro de 2003, e que pune as mesmas condutas. O art. 242 só continua aplicável a armas de outra natureza (que não sejam armas de fogo).

b) Quem deixa de observar as **cautelas** necessárias para impedir que **menor de idade** ou **deficiente mental** se apodere de arma de fogo, que esteja sob sua posse ou que seja de sua propriedade, responde pelo crime do art. 13. Trata-se de conduta **culposa**. Se quem se apodera da arma é pessoa **maior de idade**, o fato é atípico, porque a modalidade culposa não mencionou tal hipótese.

c) O sujeito que fornece, empresta ou cede **dolosamente** arma de fogo de uso **permitido** a **pessoa maior** de idade pratica o crime do **art. 14**.

d) Quem fornece, empresta ou cede dolosamente arma de fogo de uso **proibido** ou **restrito** a pessoa **maior de idade** incide no crime do art. **16**, *caput*, ou § 2º.

e) Aquele que fornece **explosivo** a pessoa **menor** de 18 anos comete o crime do art. 16, § 1º, V, mas, se o destinatário for pessoa **maior** de idade, o crime será o do **art. 253 do CP**.

Conduta	Crime
Vender, entregar ou fornecer arma de fogo, acessório ou munição dolosamente a menor de idade	Art. 16, § 1º, V, do Estatuto
Deixar de observar as cautelas necessárias para impedir que menor de idade ou deficiente mental se apodere de arma de fogo que esteja sob sua posse ou propriedade	Art. 13, *caput*, do Estatuto
Fornecer, emprestar ou ceder dolosamente arma de fogo de uso permitido a pessoa maior de idade	Art. 14 do Estatuto
Fornecer, emprestar ou ceder dolosamente arma de fogo de uso proibido ou restrito a pessoa maior de idade	Art. 16, *caput* ou § 2º do Estatuto

FORNECER EXPLOSIVO		
	a pessoa menor de idade	crime do art. 16, § 1º, V, do Estatuto
	a pessoa maior de idade	crime do art. 253 do Código Penal

■ 5.2.7.6. *Produção, recarga ou reciclagem indevida, ou adulteração de munição ou explosivo*

> **Art. 16, § 1º.** Nas mesmas penas incorre quem:
> (...)
> VI — produzir, recarregar ou reciclar, sem autorização legal, ou adulterar, de qualquer forma, munição ou explosivo.

A finalidade desse dispositivo é a de abranger algumas condutas não elencadas nos arts. 14 e 16 do Estatuto do Desarmamento, em relação a munições e explosivos.

5.2.8. Comércio ilegal de arma de fogo

> **Art. 17.** Adquirir, alugar, receber, transportar, conduzir, ocultar, ter em depósito, desmontar, montar, remontar, adulterar, vender, expor à venda, ou de qualquer forma utilizar, em proveito próprio ou alheio, no exercício de atividade comercial ou industrial, arma de fogo, acessório ou munição, sem autorização ou em desacordo com determinação legal ou regulamentar:
> Pena — reclusão de seis a doze anos, e multa.
> § 1º — Equipara-se à atividade comercial ou industrial, para efeito deste artigo, qualquer forma de prestação de serviços, fabricação ou comércio irregular ou clandestino, inclusive o exercido em residência.
> § 2º — Incorre na mesma pena quem vende ou entrega arma de fogo, acessório ou munição, sem autorização ou em desacordo com determinação legal ou regulamentar, a agente policial disfarçado, quando presentes elementos probatórios razoáveis de que a conduta criminal preexiste.

1. Objetividade jurídica

A incolumidade pública, no sentido de evitar que armas ilegais, acessórios ou munições **entrem em circulação**. A pena do delito foi aumentada com a aprovação da Lei n. 13.964/2019, que também inseriu o delito no rol dos crimes hediondos.

2. Elementos do tipo

As **ações nucleares** são aquelas típicas de **comerciantes** e **industriais**, como adquirir, alugar, receber, transportar, conduzir, ocultar, ter em depósito, desmontar, montar, remontar, adulterar, vender, expor à venda, ou de qualquer forma utilizar arma de fogo, acessório ou munição. O dispositivo não faz distinção entre arma de uso **permitido** e **restrito**, mas o art. **19 da Lei** determina que a pena será aumentada em **metade** no último caso (*v.* comentários).

O **elemento normativo do tipo** está contido na expressão "sem autorização ou em desacordo com determinação legal ou regulamentar". Assim, comete o crime o agente que **não tem autorização** para vender arma, ou aquele que **descumpre** determinação **legal**, como, por exemplo, não mantendo a arma registrada em nome da empresa antes da venda (art. 4º, § 4º, da Lei n. 10.826/2003), ou vendendo munição de calibre diverso (art. 4º, § 2º); ou **regulamentar**, como no caso do industrial que não fornece à Polícia Federal a relação de saída de armas do estoque e os dados dos adquirentes e as características e dados do armamento (art. 5º, § 1º, do Decreto n. 9.847/2019), ou do comerciante que não encaminha à Polícia Federal ou ao Comando do Exército, em quarenta e oito horas, a contar da venda, os dados identificadores da arma, da munição ou acessório e de seu comprador (art. 5º, § 2º, do Decreto n. 9.847/2019). Igualmente haverá crime na venda de munição sem a apresentação do registro da arma, ou em quantidade superior à permitida etc.

O delito em análise é também crime de **perigo abstrato** e de **mera conduta**, porque dispensa prova de que pessoa **determinada** tenha sido exposta a efetiva situação de risco, bem como a superveniência de qualquer resultado.

Como se trata de tipo misto **alternativo**, a realização de mais de uma conduta em relação às mesmas armas constitui crime único. Ex.: o comerciante que compra, transporta e depois vende ilegalmente um determinado lote de armas. O juiz pode, todavia, considerar tal circunstância na fixação da pena-base.

Se o agente compra arma de fogo roubada e depois comercializa referida arma, incorre nos crimes de **receptação qualificada** (art. 180, § 1º, do CP) e **comércio ilegal de arma de fogo**, em concurso material.

3. Sujeito ativo

Trata-se de crime **próprio**, já que o tipo penal exige que o delito seja cometido por **comerciante** ou **industrial**. Ocorre que o dispositivo é de grande abrangência, na medida em que o seu parágrafo único equiparou à atividade comercial ou industrial **qualquer forma de prestação de serviços**, **fabricação** ou **comércio irregular** ou **clandestino**, inclusive o exercido em **residência**.

Se o delito for cometido por qualquer das pessoas elencadas nos arts. 6º, 7º e 8º da Lei, a pena será aumentada em **metade** (art. 20 — *v.* comentários).

4. Sujeito passivo

A coletividade.

5. Consumação

Tratando-se de crime de **mera conduta**, a consumação ocorre no momento da **ação**, independentemente de qualquer **resultado**.

6. Tentativa

Em tese, é **possível**, como, por exemplo, tentar adquirir arma de fogo.

7. Vedação de liberdade provisória

O art. 21 da Lei n. 10.826/2003 **proíbe a concessão de liberdade provisória** ao crime em análise. O **Supremo Tribunal Federal**, todavia, declarou a inconstitucionalidade desse dispositivo, em 2 de maio de 2007, no julgamento da ADIn 3.112, de modo que o juiz pode conceder a liberdade provisória aos autores desse tipo de infração penal, desde que presentes os requisitos exigidos para o benefício pelo Código de Processo Penal.

8. Figura equiparada

De acordo com o § 2º do art. 17, "incorre na mesma pena quem vende ou entrega arma de fogo, acessório ou munição, sem autorização ou em desacordo com determinação legal ou regulamentar, a agente policial disfarçado, quando presentes elementos probatórios razoáveis de que a conduta criminal preexiste". A finalidade é evitar a alegação de crime impossível.

5.2.9. Tráfico internacional de arma de fogo

> **Art. 18.** Importar, exportar, favorecer a entrada ou saída do território nacional, a qualquer título, de arma de fogo, acessório ou munição, sem autorização da autoridade competente:
> Pena — reclusão de oito a dezesseis anos, e multa.
> Parágrafo único — Incorre na mesma pena quem vende ou entrega arma de fogo, acessório ou munição, sem autorização ou em desacordo com determinação legal ou regulamentar, a agente policial disfarçado, quando presentes elementos probatórios razoáveis de que a conduta criminal preexiste.

1. Objetividade jurídica

A incolumidade pública, no sentido de evitar o comércio internacional de armas de fogo, acessórios ou munições. A pena deste crime foi aumentada pela Lei n. 13.964/2019, que também inseriu o delito no rol dos crimes hediondos.

2. Elementos do tipo

Importar é fazer **entrar** a arma, acessório ou munição no território nacional, e **exportar** é fazer **sair**. A lei também pune quem **favorece** tal entrada ou saída, de modo que o agente é considerado **autor**, e não partícipe do crime.

O dispositivo **não** faz distinção entre importação e exportação de arma de uso permitido ou restrito, mas o art. 19 da Lei determina que a pena será aumentada em **metade** no último caso (*v.* comentários).

O delito em análise é também crime de **perigo abstrato** e **de mera conduta**, porque dispensa prova de que pessoa **determinada** tenha sido exposta a efetiva situação de risco, bem como a superveniência de qualquer resultado.

3. Sujeito ativo

Pode ser qualquer pessoa. Trata-se de crime comum.

Se o delito for cometido por qualquer das pessoas elencadas nos arts. 6º, 7º e 8º da Lei, a pena será aumentada em **metade** (art. 20 — *v.* comentários). Não se tratando de uma dessas pessoas, mas sendo o agente **funcionário público**, responderá também por crime de **corrupção passiva**, caso tenha recebido alguma vantagem para **facilitar** a **entrada** ou **saída** da arma no território nacional.

4. Sujeito passivo

A coletividade.

5. Consumação

Quando o objeto material entra ou sai do território nacional. No caso de importação, se o agente entra com a arma no Brasil e é preso na alfândega, o crime já está consumado.

6. Tentativa

É possível.

7. Vedação de liberdade provisória

O art. 21 da Lei n. 10.826/2003 **proíbe a concessão de liberdade provisória** ao crime em análise. O **Supremo Tribunal Federal**, todavia, declarou a inconstitucionalidade desse dispositivo, em 2 de maio de 2007, no julgamento da ADIn 3.112, de modo que o juiz pode conceder a liberdade provisória aos autores desse tipo de infração penal, desde que presentes os requisitos exigidos para o benefício pelo Código de Processo Penal.

8. Figura equiparada

De acordo com o parágrafo único do art. 18, "incorre na mesma pena quem vende ou entrega arma de fogo, acessório ou munição, sem autorização ou em desacordo com determinação legal ou regulamentar, a agente policial disfarçado, quando presentes elementos probatórios razoáveis de que a conduta criminal preexiste". A finalidade é evitar a alegação de crime impossível.

■ 5.3. CAUSAS DE AUMENTO DE PENA

A Lei n. 10.826/2003, em **dois** artigos, determinou o acréscimo de **metade** da pena para alguns de seus ilícitos penais:

> **Art. 19.** Nos crimes previstos nos arts. 17 e 18, a pena é aumentada da metade se a arma de fogo, acessório ou munição forem de uso restrito ou proibido.

O acréscimo só é aplicável aos crimes de **comércio ilegal** (art. 17) e **tráfico internacional de armas de fogo** (art. 18). O aumento decorre da maior **lesividade** das armas de uso **proibido** ou **restrito**, assim definidas no art. 2º, II e III, do Decreto n. 9.847/2019.

> **Art. 20.** Nos crimes previstos nos arts. 14, 15, 16, 17 e 18, a pena é aumentada da metade se:
> I — forem praticados por integrante dos órgãos e empresas referidas nos arts. 6º, 7º e 8º desta Lei; ou
> II — o agente for reincidente específico em crimes dessa natureza.

Essa regra vale para os crimes de **porte** ilegal de arma de fogo de uso **permitido** (art. 14), **disparo** de arma de fogo (art. 15), **porte** ilegal de arma de uso **proibido** ou **restrito** (art. 16), **comércio** ilegal (art. 17) e **tráfico internacional** de armas de fogo (art. 18).

Refere-se a crimes cometidos por integrantes das Forças Armadas, policiais civis ou militares, integrantes das guardas municipais das capitais dos Estados e dos Municípios com mais de 500.000 habitantes, integrantes das guardas municipais dos Municípios com mais de 50.000 e menos de 500.000 habitantes, quando em serviço, agentes operacionais da Agência Brasileira de Inteligência e agentes do Departamento de Segurança do Gabinete de Segurança Institucional da Presidência da República, policiais da Câmara dos Deputados ou do Senado Federal, agentes e guardas prisionais, os integrantes de escolta de presos, guardas portuários, trabalhadores de empresas de segurança privada e de transporte de valores que estejam devidamente habilitados, integrantes das entidades de desporto legalmente constituídas cujas atividades esportivas demandem o uso de armas de fogo, integrantes da Carreira de Auditor da Receita Federal do Brasil e de Auditoria-Fiscal do Trabalho, Auditores-Fiscais e Analistas Tributários, e, por fim, servidores dos tribunais do Poder Judiciário descritos no art. 92 da Constituição Federal e dos Ministérios Públicos da União e dos Estados.

Segundo Damásio de Jesus, o aumento só se justifica quando o delito for praticado no exercício da função ou em razão dela, ainda que fora da atividade funcional, ou da realização da atividade profissional (Informativo *Phoenix*, março de 2004, n. 6).

A hipótese do inciso II foi inserida pela Lei n. 13.964/2019, e refere-se ao agente que comete pela segunda vez um dos crimes elencados no dispositivo (arts. 14, 15, 16, 17 e 18).

■ 5.4. VEDAÇÃO DE LIBERDADE PROVISÓRIA

> **Art. 21.** Os crimes previstos nos arts. 16, 17 e 18 são insuscetíveis de liberdade provisória.

A lei se refere a todos os crimes do **art. 16**, bem como ao **comércio** ilegal (art. 17) e ao **tráfico internacional** de armas de fogo (art. 18). O **Supremo Tribunal Federal**, todavia, no julgamento da ADIn 3.112, ocorrido em 2 de maio de 2007, declarou a **inconstitucionalidade** desse dispositivo, de modo que, atualmente, a pessoa presa em flagrante por um desses crimes pode obter a liberdade provisória, desde que ausentes as vedações do art. 324 do CPP, ou seja, que o réu não tenha quebrado a fiança anteriormente concedida, que não tenha descumprido as obrigações de comparecimento a todos os atos do processo e que estejam ausentes os requisitos da prisão preventiva.

A propósito:

> "V — Insusceptibilidade de liberdade provisória quanto aos delitos elencados nos arts. 16, 17 e 18. Inconstitucionalidade reconhecida, visto que o texto magno não autoriza a prisão *ex lege*, em face dos princípios da presunção de inocência e da obrigatoriedade de fundamentação dos mandados de prisão pela autoridade judiciária competente; (...) IX — Ação julgada procedente, em parte, para declarar a inconstitucionalidade dos parágrafos únicos dos artigos 14 e 15 e do artigo 21 da Lei n. 10.826, de 22 de dezembro de 2003" (STF — ADI 3.112, Rel. Min. Ricardo Lewandowski, Tribunal Pleno, julgado em 02/05/2007, *DJe* 131, p. 538).

■ 5.5. COMPETÊNCIA DA JUSTIÇA ESTADUAL

O fato de a **Polícia Federal** ser o órgão responsável pelos registros das armas de fogo e pela expedição de autorizações para o porte, e de o **Sinarm** (órgão do Ministério da Justiça) ser o responsável pelo cadastramento das armas de fogo, **não** faz com que a competência para os crimes previstos no Estatuto do Desarmamento seja da Justiça Federal. Os tribunais superiores firmaram entendimento de que tais crimes **não** atingem bens, serviços ou interesses da União, suas autarquias ou empresas públicas pelo fato de os órgãos responsáveis serem federais, e, assim, inaplicável se mostra o art. 109, IV, da Constituição Federal, que transfere a competência para a Justiça Federal.

A propósito:

> "Porte/posse ilegal de arma de fogo de uso permitido adulterada (Leis ns. 9.437/97 e 10.826/03). Competência (federal/estadual). Busca e apreensão (prova ilícita). Justa causa (ausência). Extinção da ação penal (caso). 1. A Lei n. 10.826/03 não remeteu à Justiça Federal toda a competência para as questões penais daí oriundas. A conduta descrita nos autos não violou diretamente nenhum bem, serviço ou interesse a que se refere o art. 109, IV, da Constituição, caso, portanto, de competência estadual" (STJ — HC 41.504/CE, Rel. Min. Nilson Naves, 6ª Turma, julgado em 18/12/2007, *DJe* 22/09/2008).
>
> "1. Não havendo prejuízo à União, Autarquias Federais ou Empresas Públicas Federais, o processamento e julgamento de crime de porte ilegal de arma de fogo com sinal de identificação raspado compete à Justiça Estadual" (STJ — CC 61.867/SP, Rel. Min. Maria Thereza de Assis Moura, 3ª Seção, julgado em 14/03/2007, *DJ* 26/03/2007, p. 200).
>
> "I. O simples fato de se tratar de porte de arma de fogo com numeração raspada não evidencia, por si só, a competência da Justiça Federal. II. Hipótese em que não restou caracterizada agressão direta aos interesses, bens ou serviços da União, que ensejasse o deslocamento da competência para a Justiça Federal, nos termos do art. 109 da Constituição Federal. III. O objeto jurídico protegido pela Lei n. 10.826/03 é a incolumidade de toda a sociedade, vítima em potencial do uso irregular das armas de fogo, não havendo qualquer violação direta aos interesses da União, a despeito de ser o SINARM um ente federal. IV. Competência da Justiça Estadual para a apreciação e julgamento da ação penal. V. Ordem denegada" (STJ — HC 57.348/RJ, Rel. Min. Gilson Dipp, 5ª Turma, julgado em 12/06/2006, *DJ* 01/08/2006, p. 502).
>
> "Porte ilegal de arma de fogo de uso permitido. Sistema Nacional de Armas. Lei n. 10.826, de 2003. Competência (federal/estadual). 1. O Sistema instituído pela Lei n. 10.826 haveria mesmo de ser de cunho nacional ("circunscrição em todo o território nacional"). 2. Certamente que esse ato legislativo não remeteu à Justiça Federal toda a competência para as questões penais daí oriundas. 3. Quando não há ofensa direta aos bens, serviços e interesses a que se refere o art. 109, IV, da Constituição, não há como atribuir competência à Justiça Federal. 4. Caso de competência estadual. 5. Conflito conhecido e declarado competente o suscitado" (STJ — CC 45.483/RJ, Rel. Min. Nilson Naves, 3ª Seção, julgado em 27/10/2004, *DJ* 09/02/2005, p. 183).
>
> "Processo penal. Porte de arma. Apreensão em aeroporto. Área sob fiscalização da Polícia Federal. Interesse da União. Ausência. A apreensão de arma detectada, no interior de mala, por equipamento de raios X de aeroporto, quando do procedimento de embarque do passageiro que a possuía, guardava e transportava, não ofende a interesse da União. A circunstância de ser o crime cometido em local sujeito à fiscalização da Polícia Federal não é capaz de induzir a competência da Justiça Federal. Precedentes. Conflito conhecido para declarar competente o Juízo Estadual suscitado" (STJ — CC 37.877/SP, Rel. Min. Paulo Medina, 3ª Seção, julgado em 14/04/2004, *DJ* 10/05/2004, p. 164).

5.6. DESTRUIÇÃO DOS OBJETOS APREENDIDOS

O art. 25 do Estatuto dispõe que as armas de fogo, acessórios e munições que não mais interessarem à persecução penal, ou que não constituam prova em inquérito policial ou ação penal, deverão ser encaminhados pelo juiz competente ao **Comando do Exército**, no prazo máximo de **quarenta e oito horas**, para destruição ou posterior doação aos órgãos de segurança pública ou às Forças Armadas.

De acordo com tal dispositivo, mesmo as armas apreendidas que tenham sido utilizadas como instrumento para a prática de outros crimes (roubo, extorsão, homicídio, estupro etc.) devem ser encaminhadas pelo juízo ao Comando do Exército, não se aplicando, assim, a regra do art. 91, II, "a", do Código Penal, segundo a qual o juiz, ao proferir sentença, deve decretar a perda em favor da União dos instrumentos de crime cuja detenção ou porte constitua ilícito penal.

5.7. REGISTROS BALÍSTICOS (ART. 34-A)

Os registros de elementos de munição deflagrados por armas de fogo relacionados a crimes serão armazenados no Banco Nacional de Perfis Balísticos, a fim de subsidiar apurações criminais federais, estaduais e distritais. Referido Banco será gerido pela unidade oficial de perícia criminal.

O Banco Nacional de Perfis Balísticos tem como objetivo cadastrar armas de fogo e armazenar características de classe e individualizadoras de projéteis e de estojos de munição deflagrados por arma de fogo (art. 34-A, § 1º). É vedada a comercialização parcial ou total dos dados armazenados, que têm caráter sigiloso. Quem permitir ou promover sua utilização para fins diversos dos previstos em lei ou em decisão judicial responderá civil, penal e administrativamente.

5.8. REFERENDO POPULAR

No Capítulo VI da Lei n. 10.826/2003, que trata das chamadas "disposições finais", estabeleceu o legislador uma regra que só **entraria em vigor se fosse aprovada por referendo popular**. Esse dispositivo (art. 35, *caput* e § 1º) **proibia** a **comercialização** de arma de fogo e munição em **todo o território nacional,** exceto para as entidades previstas no art. 6º. O referendo foi realizado no dia 23 de outubro de 2005, e o dispositivo foi rejeitado por 63,94% dos eleitores, de modo que não se encontra proibida a venda de armas e munições no território nacional, embora a aquisição pressuponha certas condições, conforme já estudado no tópico referente ao crime de posse de arma de fogo (art. 12), no subtítulo "**elementos do tipo**".

Em suma, o Estatuto do Desarmamento dificultou a aquisição e a autorização para o porte de arma de fogo e munição, mas a efetiva proibição foi **rechaçada** pelo referendo popular.

5.9. REVOGAÇÃO DA LEI N. 9.437/97

O art. 36 da Lei n. 10.826/2003 revogou expressamente a Lei n. 9.437/97.

Essa revogação tem especial relevância no que se refere à **qualificadora** elencada no art. 10, § 3º, IV, da Lei n. 9.437/97, que estabelecia pena maior a quem cometesse um dos crimes da lei e possuísse condenação anterior por crime contra pessoa, patrimônio ou tráfico de entorpecentes, já que tal dispositivo não foi repetido no Estatuto do Desarmamento, de modo que, atualmente, a circunstância de possuir condenação anterior só pode ser reconhecida na forma da agravante genérica da **reincidência** (art. 61, I, do CP), como, aliás, sempre ocorreu com os demais delitos. Houve, portanto, *novatio legis in mellius* (art. 2º, parágrafo único, do CP), inviabilizando a aplicação da referida qualificadora até mesmo para fatos ocorridos antes da entrada em vigor do Estatuto, bem como beneficiando as pessoas já condenadas. Com efeito, estabelece o Código Penal que a lei posterior que, de qualquer modo, favoreça o agente aplica-se aos fatos anteriores (art. 2º, parágrafo único), tendo, portanto, caráter retroativo.

■ 5.10. QUESTÕES

1. (MP/PB — Promotor de Justiça Substituto — 2018 — FCC) Nos termos do Estatuto do Desarmamento (Lei n. 10.826/2003), a conduta de emprestar a terceiro arma de fogo, sem autorização e em desacordo com determinação legal ou regulamentar, configura o crime de

a) empréstimo ilegal de arma de fogo.
b) omissão de cautela.
c) porte ilegal de arma de fogo.
d) comércio ilegal de arma de fogo.
e) posse irregular de arma de fogo.

2. (Delegado de Polícia/SP — 2018 — Vunesp) É correto afirmar a respeito do crime de disparo de arma de fogo, previsto na Lei n. 10.826/2003 (Estatuto do Desarmamento), que

a) é inafiançável, de perigo abstrato e que não admite a suspensão condicional do processo.
b) se trata de crime comum, de perigo abstrato e que não admite a suspensão condicional do processo.
c) se trata de crime próprio, afiançável e que admite a suspensão condicional do processo.
d) não admite a suspensão condicional do processo, é afiançável e trata-se de crime de mão-própria.
e) é inafiançável, de perigo concreto e que admite a suspensão condicional do processo.

3. (Ministério Público/SP) Em relação ao estatuto do desarmamento, Lei n. 10.826/03, assinale a alternativa correta:

a) não prevê a criminalização da posse de arma de fogo de uso permitido, desde que no interior de residência.
b) prevê a criminalização da posse irregular de arma de fogo em residência, desde que se trate de arma de uso privativo das Forças Armadas.
c) equipara a conduta de porte de arma de fogo de uso restrito à de porte de arma de fogo de uso permitido que tenha seus sinais identificadores suprimidos ou alterados.
d) o porte ilegal de arma de fogo de uso permitido é punível com penas mais graves que as cominadas para a posse de munição destinada a arma de fogo de uso permitido.
e) pune mais severamente o tráfico internacional de armas de fogo que o comércio ilegal de armas de fogo.

4. (Ministério Público/SP — 2011) No crime de comércio ilegal de arma de fogo, a natureza jurídica do fato de ser a arma ou munição de uso proibido ou restrito constitui:

a) circunstância agravante genérica.
b) circunstância judicial.
c) causa especial de aumento de pena.
d) circunstância qualificadora.
e) circunstância agravante específica.

5. (Delegado/SC — 2008) "Caio", proprietário da empresa de segurança e transporte de valores "Vaisegur", deixou de registrar ocorrência policial e de comunicar à Polícia Federal a perda de uma arma de fogo utilizada na atividade típica da empresa, nas primeiras 24 horas depois de constatado o "sumiço" deste objeto. Considere o enunciado acima e assinale a alternativa correta.

a) Se "Caio" agiu culposamente responderá pela modalidade fundamental do crime de omissão de cautela, previsto na Lei n. 10.826/03 (Estatuto do Desarmamento).
b) "Caio" não cometeu crime algum, pois o fato é penalmente atípico.
c) Se "Caio" se omitiu dolosamente, deve responder por modalidade equiparada ao crime de omissão de cautela, prevista na Lei n. 10.826/03 (Estatuto do Desarmamento). Se a omissão foi culposa não haverá crime.
d) "Caio" somente responderá pelo crime de omissão de cautela se terceiro, que tenha se apoderado da arma de fogo, passar a utilizá-la indevidamente, e desde que ele não tenha nas primeiras 24 horas depois de constatado o "sumiço" da arma, registrado boletim de ocorrência a respeito.

6. (Ministério Público/SP — 2015) Levando em consideração dominantes entendimentos jurisprudenciais e doutrinários com relação aos crimes praticados contra criança ou adolescente, assinale a alternativa falsa:

a) O crime de corrupção de menor, para se caracterizar, exige que o agente o induza a praticar infração penal ou simplesmente com ele a pratique.
b) A entrega de arma de fogo a criança ou adolescente caracteriza crime previsto no ECA, e não no Estatuto do Desarmamento, pois o ECA é lei especial que prevalece sobre a geral.
c) O fornecimento de bebida alcoólica a criança ou adolescente tipifica o crime previsto no art. 243 do ECA.
d) O crime de montagem de foto pornográfica de criança ou adolescente admite a forma tentada.
e) Para efeitos dos crimes contra criança ou adolescente, a expressão "cena de sexo explícito ou pornográfica" abrange inclusive a mera exibição dos órgãos genitais do menor para fins primordialmente sexuais.

7. (Perito Criminal — Polícia Civil/AC — FUNCAB) No que se refere ao Estatuto do Desarmamento, é correto afirmar que:

a) o porte ilegal de arma de fogo de uso permitido é inafiançável, sendo irrelevante o fato de a arma de fogo estar registrada em nome do agente.
b) o agente que importa ou exporta arma de fogo de uso permitido, sem autorização da autoridade competente, comete o delito de contrabando.
c) a conduta de portar arma de uso permitido é equiparada à de portar arma de uso restrito para efeito da aplicação da pena, quando a referida arma estiver com a numeração, marca ou qualquer outro sinal de identificação raspado, suprimido ou adulterado.
d) o crime de deixar de observar as cautelas necessárias para impedir que menor se apodere de arma de fogo que esteja sob sua posse admite tentativa.
e) será responsabilizado apenas administrativamente o proprietário ou diretor de empresa de segurança que não registrar ocorrência policial e não comunicar à Polícia Federal nas primeiras vinte e quatro horas depois de ocorrido a perda, o furtou ou roubo de arma de fogo, acessório ou munição, que estejam sob sua guarda.

8. (Policial Civil — AP — 2017 FCC) Sobre os crimes previstos no Estatuto do Desarmamento (Lei Federal n. 10.826/2003), considere:

I. Podem portar arma de fogo os integrantes das Guardas Municipais das capitais dos Estados e dos Municípios com mais de 30.000 habitantes.
II. Incorre nas mesmas penas previstas para o crime de posse ou porte ilegal de arma de fogo de uso restrito quem adulterar, de qualquer forma, munição.
III. Nos crimes de comércio ilegal e de tráfico internacional de arma de fogo, a pena é aumentada da metade se a arma de fogo, acessório ou munição forem de uso proibido ou restrito.
IV. Deixar o proprietário ou diretor responsável de empresa de segurança e transporte de valores de registrar ocorrência policial e de comunicar à Polícia Federal perda, furto, roubo ou

outras formas de extravio de arma de fogo, acessório ou munição que estejam sob sua guarda, nas primeiras 24 horas depois de ocorrido o fato, é crime punido com reclusão.

Está correto o que se afirma APENAS em

a) I e IV.
b) I e III.
c) II e IV.
d) II e III.
e) III e IV.

9. (Magistratura/PE — 2015 — FCC) NÃO constitui conduta equiparada a posse ou porte ilegal de arma de fogo de uso restrito

a) produzir, recarregar ou reciclar, sem autorização legal, ou adulterar, de qualquer forma, munição ou explosivo.
b) vender, entregar ou fornecer, ainda que gratuitamente, arma de fogo, acessório, munição ou explosivo a criança ou adolescente.
c) expor à venda, em proveito próprio ou alheio, no exercício de atividade comercial ou industrial, arma de fogo, acessório ou munição, sem autorização ou em desacordo com determinação legal ou regulamentar.
d) portar, possuir, adquirir, transportar ou fornecer arma de fogo com numeração, marca ou qualquer outro sinal de identificação raspado, suprimido ou adulterado.
e) possuir, deter, fabricar ou empregar artefato explosivo ou incendiário, sem autorização ou em desacordo com determinação legal ou regulamentar.

10. (Defensoria Pública — Pernambuco — 2015 — Cespe) Tales foi preso em flagrante delito quando transportava, sem autorização legal ou regulamentar, dois revólveres de calibre 38 desmuniciados e com numerações raspadas. Acerca dessa situação hipotética, julgue os itens que se seguem, com base na jurisprudência dominante dos tribunais superiores relativa a esse tema. O fato de as armas apreendidas estarem desmuniciadas não tipifica o crime de posse ou porte ilegal de arma de fogo de uso restrito em razão da total ausência de potencial lesivo da conduta.

a) Certo.
b) Errado.

11. (Ministério Público/SP — 2017) A guarda de arma desmuniciada, de uso permitido, em sua própria residência, constituirá crime

a) na hipótese de a arma, em exame pericial, se mostrar apta a efetuar disparo.
b) na hipótese em que, na residência, houver disponibilidade de munição compatível com a arma apreendida.
c) se o implicado não possuir licença para o porte da arma apreendida.
d) caso o implicado não possua o registro de propriedade válido da arma.
e) se a residência estiver situada em área urbana.

12. (Delegado de Polícia/MA — 2018 — CESPE) De acordo com o entendimento da doutrina e dos tribunais superiores sobre o Estatuto do Desarmamento, especialmente quanto às armas de fogo,

a) o crime de tráfico internacional de arma de fogo é insuscetível de liberdade provisória.
b) majora-se a pena em caso de crime de comércio ilegal de arma de fogo mesmo que se trate de armamento de uso permitido.
c) a arma de fogo desmuniciada afasta as figuras criminosas da posse ou do porte ilegal, considerando-se que o objeto jurídico tutelado é a incolumidade física.
d) o porte de arma de fogo de uso permitido com a numeração raspada equivale penalmente ao porte de arma de fogo de uso restrito.
e) o disparo de arma de fogo em via pública e o porte ilegal de arma de fogo de uso permitido configuram situações de inafiançabilidade.

GABARITO

1. "c". O empréstimo é uma das condutas típicas do art. 14 do Estatuto.

2. "b". Como a pena mínima é de 2 anos, mostra-se inviável a suspensão condicional do processo, que só pode ser aplicada quando a pena mínima não exceda 1 ano.

3. "c". As penas dos crimes são efetivamente equiparadas, conforme se vê no art. 16, *caput* e parágrafo único, IV, da Lei.

A alternativa A está errada porque a posse de arma de fogo em residência constitui crime se o agente não possui o devido registro da arma no órgão competente (art. 12). A assertiva B está errada porque o crime de posse irregular de arma de fogo em residência pode ter como objeto arma de uso permitido (art. 12). A alternativa D está errada porque as penas são as mesmas para o porte de arma de fogo ou de munição de uso permitido (art. 14). Por fim, a assertiva E contém erro porque os crimes de tráfico internacional de armas de fogo e de comércio ilegal de armas de fogo possuem as mesmas penas — 4 a 8 anos de reclusão, e multa —, nos termos dos arts. 17 e 18 da Lei.

4. "c". O art. 19 da Lei prevê um aumento de metade da pena nesses casos, tratando-se, portanto, de causa de aumento de pena.

5. "c". A assertiva está em consonância com o art. 13, parágrafo único, da Lei.

6. "b". A entrega de arma de fogo a criança ou adolescente configura crime do art. 16, § 1º, V, do Estatuto do Desarmamento (e não crime do ECA).

7. "c".

8. "d".

9. "c". A pena do crime de comércio ilegal de arma de fogo (art. 17 do Estatuto) é maior.

10. Errado.

11. "d".

12. "d".

6

CONTRAVENÇÕES PENAIS DECRETO-LEI N. 3.688/41

6.1. PARTE GERAL DAS CONTRAVENÇÕES

6.1.1. Introdução

As contravenções estão tipificadas, em regra, no **Decreto-lei n. 3.688/41**, mais conhecido como **Lei das Contravenções Penais**. Existem, entretanto, outras contravenções em leis especiais, como as do Decreto-lei n. 6.259/44.

- **Distinção entre crime e contravenção**

As infrações penais, no Brasil, dividem-se em **crimes** e **contravenções**. A estrutura jurídica de ambas, todavia, é a mesma, ou seja, as infrações, incluindo os crimes e as contravenções, caracterizam-se por serem fatos **típicos e antijurídicos**. Em razão disso é que Nélson Hungria definiu a contravenção como "crime anão", já que nada mais é do que um "delito" com menores consequências e com sanções de menor gravidade. Por isso é que se diz que a tipificação de um fato como crime ou contravenção depende exclusivamente da vontade do legislador. Um fato considerado **mais grave** deve ser tipificado pelo legislador como **crime** e um **menos** grave, como **contravenção**.

Aprovada uma lei tipificando uma conduta como crime e outra como contravenção, não será difícil diferenciá-las. A distinção mais importante é dada pelo art. 1º da Lei de Introdução ao Código Penal e refere-se à pena: "Art. 1º Considera-se crime a infração penal a que a lei comina pena de reclusão ou de detenção, quer isoladamente, quer alternativa ou cumulativamente com a pena de multa; contravenção, a infração penal a que a lei comina, isoladamente, pena de prisão simples ou de multa, ou ambas, alternativa ou cumulativamente".

Temos, portanto, as seguintes possibilidades em relação à pena para os **crimes**: a) reclusão; b) reclusão e multa; c) reclusão ou multa; d) detenção; e) detenção e multa; f) detenção ou multa.

A pena de **multa** nunca é cominada **isoladamente** ao **crime**.

Com relação às **contravenções**, temos as seguintes hipóteses: a) prisão simples; b) prisão simples e multa; c) prisão simples ou multa; d) multa.

Existem, ainda, outras diferenças importantes:

a) os crimes podem ser de ação **pública** (condicionada ou incondicionada) ou **privada**; as contravenções **sempre** se apuram mediante ação **penal pública incondicionada**;
b) nos crimes, a **tentativa** é **punível**; nas contravenções, **não**;
c) em certos casos, os **crimes** cometidos no **exterior** podem ser punidos no **Brasil**, desde que presentes os requisitos legais. Já as contravenções cometidas no exterior nunca podem ser punidas no Brasil.

6.1.2. Aplicação das regras gerais do Código Penal

> **Art. 1º** Aplicam-se às contravenções as regras gerais do Código Penal, sempre que a presente Lei não disponha de modo diverso.

Esse artigo consagra o princípio da **especialidade**. De acordo com ele, quando a Lei das Contravenções Penais regular um assunto de determinada forma, será ela aplicada. Se a Lei das Contravenções Penais, porém, **nada dispuser** sobre o tema, aplicar-se-ão as regras gerais do Código Penal, ou seja, aquelas descritas na **Parte Geral** do mencionado Código, como, por exemplo, as referentes às excludentes de ilicitude, concurso de agentes e de crimes, regras concernentes à aplicação da pena privativa de liberdade e sua substituição por restritivas de direitos ou multa, causas extintivas da punibilidade etc.

6.1.3. Territorialidade

> **Art. 2º** A lei brasileira só é aplicável à contravenção praticada no território nacional.

Esse dispositivo consagrou o princípio da **territorialidade exclusiva** em relação às contravenções. De acordo com ele, a Lei das Contravenções Penais só tem aplicação para os fatos contravencionais **praticados dentro do território nacional**.

Veja-se que, com relação aos **crimes**, é possível a aplicação da lei brasileira a fatos cometidos no **exterior**, desde que presentes certos requisitos previstos no art. 7º do Código Penal. É a chamada **extraterritorialidade** da lei penal brasileira, que vigora apenas em relação aos **crimes**.

6.1.4. Voluntariedade, dolo e culpa

> **Art. 3º** Para a existência da contravenção, basta a ação ou omissão voluntária. Deve-se, todavia, ter em conta o dolo ou a culpa, se a lei faz depender, de um ou de outra, qualquer efeito jurídico.

Com relação aos **crimes**, a conduta é sempre **dolosa** ou **culposa**. De acordo com o art. 3º da Lei das Contravenções Penais, porém, para a existência da contravenção basta a **ação** ou a **omissão voluntária**, independentemente de dolo ou culpa. Por esse dispositivo, não se analisa a intenção do agente. Investiga-se, simplesmente, se ele realizou ou não a conduta. É a chamada **voluntariedade**, que significa a simples vontade de realizar a conduta do tipo, despida de qualquer intenção ou direção. O art. 3º, entretanto, faz uma ressalva, possibilitando que a Parte Especial da Lei das Contravenções Penais traga exceções a tal regra, exigindo em uma ou outra contravenção a existência do dolo ou da culpa. Nesses casos, a contravenção só estará configurada com a ocorrência desses elementos. Exs.: a) os arts. 26, 29 (2ª parte), 30 e 31 (2ª parte) da Lei das Contravenções Penais exigem culpa; b) o art. 21 exige dolo.

Temos, assim, as contravenções **típicas** ou **próprias** (regra) e as contravenções **atípicas** ou **impróprias**, que incluem dolo ou culpa em sua descrição. Vejamos o art. 26 como exemplo. Tal dispositivo considera ato contravencional "abrir, alguém, no exercício de profissão de serralheiro ou ofício análogo, **a pedido ou por incumbência de pessoa de cuja legitimidade não se tenha certificado previamente**, fechadura ou qualquer outro aparelho destinado à defesa de lugar ou objeto". A conduta culposa consiste exatamente em não se certificar da legitimidade da pessoa que solicitou a abertura da fechadura (se era o dono da casa ou do veículo, por exemplo).

Alguns autores, por sua vez, entendem que esse dispositivo — que estabelece como regra a suficiência da voluntariedade para a configuração das contravenções penais — não tem mais aplicação. Damásio de Jesus[1], por exemplo, cuidando da matéria, assim se manifestou: "hoje, (...), adotada a teoria finalista da ação e vedada a responsabilidade objetiva pela reforma penal de 1984, o disposto na última parte do art. 3º, em que se diz prescindir a contravenção de dolo ou culpa, salvo casos excepcionais, está superado: a contravenção, assim como o crime, exige dolo ou culpa, conforme a descrição típica. O dolo se apresenta como elemento subjetivo implícito no tipo; a culpa, como elemento normativo. Ausentes, o fato é atípico. Veja-se, entretanto, que a admissão da modalidade culposa, nas contravenções, é diferente do sistema do Código Penal. Neste, a culpa deve ser expressa (art. 18, parágrafo único). Nas hipóteses em que a infração é culposa, a Lei das Contravenções Penais não emprega as expressões usuais do Código Penal, como 'se o crime é culposo', 'no caso de culpa' etc. A existência da modalidade culposa, nas contravenções, decorre da própria descrição legal do fato. Ex.: 'dar causa a desabamento de construção por erro no projeto' (art. 31, *caput*). A culpa decorre da própria natureza do fato definido na norma. É necessário, portanto, que a lei contravencional contenha referência à modalidade culposa, empregando termos indicativos da ausência de cuidado na realização da conduta. Ausentes, significa que a contravenção só admite dolo, sendo atípico o fato culposo. Assim, as vias de fato são estritamente dolosas, uma vez que o art. 21 da Lei das Contravenções Penais não contém redação recepcionando o comportamento culposo".

6.1.5. Tentativa

> **Art. 4º** Não é punível a tentativa de contravenção.

A maioria das contravenções é infração de **mera conduta e unissubsistente**, o que, por si só, inviabiliza o instituto da **tentativa**. Há, porém, algumas contravenções

[1] JESUS, Damásio de. *Lei das contravenções penais anotada*. 8. ed. São Paulo: Saraiva, 2001.

nas quais seria possível a sua existência, como nas vias de fato do art. 21 da Lei das Contravenções Penais. Tal modalidade contravencional consiste em agressão perpetrada sem intenção de lesionar. Assim, se alguém quer dar um tapa no rosto de outro e é impedido, pratica, sem sombra de dúvidas, tentativa de vias de fato. O legislador, entretanto, preferiu afastar expressamente essa possibilidade, declarando **não** ser **punível** a tentativa de contravenção.

Na verdade, o legislador adotou esse critério por política criminal, em virtude da pequena potencialidade lesiva de uma eventual tentativa de contravenção. Hipótese comum de tentativa impunível ocorre na contravenção do jogo do bicho, quando o apostador é flagrado antes de entregar o dinheiro, ao tentar efetuar uma aposta. Teríamos, nesse caso, tentativa de jogo do bicho, mas a lei considera o fato impunível.

6.1.6. Penas principais

> **Art. 5º** As penas principais são:
> I — prisão simples;
> II — multa.

A pena de **prisão simples** prevista para as contravenções deve ser cumprida, **sem rigor penitenciário**, em **cadeia pública**, no regime semiaberto ou aberto (a espécie de regime dependerá da pena aplicada e de eventual reincidência). O preso ficará sempre **separado** dos condenados a penas de reclusão ou detenção (art. 6º, § 1º).

O trabalho será **facultativo**, se a pena aplicada não exceder a **quinze dias** (art. 6º, § 2º).

É **incabível** prisão **preventiva** nas contravenções. Isso porque o art. 312 do Código de Processo Penal diz que essa espécie de prisão só é possível nos crimes.

Aplica-se às contravenções o art. 11 do Código Penal, que diz que as **frações** de dia devem ser desprezadas na pena. Por isso, se o juiz aumentar de metade uma pena de quarenta e cinco dias de prisão simples, aplicará pena final de sessenta e sete dias. A fração restante (doze horas) não será computada.

Quanto à pena de multa, deve-se lembrar que, originariamente, o seu valor era tratado em contos de réis ou cruzeiros. Atualmente, contudo, aplica-se o critério do "**dia-multa**" previsto no Código Penal. A quantidade de dias-multa varia de **dez a trezentos e sessenta**, e o valor do dia-multa pode variar de um trigésimo a cinco vezes o maior salário mínimo vigente no País.

Na fixação do **número** de dias-multa, deve-se levar em conta as **circunstâncias judiciais** do art. 59 do Código Penal. Na fixação do valor de cada dia-multa, deve ser considerada, principalmente, a situação **econômica** do condenado (art. 60, *caput*, do CP).

As **frações** de dia-multa também devem ser desprezadas, bem como as frações da unidade monetária.

A regra do art. 9º da Lei das Contravenções Penais, que possibilitava a **conversão** da pena de multa em prisão simples em caso de inadimplemento do condenado, acompanhando as regras do Código Penal, foi **revogada** pela Lei n. 9.268/96, que alterou a redação do art. 51 do Código Penal, estabelecendo que a pena de multa não paga deve ser executada de acordo com as regras da legislação tributária (execução fiscal).

6.1.7. Reincidência

> **Art. 7º** Verifica-se a reincidência quando o agente pratica uma contravenção depois de passar em julgado a sentença que o tenha condenado, no Brasil ou no estrangeiro, por qualquer crime, ou, no Brasil, por motivo de contravenção.

De acordo com a legislação penal vigente, pela conjugação **do art. 7º da Lei das Contravenções Penais** com o art. **63 do Código Penal**, temos as seguintes hipóteses em relação à reincidência:

a) quem pratica nova **contravenção** após ter sido condenado em definitivo por outra **contravenção** no **Brasil** é **reincidente** (art. 7º da LCP);

b) quem comete nova **contravenção** após ter sido condenado em definitivo por outra **contravenção** no **exterior não é reincidente**, já que a hipótese não foi mencionada pelo art. 7º da Lei das Contravenções Penais;

c) quem pratica **crime** após ter sido condenado em definitivo por **contravenção não** é **reincidente**, pois a hipótese não foi prevista no art. 63 do Código Penal e tampouco no art. 7º da Lei das Contravenções Penais;

d) quem comete **crime** depois de ter sido condenado em definitivo por outro **crime**, no **Brasil** ou no **exterior**, é reincidente (art. 63 do CP);

e) quem comete **contravenção** depois de ter sido condenado em definitivo por **crime**, no **Brasil** ou no **exterior**, é **reincidente** (art. 7º da LCP).

CONDENAÇÃO ANTERIOR REFERENTE A	NOVA INFRAÇÃO	CONCLUSÃO
Contravenção no Brasil	Contravenção	Reincidente (art. 7º da LCP)
Contravenção no exterior	Contravenção	Não reincidente (art. 7º é omisso)
Contravenção	Crime	Não reincidente (art. 63 é omisso)
Crime no Brasil ou no exterior	Crime	Reincidente (art. 63 do CP)
Crime no Brasil ou no exterior	Contravenção	Reincidente (art. 7º)

6.1.8. Erro de direito

> **Art. 8º** No caso de ignorância ou de errada compreensão da lei, quando escusáveis, a pena pode deixar de ser aplicada.

O art. 21 do Código Penal, em sua parte inicial, prevê que o **desconhecimento da lei é inescusável**. O art. 8º da Lei das Contravenções Penais, todavia, traz um caso de **perdão judicial** para a hipótese de haver desconhecimento **escusável** da lei (considera-se escusável o erro em que **qualquer pessoa** comum incidiria, nas mesmas circunstâncias). O perdão judicial tem natureza jurídica de **causa extintiva da punibilidade**, nos termos do art. 107, IX, do Código Penal. Desse modo, após reconhecer a existência da contravenção e a culpabilidade do agente, o juiz pode deixar de aplicar a pena respectiva, conforme a previsão do art. 8º.

Damásio de Jesus, com o aplauso de outros doutrinadores, entende, no entanto, que o art. 8º da Lei das Contravenções Penais encontra-se revogado desde 1984. O raciocínio é o seguinte: o art. 8º da Lei das Contravenções Penais foi elaborado na mesma época do antigo art. 16 do Código Penal. Esse artigo dizia ser irrelevante o erro de direito quanto aos crimes, ainda que fosse escusável. Com a reforma penal de 1984, ele foi substituído pelo art. 21, que trata do chamado erro de **proibição**. Nesse dispositivo, o legislador diz que o erro sobre a **ilicitude** do **fato**, se **inevitável** (isto é, **escusável**), exclui a **culpabilidade**, devendo o réu ser absolvido. Ora, se no crime, que é infração mais grave, o desconhecimento escusável da lei exclui a culpabilidade, seria injusto que nas contravenções, infrações de menor gravidade, tal circunstância funcionasse como mero perdão judicial. Por isso, para tal corrente o art. 8º foi revogado pelo art. 21 do Código Penal e, assim, desde que escusável o erro, haverá exclusão da culpabilidade, com a consequente absolvição. É certo, entretanto, que existe corrente em sentido contrário, com o argumento de que os dispositivos da Lei das Contravenções, quando diversos daqueles previstos na Parte Geral do Código Penal, devem prevalecer por se tratar de regra especial, nos termos do art. 1º da LCP.

6.1.9. Limite das penas

> **Art. 10.** A duração da pena de prisão simples não pode, em caso algum, ser superior a cinco anos, nem a importância das multas ultrapassar cinquenta contos de réis.

O limite da pena de prisão simples vale mesmo em caso de **concurso** de contravenções, ou seja, ainda que, em razão do concurso, o acusado seja condenado a 8 anos de prisão simples pela prática de diversas contravenções, só será obrigado a cumprir 5 anos, pois este é o limite **máximo** estabelecido no texto legal.

A menção à pena de multa encontra-se revogada, conforme já estudado.

6.1.10. Suspensão condicional da pena e livramento condicional

> **Art. 11.** Desde que reunidas as condições legais, o juiz pode suspender, por tempo não inferior a um ano nem superior a três, a execução da pena de prisão simples, bem como conceder livramento condicional.

Os requisitos para o *sursis* são os mesmos do Código Penal, ou seja, aqueles previstos no art. 77:

a) que a pena imposta na sentença não seja superior a dois anos;

b) que não seja cabível a substituição por pena restritiva de direitos;

c) que as circunstâncias judiciais do art. 59 do Código Penal sejam favoráveis ao condenado;

d) que o réu não seja reincidente.

O **período de prova** para as contravenções, contudo, é menor, ou seja, é de **um** a **três** anos, enquanto nos **crimes** é de **dois** a **quatro**.

As regras de revogação e prorrogação do *sursis*, previstas no art. 81 do Código Penal, aplicam-se às contravenções.

É também cabível nas contravenções o **livramento condicional**, que é uma **antecipação provisória da liberdade** do réu condenado a uma pena **igual** ou **superior** a dois **anos**, mediante o cumprimento de **parte** da reprimenda e o preenchimento dos demais requisitos do art. 83 do Código Penal.

6.1.11. Penas acessórias

> **Art. 12.** As penas acessórias são a publicação da sentença e as seguintes interdições de direitos:
> I — a incapacidade temporária para profissão ou atividade, cujo exercício dependa de habilitação especial, licença ou autorização do poder público;
> II — a suspensão dos direitos políticos.
> Parágrafo único. Incorrem:
> *a)* na interdição sob n. I, por um mês a dois anos, o condenado por motivo de contravenção cometida com abuso de profissão ou atividade ou com infração de dever a ela inerente;
> *b)* na interdição sob n. II, o condenado a pena privativa de liberdade, enquanto dure a execução da pena ou a aplicação da medida de segurança detentiva.

Esse dispositivo foi tacitamente revogado pela Lei n. 7.209/84 (nova Parte Geral do Código Penal), que não mais prevê penas acessórias em nosso ordenamento jurídico.

6.1.12. Medidas de segurança e internação em manicômio judiciário ou em casa de custódia e tratamento

A regulamentação desses temas encontra-se nos arts. 13 e 16 da Lei das Contravenções Penais, abaixo transcritos:

> **Art. 13.** Aplicam-se, por motivo de contravenção, as medidas de segurança estabelecidas no Código Penal, à exceção do exílio local.

Art. 16. O prazo mínimo de duração da internação em manicômio judiciário ou em casa de custódia e tratamento é de 6 meses.
Parágrafo único. O juiz, entretanto, pode, ao invés de decretar a internação, submeter o indivíduo a liberdade vigiada.

As medidas de segurança previstas no Código Penal são a **internação** em hospital de custódia e tratamento psiquiátrico e o **tratamento ambulatorial**, e destinam-se aos **inimputáveis** (cuja periculosidade é presumida) e aos **semi-imputáveis** (quando demonstrada a necessidade do tratamento).

Como as contravenções têm menor potencial ofensivo, é normalmente indicado o tratamento ambulatorial (art. 97 do CP).

A referência ao exílio local foi **revogada**, uma vez que essa modalidade de medida de segurança foi extinta pela reforma penal de 1984.

As medidas de segurança previstas no art. 96 do CP são assim classificadas quanto às formas de tratamento: a) medida de segurança **detentiva** (internação); b) medida de segurança **restritiva** (tratamento ambulatorial), consistente no comparecimento regular a **consultas** com psiquiatras e equipe multidisciplinar.

O parágrafo único do art. 16 diz que o juiz pode, em vez de decretar a internação, submeter o indivíduo a liberdade vigiada. A regra desse parágrafo, contudo, também se encontra revogada, pois não existe mais liberdade vigiada na legislação penal.

O art. 16, *caput*, da Lei das Contravenções Penais, combinado com os arts. 97, § 1º, e 98 do Código Penal, prevê que o juiz deve fixar prazo mínimo de duração da internação em manicômio judiciário ou em casa de custódia e tratamento entre **seis meses** e **três anos**. Na escolha do período, o juiz deve levar em conta a maior ou menor gravidade da infração praticada. Muitos doutrinadores entendem que o limite mínimo de seis meses previsto no art. 16 da LCP teria sido revogado pelo art. 97, § 1º, do Código Penal, que prevê prazo mínimo de **um ano** para os crimes. De ver-se, contudo, que a menor gravidade das contravenções justifica a interpretação de que é possível o estabelecimento do limite menor, mesmo porque se trata de regra especial (art. 1º, da LCP).

De acordo com o art. 386, parágrafo único, III, do Código de Processo Penal, o juiz, ao reconhecer a inimputabilidade do acusado, deve **absolvê-lo** e aplicar a medida de segurança, fixando o seu prazo mínimo. Essa sentença é denominada **absolutória imprópria**. Por sua vez, se o juiz reconhecer a semi-imputabilidade do acusado, e a perícia indicar a necessidade de tratamento, deverá **condená-lo** e substituir a pena privativa de liberdade pela medida de segurança por prazo estabelecido dentro dos limites legais (art. 98 do CP).

As medidas de segurança são sempre aplicadas por prazo **indeterminado**, perdurando enquanto não averiguada, mediante **perícia** médica, a **cessação da periculosidade**. Essa perícia é feita ao término do prazo mínimo fixado na sentença e, se não constatada a cessação da periculosidade, deve ser repetida **anualmente**, ou a qualquer tempo, se assim determinar o juiz das execuções (art. 97, § 2º, do CP).

6.1.13. Presunção de periculosidade

> **Art. 14.** Presumem-se perigosos, além dos indivíduos a que se referem os ns. I e II do art. 78 do Código Penal:
> I — o condenado por motivo de contravenção cometido, em estado de embriaguez pelo álcool ou substância de efeitos análogos, quando habitual a embriaguez;
> II — o condenado por vadiagem ou mendicância.

Esse dispositivo foi tacitamente revogado pela Lei n. 7.209/84 (nova Parte Geral do Código Penal), que não mais prevê referido instituto.

6.1.14. Internação em colônia agrícola ou em instituição de trabalho, de reeducação ou de ensino profissional

> **Art. 15.** São internados em colônia agrícola ou em instituto de trabalho, de reeducação ou de ensino profissional, pelo prazo mínimo de um ano:
> I — o condenado por vadiagem (art. 59);
> II — o condenado por mendicância (art. 60 e seu parágrafo).

Cuida-se também de dispositivo revogado pela Lei n. 7.209/84.

6.1.15. Ação penal

> **Art. 17.** A ação penal é pública, devendo a autoridade proceder de ofício.

O art. 26 do Código de Processo Penal previa que, nas contravenções, a ação penal iniciava-se pelo auto de prisão em flagrante ou por portaria baixada pelo juiz. Esse dispositivo, entretanto, não foi recepcionado pela Constituição de 1988, que, em seu art. 129, I, atribuiu ao Ministério Público a **titularidade exclusiva** da ação pública. Assim, a ação penal deve se iniciar por **denúncia** do **Ministério Público**, já que, nas contravenções, a ação é **pública**, de acordo com o art. 17 da Lei das Contravenções Penais.

6.1.16. Infração de menor potencial ofensivo

Regulamentando o art. 98, I, da Constituição Federal, o art. 61 da Lei n. 9.099/95, posteriormente modificado pela Lei n. 10.259/2001, dispõe que são infrações de menor potencial ofensivo os crimes cuja pena máxima não seja superior a 2 anos e **todas as contravenções penais**.

As contravenções penais, portanto, são apuradas perante o **Juizado Especial Criminal** (Jecrim), salvo se **conexas** com crime que não seja de menor potencial ofensivo, quando serão conjuntamente apurados no juízo comum (art. 61, parágrafo único, da Lei n. 9.099/95).

Assim, o autor de uma contravenção, flagrado na prática da infração, será conduzido ao Distrito Policial, onde será lavrado um **termo circunstanciado** a respeito do fato — e não o auto de prisão. Em seguida, ele será encaminhado imediatamente ao Juizado ou assinará compromisso de a ele comparecer quando intimado para tanto (art. 69, parágrafo único, da Lei n. 9.099/95). Caso, excepcionalmente, não assuma esse compromisso, será lavrado o auto de prisão.

No Juizado, será realizada a **audiência preliminar** e, se estiverem presentes os requisitos do art. 76, § 2º, da Lei n. 9.099/95, o Ministério Público proporá a **transação penal** ao autor da infração. Se este a aceitar, e a transação for homologada pelo juízo, o cumprimento da obrigação avençada **extinguirá a punibilidade**. A transação penal não poderá ser considerada como maus antecedentes na prática de nova infração penal, mas impedirá nova transação pelo prazo de 5 anos (art. 76, § 2º, II, da Lei n. 9.099/95).

Se o autor da infração não fizer jus à transação, se não comparecer ao Juizado na data para a qual tenha sido intimado ou se recusar a proposta de transação apresentada, o Ministério Público oferecerá **denúncia oral**, que será reduzida a **termo**, da qual o acusado já sairá **citado** se estiver presente. Sairá também ciente da data da audiência de instrução.

Se o acusado não estiver presente na audiência preliminar, será citado pessoalmente, sendo que do mandado deve constar que deverá comparecer à audiência de instrução acompanhado de **advogado**, pois, em sua falta, será nomeado **defensor público** (art. 68, da Lei n. 9.099/95). Se o acusado **não** for encontrado para citação pessoal, os autos deverão ser remetidos ao **Juízo Comum** para prosseguimento de acordo com o rito **sumário** (art. 66, parágrafo único, da Lei n. 9.099/95 e art. 538 do CPP). **Não** existe citação por **edital** no Jecrim.

A audiência de instrução segue o chamado rito **sumaríssimo** descrito nos arts. 77 a 81 da Lei n. 9.099/95.

Tendo havido citação **pessoal** no Juizado, no início da **audiência de instrução e julgamento** será verificada a possibilidade de proposta de transação penal, **caso não tenha esta sido tentada anteriormente pelo não comparecimento do autor da infração na audiência preliminar**. Caso realizada a transação, homologada pelo juízo, a denúncia não será recebida.

Se não houver sucesso na tentativa de transação penal (ou se esta já tinha sido tentada frustradamente na audiência preliminar), o juiz declarará aberta a audiência e dará a palavra ao defensor para que **responda à acusação**. Trata-se, em verdade, de **sustentação oral** do defensor, visando convencer o juiz a rejeitar a denúncia. Somente após essa sustentação oral é que o juiz a receberá ou rejeitará. Sendo **rejeitada**, poderá ser interposta **apelação** no prazo de **10 dias** (art. 82, § 1º, da Lei n. 9.099/95).

Recebida a denúncia, o juiz ouvirá as **testemunhas de acusação** (arroladas na denúncia) e depois as de **defesa** (que o próprio réu deve trazer à audiência ou apresentar rol em cartório pelo menos **5 dias** antes de sua realização, para que sejam elas notificadas), e, finalmente, **interrogará** o réu ou querelado.

Como a Lei n. 9.099/95, em sua parte criminal, não mencionou o número máximo de testemunhas que as partes podem arrolar, surgiu divergência na doutrina e na jurisprudência a respeito do tema: para alguns, o número máximo é sempre o de **três** testemunhas, aplicando-se analogicamente o art. 34 da Lei n. 9.099/95, que trata do Juizado Especial Cível, e, para outros, o número máximo é o de **cinco**, por analogia ao art. 532 do CPP, que trata do rito sumário. Pensamos que a interpretação correta é a **primeira**, porque prevista na própria Lei n. 9.099/95, não fazendo sentido a analogia com o rito sumário, já que se trata de procedimento diverso.

Em seguida, serão realizados os **debates orais**. A acusação e depois a defesa terão **20 minutos**, prorrogáveis por mais **10**, para apresentar seus argumentos. Na sequência, o juiz prolatará a **sentença** na própria audiência, já saindo intimadas as partes. Ao sentenciar, o juiz deverá mencionar os elementos de sua convicção, mas será dispensado do **relatório** (art. 81, § 3º, da Lei n. 9.099/95).

De todo o ocorrido em audiência será lavrado termo, assinado pelo juiz e pelas partes, contendo breve resumo dos fatos relevantes acontecidos.

Contra a sentença caberá apelação, no prazo de **10 dias** (art. 82 da Lei n. 9.099/95). O julgamento do recurso poderá ser feito nas **Turmas Recursais**.

- **Competência exclusiva da Justiça Estadual**

O art. 109, VI, 2ª parte da Constituição Federal prevê expressamente que a **Justiça Federal não julga contravenções penais**, ainda que atinjam bens, serviços ou interesses da União, suas autarquias ou empresas públicas. Tal vedação existe, até mesmo, se a contravenção cometida for **conexa** com crime de competência da Justiça Federal. Em tal caso, deverá haver **separação de processos**: o crime será apurado na Justiça Federal e a contravenção na Estadual. A esse respeito existe a Súmula 38 do Superior Tribunal de Justiça: "compete à Justiça Estadual Comum, na vigência da Constituição de 1988, o processo por contravenção penal, ainda que praticada em detrimento de bens, serviços ou interesse da União ou de suas entidades".

PRINCIPAIS REGRAS DA PARTE GERAL DA LEI DAS CONTRAVENÇÕES
■ As regras da Parte Geral do Código Penal aplicam-se às contravenções (art. 1º).
■ Apenas as contravenções cometidas no Brasil são punidas pela lei brasileira (art. 2º).
■ Para que seja punida a contravenção, basta que a ação ou a omissão sejam voluntárias, exceto quando o próprio tipo penal exigir dolo ou culpa (art. 3º).
■ Não se pune a tentativa de contravenção (art. 4º).
■ As penas principais previstas para as contravenções são a prisão simples e a multa (art. 5º).
■ A prática de contravenção só gera reincidência se o réu já tiver sido condenado em definitivo por algum crime ou, no Brasil, por outra contravenção (art. 7º).
■ A pena pode deixar de ser aplicada em caso de ignorância ou de errada compreensão da lei, desde que o erro seja escusável (art. 8º).
■ A pena da prisão simples não pode exceder a cinco anos (art. 10).
■ O juiz pode conceder o *sursis*, por prazo de um a três anos, bem como conceder livramento condicional, se presentes os requisitos da Parte Geral do Código Penal (art. 11).
■ A ação é pública incondicionada (art. 17).

6.2. PARTE ESPECIAL DAS CONTRAVENÇÕES

Seguindo o sistema do Código Penal, na Parte Especial da Lei das Contravenções Penais, os tipos penais estão divididos em diversos capítulos, de acordo com o bem jurídico tutelado.

São, ao todo, **oito** capítulos.

PARTE ESPECIAL DA LEI DAS CONTRAVENÇÕES PENAIS
Capítulo I — Das Contravenções Referentes à Pessoa; Capítulo II — Das Contravenções Referentes ao Patrimônio; Capítulo III — Das Contravenções Referentes à Incolumidade Pública; Capítulo IV — Das Contravenções Referentes à Paz Pública; Capítulo V — Das Contravenções Referentes à Fé Pública; Capítulo VI — Das Contravenções Relativas à Organização do Trabalho; Capítulo VII — Das Contravenções relativas à Polícia de Costumes; Capítulo VIII — Das Contravenções Referentes à Administração Pública.

6.2.1. Das contravenções referentes à pessoa (Capítulo I)

6.2.1.1. Fabrico, comércio ou detenção de arma ou munição

> **Art. 18.** Fabricar, importar, exportar, ter em depósito ou vender, sem permissão da autoridade, arma ou munição:
> Pena — prisão simples, de três meses a um ano, ou multa, ou ambas cumulativamente, se o fato não constitui crime contra a ordem política ou social.

1. Introdução

Essa contravenção perdeu muito de sua importância, pois, em relação às armas de **fogo** e às **munições**, o fabrico, o comércio, a importação ou exportação e a detenção passaram a constituir **crime**, previsto na Lei n. 10.826/2003 (*Estatuto do Desarmamento* — *v.* comentários). O art. 18 da Lei das Contravenções Penais só continua a aplicar-se para as armas **brancas**: faca, punhal, soco inglês, espada etc.

2. Objetividade jurídica

Preservar a incolumidade física e a saúde dos cidadãos, prevenindo crimes de homicídio, lesões corporais etc. Cuida-se de infração de perigo **abstrato**.

3. Sujeito ativo

Trata-se de contravenção **comum**, que pode ser cometida por qualquer pessoa.

4. Sujeito passivo

A coletividade.

5. Condutas típicas

As **condutas** descritas no dispositivo são:

a) *fabricar*: manufaturar, produzir;
b) *importar*: introduzir no território nacional;
c) *exportar*: retirar do território brasileiro;

d) *ter em depósito*: manter a arma guardada sob sua responsabilidade;

e) *vender*: comercializar, alienar.

6. Objeto material

Conforme mencionado, somente as armas **brancas** podem ser **objeto material** da presente contravenção penal. É evidente, entretanto, que somente as armas brancas **próprias** — que servem especificamente como instrumento de ataque — **é que podem ser objeto dessa infração. Não fosse assim, haveria contravenção por parte de todas as pessoas que tivessem em casa facas de cozinha ("ter em depósito arma branca").**

São exemplos de armas brancas próprias os punhais, os sabres, as espadas, as adagas, o soco inglês etc.

7. Elemento normativo do tipo

Só se configura a contravenção se a conduta típica for realizada **sem permissão da autoridade**.

8. Elemento subjetivo

O dolo.

9. Consumação

No momento da **realização** da conduta típica.

Na modalidade exportar, deve ser considerado o momento da remessa efetuada a partir do território nacional. Se considerássemos que a consumação se dá quando a arma sai efetivamente do País, a punição seria inviável, porque o art. 2º da Lei das Contravenções Penais só pune as infrações dessa natureza cometidas em território **nacional**.

10. Tentativa

Não é possível, nos termos do art. 4º. Se o agente é preso na alfândega, tentando sair do País com o objeto material, o fato é atípico.

■ 6.2.1.2. *Porte de arma*

> **Art. 19.** Trazer consigo arma fora de casa ou de dependência desta, sem licença da autoridade:
> Pena — prisão simples, de quinze dias a seis meses, ou multa, ou ambas cumulativamente.

1. Introdução

O art. 19 da Lei das Contravenções Penais deixou de ter aplicação em relação às armas de **fogo**, desde o advento da Lei n. 9.437/97, que transformou tal conduta em crime. Atualmente, a **posse** e o **porte** de **arma de fogo**, **munições** e **acessórios** estão previstos na Lei. n. 10.826/2003 (**Estatuto do Desarmamento**). O art. 19, portanto, continua a incidir apenas para as **armas brancas**, como facões, punhais, sabres, estiletes, navalhas, espadas etc.

2. Objetividade jurídica

A incolumidade física e a saúde dos cidadãos.

Trata-se de contravenção de **perigo**, que pune a mera possibilidade de dano que a pessoa armada pode causar. Assim, dispensa-se indagação quanto à intenção do agente ao portar a arma. A propósito: "a contravenção de porte de arma é de mera conduta, não havendo como indagar da intenção do agente. O elemento subjetivo da mesma reside tão só na voluntariedade da ação ou omissão..." (Tacrim/SP, *RT* 485/332).

3. Sujeito ativo

Trata-se de contravenção **comum**, que pode ser cometida por qualquer pessoa.

4. Sujeito passivo

A coletividade.

5. Elementos do tipo

a) **Trazer consigo**. Equivale a portar a arma, tê-la junto a si, com possibilidade de usá-la a qualquer momento para ataque ou defesa. Não se exige, entretanto, que o agente a mantenha junto a seu corpo, bastando que a tenha ao seu alcance, de modo a poder usá-la a qualquer instante. Configura-se, pois, o porte com a detenção da arma, de forma que possa ser facilmente usada. Exs.: trazendo-a na cintura, no bolso ou na bolsa, sob o banco do carro ou no porta-luvas etc.

b) **Fora de casa ou da dependência desta**. Só existe a contravenção se o agente está fora de casa ou de suas dependências (pátios, jardins, garagem etc.).

A jurisprudência entende que o porte de arma no território da própria fazenda do agente pode configurar o ilícito, pois nem toda a propriedade deve ser considerada como "casa" para fins penais, devendo esse termo ser entendido como habitação, moradia.

O art. 150, § 4º, do Código Penal aplica-se à Lei das Contravenções Penais e prevê que estão **compreendidos** na expressão "**casa**":

> *I — qualquer compartimento habitado* — casas, apartamentos, barracos de favela etc. A cela do preso, todavia, não pode ser considerada sua casa;
> *II — aposento ocupado de habitação coletiva* — o porte de arma branca em quarto de pensão, hotel ou cortiço **não** configura a contravenção;
> *III — compartimento não aberto ao público, onde alguém exercer sua atividade ou profissão* — consultório, escritório etc.

Repartições públicas não integram o conceito de casa.

O art. 150, § 5º, do Código Penal, por sua vez, **exclui** da expressão "casa":

> *I — hospedaria, estalagem ou qualquer outra habitação coletiva, enquanto aberta* — diz respeito às partes comuns do estabelecimento;
> *II — taverna, casa de jogo e outras do mesmo gênero* — portar arma branca no interior de um bar caracteriza a contravenção.

Observação: Automóvel não é prolongamento da casa. O mesmo se diga acerca de caminhões (mesmo que o caminhoneiro o utilize para dormir), trens, aviões, navios etc. Nessas hipóteses, estará configurada a contravenção.

c) **Sem licença da autoridade**. Trata-se do elemento **normativo** do tipo dessa contravenção. A opção de conceder ou não o porte a uma determinada pessoa está dentro do poder discricionário da autoridade responsável. Ocorre que, como não existe licença para o porte de armas brancas e considerando que o art. 19 da Lei das Contravenções Penais somente estaria em vigor em relação a estas, tal parte do dispositivo encontra-se sem aplicação prática. Existe, porém, entendimento amplamente minoritário de que o art. 19 estaria totalmente revogado, exatamente porque não existe licença para portar arma branca.

6. Objeto material

Conforme anteriormente salientado, a presente contravenção encontra-se em vigor apenas em relação às armas brancas. Como a conduta típica descrita nesse art. 19 é a de "portar a arma fora de casa ou de dependência desta", o perigo mostra-se presente, quer se trate de arma branca própria ou imprópria. A jurisprudência, porém, tem se mostrado condescendente perante o porte de pequenos canivetes ou facas de pequeno tamanho.

Os seguintes julgados são importantes para a compreensão do tema:

"Caracteriza a contravenção do art. 19 da LCP a conduta do agente que leva em seu veículo facão com lâmina de 39 centímetros de comprimento, arma de extrema periculosidade e insuscetível de ensejar obtenção de porte" (Tacrim/SP, Rel. Lioz Ambra, Rolo-flash 1.095/456).

"Quando alheada à sua função de barbear, a navalha é arma proibida, porque o seu destino possa ser o da ofensa à pessoa" (TJDF 138/245)".

"Configura-se a contravenção de porte de arma se, ao ser preso em flagrante por tentativa de furto, o acusado trazia consigo um soco-inglês, cuja destinação, sabidamente, é a de praticar ofensas físicas" (Tacrim/SP, *RT* 609/351).

"Porte de arma — Agente surpreendido com armas impróprias, tais como facas, estiletes, navalhas, bengalas e *spray* de gás — Caracterização — Possibilidade — Apesar de a faca ser considerada arma imprópria, por sua potencialidade ofensiva e também por se prestar a ataque e defesa de quem a porta, com possibilidade de dano físico, pode ser elemento caracterizador da conduta do art. 19 da Lei das Contravenções Penais, o mesmo ocorrendo com navalhas, estiletes, bengalas e *spray* de gás" (Tacrim/SP, Rel. Silveira Lima, *RJD* 23/311).

"Pratica a contravenção do art. 19 da LCP o agente que se apresenta em lugar público, portando à cintura uma faca pontiaguda, com 20 cm de lâmina, com eventual propósito de ataque ou defesa, não sendo seu instrumento de trabalho, sendo certo que, com tal conduta, coloca em risco a incolumidade pública, que é o bem jurídico tutelado" (Tacrim/SP, *RJTacrim* 36/210).

"Contravenção penal — Porte de faca em via pública — Absolvição — Inadmissibilidade — Alegada utilização da faca como instrumento de trabalho. Acusado surpreendido, sentado no meio-fio, embriagado, à meia-noite, fora de seu trabalho. Porte da faca com

> intenção nitidamente ofensiva. Condenação mantida" (Tacrim/SP, Rel. Teodomiro Mendez, j. 08/06/1999, Rolo-flash 1248/445).
>
> "Contravenção penal — Porte de arma — Faca e chicote tipo "muchacho" — Instrumentos utilizáveis em ataque e defesa, quando as circunstâncias de tempo, lugar e modo evidenciam o desvio de sua finalidade específica. Assim, configuram-se a faca e o chicote, como armas, por suas naturezas vulnerantes lesivas à integridade corporal ou à vida" (Tacrim/SP, Rel. Walter Theodosio, *RJD* 3/102).

É evidente que não se configura a contravenção quando um lenhador porta um machado que é seu **instrumento** de **trabalho** ou quando um cortador de cana porta um facão: "salvo quando se trate de zona rural onde o próprio serviço do rurícola exige o instrumento e é costume seu porte, responde pela contravenção do art. 19 do Estatuto Especial aquele que, sem autorização policial, traz consigo faca 'peixeira'" (Tacrim/SP, Rel. Camargo Sampaio, *Jutacrim* 30/157).

7. Consumação

No momento em que o agente começa a portar a arma fora de casa ou de dependência desta.

8. Tentativa

Não é possível, nos termos do art. 4º.

9. Concurso de crimes

a) Com relação aos crimes de homicídio e de lesões corporais, aplica-se o princípio da **consunção**, segundo o qual o delito menos grave (meio) considera-se **absorvido** pelo crime-fim. O porte, dessa forma, é absorvido pelo homicídio e pela lesão corporal. Se o agente, no entanto, portava um facão e matou a vítima a pauladas, há concurso **material**, porque o facão não foi utilizado como meio para a prática do homicídio.

b) Se alguém carrega **duas armas** ao mesmo tempo, responde por uma só contravenção, **não** havendo aplicação da regra do concurso **formal**. Isso porque há uma única situação de **perigo**. A circunstância deve ser levada em conta pelo juiz na fixação da pena-base (art. 59 do CP).

10. Confisco da arma

Segundo o art. 91, II, "a", do Código Penal, constitui efeito da condenação a **perda** em favor da **União** dos instrumentos do crime se o seu **porte** constitui fato **ilícito**. Diverge a jurisprudência acerca da incidência de tal norma às contravenções:

a) não pode haver confisco, porque o artigo menciona instrumento de **crime**, e não instrumento de contravenção. Impossível, pois, a interpretação **ampliativa**;

b) há o confisco, porque a palavra crime foi usada em sentido **genérico**, *lato sensu*, abrangendo também as contravenções. Além disso, o art. 1º da Lei das Contravenções Penais prevê que as normas do Código Penal aplicam-se às contravenções, desde que não haja disposição em contrário nessa Lei. Ora, como ela é omissa em relação ao confisco, é cabível a aplicação subsidiária do Código Penal, que possibilita ao juiz decretar a perda da arma. Ademais, interpretação diversa acabaria gerando situações absurdas, como a não aplicação às contravenções das regras da legítima defesa (art. 23) ou do concurso de pessoas (art. 29), uma vez que, em ambos os casos, a lei só se refere a crime. É a tese **majoritária**.

11. Causa de aumento de pena

Nos termos do art. 19, § 1º, da Lei das Contravenções Penais, *a pena é aumentada de um terço até a metade, se o agente já foi condenado, em sentença irrecorrível, por violência contra pessoa*. Ex.: se já foi condenado por homicídio, roubo com emprego de violência, lesões corporais etc.

12. Figuras equiparadas

Segundo o art. 19, § 2º, *incorre na pena de prisão simples, de quinze dias a três meses, ou multa, quem, possuindo arma ou munição:*

a) *deixa de fazer comunicação ou entrega à autoridade, quando a lei o determina;*
b) *permite que alienado, menor de dezoito anos ou pessoa inexperiente no manejo da arma a tenha consigo;*
c) *omite as cautelas necessárias para impedir que dela se apodere facilmente alienado, menor de dezoito anos ou pessoa inexperiente em manejá-la.*

Essas figuras equiparadas, igualmente, só podem ter como objeto material as armas **brancas**, pois, em relação às armas de fogo, tais condutas tipificam, atualmente, crimes da Lei n. 10.826/2003 (Estatuto do Desarmamento).

■ 6.2.1.3. *Anúncio de meio abortivo*

> **Art. 20.** Anunciar processo, substância ou objeto destinado a provocar aborto.
> Pena — multa.

1. Objetividade jurídica

O direito à vida.

2. Conduta típica

A conduta punida é anunciar, que significa **divulgar**, tornar **público**, por meio de cartazes, panfletos, faixas, anúncios em jornal ou revistas, alto-falantes etc.

Meio abortivo é aquele capaz de interromper a gravidez pela provocação da **morte** do produto da concepção.

É preciso que o agente queira que o anúncio chegue a número indeterminado de pessoas. Narrar um método abortivo a pessoa determinada não constitui infração penal, podendo, contudo, configurar participação em crime de aborto se a destinatária da informação pretende fazer uso de referido meio para interromper uma gestação e o agente sabe disso.

A venda de produto abortivo também pode configurar participação em crime de aborto. Ex.: farmacêutico que, ciente da finalidade ilícita para a qual será utilizado o medicamento com poder abortivo, vende-o ao interessado ou interessada.

É evidente que a publicação científica acerca de determinado meio abortivo ou sua menção em aulas de direito ou de medicina não configuram a contravenção penal.

3. Sujeito ativo

Trata-se de infração penal **comum**, que pode ser cometida por qualquer pessoa.

4. Sujeito passivo

A coletividade.

5. Consumação

Quando feito o anúncio.

6. Tentativa

Inadmissível, nos termos do art. 4º.

6.2.1.4. *Vias de fato*

> **Art. 21.** Praticar vias de fato contra alguém:
> Pena — prisão simples, de quinze dias a três meses, ou multa, se o fato não constitui crime.
> Parágrafo único. Aumenta-se a pena de um terço até a metade, se a vítima é maior de 60 anos.

1. Objetividade jurídica

A incolumidade pessoal.

2. Sujeito ativo

Qualquer pessoa. Trata-se de infração penal **comum**.

3. Sujeito passivo

Qualquer pessoa.

4. Elemento objetivo do tipo

A conduta típica consiste em **praticar vias de fato**.

A palavra "vias" vem do latim "vis", que significa violência. A contravenção verifica-se, portanto, quando o agente **emprega violência de fato** contra a vítima, ou seja, quando a **agride** ou contra ela emprega **desforço físico sem** a **intenção** de provocar **dano** à **sua integridade corporal**. Poderíamos dizer que é a agressão praticada sem intenção de lesionar, pois a existência desta intenção tipifica, logicamente, o crime de lesão corporal. Exs.: desferir tapa, beliscar com alguma força, puxar violentamente o cabelo ou a barba, empurrar a vítima contra um muro etc. Mostra-se desnecessária a realização de exame de corpo de delito, porque a vítima não sofre lesões corporais.

O que distingue a contravenção de **vias de fato** e o crime **de tentativa de lesão corporal** é a intenção do agente. No crime de lesão corporal tentada, o agente quer lesionar, mas não consegue, enquanto na contravenção não existe tal intenção por parte do agressor. Se o agente desfere um violento soco, tencionando quebrar o nariz da vítima, mas esta se esquiva e o golpe a atinge muito levemente, causando simples **eritema** (vermelhidão), o agente responde por tentativa de lesão corporal. Se, entretanto, desfere um tapa no rosto, responde pela contravenção.

Quanto ao **edema** (inchaço), há divergência acerca da configuração de crime de lesões corporais ou da contravenção. Para alguns, depende do tamanho do edema.

A equimose e o hematoma configuram lesão corporal. Equimose é a mancha escura, resultante de rompimento de pequenos vasos sob a pele ou mucosa. Hematoma é o tumor passageiro formado por sangue extravasado. É a equimose com inchaço.

Se o agente empurra a vítima sem intenção de lesioná-la e, sem querer, acaba derrubando-a e esta sofre lesão, o crime é o de lesão **culposa** (ou homicídio culposo se a vítima, por exemplo, bater a cabeça e falecer).

De acordo com a Súmula n. 589 do Superior Tribunal de Justiça: "É inaplicável o princípio da insignificância nos crimes ou contravenções penais praticados contra a mulher no âmbito das relações domésticas".

Já a Súmula n. 588 do mesmo Superior Tribunal de Justiça diz que "A prática de crime ou contravenção penal contra a mulher com violência ou grave ameaça no ambiente doméstico impossibilita a substituição da pena privativa de liberdade por restritiva de direitos".

5. Consumação

No momento da agressão.

6. Tentativa

Não é punível, nos termos do art. 4º.

7. Subsidiariedade

As vias de fato constituem contravenção **subsidiária**, pois só se configuram se a violência não for meio de execução de algum crime. O próprio art. 21 prevê, para as vias de fato, penas de quinze dias a três meses de prisão simples, ou multa, **se o fato não constitui crime**. Trata-se de hipótese de subsidiariedade **expressa** ou **explícita**, pois consta do próprio texto legal. Assim, eventuais vias de fato empregadas para a prática de roubo, extorsão, estupro, injúria real, constrangimento ilegal, dano qualificado, resistência, exercício arbitrário das próprias razões ficam absorvidas pelo crime.

8. Causa de aumento de pena

A pena será aumentada de um terço até a metade se a vítima é **maior de 60 anos** (art. 21, parágrafo único, da LCP, com redação dada pela Lei n. 10.741/2003 — Estatuto do Idoso).

9. Ação penal

Apesar de o art. 17 da Lei das Contravenções Penais estabelecer que todas as contravenções se apuram mediante ação pública **incondicionada**, a jurisprudência vem entendendo que, nas vias de fato, a ação depende de **representação**, por analogia *in bonam partem*. Com efeito, após a Lei n. 9.099/95 ter passado a exigir representação no crime de **lesão leve**, por analogia deve a regra ser estendida à contravenção em análise, já que se trata de agressão de menor gravidade, pois nem sequer causa lesão.

10. Jurisprudência

> "Vias de fato — Agente que desfere um tapa no rosto da vítima — Configuração. Configura a contravenção penal do art. 21 da LCP a conduta do agente que desfere um tapa no rosto da vítima" (Tacrim/SP, Rel. Osni de Souza, 09/12/1999, Rolo-flash 1.285/326).
>
> "Responde por vias de fato o agente que, encontrando-se em estado de embriaguez, desfere empurrão em quem se nega a servir-lhe novas doses de bebida alcoólica" (*Juricrim-Franceschini*, n. 2.557).
>
> "Vias de fato — Tapas e pontapés, que não redundaram em ofensa à integridade física ou à saúde — Não revelação de intenção deliberada de ferir — Infração caracterizada — Caracteriza-se a contravenção de vias de fato pela violência que não redunde em ofensa à integridade corporal ou à saúde, nem revele ânimo de ferir..." (TJMG, *RT* 229/580).

6.2.1.5. *Internação irregular em estabelecimento psiquiátrico*

> **Art. 22.** Receber em estabelecimento psiquiátrico, e nele internar, sem as formalidades legais, pessoa apresentada como doente mental:
> Pena — multa.
> § 1º Aplica-se a mesma pena a quem deixa de comunicar à autoridade competente, no prazo legal, internação que tenha admitido, por motivo de urgência, sem as formalidades legais.
> § 2º Incorre na pena de prisão simples, de quinze dias a três meses, ou multa, aquele que, sem observar as prescrições legais, deixa retirar-se ou despede de estabelecimento psiquiátrico pessoa nele internada.

1. Objetividade jurídica

O respeito às regras de interesse público que regulamentam as internações e desinternações em hospitais psiquiátricos, a fim de serem evitadas práticas abusivas.

2. Condutas típicas

O dispositivo em análise prevê a punição em **três** situações, pois dispõe que incorrerá na contravenção quem:

a) *Receber e internar em estabelecimento psiquiátrico, sem as formalidades legais, pessoa apresentada como doente mental.* A vítima pode ser efetivamente **doente mental** ou pessoa **sã**, já que o tipo penal menciona "pessoa **apresentada** como doente mental". O dispositivo pune o **responsável** pelo estabelecimento que recebe e interna o paciente, **sem observar as formalidades legais**.

Trata-se, pois, **de norma penal em branco**, diante da necessidade de **outra lei** definir as formalidades que devem ser observadas para a internação. Atualmente, o tema é regulamentado pela Lei n. 10.216/2001, cujo art. 6º dispõe que a internação psiquiátrica somente será realizada mediante **laudo médico** circunstanciado que caracterize os seus motivos. Caso se trate de internação **voluntária** ou **involuntária** (solicitada por terceiros), a internação deverá estar **autorizada** por médico registrado no Conselho Federal de Medicina do Estado onde se **localize** o estabelecimento (art. 8º da Lei). Já a internação **compulsória** só pode ser decretada por ordem judicial e nas hipóteses previstas em lei (art. 9º).

Se uma pessoa sã, mediante **violência** de familiares ou terceiros, for internada contra a sua vontade, estará presente o crime de **sequestro** ou **cárcere privado qualificado** por ter sido o crime cometido mediante **internação** em hospital psiquiátrico. A pena nesse caso é de reclusão, de 2 a 5 anos (art. 148, § 1º, II, do CP). Em tal hipótese, se houver colaboração do responsável pelo hospital, ele também responderá por esse crime.

b) *Deixar de comunicar à autoridade competente, no prazo legal, internação que tenha admitido, por motivo de urgência, sem as formalidades legais*. Cuida-se também de **norma penal em branco**, quer pela necessidade de outra **norma** para definir um **prazo** para a comunicação, quer para estabelecer a possibilidade de internação em hospital de tal natureza, sem as formalidades legais, em caso de **urgência**. Em suma, pode o diretor de um hospital psiquiátrico, em situações emergenciais, receber e internar doente mental sem as formalidades exigidas em lei, contudo deverá, no prazo estabelecido, comunicar o fato à autoridade competente, sob pena de incorrer na figura contravencional em análise.

c) *Deixar retirar-se ou despedir de estabelecimento psiquiátrico pessoa nele internada, sem observar as prescrições legais*. Cuida-se, ainda, de **norma penal em branco**, na medida em que outras leis devem definir as hipóteses de liberação da pessoa internada em hospital psiquiátrico, cuja inobservância acarretará para o responsável a punição por essa forma de contravenção.

3. Sujeito ativo

Trata-se de contravenção **própria**, pois somente pode ser cometida por quem tem o poder para determinar a internação ou desinternação em estabelecimento psiquiátrico onde exerça suas atividades.

4. Sujeito passivo

Qualquer pessoa.

5. Consumação

No momento em que ocorre a conduta típica (internação ou desinternação) sem as formalidades legais.

Na hipótese do § 1º, a contravenção se consuma com o decurso do prazo para a comunicação à autoridade competente.

6. Tentativa

Impossível, nos termos do art. 4º.

6.2.1.6. *Indevida custódia de doente mental*

> **Art. 23.** Receber e ter sob custódia doente mental, fora do caso previsto no artigo anterior, sem autorização de quem de direito:
> Pena — prisão simples, de quinze dias a três meses, ou multa.

1. Objetividade jurídica

Proteger o doente mental contra custódias indevidas.

2. Conduta típica

A descrição típica deixa claro que **não** se trata de internação em hospital psiquiátrico, porque pune quem recebe e mantém a custódia de doente mental, **fora dos casos previstos no art. 22**. Será, assim, punido quem recebe e mantém o doente mental em sua própria casa ou em clínicas particulares, sem a autorização de quem de direito (pais, curadores etc.).

3. Sujeito ativo

Trata-se de infração **comum**, que pode ser cometida por qualquer pessoa.

4. Sujeito passivo

Pessoas portadoras de doença mental.

5. Consumação

Quando ocorre a custódia indevida.

6. Tentativa

Impossível, nos termos do art. 4º.

6.2.2. Das contravenções referentes ao patrimônio (Capítulo II)

6.2.2.1. *Instrumento de emprego usual na prática de furto*

> **Art. 24.** Fabricar, ceder ou vender gazua ou instrumento empregado usualmente na prática de crime de furto:
> Pena — prisão simples, de seis meses a dois anos, e multa.

1. Objetividade jurídica

O **patrimônio**. A norma visa dificultar o ataque ao patrimônio alheio.

2. Condutas típicas

a) *Fabricar*: Dar origem, manufaturar, criar, confeccionar. Compreende, ainda, a transformação de um objeto já existente, fazendo com que se torne apto a ser utilizado em furtos.
b) *Ceder*: Emprestar, dar, fornecer, trocar.
c) *Vender*: Alienar por qualquer forma, transferindo a propriedade.

Trata-se de contravenção de **ação múltipla**. A realização de mais de uma conduta, com relação ao mesmo objeto, constitui, portanto, contravenção única. Ex.: o sujeito fabrica uma gazua e depois a vende.

Quem simplesmente adquire o objeto não pratica a contravenção em estudo (já que não está prevista a modalidade "adquirir") nem receptação, que exige que o objeto seja produto de **crime**.

3. Objeto material

a) *Gazua*. Chave falsa ou "mixa" (todo instrumento capaz de abrir uma fechadura ou cadeado sem que seja a chave verdadeira). Normalmente, é um pequeno pedaço de ferro que os próprios ladrões modelam para servir como chave falsa.

b) *Outro instrumento empregado normalmente para a prática de furtos*. Abrange os ganchos, pés de cabra, alavancas, limas, pinças etc. Com relação a estes, que podem ter outra destinação, a contravenção fica afastada se o agente provar a sua boa-fé.

4. Sujeito ativo

Qualquer pessoa.

5. Sujeito passivo

A **coletividade**, pois não ocorre efetiva lesão ao patrimônio de alguém. Trata-se de contravenção de **perigo**.

6. Consumação

No instante em que é realizada a conduta típica, independentemente de qualquer outro resultado.

7. Tentativa

Não é punível, nos termos do art. 4º.

8. Absorção

Se, após fabricar o objeto, o agente utiliza-o na prática de um **furto**, só responde por este, qualificado pelo emprego de **chave falsa** (art. 155, § 4º, III, do CP). A contravenção é mero **meio** para a execução do furto e fica por ele **absorvida** (princípio da **consunção**).

■ 6.2.2.2. *Posse não justificada de instrumento de emprego usual na prática de furto*

> **Art. 25.** Ter alguém em seu poder, depois de condenado por crime de furto ou roubo, ou enquanto sujeito à liberdade vigiada ou quando conhecido como vadio ou mendigo, gazuas, chaves falsas ou alteradas ou instrumentos empregados usualmente na prática de crime de furto, desde que não prove destinação legítima:
> Pena — prisão simples, de dois meses a um ano, e multa.

1. Objetividade jurídica

O patrimônio.

2. Conduta típica

Consiste em **ter em seu poder** algum dos objetos citados no tipo. Ter a posse abrange a detenção física e a disponibilidade imediata do instrumento, como, por exemplo, mantê-lo no porta-luvas do carro. Se o agente, estando na posse do objeto, utiliza-o na prática de **furto**, só responde por este crime, ficando **absorvida** a **contravenção**.

Para a tipificação do ilícito penal em análise, é ainda necessária a **ilegitimidade da posse**. Sem esta, não existe a contravenção. Trata-se de exigência da própria lei. Assim, se o agente justifica a posse do objeto, não responde pela infração.

Em razão da descrição típica, verifica-se que essa contravenção possui uma caraterística que a diferencia dos demais ilícitos penais. Normalmente, o ônus da **prova** das elementares de uma infração cabe ao órgão acusador. Aqui, a lei prevê a responsabilidade penal do agente "desde que não prove destinação legítima", cabendo, pois, o ônus de demonstrar a destinação àquele que é encontrado na posse do objeto.

3. Objeto material

São os mesmos da contravenção do art. 24.

4. Sujeito ativo

Trata-se de contravenção **própria**, pois só pode ser praticada por pessoa que já foi anteriormente **condenada** por crime de furto ou roubo. Havendo previsão expressa na Lei, não pode haver interpretação extensiva para abranger pessoas condenadas por outros crimes contra o patrimônio, como estelionato, receptação etc. A condenação já deve ter transitado em julgado na data do fato. Além disso, se o agente já foi reabilitado (art. 94 do CP), não se configura a contravenção.

Podia também ser sujeito ativo aquele que estivesse **sob liberdade vigiada**. A liberdade vigiada, porém, espécie de medida de segurança, **não** existe mais em nossa legislação desde a reforma da Parte Geral do Código Penal, em 1984. Em razão disso, a norma está derrogada.

Por fim, o **vadio** (*v.* conceito junto ao art. 59 da LCP) e o mendigo (aquele que vive de esmolas) também podem ser autores dessa contravenção, desde que conhecidos como tais, conforme exige a descrição típica.

5. Sujeito passivo

A coletividade.

6. Consumação

No momento em que o agente iniciar a posse sobre o objeto.

7. Tentativa

Inadmissível, nos termos do art. 4º.

8. Jurisprudência

"Não caracteriza o tipo contravencional descrito no art. 25 do Dec-Lei 3.688/41 a posse de gazuas consideradas aptas pela polícia a acionar e/ou destravar mecanismos de fechaduras, as quais se encontravam ocultas sob o tapete do veículo dirigido pelo acusado, se este nunca foi condenado por furto ou roubo e se não é notoriamente conhecido como vadio ou mendigo" (TJSP, Rel. Dante Busana, *RT* 778/572).

"Caracteriza a contravenção do art. 25 da LCP a conduta do agente que, já condenado definitivamente por furto, é surpreendido, em seu automóvel, na posse de mixas empregadas na prática de tal crime, e não prova a sua destinação legítima" (Tacrim/SP, Rel. Penteado Navarro, j. 27/07/1997, Rolo-flash 1117/109).

9. Não recepção do dispositivo pela Constituição Federal

O Plenário do Supremo Tribunal Federal, em 03 de outubro de 2013, ao julgar o Recurso Extraordinário 583.523, por unanimidade, "declarou não recepcionado pela Constituição Federal de 1988 o artigo 25 da Lei de Contravenções Penais, que considera como contravenção o porte injustificado de objetos como gazuas, pés de cabra e chaves michas por pessoas com condenações por furto ou roubo ou classificadas como vadios ou mendigos. Segundo o ministro Gilmar Mendes, relator do processo, o dispositivo da LCP é anacrônico e não foi recepcionado pela CF por ser discriminatório e contrariar o princípio fundamental da isonomia. A matéria teve repercussão geral reconhecida. O ministro Gilmar Mendes lembrou que a Lei de Contravenções Penais foi instituída por meio de decreto-lei, em 1941, durante o período ditatorial conhecido como Estado Novo. "Não há como deixar de reconhecer o anacronismo do tipo penal que estamos a analisar. Não se pode admitir a punição do sujeito apenas pelo fato do que ele é, mas pelo que faz", afirmou. "Acolher o aspecto subjetivo como determinante para caracterização da contravenção penal equivale a criminalizar, em verdade, a condição pessoal e econômica do agente, e não fatos objetivos que causem relevante lesão a bens jurídicos importantes ao meio social". O RE 583523 teve repercussão geral reconhecida pelo Supremo por tratar da admissibilidade constitucional da punição criminal de alguém pelo fato de já ter sido anteriormente condenado e, ainda, por discutir os limites constitucionais da noção de crime de perigo abstrato, o que demonstrou a necessidade de análise da constitucionalidade da norma da LCP. Na ocasião em que foi reconhecida a repercussão geral, o STF considerou que o tema tem profundo reflexo no "ius libertatis", bem jurídico fundamental, e, por este motivo, ultrapassa os limites subjetivos da causa" (*Notícias STF* 03/10/2013. Disponível em: <http://www.stf.jus.br/portal/cms/verNoticiaDetalhe.asp?idConteudo=250053>).

■ 6.2.2.3. *Violação de lugar ou objeto*

> **Art. 26.** Abrir, alguém, no exercício de profissão de serralheiro ou ofício análogo, a pedido ou por incumbência de pessoa de cuja legitimidade não se tenha certificado previamente, fechadura ou qualquer outro aparelho destinado à defesa de lugar ou objeto:
> Pena — prisão simples de 15 dias a 3 meses, ou multa.

1. Objetividade jurídica

O patrimônio alheio.

2. Conduta típica

A conduta típica é **abrir fechadura** ou qualquer outro aparelho destinado à **defesa** de **lugar** (casa, apartamento, estabelecimento comercial) ou **objeto** (automóvel, caminhão, motocicleta, cofre etc.). A contravenção pode consistir em abrir a fechadura de uma porta, um cadeado, um lacre, tapume etc.

O tipo penal ainda exige que o agente tenha sido **negligente** (**contravenção culposa**), isto é, que não se tenha certificado da **legitimidade** da pessoa que **solicitou** a abertura em relação ao imóvel ou objeto. É evidente que, se alguém perdeu a chave de um carro ou trancou-a em seu interior e necessita de um chaveiro para abrir a porta, é o próprio dono quem pode dar tal autorização ou, eventualmente, alguém que tenha legitimidade por outra razão qualquer (um amigo a quem o carro estava emprestado, o locatário do carro etc.). O mesmo se diga em relação a imóveis (comerciais ou residenciais), cuja abertura da porta seja solicitada. Na prática, contudo, dificilmente há condições de o serralheiro solicitar o documento de propriedade da casa ou do automóvel (que pode até mesmo não ter sido ainda transferido ao atual proprietário), devendo ele, para não correr o risco de incorrer na contravenção penal, indagar da pessoa que solicitou seus serviços qual sua relação com o bem em questão, bem como avaliar a situação no caso concreto.

A contravenção existe, ainda que nenhuma **infração penal** seja posteriormente cometida no local. Caso venha a ser praticada (violação de domicílio por terceiro, furto do veículo etc.), a negligência do agente será considerada mero ato contravencional, e não participação no crime cometido pelo terceiro, na medida em que ele desconhecia a finalidade ilícita deste. Se o serralheiro **sabia** de tal finalidade criminosa e, ainda assim, abriu ou arrombou a fechadura para viabilizar a subtração, responderá por crime de furto qualificado pelo emprego de chave falsa ou rompimento de obstáculo e, ainda, pelo concurso de agentes.

3. Sujeito ativo

Cuida-se de contravenção **própria**, pois somente pode ser cometida por quem está no **exercício** da profissão de serralheiro ou no desempenho de ofício **análogo** (chaveiro, mecânico etc.) e é chamado para realizar serviço de abertura de fechadura ou similar.

4. Sujeito passivo

O **titular** do lugar ou objeto colocado em risco ou lesado.

5. Consumação

No instante em que o agente abre a fechadura ou qualquer outro aparelho destinado à defesa do lugar, independentemente de qualquer resultado lesivo.

6. Tentativa

Nos termos do art. 4º da Lei das Contravenções, caso o agente não consiga abrir a fechadura, o fato será considerado atípico.

6.2.2.4. *Exploração da credulidade pública*

> **Art. 27.** Explorar a credulidade pública mediante sortilégios, predição do futuro, explicação de sonho, ou práticas congêneres:
> Pena — prisão simples, de um a seis meses, e multa.

Essa conhecida contravenção foi expressamente **revogada** pela Lei n. 9.521/97.

6.2.3. Das contravenções referentes à incolumidade pública (Capítulo III)

6.2.3.1. *Disparo de arma de fogo*

> **Art. 28**, *caput* — Disparar arma de fogo em lugar habitado ou em suas adjacências, em via pública ou em direção a ela:
> Pena — prisão simples, de um a seis meses, ou multa.

Essa conduta, atualmente, constitui **crime** previsto no art. 15 da Lei n. 10.826/2003 (**Estatuto do Desarmamento**).

6.2.3.2. *Deflagração perigosa de fogo de artifício*

> **Art. 28, parágrafo único.** Incorre na pena de prisão simples, de quinze dias a dois meses, ou multa, quem, em lugar habitado ou em suas adjacências, em via pública ou em direção a ela, sem licença da autoridade, causa deflagração perigosa, queima fogo de artifício ou solta balão aceso.

1. Objetividade jurídica

A incolumidade **pública**, que pode ser colocada em risco por incêndios provocados por fogos de artifício ou pela simples detonação destes feita por pessoas não autorizadas e de modo perigoso.

2. Condutas típicas

Deflagração significa a **detonação** de fogos de artifício, como rojões, bombas de São João, busca-pés etc. De acordo com o texto legal, a contravenção só se aperfeiçoa se o fato causar **perigo**.

Para que se caracterize a infração, o fato deve ser realizado "sem licença da autoridade" (elemento **normativo** do tipo). Se houver autorização, o fato será **atípico**.

Para que ocorra a contravenção, é preciso que a conduta aconteça:

a) *Em lugar habitado ou em suas adjacências.* **Local habitado** é aquele onde reside um núcleo de pessoas ou famílias. Pode ser uma cidade, uma vila, povoado ou região onde morem poucas pessoas.

As **adjacências** são os locais próximos àquele habitado. Por consequência, deflagrar fogos de artifício em local descampado ou em uma floresta, distantes de quaisquer habitações, não configura a infração.

b) *Em via pública ou em direção a ela.* **Via pública** é o local aberto a qualquer pessoa, cujo acesso é sempre permitido. É todo local aberto ao público, quer por destinação, quer por autorização de particulares. Exs.: ruas, avenidas, praças, estradas. Nos termos do texto legal, também existe a contravenção quando a deflagração não é efetuada na via pública, mas o artefato é apontado para ela, como, por exemplo, do quintal de uma residência ou da varanda de um apartamento em direção à rua.

Balão é o invólucro de papel ou tecido que, com a injeção de ar quente, eleva-se pelo ar. Atualmente, todavia, a soltura de balão aceso configura **crime** descrito no art. 42 da **Lei Ambiental** (Lei n. 9.605/98).

3. Sujeito ativo

Qualquer pessoa. Basta que **não** tenha licença da autoridade competente para deflagrar os fogos.

4. Sujeito passivo

A coletividade.

5. Consumação

No momento da deflagração **perigosa**. Se a deflagração atinge alguém, provocando-lhe lesões corporais, configura-se o crime do art. 129 do Código Penal.

6. Tentativa

Inadmissível, nos termos do art. 4º.

6.2.3.3. Desabamento de construção

> **Art. 29.** Provocar o desabamento de construção, ou, por erro no projeto ou na execução, dar-lhe causa:
> Pena — multa, se o fato não constitui crime contra a incolumidade pública.

1. Objetividade jurídica

A incolumidade pública.

2. Condutas típicas

O legislador incrimina **duas** condutas nesse dispositivo.

a) *Provocar desabamento de construção.* Nessa modalidade, o agente provoca o desabamento de forma intencional, **dolosa**.

Desabamento é a derrubada de **construção** finalizada ou de obra em andamento. A lei não distingue entre obra de alvenaria e de madeira.

O simples **desmoronamento** — deslocamento do solo — não está contido nessa figura contravencional.

São necessárias, ainda, algumas distinções. O desabamento que coloca em risco a vida, a integridade corporal ou o patrimônio de número elevado de pessoas (perigo **comum**), constitui crime descrito no art. 256 do Código Penal, cuja pena é de 1 a 4 anos de reclusão, e multa. Ao tratar da pena da figura contravencional, o próprio legislador mencionou a absorção desta quando o fato configurar **crime contra a incolumidade pública** (subsidiariedade **expressa**).

Se o agente provocar intencionalmente o desabamento em construção **alheia** (sem causar perigo comum), incorrerá em crime de **dano** ou dano **qualificado** (caso se trate de bem público). Assim, a contravenção em estudo só tem lugar quando o sujeito provoca desabamento em construção própria ou com autorização do dono. É evidente, entretanto, que, se houver autorização das autoridades competentes para a demolição, o fato será atípico. Comete a contravenção, por exemplo, quem realiza a demolição total ou parcial de uma casa, sem licença da autoridade.

b) *Dar causa ao desabamento de construção por erro no projeto ou na execução.* O erro pode ser na planta, no estudo do solo, nos cálculos para a utilização de ferragens etc. Podem cometer o crime o engenheiro, o arquiteto, o projetista, o empreiteiro, o pedreiro etc. Cuida-se de contravenção **culposa**, porque decorrente de **erro** no projeto ou na execução. Nesse sentido: "Desabamento de construção — Telhado de cinema que rui em virtude de defeito na sua execução — Nexo de causalidade material entre tal fato e a ação do acusado. Existindo um nexo de causalidade material entre o desabamento de construção e o erro no projeto ou na execução da obra, caracterizada está a infração a que alude o art. 29 da LCP" (ASP, Rel. Tomas Carvalhal, *RT* 229/420).

A conduta contravencional, igualmente, ficará **absorvida** se o fato gerar perigo **comum**, posto que, nessa hipótese, configura-se o crime de desabamento **culposo**, descrito no art. 256, parágrafo único, do CP, cuja pena é de detenção, de 6 meses a 1 ano. A propósito: "O crime descrito no art. 256, parágrafo único, do CP só se configura quando exposta a perigo comum a generalidade de pessoas. Se tal não ocorre, cabe considerar a hipótese prevista no art. 29 da LCP" (Tacrim/SP, Rel. Nelson Schiesari, *Jutacrim* 74/113).

3. Sujeito ativo

Na primeira modalidade, pode ser **qualquer** pessoa. Na segunda, somente o **responsável** pelo projeto ou execução da obra (contravenção **própria**).

4. Sujeito passivo

A coletividade.

5. Consumação

No momento em que **ocorre** o desabamento, independentemente de qualquer outro resultado.

6. Tentativa

Não é possível, nos termos do art. 4º.

■ 6.2.3.4. *Perigo de desabamento*

> **Art. 30.** Omitir alguém providência reclamada pelo estado ruinoso de construção que lhe pertence ou cuja conservação lhe incumbe:
> Pena — multa.

1. Objetividade jurídica

Prevenir o risco decorrente do perigo que pode representar para a incolumidade pública o desabamento de uma construção.

2. Conduta típica

Premissa dessa contravenção é o estado **ruinoso** da construção, a indicar a necessidade de alguma providência para a **conservação, a fim de evitar o desabamento**. Esse estado ruinoso pode se evidenciar por diversas maneiras: existência de cupins em vigas de sustentação de madeira, rachaduras de proporções consideráveis, infiltrações de água etc. Embora não mencionado expressamente no tipo penal, o nome da contravenção indica que somente o estado ruinoso que provoque **perigo** de desabamento da construção é que configura o ilícito penal. Assim, a infração penal se configura pela **omissão** do **dono** ou **responsável** pela conservação (contravenção omissiva **própria**) em tomar as providências que o caso reclama. Se a hipótese é de infestação de cupins nas estruturas de madeira de uma casa, a ponto de gerar perigo de desabamento, a infração penal configura-se, por exemplo, pela não contratação de empresas de descupinização. A propósito: "O termo construção, empregado no art. 30 da LCP, deve ser tomado na acepção genérica, para compreender também os edifícios e casas. Não distingue a lei o estado ruinoso, se total ou parcial, cogitando apenas da necessidade de remoção das causas de perigo (...)" (Tacrim/SP, Rel. Hoeppner Dutra, *RT* 272/475).

É necessário que o agente tenha **conhecimento** da circunstância que gera o risco de desabamento: "Contravenção penal — Perigo de desabamento — Elemento psíquico indeclinável para configurar-se a infração — A contravenção relativa a perigo de desabamento, ou de omissão de cautelas tendentes a remover o perigo de desabamento (art. 30 da Lei das Contravenções Penais) somente se estrutura com o elemento psíquico, consistente na voluntariedade da omissão" (*RT* 370/173).

A palavra construção foi utilizada de forma genérica, abrangendo obras **acabadas** e em **andamento**, de alvenaria ou de madeira.

3. Sujeito ativo

Trata-se de infração penal **própria**, que só pode ser cometida pelo dono da construção ou por pessoa a quem incumbe a conservação (o síndico de um condomínio, o presidente de um clube etc.).

4. Sujeito passivo

A coletividade.

5. Consumação

No momento em que o agente, ciente da necessidade da obra ou providência de conservação, **omite-se** por tempo juridicamente relevante.

6. Tentativa

Não é possível, quer em razão da regra do art. 4º, quer por se tratar de infração penal **omissiva própria**.

6.2.3.5. *Omissão de cautela na guarda ou condução de animais*

> **Art. 31**, *caput* — Deixar em liberdade, confiar à guarda de pessoa inexperiente, ou não guardar com a devida cautela animal perigoso:
> Pena — prisão simples, de dez dias a dois meses, ou multa.
> Parágrafo único. Incorre na mesma pena quem:
> *a)* na via pública abandona animal de tiro, carga ou corrida, ou o confia a pessoa inexperiente.
> *b)* excita ou irrita animal, expondo a perigo a segurança alheia.
> *c)* conduz animal, na via pública, pondo em perigo a segurança alheia.

1. Objetividade jurídica

A incolumidade pública.

2. Elementos do tipo

A contravenção penal, na figura do *caput*, pressupõe que as condutas típicas sejam relacionadas a **animal perigoso**, ou seja, o animal bravio, não domesticado, selvagem, feroz.

Inclui-se, também, aquele animal que, por sua **irracionalidade** ou por seu **estado de saúde**, possa oferecer risco à integridade física ou saúde de alguém, que não o seu próprio dono. Ex.: um cão manso pode tornar-se perigoso se estiver acometido de hidrofobia.

As condutas típicas enumeradas no texto legal são:

a) *Deixar em liberdade o animal.* Deixar solto, a seu próprio destino, sem grades ou impeditivos à sua locomoção.
b) *Confiar a guarda do animal a pessoa inexperiente.* Pessoa que não tem conhecimentos adequados para o trato com determinados animais que exigem certa habilidade em seu acompanhamento.
c) *Não guardar o animal com as cautelas devidas.* Deixar o animal preso, mas de forma insatisfatória. A situação concreta ditará as medidas e cautelas necessárias a cada espécie de animal, de acordo com suas características próprias.

Cuida-se de contravenção de perigo **abstrato**, não sendo necessário que alguém seja efetivamente exposto à situação de perigo, pois a Lei o presume com a realização das condutas do tipo. Assim, existe a contravenção mesmo que o animal perigoso não tenha investido contra alguém. A propósito: "Omissão de cautela na guarda ou condução de animais — Ataque ou lesão a determinada pessoa — Desnecessidade — Existência de risco e voluntariedade. Para a caracterização da contravenção de omissão de cautela na guarda ou condução de animais, prevista no art. 31 da LCP, é desnecessário que os animais ataquem ou lesionem determinada pessoa, bastando o risco, independentemente do resultado, e também a voluntariedade" (Tacrim/SP, Rel. Walter Swensson, j. 16/04/1997, Rolo-flash 1104/421).

É claro que se o animal investe contra alguém (perigo concreto), mas não lhe causa ferimento, configura-se também apenas a contravenção.

É de ressaltar que, se o agente deixa animal bravio solto e este morde alguma pessoa, causando-lhe lesões, responde por infração mais grave, ou seja, pelo crime de lesões corporais culposas ou de homicídio culposo, em face da **negligência** na guarda do animal. "A contravenção de que trata o art. 31 do Dec-Lei n. 3.688/41 se caracteriza pela potencialidade do perigo à integridade física decorrente da falta de cautela ou omissão, na guarda de animal bravio. Em ocorrendo, como efetivamente aconteceu, ofensa à integridade física de outrem, mordido pelo animal cuja guarda se negligenciou, configurado está o crime de lesão corporal culposa" (Tacrim/SP, Rel. Saraiva Fernandes, *RT* 717/410).

3. Figuras equiparadas

> **Art. 31, parágrafo único.** Incorre na mesma pena quem:
>
> *a)* na via pública abandona animal de tiro, carga ou corrida, ou o confia a pessoa inexperiente.

Abandonar significa deixar solto, de modo que possa mover-se livremente, sem qualquer fiscalização.

Os animais nessa situação podem estragar a propriedade alheia ou pública (jardins, plantações, canteiros, veículos etc.) ou provocar perigo, caso, por exemplo, assustem-se com outros animais ou até com as pessoas ao seu redor.

Animal de **tiro** é aquele que transporta veículos (carroças, charretes). Animais de **carga** são os burros, as mulas, jegues, bois. Animais de **corrida** são os cavalos.

A expressão "animais de tiro, carga ou corrida" foi utilizada no texto legal para se referir aos animais de **grande** porte. A finalidade é apenas a de designar a espécie de animal; contudo, para a existência da contravenção não é necessário que o animal de carga esteja carregado, basta que o agente abandone o animal de grande porte em via pública.

É também fato comum que o responsável deixe cavalos ou bois soltos, **próximos a estradas de rodagem**, conduta que configura a infração penal, já que o animal não tem capacidade de discernimento e acaba atravessando ou ficando parado no asfalto, ocasionando sérios riscos de acidente.

Na segunda modalidade, o agente confia, entrega o animal a pessoa **inexperiente**, ou seja, que não tem o necessário domínio, controle sobre o animal.

Essas modalidades da alínea "a" também são de perigo **abstrato, presumido.**

> **Art. 31, parágrafo único.** Incorre na mesma pena quem:
>
> *b)* excita ou irrita animal, expondo a perigo a segurança alheia.

Excitar significa estimular o animal a correr, a pular etc.

Por sua vez, consegue-se a **irritação** do animal assustando-o, atirando coisas sobre ele, cutucando-o etc.

Pela redação desse dispositivo, o fato só será punido se expuser pessoa **determinada** a risco (perigo **concreto**), já que a Lei exige perigo à segurança **alheia**.

O responsável não pode ter agido com **intenção** de lançar o animal contra outrem, pois, nesse caso, haveria crime de lesão corporal ou homicídio (no mínimo na forma tentada).

> **Art. 31, parágrafo único.** Incorre na mesma pena quem:
>
> *c)* conduz animal, na via pública, pondo em perigo a segurança alheia.

Significa conduzir com imperícia ou omitindo as cautelas necessárias para a espécie de animal ou pelas circunstâncias do percurso. Exs.: pessoa que resolve mostrar suas habilidades de montaria com manobras perigosas na via pública; corridas de cavalo em via pública; condução de boiada sem as cautelas devidas em região habitada, seguida de "estouro" da manada.

Devido à redação do dispositivo, essa figura contravencional é de perigo **concreto**. Pressupõe prova de que o comportamento do agente na condução do animal expôs determinada(s) pessoa(s) a situação de risco.

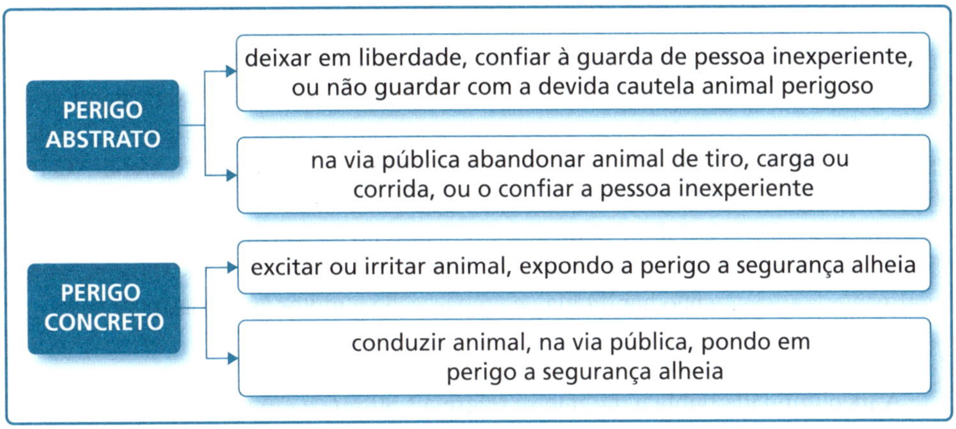

4. Sujeito ativo

Qualquer pessoa, **proprietária** ou **possuidora** do animal.

5. Sujeitos passivos

A coletividade e, eventualmente, as vítimas do perigo provocado pelo animal.

6. Consumação

Nas modalidades de perigo **abstrato** (*caput* e parágrafo único, "a"), a contravenção se consuma no momento da conduta típica, independentemente de qualquer outro resultado. Exs.: quando o agente deixa o animal perigoso em liberdade; quando abandona o animal de carga em via pública ou no instante em que o entrega a pessoa inexperiente etc.

Nas hipóteses em que o texto legal exige perigo **concreto** (parágrafo único, "b" e "c"), o ilícito se consuma no instante em que é produzida situação de risco a pessoa determinada.

7. Tentativa

Inviável, nos termos do art. 4º.

6.2.3.6. *Falta de habilitação para dirigir veículo*

> **Art. 32.** Dirigir, sem a devida habilitação, veículo na via pública, ou embarcação a motor em águas públicas:
> Pena — multa.

1. Introdução

O Código de Trânsito Brasileiro (Lei n. 9.503/97) derrogou essa contravenção no que se refere à condução de **veículo automotor**, que, assim, só continua a ter aplicação em caso de **condução em águas públicas de embarcação motorizada sem a devida habilitação**. Com efeito, o Código de Trânsito pune apenas como **infração administrativa** o fato de dirigir veículo sem habilitação de forma **normal** (art. 162, I, do CTB), tipificando como **crime** apenas a condução não habilitada de veículo que **provoque perigo de dano** (art. 309 do CTB). Em suma, o Código de Trânsito, ao regular o tema, deixou de considerar ilícito penal a conduta de dirigir veículo sem habilitação, **mas de forma regular**. Ao tratar o assunto como mera infração **administrativa**, derrogou o art. 32. Nesse sentido, a **Súmula 720** do Supremo Tribunal Federal: "O art. 309 do Código de Trânsito Brasileiro, que reclama decorra do fato perigo de dano, derrogou o art. 32 da Lei das Contravenções Penais no tocante à direção sem habilitação em vias terrestres". Assim, o art. 32 da Lei das Contravenções somente pune, atualmente, a **direção** não habilitada de embarcação a motor em águas públicas.

2. Objetividade jurídica

A incolumidade pública, no que se refere à segurança em águas públicas.

3. Elementos do tipo

Trata-se de contravenção de perigo **abstrato**, que se caracteriza pela simples conduta de dirigir embarcação motorizada em águas públicas, **independentemente de expor alguém a perigo**. Assim, configura-se a infração penal mesmo que o agente conduza a embarcação com extremo cuidado ou que se trate de pessoa com grande experiência na pilotagem de embarcações, contudo não habilitada.

Existem várias espécies de habilitação, dependendo do tipo de embarcação e do local onde o sujeito pretende pilotar. Assim, se o agente está conduzindo embarcação de **categoria** diversa daquela para a qual é habilitado, configura-se o ilícito penal.

Não tem o condão de excluir a contravenção o fato de o agente estar **providenciando** a habilitação, se ainda não é efetivamente habilitado. Tampouco tem relevância a **posterior** obtenção da habilitação.

Se o agente está com sua habilitação **suspensa** ou se ela foi **cassada**, ele é considerado pessoa **não habilitada**, e, nesses casos, a condução da embarcação configura a infração penal em estudo.

Se o agente é legalmente habilitado, **não** configura contravenção, e sim mera infração administrativa, não **portar** a documentação respectiva no momento da abordagem pela fiscalização.

Quem apresenta habilitação **falsa** ao ser abordado pela fiscalização, ao conduzir embarcação motorizada em águas públicas, responde pela contravenção e pelo crime de **uso de documento falso** (art. 304 do CP).

A contravenção pressupõe que se trate de embarcação provida de **motor** (lanchas, *jet-skis*, barcos motorizados etc.) e que o fato ocorra em águas **públicas**, como rios, mares, represas etc.

A condução de barco a motor em açude existente no interior de propriedade **particular** não caracteriza a contravenção, em razão de não se tratar de águas públicas, conforme exige o tipo penal.

Para a existência da contravenção, é preciso que o agente conduza a embarcação. Assim, se o agente for flagrado, por exemplo, dormindo em embarcação ancorada, não incorre na figura contravencional.

O **estado de necessidade** exclui a ilicitude da conduta. Ex.: morador de região ribeirinha que, para socorrer pessoa adoentada ou acidentada, dirige embarcação em razão de ausência de pessoa habilitada naquele momento.

4. Sujeito ativo

Qualquer pessoa. Trata-se de contravenção **comum**. O pai que fornece a embarcação a filho menor não habilitado incorre na contravenção, na condição de **partícipe**. O mesmo se diga em relação ao dono ou responsável por embarcação que a empresta a terceiro, ciente de que este não é habilitado.

5. Sujeito passivo

A coletividade.

6. Consumação

No instante em que o agente começa a conduzir a embarcação em águas públicas. É irrelevante que o percurso tenha sido curto ou longo.

7. Tentativa

Não é possível.

8. Absorção

Discute-se se a contravenção do art. 32 fica absorvida se o agente, na condução da embarcação, comete crime **culposo**. A primeira corrente diz que sim, porque é meio para o crime culposo. A segunda diz que não, porque as objetividades jurídicas são diferentes (uma de perigo abstrato e outra de dano), e os momentos consumativos também são diversos. Já a terceira corrente defende que só ocorre absorção se o crime culposo tiver sido cometido por **imperícia**, porque o art. 32 da Lei das Contravenções Penais pune o condutor da embarcação justamente por presumir que ele é imperito.

6.2.3.7. Direção não licenciada de aeronave

> **Art. 33.** Dirigir aeronave sem estar devidamente licenciado:
> Pena — prisão simples, de quinze dias a três meses, e multa.

1. Objetividade jurídica

A incolumidade pública.

2. Elementos do tipo

A conduta típica é **dirigir**, isto é, colocar a aeronave em **movimento**. Antes mesmo de levantar voo, quando o piloto está **manobrando** a aeronave, ele já a está dirigindo.

Aeronave, de acordo com o art. 106 do Código Brasileiro de Aeronáutica (Lei n. 7.565/86), é "todo aparelho manobrável em voo, que possa sustentar-se e circular no espaço aéreo, mediante reações aerodinâmicas, apto a transportar pessoas ou coisas". São aeronaves os aviões, os planadores, os helicópteros, os dirigíveis etc.

A contravenção abrange as aeronaves **públicas** ou **privadas**, de **pequeno** ou de **grande** porte, **militares** ou **civis**.

Para obter a **licença** para voar, é necessário que o piloto tenha **habilitação** (brevê). O fato de ser habilitado não exclui a contravenção, se o agente não possui a devida licença para voar.

Segundo Bento de Faria[2], "a carta de habilitação é o brevet, isto é, o documento que reconhece e atesta a capacidade para a função. Licença é o que comprova a autorização concedida ao seu titular a fim de permitir-lhe exercitar as funções para as quais adquiriu e conserva a capacidade. E como esta não basta, o seu exercício — de direção — deve ser sempre autorizado e tal se verifica pela licença". Saliente-se que é premissa para obter a licença que o piloto seja habilitado, ou seja, a licença só é concedida às pessoas já habilitadas.

Para que não incorra na contravenção, é preciso que o piloto tenha licença para aquela determinada espécie de aeronave.

Manuel Carlos da Costa Leite[3] entende que não é apenas a falta de licença do **piloto** que configura o ilícito, "a falta de licença de voo para a aeronave, por não preencher ela as condições de segurança acauteladoras da incolumidade pública também se enquadra na contravenção do art. 33".

3. Sujeito ativo

Pode ser qualquer pessoa.

4. Sujeito passivo

A coletividade.

---

[2] FARIA, Bento de. *Das contravenções penais*. Rio de Janeiro: Record, 1958. p. 117.

[3] LEITE, Manuel Carlos da Costa. *Lei das contravenções penais*. São Paulo: RT, 1976. p. 159.

5. Consumação

No instante em que o agente coloca a aeronave em **movimento**. Cuida-se de infração de perigo **abstrato**, cuja configuração independe de qualquer resultado.

6. Tentativa

Não é admissível, nos termos do art. 4º.

6.2.3.8. *Direção perigosa de veículo na via pública*

> **Art. 34.** Dirigir veículos na via pública, ou embarcações em águas públicas, pondo em perigo a segurança alheia:
> Pena — prisão simples, de quinze dias a três meses, ou multa.

1. Objetividade jurídica

A incolumidade pública, no aspecto da segurança no trânsito.

2. Elementos do tipo

a) *Dirigir*. Significa ter sob seu direto **controle** os comandos de velocidade e direção do veículo ou embarcação.

b) *Veículo*. Nessa contravenção, a lei **não** exige que o veículo seja **motorizado**, de modo que abrange todo e qualquer meio de transporte de pessoas ou de carga, qualquer que seja sua propulsão ou tração. Exs.: automóvel, caminhão, bonde, trator, motocicleta, veículo de propulsão animal, como carroça ou charrete, ou, ainda, de propulsão humana, como bicicleta, triciclo etc.

c) *Via pública*. É o local aberto a qualquer pessoa, cujo acesso seja sempre permitido. Abrange ruas, avenidas, estradas (mesmo que de terra), praças etc.

As ruas dos **condomínios** particulares, em face do que dispõe a Lei n. 6.766/79, pertencem ao **Poder Público** e, portanto, são consideradas vias públicas.

Por sua vez, não constitui via pública o interior de fazenda particular, garagem de residência particular, estacionamento particular etc. A propósito: "Contravenção penal — Direção perigosa de veículo na via pública — Inocorrência — Manobras perigosas levadas a efeito pelo acusado no pátio da Faculdade em que é aluno — Absolvição mantida — Inteligência do art. 34 da LCP — A direção perigosa de veículo, punível a título de contravenção, há de se verificar, necessariamente, em via pública, (...)" (Tacrim/SP, Rel. Lauro Alves, *RT* 478/331).

d) *Pondo em perigo a segurança alheia*. Caracterizam a infração: dirigir em excesso de velocidade, na contramão, ultrapassar veículo em local inadequado, ultrapassar semáforo desfavorável, efetuar cavalo de pau, dirigir em zigue-zague, realizar manobras perigosas com um *jet-ski* etc.

Apesar de divergências, prevalece o entendimento de que a contravenção em tela é de perigo **abstrato** ou **presumido**, ou seja, basta que se prove que a manobra realizada é perigosa, sendo desnecessário demonstrar que pessoa **certa** e **determinada** tenha sido exposta a **perigo**.

O fato de dirigir **embriagado** era suficiente para configurar a contravenção, pois a embriaguez altera o comportamento humano, prejudicando, de forma sensível, a atenção, a automação e a capacidade de agir prontamente diante do imprevisto. Veja-se, entretanto, que o Código de Trânsito (Lei n. 9.503/97) transformou em **crime** a conduta de dirigir embriagado (art. 306 do CTB), bem como a de participar de "racha" (art. 308), ou dirigir em velocidade excessiva nas proximidades de escolas, hospitais, desde que ocorra perigo de dano (art. 310). O fato de essas condutas terem sido transformadas em crime **não significa que a contravenção de direção perigosa tenha sido revogada**, na medida em que as demais hipóteses de condução perigosa de veículos em via pública — não abrangidas pelo Código de Trânsito — continuam a encontrar enquadramento no art. 34 da Lei das Contravenções.

A propósito: "O Código de Trânsito Brasileiro não revogou o art. 34 da LCP, uma vez que não esgotou em seus artigos toda e qualquer modalidade de direção perigosa, mas somente especificou práticas que entendeu mais gravosas a ponto de erigi-las à categoria de crimes, permanecendo a contravenção em nosso ordenamento, como norma penal de caráter geral, a fim de subsumirem-se nelas as demais condutas de direção perigosa" (Tacrim/SP, Rel. Roberto Mortari, j. 05/12/2000, Rolo-flash 1.374/487).

3. Sujeito ativo

Qualquer pessoa, habilitada ou não.

4. Sujeitos passivos

Em primeiro plano, a **coletividade**. Também o serão aqueles que sejam expostos à situação de perigo. Não se exige, todavia, a existência de vítima determinada para a tipificação da contravenção, bastando que a conduta possa colocar pessoas em risco. Conforme já mencionado, prevalece o entendimento de que basta o perigo **abstrato**. Veja-se: "Direção perigosa de veículo na via pública — Art. 34 da LCP — Perigo abstrato — Configuração — Suficiência — Para a configuração da contravenção do art. 34 da LCP é exigido apenas o perigo abstrato" (Tacrim/SP, Rel. Damião Cogan, j. 02/12/1999, Rolo-flash 1.284/20138); "Direção perigosa de veículo na via pública — Demonstração da existência de perigo imediato e direto a pessoa determinada — Desnecessidade — Perigo difuso. Suficiência. A integração da figura contravencional do art. 34 da LCP dispensa demonstração da existência de perigo imediato e direto a pessoa determinada, sendo suficiente a prova do perigo difuso a que a direção perigosa sujeita a todos os que se utilizam da via pública, pois é a incolumidade pública o bem jurídico tutelado" (Tacrim/SP, Rel. Correa de Moraes, j. 10/12/1998, Rolo-flash 1.209/193).

5. Consumação

No momento em que o agente realiza a manobra perigosa.

6. Tentativa

Não é punível, nos termos do art. 4º.

7. Absorção

Se, dirigindo de forma perigosa, o agente causa acidente de trânsito, o crime de **homicídio** ou **lesões culposas absorve** a contravenção.

8. Distinção

A contravenção do art. 34 se diferencia do crime do art. 132 do Código Penal, porque este exige que o agente vise a pessoa determinada. Ex.: passar muito perto de uma pessoa, em alta velocidade, para assustá-la, configura o crime.

6.2.3.9. *Abuso na prática da aviação*

> **Art. 35.** Entregar-se, na prática da aviação, a acrobacias ou a voos baixos, fora da zona em que a lei o permite, ou fazer descer a aeronave fora dos lugares destinados a esse fim:
> Pena — prisão simples, de quinze dias a três meses, ou multa.

1. Objetividade jurídica

A incolumidade pública, colocada em perigo pelas manobras perigosas da aeronave ou pelo pouso em local não apropriado.

2. Elementos do tipo

Na **primeira** parte do dispositivo, pune-se o **piloto** que, de forma intencional, realiza **acrobacias** ou **voos baixos** fora da região em que a lei o permite.

De acordo com o art. 17 do Código Brasileiro de Aeronáutica (Lei n. 7.565/86), é **proibido** efetuar, com qualquer aeronave, voos de **acrobacia** ou evolução que possam constituir perigo para os ocupantes do aparelho, para o tráfego aéreo, para instalações ou pessoas na superfície. Excetuam-se, contudo, os voos de prova, produção e demonstração quando realizados pelo fabricante ou por unidades especiais, com a observância das normas fixadas pela autoridade aeronáutica, hipóteses em que o fato não configurará infração penal.

De acordo com as "Regras do Ar e Serviços de Tráfego Aéreo do Ministério da Aeronáutica/2006", *item 5.1.4.*, exceto em operação de pouso e decolagem, o voo visual não será efetuado: a) sobre cidades, povoados, lugares habitados ou sobre grupos de pessoas ao ar livre, em altura inferior a **300 metros** (1000 pés) acima do mais alto obstáculo existente num raio de 600 metros em torno da aeronave; e b) em lugares não citados na alínea anterior, em altura inferior a 150 metros (500 pés) acima do solo ou da água. Constitui, portanto, contravenção penal o voo abaixo dessas altitudes. A propósito: "Infringe o disposto no art. 35 da LCP, o piloto que faz evoluções com seu aparelho sobre a cidade a menos de 300 metros de altitude" (Tacrim/SP, Rel. Sylvio Cardoso Rolim, *RT* 354/323).

Para a pulverização de plantações, são permitidos voos baixos, desde que com autorização e de acordo com as determinações da autoridade competente (SRPV ou CINDACTA) da área em que se pretende realizar o voo.

Na **segunda** parte do dispositivo, pune-se quem realiza pouso fora de local destinado a tal fim, ou seja, em estradas ou pistas clandestinas. É evidente que, se o pouso for feito em uma autoestrada em razão de **emergência** de voo, o fato não configurará ilícito penal, em face da excludente do **estado de necessidade**.

3. Sujeito ativo

Infração penal comum, pode ser praticada por qualquer pessoa, habilitada ou não.

4. Sujeito passivo

A coletividade.

5. Consumação

No momento em que o agente realiza a acrobacia ou o voo baixo ou pousa a aeronave em local não apropriado.

6. Tentativa

Não é possível.

7. Distinção

A realização de acrobacia em aeronave destinada ao **transporte público** configura crime **descrito** no art. 261 do Código Penal, cuja pena é dois a cinco anos de reclusão.

6.2.3.10. *Sinais de perigo*

> **Art. 36.** Deixar de colocar na via pública sinal ou obstáculo, determinado em lei ou pela autoridade e destinado a evitar perigo a transeunte:
> Pena — prisão simples, de dez dias a dois meses, ou multa.
> Parágrafo único. Incorre na mesma pena quem:
> *a)* apaga sinal luminoso, destrói ou remove sinal de outra natureza ou obstáculo destinado a evitar perigo a transeuntes.
> *b)* remove qualquer outro sinal de serviço público.

1. Objetividade jurídica

A incolumidade pública.

2. Elementos do tipo

Na figura do *caput*, pune-se a conduta **omissiva** de não colocar na via pública **sinal** ou **obstáculo** destinado a evitar **perigo** a transeunte. Ex.: deixar de colocar a sinalização obrigatória (triângulo) em caso de veículo parado por defeito mecânico na pista de rolamento, causando, assim, perigo de colisão em relação aos outros veículos que passem pelo local.

Para que a contravenção se mostre presente, é necessário que haja **lei** (norma penal em **branco**) ou **ordem** de autoridade administrativa determinando o uso do sinal ou obstáculo. A palavra "lei" deve ser considerada em sentido **genérico**, abrangendo os regulamentos e resoluções do Contran, que possui competência para editá-los nos termos do art. 90, § 2º, da Lei n. 9.503/97 (Código de Trânsito Brasileiro).

Na **primeira** figura do **parágrafo único** (alínea "a"), pune-se quem **apaga sinal luminoso** (placa luminosa), **destrói** ou **remove** sinal de outra **natureza** ou **obstáculo destinado** a **evitar perigo** a **transeunte**. Premissa dessa forma contravencional é a prévia existência do sinal (luminoso ou de outra natureza), destinado a **evitar perigo no trânsito**, que venha, de alguma forma, a ser intencionalmente destruído ou removido. Exs.: remover placa que alerta sobre a existência de curva perigosa ou sobre a possibilidade de animais na pista; retirar placa existente em cruzamento, indicativa de via preferencial; apagar faixa de pedestres; retirar cones colocados na pista a fim de indicar que certa faixa de rolamento está interditada etc.

Na **segunda** figura do **parágrafo único** (alínea "b"), pune-se a remoção de **qualquer outro sinal de serviço público** (de trânsito ou não). Pode-se mencionar como exemplo a remoção de placa indicativa da localização de certo hospital, uma vez que tal placa contém informação de interesse público. Como essa placa não é destinada a evitar perigo a transeuntes, tipifica-se a figura da alínea "b", e não a da alínea "a".

3. Sujeito ativo

Pode ser qualquer pessoa. Na hipótese do *caput*, só pode ser sujeito ativo quem esteja obrigado, diante da situação concreta, a colocar sinal ou obstáculo para evitar perigo a transeuntes.

4. Sujeito passivo

A coletividade.

5. Consumação

No momento em que realizada a conduta típica (**omissiva** no *caput* e **comissiva** no parágrafo único).

Cuida-se de contravenção de perigo **abstrato**, que independe de demonstração de que pessoa **certa** e **determinada** tenha sido exposta a **risco**.

6. Tentativa

Inadmissível, nos termos do art. 4º.

■ 6.2.3.11. *Arremesso ou colocação perigosa*

> **Art. 37.** Arremessar ou derramar em via pública, ou em lugar de uso comum, ou de uso alheio, coisa que possa ofender, sujar ou molestar alguém:
>
> Pena — multa.
>
> Parágrafo único. Na mesma pena incorre aquele que, sem as devidas cautelas, coloca ou deixa suspensa coisa que, caindo em via pública ou em lugar de uso comum ou de uso alheio, possa ofender, sujar ou molestar alguém.

1. Objetividade jurídica

A incolumidade pública.

2. Elementos do tipo

As **condutas típicas** descritas no *caput* são **arremessar** (lançar objeto sólido) ou **derramar** (lançar líquido).

A contravenção pressupõe que o lançamento ocorra em direção à **via pública** (ruas, avenidas, praças ou outros logradouros públicos), **lugar de uso comum** (que serve a várias pessoas, aberto ou fechado, como áreas comuns de condomínios) ou de **uso alheio** (residências ou prédios vizinhos, estabelecimentos comerciais pertencentes a terceiro). São exemplos dessa contravenção o arremesso, por parte de passageiro de veículo em movimento, de latas de cerveja ou refrigerante em estradas; lançamento de garrafas, de pedras ou de urina do alto de edifícios etc.

Para que exista a contravenção, é necessário que o objeto lançado **possa ofender** (lesionar), **sujar** ou **molestar** (importunar, incomodar) alguém.

Ao lançar uma garrafa ou pedra do alto de um edifício, pressupõe-se, para a configuração da contravenção, que o agente **não** queira atingir **pessoas**, pois se houver tal intenção, o agente responderá por crime de tentativa de lesão corporal ou de homicídio (ou pelos crimes consumados, se atingir seu intento). A infração penal em estudo, portanto, configura-se pelo **dolo de perigo** e, ainda assim, é **subsidiária**, pois, se o objeto lançado atingir pessoa, provocando-lhe lesões ou a morte (sem que tenha havido dolo direto em relação a tais resultados), o agente responderá por crimes de lesões corporais ou homicídio a título de **culpa ou de dolo eventual** (dependendo das circunstâncias do caso concreto). Nessas hipóteses, houve dolo no lançamento (dolo de perigo) e culpa ou dolo eventual em relação ao resultado (morte, lesão corporal).

Já na figura do **parágrafo único**, a conduta é **culposa** (ausência das **devidas cautelas** ao **colocar** ou **deixar suspensa** coisa que, caso venha a cair, possa ofender, sujar ou molestar alguém). O sujeito é punido pela falta de cuidado, na medida em que coloca objeto em local do qual possa cair na via pública ou em local de uso comum ou alheio, gerando risco a outrem. Exs.: colocar vaso na janela de um apartamento ou um andaime suspenso do lado de fora de um prédio sem providenciar o isolamento da parte de baixo.

O sujeito é punido porque sua conduta culposa gera perigo de queda por não ter sido o objeto colocado com as devidas cautelas. Não é necessário que esta (a queda) se concretize, bastando a colocação perigosa. Na prática, entretanto, as autoridades somente têm a atenção chamada para o fato quando o objeto efetivamente cai.

Também é premissa dessa forma contravencional que a queda **não** provoque morte ou lesão em outrem, pois, nesses casos, o agente será punido por crime de lesão corporal culposa ou homicídio culposo. Cuida-se de infração penal **subsidiária**.

3. Sujeito ativo

Qualquer pessoa.

4. Sujeito passivo

A coletividade.

5. Consumação

No momento em que realizado o **lançamento** (na figura do *caput*) ou a **colocação perigosa** (na figura do parágrafo único), independentemente de qualquer outro resultado.

6. Tentativa

Inadmissível, nos termos do art. 4º.

6.2.3.12. *Emissão de fumaça, vapor ou gás*

> **Art. 38.** Provocar, abusivamente, emissão de fumaça, vapor ou gás, que possa ofender ou molestar alguém:
> Pena — multa.

1. Objetividade jurídica

Evitar os efeitos incômodos e perigosos da emissão abusiva de fumaça, gás ou vapor sobre a coletividade (representada pelas pessoas que se encontram próximas ao local da emissão — em regra, vizinhos).

2. Elementos do tipo

Configura a contravenção penal a emissão **abusiva** (acima dos limites toleráveis) de **vapor**, **gás** ou **fumaça**, desde que possam ofender ou molestar as pessoas atingidas.

A contravenção tipifica-se, por exemplo, quando um estabelecimento fabril ou comercial (padarias, restaurantes) emite fumaça acima do permitido, de modo a incomodar os vizinhos com o cheiro ou a provocar irritação nos olhos, ou, ainda, quando alguém promove a queima de pneus, de objetos de plástico ou de lixo, causando emissão de vapores ou gases que incomodam as pessoas próximas etc.

É necessário ressaltar que o surgimento de grandes indústrias e a crescente preocupação coletiva com a preservação do meio ambiente fizeram com que fosse aprovada a **Lei de Proteção Ambiental** (Lei n. 9.605/98), em cujo art. 54, § 2º, V, está previsto **crime**, apenado com reclusão de 1 a 5 anos, para punir quem causar poluição pelo lançamento de resíduos gasosos que **resultem ou possam resultar em danos à saúde humana, ou que provoquem a mortandade de animais ou a destruição significativa da flora**.

Distingue-se, ainda, a contravenção em análise do crime do art. 252 do Código Penal, porque neste é necessária a provocação de **perigo comum** (a número elevado de pessoas), enquanto a contravenção é reservada para situações de menores proporções. Além disso, no crime é necessário que se trate de emissão de gás **tóxico** ou **asfixiante**.

3. Sujeito ativo

Pode ser qualquer pessoa.

4. Sujeitos passivos

A coletividade e as pessoas que possam ser ofendidas ou molestadas pela emissão.

5. Consumação

No momento em que se **inicia** a emissão abusiva.

6. Tentativa

Não é admissível.

6.2.4. Das contravenções referentes à paz pública (Capítulo IV)

6.2.4.1. Associação secreta

> **Art. 39.** Participar de associação de mais de cinco pessoas, que se reúnam periodicamente, sob compromisso de ocultar à autoridade a existência, objetivo, organização ou administração da associação:
> Pena — prisão simples, de um a seis meses.
> § 1º Na mesma pena incorre o proprietário ou ocupante de prédio que cede, no todo ou em parte, para reunião de associação que saiba ser de caráter secreto.
> § 2º O juiz pode, tendo em vista as circunstâncias, deixar de aplicar a pena, quando lícito o objeto da associação.

1. Objetividade jurídica

A segurança pública.

2. Elementos do tipo

O art. 5º, XVII, da Constituição Federal diz que é **plena** a **liberdade** de associação para fins **lícitos**, vedada a de caráter paramilitar. Por sua vez, o art. 5º, XVIII, da Carta Magna, dispõe que a criação de associações independe de autorização, sendo vedada a interferência estatal em seu funcionamento.

Assim, é livre o direito de reunião e de associação; contudo, tal direito **não é absoluto**, tendo as autoridades o **direito de conhecer** a sua **existência**, o seu **objetivo**, a sua **organização** e **administração**. Não há dúvida de que é extremamente suspeita a formação de associação em que seus integrantes tenham o **formal compromisso** entre si de **ocultar** todos esses aspectos das autoridades. Tal compromisso é **elementar** da contravenção penal. Sem ele não existe a infração penal.

Além do caráter secreto, são também requisitos: a) **a associação de, no mínimo, seis pessoas**; b) a **ocorrência de reuniões periódicas**.

Presentes todos esses requisitos, serão punidos todos os que **participarem** da associação, bem como o **dono** ou **ocupante** de **imóvel** que, embora não participe da associação, ceda o local para as reuniões, **ciente** do seu caráter secreto (art. 39, § 1º).

Premissa para a configuração dessa contravenção é que seus integrantes não tenham se associado para a prática **reiterada** de **crimes**, já que, em tal caso, estaria configurado o crime de associação criminosa do art. 288 do CP.

3. Sujeito ativo

Qualquer pessoa.

4. Sujeito passivo

A coletividade.

5. Consumação

Trata-se de contravenção **habitual**, que só se consuma com a **reiteração de atos** (reuniões periódicas).

6. Tentativa

Inadmissível, nos termos do art. 4º.

7. Perdão judicial

De acordo com o art. 39, § 2º, o juiz pode conceder o **perdão judicial** se for **lícito** o objeto da associação.

Segundo Manuel Carlos da Costa Leite[4], é "sabida a atração que exerce sobre o homem, o misterioso, o secreto, todo menino sente profunda atração por sociedade de aspectos secretos, por sinais e cumprimentos em códigos particulares etc. Nem todo indivíduo adulto consegue libertar-se dessas tendências da meninice. Parece-me que o juiz, convencendo-se de que a ocultação nada objetiva de ilícito, mas simplesmente atender a uma exigência da psicologia dos participantes da associação, deverá deixar de aplicar a pena. A sociedade pode ter fim lícito como também pode ter finalidade ilícita, embora não sendo para objetivos criminosos", o que configuraria o crime de associação criminosa (art. 288 com a redação dada pela Lei n. 12.850/2013).

■ *6.2.4.2. Provocação de tumulto e conduta inconveniente*

> **Art. 40.** Provocar tumulto ou portar-se de modo inconveniente ou desrespeitoso, em solenidade ou ato oficial, em assembleia ou espetáculo público, se o fato não constitui infração penal mais grave:
> Pena — prisão simples, de quinze dias a seis meses, ou multa.

1. Objetividade jurídica

A tranquilidade pública.

2. Elementos do tipo

A lei prevê **duas** condutas distintas:

[4] LEITE, Manuel Carlos da Costa. *Lei das contravenções penais*, cit.

a) *Provocar tumulto*. Causar desordem, alvoroço, confusão, agitação. A caracterização não depende de análise da **finalidade** do agente.

Admite qualquer **modo** de **execução**, como soltar animais (ratos, baratas) no interior de um cinema, fazer protesto mediante gritaria durante solenidade formal etc.

Saliente-se, entretanto, que a conduta de anunciar, por exemplo, um incêndio inexistente no transcorrer de um espetáculo público, provocando tumulto, constitui contravenção do art. 41 da Lei das Contravenções Penais, denominada "falso alarma".

b) *Portar-se de modo inconveniente ou desrespeitoso*. Assumir comportamento impróprio, impertinente, contrário às regras de bom comportamento. Ex.: dar risadas em alto tom ou gritar em momento inadequado durante peça teatral, atirar objetos no palco durante encenação ou *show*, intervir de forma desrespeitosa em um discurso público etc.

Esclarece a Lei que o fato só será **típico** se ocorrer em alguma das oportunidades expressamente elencadas:

a) *Solenidade ou ato oficial*. Festas cívicas, inaugurações de obras, posse de prefeitos, reuniões da Câmara dos Vereadores, discursos de governantes etc.

b) *Assembleia*. Reunião de determinada categoria para discussão de assuntos de seu interesse.

c) *Espetáculo público*. Exibições em cinemas, teatros, *shows* em estádios, em via pública ou ginásios de esporte, apresentações circenses etc.

Se o fato ocorrer em reuniões particulares, é considerado atípico: "Quando se trata de reunião festiva oferecida por sociedade particular a seus sócios, a provocação de tumulto ou o comportamento inconveniente ou desrespeitoso não configura a contravenção do art. 40 da lei específica, por faltar-lhe um requisito elementar: o acesso público ao espetáculo" (Tacrim/SP, Rel. Marcondes Rangel, *RT* 369/208).

3. Sujeito ativo

Qualquer pessoa.

4. Sujeito passivo

A coletividade.

5. Consumação

No instante em que a conduta do agente gera o tumulto ou quando sua conduta passa a incomodar os presentes.

6. Tentativa

Inadmissível, nos termos do art. 4º.

7. Subsidiariedade expressa

O legislador, ao cuidar da pena da contravenção, ressaltou que ela só é aplicável se não constituir infração mais grave, como no caso já citado do falso alarma, ou, ainda, se do tumulto resultarem lesões, hipótese em que estará caracterizado o crime de lesões corporais culposas. Além disso, desde a aprovação da Lei n. 12.299/2010 (conhecida como Estatuto do Torcedor), comete **crime** apenado com reclusão, de 1 a 2 anos, e multa, quem provoca tumulto em **estádios** ou **ginásios**, ou em seus **arredores**, por ocasião de **evento esportivo**, bem como quem **invade** local restrito aos **competidores**. Referidos crimes estão previstos no art. 41-B da mencionada Lei.

6.2.4.3. *Falso alarma*

> **Art. 41.** Provocar alarma, anunciando desastre ou perigo inexistente, ou praticar qualquer ato capaz de produzir pânico ou tumulto:
> Pena — prisão simples, de quinze dias a seis meses, ou multa.

1. Objetividade jurídica

A tranquilidade pública.

2. Elementos do tipo

Provocar alarma é causar medo, susto, terror. Para tanto, é necessário que o agente **anuncie** desastre ou perigo **inexistentes**.

Note-se que, se o sujeito provoca a ação de **autoridade**, comunicando a ocorrência de **crime** que sabe não se ter verificado, sua conduta é enquadrada no art. 340 do Código Penal, delito denominado "**comunicação falsa de crime**". Se o agente comunica falsamente a ocorrência de um crime a **particulares**, provocando alarma, configura-se a contravenção. Assim, se alguém telefona para o dono de uma loja e lhe comunica que há ladrões no interior de seu estabelecimento, estará configurada a contravenção se a informação for falsa. Se o agente, entretanto, comunica a policiais este furto que sabe não estar em andamento, incorre no crime acima mencionado.

A contravenção também se configura quando o agente provoca a ação de autoridades públicas ou de particulares mediante a comunicação de desastres ou outras formas de perigo **não tipificadas como crime**. Exs.: telefonar para os bombeiros e anunciar um incêndio inexistente, ou para órgãos da Defesa Civil e comunicar falsamente um deslizamento de terra ou inundação.

Para a configuração da contravenção penal, é necessário que o agente **saiba** que é inverídica a informação que anuncia.

Na **segunda** parte do dispositivo, não se pune o anúncio e sim uma **conduta** que pode gerar **pânico** ou **tumulto**, como, por exemplo, acionar sorrateiramente o alarme de incêndio de um estabelecimento comercial, provocando a evacuação do prédio. Em tal hipótese, não é necessário que o agente queira especificamente causar pânico ou tumulto; basta que realize voluntariamente a conduta que possa provocar um desses resultados.

3. Sujeito ativo

Pode ser qualquer pessoa. Trata-se de infração penal **comum**.

A provocação de falso alarma pela imprensa configurava crime especial do art. 16, I, da Lei n. 5.250/67 (Lei de Imprensa). Ocorre que o Supremo Tribunal Federal, ao julgar a **ADPF n. 130**, decidiu que tal lei não foi recepcionada pela Constituição de 1988. Assim, também o falso alarma feito pela imprensa está abrangido pelo art. 41 da Lei das Contravenções Penais.

4. Sujeito passivo

A coletividade.

5. Consumação

Na **primeira** modalidade, quando o agente **provoca** o alarma. Na **segunda**, quando realiza o **ato** capaz de gerar pânico ou tumulto (ainda que estes não ocorram).

6. Tentativa

Não é possível, nos termos do art. 4º.

6.2.4.4. Perturbação do trabalho ou do sossego alheios

> **Art. 42.** Perturbar alguém, o trabalho ou o sossego alheios:
> I — com gritaria ou algazarra;
> II — exercendo profissão incômoda ou ruidosa, em desacordo com as prescrições legais;
> III — abusando de instrumentos sonoros ou sinais acústicos;
> IV — provocando ou não procurando impedir barulho produzido por animal de que tem guarda:
> Pena — prisão simples, de quinze dias a três meses, ou multa.

1. Objetividade jurídica

A paz pública.

2. Elementos do tipo

Para a existência da contravenção, é preciso que o agente perturbe o trabalho ou o sossego alheios mediante **uma das formas de execução descritas no próprio tipo penal**. Podemos, então, concluir que se trata de infração penal de **ação vinculada**, em que o tipo penal especifica suas formas de execução, que, assim, somente se configura quando uma delas ocorrer. **Não** é necessário que o agente realize uma dessas condutas com a **específica** intenção de incomodar os vizinhos ou a coletividade; basta que tenha ciência do incômodo que poderá causar e que, ainda assim, a realize.

De acordo com o texto legal, a perturbação configuradora da contravenção deve se dar mediante:

a) *Gritaria ou algazarra*. **Gritaria** consiste em barulho produzido pela **voz humana**. **Algazarra** significa barulho produzido **por outra forma qualquer** (exceto as previstas nos demais incisos). Exs.: quebrar garrafas, chutar latas de lixo etc. A propósito: "entende-se por algazarra a produção de ruídos mesmo que não provindos exclusivamente da voz humana. Assim, infringe o art. 42, inciso I, da LCP quem, perturbando o sossego alheio, de modo estrepitoso, sai à rua de madrugada batendo latas ou promovendo barulhenta queima de fogos de estampido" (Tacrim/SP, Rel. João Guzzo, *Jutacrim* 19/194).

b) *Exercício de profissão incômoda ou ruidosa.* Para que exista a contravenção, o **texto legal** exige que o fato ocorra em desacordo com as **prescrições legais**. Trata-se, assim, de **norma penal em branco**, que pressupõe complementação. Deve-se, portanto, analisar as posturas e regulamentos municipais, a região onde é produzido o barulho (se comercial, residencial ou industrial), o horário, qual o limite de decibéis admitido para a área, se o estabelecimento tem licença da Prefeitura, se eventual licença admite funcionamento noturno etc. A propósito: "Incorre nas sanções do art. 42, II, da LCP, o agente que, responsável por uma lanchonete, promove apresentações de música ao vivo e ao ar livre, causando barulho durante o repouso noturno, **além dos horários estabelecidos no alvará expedido pela Prefeitura**, que autoriza atividades artísticas no estabelecimento" (Tacrim/SP, Rel. Gonzaga Franceschini, *RJD* 15/140).

A prova do barulho ou do incômodo pode ser feita **pericialmente** ou por **testemunhas**.

Se o estabelecimento estiver atuando dentro das normas ditadas e estiver incomodando pessoas, **não** haverá contravenção. Os incomodados terão de procurar as autoridades para tentar alterar a regulamentação, a fim de fazer cessar o problema.

Se não existem normas regulamentadoras, o fato é considerado **atípico**: "O disposto no art. 42, inc. II, da LCP, é norma penal em branco, cuja eficácia depende de outra norma que lhe dê vida. Não se encontrando disciplinado pelo poder competente o funcionamento de indústrias e fábricas, impossível a punição pela lembrada contravenção" (Tacrim/SP, Rel. Valentim Silva, *Jutacrim* 29/95); "A infração do art. 42 da LCP reside na violação das normas extrapenais regulamentadoras do exercício da profissão ruidosa ou incômoda. Se tais normas inexistem, resulta claro que a figura contravencional não pode, de modo algum, integrar-se analogamente aliás ao que ocorre nas hipóteses clássicas de *vacatio legis*, pois este é o fenômeno com que, em última análise, se depara nos casos de lei penal em branco, ainda não regulamentada" (*Juricrim-Franceschini*, n. 2.376).

c) *Abuso de instrumentos sonoros ou de sinais acústicos.* Na primeira parte, pune-se o excesso de aparelhagem de som ou do volume natural de instrumentos musicais. Sinais acústicos, por sua vez, abrangem apitos, sinos, buzinas etc.

Em razão do presente dispositivo, é possível a punição de pessoa que, em área habitada, deixa em alto volume o sistema de som de seu carro enquanto conversa com amigos, ou de morador que deixa seu aparelho de som ligado em alto volume por período prolongado, ou do dono de estabelecimento comercial ou casa noturna que imprimem alto volume de som, incomodando os moradores dos arredores etc.

d) *Provocar ou não procurar impedir barulho provocado por animal de que tenha a guarda.* São duas as condutas típicas. A primeira é **ativa**, consistente em **provocar** o animal para que ele faça barulho. A segunda é **omissiva** e se traduz pela ausência de providências no sentido de impedir que o animal o faça. Ex.: cachorros que latem em alto tom durante toda a noite, incomodando diversos moradores.

3. Sujeito ativo

Qualquer pessoa.

4. Sujeito passivo

A coletividade.

Não basta que uma pessoa ou um número reduzido de pessoas sintam-se atingidas. Exige-se que um número **considerável** de pessoas sejam incomodadas. Isso porque a Lei se utiliza da palavra "alheios", no plural. A propósito: "a contravenção do art. 42 somente se aperfeiçoa quando o ruído produzido perturba diversas pessoas, de modo que, se o barulho resultante de instrumentos sonoros incomoda só um indivíduo, não chegando a afetar a tranquilidade e sossego de grande número de famílias vizinhas, caracteriza-se o art. 65 da mesma lei" (Tacrim/SP, Rel. Junqueira Sangirardi, *RJD* 25/395); **e** "para a caracterização da contravenção do art. 42 da LCP, é necessário que uma pluralidade de pessoas sofram a perturbação, sendo insuficiente o transtorno de um só indivíduo, máxime se inexiste prova do abuso" (Tacrim/SP, Rel. Canellas de Godoy).

É necessário que se utilize o critério do homem **médio**. Caso se trate de pessoas extremamente suscetíveis que se sentem incomodadas com qualquer barulho mínimo, não se configura a contravenção. Nesse sentido: "a simples suscetibilidade de um indivíduo, a sua maior intolerância ou a irritabilidade de um neurastênico não é que gradua a responsabilidade. A perturbação deve, assim, ser incômoda aos que habitam um quarteirão, residem em uma vila, se recolhem a um hospital, frequentam uma biblioteca" (Tacrim/SP, Rel. Canguçu de Almeida, *Jutacrim* 75/379).

Devem ser também considerados os **costumes**, a **cultura** de um povo etc. Exs.: festas cívicas, carnaval, copa do mundo de futebol, serenatas etc. Nessas ocasiões, o barulho referente às festas não configura a contravenção.

Observe-se que o legislador, na descrição típica, utilizou-se da palavra "alguém", referindo-se ao autor da perturbação, e não à vítima.

5. Consumação

Com a efetiva perturbação do trabalho ou sossego alheios.

6. Tentativa

Inadmissível, nos termos do art. 4º.

6.2.5. Das contravenções referentes à fé pública (Capítulo V)

6.2.5.1. Recusa de moeda de curso legal

> **Art. 43.** Recusar-se a receber pelo seu valor, moeda de curso legal no país:
> Pena — multa.

1. Objetividade jurídica

A **validade** da moeda em curso no país.

De acordo com o art. 21, VII, da Constituição Federal, a **competência** para a emissão de moeda é da **União**.

2. Elementos do tipo

A contravenção em análise configura-se quando alguém oferece moeda em curso como forma de pagamento, e o destinatário **recusa-se** a recebê-la ou propõe recebê-la por valor **menor**.

É indiferente que a recusa se refira a moeda em papel ou **metal**. Só ficará afastada a contravenção se houver motivação **legítima** para a recusa, como, por exemplo, quando o dinheiro estiver rasgado, desbotado, manchado (de forma a gerar suspeita de que se trata de dinheiro objeto de furto ou roubo em caixa eletrônico) etc. **É claro, também, que, se houver suspeita de falsificação, a moeda pode ser recusada.**

Não existe ilícito penal na recusa de moeda **estrangeira** ou de moeda que já **deixou de circular** validamente no território nacional.

Em certas ocasiões em que foram lançados planos econômicos no País, o Governo modificou a moeda em curso, de forma que, durante determinado período, duas espécies de moedas circulavam validamente no território nacional — no período de transição da antiga para a nova. Nesses casos, ambas as moedas estão concomitantemente em curso, de modo que não há legitimidade para a recusa de qualquer delas.

3. Sujeito ativo

Qualquer pessoa.

4. Sujeitos passivos

O Estado e a pessoa cuja moeda foi recusada.

5. Consumação

No momento em que o agente recusa a moeda ou se propõe a recebê-la por valor menor.

6. Tentativa

Inadmissível, quer por se tratar de infração penal omissiva, quer em razão da regra do art. 4º.

6.2.5.2. *Imitação de moeda para propaganda*

> **Art. 44.** Usar, como propaganda, de impresso ou objeto que pessoa inexperiente ou rústica possa confundir com moeda:
> Pena — multa.

1. Objetividade jurídica

A fé pública na moeda em curso.

2. Elementos do tipo

O **objeto material** dessa contravenção é o **impresso** ou **objeto** (moeda metálica, por exemplo) que possa confundir pessoa **inexperiente** (crianças, analfabetos, por exemplo) ou **rústica** (simples, sem instrução) por ser parecido com a moeda em curso no território nacional.

É sabido que a distribuição de panfletos em forma de papel-moeda atrai consideravelmente a atenção dos destinatários. Assim, algumas pessoas, a fim de fazer promoção pessoal ou de algum produto, imitam parcialmente a moeda em curso e, concomitantemente, inserem no papel alguma espécie de propaganda. Constituem exemplos: imprimir em uma das faces os dizeres da moeda em curso e, na outra, fazer propaganda de algum produto; imprimir imitação de papel-moeda com os dizeres "vale desconto" em determinada loja. Podemos, ainda, citar o famoso caso do candidato a vereador que, em campanha política, mandou imprimir sua imagem em imitação de papel-moeda e, por tal razão, foi condenado pela infração em estudo.

Premissa da contravenção é que esses impressos ou objetos sejam **distribuídos ao público como forma de propaganda**. É exatamente nisso que consiste o risco à fé pública, porque oportunistas que encontrem o panfleto na via pública podem ter a iniciativa de enganar pessoas inexperientes ou rústicas, por exemplo, dando-lhes como troco a imitação do dinheiro. Daí a necessidade de se proibir, por meio dessa contravenção penal, o uso em propaganda de imitação de moeda.

É necessário ressalvar que, se a imitação for de tal forma evidente que não possa enganar ninguém, o fato será **atípico**. Ex.: imitação de papel-moeda de enormes dimensões.

Por sua vez, se o agente efetivamente **falsifica** moeda, podendo com isso enganar **número indeterminado de pessoas, está configurado** o crime de "**moeda falsa**" do art. 289 do Código Penal.

3. Sujeito ativo

Qualquer pessoa.

4. Sujeito passivo

O Estado.

5. Consumação

Com o uso do impresso ou objeto em propaganda.

6. Tentativa

É inadmissível, nos termos do art. 4º. Se o agente mandou imprimir a imitação da moeda para ser utilizada em propaganda, mas, antes de iniciar a distribuição, foi impedido de concretizá-la, o fato será considerado atípico.

6.2.5.3. *Simulação da qualidade de funcionário público*

> **Art. 45.** Fingir-se funcionário público:
> Pena — prisão simples, de um a três meses, ou multa.

1. Objetividade jurídica

Evitar que, por fingir-se funcionário público, venha o agente a cometer delitos contra a fé pública ou contra a Administração Pública.

2. Elementos do tipo

a) *Fingir*. Significa fazer-se passar por funcionário público.

b) *Funcionário público*. De acordo com o art. 327, *caput*, do Código Penal, considera-se funcionário público quem, ainda que transitoriamente ou sem remuneração, exerce cargo, emprego ou função pública.

Irrelevante que o agente tenha se passado por funcionário público da esfera **federal**, **estadual** ou **municipal**.

A contravenção do art. 45 admite qualquer modo de execução, como palavras, gestos, escritos etc.

O crime em estudo é nitidamente **subsidiário**, cedendo espaço quando o fato constituir infração penal **mais grave**. A motivação do agente, por exemplo, pode alterar o enquadramento penal. Na contravenção, em regra, ele atua por **vaidade** ou para obter **pequenas vantagens morais**. Ex.: mentindo aos moradores de pequena cidade que é juiz de direito e que está no local para passar férias, o agente obtém respeito diferenciado da população, nos estabelecimentos comerciais, e, muitas vezes, acaba, eventualmente, sendo convidado para solenidades ou para se sentar com autoridades locais etc.

Se a intenção do agente, ao se passar por funcionário público, é a de obter **vantagem indevida** ou causar **prejuízo** a outrem, incorre no crime de **falsa identidade** do **art. 307** do Código Penal. Ex.: ao ser parado por policial rodoviário por excesso de velocidade, o sujeito mente que é promotor de justiça e diz que está atrasado para uma audiência, a fim de que o policial não lavre a multa.

Se o agente se limita a se passar por funcionário público, sem assumir especificamente a função de qualquer funcionário e sem praticar atos inerentes ao cargo, responde pela contravenção. Se vai além, chegando a **realizar** atos próprios e exclusivos da função pública, comete crime de **usurpação de função pública**, previsto no **art. 328** do Código Penal. Pratica o crime, por exemplo, quem, passando-se por policial de trânsito, começa a parar veículos em via pública e revistar os automóveis e as pessoas.

Se o agente faz-se passar por policial militar, ameaça prender alguém por um fato qualquer e exige dinheiro para não o fazer, o crime será o de **extorsão** (art. 158 do CP), por ter havido **grave ameaça**. Caso o agente minta ser funcionário público para aplicar um golpe financeiro em outrem, o crime será o de **estelionato** (art. 171 do CP).

3. Sujeito ativo

Qualquer pessoa. A infração pode ser praticada até por **funcionário público** que finja possuir função diversa da que realmente exerce, na medida em que o tipo penal não faz distinção.

4. Sujeito passivo

O Estado.

5. Consumação

Quando o agente simula a condição de funcionário público.

Para a configuração da contravenção, não se exige reiteração ou continuidade de condutas. Basta uma ação para consumá-la.

6. Tentativa

Inadmissível, nos termos do art. 4º.

6.2.5.4. *Uso ilegítimo de uniforme ou distintivo*

> **Art. 46.** Usar, publicamente, de uniforme, ou distintivo de função pública que não exercer; usar, indevidamente, de sinal, distintivo ou denominação cujo emprego seja regulado por lei:
> Pena — multa, se o fato não constitui infração penal mais grave.

1. Objetividade jurídica

A regularidade no uso de uniformes ou distintivos oficiais, a fim de resguardar a fé pública.

2. Elementos do tipo

Usar significa vestir o uniforme, colocar o distintivo na roupa ou no veículo etc.

Uniforme é a roupa ou fardamento que identifica os integrantes de determinada categoria pública. **Distintivo** é o emblema, a insígnia.

São punidas **duas** condutas típicas. Na primeira, o sujeito faz uso de uniforme ou distintivo de função que não exerce. É necessário que o fato ocorra **em público**, conforme exige o tipo penal. O uso de uniforme em recinto privado e não acessível ao público constitui irrelevante penal. Na segunda, o agente exerce a função, mas só pode utilizar o distintivo, sinal ou denominação nas hipóteses admitidas na legislação, cometendo a contravenção por fazer o uso fora das hipóteses permitidas (uso **indevido**). Nessa modalidade, cuida-se de norma **penal em branco**.

3. Caráter subsidiário

O próprio dispositivo estabelece que a contravenção em análise fica **absorvida** se o fato constitui infração penal **mais grave**. Assim, se o agente não se limita a usar o distintivo ou o uniforme, mas o faz a fim de se passar efetivamente por funcionário público, incorre na contravenção do art. 45, que tem pena maior.

No art. 172 do Código Penal Militar, é previsto crime denominado "uso indevido de uniforme, distintivo ou insígnia **militar por qualquer pessoa**", que, por ser punido com detenção de até 6 meses, absorve a contravenção.

4. Sujeito ativo

Pode ser qualquer pessoa. Funcionários públicos que usem indevidamente uniforme de outra categoria incorrem na contravenção, desde que o fato ocorra publicamente.

5. Sujeito passivo

A coletividade.

6. Consumação

No momento em que o agente usa o uniforme ou o distintivo, independentemente de qualquer outro resultado.

7. Tentativa

Inadmissível, nos termos do art. 4º.

6.2.6. Das contravenções relativas à organização do trabalho (Capítulo VI)

6.2.6.1. Exercício ilegal de profissão ou atividade

> **Art. 47.** Exercer profissão ou atividade econômica ou anunciar que a exerce, sem preencher as condições a que por lei está subordinado o seu exercício:
> Pena — prisão simples, de quinze dias a três meses, ou multa.

1. Objetividade jurídica

Proteger o interesse social, assegurando que certas profissões sejam exercidas somente por pessoas **qualificadas**.

2. Elementos do tipo

O tipo exige, para a existência da contravenção, que o agente **exerça** ou **anuncie profissão** ou **função econômica**, **não preenchendo as condições a que por lei está subordinado o seu exercício**. Trata-se, portanto, de norma **penal em branco** a ser integrada por outro dispositivo legal que deve ser mencionado na **denúncia**. Se não houver uma lei que regulamente a profissão ou a atividade econômica exercida ou anunciada, o fato será **atípico**. A propósito: "a contravenção de exercício ilegal de profissão ou atividade do art. 47 da LCP, é norma penal em branco que exige complementação por outro dispositivo legal, devidamente mencionado na peça acusatória para permitir e possibilitar a plena e ampla defesa..." (Tacrim/SP, Rel. Corrêa Dias, *Jutacrim* 82/213).

Há profissões, tais como a de advogado (Estatuto da Ordem dos Advogados — Lei n. 8.906/94), engenheiro (Decreto Federal n. 23.569/33), corretor de imóveis (Lei n. 6.530/78), dentre inúmeras outras, que possuem regulamentação, exigindo o preenchimento de diversas condições, de modo que o seu exercício ilegal caracteriza a contravenção. Ex.: estagiário ou estudante de direito que exerce em nome próprio a advocacia.

Da mesma forma, há **atividades econômicas**, tais como a de relações públicas (Lei n. 5.337/67) e taxista (Lei n. 12.468/2011), que, por serem devidamente regulamentadas por lei, também estão abrangidas pelo art. 47.

A norma atinge também o profissional **suspenso** ou **impedido** de exercer a profissão por determinação de sua entidade.

Existem, porém, julgados dizendo que, quando se trata de **advogado** suspenso pela OAB, configura-se o crime do art. 205 do Código Penal, por ser a Ordem uma autarquia com regime especial. Prevê referido art. 205 pena de detenção de 3 meses a 2 anos, ou multa, para quem "exercer atividade de que está impedido por decisão administrativa".

No sentido de que o advogado suspenso incorre na **contravenção**: "A jurisprudência dos Tribunais — inclusive aquela emanada do Supremo Tribunal Federal — tem assinalado, tratando-se de exercício ilegal da Advocacia, que a norma inscrita no art. 47 da Lei das Contravenções Penais aplica-se tanto ao profissional não inscrito nos quadros da Ordem dos Advogados do Brasil quanto ao profissional, que, embora inscrito, encontra-se suspenso ou impedido, estendendo-se, ainda, essa mesma cláusula de tipificação penal, ao profissional com inscrição já cancelada. Precedentes" (STF — HC 74.471, Rel. Min. Celso de Mello, 1ª Turma, julgado em 18/03/1997, *DJe* 053, 20/03/2009, p. 299); **e** "o advogado que, após sofrer suspensão disciplinar pela OAB, pratica o exercício da profissão não comete o crime previsto no art. 205 do CP e sim a contravenção penal do art. 47 do Dec.-lei 3.688/41, pois a expressão 'decisão administrativa' contida no primeiro tipo, tomada em seu sentido técnico-administrativo, somente pode ser entendida como atos ou resoluções emanados dos órgãos da administração pública, onde entidades disciplinadoras de profissões liberais não se incluem" (Tacrim/SP, Rel. Lopes da Silva, *RT* 748/644).

Cumpre ressaltar que, no tocante às profissões de **médico**, **dentista** e **farmacêutico**, não há falar em enquadramento no art. 47 da Lei das Contravenções Penais, uma vez que existe **crime específico**, previsto no art. 282 do Código Penal.

Caso o agente tenha sido suspenso ou privado do direito de exercer certa atividade por decisão **judicial**, o exercício da atividade configura crime específico previsto no art. 359 do Código Penal. Por sua vez, quando se trata de exercício ilegal de **função pública** por parte de quem foi **exonerado**, **removido**, **substituído** ou **suspenso**, configura-se o crime do art. 324 do Código Penal.

3. Sujeito ativo

Qualquer pessoa.

4. Sujeitos passivos

O Estado e, eventualmente, as pessoas enganadas.

5. Consumação

Para a configuração da contravenção, **não** é necessário que o agente obtenha **vantagem** patrimonial ou provoque **prejuízo** a outrem, visto que se trata de infração **de perigo**. A propósito: "a infração do art. 47 da LCP é de perigo e não de dano, sendo irrelevante à sua configuração a eventual inexistência de prejuízo" (Tacrim/SP, Rel. Camargo Aranha, *Jutacrim* 53/344).

Há **divergência** na jurisprudência a respeito da necessidade de **reiteração** de atos (**habitualidade**) para a caracterização da infração. Para os que entendem que não se mostra necessária a habitualidade, a contravenção se configura com o primeiro ato. Para os que julgam imprescindível a habitualidade, a infração se consuma com a reiteração de condutas. Este último entendimento **prevalece** na jurisprudência. A propósito: "O exercício da advocacia com base em inscrição na OAB obtida com o uso de diploma falso de bacharel em direito caracteriza a contravenção penal prevista no artigo 47 da Lei das Contravenções Penais. Por outro lado, a habitualidade exigida para a caracterização do exercício ilegal da profissão não se configura quando há a prática de um único ato privativo da profissão, configurando-se, porém, se, ainda que num processo apenas, seja em causa própria, seja em favor de terceiro, o acusado praticar vários atos processuais, como ocorreu na hipótese sob julgamento. *Habeas corpus* indeferido" (STF — HC 75.022, Rel. Min. Moreira Alves, 1ª Turma, julgado em 26/06/1997, *DJ* 29/08/1997, p. 40218).

Em sentido contrário, entendendo desnecessária a habitualidade: "Contravenção penal — Exercício ilegal de profissão ou atividade — Habitualidade — Desnecessidade à tipificação do ilícito — O art. 47 da LCP considera ilícito o só fato de anunciar o exercício irregular de atividade ou profissão. Assim, mesmo que o agente não tenha, efetivamente, praticado ato algum da apontada atividade ou profissão, o simples anúncio de que o faz configura a contravenção" (Tacrim/SP — Rel. Rafael Granato, *Jutacrim* 52/242).

6. Tentativa

Inadmissível, nos termos do art. 4º.

6.2.6.2. Exercício ilegal do comércio de coisas antigas e obras de arte

> **Art. 48.** Exercer, sem observância das prescrições legais, comércio de antiguidades, de obras de arte, ou de manuscritos e livros antigos e raros:
> Pena — prisão simples, de um a seis meses, ou multa.

1. Objetividade jurídica

O controle do comércio legítimo de obras de arte, antiguidades, livros raros ou antigos.

2. Conduta típica

O que se pune é a conduta do comerciante que exerce suas atividades sem observar as disposições legais a respeito de obras de arte, antiguidades etc. Cuida-se de **norma penal em branco**, que pressupõe a existência de **lei** regulamentando referidos temas. A legislação pertinente é a seguinte: Decreto-lei n. 25/37; Lei n. 4.845/65; Lei n. 5.471/68; e Decreto n. 65.347/69.

Se a ilegalidade reside no fato de o objeto material ser **produto de crime**, a conduta do comerciante constitui **receptação qualificada** (art. 180, § 1º, do CP), que absorve a contravenção. Ex.: comerciante que adquire obras de arte roubadas a fim de revendê-las.

3. Sujeito ativo

Pode ser qualquer pessoa. Em regra, são as pessoas que se dedicam a esse tipo de comércio em antiquários, feiras de objetos antigos, sebos etc.

4. Sujeito passivo

A coletividade.

5. Consumação

Considerando que a doutrina entende que essa contravenção pressupõe **habitualidade** na não observância dos preceitos legais no desempenho do comércio, a contravenção só se consuma com a **reiteração de atos**.

6. Tentativa

Inadmissível, nos termos do art. 4º.

6.2.6.3. *Matrícula ou escrituração de indústria e profissão*

> **Art. 49.** Infringir determinação legal relativa à matrícula ou à escrituração de indústria, de comércio, ou de outra atividade:
> Pena — multa.

1. Objetividade jurídica

A normal constituição e funcionamento das empresas, indústrias ou outras atividades similares, como bolsas de valores, despachantes, aduaneiros, leiloeiros etc.

2. Elementos do tipo

A conduta típica é **infringir**, que significa **violar, não respeitar**. É necessário que a transgressão diga respeito a determinações **legais** relativas à **matrícula** ou **escrituração** da empresa ou indústria. Cuida-se de **norma penal em branco**.

O art. 967 do Código Civil prevê que é **obrigatória** a inscrição do empresário no Registro Público de Empresas Mercantis da respectiva sede, antes do início da atividade. O próprio Código Civil, em seus dispositivos seguintes, bem como a **Lei n. 8.934/94** (**Lei do Registro de Empresas**), regulamenta os procedimentos e as exigências para o registro de empresários individuais, sociedades empresárias e auxiliares de comércio (leiloeiros, trapicheiros, tradutores públicos, intérpretes comerciais, administradores de armazéns gerais), cujo desrespeito configura a contravenção.

As alterações do contrato ou estatuto social devem ser averbadas na Junta Comercial. A omissão também configura a infração.

É evidente que eventual inserção de declaração falsa ou omissão de declaração que devesse constar em **documento** feita com o fim de prejudicar direito, criar obrigação ou alterar a verdade sobre fato juridicamente relevante configura crime de **falsidade ideológica** (art. 299 do CP). Assim, comete tal delito quem presta informação falsa à Junta Comercial a fim de fazer inserir informação falsa ou diversa da que devia constar no registro da empresa.

É ainda dever do empresário e da sociedade empresária a regular **escrituração** de suas atividades. De acordo com o art. 1.179 do Código Civil, "o empresário e a sociedade empresária são **obrigados** a seguir um sistema de contabilidade, mecanizado ou não, com base na escrituração uniforme de seus livros, em correspondência com a documentação respectiva, e a levantar anualmente o balanço patrimonial e o de resultado econômico".

Além disso, o art. 1.180 prevê que, "além dos demais livros exigidos por lei, é indispensável o **Diário**, que pode ser substituído por fichas no caso de escrituração mecanizada ou eletrônica". Já o art. 19 da Lei n. 5.474/68 estabelece que a adoção do regime de vendas de que trata o seu art. 2º (vendas a prazo com emissão de duplicata) obriga o vendedor a ter e a escriturar o Livro de Registro de **Duplicatas**.

Por sua vez, o art. 1.181 estabelece que, salvo disposição expressa em lei em sentido contrário, os livros obrigatórios devem ser **autenticados** no Registro Público de Empresas Mercantis **antes** de serem colocados em uso.

Em suma, o desrespeito às normas de escrituração, como a inexistência dos livros obrigatórios ou de sua prévia autenticação, ou outras formalidades exigidas em lei, configura a contravenção em estudo, exceto se for decretada a **falência** da empresa, hipótese em que estará configurado o **crime falimentar** do art. 178 da Lei n. 11.101/2005, consistente em deixar de elaborar, escriturar ou autenticar, antes ou depois da sentença que decretar a falência, conceder a recuperação judicial ou homologar o plano de recuperação extrajudicial, os **documentos de escrituração contábil obrigatórios**.

3. Sujeito ativo

Trata-se de contravenção **própria**, que só pode ser cometida por determinadas pessoas.

No caso de infração relativa à matrícula, o sujeito ativo é o responsável por providenciar o registro da empresa, em regra, o seu dono. A infração também pode ser praticada pelo funcionário da Junta Comercial responsável pela verificação e fiscalização das prescrições legais (art. 1.153 do Código Civil) que se omita do dever de notificar o requerente para sanar a irregularidade.

No caso de infração às regras de escrituração, o responsável é o dono da empresa ou o Contador, ou ambos.

4. Sujeito passivo

A coletividade.

5. Consumação

Quando ocorrer a ação ou omissão caracterizadora da infração ao dever legal.

6. Tentativa

Inadmissível, nos termos do art. 4º.

6.2.7. Das contravenções relativas à polícia de costumes (Capítulo VII)

6.2.7.1. Jogo de azar

> **Art. 50.** Estabelecer ou explorar jogo de azar em lugar público ou acessível ao público, mediante pagamento de entrada ou sem ele:
> Pena — prisão simples, de três meses a um ano, e multa, estendendo-se os efeitos da condenação à perda dos móveis e objetos de decoração do local. (...)
> § 2º Incorre na pena de multa, de duzentos mil réis a dois contos de réis, quem é encontrado a participar do jogo, como ponteiro ou apostador.
> § 3º Consideram-se, jogos de azar:
> *a)* o jogo em que o ganho e a perda dependem exclusiva ou principalmente da sorte;
> *b)* as apostas sobre corrida de cavalos fora de hipódromo ou de local onde sejam autorizadas;
> *c)* as apostas sobre qualquer outra competição esportiva.
> § 4º Equiparam-se, para os efeitos penais, a lugar acessível ao público:
> *a)* a casa particular em que se realizam jogos de azar, quando deles habitualmente participam pessoas que não sejam da família de quem a ocupa;
> *b)* o hotel ou casa de habitação coletiva, a cujos hóspedes e moradores se proporciona jogo de azar;
> *c)* a sede ou dependência de sociedade ou associação, em que se realiza jogo de azar;
> *d)* o estabelecimento destinado à exploração de jogo de azar, ainda que se dissimule esse destino.

1. Objetividade jurídica

Os bons costumes. Busca-se, também, proteger o patrimônio dos cidadãos, pois é sabido que muitas pessoas perdem o controle e ficam obcecadas por jogos de azar, e, não raro, perdem grandes quantias ou até arruínam financeiramente suas famílias.

2. Elementos do tipo

As **condutas típicas são:**

a) *Estabelecer.* Organizar, instituir, criar, fundar um local onde se pratique o jogo.
b) *Explorar.* É auferir lucro com o jogo fora da condição de apostador, direta ou indiretamente.

De acordo com o *caput* do art. 50, só se configura a contravenção quando o fato ocorre em lugar **público** (em ruas, calçadões, praças) ou **acessível ao público** (cassinos clandestinos, clubes). O § 4º, por sua vez, cuidou de esclarecer que determinados locais **equiparam-se** a lugar acessível ao público, para efeitos penais. São eles:

a) a casa particular em que se realizam jogos de azar, quando deles habitualmente participam pessoas que não sejam da família de quem a ocupa;
b) o hotel ou casa de habitação coletiva, a cujos hóspedes e moradores se proporciona jogo de azar;

c) a sede ou dependência de sociedade ou associação, em que se realiza jogo de azar;

d) o estabelecimento destinado à exploração de jogo de azar, ainda que se dissimule esse destino.

No que se refere às casas **particulares**, firmou-se entendimento de que só existe a contravenção quando o proprietário ou responsável admite **aleatoriamente** pessoas para participar dos jogos que ali acontecem, fazendo-o de forma **habitual** (conforme exige o tipo penal). Reuniões entre familiares ou amigos em determinada residência não configuram a contravenção, ainda que ali sejam realizados jogos de azar mediante apostas. Nesse sentido: "jogo de azar doméstico ou equiparado a doméstico, mesmo a dinheiro, realizado como simples passatempo, sem aliciamento de vontades ou aproveitamento de inexperiência ou de paixão viciosa para auferição de lucros diretos (não de mero 'barato'), não constitui ilícito, mas mera distração penalmente inócua" (Tacrim/SP, Rel. Azevedo Franceschini, *Jutacrim* 20/95); **e** "A reunião de várias pessoas amigas ou conhecidas em residência particular, para a prática de carteado a dinheiro, não configura a infração do art. 50 da LCP. Além de não ser aquele lugar acessível a qualquer pessoa, mas apenas a convidados, tal modalidade de jogo não sofreu nenhuma restrição no território nacional" (Tacrim/SP, *RT* 213/381).

É necessário que o agente estabeleça ou explore **jogo de azar**. O art. 50, § 3º, da Lei das Contravenções esclarece o que se deve considerar como jogo de azar:

a) *O jogo em que o ganho ou a perda dependem exclusivamente ou principalmente da sorte (alínea "a").*

Abrange certos jogos de cartas (vinte e um, sete e meio), roleta, bozó, jogo de dados etc.

O chamado jogo de chapinhas, muito comum em praças públicas, constitui jogo de azar, exceto se o agente empregar alguma **fraude** que impossibilite a vitória do apostador, hipótese em que responderá por crime de **estelionato**.

A exploração de máquinas caça-níquel ou videopôquer pode configurar a contravenção; contudo, em regra, essas máquinas são adulteradas para limitar a possibilidade de ganho do apostador e, nesse caso, como as vítimas são indeterminadas, configura-se crime contra a economia popular, na modalidade descrita no art. 2º, IX, da Lei n. 1.521/51.

Os jogos que dependem principalmente da **habilidade** do jogador não se incluem nessa categoria, como a sinuca. O jogo de truco, por depender da malícia, astúcia e habilidade do jogador no desenrolar da partida (e não apenas das cartas sorteadas), não se enquadra no conceito de jogo de azar, porque não depende exclusiva ou principalmente da sorte.

Quanto aos jogos de pôquer e pif-paf, existe controvérsia jurisprudencial. Para alguns, tais jogos não dependem principalmente da sorte e sim da habilidade do jogador, de forma que não configuram a contravenção. Para outros, constituem sempre o ilícito penal, porque dependem da sorte na distribuição das cartas. Ressalve-se, todavia, que existem várias modalidades de pôquer, e a que normalmente ocorre em cassinos clandestinos é aquela em que os apostadores não jogam entre si e sim contra a banca, havendo uma aposta inicial prévia (pingo), seguida de posterior distribuição das cartas. Em tal modalidade, não há como se negar que a vitória depende principalmente da sorte.

A aposta on-line em jogo de pôquer não pode ser punida no Brasil se o provedor estiver fora do território nacional, porque, nos termos do art. 2º da Lei das Contravenções Penais, não são puníveis as contravenções cometidas fora do Brasil. Apesar de o comando ser feito em território nacional, a concretização da aposta e o resultado ocorrem no exterior.

Apesar do silêncio da lei, é claro que só ocorre a contravenção se o jogo de azar for praticado mediante **aposta**. Um jogo de roleta que não seja a dinheiro não caracteriza a infração, pois não há potencialidade lesiva. A propósito: "para a tipificação da contravenção do jogo de azar é necessário que se prove também que a prática tenha como finalidade o lucro, o que não se confunde com despesas feitas pelos participantes, normalmente bebidas, salgadinhos etc." (Tacrim/SP, Rel. Rubens Gonçalves, *RJD* 8/83).

Eventual finalidade beneficente não afasta a contravenção, salvo se houver autorização da autoridade competente.

A conduta de obter ou tentar obter ganhos ilícitos em detrimento do povo ou de número indeterminado de pessoas mediante as chamadas "pirâmides", "cadeias", "pichardismo" ou "bolas de neve", constitui crime específico descrito no art. 2º, IX, da Lei n. 1.521/51 (crime contra a economia popular).

b) *As apostas sobre corrida de cavalos fora do hipódromo ou de local onde sejam autorizadas (alínea "b").*

A aposta em corrida de cavalos é permitida, porém com a observância de formalidades legais. Sem estas, é clandestina e tipifica a contravenção.

c) *As apostas sobre qualquer outra competição esportiva (alínea "c").*

Veja-se que a lei pune as **apostas** acerca do resultado de determinado jogo ou acerca do vencedor de certa competição.

O chamado "**bolão**", envolvendo dinheiro, quando toma proporções **públicas**, admitindo que pessoas indeterminadas dele participem, caracteriza a infração.

3. Sujeito ativo

Qualquer pessoa. A Lei pune, no *caput* do dispositivo, o **dono** do local e o **responsável** pelo negócio (inclusive de cassinos clandestinos). O **funcionário responsável pelo estabelecimento** que **coordena o funcionamento da casa é partícipe** da contravenção. Ex.: o gerente do cassino clandestino.

Nos termos do § 1º do art. 50, *a pena será aumentada de um terço, se existe entre os empregados ou participa do jogo pessoa menor de dezoito anos.* Essa causa de aumento se aplica ao **responsável** pela exploração do jogo (o dono do cassino, por exemplo).

Além disso, o § 2º estabelece que *incorre na pena de multa quem é encontrado a participar do jogo, como ponteiro ou apostador.* **Apostador** é o **jogador**, aquele que participa do jogo. **Ponteiro** é o *croupier*, a pessoa responsável por colher as apostas ou coordenar o jogo (distribuir cartas, rodar a roleta etc.). Como a pena é menor nesses casos, podemos dizer que se trata de modalidade **privilegiada** da contravenção.

4. Sujeito passivo

A coletividade.

5. Consumação

No momento em que o agente estabelece ou explora o jogo de azar. A jurisprudência tem exigido a reiteração de atos (**habitualidade**). A propósito: "a contravenção do art. 50 da lei especial exige a prova de habitualidade da conduta ao seu reconhecimento" (Tacrim/SP, Rel. Lauro Alves, *Jutacrim* 48/224); **e** "Contravenção penal — Jogo de azar — Prova da habitualidade — Indispensabilidade — A contravenção de jogo de azar exige sempre a habitualidade" (Tacrim/SP, Rel. Camargo Sampaio, *Jutacrim* 48/224).

Em relação aos apostadores, não se exige habitualidade, configurando-se a contravenção sempre que for flagrado jogando mediante apostas.

6. Tentativa

Inadmissível, nos termos do art. 4º.

7. Efeito da condenação

Além da pena de prisão simples e multa, constitui efeito da condenação a **perda dos móveis existentes no local, bem como dos objetos de decoração**.

6.2.7.2. *Jogo do bicho*

> **Art. 58.** Realizar o denominado "jogo do bicho", em que um dos participantes, considerado comprador ou ponto, entrega certa quantia com a indicação de combinações de algarismos ou nome de animais, a que correspondem números, ao outro participante, considerado o vendedor ou banqueiro, que se obriga mediante qualquer sorteio ao pagamento de prêmios em dinheiro:
> Penas — de seis meses a um ano de prisão simples e multa ao vendedor ou banqueiro, e de quarenta a trinta dias de prisão celular ou multa ao comprador ou ponto.

1. Introdução

Essa contravenção era prevista no art. 58 da Lei das Contravenções Penais (Decreto-lei n. 3.688/41). Foi revogada pelo **art. 58 do Decreto-lei n. 6.259/44**, que regulamentou e complementou as disposições legais sobre o jogo do bicho.

Havia rito processual específico para apurar essa contravenção no art. 3º da Lei n. 1.508/51. Tal procedimento, entretanto, não pode mais ser adotado, uma vez que a Lei n. 9.099/95 estabeleceu o procedimento **sumaríssimo** para as infrações de menor potencial ofensivo, que abrange todas as contravenções penais.

2. Objetividade jurídica

Os bons costumes.

3. Elementos do tipo

O "jogo do bicho" é uma espécie de loteria particular, cujo conceito encontra-se no próprio texto legal: jogo em que "um dos participantes, considerado comprador ou ponto, entrega certa quantia com a indicação de combinações de algarismos ou nome de animais, a que correspondem números, ao outro participante, considerado o vendedor ou banqueiro, que se obriga mediante qualquer sorteio ao pagamento de prêmios em dinheiro".

Nos termos do art. 58, § 2º, do Decreto-lei n. 6.259/44, *consideram-se idôneas para a prova do ato contravencional quaisquer listas com indicações claras ou disfarçadas, uma vez que a perícia revele se destinarem a perpetração do jogo do bicho*. Percebe-se, pois, que é sempre necessária a realização de uma perícia para comprovar que o material apreendido é próprio do jogo, já que as apostas, normalmente, são feitas por meio de símbolos e abreviaturas próprias que o leigo, comumente, não consegue decifrar.

O jogo do bicho não deixou de ser punido em virtude de o **Estado** explorar diversos jogos similares ou por ser socialmente aceito. Em primeiro lugar, porque os costumes não revogam as leis, de modo que, estando em vigor o art. 58 do Decreto-lei n. 6.259/44, o jogo do bicho deve ser punido. Em segundo lugar, porque o dinheiro arrecadado pelos jogos oficiais é aplicado, ao menos teoricamente, em obras de interesse público, enquanto aquele arrecadado pelo jogo do bicho fica com os banqueiros.

4. Sujeito ativo

O próprio conceito legal de jogo do bicho abrange e pune as figuras do **banqueiro** e do **apostador** (a pena daquele, contudo, é maior). Ocorre que, normalmente, o jogo do bicho não é feito diretamente entre apostador e banqueiro. Existem, também, os **intermediários** que colhem as apostas junto aos apostadores e as encaminham ao banqueiro. Por isso, o art. 58, § 1º, "a", do Decreto-lei pune *os que servirem de intermediários na efetuação do jogo* com as mesmas penas estabelecidas para os banqueiros.

Note-se que o texto legal também chama o banqueiro de "vendedor". Assim, apesar de ser o intermediário quem colhe as apostas, não podemos chamá-lo de "vendedor".

O intermediário pode ser punido, mesmo se não forem identificados o banqueiro e o apostador. O Superior Tribunal de Justiça, aliás, editou a Súmula 51, concluindo que "**a punição do intermediário no jogo do bicho independe da identificação do apostador ou do banqueiro**".

Fora o banqueiro, o apostador e o intermediário, há muitas outras pessoas que colaboram para a efetivação de todo o mecanismo do jogo. Exs.: transportadores (normalmente, motociclistas que recolhem as apostas junto aos intermediários e as levam até a sede do jogo), pessoas que fazem os sorteios, que conferem os prêmios etc. Por esse motivo, as alíneas "b", "c" e "d" do § 1º do art. 58 do Decreto-lei n. 6.259/44 preveem grande número de condutas puníveis. Assim, incorrem também nas mesmas penas do banqueiro:

a) (...)

b) os que transportarem, conduzirem, possuírem, tiverem sob sua guarda ou poder, fabricarem, derem, cederem, trocarem, guardarem em qualquer parte, listas com indicações do jogo ou material próprio para a contravenção, bem como de qualquer forma contribuírem para a sua confecção, utilização, curso ou emprego, seja qual for a sua espécie ou quantidade;

c) os que procederem à apuração de listas ou à organização de mapas relativos ao movimento do jogo;

d) os que por qualquer modo promoverem ou facilitarem a realização do jogo.

A reunião de **três** ou **mais** pessoas para a exploração do jogo do bicho não configura o delito de associação criminosa do art. 288 do Código Penal, que só pune a associação de tal número de pessoas para a prática reiterada de **crimes**, e o jogo do bicho não tem tal natureza.

5. Sujeito passivo

O Estado.

6. Consumação

No momento em que é realizado o jogo.

7. Tentativa

Inadmissível, nos termos do art. 4º.

Se houver intervenção policial antes da concretização da aposta, o fato será considerado atípico.

■ *6.2.7.3. Vadiagem*

> **Art. 59.** Entregar-se alguém habitualmente à ociosidade, sendo válido para o trabalho, sem ter renda que lhe assegure meios bastantes de subsistência, ou prover a própria subsistência mediante ocupação ilícita:
>
> Pena — prisão simples, de quinze dias a três meses.

1. Objetividade jurídica

Os bons costumes.

O legislador considera que o ocioso, **que não tem como manter sua subsistência**, tende a praticar crimes contra o patrimônio e, por isso, preventivamente, pune a vadiagem.

2. Condutas típicas

O tipo prevê **duas** modalidades de infração:

a) *Entregar-se à ociosidade*. Conduta **omissiva**. Ociosidade é a característica do vadio, ou seja, daquele que, sendo apto para o trabalho, não o faz **porque não quer**.

O tipo exige que a ociosidade seja **habitual**. Por isso, o **desemprego temporário** e **eventual**, pela falta de oportunidade ou de propostas de emprego, não caracteriza a infração. Nesses casos, a ociosidade não é **voluntária**. Assim, verifica-se que a exigência de habitualidade faz com que a contravenção só se tipifique quando o agente, **intencionalmente**, opte por viver sem trabalhar. Deve ficar provado que o agente não trabalha e **não se interessa por procurar emprego**, justamente porque quer viver na ociosidade. Por isso, o dispositivo não é inconstitucional, pois a todos é dada a possibilidade de conseguir emprego ou obter renda suficiente para sua manutenção, não havendo tratamento desigual tão somente pela condição natural do sujeito, fato que caracterizaria infringência ao princípio da igualdade, assegurado pela Carta Magna. Apesar disso, existe projeto de lei em tramitação, já aprovado na Câmara dos Deputados, revogando a contravenção de vadiagem.

b) *Prover a própria subsistência mediante ocupação ilícita*. Refere-se àqueles que optam por trabalhar em **profissão ilícita**. Se a atividade ilícita, no entanto, caracteriza **crime autônomo**, o agente só responde por esse crime. Ex.: indivíduo que vive da prática de furtos responde por esses crimes, e não pela contravenção.

É muito comum que pessoas ganhem a vida como cambistas em *shows*. Tal conduta caracteriza a contravenção. Já a atuação como cambista em **evento esportivo**, em que o agente vende ingressos por preço superior ao estampado no bilhete, constitui, atualmente, crime do art. 41-F da Lei n. 12.299/2010 (Estatuto do Torcedor), cuja pena é de reclusão, de 1 a 2 anos, e multa. A mencionada lei tem como principal objetivo coibir a violência em estádios e nos seus arredores, porém trata também de temas correlatos.

A jurisprudência majoritária entende não haver a contravenção nos casos de prostituição (atividade imoral, mas não ilícita), *trottoir*, de lavadores e guardadores de carros, ambulantes etc.

3. Causa extintiva da punibilidade

O parágrafo único do art. 59 prevê que "a aquisição superveniente de renda que assegure ao condenado meios de subsistência extingue a pena". Embora não haja previsão expressa na Lei, se a aquisição de renda ocorrer durante a ação penal, ficará extinta a punibilidade.

4. Sujeito ativo

Qualquer pessoa. O tipo, entretanto, exige que o agente seja **válido para o trabalho**, isto é, que não seja portador de moléstia ou defeito físico que o torne absolutamente incapaz de exercer alguma atividade útil. Além disso, só é punível aquele que não trabalha e que não tem meios de prover sua própria subsistência. Caso o ocioso possua imóveis alugados, pensão alimentícia, aplicações financeiras ou seja mantido por familiares, afasta-se a contravenção.

5. Sujeito passivo

O Estado.

6. Consumação

Tratando-se de contravenção **habitual**, é difícil apontar, na prática, o exato momento consumativo. Pode-se afirmar, todavia, que a contravenção estará consumada a partir do instante em que houver a **reiteração** na ociosidade ou manutenção da subsistência mediante ocupação ilícita, demonstrando ser um estilo de vida.

7. Tentativa

Inadmissível, nos termos do art. 4º.

■ 6.2.7.4. *Mendicância*

> **Art. 60**, *caput* — Mendigar, por ociosidade ou cupidez:
> Pena — prisão simples, de quinze dias a três meses.

Essa contravenção penal foi expressamente revogada pela Lei n. 11.983/2009.

■ 6.2.7.5. *Importunação ofensiva ao pudor*

> **Art. 61.** Importunar alguém, em lugar público ou acessível ao público, de modo ofensivo ao pudor:
> Pena — multa.

Essa contravenção penal foi expressamente revogada pela Lei n. 13.781/2018. A partir da entrada em vigor de tal Lei, a conduta de se encostar de forma libidinosa em alguém, por exemplo, em um coletivo, configura crime de **importunação sexual** — art. 215-A, do Código Penal.

■ 6.2.7.6. *Embriaguez*

> **Art. 62.** Apresentar-se publicamente em estado de embriaguez, de modo que cause escândalo ou ponha em perigo a segurança própria ou alheia:
> Pena — prisão simples de quinze dias a três meses, ou multa.

1. Objetividade jurídica

A preservação dos bons costumes e a incolumidade pública.

2. Elementos do tipo

Para a ocorrência da contravenção, exige-se a coexistência de **três** elementos:

a) *Que o sujeito esteja embriagado.* Embriaguez é uma **intoxicação aguda** provocada pelo álcool ou substância de efeitos **análogos**, que pode levar a pessoa de um estado inicial de exaltação para a agressividade e, na última fase, ao estado de coma.

A embriaguez, em princípio, deve ser demonstrada por exame **pericial**. Deve-se dar prioridade à perícia química feita no sangue coletado do agente. Caso ele se recuse a autorizar a retirada de sangue, poderá ser usado o "bafômetro", mas, caso haja também recusa por parte do agente, a solução será a realização do exame clínico, em que o médico perito afirmará ou não a embriaguez, verificando o equilíbrio, os reflexos, o hálito, a conversa do sujeito etc.

Na impossibilidade de realização de perícia, a jurisprudência tem admitido prova **testemunhal**. Nessa hipótese, aceita-se a ocorrência da embriaguez quando as testemunhas afirmarem que o estado de embriaguez do agente era perceptível por qualquer pessoa.

b) *Que se apresente nesse estado publicamente*. O texto legal utiliza a palavra "publicamente", que tem maior abrangência do que a expressão "local público ou aberto ao público". Aqui, o fato pode ocorrer em praças, ruas, estádios, cinemas, clubes, bares, festas (inclusive particulares, quando presentes inúmeras pessoas) etc.

c) *Exposição própria ou alheia a situação de perigo ou escândalo*. Escândalo é o alvoroço, tumulto por meio de palavras, gestos ou movimentos do corpo.

A hipótese de exposição a perigo, por sua vez, deve ser demonstrada no caso concreto.

Se o agente estiver **dirigindo** embriagado, com a capacidade psicomotora alterada em razão de influência do álcool ou de outra substância psicoativa que determine dependência, estará configurado o **crime** do art. 306 do Código de Trânsito, chamado **embriaguez ao volante**.

3. Sujeito ativo

Qualquer pessoa. O art. 62, parágrafo único, estabelece que, se for **habitual** a embriaguez, o contraventor será **internado** em casa de **custódia** ou **tratamento**. A Lei se refere ao alcoolismo **patológico**.

4. Sujeitos passivos

A coletividade e, eventualmente, alguém que seja exposto a risco em decorrência da embriaguez do acusado.

5. Consumação

No momento em que o ébrio causa **escândalo** ou coloca em **risco** a segurança **própria** ou **alheia**.

6. Tentativa

Inadmissível, nos termos do art. 4º.

7. Jurisprudência

"Configura a contravenção de embriaguez prevista no art. 62, *caput*, da Lei das Contravenções Penais, a conduta do agente que, fazendo uso imoderado de bebida alcoólica, provoca escândalo na frente de casa, chegando a derrubar seu genitor e seus familiares" (Tacrim/SP, Rel. Fernando Matallo, j. 24/04/1997, Rolo-flash 1.102/353).

"Incorre nas penas do art. 62 da LCP o agente que, apresentando-se publicamente em estado de embriaguez, provoca escândalo e coloca em risco sua própria saúde ao quebrar copos e comer cacos de vidro, sendo irrelevante a ausência de danos efetivos à sua saúde, vez que para a corporificação da contravenção basta a simples possibilidade de sua ocorrência" (Tacrim/SP, Rel. Canellas de Godoy, j. 30/01/1996, Rolo-flash 1.017/418).

"Para a configuração da contravenção do art. 62 da LCP, não basta o simples fato de o agente se apresentar publicamente embriagado, exigindo a lei que o mesmo provoque atos de desordem, escândalo ou algazarras, que possam colocar em perigo os circunstantes ou ele próprio" (Tacrim/SP, Rel. Péricles Piza, *RJD* 22/432).

"O simples fato de se encontrar alguém bêbado não basta ao reconhecimento da contravenção de embriaguez. Indispensável a tal desiderato estar o agente dando escândalo ou pondo em perigo a segurança própria ou alheia" (Tacrim/SP, Rel. Chiaradia Netto, *Jutacrim* 40/176).

■ 6.2.7.7. *Bebidas alcoólicas*

Art. 63. Servir bebidas alcoólicas:
I — a menor de dezoito anos **(revogado)**;
II — a quem se acha em estado de embriaguez;
III — a pessoa que o agente sabe sofrer das faculdades mentais;
IV — a pessoa que o agente sabe estar judicialmente proibida de frequentar lugares onde se consome bebida de tal natureza:
Pena — prisão simples, de dois meses a um ano, ou multa.

1. Objetividade jurídica

A preservação dos bons costumes e da saúde de pessoas já embriagadas, doentes mentais etc.

2. Elementos do tipo

A conduta típica é encontrada no verbo **servir**, que significa entregar a alguém, fornecer mediante paga ou não.

A expressão, portanto, é mais abrangente do que **vender, mas abrange esta**. Assim, responde pela contravenção quem vende para consumo posterior (ex.: vender em loja de conveniência) ou para consumo imediato. Igualmente, incorre no tipo penal aquele que serve gratuitamente a um amigo ou parente, ou o garçom que serve a bebida gratuitamente (em uma festa) ou mediante paga (em bar, restaurante etc.).

Saliente-se que boa parte da doutrina e da jurisprudência sustenta que a conduta típica "servir" não abrange a venda desacompanhada da entrega da bebida para consumo imediato. Para essa corrente, além do garçom que entrega a garrafa de bebida aberta na mesa para um doente mental ou a coloca em seu copo, seria também punível o dono do estabelecimento que vende a bebida para consumo no local. Não seria, entretanto, possível a punição de donos de supermercado ou de lojas de conveniência que vendam a bebida à vítima para consumo posterior.

Não importa o local onde o fato ocorra, pois a Lei não faz restrição. Dessa forma, responde o dono de um bar que vende bebida para um doente mental, o garçom que o serve em um bar ou em uma festa, dentro de um clube ou em via pública etc.

Para que a infração se aperfeiçoe, é necessário que o agente sirva a bebida a uma das pessoas elencadas no tipo penal:

a) *Pessoa em estado de embriaguez.* É necessário que a embriaguez seja nítida, isto é, perceptível a qualquer pessoa. Assim, se alguém tem, no interior de seu estabelecimento, pessoa já embriagada, não pode continuar a lhe servir bebida. Se o fizer, responderá pela contravenção e de nada adiantará alegar que cedeu a pedidos insistentes do ébrio. A propósito: "Para que se integre a contravenção do art. 63, n. II, é essencial que a embriaguez anterior da vítima seja manifesta, patente, indubitável" (Tacrim/SP, Rel. Aniceto Aliende, *RT* 381/264).

b) *Pessoa que o agente sabe sofrer das faculdades mentais.* Nesse dispositivo, a Lei não faz distinção acerca de incapacidade plena ou parcial das faculdades mentais. Abrange, pois, qualquer das hipóteses. É necessário, porém, que o agente tenha **efetivo conhecimento** acerca de tal circunstância (exigência que consta do próprio tipo penal), quer por ter sido informado por terceiros, quer por ser evidente a deficiência mental.

c) *Pessoa judicialmente proibida de frequentar lugares onde se consomem bebidas alcoólicas.* Essa proibição deve ser decorrente de determinação **judicial**, e o agente tem de **saber** que ela existe. Ambas são exigências constantes do tipo. A contravenção se aplica, por exemplo, na hipótese do *sursis* especial, quando o juiz proíbe o condenado de frequentar bares durante o período de prova (art. 78, § 2º, "a", do CP). Se o condenado vai até um bar, e o dono lhe serve bebida alcoólica, **sabendo** da proibição, infringe o art. 63 da Lei das Contravenções Penais.

▪ Venda ou entrega de bebida alcoólica a pessoa menor de 18 anos

A redação originária do art. 243 do Estatuto da Criança e do Adolescente (Lei n. 8.069/90) considerava crime punido com detenção de dois a quatro anos, e multa, a venda, o fornecimento ou a entrega, a criança ou adolescente, de substância capaz de causar dependência física ou psíquica. O Superior Tribunal de Justiça, porém, firmou entendimento de que referido dispositivo não alcançava a venda de bebida alcoólica a menor de idade porque o art. 81 do próprio Estatuto, em seus incisos II e III, expressamente diferencia bebidas alcoólicas de outras substâncias provocadoras de dependência. Referido tribunal superior, portanto, decidiu que o crime do art. 243 só se aplicava à venda de outras substâncias como, por exemplo, a cola de sapateiro. A venda de bebida alcoólica para menores, de acordo com a Corte, continuava a tipificar a contravenção penal do art. 63, I, da LCP. Em razão disso, o legislador aprovou a Lei n. 13.106/2015, que expressamente acrescentou ao art. 243 a venda de bebida alcoólica a menores de idade. Assim, não há dúvida de que a partir da entrada em vigor de tal lei, em 18 de março de 2015, a venda, o fornecimento ou a entrega de bebida alcoólica ou de qualquer outra substância capaz de causar dependência a menor de idade configura crime. A referida lei, aliás, **revogou expressamente** o art. 63, I, da Lei das Contravenções Penais; contudo, os fatos ocorridos antes da entrada em vigor do novo texto legal continuam a ser puníveis como contravenção — já que não houve *abolitio criminis*, pois a nova lei não deixou de considerar o fato como ilícito penal, tendo, ao contrário, tornado mais gravosa a conduta.

3. Sujeito ativo

Qualquer pessoa.

4. Sujeitos passivos

A coletividade, bem como as pessoas enumeradas no texto legal (doentes mentais, pessoas já embriagadas etc.).

5. Consumação

No momento em que o agente fornece a bebida para qualquer das outras pessoas elencadas no tipo penal.

6. Tentativa

Inadmissível, nos termos do art. 4º.

6.2.7.8. *Crueldade contra animais*

> **Art. 64.** Tratar animal com crueldade ou submetê-lo a trabalho excessivo:
> Pena — prisão simples, de dez dias a um mês, ou multa.

Essa conhecida contravenção penal foi **revogada** pelo art. 32 da Lei n. 9.605/98 (Lei de Proteção ao Meio Ambiente), que transformou as condutas em crime. Tal dispositivo prevê pena de detenção, de 3 meses a 1 ano, e multa, para quem praticar ato de abuso, maus-tratos, ferir ou mutilar animais silvestres, domésticos ou domesticados, nativos ou exóticos.

6.2.7.9. *Perturbação da tranquilidade*

> **Art. 65.** Molestar alguém ou perturbar-lhe a tranquilidade, por acinte ou por motivo reprovável:
> Pena — prisão simples, de quinze dias a dois meses, ou multa.

1. Objetividade jurídica

A tranquilidade pessoal.

2. Elementos do tipo

Molestar significa atormentar, irritar, incomodar. **Perturbar a tranquilidade** quer dizer atrapalhar o sossego, a paz.

Para tipificar a infração penal, o fato deve ser praticado por **acinte** (maldade) ou por **motivo reprovável** (censurável, torpe). Ex.: passar trotes para um desafeto, colocar sujeira na casa de alguém, fazer barulho para incomodar determinada pessoa.

A propósito: "a contravenção do art. 65 da lei especial exige ao seu reconhecimento a existência de dolo, porque prevê essa infração, para a sua estruturação jurídica, o elemento intencional, consubstanciado no seu cometimento por acinte ou motivo reprovável" (Tacrim/SP, Rel. Nogueira Camargo, *Jutacrim* 49/353); **e** "a infração do art. 65 não se contenta com a voluntariedade do fato, exigindo o dolo específico do acinte ou motivo reprovável. Assim, não há falar na contravenção na conduta de quem, exasperado pela impontualidade de devedor, se excede em cobrança de dívida" (Tacrim/SP, Rel. Carlos Ortiz, *Jutacrim* 42/228).

O fato pode ocorrer em qualquer lugar, pois o tipo penal não exige que ocorra em local público ou acessível ao público.

3. Distinção

Na contravenção do art. 65, o agente visa incomodar pessoa ou pessoas **determinadas**. Na contravenção de **perturbação do sossego** (art. 42), o agente incomoda número **indeterminado** de pessoas. É de se ver, ainda, que, no art. 42, o resultado perturbação do sossego não é visado intencionalmente pelo agente, enquanto na contravenção do art. 65, o agente realiza a conduta **visando**, desde o início, a atingir a tranquilidade de uma certa pessoa. Age, assim, com dolo específico de perturbar alguém.

O assédio sexual pode configurar a contravenção de perturbação da tranquilidade, desde que o agente não se prevaleça de sua superioridade hierárquica em relação à vítima ou da ascendência inerente ao exercício de seu emprego, cargo ou função, porque, em tais casos, configura-se o crime de assédio sexual do art. 216-A do Código Penal.

4. Sujeito ativo

Qualquer pessoa.

5. Sujeito passivo

Qualquer pessoa.

6. Consumação

No momento em que o agente molesta ou perturba a tranquilidade de outrem.

7. Tentativa

É inadmissível.

6.2.8. Das contravenções referentes à administração pública (Capítulo VIII)

6.2.8.1. Omissão de comunicação de crime — por funcionário público

> **Art. 66.** Deixar de comunicar à autoridade competente:
> I — crime de ação pública, de que teve conhecimento no exercício de função pública, desde que a ação penal não dependa de representação;
> (...)
> Pena — multa.

1. Objetividade jurídica

O bom andamento da Justiça.

2. Conduta típica

A contravenção em tela é modalidade de infração **omissiva própria em que se pune um não fazer**. A conduta punida é a de **deixar** de **comunicar** crime de ação **pública** à autoridade competente.

Só haverá tipicidade se o crime de que o funcionário público tomou conhecimento for de ação pública **incondicionada**. Ressalte-se, outrossim, que a omissão na comunicação de **contravenção** é **atípica**, já que a lei se refere expressamente a crime.

Para a não caracterização da contravenção, faz-se necessário que a comunicação seja endereçada às **autoridades competentes**, que são os juízes, os membros do Ministério Público e os Delegados de Polícia. Não se exige que o funcionário tenha conhecimento da autoria do crime, mas apenas que tenha ficado sabendo de sua ocorrência.

3. Distinção

Dependendo da finalidade do agente, a contravenção poderá deixar de existir em face da caracterização de infração penal mais grave, como crime de **prevaricação** (art. 319 do CP), se a omissão ocorreu para satisfazer **sentimento** ou **interesse pessoal**, ou **condescendência criminosa** (art. 320 do CP), se a omissão foi para **beneficiar subordinado** que tenha praticado infração no exercício do cargo.

4. Sujeito ativo

Trata-se de contravenção **própria**. Só pode ser praticada por **funcionário público**. Não basta, contudo, essa condição, pois só haverá a contravenção se tiver tomado conhecimento do crime de ação pública, no **exercício de suas funções**.

5. Sujeito passivo

O Estado.

6. Consumação

Tratando-se de contravenção omissiva, a consumação dependerá da ausência de comunicação por **tempo juridicamente relevante**, a ser analisada no caso concreto.

7. Tentativa

É inviável, nos termos do art. 4º e porque não existe tentativa de crime omissivo.

■ 6.2.8.2. *Omissão de comunicação de crime — por médico ou profissional da área de saúde*

> **Art. 66.** Deixar de comunicar à autoridade competente:
> (...)
> II — crime de ação pública, de que teve conhecimento no exercício da medicina ou de outra profissão sanitária, desde que a ação penal não dependa de representação e a comunicação não exponha o cliente a procedimento criminal:
> Pena — multa.

1. Objetividade jurídica

O bom andamento da Justiça.

2. Conduta típica

É também **omissiva**. Refere-se à não comunicação de crime de ação pública incondicionada às autoridades competentes.

Exclui-se a tipicidade se a comunicação **puder expor o cliente a procedimento criminal**. A propósito: "contravenção penal — Omissão de comunicação de crime — Infração não configurada, sequer em tese — Médico que atende paciente de aborto em seu consultório — Comunicação do fato à autoridade competente que resultaria em procedimento criminal contra aquela (...) — Não se aperfeiçoa a contravenção do art. 66 da lei específica, se da comunicação pode resultar procedimento criminal contra o cliente do médico que se omite" (TJSP, Rel. Silva Leme, *RT* 430/316).

Comete o crime, por exemplo, médico que atende mulher vítima de lesão grave cometida pelo marido ou criança vítima de maus-tratos por parte do pai e, atendendo aos pedidos da vítima ou familiares, não noticia o fato às autoridades.

3. Sujeito ativo

Trata-se, também, de contravenção **própria**. Só pode ser praticada por **médicos** ou **profissionais** da área **sanitária**. Exige-se, também, que o conhecimento do crime tenha ocorrido no **desempenho das atividades**.

4. Sujeito passivo

O Estado.

5. Consumação

Tratando-se de infração omissiva, a consumação dependerá da ausência de comunicação por **tempo juridicamente relevante**, a ser analisada no caso concreto.

6. Tentativa

É inviável, nos termos do art. 4º e também porque não existe tentativa de infração penal omissiva própria.

■ 6.2.8.3. *Inumação ou exumação de cadáver*

> **Art. 67.** Inumar ou exumar cadáver, com infração das disposições legais:
> Pena — prisão simples, de 1 mês a 1 ano, ou multa.

1. Objetividade jurídica

O normal funcionamento da Administração Pública.

2. Elementos do tipo

Inumar significa **enterrar** o cadáver, e **exumar** implica **desenterrá-lo**.

Cadáver é o corpo humano morto. O natimorto integra o conceito de cadáver.

Partes de cadáver que devam ser enterradas também integram o tipo penal, mas o mesmo não ocorre com partes decepadas de ser humano vivo.

Não integram o conceito de cadáver as caveiras, múmias e esqueletos.

Os **fetos não podem ser objeto material dessa contravenção**.

Só existe a contravenção se o ato for realizado com infração de disposição legal (**norma penal em branco**). Os arts. 77 a 88 da Lei de Registros Públicos tratam das formalidades prévias ao enterro, enquanto o regulamento do Código Sanitário cuida das formalidades prévias à exumação. Configura-se a contravenção, por exemplo, quando um enterro é feito sem a prévia emissão do atestado de óbito, ou quando a exumação é realizada sem autorização da autoridade competente.

Se a intenção do agente é a de **esconder** o cadáver e, por tal razão, evidentemente, não respeita as formalidades legais, configura-se o crime de **ocultação de cadáver**, descrito no art. 211 do Código Penal. A subtração de cadáver ou de parte deste encontra, também, enquadramento em uma das figuras do referido art. 211.

3. Sujeito ativo

Qualquer pessoa.

4. Sujeito passivo

A coletividade.

5. Consumação

Entendemos que a consumação se dá quando o agente consegue efetivamente enterrar ou desenterrar o cadáver, e não apenas com o mero início desses procedimentos.

6. Tentativa

É inadmissível em razão da regra do art. 4º.

6.2.8.4. Recusa de dados sobre a própria identidade ou qualificação

> **Art. 68.** Recusar à autoridade, quando por esta justificadamente solicitados ou exigidos, dados ou indicações concernentes à própria identidade, estado, profissão, domicílio e residência:
> Pena — multa.
> Parágrafo único. Incorre na pena de prisão simples, de um a seis meses, e multa, se o fato não constitui infração penal mais grave, quem, nas mesmas circunstâncias, faz declarações inverídicas a respeito de sua identidade pessoal, estado, domicílio e residência.

1. Objetividade jurídica

O normal funcionamento da Administração Pública.

2. Conduta típica

O que se pune é a **recusa** em se identificar, desde que a autoridade competente (policial, judiciária ou administrativa) tenha previamente **solicitado** (pedido) ou

exigido (determinado). É de se ver que só existe a contravenção quando a ação da autoridade é **legítima**, conforme determina a descrição típica.

3. Figura qualificada

Nos termos do art. 68, parágrafo único, *incorre na pena de prisão simples, de um a seis meses, e multa, se o fato não constitui infração penal mais grave, quem, nas mesmas circunstâncias, faz* ***declarações inverídicas*** *a respeito de sua identidade pessoal, estado, domicílio e residência.*

Na figura do *caput*, o sujeito se **recusa** a fornecer seus dados, enquanto no parágrafo único ele **presta informações falsas** acerca de sua identidade.

Essa forma qualificada da contravenção se diferencia do crime de **falsa identidade** do art. 307 do Código Penal, porque, neste, o sujeito visa obter **vantagem** para **si** ou para **terceiro**, enquanto na contravenção a recusa é uma finalidade em si mesma, ou seja, o agente não visa à obtenção de qualquer espécie de vantagem. Pacificou-se no Supremo Tribunal Federal o entendimento de que comete o crime de falsa identidade o agente que, ao ser preso em flagrante, mente sua qualificação para esconder seu passado criminoso e evitar o cumprimento de anteriores mandados de prisão contra ele expedidos por outros delitos ou a fim de se passar por primário e conseguir mais facilmente a liberdade em relação ao crime pelo qual foi flagrado: "Constitucional. Penal. Crime de falsa identidade. Artigo 307 do Código Penal. Atribuição de falsa identidade perante autoridade policial. Alegação de autodefesa. Artigo 5º, inciso LXIII, da Constituição. Matéria com repercussão geral. Confirmação da jurisprudência da corte no sentido da impossibilidade. Tipicidade da conduta configurada. O princípio constitucional da autodefesa (art. 5º, inciso LXIII, da CF/88) não alcança aquele que atribui falsa identidade perante autoridade policial com o intento de ocultar maus antecedentes, sendo, portanto, típica a conduta praticada pelo agente (art. 307 do CP). O tema possui densidade constitucional e extrapola os limites subjetivos das partes" (RE 640.139/DF, Rel. Min. Dias Toffoli, julgado em 22/09/2011, *DJe* 198, 14/10/2011, p. 668-674).

4. Sujeito ativo

Tanto na forma **simples** quanto na **qualificada**, o sujeito ativo pode ser **qualquer pessoa**.

5. Sujeito passivo

O Estado.

6. Consumação

No *caput*, quando o agente **recusa** a identificar-se, enquanto no parágrafo único, quando **mente** para a autoridade.

A consumação independe de qualquer outro resultado. A propósito: "A recusa de dados sobre a própria identidade ou qualificação, por si só, caracteriza a infração contravencional, quando solicitada por autoridade" (Tacrim/SP, Rel. Heitor Prado,

RT 683/321); **e** "O ilícito previsto no art. 68 da LCP se consuma no momento da negativa. Para a imputabilidade basta que a negativa seja voluntária. Não importam os motivos" (Tacrim/SP, Rel. Barbosa Pereira, *RT* 319/323).

7. Tentativa

Inadmissível, nos termos do art. 4º.

■ 6.2.8.5. *Proibição de atividade remunerada a estrangeiro*

> **Art. 69.** Exercer, no território nacional, atividade remunerada o estrangeiro que nele se encontra como turista, visitante ou viajante em trânsito:
> Pena — prisão simples de três meses a um ano.

Esse dispositivo foi revogado pela Lei n. 6.815/80 (**"Estatuto do Estrangeiro"**). Na nova legislação, o fato passou a ser considerado crime.

■ 6.2.8.6. *Violação de privilégio postal da União*

> **Art. 70.** Praticar qualquer ato que importe violação do monopólio postal da União:
> Pena — prisão simples, de três meses a 1 ano, ou multa, ou ambas cumulativamente.

O presente dispositivo foi revogado pela Lei n. 6.538/78, que em seu art. 42 passou a considerar crime referida conduta.

■ 6.3. QUESTÕES

1. (TJ-SC — Titular de Serviços de Notas e de Registros — 2019 — IESES) Em relação às contravenções penais, é INCORRETO afirmar:

a) A prática de crime, depois de condenação prévia transitada em julgado por contravenção penal, não enseja reincidência.
b) As contravenções penais não são punidas com reclusão, nem com detenção.
c) A prática de contravenção penal é punível apenas na modalidade consumada, não se punindo a modalidade tentada.
d) A prática de contravenção, depois de condenação prévia transitada em julgado por crime, não enseja reincidência.

2. (Defensor Público/RS — 2018 — FCC) Em cumprimento a mandado de busca e apreensão em galpão mantido por João, Geraldo e Cleodomir — que inclusive se encontravam em reunião no local quando da ação policial —, foram apreendidos diversos cadernos em que os três preparavam a abertura e a contabilidade de uma central de jogos de azar, bem como panfletos de propaganda das atividades que ali se iniciariam em uma semana, além de mais de 20 máquinas caça-níqueis. Nesse caso, a conduta dos agentes

a) configura a prática de formação de quadrilha (art. 288 do CP).
b) não é penalmente relevante.
c) configura a prática da contravenção penal de exploração de jogos de azar (art. 50 do Decreto-lei n. 3.688/41).
d) configura as práticas de formação de quadrilha (art. 288 do CP) e da contravenção penal de exploração de jogos de azar (art. 50 do Decreto-lei n. 3.688/41).

e) configura a prática da contravenção penal de exploração de jogos de azar (art. 50 do Decreto-lei n. 3.688/41), em sua forma tentada.

3. (OAB-2007.3 — CESPE) A respeito das contravenções penais, assinale a opção correta.

a) As penas privativas de liberdade tratadas na lei das contravenções penais são de prisão simples.
b) A lei das contravenções penais foi revogada, tendo algumas das condutas sido transformadas em infrações administrativas e, outras, em infrações penais.
c) A contravenção penal de porte de arma não foi revogada pela Lei de Armas (Lei n. 10.826/2003).
d) As contravenções penais de vadiagem e mendicância foram revogadas após a ratificação do Brasil à Convenção Americana de Direitos Humanos.

4. (Assessor Jurídico/PR — 2012) Acerca das contravenções penais, com principal previsão no Decreto-lei n. 3.688/41, assinale a alternativa correta.

a) Não é punível a tentativa de contravenção; apenas a contravenção consumada, portanto.
b) A pena de prisão simples deve ser cumprida com rigor penitenciário e em regime fechado.
c) A lei brasileira é aplicável à contravenção praticada em território estrangeiro.
d) O condenado à pena de prisão simples deverá cumpri-la junto dos condenados apenados com reclusão ou detenção.

5. (Agente de Polícia/AP — 2017 — FCC) Constituem contravenções penais previstas no Decreto-Lei n. 3.688/1941:

I. Mendigar, por ociosidade ou cupidez.
II. Praticar vias de fato contra alguém.
III. Servir bebidas alcoólicas a criança ou adolescente.
IV. Fingir-se funcionário público.

Está correto o que se afirma em

a) I, II, III e IV.
b) I e III, apenas.
c) I e IV, apenas.
d) II e IV, apenas.
e) II, III e IV, apenas.

6. (Delegado de Polícia/MA — 2018 — CESPE) Em razão de um procedimento penal instaurado no juizado especial criminal para apurar a contravenção penal de exploração de jogo do bicho, na ocasião da lavratura do termo circunstanciado, foi apreendida a motocicleta de Glauco, servidor público da prefeitura de determinado município, porque, supostamente, ela teria sido utilizada na prática do ilícito. Posteriormente, foi ofertada transação penal pelo representante do MP, prontamente acolhida e integralmente cumprida por Glauco, a quem coube a pena de doação de cinco cestas básicas. Entretanto, a sentença, ao extinguir a punibilidade pelo cumprimento integral das condições pactuadas, decretou a perda da motocicleta em favor da União, por entendê-la proveniente de crime. Nessa situação hipotética, de acordo com o que dispõe a lei penal sobre os efeitos da condenação,

a) não caberia a decretação do perdimento da motocicleta, pois não houve condenação penal.
b) a perda da motocicleta em favor da União constituiu efeito automático da homologação da transação penal.
c) o juiz deveria decretar, também, a imediata perda do cargo, considerando-se que o agente era servidor público.
d) não poderia haver o perdimento do bem se a pena máxima cominada ao tipo fosse de um ano de prisão.

■ GABARITO ■

1. "d". Nos termos do art. 7º da LCP.
2. "b". Trata-se de mero ato preparatório.
3. "a". As demais assertivas estão erradas, porque a Lei das Contravenções não foi revogada e porque as contravenções de vadiagem e mendicância não foram revogadas por qualquer Convenção de Direitos Humanos. A Comissão Examinadora entendeu que a assertiva C estava errada porque a contravenção de porte de arma de **fogo** foi revogada pelo Estatuto do Desarmamento, contudo o enunciado referiu-se genericamente à revogação da contravenção do "porte de arma" (não especificando tratar-se de arma de fogo), de modo que a assertiva C também está correta, porque o porte de arma branca continua constituindo contravenção penal.
4. "a". A resposta está de acordo com o art. 4º, da LCP. As demais assertivas estão erradas, porque a pena de prisão simples deve ser cumprida sem rigor penitenciário (art. 6º), porque a lei brasileira não se aplica às contravenções cometidas no exterior (art. 2º) e porque o condenado por contravenção deve cumprir sua pena separado dos condenados a reclusão ou detenção (art. 6º, § 1º).
5. "d". A mendicância não mais constitui contravenção penal, desde a Lei n. 11.983/2009. Já a conduta de servir bebida alcoólica para menores foi transformada em crime (art. 243 do ECA) pela Lei n. 13.105/2015.
6. "a". O Plenário do STF, no julgamento do RE 795.567/PR, após reconhecer a repercussão geral (tema 187), aprovou a seguinte tese: "As consequências jurídicas extrapenais, previstas no art. 91 do Código Penal, são decorrentes de sentença penal condenatória. Tal não ocorre, portanto, quando há transação penal, cuja sentença tem natureza meramente homologatória, sem qualquer juízo sobre a responsabilidade criminal do aceitante. As consequências geradas pela transação penal são essencialmente aquelas estipuladas por modo consensual no respectivo instrumento de acordo".

7

CRIMES DE TRÂNSITO LEI N. 9.503/97

7.1. DISPOSIÇÕES GERAIS (SEÇÃO I)

7.1.1. Procedimento nos crimes de trânsito

> **Art. 291.** Aos crimes cometidos na direção de veículos automotores, previstos neste Código, aplicam-se as normas gerais do Código Penal e do Código de Processo Penal, se este Capítulo não dispuser de modo diverso, bem como a Lei n. 9.099, de 26 de setembro de 1995, no que couber.
> § 1º Aplica-se aos crimes de trânsito de lesão culposa o disposto nos arts. 74, 76 e 88 da Lei n. 9.099, de 26 de setembro de 1995, exceto se o agente estiver:
> I — sob a influência de álcool ou qualquer outra substância psicoativa que determine dependência;
> II — participando, em via pública, de corrida, disputa ou competição automobilística, de exibição ou demonstração de perícia em manobra de veículo automotor, não autorizada pela autoridade competente;
> III — transitando em velocidade superior à máxima permitida para a via em 50 km/h;
> § 2º Nas hipóteses previstas no § 1º deste artigo, deverá ser instaurado inquérito policial para a investigação da infração penal.

O art. 291, *caput*, do Código de Trânsito determina a aplicação **subsidiária**, aos crimes cometidos na **direção de veículo automotor**, das **normas gerais do Código Penal** e do **Código de Processo Penal**, bem como da **Lei n. 9.099/95**, *no que couber*. Essa ressalva final tem justamente a finalidade de esclarecer que as normas da Lei n. 9.099/95 só terão aplicação aos crimes de trânsito que se ajustem ao conceito de **infração de menor potencial ofensivo** regulamentados por referida Lei (aqueles cuja pena máxima não excede dois anos): omissão de socorro (art. 304), fuga do local do acidente (art. 305), violação da suspensão ou omissão da entrega da habilitação (art. 307), direção sem habilitação (art. 309), entrega de veículo a pessoa não habilitada (art. 310), excesso de velocidade em determinados locais (art. 311) e fraude no procedimento apuratório (art. 312).

O crime de lesão culposa na direção de veículo automotor, que tem pena **máxima de 2 anos**, possui algumas regras próprias no art. 291, §§ 1º e 2º, do Código de Trânsito. De acordo com o § 1º, o autor da infração pode ser beneficiado pela **transação penal**, bem como pela extinção da punibilidade em caso de **composição** quanto aos danos **civis** homologada pelo juiz. Além disso, a ação penal é **condicionada à representação**.

Acontece que, nos incisos do próprio § 1º, o legislador expressamente afastou esses institutos (transação penal, composição civil e necessidade de representação), se o autor da lesão culposa estiver:

> I — **sob a influência de álcool ou qualquer outra substância psicoativa que determine dependência**;
>
> II — **participando, em via pública, de corrida, disputa ou competição automobilística, de exibição ou demonstração de perícia em manobra de veículo automotor, não autorizada pela autoridade competente**;
>
> III — **transitando em velocidade superior à máxima permitida para a via em 50 km/h**.

Nessas hipóteses, portanto, o crime de lesão culposa na direção de veículo apura-se mediante ação **pública incondicionada**, e o acusado não faz jus aos demais benefícios já mencionados. Ademais, de acordo com o § 2º, deverá ser instaurado **inquérito policial** para a apuração do delito.

Para os crimes de embriaguez ao volante (art. 306) e participação em racha (art. 308), cuja pena máxima é de **3 anos**, não se aplicam os benefícios da Lei n. 9.099/95, e a apuração deve dar-se mediante inquérito policial.

Por fim, para o crime de homicídio **culposo** na direção de veículo automotor (art. 302), que possui pena de detenção de 2 a 4 anos, deve também ser instaurado inquérito e adotado o rito **sumário**, estando vedada a transação penal e quaisquer outras benesses da Lei n. 9.099/95.

O instituto da **suspensão condicional do processo** é cabível em todos os crimes que tenham pena mínima não superior a **1 ano**, desde que presentes os demais requisitos do art. 89 da Lei n. 9.099/95 (primariedade, bons antecedentes etc.).

A Lei n. 13.546, publicada em 20 de dezembro 2017, acrescentou um § 4º no art. 291, estabelecendo que o juiz fixará a pena-base segundo as diretrizes previstas no art. 59 do Código Penal, dando especial atenção à culpabilidade do agente e às circunstâncias e consequências do crime. Tal dispositivo, em verdade, não traz novidades substanciais.

▪ Conceito de veículo automotor

A **definição** de veículo automotor é de grande importância, já que a maioria dos tipos penais do Código de Trânsito exige que o agente esteja conduzindo um desses veículos. Nos termos do art. 4º, a definição encontra-se no **Anexo I** de tal Código, que assim considera "**todo veículo a motor de propulsão que circule por seus próprios meios, e que serve normalmente para o transporte viário de pessoas e coisas, ou para a tração viária de veículos utilizados para o transporte de pessoas e coisas. O termo compreende os veículos conectados a uma linha elétrica e que não circulam sobre trilhos (ônibus elétrico)**". Abrange, portanto, automóveis, caminhões, *vans*, motocicletas, motonetas, quadriciclos, ônibus, micro-ônibus, ônibus elétricos que não circulem em trilhos etc.

O anexo esclarece, também, que os caminhões-tratores, os tratores, as caminhonetes e utilitários **também** são considerados veículos automotores.

É claro que os veículos de propulsão **humana** (bicicletas, patinetes etc.) e os de tração **animal** (carroças, charretes) **não** se amoldam ao conceito.

7.1.2. Suspensão e proibição da habilitação ou permissão para dirigir veículo

> **Art. 292.** A suspensão ou a proibição de se obter a permissão ou a habilitação para dirigir veículo automotor pode ser imposta isolada ou cumulativamente com outras penalidades.
> **Art. 293.** A penalidade de suspensão ou de proibição de se obter a permissão ou a habilitação, para dirigir veículo automotor, tem a duração de dois meses a cinco anos.
> § 1º Transitada em julgado a sentença condenatória, o réu será intimado a entregar à autoridade judiciária, em quarenta e oito horas, a Permissão para Dirigir ou a Carteira de Habilitação.
> § 2º A penalidade de suspensão ou de proibição de se obter a permissão ou a habilitação para dirigir veículo automotor não se inicia enquanto o sentenciado, por efeito de condenação penal, estiver recolhido a estabelecimento prisional.

Segundo o Código de Trânsito, o candidato aprovado nos exames para habilitação receberá um certificado de **Permissão** para Dirigir, com validade de **um ano**. Ao término desse período, receberá a **habilitação**, desde que não tenha cometido **nenhuma** infração **grave** ou **gravíssima**, nem seja **reincidente** em infração **média**.

De acordo com o disposto no art. 292 do Código de Trânsito, com a redação dada pela Lei n. 12.971/2014, a suspensão ou proibição pode ser imposta como penalidade **isolada** ou **cumulativamente** com outras penas, devendo, de acordo com o art. 293, ter a duração de 2 meses a 5 anos.

A **suspensão** pressupõe permissão ou habilitação já **concedida**, enquanto a **proibição** aplica-se àquele que ainda **não obteve** uma ou outra.

Nos crimes de homicídio culposo e lesões corporais culposas praticados na condução de veículo automotor (arts. 302 e 303), direção em estado de embriaguez (art. 306), violação de suspensão ou proibição (art. 307), e participação em disputa não autorizada (art. 308), a lei prevê de forma expressa a aplicação dessas penas, **conjuntamente** com a pena privativa de liberdade e, em alguns casos, concomitantemente com a pena de multa.

Nos demais crimes, em que **não há previsão específica de pena de suspensão ou proibição de obter a permissão ou habilitação**, tais penalidades poderão ser aplicadas apenas quando o réu for **reincidente** na prática de crime previsto no **Código**, sem prejuízo das demais sanções cabíveis, como dispõe o art. 296.

Assim, apesar do texto legal, não se vislumbra a hipótese em que essa pena seja aplicada **isoladamente**.

No sistema do Código de Trânsito, a suspensão ou a proibição de permissão ou habilitação apresentam as seguintes características: 1) não têm caráter substitutivo, isto é, não substituem a pena privativa de liberdade fixada; 2) sua dosagem obedece aos mesmos critérios previstos no art. 68, *caput,* do Código Penal (sistema trifásico), dentro dos limites de 2 meses a 5 anos; 3) tratando-se de pena não substitutiva, nada impede seja aplicada cumulativamente com pena privativa de liberdade, pouco importando tenha esta sido ou não suspensa condicionalmente ou substituída por penas restritivas de direitos.

De acordo com o entendimento do Superior Tribunal de Justiça não é correto o juiz, ao condenar alguém, por exemplo, a 2 anos de detenção por crime de homicídio culposo na direção de veículo automotor, aplicar idêntico prazo de suspensão da habilitação. De acordo com referida Corte, se o magistrado aplicou a pena mínima de detenção deve seguir o mesmo critério em relação à suspensão da habilitação: "A pena de suspensão ou de proibição de se obter habilitação ou permissão para dirigir veículo automotor, por se cuidar de sanção cumulativa, e não alternativa, deve guardar proporcionalidade com a detentiva aplicada, observados os limites fixados no art. 293 do Código de Trânsito Brasileiro. (...) Ou seja, tendo a lei previsto o prazo de 2 (dois) meses a 5 (cinco) anos para a duração da referida penalidade, de se concluir que o período a ser aplicado para a suspensão da habilitação para dirigir veículo automotor deve ser proporcional, e não idêntico, à quantidade de reprimenda corporal imposta, devendo, portanto, ser calculado mediante a observância das circunstâncias judiciais, atenuantes e agravantes, além de eventuais causas de diminuição ou aumento de pena, nos exatos termos em que procedida a dosimetria da pena detentiva" (STJ — AgRg no HC 271.383/RJ, Rel. Min. Jorge Mussi, 5ª Turma, julgado em 11/02/2014, *DJe* 25/02/2014). No mesmo sentido: (HC 112.536/MS, Rel. Min. Arnaldo Esteves de Lima, 5ª Turma, julgado em 19/02/2009, *DJe* 03/08/2009).

Nas hipóteses do Código de Trânsito, havendo imposição conjunta, a interdição do direito não se iniciará enquanto o condenado estiver recolhido a estabelecimento prisional (art. 293, § 2º).

De acordo com o disposto no art. 293, § 1º, do Código de Trânsito, transitada em julgado a decisão condenatória que impuser a penalidade de suspensão ou proibição de se obter a permissão ou habilitação, o réu será **intimado** a entregar à autoridade judiciária, em 48 horas, a Permissão para Dirigir ou a Carteira de Habilitação. Se não o fizer, cometerá o crime previsto no art. 307, parágrafo único, da Lei.

Encontra-se *sub judice* perante o Pleno do STF a constitucionalidade da aplicação desta modalidade de pena ao motorista profissional em face à garantia do direito ao trabalho. Eis a ementa: "Possui repercussão geral a discussão sobre a hipótese de violação do direito constitucional ao trabalho no caso de suspensão da habilitação de motorista profissional condenado por homicídio culposo na direção de veículo automotor" (RE 607.107/RG, Rel. Min. Joaquim Barbosa, julgado em 06/10/2011, *DJe*-238 15/12/2011, public. 16/12/2011, *RT*, v. 101, n. 919, 2012, p. 712-714).

No Superior Tribunal de Justiça, todavia, é pacífico o entendimento de que o fato de o autor do crime ser motorista profissional não impede a imposição da penalidade: "Consoante a jurisprudência desta Corte Superior, a imposição da pena de suspensão do direito de dirigir é exigência legal, conforme previsto no art. 302 da Lei n. 9.503/97. O fato de o paciente ser motorista profissional de caminhão não conduz à substituição dessa pena restritiva de direito por outra que lhe seja preferível (HC 66.559/SP, 5ª Turma, Rel. Min. Arnaldo Esteves, *DJU* de 07/05/2007)" (STJ — AgRg no AREsp 1.044.553/MS, Rel. Min. Reynaldo Sores da Fonseca, 5ª Turma, julgado em 23/05/2017, *DJe* 31/05/2017); "Ainda que assim não fosse, é necessário registrar que, embora tenha reconhecido a repercussão geral sobre a aplicação da pena de suspensão da habilitação aos motoristas profissionais no RE 607.107 RG/MG, o Supremo Tribunal Federal jamais declarou inconstitucional tal penalidade, que tem sido mantida por este Sodalício em diversos julgados, sob o argumento de que é justamente de tal categoria que se espera maior cuidado e responsabilidade no trânsito" (STJ — HC 383.225/MG, Rel. Min. Jorge Mussi, 5ª Turma, julgado em 04/05/2017, *DJe* 12/05/2017); "De acordo com a jurisprudência deste Superior Tribunal de Justiça, os motoristas profissionais — mais do que qualquer outra categoria de pessoas — revelam maior reprovabilidade ao praticarem delito de trânsito, merecendo, pois, a reprimenda de suspensão do direito de dirigir, expressamente prevista no art. 302 do CTB, de aplicação cumulativa com a pena privativa de liberdade. Dada a especialização, deles é de se esperar maior acuidade no trânsito" (STJ AgInt no REsp 1.706.417/CE, Rel. Min. Maria Thereza de Assis Moura, 6ª Turma, julgado em 05/12/2017, *DJe* 12/12/2017).

- **Efeito extrapenal da condenação**

O condutor condenado por qualquer dos delitos previstos no Código de Trânsito Brasileiro ficará obrigado a submeter-se a **novos exames** para poder voltar a dirigir, de acordo com as normas estabelecidas pelo Contran. Trata-se de efeito **extrapenal** e **automático** da condenação, que independe de expressa motivação na sentença (CTB, art. 160).

7.1.3. Suspensão ou proibição cautelar

> **Art. 294.** Em qualquer fase da investigação ou da ação penal, havendo necessidade para garantia da ordem pública, poderá o juiz, como medida cautelar, de ofício, ou a requerimento do Ministério Público ou ainda mediante representação da autoridade policial, decretar, em decisão motivada, a suspensão da permissão ou da habilitação para dirigir veículo automotor, ou a proibição de sua obtenção.
> Parágrafo único. Da decisão que decretar a suspensão ou a medida cautelar, ou da que indeferir o requerimento do Ministério Público, caberá recurso em sentido estrito, sem efeito suspensivo.

Da decisão que decretar a providência **cautelar** ou da que **indeferir** o requerimento do Ministério Público, caberá **recurso em sentido estrito**, **sem** efeito suspensivo.

Trata-se de decisão **cautelar** de natureza **processual**, que tem por finalidade impedir que o condutor continue a provocar danos ou a colocar em perigo a coletividade enquanto aguarda o desfecho definitivo do processo. O requisito legal é bastante claro: a **garantia da ordem pública**. A decisão judicial deverá, como sempre, ser **fundamentada**.

A medida pode ser decretada pelo juiz, de ofício, ou em razão de requerimento do Ministério Público ou de representação da autoridade policial.

7.1.4. Comunicação da suspensão ou proibição da permissão ou habilitação

> **Art. 295.** A suspensão para dirigir veículo automotor ou a proibição de se obter a permissão ou a habilitação será sempre comunicada pela autoridade judiciária ao Conselho Nacional de Trânsito — CONTRAN, e ao órgão de trânsito do Estado em que o indiciado ou réu for domiciliado ou residente.

Conforme se verá adiante, a penalidade de suspensão ou proibição de obter a Permissão para Dirigir ou a Carteira de Habilitação pode ser imposta **judicial** ou **administrativamente**. Esse dispositivo (art. 295), entretanto, refere-se à penalidade imposta pela autoridade **judiciária**, no sentido de que esta comunique sua aplicação ao Contran e ao órgão de trânsito do Estado em que o indiciado for domiciliado ou residente (Detran/Ciretran). A norma se aplica às suspensões ou proibições **cautelares** ou **definitivas**.

7.1.5. Reincidência específica e suspensão ou proibição da permissão ou habilitação

> **Art. 296.** Se o réu for reincidente na prática de crime previsto neste Código, o juiz aplicará a penalidade de suspensão da permissão ou habilitação para dirigir veículo automotor, sem prejuízo das demais sanções cabíveis.

Nos crimes em que a Lei **já prevê a pena de suspensão** da permissão ou habilitação para dirigir veículo (arts. 302, 303, 306, 307 e 308), a **reincidência** atua apenas como circunstância **agravante genérica** (art. 61, I, do CP); naqueles em que o Código de Trânsito **não** comina essa modalidade de sanção (arts. 304, 305, 309, 310, 311 e 312), o juiz deverá aplicá-la, caso se trate de **reincidência específica**, sem prejuízo das demais penas previstas.

A expressão **reincidência específica** diz respeito ao agente que já foi condenado por qualquer dos crimes do Código de Trânsito e, dentro do prazo de 5 anos a que se refere o art. 64, I, do Código Penal, torna a cometer qualquer dos delitos nele previstos.

7.1.6. Multa reparatória

> **Art. 297.** A penalidade de multa reparatória consiste no pagamento, mediante depósito judicial em favor da vítima, ou seus sucessores, de quantia calculada com base no disposto no § 1º do art. 49 do Código Penal, sempre que houver prejuízo material resultante do crime.
>
> § 1º A multa reparatória não poderá ser superior ao valor do prejuízo demonstrado no processo.
>
> § 2º Aplica-se à multa reparatória o disposto nos arts. 50 a 52 do Código Penal.
>
> § 3º Na indenização civil do dano, o valor da multa reparatória será descontado.

Por ocasião da prolação da sentença condenatória por delito previsto no Código de Trânsito, o juiz criminal poderá fixar um valor **líquido** e **certo** a ser pago pelo condenado, **após o trânsito em julgado**. O instituto aplica-se somente aos crimes do Código do qual decorram prejuízos para pessoa **determinada (homicídio culposo, lesão culposa)**. Não se aplica aos delitos de perigo, porque a lei somente se refere ao **dano material**.

Trata-se de efeito **secundário** da **condenação**, que não é **automático**, exigindo menção expressa na sentença, mesmo porque o juiz deve **fixar o seu valor**. Tem uma eficácia maior do que o efeito genérico do art. 91, I, do Código Penal (obrigação de reparar o dano). Com efeito, na multa reparatória não há simples formação de título executivo, condicionado a uma futura **liquidação**. O juiz já fixa um valor, bastando à parte **executá-lo**. Cuida-se, em verdade, de **prefixação** das perdas e danos ou, pelo menos, de parte desse montante. Essa multa, portanto, não é pena, pois não tem tal finalidade punitiva, sendo meramente reparatória. Reforça esse entendimento o disposto no § 1º do art. 297, segundo o qual "a multa reparatória não poderá ser superior ao valor do prejuízo demonstrado no processo".

Apesar de a multa reparatória ser uma prefixação das perdas e danos, não impede que, sendo **superior** o montante do prejuízo suportado, o **restante** seja calculado em ação de **liquidação** por artigos e executada a diferença (art. 297, § 3º). Nesse caso, a multa reparatória vale como uma antecipação de parte do valor devido, em decorrência do dano.

A execução da multa reparatória segue o disposto nos arts. 50 a 52 do Código Penal; no entanto, somente no que toca ao procedimento, já que a cobrança será feita pelo próprio **interessado** (vítima ou sucessor), e não pela Procuradoria da Fazenda ou pelo Ministério Público. Não teria sentido retirar a legitimidade do ofendido, já que essa multa, ao contrário da penal, tem nítido caráter **indenizatório** e somente interessa à vítima ou seus sucessores.

O instituto em questão, inovação do Código de Trânsito, passou a ser a regra para os delitos que causem prejuízo, desde o advento da Lei n. 11.719/2008, que modificou o art. **387, IV, do CPP**, estabelecendo que o juiz, ao proferir sentença, fixará um valor mínimo para a reparação dos danos causados pela infração.

■ 7.1.7. Agravantes genéricas

O legislador, no art. 298 do Código de Trânsito, estabeleceu um **rol** de agravantes **genéricas** aplicáveis somente para os delitos de trânsito (dolosos ou culposos). Essas circunstâncias deverão ser consideradas na **segunda fase** da dosimetria (art. 68 do CP), em relação às penas privativas de liberdade, multa e suspensão ou proibição de se obter a permissão ou habilitação para dirigir veículo automotor. A existência desse rol na lei especial **não exclui**, naquilo que couber, a aplicação das agravantes genéricas previstas nos arts. 61 e 62 do Código Penal, conforme dispõe o art. 291, *caput*, do Código de Trânsito, que determina a aplicação subsidiária das normas gerais do Código Penal. Ex.: a reincidência (art. 61, I, do CP).

> **Art. 298.** São circunstâncias que sempre agravam as penalidades dos crimes de trânsito ter o condutor do veículo cometido a infração:
> I — com dano potencial para duas ou mais pessoas ou com grande risco de grave dano patrimonial a terceiros;
> .

A expressão **dano potencial** equivale a **perigo**. Assim, nos crimes de homicídio e lesões culposas na direção de veículo automotor (arts. 302 e 303), que são crimes de dano, se o fato atingir **duas ou mais pessoas**, será aplicada a regra do concurso

formal (art. 70 do CP), que implica a aplicação da pena do delito **mais grave, aumentada de um sexto até a metade**. Fica, pois, afastada a agravante genérica em análise, que **somente** se aplica aos diversos crimes de **perigo** descritos no Código de Trânsito quando mais de uma pessoa for efetivamente exposta a situação de risco.

A segunda parte do dispositivo, também referente aos delitos de **perigo**, será aplicada, a critério do juiz, quando ficar evidenciado que a conduta se revestiu de tamanha intensidade que, em caso de acidente, os danos seriam extremamente elevados ao patrimônio de terceiro.

> **Art. 298.** São circunstâncias que sempre agravam as penalidades dos crimes de trânsito ter o condutor do veículo cometido a infração:
> (...)
> II — utilizando o veículo sem placas, com placas falsas ou adulteradas;

Essa agravante **não** se aplica quando o **próprio autor** da infração de trânsito falsificou ou adulterou as placas do veículo, hipótese em que haverá concurso **material** do crime de trânsito com o delito descrito no art. **311 do Código Penal**, que estabelece pena de reclusão de três a seis anos, e multa, para quem "adulterar ou remarcar número de chassi ou qualquer sinal identificador de veículo automotor, de seu componente ou equipamento".

> **Art. 298.** São circunstâncias que sempre agravam as penalidades dos crimes de trânsito ter o condutor do veículo cometido a infração:
> (...)
> III — sem possuir Permissão para Dirigir ou Carteira de Habilitação;

A agravante genérica em questão **não** se **aplica** aos crimes de **homicídio** e de lesão **culposa**, uma vez que nesses delitos a circunstância constitui **causa de aumento de pena de um terço até a metade** (arts. 302, § 1.º, I e 303, parágrafo único). Também não se aplica ao crime de **direção sem permissão ou habilitação** (art. 309), uma vez que constituem **elementar** desse delito, e tampouco ao crime de entrega de veículo a pessoa não habilitada, porque, nesse crime, o sujeito ativo não é o seu condutor.

A agravante é aplicável, por exemplo, a crimes como omissão de socorro (art. 304) e embriaguez ao volante (art. 306).

A agravante genérica não exige que o condutor tenha gerado perigo de dano, enquanto o crime de direção não habilitada de veículo (art. 309) exige. Assim, de acordo com o Superior Tribunal de Justiça, há duas possibilidades: a) quem dirige embriagado sem provocar perigo de dano e sem ser habilitado, incorre no crime do art. 306 com a incidência da agravante genérica em estudo; b) quem conduz veículo embriagado sem ser habilitado e **gerando perigo de dano** (direção anormal), responde pelos crimes de embriaguez ao volante (art. 306) e direção não habilitada de veículo (art. 309). Nesse sentido: AgRg no REsp n. 745.604/MG, Ministro Reynaldo Soares da Fonseca, 5ª Turma, *DJe* 24/08/2018; AgRg no HC 465.408/MS, Rel. Min. Sebastião dos Reis Júnior, 6ª Turma, julgado em 11/12/2018, *DJe* 01/02/2019.

O mero fato de a habilitação estar **vencida** não está abrangido no texto legal.

> **Art. 298.** São circunstâncias que sempre agravam as penalidades dos crimes de trânsito ter o condutor do veículo cometido a infração:
> (...)
> IV — com Permissão para Dirigir ou Carteira de Habilitação de categoria diferente da do veículo;

O ato de conduzir veículo com permissão ou habilitação de categoria **diversa**, gerando perigo de dano, caracteriza, por si só, o crime do art. 309, e, portanto, a agravante em tela não se aplica a ele. Em relação aos demais delitos do Código, a regra tem aplicação. Ex.: pessoa habilitada somente para dirigir motocicletas que causa lesão culposa dirigindo caminhão; pessoa que dirige embriagada uma motocicleta, mas que é habilitada somente para dirigir automóveis. Nesses casos, o sujeito responde por um desses crimes (lesão culposa ou embriaguez ao volante), com a agravante, restando absorvido o crime do art. 309.

De acordo com o art. 143 do Código de Trânsito, as categorias para condução de veículos são as seguintes:

Categoria A: para veículos motorizados de duas ou três rodas, com ou sem carro lateral;

Categoria B: para veículos motorizados, não abrangidos pela categoria A, cujo peso bruto total não exceda a três mil e quinhentos quilogramas e cuja lotação não exceda a oito lugares, excluído o do motorista;

Categoria C: para veículos motorizados utilizados em transporte de carga, cujo peso bruto total exceda a três mil e quinhentos quilogramas;

Categoria D: para veículos motorizados utilizados no transporte de passageiros, cuja lotação exceda a oito lugares, excluído o do motorista;

Categoria E: para combinação de veículos em que a unidade tratora se enquadre nas categorias B, C ou D e cuja unidade acoplada, reboque, semirreboque, *trailer* ou articulada tenha 6.000 kg (seis mil quilogramas) ou mais de peso bruto total, ou cuja lotação exceda a 8 (oito) lugares.

> **Art. 298.** São circunstâncias que sempre agravam as penalidades dos crimes de trânsito ter o condutor do veículo cometido a infração:
> (...)
> V — quando a sua profissão ou atividade exigir cuidados especiais com o transporte de passageiros ou de carga;

Lembre-se de que, para os crimes de homicídio e lesão culposa na direção de veículo automotor, caracteriza **causa de aumento de pena** específica o fato de o condutor do veículo, no exercício de sua profissão ou atividade, estar conduzindo veículo de transporte de **passageiros** (arts. 302, § 1º, IV, e 303, parágrafo único). Assim, a agravante em estudo vale somente para os outros delitos do Código. Ex.: crime de embriaguez ao volante cometido por caminhoneiro ou por motorista de ônibus.

> **Art. 298.** São circunstâncias que sempre agravam as penalidades dos crimes de trânsito ter o condutor do veículo cometido a infração:
> (...)
> VI — utilizando veículo em que tenham sido adulterados equipamentos ou características que afetem a sua segurança ou o seu funcionamento de acordo com os limites de velocidade prescritos nas especificações do fabricante;

A lei se refere aos chamados motores "envenenados", pneus tala-larga, frentes rebaixadas etc. Nos crimes de homicídio e lesões corporais culposas, a agravante somente poderá ser aplicada se a adulteração não tiver sido a própria causa do acidente, hipótese em que sua aplicação autônoma implicaria *bis in idem*.

> **Art. 298.** São circunstâncias que sempre agravam as penalidades dos crimes de trânsito ter o condutor do veículo cometido a infração:
> (...)
> VII — sobre faixa de trânsito temporária ou permanentemente destinada a pedestres.

O dispositivo visa aumentar a segurança dos pedestres nos locais especificamente a eles destinados. Essa agravante não incide sobre os crimes de homicídio e lesão culposa, para os quais existe previsão legal **de causa de aumento de pena** para a mesma hipótese (arts. 302, § 1º, II, e 303, parágrafo único).

7.1.8. Prisão em flagrante e fiança

> **Art. 301.** Ao condutor de veículo, nos casos de acidentes de trânsito de que resulte vítima, não se imporá a prisão em flagrante, nem se exigirá fiança, se prestar pronto e integral socorro àquela.

Esse artigo deixa absolutamente evidente a possibilidade de prisão em flagrante nos crimes de homicídio e lesões corporais culposas, como também nos demais delitos da lei de trânsito.

Acontece que, visando estimular o socorro às vítimas, o legislador veda a efetivação da prisão em flagrante (lavratura do respectivo auto), bem como dispensa a fiança àquele condutor de veículo envolvido em acidente que venha a **prestar imediato e completo socorro à vítima**. Em contrapartida, aquele que não o fizer, responderá pelo crime de homicídio ou lesões corporais culposas, com acréscimo de um terço até a metade da pena (arts. 302, § 1º, III, e 303, parágrafo único).

7.1.9. Penas restritivas de direitos específicas

A Lei n. 13.281/2016 inseriu no art. 312-A do Código de Trânsito regras para a substituição das penas privativas de liberdade dos crimes de trânsito por restritivas de direitos, desde que presentes os requisitos legais para a substituição.

De acordo com tal dispositivo, "para os crimes relacionados nos arts. 302 a 312 deste Código, nas situações em que o juiz aplicar a substituição de pena privativa de liberdade por pena restritiva de direitos, esta deverá ser de prestação de serviço à comunidade ou a entidades públicas, em uma das seguintes atividades:

I — trabalho, aos fins de semana, em equipes de resgate dos corpos de bombeiros e em outras unidades móveis especializadas no atendimento a vítimas de trânsito;

II — trabalho em unidades de pronto-socorro de hospitais da rede pública que recebem vítimas de acidente de trânsito e politraumatizados;

III — trabalho em clínicas ou instituições especializadas na recuperação de acidentados de trânsito;

IV — outras atividades relacionadas ao resgate, atendimento e recuperação.

7.2. DOS CRIMES EM ESPÉCIE (SEÇÃO II)

7.2.1. Homicídio culposo na direção de veículo automotor

Antes do advento da Lei n. 9.503/97, conhecida como Código de Trânsito Brasileiro, a provocação de morte culposa, por parte de condutor de veículo, caracterizava crime de homicídio culposo **comum**, previsto no art. 121, § 3º, do Código Penal. A divulgação de estatísticas que reconheceram o Brasil como **recordista mundial** em mortes no trânsito, fez com que o legislador, ao aprovar referido Código, nele introduzisse crimes especiais de homicídio e lesão culposa **na direção de veículo automotor**, mais gravemente apenados. Atualmente, portanto, existem duas modalidades de homicídio culposo. A modalidade prevista no art. 302 da Lei n. 9.503/97 está assim definida:

> **Art. 302.** Praticar homicídio culposo na direção de veículo automotor:
> Penas — detenção, de dois a quatro anos, e suspensão ou proibição de se obter a permissão ou a habilitação para dirigir veículo automotor.

1. Objetividade jurídica

A **vida humana** extrauterina.

2. Elementos do tipo

Tal como no homicídio culposo do Código Penal, o tipo é **aberto**, devendo o juiz, no **caso concreto**, por meio de um **juízo de valor**, concluir de acordo com a prova colhida se o agente atuou ou não com imprudência, negligência ou imperícia.

Imprudência é a prática de um fato perigoso, como dirigir em velocidade excessiva, atravessar um sinal vermelho, desrespeitar via preferencial.

Negligência é a ausência de uma precaução, como, por exemplo, a falta de manutenção no freio ou de outros mecanismos de segurança do automóvel, cuja falha acaba provocando um acidente com morte.

Imperícia é a falta de aptidão para a realização de certa manobra. Constitui exemplo perder o controle de um automóvel na curva e causar um acidente, sem que tenha havido alguma forma específica de imprudência, mas pela simples falta de habilidade na condução do automóvel.

Note-se que a caracterização da culpa nos delitos de trânsito provém, normalmente, **do desrespeito às normas disciplinares contidas no próprio Código de Trânsito** (excesso de velocidade, embriaguez, direção na contramão, desrespeito à sinalização, conversão ou ultrapassagem em local proibido, conversa ao telefone celular, manobra de marcha a ré sem os cuidados necessários, desrespeito à faixa de pedestres, transporte de passageiros na carroceria de caminhão ou caminhonete etc.). Essas, entretanto, não constituem as únicas hipóteses de configuração do crime culposo, pois o agente, ainda que não desrespeite as regras disciplinares do Código, pode agir com **inobservância do cuidado necessário** e, assim, responder pelo crime. A ultrapassagem, por exemplo, se feita em local permitido, não configura infração administrativa, mas, se for efetuada sem a necessária atenção, pode dar causa a acidente e implicar crime culposo.

A existência de culpa **exclusiva** da vítima afasta a responsabilização do condutor, mas, no caso de culpa **recíproca**, o motorista responde pelo delito, já que as culpas **não** se **compensam**. Assim, se uma pessoa dirige em excesso de velocidade e outra na contramão, e acontece um acidente em que uma delas morre, o outro condutor responde pelo delito, não obstante ambos tenham agido com imprudência. O fato de a pessoa falecida ter também agido culposamente não exime o outro motorista da responsabilidade criminal.

Se duas pessoas agem culposamente, dando causa à morte de **terceiro**, ambos respondem pelo delito em sua integralidade. É a chamada culpa **concorrente**. Ex.: um motorista desrespeita uma via preferencial e colide o carro com outro que vinha na contramão, dando causa à morte do passageiro de um dos veículos. Nesse caso, os dois motoristas agiram com imprudência e respondem pelo homicídio culposo na direção de veículo automotor.

▪ O âmbito de abrangência do CTB

O art. 1º da Lei n. 9.503/97 dispõe que "o trânsito de qualquer natureza **nas vias terrestres** do território nacional, abertas à circulação, rege-se por este Código".

Assim, embora aviões, helicópteros, lanchas, barcos e *jet-skis* sejam veículos motorizados, a conduta culposa em sua condução não é capaz de configurar o crime da lei especial, mas apenas aquele do art. 121, § 3º, do Código Penal (ou, eventualmente, o do art. 261, agravado pela morte culposa, nos termos do art. 258 do CP).

Por outro lado, apesar de o art. 2º da Lei n. 9.503/97 definir via terrestre de forma a **excluir as vias particulares** (estacionamentos privados, pátios de postos de gasolina, vias internas de fazendas etc.), entende-se que devem ser aplicados os crimes de homicídio e lesão culposa do Código de Trânsito, ainda que o fato **não ocorra em via pública**. Com efeito, quando o legislador quis exigir que o fato delituoso fosse caracterizado **apenas** quando ocorresse em **via pública**, o fez de **forma expressa** no tipo penal, como nos crimes de participação em competição não autorizada (art. 308) e direção sem habilitação (art. 309). Assim, como não há a mesma ressalva nos arts. 302 e 303, fica evidente a finalidade da lei em excepcionar a regra para permitir a aplicação de seus crimes de homicídio e lesão culposa, qualquer que seja o local do delito, desde que o agente esteja na direção de veículo automotor.

▪ A expressão "na direção de veículo automotor"

O crime da lei especial não se configura pelo simples fato de a conduta culposa ocorrer no trânsito. Exige **expressamente**, o tipo penal, que o agente esteja **dirigindo veículo automotor**, isto é, que esteja no comando dos mecanismos de controle e velocidade do veículo. Por essa razão, existem várias hipóteses que parecem tipificar o crime em análise, por ocorrerem no trânsito ou por serem a este relacionadas, mas que configuram crime **comum**. Vejam-se os seguintes casos:

a) **Pedestre** que atravessa pista de rolamento em momento e local inadequados, causando a queda e morte de um motociclista. A imprudência ocorreu no trânsito, mas por pessoa que não estava conduzindo veículo, devendo responder pelo crime do Código Penal (art. 121, § 3º).

b) **Passageiro** de automóvel ou de ônibus que atira garrafa de refrigerante pela janela, provocando acidente com morte na estrada. Igualmente, incorre em crime comum.

c) Pessoa na **garupa** de motocicleta que, por brincadeira, balança o veículo e provoca a queda e morte do condutor.

d) Pessoa que mata motociclista por **abrir a porta** de um carro sem olhar para trás, provocando colisão.

e) Pessoa que está **empurrando** um carro desligado e perde o controle sobre o veículo, que atropela alguém.

f) Responsável por oficina mecânica que se esquece de colocar determinada peça em um automóvel, o que acaba gerando um acidente, hipótese em que a conduta culposa não é do condutor do veículo.

3. Sujeito ativo

Qualquer pessoa que esteja na condução de veículo automotor.

4. Sujeito passivo

Qualquer pessoa.

5. Consumação

No momento em que a vítima morre.

6. Tentativa

Não existe tentativa em crimes culposos.

7. Perdão judicial

O art. 300 do Código de Trânsito **expressamente** permitia o perdão judicial nos crimes culposos nele elencados. Esse dispositivo, todavia, foi **vetado** pelo Presidente da República com o argumento de que o perdão judicial previsto no art. 121, § 5º, do Código Penal, trata o tema de forma **mais abrangente**. Conclui-se, portanto, que o perdão judicial, com as regras previstas no Código Penal, **aplica-se aos crimes de trânsito**. De acordo com o art. 121, § 5º, do Código Penal, o juiz pode **deixar de aplicar a pena do homicídio culposo se as consequências** do fato delituoso tiverem atingido o próprio agente de forma tão grave que sua imposição se mostre desnecessária. Os casos mais comuns de aplicação do perdão judicial são aqueles em que a vítima fatal é um parente próximo, cônjuge ou companheiro do réu, ou aqueles em que o próprio condutor fica também gravemente ferido como consequência do acidente que provocou.

O perdão judicial é circunstância de caráter **pessoal** e, por isso, **não** se **comunica** no caso de **concorrência de culpas**. Ex.: o pai e um desconhecido agem com imprudência na condução de veículos, dando causa à morte do filho. O perdão judicial aplicável ao pai não se estende ao terceiro. Por sua vez, se apenas o pai age com imprudência e, com isso, dá causa à morte do filho e de um terceiro, não está proibido o perdão judicial, pois o sofrimento do pai pela perda do filho é considerado consequência gravosa o suficiente para ser desnecessária a imposição da pena detentiva.

O perdão judicial **não** precisa ser **aceito** para gerar efeito.

▪ Natureza jurídica

Nos termos do art. 107, IX, do Código Penal, o perdão judicial tem natureza jurídica de **causa extintiva da punibilidade**.

▪ Momento da concessão e reincidência

Em nosso entendimento, o perdão judicial só pode ser concedido na **sentença**, após o juiz apreciar as provas colhidas e considerar o réu **responsável** pelo crime culposo de que está sendo acusado. Com efeito, se as provas indicarem que ele **não** agiu de forma **culposa**, a solução é a **absolvição**, mesmo porque não se perdoa um **inocente**. Em outras palavras, após o juiz considerar o acusado responsável pela infração penal, **deixa** de lhe aplicar a pena correspondente, por entender que ele já foi suficientemente atingido pelas consequências do fato.

O art. 120 do Código Penal, aliás, preocupou-se em estabelecer que a concessão do perdão judicial não retira a primariedade do réu, de modo que, em caso de prática de novo crime, **não** será ele considerado **reincidente**. Ora, é óbvio que, se o perdão pudesse ser concedido antes da sentença, não seria capaz de gerar reincidência, e, dessa forma, seria completamente desnecessária a regra contida em referido art. 120.

▪ Natureza jurídica da sentença que concede o perdão judicial

Existem **duas** correntes em torno do tema:

a) Como nessa sentença o juiz analisa as provas e declara o réu culpado, ficam afastados apenas os efeitos expressamente declarados no Código Penal — **a aplicação da pena de detenção e a perda da primariedade**. Os demais efeitos de uma condenação são mantidos, porque não afastados pelo texto legal. Para essa corrente, portanto, a sentença que concede o perdão judicial é **condenatória**, subsistindo efeitos secundários, como a obrigação de indenizar e o lançamento do nome do réu no rol dos culpados. Essa era a corrente adotada pelo Supremo Tribunal Federal e por boa parte dos doutrinadores, como Damásio de Jesus[1].

---

1 JESUS, Damásio de. *Direito penal*. 23. ed. São Paulo: Saraiva, 2003. v. 1, p. 687.

b) Sendo o perdão uma causa extintiva da punibilidade (art. 107, IX, do CP), a sentença em que este é concedido tem natureza **declaratória**. Esse o entendimento adotado pelo Superior Tribunal de Justiça por meio da Súmula 18, que assim dispõe: *a sentença concessiva do perdão judicial é declaratória da extinção da punibilidade, não subsistindo qualquer efeito condenatório*. Por essa orientação, se uma pessoa foi beneficiada com o perdão judicial, a sentença que o concedeu não pode ser utilizada na esfera cível como título executivo, e tampouco o nome do acusado pode ser lançado no rol dos culpados. Os familiares da vítima do homicídio culposo, se quiserem obter indenização, terão de ingressar com ação de conhecimento no juízo cível. Por ser objeto de súmula de tribunal superior, esse é o entendimento atualmente adotado na prática. É também defendido por autores como Celso Delmanto[2] e Cezar Roberto Bitencourt[3].

8. Concurso de crimes e absorção

A Lei n. 9.503/97 tipificou diversos crimes que se caracterizam pela provocação de uma situação de **perigo** (dano potencial) e que ficam **absorvidos** quando ocorrer o **dano efetivo** (lesões corporais ou homicídio culposo na direção de veículo automotor). É o caso dos crimes de direção de veículo sem habilitação e excesso de velocidade em determinados locais (arts. 309 e 311). Quanto à morte decorrente de competição não autorizada, ver comentários ao art. 308.

Se o agente, com uma única conduta culposa, provocar a morte ou lesões corporais em **duas** ou **mais** vítimas, aplica-se a regra do concurso **formal** descrita no art. 70 do Código Penal, em que o juiz aplica a pena do crime mais grave, aumentada de um sexto até metade.

9. Jurisprudência

Tem sido admitido o reconhecimento do crime culposo nas seguintes hipóteses: velocidade inadequada para o local, desrespeito às vias preferenciais, ingresso em rodovia sem as devidas cautelas, derrapagem em pista escorregadia, embriaguez ao volante seguida de morte, falta de distância do veículo que segue à frente, direção pela contramão, ultrapassagem em local proibido ou sem as devidas cautelas, excesso de velocidade em curvas, falta de manutenção nos freios, manobra de marcha à ré sem os cuidados necessários, desrespeito à faixa de pedestres, queda de passageiro de coletivo com as portas abertas ou de boia-fria da carroceria de caminhão etc.

Por outro lado, não se tem admitido o crime culposo nas seguintes hipóteses de culpa exclusiva da vítima: travessia em pista de rodovia de alta velocidade ou de madrugada, saída repentina da calçada para a rua ou por trás de outros carros etc.

10. Ação penal

É pública **incondicionada**.

---

2 DELMANTO, Celso; DELMANTO, Roberto; DELMANTO JÚNIOR, Roberto. *Código Penal comentado*. 6. ed. Rio de Janeiro: Renovar, 2002. p. 181.

3 BITENCOURT, Cezar Roberto. *Tratado de direito penal*, v. 2, p. 90.

O homicídio culposo tem pena máxima de 4 anos, não se enquadrando no conceito de infração de menor potencial ofensivo, tramitando, portanto, no Juízo **Comum** e sem os benefícios da Lei n. 9.099/95. Nem mesmo a suspensão condicional do processo se mostra cabível, já que a pena mínima prevista para o delito é de 2 anos.

Em tese, admite o acordo de não persecução penal (art. 28-A do CPP).

11. Causas de aumento de pena

Estabelece a lei em seu art. 302, § 1º, hipóteses em que as penas sofrerão **acréscimo de um terço até a metade**:

I — Se o agente não possuir Permissão para Dirigir ou Carteira de Habilitação. É óbvio que, nesse caso, **não** pode ser reconhecido concomitantemente o crime de dirigir veículo na via pública sem permissão ou habilitação (art. 309).

O mero fato de a habilitação estar vencida não está abrangido no texto legal.

II — Se o crime for cometido na faixa de pedestres ou na calçada. Entendeu o legislador que a conduta culposa é mais grave nesses casos, uma vez que a vítima é atingida em local destinado a lhe dar segurança, demonstrando o desrespeito do motorista em relação à área.

III — Se o agente deixar de prestar socorro, quando possível fazê-lo sem risco pessoal, à vítima do acidente. Essa hipótese, evidentemente, só é aplicável ao condutor do veículo que **tenha agido de forma culposa**. Caso **não** tenha agido com imprudência, negligência ou imperícia e deixe de prestar socorro à vítima, estará incurso no crime de omissão de socorro no trânsito (art. 304).

O aumento terá aplicação quando o socorro for possível sem risco pessoal para o condutor (ameaça de agressão, grande movimentação de veículos etc.), e quando o agente puder concretizá-lo, por possuir meios para tanto. Assim, se o agente não possui condições de efetuar o socorro ou quando também ficou lesionado no acidente de forma a não poder ajudar a vítima, não terá aplicação o dispositivo.

O aumento também não será aplicado se a vítima for, **de imediato**, socorrida por **terceira pessoa** (e o agente presenciar tal fato), ou se ela estiver **evidentemente morta** (hipótese em que não há razão para socorro).

IV — Se o agente, no exercício de sua profissão ou atividade, estiver conduzindo veículo de transporte de passageiro. Trata-se de exasperação cuja finalidade é ressaltar a necessidade de cuidado e zelo por parte daqueles que têm como profissão ou atividade a condução de veículo de transporte de **passageiros**, já que o número maior de pessoas transportadas justifica o tratamento diferenciado. Aliás, a própria obtenção da habilitação exige exames específicos.

A lei não se refere apenas aos motoristas de ônibus ou táxi, mas também a qualquer motorista que atue no transporte de passageiros, como motoristas de lotações, de vans escolares etc.

Veja-se, ainda, que o aumento será aplicado ainda que o resultado tenha alcançado pessoa que não estava no interior do veículo (pedestre ou outro motorista, por exemplo).

▪ Homicídio culposo cometido por pessoa embriagada

É necessário dizer, inicialmente, que a Lei n. 11.275/2006 acrescentou neste art. 302, § 1º, causa de aumento de pena para os casos em que o autor do homicídio culposo na direção de veículo automotor estivesse **sob a influência de álcool ou substância tóxica ou entorpecente de efeitos análogos**. Tratava-se do inciso V do referido parágrafo, que, todavia, foi revogado pela Lei n. 11.705/2008, na medida em que o legislador entendeu que a existência de tal dispositivo dificultava o enquadramento do autor do delito na modalidade **dolosa do homicídio** — dolo eventual por parte de quem dirige embriagado e provoca morte.

Ocorre que o Supremo Tribunal Federal, em diversas decisões, definiu que a pessoa que dirige embriagada e que provoca morte no trânsito pode ser punida por homicídio **culposo** ou **doloso** (dolo eventual), dependendo das **circunstâncias** do caso concreto — quantidade de bebida ingerida, forma e local de condução do veículo etc. A propósito:

> "Não cabe na pronúncia analisar e valorar profundamente as provas, pena inclusive de influenciar de forma indevida os jurados, de todo suficiente a indicação, fundamentada, da existência de provas da materialidade e autoria de crime de competência do Tribunal do Júri. 3. Mesmo em crimes de trânsito, definir se os fatos, as provas e as circunstâncias do caso autorizam a condenação do paciente por homicídio doloso ou se, em realidade, trata-se de hipótese de homicídio culposo ou mesmo de inocorrência de crime é questão que cabe ao Conselho de Sentença do Tribunal do Júri. 4. *Habeas corpus* extinto sem resolução do mérito" (HC 109.210, Rel. Min. Marco Aurélio, Relator(a) p/ Acórdão: Min. Rosa Weber, 1ª Turma, julgado em 21/08/2012, processo eletrônico *DJe* 154, 07/08/2013, public. 08/08/2013); "Não tem aplicação o precedente invocado pela defesa, qual seja, o HC 107.801/SP, por se tratar de situação diversa da ora apreciada. Naquela hipótese, a Primeira Turma entendeu que o crime de homicídio praticado na condução de veículo sob a influência de álcool somente poderia ser considerado doloso se comprovado que a embriaguez foi preordenada. No caso sob exame, o paciente foi condenado pela prática de homicídio doloso por imprimir velocidade excessiva ao veículo que dirigia, e, ainda, por estar sob influência do álcool, circunstância apta a demonstrar que o réu aceitou a ocorrência do resultado e agiu, portanto, com dolo eventual" (HC 115.352, Rel. Min. Ricardo Lewandowski, 2ª Turma, julgado em 16/04/2013). E ainda: "Os autos evidenciam, neste juízo sumário, que a imputação atribuída ao agravante não resultou da aplicação aleatória do dolo eventual. Indicou-se, com efeito, as circunstâncias especiais do caso, notadamente a embriaguez, o excesso de velocidade e a ultrapassagem de semáforo com sinal desfavorável em local movimentado, a indicar a anormalidade da ação, do que defluiu a aparente desconsideração, falta de respeito ou indiferença para com o resultado lesivo" (HC 160.500 AgR, Rel. Min. Alexandre de Moraes, 1ª Turma, julgado em 28/09/2018).

Em razão disso, o legislador resolveu novamente aprovar lei para tornar mais grave a pena do homicídio **culposo** quando cometido por pessoa **embriagada** ou **drogada**, o que se materializou com a aprovação da Lei n. 12.971/2014, que passou a prever pena de **reclusão** de 2 a 4 anos para tais casos, além da suspensão ou proibição de obter a habilitação ou permissão para dirigir (art. 302, § 2º). Ocorre que tal dispositivo acabou sendo também revogado pela Lei n. 13.281/2016. Posteriormente, em 20 de dezembro de 2017 foi publicada a Lei n. 13.546/2017, criando figura qualificada para o crime de homicídio culposo na direção de veículo automotor para a hipótese em que o agente comete o crime conduzindo o veículo sob a influência de álcool ou de qualquer outra substância psicoativa que determine dependência (art. 302, § 3º, do CTB). Em tal hipótese, a pena passou a ser de reclusão, de **5 a 8 anos**, e suspensão ou proibição do direito de se obter a permissão ou a habilitação para dirigir veículo automotor. As formas de comprovação da embriaguez são as mesmas que serão analisadas no estudo do crime do art. 306 do CTB — embriaguez ao volante. Saliente-se que tal lei entrou em vigor em 19 de abril de 2018. Ressalte-se, também, que o fato de ter sido estabelecida pena maior para a hipótese culposa não exclui a possibilidade de responsabilização por dolo eventual em situações especiais, conforme mencionado pelo STF no julgamento do HC 160.500 Agr/SP, Rel. Min. Alexandre de Moraes, 1ª Turma, julgado em 28/9/2018 — transcrição acima.

O art. 44 do Código Penal permite a substituição da pena privativa de liberdade nos crimes culposos qualquer que seja a pena aplicada, desde que presentes os demais requisitos legais, como primariedade, bons antecedentes etc. A Lei n. 14.071/2020, todavia, vedou tal benefício ao crime de homicídio culposo cometido na direção de veículo automotor por pessoa que esteja sob a influência de álcool ou de qualquer outra substância psicoativa que determine dependência (art. 302, § 3º, do CTB). Referida regra foi inserida no art. 312-B do Código de Trânsito e entra em vigor em 12 de abril de 2021.

7.2.1.1. *Principais regras do homicídio culposo na direção de veículo automotor*

OBJETIVIDADE JURÍDICA	■ A vida humana extrauterina.
TIPO OBJETIVO E DISTINÇÃO	■ Praticar homicídio culposo na direção de veículo automotor. ■ O art. 1º do Código de Trânsito Brasileiro restringe seu alcance a fatos ocorridos em via terrestre, de modo que a morte decorrente de imprudência, imperícia ou negligência na condução de aeronave ou embarcação constitui crime de homicídio culposo comum do art. 121, § 3º, do Código Penal. Igualmente se a conduta culposa ocorrer no trânsito, mas for causada por pedestre ou passageiro, já que tais pessoas não estão na condução de veículo. Aplica-se, ainda, o crime culposo do Código Penal se a conduta for praticada por condutor de bicicleta ou charrete, já que não são veículos motorizados.
SUJEITO ATIVO	■ Qualquer pessoa. Trata-se de crime comum.
SUJEITO PASSIVO	■ Qualquer pessoa.
CONSUMAÇÃO	■ No momento da morte.
TENTATIVA	■ Não é possível.
CAUSAS DE AUMENTO DE PENA	■ Haverá acréscimo de um terço até metade da pena: I — se o agente não possuir Permissão para Dirigir ou Habilitação; II — se o crime for cometido na faixa de pedestres ou sobre a calçada; III — se o agente deixar de prestar imediato socorro à vítima quando possível fazê-lo sem risco pessoal; IV — se a conduta culposa tiver sido praticada no exercício de profissão (motorista profissional) ou quando se tratar de veículo de transporte de passageiros.
FIGURA QUALIFICADA PELA EMBRIAGUEZ	■ Nos termos do art. 302, § 3º, a pena será de reclusão, de 5 a 8 anos, se o homicídio culposo é cometido por condutor de veículo automotor que está sob a influência de álcool ou de qualquer outra substância psicoativa que determine dependência (dispositivo com entrada em vigor em 19 de abril de 2018, nos termos da Lei n. 13.546/2017). É vedada a substituição por penas restritivas de direitos para esta modalidade de delito cometido a partir de 12 de abril de 2021.
PERDÃO JUDICIAL	■ Se as circunstâncias do fato criminoso tiverem atingido o próprio agente de forma tão grave que a imposição da pena se mostre desnecessária, o juiz poderá deixar de aplicá-la. De acordo com a Súmula 18 do STJ, a sentença que concede o perdão judicial é declaratória da extinção da punibilidade, não subsistindo qualquer outro efeito.
AÇÃO PENAL	■ É pública incondicionada.

7.2.2. Lesão culposa na direção de veículo automotor

> **Art. 303.** Praticar lesão corporal culposa na direção de veículo automotor:
> Penas — detenção de seis meses a dois anos e suspensão ou proibição de se obter a permissão ou habilitação para dirigir veículo automotor.

1. Objetividade jurídica

A integridade corporal e a saúde das pessoas.

2. Elementos do tipo

Os requisitos necessários para a configuração do crime de lesão culposa na direção de veículo automotor são os mesmos já estudados no tópico anterior referente ao homicídio culposo. A diferença reside apenas no resultado — a vítima não morre — e no montante da pena, que é consideravelmente menor.

A gravidade da lesão não altera a tipificação do delito, mas deve ser levada em conta pelo juiz na **fixação da pena-base**. Se a vítima sofre pequenas escoriações, o juiz, em regra, aplicará a pena próxima ao mínimo; mas, se fica tetraplégica, a pena deve ser consideravelmente exasperada.

As **causas de aumento de pena** previstas para o crime de lesão culposa no § 1º do art. 303 são as mesmas existentes no homicídio culposo (art. 302, § 1º).

É cabível o perdão judicial se as consequências do fato criminoso atingirem o próprio agente de forma tão grave que a imposição da pena de detenção se mostre desnecessária.

3. Crime qualificado pela embriaguez

A Lei n. 13.546, publicada em 20 de dezembro de 2017, inseriu uma figura qualificada no § 2º do art. 303, estabelecendo pena de reclusão, de 2 a 5 anos, sem prejuízo das outras penas previstas neste artigo, se o agente conduz o veículo com capacidade psicomotora alterada em razão da influência de álcool ou de outra substância psicoativa que determine dependência, e se do crime resultar lesão corporal de natureza **grave** ou **gravíssima**. As formas de demonstração da embriaguez são as mesmas que serão estudadas na ocasião da análise do crime do art. 306. Tal dispositivo entrou em vigor em 19 de abril de 2018.

A circunstância de estar embriagado o motorista do veículo automotor que comete o crime de lesão corporal culposa de natureza **leve** não torna o crime qualificado, mas retira-lhe a possibilidade de certos benefícios, conforme será estudado em seguida, bem como pode ser considerada pelo juiz na fixação da pena-base (art. 59 do CP).

Na modalidade qualificada pela embriaguez, a lesão culposa deve ser de natureza grave ou gravíssima. Como a pena máxima prevista nesses casos é de 5 anos, não se insere na competência do Juizado Criminal, de modo que não cabe a aplicação das regras da Lei n. 9.099/95. O art. 44 do Código Penal permite a substituição da pena privativa de liberdade nos crimes culposos qualquer que seja a pena aplicada, desde que presentes os demais requisitos legais, como primariedade, bons antecedentes etc.

A Lei n. 14.071/2020, todavia, vedou tal benefício ao crime de lesão culposa grave ou gravíssima cometido na direção de veículo automotor por pessoa que esteja sob a influência de álcool ou de qualquer outra substância psicoativa que determine dependência (art. 303, § 2º, do CTB). Referida regra foi inserida no art. 312-B do Código de Trânsito e entra em vigor em 12 de abril de 2021.

4. Sujeito ativo

Qualquer pessoa.

5. Sujeito passivo

Qualquer pessoa.

6. Consumação

No momento em que a vítima sofre as lesões corporais.

7. Tentativa

Não existe tentativa em crimes culposos.

8. Ação penal

Em regra, é pública condicionada à **representação**, cabendo ainda a **transação penal** e a **conciliação civil** como causa extintiva da punibilidade (desde que homologada pelo juiz na audiência preliminar), tudo nos termos do art. 291, § 1º, do Código de Trânsito.

A ação, contudo, será **incondicionada** e **não** serão cabíveis os benefícios da transação penal e da composição civil, nas hipóteses contidas nos incisos do mencionado art. 291, § 1º, ou seja, se o agente estiver:

> I — sob a influência de álcool ou qualquer outra substância psicoativa que determine dependência;
> II — participando, em via pública, de corrida, disputa ou competição automobilística, de exibição ou demonstração de perícia em manobra de veículo automotor, não autorizada pela autoridade competente;
> III — transitando em velocidade superior à máxima permitida para a via em 50 km/h.

Em tais casos, ademais, deverá ser instaurado **inquérito policial** para a investigação da infração penal.

LESÃO CULPOSA NA DIREÇÃO DE VEÍCULO AUTOMOTOR			
REGRA	■ Ação pública condicionada e apuração mediante termo circunstanciado	■ Possibilidade de transação penal	■ Possibilidade de composição civil como causa extintiva da punibilidade
SE O RÉU ESTÁ SOB A INFLUÊNCIA DE ÁLCOOL, PARTICIPANDO, EM VIA PÚBLICA, DE DISPUTA, NÃO AUTORIZADA, OU TRANSITANDO EM VELOCIDADE SUPERIOR À MÁXIMA PERMITIDA PARA A VIA EM 50 KM/H	■ Ação pública incondicionada e apuração mediante inquérito policial	■ Impossibilidade de transação penal	■ Impossibilidade de composição civil como causa extintiva da punibilidade

7.2.3. Omissão de socorro

> **Art. 304.** Deixar o condutor do veículo, na ocasião do acidente, de prestar imediato socorro à vítima, ou, não podendo fazê-lo diretamente, por justa causa, deixar de solicitar auxílio da autoridade pública:
> Penas — detenção, de seis meses a um ano, ou multa, se o fato não constituir elemento de crime mais grave.

1. Objetividade jurídica

A **vida** e a **saúde** das pessoas.

2. Elementos do tipo

O delito em estudo é **omissivo puro**, porque a lei descreve **duas condutas típicas** consistentes em não fazer algo:

a) **deixar de prestar imediato socorro à vítima**: somente se aplica quando o auxílio pode ser prestado **diretamente** pelo agente que, todavia, prefere se omitir;

b) **deixar de solicitar auxílio à autoridade pública**: quando, por justa causa, não for viável o socorro direto pelo agente e ele, podendo solicitar ajuda das autoridades, omite-se.

Em algumas situações, tanto o socorro direto quanto o pedido de auxílio à autoridade pública são **inviáveis**. É o que ocorre, por exemplo, quando o condutor também se encontra lesionado ou desorientado em face do acidente; quando faltam condições materiais para o socorro (veículos danificados, em local afastado); quando há risco de agressões por populares etc. Nesses casos, **não haverá o crime** em estudo.

Nos termos do art. 304, parágrafo único, *incide nas penas previstas neste artigo o condutor do veículo, ainda que sua omissão seja suprida por terceiros ou que se trate de vítima com morte instantânea ou com ferimentos leves.*

Esse dispositivo, porém, deve ser interpretado com algumas ressalvas:

a) **Socorro por terceiro**: o condutor somente responderá pelo crime no caso de ser a vítima socorrida por terceiros, quando a prestação desse socorro **não chegou ao seu conhecimento**, por já ter se evadido do local. Assim, se, após o acidente, o condutor se afasta do local e, na sequência, a vítima é socorrida por terceiro, existe o crime. É evidente, entretanto, que não há delito quando, logo após o acidente, terceira pessoa se adianta ao condutor e presta o socorro. Não se pode exigir que o condutor chame para si a responsabilidade pelo socorro quando terceiro já o fez (muitas vezes, em condições até mais apropriadas).

b) **Morte instantânea**: no caso de vítima com morte instantânea, o dispositivo é **inaplicável**, uma vez que o delito **não tem objeto jurídico**, já que o socorro seria absolutamente inócuo.

c) **Vítima com lesões leves**: o conceito de lesões corporais de natureza leve é muito **extenso**, de tal sorte que o crime de omissão de socorro somente poderá ser cogitado quando, apesar de os ferimentos serem leves, esteja a vítima **necessitando de algum atendimento** (fraturas, cortes profundos etc.). É evidente que o socorro não se faz necessário quando a vítima sofre simples escoriações ou pequenos cortes.

Tampouco pode ser aplicado o dispositivo quando a vítima se **recusa** a ser socorrida.

3. Sujeito ativo

Somente o condutor de veículo **envolvido em acidente com vítima que não tenha agido culposamente**.

Quem **provoca culposamente** o acidente e **deixa** de prestar socorro comete o crime de **homicídio** ou **lesão corporal culposa** na direção de veículo automotor, com a **pena aumentada** de um terço até metade em razão da omissão (arts. 302, § 1º, II, e 303, parágrafo único).

A propósito:

> "O atropelamento seguido de omissão de socorro, quando causado por culpa exclusiva da vítima de lesão corporal não configura o delito no art. 303 do CTB e, portanto, é inadmissível a causa especial de aumento de pena prevista no parágrafo único do mencionado dispositivo legal, sendo certo que, por não constituir elemento do crime mais grave, a conduta subsiste tipificada no art. 304 daquele Diploma Legal, como delito autônomo" (Tacrim/SP, Rel. Roberto Midolla, *RJTACrim* 46/442).

Se o agente cometeu o crime de lesão culposa e não socorreu a vítima, mas esta resolveu **não oferecer representação**, fica afastada a figura do crime culposo e sua respectiva causa de aumento, não se podendo cogitar do crime do art. 304:

> "é impossível falar-se em tipificação do delito do art. 304 do CTB, na hipótese em que a vítima da lesão corporal não tem interesse em oferecer representação prevista na Lei n. 9.099/95, pois a figura autônoma da omissão de socorro só se caracteriza quando não estiver relacionada com precedentes condutas de homicídio culposo e de lesão corporal culposa na direção de veículo automotor, hipótese em que é causa de aumento de pena" (Tacrim/SP, Rel. Vico Mañas, *RJTACrim* 43/334).

Motoristas de veículos **não envolvidos no acidente** e quaisquer **outras pessoas** que deixem também de prestar socorro incidem no crime genérico de **omissão de socorro** descrito no **art. 135** do Código Penal.

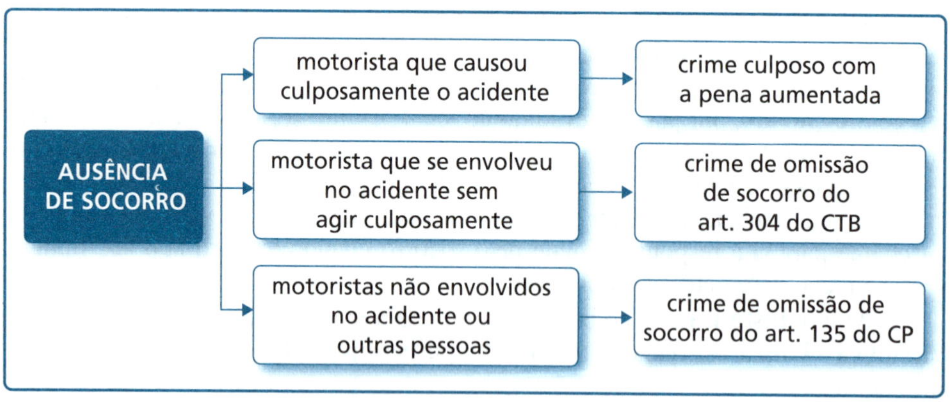

4. Sujeito passivo

A **vítima** do acidente que necessite de socorro.

5. Consumação

No momento da **omissão**. Ao contrário do que ocorre na legislação comum, **não** existe previsão legal de aumento de pena quando, em face da omissão, a vítima sofre

lesões graves ou **morre**. É evidente, entretanto, que o juiz deve levar em conta tais aspectos na fixação da pena-base, de acordo com o que prevê o art. 59 do Código Penal.

6. Tentativa

Tratando-se de crime omissivo próprio, **não** admite a forma **tentada**.

7. Infração de menor potencial ofensivo

Considerando que a pena máxima prevista em abstrato é de **1 ano**, o crime em análise enquadra-se no conceito **de infração de menor potencial ofensivo**. Por tal razão, o julgamento é feito no Juizado Especial Criminal e são cabíveis os benefícios da Lei n. 9.099/95, como a transação penal se o acusado for primário e de bons antecedentes.

8. Ação penal

É **pública incondicionada**.

7.2.4. Fuga do local do acidente

> **Art. 305.** Afastar-se o condutor do veículo do local do acidente, para fugir à responsabilidade penal ou civil que lhe possa ser atribuída:
> Penas — detenção, de seis meses a um ano, ou multa.

1. Objetividade jurídica

Cuida-se de infração penal que tutela a **administração da justiça**, que fica prejudicada pela fuga do agente do local do evento, uma vez que tal atitude impede sua identificação e a consequente apuração do ilícito nas esferas penal e civil. Não se trata de prisão por dívida, pois o agente é punido pelo artifício utilizado para burlar a administração da justiça, e não pela dívida decorrente da ação delituosa. Há, entretanto, quem sustente que o dispositivo em análise é **totalmente inaplicável**, porque a fuga para evitar a responsabilização **penal** já é prevista como causa de aumento de pena dos delitos culposos ou como crime autônomo de omissão de socorro, enquanto a punição por fuga destinada a evitar a responsabilização **civil** afrontaria o art. 5º, LXVII, da Constituição, que proíbe prisão por dívida (salvo nos casos de inadimplência de pensão alimentícia e de depositário infiel).

Existe corrente doutrinária e jurisprudencial no sentido de que a tipificação da fuga do local do acidente como crime fere o princípio do privilégio contra a autoincriminação, segundo o qual ninguém é obrigado a fazer prova contra si mesmo. O dispositivo seria, portanto, inconstitucional. Ocorre que, em 14 de novembro de 2018, o Plenário do Supremo Tribunal Federal, ao analisar o RE 971.959/RS, declarou a constitucionalidade do dispositivo, concluindo que o tipo penal não viola referido princípio. Eis a tese firmada pelo Pleno do Supremo Tribunal Federal, no seguinte sentido: "A regra que prevê o crime do art. 305 do Código de Trânsito Brasileiro (Lei n. 9.503/97) é constitucional, posto não infirmar o princípio da não incriminação, garantido o direito ao silêncio e ressalvadas as hipóteses de exclusão da tipicidade e da antijuridicidade" (Tema de Repercussão Geral n. 907).

2. Elementos do tipo

A conduta incriminada é o **afastamento**, a fuga do local do acidente, com a intenção de **não ser identificado** e, assim, não responder penal ou civilmente pelo ato.

3. Sujeito ativo

O **condutor** do veículo.

É evidente que todas as pessoas que tenham **estimulado** a fuga ou **colaborado** diretamente para que ela ocorresse responderão na condição de **partícipes**.

4. Sujeitos passivos

O Estado e, secundariamente, a pessoa prejudicada pela conduta.

5. Consumação

Com a fuga do local, ainda que o agente seja identificado e não atinja a sua finalidade de se eximir da responsabilidade pelo evento. Trata-se de crime **formal**.

6. Tentativa

É possível, desde que o agente não obtenha êxito em se afastar do local por circunstâncias alheias à sua vontade.

7. Concurso

O agente que comete um crime e foge do local responde pelos dois delitos em concurso material. Exs.: a) pessoa comete crime de homicídio com dolo eventual na condução do veículo e foge do local do acidente. Incorre nos crimes dos arts. 121 do CP e 305 do Código de Trânsito; b) pessoa embriagada colide com um muro de uma residência (provocando prejuízos) e foge. Responde pelos crimes de embriaguez ao volante (art. 306 do CTB) e fuga do local do acidente (art. 305).

Tem prevalecido na doutrina o entendimento de que não é possível a incidência do delito de fuga do local do acidente quando o agente causa culposamente um acidente com vítima e não a socorre, porque, em tal caso, já incide uma causa de aumento de pena no crime culposo, de forma que a tipificação do delito deste art. 305 constituiria *bis in idem*.

8. Infração de menor potencial ofensivo

Considerando que a pena máxima prevista em abstrato é de **1 ano**, o crime em análise enquadra-se no conceito **de infração de menor potencial ofensivo**. Por tal razão, o julgamento é feito no Juizado Especial Criminal e são cabíveis os benefícios da Lei n. 9.099/95, como a transação penal se o acusado for primário e de bons antecedentes.

9. Ação penal

É **pública incondicionada**.

7.2.5. Embriaguez ao volante

Art. 306. Conduzir veículo automotor com capacidade psicomotora alterada em razão da influência do álcool ou de outra substância psicoativa que determine dependência:

> Penas — detenção de seis meses a três anos, multa e suspensão ou proibição de se obter a permissão ou a habilitação para dirigir veículo automotor.
>
> § 1º As condutas previstas no *caput* serão constatadas por:
>
> I — concentração igual ou superior a 6 decigramas de álcool por litro de sangue ou igual ou superior a 0,3 miligrama de álcool por litro de ar alveolar; ou
>
> II — sinais que indiquem, na forma disciplinada pelo CONTRAN, alteração da capacidade psicomotora.
>
> § 2º A verificação do disposto neste artigo poderá ser obtida mediante teste de alcoolemia ou toxicológico, exame clínico, perícia, vídeo, prova testemunhal ou outros meios de prova em direito admitidos, observado o direito à contraprova.
>
> § 3º O CONTRAN disporá sobre a equivalência entre os distintos testes de alcoolemia ou toxicológicos para efeito de caracterização do crime tipificado neste artigo.
>
> § 4º Poderá ser empregado qualquer aparelho homologado pelo Instituto Nacional de Metrologia, Qualidade e Tecnologia — INMETRO — para se determinar o previsto no *caput*. (Incluído pela Lei n. 13.840, de 2019)

1. Objetividade jurídica

O art. 5º, *caput*, da Constituição Federal assegura que todos os cidadãos têm direito à segurança. O art. 1º, § 2º, do Código de Trânsito Brasileiro estabelece que "o trânsito, em condições seguras, é um direito de todos (...)", e em seu art. 28 dispõe que o motorista deve conduzir o veículo "com atenção e cuidados indispensáveis à segurança do trânsito". Assim, a **segurança viária** é o objeto jurídico **principal** do delito. O direito à vida e à saúde constituem proteção **secundária** do tipo penal.

2. Elementos do tipo

Durante muitos anos, a conduta de dirigir embriagado constituiu mera **contravenção de direção perigosa** (art. 34 da LCP).

Com a aprovação do Código de Trânsito Brasileiro, referida conduta foi erigida à categoria de **crime** (art. 306 do CTB). Para a configuração do delito, entretanto, não eram suficientes os sinais de embriaguez, exigindo o tipo penal que o condutor dirigisse o veículo de forma a **expor a dano potencial a incolumidade de outrem**. Assim, se o sujeito estivesse dirigindo corretamente ao ser parado por policiais, não incorreria no crime. A tipificação pressupunha uma direção **anormal** em razão da influência do álcool: em zigue-zague ou na contramão, dando "cavalo de pau", empinando motocicleta etc.

Posteriormente, a Lei n. 11.705/2008 (que ficou popularmente conhecida como "**Lei Seca**") retirou essa exigência, transformando em crime a conduta de dirigir veículo com concentração **de álcool por litro de sangue igual ou superior a seis decigramas**, independentemente de qualquer outro fator, ou seja, ainda que o acusado fosse parado em fiscalização de rotina, conduzindo o veículo normalmente. O legislador, ao aprovar tal lei, entendeu que o simples fato de estar com mencionada concentração de álcool no sangue é sempre suficiente para expor a perigo a segurança viária. Acontece que, por exigir uma concentração mínima de álcool no sangue, a comprovação do delito só poderia ser feita por exame de sangue ou pelo bafômetro (que atestam exatamente o volume de álcool no organismo do condutor), mas o Superior Tribunal de Justiça firmou entendimento de que os condutores não são obrigados a se submeter a tais exames em razão do princípio do "**privilégio contra a autoincriminação**", segundo o qual ninguém pode ser obrigado a **fazer prova contra si mesmo**. Com isso, na imensa maioria dos casos, os motoristas parados pela polícia passaram a se recusar a fazer os referidos exames, inviabilizando a comprovação do crime. Em razão disso, **em 21 de dezembro de 2012 foi publicada a "nova Lei Seca", ou seja, a Lei n. 12.760, que conferiu a atual redação do art. 306**.

De acordo com o texto legal em vigor, basta, para a existência do crime, que o agente esteja *dirigindo veículo automotor com capacidade psicomotora alterada em razão da influência do álcool ou de outra substância psicoativa que determine dependência* (maconha, cocaína, *crack*, *ecstasy* etc.).

O próprio texto legal considera **alterada a capacidade psicomotora** do condutor quando:

I — **houver concentração igual ou superior a 6 decigramas de álcool por litro de sangue ou igual ou superior a 0,3 miligrama de álcool por litro de ar alveolar**.

De acordo com o art. 306, § 2º, do Código de Trânsito, a verificação desses índices se dá mediante testes de alcoolemia — exame de sangue ou pelo aparelho conhecido como etilômetro (ou "bafômetro"), que analisa o ar alveolar (ar expelido pela boca). No caso do "bafômetro", a Resolução n. 432/2013 do CONTRAN admite pequena margem de erro nos aparelhos, de modo que o delito só estará configurado quando o aparelho marcar 0,34 miligramas de álcool por litro de ar ou mais (que, na prática, equivalerão aos 0,3 miligramas a que a lei se refere). A Lei n. 12.971/2014 acrescentou a possibilidade de a prova ser feita por meio de exame toxicológico (na saliva, suor, cabelos, pelos, urina).

II — **presentes sinais que indiquem referida alteração, na forma disciplinada pelo Contran**.

No caso do uso do álcool, esses sinais são a fala pastosa, o odor etílico característico, a alteração no equilíbrio ou na coordenação motora, a sonolência, os olhos vermelhos, os soluços, o comportamento alterado, a desordem nas vestes etc. A Resolução n. **432/2013 do CONTRAN regulamenta o tema** (sinais de embriaguez alcoólica).

A própria Lei n. 12.760/2012, que deu redação ao art. 306, § 1º, do Código de Trânsito, estabelece que a comprovação da existência desses sinais poderá ser obtida mediante exame **clínico, perícia, vídeo, prova testemunhal ou outros meios de prova em direito admitidos, observado o direito à contraprova**.

Com isso, se uma pessoa for abordada dirigindo veículo automotor e se **recusar** inicialmente a fornecer sangue ou a passar pelo exame do bafômetro, e a ela for dada voz de prisão em flagrante **por apresentar sinais que indiquem alteração na capacidade psicomotora em razão da influência do álcool**, embasada, por exemplo, no testemunho de policiais ou de exame clínico, poderá ela, de imediato, solicitar a **contraprova**, que se dará exatamente pela realização dos exames anteriores (de sangue ou bafômetro). Se tais exames resultarem **negativos**, a prisão deverá ser **relaxada**.

FORMAS DE CONSTATAÇÃO DA ALTERAÇÃO PSICOMOTORA PARA DIRIGIR

- concentração igual ou superior a 6 decigramas de álcool por litro de sangue ou igual ou superior a 0,3 miligrama de álcool por litro de ar alveolar, constatadas por exame de sangue, toxicológico ou etilômetro
- presença de sinais que indiquem referida alteração, na forma disciplinada pelo Contran (Resolução n. 432/2013)

Outro requisito do crime em questão é que o sujeito esteja **conduzindo veículo automotor**, ou seja, dirigindo, tendo sob seu controle direto os aparelhamentos de aceleração, freio e direção de um automóvel, ônibus, caminhão, trator, van, motocicleta etc. Considera-se ter havido condução, ainda que o veículo esteja desligado (mas em movimento) ou quando o agente se limita a efetuar uma pequena manobra.

Antes do advento da Lei n. 12.760/2012, que deu a atual redação ao art. 306, o crime somente se aperfeiçoava se a condução do veículo ocorresse em **via pública**, ou seja, em local aberto a qualquer pessoa, com acesso sempre permitido e por onde seja possível a passagem de veículo automotor (ruas, avenidas, vielas, passagens, alamedas, estradas, rodovias etc.). Por isso, se o fato ocorresse no interior de uma fazenda particular, no pátio de um posto de gasolina, no estacionamento de um *shopping center*, o fato era atípico. Atualmente, contudo, não mais é necessário que o fato ocorra em via pública.

3. Sujeito ativo

Qualquer pessoa.

4. Sujeito passivo

Considerando que o bem jurídico principal é a segurança viária, pode-se concluir que o interesse atingido é público, e, portanto, a **coletividade** é considerada sujeito passivo. Secundariamente, pode-se considerar como vítimas as pessoas eventualmente expostas a risco pela conduta no caso concreto.

5. Consumação

No momento em que o agente **dirige** o veículo, estando com a capacidade psicomotora alterada em razão do álcool ou outra substância psicoativa que determine dependência. Não é necessário que o motorista esteja conduzindo o veículo de forma anormal ou que tenha causado risco a pessoas determinadas, já que se trata de crime de perigo abstrato. Nesse sentido: "A espécie, segundo entendimento iterativo desta Corte, é de crime de perigo abstrato, sendo despicienda a demonstração da efetiva potencialidade lesiva da conduta do agente. Basta que esteja conduzindo veículo automotor sob a influência de álcool" (STJ — RHC 97.585/SP, Rel. Min. Maria Thereza de Assis Moura, 6ª Turma, julgado em 26/06/2018, *DJe* 02/08/2018); "O crime do artigo 306 do Código de Trânsito Brasileiro é de perigo abstrato, dispensando-se a demonstração da efetiva potencialidade lesiva da conduta daquele que conduz veículo em via pública com a concentração de álcool por litro de sangue maior do que a admitida pelo tipo penal. Precedentes" (STJ — AgRg no AREsp 1241914/SP, Rel. Min. Jorge Mussi, 5ª Turma, julgado em 19/06/2018, *DJe* 28/06/2018).

6. Tentativa

Não é admissível. Se o agente queria dirigir um automóvel, mas seus amigos esconderam a chave, o fato é considerado **atípico**.

7. Concurso

Com a entrada em vigor da Lei n. 13.546/2017, em 19 de abril de 2018, a embriaguez ao volante passou a constituir qualificadora dos crimes de homicídio culposo e de lesão culposa, desde que a lesão seja grave ou gravíssima. Em tais hipóteses não é possível a punição pelo crime de embriaguez ao volante, pois constituiria *bis in idem*. Quando se tratar de lesão culposa leve, o delito de embriaguez ao volante deve ser punido de forma autônoma porque os bens jurídicos são diversos e os momentos consumativos idem.

"É inviável o reconhecimento da consunção do delito previsto no art. 306, do CTB (embriaguez ao volante), pelo seu art. 303 (lesão corporal culposa na direção de veículo automotor), quando um não constitui meio para a execução do outro, mas evidentes infrações penais autônomas, que tutelam bens jurídicos distintos. Precedentes" (STJ — REsp 1.629.107/DF, Rel. Min. Ribeiro Dantas, 5ª Turma, julgado em 20/03/2018, *DJe* 26/03/2018).

"Inviável a aplicação do princípio da consunção ao caso, porquanto o crime de embriaguez na direção de veículo automotor não foi praticado como meio necessário para a execução do crime de lesão corporal. Precedentes" (STJ — AgRg no REsp 1.582.511/TO, Rel. Min. Joel Ilan Paciornik, 5ª Turma, julgado em 01/03/2018, *DJe* 14/03/2018).

"Segundo o entendimento que prevalece nesta Corte Superior de Justiça, 'os crimes de embriaguez ao volante e o de lesão corporal culposa em direção de veículo automotor são autônomos e o primeiro não é meio normal, nem fase de preparação ou execução para o cometimento do segundo, não havendo falar em aplicação do princípio da consunção. Precedentes.' (AgRg no REsp 1.688.517/MS, Rel. Min. Maria Thereza de Assis Moura, 6ª Turma, julgado em 07/12/2017, *DJe* 15/12/2017)" (STJ — AgRg no HC 442.850/MS, Rel. Min. Laurita Vaz, 6ª Turma, julgado em 25/09/2018, *DJe* 11/10/2018).

"O instituto previsto no art. 70 do Código Penal é aplicável aos casos em que o agente, mediante uma só ação, produz dois resultados lesivos diversos. 2. Na espécie, inviável a aplicação do concurso formal entre os crimes, pois houve duas condutas com dois resultados diversos: o agravante, ao conduzir o seu veículo com a capacidade psicomotora alterada pela ingestão de álcool, previamente consumou o delito de embriaguez ao volante (art. 306 do CTB) para só então, em outro momento, praticar o crime de lesão corporal culposa na condução de veículo automotor (art. 303 do CTB)" (STJ — AgRg no HC 479.135/SC, Rel. Min. Sebastião Reis Júnior, 6ª Turma, julgado em 11/12/2018, *DJe* 04/02/2019).

Note-se, no último julgado, que foi determinada a aplicação da regra do **concurso material** entre os crimes porque a consumação dos delitos ocorreu em momentos diferentes.

Existem, por sua vez, julgados aplicando o princípio da consunção e determinando a absorção do crime de embriaguez ao volante quando a denúncia imputa o crime culposo ao motorista unicamente em razão da embriaguez, hipótese em que constituiria a embriaguez ao volante elementar do crime culposo.

Se o crime for o de **lesão culposa** na direção de veículo automotor, o fato de o condutor estar embriagado ou drogado faz com que a ação penal, que em regra depende de representação, passe a ser **pública incondicionada** (art. 291, § 1º, I, do Código de Trânsito).

Em situações **extremadas**, em que a conduta do motorista embriagado é de tal forma inaceitável, tem-se admitido que responda por homicídio ou lesão corporal com **dolo eventual**. Ex.: motorista que dirige em estrada de pista simples com índice muito elevado de álcool no sangue, invadindo a pista contrária e causando a morte de outro motorista. O Supremo Tribunal Federal já firmou entendimento, entretanto, de que não é em todo e qualquer caso de homicídio causado por condutor, que se encontra sob os efeitos do álcool, que a conduta pode ser enquadrada como homicídio com dolo eventual. Assim, conforme salientado, apenas para casos extremados se admite tal capitulação.

Se o agente estiver embriagado e dirigir sem habilitação **gerando perigo de dano**, infringirá também o crime do art. 309 (direção não habilitada de veículo), de acordo com entendimento do Superior Tribunal de Justiça: "Os crimes previstos nos arts. 306 e 309 do CTB são autônomos, com objetividades jurídicas distintas, motivo pelo qual não incide o postulado da consunção. Dessarte, o delito de condução de veículo automotor sem habilitação não se afigura como meio necessário nem como fase de preparação ou de execução do crime de embriaguez ao volante (AgRg no REsp n. 745.604/MG, Ministro Reynaldo Soares da Fonseca, Quinta Turma, *DJe* 24/8/2018)" (AgRg no HC 465.408/MS, Rel. Min. Sebastião dos Reis Júnior, 6ª Turma, julgado em 11/12/2018, *DJe* 1º/2/2019).

O Superior Tribunal de Justiça tem entendido, ademais, que se trata de concurso **material** de crimes: "Descabe falar em *bis in idem* na fixação da pena-base, pois a condenação pelo art. 309 do CTB está fundada no fato do agente ter sido surpreendido sem carteira de habilitação, tratando-se, pois, de condutas típicas distintas, o que enseja a condenação pelos dois crimes, em concurso material" (HC 531.403/RJ, Rel. Min. Ribeiro Dantas, 5ª Turma, julgado em 15/10/2019, *DJe* 25/10/2019); "A condenação do paciente, em concurso material, pelos tipos dos arts. 306 e 309 do CTB alinha-se ao entendimento assente nesta Corte Superior sobre o assunto, no sentido de que os crimes em questão são autônomos, com objetividades jurídicas distintas, motivo pelo qual não incide o postulado da consunção, pois um delito não constituiu meio para a execução do outro. Precedentes." (HC 380.695/MS, Rel. Min. Reynaldo Soares da Fonseca, 5ª Turma, julgado em 20/4/2017, *DJe* 27/4/2017).

Se o condutor dirige sem habilitação **sem gerar perigo de dano**, não se tipifica o crime do art. 309. Por isso, se dirigir embriagado, incorrerá no crime de embriaguez ao volante com a pena exasperada em razão da **agravante genérica do art. 298, III, do Código de Trânsito**.

8. Ação penal

É pública incondicionada.

O delito de embriaguez ao volante tem pena máxima de **3 anos** e, por isso, **não constitui infração de menor potencial ofensivo**. Não é, portanto, cabível a transação penal. A suspensão condicional do processo, todavia, é cabível se o acusado for primário e de bons antecedentes, porque a pena **mínima não supera 1 ano**. A tramitação se dá no Juízo Comum.

7.2.6. Violação da suspensão ou proibição imposta

> **Art. 307**, *caput* — Violar a suspensão ou a proibição de se obter a permissão ou a habilitação para dirigir veículo automotor imposta com fundamento neste Código:
> Penas — detenção, de seis meses a um ano e multa, com nova imposição adicional de idêntico prazo de suspensão ou de proibição.

1. Objetividade jurídica

O **respeito** à penalidade imposta por transgressão cometida no trânsito.

2. Tipo objetivo

A conduta típica consistente em **violar** a **suspensão** ou **proibição** implica **dirigir** veículo automotor **durante o período** em que essa conduta está **vedada**. Ao contrário do que ocorre nas figuras penais do art. 309 do Código, basta a conduta de dirigir o veículo, **independente de se tratar de condução anormal**.

A pena de **suspensão** da permissão ou da habilitação pode ser imposta **judicial** ou **administrativamente** às pessoas legalmente habilitadas.

A suspensão **judicial** ocorre nas hipóteses em que o agente é condenado em definitivo pela prática de **crime** de trânsito para o qual é cominada essa modalidade de sanção penal (homicídio culposo, lesão culposa, embriaguez ao volante e participação em disputa não autorizada) ou, para as demais infrações penais, quando o acusado for **reincidente** na prática de crimes previstos no Código de Trânsito (art. 296). O **prazo** da suspensão é de 2 meses a 5 anos (art. 293, § 1º).

A suspensão **administrativa** será aplicada por decisão fundamentada da autoridade de trânsito competente, em processo administrativo, assegurado ao infrator amplo direito de defesa (art. 265).

De acordo com o art. 261 do CTB, com a redação que lhe foi dada pela Lei n. 13.281/2016, a penalidade de suspensão do direito de dirigir será imposta nos seguintes casos:

> I — sempre que o infrator atingir a contagem de 20 (vinte) pontos, no período de 12 (doze) meses, conforme a pontuação prevista no art. 259[4];
>
> II — por transgressão às normas estabelecidas neste Código, cujas infrações preveem, de forma específica, a penalidade de suspensão do direito de dirigir.

De acordo com o § 1º do referido art. 261, os prazos para aplicação da penalidade de suspensão do direito de dirigir são os seguintes:

> I — no caso do inciso I do *caput*: de seis meses a um ano e, no caso de reincidência no período de doze meses, de oito meses a dois anos;
>
> II — no caso do inciso II do *caput*: de dois a oito meses, exceto para as infrações com prazo descrito no dispositivo infracional, e, no caso de reincidência no período de doze meses, de oito a dezoito meses, respeitado o disposto no inciso II do art. 263.

A suspensão deve ser determinada, por exemplo, em casos de disputa de corrida, participação em competição não autorizada de exibição ou demonstração de perícia ou utilização de veículo para demonstrar ou exibir manobra perigosa, mediante arrancada brusca, derrapagem ou frenagem com deslizamento ou arrastamento de pneus (arts. 173, 174 e 175 do CTB). Em tais hipóteses, a reincidência, no prazo de doze meses, tem como consequência a cassação da habilitação, nos termos do art. 263, II, do CTB.

O Superior Tribunal de Justiça firmou entendimento no sentido de que o crime do art. 307 só se configura em caso de descumprimento de decisão **judicial de suspensão da habilitação**. Nesse sentido: "Com o desenvolvimento da legislação de trânsito, buscando resguardar a segurança viária, conter o crescimento no número de acidentes e retirar de circulação motoristas que punham em risco a vida e integridade física das demais pessoais, a suspensão da habilitação para dirigir veículo automotor, antes restrita a mera penalidade de cunho administrativo, passou a ser disciplinada como sanção criminal autônoma, tanto pelo Código Penal — CP, ao defini-la como modalidade de pena restritiva de direitos, como pelo Código de Trânsito Brasileiro — CTB, ao definir penas para os denominados 'crimes de trânsito'. 2. Assim, nos termos do art. 292 do CTB, a suspensão da habilitação para dirigir veículo automotor pode ser imputada como espécie de sanção penal, aplicada isolada ou cumulativamente com outras penas. 3. Dada a natureza penal da sanção, somente a decisão lavrada por juízo penal pode ser objeto do descumprimento previsto no tipo do art. 307, *caput*, do CTB, não estando ali abrangida a hipótese de descumprimento de decisão administrativa, que, por natureza, não tem o efeito de coisa julgada e, por isso, está sujeita à revisão da via judicial. 4. *In casu*, a conduta de violar decisão administrativa que suspendeu a habilitação para dirigir veículo automotor não configura o crime do art. 307, *caput*, do

---

4 A partir de 12 de abril de 2021, em razão da entrada em vigor da Lei n. 14.071/2020, a redação do art. 261, I, passou a ser a seguinte:

"I — sempre que, conforme a pontuação prevista no art. 259 deste Código, o infrator atingir, no período de 12 (doze) meses, a seguinte contagem de pontos:

a) 20 (vinte) pontos, caso constem 2 (duas) ou mais infrações gravíssimas na pontuação;

b) 30 (trinta) pontos, caso conste 1 (uma) infração gravíssima na pontuação;

c) 40 (quarenta) pontos, caso não conste nenhuma infração gravíssima na pontuação;".

CTB, embora possa constituir outra espécie de infração administrativa, segundo as normas correlatas. 5. Ordem concedida para anular a condenação do paciente e determinar o trancamento do procedimento penal que já se encontra em fase de execução" (STJ — HC 427.472/SP, Rel. Min. Maria Thereza de Assis Moura, 6ª Turma, julgado em 23/08/2018, *DJe* 12/12/2018); "1. Da leitura do art. 307 do Código de Trânsito Brasileiro verifica-se que o objeto jurídico tutelado pela norma incriminadora é a administração da justiça, vale dizer, trata-se de infração penal que busca dar efetividade e real cumprimento a sanção cominada em outro delito de trânsito. Doutrina. 2. A mera suspensão administrativa do direito de dirigir não configura o crime em questão, notadamente porque no Direito Penal não se admite o emprego da analogia de modo a prejudicar o réu. Precedente. 3. Na espécie, tem-se que o recorrente estava impedido de conduzir veículos automotores em razão de decisão administrativa, conduta que, como visto, não viola o bem jurídico tutelado pela norma prevista no art. 307 do Código de Trânsito Brasileiro, o que revela a sua atipicidade e impõe o trancamento do processo, no ponto. 4. Recurso provido para determinar o trancamento da ação penal instaurada contra o recorrente no tocante ao crime de trânsito" (STJ — RHC 99.585/PR, Rel. Min. Jorge Mussi, 5ª Turma, julgado em 19/03/2019, *DJe* 26/03/2019). No mesmo sentido, veja-se AgRg no REsp 1798124/RS, Rel. Min. Reynaldo Soares da Fonseca, 5ª Turma, julgado em 02/04/2019, *DJe* 16/04/2019.

A pena de **proibição**, por sua vez, pressupõe que o agente não possua a permissão ou habilitação e somente é aplicável **judicialmente** às pessoas que cometam **crime** do Código para os quais haja previsão legal dessa espécie de reprimenda.

Ao condenado por infração a este art. 307 do Código Penal, o juiz imporá **novo prazo** de suspensão ou proibição de obter a permissão ou habilitação pelo **mesmo prazo** anteriormente imposto.

3. Sujeito ativo

Apenas as pessoas que estejam proibidas de obter a permissão ou habilitação, ou com tal direito suspenso. Trata-se de crime **próprio**.

4. Sujeito passivo

O **Estado**, em face do desrespeito à penalidade imposta.

5. Consumação

Com a simples conduta de dirigir, colocar o veículo em movimento, independentemente da provocação de perigo a outrem.

6. Tentativa

É inadmissível. Se o agente coloca o veículo em movimento, o crime está consumado; caso contrário, o fato é penalmente irrelevante.

7. Infração de menor potencial ofensivo

Considerando que a pena máxima prevista em abstrato é de **1 ano**, o crime em análise enquadra-se no conceito **de infração de menor potencial ofensivo**. Por tal razão, o julgamento é feito no Juizado Especial Criminal e são cabíveis os benefícios da Lei n. 9.099/95, como a transação penal se o acusado for primário e de bons antecedentes.

8. Ação penal

É **pública incondicionada**.

7.2.7. Omissão na entrega da permissão ou habilitação

> **Art. 307, parágrafo único.** Nas mesmas penas incorre o condenado que deixa de entregar, no prazo estabelecido no § 1º do art. 293, a Permissão para Dirigir ou a Carteira de Habilitação.

1. Objetividade jurídica

O **prestígio** e a **dignidade** da Administração Pública e das **decisões judiciais**.

2. Elementos do tipo

Trata-se de conduta típica que, ao ser realizada, torna o sujeito necessariamente **reincidente**, uma vez que o legislador tipificou, como delito autônomo, o fato de não colaborar com o cumprimento da pena anteriormente imposta em razão de condenação por outro crime de trânsito. Perceba-se que, ao contrário do que ocorre no crime previsto no *caput*, a conduta incriminada dispensa a transgressão efetiva à penalidade imposta. Basta, em verdade, que o agente **não colabore com o início do cumprimento da reprimenda, deixando de entregar à autoridade judiciária, no prazo de 48 horas a contar da intimação, a Permissão para Dirigir ou a Carteira de Habilitação**.

3. Sujeito ativo

O **condenado** que, **intimado**, deixa de apresentar a Permissão ou Carteira de Habilitação à autoridade judiciária. Trata-se de crime **próprio**.

4. Sujeito passivo

O **Estado**, titular da atividade administrativa e da autoridade.

5. Consumação

No momento em que decorre o prazo de **quarenta e oito horas a contar da intimação**.

6. Tentativa

Por se tratar de crime **omissivo próprio**, não admite a figura do *conatus*.

7. Infração de menor potencial ofensivo

Considerando que a pena máxima prevista em abstrato é de **1 ano**, o crime em análise enquadra-se no conceito **de infração de menor potencial ofensivo**. Por tal razão, o julgamento é feito no Juizado Especial Criminal e são cabíveis os benefícios da Lei n. 9.099/95, como a transação penal se o acusado for primário e de bons antecedentes.

8. Ação penal

É **pública incondicionada**.

7.2.8. Participação em competição não autorizada

> **Art. 308.** Participar, na direção de veículo automotor, em via pública, de corrida, disputa ou competição automobilística ou ainda de exibição ou demonstração de perícia em manobra de veículo automotor, não autorizada pela autoridade competente, gerando situação de risco à incolumidade pública ou privada:
> Penas — detenção, de seis meses a três anos, multa e suspensão ou proibição de se obter a permissão ou a habilitação para dirigir veículo automotor.
> § 1º Se da prática do crime previsto no *caput* resultar lesão corporal de natureza grave, e as circunstâncias demonstrarem que o agente não quis o resultado nem assumiu o risco de produzi-lo, a pena privativa de liberdade é de reclusão, de três a seis anos, sem prejuízo das outras penas previstas neste artigo.
> § 2º Se da prática do crime previsto no *caput* resultar morte, e as circunstâncias demonstrarem que o agente não quis o resultado nem assumiu o risco de produzi-lo, a pena privativa de liberdade é de reclusão de cinco a dez anos, sem prejuízo das outras penas previstas neste artigo.

1. Objetividade jurídica

A **segurança viária**. O elevado índice de acidentes graves decorrentes de disputas automobilísticas conhecidas como "rachas" ou "pegas" levou o legislador a deslocar a conduta, que antes configurava mera **contravenção de direção perigosa**, para a parte penal do Código de Trânsito, transformando-a em crime.

2. Elementos do tipo

A **conduta típica é participar de competição não autorizada**, que pressupõe que o agente se envolva, tome parte na disputa, **estando na direção de veículo automotor**.

A lei refere-se, inicialmente, a **corrida**, **disputa** ou **competição automobilística**, de forma a abranger o maior número possível de condutas: disputa em velocidade por um determinado percurso, envolvendo dois ou mais veículos; tomada de tempo entre vários veículos, ainda que cada *performance* seja individual; disputa de acrobacias (freadas, cavalos de pau, direção sobre uma única roda no caso de motocicleta etc.).

A Lei n. 13.546/2017 modificou a redação do dispositivo que passou também a incriminar as exibições ou demonstrações de perícia em manobra de veículo automotor, como cavalos de pau por exemplo, desde que não haja autorização e que o fato provoque risco à incolumidade pública ou privada. Nestas novas modalidades, não é necessário que haja uma disputa ou competição.

Para que o crime se aperfeiçoe, o tipo penal exige outros três requisitos:

a) **que a competição ocorra na via pública**, ou seja, em local aberto a qualquer pessoa, cujo acesso seja sempre permitido e por onde seja possível a passagem de veículos automotores (ruas, alamedas, avenidas, passagens, vielas, estradas, rodovias etc.). As ruas dos condomínios particulares, nos termos da Lei n.

6.766/79, pertencem ao Poder Público e, portanto, a participação em competição não autorizada nesses locais constitui crime. De outro lado, não se considera via pública o interior de fazenda particular, o interior de estacionamentos particulares de veículos ou de *shopping centers* etc.;

b) **que não haja autorização das autoridades competentes para sua realização**;

c) **que a disputa provoque dano potencial à incolumidade pública ou privada**.

É desnecessário provar que pessoa **certa** e **determinada** tenha sido exposta a **perigo**. Na realidade, a disputa entre dois veículos em altíssima velocidade na via pública, por si só, rebaixa o nível de segurança viária, de modo a caracterizar a infração penal. Basta à acusação provar que a disputa foi realizada de maneira a atentar contra as normas de segurança do trânsito para ser possível a condenação.

Para a configuração do delito, tampouco se exige que o agente queira gerar perigo a outrem ou à coletividade. Basta a vontade livre e consciente de participar da disputa, corrida ou competição.

Com a entrada em vigor da Lei n. 13.546/2017 (120 dias após sua publicação — em 20 de dezembro de 2017), também estará caracterizado o delito, ainda que não haja uma competição, caso o agente realize exibição ou demonstração de perícia em manobra em via pública, sem licença da autoridade, desde que o fato gere risco à incolumidade pública ou privada.

3. Sujeito ativo

Qualquer pessoa. Quando a disputa envolve dois ou mais veículos, haverá **concurso** entre os condutores. Espectadores e passageiros que estimulem a corrida serão também responsabilizados na condição de **partícipes** (art. 29 do CP).

4. Sujeitos passivos

A coletividade e, de forma secundária e eventual, as pessoas expostas a risco em virtude da disputa.

5. Consumação

No momento em que se inicia a disputa, corrida ou competição não autorizada.

6. Tentativa

É inadmissível. Se duas pessoas combinam tirar um racha em certo local, mas lá chegando percebem que existe fiscalização que inviabiliza sua realização, o fato é atípico. O acerto para a realização do racha e o deslocamento até o local constituem atos preparatórios. O início de execução é o começo da disputa e coincide com a consumação.

7. Absorção e concurso

Se em decorrência da disputa ocorre um acidente do qual resulta a morte, será aplicada a qualificadora do crime em estudo (art. 308, § 2º) — ver comentários abaixo — ou, ainda, dependendo do caso concreto (modo como se desenrolou a disputa), responderá o motorista por homicídio **doloso**, pois não é demasiado entender que pessoas que se dispõem a tomar parte em disputas, imprimindo velocidade extremamente acima do limite e ainda em locais públicos, **assumem o risco** de causar a morte de outrem (dolo eventual). Existem diversos casos em que houve condenações por homicídio com dolo eventual e que foram mantidas pelos tribunais superiores.

A propósito:

> "1. Consoante já se manifestou esta Corte Superior de Justiça, a qualificadora prevista no inciso IV do § 2º do art. 121 do Código Penal é, em princípio, compatível com o dolo eventual, tendo em vista que o agente, embora prevendo o resultado morte, pode, dadas as circunstâncias do caso concreto, anuir com a sua possível ocorrência, utilizando-se de meio que surpreenda a vítima. Precedentes. 2. Na hipótese, os réus, no auge de disputa automobilística em via pública, não conseguiram efetuar determinada curva, perderam o controle do automóvel e o ora Paciente atingiu, de súbito, a vítima, colidindo frontalmente com a sua motocicleta, ocasionando-lhe a morte. 3. Nesse contexto, não há como afastar, de plano, a qualificadora em questão, uma vez que esta não se revela, de forma incontroversa, manifestamente improcedente. 4. Ordem denegada" (STJ — HC 120.175/SC, Rel. Min. Laurita Vaz, 5ª Turma, julgado em 02/03/2010, *DJe* 29/03/2010); **e** "A conduta social desajustada daquele que, agindo com intensa reprovabilidade ético-jurídica, participa, com o seu veículo automotor, de inaceitável disputa automobilística realizada em plena via pública, nesta desenvolvendo velocidade exagerada — além de ensejar a possibilidade de reconhecimento do dolo eventual inerente a esse comportamento do agente —, justifica a especial exasperação da pena, motivada pela necessidade de o Estado responder, grave e energicamente, a atitude de quem, em assim agindo, comete os delitos de homicídio doloso e de lesões corporais" (STF — HC 71.800, Rel. Min. Celso de Mello, 1ª Turma, julgado em 20/06/1995, *DJ* 03/05/1996, p. 13899).

No caso do dolo eventual decorrente de disputas não autorizadas, a questão gera alguma polêmica em torno da tipificação quando a vítima não morre, mas fica, por exemplo, paraplégica. Para alguns, não existe incompatibilidade entre o dolo eventual e a forma tentada, de modo que o agente deve responder por crime de homicídio doloso tentado. De acordo com Nélson Hungria[5], "se o agente aquiesce no advento do resultado específico do crime, previsto como possível, é claro que este entre na órbita de sua volição (...); logo, se, por circunstâncias fortuitas, tal resultado não ocorre, é inegável que o agente deve responder por tentativa". No mesmo sentido: "1. As circunstâncias delineadas na pronúncia podem caracterizar o dolo eventual, já que é possível que o agente tenha assumido o risco de produzir o resultado morte, ainda que sem intenção de provocar o dano, mas com ele consentindo (...) Esta Corte Superior de Justiça já se posicionou no sentido da compatibilidade entre o dolo eventual e o crime tentado. Precedentes" (STJ — AgRg no REsp 1.199.947/DF, Rel. Min. Laurita Vaz, 5ª Turma, julgado em 11/12/2012, *DJe* 17/12/2012); **e** "Admissível a forma tentada do crime cometido com dolo eventual, já que plenamente equiparado ao dolo direto; inegável que se arriscar conscientemente a produzir um evento equivale tanto quanto querê-lo" (STJ — RHC 6.797/RJ, Rel. Min. Edson Vidigal, 5ª Turma, julgado em 16/12/1997, *DJ* 16/02/1998, p. 114). Há, porém, os que defendem que, se a vítima

---

[5] HUNGRIA, Nélson. *Comentários ao Código Penal*. 4. ed. Rio de Janeiro: Forense, 1958. v. 1, t. II, p. 90.

sofreu lesões corporais graves (ou gravíssimas), o agente deve responder por crime de lesão grave (ou gravíssima), com dolo eventual. De acordo com esse entendimento, no dolo eventual o agente assume o risco de provocar o resultado, e, no caso concreto, o resultado foi uma lesão corporal (grave ou gravíssima). Não há que se falar em tentativa de homicídio, porque, nesta, o agente não consegue consumar o delito por circunstâncias alheias à sua **vontade** — o que denotaria dolo direto (vontade de matar).

Quando **três ou mais pessoas** se unem para, **frequentemente**, realizar em via pública rachas ou outras disputas não autorizadas, podem ser punidas também por crime de **associação criminosa** (art. 288 do CP com a redação dada pela Lei n. 12.850/2013), em concurso **material** com o delito deste art. 308 do Código de Trânsito.

▪ Morte culposa em decorrência de disputa, competição ou corrida não autorizada

Conforme explicado no tópico anterior, quando dois ou mais motoristas resolvem disputar corrida em **via pública**, imprimindo velocidade **extremamente elevada** para o local, e disso decorre colisão, capotamento ou atropelamento com resultado morte (de um dos competidores, de passageiro ou de terceiro), o fato é enquadrado como homicídio com **dolo eventual**.

Excepcionalmente, entretanto, o evento morte pode ser decorrência **culposa** de uma disputa não autorizada — caso a conduta não seja considerada extremada. Em tais casos, pela redação originária do Código de Trânsito, o agente responderia apenas por homicídio culposo.

O legislador, então, visando punição mais rigorosa para esses casos **preterdolosos** (dolo na competição não autorizada e **culpa** no evento morte), aprovou a Lei n. 12.971/2014, tornando qualificado o crime do art. 308 quando dele decorre a morte culposa da vítima. Note-se que o texto legal é claro no sentido de que o evento morte não pode ter sido provocado de forma dolosa: "Se da prática do crime previsto no *caput* resultar morte, e as circunstâncias demonstrarem que o agente não quis o resultado nem assumiu o risco de produzi-lo, a pena privativa de liberdade é de reclusão de cinco a dez anos, sem prejuízo das outras penas previstas neste artigo" (art. 308, § 2º). Não são raros os casos de competição de "empinadas" de motocicletas ou de outros tipos de malabarismos em veículos (cavalos de pau, cantadas de pneu etc.). Se tais condutas forem realizadas durante competição **não autorizada** e delas resultar culposamente a morte de outrem, haverá enquadramento na figura qualificada do art. 308, § 2º.

Resumindo:

a) se **havia autorização** para a disputa e a morte decorre de conduta culposa, configura-se apenas o delito de homicídio culposo (art. 302, *caput*). Saliente-se que o fato de haver autorização para a disputa não exclui a possibilidade de um dos competidores ter agido com imprudência;

b) se **não havia autorização** e o evento morte é consequência **culposa** da disputa, configura-se o crime preterdoloso qualificado do art. 308, § 2º, do CTB. Caso a vítima tenha sofrido **lesão grave** como consequência culposa da competição não autorizada, aplica-se a qualificadora do art. 308, § 1º (pena de reclusão, de 3 a 6 anos);

c) se o agente assumiu o risco de provocar a morte em razão da competição não autorizada, responde por homicídio doloso. É o que ocorre, por exemplo, quando a competição não autorizada é um "racha", um "pega", em altíssima velocidade em via pública.

8. Infração de menor potencial ofensivo

Antes da entrada em vigor da Lei n. 12.971/2014, o crime em estudo tinha pena máxima em abstrato de 2 anos, sendo enquadrado como **infração de menor potencial ofensivo** e, por isso, julgado no Jecrim. A partir de 1º de novembro de 2014, a pena máxima de tal delito passou a ser de **3 anos**, deixando, assim, de ser considerado de menor potencial ofensivo. Por tal razão, não é mais vedada a lavratura do auto de prisão, bem como não é mais cabível a transação penal. A ação, por sua vez, tramitará perante o juízo comum.

9. Ação penal

É **pública incondicionada**.

7.2.9. Direção de veículo sem permissão ou habilitação

> **Art. 309.** Dirigir veículo automotor, em via pública, sem a devida Permissão para Dirigir ou Habilitação ou, ainda, se cassado o direito de dirigir, gerando perigo de dano:
> Penas — detenção, de seis meses a um ano, ou multa.

1. Objetividade jurídica

A **segurança viária**.

A conduta de dirigir veículo sem habilitação, anteriormente definida como simples contravenção penal (art. 32 da LCP), foi elevada à categoria de crime, sofrendo, entretanto, algumas alterações quanto a seus requisitos.

2. Elementos do tipo

A **conduta típica é dirigir**, que significa ter sob seu controle os mecanismos de direção e velocidade de um veículo, **colocando-o em movimento por um determinado trajeto**. É necessário, ainda, que o fato ocorra em **via pública** (*v.* comentários ao art. 308).

Para que exista o crime, é necessário que o condutor do veículo **não** possua **Permissão** para Dirigir (documento válido por um ano aos candidatos aprovados nos exames) ou **Habilitação**.

Deve-se levar em conta o **momento** em que o agente é flagrado dirigindo, de nada adiantando a obtenção posterior da Permissão ou Habilitação.

No caso de Habilitação com prazo de validade expirado, somente se pode cogitar de crime se o vencimento ocorreu há mais de **trinta dias** (art. 162, V), pois, antes de tal prazo, o fato nem sequer configura infração administrativa.

Se o agente está com a Permissão ou a Habilitação **suspensas**, a conduta tipifica o crime do art. 307.

Existe também o delito, se o agente é habilitado para conduzir veículo de **uma determinada categoria** e é flagrado dirigindo veículo de **outra** (art. 143). Ex.: a pessoa é habilitada somente para dirigir automóveis e é flagrada dirigindo motocicleta ou caminhão.

Quando uma pessoa está dirigindo veículo de forma a gerar perigo de dano e, ao ser parado por policiais, **apresenta habilitação falsa**, responde pelo crime do art. 309 do Código de Trânsito em concurso **material** com o crime de **uso de documento falso** (art. 304 do CP).

Há de se lembrar que o **estado de necessidade** exclui o crime: quando o agente dirige sem habilitação para socorrer pessoa adoentada ou acidentada que necessite de atendimento médico, ou, ainda, em outras situações de extrema urgência.

O art. 141 da Lei n. 9.503/97 estabelece que, para os ciclomotores, exige-se **autorização** para dirigir, e não habilitação. Pode-se concluir, portanto, que a direção de ciclomotor **sem autorização** não está abrangida pelo tipo penal. De acordo com a definição constante do Anexo I do Código de Trânsito Brasileiro, ciclomotor é o veículo de duas ou três rodas, provido de motor de combustão interna, cuja cilindrada não exceda a 50 cm^3 (cinquenta centímetros cúbicos), equivalente a 3,05 pol^3 (três polegadas cúbicas e cinco centésimos), ou de motor de propulsão elétrica com potência máxima de 4 kW (quatro quilowatts), e cuja velocidade máxima de fabricação não exceda a 50 Km/h (cinquenta quilômetros por hora). A propósito: "O Agente que, sem possuir habilitação legal, é surpreendido pilotando ciclomotor na via pública não pratica o crime do art. 309 do Código de Trânsito Brasileiro, pois tal dispositivo legal não se aplica a veículos dessa natureza, já que, nos termos do art. 141 do mesmo diploma legal, para a condução de ciclomotores, exige-se apenas 'autorização'" (Tacrim/SP, Rel. Lopes da Silva, j. 20/06/2000, Rolo-flash 1331/199).

Existe crime, também, na conduta de dirigir veículo pela via pública com o direito de dirigir **cassado**, nas hipóteses do art. 263 do Código. A cassação é aplicada por decisão fundamentada da autoridade de trânsito competente, em processo administrativo, assegurado ao infrator amplo direito de defesa. Após dois anos, o agente pode obter a reabilitação, submetendo-se a todos os exames necessários à habilitação, na forma estabelecida pelo CONTRAN (art. 263, § 2º, do CTB).

Por fim, a existência do crime pressupõe que a conduta provoque **perigo de dano**. Basta, entretanto, demonstrar que o agente conduzia o veículo sem habilitação e de forma **anormal**, irregular, de modo a atingir negativamente o **nível de segurança de trânsito**, que é o objeto jurídico tutelado pelo dispositivo (dirigir na contramão, em zigue-zague, desrespeitando preferencial etc.). É, portanto, desnecessário que se prove que certa **pessoa** sofreu efetiva situação de risco, pois **não** se trata de crime de perigo **concreto**. Trata-se de crime que lesa o bem jurídico "segurança viária", de forma que o sujeito passivo é toda a coletividade, e não pessoa certa e individualizada. À acusação, portanto, incumbe provar que o agente não possuía habilitação e que dirigia desrespeitando as normas de tráfego, **ainda que não tenha exposto diretamente alguém a risco**.

- **Contravenção de direção de veículo sem habilitação**

Questão muito importante é saber se o art. 32 da Lei das Contravenções continua em vigor para a hipótese em que o agente conduz **regularmente** veículo em via pública, sem possuir a habilitação.

A resposta é **negativa**.

Com efeito, a simples conduta de dirigir sem habilitação passou a configurar apenas infração **administrativa** (art. 162, I), demonstrando que o legislador quis afastar a incidência de normas penais para o caso.

Pela sistemática antiga, o ato de dirigir sem habilitação configurava, concomitantemente, a contravenção penal do art. 32 e a infração administrativa prevista no art. 89, I, do antigo Código Nacional de Trânsito. O novo Código, entretanto, tratou tanto da questão administrativa quanto da penal, dispondo que, se a conduta gerar perigo de dano, haverá crime, mas, se não gerar, haverá mera infração administrativa. Assim, atento ao que dispõe o art. 2º, § 1º, da Lei de Introdução às Normas do Direito Brasileiro, no sentido de que há revogação tácita quando a lei posterior trata de toda a matéria e de forma diversa da anterior, pode-se concluir que o novo Código, ao dispor em seu corpo sobre matéria penal e também administrativa, revogou o art. 32 da Lei das Contravenções Penais no que se refere à direção sem habilitação. Nesse sentido, a Súmula 720 do Supremo Tribunal Federal: "o art. 309 do Código de Trânsito Brasileiro, que reclama decorra do fato perigo de dano, derrogou o art. 32 da Lei das Contravenções Penais no tocante à direção sem habilitação em vias terrestres". Assim, o art. 32 só continua a ter aplicação em sua parte final, isto é, para hipóteses de direção de **embarcação a motor em águas públicas, sem habilitação**.

3. Sujeito ativo

Qualquer pessoa. Trata-se de crime de **mão própria**, que admite o concurso de pessoas apenas na modalidade de **participação**, sendo incompatível com a coautoria. É partícipe do crime aquele que, por exemplo, estimula ou instiga o agente a dirigir de forma **anormal**, ciente de que este não é habilitado. Quem **entrega** o veículo a pessoa não habilitada comete crime específico previsto no art. 310.

4. Sujeitos passivos

A coletividade e, de forma secundária e eventual, as pessoas expostas a perigo pelo agente.

5. Consumação

Dá-se no instante em que o agente dirige o veículo de forma irregular.

6. Tentativa

É inadmissível.

7. Absorção e concurso de crimes

Se o agente estiver embriagado e dirigir sem habilitação **gerando perigo de dano,** infringirá também o crime do art. 306 (embriaguez ao volante), de acordo com entendimento do Superior Tribunal de Justiça: "Os crimes previstos nos arts. 306 e 309 do CTB são autônomos, com objetividades jurídicas distintas, motivo pelo qual não incide o postulado da consunção. Dessarte, o delito de condução de veículo automotor sem habilitação não se afigura como meio necessário nem como fase de preparação ou de execução do crime de embriaguez ao volante (AgRg no REsp n. 745.604/MG, Ministro Reynaldo Soares da Fonseca, Quinta Turma, *DJe* 24/8/2018)" (AgRg no HC 465.408/MS, Rel. Min. Sebastião dos Reis Júnior, 6ª Turma, julgado em 11/12/2018, *DJe* 01/02/2019).

Se o condutor dirige sem habilitação **sem gerar perigo de dano**, não se tipifica o crime do art. 309. Por isso, se dirigir embriagado, incorrerá no crime de embriaguez ao volante com a pena exasperada em razão da **agravante genérica do art. 298, III, do Código de Trânsito**.

Se a pessoa não habilitada comete homicídio ou lesão culposa, incorre nesses crimes, com a pena aumentada de um terço até metade pela falta de habilitação (arts. 302, § 1º, I, e 303, parágrafo único).

8. Infração de menor potencial ofensivo

Considerando que a pena máxima prevista em abstrato é de **1 ano**, o crime em análise enquadra-se no conceito **de infração de menor potencial ofensivo**. Por tal razão, o julgamento é feito no Juizado Especial Criminal e são cabíveis os benefícios da Lei n. 9.099/95, como a transação penal se o acusado for primário e de bons antecedentes.

9. Ação penal

É **pública incondicionada**.

■ 7.2.10. Entrega de veículo a pessoa não habilitada

> **Art. 310.** Permitir, confiar ou entregar a direção de veículo automotor a pessoa não habilitada, com habilitação cassada ou com o direito de dirigir suspenso, ou, ainda, a quem, por seu estado de saúde, física ou mental, ou por embriaguez, não esteja em condições de conduzi-lo com segurança:
> Penas — detenção, de seis meses a um ano, ou multa.

1. Objetividade jurídica

A segurança viária.

2. Tipo objetivo

As condutas são **permitir**, **confiar** ou **entregar** a direção de veículo automotor a alguém. Essas condutas possuem praticamente o mesmo significado.

Entregar significa passar o veículo às mãos ou à posse de alguém. A conduta pressupõe a **entrega material** do automóvel, da motocicleta etc. Nas modalidades permitir e confiar, o agente **expressa** ou **tacitamente** consente no uso do veículo. O crime, portanto, pode ser praticado por **ação** ou por **omissão**.

Apesar de não haver menção no texto legal, é necessário que a pessoa receba o veículo para conduzi-lo na **via pública**, uma vez que essa é a sistemática adotada pelo Código.

Para que o crime se aperfeiçoe, é necessário que o veículo seja franqueado a uma das pessoas enumeradas no tipo penal:

a) **pessoa não habilitada**. Apesar do texto legal, é evidente que não há crime quando quem recebe o veículo possui Permissão para dirigir (embora não seja habilitada);

b) **pessoa com habilitação cassada ou direito de dirigir suspenso**;

c) **pessoa que por seu estado de saúde física ou mental não esteja em condições de dirigir com segurança**;

d) **pessoa que não esteja em condições de dirigir com segurança por estar embriagada**.

A lei erigiu à categoria de crime autônomo, no art. 310, condutas que, na ausência do dispositivo, configurariam participação nos crimes de dirigir sem habilitação ou de embriaguez ao volante. Quis, entretanto, o legislador estabelecer a divisão para deixar evidente a existência do crime por parte de quem entrega o veículo, ainda que o condutor dirija de forma regular (tipificação que seria impossível para o mero partícipe). A propósito: "A conduta de quem confia ou entrega a direção de veículo automotor a pessoa não habilitada subsume-se, agora, na figura típica descrita no seu artigo 310, que, ao contrário do que ocorre com o delito do art. 309, prescinde do exame de qualquer perigo concreto resultante da ação incriminada" (Tacrim/SP, Rec. 1136657/6, Rel. Érix Ferreira); **e** "Antes da entrada em vigor do Código de Trânsito Brasileiro, respondia como coautor da infração prevista no art. 32 da LCP quem entregasse a direção de veículo automotor a pessoa inabilitada. Hoje tal situação configura o crime do art. 310 da Lei n. 9.503/97, sendo certo que, se o motorista, nesta hipótese, dirigir de forma prudente e regular, não pratica ilícito nenhum. Já quem lhe emprestou o automóvel, independentemente da existência do perigo de dano, por estar a situação fora de seu domínio, comete o crime mencionado" (Tacrim/SP, RHC, Rel. Péricles Piza, *RJTACrim* 43/345). Nesse sentido, existe a Súmula n. 575 do Superior Tribunal de Justiça: "Constitui crime a conduta de permitir, confiar ou entregar a direção de veículo automotor a pessoa que não seja habilitada, ou que se encontre em qualquer das situações previstas no artigo 310 do CTB, independentemente da ocorrência de lesão ou de perigo de dano concreto na condução do veículo".

3. Sujeito ativo

Qualquer pessoa que possa permitir, confiar ou entregar o veículo a outrem.

4. Sujeito passivo

A coletividade.

5. Consumação

Quando, após ter recebido o veículo do agente, ou a permissão para usá-lo, o **terceiro coloca o veículo em movimento**. Essa parece a solução mais adequada, pois, antes de o sujeito colocar o veículo em movimento, é possível que o agente mude de ideia e impeça a sua condução.

6. Tentativa

Somente será possível o seu reconhecimento se o terceiro for impedido de dirigir em momento **imediatamente anterior** àquele em que iria colocar o veículo em movimento, *v.g.*, se já havia acionado o motor de um automóvel, mas ainda não havia saído do local, quando veio a ser abordado por policiais. Antes disso, não se pode afirmar ter havido início de execução.

7. Infração de menor potencial ofensivo

Considerando que a pena máxima prevista em abstrato é de **1 ano**, o crime em análise enquadra-se no conceito de **infração de menor potencial ofensivo**. Por tal razão, o julgamento é feito no Juizado Especial Criminal e são cabíveis os benefícios da Lei n. 9.099/95, como a transação penal se o acusado for primário e de bons antecedentes.

8. Ação penal

É **pública incondicionada**.

7.2.11. Excesso de velocidade em determinados locais

> **Art. 311.** Trafegar em velocidade incompatível com a segurança nas proximidades de escolas, hospitais, estações de embarque e desembarque de passageiros, logradouros estreitos, ou onde haja grande movimentação ou concentração de pessoas, gerando perigo de dano:
> Penas — detenção de seis meses a um ano, ou multa.

1. Objetividade jurídica

A **segurança viária**.

O legislador, preocupado em proteger a segurança viária de locais onde exista elevado número de pessoas, criminalizou a conduta **de imprimir velocidade incompatível em suas proximidades**. Entretanto, teria agido melhor se tivesse dado redação mais genérica ao dispositivo, de forma a abranger quaisquer manobras perigosas na direção do veículo, realizadas nas proximidades de hospitais, escolas etc. Dessa forma, como a lei menciona apenas o **excesso de velocidade**, as **demais condutas** tipificarão apenas a contravenção de **direção perigosa** (art. 34 da LCP).

2. Elementos do tipo

A conduta incriminada consiste em **imprimir velocidade incompatível com a segurança do local**.

A infração penal pressupõe que o fato ocorra nas **proximidades** de **hospitais**, **escolas**, **estações** de **embarque** ou **desembarque** (rodoviárias, estações de trem ou metrô, pontos de ônibus, trólebus etc.), **logradouros estreitos** ou onde haja **grande movimentação ou concentração de pessoas**. A **fórmula genérica**, utilizada ao final, deixa evidenciado que somente existe o crime, mesmo em relação a hospitais ou escolas, quando há **concentração de pessoas no local, pois somente assim a conduta gera perigo de dano**. A conclusão só pode ser essa, uma vez que, durante a madrugada, por exemplo, não existe diferença entre dirigir em excesso de velocidade ao lado de uma escola ou de qualquer outro lugar.

A expressão "nas proximidades" deve ter interpretação restrita, porém não abrange apenas fatos que ocorram em frente à escola ou ao hospital, mas em todo o seu entorno e vias próximas.

A prova do excesso de velocidade pode ser feita por radares, por testemunhos ou outros meios.

Para a configuração do delito, basta que o agente dirija em velocidade que **saiba** ser **excessiva** (placas indicativas de velocidade, características da via etc.). É necessário, ainda, que se demonstre que ele tinha conhecimento de que se encontrava próximo a hospitais, escolas etc. Se o acusado, exemplificativamente, alegar que desconhecia haver um hospital no local, mas a prova produzida demonstrar que ele era morador do bairro e, por isso, evidentemente conhecia tal circunstância ou, ainda, se for notória a existência do hospital em razão de farta sinalização, a ação penal será julgada procedente.

Não se exige que o agente tenha intenção específica de expor alguém a risco.

É evidente que não há crime em **situações especiais**, como de ambulâncias, bombeiros, viaturas policiais que necessitam transitar em velocidade acima da permitida para atender a casos de **emergência**.

O crime em análise é de **perigo** e resta absorvido quando, em consequência da velocidade excessiva, resultar acidente com morte ou lesões. Em tais casos, o agente, em regra, responderá por crimes de homicídio culposo ou lesões corporais culposas. De ver-se, entretanto, que, dependendo de eventual exagero na velocidade e no comportamento, o agente poderá incorrer em formas mais graves daqueles delitos em face do dolo eventual.

3. Sujeito ativo

Pode ser **qualquer pessoa** que esteja na condução do veículo e que imprima velocidade excessiva, ciente de que se encontra próximo aos locais mencionados na lei. Pode ser o **dono** do veículo **ou qualquer outra pessoa** (manobrista, motorista de ônibus etc.). Se o delito for cometido, por exemplo, por um manobrista, é evidente que o dono do carro não responderá pela infração penal. Se o crime, contudo, for praticado por motorista particular porque o patrão, que estava dentro do carro, mandou imprimir alta velocidade, ambos responderão pela infração.

4. Sujeitos passivos

A coletividade e, **eventualmente**, as pessoas expostas a perigo.

5. Consumação

Quando o agente conduz o veículo por um dos locais protegidos pela lei, imprimindo velocidade incompatível com a segurança, gerando com essa conduta perigo de dano.

6. Tentativa

É inadmissível. Se o agente trafega em velocidade excessiva, o crime está consumado. Se está em alta velocidade e, por qualquer razão, é obrigado a reduzir antes de chegar às proximidades de escolas ou hospitais, o fato é atípico.

7. Infração de menor potencial ofensivo

Considerando que a pena máxima prevista em abstrato é de **1 ano**, o crime em análise enquadra-se no conceito de **infração de menor potencial ofensivo**. Por tal razão, o julgamento é feito no Juizado Especial Criminal e são cabíveis os benefícios da Lei n. 9.099/95, como a transação penal se o acusado for primário e de bons antecedentes.

8. Ação penal

É pública incondicionada.

7.2.12. Fraude no procedimento apuratório

> **Art. 312.** Inovar artificiosamente, em caso de acidente automobilístico com vítima, na pendência do respectivo procedimento policial preparatório, inquérito policial ou processo penal, o estado do lugar, de coisa ou de pessoa, a fim de induzir a erro o agente policial, o perito ou juiz:
> Penas — detenção, de seis meses a um ano, ou multa.
> Parágrafo único. Aplica-se o disposto neste artigo, ainda que não iniciados, quando da inovação, o procedimento preparatório, o inquérito ou o processo aos quais se refere.

1. Objetividade jurídica

A **administração da justiça**.

2. Elementos do tipo

Premissa do delito é a ocorrência de **acidente** de trânsito **com vítima**. A **conduta típica** consiste na **modificação** do **estado** do **lugar**, de **coisa** ou de **pessoa**. Exs.: apagar marcas de frenagem que podem indicar excesso de velocidade; retirar placas de sinalização para alegar que não tinha como saber que a outra via era a preferencial; alterar a posição dos veículos ou limpar estilhaços do chão para dar a impressão de que a embate ocorreu em outro local; alterar o local do corpo da vítima de homicídio culposo ou lavar manchas de sangue; eliminar marcas de abalroamento no veículo etc. A simples **fuga** do local do acidente configura crime específico do art. 305.

É também **exigência** do tipo penal que a fraude ocorra com o **intuito** de **enganar policiais**, **peritos** ou o **juiz**. Está implícito, entretanto, que a verdadeira intenção do agente é evitar a sua punição ou a de terceiro causador do evento.

O crime existe **qualquer** que tenha sido o momento da **ação**, mesmo que **antes** da chegada dos peritos ao local para as verificações e mesmo que ainda não instaurado o inquérito respectivo ou a ação penal. Esse aspecto está **expressamente** mencionado no parágrafo único do art. 312. Saliente-se que, em regra, as fraudes ocorrem imediatamente após os acidentes, antes da chegada de testemunhas e peritos.

Por se tratar de regra especial, o dispositivo em questão **impede** a aplicação do crime de **fraude processual previsto no art. 347 do Código Penal** em relação à apuração de acidentes de trânsito.

3. Sujeito ativo

Trata-se de crime **comum**, que pode ser cometido por qualquer pessoa, **responsável** ou **não** pelo acidente com vítima. Ex.: o filho, com seu telefone celular, avisa ao pai sobre acidente ocorrido nas proximidades de casa quando retornava embriagado de uma festa. O pai vai rapidamente ao local e comete a fraude a fim de beneficiar o filho.

Caso haja conluio entre o causador do acidente e terceiro, responderão pelo delito **em concurso**.

O crime em estudo é **autônomo** em relação a eventual **crime anterior**. Assim, se ficar apurado que o sujeito causou culposamente a morte da vítima e, em seguida, modificou o local do acidente a fim de enganar os peritos e o juiz, responderá pelo crime de homicídio culposo na direção de veículo automotor em concurso **material** com o delito de fraude no procedimento apuratório.

4. Sujeito passivo

O Estado.

5. Consumação

No momento em que o agente altera o estado do lugar, coisa ou pessoa, ainda que **não atinja sua finalidade** de enganar as autoridades ou o perito. Trata-se de crime **formal**.

6. Tentativa

É possível. Ex.: o agente é flagrado por testemunhas ao iniciar a fraude e impedido de prosseguir.

7. Infração de menor potencial ofensivo

Considerando que a pena máxima prevista em abstrato é de **1 ano**, o crime em análise enquadra-se no conceito de infração de menor potencial ofensivo. Por tal razão, o julgamento é feito no Juizado Especial Criminal e são cabíveis os benefícios da Lei n. 9.099/95, como a transação penal se o acusado for primário e de bons antecedentes.

8. Ação penal

É **pública incondicionada.**

7.3. QUESTÕES

1. (Delegado de Polícia/SP — 2008) O Código de Trânsito Brasileiro (Lei n. 9.503/97) incrimina a conduta de "trafegar em velocidade incompatível nas proximidades de escolas". Nesse caso, a objetividade jurídica é:

a) a segurança viária em face da concentração de pessoas.
b) apenas a integridade corporal das pessoas.
c) a administração da justiça.
d) a vida e saúde das pessoas.
e) a incolumidade pública e privada.

2. (OAB — 2008 — FGV) Segundo o Código de Trânsito Brasileiro (Lei n. 9.503/97), não constitui crime o seguinte procedimento:

a) conduzir motocicleta, motoneta e ciclomotor sem usar capacete de segurança com viseira ou óculos de proteção e vestuário de acordo com as normas e especificações aprovadas pelo Contran.
b) afastar-se o condutor do veículo do local do acidente, para fugir à responsabilidade penal ou civil que lhe possa ser atribuída.
c) deixar o condutor do veículo, na ocasião do acidente, de prestar imediato socorro à vítima, ou, não podendo fazê-lo diretamente, por justa causa, deixar de solicitar auxílio da autoridade pública.
d) praticar lesão corporal culposa na direção de veículo automotor.
e) dirigir veículo automotor, em via pública, sem a devida Permissão para Dirigir ou Habilitação, gerando perigo de dano.

3. (OAB — FGV — 2011.2) Joaquim, conduzindo seu veículo automotor (que se encontrava sem as placas de identificação) em velocidade superior à máxima permitida para a via — 50km/h —, pratica o crime de lesões corporais culposas em virtude da sua não observância ao dever objetivo de cuidado no trânsito. Com base na situação acima e à luz do Código de Trânsito Brasileiro, assinale a alternativa correta.

a) Por se tratar a lesão culposa praticada na direção de veículo automotor de uma infração de menor potencial ofensivo, Joaquim responderá por seu crime no Juizado Especial Criminal.
b) Sem prejuízo da pena de detenção correspondente, Joaquim estará sujeito à suspensão ou proibição de se obter a permissão ou a habilitação para dirigir veículo automotor.
c) Pelo fato de Joaquim praticar o fato na direção de veículo automotor sem placas de identificação, o juiz poderá, caso entenda necessário, agravar a penalidade do crime.
d) A pena a que Joaquim estará sujeito não se alterará se a lesão culposa for praticada em faixa de pedestres ou mesmo na calçada.

4. (OAB — 2010.3 — FGV) Guiando o seu automóvel na contramão de direção, em outubro de 2010, Tício é perseguido por uma viatura da polícia militar. Após ser parado pelos agentes da lei, Tício realiza, espontaneamente, o exame do etilômetro e fornece aos militares sua habilitação e o documento do automóvel. No exame do etilômetro, fica constatado que Tício apresentava concentração de álcool muito superior ao patamar previsto na legislação de trânsito. Além disso, os policiais constatam que o motorista estava com a habilitação vencida desde maio de 2009.

Com relação ao relatado acima, é correto afirmar que o promotor de justiça deverá denunciar Tício

a) pela prática dos crimes de embriaguez ao volante e direção sem habilitação.
b) apenas pelo crime de embriaguez ao volante, uma vez que o fato de a habilitação estar vencida constitui mera infração administrativa.

c) apenas pelo crime de direção sem habilitação, uma vez que o perigo gerado por tal conduta faz com que o delito de embriaguez ao volante seja absorvido, em razão da aplicação do princípio da consunção.
d) apenas pelo crime de direção sem habilitação, pois o delito de embriaguez ao volante só se configura quando ocorre acidente de trânsito com vítima.

5. (Defensoria Pública/SP — 2010 — FCC) Nos delitos do Código de Trânsito Brasileiro, a penalidade de suspensão ou proibição de se obter a permissão ou habilitação para conduzir veículo automotor

a) tem prazo mínimo de um mês.
b) é cumprida concomitantemente à pena de prisão.
c) é imposta apenas ao delito de embriaguez ao volante.
d) é imposta obrigatoriamente para o reincidente específico.
e) tem a mesma duração da pena privativa de liberdade substituída.

6. (Delegado de Polícia/PI — 2009 — Uespi) No homicídio culposo cometido na direção de veículo automotor, a pena é aumentada de um terço à metade, se o agente:

a) afastar-se do local do acidente, para fugir à responsabilidade penal ou civil que lhe possa ser atribuída.
b) praticá-lo enquanto estiver fazendo uso de aparelho telefônico celular.
c) deixar de prestar socorro, quando possível fazê-lo, sem risco pessoal, à vítima do acidente.
d) no exercício de sua profissão ou atividade, estiver conduzindo veículo de transporte de passageiros ou de carga.
e) estiver sob a influência de álcool ou substância tóxica ou entorpecente de efeitos análogos.

7. (Policial Rodoviário — Federal — 2009) Constitui infração de trânsito a inobservância de qualquer preceito do Código de Trânsito Brasileiro, da legislação complementar ou das resoluções do CONTRAN, sendo o infrator sujeito às penalidades e medidas administrativas. Com relação aos crimes relacionados no Código de Trânsito Brasileiro, é correto afirmar que

a) ao condutor de veículo, nos casos de acidentes de trânsito de que resulte vítima, se imporá a prisão em flagrante e se exigirá fiança, independente de ele prestar pronto e integral socorro àquela.
b) é crime conduzir veículo automotor, na via pública, estando com concentração de álcool por litro de sangue igual ou superior a 6 (seis) decigramas, ou sob a influência de qualquer outra substância psicoativa que determine dependência, contudo, com relação aos testes de alcoolemia, para efeito de caracterização do crime tipificado, o Poder Executivo Federal não poderá estipular a equivalência entre distintos testes de alcoolemia, devendo estes ser regulados pelo CONTRAN.
c) no homicídio culposo cometido na direção de veículo automotor, a pena é aumentada de um terço à metade, se o agente não possuir Permissão para Dirigir ou Carteira de Habilitação; praticá-lo em faixa de pedestres ou na calçada; se deixar de prestar socorro, quando possível fazê-lo sem risco pessoal, à vítima do acidente; se o praticar no exercício de sua profissão ou atividade, estiver conduzindo veículo de transporte de passageiros.
d) é considerado crime participar, na direção de veículo automotor, em via pública, de corrida, disputa ou competição automobilística, mesmo que autorizada pela autoridade competente, já que sempre pode resultar dano potencial à incolumidade pública ou privada.
e) a multa reparatória poderá ser superior ao valor do prejuízo demonstrado no processo.

8. (Ministério Público/SP — 2011) Na hipótese de crime cometido na direção de veículo automotor tipificado na Lei n. 9.503/97 (Código de Trânsito Brasileiro), aplica-se a transação penal prevista no art. 76 da Lei n. 9.099/95 (Juizados Especiais Criminais) ao crime de:

I. lesão corporal culposa quando o agente estiver participando de corrida automobilística, em via pública, não autorizada pela autoridade competente;
II. participar de corrida automobilística, em via pública, não autorizada pela autoridade competente, desde que ocorra dano potencial à incolumidade pública ou privada;
III. embriaguez ao volante;
IV. lesão corporal culposa praticado sob a influência de álcool;

V. deixar o condutor do veículo, na ocasião do acidente, de prestar imediato socorro à vítima.

Está correto apenas o que se afirma em

a) I e II.
b) I e IV.
c) II e V.
d) III e IV.
e) III e V.

9. (MP 2008 — concurso 86) Não é causa de aumento de pena, de um terço até metade, no crime de homicídio culposo praticado na direção de veículo automotor, a circunstância de o agente

a) não possuir Permissão para dirigir ou Carteira de Habilitação.
b) praticá-lo em faixa de pedestres ou na calçada.
c) deixar de prestar socorro, quando possível fazê-lo sem risco pessoal, à vítima do acidente.
d) estar sob influência de álcool ou substância tóxica ou entorpecente de efeitos análogos.
e) no exercício de sua profissão ou atividade, estar conduzindo veículo de transporte de passageiros.

10. (Delegado de Polícia/RJ — 2013 — Funcab) Condutor do veículo A, dirigindo imprudentemente, colide na traseira do veículo B, o qual atinge pedestre na calçada, causando-lhe lesões corporais leves, não sendo possível ao condutor do veículo B evitar o resultado. O condutor do veículo A foge, e, em seguida, o condutor do veículo B também empreende fuga do local, ambos deixando de prestar socorro à vítima. Somente o condutor do veículo B é perseguido e preso por policiais militares. Na qualidade de Delegado de Polícia a quem o fato foi apresentado, assinale a alternativa que corretamente tipifica o comportamento do condutor do veículo B.

a) Lesão corporal culposa sem causa de aumento de pena, do Código de Trânsito Brasileiro.
b) Lesão corporal culposa com causa de aumento de pena, do Código de Trânsito Brasileiro.
c) Omissão de socorro do Código de Trânsito Brasileiro.
d) Lesão corporal culposa sem causa de aumento de pena e omissão de socorro, ambos do Código de Trânsito Brasileiro, em concurso material.
e) Lesão corporal culposa com causa de aumento de pena e omissão de socorro, ambos do Código de Trânsito Brasileiro, em concurso material.

11. (Delegado de Polícia/DF — 2015 — Universa) Em relação à Lei n. 9.503/1997, que trata dos crimes de trânsito, assinale a alternativa correta.

a) De acordo com a referida lei, constitui crime de trânsito punido com detenção a conduta do agente que trafegue em velocidade incompatível com a segurança nas proximidades de escolas, gerando perigo de dano.
b) Não há, na lei, previsão de pena de reclusão, sendo os crimes previstos puníveis com detenção e(ou) multa.
c) Não é prevista, entre as penalidades constantes na lei, multa reparatória.
d) Consoante essa norma, é circunstância que pode agravar a penalidade do crime de trânsito, conforme a apreciação subjetiva do juiz, ter o condutor do veículo cometido a infração sobre faixa de trânsito destinada a pedestre.
e) Uma das críticas que a doutrina faz ao legislador em relação aos crimes de trânsito se relaciona à ausência de previsão legal de benefício ao condutor do veículo que, após a prática da infração, preste pronto e integral socorro à vítima.

12. (Magistratura — TJM/SP — 2016) O Código de Trânsito Brasileiro preceitua que o Juiz, como medida cautelar, poderá decretar, em decisão motivada, a proibição da obtenção da habilitação para dirigir veículo automotor

a) e dessa decisão caberá recurso em sentido estrito, com efeito suspensivo.
b) quando o réu será intimado a entregar à autoridade judiciária, em cinco dias, a carteira de habilitação.
c) com prejuízo das demais sanções penais cabíveis.
d) durante a ação penal, se a penalidade administrativa de suspensão do direito de dirigir tiver duração superior a um ano.

e) em qualquer fase da investigação ou da ação penal, havendo necessidade para a garantia da ordem pública.

13. (Ministério Público/RO — 2017 — FMP) Em relação aos crimes de trânsito, é CORRETO afirmar:

a) É pacífica na doutrina e na jurisprudência a tese da inconstitucionalidade do crime previsto no artigo 305 do Código de Trânsito Brasileiro (fuga do local do acidente), por ofensa ao princípio da não autoincriminação.
b) A infração penal prevista no artigo 309 do Código de Trânsito Brasileiro (condução de veículo automotor sem habilitação) é considerada de perigo abstrato, de acordo com a doutrina e a jurisprudência.
c) O crime previsto no artigo 306 da Lei n. 9.503/97 (embriaguez ao volante) admite, em tese, a proposta de suspensão condicional do processo.
d) Admite-se a punição do agente pela prática do crime previsto no artigo 307 do Código de Trânsito Brasileiro, ainda que não tenha sido notificado pessoalmente da penalidade administrativa de suspensão da habilitação.
e) O crime de lesões corporais culposas na condução de veículo automotor é de ação penal pública incondicionada.

14. (TJ/MG — Titular de Serviços de Notas e de Registros — 2017 — Consulplan) Quanto aos crimes de lesão corporal culposa no trânsito (Lei n. 9.503/97), é correto afirmar que

a) cabe a aplicação da transação penal, prevista na Lei n. 9.099/95, quando o agente estava trafegando em velocidade superior a máxima permitida para a via em 50 km/hora.
b) trata-se de ação penal pública condicionada à representação da vítima quando o agente participava de corrida, disputa ou competição.
c) cabe a suspensão do processo, nos termos do art. 89 da Lei n. 9.099/95, quando o agente era inabilitado para condução de veículos automotores.
d) trata-se de ação penal pública incondicionada, quando o agente era inabilitado.

15. (Magistratura/RS — 2018 — VUNESP) De acordo com o § 1º do art. 302 da Lei n. 9.503/97 (Código de Trânsito Brasileiro), no homicídio culposo cometido na direção de veículo automotor, a pena é aumentada de 1/3 (um terço) à metade, se o agente

a) estiver sob efeito de álcool ou droga.
b) não possuir Permissão para Dirigir ou Carteira de Habilitação.
c) for contumaz infrator das leis de trânsito.
d) praticá-lo conduzindo em velocidade excessiva.
e) praticá-lo durante corrida, disputa ou competição automobilística não autorizada pela autoridade competente.

16. (Delegado de Polícia — 2018 — VUNESP) Considere o seguinte caso hipotético. A velocidade máxima permitida na Rua A é de 50 Km/h. "Y", conduzindo seu veículo a 120 Km/h pela Rua A, atropela "Z", provocando-lhe lesões corporais. Diante do exposto e considerando que "Y" cometeu um crime culposo de trânsito nos termos da Lei n. 9.503/1997, é correto afirmar que a conduta de "Y" tipifica o crime de

a) lesão corporal culposa na direção de veículo automotor, de ação penal pública condicionada e com possibilidade de aplicação da composição dos danos civis prevista na Lei n. 9.099/95.
b) lesão corporal culposa na direção de veículo automotor, de ação penal pública condicionada e com possibilidade de aplicação da transação penal prevista na Lei n. 9.099/95.
c) lesão corporal culposa na direção de veículo automotor, de ação penal pública incondicionada, não sendo possível a aplicação da transação penal prevista na Lei n. 9.099/95.
d) lesão corporal culposa na direção de veículo automotor, de ação penal pública incondicionada e com possibilidade de aplicação da composição dos danos civis prevista na Lei n. 9.099/95.
e) tentativa de homicídio na direção de veículo automotor, de ação penal pública incondicionada, não sendo possível a aplicação da transação penal prevista na Lei n. 9.099/95.

17. (Promotor de Justiça/PI — 2019 — Cespe) Com relação a crimes de trânsito, julgue os itens a seguir.

I. De acordo com o STJ, a conduta de permitir a direção de veículo automotor a pessoa que não seja habilitada constitui crime somente na hipótese em que for constatado perigo de dano concreto na condução do veículo.

II. Aplica-se à lesão corporal culposa a transação penal, exceto se o agente estiver sob a influência de álcool ou outra substância psicoativa que determine dependência.

III. A remoção do veículo por seu condutor imediatamente após a ocorrência de acidente automobilístico configura o crime de fraude processual.

IV. Em caso de acidente de trânsito de que resulte vítima, ao condutor do veículo não se imporá a prisão em flagrante nem se exigirá fiança caso ele preste pronto e integral socorro à vítima.

Estão certos apenas os itens

a) I e II.

b) I e III.

c) II e IV.

d) I, III e IV.

e) II, III e IV.

18. (TJ-BA — Juiz de Direito Substituto — 2019 — CESPE) Pedro, mesmo sabendo que seu amigo Jaime se encontrava embriagado e com a CNH vencida, entregou-lhe a condução de seu veículo automotor. Jaime, tão logo assumiu a direção do veículo, provocou um acidente de trânsito que causou lesões corporais em Maria. Nessa situação hipotética, conforme a jurisprudência pertinente e a Lei n. 9.503/1997,

a) Jaime responderá pelo delito de lesão corporal culposa na direção de veículo automotor, desde que Maria ofereça representação, exceto se do crime lhe tiver resultado lesão corporal grave ou gravíssima.

b) por Jaime ter conduzido o veículo automotor com a CNH vencida, incidirá causa de aumento de pena no delito de lesão corporal culposa na direção de veículo automotor.

c) Jaime não responderá pelo crime de embriaguez ao volante, o qual será absorvido pelo delito de lesão corporal culposa na direção de veículo automotor, que será, no entanto, aplicado em sua forma majorada por força do princípio da consunção.

d) para que Jaime responda pelo delito de embriaguez ao volante, é imprescindível a aferição de concentração de álcool por litro de sangue superior ao limite permitido pela lei, por se tratar de circunstância objetiva elementar do tipo penal em questão.

e) Pedro responderá pelo crime de entrega da direção de veículo automotor a pessoa sem condições de conduzi-lo com segurança, o qual se teria configurado ainda que não tivesse sido demonstrado o perigo concreto de dano a terceiros.

■ GABARITO ■

1. "a". Como a lei não exige que nenhuma pessoa seja efetivamente atingida ou exposta a situação de risco, não se pode afirmar que a vida e a saúde das pessoas sejam o bem jurídico diretamente tutelado.
2. "a". O fato de dirigir motocicleta, motoneta ou ciclomotor sem capacete constitui mera infração administrativa. As demais condutas estão expressamente previstas como infração penal nos arts. 305 (B), 304 (C), 303 (D) e 310 (E).
3. "b". Para o crime de lesão culposa na direção de veículo automotor, o art. 303 do CTB prevê pena de detenção de 6 meses a dois anos e suspensão ou proibição de se obter a permissão ou habilitação para dirigir veículo automotor. Saliente-se que a letra "c" está errada porque a ausência de placas é causa obrigatória, e não facultativa, de agravação da pena.
4. "b". De ver-se, entretanto, que o fato de não possuir habilitação constitui agravante genérica prevista no art. 298, III, do CTB (e não mera infração administrativa). O enunciado, porém, refere-se a habilitação vencida.

5. "d". A obrigatoriedade de tal espécie de penalidade para o reincidente específico consta expressamente do art. 296 do Código de Trânsito.
6. "c". As demais hipóteses não estão elencadas como causa de aumento de pena no art. 302, § 1º, do Código de Trânsito Brasileiro.
7. "c". A assertiva coincide com o art. 302, § 1º, do Código de Trânsito.
8. "c". Para as hipóteses mencionadas nos enunciados I e IV, o art. 291, § 1º, do CTB veda a transação penal. Já para o crime de embriaguez ao volante do art. 306, a vedação decorre do fato de a pena máxima ser de 3 anos (não se enquadrando o delito no conceito de infração de menor potencial ofensivo). A questão em análise foi feita antes do advento da Lei n. 12.971/2014, que aumentou a pena máxima do crime de participação em competição não autorizada (art. 308) para 3 anos. Atualmente, a transação penal somente é cabível para o delito descrito na assertiva V.
9. "d". A Lei n. 11.705/2008 revogou o art. 302, § 1º, V, do Código de Trânsito, que previa a agravação da pena se o acusado estivesse sob influência do álcool ou substância entorpecente. Todas as demais alternativas constam como causa de aumento de pena do crime de homicídio culposo na direção de veículo automotor, no art. 302, parágrafo único, do CTB. Após o advento da Lei n. 12.971/2014, o fato de o autor do homicídio culposo estar embriagado modifica a modalidade de pena privativa de liberdade — de detenção para reclusão —, mas não altera o seu montante em abstrato (que continua sendo de 2 a 4 anos).
10. "c".
11. "a".
12. "e". É o que diz o art. 294 do CTB.
13. "c". A pena mínima do crime de embriaguez ao volante é de 6 meses, compatível com a suspensão condicional do processo.
14. "c". Mesmo com o aumento de pena decorrente da falta de habilitação, a pena mínima é inferior a 1 ano, razão pela qual é cabível a suspensão condicional do processo.
15. "b".
16. "c".
17. "c".
18. "e". O enunciado está de acordo com a Súmula 575 do STJ. Quando o condutor está embriagado, a ação é pública incondicionada, mesmo que a lesão provocada seja de natureza leve. A majorante pressupõe que o agente não tenha habilitação ou permissão para dirigir (não basta estar vencida). Se a lesão for leve e as condutas autônomas, haverá concurso material de acordo com o STJ. A Lei também admite a prova da embriaguez por exame clínico ou testemunhas, e não apenas pelo exame de alcoolemia.

8

CRIMES CONTRA O CONSUMIDOR LEI N. 8.078/90

8.1. INTRODUÇÃO

Os crimes contra o consumidor estão descritos no **Código de Defesa do Consumidor** (Lei n. 8.078/90). Em seus arts. 63 a 74, estão elencados os **tipos penais**, enquanto nos dispositivos seguintes constam regras genéricas de caráter penal e processual penal (arts. 75 a 80).

A existência de legislação específica para a defesa do consumidor e das relações de consumo encontra amparo na Constituição Federal, cujo art. 5º, XXXII, dispõe que "*O Estado promoverá, na* ***forma da lei****, a defesa do consumidor*".

Conceito de relação de consumo, consumidor e fornecedor

Para que sejam mais bem compreendidos os tipos penais que serão analisados neste capítulo, é necessário, inicialmente, mencionar alguns **conceitos** contidos no próprio Código de Defesa do Consumidor.

Relação de consumo é a que se estabelece entre **fornecedor** e **consumidor**, tendo como objeto produtos ou serviços.

Consumidor é toda pessoa **física** ou **jurídica** que adquire ou utiliza produto ou serviço **como destinatário final** (art. 2º, *caput*, da Lei n. 8.078/90). Ademais, **equipara-se** a consumidor a **coletividade** de pessoas, ainda que indetermináveis, que haja intervindo nas relações de consumo (art. 2º, parágrafo único).

Fornecedor, por sua vez, é toda pessoa física ou jurídica, pública ou privada, nacional ou estrangeira, bem como entes despersonalizados, que desenvolvem atividades de produção, montagem, criação, construção, transformação, importação, exportação, distribuição ou comercialização de produtos ou prestação de serviços (art. 3º).

Produto é qualquer bem, móvel ou imóvel, material ou imaterial (art. 3º, § 1º).

Serviço é qualquer atividade fornecida no mercado de consumo, mediante remuneração, inclusive as de natureza bancária, financeira, de créditos e securitária, salvo as decorrentes de relações de caráter trabalhista (art. 3º, § 2º).

Responsabilização penal

O art. 173, § 5º, da Constituição Federal estabelece que "a lei, sem prejuízo da responsabilidade individual dos dirigentes da pessoa jurídica, estabelecerá a responsabilidade desta, sujeitando-a às punições compatíveis com sua natureza, nos atos praticados contra a ordem econômica e financeira e contra a economia popular".

Os delitos contra o consumidor descritos na Lei n. 8.078/90 não podem ser considerados crimes contra a economia popular, de modo que a responsabilização criminal de **pessoa jurídica** por crime contra o consumidor **não** é possível. Ademais, a Lei n. 8.078/90 não previu a responsabilidade penal da pessoa jurídica. Assim, mesmo sendo o fornecedor ou prestador de serviço uma empresa, a punição só pode recair sobre seus proprietários ou, dependendo do caso, em algum funcionário. Podemos citar como exemplo o crime do art. 74, que consiste em deixar de entregar ao consumidor o termo de garantia adequadamente preenchido. Em tal caso, a investigação deverá demonstrar se o dono da loja determinou aos vendedores que assim procedessem, e, se feita tal prova, deverá ele ser punido. Caso contrário, a punição somente poderá recair sobre o vendedor que se omitiu.

Deve-se salientar, outrossim, que existem empresas de enormes dimensões, com grande divisão em seus setores de produção, serviços e outras áreas de atuação, como publicidade etc. Assim, se ocorrer, por exemplo, omissão nas informações do manual de instruções acerca da periculosidade de certo produto, não se pode automaticamente punir o presidente ou o dono da empresa, sendo necessário que as investigações demonstrem quem foram os responsáveis pela falha. Se, eventualmente, diversas pessoas forem responsáveis, todas deverão ser penalizadas. Não é por outra razão que o art. 75 da Lei n. 8.078/90 dispõe que "quem, de qualquer forma, concorrer para os crimes referidos neste Código incide nas penas a esses cominadas na medida de sua culpabilidade, bem como o diretor, administrador ou gerente da pessoa jurídica que promover, permitir ou por qualquer modo aprovar o fornecimento, oferta, exposição à venda ou manutenção em depósito de produtor ou a oferta e prestação de serviços nas condições por ele proibidas". Os sócios, na condição de donos da empresa, também podem ser responsabilizados. O referido art. 75, entretanto, **não cria a responsabilidade objetiva**, obrigando que sejam sempre punidos os representantes da empresa. Ao contrário, estabelece de forma bastante clara que só responderão pela infração penal aqueles que concorrerem para o crime. Também os diretores, administradores e gerentes somente poderão ser responsabilizados criminalmente por fatos que tenham chegado à sua esfera de conhecimento e cujo resultado poderiam ter evitado dentro de seu âmbito de atuação na empresa. Essa é a única interpretação possível ao referido art. 75. De qualquer forma, grande parte da doutrina entende que tal dispositivo foi substituído por aquele previsto no art. 11 da Lei n. 8.137/90 (que trata dos crimes contra as relações de consumo), com redação similar à do art. 29 do CP e que leva às mesmas conclusões. De acordo com o mencionado art. 11: "quem, de qualquer modo, inclusive por meio de pessoa jurídica, concorre para os crimes definidos nesta lei, incide nas penas a estes cominadas, na medida de sua culpabilidade".

Saliente-se que, na maioria dos crimes do Código do Consumidor, não há dificuldade na identificação dos responsáveis, porque a conduta típica só pode ser realizada por determinada pessoa, como, por exemplo, o delito do art. 70, consistente em empregar componentes usados na reparação de produtos. Em tal caso, deverá ser punida a pessoa que diretamente usou o componente de segunda mão na reparação e, eventualmente, algum superior que tenha determinado tal conduta.

Na esfera penal, a situação é diferente da esfera cível, na qual a empresa é responsável por eventuais indenizações.

- **Objetividade jurídica**

Em todos os crimes do Código de Defesa do Consumidor, o que se tutela, em primeiro plano, são as **relações de consumo**. Em alguns casos, como no crime de propaganda enganosa (art. 66), a infração penal atinge a **universalidade** dos consumidores, ao passo que, em outros, como no delito de utilização de peça de reposição usada (art. 70), é afetado apenas o consumidor proprietário do bem. De qualquer modo, mesmo nos delitos em que o sujeito passivo pode ser individualizado, a finalidade do dispositivo é a proteção dos consumidores de modo global (todo e qualquer consumidor pode, no exemplo acima, necessitar da troca de peças e ser vítima de fornecedores desonestos).

■ 8.2. DOS CRIMES EM ESPÉCIE

Passaremos, agora, a analisar os tipos penais descritos nos arts. 63 a 74 do Código de Defesa do Consumidor.

■ 8.2.1. Omissão de dizeres ou sinais ostensivos sobre a nocividade ou periculosidade de produtos ou serviços

> **Art. 63.** Omitir dizeres ou sinais ostensivos sobre a nocividade ou periculosidade de produtos, nas embalagens, nos invólucros, recipientes ou publicidade:
> Pena — detenção de seis meses a dois anos e multa.
> § 1º Incorrerá nas mesmas penas quem deixar de alertar, mediante recomendações escritas ostensivas, sobre a periculosidade do serviço a ser prestado.
> § 2º Se o crime é culposo:
> Pena — detenção de um a seis meses ou multa.

1. Elementos do tipo

De acordo com o art. 8º da Lei n. 8.078/90, os produtos e serviços colocados no mercado de consumo não acarretarão riscos à saúde ou segurança dos consumidores, **exceto os considerados normais e previsíveis em decorrência de sua natureza e fruição, obrigando-se os fornecedores, em qualquer hipótese, a dar as informações necessárias e adequadas a seu respeito**. Tratando-se de produto industrial, ao fabricante cabe prestar as informações a que se refere este artigo, por meio de **impressos apropriados que devem acompanhar o produto**.

Já o art. 9º dispõe que o fornecedor de produtos e serviços **potencialmente nocivos ou perigosos à saúde ou segurança deverá informar**, de maneira ostensiva e adequada, a respeito da sua nocividade ou periculosidade, sem prejuízo da adoção de outras medidas cabíveis em cada caso concreto.

Assim, é justamente nisso que consiste o ilícito penal, ou seja, em uma conduta omissiva no sentido de não inserir sinais ou dizeres **ostensivos** a respeito da nocividade ou periculosidade do produto em: a) embalagens; b) invólucros; c) recipientes; d) publicidade. Saliente-se que não é preciso que a omissão ocorra em todos eles, basta que se verifique em um. Assim, o crime existe se a informação constar na embalagem do produto, mas não for mencionada, por exemplo, em panfleto publicitário.

A nocividade ou periculosidade pode referir-se, por exemplo, ao caráter químico de certo produto que pode fazer mal à saúde do consumidor caso entre em contato com a pele ou com os olhos, ou ao tamanho das peças de um brinquedo que podem ser engolidas por uma pequena criança etc. A nocividade e a periculosidade são os **elementos normativos** do tipo.

Basta que o agente omita dizeres **ou** sinais. Caso se trate, por exemplo, de produto tóxico ou venenoso, deverão constar da embalagem, invólucro etc., a mensagem "produto tóxico — não ingerir" e uma imagem (uma caveira, por exemplo) que sirva para os analfabetos terem ciência do perigo da ingestão do produto. A ausência de qualquer deles é suficiente para a tipificação.

No caso de prestação de serviços (art. 63, § 1º), a conduta omissiva consiste em **deixar de alertar**, mediante recomendações **escritas** ostensivas, sobre a periculosidade do serviço a ser prestado. Ex.: a empresa responsável pela pulverização de inseticida em uma residência deve alertar por escrito os proprietários acerca dos cuidados a serem tomados, sob pena de responsabilização criminal.

Saliente-se, por fim, que o art. 10 da Lei n. 8.078/90 dispõe que o fornecedor **não poderá** colocar no mercado de consumo produto ou serviço que sabe ou deveria saber apresentar **alto grau de nocividade** ou **periculosidade** à saúde ou segurança. O descumprimento dessa proibição com a fabricação, venda, exposição à venda, manutenção em depósito ou qualquer outra forma de entrega a consumo de produto nocivo à saúde configura crime específico do art. 278 do CP, apenado com detenção, de um a três anos, e multa. Caso se trate de substância ou produto alimentício destinado ao consumo cuja nocividade seja constatada, o crime será o do art. 272 do CP, que tem pena de reclusão, de quatro a oito anos. Por fim, caso se trate de falsificação ou adulteração de substância destinada a fins terapêuticos ou medicinais, estaremos diante do crime do art. 273 do CP, punido com reclusão, de dez a quinze anos, e multa (e que tem natureza hedionda — art. 1º, VII-B, da Lei n. 8.072/90).

2. Sujeito ativo

O fornecedor, na figura do *caput*, e o prestador de serviço, na do § 1º. Trata-se de crime **próprio**.

3. Sujeitos passivos

A coletividade e os consumidores que comprarem os produtos ou contratarem os serviços.

4. Consumação

Na hipótese do *caput*, quando o produto é **lançado** no mercado sem os necessários dizeres ou quando sobrevém lançamento publicitário desacompanhado do alerta. Na hipótese do § 1º, o agente pode alertar o consumidor até o momento da prestação do serviço, de modo que o crime só se consuma quando este se inicia.

5. Tentativa

Inviável por se tratar de delito **omissivo próprio**.

6. Elemento subjetivo

É o **dolo**. Ex.: fabricante que não insere os dizeres acerca da nocividade do produto a fim de não prejudicar as vendas e, portanto, seu lucro.

7. Figura culposa

Se a omissão for culposa, ficando demonstrado, por exemplo, que decorreu de falta de cautela, aplica-se a pena do art. 63, § 2º (detenção de um a seis meses ou multa).

Omissão culposa é sinônimo de negligência na confecção da embalagem, invólucro, recipiente ou publicidade.

8. Ação penal

Pública incondicionada. Tanto as figuras dolosas quanto a culposa constituem **infrações de menor potencial ofensivo** (pena máxima não superior a 2 anos), inserindo-se na competência do Juizado Especial Criminal e sujeitando-se às regras da Lei n. 9.099/95.

8.2.2. Omissão na comunicação da nocividade ou periculosidade de produtos

> **Art. 64.** Deixar de comunicar à autoridade competente e aos consumidores a nocividade ou periculosidade de produtos cujo conhecimento seja posterior à sua colocação no mercado:
> Pena — detenção, de seis meses a dois anos, e multa.
> Parágrafo único. Incorrerá nas mesmas penas quem deixar de retirar do mercado, imediatamente quando determinado pela autoridade competente, os produtos nocivos ou perigosos, na forma deste artigo.

1. Elementos do tipo

De acordo com o art. 10, § 1º, da Lei n. 8.078, o fornecedor de produtos e serviços que, posteriormente à sua introdução no mercado de consumo, tiver conhecimento da periculosidade que apresentem, deverá comunicar o fato **imediatamente** às autoridades competentes e aos consumidores, mediante anúncios publicitários. Tais anúncios publicitários deverão ser veiculados na imprensa, rádio e televisão, às expensas do fornecedor do produto ou serviço (art. 10, § 2º).

Por sua vez, o art. 10, § 3º, estabelece que, sempre que tiverem conhecimento de periculosidade de produtos ou serviços à saúde ou segurança dos consumidores, a União, os Estados, o Distrito Federal e os Municípios deverão **informá-los** a respeito.

Assim, o crime em estudo ocorre quando representantes da empresa fornecedora tomam conhecimento acerca da nocividade ou periculosidade de seu produto — após o seu lançamento — e se omitem do dever de informar os consumidores e as autoridades.

O tipo penal utiliza a conjunção aditiva "e", de modo que o crime só existe quando o fornecedor não comunica o fato aos consumidores **e** às autoridades. Não há dúvida de que essa não é a melhor solução, contudo é a que consta expressamente do tipo penal e, tratando-se de norma incriminadora, não se pode dar interpretação mais rigorosa.

A nocividade e a periculosidade são os **elementos normativos** do tipo e, no crime em questão, devem ter sido constatadas **após** o lançamento do produto.

É possível que o fornecedor constate referida nocividade ou periculosidade e informe aos consumidores e às autoridades, ficando afastada a configuração do crime do *caput*. Acontece que, eventualmente, diante da gravidade do caso, as autoridades podem determinar que o produto seja imediatamente **recolhido**, hipótese em que o fornecedor incorrerá na figura do § 1º caso não providencie a retirada **imediata** do produto do mercado.

2. Sujeito ativo

O fornecedor.

3. Sujeitos passivos

A coletividade e os consumidores que tenham adquirido o produto.

4. Consumação

Quando decorre **tempo suficiente** para que o fornecedor informe o mercado e as autoridades acerca da nocividade ou periculosidade do produto descoberta após o seu lançamento.

Na figura do § 1º, o crime se consuma quando o fornecedor não retira o produto de imediato do mercado. Nessa hipótese, é evidente que devem ser avaliadas as peculiaridades do caso concreto, ou seja, qual o tempo necessário para a retirada.

5. Tentativa

Inviável por se tratar de delito omissivo próprio.

6. Ação penal

Pública incondicionada.

Como a pena máxima é de dois anos, constitui **infração de menor potencial ofensivo**, inserindo-se na competência do Juizado Especial Criminal e sujeitando-se às regras da Lei n. 9.099/95.

8.2.3. Execução de serviço de alto grau de periculosidade

> **Art. 65.** Executar serviço de alto grau de periculosidade, contrariando determinação de autoridade competente:
> Pena — detenção de seis meses a dois anos, e multa.
> Parágrafo único. As penas deste artigo são aplicáveis sem prejuízo das correspondentes à lesão corporal e à morte.

1. Elementos do tipo

Em princípio, quem contraria determinação de autoridade competente incorre no crime de **desobediência** do art. 330 do Código Penal. O Código de Defesa do Consumidor, contudo, previu infração penal **mais grave** para o fornecedor que, ao desobedecer a determinação da autoridade, **realiza serviço de alto grau de periculosidade**, assim entendido aquele que expõe a vida e a saúde do consumidor a **risco iminente e grave**. Pode ser mencionado como exemplo o serviço prestado em brinquedos de parques de diversões de forma contrária à determinação das autoridades.

É evidente que o risco a que a lei se refere é relacionado às pessoas destinatárias do serviço prestado, ou seja, aos **consumidores**, não obstante a conduta, muitas vezes, também possa expor a risco outras pessoas e o próprio prestador.

2. Sujeito ativo

O prestador do serviço.

3. Sujeitos passivos

O consumidor e, eventualmente, outras pessoas que sejam expostas a perigo.

4. Consumação

No momento em que o serviço perigoso é prestado. Trata-se de crime de **perigo abstrato**.

5. Tentativa

É possível.

6. Concurso

Se, em razão do serviço prestado, alguém sofre lesão corporal, ainda que leve, ou morre, o delito do Código do Consumidor **não** fica **absorvido**, porque o dispositivo em estudo, ao tratar da pena, prevê a **autonomia** das infrações penais. As penas, portanto, serão **somadas**.

7. Ação penal

Pública incondicionada.

Como a pena máxima é de dois anos, constitui **infração de menor potencial ofensivo**, inserindo-se na competência do Juizado Especial Criminal e sujeitando-se às regras da Lei n. 9.099/95.

8.2.4. Propaganda enganosa

> **Art. 66.** Fazer afirmação falsa ou enganosa, ou omitir informação relevante sobre a natureza, característica, qualidade, quantidade, segurança, desempenho, durabilidade, preço ou garantia de produtos ou serviços:
> Pena — detenção de três meses a um ano e multa.
> § 1º Incorrerá nas mesmas penas quem patrocinar a oferta.
> § 2º Se o crime é culposo:
> Pena — detenção de um a seis meses ou multa.

1. Elementos do tipo

De acordo com o art. 6º, III, da Lei n. 8.078/90, é direito do consumidor a informação adequada e clara sobre os diferentes produtos e serviços, com especificação correta de quantidade, características, composição, qualidade, tributos incidentes e preço, bem como sobre os riscos que apresentem. Além disso, dispõe o art. 31 que a **oferta** e apresentação de produtos ou serviços devem assegurar informações corretas, claras, precisas, ostensivas e em língua portuguesa sobre suas características, qualidades, quantidade, composição, preço, garantia, prazos de validade e origem, entre outros dados, bem como sobre os riscos que apresentam à saúde e segurança dos consumidores.

Assim, o vendedor ou o dono de estabelecimento comercial que, a fim de concretizar algum negócio, faça **afirmação falsa** sobre o produto ou **omita** qualquer das **informações relevantes** que menciona o tipo penal, incorre no delito em tela. São exemplos fazer afirmação falsa quanto às condições de pagamento, quanto à durabilidade do produto, quanto ao prazo de garantia etc.

O crime pode ser cometido por meio de **ação** (fazer afirmação falsa) ou por **omissão** (sobre informação relevante do produto).

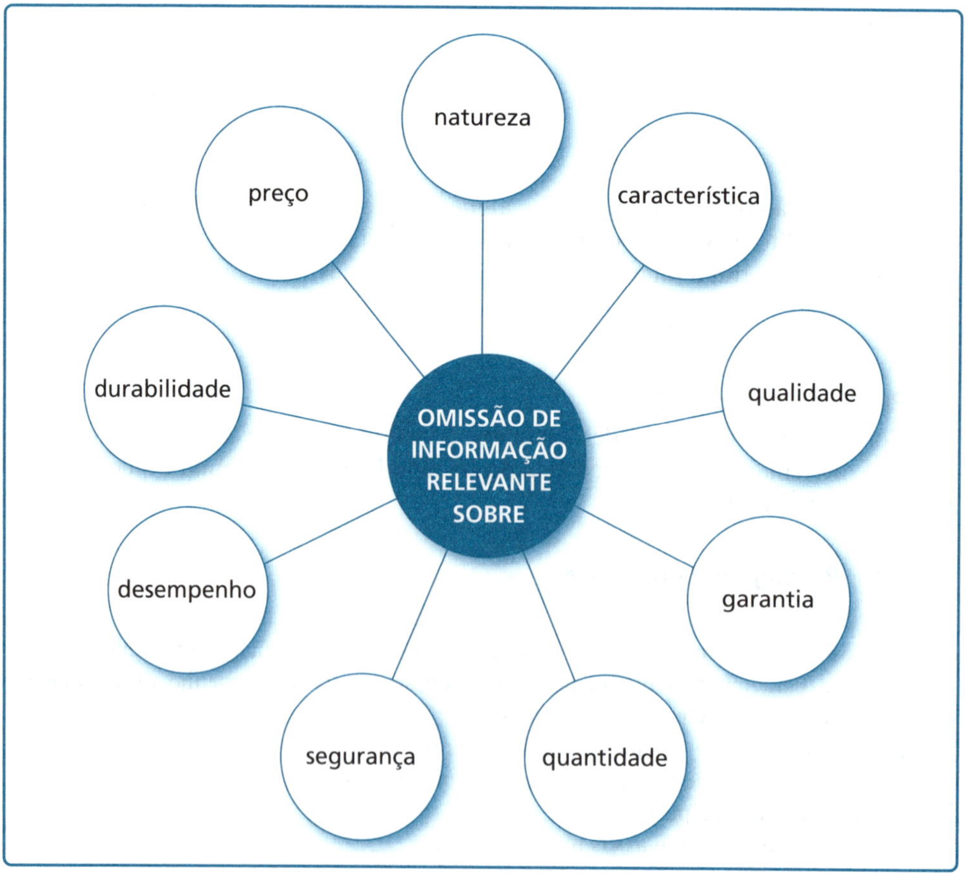

A propósito:

"Código de Defesa do Consumidor — Vendedora que faz afirmações falsas para conseguir vender livros — Configuração do crime do art. 66, da Lei n. 8.078/90 — Entendimento — Incorre nas penas do art. 66, *caput*, da Lei n. 8.078/90, a agente que, na qualidade de vendedora, faz afirmações falsas para conseguir vender livros, tanto em relação aos autores quanto a respeito da qualidade da mercadoria vendida, vez que tal procedimento não trata de mera técnica comercial de venda, mas de comportamento falso e mentiroso, com o intuito de enganar as vítimas, que, de boa-fé, acabam por adquirir o produto" (Tacrim-SP, Rel. Rulli Jr., j. 20/10/1994, *RJDTACrim* 24/84).

"Pratica o delito do art. 66 da Lei 8.078/90 o agente que, por ocasião da venda de videocassete, não esclarece o comprador sobre característica relevante do produto, qual seja, que o aparelho somente usa fitas do sistema betamax, não aceitando aquelas do sistema VHS, que é o normalmente encontrado no mercado" (Tacrim-SP, Rel. Rubens Gonçalves, j. 14/10/1994, *RJTACRIM* 24/80).

"Incide no art. 66 do CDC, o comerciante que ao anunciar através de cartazes o preço promocional do produto, omite informação relevante quanto à quantidade e a destinação a fregueses habituais. Descumprimento da obrigação de fornecer informação ao consumidor, que tem direito a esclarecimentos completos e exatos sobre os produtos ou serviços que deseja adquirir" (Tacrim-SP, Rel. Wilson Barreira, j. 31/07/1995).

"Tipifica o delito previsto no art. 66, § 1º, da Lei 8.078/90 a conduta do agente que patrocina a oferta de produtos cosméticos que não contêm em suas embalagens as especificações exigidas por lei, omitindo, assim, informações relevantes sobre a natureza, característica, qualidade, segurança, desempenho e durabilidade destes produtos, sendo irrelevante a alegação de distração na conferência dos produtos" (Tacrim-SP, Rel. Bento Mascarenhas, j. 24/11/1994, *RJDJTacrim* 24/78).

É preciso salientar que as leis de proteção ao consumidor são muito similares e, muitas vezes, parecem se confundir. Assim, observe-se que: a) a omissão acerca da nocividade ou periculosidade do produto em sua **embalagem**, **invólucro** etc., constitui crime do art. 63 do Código de Defesa do Consumidor; b) a venda, como verdadeira ou perfeita, de mercadoria **falsificada** ou **deteriorada**, constitui crime de fraude no comércio (art. 175 do CP).

Saliente-se, ainda, que, se a afirmação falsa for feita em campanha **publicitária**, estará configurado o crime do **art. 67**. Se, todavia, for feita em mero anúncio de produto, ainda que em jornal, em faixa na rua, em balcão de estabelecimento (mediante afixação de cartazes ou de forma verbal), configura-se o delito do art. 66. Essa distinção, em verdade, não é muito relevante na prática, na medida em que as penas previstas são as mesmas.

A propósito da configuração do delito do art. 66 por parte de comerciante de veículos: "Crime contra as relações de consumo — Agente que, após adquirir veículo sinistrado em leilão e consertá-lo, promove publicidade no jornal para sua venda, fazendo constar que o carro teve único dono — Caracterização" (Tacrim-SP, Rel. Eduardo Goulart, *RJDJTacrim* 24/77).

2. Sujeitos ativos

O fornecedor e o patrocinador do produto ou serviço. O 1º do art. 66 expressamente prevê que o patrocinador da oferta incorre nas mesmas penas.

3. Sujeitos passivos

A coletividade e os consumidores que tenham adquirido o produto.

4. Consumação

Trata-se de crime **formal**, que se consuma com a afirmação falsa ou com a omissão quanto à informação relevante, **ainda que nenhum consumidor adquira o produto ou o serviço**.

5. Tentativa

Possível na figura comissiva (embora improvável) e inviável na figura omissiva.

6. Ação penal

Pública incondicionada. Tanto as figuras dolosas quanto a culposa constituem **infrações de menor potencial** ofensivo (pena máxima não superior a 2 anos), inserindo-se na competência do Juizado Especial Criminal e sujeitando-se às regras da Lei n. 9.099/95.

8.2.5. Publicidade enganosa

> **Art. 67.** Fazer ou promover publicidade que sabe ou deveria saber enganosa ou abusiva:
> Pena — detenção de três meses a um ano e multa.

1. Elementos do tipo

O art. 6º, § 4º, da Lei n. 8.078/90 diz que é direito do consumidor a proteção contra a publicidade **abusiva** ou **enganosa**. Por isso, o art. 37 da mesma lei dispõe que "é proibida toda publicidade enganosa ou abusiva" e em seguida define:

"É enganosa qualquer modalidade de informação ou comunicação de caráter publicitário, inteira ou parcialmente falsa, ou, por qualquer outro modo, mesmo por omissão, capaz de induzir em erro o consumidor a respeito da natureza, características, qualidade, quantidade, propriedades, origem, preço e quaisquer outros dados sobre produtos e serviços" (art. 37, § 1º).

"É abusiva, dentre outras, a publicidade discriminatória de qualquer natureza, a que incite à violência, explore o medo ou a superstição, se aproveite da deficiência de julgamento e experiência da criança, desrespeita valores ambientais, ou que seja capaz de induzir o consumidor a se comportar de forma prejudicial ou perigosa à sua saúde ou segurança" (art. 37, § 2º). Ressalve-se que a publicidade abusiva que seja capaz de induzir o consumidor a se comportar de forma prejudicial à sua saúde ou segurança configura crime específico do art. 68 da Lei. O delito em estudo (art. 67) restará configurado, portanto, para outras hipóteses de publicidade abusiva.

Por fim, o art. 37, § 3º, estabelece que, para os efeitos deste código, a "publicidade é enganosa por omissão quando deixar de informar sobre dado essencial do produto ou serviço".

O art. 27 do Código de Autorregulamentação Publicitária do CONAR (Conselho Nacional de Autorregulamentação Publicitária) explicita regras que devem ser observadas nas campanhas publicitárias e cujo desrespeito pode configurar o delito em estudo:

ART. 27	■ O anúncio deve conter uma apresentação verdadeira do produto oferecido, conforme disposto nos artigos seguintes desta Seção, onde estão enumerados alguns aspectos que merecem especial atenção.
§ 1º DESCRIÇÕES	■ No anúncio, todas as descrições, alegações e comparações que se relacionem com fatos ou dados objetivos devem ser comprobatórias, cabendo aos Anunciantes e Agências fornecer as comprovações, quando solicitadas.
§ 2º ALEGAÇÕES	■ O anúncio não deverá conter informação de texto ou apresentação visual que direta ou indiretamente, por implicação, omissão, exagero ou ambiguidade, leve o Consumidor a engano quanto ao produto anunciado, quanto ao Anunciante ou seus concorrentes, nem tampouco quanto a: a) natureza do produto (natural ou artificial); b) procedência (nacional ou estrangeira); c) composição; d) finalidade.
§ 3º VALOR, PREÇO, CONDIÇÕES	■ O anúncio deverá ser claro quanto a: a) valor ou preço total a ser pago pelo produto, evitando comparações irrealistas ou exageradas com outros produtos ou outros preços; alegada a sua redução, o Anunciante deverá poder comprová-la mediante anúncio ou documento que evidencie o preço anterior; b) entrada, prestações, peculiaridades do crédito, taxas ou despesas previstas nas operações a prazo; c) condições de entrega, troca ou eventual reposição do produto; d) condições e limitações da garantia oferecida.
§ 4º USO DA PALAVRA "GRÁTIS"	a) O uso da palavra "grátis" ou expressão de idêntico significado só será admitido no anúncio quando não houver realmente nenhum custo para o Consumidor com relação ao prometido gratuitamente; b) nos casos que envolverem pagamento de qualquer quantia ou despesas postais, de frete ou de entrega ou, ainda, algum imposto, é indispensável que o Consumidor seja esclarecido.
§ 5º USO DE EXPRESSÕES VENDEDORAS	■ O uso de expressões como "direto do fabricante", "preço de atacado", "sem entrada" e outras de igual teor não devem levar o consumidor a engano e só serão admitidas quando o Anunciante ou a Agência puderem comprovar a alegação.
§ 6º NOMENCLATURA, LINGUAGEM, "CLIMA"	a) (...); b) (...); c) (...); d) (...); e) nas descrições técnicas do produto, o anúncio adotará a nomenclatura oficial do setor respectivo e, sempre que possível, seguirá os preceitos e as diretrizes da Associação Brasileira de Normas Técnicas — ABNT e do Instituto Nacional de Metrologia, Normalização e Qualidade Industrial — INMETRO.
§ 7º PESQUISAS E ESTATÍSTICAS	a) o anúncio não se referirá a pesquisa ou estatística que não tenha fonte identificável e responsável; b) o uso de dados parciais de pesquisa ou estatística não deve levar a conclusões distorcidas ou opostas àquelas a que se chegaria pelo exame do total da referência.
§ 8º INFORMAÇÃO CIENTÍFICA	■ O anúncio só utilizará informação científica pertinente e defensável, expressa de forma clara até para leigos.
§ 9º TESTEMUNHAIS	a) o anúncio abrigará apenas depoimentos personalizados e genuínos, ligados à experiência passada ou presente de quem presta o depoimento, ou daquele a quem o depoente personificar; b) o testemunho utilizado deve ser sempre comprovável;

	c) quando se usam modelos sem personalização, permite-se o depoimento como "licença publicitária" que, em nenhuma hipótese, se procurará confundir com um testemunhal; d) o uso de modelos trajados com uniformes, fardas ou vestimentas características de uma profissão não deverá induzir o Consumidor a erro e será sempre limitado pelas normas éticas da profissão retratada; e) o uso de sósias depende de autorização da pessoa retratada ou imitada e não deverá induzir a confusão.

Assim, pode cometer o crime, por exemplo, quem veicular campanha publicitária com testemunhos falsos, com informações científicas inverídicas, baseada em exposição fundada em pesquisa inexistente ou falsa, com informações inverídicas a respeito das características ou das condições de pagamento do produto ou serviço etc.

Eventuais campanhas que incitem o preconceito racial ou religioso podem enquadrar-se em crime de racismo do art. 20 da Lei n. 7.716/89. Por seu turno, anúncios que estimulem atividades criminosas ou que enalteçam fatos delituosos configuram, respectivamente, delitos de incitação ou apologia ao crime (arts. 286 e 287 do CP).

O crime de publicidade enganosa descrito no art. 67 do Código de Defesa do Consumidor está relacionado a campanhas publicitárias veiculadas em rádio, televisão, jornal, revista, distribuição de panfletos etc. Cuida-se do *marketing* publicitário.

A propósito:

"O agente que, usando nome semelhante ao de instituição tradicional de ensino, faz publicidade de cursos por correspondência, sugerindo através de prospectos que os mesmos se tratam de cursos oficiais promovidos por aquela escola, incorre nas penas do art. 67 da Lei n. 8.078/90 pois presente o intuito de enganar pessoas" (Tacrim-SP, Rel. S. C. Garcia, *RDC* 17/205).

"Configura o crime do art. 67 da Lei n. 8.078/90, a conduta do agente que, ciente da impossibilidade de prestar os serviços que oferece, faz anúncios, nos classificados do jornal da região, oferecendo diretamente ao público adesão a um plano de saúde que ainda não existe, pouco importando que nenhuma pessoa tenha sido identificada como vítima, pois a proteção legal, nestes casos, diz respeito à coletividade em geral" (Tacrim-SP, Rel. Kujiz Betanho, j. 29/06/1994).

Para a punição pelo crime em estudo, é preciso que o agente **saiba** que a publicidade é falsa ou abusiva ou que **deva saber** disso. A doutrina tradicional costuma dizer que a expressão "deve saber" é indicativa de dolo eventual. Na prática, contudo, significa que podem também ser punidos aqueles que, diante da situação concreta, não tinham como deixar de concluir que a publicidade era falsa ou abusiva.

2. Sujeitos ativos

Em regra, os responsáveis pela empresa (fornecedor) e aqueles que trabalham no departamento de *marketing* (existentes em grandes empresas), que são os responsáveis pelo **fornecimento das informações às agências de publicidade**. Aqueles que trabalham nessas agências não poderão ser responsabilizados caso fique provado que desconheciam as informações inverídicas que seriam divulgadas na campanha (dados técnicos, características do produto etc.). É claro, todavia, que em certos casos a criação da farsa pode partir da própria agência e, em tal situação, deverão também ser responsabilizados — juntamente com o fornecedor que aprovou a campanha.

Por fim, cabe salientar que os órgãos de comunicação (jornais, revistas, emissoras de televisão ou de rádio) devem analisar os anúncios com eles contratados antes da veiculação e, **se for evidente** que se trata de publicidade enganosa, devem recusar a divulgação, sob pena de serem também punidos os responsáveis pela autorização, pois, quem de qualquer modo concorre para um crime, incide nas penas a este cominadas.

3. Sujeito passivo

A coletividade.

4. Consumação

No momento em que **veiculada** a publicidade, **independentemente de qualquer resultado**. Trata-se de crime **formal**. A propósito: "a publicidade enganosa constitui crime de perigo abstrato, tem-se em vista uma universalidade indeterminada de consumidores exposta a práticas desleais de anúncio de produtos e serviços, donde ser despiciendo indagar-se se houve ou não prejuízo concreto para algum ou alguns deles" (Tacrim-SP, Rel. Renê Ricupero, *RT* 726/664).

Saliente-se que o sujeito será punido mais gravemente se ficar constatado que algum consumidor foi efetivamente enganado, pois, em tal caso, a conduta enquadra-se na figura do art. 7º, VII, da Lei n. 8.137/90, que pune com detenção, de dois a cinco anos, ou multa, quem "induzir o consumidor ou usuário a erro, por via de indicação ou afirmação falsa ou enganosa sobre a natureza, qualidade de bem ou serviço, utilizando-se de qualquer meio, **inclusive a veiculação ou divulgação publicitária**".

5. Tentativa

Teoricamente é possível. Ex.: campanha publicitária com anúncios gravados que deveriam ser veiculados via rádio, os quais são entregues à emissora que se recusa a concretizar o anúncio e entrega as gravações à polícia.

6. Ação penal

Pública incondicionada. Trata-se **de infração de menor potencial ofensivo** (pena máxima não superior a 2 anos), inserindo-se na competência do Juizado Especial Criminal e sujeitando-se às regras da Lei n. 9.099/95.

8.2.6. Publicidade capaz de provocar comportamento perigoso

> **Art. 68.** Fazer ou promover publicidade que sabe ou deveria saber ser capaz de induzir o consumidor a se comportar de forma prejudicial ou perigosa a sua saúde ou segurança:
> Pena — detenção, de seis meses a dois anos, e multa.

1. Elementos do tipo

O art. 37, § 2º, da Lei n. 8.078/90 expressamente declara **abusiva** a publicidade que seja **capaz de induzir o consumidor a se comportar de forma prejudicial ou perigosa à sua saúde ou segurança**.

Incorrerá no crime, por exemplo, quem fizer ou promover publicidade que contenha sugestão de utilização de veículo de modo a colocar em risco a segurança do usuário ou de terceiros (excesso de velocidade, ultrapassagens em locais não permitidos, desrespeito à sinalização ou aos pedestres, não utilização do cinto de segurança etc.), ou, ainda, quem veicular propaganda incentivando ao consumo excessivo de álcool etc.

2. Sujeito ativo

Os **profissionais responsáveis pela elaboração da publicidade** (em regra, da própria empresa contratante da agência de publicidade). Tal como no delito anterior (art. 67), os responsáveis pela agência de publicidade ou dos meios de comunicação que divulgam os anúncios só poderão ser responsabilizados se houver prova de seu dolo (direto ou eventual).

3. Sujeito passivo

A coletividade.

4. Consumação

Cuida-se de crime de **perigo abstrato** que se consuma com a veiculação da matéria publicitária. O próprio tipo penal estabelece que basta que a publicidade seja **capaz** de induzir o consumidor ao comportamento de risco. Não é necessário que efetivamente tenha induzido um ou alguns consumidores a comportamento perigoso, sendo, portanto, desnecessária prova nesse sentido. Cuida-se, desse modo, de crime **formal**.

5. Tentativa

Em tese, é possível, tal como exemplificado em relação ao delito anterior (art. 67).

6. Ação penal

Pública incondicionada. Trata-se de **infração de menor potencial ofensivo** (pena máxima não superior a 2 anos), inserindo-se na competência do Juizado Especial Criminal e sujeitando-se às regras da Lei n. 9.099/95.

8.2.7. Omissão na organização de dados que embasam publicidade

> **Art. 69.** Deixar de organizar dados fáticos, técnicos e científicos que dão base à publicidade:
> Pena — detenção de um a seis meses ou multa.

1. Elementos do tipo

De acordo com o art. 36, parágrafo único, da Lei n. 8.078/90, "o fornecedor, na publicidade de seus produtos ou serviços, manterá, em seu poder, para informação dos legítimos interessados, os dados fáticos, técnicos e científicos que dão sustentação à mensagem". É evidente, portanto, que, antes da veiculação da publicidade, o empresário deve obter dados que embasem a publicidade, sob pena de incorrer na infração penal em estudo. Se a mensagem publicitária sustenta que 99% dos consumidores estão satisfeitos com o produto, deve haver pesquisa realizada com critérios técnicos comprovando a assertiva devidamente documentada. O mesmo se diga quando a campanha afirma que se trata do produto mais durável do mercado ou o mais econômico etc. Muitas vezes, a informação não é falsa (pois, se fosse, configuraria crime de publicidade enganosa), mas a infração em estudo estará configurada por não ter o responsável documentado a forma como chegou a ela. O fornecedor deverá, ainda, manter esses dados arquivados para consulta de eventuais interessados (consumidores, órgãos de defesa dos consumidores, Ministério Público, Poder Judiciário) por pelo menos **três anos** a contar da veiculação da campanha publicitária (prazo de prescrição da infração penal).

2. Sujeito ativo

Os responsáveis pela empresa fornecedora, aos quais incumbe organizar e manter os dados que dão embasamento à publicidade.

3. Sujeito passivo

A coletividade.

4. Consumação

No momento em que realizada a publicidade. Se o agente não organiza os dados que a lei exige, mas a publicidade não chega a ser veiculada, o fato é atípico.

5. Tentativa

Tratando-se de crime omissivo próprio, não admite a tentativa.

6. Ação penal

Pública incondicionada. Trata-se **de infração de menor potencial ofensivo** (pena máxima não superior a 2 anos), inserindo-se na competência do Juizado Especial Criminal e sujeitando-se às regras da Lei n. 9.099/95.

8.2.8. Emprego de peças ou componentes de reposição usados sem o consentimento do consumidor

> **Art. 70.** Empregar, na reparação de produtos, peças ou componentes de reposição usados, sem autorização do consumidor:
> Pena — detenção de três meses a um ano e multa.

1. Elementos do tipo

A conduta típica é bastante simples, já que consiste em utilizar, na reparação de produtos (aparelhos elétricos, eletrônicos, veículos etc.), peças ou componentes de reposição usados, **sem a autorização do consumidor**. A toda evidência, a autorização deste torna o fato atípico. A autorização pode ser expressa (por escrito ou verbal) ou tácita (ex.: consumidor que procura loja que só trabalha com peças recondicionadas).

De acordo com o art. 21 da Lei n. 8.078/90, "no fornecimento de serviços que tenham por objetivo a reparação de qualquer produto considerar-se-á implícita a obrigação do fornecedor de empregar componentes de reposição originais adequados e novos, ou que mantenham as especificações técnicas do fabricante, salvo, quanto a estes últimos, autorização em contrário do consumidor".

Se o consumidor procura empresa de assistência técnica de produto que se encontra em garantia, e o empresário troca a peça quebrada por outra de segunda mão, sem a autorização do consumidor, responde pelo crime em estudo. Se, todavia, o consumidor for induzido em erro e pagar o preço de uma peça nova, sendo empregada a peça usada, estará configurado crime mais grave de fraude no comércio (art. 175, II, do CP), consistente em entregar uma mercadoria por outra. O mesmo ocorre se a peça utilizada na reposição é nova, mas não original (de outra marca, por exemplo), e o fornecedor vende como se fosse original.

Se o fornecedor engana o cliente, cobrando por troca de peça que não realizou, configura-se o crime de estelionato.

2. Sujeito ativo

O fornecedor.

Se, eventualmente, o responsável pela empresa desconhece que seu funcionário, à revelia do consumidor, utilizou peças de segunda mão no conserto de produtos, não poderá ser punido criminalmente, por falta de dolo. Em tal caso, apenas o empregado poderá ser responsabilizado.

3. Sujeito passivo

O dono do produto no qual foi inserida a mercadoria usada.

4. Consumação

No instante em que o produto no qual foi inserida a peça ou componente de reposição usado é devolvido ao consumidor. O delito **independe de qualquer prejuízo efetivo ao consumidor, porque o tipo penal não o exige**. Assim, ainda que a peça usada funcione, o crime estará configurado.

5. Tentativa

É possível. Ex.: o agente está efetuando a troca da peça quebrada por outra de segunda mão, mas a própria vítima percebe e impede que o ato se concretize.

6. Ação penal

Pública incondicionada. Trata-se de **infração de menor potencial ofensivo** (pena máxima não superior a 2 anos), inserindo-se na competência do Juizado Especial Criminal e sujeitando-se às regras da Lei n. 9.099/95.

8.2.9. Cobrança abusiva ou vexatória

> **Art. 71.** Utilizar, na cobrança de dívidas, de ameaça, coação, constrangimento físico ou moral, afirmações falsas, incorretas ou enganosas ou de qualquer outro procedimento que

exponha o consumidor, injustificadamente, a ridículo ou interfira com seu trabalho, descanso ou lazer:
Pena — detenção de três meses a um ano e multa.

1. Elementos do tipo

Premissa do delito em questão é que o agente cobre abusivamente uma dívida. A cobrança a que a lei se refere é aquela feita diretamente ao consumidor, e não a cobrança feita em juízo. O abuso pode decorrer de diversas condutas expressamente elencadas no texto legal:

a) **Ameaça**: o agente, de forma escrita, verbal, por gestos ou por meio simbólico, promete mal injusto e grave ao consumidor ou terceiro, a fim de obrigá-lo a pagar a dívida.

b) **Coação**: a lei se refere aqui a agressões físicas.

A utilização de ameaça ou coação, para a cobrança de dívida que não envolva relação de consumo, configura crime de exercício arbitrário das próprias razões (art. 345 do CP), que é mais brandamente apenado.

c) **Constrangimento físico ou moral**: para não confundir com as duas hipóteses anteriores, o dispositivo é interpretado de forma subsidiária, configurando-o, por exemplo, perseguir o consumidor, fazer cobranças de forma repetitiva, de modo exagerado etc. Constitui também exemplo desse delito não permitir que o filho da vítima frequente as aulas em razão de atraso na mensalidade escolar.

d) **Utilização de afirmações falsas, incorretas ou enganosas**: cobrança por dívida já paga ou não vencida, por serviço não prestado ou prestado de forma diversa e menos custosa etc. Lembre-se de que o crime em análise é doloso e, portanto, pressupõe que o agente saiba que a afirmação é falsa, incorreta ou enganosa etc.

e) **Utilização de qualquer procedimento que exponha o consumidor, injustificadamente, a ridículo**: efetuar cobrança com carro de som em frente à casa do devedor, fazendo com que se torne motivo de chacota dos vizinhos; colocar cartaz com lista de consumidores inadimplentes na porta do bar etc. A propósito:

> "É possível a condenação do réu como incurso no art. 71 da Lei n. 8.078/90 quando, na condição de credor de alugueres, dirige-se ao estabelecimento comercial da vítima, colocando no pescoço um cartaz com a inscrição 'cobrador', ridicularizando, deste modo, o sujeito passivo, a despeito de haver outros meios de cobrar a dívida" (Tacrim/SP, AC 813.383, Rel. Leonel Ferreira, *RT* 720/450); **e** "credor que, na cobrança de dívida, expõe a ridículo o devedor, exibindo cópia do cheque comprobatório desse débito, pregado em para-brisa de seu automóvel, para conhecimento de toda a população e chegando a constrangê-lo moralmente, perante empregados e subordinados, em seu local de trabalho. Caracterização do crime previsto no art. 71 do CDC" (Tacrim/SP, AC 824.759-6, Rel. Navarro Penteado, j. 31/08/1994).

A simples inserção do nome do devedor **em cadastro de devedores inadimplentes não configura o delito em estudo**:

> "Comunicação ao serviço de proteção ao crédito mantido pela Associação Comercial, do devedor de aluguéis pela locação de imóvel. Prática do ato que é admitido no

comércio. Não infração, portanto, da norma protetiva do consumidor. A comunicação ao serviço de proteção ao crédito, mantido pela Associação Comercial, e consequentemente, o registro do nome do devedor inadimplente no cadastro da mesma, não caracteriza a violação à norma do art. 71 do Código do Consumidor, posto que, permitindo a lei a instalação dos denominados serviços de proteção ao crédito, como também o uso, equiparando-os a serviço público, sua utilização pelo credor não pode ser tida como abusiva" (Tacrim/SP, HC 223.488, Rel. Ribeiro dos Santos, j. 29/04/1992).

Observação: O delito em estudo, em sua última figura, pressupõe que o agente exponha a vítima ao ridículo, ao efetuar uma **cobrança**. Por isso, se alguém ofende um consumidor, tachando-o publicamente de inadimplente, mas sem se tratar de hipótese de cobrança, configura-se crime contra a honra (difamação ou injúria, dependendo da hipótese). A propósito: "A conduta dos donos de escola que fazem circular uma carta entre os pais de alunos na qual expõem alguns deles a enorme vexame, chamando-os de inadimplentes pelo fato de terem efetuado o pagamento das mensalidades por consignação em juízo, sem entretanto cobrar a dívida, não configura o delito previsto no art. 71 da Lei n. 8.078/90" (Tacrim-SP, AC 781.959, Rel. Fábio de Araújo, j. 16/12/1993).

f) **Utilização de qualquer procedimento que interfira com o trabalho, o descanso ou o lazer do consumidor**: cobranças feitas no local de trabalho da vítima, durante feriados ou fins de semana etc.

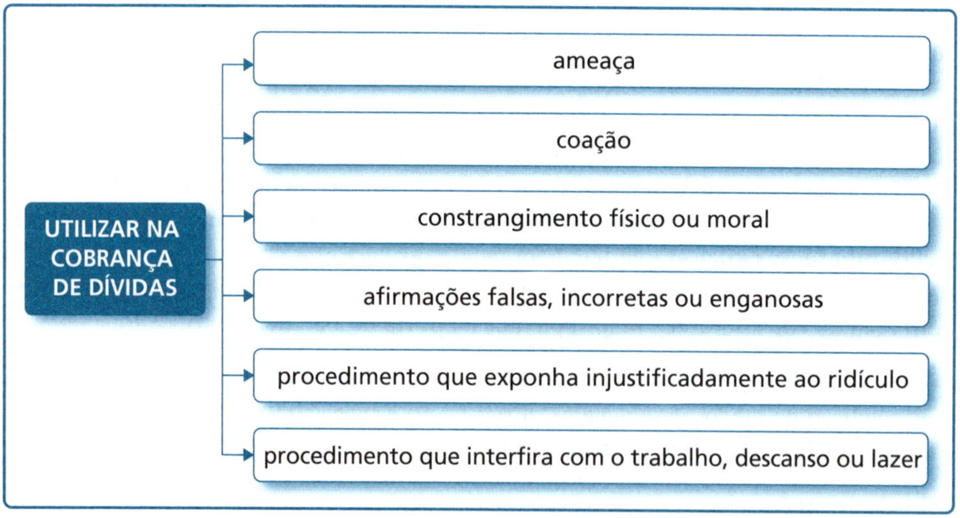

2. Sujeitos ativos

O fornecedor ou quem efetua a cobrança em seu nome, ou ambos.

3. Sujeito passivo

O consumidor.

4. Consumação

Trata-se de crime de **mera conduta** que se consuma no exato instante da cobrança abusiva.

5. Tentativa

É possível no caso de cobrança escrita que se extravia.

6. Ação penal

Pública incondicionada. Trata-se de **infração de menor potencial ofensivo** (pena máxima não superior a 2 anos), inserindo-se na competência do Juizado Especial Criminal e sujeitando-se às regras da Lei n. 9.099/95.

8.2.10. Criação de óbice ao consumidor acerca de suas informações cadastrais

> **Art. 72.** Impedir ou dificultar o acesso do consumidor às informações que sobre ele constem em cadastros, banco de dados, fichas e registros:
> Pena — detenção de seis meses a um ano ou multa.

1. Elementos do tipo

De acordo com o art. 43, *caput*, da Lei n. 8.078/90, o consumidor terá acesso às informações existentes em cadastros, fichas, registros e dados pessoais e de consumo arquivados sobre ele, bem como sobre as suas respectivas fontes. Por isso, quem impede ou, simplesmente, dificulta o acesso a tais informações está incurso no delito em análise. É que, se o consumidor não consegue saber, por exemplo, por qual razão seu nome foi inscrito em entidade de proteção ao crédito, não terá como verificar se as informações são ou não verídicas.

Segundo Antonio Herman Benjamin[1], "impedir quer dizer proibir, vedar, opor-se, não permitir o acesso do consumidor aos dados constantes do arquivo de consumo. Já dificultar, noção mais difusa e menos radical, significa embaraçar, complicar, impor condições despropositadas ou indevidas. O impedimento normalmente se dá com um simples 'não'. Já a dificultação é disfarçada, muitas vezes justificadas com argumentos burocráticos ou até a pretexto de que inexiste arquivo com o nome do consumidor".

2. Sujeito ativo

Qualquer pessoa que tenha o controle sobre as informações.

3. Sujeito passivo

O consumidor.

4. Consumação

No momento em que o agente impede ou dificulta o acesso do consumidor às informações sobre ele existentes em cadastros, banco de dados, fichas e registros. Trata-se de crime de **mera conduta**, cuja configuração independe da efetiva ocorrência de prejuízo à vítima.

---

1 BENJAMIN, Antonio Herman. Crimes de consumo no Código de Defesa do Consumidor. *Revista de Direito do Consumidor,* São Paulo, RT, n. 3, set./dez. 1992. p. 115.

5. Tentativa

Não é possível.

6. Ação penal

Pública incondicionada. Trata-se de **infração de menor potencial ofensivo** (pena máxima não superior a 2 anos), inserindo-se na competência do Juizado Especial Criminal e sujeitando-se às regras da Lei n. 9.099/95.

8.2.11. Omissão na correção de dados cadastrais do consumidor

> **Art. 73.** Deixar de corrigir imediatamente informação sobre consumidor constante de cadastro, banco de dados, fichas ou registros que sabe ou deveria saber ser inexata:
> Pena — detenção de um a seis meses ou multa.

1. Elementos do tipo

De acordo com o art. 43, § 3º, da Lei n. 8.078/90, "o consumidor, sempre que encontrar inexatidão nos seus dados e cadastros, poderá exigir sua imediata correção, devendo o arquivista, no prazo de **cinco** dias úteis, comunicar a alteração aos eventuais destinatários das informações incorretas". Assim, estará configurada a infração penal em análise se o consumidor verificar a existência de informação errada no cadastro e solicitar a correção ou se, por qualquer outra razão, o responsável tiver ciência da inexatidão (ou se deveria saber disso em razão de algum fato concreto) e, mesmo assim, deixar de efetuar ou providenciar a correção.

2. Sujeito ativo

A pessoa responsável por efetuar a correção que, agindo com dolo direto ou eventual, venha a se omitir.

3. Sujeito passivo

O consumidor cujos dados inexatos não forem corrigidos.

4. Consumação

De acordo com o art. 43, § 3º, do Código de Defesa do Consumidor, o responsável tem **cinco dias úteis** para efetuar a correção. Assim, o delito se consuma com o decurso de referido prazo.

5. Tentativa

Por se tratar de crime **omissivo próprio, não** admite a forma tentada.

6. Ação penal

Pública incondicionada. Trata-se de **infração de menor potencial ofensivo** (pena máxima não superior a 2 anos), inserindo-se na competência do Juizado Especial Criminal e sujeitando-se às regras da Lei n. 9.099/95.

8.2.12. Omissão na entrega do termo de garantia ao consumidor

> **Art. 74.** Deixar de entregar ao consumidor o termo de garantia adequadamente preenchido e com especificação clara de seu conteúdo:
> Pena — detenção de um a seis meses ou multa.

1. Elementos do tipo

O art. 26 da Lei n. 8.078/90 estabelece garantia por trinta dias, tratando-se de fornecimento de serviço e de produtos **não duráveis** (inc. I), e de **noventa dias**, tratando-se de fornecimento de serviço e de produtos **duráveis** (inc. II). Essa é a chamada garantia **legal**, que dispensa o **termo** de garantia. É possível, porém, que a empresa produtora ofereça uma garantia por tempo adicional. É a chamada garantia **contratual**, que é complementar em relação à garantia legal. É comum, por exemplo, veículos que tenham três ou cinco anos de garantia, televisores ou geladeiras com um ou dois anos de garantia.

Essa garantia contratual complementar deve ser sempre escrita e entregue ao consumidor no ato da compra. É justamente o chamado termo de garantia. De acordo com o art. 50, parágrafo único, do Código de Defesa do Consumidor, "o termo de garantia ou equivalente deve ser padronizado e esclarecer, de maneira adequada em que consiste a mesma garantia, bem como a forma, o prazo e o lugar em que pode ser exercitada e os ônus a cargo do consumidor, devendo ser-lhe entregue, devidamente preenchido pelo fornecedor, no ato do fornecimento, acompanhado de manual de instrução, de instalação e uso do produto em linguagem didática, com ilustrações". É nítido, portanto, que a entrega do termo de garantia é dever do fornecedor e direito do consumidor. Por isso, o fornecedor que, **dolosamente**, deixa de entregar o termo de garantia ao consumidor ou o entrega sem o devido preenchimento ou preenchido apenas parcialmente, incorre no delito em estudo. A ausência de colocação da data da compra ou da identificação do comprador, por exemplo, dificulta ou impede que ele usufrua da garantia contratual a que faz jus.

2. Sujeitos ativos

O fornecedor e seus funcionários que, dolosamente, deixem de entregar ou de preencher devidamente o termo de garantia.

3. Sujeito passivo

O consumidor.

4. Consumação

No instante em que o fornecedor deveria entregar a garantia devidamente preenchida e não o fez. O delito **independe de qualquer prejuízo efetivo ao consumidor, porque o tipo penal não o exige**.

5. Tentativa

É **incabível** por se tratar de crime **omissivo próprio**.

6. Ação penal

Pública incondicionada. Trata-se de **infração de menor potencial ofensivo** (pena máxima não superior a 2 anos), inserindo-se na competência do Juizado Especial Criminal e sujeitando-se às regras da Lei n. 9.099/95.

■ 8.3. AGRAVANTES GENÉRICAS

O art. 76 da Lei n. 8.078/90 contém um rol de agravantes genéricas específicas dos crimes contra o consumidor. São elas aplicáveis na segunda fase da fixação da pena (art. 68 do CP). As agravantes descritas no referido art. 76 são as seguintes:

> I — serem cometidos em época de grave crise econômica ou por ocasião de calamidade;
> II — ocasionarem grave dano individual ou coletivo;
> III — dissimular o agente a natureza ilícita do procedimento;
> IV — quando cometidos:
> *a)* por servidor público, ou por pessoa cuja condição econômico-social seja manifestamente superior à da vítima;
> *b)* em detrimento de operário ou rurícola; de menor de dezoito ou maior de sessenta anos ou de pessoas portadoras de deficiência mental interditadas ou não;
> V — serem praticados em operações que envolvam alimentos, medicamentos ou quaisquer outros produtos ou serviços essenciais.

Saliente-se, outrossim, que a existência dessas agravantes não impede a aplicação de outras previstas no Código Penal, como, por exemplo, a da reincidência.

Algumas dessas agravantes são evidentemente injustificáveis e, portanto, impossíveis de serem aplicadas. Não faz qualquer sentido, por exemplo, agravar a pena de uma infração penal por ter o agente dissimulado a natureza ilícita de seu procedimento (inc. III), já que não se pode exigir que ele informe à vítima acerca de sua intenção delituosa. É da essência da infração penal a dissimulação da natureza ilícita, que, por isso, pode ser considerada elementar implícita.

Entendemos, ainda, que fere o princípio da igualdade ser a pena agravada pelo fato de a vítima ser operário ou rurícola, e não sofrer exasperação se for pessoa desempregada ou mesmo empregado doméstico etc. Não se pode presumir que o operário e o rurícola estejam em situação de vulnerabilidade equivalente à de menores de idade, idosos etc.

■ 8.4. PENA DE MULTA

> **Art. 77.** A pena pecuniária prevista nesta Seção será fixada em dias-multa, correspondente ao mínimo e ao máximo de dias de duração da pena privativa da liberdade cominada ao crime. Na individualização desta multa, o juiz observará o disposto no art. 60, § 1º do Código Penal.

Tome-se como exemplo o crime do art. 69 do Código do Consumidor, que é apenado com detenção de um a seis meses ou multa. Em tal caso, o juiz deverá fixar o número de dias-multa entre 30 e 180. O valor de cada dia-multa deverá ser fixado de acordo com a situação econômica do condenado — mínimo de um trigésimo e máximo de cinco vezes o salário mínimo. O juiz poderá, ainda, triplicar esse valor se entender que o valor final da multa ainda é pequeno diante da situação econômica do réu (art. 60, § 1º, do CP).

Esses critérios diferenciados não se aplicam aos crimes contra as relações de consumo previstos na Lei n. 8.137/90, que seguem os ditames comuns do Código Penal em relação à fixação da pena de multa.

■ 8.5. PENAS RESTRITIVAS DE DIREITOS

> **Art. 78.** Além das penas privativas de liberdade e de multa, podem ser impostas, cumulativa ou alternadamente, observado o disposto nos arts. 44 a 47, do Código Penal:
> I — a interdição temporária de direitos;
> II — a publicação em órgãos de comunicação de grande circulação ou audiência, às expensas do condenado, de notícia sobre os fatos e a condenação;
> III — a prestação de serviços à comunidade.

Se a culpabilidade, os antecedentes, a conduta social e a personalidade do condenado, bem como os motivos e as circunstâncias do delito indicarem que a medida é suficiente, o juiz poderá substituir a pena privativa de liberdade por uma das restritivas de direitos elencadas no texto legal. Tais penas poderão ser aplicadas isolada ou cumulativamente. A cumulação, contudo, só será possível se a pena fixada for superior a 1 ano (art. 44, § 2º, do CP).

Se o crime envolver violência ou grave ameaça (cobrança abusiva de dívida, por exemplo), será inviável a substituição, diante da vedação do art. 44, I, do CP.

Não obstante o dispositivo legal pareça permitir que as penas restritivas de direitos sejam somadas às privativas de liberdade e de multa, é evidente que essa não era a finalidade do legislador. Tanto é assim que o próprio texto legal determina que sejam obedecidas as regras dos arts. 44 a 47 do CP, que estabelecem que as penas restritivas de direitos são **substitutivas** da pena privativa de liberdade.

Segundo Antonio Cezar Lima da Fonseca[2], a pena restritiva consistente na publicação em órgãos de comunicação de grande circulação ou audiência às expensas do condenado, de notícia sobre os fatos e a condenação é "manifestamente inconstitucional, como também concordam o Min. Cernicchiaro, Magela Alves e Milhomens, porque simplesmente coloca o condenado à execração pública. Tira-o dos tribunais e entrega-o ao sensacionalismo da imprensa. Nada existe de educativo nesta medida, a qual até fere o direito subjetivo privado da personalidade inerente a todo cidadão e o princípio da humanidade do Direito Penal".

---

2 FONSECA, Antonio Cezar Lima da. *Direito penal do consumidor*. 2. ed. São Paulo: Livraria do Advogado, 1999. p. 89.

8.6. QUESTÕES

1. (Agente de Polícia Civil/AC — 2017 — IBADE) São circunstâncias agravantes dos crimes previstos no Código de Defesa do Consumidor:

a) quando cometidos em detrimento de maior de setenta anos.
b) ocasionarem médio ou grave dano individual ou coletivo.
c) serem praticados em operações que envolvam alimentos, medicamentos ou quaisquer outros produtos ou serviços essenciais.
d) serem cometidos em época de estabilidade econômica.
e) quando cometidos em detrimento de gestantes.

2. (Defensor Público/ES — 2016 — FCC) As infrações penais tipificadas no Código de Defesa do Consumidor podem acarretar

a) a pena de detenção, que não pode ser substituída por pena restritiva de direitos ou de multa.
b) pena de reclusão, interdição temporária de direitos e prestação de serviços à comunidade e a publicação em órgãos de comunicação de grande circulação ou audiência, de notícias sobre os fatos e a condenação, às expensas do condenado.
c) pena de detenção e a publicação, em órgãos de comunicação de grande circulação ou audiência, de notícias sobre os fatos e a condenação, às expensas do condenado.
d) somente penas de interdição temporária de direitos e prestação de serviços à comunidade.
e) somente a pena de multa e as penas restritivas de direitos, como a perda de bens e valores e de prestação de serviço à comunidade.

GABARITO

1. "c". É o que diz o art. 76, V, do Código de Defesa do Consumidor.
2. "c".

9

CRIMES CONTRA AS RELAÇÕES DE CONSUMO LEI N. 8.137/90

9.1. INTRODUÇÃO

Pouco após a entrada em vigor do Código de Defesa do Consumidor (Lei n. 8.078/90), foi aprovada e sancionada a Lei n. 8.137/90, que, dentre outros temas criminais, cuidou de descrever, em seu art. 7º, os crimes contra **as relações de consumo e suas respectivas penas**.

Nas infrações penais descritas em referida lei, o **bem jurídico tutelado** é sempre a relação de consumo e, por isso, têm sempre como sujeito ativo o **fornecedor** (ou eventualmente algum preposto), e como sujeito passivo os **consumidores**.

A ação penal é sempre **pública incondicionada**.

9.2. A INCIDÊNCIA DA LEI N. 9.099/95

Nos crimes dolosos contra as relações de consumo, a pena privativa de liberdade é sempre de **dois a cinco anos de detenção, ou multa**. Com a entrada em vigor da Lei n. 9.099/95, houve controvérsia em relação ao alcance dessa Lei e suas normas despenalizadoras em face dos delitos em questão.

Lembre-se, em primeiro lugar, de que a **competência** do Juizado Especial Criminal, com a respectiva possibilidade de **transação** penal, mostra-se cabível apenas para as infrações penais de menor potencial ofensivo, sendo assim consideradas as contravenções penais e todos os crimes cuja pena máxima **não exceda dois anos** (art. 61 da Lei n. 9.099/95). Quanto a esse aspecto, como a pena máxima prevista em abstrato para os crimes dolosos contra as relações de consumo é de **cinco** anos, torna-se evidente a conclusão de que **não** constituem estes **infrações de competência do Juizado Especial**, mostrando-se, destarte, inviável a transação penal.

Mais complexa, contudo, é a questão do cabimento ou não da **suspensão condicional do processo**, que, nos termos do art. 89 da Lei n. 9.099/95, é possível nas infrações penais cuja pena mínima em **abstrato não exceda um ano**. Qual seria, entretanto, a pena mínima prevista? A de detenção (dois anos) ou a de multa alternativamente cominada?

Nossos tribunais superiores debruçaram-se sobre a questão e firmaram entendimento de que, como a pena de multa é prevista de forma **alternativa** em relação à privativa de liberdade (detenção), mostra-se possível a suspensão condicional do processo — desde que presentes, evidentemente, os demais requisitos legais.

A propósito:

> "Processo penal. *Habeas corpus*. Art. 7º, inciso II, da Lei n. 8.137/90. Reconhecimento da competência do Juizado Especial. Impossibilidade. Pena máxima em abstrato acima de dois anos. Competência do juízo comum. Suspensão condicional do processo. Mínimo cominado superior a um ano. Previsão alternativa de multa. Possibilidade. Ordem concedida em parte. "De acordo com a jurisprudência do Superior Tribunal de Justiça, apesar da previsão de pena alternativa de multa, o critério eleito pelo legislador para definir a competência dos Juizados Especiais Criminais é o *quantum* máximo da pena privativa de liberdade abstratamente cominada (...). Consistindo a pena de multa na menor sanção penal estabelecida para a figura típica em apreço, é imperiosa a aplicação do art. 89 da Lei n. 9.099/95. 4. Ordem concedida, acolhido o parecer ministerial, em parte a fim de que o Ministério Público do Estado de São Paulo se manifeste acerca da proposta de suspensão condicional do processo" (STJ — HC 125.850/SP, Rel. Min. Maria Thereza de Assis Moura, 6ª Turma, julgado em 31/05/2011, *DJe* 08/06/2011).

9.3. DOS CRIMES EM ESPÉCIE

Os crimes contra as relações de consumo estão descritos no art. 7º da Lei n. 8.137/90. Em todos eles, a pena prevista é de detenção, de dois a cinco anos, ou multa.

9.3.1. Favorecimento ou preferência injustificada de comprador ou freguês

> **Art. 7º** (...)
> I — favorecer ou preferir, sem justa causa, comprador ou freguês, ressalvados os sistemas de entrega ao consumo por intermédio de distribuidores ou revendedores;

1. Elementos do tipo

O crime em questão configura-se quando o fornecedor, sem razões plausíveis, favorece ou prefere algum cliente em detrimento dos outros.

Favorecer consiste em conceder regalias, descontos, vantagens, maior prazo para pagamento a um consumidor, e não fazer o mesmo em relação a outro que se encontra na mesma situação.

Preferir significa optar por um cliente (ex.: lojista que tem apenas um produto e, diante do interesse de dois consumidores, resolve vendê-lo àquele que mostrou interesse por último na compra).

O elemento subjetivo é o dolo.

O crime só se configura quando **não há justa causa** para a conduta do fornecedor. Não constitui justa causa o fato de se tratar de cliente antigo ou amigo. A existência de uma situação emergencial em relação ao produto constitui exemplo de justa causa que exclui a tipicidade da conduta.

2. Consumação

No momento em que realizada a conduta típica.

3. Tentativa

Embora rara, é viável.

9.3.2. Venda ou exposição à venda de mercadoria em desacordo com as prescrições legais ou classificação oficial

> **Art. 7º** (...)
> II — vender ou expor à venda mercadoria cuja embalagem, tipo, especificação, peso ou composição esteja em desacordo com as prescrições legais, ou que não corresponda à respectiva classificação oficial;

1. Elementos do tipo

Para a existência do crime, é preciso que o fornecedor, efetivamente, **venda** o produto ou, ao menos, **exponha-o à venda** (em prateleiras, vitrines, balcões etc.). Não existe o delito se o agente tem o produto em seu estoque, mas não o coloca em exposição para venda aos consumidores.

O delito pode ser cometido de forma **dolosa** ou **culposa**. No último caso, o art. 7º, parágrafo único, prevê que a pena de detenção deve ser reduzida em um terço ou a de multa à quinta parte. Na modalidade culposa, a denúncia deve **descrever** em que consistiu a imprudência, negligência ou imperícia do fornecedor, sob pena de inépcia.

Como o tipo penal exige desrespeito a **prescrições legais ou à classificação oficial** (advinda do Poder Público), o delito em questão constitui **norma penal em branco**. A denúncia, portanto, deve **descrever** o dispositivo de lei ou a classificação oficial que foi desrespeitada em relação à embalagem, tipo (espécie), especificação, peso ou composição do produto.

2. Consumação

No momento em que realizada a conduta típica (venda ou exposição à venda).

3. Tentativa

Embora rara, é viável.

9.3.3. Mistura de gêneros ou mercadorias para obtenção de lucro indevido

> **Art. 7º** (...)
> III — misturar gêneros e mercadorias de espécies diferentes, para vendê-los ou expô-los à venda como puros; misturar gêneros e mercadorias de qualidades desiguais para vendê-los ou expô-los à venda por preço estabelecido para os de mais alto custo;

1. Elementos do tipo

O **art. 175, I, do CP prevê o crime de fraude no comércio para o fornecedor que enganar**, no exercício de atividade comercial, o adquirente ou consumidor vendendo, como verdadeira ou perfeita, mercadoria **falsificada**. Ocorre que, quando o empresário mistura gêneros e mercadorias de espécies diversas ou de qualidades desiguais, em regra, ele as está falsificando, ficando, assim, incurso no crime do art. 7º, III, da Lei n. 8.137/90, que é lei mais recente. O crime do art. 175, I, do CP, portanto, só poderá ser aplicado em outras situações de venda de mercadoria falsificada.

O dispositivo em questão, em sua forma dolosa, possui duas figuras criminosas e, em ambas, mostra-se necessário um **objetivo específico** (elemento subjetivo do tipo), consistente na intenção de **obter lucro indevido**. Na primeira parte do dispositivo, o agente mistura gêneros e mercadorias de espécies diferentes, para **vendê-los como puros**. Na segunda, o agente realiza a conduta em relação a produtos de qualidades desiguais (subentende-se que de valores diversos), para **vendê-los pelo preço maior**.

Quem vende gasolina misturada com solvente ou com volume de álcool acima do permitido, ou, ainda, vende álcool combustível misturado com água, incorre em crime específico descrito no art. 1º, I, da Lei n. 8.176/91, conhecido como crime de **adulteração de combustível**.

2. Consumação

Cuida-se de crime **formal**, que se consuma quando o agente *mistura* as mercadorias com o dolo de enganar futuramente consumidores, ainda que não consiga fazê-lo.

3. Tentativa

É possível.

4. Modalidade culposa

O art. 7º, parágrafo único, prevê modalidade **culposa** do crime em questão. Tal modalidade, contudo, é incompatível com a específica intenção de auferir lucro ilícito constante do tipo penal. Por isso, a figura culposa somente pode ser cogitada quando não existe a intenção específica de lucro ilícito. Ex.: o agente coloca para vender como puras mercadorias de espécies diversas que misturou acidentalmente.

Na forma culposa, a pena de detenção deve ser reduzida em um terço ou a de multa à quinta parte.

9.3.4. Fraude de preço mediante alteração não essencial ou de qualidade de bem ou serviço

> **Art. 7º** (...)
> IV — fraudar preços por meio de:
> *a)* alteração, sem modificação essencial ou de qualidade, de elementos tais como denominação, sinal externo, marca, embalagem, especificação técnica, descrição, volume, peso, pintura ou acabamento de bem ou serviço;

1. Elementos do tipo

Nessa modalidade de infração penal, o agente modifica a denominação, sinal externo, marca, embalagem, especificação técnica, descrição, volume, peso, pintura ou acabamento de bem ou serviço, sem, entretanto, alterar a essência ou a qualidade do produto. Basta a modificação de um dos itens mencionados no tipo penal para que o crime se aperfeiçoe, desde que a finalidade do fornecedor seja a fraude (o aumento, evidentemente) do preço.

São exemplos: a) manter o preço do rolo do papel higiênico, mas diminuir a sua metragem; b) modificar a cor de determinado produto com tinta de mesmo custo, mas aumentar-lhe o valor; c) modificar a embalagem para aumentar o preço.

Quando a fraude não recai no produto em si, mas em pesos e medidas padronizados, configura-se crime contra a economia popular descrito no art. 2º, XI, da Lei n. 1.521/51. Exs.: fraude na balança do estabelecimento para entregar menos produto ao consumidor; fraude na bomba de combustível para entregar menos gasolina ao consumidor etc.

O crime em análise é cometido, na maioria das vezes, pelo fabricante, contudo também o comerciante pode cometê-lo.

2. Consumação

No momento em que o agente modifica o preço. Por se tratar de delito descrito em lei especial e posterior, absorve eventual crime de estelionato. De ver-se que para a configuração do crime em estudo basta a constatação da ocorrência da fraude no preço do produto exposto à venda, sendo desnecessária a concretização da lesão patrimonial.

3. Tentativa

É possível.

9.3.5. Fraude de preço mediante divisão de bem ou serviço

> **Art. 7º** (...)
> IV — fraudar preços por meio de:
> (...)
> *b)* divisão em partes de bem ou serviço, habitualmente oferecido à venda em conjunto;

1. Elementos do tipo

Em tal figura delituosa, o agente divide o produto, que **normalmente é vendido por inteiro**, a fim de aumentar fraudulentamente o preço.

É evidente, todavia, que só haverá crime se o fornecedor não contar com a anuência do consumidor, pois este, muitas vezes, não tem interesse na aquisição do produto por inteiro e solicita a divisão. Não é raro, por exemplo, que o consumidor pretenda comprar apenas 100 gramas de produto que é vendido em embalagem de um quilo. Em tais casos, se o comerciante atender ao pedido do consumidor, não incorrerá no delito, ainda que cobre um pouco mais. Em tal caso, não se pode dizer tecnicamente que houve **fraude** por parte do fornecedor.

2. Consumação

No momento em que o agente modifica o preço, ainda que não consiga vender o produto.

3. Tentativa

É possível.

9.3.6. Fraude de preço mediante junção de bens ou serviços

> **Art. 7º** (...)
> IV — fraudar preços por meio de:
> (...)
> *c)* junção de bens ou serviços, comumente oferecidos à venda em separado;

1. Elementos do tipo

Nessa modalidade, ocorre o inverso do que prevê a alínea anterior, ou seja, o agente, com o intuito de elevar o preço, une bens ou serviços que normalmente são oferecidos em separado. Se ocorre a união dos produtos para uma promoção de venda que favoreça o consumidor, o fato é obviamente atípico. Ex.: compre três e pague dois; compre dois e leve um brinde etc.

2. Consumação

No momento em que o agente modifica o preço, ainda que não consiga vender o produto.

3. Tentativa

É possível.

9.3.7. Fraude de preço mediante aviso de inclusão de insumo não empregado na produção de bem ou na prestação de serviço

> **Art. 7º** (...)
> IV — fraudar preços por meio de:
> (...)
> *d)* aviso de inclusão de insumo não empregado na produção do bem ou na prestação dos serviços;

1. Elementos do tipo

A fraude consiste em enganar o consumidor, fazendo-o acreditar que, na produção de determinado bem ou serviço, é utilizada certa matéria-prima que, devido ao seu valor, faz com que o preço seja maior. Diferencia-se do delito de propaganda enganosa (art. 66 do CDC), porque pressupõe fraude no preço, razão pela qual possui pena maior.

2. Consumação

Basta a ocorrência da fraude no preço do produto exposto à venda, sendo desnecessária a concretização da lesão patrimonial. Por se tratar de delito descrito em lei especial e posterior, absorve o crime de estelionato.

3. Tentativa

É possível.

9.3.8. Aumento de preço em venda a prazo mediante exigência de comissão ou taxa de juros ilegal

> **Art. 7º** (...)
> V — elevar o valor cobrado nas vendas a prazo de bens ou serviços, mediante a exigência de comissão ou de taxa de juros ilegais;

1. Elementos do tipo

Cuida-se aqui de **norma penal em branco** que pressupõe a cobrança de comissão ou juros acima daqueles legalmente previstos para as vendas a prazo. É irrelevante que o consumidor concorde em pagar as taxas, pois a existência da infração penal decorre do fato de serem utilizados valores acima dos legalmente permitidos.

2. Consumação

Quando elevada a taxa de juros ou exigida comissão, ainda que o consumidor **recuse** a compra.

3. Tentativa

Em tese é possível.

9.3.9. Sonegação de produtos para descumprimento de oferta pública ou para fim de especulação

> **Art. 7º** (...)
> VI — sonegar insumos ou bens, recusando-se a vendê-los a quem pretenda comprá-los nas condições publicamente ofertadas, ou retê-los para o fim de especulação;

1. Elementos do tipo

Sonegar é **ocultar** insumos ou bens existentes. Na primeira parte do dispositivo, a sonegação dos produtos é para não os vender nas condições publicamente ofertadas. O empresário anuncia algumas mercadorias a preços convidativos, mas, quando os consumidores comparecem ao estabelecimento, ele alega que aquelas já acabaram. Com isso, consegue trazer grande número de clientes à sua loja, que muitas vezes acabam por adquirir outros bens.

A veiculação de publicidade acerca de produtos de que o fornecedor não dispõe configura crime de **publicidade enganosa** (art. 67 do CDC). No delito do art. 7º, VI, 1ª parte, da Lei n. 8.137/90, o agente faz oferta pública, em certas condições, de bens que possui, porém, posteriormente, esconde as mercadorias para não as vender naquelas condições.

Na segunda parte do dispositivo, pune-se quem retém insumos ou bens para fim de especulação, ou seja, para provocar o chamado ágio (aumento de preço decorrente da falta do produto no mercado).

2. Consumação

De acordo com a primeira parte do tipo penal, o crime só se consuma quando o agente se recusa a efetuar a venda a um determinado cliente. Cuida-se de delito de **mera conduta**. Na segunda parte, o crime é **formal**, que se consuma com a mera retenção dos produtos, ainda que o agente não consiga provocar a alta de preços.

3. Tentativa

É possível.

9.3.10. Indução de consumidor ou usuário em erro mediante afirmação falsa ou enganosa

> **Art. 7º** (...)
> VII — induzir o consumidor ou usuário a erro, por via de indicação ou afirmação falsa ou enganosa sobre a natureza, qualidade do bem ou serviço, utilizando-se de qualquer meio, inclusive a veiculação ou divulgação publicitária;

1. Elementos do tipo

O delito em análise é mais grave do que os de propaganda ou publicidade enganosas dos arts. 66 e 67 do Código de Defesa do Consumidor, uma vez que pressupõe que o consumidor seja efetivamente induzido em erro pela afirmação falsa e adquira o produto, sofrendo, assim, o **prejuízo**.

O delito pode ser cometido por qualquer meio, inclusive a veiculação ou divulgação publicitária.

2. Consumação

Trata-se de crime **material** que se consuma quando o consumidor ludibriado adquire o bem. Não se confunde com o crime de fraude no comércio (art. 175, II, do CP), em que o fornecedor entrega ao consumidor mercadoria diversa. No delito em estudo, o comerciante entrega o próprio produto que o consumidor adquiriu. Este, entretanto, pensa que o produto tem outras características, porque foi induzido em erro por afirmações falsas do vendedor.

3. Tentativa

É possível.

9.3.11. Dano em matéria-prima ou mercadoria para provocar alta de preço

> **Art. 7º** (...)
> VIII — destruir, inutilizar ou danificar matéria-prima ou mercadoria, com o fim de provocar alta de preço, em proveito próprio ou de terceiros;

1. Elementos do tipo

A presente infração penal diferencia-se daquela descrita no inciso VI, em que o agente apenas retém a mercadoria ou insumo a fim de provocar alta de preço. No presente delito, o sujeito ativo **também pretende a alta dos preços**, mas, para tanto, **destrói**, **inutiliza** ou **danifica** matéria-prima ou a própria mercadoria.

2. Consumação

Cuida-se de crime **formal** que se consuma com a destruição, inutilização ou dano dos produtos, ainda que o agente não consiga provocar a alta de preços.

3. Tentativa

É possível quando o agente inicia a execução, mas não consegue destruir, inutilizar ou danificar os produtos ou matérias-primas.

■ 9.3.12. Venda, manutenção em depósito, exposição à venda ou entrega de produto impróprio para o consumo

> **Art. 7º** (...)
> IX — vender, ter em depósito para vender ou expor à venda ou, de qualquer forma, entregar matéria-prima ou mercadoria, em condições impróprias ao consumo.

1. Elementos do tipo

Além das condutas típicas vender e expor à venda — existentes também em outras infrações penais já estudadas —, o presente tipo penal contém outras condutas que o tornam consideravelmente abrangente, pois também alcança quem mantém a matéria-prima ou a mercadoria, em condições impróprias para consumo, em depósito para fim de venda e até mesmo quem **entrega** a mercadoria a outrem (amostra grátis, por exemplo).

O dono de um restaurante que tenha mercadoria vencida em uma geladeira da cozinha do estabelecimento pode responder pelo crime em questão se ficar comprovado que pretendia utilizá-la na preparação de refeições para os clientes. É evidente, contudo, que o fato é atípico quando os alimentos vencidos estão devidamente separados para serem destruídos ou jogados no lixo.

O art. 18, § 6º, da Lei n. 8.078/90 define como impróprios ao consumo:

> I — os produtos cujos prazos de validade estejam vencidos;
>
> II — os produtos deteriorados, alterados, adulterados, avariados, falsificados, corrompidos, fraudados, nocivos à vida ou à saúde, perigosos ou, ainda, aqueles em desacordo com as normas regulamentares de fabricação, distribuição ou apresentação;
>
> III — os produtos que, por qualquer motivo, se revelem inadequados ao fim a que se destinam.

Nota-se, portanto, que o tipo penal em estudo constitui norma penal em branco cujo complemento encontra-se no Código de Defesa do Consumidor.

O delito em estudo é de **perigo abstrato** e **formal**. Em nosso entendimento, a simples exposição à venda de produtos com data de validade vencida deveria ser suficiente para configurar a infração penal, independentemente da existência de laudo demonstrando que o produto, em razão da expiração da data de validade, tornou-se perigoso para a saúde dos consumidores — em razão da regra acima transcrita (art. 18, § 6º, I). Necessário, porém, um certo bom senso na interpretação da norma penal, uma vez que é diferente a existência de um único item fora da data de validade em todo o estoque de um grande estabelecimento e a exposição à venda de inúmeros itens vencidos. De ver-se, entretanto, que o Superior Tribunal de Justiça firmou entendimento em sentido contrário, vale dizer, só admite a configuração do ilícito penal quando estiver pericialmente demonstrado que o produto era efetivamente nocivo à saúde. Nesse sentido: "Inexistente prova pericial, produzida diretamente sobre os produtos alimentícios apreendidos, falta justa causa para a persecução penal, sendo insuficiente concluir pela impropriedade para o consumo exclusivamente em virtude da ausência de informações obrigatórias na rotulagem do produto e/ou em decorrência do prazo de sua validade estar vencido. 4. Ausente a prova da materialidade do crime, a eventual responsabilização e punição pelo descumprimento de normas relativas à conservação e exposição, para venda, dos gêneros alimentícios apreendidos no estabelecimento comercial, reserva-se apenas ao âmbito do Direitos Administrativo e Civil" (RHC 69.692/SC, Rel. Min. Rogerio Schietti Cruz, 6ª Turma, julgado em 06/06/2017, *DJe* 13/06/2017); "Em relação ao delito previsto no inciso IX do art. 7º da Lei n. 8.137/1990 — vender, ter em depósito para vender ou expor à venda ou, de qualquer forma, entregar matéria-prima ou mercadoria, em condições impróprias ao consumo —, a jurisprudência desta Corte é no sentido de que a venda de produtos impróprios ao uso e consumo constitui delito que deixa vestígios, sendo indispensável, nos termos do artigo 158 do Código de Processo Penal, a realização de exame pericial que ateste que a mercadoria efetivamente é imprópria para o consumo, não bastando, para tanto, mero laudo de constatação (AgRg no REsp 1.556.132/SC, Rel. Min. Maria Thereza de Assis Moura, 6ª Turma, *DJe* 31/03/2016)" (AgRg no REsp 1.582.152/PR, Rel. Min. Reynaldo Soares da Fonseca, 5ª Turma, julgado em 20/04/2017, *DJe* 28/04/2017).

O delito pode ser cometido de forma **dolosa** ou **culposa**. No último caso, o art. 7º, parágrafo único, prevê que a pena de detenção deve ser reduzida em um terço ou a de multa à quinta parte. Na modalidade culposa, a denúncia deve **descrever** em que consistiu a imprudência, negligência ou imperícia do fornecedor, sob pena de inépcia.

2. Consumação

No momento em que realizada a conduta típica (venda, exposição à venda, posse ou entrega).

3. Tentativa

Embora rara, é viável.

■ 9.4. CAUSAS DE AUMENTO DE PENA

De acordo com o art. 12 da Lei n. 8.137/90, as penas de todos os delitos descritos no art. 7º poderão ser aumentadas de um terço até a metade nas seguintes circunstâncias:

I — ocasionar grave dano à coletividade;

II — for cometido por servidor público no exercício de suas funções;

III — for praticado em relação à prestação de serviços ou ao comércio de bens essenciais à vida ou à saúde.

■ 9.5. QUESTÕES

1. (Titular de Serviços de Notas e de Registros/RJ — 2017 — CETRO) No que se refere aos crimes contra as relações de consumo, de acordo com o entendimento jurisprudencial do STJ, assinale a alternativa correta.

a) O fato de o agente ser sócio-proprietário de estabelecimento onde se verificou a ocorrência do delito é suficiente para que seja, contra ele, oferecida denúncia, dado que responde solidariamente.

b) Ter em depósito para venda mercadoria imprópria para consumo constitui crime formal, de perigo abstrato, sendo suficiente, para a sua aplicação, a complementação legal do Código de Defesa do Consumidor referente ao tipo penal.

c) A configuração de crime contra a relação de consumo, por exemplo, exposição à venda de produto impróprio ao consumo, necessita da demonstração inequívoca da impropriedade do produto por meio de exame de corpo de delito direto.

d) O laudo de constatação de autoridade sanitária é meio suficiente para determinação da ocorrência do crime contra as relações de consumo.

e) A denúncia, para os casos de crime contra as relações de consumo, pode ser oferecida em descrição constante de auto de infração lavrado por autoridade tributária, no formato de prova emprestada.

2. (Delegado de Polícia — 2018 — VUNESP) A respeito da Lei n. 8.078/90 (Código do Consumidor) e da Lei n. 8.137/90 (Crimes contra a ordem tributária e as relações de consumo), é correto afirmar que

a) os crimes contra as relações de consumo, previstos no art. 7º da Lei n. 8.137/90, são praticados somente mediante dolo.

b) os crimes contra o consumidor, previstos no Código de Defesa do Consumidor, são de menor potencial ofensivo.

c) o Código do Consumidor, no que concerne aos crimes nele previstos, estabelece a responsabilidade penal da pessoa jurídica.

d) a Lei n. 8.137/90, no que concerne aos crimes contra as relações de consumo, estabelece a responsabilidade penal da pessoa jurídica.

e) a Lei n. 8.137/90, no que concerne aos crimes contra as relações de consumo, prevê como circunstância agravante da pena a prática em detrimento de menor de 18 ou maior de 60 anos.

■ GABARITO ■

1. "c".
2. "b".

10

GENOCÍDIO
LEI N. 2.889/56

10.1. INTRODUÇÃO

O extermínio de povos ou grupos religiosos mediante assassinatos em massa foi diversas vezes registrado na história da humanidade, em regra por líderes rivais ou inimigos.

Durante a Segunda Guerra Mundial, a dimensão das atrocidades cometidas pelos nazistas contra os judeus, os ciganos e outros povos, bem como as circunstâncias dos julgamentos de parte dos responsáveis no Tribunal de Nuremberg, mostrou a necessidade de regulamentação do tema em nível internacional, a fim de obter um esforço conjunto das nações para coibir o genocídio, definido inicialmente pelo advogado polonês Raphael Lemkin como "um crime especial, consistente em destruir intencionalmente grupos humanos, raciais, religiosos ou nacionais e que, como o homicídio singular, pode ser cometido tanto em tempo de paz como em tempo de guerra".

Assim, por ocasião da III Sessão da Assembleia Geral das Nações Unidas, foi aprovada, em 11 de dezembro de 1948, a **Convenção para a Prevenção e a Repressão do Crime de Genocídio**.

O Brasil aderiu à referida Convenção por intermédio do Decreto Legislativo n. 2/51, que foi promulgada pelo Decreto n. 30.822/52.

De acordo com o art. 1º da Convenção, "as Partes Contratantes confirmam que o genocídio, quer cometido em tempo de paz ou em tempo de guerra, é um crime contra o Direito Internacional, que elas se comprometem a prevenir e a punir". Por sua vez, o art. 5º prevê que "as Partes Contratantes assumem o compromisso de tomar, de acordo com suas respectivas Constituições, as medidas legislativas necessárias a assegurar as aplicações das disposições da presente Convenção, e, sobretudo a estabelecer sanções penais eficazes aplicáveis às pessoas culpadas de **genocídio** ou de **qualquer dos outros atos enumerados** no Artigo III" (associação e incitação ao genocídio, tentativa de genocídio e coautoria em delito de genocídio).

O Brasil, portanto, ao aderir à Convenção, assumiu o compromisso de aprovar lei específica para punir crimes de genocídio, o que se concretizou com a aprovação da **Lei n. 2.889/56**. Saliente-se que o conceito de genocídio adotado nessa lei é exatamente o mesmo no art. 2º da Convenção e será adiante analisado.

10.2. DOS CRIMES EM ESPÉCIE

10.2.1. Genocídio

> **Art. 1º** Quem, com a intenção de destruir, no todo ou em parte, grupo nacional, étnico, racial ou religioso, como tal:
> *a)* matar membros do grupo;
> *b)* causar lesão grave à integridade física ou mental de membros do grupo;
> *c)* submeter intencionalmente o grupo a condições de existência capazes de ocasionar-lhe a destruição física total ou parcial;
> *d)* adotar medidas destinadas a impedir os nascimentos no seio do grupo;
> *e)* efetuar a transferência forçada de crianças do grupo para outro grupo;
> Será punido:
> Com as penas do art. 121, § 2º, do Código Penal, no caso da letra *a*;
> Com as penas do art. 129, § 2º, no caso da letra *b*;
> Com as penas do art. 270, no caso da letra *c*;
> Com as penas do art. 125, no caso da letra *d*;
> Com as penas do art. 148, no caso da letra *e*.

1. Objetividade jurídica

A **existência** de grupos nacionais, étnicos, raciais ou religiosos que é colocada em risco pelas condutas genocidas.

2. Condutas típicas

São cinco as condutas típicas elencadas neste art. 1º:

a) **Matar** membros do grupo: significa tirar a vida, assassinar, cometer homicídio. A pena prevista nesse caso é de 12 a 30 anos de reclusão. O delito admite qualquer forma de execução, inclusive omissiva.

b) Causar **lesão grave** à integridade física ou mental de membros do grupo: as hipóteses de lesão corporal de natureza grave são aquelas elencadas no art. 129, §§ 1º e 2º, do Código Penal. A pena nesse caso é de reclusão, de 2 a 8 anos.

c) **Submeter** intencionalmente o grupo a **condições de existência** capazes de ocasionar-lhe a destruição física total ou parcial: manter o grupo em guetos ou campos de concentração onde haja proliferação de doenças ou dificuldade na obtenção de alimentos ou água, imposição de trabalhos forçados etc. Trata-se de crime **permanente**.

Em tal hipótese, a pena é de 10 a 15 anos de reclusão.

d) Adotar medidas destinadas a impedir os **nascimentos** no seio do grupo: esterilizações, abortos, separação de homens e mulheres etc.

A pena é de 3 a 10 anos de reclusão.

e) Efetuar a **transferência forçada de crianças** do grupo para outro grupo: crianças são pessoas com **menos de 12 anos**. É necessário que a transferência seja feita a fim de extirpar os laços do menor com o seu grupo.

A pena é de reclusão, de 1 a 3 anos.

3. Sujeito ativo

Pode ser qualquer pessoa. Trata-se de crime **comum**. Normalmente, o delito é cometido por várias pessoas em concurso, mas tal circunstância não é requisito do delito.

Se o crime for praticado por **governante** ou **funcionário público**, a pena será **aumentada em um terço** (art. 4º da Lei n. 2.889/56).

Aplica-se a lei brasileira ao genocídio cometido no exterior se o agente for brasileiro ou domiciliado no Brasil (CP, art. 7º, I, "d").

4. Sujeito passivo

Qualquer pessoa que integre um grupo étnico, racial, religioso ou nacional e que nessa condição seja atingida.

5. Elemento subjetivo

A tipificação do delito exige o fim específico de destruir, no todo ou em parte, grupo nacional, étnico, racial ou religioso.

6. Consumação

No momento em que realizada qualquer das condutas típicas, ainda que não atingido o objetivo de destruir o grupo total ou parcialmente. Trata-se de crime **formal**.

As alíneas "a" e "b" preveem como crime de genocídio matar ou causar lesão grave em **membros** (no plural) do grupo. Com isso, há quem defenda que o delito só se consuma quando duas ou mais pessoas são efetivamente mortas ou lesionadas gravemente. Se o sujeito consegue matar apenas uma pessoa, incide em tentativa de genocídio. É a opinião de Carlos Canedo[1]. Outros, todavia, defendem que a palavra foi usada no plural, apenas, para ter congruência com o elemento subjetivo do *caput* — intenção de destruir o grupo, no todo ou em parte —, mas que o delito se consuma com a morte da primeira vítima, desde que presente o elemento subjetivo em questão. Este último é também o entendimento de Heleno Cláudio Fragoso[2]: "embora a definição do delito se refira a "membros de um grupo", pode-se configurar o crime ainda que um só seja vítima, desde que atingido o caráter impessoal, como membro de um grupo nacional, étnico, racial ou religioso".

7. Tentativa

É **possível**. Em tal caso, será aplicada a regra especial da Lei n. 2.889/56, que prevê a aplicação de **dois terços** da pena prevista para o crime consumado. Para o delito de genocídio, portanto, não se aplica o disposto no art. 14, parágrafo único, do CP, que prevê redução da pena de um a dois terços para crimes tentados.

---

1 CANEDO, Carlos. *O genocídio como crime internacional*. Belo Horizonte: Del Rey, 1999. p. 174.

2 FRAGOSO, Heleno Cláudio. *Lições de direito penal. Parte especial*. 9. ed. Rio de Janeiro: Forense, 1997. v. I, p. 85.

Suponha-se, assim, um genocídio consubstanciado em homicídio. Se, nas fases anteriores da dosimetria, o juiz tiver aplicado pena de 18 anos, ao final, ao reconhecer a forma tentada, aplicará pena de 12 anos (2/3 de 18).

8. Concurso de crimes

O Supremo Tribunal Federal, ao julgar o Recurso Extraordinário 351.487/RR, fixou entendimento de que a realização de **mais de uma das condutas previstas na Lei n. 2.889/56**, em **uma** de suas **alíneas** ou em **várias delas**, constitui crime **único** de **genocídio** (no julgado em questão, garimpeiros que mataram 12 índios da tribo Yanomami foram condenados por crime único de genocídio). De acordo com a Corte Suprema, o bem jurídico tutelado no crime de genocídio, mesmo na hipótese de morte, não é a vida, e sim a **existência de um grupo** nacional, étnico, racial ou religioso. A lesão à vida, à integridade física, à liberdade de locomoção etc., ainda de acordo com aquele julgado, é **meio** de ataque ao bem jurídico tutelado, que, nos diversos tipos de ação genocida, não se confunde com os bens **primários** também lesados por essas ações instrumentais, **não sendo**, assim, **absorvido por aquele**. Em suma, decidiu o Supremo Tribunal Federal que o correto, naquele caso, teria sido a punição por 12 crimes de homicídio e também por um de genocídio. Em face da **conexão**, o julgamento, em tais casos, deve ocorrer perante o **Tribunal do Júri**.

9. Natureza hedionda

De acordo com o art. 1º, parágrafo único, I, da Lei n. 8.072/90, o genocídio, consumado ou tentado, é considerado delito **hediondo**. Por consequência, os condenados por tal crime não têm direito a anistia, graça ou indulto (art. 2º, I, da Lei n. 8.072/90), bem como os acusados por tal infração penal não podem obter fiança (art. 2º, II). Além disso, pelas regras atuais, a progressão pressupõe o cumprimento ao menos de: a) 40% da pena, se for condenado pela prática de crime hediondo ou equiparado, se for primário (art. 112, V); b) 50% da pena, se for condenado pela prática de crime hediondo ou equiparado, com resultado morte, se for primário (art. 112, VI, "a"); c) 60% da pena, se for reincidente na prática de crime hediondo ou equiparado (art. 112, VII); d) 70% da pena, se for reincidente em crime hediondo ou equiparado com resultado morte (art. 112, VIII).

10. Prisão temporária

Essa espécie de prisão provisória, decretada por tempo **determinado** quando imprescindível para as **investigações** do inquérito policial, só é possível nos crimes **expressamente** elencados na Lei n. 7.960/89. O art. 1º, "m", da mencionada lei admite a prisão temporária nos crimes de genocídio e, em tal caso, o prazo de prisão é de **30 dias** prorrogáveis por mais 30, em caso de extrema e comprovada necessidade (art. 2º, § 4º, da Lei n. 8.072/90).

11. Extradição

O art. 6º da Lei n. 2.889/56 diz que as condutas ilícitas nela descritas **não** serão consideradas crimes **políticos** para efeitos de **extradição**. A seu turno, o § 4º do art. 82 da Lei de Migração (Lei n. 13.445/2017) assim dispõe: "O Supremo Tribunal Federal poderá deixar de considerar crime político o atentado contra chefe de Estado ou quaisquer autoridades, bem como crime contra a humanidade, crime de guerra, crime de genocídio e terrorismo". Assim, poderá haver extradição de estrangeiro por crime de genocídio, uma vez que o art. 5º, LII, da Constituição Federal só proíbe a extradição quando o estrangeiro tiver sido acusado de crime político ou de opinião.

12. Restrições

A Lei de Migração (Lei n. 13.445/2017) prevê as seguintes restrições de direitos em relação ao crime de genocídio:

a) vedação à concessão de asilo a quem tenha cometido o delito (art. 28);

b) impedimento de ingresso no País, após entrevista individual e por ato fundamentado da pessoa que tenha sido condenada ou esteja respondendo a processo (art. 45, II);

c) expulsão, em caso de condenação com trânsito em julgado (art. 54, § 1º, I);

"Não se concederá asilo a quem tenha cometido crime de genocídio, crime contra a humanidade, crime de guerra ou crime de agressão, nos termos do Estatuto de Roma do Tribunal Penal Internacional, de 1998, promulgado pelo Decreto n. 4.388, de 25 de setembro de 2002".

13. Ação penal

É pública incondicionada.

14. Competência

O crime de genocídio é de competência do juízo **singular**, exceto na hipótese do art. 1º, "a", da Lei n. 2.889/56, que, devido à conexão com o crime de **homicídio**, é apurado perante o **Tribunal do Júri** (art. 5º, XXXVIII, da Constituição Federal, combinado com o art. 78, do CPP).

A priori, a competência é da Justiça **Estadual**; contudo, o art. 109, V-A, da Constituição Federal prevê que a competência será da Justiça Federal, em **casos de grave violação de direitos humanos, se houver necessidade de assegurar o cumprimento de obrigações decorrentes de tratados internacionais sobre direitos humanos dos quais o Brasil seja parte**. O texto constitucional, todavia, deixa claro que a competência da Justiça Federal pressupõe que existam indícios de que as autoridades estaduais não estão apurando satisfatoriamente os fatos, havendo, portanto, a necessidade de deslocamento da competência para aquela esfera, a fim de garantir que o Brasil cumpra as obrigações decorrentes de tratado internacional sobre direitos humanos.

Quando o **Procurador-Geral da República** entender que estão presentes referidos requisitos, deverá suscitar, perante o Superior Tribunal de Justiça, **incidente de deslocamento de competência para a Justiça Federal**, caso o procedimento — inquérito ou ação penal — esteja tramitando na esfera estadual. Apenas se o Tribunal julgar procedente o incidente, a competência será deslocada para a Justiça Federal.

Por sua vez, caso se trate de genocídio relacionado a disputa de direitos indígenas, a competência será sempre da Justiça Federal, nos termos do art. 109, XI, da Carta Magna. Ex.: genocídio de índios para a tomada de suas terras ou para a exploração de jazidas em seu território etc.

▪ Tribunal Penal Internacional

O art. 6º da **Convenção para a Prevenção e a Repressão do Crime de Genocídio** dispõe que "as pessoas acusadas de genocídio ou qualquer dos outros atos enumerados no Artigo III serão julgadas pelos tribunais competentes do Estado em cujo território foi o ato cometido **ou** pela Corte Penal Internacional competente com relação às Partes Contratantes que lhe tiverem reconhecido a jurisdição".

O art. 5º, § 4º, da Constituição Federal, inserido pela Emenda Constitucional n. 45/2004, prevê que "o Brasil se submete à jurisdição de Tribunal Penal Internacional a cuja criação tenha manifestado adesão".

O Tribunal Penal Internacional foi criado em julho de 1998 pela Conferência de Roma. O Brasil formalizou sua adesão por intermédio do Decreto Legislativo n. 112/2002, promulgado pelo Decreto n. 4.388/2002. De acordo com o seu art. 5º, tópico 1, o Tribunal Penal, com sede em **Haia**, é órgão **permanente** com competência para o processo e o julgamento dos crimes mais graves, que afetem a comunidade internacional no seu conjunto. Nos termos do Estatuto, o Tribunal terá competência para processar e julgar:

a) crimes de genocídio;
b) crimes contra a humanidade;
c) crimes de guerra;
d) crime de agressão.

Deve-se salientar que, em princípio, a competência para a apuração do genocídio é da **justiça brasileira**. O próprio art. 1º do Decreto n. 4.388/2002 prevê que a **competência** do **Tribunal Internacional** é **complementar** às jurisdições penais nacionais, vale dizer, só terá lugar quando a justiça nacional mostrar-se inerte ou insuficiente. Apenas nesses casos poderá haver denúncia no Tribunal Internacional, fazendo com que o genocídio cometido em território brasileiro seja entregue à jurisdição estrangeira.

O art. 17 do Decreto esclarece melhor o tema, dispondo que o Tribunal Penal Internacional não tem jurisdição quando:

> *a*) o caso for objeto de inquérito ou de procedimento criminal por parte de um Estado que tenha jurisdição sobre o mesmo, salvo se este não tiver vontade de levar a cabo o inquérito ou o procedimento ou, não tenha capacidade para o fazer;
> *b*) o caso tiver sido objeto de inquérito por um Estado com jurisdição sobre ele e tal Estado tenha decidido não dar seguimento ao procedimento criminal contra a pessoa em causa, a menos que esta decisão resulte do fato de esse Estado não ter vontade de proceder criminalmente ou da sua incapacidade real para o fazer;
> *c*) a pessoa em causa já tiver sido julgada pela conduta a que se refere a denúncia, e não puder ser julgada pelo Tribunal em virtude do disposto no § 3º do artigo 20[3];

[3] Diz o referido art. 20, § 3º: O Tribunal não poderá julgar uma pessoa que já tenha sido julgada por outro tribunal, por atos também punidos pelos artigos 6º, 7º ou 8º, a menos que o processo nesse outro tribunal:

d) o caso não for suficientemente grave para justificar a ulterior intervenção do Tribunal.

As regras acima transcritas têm o objetivo de impedir a **impunidade** quanto ao crime de genocídio (que deverá ser apurado na justiça nacional ou no Tribunal Internacional), mas visam também impedir o *bis in idem* — dois julgamentos em relação ao mesmo crime de genocídio —, exceto em situações especiais (de condução do processo com parcialidade ou sem a necessária independência, a fim de forçar uma absolvição na justiça nacional).

10.2.2. Associação para a prática de genocídio

> **Art. 2º** Associarem-se mais de 3 (três) pessoas para prática dos crimes mencionados no artigo anterior:
> Pena — metade da cominada aos crimes ali previstos.

1. Conduta típica

O delito em estudo é uma modalidade especial de **associação criminosa** em que o objetivo dos envolvidos é a formação de um grupo visando à prática de genocídio. Pressupõe um acordo de vontades entre os integrantes no sentido de unirem seus esforços para a prática dessa espécie de delito.

2. Sujeitos ativos

Trata-se de crime de **concurso necessário**, pois pressupõe o envolvimento mínimo de **4** pessoas.

Para se chegar a tal número mínimo, computam-se os **menores** de idade, os que **faleceram** após integrar a associação e até mesmo aqueles que não foram completamente **identificados**. A denúncia deverá mencionar expressamente o envolvimento de tais pessoas.

3. Sujeito passivo

A coletividade.

4. Consumação

Cuida-se de crime **formal** que se consuma no exato instante em que ocorre o acordo de vontades no sentido de formar um grupo visando ao cometimento de genocídio, ainda que seus integrantes não consigam iniciar a execução do crime-fim. Caso o façam, respondem pelos dois crimes em concurso **material**.

---

a) Tenha tido por objetivo subtrair o acusado à sua responsabilidade criminal por crimes da competência do Tribunal; ou

b) Não tenha sido conduzido de forma independente ou imparcial, em conformidade com as garantias de um processo equitativo reconhecidas pelo direito internacional, ou tenha sido conduzido de uma maneira que, no caso concreto, se revele incompatível com a intenção de submeter a pessoa à ação da justiça.

5. Tentativa

Não é admissível.

6. Pena

Prevê o art. 2º da Lei n. 2.889/56 que a pena para o delito de associação é a metade daquela prevista no art. 1º. Assim, se a finalidade dos integrantes é a prática de genocídio por meio de homicídios, a pena para o delito de associação é de 6 a 15 anos (metade da pena do art. 1º, "a"). Se a intenção é impedir o nascimento no seio do grupo vítima, a pena é de 1 ano e 6 meses a 5 anos (metade da pena do art. 1º, "d").

O art. 8º da Lei dos Crimes Hediondos (Lei n. 8.072/90) dispõe que "será de 3 a 6 anos de reclusão, a pena prevista no art. 288 do Código Penal, quando se tratar de crimes hediondos, prática da tortura, tráfico ilícito de entorpecentes e drogas afins ou terrorismo". Como o genocídio é previsto como crime hediondo no art. 1º, parágrafo único, da mesma Lei, há quem defenda que, atualmente, a pena da associação para o genocídio será sempre de 3 a 6 anos. De ver-se, entretanto, que o dispositivo faz remissão ao crime do art. 288 do Código Penal, o que torna controvertida a possibilidade de sua extensão ao crime de associação da lei especial do genocídio, mesmo porque o mencionado art. 288 foi modificado pela Lei n. 12.850/2013, que, além de alterar o nome para associação criminosa, reduziu o número mínimo de integrantes para três. Assim, a interpretação de que o art. 8º (e sua combinação com o art. 288 do CP) se estende ao delito de associação para o genocídio teria que levar também à conclusão de que, atualmente, o número mínimo de integrantes seria o de três.

A melhor interpretação, portanto, é no sentido de que o crime do art. 2º da Lei n. 2.889/56 (associação para o genocídio), por estar previsto em lei especial — com requisitos e penas próprias —, continua totalmente em vigor, sem qualquer modificação decorrente de leis posteriores.

7. Ação penal

É pública incondicionada.

10.2.3. Incitação ao genocídio

> **Art. 3º** Incitar, direta e publicamente, alguém a cometer qualquer dos crimes de que trata o art. 1º:
> Pena — metade das penas ali cominadas.
> § 1º A pena pelo crime de incitação será a mesma de crime incitado, se este se consumar.
> § 2º A pena será aumentada de um terço, quando a incitação for cometida pela imprensa.

1. Conduta típica

Incitar significa **estimular**, **instigar** a prática do genocídio. É necessário que o fato ocorra **publicamente**, ou seja, que chegue ao conhecimento de grande número de pessoas. O tipo penal exige, ainda, que a incitação seja **direta** (inequívoca, clara).

Não se confunde o crime de incitação ao genocídio em que a instigação é **genérica**, feita a pessoas **indeterminadas**, com a efetiva **participação** em um crime de genocídio em que o agente estimula pessoas **determinadas** a cometerem o delito e, assim, na condição de partícipe, responde também pelo genocídio, conforme dispõe o art. 29 do CP.

2. Sujeito ativo

Qualquer pessoa. Trata-se de crime **comum**.

3. Sujeito passivo

A coletividade.

4. Consumação

Com a simples incitação pública. Trata-se de crime **formal** e de **perigo abstrato**, cuja caracterização dispensa a efetiva prática de genocídio por parte daqueles que receberam a mensagem. A pena prevista para quem realiza a incitação é a **metade** daquela prevista para o delito de genocídio; contudo, se este se **consuma**, o juiz deve aplicar a **mesma pena** para o autor da incitação (art. 3º, § 1º, da Lei n. 2.889/56).

5. Tentativa

Possível na forma **escrita**, quando, por exemplo, extraviam-se panfletos que seriam entregues à população ou quando o agente é impedido de distribuí-los.

6. Ação penal

É pública incondicionada.

- **Natureza hedionda e prisão temporária nos crimes de associação e incitação ao genocídio**

De acordo com o art. 1º, parágrafo único, I, da Lei n. 8.072/90, considera-se hediondo "o crime de genocídio previsto nos arts. 1º, 2º e 3º da Lei n. 2.889, de 1º de outubro de 1956, consumado ou tentado".

Por sua vez, o art. 1º, III, "m", da Lei n. 7.960/89, admite a prisão temporária, no crime de "genocídio (arts. 1º, 2º e 3º da Lei n. 2.889, de 1º de outubro de 1956), em qualquer de suas formas típicas".

Perceba-se que esses dois dispositivos utilizam a denominação **genocídio** para todos os crimes da Lei n. 2.889/56, ou seja, aqueles descritos em seus arts. 1º, 2º e 3º (que, em verdade, não possuem *nomen juris* no texto legal). A doutrina, todavia, critica essa providência do legislador, na medida em que somente as condutas do art. 1º constituem, efetivamente, condutas genocidas. A própria Convenção das Nações Unidas utiliza a palavra genocídio somente para se referir às hipóteses do art. 1º da Lei n. 2.889/56.

■ 10.3. QUESTÕES

1. (Procuradoria da República — 2012) Quanto a crimes hediondos, é correta a afirmação:

a) a associação de duas pessoas para o tráfico de drogas bem como para a prática de outros crimes configura crime previsto na Lei n. 11.340/06;

b) a finalidade da prática de crimes hediondos constitui causa de aumento de pena do crime de quadrilha ou bando;

c) a associação de mais de três pessoas para a prática dos crimes de genocídio constitui tipo penal especial;

d) é inadmissível o crime de quadrilha ou bando para o fim de cometer crimes contra a ordem tributária.

2. (CESPE — Câmara dos Deputados — Analista Legislativo — 2014) Um marco na proteção internacional dos direitos humanos foi a celebração da Conferência de Roma, em 1998, que aprovou a criação de um tribunal penal internacional para julgar crimes contra a humanidade e crimes de genocídio e de guerra.

a) Certo.
b) Errado.

3. (CESPE — TRE/RJ — Analista Judiciário — 2012) Considere que Paul, cidadão britânico domiciliado no Brasil, em visita à Argentina, tenha praticado o delito de genocídio contra vítimas de nacionalidade daquele país e fugido, logo em seguida, para o Brasil. Nesse caso, será possível a aplicação da lei penal brasileira.

a) Certo.
b) Errado.

4. (FGV — OAB — Exame Unificado IX — 2012) A Resolução 96 (I), de 11 de dezembro de 1946, da Assembleia Geral da Organização das Nações Unidas declarou que o genocídio é um crime contra o Direito Internacional. Nesse passo, a Convenção para a Prevenção e Repressão do Crime de Genocídio afirmou que

a) as partes contratantes da Convenção confirmam que o genocídio configura crime contra o Direito Internacional, exceto se cometido em tempo de guerra.
b) o genocídio é entendido como o assassinato de membros de um grupo nacional, étnico, racial ou religioso, com a intenção de destruí-lo no todo, não se entendendo como tal, dano grave à saúde do grupo.
c) os atos tentados ou consumados, bem como a cumplicidade para cometer genocídio, serão punidos, mas a incitação ao cometimento de genocídio, ainda que direta e pública, não será punida.
d) a transferência forçada de menores de um grupo religioso para outro grupo religioso, cometida com a intenção de destruir aquele, considera-se genocídio.

5. (Delegado de Polícia/PI — 2018 — NUCEPE) Acerca dos Crimes hediondos, marque a alternativa CORRETA.

a) São considerados hediondos o Infanticídio e o Estupro.
b) A tentativa de homicídio simples ou de homicídio qualificado constituem-se crimes hediondos.
c) É possível a liberdade provisória aos autores de crimes hediondos e equiparados.
d) Dependendo da gravidade do crime, é cabível ao juiz classificar o crime como hediondo.
e) Tratando-se de crime hediondo ou equiparado, o condenado por crime de tortura, em qualquer modalidade, deverá iniciar o cumprimento da pena em regime fechado.

GABARITO

1. "c". A associação de quatro ou mais pessoas para a prática de genocídio caracteriza, efetivamente, crime especial, descrito no art. 2º da Lei n. 2.889/56.
2. Certo.
3. Certo (CP, art. 7º, I, "d").
4. "d".
5. "c". A Lei n. 11.464/2007 excluiu a vedação da liberdade provisória contida no art. 2º, II, da Lei n. 8.072/90.

11

ABUSO DE AUTORIDADE LEI N. 13.869/2019

11.1. NOÇÃO

A Lei n. 13.869, publicada em 5 de setembro de 2019, que entrou em vigor 120 dias após sua publicação, conforme previsto em seu art. 45, revogou a Lei n. 4.898/65, bem como o § 2º do art. 150 e o art. 350 do CP. Publicada em meio a grande polêmica, por ser vista por alguns como uma tentativa de refrear a atuação dos órgãos de persecução penal e do Poder Judiciário, teve vários dispositivos vetados pelo Presidente da República, sendo que alguns dos vetos foram derrubados pelo Congresso Nacional.

Assim como a anterior, a Lei de Abuso de Autoridade (LAA) foi concebida para incriminar os **abusos genéricos ou inominados** de autoridade, isto é, para abranger os **fatos não previstos como crime no CP ou em leis especiais**, tendo em conta que vários dos crimes funcionais, como o peculato, a corrupção, a concussão, os crimes de prefeitos ou aqueles previstos na Lei de Licitações podem consubstanciar-se em *abuso* — mau uso ou uso excessivo — da autoridade do agente público.

Bem por isso, os tipos previstos na lei ora comentada, bastante abertos do ponto de vista objetivo, são **subsidiários em relação aos previstos no CP e em outras leis especiais** que sejam caracterizados por abusos de autoridade do servidor, mas descritos de modo mais específico[1].

Observa-se um **descompasso terminológico** entre o CP e a lei ora comentada. Com efeito, o CP, quando pretende referir-se ao abuso praticado por um servidor público, vale-se da expressão *abuso de poder*, reservando a expressão *abuso de autoridade* para abusos cometidos no âmbito de relações privadas, tais como aquelas entre patrão e empregado, ou entre aluno e professor. Vejam-se, a propósito, as alíneas "f" e "g" do art. 61, que tratam, respectivamente, do crime cometido com violação de dever inerente ao cargo e de abuso em relações de ordem privada. A terminologia adotada na lei especial veio a ser consagrada pelo uso, devendo-se, porém, atentar para a diferença quando se tratar de delitos previstos no CP[2].

1 FONSECA, Antonio Cezar Lima da. *Abuso de autoridade:* comentários e jurisprudência. Porto Alegre: Livraria do Advogado, 1997. p. 27.

2 FONSECA, Antonio Cezar Lima da. *Abuso de autoridade:* comentários e jurisprudência, p. 27.

■ 11.2. BEM JURÍDICO

A LAA protege a **administração pública** e a **moralidade administrativa** (STJ, REsp 89.883, Vaz, 5ª T., u., 28/09/2010), bem como os **direitos fundamentais**.

Com efeito, os delitos em questão se situam no âmago do conflito entre os direitos individuais e a atuação do Estado.

■ 11.3. SUJEITO ATIVO

> **Art. 2º** É sujeito ativo do crime de abuso de autoridade qualquer agente público, servidor ou não, da administração direta, indireta ou fundacional de qualquer dos Poderes da União, dos Estados, do Distrito Federal, dos Municípios e de Território, compreendendo, mas não se limitando a:
> I — servidores públicos e militares ou pessoas a eles equiparadas;
> II — membros do Poder Legislativo;
> III — membros do Poder Executivo;
> IV — membros do Poder Judiciário;
> V — membros do Ministério Público;
> VI — membros dos tribunais ou conselhos de contas.
> Parágrafo único. Reputa-se agente público, para os efeitos desta Lei, todo aquele que exerce, ainda que transitoriamente ou sem remuneração, por eleição, nomeação, designação, contratação ou qualquer outra forma de investidura ou vínculo, mandato, cargo, emprego ou função em órgão ou entidade abrangidos pelo *caput* deste artigo.

A lei atual substituiu o conceito de "autoridade", utilizado no art. 5º da Lei n. 4.898/65, pelo conceito mais amplo de **agente público**, tal como definido no parágrafo único, ou seja: "toda pessoa física que presta serviços ao Estado e às pessoas jurídicas da Administração Indireta"[3]. Pode ser utilizado como subsídio para a interpretação do art. 2º da LIA, do seguinte teor:

> Art. 2º Reputa-se agente público, para os efeitos desta lei, todo aquele que exerce, ainda que transitoriamente ou sem remuneração, por eleição, nomeação, designação, contratação ou qualquer outra forma de investidura ou vínculo, mandato, cargo, emprego ou função nas entidades mencionadas no artigo anterior.

O conceito de agente público é mais amplo também que o de "funcionário público" adotado pelo art. 327 do CP, como era usual ao tempo da publicação do CP, ou mesmo o de servidor público, adotado pela CF e pela terminologia atual do Direito Administrativo.

As definições de administração direta e indireta podem ser encontradas no art. 4º do DL n. 200/67, como segue:

> Art. 4º A Administração Federal compreende:

---

[3] DI PIETRO, Maria Sylvia Zanella. *Direito administrativo*. 23. ed. São Paulo: Atlas, 2010. p. 511.

I — A Administração Direta, que se constitui dos serviços integrados na estrutura administrativa da Presidência da República e dos Ministérios;

II — A Administração Indireta, que compreende as seguintes categorias de entidades, dotadas de personalidade jurídica própria:

a) Autarquias;

b) Empresas Públicas;

c) Sociedades de Economia Mista;

d) Fundações Públicas.

A menção à "administração fundacional" pretende a inclusão no conceito também das fundações de direito privado instituídas pelo poder público, uma vez que as fundações públicas em sentido estrito já estariam incluídas na administração indireta.

O texto deixa clara a inclusão dos membros dos poderes, bem como do MP e dos Tribunais de Contas, nas três esferas de governo, os chamados **agentes políticos**, ou seja: "os titulares dos cargos estruturais à organização política do País, isto é, são os ocupantes dos cargos que compõem o arcabouço constitucional do Estado e, portanto, o esquema fundamental do poder. Sua função é a de formadores da vontade superior do Estado"[4].

Segundo o art. 3º do RJU: "**Cargo público** é o conjunto de atribuições e responsabilidades previstas na estrutura organizacional que devem ser cometidas a um servidor". Pouco importa a forma de provimento de cargo público, se efetivo, com estabilidade após o estágio probatório, ou em comissão, passível de demissão *ad nutum*, pois o que define o ocupante de cargo público é a existência de um vínculo estatutário com a administração.

Ocupante de **emprego público** é aquele que mantém um vínculo com a administração regido pela CLT. É o servidor público trabalhista ou celetista, também chamado de empregado público. O conceito é determinado pelos arts. 2º e 3º da CLT, estando o polo do empregador ocupado pela administração pública, como no caso de contratação para atender a necessidade temporária de excepcional interesse público, nos termos do inciso IX do art. 37 da CF, regulamentado pela Lei n. 8.745/93, bem como pela Lei n. 9.962/2000.

Finalmente, **função pública**, ao contrário do emprego e do cargo públicos, não tem conceito legal ou doutrinário unívoco. Como o conceito da lei é ampliativo, sendo irrelevantes até mesmo a existência de remuneração ou a transitoriedade do exercício para a determinação da condição de funcionário público, a noção de função serve para estender a aplicação do conceito àqueles que, sem ocupar cargo ou emprego público, desempenham uma atividade exercida pelo Estado para a consecução dos seus fins, incluindo particulares em colaboração com a administração[5], como volun-

4 MELLO, Celso Antônio Bandeira de.

5 MELLO, Celso Antônio Bandeira de. *Curso de direito administrativo*. 19. ed. São Paulo: Malheiros, 2005. p. 232.

tários (Lei n. 9.608/98). A propósito, destaco que a lei deixa claro, nos arts. 1º e 2º, que o agente público poderá ser **servidor ou não**, demonstrando que não se exige a existência de um vínculo permanente com a administração.

A adoção de um conceito abrangente e ampliativo é confirmada em vários pontos do art. 2º, como destaco a seguir:

Conceito	Agente Público (ampliativo)	*Caput* e parágrafo único
Vínculo	Servidor ou não	*caput*
	Civil ou Militar	Inc. I
Agentes Políticos (Membros)	Executivo, Legislativo ou Judiciário	*Caput*, Incs. II, III e IV
Agentes Políticos	MP e Tribunais de Contas	Incs. V e VI
Administração	Direta, indireta ou fundacional	*caput*
Remuneração	Irrelevante	Parágrafo único
Transitoriedade	Irrelevante	Parágrafo único
Vínculo	Eleição, nomeação, designação, contratação ou "qualquer outra forma de investidura ou vínculo"	Parágrafo único
Forma	Cargo, emprego ou função	Parágrafo único
Nível de Governo	Federal, Estadual (DF) ou Municipal	*Caput*

Só há crime se o abuso for praticado **no exercício da função** ou quando o funcionário, embora não esteja "no regular exercício funcional ao praticar o abuso, **use ou invoque a autoridade** de que é investido"[6].

É possível o concurso, inclusive de particular, desde que conheça a circunstância, uma vez que, cuidandose de dado elementar, é comunicável, nos termos do art. 30 do CP.

■ 11.4. SUJEITO PASSIVO

Sujeito passivo imediato é o **Estado**, pois o delito afeta o bom andamento da administração pública. Sujeito passivo mediato é o cidadão, titular do direito fundamental lesado[7].

---

6 FREITAS, Gilberto Passos de; FREITAS, Vladimir Passos de. *Abuso de autoridade*. 4. ed. São Paulo: RT, 1991. p. 75; STF, HC 59.676, Djaci Falcão, 2ª T., u., *DJ* 07/05/1982; STJ, AGA 5.749, José Cândido, 6ª T., u., *DJ* 17/12/1990.

7 STOCO, Rui. Abuso de autoridade. In: *Código Penal e sua interpretação jurisprudencial*. São Paulo: RT, 2001. p. 10.

■ 11.5. TIPO SUBJETIVO

> **Art. 1º** Esta Lei define os crimes de abuso de autoridade, cometidos por agente público, servidor ou não, que, no exercício de suas funções ou a pretexto de exercê-las, abuse do poder que lhe tenha sido atribuído.
> § 1º As condutas descritas nesta Lei constituem crime de abuso de autoridade quando praticadas pelo agente com a finalidade específica de prejudicar outrem ou beneficiar a si mesmo ou a terceiro, ou, ainda, por mero capricho ou satisfação pessoal.
> § 2º A divergência na interpretação de lei ou na avaliação de fatos e provas não configura abuso de autoridade.

É o **dolo**, inexistindo forma culposa. Exige-se, além disso, o **especial estado de ânimo de agir com o fim** de prejudicar outrem, obter benefício indevido para si ou terceiro, ou por mero capricho ou satisfação pessoal, como explicitado no § 1º do art. 1º. Em resumo, somente haverá o crime quando o agente público agir com o fim **de abusar**, ou seja, de utilizar com excesso ou de forma desviada a autoridade concedida ao servidor, o que é revelado pelo próprio *nomen juris*: abuso. Bem por isso, não haverá crime se houver mera divergência na interpretação da lei ou na valoração de fatos e provas (art. 1º, § 2º). Se o funcionário agiu, ao contrário, movido pela vontade de atingir o fim público, não incide no crime de abuso de autoridade[8]. A perquirição acerca do elemento subjetivo tem acentuada importância prática para evitar que o servidor, temeroso de eventual persecução penal, deixe de dar o devido cumprimento ao seu dever, diante de uma situação fática em que as circunstâncias levam a crer que isso é exigido.

Exemplifica-se com a atuação do policial que empreende busca pessoal em indivíduo que caminha de um lado a outro, nervosamente, em frente a uma agência bancária, vestindo um pesado casaco em um dia que não é de frio intenso. Na hipótese, há *causa provável* a justificar a atuação policial, não devendo o policial ser punido por atentar contra o direito de ir e vir do cidadão, ou pela prática de ato lesivo de sua honra, movido que foi por um legítimo interesse público.

Os exemplos poderiam multiplicar-se, uma vez que os delitos de abuso de autoridade situam-se justamente na zona de colisão entre o respeito aos direitos individuais e o interesse público na preservação de bens coletivos, como a segurança pública.

---

8 FREITAS, Gilberto Passos de; FREITAS, Vladimir Passos de. *Abuso de autoridade*, p. 47.

11.6. PRIVAÇÃO DA LIBERDADE ILEGAL (ART. 9º)

> **Art. 9º** Decretar medida de privação da liberdade em manifesta desconformidade com as hipóteses legais:
> Pena — detenção, de 1 (um) a 4 (quatro) anos, e multa.
> Parágrafo único. Incorre na mesma pena a autoridade judiciária que, dentro de prazo razoável, deixar de:
> I — relaxar a prisão manifestamente ilegal;
> II — substituir a prisão preventiva por medida cautelar diversa ou de conceder liberdade provisória, quando manifestamente cabível;
> III — deferir liminar ou ordem de *habeas corpus*, quando manifestamente cabível.

11.6.1. Bem jurídico

Constitui-se em proteção penal ao **direito de ir e vir** (CF, art. 5º, incisos XV e LIV).

11.6.2. Sujeito ativo

O uso do verbo nuclear "decretar" indica tratar-se de crime próprio de magistrado, o que é explicitado nos casos do parágrafo único. Compete ao juiz das garantias, introduzido pela Lei n. 13.964/2019, receber a comunicação da prisão, e, em consequência, relaxar a prisão ilegal ou substituí-la por medida cautelar diversa (CPP, art. 3º-A, I, II e VI).

11.6.3. Tipo objetivo

Decretar é determinar, dar a ordem, decidir ou determinar que seja efetuada a medida privativa da liberdade.

Relaxar é termo que se aplica à prisão em flagrante ilegal (CPP, art. 310, I).

A substituição da prisão preventiva por medida cautelar está regulada nos arts. 282 e 283 do CPP, podendo ser adotadas as medidas arroladas no art. 319. A medida do inc. VI do art. 319 também está prevista no § 5º do art. 2º da LOC.

O tipo é permeado por elementos normativos, como "manifesta inconformidade", "manifestamente ilegal" e "manifestamente cabível".

Considerados tais elementos, bem como os §§ 1º e 2º da lei, é de se esperar que poucos sejam os casos de aplicação efetiva do dispositivo, que não poderá restar reconhecido na mera divergência de interpretação entre juízos distintos.

11.6.4. Tipo subjetivo

É o dolo, aliado a uma das finalidades mencionadas no § 1º do art. 1º.

11.7. CONDUÇÃO COERCITIVA (ART. 10)

> **Art. 10.** Decretar a condução coercitiva de testemunha ou investigado manifestamente descabida ou sem prévia intimação de comparecimento ao juízo:
> Pena — detenção, de 1 (um) a 4 (quatro) anos, e multa.

11.7.1. Bem jurídico

Constitui-se em proteção penal ao **direito de ir e vir** (CF, art. 5º, incisos XV e LIV) bem como ao direito de não autoincriminação (CF, art. 5º, inciso LXIII).

11.7.2. Sujeito ativo

O uso do verbo nuclear "decretar" indica tratar-se de crime próprio de autoridade com poderes para determinar a condução, como o magistrado, delegado ou parlamentar integrante de CPI.

11.7.3. Tipo objetivo

Decretar é determinar, dar a ordem, decidir ou determinar que seja efetuada a condução.

Condução coercitiva ou "sob vara" é a medida judicial que consiste em levar a testemunha recalcitrante ao local onde deverá depor, mesmo contra a sua vontade.

Somente haverá crime se a condução for "manifestamente descabida" ou ocorrer sem a prévia intimação do conduzido para comparecer de forma espontânea. A locução "manifestamente descabida constitui-se em elemento normativo do tipo, devendo ser verificada então a legislação de regência, que é diversa no âmbito dos processos civil e penal, bem como para a testemunha e o investigado.

A todos é imposto o dever de colaborar com a realização da justiça, de modo que, tanto no processo penal quanto no civil, a ausência da testemunha devidamente intimada autoriza o juiz a determinar sua condução (CPP, art. 461, § 1º; CPC, art. 455, § 5º).

Já o investigado e o acusado não têm obrigação de colaborar com o andamento do processo, podendo omitir-se ou deixar de comparecer, sem que se possa determinar a condução, como afirmado pelo STF, ao: "declarar a incompatibilidade com a Constituição Federal da condução coercitiva de investigados ou de réus para interrogatório, tendo em vista que o imputado não é legalmente obrigado a participar do ato, e pronunciar a não recepção da expressão 'para o interrogatório', constante do art. 260 do CPP" (ADPF 444, Mendes, Pl., m., 14.6.18).

11.8. OMISSÃO NA COMUNICAÇÃO DE PRISÃO (ART. 12, *CAPUT* E PARÁGRAFO ÚNICO, I)

> **Art. 12.** Deixar injustificadamente de comunicar prisão em flagrante à autoridade judiciária no prazo legal:
> Pena — detenção, de 6 (seis) meses a 2 (dois) anos, e multa.
> Parágrafo único. Incorre na mesma pena quem:
> I — deixa de comunicar, imediatamente, a execução de prisão temporária ou preventiva à autoridade judiciária que a decretou;

11.8.1. Bem jurídico

Constitui-se em proteção penal ao **direito de ir e vir**, (CF, art. 5º, incisos XV e LIV). Mais especificamente, as previsões do *caput* e do inc. I do parágrafo único do art. 12 decorrem do inc. LXII do art. 5º da CF, segundo o qual: "a prisão de qualquer pessoa e o local onde se encontre serão comunicados imediatamente ao juiz competente e à família do preso ou à pessoa por ele indicada".

Enquanto a comunicação aos familiares tem por fim assegurar a assistência ao preso, a comunicação ao juízo visa a garantir o exame judicial da legalidade da prisão.

11.8.2. Sujeito ativo

É delito próprio da autoridade policial, que tem o dever legal de comunicar a privação da liberdade (CPP, art. 306).

11.8.3. Sujeito passivo

Se a vítima for criança ou adolescente, ocorrerá o crime análogo previsto no art. 231 do ECA.

11.8.4. Tipo objetivo

Havia previsão análoga na alínea "c" do art. 3º da Lei n. 4.898/65, do seguinte teor: "deixar de comunicar, imediatamente, ao juiz competente a prisão ou detenção de qualquer pessoa".

É crime omissivo.

No caso de prisão em flagrante ocorre a forma do *caput*. A comunicação deverá ocorrer "no prazo legal", que é de 24 h, conforme previsão dos arts. 310 e 306 do CPP, cujo § 1º assim dispõe:

> Dentro em 24h (vinte e quatro horas) depois da prisão, será encaminhado ao juiz competente o auto de prisão em flagrante acompanhado de todas as oitivas colhidas e, caso o autuado não informe o nome de seu advogado, cópia integral para a Defensoria Pública.

A comunicação da prisão em flagrante deverá ser instruída ou materializada com o auto de prisão em flagrante (Res. n. 213/15 do CNJ, art. 1º, § 1º), não havendo sentido em comunicar o flagrante sem a apresentação de qualquer documento que permita o controle da legalidade da prisão, que é a finalidade da medida.

Caso se trate de prisão temporária ou preventiva ocorrerá o delito do inc. I do parágrafo único, devendo a comunicação ocorrer **imediatamente**, uma vez que não há necessidade de maior tempo para a formalização do auto, como ocorre no caso de prisão em flagrante.

Os incs. I e II do art. 3º-A do CPP, introduzido pela Lei n. 13.964/2019, atribui ao juiz das garantias a atribuição de receber a comunicação da prisão em flagrante, bem como a "comunicação imediata da prisão".

11.8.5. Tipo subjetivo

É o **dolo**, aliado a uma das finalidades mencionadas no § 1º do art. 1º.

A falta de comunicação culposa não configura o crime em questão.

11.9. OMISSÃO NA COMUNICAÇÃO DE PRISÃO À FAMÍLIA OU PESSOA INDICADA (ART. 12, PARÁGRAFO ÚNICO, II)

> **Art. 12.** (...) Parágrafo único. Incorre na mesma pena quem:
> II — deixa de comunicar, imediatamente, a prisão de qualquer pessoa e o local onde se encontra à sua família ou à pessoa por ela indicada;

11.9.1. Bem jurídico

Constitui-se em proteção penal ao **direito de ir e vir**, (CF, art. 5º, incisos XV e LIV). Mais especificamente, a previsão decorre do inc. LXII do art. 5º da CF, segundo o qual: "a prisão de qualquer pessoa e o local onde se encontre serão comunicados imediatamente ao juiz competente e à família do preso ou à pessoa por ele indicada".

11.9.2. Sujeito ativo

É delito próprio da autoridade policial, que tem o dever legal de comunicar a privação da liberdade (CPP, art. 306).

11.9.3. Sujeito passivo

Se a vítima for criança ou adolescente, ocorrerá o crime análogo previsto no art. 231 do ECA.

11.9.4. Tipo objetivo

Na lei anterior não havia previsão expressa, mas a omissão poderia configurar o delito da alínea "a" do art. 4º, que incriminava a execução de medida privativa da liberdade "sem as formalidades legais".

Conforme o inciso LXII do art. 5º da CF: "a prisão de qualquer pessoa e o local onde se encontre serão comunicados imediatamente ao juiz competente e à família do preso ou à pessoa por ele indicada".

A comunicação aos familiares visa a garantir a assistência ao preso (LEP, art. 41, X), informar os familiares do seu paradeiro e permitir a tomada de eventuais providências em favor da liberdade. Essa comunicação deve anteceder até mesmo a comunicação ao juízo, de forma expedita, facultando-se ao próprio preso a comunicação mediante telefone, correio eletrônico ou aplicativo de comunicação, lavrando-se registro da efetivação ou da recusa do preso em fazê-lo, se for o caso.

Não há violação da regra constitucional quando:

a) o preso deixa de indicar pessoa que deva ser comunicada (STF, HC 69.630, Brossard, 2ª T., Pl., u., 20/10/1992);

b) os familiares residem em outro país e não há meios para a comunicação, o que, na atualidade, com as facilidades de comunicação existentes, é pouco provável (STJ, RHC 3.894, Costa Lima, 5ª T., u., *DJ* 12/09/1994).

Anotamos, ainda, que a CF assegura apenas a comunicação aos familiares, mas não impõe como requisito da validade do ato que a lavratura do auto de prisão se dê na presença de familiares (TRF3, HC 96030479756, Nabarrete, 5ª T., u., 07/10/1996).

11.10. OMISSÃO NA ENTREGA DE NOTA DE CULPA (ART. 12, PARÁGRAFO ÚNICO, III)

> **Art. 12.** (...) Parágrafo único. Incorre na mesma pena quem:
> III — deixa de entregar ao preso, no prazo de 24 (vinte e quatro) horas, a nota de culpa, assinada pela autoridade, com o motivo da prisão e os nomes do condutor e das testemunhas;

11.10.1. Bem jurídico

Constitui-se em proteção penal ao **direito de ir e vir** (CF, art. 5º, incisos XV e LIV), sendo a nota de culpa um meio para possibilitar o controle da legalidade da privação da liberdade.

11.10.2. Sujeito ativo

É delito próprio da autoridade policial, que tem o dever legal de entregar a nota de culpa.

11.10.3. Sujeito passivo

Se a vítima for criança ou adolescente, ocorrerá o crime análogo previsto no art. 231 do ECA.

11.10.4. Tipo objetivo

Na lei anterior não havia previsão expressa, mas a omissão poderia configurar o delito da alínea “a” do art. 4º, que incriminava a execução de medida privativa da liberdade “sem as formalidades legais”.

Conforme o § 2º do art. 306 do CPP, no mesmo prazo de 24 h fixado para a comunicação da prisão em flagrante ao juízo “será entregue ao preso, mediante recibo, a nota de culpa, assinada pela autoridade, com o motivo da prisão, o nome do condutor e os das testemunhas”. A medida tem o sentido de garantir que o preso entenda o motivo da medida, bem como lhe garanta os meios para contrastar eventual ilegalidade, ao ter conhecimento dos nomes dos executores da medida e das testemunhas.

Em caso de prisão temporária, uma das vias do mandado deverá ser entregue ao preso, servindo como nota de culpa (Lei n. 7.960/89, art. 2º, § 4º).

■ 11.11. PRORROGAÇÃO INDEVIDA DE PRIVAÇÃO DE LIBERDADE (ART. 12, PARÁGRAFO ÚNICO, IV)

> **Art. 12.** (...) Parágrafo único. Incorre na mesma pena quem:
> IV — prolonga a execução de pena privativa de liberdade, de prisão temporária, de prisão preventiva, de medida de segurança ou de internação, deixando, sem motivo justo e excepcionalíssimo, de executar o alvará de soltura imediatamente após recebido ou de promover a soltura do preso quando esgotado o prazo judicial ou legal.

■ 11.11.1. Bem jurídico

Constitui-se em proteção penal ao **direito de ir e vir** (CF, art. 5º, incisos XV e LIV).

■ 11.11.2. Sujeito ativo

É delito próprio do agente público que tenha o dever legal de assegurar a soltura do preso, como a autoridade policial ou carcerária, judicial, do MP ou da defensoria pública, que se omitir em promover a soltura do preso.

■ 11.11.3. Sujeito passivo

Se a vítima for criança ou adolescente, ocorrerá o crime análogo previsto no art. 234 do ECA.

■ 11.11.4. Tipo objetivo

Havia forma análoga na lei anterior, objeto da alínea "i" do art. 4º, do seguinte teor: "prolongar a execução de prisão temporária, de pena ou de medida de segurança, deixando de expedir em tempo oportuno ou de cumprir imediatamente ordem de liberdade". Esse dispositivo, a seu turno, foi antecedido pelo inc. II do art. 350 do CP.

É crime omissivo.

Há elemento normativo do tipo na cláusula "sem motivo justo ou excepcionalíssimo", a ser aferido no caso concreto, como, por exemplo, em caso de motim no estabelecimento que impeça a soltura.

Em caso de prisão temporária deverá ser observado o disposto no § 7° do art. 2° da Lei n. 7.960/89, segundo o qual: "Decorrido o prazo de cinco dias de detenção, o preso deverá ser posto imediatamente em liberdade, salvo se já tiver sido decretada sua prisão preventiva". Em caso de crimes hediondos e equiparados, o prazo da prisão temporária é de 30 dias, prorrogáveis por igual período (LCH, art. 2º, § 4º).

11.12. EXIBIÇÃO OU CONSTRANGIMENTO INDEVIDO (ART. 13)

Art. 13. Constranger o preso ou o detento, mediante violência, grave ameaça ou redução de sua capacidade de resistência, a:
I — exibir-se ou ter seu corpo ou parte dele exibido à curiosidade pública;
II — submeter-se a situação vexatória ou a constrangimento não autorizado em lei;
III — produzir prova contra si mesmo ou contra terceiro:
Pena — detenção, de 1 (um) a 4 (quatro) anos, e multa, sem prejuízo da pena cominada à violência.

11.12.1. Bem jurídico

É a integridade física e moral do preso, bem como o direito de não autoincriminação (CF, art. 5º, inciso LXIII), no caso do inc. III.

O inc. X do art. 5º da CF assegura a inviolabilidade da honra e da imagem das pessoas. Afora isso, conforme o inciso XLIX do art. 5º da CF: "é assegurado aos presos o respeito à integridade física e moral".

Além de ser um direito fundamental, a honra merece também proteção, no âmbito civil, como direito de personalidade (CC, art. 20).

Concretizando o dispositivo constitucional, dispõe o art. 38 do CP que: "O preso preserva todos os direitos não atingidos pela perda da liberdade, impondo-se a todas as autoridades o respeito à sua integridade física e moral".

Já o inciso VIII do art. 41 da LEP assegura o direito à "proteção contra qualquer forma de sensacionalismo", enquanto o art. 198 da mesma lei assim dispõe:

> Art. 198. É defesa ao integrante dos órgãos da execução penal, e ao servidor, a divulgação de ocorrência que perturbe a segurança e a disciplina dos estabelecimentos, bem como exponha o preso à inconveniente notoriedade, durante o cumprimento da pena.

11.12.2. Sujeito passivo

Se a vítima particular for criança ou adolescente, o crime será o do art. 232 do ECA, especial em relação ao delito em comento.

11.12.3. Tipo objetivo

A primeira modalidade não estava prevista expressamente na lei anterior, podendo ser visto como antecedente o ato lesivo da honra ou do patrimônio de pessoa natural ou jurídica (Lei n. 4.898/65, art. 4º, "h"). Já a segunda modalidade era prevista, em termos análogos, na alínea "b" do art. 4º da Lei revogada.

A primeira modalidade ocorrerá na exposição indevida da imagem do corpo do preso ou detento à curiosidade pública, seja pessoalmente, a populares presentes no local; por intermédio dos meios de comunicação ou ainda de redes sociais ou aplicativos.

Violência é a ação física sobre a pessoa submetida.

Grave ameaça é a promessa de causar mal injusto e grave.

Redução da capacidade de resistência poderá ocorrer, por exemplo, mediante aplicação de drogas ou mesmo privação de alimento ou água.

A segunda modalidade consiste em submeter a pessoa sob a situação vexatória ou a constrangimento não autorizado em lei.

O dispositivo é considerado revogador do inciso III do art. 350 do CP.

Não haverá o crime quando a exposição, ainda que não autorizada pelo preso, estiver fundada no interesse público, como no caso de réu foragido (CC, art. 20).

O art. 3º-F do CPP, introduzido pela Lei n. 13.964/2019, inovou na matéria ao atribuir ao juiz das garantias a tarefa de assegurar a preservação da imagem do preso, além de prever uma regulamentação da forma de divulgação da identidade do preso e realização da prisão.

■ 11.12.3.1. Emprego de algemas

No projeto que resultou na atual lei de abuso de autoridade havia tipo específico que incriminava o uso indevido de algemas ou outros dispositivos de restrição de movimentos, o qual veio a ser vetado pelo Presidente da República.

Ainda assim, me parece que o uso indevido de algemas, correntes ou camisas de força, com o fim de constrangimento, poderão configurar o delito do inc. II do art. 13.

Com efeito, as algemas, quando utilizadas de forma desnecessária, como meio de humilhação, podem configurar-se em instrumentos do crime de abuso de autoridade (STF, HC 152720, Gilmar Mendes, 2ª T., 10/04/2018). Assim, por exemplo, em caso de preso idoso ou gravemente doente (STJ, HC 55.421, Carvalhido, 6ª T., m., 18/12/2006), evidenciando-se que a utilização do equipamento de segurança se deu com o fim de humilhar o preso.

Cabe, então, verificar a disciplina jurídica da sua utilização, objeto do Decreto n. 8.858/2016, que dá cumprimento ao art. 199 da LEP, segundo o qual: "O emprego de algemas será disciplinado por decreto federal". Afora isso, a matéria é objeto do art. 29 da Res. n. 114/94 do CNPCP, veiculando as Regras Mínimas para o Tratamento do Preso no Brasil, dispositivo assim redigido:

> Art. 29. Os meios de coerção, tais como algemas, e camisas de força, só poderão ser utilizados nos seguintes casos:
>
> I — como medida de precaução contra fuga, durante o deslocamento do preso, devendo ser retirados quando do comparecimento em audiência perante autoridade judiciária ou administrativa;
>
> II — por motivo de saúde, segundo recomendação médica;
>
> III — em circunstâncias excepcionais, quando for indispensável utilizá-los em razão de perigo iminente para a vida do preso, de servidor, ou de terceiros.

Tais regras estão próximas daquelas previstas nos itens 47 e 48 das Regras Mínimas da ONU para o Tratamento de Prisioneiros (Regras de Mandela), as quais vedam, também, a utilização de instrumentos de imobilização como sanção disciplinar (Regra 43, item 2).

Na mesma linha, o art. 234 do CPPM assim disciplina o tema: "1º O emprego de algemas deve ser evitado, desde que não haja perigo de fuga ou de agressão da parte do preso, e de modo algum será permitido, nos presos a que se refere o art. 242".

Efetivamente, o uso de algemas é medida de exceção, adotada, quando necessário, de acordo com o princípio da proporcionalidade, para impedir, prevenir ou dificultar a fuga (STF, HC 91.952, M. Aurélio, Pl., u., 07/08/2008) ou a resistência do preso, ou ainda a agressão contra policiais ou terceiros, e até mesmo a autolesão (STF, HC 89.429, C. Lúcia, 1ª T., u., 22/08/2006; STJ, HC 35.540, José Arnaldo, 5ª T., u., 05/08/2004), desde que haja fundada suspeita ou justificado receio de que tanto venha a ocorrer (STJ, RHC 5.663, Patterson, 6ª T., u., 19/08/1996). Entendeu-se que a existência de tumulto por ocasião da prisão justifica o uso de algemas (STJ, REsp 571.924, Meira, 2ª T., u., 24/10/2006).

Sobre o tema, o STF veio a publicar a SV 11, do seguinte teor:

> Só é lícito o uso de algemas em casos de resistência e de fundado receio de fuga ou de perigo à integridade física própria ou alheia, por parte do preso ou de terceiros, justificada a excepcionalidade por escrito, sob pena de responsabilidade disciplinar, civil e penal do agente ou da autoridade e de nulidade da prisão ou do ato processual a que se refere, sem prejuízo da responsabilidade civil do Estado.

Um primeiro juízo sobre o uso do equipamento é, porém, da autoridade policial ou administrativa, a quem cabe aferir, em primeira linha, o grau de risco da situação e do preso. A avaliação judicial na matéria é supletiva e deverá levar em conta as informações da administração sobre a situação, bem como o procedimento adotado em casos análogos.

O uso de algemas no Plenário do Júri é regulado pelo § 3º do art. 474 do CPP, com a redação dada pela Lei n. 11.689/2008.

■ 11.12.4. Tipo subjetivo

É o dolo, aliado a uma das finalidades mencionadas no § 1º do art. 1º.

■ 11.13. AMEAÇA DE PRISÃO A DETENTOR DE SIGILO (ART. 15)

> **Art. 15.** Constranger a depor, sob ameaça de prisão, pessoa que, em razão de função, ministério, ofício ou profissão, deva guardar segredo ou resguardar sigilo:
> Pena — detenção, de 1 (um) a 4 (quatro) anos, e multa.

■ 11.13.1. Bem jurídico

É a preservação do sigilo profissional.

11.13.2. Tipo objetivo

Constranger a depor tem o sentido aqui de forçar, coagir, obrigar a pessoa detentora do dever de sigilo a depor contra a sua vontade, mediante a ameaça específica de privação da liberdade.

Um exemplo de profissão que tem assegurado o sigilo é a do advogado, estando expressamente previsto o direito de: "recusar-se a depor como testemunha em processo no qual funcionou ou deva funcionar, ou sobre fato relacionado com pessoa de quem seja ou foi advogado, mesmo quando autorizado ou solicitado pelo constituinte, bem como sobre fato que constitua sigilo profissional" (EOAB, art. 7º, XIX).

11.14. INTERROGATÓRIO INDEVIDO (ART. 15, PARÁGRAFO ÚNICO)

> **Art. 15.** (...)
> Parágrafo único. Incorre na mesma pena quem prossegue com o interrogatório:
> I — de pessoa que tenha decidido exercer o direito ao silêncio; ou
> II — de pessoa que tenha optado por ser assistida por advogado ou defensor público, sem a presença de seu patrono.

11.14.1. Bem jurídico

É a preservação do direito de não autoincriminação (CF, art. 5º, inciso LXIII), no caso do inc. I, bem como dos **direitos de ampla defesa** (CF, art. 5º, inc. LV) e de **assistência de advogado** (CF, art. 5º, inc. LXIII).

11.14.2. Tipo objetivo

Conforme o art. 186 do CPP: "Depois de devidamente qualificado e cientificado do inteiro teor da acusação, o acusado **será informado** pelo juiz, antes de iniciar o interrogatório, do seu **direito de permanecer calado** e de não responder perguntas que lhe forem formuladas".

Uma vez manifestada pelo preso, investigado ou acusado a opção de silenciar, o ato deverá ser finalizado.

Conforme o art. 185 do CPP: "O acusado que comparecer perante a autoridade judiciária, no curso do processo penal, será qualificado e interrogado **na presença de seu defensor**, constituído ou nomeado". Sendo assim, é irregular o prosseguimento do ato na ausência do defensor.

11.14.3. Tipo subjetivo

É o dolo, aliado a uma das finalidades mencionadas no § 1º do art. 1º.

11.15. FALTA DE IDENTIFICAÇÃO OU IDENTIFICAÇÃO FALSA DO CONDUTOR OU EXECUTOR DA PRISÃO (ART. 16)

> **Art. 16.** Deixar de identificar-se ou identificar-se falsamente ao preso por ocasião de sua captura ou quando deva fazê-lo durante sua detenção ou prisão:
> Pena — detenção, de 6 (seis) meses a 2 (dois) anos, e multa.
> Parágrafo único. Incorre na mesma pena quem, como responsável por interrogatório em sede de procedimento investigatório de infração penal, deixa de identificar-se ao preso ou atribui a si mesmo falsa identidade, cargo ou função.

11.15.1. Bem jurídico

Constitui-se em proteção penal ao **direito de ir e vir**, (CF, art. 5º, incisos XV e LIV), uma vez que a identificação do policial responsável pelo flagrante ou pela execução do mandado possibilita ao preso representar, futuramente, contra eventual irregularidade do ato, ou mesmo garantir a verificação da legitimidade do executor (CPP, arts. 289-A, § 5º, e 290, § 2º).

No caso da prisão decorrente de mandado, o art. 291 do CPP exige identificação do executor, nos seguintes termos: "A prisão em virtude de mandado entender-se-á feita desde que o executor, fazendo-se conhecer do réu, lhe apresente o mandado e o intime a acompanhá-lo". A regra aplica-se também à prisão em flagrante, por força do art. 294 do CPP, que estende ao flagrante as normas da prisão por força de mandado, no que for cabível.

11.15.2. Sujeito ativo

No caso de prisão decorrente de mandado é crime próprio de autoridade policial, a quem incumbe cumprir os mandados de prisão expedidos por autoridade judiciária (CPP, arts. 13, III, e 285, parágrafo único, "e"), bem como realizar o interrogatório em procedimento investigatório de infração penal.

Já no caso de prisão em flagrante ou de interrogatório, na modalidade do parágrafo único, poderá ocorrer de o crime ser praticado por agente público que não seja policial.

11.15.3. Tipo objetivo

O delito poderá ocorrer tanto em caso de prisão em flagrante quanto de prisão decorrente de mandado judicial.

A primeira forma é omissiva, quando o autor da prisão em flagrante ou executor da prisão decorrente de mandado deixa de identificar-se.

A segunda é comissiva, consistente em identificação falsa, a qual, na modalidade do parágrafo único, também poderá recair sobre o cargo ou função.

11.15.4. Tipo subjetivo

É o dolo, aliado à vontade de abusar da autoridade, na forma do § 1º.

11.16. INTERROGATÓRIO DURANTE O REPOUSO NOTURNO (ART. 18)

Art. 18. Submeter o preso a interrogatório policial durante o período de repouso noturno, salvo se capturado em flagrante delito ou se ele, devidamente assistido, consentir em prestar declarações:
Pena — detenção, de 6 (seis) meses a 2 (dois) anos, e multa.

11.16.1. Bem jurídico

É a preservação do direito de defesa, garantindo que o preso não seja ouvido em horário no qual o cansaço dificulte um exercício efetivo do direito de defesa.

11.16.2. Sujeito ativo

É delito próprio de autoridade policial, uma vez que o tipo menciona expressamente o "interrogatório policial".

11.16.3. Tipo objetivo

O delito somente poderá ocorrer em se tratando de **preso**, não havendo impedimento na oitiva de investigado solto durante o período noturno, embora a medida não seja usual.

Também não haveria crime, em tese, em caso de interrogatório judicial.

A vedação é de que se proceda ao ato durante o **repouso noturno**, ou seja, o período no qual as pessoas usualmente se recolhem para o descanso, sendo o conceito diverso de noite, que é o período de ausência da luz solar.

Em caso de **flagrante delito** o interrogatório poderá ocorrer durante o repouso noturno, o que poderá ser determinante para a observância do prazo legal de 24 h para a lavratura do auto de prisão em flagrante e seu encaminhamento ao juízo (CPP, art. 306, § 1º).

O **consentimento** do preso, devidamente assistido por advogado, afasta o crime.

11.16.4. Tipo subjetivo

É o dolo, aliado à vontade de abusar da autoridade, na forma do § 1º.

11.17. IMPEDIR OU RETARDAR PLEITO DE PRESO (ART. 19)

Art. 19. Impedir ou retardar, injustificadamente, o envio de pleito de preso à autoridade judiciária competente para a apreciação da legalidade de sua prisão ou das circunstâncias de sua custódia:
Pena — detenção, de 1 (um) a 4 (quatro) anos, e multa.
Parágrafo único. Incorre na mesma pena o magistrado que, ciente do impedimento ou da demora, deixa de tomar as providências tendentes a saná-lo ou, não sendo competente para decidir sobre a prisão, deixa de enviar o pedido à autoridade judiciária que o seja.

11.17.1. Bem jurídico

Constitui-se em proteção penal ao **direito de ir e vir** (CF, art. 5º, incisos XV e LIV), ao garantir a remessa de solicitação do preso à autoridade judiciária. De lembrar que o inc. XIV do art. 41 da LEP aponta como direito do preso: "representação e petição a qualquer autoridade, em defesa de direito".

11.17.2. Sujeito ativo

Na forma básica, do *caput*, qualquer agente público.

A modalidade do parágrafo único é privativa de magistrado.

11.17.3. Tipo objetivo

Impedir é obstar, tornar impossível.

Retardar é deixar de dar o encaminhamento expedito ao pedido do preso.

Somente haverá crime se a ação se der injustificadamente, o que constitui elemento normativo do tipo, a ser verificado no caso concreto.

Autoridade judiciária competente poderá ser o próprio juízo que determinou a prisão, aquele competente para examinar *habeas corpus* contra a ordem de prisão vigente ou mesmo o juízo da execução, caso a solicitação diga respeito às circunstâncias da custódia.

Na modalidade do parágrafo único o delito é omissivo. Quanto ao parágrafo único, a primeira modalidade pressupõe a inação do magistrado que tenha conhecimento direto e inequívoco da restrição ao direito do preso. A segunda, igualmente omissiva, consiste em deixar o magistrado de enviar o pedido à autoridade judiciária competente.

11.17.4. Tipo subjetivo

É o dolo, aliado à vontade de abusar da autoridade, na forma do § 1º.

Na modalidade do parágrafo único exige-se o dolo direto, mediante demonstração da ciência inequívoca do magistrado a respeito do impedimento ou demora.

11.18. IMPEDIR ENTREVISTA PESSOAL COM DEFENSOR (ART. 20)

> **Art. 20.** Impedir, sem justa causa, a entrevista pessoal e reservada do preso com seu advogado:
> Pena — detenção, de 6 (seis) meses a 2 (dois) anos, e multa.
> Parágrafo único. Incorre na mesma pena quem impede o preso, o réu solto ou o investigado de entrevistar-se pessoal e reservadamente com seu advogado ou defensor, por prazo razoável, antes de audiência judicial, e de sentar-se ao seu lado e com ele comunicar-se durante a audiência, salvo no curso de interrogatório ou no caso de audiência realizada por videoconferência.

11.18.1. Bem jurídico

O *caput*, ao mencionar o preso, assegura, indiretamente, o **direito de ir e vir** (CF, art. 5º, incisos XV e LIV). Lido o parágrafo único, também são assegurados os **direitos de ampla defesa** (CF, art. 5º, inc. LV) e de **assistência de advogado** (CF, art. 5º, inc. LXIII).

O inc. IX do art. 41 da LEP assegura ao preso o direito de: "entrevista pessoal e reservada com o advogado".

De forma análoga, o inc. III do art. 7º do EAOAB garante ao advogado o direito de: "comunicar-se com seus clientes, pessoal e reservadamente, mesmo sem procuração, quando estes se acharem presos, detidos ou recolhidos em estabelecimentos civis ou militares, ainda que considerados incomunicáveis".

11.18.2. Sujeito ativo

Qualquer agente público.

11.18.3. Tipo objetivo

Impedir é obstar, tornar impossível.

Não haverá crime se houver justa causa que impeça a entrevista.

A entrevista pessoal e reservada do réu ou investigado é especialmente importante para os casos em que a defesa é patrocinada pela defensoria pública ou defensor dativo, que poderá não ter maiores informações a respeito do processo, de modo que a medida assegura o respeito ao devido processo legal. Na mesma linha, sentando-se ao lado do defensor, poderá o acusado ou investigado oferecer subsídios importantes no momento da produção da prova oral.

11.18.4. Tipo subjetivo

É o dolo, aliado à vontade de abusar da autoridade, na forma do § 1º.

11.19. MANUTENÇÃO DE PRESOS DE GÊNEROS DIVERSOS OU CRIANÇAS E ADULTOS NA MESMA CELA (ART. 21)

> **Art. 21.** Manter presos de ambos os sexos na mesma cela ou espaço de confinamento:
> Pena — detenção, de 1 (um) a 4 (quatro) anos, e multa.
> Parágrafo único. Incorre na mesma pena quem mantém, na mesma cela, criança ou adolescente na companhia de maior de idade ou em ambiente inadequado, observado o disposto na Lei n. 8.069, de 13 de julho de 1990 (Estatuto da Criança e do Adolescente).

11.19.1. Bem jurídico

Constitui-se em proteção penal da dignidade, da integridade corporal, a dignidade sexual e a liberdade sexual da mulher e da criança ou adolescente, que estariam em maior risco em ambiente carcerário misto.

Conforme o art. 37 do CP: "As mulheres cumprem pena em estabelecimento próprio, observando-se os deveres e direitos inerentes à sua condição pessoal, bem como, no que couber, o disposto neste Capítulo".

A seu turno, os arts. 123 e 185 do ECA assim dispõem:

> Art. 123. A internação deverá ser cumprida em entidade exclusiva para adolescentes, em local distinto daquele destinado ao abrigo, obedecida rigorosa separação por critérios de idade, compleição física e gravidade da infração.
>
> Art. 185. A internação, decretada ou mantida pela autoridade judiciária, não poderá ser cumprida em estabelecimento prisional.
>
> § 1º Inexistindo na comarca entidade com as características definidas no art. 123, o adolescente deverá ser imediatamente transferido para a localidade mais próxima.
>
> § 2º Sendo impossível a pronta transferência, o adolescente aguardará sua remoção em repartição policial, desde que em seção isolada dos adultos e com instalações apropriadas, não podendo ultrapassar o prazo máximo de cinco dias, sob pena de responsabilidade.

Conforme a alínea "c" do art. 37 da Convenção sobre os direitos da criança (Decreto n. 99.710/90): "toda criança privada de sua liberdade ficará separada dos adultos, a não ser que tal fato seja considerado contrário aos melhores interesses da criança".

■ 11.19.2. Sujeito ativo

Qualquer agente público.

■ 11.19.3. Tipo objetivo

Manter aqui é o ato de encarcerar, privar da liberdade, o que poderá ocorrer em cela, ou seja, cômodo especialmente destinado a manter pessoas presas ou detidas, arquitetado de modo a evitar fugas, com grades, portas de segurança, paredes, piso e teto reforçados, vigilância, etc.

Mas o delito também poderá ocorrer em outro **espaço de confinamento**, ou seja, sala, corredor, pátio, estádio, ou qualquer outro lugar destinado a limitar a liberdade e impedir a fuga do preso, detido ou internado.

No caso de criança ou adolescente haverá o crime não só em caso do encarceramento junto com adultos, mas também em caso de **ambiente inadequado** conforme o ECA. Trata-se de norma penal em branco, devendo atentar-se para as seguintes regras daquele diploma legal, entre outras:

a) crianças não são passíveis de medidas socioeducativas, como a internação, mesmo em caso de prática de ato infracional (art. 105);

b) a internação deve ocorrer em "instalações físicas em condições adequadas de habitabilidade, higiene, salubridade e segurança e os objetos necessários à higiene pessoal" (art. 94, VII).

■ 11.19.4. Tipo subjetivo

É o dolo, aliado à vontade de abusar da autoridade, na forma do § 1º.

■ 11.20. VIOLAÇÃO DE DOMICÍLIO (ART. 22)

> **Art. 22.** Invadir ou adentrar, clandestina ou astuciosamente, ou à revelia da vontade do ocupante, imóvel alheio ou suas dependências, ou nele permanecer nas mesmas condições, sem determinação judicial ou fora das condições estabelecidas em lei:
> Pena — detenção, de 1 (um) a 4 (quatro) anos, e multa.
> § 1º Incorre na mesma pena, na forma prevista no *caput* deste artigo, quem:
> I — coage alguém, mediante violência ou grave ameaça, a franquear-lhe o acesso a imóvel ou suas dependências;
> II — (*Vetado*);
> III — cumpre mandado de busca e apreensão domiciliar após as 21h (vinte e uma horas) ou antes das 5h (cinco horas).
> § 2º Não haverá crime se o ingresso for para prestar socorro, ou quando houver fundados indícios que indiquem a necessidade do ingresso em razão de situação de flagrante delito ou de desastre.

■ 11.20.1. Bem jurídico

Protege-se a **inviolabilidade do domicílio**, que pode ser vista como uma emanação da liberdade individual ou mesmo como forma específica de proteção da vida privada (CF, art. 5º, X), como formulada em tratados internacionais de direitos humanos (CADH, art. 11, 2; PIDCP, art. 17), bem como no inc. XI do art. 5º da CF, do seguinte teor: "a casa é asilo inviolável do indivíduo, ninguém nela podendo penetrar sem consentimento do morador, salvo em caso de flagrante delito ou desastre, ou para prestar socorro, ou, durante o dia, por determinação judicial".

■ 11.20.2. Tipo objetivo

Invadir é entrar com uso de força, de forma hostil ou violenta, na presença e contra a vontade manifesta do proprietário ou possuidor, ou ainda mediante arrombamento ou rompimento de obstáculo ao ingresso.

Adentrar é ingressar no local, o que será incriminado quando ocorrer por uma das três formas mencionadas no dispositivo, a saber, clandestina ou astuciosamente, ou à revelia da vontade do ocupante.

Clandestino é o ingresso às ocultas, sem o conhecimento do proprietário, possuidor ou ocupante.

O ingresso **astucioso** é o que ocorre mediante enganação, engodo ou pretexto inexistente. Assim, por exemplo, mediante a apresentação de mandado falso, falsa identificação do agente público ou alegando a existência de situação de flagrante ou urgência que sabe não existir.

Finalmente, também haverá crime quando o ingresso ocorrer à revelia, ou seja, sem a autorização do ocupante.

O terceiro verbo nuclear é permanecer nas mesmas condições, ou seja, mantendo-se no local mediante uso de força, com astúcia ou à revelia da vontade do ocupante.

Como visto, o tipo se concretiza pelo **ingresso ou permanência**, tanto de forma **violenta** quanto **astuciosa**.

O inc. I do § 1º incrimina a conduta daquele que coage alguém a franquear o acesso mediante violência ou grave ameaça, de modo que o consentimento é obtido com base em manifestação de vontade viciada.

Já o inc. II do § 1º estabelece objetivamente o horário durante o qual é vedado o cumprimento de mandado de busca e apreensão, das 21 às 5 horas.

11.20.2.1. *Imóvel ou suas dependências*

Enquanto o inc. XI da CF utiliza a expressão "casa" e o texto anterior mencionava a "inviolabilidade do domicílio", como era da tradição doutrinária, a lei atual inova ao mencionar o **imóvel e suas dependências**.

Mesmo com o novo texto, tenho que a proteção segue sendo limitada ao local ocupado, ainda que temporariamente. Com feito, não se trata aqui de proteger a propriedade, mas sim a dignidade e a vida privada, sendo que a nota essencial a justificar a proteção é a **exclusividade** do acesso, restando fora da proteção constitucional o local de livre acesso ao público, ainda que dentro de um imóvel comercial, por exemplo.

Embora tenha sido consagrada a expressão **inviolabilidade do domicílio**, a proteção diz respeito ao **local de residência**, ainda que temporária, não sendo exigido o ânimo definitivo, como requer a lei civil para a determinação do domicílio (CC, art. 70).

A proteção dispensada pela Constituição, calcada na proteção da dignidade e da vida privada se estende ao local de estada temporária, desde que a ocupação seja exclusiva, com restrição ao acesso de terceiros não autorizados. Subsídio válido na interpretação do conceito de **casa** mencionado na norma constitucional pode ser encontrado nos §§ 4º e 5º do art. 150 do CP, que assim dispõem:

> **§ 4º** A expressão "casa" compreende:
> I — qualquer compartimento habitado;
> II — aposento ocupado de habitação coletiva;
> III — compartimento não aberto ao público, onde alguém exerce profissão ou atividade.
> **§ 5º** Não se compreendem na expressão "casa":
> I — hospedaria, estalagem ou qualquer outra habitação coletiva, enquanto aberta, salvo a restrição do n. II do parágrafo anterior;
> II — taverna, casa de jogo e outras do mesmo gênero.

Incluem-se, então, na proteção da lei:

a) imóvel alugado, ainda que por temporada;

b) aposento ocupado de habitação coletiva (CP, art. 150, § 4º, II), como quarto de *flat* (STF, HC 76.336, Sanches, 1ª T., u., 16/03/1999) ou hotel (STF, RHC 90.376, Mello, 2ª T., u., 03/04/2007);

c) estabelecimento empresarial, nas partes que não forem acessíveis ao público (CP, art. 150, § 4º, III; STF, RE 418.416, Pertence, Pl., 10/05/2006; TRF5, RHC 9805154386, Apoliano, 3ª T., u., 12/08/1999), como, por exemplo, escritório (STF, RE 331.303-AgR, Pertence, 1ª T., 10/02/2004), ou depósito de uma loja e o consultório médico ou odontológico (STF, RE 251.445, Mello, 21/06/2000).

Desimporta, ainda, a **possibilidade física de ingresso sem esforço**, de modo que a proteção se estende ao pátio, quintal, jardim, galpão ou qualquer outro local cercado ou fechado, desde que fique evidente, explícita ou implicitamente, que o acesso de estranhos é vedado.

O titular da proteção constitucional é o ocupante ou **morador da habitação**, a qualquer título, **seja ou não proprietário**.

■ 11.20.2.2. *Ingresso regular*

Consentimento do ocupante

Não há impedimento ao ingresso se o ocupante ou morador nele consente, como deixa claro o texto constitucional. Quer dizer, o ingresso será regular quando autorizado pelo morador ou gerente, caso se trate de estabelecimento empresarial (STF, HC 90.836, Lewandowski, 1ª T., u., 12/06/2007), ainda que este tenha sido abordado em outro local (STF, HC 74.333, Corrêa, 2ª T., m., *DJ* 21/02/1997). Em tal caso, o ingresso poderá ocorrer até mesmo à noite, e sem mandado judicial (STF, HC 79.512, Pertence, *DJ* 16/05/2003).

Se houver coação para obtenção do consentimento, mediante violência ou grave ameaça ocorrerá o delito do § 1º.

Flagrante delito

O inc. XI do art. 5º da CF e o § 2º do art. 22 da LAA autorizam o ingresso em caso de flagrante delito (CPP, art. 302), em curso no interior da residência.

O STF manifestou-se sobre o tema em repercussão geral, afirmando a possibilidade de controle judicial posterior da medida, nos seguintes termos: "A entrada forçada em domicílio **sem mandado judicial** só é lícita, **mesmo em período noturno**, quando amparada em **fundadas razões**, devidamente **justificadas *a posteriori***, que indiquem que dentro da casa ocorre situação de flagrante delito, sob pena de responsabilidade disciplinar, civil e penal do agente ou da autoridade, e de nulidade dos atos praticados" (STF, RE 603.616, Gilmar Mendes, Pl., m., 05/11/2015).

Tem especial relevância o disposto no art. 303 do CPP, do seguinte teor: "Nas infrações permanentes, entende-se o agente em flagrante delito enquanto não cessar a permanência". Assim, será regular o ingresso para efetuar prisão em flagrante em casos como a manutenção de drogas em depósito ou do ingresso no cativeiro de vítima de extorsão, mesmo durante a noite (STF, HC 84.772, Ellen, 2ª T., *DJ* 12/11/2004).

Assim, também quando o agente "é perseguido, logo após a prática do crime, pela autoridade policial", nos termos do inc. III do art. 302 do CPP (STJ, HC 199900914732, Dipp, 5ª T., u., 13/03/2001). Em caso de perseguição durante a noite, deve ser observada, contudo, a regra do art. 293 do CPP.

Desastre e socorro

Também será permitido ingresso para prestar socorro ou por ocasião de desastre (CF, art. 5º, XI; LAA, art. 22, § 2º), ou seja, do acontecimento repentino e desagradável que causa danos pessoais ou materiais, tanto de grandes proporções, como inundações, terremotos, maremotos ou deslizamentos de terra, quanto em situações que atinjam apenas uma residência, como incêndio ou desabamento. Em tais casos a necessidade de socorro imediato a eventuais vítimas sobrepõe-se à proteção da vida privada.

Determinação judicial

Por fim, o ingresso é permitido, **com prévia autorização judicial, durante o dia**. A autorização judicial não se aplica ao período da noite, ao contrário do que se dá nos casos de consentimento do morador, flagrante delito ou desastre, ou para prestar socorro, quando será legal o ingresso durante a noite.

Como resulta cristalino da mera leitura do texto constitucional, o acesso sem o consentimento do morador somente pode ser autorizado ou determinado por autoridade judicial, em decisão fundamentada que decline a causa provável para a busca e apreensão ou prisão, cuidando-se de hipótese de **reserva de jurisdição**, disciplinada pelos arts. 241 a 248 e 293 do CPP em matéria penal.

Bem por isso, o § 2º do art. 283 do CPP reza: "A prisão poderá ser efetuada em qualquer dia e a qualquer hora, respeitadas as restrições relativas à inviolabilidade do domicílio". Quer dizer, ainda que haja autorização judicial, o ingresso durante a noite não é possível, sem consentimento do morador (STF, RE 460.880, M. Aurélio, 1ª T., u., 25/09/2007).

O inc. II do § 1º considera abusivo o ingresso após as 21h e antes das 5h, de modo que o critério passa a ser objetivo e não conforme haja ou não luz solar no momento do ingresso. De modo análogo, embora com outros limites, o CPC, ao autorizar a realização de citações, intimações e penhoras fora do horário das 6 às 20 horas, independentemente de autorização judicial, ressalva expressamente que deverá ser observado o disposto no inc. XI do art. 5º da CF (art. 212, § 2º).

Tendo em vista a **reserva de jurisdição** expressa (CF, art. 5º, XI), outras autoridades somente poderão ingressar na residência, sem consentimento do morador e fora do caso de flagrante delito, com apropriada autorização judicial. Não é dado o ingresso, então:

a) à fiscalização tributária, seja nos escritórios da pessoa jurídica ou no escritório do contador, contra a vontade do titular, sem autorização judicial, não servindo como justificativa para tanto nem a autoexecutoriedade dos atos administrativos, nem os poderes especiais concedidos à fiscalização tributária (STF, HC 93.050, Mello, 2ª T., u., 10/06/2008);

b) à fiscalização sanitária, para fins de retirada de animal portador de doença contagiosa (STJ, AGRSLS 201001492312, Pargendler, CE, u., 06/10/2010).

A autorização judicial poderá servir tanto para busca e apreensão quanto para outra diligência probatória, como a instalação de equipamento de vigilância ambiental em caso de crime organizado, nos termos do art. 3º, II, da LOC (STF, Inq. 2.424, Peluso, Pl., 26/11/2008, *Operação Hurricane*).

Já se entendeu, porém, não haver violação do domicílio em caso admitido pelo costume, como é o caso do "ingresso de preposto de empresa fornecedora de energia elétrica para leitura do consumo mensal no registro, na parte externa do edifício" (STJ, RHC 199000114268, Cernicchiaro, 6ª T., u., 19/02/1991).

11.20.2.3. *Concurso de crimes*

A Lei n. 13.869/2019 revogou expressamente o § 2º do art. 150 do CP, de modo que atualmente não há dúvida sobre a prevalência do tipo em questão sobre o CP, quando a violação for perpetrada por agente público.

11.21. FRAUDE PROCESSUAL (ART. 23)

> **Art. 23.** Inovar artificiosamente, no curso de diligência, de investigação ou de processo, o estado de lugar, de coisa ou de pessoa, com o fim de eximir-se de responsabilidade ou de responsabilizar criminalmente alguém ou agravar-lhe a responsabilidade:
> Pena — detenção, de 1 (um) a 4 (quatro) anos, e multa.
> Parágrafo único. Incorre na mesma pena quem pratica a conduta com o intuito de:
> I — eximir-se de responsabilidade civil ou administrativa por excesso praticado no curso de diligência;
> II — omitir dados ou informações ou divulgar dados ou informações incompletos para desviar o curso da investigação, da diligência ou do processo.

11.21.1. Noção

O delito assemelha-se à fraude processual, objeto do art. 347 do CP, atentando contra o bom andamento da administração da justiça. De notar que a Lei n. 13.964/2019 introduziu os arts. 158-A a 158-F no CPP, corrigindo grave omissão ao regular a cadeia de custódia dos vestígios de crime, ou seja: "o conjunto de todos os procedimentos utilizados para manter e documentar a história cronológica do vestígio coletado em locais ou em vítimas de crimes, para rastrear sua posse e manuseio a partir de seu reconhecimento até o descarte" (CPP, art. 158-A).

11.21.2. Sujeito ativo

Qualquer agente público.

11.21.3. Tipo objetivo

A inovação artificiosa consiste em modificação ou alteração do estado de lugar, coisa ou pessoa.

Objeto do crime é o lugar, coisa, ou pessoa, não abrangendo o documento, cuja alteração ou contrafação está prevista nos tipos relativos à falsidade documental (TRF3, AC 20016181006744-9, Johonsom, 1ª T., u., 03/10/2006).

O crime poderá ocorrer antes mesmo da instauração da ação penal, ainda na fase de investigação ou mesmo de mera diligência policial ou administrativa.

11.21.4. Tipo subjetivo

É o dolo, aliado ao especial fim de agir que poderá ser:

a) eximir-se de responsabilidade criminal (*caput*);
b) responsabilizar terceiro criminalmente (*caput*);
c) agravar a responsabilidade criminal de terceiro, levando, por exemplo, ao reconhecimento de circunstância inexistente que conduza a aumento de pena (*caput*);
d) eximir-se de responsabilidade civil ou administrativa exclusivamente em decorrência de excesso praticado em diligência (parágrafo único, I);
e) omitir dados ou informações ou divulgar dados ou informações incompletos para desviar o curso da investigação, da diligência ou do processo (parágrafo único, II).

Ausente uma das finalidades acima, não haverá crime.

11.21.5. Consumação

É suficiente a modificação ou alteração, cuidando-se de crime formal.

11.22. INTERNAÇÃO DE PESSOA FALECIDA (ART. 24)

> **Art. 24.** Constranger, sob violência ou grave ameaça, funcionário ou empregado de instituição hospitalar pública ou privada a admitir para tratamento pessoa cujo óbito já tenha ocorrido, com o fim de alterar local ou momento de crime, prejudicando sua apuração:
> Pena — detenção, de 1 (um) a 4 (quatro) anos, e multa, além da pena correspondente à violência.

11.22.1. Noção

Cuida-se de forma específica de fraude processual, atentando contra o bom andamento da administração da justiça, ao dificultar a apuração do delito.

11.22.2. Sujeito ativo

Qualquer agente público.

11.22.3. Tipo objetivo

O delito consiste no constrangimento ou coação sobre o profissional da saúde para que se proceda à internação de pessoa já falecida, de modo a dificultar a apuração do homicídio.

11.22.4. Tipo subjetivo

É o dolo, aliado ao especial fim de agir de alterar local ou momento de crime.

11.22.5. Consumação

Com o efetivo prejuízo à apuração do delito.

11.22.6. Concurso de crimes

A pena é aplicada em cúmulo material com aquela decorrente da violência, por expressa disposição legal.

11.23. OBTENÇÃO DE PROVA ILÍCITA (ART. 25)

> **Art. 25.** Proceder à obtenção de prova, em procedimento de investigação ou fiscalização, por meio manifestamente ilícito:
> Pena — detenção, de 1 (um) a 4 (quatro) anos, e multa.
> Parágrafo único. Incorre na mesma pena quem faz uso de prova, em desfavor do investigado ou fiscalizado, com prévio conhecimento de sua ilicitude.

11.23.1. Noção

Protege-se o direito ao devido processo legal, em especial quanto ao disposto no inc. LVI do art. 5º da CF, assim redigido: "são inadmissíveis, no processo, as provas obtidas por meios ilícitos".

11.23.2. Sujeito ativo

Qualquer agente público.

11.23.3. Tipo objetivo

Na modalidade básica o delito consiste em obter prova por meio manifestamente ilícito. Somente haverá crime se o ato se referir a procedimento investigatório ou de fiscalização, de modo que será atípica a conduta se praticada em procedimento administrativo que não diga respeito à investigação criminal ou fiscalização. Também se exige que o meio seja manifestamente, ou seja, clara e induvidosamente ilícito.

A segunda modalidade se refere ao momento posterior, da utilização da prova.

11.23.4. Tipo subjetivo

É o dolo, aliado à vontade de abusar da autoridade, na forma do § 1º. No caso do parágrafo único exige-se, ainda, o prévio conhecimento da ilicitude, ou seja, o dolo direto, a certeza da ilicitude.

11.23.5. Consumação

Com o efetivo prejuízo à apuração do delito.

11.24. INSTAURAÇÃO DE PROCEDIMENTO INVESTIGATÓRIO INDEVIDO (ART. 27)

> **Art. 27.** Requisitar instauração ou instaurar procedimento investigatório de infração penal ou administrativa, em desfavor de alguém, à falta de qualquer indício da prática de crime, de ilícito funcional ou de infração administrativa:
> Pena — detenção, de 6 (seis) meses a 2 (dois) anos, e multa.
> Parágrafo único. Não há crime quando se tratar de sindicância ou investigação preliminar sumária, devidamente justificada.

11.24.1. Bem jurídico

O delito guarda alguma semelhança com a denunciação caluniosa, a comunicação falsa de crime ou contravenção e a autoacusação falsa, podendo afirmar-se que protege essencialmente o bom andamento da administração da justiça, além da honra e da liberdade do investigado.

11.24.2. Sujeito ativo

O agente público que tenha poderes para requisitar a instauração do procedimento, como o magistrado ou o membro do MP no caso de inquérito policial, ou instaurá-lo, como o delegado, cuidando-se de crime próprio. Em caso de procedimento administrativo será a autoridade competente, como definida na lei respectiva.

11.24.3. Tipo objetivo

Requisitar é fazer uma requisição, ou seja, solicitar a quem de direito, mas sem deixar espaço para apreciação pela autoridade a quem o pedido é dirigido, no que difere do mero requerimento. Nessa linha, assim dispõe o CPP, em seu art. 5º: "Nos crimes de ação pública o inquérito policial será iniciado: (...) II — mediante requisição da autoridade judiciária ou do Ministério Público, ou a requerimento do ofendido ou de quem tiver qualidade para representá-lo".

Instaurar é dar início ao procedimento, que somente poderá ser inquérito policial ou processo administrativo disciplinar, iniciados mediante portaria da autoridade policial ou administrativo. A requisição ou instauração de mera sindicância ou procedimento preliminar é fato atípico, como dispõe textualmente o parágrafo único. Deste modo, sequer se poderá configurar o crime do art. 30.

O objeto da investigação tanto poderá ser infração penal ou administrativa, em desfavor de **alguém**, ou seja, pessoa certa e determinada, não havendo crime na instauração para investigação de fatos certos, mas de autoria incerto.

Somente haverá crime se a requisição ou instauração não contar com qualquer elemento probatório que lhe dê sustentação.

11.24.4. Tipo subjetivo

É o dolo, aliado à vontade de abusar da autoridade, na forma do § 1º do art. 1º.

11.24.5. Concurso de crimes

Na primeira modalidade, com a mera requisição. Na segunda, com a efetiva publicação da portaria de instauração.

11.25. DIVULGAÇÃO DE GRAVAÇÃO INDEVIDA

> **Art. 27.** Requisitar instauração ou instaurar procedimento investigatório de infração penal ou administrativa, em desfavor de alguém, à falta de qualquer indício da prática de crime, de ilícito funcional ou de infração administrativa:
> Pena — detenção, de 6 (seis) meses a 2 (dois) anos, e multa.
> Parágrafo único. Não há crime quando se tratar de sindicância ou investigação preliminar sumária, devidamente justificada.

11.25.1. Bem jurídico

O delito guarda alguma semelhança com a denunciação caluniosa, a comunicação falsa de crime ou contravenção e a autoacusação falsa, podendo afirmar-se que protege essencialmente o bom andamento da administração da justiça, além da honra e da liberdade do investigado.

11.25.2. Sujeito ativo

O agente público que tenha poderes para requisitar a instauração do procedimento, como o magistrado ou o membro do MP no caso de inquérito policial, ou instaurá-lo, como o delegado. Em caso de procedimento administrativo será a autoridade competente, como definida na lei respectiva.

11.25.3. Tipo objetivo

Requisitar é fazer uma requisição, ou seja, solicitar a quem de direito, mas sem deixar espaço para apreciação pela autoridade a quem o pedido é dirigido, no que difere do mero requerimento. Nessa linha, assim dispõe o CPP, em seu art. 5º: "Nos crimes de ação pública o inquérito policial será iniciado: (...) II — mediante requisição da autoridade judiciária ou do Ministério Público, ou a requerimento do ofendido ou de quem tiver qualidade para representá-lo".

Instaurar é dar início ao procedimento, que somente poderá ser inquérito policial ou processo administrativo disciplinar, iniciados mediante portaria da autoridade policial ou administrativo. É atípica requisição ou instauração de mera sindicância ou procedimento preliminar.

O objeto da investigação tanto poderá ser infração penal ou administrativa, em desfavor de **alguém**, ou seja, pessoa certa e determinada, não havendo crime na instauração para investigação de fatos certos, mas de autoria incerto.

Somente haverá crime se a requisição ou instauração não contar com qualquer elemento probatório que lhe dê sustentação.

11.25.4. Tipo subjetivo

É o dolo, aliado à vontade de abusar da autoridade, na forma do § 1º.

11.25.5. Consumação

Na primeira modalidade, com a mera requisição. Na segunda, com a efetiva publicação da portaria de instauração.

11.26. DIVULGAÇÃO DE GRAVAÇÃO INDEVIDA (ART. 27)

> **Art. 27.** Divulgar gravação ou trecho de gravação sem relação com a prova que se pretenda produzir, expondo a intimidade ou a vida privada ou ferindo a honra ou a imagem do investigado ou acusado:
> Pena — detenção, de 1 (um) a 4 (quatro) anos, e multa.

11.26.1. Bem jurídico

A proteção da intimidade, da vida privada, da honra e da imagem do investigado ou acusado (CF, art. 5º, X).

Cuida-se de forma especial do delito de violação de sigilo funcional, objeto do art. 325 do CP.

11.26.2. Sujeito ativo

O agente público com acesso legítimo à informação sigilosa.

Ausente a qualidade de funcionário, poderá ocorrer o crime do art. 153, § 1º-A, do CP.

11.26.3. Sujeito passivo

Somente o investigado ou acusado. Se a divulgação envolver terceiro que não ostente tal qualidade, não poderá ser reconhecido o crime em comento.

11.26.4. Tipo objetivo

Divulgar é dar conhecimento, tornar público, fazer chegar a informação a quem não teria acesso legal.

A **gravação** é o registro que poderá abranger atos processuais, quando o ato ou o feito estiver sob segredo de justiça (CPP, art. 405), como é o caso, por exemplo, dos depoimentos de colaborador que ainda não tenham sido tornados públicos (LOC, art. 4º, § 13). Também poderão ser objeto do crime os registros decorrentes de interceptação telefônica (Lei n. 9.296/96, art. 6º), filmagem ou gravação ambiental (LOC, art. 3º, I), havendo crime tanto na divulgação do inteiro teor ou de parte da gravação efetuada com fins probatórios.

Somente haverá crime se a divulgação expuser, de alguma forma, a intimidade, a vida privada ou a imagem de investigado ou acusado, ou atentar contra a sua honra.

11.26.5. Tipo subjetivo

É o dolo, aliado à vontade de abusar da autoridade, na forma do § 1º.

11.26.6. Distinção

Se a revelação tiver por objeto a identidade de réu colaborador poderá ocorrer o crime do art. 18 da LOC, que também incrimina a violação de sigilo nos casos que envolvam ação controlada e infiltração de agentes, em seu art. 20. Afora o âmbito mais limitado aos casos de organização criminosa e sua investigação, os delitos lá mencionados tem por fim tutelar a segurança do colaborador, no primeiro caso, e a eficácia da investigação, no segundo, enquanto aqui se pretende proteger a honra, a vida privada, a imagem e a intimidade do investigado ou acusado.

O ECA traz, em seu art. 230, forma especial do delito em exame.

11.27. INFORMAÇÃO FALSA (ART. 29)

> **Art. 29.** Prestar informação falsa sobre procedimento judicial, policial, fiscal ou administrativo com o fim de prejudicar interesse de investigado:
> Pena — detenção, de 6 (seis) meses a 2 (dois) anos, e multa.

11.27.1. Sujeito ativo

Qualquer agente público.

11.27.2. Tipo objetivo

Prestar informação é o ato de responder a questionamento, em geral escrito, de outra autoridade, a respeito de fatos que ocorreram no âmbito da atuação do agente público, como, por exemplo, em processos judiciais de mandados de segurança ou outros procedimentos.

O delito consiste em prestar informações que não correspondam à verdade dos fatos, em procedimento judicial, policial, fiscal ou administrativo, podendo vislumbrar-se aqui uma forma específica de prevaricação (CP, art. 319).

11.27.3. Tipo subjetivo

É o dolo, aliado à vontade de abusar da autoridade, na forma do § 1º, aqui consubstanciada no ânimo específico de prejudicar interesse do investigado.

11.28. PERSECUÇÃO INDEVIDA (ART. 30)

> **Art. 30.** Dar início ou proceder à persecução penal, civil ou administrativa sem justa causa fundamentada ou contra quem sabe inocente:
> Pena — detenção, de 1 (um) a 4 (quatro) anos, e multa.

11.28.1. Bem jurídico

O delito guarda alguma semelhança com a denunciação caluniosa, a comunicação falsa de crime ou contravenção e a autoacusação falsa (CP, arts. 339 a 341), podendo afirmar-se que protege essencialmente o bom andamento da administração da justiça, além da honra e da liberdade do investigado.

11.28.2. Sujeito ativo

O agente público que tenha poderes para dar início ou proceder aos atos de persecução.

11.28.3. Tipo objetivo

Dar início é começar, instaurar ou fazer iniciar o andamento dos atos visando à aplicação de sanção penal, civil ou administrativa.

Proceder é dar continuidade, praticar os atos de andamento do procedimento.

Como o texto legal se refere à persecução, somente haverá crime se a finalidade do procedimento for a aplicação de sanção, seja ela penal, administrativa, no âmbito do chamado direito administrativo sancionador, ou civil, como nos casos de improbidade administrativa ou corrupção (Lei n. 12.846/2013).

Deve ser aplicado aqui o disposto no parágrafo único do art. 30, para afastar o crime quando se der a mera instauração de sindicância ou procedimento preliminar.

11.28.4. Tipo subjetivo

É o dolo, aliado à vontade de abusar da autoridade, na forma do § 1º, aqui consubstanciada na ciência inequívoca da inexistência de justa causa ou da inocência do investigado.

11.29. PROCRASTINAÇÃO DE INVESTIGAÇÃO (ART. 31)

> **Art. 31.** Estender injustificadamente a investigação, procrastinando-a em prejuízo do investigado ou fiscalizado:
> Pena — detenção, de 6 (seis) meses a 2 (dois) anos, e multa.
> Parágrafo único. Incorre na mesma pena quem, inexistindo prazo para execução ou conclusão de procedimento, o estende de forma imotivada, procrastinando-o em prejuízo do investigado ou do fiscalizado.

11.29.1. Bem jurídico

Protegem-se o direito ao devido processo legal, em especial quanto à duração razoável (CF, art. 5º, LXXVIII).

11.29.2. Sujeito ativo

O agente público que tenha poderes para dar andamento ou concluir o procedimento.

11.29.3. Tipo objetivo

Estender é prorrogar no tempo, para além do prazo fixado.

Procrastinar é protelar, adiar, começar, instaurar ou fazer iniciar o andamento dos atos visando à aplicação de sanção penal, civil ou administrativa.

Somente haverá crime se os atos forem praticados de forma injustificada, o que constitui elemento normativo do tipo penal.

Mais que isso, o crime estará limitado aos casos em que a demora for prejudicial ao investigado ou fiscalizado, o que, igualmente, deverá ser demonstrado de modo concreto.

Não será reconhecido o crime se a própria defesa deu causa à demora ou se o atraso permitiu, por exemplo, que seja alcançada a prescrição.

Interpretado o *caput* à luz do parágrafo único, tem-se que a primeira hipótese pressupõe a existência de um prazo legal para a conclusão, somente havendo crime quando este prazo legal for descumprido, de forma injustificada e em prejuízo do acusado.

Já na forma do parágrafo primeiro não há prazo legal, mas a demora verificada em concreto revela a procrastinação e o prejuízo.

11.29.4. Tipo subjetivo

É o dolo, aliado à vontade de abusar da autoridade, na forma do § 1º, aqui consubstanciada na intenção de prejudicar o acusado ou investigado.

11.30. NEGATIVA DE ACESSO AOS AUTOS (ART. 32)

> **Art. 32.** Negar ao interessado, seu defensor ou advogado acesso aos autos de investigação preliminar, ao termo circunstanciado, ao inquérito ou a qualquer outro procedimento investigatório de infração penal, civil ou administrativa, assim como impedir a obtenção de cópias, ressalvado o acesso a peças relativas a diligências em curso, ou que indiquem a realização de diligências futuras, cujo sigilo seja imprescindível:
> Pena — detenção, de 6 (seis) meses a 2 (dois) anos, e multa.

11.30.1. Bem jurídico

Protege-se o direito à ampla defesa (CF, art. 5º, LV), em especial quanto ao acesso aos elementos imprescindíveis para tanto.

O tema é objeto da Súmula Vinculante 14 do STF, assim redigida: "É direito do defensor, no interesse do representado, ter acesso amplo aos elementos de prova que, já documentados em procedimento investigatório realizado por órgão com competência de polícia judiciária, digam respeito ao exercício do direito de defesa".

11.30.2. Sujeito ativo

Qualquer agente público.

11.30.3. Tipo objetivo

As condutas incriminadas consistem em não permitir ao próprio interessado ou ao seu defensor o acesso aos autos, sejam eles físicos ou eletrônicos, ou negar a obtenção de cópias dos autos.

> O art. 7º do EOAB assegura aos advogados os seguintes direitos:
>
> XIII — examinar, em qualquer órgão dos Poderes Judiciário e Legislativo, ou da Administração Pública em geral, autos de processos findos ou em andamento, mesmo sem procuração, quando não estiverem sujeitos a sigilo ou segredo de justiça, assegurada a obtenção de cópias, com possibilidade de tomar apontamentos;
>
> XIV — examinar, em qualquer instituição responsável por conduzir investigação, mesmo sem procuração, autos de flagrante e de investigações de qualquer natureza, findos ou em andamento, ainda que conclusos à autoridade, podendo copiar peças e tomar apontamentos, em meio físico ou digital;
>
> XV — ter vista dos processos judiciais ou administrativos de qualquer natureza, em cartório ou na repartição competente, ou retirá-los pelos prazos legais;

A seu turno, o inc. I do art. 107 do CPC assegura ao advogado o direito de "examinar, em cartório de fórum e secretaria de tribunal, mesmo sem procuração, autos de qualquer processo, independentemente da fase de tramitação, assegurados a obtenção de cópias e o registro de anotações, salvo na hipótese de segredo de justiça, nas quais apenas o advogado constituído terá acesso aos autos".

O tema é objeto da Súmula Vinculante 14 do STF, assim redigida: "É direito do defensor, no interesse do representado, ter acesso amplo aos elementos de prova que, já documentados em procedimento investigatório realizado por órgão com competência de polícia judiciária, digam respeito ao exercício do direito de defesa".

Como se vê, a regra é assegurar o acesso aos elementos de informação, ressalvados os casos em que o segredo se justifica para não frustrar medida a ser tomada.

11.31. EXIGÊNCIA ILEGAL (ART. 33, *CAPUT*)

> **Art. 33.** Exigir informação ou cumprimento de obrigação, inclusive o dever de fazer ou de não fazer, sem expresso amparo legal:
> Pena — detenção, de 6 (seis) meses a 2 (dois) anos, e multa.

11.31.1. Bem jurídico

Protege-se o princípio da legalidade, segundo o qual: "ninguém será obrigado a fazer ou deixar de fazer alguma coisa senão em virtude de lei" (CF, art. 5º, II).

11.31.2. Sujeito ativo

Qualquer agente público.

11.31.3. Tipo objetivo

O verbo nuclear é exigir, que significa ordenar, reclamar imperiosamente, impor como obrigação.

Informação é o dado que esteja de posse do administrado.

Cumprimento de obrigação aqui poderá ser a entrega de coisa ou, como a lei expressamente dispõe, um fazer ou não fazer.

Em qualquer dos casos, haverá crime se a exigência ocorrer sem amparo na lei.

11.31.4. Tipo subjetivo

É o dolo, aliado à vontade de abusar da autoridade, na forma do § 1º.

11.32. INVOCAÇÃO INDEVIDA DA CONDIÇÃO DE AGENTE PÚBLICO (ART. 33, PARÁGRAFO ÚNICO)

> **Art. 33.** (...) Pena — detenção, de 6 (seis) meses a 2 (dois) anos, e multa.
> Parágrafo único. Incorre na mesma pena quem se utiliza de cargo ou função pública ou invoca a condição de agente público para se eximir de obrigação legal ou para obter vantagem ou privilégio indevido.

11.32.1. Bem jurídico

Protege-se o bom andamento da administração pública e o princípio da igualdade (CF, art. 5º, *caput*).

11.32.2. Sujeito ativo

Qualquer agente público.

11.32.3. Tipo objetivo

Os verbos nucleares são a utilização do cargo ou função ou a invocação da condição de agente público para afastar o cumprimento de obrigação legal ou obter vantagem ou privilégio indevido.

Não haverá crime se o pedido estiver pautado na legalidade ou não representar privilégio, ainda que o destinatário saiba da qualidade de agente público do solicitante.

É o dolo, aliado à vontade de abusar da autoridade, na forma do § 1º.

11.32.4. Tipo subjetivo

É o dolo, aliado à vontade de abusar da autoridade, na forma do § 1º.

11.33. INDISPONIBILIDADE ABUSIVA (ART. 36)

> **Art. 36.** Decretar, em processo judicial, a indisponibilidade de ativos financeiros em quantia que extrapole exacerbadamente o valor estimado para a satisfação da dívida da parte e, ante a demonstração, pela parte, da excessividade da medida, deixar de corrigi-la:
> Pena — detenção, de 1 (um) a 4 (quatro) anos, e multa.

11.33.1. Bem jurídico

Protege-se o bom andamento da administração da justiça, bem como o patrimônio do executado. O dispositivo cria proteção penal para a concretização do princípio de que a execução deve operar-se da maneira menos onerosa possível para o devedor, como estabelecido no art. 805 do CPC. Esse princípio não pode, porém, ser levado ao extremo, de modo a privar o processo executivo de eficácia, o que desmoraliza a própria justiça.

11.33.2. Sujeito ativo

O magistrado, que detém a competência para decretar indisponibilidade.

11.33.3. Tipo objetivo

Decretar é determinar que se efetive, em decisão judicial, que é o âmbito no qual poderá ocorrer o delito.

A **indisponibilidade** está prevista nos seguintes casos:

a) da penhora em execução fiscal de dívida ativa da União, autarquias e fundações públicas (Lei n. 8.212/91, art. 53, § 1º);

b) atos de improbidade administrativa que causem dano ao erário (LIA, art. 7º);

c) execuções trabalhistas (CLT, art. 889 c/c art. 185-A do CTN).

Como a lei menciona tão somente indisponibilidade, não será aplicável a outros institutos de constrição de bens previstos na legislação processual civil, como o arrolamento, a penhora, o arresto e o sequestro, ou de medidas assecuratórias previstas na legislação processual penal, como o arresto, o sequestro e a hipoteca legal. Também não terá lugar a aplicação do dispositivo em caso de apreensão física dos valores.

Somente haverá crime se:

a) a diferença entre o valor indisponibilizado e a dívida for gritante, exacerbada;

b) a desproporção do valor seja demonstrada pelo devedor nos autos em que a medida foi decretada;

c) o juiz, ciente da discrepância, deixar de determinar a redução.

11.33.4. Tipo subjetivo

É o dolo, aliado à vontade de abusar da autoridade, na forma do § 1º.

11.33.5. Consumação

Somente com a omissão do juiz em determinar a redução, após solicitada pelo devedor, com a demonstração da desproporção entre a dívida estimada e o valor constrito e expirado o prazo de dez dias, fixado para que o magistrado profira decisão (CPC, art. 226, II).

11.34. VISTA ABUSIVA (ART. 37)

> **Art. 37.** Demorar demasiada e injustificadamente no exame de processo de que tenha requerido vista em órgão colegiado, com o intuito de procrastinar seu andamento ou retardar o julgamento:
> Pena — detenção, de 6 (seis) meses a 2 (dois) anos, e multa.

11.34.1. Bem jurídico

Protege-se o bom andamento da administração da justiça, bem como a duração razoável do processo (CF, art. 5º, LXXVIII).

11.34.2. Sujeito ativo

O magistrado com atuação em órgão colegiado.

11.34.3. Tipo objetivo

O dispositivo pretende por cobro à prática de perverter a finalidade do pedido de vista, que é o esclarecimento do julgador, mas, é utilizado, por vezes, para obstaculizar a conclusão do julgamento. Já há norma a respeito no art. 940 do CPC, fixando o prazo de dez dias para devolução, mas é provável que caia no esquecimento, como é usual em casos de prazos fixados para magistrados, considerados prazos impróprios, à míngua de sanção pelo descumprimento.

De todo modo, somente haverá o delito se a demora for demasiada e injustificada, o que deverá ser aferido no caso concreto.

11.34.4. Tipo subjetivo

É o dolo, aliado à vontade de abusar da autoridade, na forma do § 1º, aqui consubstanciada na intenção de procrastinar o andamento do processo ou evitar o julgamento.

11.35. ATRIBUIÇÃO ANTECIPADA DE CULPA (ART. 38)

> **Art. 38.** Antecipar o responsável pelas investigações, por meio de comunicação, inclusive rede social, atribuição de culpa, antes de concluídas as apurações e formalizada a acusação:
> Pena — detenção, de 6 (seis) meses a 2 (dois) anos, e multa.

11.35.1. Bem jurídico

O princípio da presunção de inocência (CF, art. 5º, LVII), bem como a honra e a imagem do acusado ou investigado (CF, art. 5º, X).

11.35.2. Sujeito ativo

O agente público responsável pela investigação, que poderá ser o delegado de polícia ou membro do MP.

11.35.3. Tipo objetivo

Antecipar aqui tem o sentido de apresentar conclusões sobre a culpa do preso ou investigado, antes da conclusão da apuração e formalizada a acusação, ou seja, antes do relatório do inquérito policial ou do oferecimento da denúncia.

11.36. PENAS RESTRITIVAS DE DIREITOS

> **Art. 5º** As penas restritivas de direitos substitutivas das privativas de liberdade previstas nesta Lei são:
> I — prestação de serviços à comunidade ou a entidades públicas;
> II — suspensão do exercício do cargo, da função ou do mandato, pelo prazo de 1 (um) a 6 (seis) meses, com a perda dos vencimentos e das vantagens;
> III — (*Vetado*).
> Parágrafo único. As penas restritivas de direitos podem ser aplicadas autônoma ou cumulativamente.

O art. 5º pretende regular as PRDs, mas o faz de forma incompleta, antevendo-se dificuldades em sua aplicação.

A pena de prestação de serviços à comunidade já está prevista e regulada no CP, sendo desnecessária menção expressa na lei especial. A suspensão do exercício do cargo não está prevista no CP, mas a lei não esclarece como se daria essa pena, nem seus efeitos sobre a remuneração do agente público.

O parágrafo único, laconicamente, estabelece que as penas restritivas poderão ser aplicadas de forma autônoma ou cumulativa, mas não há qualquer regulamentação sobre os requisitos de aplicação, quais os casos de aplicação cumulada ou substitutiva, o que dificulta sobremaneira a efetividade da regra.

No silêncio da lei, a tendência será a aplicação supletiva das regras do CP quanto aos limites, requisitos e forma de substituição, podendo ser aplicadas também as demais penas lá previstas.

A **multa** deve ser calculada conforme a **sistemática do CP**, ou seja, variando de 10 a 360 dias-multa de 1/30 a 5 salários mínimos cada um.

11.37. SANÇÕES CIVIS E ADMINISTRATIVAS

> **Art. 6º** As penas previstas nesta Lei serão aplicadas independentemente das sanções de natureza civil ou administrativa cabíveis.
> Parágrafo único. As notícias de crimes previstos nesta Lei que descreverem falta funcional serão informadas à autoridade competente com vistas à apuração.
> **Art. 7º** As responsabilidades civil e administrativa são independentes da criminal, não se podendo mais questionar sobre a existência ou a autoria do fato quando essas questões tenham sido decididas no juízo criminal.

> **Art. 8º** Faz coisa julgada em âmbito cível, assim como no administrativo-disciplinar, a sentença penal que reconhecer ter sido o ato praticado em estado de necessidade, em legítima defesa, em estrito cumprimento de dever legal ou no exercício regular de direito.

O *caput* do art. 6º e o art. 7º, de forma perfeitamente dispensável, apenas reprisam o art. 935 do CC, do seguinte teor: "A responsabilidade civil é independente da criminal, não se podendo questionar mais sobre a existência do fato, ou sobre quem seja o seu autor, quando estas questões se acharem decididas no juízo criminal".

A responsabilização administrativa segue sistemática análoga, devendo o fato ser comunicado à autoridade administrativa.

Já o art. 8º, igualmente despiciendo, apenas repete a regra do art. 65 do CPP: "Faz coisa julgada no cível a sentença penal que reconhecer ter sido o ato praticado em estado de necessidade, em legítima defesa, em estrito cumprimento de dever legal ou no exercício regular de direito".

11.38. PRESCRIÇÃO

Aplicam-se aos crimes de abuso de autoridade as **regras gerais de prescrição** do CP (STJ, REsp 153.820, Fischer, 5ª T., u., *DJ* 11/05/1998; TRF1, AC 20003500009409-1, Tourinho, 3ª T., u., 14/02/2005).

A prescrição da pena privativa de liberdade aplicada implica extinção das penas de perda do cargo e de inabilitação para o exercício da função pública, por força do disposto no art. 118 do CP (STJ, AgRg no REsp 982.271, Vaz, 5ª T., u., 31/05/2011).

11.39. EFEITOS DA CONDENAÇÃO

> **Art. 4º** São efeitos da condenação:
> I — tornar certa a obrigação de indenizar o dano causado pelo crime, devendo o juiz, a requerimento do ofendido, fixar na sentença o valor mínimo para reparação dos danos causados pela infração, considerando os prejuízos por ele sofridos;
> II — a inabilitação para o exercício de cargo, mandato ou função pública, pelo período de 1 (um) a 5 (cinco) anos;
> III — a perda do cargo, do mandato ou da função pública.
> Parágrafo único. Os efeitos previstos nos incisos II e III do *caput* deste artigo são condicionados à ocorrência de reincidência em crime de abuso de autoridade e não são automáticos, devendo ser declarados motivadamente na sentença.

Com exceção da inabilitação prevista no inc. II, o art. 4º pouco acrescenta ao que já estava previsto em outros diplomas legais.

A obrigação de indenizar o dano causado pelo crime já era regulada pelo inc. I do art. 91 do CP, enquanto a fixação do valor mínimo para reparação dos danos na sentença é regulada pelo inc. IV do art. 387 do CPP.

A perda do cargo e da função pública igualmente já estavam previstas no inc. I do art. 92 do CP, com as restrições do parágrafo único, que impõe ao juiz a carga de declarar de forma motivada a perda do cargo, além de limitar a aplicação dos incisos

II e III aos casos de reincidência específica no abuso de autoridade, o que limitará significativamente o âmbito da aplicação. O inciso III avança em relação ao disposto no CP por deixar clara a possibilidade de perda do mandato eletivo.

A única particularidade a justificar a regra é a possibilidade de inabilitação para o exercício de cargo, mandato ou função pública, a ser também aplicada de forma motivada pelo magistrado, por exemplo, em virtude da especial gravidade do delito cometido.

11.40. AÇÃO PENAL

> **Art. 3º** Os crimes previstos nesta Lei são de ação penal pública incondicionada.
> § 1º Será admitida ação privada se a ação penal pública não for intentada no prazo legal, cabendo ao Ministério Público aditar a queixa, repudiá-la e oferecer denúncia substitutiva, intervir em todos os termos do processo, fornecer elementos de prova, interpor recurso e, a todo tempo, no caso de negligência do querelante, retomar a ação como parte principal.
> § 2º A ação privada subsidiária será exercida no prazo de 6 (seis) meses, contado da data em que se esgotar o prazo para oferecimento da denúncia.

O art. 3º havia sido acertadamente vetado pelo Presidente da República, mas o veto foi derrubado pelo Congresso Nacional. Na verdade, a regra do sistema brasileiro é a ação penal pública incondicionada, salvo disposição em sentido diverso (CP, art. 100). Já a ação penal privada subsidiária, objeto do § 1º, igualmente está regulada no § 3º do art. 100 do CP e art. 29 do CPP.

O efeito da derrubada do veto, então, foi o de estabelecer um prazo decadencial para a propositura da ação penal privada subsidiária (§ 2º).

Em relação ao procedimento, o art. 39 assim dispõe: "Aplicam-se ao processo e ao julgamento dos delitos previstos nesta Lei, no que couber, as disposições do Decreto-Lei n. 3.689, de 3 de outubro de 1941 (Código de Processo Penal), e da Lei n. 9.099, de 26 de setembro de 1995".

11.40.1. Competência

Se o crime for cometido por agente público federal, como, por exemplo, policial federal (TRF2, MS 20040201013105-0, André Fontes, 2ª TE, u., 17/05/2006), a competência será da JF (STJ, CC 20.779, 3ª S., *DJ* 22/02/1999; TRF4, AC 0408948-9, Furquim, 2ª T., m., *DJ* 23/08/1990).

Quanto aos abusos cometidos por militares ou policiais militares, o entendimento consolidado era de que a competência seria da Justiça Comum, pois o abuso de autoridade não era crime militar[9]. Nesse sentido, a **Súmula 172 do STJ**: "Compete à Justiça Comum processar e julgar militar por crime de abuso de autoridade, ainda que praticado em serviço".

[9] FREITAS, Gilberto Passos de; FREITAS, Vladimir Passos de. *Abuso de autoridade*, p. 19.

Esse quadro se alterou, porém, com o advento da Lei n. 13.491/2017, que alterou o inc. II do art. 9º do CPM, a qual, atualmente, é a seguinte: "Consideram-se crimes militares, em tempo de paz: (...) II — os crimes previstos neste Código e os previstos na legislação penal, quando praticados: (...)". A redação anterior do inc. II contemplava tão somente "os crimes previstos neste Código, embora também o sejam com igual definição na lei penal comum, quando praticados". Como se vê, a lei incluiu na competência da Justiça Militar os crimes previstos na legislação penal especial, como abuso de autoridade e tortura, quando praticados nas circunstâncias previstas nas alíneas do inc. II do art. 9º.

■ 11.40.2. Inquérito policial

Como em qualquer outro delito, não é essencial, podendo a denúncia ser oferecida com base em outros elementos (STJ, RHC 5.261, José Dantas, 5ª T., u., *DJ* 02/09/1996).

Bem por isso, é descabida a determinação de indiciamento formal, quando a ação penal já teve início (STJ, HC 44.411, José Arnaldo, 5ª T., u., 20/09/2005).

■ 11.40.3. Denúncia

O art. 9º da LC n. 75/93 assim dispõe: "O Ministério Público da União exercerá o controle externo da atividade policial por meio de medidas judiciais e extrajudiciais podendo: (...) V — promover a ação penal por abuso de poder".

■ 11.40.4. Defesa preliminar

Aplicam-se as regras dos arts. 395 a 398 do CPP, por força do disposto no § 4º do art. 394 daquele diploma legal, todos com a redação dada pela Lei n. 11.719/2008.

■ 11.40.5. Transação penal e suspensão da ação penal

A atual redação do art. 61 da Lei n. 9.099/95, dada pela Lei n. 11.313/2006, não mais contém a cláusula de exclusão dos crimes para os quais a lei preveja procedimento especial, constante da redação originária. Sendo assim, não há mais impedimento à aplicação das regras sobre transação penal e suspensão da ação penal, restando superado o entendimento contrário, pela impossibilidade da transação na hipótese (STF, HC 77.216-8, 1ª T., Pertence, 23/06/2007; STJ, HC 200601104630, Fischer, 5ª T., u., 15/08/2006).

■ 11.40.6. Prisão preventiva

É possível (STJ, HC 11.159, Fischer, 5ª T., u., *DJ* 14/02/2000).

12

CRIMES DE PRECONCEITO OU DISCRIMINAÇÃO
LEI N. 7.716/89

12.1. BEM JURÍDICO

É o direito à **igualdade**[1], bem como à **dignidade da pessoa humana**[2].

A CF arrola, no inciso IV de seu art. 3º, entre os objetivos fundamentais da República: "promover o bem de todos, sem preconceitos de origem, raça, sexo, cor, idade e quaisquer outras formas de discriminação". **Repúdio ao racismo** é um dos princípios adotados pelo Brasil nas suas relações internacionais (CF, art. 4º, VIII), o que também é mencionado no inc. II do art. 3º da Lei da Migração (Lei n. 13.445/2017). A seu turno, o inciso XLII do art. 5º estabelece que: "a prática do racismo constitui crime inafiançável e imprescritível, sujeito à pena de reclusão, nos termos da lei". Também constituem fundamentos da incriminação os arts. 215 e 216 da CF, que tratam da proteção das manifestações culturais das etnias que formaram o povo brasileiro.

No plano internacional, a igualdade racial é preconizada pelo art. 2º da Declaração Universal dos Direitos do Homem. Mais especificamente ao firmar a Convenção Internacional Sobre a Eliminação de Todas as Formas de Discriminação Racial (Decreto n. 65.810/69), o Brasil se comprometeu:

> A declarar delitos puníveis por lei, qualquer difusão de ideias baseadas na superioridade ou ódio raciais, qualquer incitamento à discriminação racial, assim como quaisquer atos de violência ou provocação a tais atos, dirigidos contra qualquer raça ou qualquer grupo de pessoas de outra cor ou de outra origem étnica, como também qualquer assistência prestada a atividades racistas, inclusive seu financiamento (art. IV, "a").

12.2. CONCEITOS

Racismo é a teoria segundo a qual certos povos ou nações são dotados de qualidades psíquicas e biológicas que os tornam superiores a outros seres humanos[3].

---

1 SANTOS, Christiano Jorge. *Crimes de preconceito e discriminação:* análise jurídico-penal da Lei n. 7.716/89 e aspectos correlatos. São Paulo: Max Limonad, 2001. p. 87.

2 TEJO, Célia Maria Ramos. *Dos crimes de preconceito de raça ou de cor:* comentários à Lei 7.716, de 5 de janeiro de 1989. Campina Grande: EDUEP, 1998. p. 23.

3 SZKLAROWSKI, Leon Frejda. Crimes de racismo. Crimes resultantes de discriminação ou pre-

Preconceito é o **conceito ou opinião formados antecipadamente**, sem levar em conta o fato que os conteste, e, por extensão, suspeita, intolerância, ódio irracional ou aversão a outras raças, credos, religiões etc. Mais especificamente, pode ser tido como **sentimento em relação a uma raça ou um povo**, decorrente da adoção de crenças racistas[4].

A **discriminação**, ao contrário do preconceito, que é estático, consiste em uma **atitude dinâmica** de separação, apartação ou segregação, traduzindo a **manifestação fática** ou a concretização do preconceito[5]. O art. 1º, parágrafo único, I, do **Estatuto da Igualdade Racial** (Lei n. 12.288/2010), na senda do art. I, 1, da Convenção Internacional sobre a Eliminação de Todas as Formas de Discriminação Racial (Decreto n. 65.810/69), conceitua a discriminação racial ou étnico-racial como:

> Toda distinção, exclusão, restrição ou preferência baseada em raça, cor, descendência ou origem nacional ou étnica que tenha por objeto anular ou restringir o reconhecimento, gozo ou exercício, em igualdade de condições, de direitos humanos e liberdades fundamentais nos campos político, econômico, social, cultural ou em qualquer outro campo da vida pública ou privada.

A **discriminação negativa**, que é vedada e visada pela lei penal em comento, deve ser distinguida da **discriminação positiva**, manifestada em **ações afirmativas**, ou seja: "programas e medidas especiais adotados pelo Estado e pela iniciativa privada para a correção das desigualdades raciais e para a promoção da igualdade de oportunidades" (Lei n. 12.288/2010, art. 1º, V). Tais políticas são permitidas, mesmo que adotem critérios baseados em raça, cor ou etnia, como é o caso do tratamento diferenciado dado a indígenas ou descendentes de quilombolas, bem como na reserva de vagas para membros de determinados grupos étnicos em concurso públicos ou universidades (STF, ADPF 186, Lewandowski, Pl., u., 26/04/2012; ADI 3.330, Britto, Pl., 03/05/2012; STF, ADC 41, Barroso, Pl., 08/06/2017). A própria Convenção Internacional sobre a Eliminação de Todas as Formas de Discriminação Racial (Decreto n. 65.810/69) admite a discriminação positiva (art. I, 4).

■ *12.2.1. Discriminação por orientação sexual*

A lei brasileira não tipifica penalmente a **discriminação por orientação sexual**, a qual, de todo modo, é vedada, no plano civil, por violar a dignidade da pessoa humana e o direito à intimidade (STF, ADI 4.277, Britto, Pl., u., 05/05/2011; STF, Inq. 3.590, M. Aurélio, 1ª T., u., 12/08/2014).

No entanto, o STF, violando o princípio da legalidade, entendeu por estender os conceitos da lei em exame aos casos de homotransfobia, nos seguintes termos:

---

conceito de raça, cor, etnia, religião ou procedência nacional. *Revista de Informação Legislativa*, n. 135, p. 19-36, jul./set. 1997. p. 24.

4 SZKLAROWSKI, Leon Frejda. Crimes de racismo, p. 23-24.

5 SZKLAROWSKI, Leon Frejda. Crimes de racismo, p. 23-24.

Até que sobrevenha lei emanada do Congresso Nacional destinada a implementar os mandados de criminalização definidos nos incisos XLI e XLII do art. 5º da Constituição da República, as condutas homofóbicas e transfóbicas, reais ou supostas, que envolvem aversão odiosa à orientação sexual ou à identidade de gênero de alguém, por traduzirem expressões de racismo, compreendido este em sua dimensão social, ajustam-se, por identidade de razão e mediante adequação típica, aos preceitos primários de incriminação definidos na Lei n. 7.716, de 08/01/1989 (ADO 26, Celso de Mello, Pl., m., 13/06/2019).

12.3. IMPRESCRITIBILIDADE

Conforme o inciso XLII do art. 5º da CF: "a prática do racismo constitui crime inafiançável e imprescritível, sujeito à pena de reclusão, nos termos da lei", em regra que está de acordo com a tendência mundial em matéria de crimes contra a humanidade[6]. A imprescritibilidade não se limita, porém, aos casos de discriminação decorrente de cor ou etnia, abrangendo os casos de preconceito ou discriminação em razão de raça, cor, etnia, religião ou procedência (STJ, HC 143.147, Maranho [Conv.], 6ª T., 17/03/2016), como nos casos de delitos praticados contra indígenas (TRF4, AP 200104010717527, Vaz, 4ª S., u., 16/03/2006), judeus (STF, HC 82.424, Corrêa, Pl., 17/09/2003) ou espíritas (STJ, RHC 134.682, Fachin, 1ª T., 29/11/2016), bem como aos delitos do art. 20 (STJ, AgRg-HC 460673, Schietti, 6ª T., 25/06/2019).

12.4. MODALIDADES ESPECÍFICAS DE DISCRIMINAÇÃO (ARTS. 3º A 14)

12.4.1. Sujeito ativo

Os **crimes dos arts. 3º a 14 são comuns**, podendo ser praticados por qualquer pessoa, **incluindo outros membros do próprio grupo** discriminado.

12.4.2. Tipo subjetivo

É o **dolo**, não havendo forma culposa.

12.4.3. Tipos objetivos

Os **tipos objetivos dos arts. 3º a 14**, que tratam, casuisticamente, das hipóteses de discriminação, devem ser **interpretados em conjunto com o art. 1º**.

Desse modo, **somente haverá crime se as condutas se derem em razão de preconceito** de raça, cor, etnia, religião ou procedência nacional, mas **não quando a vedação ou impedimento tem outro fundamento**, baseado em critérios admitidos, como, por exemplo, quando é vedado o acesso ao cargo público por falta de atendimento dos requisitos legais para sua ocupação, ou quando o estabelecimento comercial deixa de atender o cliente por falta de disponibilidade de espaço ou vagas. Have-

6 SANTOS, Christiano Jorge. *Crimes de preconceito e discriminação*, p. 157.

rá crime, porém, quando o critério legítimo é utilizado como escusa, mas o verdadeiro motivo é a discriminação vedada[7].

12.4.3.1. Elementos objetivos

Raça é o conjunto de indivíduos cujos caracteres somáticos, tais como cor da pele, conformação do crânio e do rosto, tipo do cabelo e outros traços são semelhantes e se transferem por hereditariedade, conquanto variem de pessoa para pessoa. O STF negou, porém, a existência de diferenças de raça, em sentido estrito, considerado o atual estágio da ciência, já que não existem raças humanas efetivamente diferenciadas, embora afirmando, ainda assim, a possibilidade de *racismo*, em sentido amplo, contra judeus (STF, HC 82.424, Corrêa, Pl., 17/09/2003). A partir daí, **a expressão raça passou a ser considerada sinônimo de etnia** (TRF4, AC 200172020046715, Tadaaqui, 7ª T., u., 12/09/2006).

A referência a **cor**, no contexto em que é utilizada, dá-se em relação à cor da pele, como na discriminação contra negros, brancos ou amarelos (asiáticos).

Grupo étnico é definido, além de fatores biológicos, por dados culturais, psicológicos e mesmo políticos[8], ou, ainda, o grupo cultural e linguisticamente homogêneo, como, por exemplo, a comunidade indígena (TRF4, AC 200371010018948, Vaz, 8ª T., u., 05/04/2006).

Religião é a fé ou crença em Deus ou em outra forma de poder sobrenatural e superior do qual depende a existência humana, expressada mediante um conjunto de práticas, rituais e preceitos seguidos pelo grupo religioso. A discriminação baseada em ateísmo não é abrangida pelo tipo penal[9].

Procedência nacional é expressão que define, primeiramente, o preconceito ou discriminação contra **nacionais de outro Estado-Membro ou região do mesmo País**, reconhecíveis pelo modo de falar e aparência física, ou ainda pelo conhecimento direto por parte do autor do crime a respeito dessa circunstância, como poderá ser o caso de preconceito contra *nordestinos, nortistas, cariocas, paulistas, gaúchos, baianos* etc., ou mesmo contra moradores de certas regiões dentro de um mesmo Estado (STJ, CC 146.983, Fonseca, 3ª S., 24/05/2017). Embora, muitas vezes, o preconceito e a discriminação dirijam-se contra grupos minoritários no seio de um país, o delito também poderá ocorrer em relação a membros das maiorias ou mesmo das populações mais afluentes[10]. De ver que a própria CF veda à União, aos Estados e aos Municípios a criação de distinções entre brasileiros (CF, art. 19, III).

---

[7] SZNICK, Valdir. Contravenção por preconceito de raça, cor, sexo e estado civil. *Revista Justitia*, v. 138, p. 49-55, abr./jun. 1987. p. 52.

[8] OSÓRIO, Fábio Medina; SCHAFER, Jairo Gilberto. Dos crimes de discriminação e preconceito. Anotações à Lei 8.081, de 21.9.1990. *RT*, n. 714, p. 329-338, abr. 1995. p. 333-334.

[9] SANTOS, Christiano Jorge. *Crimes de preconceito e discriminação*, p. 79-80.

[10] SZKLAROWSKI, Leon Frejda. Crimes de racismo no direito brasileiro. *Revista do CEJ/CJF*, n. 11, p. 79-87. p. 81.

Em minha posição, a expressão *procedência nacional* abrange também o preconceito ou discriminação **em razão de nacionalidade**, como no caso do preconceito contra brasileiros, paraguaios, argentinos etc. (STJ, HC 63.350, Fischer, 5ª T., 21/06/1995).

Não haverá crime em caso de **restrição legalmente permitida**, como no fato de deixar de contratar o imigrante em situação irregular para emprego no País. Nessa linha vai a própria Convenção Internacional sobre a Eliminação de Todas as Formas de Discriminação Racial, ao admitir o tratamento diferenciado entre nacionais e estrangeiros (art. 1, 4).

■ 12.4.3.2. Condutas

Verbos nucleares recorrentes nos tipos da Lei n. 7.716/89 são *impedir*, *obstar*, *negar* e *recusar*, os quais apresentam certo grau de similaridade.

Impedir é negar o acesso, proibir, obstruir.

Obstar é criar obstáculos ou dificuldades, opor-se, causar embaraço.

Negar é recusar-se a atender a pedido ou solicitação, ou ainda deixar de prestar serviço ou entregar bem.

Recusar, igualmente, consiste em deixar de fornecer serviço ou entregar bem.

■ 12.4.3.3. Consumação

Os delitos dos arts. 3º a 14 são formais, dispensando a ocorrência de resultado naturalístico para sua consumação.

■ 12.4.3.4. Acesso ou promoção no serviço público (art. 3º)

> **Art. 3º** Impedir ou obstar o acesso de alguém, devidamente habilitado, a qualquer cargo da Administração Direta ou Indireta, bem como das concessionárias de serviços públicos.
> Parágrafo único. Incorre na mesma pena quem, por motivo de discriminação de raça, cor, etnia, religião ou procedência nacional, obstar a promoção funcional.
> Pena — reclusão de dois a cinco anos.

Alguém é pessoa determinada, não havendo crime no impedimento coletivo ou dirigido a grupo indeterminado.

Há elementar normativa do tipo, consubstanciada no fato de ser o crime dirigido contra pessoa *devidamente habilitada*, de modo que não é criminoso o impedimento se a pessoa não atende aos requisitos previstos para o exercício do cargo.

Como a lei menciona apenas o *cargo*, é atípica a conduta que tiver por objeto emprego ou função pública, que poderão configurar, no entanto, o crime do art. 20, na modalidade *praticar*[11].

---

[11] SZKLAROWSKI, Leon Frejda. Crimes de racismo. Crimes resultantes de discriminação ou preconceito de raça, cor, etnia, religião ou procedência nacional. *Revista de Informação Legislativa*,

A **administração direta** "se constitui dos serviços integrados na estrutura administrativa da Presidência da República e dos Ministérios" (Decreto-lei n. 200/67, art. 4º, I) ou seus congêneres nas administrações estaduais e municipais.

A **administração indireta**: "compreende as seguintes categorias de entidades, dotadas de personalidade jurídica própria: a) Autarquias; b) Empresas Públicas; c) Sociedades de Economia Mista; d) fundações públicas" (Decreto-lei n. 200/67, art. 4º, I).

Concessionárias de serviços públicos são empresas que exploram serviços públicos sob regime de concessão.

Promoção funcional é uma das formas de provimento do cargo público (RJU, art. 8º, II), pela qual se ascende a um novo cargo, no caso de quadros organizados em carreira (RJU, arts. 9º, I, e 10, parágrafo único).

12.4.3.5. *Emprego em empresa privada (art. 4º, caput)*

> **Art. 4º** Negar ou obstar emprego em empresa privada. (...)
> Pena — reclusão de dois a cinco anos.

Emprego é a relação jurídica entre empregador e empregado, nos termos dos arts. 2º e 3º da CLT. Não estão abrangidas pelo tipo penal outras relações de trabalho, como a prestação de serviços eventuais, a empreitada etc., casos nos quais as práticas discriminatórias poderão configurar o delito do art. 20, na modalidade *praticar*.

O art. 4º abrange somente a **empresa privada**, ou seja, as sociedades empresárias e as empresas individuais (CC, arts. 44, II e VI; 967 e 982), de modo que não configura esse tipo penal a prática da conduta por empregador doméstico, por profissionais liberais, ou no âmbito de sociedades não empresárias, entidades sem fins lucrativos, como condomínios de apartamentos, sindicatos, cooperativas, associações e fundações. Em tais casos, uma vez mais, poderá ser invocado o art. 20, de aplicação subsidiária.

12.4.3.6. *Discriminação na vigência do contrato (art. 4º, § 1º)*

> **Art. 4º** (...)
> § 1º Incorre na mesma pena quem, por motivo de discriminação de raça ou de cor ou práticas resultantes do preconceito de descendência ou origem nacional ou étnica:

n. 135, p. 19-36, jul./set. 1997. p. 27. Em sentido contrário, afirmando que o vocábulo *cargo* foi empregado aqui de forma abrangente.

I — deixar de conceder os equipamentos necessários ao empregado em igualdade de condições com os demais trabalhadores;
II — impedir a ascensão funcional do empregado ou obstar outra forma de benefício profissional;
III — proporcionar ao empregado tratamento diferenciado no ambiente de trabalho, especialmente quanto ao salário.

O § 1º, incluído pela Lei n. 12.288/2010, determina a aplicação da mesma pena para **três casos específicos de discriminação** *após* a contratação do empregado, ou seja, **na vigência do contrato de trabalho**.

A primeira é "deixar de conceder os **equipamentos necessários ao empregado** em igualdade de condições com os demais trabalhadores".

Cuida-se de crime omissivo, em que o empregado é prejudicado por não receber equipamentos, sejam eles para o exercício do trabalho em si ou para a segurança do trabalhador, nas mesmas condições dos demais trabalhadores.

A segunda modalidade consiste no **impedimento da ascensão funcional**, ou seja, do progresso do trabalhador dentro do plano de carreira da empresa. Ainda no inciso II, é vedada a concessão de outra forma de benefício profissional, como cursos de aprimoramento, participação nos lucros, assistência médica, transporte etc.

A terceira, mais **genérica**, consiste em "proporcionar ao empregado **tratamento diferenciado** no ambiente de trabalho, especialmente quanto ao salário", abrangendo, portanto, qualquer diferenciação desarrazoada não prevista nos incisos anteriores, incluindo o pagamento de salários diferentes por motivação preconceituosa.

O § 1º do art. 4º incrimina as condutas quando cometidas "por motivo de discriminação de raça ou de cor ou práticas resultantes do preconceito de descendência ou origem nacional ou étnica". Como se vê, o dispositivo, ao contrário do art. 1º da Lei, não menciona a religião como fator de discriminação. Desse modo, eventual conduta discriminatória por motivação religiosa ocorrida no curso de contrato de trabalho poderá configurar o crime do art. 20.

12.4.3.7. *Anúncios e recrutamento (art. 4º, § 2º)*

Art. 4º (...)
§ 2º Ficará sujeito às penas de multa e de prestação de serviços à comunidade, incluindo atividades de promoção da igualdade racial, quem, em anúncios ou qualquer outra forma de recrutamento de trabalhadores, exigir aspectos de aparência próprios de raça ou etnia para emprego cujas atividades não justifiquem essas exigências.

12.4.3.7.1. Elementos do tipo

A modalidade ora comentada é forma especial que, se inexistente, poderia ser considerada enquadrada no *caput*, como *obstar*, ou mesmo no art. 20. O legislador estabeleceu, porém, um apenamento abrandado, que não admite pena privativa de liberdade, mas tão somente multa e prestação de serviços à comunidade.

12.4.3.7.2. Pena

Fugindo à sistemática tradicional da legislação penal brasileira, a Pena Restritiva de Direitos (PRD) é cominada originariamente, e não em caráter substitutivo, como previsto no art. 44 do CP. Não há possibilidade de aplicação de Pena Privativa de Liberdade (PPL) nem mesmo em caso de recalcitrância no cumprimento da prestação de serviços à comunidade, o que pode gerar dificuldades na execução da pena.

Somente haverá crime quando as *atividades não justificarem* as exigências de raça ou etnia. Exemplo de exigência justificada seria a contratação de ator ou figurante para interpretar o papel de um personagem que tenha determinadas características raciais.

O § 2º não estabelece o tempo de duração da Prestação de Serviços à Comunidade (PSC), mas, estando o dispositivo subordinado ao *caput*, conclui-se que a pena se subordina aos limites abstratos ali previstos, ou seja, de dois a cinco anos.

12.4.3.8. Acesso a estabelecimento comercial (art. 5º)

> **Art. 5º** Recusar ou impedir acesso a estabelecimento comercial, negando-se a servir, atender ou receber cliente ou comprador.
> Pena — reclusão de um a três anos.

Estabelecimento comercial, aqui, significa o local físico onde se dá a exploração da atividade empresarial, ou seja, a loja, oficina, ou fábrica. O termo não foi empregado no sentido técnico, conforme o art. 1.242 do CC, segundo o qual: "Considera-se estabelecimento todo complexo de bens organizado, para exercício da empresa, por empresário, ou por sociedade empresária".

Da redação do dispositivo, conclui-se que o tipo é alternativo, de modo que o crime será reconhecido não só na negativa ou impedimento do acesso, mas também na negativa do serviço, atendimento ou recebimento, ou seja, quando permitido o acesso, mas o cliente for discriminado em função do preconceito[12]. Assim é porque, uma vez negado o acesso, seria uma impropriedade lógica haver atendimento, o que tornaria inútil a segunda parte do dispositivo.

---

12 SZKLAROWSKI, Leon Frejda. Crimes de racismo, p. 27.

■ 12.4.3.9. *Ingresso em instituição de ensino (art. 6º)*

> **Art. 6º** Recusar, negar ou impedir a inscrição ou ingresso de aluno em estabelecimento de ensino público ou privado de qualquer grau.
> Pena — reclusão de três a cinco anos.
> Parágrafo único. Se o crime for praticado contra menor de dezoito anos a pena é agravada de 1/3 (um terço).

■ 12.4.3.9.1. *Elementos do tipo*

Por **inscrição** entende-se matrícula em curso oferecido pelo estabelecimento de ensino, seja ele regular ou eventual, como em caso de cursos de extensão, oferecidos à comunidade, desde que oferecidos por estabelecimento de ensino.

O termo **grau** está desatualizado, pois o art. 21 da LDB (Lei n. 9.394/96) assim dispõe: "A educação escolar compõe-se de: I — educação básica, formada pela educação infantil, ensino fundamental e ensino médio; II — educação superior". De todo modo, a utilização da expressão **de qualquer grau** dá a entender que o tipo abrange **somente estabelecimentos de ensino regular**, não os chamados **cursos livres**, tais como cursos pré-vestibular, preparatórios para concursos e assemelhados. Em tais casos, poderá ser aplicada, de todo modo, a norma subsidiária do art. 20, embora tenha pena menor.

■ 12.4.3.9.2. *Penas*

Em função da evidente importância da educação para a superação das diferenças sociais[13], a pena do tipo em questão foi fixada em 3 a 5 anos de reclusão, superior à maioria dos demais tipos da lei.

O parágrafo único traz causa de aumento de pena em caso de crime praticado contra menor de 18 anos.

■ 12.4.3.10. *Acesso ou hospedagem em hotéis e similares (art. 7º)*

> **Art. 7º** Impedir o acesso ou recusar hospedagem em hotel, pensão, estalagem, ou qualquer estabelecimento similar.
> Pena — reclusão de três a cinco anos.

■ 12.4.3.10.1. *Elementos do tipo*

Trata-se de incriminar a recusa no acesso ou hospedagem em **locais de habitação coletiva**, sendo criticada a utilização do antiquado termo *estalagem*. Há

---

[13] BARBOSA GOMES, Joaquim Benedito. Discriminação racial e princípio constitucional da igualdade. *Revista de Informação Legislativa*, n. 142, p. 307-323, abr./jun. 1999. Suprema corte dos EUA, *Brown v. Board of Education* 347 U.S. 483, 74 S Ct. 686, 98 L. Ed. 873.

possibilidade de **interpretação analógica** em relação a **qualquer estabelecimento similar**, de modo que estão incluídos, também, pensões, pousadas, pensionatos, albergues, motéis e até mesmo residências que ofereçam quartos para aluguel. O essencial é que se trate de **local aberto ao público**. Não haverá crime na negativa quando baseada em outro critério, como, por exemplo, caso o local seja destinado a pouso de empregados de uma determinada empresa, membros de uma associação ou servidores públicos, como se dá em relação aos hotéis de trânsito mantidos pelas Forças Armadas.

■ *12.4.3.10.2. Penas*

Também aqui a pena foi fixada em 3 a 5 anos de reclusão, como no caso dos estabelecimentos de ensino, mas sem justificativa tão relevante.

■ *12.4.3.11. Acesso a restaurantes e similares (art. 8º)*

> **Art. 8º** Impedir o acesso ou recusar atendimento em restaurantes, bares, confeitarias, ou locais semelhantes abertos ao público.
> Pena — reclusão de um a três anos.

Aqui a incriminação se refere a locais públicos destinados à **alimentação**, sendo que, uma vez mais, há possibilidade de **interpretação analógica**, pela menção a **locais semelhantes abertos ao público**.

Mais uma vez, é essencial que se trate de **local aberto ao público**. Não haverá crime na negativa baseada em outro critério, como se dá, por exemplo, quando o estabelecimento seja exclusivo de trabalhadores de uma empresa, hóspedes de um hotel ou sócios de um clube.

■ *12.4.3.12. Acesso a locais de diversão ou clubes sociais (art. 9º)*

> **Art. 9º** Impedir o acesso ou recusar atendimento em estabelecimentos esportivos, casas de diversões, ou clubes sociais abertos ao público.
> Pena — reclusão de um a três anos.

Impedir o acesso abrange tanto as condutas de não permitir o ingresso quanto aquelas que impeçam o ato de associar-se, a adesão ou compra de título ou quotas do clube (STJ, HC 137.248, Limongi [Conv.], 6ª T., u., 05/10/2010).

Em função da elementar **abertos ao público**, não há crime se houver impedimento do acesso de quem não é associado em clube privado. Assim também quando o clube social for mantido por uma associação, sendo o acesso limitado aos associados, de modo que o local não seja aberto ao público. Com efeito, os membros da associação poderão estabelecer, nos estatutos, "os requisitos para a admissão, demissão e exclusão dos associados". Desse modo, a associação poderá ser limitada aos empregados de uma certa empresa ou categoria profissional, aos moradores de um determinado bairro, aos egressos de um estabelecimento de ensino. Não nos parece que haja impedimento à constituição de associação que limite o direito de associar-se a pessoas de determinada etnia, quando a associação servir justamente aos fins de congregar emigrantes.

Também não haverá crime quando aquele que pretende o ingresso não atende à política do estabelecimento em relação a vestimenta ou mesmo em casos de embriaguez evidente[14].

Foi reconhecido o crime, porém, na: "recusa de admissão no quadro associativo de clube social", quando evidenciado que a motivação para tanto era discriminatória. No mesmo julgado, afirmou-se que: "A faculdade, estatutariamente atribuída à diretoria, de recusar propostas de admissão em clubes sociais, sem declinação dos motivos, não lhe atribui a natureza especial de fechado, de maneira a subtraí-lo da incidência da lei" (STJ, RHC 12.809, Carvalhido, 6ª T., u., 22/03/2005).

12.4.3.13. Acesso a salões de cabeleireiros e similares (art. 10)

> **Art. 10.** Impedir o acesso ou recusar atendimento em salões de cabeleireiros, barbearias, termas ou casas de massagem ou estabelecimento com as mesmas finalidades.
> Pena — reclusão de um a três anos.

Prudente a possibilidade da **interpretação analógica** para incluir *estabelecimento com as mesmas finalidades.*

12.4.3.14. Acesso a entrada ou elevador social (art. 11)

> **Art. 11.** Impedir o acesso às entradas sociais em edifícios públicos ou residenciais e elevadores ou escada de acesso aos mesmos:
> Pena — reclusão de um a três anos.

O objetivo da proibição é evitar embaraço e vergonha a empregados domésticos, entregadores ou outros trabalhadores que se dirijam ao edifício[15].

Não há crime:

a) na restrição ao uso do elevador social, com base em outros critérios, como na vedação para mudanças, transporte de material de construção ou demolição, carrinhos de compras, animais ou pessoas em trajes de banho[16];

b) em relação a edifícios comerciais[17], caso em que poderá ser reconhecida, porém, a forma subsidiária do art. 20.

---

14 SZNICK, Valdir. Contravenção por preconceito de raça, cor, sexo e estado civil, p. 52.

15 SZKLAROWSKI, Leon Frejda. Crimes de racismo, p. 28.

16 TEJO, Célia Maria Ramos. *Dos crimes de preconceito de raça ou de cor*, p. 70.

17 MOTTA, Ricardo Cavalcante. Perspectivas jurídicas cíveis e criminais quanto à discriminação racial. *Revista Jurídica UNIJUS*, n. 9, p. 129-137, nov. 2005. p. 133-134.

12.4.3.15. *Acesso ou uso de transportes públicos (art. 12)*

> **Art. 12.** Impedir o acesso ou uso de transportes públicos, como aviões, navios, barcas, barcos, ônibus, trens, metrô ou qualquer outro meio de transporte concedido.
> Pena — reclusão de um a três anos.

Há previsão de interpretação analógica para abranger outros meios de transporte concedido, como táxi e mototáxi[18].

12.4.3.16. *Acesso ao serviço público militar (art. 13)*

> **Art. 13.** Impedir ou obstar o acesso de alguém ao serviço em qualquer ramo das Forças Armadas.
> Pena — reclusão de dois a quatro anos.

Temos que a expressão **serviço** não foi empregada, aqui, para se referir estritamente ao *serviço militar obrigatório*, mas de **forma ampla**, abrangendo também o acesso à carreira militar.

Em minha posição, não é abrangida pelo tipo em comento a conduta praticada no âmbito das Polícias ou Corpos de Bombeiros Militares, embora considerados forças auxiliares e reserva do Exército (CF, art. 144, § 6º), o que poderá configurar o crime do art. 20.

12.4.3.17. *Casamento ou convivência familiar e social (art. 14)*

> **Art. 14.** Impedir ou obstar, por qualquer meio ou forma, o casamento ou convivência familiar e social.
> Pena — reclusão de dois a quatro anos.

Meio é o expediente ou recurso utilizado para atingir um fim ou objetivo, tais como a separação física, o impedimento de frequência a casa ou a imposição de condições que impeçam o casamento ou convívio. Já a **forma** é o modo, jeito ou maneira, admitindo-se, então, que o delito poderá ocorrer mediante violência ou ameaça, coação física ou moral, engodo ou fraude e, mesmo, remoção física, como no caso em que a vítima é levada por familiares a outro país, de modo a impedir o casamento ou o convívio com pessoa de etnia diversa.

O **casamento**, de acordo com o art. 1.511 do CC, é o ato jurídico que "estabelece comunhão plena de vida, com base na igualdade de direitos e deveres dos cônjuges". No conceito de casamento, deve ser abrangido o **casamento religioso com efeitos civis** (CC, art. 1.515). O dispositivo também tem aplicação em caso de **união estável** (CC, art. 1.723), seja ela **heterossexual** ou **homoafetiva** (STF, ADI 4.277,

[18] SZKLAROWSKI, Leon Frejda. Crimes de racismo, p. 29.

Britto, Pl., u., 05/05/2011), uma vez que o delito se aplica também a outros casos de **convivência familiar**.

Na interpretação do dispositivo, devem ser considerados incluídos os conceitos de **família natural**, ou seja, da comunidade formada por qualquer dos pais e seus descendentes (CF, art. 226, § 4º), e **extensa ou ampliada**, de modo a incluir parentes próximos com os quais são mantidos vínculos de afinidade e afetividade (ECA, art. 25). No âmbito da família natural, o vínculo familiar deverá incluir, para além daquele decorrente da filiação, sem qualquer distinção entre os filhos (CF, art. 227, § 6º), também o que decorrer da **paternidade socioafetiva**, decorrente da posse do estado de filho (Enunciado STJ/CJF n. 103).

A **convivência social**, "expressão de alcance mais amplo, significa qualquer forma de contato mais próximo, fora do âmbito familiar"[19].

■ 12.5. TIPO GENÉRICO (ART. 20)

> **Art. 20.** Praticar, induzir ou incitar a discriminação ou preconceito de raça, cor, etnia, religião ou procedência nacional.
> Pena — reclusão de um a três anos e multa.
> § 2º Se qualquer dos crimes previstos no *caput* é cometido por intermédio dos meios de comunicação social ou publicação de qualquer natureza:
> Pena — reclusão de dois a cinco anos e multa.

■ 12.5.1. Bem jurídico

É a "pretensão ao respeito inerente à personalidade humana, a própria dignidade da pessoa, considerada não só individualmente, como coletivamente"[20]. Bem por isso, não há lugar para aplicação do princípio da insignificância (STJ, REsp 1569850, Reis, 6ª T., 24/04/2018).

■ 12.5.2. Sujeito ativo

É crime **comum**.

■ 12.5.3. Sujeito passivo

É a **coletividade**.

■ 12.5.4. Elementos do tipo

Praticar é "o mais amplo dos verbos, porque reflete qualquer conduta discriminatória expressa. A ação de praticar possui forma livre, que abrange qualquer ato, desde que idôneo a produzir a discriminação prevista no tipo incriminador"[21]. Além

---

19 SANTOS, Christiano Jorge. *Crimes de preconceito e discriminação*, p. 119.

20 TEJO, Célia Maria Ramos. *Dos crimes de preconceito de raça ou de cor*, p. 23.

21 OSÓRIO, Fábio Medina; SCHAFER, Jairo Gilberto. Dos crimes de discriminação e preconceito, p. 330.

disso, "praticar também vem a significar qualquer conduta capaz de exteriorizar o preconceito ou revelar a discriminação, englobando-se, por exemplo, os gestos, sinais, expressões, palavras faladas ou escritas e atos físicos"[22].

Bem por isso, é conduta que se confunde, em muitos casos, com as práticas já descritas nos demais tipos penais, de modo que somente restará caracterizado o crime do art. 20 em caso de prática de preconceito ou discriminação que não esteja prevista nos demais tipos da lei, aplicando-se, então, de forma subsidiária.

Induzir é sugerir, provocar, de modo a criar em alguém a ideia discriminatória.

Incitar é instigar, estimular, acoroçoar, fortalecer ou reforçar a ideia preconceituosa preexistente.

O induzimento ou a incitação podem ter por objetivo tanto a discriminação quanto o preconceito (STJ, CC 146.983, Reynaldo, 3ª S., 24/05/2017).

Entendeu-se configurado o crime nos casos seguintes:

a) do agente que "manifestou, em programa de televisão, ideias preconceituosas e discriminatórias em relação à raça indígena" (TRF4, AP 200104010717527, Castilho, 4ª S., u., 16/10/2002);

b) na conduta de "Escrever, editar, divulgar e comerciar livros 'fazendo apologia de ideias preconceituosas e discriminatórias' contra a comunidade judaica" (STF, HC 82.424, Corrêa, Pl., 17/09/2003);

c) do "agente que externa pensamentos pessoais desairosos e notoriamente etnocêntricos, imbuídos de aversão e menosprezo indistinto a determinado grupo social que apresenta homogeneidade cultural e linguística (comunidade indígena)" (TRF4, AC 200371010018948, Vaz, 8ª T., u., 05/04/2006);

d) da veiculação de preconceito contra negros, nordestinos e judeus, além da defesa do nazismo, em página na internet (TRF3, AC 00084398120084036181, Cecília Mello, 2ª T., u., 20/10/2011);

e) da criação de uma comunidade racista no sítio de relacionamento *Orkut* (TRF5, AC 200881000016774, Erhardt, 1ª T., u., 16/02/2012).

f) da incitação ao ódio público contra denominação religiosa e seus seguidores (STF, RHC 146303, Toffoli, 06/03/2018).

12.5.5. Tipo subjetivo

É o **dolo**, não havendo forma culposa, além da **intenção de menosprezar** raça ou etnia (STJ, AgRg-REsp 1.817.240, Paciornik, 5ª T., 24/09/2019), de modo que resta afastado o crime quando a manifestação estiver contida nos limites da liberdade de manifestação do pensamento (STJ, REsp 911.183, Fischer, 5ª T., Mussi, m., 04/12/2008), como, por exemplo, quando o agente estiver imbuído de mero *animus narrandi*[23], como analisado mais detalhadamente no item seguinte. Assim também

---

22 SANTOS, Christiano Jorge. *Crimes de preconceito e discriminação*, p. 122.

23 OSÓRIO, Fábio Medina; SCHAFER, Jairo Gilberto. Dos crimes de discriminação e preconceito, p. 335.

em caso de pesquisas científicas que levem em conta variáveis étnicas. Não há exclusão em razão do *animus jocandi*[24].

■ 12.5.5.1. Liberdade de expressão

A exigência de um especial estado de ânimo para o reconhecimento dos crimes de prática, induzimento e incitação é importante a fim de preservar o **direito fundamental à liberdade de expressão**, que poderá entrar em colisão com a proteção da dignidade dos grupos ameaçados com a prática criminosa (STJ, REsp 1.569.850, Reis, 6ª T., 24/04/2018).

Com efeito, a liberdade de expressão é um dos direitos fundamentais básicos em qualquer democracia moderna, reconhecido nos mais importantes tratados internacionais de direitos humanos, como, por exemplo, na Declaração Universal dos Direitos Humanos (DUDH), art. XIX, e no Pacto Internacional dos Direitos Civis e Políticos (PIDCP), art. 19.

As razões pelas quais a liberdade de expressão é protegida podem ser assim sintetizadas: a) o livre-desenvolvimento da personalidade; b) a possibilidade da livre-troca de ideias, ou do *mercado das ideias*, e a consequente submissão das ideias estabelecidas ao desafio argumentativo, de modo a permitir o desenvolvimento e a expansão do conhecimento; c) a sua associação com as liberdades de crença, associação e religião, como se verá no item seguinte; d) a possibilidade de que todos tenham chance de alguma influência no processo político.

Mas, como qualquer outro direito fundamental, **a liberdade de expressão não é ilimitada** (STF, HC 82.424, Corrêa, Pl., 17/09/2003; STF, RHC 146303, Toffoli, 06/03/2018), e o próprio art. 19 do PIDCP, aponta como limites a proteção "dos direitos e da reputação das demais pessoas", bem como "a segurança nacional, a ordem, a saúde ou a moral pública". Uma forma específica de limitação, baseada na dignidade da pessoa humana e na ordem pública, é a proibição do **discurso de ódio** ou *hate speech*, *i.e.*, o: "Discurso que não carrega outro significado que o ódio por um grupo, como uma raça particular, especialmente em circunstâncias nas quais a comunicação pode provocar violência"[25].

A possibilidade de limitação, à luz do direito internacional, é expressamente admitida (PIDCP, art. 20). Também o item 5 do art. 13 da CADH e o art. 4º da Convenção para a Eliminação de Todas as Formas de Discriminação Racial impõe aos Estados-Partes, claramente, uma obrigação de adotar medidas positivas nesse âmbito. Finalmente, o art. 3º da Convenção para Prevenção do Genocídio lida com a forma mais extrema, estabelecendo que a incitação direta e pública ao genocídio deve ser punida.

[24] OSÓRIO, Fábio Medina; SCHAFER, Jairo Gilberto. Dos crimes de discriminação e preconceito, p. 335.

[25] BRYANT, Garner A. (Ed.). *Black's law dictionary*. 7. ed. West Group: St. Paul, 1999. p. 1407-1408.

Esse conjunto de instrumentos internacionais cria uma obrigação dúplice, de proteger a liberdade de expressão, por um lado, e de proteger os membros dos grupos visados pelo *hate speech*, de outro[26].

Entendeu-se pela prevalência do direito à liberdade de expressão nos casos:

a) das opiniões externadas em livros, cartas e artigos sobre indígenas em contexto de conflito de terras (TRF4, HC 2001.04.01.085030-6, Freitas, 7ª T., u., *DJ* 20/03/2002);

b) de charge produzida em situação de tensão na localidade, também em decorrência de conflitos de terras com indígenas (TRF4, AC 200172020046715, Tadaaqui, 7ª T., u., 12/09/2006).

12.5.5.2. *Liberdade de crença*

Entendeu-se não haver crime, apesar da atitude prepotente e proselitista, no caso em que o agente: "por meio de publicação em livro, incita a comunidade católica a empreender resgate religioso direcionado à salvação de adeptos do espiritismo, em atitude que, a despeito de considerar inferiores os praticantes de fé distinta, o faz sem sinalização de violência, dominação, exploração, escravização, eliminação, supressão ou redução de direitos fundamentais", uma vez que tal conduta estaria acobertada pela liberdade religiosa (STF, RHC 134.682, Fachin, 1ª T., 29/11/2016).

Não assim, porém, quando a pregação defende o fim das demais religiões, atacadas diretamente (STJ, HC 388.051, Paciornik, 5ª T., 25/04/2017).

12.5.5.3. *Imunidade parlamentar*

Outro instituto que pode vir a limitar a incriminação da prática, incitação e induzimento ao racismo são as **imunidades parlamentares** (CF, arts. 27, § 1º; 29, VIII, e 53), que têm por fim **garantir a independência do parlamentar**, de modo que os membros das casas legislativas possam desempenhar suas funções livres de pressões indevidas (STF, Pet 4.444 AgR, Mello, Pl., u, 26/11/2008), assim garantindo a representatividade popular (STF, Inq. 1.958, Britto, Pl., *DJ* 18/02/2005). A imunidade material tem o efeito de afastar a tipicidade do fato cometido sob o seu abrigo (STF, Inq. 2.674, Britto, Pl., m., 26/11/2009; STF, Inq 4.694, M. Aurélio, 1ª T., m., 11/09/2018).

A imunidade parlamentar tem dois âmbitos de incidência, sendo considerada:

a) "absoluta quanto às declarações proferidas no recinto do Parlamento" (RE 299.109 AgR, Fux, 1ª T., u., 03/05/2011);

b) relativa, quando incidente sobre manifestações ocorridas fora do recinto do parlamento, desde que apresentem nexo causal com a atividade parlamentar (STF, Inq-QO 1.486, Gallotti, Pl., 02/02/2000; AP 292, *RTJ* 135/489; Inq. 396, *RTJ* 131/1039; Inq. 390, *RTJ* 129/970; Inq. 779, *RTJ* 167/29; Inq. 1.328, *RTJ*

[26] MAHONEY, Kathleen. Hate speech, equality and the state of canadian law. 44 *Wake Forest L R.* 321, 2009. p. 324.

166/133; Inq. 1.381, *DJ* 17/12/1999), ou seja, quando "feitas fora do exercício estrito do mandato, mas em consequência deste" (STF, HC 83.644, Velloso).

Eventuais abusos desse direito estão sujeitos, porém, à **atividade censória do próprio parlamento**, nos termos do § 1º do art. 55 da CF (STF, Inq. 1.958, Britto, *RTJ* 194/56, Pl.; RE 140.867, Corrêa, Pl.).

12.5.6. Consumação

O crime é **formal**[27], não exigindo a ocorrência de resultado material para o seu reconhecimento (STJ, HC 15.155, Dipp, 5ª T., m., *DJ* 18/03/2002).

12.5.7. Pena

A pena da modalidade básica é de reclusão de um a três anos e multa, a não ser que o crime se dê *por intermédio dos meios de comunicação social ou publicação de qualquer natureza*, caso em que se aplica a pena de dois a cinco anos de reclusão, e multa, a mesma prevista para o delito do § 1º.

Meios de comunicação social são os meios de imprensa, como rádio, televisão, jornal ou internet, seja em página ou por intermédio de redes sociais. **Publicação** é a divulgação por meio de mídia impressa, em livros, por exemplo.

12.6. DIVULGAÇÃO DO NAZISMO (ART. 20, § 1º)

> **Art. 20.** (...)
> § 1º Fabricar, comercializar, distribuir ou veicular símbolos, emblemas, ornamentos, distintivos ou propaganda que utilizem a cruz suástica ou gamada, para fins de divulgação do nazismo.
> Pena — reclusão de dois a cinco anos e multa.

12.6.1. Noção

A existência de um delito específico relacionado ao nazismo, ou seja, a ditadura implementada pelo Partido Nacional Socialista alemão em meados do século passado, que culminou com a deflagração da Segunda Guerra Mundial e o holocausto, justifica-se pela dimensão das atrocidades cometidas naquele período histórico, especialmente contra os judeus.

12.6.2. Elementos do tipo

Fabricar é produzir, montar, fazer.

Comercializar é vender, oferecer à venda, mediante pagamento.

[27] OSÓRIO, Fábio Medina; SCHAFER, Jairo Gilberto. Dos crimes de discriminação e preconceito, p. 336.

Distribuir é entregar, fazer circular, remeter, ainda que gratuitamente.

Veicular é transmitir, por meios de comunicação social ou imprensa, tais como rádio, jornal, ou internet.

Objeto do crime são os **símbolos, emblemas, ornamentos, distintivos ou propaganda que utilizem a cruz suástica ou gamada**. A redação não é feliz, pois a proibição se limita à utilização da cruz suástica ou gamada, mas não diz da divulgação do ideário nazista ou de outros símbolos, como a imagem de Hitler ou a águia nazista[28].

12.6.3. Tipo subjetivo

É o **dolo**, aliado ao especial fim de agir, de modo que só há crime quando a conduta é praticada **para fins de divulgação do nazismo**. Não há crime, portanto, se os elementos gráficos são utilizados para fins de narrativa histórica, bem como para fins artísticos.

12.6.4. Concurso de crimes

12.6.4.1. Injúria racista (CP, art. 140, § 3º)

A diferenciação entre a injúria qualificada pelo racismo (CP, art. 140, § 3º) e o crime do art. 20 da Lei n. 7.716/89 pode ser assim demonstrada (STJ, RHC 19.166, Fischer, 5ª T., u., 24/10/2006)[29]:

DELITO	Injúria qualificada (CP, art. 140, § 3º)	Racismo (Lei n. 7.716/89, art. 20)
BEM JURÍDICO PROTEGIDO	Honra subjetiva	Dignidade da pessoa humana e igualdade
TIPO SUBJETIVO	Dolo, aliado à intenção de ofender pessoa determinada, ainda que se referindo a raça, cor, etnia, religião ou procedência nacional	Dolo, aliado à intenção de ofender a coletividade dos membros de uma determinada raça, cor, etnia, religião ou procedência nacional

De todo modo, não há concurso de crimes, restando a injúria absorvida pelo crime de racismo (STF, Inq. 1.458, M. Aurélio, Pl., 15/10/2003).

12.6.4.2. Tortura (Lei n. 9.455/97, art. 1º, I, "c")

A Lei n. 9.455/97 tipifica como tortura o ato de "constranger alguém com emprego de violência ou grave ameaça, causando-lhe sofrimento físico ou mental (...) em razão de discriminação racial ou religiosa". O crime de tortura afasta, então, o de racismo, por aplicação do princípio da especialidade.

---

28 SANTOS, Christiano Jorge. *Crimes de preconceito e discriminação*, p. 132.

29 SANTOS, Christiano Jorge. *Crimes de preconceito e discriminação*, p 126.

■ *12.6.4.3. Terrorismo (Lei n. 13.260/2016, art. 2º)*

Conforme o art. 2º da Lei n. 13.260/2016: "O terrorismo consiste na prática por um ou mais indivíduos dos atos previstos neste artigo, por razões de xenofobia, discriminação ou preconceito de raça, cor, etnia e religião, quando cometidos com a finalidade de provocar terror social ou generalizado, expondo a perigo pessoa, patrimônio, a paz pública ou a incolumidade pública". Os atos de terrorismo especificados no § 1º do dispositivo consistem em: a) uso de meios de destruição em massa como explosivos, gases tóxicos, venenos ou materiais biológicos ou nucleares; b) sabotagem; c) atentados contra a vida ou a integridade física de pessoa.

Uma vez reconhecida a prática de atos terroristas, que pressupõe o preconceito, restarão absorvidos os delitos da Lei n. 7.716/89, por aplicação do princípio da especialidade.

■ 12.7. EFEITOS DA CONDENAÇÃO

Para além do disposto no art. 91 do CP, há previsão de efeitos da condenação nos arts. 16, 18 e 20, § 4º, como segue:

> Art. 16. Constitui efeito da condenação a perda do cargo ou função pública, para o servidor público, e a suspensão do funcionamento do estabelecimento particular por prazo não superior a três meses. (...)
>
> Art. 18. Os efeitos de que tratam os arts. 16 e 17 desta Lei não são automáticos, devendo ser motivadamente declarados na sentença. (...)
>
> Art. 20. (...)
>
> § 4º Na hipótese do § 2º, constitui efeito da condenação, após o trânsito em julgado da decisão, a destruição do material apreendido.

Assim como se dá no regime do art. 92 do CP, **a perda do cargo não é automática**, devendo ser motivadamente declarada na sentença, como está expresso no art. 18. O mesmo vale para a suspensão do funcionamento do estabelecimento empresarial. Já a destruição do material de propaganda nazista é efeito automático da sentença, nos termos do § 4º do art. 20.

■ 12.8. AÇÃO PENAL

É pública e incondicionada, para todos os delitos[30].

■ 12.8.1. Competência

Será da JE nos casos dos delitos dos arts. 4º, 5º, 7º a 12 e 14, que se dão, necessariamente, no âmbito de relações privadas.

A competência será da JF nos casos adiante mencionados:

---

[30] SANTOS, Christiano Jorge. *Crimes de preconceito e discriminação*, p. 91.

a) no caso do art. 3º (acesso a cargo público), quando o delito ocorrer em órgão federal da administração direta, bem como em autarquia ou empresa pública federal;

b) no caso do art. 6º (acesso a estabelecimento de ensino), se a instituição de ensino for federal;

c) nos casos do art. 13, que envolve as Forças Armadas;

d) no caso de internacionalidade do delito (CF, art. 109, V), uma vez que se trata de crime que o Brasil se obrigou a reprimir, nos termos do art. IV, "a", da Convenção Internacional Sobre a Eliminação de Todas as Formas de Discriminação Racial, veiculada pelo Decreto n. 65.810/69, não sendo suficiente, para tanto, que o crime tenha sido cometido pela internet, sem que se demonstre a efetiva internacionalidade (STJ, AgRg-EDcl CC 120.559, Mussi, 3ª S., 11/12/2013; STJ, CC 145.938, Reynaldo, 3ª S., u., 27/04/2016);

e) no caso do art. 20, quando praticado contra indígenas em razão de disputas sobre direitos indígenas (CF, art. 109, XI) reconhecidos no art. 231 da CF (STF, RHC 117.097, Lewandowski, 2ª T., u., 10/12/2013).

A competência federal pela internacionalidade foi reconhecida nos casos:

a) da veiculação de conteúdo preconceituoso contra negros, nordestinos e judeus, bem como de defesa do nazismo, em página na internet, hospedada no estrangeiro, a atrair a incidência do inciso V do art. 109 da CF (TRF3, AC 00084398120084036181, Cecília Mello, 2ª T., u., 20/10/2011);

b) de página de conteúdo racista hospedada no Brasil, mas passível de acesso no exterior (TRF5, AC 200881000016774, Erhardt, 1ª T., u., 24/02/2012);

c) de programa de televisão veiculado dentro e fora do país (STJ, CC 146.983, Reynaldo, 3ª S., 24/05/2017).

Em sentido contrário, já se afirmou que o fato da divulgação, pela internet, de música preconceituosa não é suficiente para determinar a competência federal, na ausência de demonstração de que a execução tenha se iniciado no exterior e o resultado ocorrido no Brasil ou vice-versa (TRF4, RSE 200772010003254, Néfi, 7ª T., m., 01/12/2009).

■ 12.8.1.1. *Competência territorial*

De acordo com o STJ: "A competência para processar e julgar os crimes praticados pela internet, dentre os quais se incluem aqueles provenientes de publicação de textos de cunho racista em *sites* de relacionamento, é do local de onde são enviadas as mensagens discriminatórias" (CC 107.938, Mussi, 3ª S., u., 27/10/2010).

Em caso de várias mensagens remetidas por agentes diversos, de locais também diversos, a competência será determinada pelos critérios apontados pelo CPP, arts. 76, III, e 78, II (STJ, CC 102.454, Napoleão, 3ª S., u., 25/03/2009).

■ 12.9. MEDIDAS CAUTELARES

O § 3º do art. 20 assim regula as medidas cautelares:

> § 3º No caso do parágrafo anterior, o juiz poderá determinar, ouvido o Ministério Público ou a pedido deste, ainda antes do inquérito policial, sob pena de desobediência:
>
> I — o recolhimento imediato ou a busca e apreensão dos exemplares do material respectivo;
>
> II — a cessação das respectivas transmissões radiofônicas, televisivas, eletrônicas ou da publicação por qualquer meio;
>
> III — a interdição das respectivas mensagens ou páginas de informação na rede mundial de computadores.

■ 12.10. INAFIANÇABILIDADE

Os crimes de racismo são inafiançáveis, por expressa disposição do inciso XLII do art. 5º da CF (STF, HC 82.424, Corrêa, Pl., 17/09/2003), o que não impede, porém, a concessão de liberdade provisória sem fiança, em caso de prisão em flagrante.

■ 12.11. QUESTÕES

1. (FCC — DPE MT— 2009) A respeito da Lei n. 7.716, de 05/01/1989 e alterações posteriores, que define os crimes resultantes de preconceito de raça ou de cor, considere:

I. A perda do cargo constitui efeito automático da condenação por crime resultante de preconceito de raça ou de cor praticado por servidor público.
II. Constitui crime punido com reclusão de dois a cinco anos e multa, fabricar, comercializar, distribuir ou veicular símbolos, emblemas, ornamentos, distintivos ou propaganda que utilizem a cruz suástica ou gamada, para fins de divulgação do nazismo.
III. A suspensão do funcionamento do estabelecimento particular pelo prazo de três meses constitui efeito automático da condenação por crime resultante de preconceito de raça ou de cor praticado por seu responsável.

Está correto o que se afirma SOMENTE em

a) III.
b) I e II.
c) I e III.
d) II e III.
e) II.

2. (MPE/SP — Promotor — 2006) Tendo em vista a tutela penal relativa aos crimes raciais, analise as seguintes afirmações:

I. A lei brasileira trata igualmente o preconceito derivado de raça, cor, etnia, religião ou procedência nacional.
II. A lei brasileira pune qualquer tipo de preconceito, inclusive quando derivado de culpa.
III. A lei brasileira dá prevalência à proteção aos grupos historicamente estigmatizados pelo preconceito e discriminação raciais.

a) Apenas a afirmativa I é correta.
b) Todas as afirmativas são incorretas.
c) As afirmativas I e III são incorretas.
d) Apenas a afirmativa II é incorreta.
e) As afirmativas II e III são corretas.

3. (CESPE — AGU — 2012) Com relação aos delitos de preconceito e de lavagem de dinheiro e dos delitos contra o sistema financeiro nacional, julgue o próximo item.

O fato de um empresário, por preconceito em relação à cor de determinado empregado, impedir a sua ascensão funcional na empresa, configurará delito contra a organização do trabalho, e não crime resultante de preconceito.

( ) Certo ( ) Errado

4. (VUNESP — TJ-SP — 2013) Nos termos da Lei n. 7.716/1989, a qual versa sobre delitos de preconceito ou discriminação racial, pratica crime aquele que, em virtude de preconceito de raça, impede ou obsta:

a) o acesso de alguém a restaurantes, bares, confeitarias ou locais semelhantes, ainda que não abertos ao público.
b) o acesso de alguém aos veículos de transportes públicos e privados, como aviões, navios, barcos, ônibus, trens, metrô ou qualquer outro meio de transporte.
c) o acesso ou recusa atendimento de alguém em estabelecimentos esportivos, casas de diversões ou clubes sociais, ainda que não abertos ao público.
d) o casamento de alguém, por qualquer meio ou forma, excluindo-se outros modos de convivência familiar e social.
e) o acesso de alguém às entradas sociais de edifícios públicos ou residenciais, bem como aos elevadores ou às escadas desses locais.

5. (FCC — PGE-BA — Analista — 2013) A Lei Federal n. 7.716/89 define como crime as condutas de praticar, induzir ou incitar a discriminação ou preconceito de raça, cor, etnia, religião ou procedência nacional. Quando as condutas são praticadas por intermédio dos meios de comunicação social ou publicação de qualquer natureza, o Juiz poderá determinar

I. o recolhimento imediato ou a busca e apreensão dos exemplares do material respectivo.
II. a cessação das respectivas transmissões radiofônicas, televisivas, eletrônicas ou da publicação por qualquer meio.
III. a interdição das respectivas mensagens ou páginas de informação na rede mundial de computadores.
IV. o chamamento da vítima da discriminação ou preconceito para integrar a ação penal como *amicus curiae*.

Está correto o que se afirma APENAS em

a) I, II e IV.
b) I, II e III.
c) I, III e IV.
d) II, III e IV.
e) I e II.

6. (CESPE — PRF — 2013) Constitui crime o fato de determinado clube social recusar a admissão de um cidadão em razão de preconceito de raça, salvo se o respectivo estatuto atribuir à diretoria a faculdade de recusar propostas de admissão, sem declinação de motivos.

( ) Certo ( ) Errado

7. (FCC — TRT — 2018) Abud, praticante da religião W, servidor público do Ministério M, teve sua promoção obstada em face de sua religião. Apesar de possuir todos os requisitos de habilitação e pela lei ser o momento de sua promoção, soube que a Autoridade com poderes para promovê-lo deliberou por não fazê-lo por preconceito à sua religião. No caso, a motivação de discriminação religiosa para obstar a promoção funcional em órgão da Administração Pública Direta é

a) ilícito civil, ensejando danos morais, apenas.
b) infração meramente administrativa.
c) crime de preconceito de religião.
d) conduta não prevista como crime.
e) infração administrativa e ilícito civil cumuladas, apenas.

8. (CESPE — PM/AL — 2017) De acordo com a Convenção Americana sobre Direitos Humanos, o direito à liberdade de pensamento e de expressão deve ser amplo, mas a lei deve proibir toda apologia ao ódio que constitua incitação à discriminação, à hostilidade, ao crime ou à violência.

( ) Certo ( ) Errado

■ GABARITO ■

1. "e". Lei n. 7.716/89, arts. 16, 18 e 20, § 1º.
2. "a". Lei n. 7.716/89, art. 1º.
3. Errado. Lei n. 7.716/89, art. 4º, § 1º, II.
4. "e". Lei n. 7.716/89, art. 1º.
5. "b". Lei n. 7.716/89, art. 20, § 3º.
6. Errado.
7. "c". Lei n. 7.716/89, art. 3º, parágrafo único.
8. Certo (CADH, art. 13, 5).

13

CRIMES CONTRA O SISTEMA FINANCEIRO NACIONAL LEI N. 7.492/86

13.1. NOÇÃO

Conforme o art. 192 da CF, com a redação dada pela EC n. 40/2003, o Sistema Financeiro Nacional (SFN) deve ser "estruturado de forma a promover o desenvolvimento equilibrado do País e a servir aos interesses da coletividade".

13.2. BEM JURÍDICO

O bem jurídico protegido é o SFN, ou seja, o "conjunto de órgãos que regulamenta, fiscaliza e executa as operações necessárias à circulação da moeda e do crédito na economia"[1].

13.3. CONCEITO DE INSTITUIÇÃO FINANCEIRA

> **Art. 1º** Considera-se instituição financeira, para efeito desta lei, a pessoa jurídica de direito público ou privado, que tenha como atividade principal ou acessória, cumulativamente ou não, a captação, intermediação ou aplicação de recursos financeiros (*vetado*) de terceiros, em moeda nacional ou estrangeira, ou a custódia, emissão, distribuição, negociação, intermediação ou administração de valores mobiliários.

O art. 1º é norma penal explicativa, que delimita a incidência da Lei de Crimes contra o Sistema Financeiro Nacional (LCSFN), a qual, de acordo com sua ementa, "Define os crimes contra o sistema financeiro nacional".

Assim é que, de modo geral, os delitos previstos na LCSFN somente se perfectibilizam quando tais condutas se dão no âmbito do **SFN**, ou, mais restritamente, das **instituições financeiras**. Há expressa menção a tanto nos arts. 3º, 4º, 10, 12, 13, 14, 15, 16, 18, 19 e 20 da Lei em comento. Em outros tantos dispositivos, há menção a **valores mobiliários**, como ocorre nos arts. 2º, 7º, 8º, 9º, 16 e 18. A expressão **sistema financeiro nacional** aparece como elementar no tipo do art. 23. Em outros, **a limitação fica clara pelo sujeito ativo**, como ocorre nos arts. 5º e 17, que somente podem ser cometidos pelas pessoas arroladas no art. 25 da lei.

---

1 Disponível em: <http://www.febraban.org.br/>.

Em alguns dos delitos, porém, **não há menção literal** à *instituição financeira*, ao *sistema financeiro nacional* ou a *valores mobiliários*, tampouco limitação do sujeito ativo, de forma clara. É o que ocorre com os delitos dos arts. 6º, 8º, em sua parte inicial, e 11. Mesmo nestes, porém, interpretada a lei em seu conjunto, é razoável supor que **somente ocorrerão os crimes dessa lei se o fato se der no âmbito de uma instituição financeira ou do SFN**. Caso inexista tal condição, o fato será atípico ou desclassificado para outra norma penal. Assim, por exemplo, não se configura o crime do art. 6º se a indução ou manutenção em erro de sócio, investidor ou repartição pública competente se der no âmbito de uma pessoa jurídica não financeira, ainda que empresária, sendo possível a ocorrência de outro delito.

13.3.1. Instituições financeiras em sentido estrito

Quer dizer, as atividades das instituições financeiras típicas consistem em captação, intermediação ou aplicação de recursos financeiros, conforme quadro abaixo[2]:

ATIVIDADES DAS INSTITUIÇÕES FINANCEIRAS TÍPICAS		
Atividade	**Conceito**	**Exemplo**
CAPTAÇÃO	▪ Ato ou efeito de captar, ou seja, atrair a si, chamar, recolher, cativar, apanhar ou receber os recursos de terceiros. A captação é a operação passiva da instituição financeira.	▪ Depósito bancário
INTERMEDIAÇÃO	▪ Ato ou efeito de intermediar, apresentando-se como sinônimo de mediação ou intercessão. A intermediação é uma atividade que consiste em processar o risco e as informações a respeito do risco, executada pelos intermediários financeiros, ou seja, "instituições que se põem entre os fornecedores e os consumidores de capitais", recebendo a preferência de investidores e tomadores de recursos em virtude da segurança que o alto nível de regulação que sua atividade recebe.	▪ Empréstimos
APLICAÇÃO	▪ Utilização prática, emprego, uso, destino, préstimo ou proveito de algo. No âmbito do mercado financeiro, significa o emprego dos recursos em investimento que propicie ou tenda a propiciar ganho.	▪ Compra de títulos no mercado de valores mobiliários

Da leitura do art. 17 da Lei n. 4.595/64 e do art. 1º da LCSFN, ressai que o conceito de instituição financeira em sentido penal é, ao menos nesse aspecto, mais restrito que aquele da lei disciplinadora do mercado financeiro, uma vez que naquela somente será assim considerada a instituição que operar com recursos de terceiros, enquanto nesta a circunstância de utilizar recursos próprios não afastará a qualidade de instituição financeira. Tanto é assim que a redação originária do art. 1º aludia a recursos "próprios ou de terceiros", tendo sido a expressão "próprios ou" vetada pelo Presidente da República.

Em suma, a atividade financeira, para fins penais, consiste em captação, gestão ou aplicação de **recursos de terceiros**, sendo, nesse ponto, diferente da Lei n. 4.595/64, tendo sido vetado o dispositivo, exatamente nesse ponto, excluindo os investidores individuais.

2 CAMINHA, Uinie. *Securitização*. São Paulo: Saraiva, 2007. p. 17.

13.3.2. Instituições financeiras no mercado de valores mobiliários

Também é instituição financeira a empresa que se dedica a custódia, emissão, distribuição, negociação, intermediação ou administração de **valores mobiliários**.

Custódia é a guarda, com segurança, de alguma coisa, como, no caso do art. 1º da LCSFN, dos títulos e valores mobiliários. Segundo o parágrafo único do art. 24 da Lei n. 6.385/76:

> Considera-se custódia de valores mobiliários o depósito para guarda, recebimento de dividendos e bonificações, resgate, amortização ou reembolso, e exercício de direitos de subscrição, sem que o depositário tenha poderes, salvo autorização expressa do depositante em cada caso, para alienar os valores mobiliários depositados ou reaplicar as importâncias recebidas.

Emissão é a colocação de títulos e valores mobiliários em circulação no mercado.

Distribuição é o conjunto de atividades de colocação de títulos e valores mobiliários à disposição dos investidores.

Negociação é o processo de compra e venda de valores mobiliários.

Intermediação é a atividade de aproximação entre poupadores e investidores, exercida pelas sociedades corretoras e distribuidoras de títulos, bem como por agentes autônomos de investimento e bancos comerciais.

Administração é a gestão de negócios públicos ou privados, que, no âmbito do mercado de valores mobiliários, traduz-se na gestão do patrimônio da própria instituição e dos fundos nela depositados.

13.3.2.1. Conceito de valores mobiliários

Valores mobiliários são títulos oferecidos publicamente para a **captação de recursos de investidores**. O art. 2º da Lei n. 6.385/76, com a redação dada pela Lei n. 10.303/2001, arrola como valores mobiliários:

> I — as ações, debêntures e bônus de subscrição;
>
> II — os cupons, direitos, recibos de subscrição e certificados de desdobramento relativos aos valores mobiliários referidos no inciso I;
>
> III — os certificados de depósito de valores mobiliários;
>
> IV — as cédulas de debêntures;
>
> V — as cotas de fundos de investimento em valores mobiliários ou de clubes de investimento em quaisquer ativos;
>
> VI — as notas comerciais;
>
> VII — os contratos futuros, de opções e outros derivativos, cujos ativos subjacentes sejam valores mobiliários;
>
> VIII — outros contratos derivativos, independentemente dos ativos subjacentes;
>
> IX — quando ofertados publicamente, quaisquer outros títulos ou contratos de investimento coletivo, que gerem direito de participação, de parceria ou de remuneração, inclusive resultante de prestação de serviços, cujos rendimentos advêm do esforço do empreendedor ou de terceiros.

A **oferta ou emissão pública**, mencionada no inciso IX, caracteriza a captação de recursos de terceiros ou da poupança popular, bem jurídico protegido pela LCS-FN. De acordo com o § 3º do art. 19 da Lei n. 6.385/76:

> § 3º Caracterizam a emissão pública:
>
> I — a utilização de listas ou boletins de venda ou subscrição, folhetos, prospectos ou anúncios destinados ao público;
>
> II — a procura de subscritores ou adquirentes para os títulos por meio de empregados, agentes ou corretores;
>
> III — a negociação feita em loja, escritório ou estabelecimento aberto ao público, ou com a utilização dos serviços públicos de comunicação.

O § 1º do art. 2º da Lei n. 6.385/76, com a redação dada pela Lei n. 10.303/2001, exclui do conceito de valores mobiliários sujeitos ao regime da lei os títulos públicos, bem como os metais preciosos e as mercadorias.

13.3.2.2. Criptoativos

Criptoativos ou criptomoedas "são ativos virtuais, protegidos por criptografia, presentes exclusivamente em registros digitais, cujas operações são executadas e armazenadas em uma rede de computadores" (Disponível em: <https://www.investidor.gov.br/portaldoinvestidor/export/sites/portaldoinvestidor/publicacao/Alertas/alerta_CVM_CRIPTOATIVOS_10052018.pdf>. Acesso em: 20 abr. 2020).

Conforme decidido pelo STJ: "as moedas virtuais não são tidas pelo Banco Central do Brasil (BCB) como moeda, nem são consideradas como valor mobiliário pela Comissão de Valores Mobiliários (CVM), não caracterizando sua negociação, por si só, os crimes tipificados nos arts. 7º, II, e 11, ambos da Lei n. 7.492/1986, nem mesmo o delito previsto no art. 27-E da Lei n. 6.385/1976" (STJ, CC n. 161.123, 3ª S., Reis, *DJe* 05/12/2018).

No entanto, caso os criptoativos sejam distribuídos de forma a caracterizar oferta pública e captação de investimento público, poderão ser considerados valores mobiliários, na forma do § 3º do art. 19 da Lei n. 6.385/79, bem como meio para a prática de crimes contra o SFN, nomeadamente aqueles dos arts. 4º, 5º, 7º, 11 e 16 (STJ, HC 530.563, Reis, 6ª T., 05/03/2020).

13.3.3. Instituições financeiras por equiparação

> **Art. 1º, parágrafo único.** Equipara-se à instituição financeira:
> I — a pessoa jurídica que capte ou administre seguros, câmbio, consórcio, capitalização ou qualquer tipo de poupança, ou recursos de terceiros;
> II — a pessoa natural que exerça quaisquer das atividades referidas neste artigo, ainda que de forma eventual.

Segundo o art. 757 do CC:

Pelo contrato de **seguro**, o segurador se obriga, mediante o pagamento do prêmio, a garantir interesse legítimo do segurado, relativo a pessoa ou a coisa, contra riscos predeterminados.

Câmbio é a operação de troca de moeda de um país pela moeda de outro país, seja no chamado **câmbio manual**, em que há entrega imediata da moeda ao comprador, seja no **câmbio sacado** ou trajetício, utilizado especialmente em operações de importação ou exportação, no qual a entrega da moeda poderá ocorrer em data futura e mesmo em local diverso.

Conforme o art. 2º da Lei n. 11.795/2008:

> **Consórcio** é a reunião de pessoas naturais e jurídicas em grupo, com prazo de duração e número de cotas previamente determinados, promovida por administradora de consórcio, com a finalidade de propiciar a seus integrantes, de forma isonômica, a aquisição de bens ou serviços, por meio de autofinanciamento.

> **Capitalização** é um produto em que parte dos pagamentos realizados pelo subscritor é usada para formar um capital, segundo cláusulas e regras aprovadas e mencionadas no próprio título (Condições Gerais do Título) e que será pago em moeda corrente num prazo máximo estabelecido.
> O restante dos valores dos pagamentos é usado para custear os sorteios, quase sempre previstos neste tipo de produto, e as despesas administrativas das sociedades de capitalização[3].

De acordo com o sítio do BC:

> A caderneta de poupança é uma modalidade de aplicação financeira cujos recursos são aplicados no Sistema Financeiro da Habitação e em crédito rural. Caracteriza-se pelo pagamento de uma taxa de juros fixa, atualmente de 6% a.a., acrescida da correção do saldo aplicado pela Taxa Referencial (TR)[4].

O dispositivo deixa aberta a possibilidade de interpretação analógica, para incluir qualquer forma de depósito remunerado, ou seja, **qualquer tipo de poupança, ou recursos de terceiros**.

Veja-se que em todas essas atividades remanesce a ideia da **operação com valores de terceiros**.

■ 13.3.4. Casuística

Passamos a examinar, agora, alguns casos que podem gerar dúvida ou controvérsia quanto à qualificação como instituição financeira, iniciando por aqueles que se incluem no conceito.

■ *13.3.4.1. "Doleiros"*

São equiparados a instituições financeiras, com fundamento no inciso II do parágrafo único do art. 1º da LCSFN, em razão da dimensão que têm as transferências de valores

---

3 Disponível em: < http://www.susep.gov.br/>.

4 Disponível em: <http://www4.bcb.gov.br/>.

à margem do sistema oficial, levadas a efeito por **doleiros**, motivo pelo qual devem ser considerados instituições financeiras, tanto em caso de pessoa física quanto de "pessoas jurídicas que realizam operações de câmbio" (STJ, RHC 9.281, Dipp, 5ª T., u., 13/09/2000).

13.3.4.2. Empresas de cartão de crédito

Conforme a Súmula 283 do STJ: "As empresas administradoras de cartão de crédito são instituições financeiras e, por isso, os juros remuneratórios por elas cobrados não sofrem as limitações da Lei de Usura".

13.3.4.3. Empresas de previdência privada

Os Fundos de Pensão são considerados instituições financeiras por equiparação, uma vez que captam e administram recursos financeiros de seus associados (STF, RHC 85.094, Gilmar Mendes, 2ª T., u., 15/02/2005; STF, HC 95.515, Ellen, 2ª T., u., 30/09/2008; STJ, HC 33.674, Carvalhido, 6ª T., u., 25/05/2004; STJ, HC 26.288, Carvalhido, 6ª T., u., 03/02/2005), seja a entidade fechada ou aberta.

13.3.4.4. Operadoras de planos de saúde

A jurisprudência vem se consolidando no sentido de equiparar as operadoras de planos de saúde às instituições financeiras (TRF2, AC 201051018098980, Abel, 1ª TE, *DJ* 16/12/2014; TRF2, RSE 200950010044898, Granado, 1ª TE, *DJ* 27/04/2010; TRF3, AC 00066533120114036105, Fontes, 5ª T., m., 23/03/2015).

13.3.4.5. Agiota

Tendo em vista que o traço distintivo essencial da instituição financeira para fins penais é a circunstância de operar com valores de terceiros, não será considerado instituição financeira o agiota, que empresta dinheiro com recursos próprios, mediante a cobrança de juros, ainda que superiores à taxa legal, que poderá responder pelo crime de usura, descrito no art. 4º da Lei de Economia Popular, de competência da JE (STF, RHC 66.045, Passarinho, Pl., u., *DJ* 23/09/1988; STJ, CC 21.358, Gonçalves, 3ª S., u., *DJ* 17/02/1999). Assim também quando a prática for de troca de cheques com cobrança de juros, por pessoa física, sem a evidência de utilização de recursos de terceiros (STJ, CC 162257, Néfi, 3ª S., 12/06/2019).

Não assim, porém, quando há captação de recursos de terceiros, que depois são mutuados (TRF2, AC 20010201032332-6, 2ª T., u., 19/11/2002; TRF4, HC 98.04.04410-2, Escobar, 2ª T., m., 19/02/1998; TRF4, AC 20007113000264-5, Rosa, 7ª T., u., 29/10/2002).

13.3.4.6. Empresas de faturamento mercantil

Não são consideradas instituições financeiras as empresas de *factoring* ou faturamento mercantil, uma vez que não praticam atos próprios de instituições financeiras (STJ, HC 7.463, Fischer, 5ª T., u., *DJ* 22/02/1999). Com efeito, embora o empréstimo e o desconto de títulos sejam atividades típicas de instituição financeira, "o *factoring* distancia-se da instituição financeira justamente porque seus negócios não se abrigam no direito de regresso e nem na garantia representada pelo aval ou endosso" (STJ, ROHC 6.394, Gonçalves, 6ª T., u., 09/06/1997).

■ 13.3.4.7. *Estados-membros*

Já se afirmou a impossibilidade de equiparação do Estado-membro à instituição financeira, sob pena de violação do princípio da reserva legal (STF, Inq. 1.690, Velloso, 04/12/2003; AP 351, M. Aurélio, Pl., u., 12/08/2004).

■ 13.3.4.8. *Instituição financeira estrangeira*

Não incide a lei brasileira se a instituição financeira administrada fraudulentamente está localizada no exterior, pois o objeto da proteção é o SFN e não se trata de caso de extraterritorialidade da lei brasileira (STJ, REsp 1.181.572, Reis, 6ª T., 07/11/2012; TRF4, HC 2006.04.00.007054-5, Élcio, 8ª T., *DJ* 16/08/2006; TRF4, AC 0013222-96.2004.404.7000, Salise [Conv.], *DJ* 20/06/2013).

■ 13.3.4.9. *Empresa simples de crédito*

Não é considerada instituição financeira a Empresa simples de crédito, regulada pela LC n. 167/2019, uma vez que deve atuar exclusivamente com recursos próprios (LC n. 167/2019, art. 1º), a não ser que passe a efetuar captação de recursos de terceiros, caso em que será considerada uma instituição financeira irregular, sujeita às penas do art. 16 da LCSFN (LC n. 167/2019, art. 3º, I).

■ 13.3.5. Quadros-resumo — instituição financeira

a) Instituição Financeira Típica (LCSFN, art. 1º, *caput*)

Objeto: Recursos Financeiros de Terceiros

PESSOA JURÍDICA	ATIVIDADE	ATIVIDADE	MOEDA
■ De Direito Público	■ Principal	■ Captação	■ Nacional
■ De Direito Privado	■ Acessória	■ Intermediação	■ Estrangeira
	■ Cumulativa ou não	■ Aplicação	

b) Instituição Financeira no Mercado de Valores Mobiliários (LCSFN, art. 1º, *caput*)

Objeto: Títulos e Valores Mobiliários

PESSOA JURÍDICA	ATIVIDADE	ATIVIDADE
■ De Direito Público	■ Principal	■ Custódia
■ De Direito Privado	■ Acessória	■ Emissão

	■ Cumulativa ou não	■ Distribuição
		■ Negociação
		■ Intermediação
		■ Administração

c) Instituição Financeira por Equiparação (LCSFN, art. 1º, parágrafo único)

PESSOA	ATIVIDADE	ATIVIDADE	ATIVIDADE
■ Jurídica	■ Permanente	■ Captação	■ Seguro
■ Física	■ Eventual	■ Administração	■ Câmbio
			■ Consórcio
			■ Capitalização
			■ Qualquer tipo de poupança ou recursos de terceiros

■ 13.4. SUJEITO ATIVO

> **Art. 25.** São penalmente responsáveis, nos termos desta lei, o controlador e os administradores de instituição financeira, assim considerados os diretores, gerentes (*vetado*).
> § 1º Equiparam-se aos administradores de instituição financeira (*vetado*) o interventor, o liquidante ou o síndico.

O art. 25 da LCSFN **não determina responsabilização objetiva**, de modo que a sua existência não dispensa a comprovação de que o agente contribuiu para o crime, atuando efetivamente na administração da instituição financeira (STJ, HC 9.031, Carvalhido, 6ª T., u., *DJ* 13/12/1999).

O dispositivo também **não torna especiais todos os crimes** previstos na Lei, até porque, nos crimes praticados no âmbito do SFN, a instituição financeira pode figurar como: a) "agente" do crime, por meio de seus representantes, lesando terceiros, estranhos à instituição financeira; b) vítima do crime; c) autor e vítima, quando o fato é praticado por um agente interno à instituição lesada; d) instrumento para a prática do crime, como se dá nos delitos de lavagem de dinheiro[5].

Na lei brasileira, são crimes cometidos por prepostos da instituição financeira, tendo terceiros por vítimas, aqueles dos arts. 4º a 11, 16 e 17 da LCSFN. Já os crimes dos arts. 2º, 3º, 14, 19 e 20 são delitos em que a instituição financeira desponta como vítima, podendo ocorrer a participação ou coautoria de pessoas internas à instituição.

De todo modo, em razão do disposto no art. 25 da LCSFN, considera-se que alguns dos crimes contra o SFN são próprios, somente podendo ser cometidos pelos controladores, administradores, gerentes, diretores, interventores, liquidantes (TRF2,

[5] DOLCINI, Emilio; PALIERO, Carlo Enrico. *Direito penal bancário*. Tradução de Rodrigo Régnier Chemin Guimarães. 2. ed. Curitiba: Juruá, 2003. p. 20.

HC 20050201013175-3, Abel Gomes, 1ª TE, u., 15/02/2006) ou administradores judiciais de massa falida de instituição financeira. Assim se dá quando há referência expressa, como nos arts. 5º e 17, ou quando a condição de administrador é decorrência lógica da estrutura do tipo, como nos arts. 4º, 6º, 9º e 11.

Controlador é aquele que detém a maioria das quotas ou ações da sociedade (LSA, art. 116), detendo o controle acionário, ainda que não exerça função direta de administração, mas dispondo, na condição de proprietário do capital, de poder de mando na instituição.

O **administrador** é aquele que gera ou administra, em razão de nomeação no contrato social ou por outro ato, na condição de procurador, diretor nomeado em assembleia, diretor empregado, ou mesmo administrador de fato. (TRF4, AC 0009038-83.2007.404.7100, Paulsen, 8ª T., *DJ* 13/05/2014).

O **diretor** é o administrador da instituição financeira cujo nome deve ser submetido à homologação pelo órgão fiscalizador.

Interventor é o encarregado da administração em caso de decretação da intervenção na instituição (Lei n. 6.024/76, art. 8º e ss.).

Liquidante (Lei n. 6.024/76, art. 16) é o encarregado da liquidação extrajudicial, modalidade específica de dissolução das instituições financeiras, que somente estão sujeitas à falência de modo subsidiário, como se verá, adiante, no exame dos delitos dos arts. 12 a 15.

Síndico era o encarregado da massa falida da instituição, na terminologia da antiga lei de falências (Decreto-lei n. 7.661/45), que corresponde ao **administrador judicial** da Lei n. 11.101/2005.

13.4.1. Gerentes

Conforme o art. 1.172 do CC: "Considera-se gerente o preposto permanente no exercício da empresa, na sede desta, ou em sucursal, filial ou agência".

Discute-se, no entanto, o âmbito de abrangência do art. 25 da LCSFN quanto ao *gerente*, havendo duas posições.

Para a primeira, que consideramos acertada, o vocábulo gerente inclui tanto o administrador da instituição, como um todo, quanto o gerente de sucursal, filial ou agência, como mencionado no CC[6].

Para a segunda, o art. 25 somente seria aplicável se o gerente em questão fosse o administrador de toda uma instituição financeira, partindo da premissa de que só há crime contra o SFN quando for afetado ou colocado em risco o sistema financeiro, em seu conjunto. Em minha posição, o gerente de agência está abrangido pelo dispositivo, podendo responder por crimes como apropriação indébita (art. 5º) ou gestão fraudu-

6 STJ, CC 11.969, Adhemar Maciel, 3ª S., u., 12/06/1996; RUIVO, Marcelo Almeida. *Criminalidade financeira. Contribuição à compreensão da gestão fraudulenta.* Porto Alegre: Livraria do Advogado, 2011. p. 151.

lenta (art. 4º), sendo desnecessária a afetação ou risco ao sistema financeiro como um todo. Temos que esse entendimento confere maior grau de proteção ao bem jurídico.

13.4.2. Membro do conselho de administração

A parte vetada do art. 25 tratava dos **membros de conselhos estatutários**, que não poderiam, em tese, ser autores dos crimes próprios previstos na lei, o que, de todo modo, é de pequena relevância prática, pois, em regra, as denúncias são dirigidas contra os administradores.

13.5. SUJEITO PASSIVO

Sujeito passivo principal é a União Federal (STJ, CC 5.845, Anselmo Santiago, 3ª S., u., 17/11/1994) ou Estado, sendo que, secundariamente, porém, poderão existir outras vítimas, prejudicadas concretamente (TRF3, AC 200603990372984, Cecília Mello, 2ª T., u., 11/05/2010).

13.6. FABRICAÇÃO NÃO AUTORIZADA DE PAPEL REPRESENTATIVO DE VALOR MOBILIÁRIO (ART. 2º)

> **Art. 2º** Imprimir, reproduzir ou, de qualquer modo, fabricar ou pôr em circulação, sem autorização escrita da sociedade emissora, certificado, cautela ou outro documento representativo de título ou valor mobiliário:
> Pena — reclusão, de 2 (dois) a 8 (oito) anos, e multa.

13.6.1. Sujeito ativo

O crime é comum, podendo ser praticado por qualquer pessoa.

13.6.2. Tipo objetivo

13.6.2.1. Tipo básico (caput)

Imprimir é gravar por meio de pressão, imprensar, estampar e ainda produzir cópias por impressão, inclusive através de uma impressora ligada a um computador.

Reproduzir, aqui, tem o sentido de copiar, imitar, repetir, reeditar, retratar ou representar.

Fabricar é produzir em fábrica ou através de meios mecânicos, manufaturar, inventar, engendrar, originar.

Pôr em circulação traduz a ideia de colocar no mercado, fazer circular, lançar, sendo o tipo, no particular, aberto pela possibilidade de interpretação analógica, em virtude do uso da expressão *de qualquer modo*.

Objeto material é o certificado, cautela ou outro documento representativo de título ou valor mobiliário.

Certificado é o "Documento que comprova a propriedade e a existência de determinado valor mobiliário"[7].

[7] Disponível em: <http://bovespa.com.br>. V. arts. 23, 24, 43, 49 e 64 da LSA.

Cautela é o "Certificado provisório de determinado número de ações ou debêntures"[8].

Também quanto ao objeto é admitida a **interpretação analógica**, pois o tipo faz referência a **outro documento representativo de título ou valor mobiliário**[9].

Tendo em vista a possibilidade de interpretação analógica, mesmo em caso de ações escriturais, em relação às quais não há emissão de certificado, sendo mantidas em contas de depósitos (LSA, art. 34), é possível o crime se a conduta for praticada em relação ao registro ou ao extrato da conta de depósito, que pode ser considerado documento representativo de título ou valor mobiliário.

Também podem ser objeto do crime os certificados, cautelas ou documentos representativos eletrônicos, tendo em vista, em primeiro lugar, o art. 225 do CC, que equipara ao documento as "reproduções fotográficas, cinematográficas, os registros fonográficos e, em geral, quaisquer outras reproduções mecânicas ou eletrônicas de fatos ou de coisas", restando, portanto, equiparadas a documentos para fins penais (STF, RHC 95.689, Grau, 2ª T., u., 02/09/2008). Em segundo lugar, de lembrar o art. 10 da MP 2.200-2/2001, assim redigido:

> Art. 10. Consideram-se documentos públicos ou particulares, para todos os fins legais, os documentos eletrônicos de que trata esta Medida Provisória.
>
> § 1º As declarações constantes dos documentos em forma eletrônica produzidos com a utilização de processo de certificação disponibilizado pela ICP-Brasil presumem-se verdadeiras em relação aos signatários, na forma do art. 131 da Lei n. 3.071, de 1º de janeiro de 1916 — Código Civil.
>
> § 2º O disposto nesta Medida Provisória não obsta a utilização de outro meio de comprovação da autoria e integridade de documentos em forma eletrônica, inclusive os que utilizem certificados não emitidos pela ICP-Brasil, desde que admitido pelas partes como válido ou aceito pela pessoa a quem for oposto o documento.

O delito é caracterizado pela **ausência de autorização escrita da sociedade emissora**, ou seja, da companhia responsável pela colocação dos títulos no mercado, de modo que tanto poderá ocorrer pela falsidade em si na elaboração dos títulos quanto pela ausência de autorização escrita, ou seja, quando esta foi autorizada de forma verbal ou tácita. À primeira vista, parece que não haveria crime pela mera ausência formal da autorização escrita da sociedade emissora, caso os títulos tenham sido impressos com a sua anuência. Se assim fosse, porém, não haveria sentido na existência da modalidade *colocar em circulação*, pois as condutas de *emitir, oferecer* ou *negociar* títulos falsos ou falsificados já são incriminadas pelo art. 7º, I. Desse modo, tendo em vista a regularidade formal do procedimento, parece que a mera ausência da autorização escrita da sociedade emissora já é suficiente para a caracterização do crime, ainda que exista anuência verbal ou tácita, o que poderia, porém, ser questionado do ponto de vista da falta de lesividade para o bem jurídico protegido pela norma.

---

8 Disponível em: <http://bovespa.com.br>. V. art. 25 da LSA.

9 Sobre o conceito de título ou valor mobiliário, v., acima, comentário ao art. 1º.

O tipo derroga o § 2º do art. 297 do CP na parte em que equipara ao documento público a ação de S.A., pois sua falsificação passou a estar prevista na lei especial.

■ 13.6.2.2. Tipo derivado (parágrafo único)

> **Art. 2º** (...)
> Parágrafo único. Incorre na mesma pena quem imprime, fabrica, divulga, distribui ou faz distribuir prospecto ou material de propaganda relativo aos papéis referidos neste artigo.

No tipo derivado, as condutas são **imprimir** e **fabricar**, também presentes no *caput* e ali comentadas, as quais se somam às condutas de *divulgar, distribuir* ou *fazer distribuir*.

Divulgar é dar publicidade, tornar público, dar a saber, espalhar, o que pode ser feito verbalmente, por intermédio da rede mundial de computadores ou dos meios de comunicação.

Distribuir é entregar ou dar a várias pessoas, repartir, espalhar, colocar à disposição.

Já **fazer distribuir** consiste em praticar os mesmos atos por pessoas interpostas, e não diretamente.

O objeto material, aqui, já não é o documento representativo de valor mobiliário, mas o **impresso de propaganda**, que poderá ser um prospecto (LSA, art. 84), cartaz, folheto etc. A importância do material de propaganda é a caracterização da oferta ou emissão pública (Lei n. 6.385/76, art. 19, § 3º, I, e § 7º), e em consequência da captação de valores de terceiros, a possibilitar a ofensa ao bem jurídico protegido pela norma.

■ 13.6.3. Tipo subjetivo

É o dolo. Não há forma culposa.

■ 13.6.4. Consumação

Com a mera impressão, reprodução ou fabricação, independentemente de colocação em circulação ou distribuição, caso em que haverá progressão criminosa ou crime progressivo. O crime é formal, não se exigindo prejuízo efetivo para terceiros.

■ 13.6.5. Tentativa

As modalidades *imprimir, reproduzir* e *fabricar* são plurissubsistentes e admitem tentativa.

Já as modalidades *pôr em circulação, divulgar, distribuir* ou *fazer distribuir*, que não comportam cisão do *iter criminis*, não podem ser objeto de tentativa[10].

■ 13.6.6. Distinções

O delito em exame é uma forma específica de falsidade, quando os títulos forem emitidos sem autorização ou conhecimento da sociedade emissora. Há um conflito,

---

[10] PRADO, Luiz Regis. *Direito penal econômico*. São Paulo: RT, 2004. p. 220.

aqui, com o art. 7º, I, que incrimina as condutas de emitir, oferecer ou negociar, de qualquer modo, títulos falsos ou falsificados.

A primeira distinção a ser observada é que, no art. 2º, é incriminada a conduta de imprimir, reproduzir ou fabricar os títulos sem autorização, aproximando-se dos crimes de falsificação (CP, arts. 297 a 299), enquanto no art. 7º os títulos preexistem e são emitidos, oferecidos ou negociados sem autorização, de modo análogo ao delito de uso de documento falso (CP, art. 304). Haveria, de todo modo, uma sobreposição entre as condutas de pôr em circulação certificado ou cautela sem autorização escrita (art. 2º) e emitir, oferecer ou negociar título falso ou falsificado (art. 7º). Assim, a não ser que se entenda que a mera impressão sem o requisito formal da autorização escrita é suficiente para caracterizar o crime do art. 2º, haveria identidade entre os tipos.

De lembrar, ainda, o delito do inciso I do § 1º do art. 177 do CP.

13.6.7. Concurso de crimes

Se o mesmo agente imprime ou reproduz certificado, cautela ou documento representativo sem a autorização escrita da emissora e depois o coloca em circulação, há somente um crime.

Idêntico raciocínio se aplica ao caso daquele que imprime ou fabrica e depois divulga, distribui ou faz distribuir o material de propaganda.

13.7. DIVULGAÇÃO DE INFORMAÇÃO FALSA OU PREJUDICIALMENTE INCOMPLETA (ART. 3º)

> **Art. 3º** Divulgar informação falsa ou prejudicialmente incompleta sobre instituição financeira:
> Pena — reclusão, de 2 (dois) a 6 (seis) anos, e multa.

13.7.1. Sujeito ativo

O crime é comum, podendo ser praticado por qualquer pessoa.

13.7.2. Tipo objetivo

Divulgar é dar publicidade, tornar público, dar a saber, espalhar, o que pode ser feito verbalmente, pela rede mundial de informações ou por meios de comunicação.

Haverá crime na divulgação tanto de informação **falsa** ou inverídica como daquela que, não sendo falsa, omite dado essencial, de modo a causar prejuízo, ou seja, **prejudicialmente incompleta** na dicção do tipo legal.

A ideia subjacente à incriminação é a necessidade de uma especial proteção da confiança no sistema financeiro, pois a divulgação de uma informação falsa sobre a saúde da instituição financeira pode provocar a corrida dos correntistas à instituição para sacarem seus valores, trazendo prejuízo efetivo à instituição e ao sistema[11]. Sen-

[11] MAIA, Rodolfo Tigre. *Dos crimes contra o sistema financeiro nacional.* Anotações à Lei Federal n. 7.492/86. São Paulo: Malheiros, 1996. p. 48.

do assim, não há crime na divulgação da informação negativa, mas verdadeira, no sentido de que a empresa realmente tem problemas, pois há interesse do mercado e do público investidor no acesso à informação sobre as instituições.

13.7.3. Tipo subjetivo

É o dolo, entendido como a vontade livre e consciente de divulgar a informação falsa ou prejudicialmente incompleta. Exige-se, ainda, que a divulgação se dê com o intuito de causar prejuízo (TRF3, AC 19996181003808-8, Suzana Camargo, 5ª T., u., 04/12/2006), não havendo crime se o ânimo do agente é de mera narração ou informação.

13.7.4. Consumação

O delito é de mera conduta, consumando-se, portanto, com a simples divulgação, independentemente de qualquer resultado naturalístico (TRF2, AP 20020201040573-6, Chalu Barbosa, OE, u., 27/02/2003; TRF3, AC 20006181001250-0, Nabarrete, 5ª T., u., 01/09/2003).

13.8. GESTÃO FRAUDULENTA (ART. 4º, *CAPUT*)

> **Art. 4º** Gerir fraudulentamente instituição financeira:
> Pena — reclusão, de 3 (três) a 12 (doze) anos, e multa.

13.8.1. Sujeito ativo

Cuida-se de crime próprio, que somente pode ser praticado pelas pessoas elencadas no art. 25 da LCSFN.

Tendo em vista o disposto no art. 30 do CP, **comunica-se a circunstância de caráter pessoal aos coautores**, sejam eles empregados da instituição financeira, ou mesmo particulares, uma vez que a qualidade de administrador é elementar do delito (STF, HC 89.364, Barbosa, 2ª T., u., 23/10/2007; STJ, HC 104.447, Rosa Weber, 1ª T., 12/09/2017; STJ, REsp 575.684, Carvalhido, 6ª T., m., 04/10/2005; STJ, HC 351960, Reis, 6ª T., 20/06/2017).

Em sentido contrário, afirmando tratar-se de **crime de mão própria**, de modo que por ele não poderiam responder os particulares, sequer em coautoria, em solução que contraria a sistemática do CP, tomada por escassa maioria: STF, HC 93.553, M. Aurélio, Pl., m., 07/05/2009, *Mensalão*. Desse modo, os particulares poderiam responder, eventualmente, pelo crime do art. 19 (TRF4, AC 200070070012480, Penteado, 8ª T., m., 26/08/2009).

13.8.2. Tipo objetivo

13.8.2.1. Constitucionalidade

Discutiu-se a constitucionalidade dos tipos do art. 4º da LCSFN, ao argumento de que seriam excessivamente abertos.

No entanto, não há inconstitucionalidade, uma vez que certa indeterminação é própria da linguagem, não havendo, no tipo em questão, ofensa ao princípio da legalidade estrita ou taxatividade, mas mero emprego de elemento normativo do tipo, que não constitui exclusividade do delito ora comentado, o qual é, de resto, perfeitamente compreensível (STJ, HC 38.385, Lima, 5ª T., u., 15/02/2005). Com efeito, há outros tipos com elementos normativos, a demandar maior esforço interpretativo, como é o caso dos crimes contra a honra, ao mencionar *dignidade* e *decoro*, por exemplo.

■ 13.8.2.2. Condutas

Gerir consiste em dirigir, sendo aqui entendida a conduta daquele que exerce o controle ou tem gerência sobre a instituição financeira ou parte dela.

Fraude é todo ato de má-fé, praticado com o fim de enganar ou prejudicar terceiro; é o engano ou logro.

Gerir fraudulentamente, então, é administrar com má-fé, de forma dirigida ao engano de terceiros, sejam eles sócios, empregados, investidores, clientes ou a fiscalização.

A Instrução CVM 8/79 conceitua como "operação fraudulenta no mercado de valores mobiliários aquela em que se utilize ardil ou artifício destinado a induzir ou manter em erro, com a finalidade de se obter vantagem ilícita de natureza patrimonial para as partes na operação, para o intermediário ou para terceiros".

Somente há crime se a gestão fraudulenta se dá em **instituição financeira**, nos termos em que conceituada pelo art. 1º da LCSFN. Não se exige, porém, que se trate de instituição financeira regular, autorizada a funcionar, podendo haver concurso formal com o crime do art. 16 se a instituição financeira não é autorizada.

■ 13.8.2.3. Habitualidade

Sobre a necessidade de pluralidade de atos ou habitualidade para a caracterização do delito em exame, há três posições.

Para a primeira, predominante nos Tribunais Superiores, **o delito não requer habitualidade**, podendo restar caracterizado com a prática de um ato isolado (STF, HC 89.364, Barbosa, 2ª T., u., 23/10/2007; STJ, HC 284.546, Mussi, 5ª T., 01/03/2016). Já se afirmou, ainda, que o crime seria acidentalmente habitual ou **habitual impróprio**, de modo que a reiteração das condutas não implicaria concurso de crimes (STF, HC 89.364, Barbosa; STJ, REsp 200701930872, Mussi, 5ª T., u., 19/10/2010).

Variante de tal posição admite a gestão fraudulenta consubstanciada em ato isolado, desde que tenha levado a instituição à falência ou à insolvência (TRF3, AC 19990399110790-6, Sanctis [Conv.], 5ª T., u., *DJ* 24/06/2003).

Para a terceira posição, que adotamos, a utilização do verbo *gerir* dá a ideia de que o crime só incide se houver um conjunto de atos espaçados no tempo, cuidando--se de **crime que requer a habitualidade** da fraude para sua configuração. Não restará tipificada a conduta com a prática de **um só ato**, ainda que fraudulento e exponha a instituição financeira a perigo. Em caso de atos isolados, poderão ocorrer, conforme o caso, os delitos dos arts. 6º, 9º, 10, ou 11. Do contrário, havendo pluralidade de atos, tais crimes restarão absorvidos pela gestão fraudulenta, que é mais grave, consubstanciada a fraude nas próprias condutas descritas nos tipos derivados. Essa é justamente a razão de ser a gestão fraudulenta apenada mais gravemente que aqueles delitos, observado que, ao contrário do que se dava na formulação da Lei n. 1.521/51, art. 3º, IX, o crime de gestão fraudulenta ou temerária não mais pressupõe a insolvência ou falência da companhia[12].

■ *13.8.2.4. Instituição financeira irregular*

O delito tanto poderá ocorrer em instituição financeira regular, autorizada, quanto naquela que funciona sem autorização, caso em que haverá concurso formal com o delito do art. 16 (STF, HC 93.368, Fux, 1ª T., u., 09/08/2011; STF, RHC 117.270 AgR, Mello, 2ª T., u., 06/10/2015; STJ, HC 221.233, Mussi, 5ª T., 20/11/2012). A interpretação contrária, ao argumento de que o art. 4º está dirigido somente a instituições regulares, acaba por deixar aquele que atua irregularmente em situação privilegiada.

■ 13.8.3. Tipo subjetivo

É o dolo, entendido como a vontade livre e consciente de praticar os atos fraudulentos, sendo desnecessário qualquer outro elemento subjetivo do tipo, como a vontade de causar prejuízo (STF, HC 87.440, Britto, 1ª T., u., 08/08/2006).

Não há forma culposa.

■ 13.8.4. Consumação

O delito é **formal** e **de perigo**, sendo **desnecessária a efetiva ocorrência de dano** ou outro resultado material externo à conduta do agente para sua consumação (STF, HC 95.515, Ellen, 2ª T., u., 30/09/2008). Tanto é assim que não mais figura no tipo a elementar que exigia falência ou insolvência, presente na Lei n. 1.521/51, art. 3º, X.

Claro está que o fato de sobrevir dano ou mesmo a liquidação ou insolvência não afastarão o crime.

■ 13.8.5. Distinções

■ *13.8.5.1. Gestão temerária*

A gestão fraudulenta, marcada pelo ardil, engodo, fraude, enganação, não se confunde com a gestão temerária, que é aquela excessivamente ousada, impetuosa.

■ *13.8.5.2. Estelionato*

A gestão fraudulenta não requer, ao contrário do estelionato, obtenção de vantagem ilícita, nem o prejuízo a vítimas identificadas ou identificáveis (TRF3, AC 20040399014442-5, Johonsom, 1ª T., u., 07/08/2007).

---

[12] Nesse sentido: TRF3, HC 96.03.077760-9, Sylvia Steiner; TRF4, AC 200170010038810, Néfi, 7ª T., u., 02/06/2009. Esta corrente é majoritária na doutrina, conforme SILVA, Antônio Carlos Rodrigues da. *Crimes do colarinho branco*. Brasília: Brasília Jurídica, 1999. p. 48; TÓRTIMA, José Carlos. *Crimes contra o sistema financeiro nacional*. Rio de Janeiro: Lumen Juris, 2000. p. 52.

13.8.6. Concurso de crimes

Embora o crime possa ser perpetrado mediante uma conduta isolada, a sua reiteração não determinaria a existência de concurso de crimes, ao argumento de que o delito é acidentalmente habitual ou habitual impróprio (STF, HC 89.364, Barbosa, 2ª T., u., 23/10/2007; STJ, REsp 200701930872, Mussi, 5ª T., u., 19/10/2010).

13.8.6.1. Concurso aparente

O delito em análise absorve aqueles dos arts. 6º, 11 e 17 da LCSFN, bem como a falsidade ideológica sempre que as fraudes que caracterizariam a ocorrência de tais delitos sirvam exatamente à caracterização da *gestão fraudulenta*, sendo caso de consunção (STJ, REsp 575.684, Carvalhido, 6ª T., u., 04/10/2005; STJ, HC 351.960, Reis, 6ª T., 20/06/2017).

13.8.6.1.1. Gestão temerária

Há duas posições.

Para a primeira, sendo distintos os fatos, ainda que contemporâneos, admite-se o concurso material entre gestão fraudulenta e temerária, na mesma instituição financeira (STJ, HC 61.870, Dipp, 5ª T., u., 08/05/2007).

Para a segunda, a gestão fraudulenta absorve a gestão temerária (TRF4, AC 20007100019318-9, Néfi, 7ª T., u., 12/06/2007).

13.8.6.1.2. Apropriação indébita (LCSFN, art. 5º)

Quanto ao crime de apropriação indébita (LCSFN, art. 5º), há controvérsia, sendo as mais relevantes as posições que seguem:

a) como a gestão fraudulenta não constitui meio necessário para a apropriação indébita, podendo ocorrer apropriação sem fraude e gestão fraudulenta sem apropriação, a hipótese é de concurso formal (STJ, REsp 585.770, Dipp, 5ª T., u., 07/10/2004; STJ, HC 351.960, Reis, 6ª T., 20/06/2017);

b) o delito de apropriação indébita é absorvido pelo de gestão fraudulenta (STJ, REsp 575.684, Carvalhido, 6ª T., m., 04/10/2005), por aplicação do princípio da especialidade.

13.8.6.1.3. Funcionamento não autorizado (LCSFN, art. 16)

Se a gestão fraudulenta se dá em instituição financeira que funciona irregularmente, sem autorização, há concurso formal com o delito do art. 16 (STJ, HC 19.909, Jane Silva [Conv.], 5ª T., u., 13/11/2007), para o qual basta o funcionamento sem autorização, pouco importando se fraudulento ou não (STF, HC 93.368, Fux, 1ª T., u., 09/08/2011; STJ, HC 221.233, Mussi, 5ª T., 20/11/2012; TRF4, AC 0009038-83.2007.404.7100, Paulsen, 8ª T., *DJ* 13/05/2014).

13.8.6.2. Crime continuado

Não é admissível, para quem adota a orientação de que o delito exige pluralidade de atos ou habitualidade (TRF4, AC 200170010038810, Néfi, 7ª T., u., 02/06/2009).

13.9. GESTÃO TEMERÁRIA (ART. 4º, PARÁGRAFO ÚNICO)

> **Art. 4º** (...)
> Parágrafo único. Se a gestão é temerária:
> Pena — reclusão, de 2 (dois) a 8 (oito) anos, e multa.

13.9.1. Sujeito ativo

É crime próprio, que somente pode ser praticado por uma das pessoas mencionadas no art. 25, incluindo o gerente de agência.

13.9.2. Tipo objetivo

Gestão temerária é aquela excessivamente arriscada, atrevida, impetuosa, afoita, que ultrapassa os limites do risco aceitável e próprio da atividade financeira (STJ, HC 200703053410, Maria Thereza Moura, 6ª T., u., 28/09/2010; TRF2, AC 20005101500604-7, Libonati [Conv.], 1ª TE, u., 14/12/2005).

Trata-se de **elemento normativo do tipo**, a ser verificado concretamente, a fim de estabelecer a fronteira entre o arrojo no mercado financeiro e a aventura com os recursos dos investidores[13], extrapolando o **risco permitido**, o que pode ser reconhecido em caso de:

a) descumprimento de normas oriundas dos órgãos reguladores do SFN (STF, HC 87.440, Britto, 1ª T., u., 08/08/2006) ou mesmo normas internas da instituição;
b) afastamento das boas práticas, do costume comercial e da boa técnica bancária;
c) adoção de critérios subjetivos na concessão de empréstimos;
d) empréstimos continuados a maus pagadores ou a empresas claramente deficitárias (TRF4, AC 20020401006790-2, Élcio, 8ª T., m., 13/12/2006);
e) "oferecimento de juros notoriamente superiores aos praticados no mercado para obter recursos e cobrir posição devedora"[14];
f) "a dispersão de recursos em despesas não operacionais, inclusive com a prática de atos de liberalidade à custa da companhia"[15];
g) na aplicação de recursos em campanhas políticas, com desvio de finalidades societárias[16];

13.9.2.1. Constitucionalidade

Embora contenha elemento normativo, a demandar maior esforço interpretativo, o tipo em questão é constitucional (STF, AgR-ARE 953446, Toffoli, 2ª. T., 29/06/2018)[17].

---

[13] TÓRTIMA, José Carlos. *Crimes contra o sistema financeiro nacional*, p. 54-55.

[14] TÓRTIMA, José Carlos. *Crimes contra o sistema financeiro nacional*, p. 53.

[15] TÓRTIMA, José Carlos. *Crimes contra o sistema financeiro nacional*, p. 53.

[16] OLIVEIRA LIMA, Sebastião de; TOSTA DE LIMA, Carlos Augusto. *Crimes contra o sistema financeiro nacional*. São Paulo: Atlas, 2003. p. 51.

[17] DE SANCTIS, Fausto Martin. *Punibilidade no sistema financeiro nacional*. Campinas: Millenium, 2003. p. 67.

■ *13.9.2.2. Habitualidade*

Para uma primeira corrente, o uso do verbo *gerir* faz com que somente se configure o delito quando houver habitualidade, sendo insuficiente o exame de atos isolados (STF, HC 87.987, Pertence, 1ª T., m., 09/05/2006)[18].

Para a segunda, admite-se a gestão temerária com base em ato único (STJ, REsp 200602086152, Vaz, 5ª T., u., 10/08/2010).

■ *13.9.2.3. Princípio da insignificância*

É inaplicável, por se cuidar de crime de perigo, que não exige dano para sua configuração (TRF3, AC 19990399110790-6, Suzana Camargo, 5ª T., u.).

■ 13.9.3. Tipo subjetivo

Na atuação temerária, exige-se o dolo, caracterizado pela consciência e vontade de agir temerariamente. Quer dizer, embora a conduta temerária possa, em termos coloquiais, ser caracterizada como imprudente, que é uma das modalidades de culpa, isso não leva à conclusão de que o delito pode assumir forma culposa, na falta de expressa previsão a respeito (STJ, RHC 7.982, Fischer, 5ª T., u., 13/06/2000)[19].

Conforme o Enunciado 23 da I Jornada de Direito Penal e Processual Penal do CJF: "O crime de gestão temerária de instituição financeira exige a demonstração da violação das regras e parâmetros objetivos de gerenciamento de riscos e limites operacionais na administração, intermediação e aplicação de recursos de terceiros, instituídos pelas autoridades de regulação do sistema financeiro nacional".

■ *13.9.3.1. Dolo eventual*

Há precedentes que admitem o dolo eventual (STJ, RHC 6.368, Cernicchiaro, 6ª T., u., *DJ* 22/09/1997; STJ, REsp 706.005, Dipp, 5ª T., u., 24/06/2005)[20]. Registramos, porém, que, do ponto de vista dogmático, é problemática a sua compatibilidade em relação a um crime que não exige resultado naturalístico.

■ 13.9.4. Consumação

Como a lei atual não exige a ocorrência de prejuízo, ao contrário do que se dava no tipo assemelhado previsto no inciso IX do art. 3º da Lei n. 1.521/51, tem-se que o crime é formal, não sendo possível a tentativa[21].

■ *13.9.4.1. Crime permanente*

É delito eventualmente permanente (STF, HC 76.441, Velloso, 2ª T., u., *DJ* 30/10/1998).

---

18 Sobre a habitualidade, ver, anteriormente, comentário respectivo em relação ao crime de gestão fraudulenta, pois, tanto aqui como lá, a matéria não é tranquila, havendo duas posições.

19 PRADO, Luiz Regis. *Direito penal econômico*, p. 231.

20 PITOMBO, Antônio Sérgio Altieri de Moraes. Considerações sobre o crime de gestão temerária de instituição financeira. In: *Direito penal empresarial*. São Paulo: Dialética, 2001. p. 52.

21 PRADO, Luiz Regis. *Direito penal econômico*, p. 231.

13.10. APROPRIAÇÃO INDÉBITA E DESVIO (ART. 5º)

> **Art. 5º** Apropriar-se, quaisquer das pessoas mencionadas no art. 25 desta lei, de dinheiro, título, valor ou qualquer outro bem móvel de que tem a posse, ou desviá-lo em proveito próprio ou alheio:
> Pena — reclusão, de 2 (dois) a 6 (seis) anos, e multa.

13.10.1. Sujeito ativo

É crime próprio, somente podendo ser praticado por uma das pessoas relacionadas no art. 25, incluído o gerente de agência ou sucursal. A condição de administrador de instituição financeira é elementar e, portanto, comunicável aos terceiros que tenham contribuído para o delito, cientes da presença da elementar por parte dos corréus, em caso de concurso de agentes, nos termos do art. 30 do CP (TRF4, AC 20020401006782-3, Vaz, 8ª T., u., 07/11/2007).

13.10.2. Tipo objetivo

A forma básica do *caput* consiste em uma forma especial de apropriação indébita (CP, art. 168), em relação à primeira figura, que também apresenta traços comuns com o delito de peculato próprio (CP, art. 312, *caput*) nas modalidades de peculato-apropriação e peculato-desvio, representadas, respectivamente, pelos verbos nucleares *apropriar-se* e *desviar*.

O delito pressupõe a **posse lícita da coisa**, ou seja, a disponibilidade física ou jurídica, fora da esfera de vigilância de terceiro.

As **condutas** são apropriar-se e desviar.

Apropriar-se é tomar para si, assenhorear-se, passar a agir como dono, o que é revelado pela prática de atos incompatíveis com a condição de possuidor ou detentor, ou, ainda, pela recusa em devolver a coisa, invertendo o agente o título da posse.

Desviar é dar um destino diverso daquele que deveria ter sido dado.

Pode ser **objeto** material do delito o **dinheiro**, em moeda nacional ou estrangeira, bem como **títulos ou valores**, que são papéis que representem dinheiro, ou ainda **qualquer outro bem móvel**, como, por exemplo, veículo.

O **imóvel** não pode ser objeto do crime do *caput*, mas apenas daquele do parágrafo único.

13.10.3. Tipo subjetivo

É o dolo, aliado ao ânimo de apropriação, a vontade de ter a coisa como sua ou ***animus rem sibi habendi***, revelado pelo uso do verbo **apropriar-se**.

13.10.4. Consumação

É crime **instantâneo** (TRF3, AC 20060399009113-2, Stefanini, 1ª T., u., 06/03/2007), consumando-se **no momento da apropriação**, ou seja, com a inversão da posse, demonstrada:

a) por atos incompatíveis com tal condição, como o depósito em conta pessoal ou de terceiro, deslocamento físico, ou consumo do dinheiro, valor, título ou bem móvel;

b) pela recusa em devolver ou entregar o bem objeto do contrato ou o equivalente em dinheiro (TRF5, AC 20038100019159-8, Gurgel, 2ª T., u., 26/02/2008), como o veículo, em caso de consórcio (TRF5, AC 20038100020713-2, Gurgel, 2ª T., u., 26/02/2008).

■ *13.10.4.1. Reparação do dano*

Não afasta o crime (TRF3, AC 20006181002468-9, Vesna Kolmar, 1ª T., u., 03/07/2007).

Já se entendeu, porém, que o ressarcimento do dano antes do oferecimento da denúncia é indicativo da falta do ânimo de apropriação, tornando atípica a conduta, por ausência do elemento subjetivo (TRF4, AC 20020401007232-6, Labarrère, 7ª T., u., 09/03/2004).

■ 13.10.5. Concurso de crimes

O crime em exame prevalece, por aplicação do princípio da especialidade, sobre aquele do art. 168, § 1º, III, do CP (TRF4, AC 20010401020176-6, Freitas, 7ª T., m., *DJ* 09/07/2003). Se o delito ocorre em instituição financeira que funciona sem autorização, há concurso formal com aquele do art. 16 (TRF4, AC 0009038-83.2007.404.7100, Paulsen, 8ª T., *DJ* 13/05/2014).

■ 13.11. NEGOCIAÇÃO NÃO AUTORIZADA (ART. 5º, PARÁGRAFO ÚNICO)

> **Art. 5º** (...)
> Parágrafo único. Incorre na mesma pena qualquer das pessoas mencionadas no art. 25 desta lei, que negociar direito, título ou qualquer outro bem móvel ou imóvel de que tem a posse, sem autorização de quem de direito.

■ 13.11.1. Sujeito ativo

É crime próprio das pessoas mencionadas no art. 25 da Lei. Comumente, serão autores aqueles que trabalham em agentes de custódia, como as corretoras ou distribuidoras de títulos e/ou valores mobiliários, além dos bancos comerciais, múltiplos e de investimento.

■ 13.11.2. Tipo objetivo

Assim como a modalidade principal, pressupõe a posse da coisa.

A conduta consiste em ***negociar***, ou seja, fazer negócios, comerciar, comprar, vender ou trocar os títulos.

Ao contrário do tipo básico, do *caput*, a negociação não autorizada, objeto do parágrafo único, **não pode ter por objeto o dinheiro**, mas apenas o **direito, título ou qualquer outro bem móvel ou imóvel**. A exclusão decorre da impossibilidade lógica de que o dinheiro, sendo coisa fungível, seja objeto de negociação não autorizada. Mais que isso, o mútuo dos recursos captados está na essência da atividade bancária.

O delito é caracterizado pela **ausência de autorização do titular do direito ou proprietário** dos títulos, agindo o responsável pela custódia por conta própria.

É crime de ocorrência comum, em especial pelo abandono da utilização de cautelas, de um suporte físico representativo das ações. A utilização de ações meramente escriturais facilita a negociação não autorizada, sem a emissão de aviso de movimentação de ações feito para o investidor. É comum a negociação por parte do agente de custódia, o que pode vir a ser minimizado pela expansão da prática do *home broker*.

Em regra, a negociação se dá mediante uma ordem de compra transmitida por telefone, fax ou correio eletrônico a um operador de mesa que a transmite, se for o caso, ao operador de pregão, que é eletrônico. A operação é registrada em um *boleto* ou nota de venda, firmado pelos operadores de pregão, que é registrado nos computadores de bolsa.

Não há crime no empréstimo de ações, desde que autorizado e devidamente registrado, prática que é regulamentada pela Instrução CVM 249/96. O Banco de Títulos CBLC-BTC é um serviço por meio do qual investidores disponibilizam títulos para empréstimo. O empréstimo pode se dar, por exemplo, por parte de uma seguradora que mantém as ações em sua reserva técnica.

13.11.3. Consumação

Embora o tipo não seja claro a respeito, é razoável a interpretação de que o delito somente se consume com a ocorrência de prejuízo (TRF4, AC 2.252, Darós, 2ª T., u., *DJ* 08/03/2000).

13.12. SONEGAÇÃO DE INFORMAÇÃO OU PRESTAÇÃO DE INFORMAÇÃO FALSA (ART. 6º)

> **Art. 6º** Induzir ou manter em erro, sócio, investidor ou repartição pública competente, relativamente a operação ou situação financeira, sonegando-lhe informação ou prestando-a falsamente:
> Pena — reclusão, de 2 (dois) a 6 (seis) anos, e multa.

13.12.1. Sujeito ativo

Embora o tipo não o diga expressamente, o delito do art. 6º da LCSFN somente poderá ocorrer se praticado por uma das pessoas arroladas no art. 25, como decorrência lógica da estrutura do tipo, uma vez que somente o administrador da instituição financeira poderá, de modo relevante juridicamente, praticar a conduta descrita no tipo.

13.12.2. Tipo objetivo

As condutas consistem em **induzir** ou **manter** em erro. Na indução, é criado um erro, enquanto na modalidade *manter*, o agente se aproveita de um erro preexistente, deixando de desfazer a ilusão sobre o quadro fático mantida pela vítima.

Erro é a falsa noção ou representação da realidade.

Tanto a indução quanto a manutenção em erro podem ocorrer de duas formas, a saber: **sonegar informação**, que é omissiva, ou **prestar a informação falsa**, modalidade comissiva.

Exige-se, ainda, que a informação omitida ou prestada, bem como o erro daí decorrente, seja **relativa a operação ou situação financeira**.

A **operação**, entendida como ato ou efeito de operar, tem aqui o sentido de negócio ou transação realizados no âmbito do SFN, tendo, portanto, um caráter dinâmico.

Já a **situação financeira** designa um estado de coisas em um momento dado, tendo caráter estático, sem relação necessária com negócios determinados.

Em qualquer hipótese, **somente haverá o crime se ocorrido no âmbito de uma instituição financeira**, tal como definida no art. 1º. Quer dizer, a indução ou manutenção em erro de sócio, investidor ou órgão de fiscalização em relação à operação ou situação financeira de uma empresa industrial ou comercial alheia ao SFN não configura o crime em exame.

A informação falsa é prestada ao investidor, sócio ou repartição pública competente.

Investidor é o "Indivíduo ou instituição que aplica recursos nos diferentes mercados (financeiro, de capitais, de *commodities*, de arte) com a expectativa de ganhos financeiros (aluguéis, juros, ganhos de capital)" ou ainda a "pessoa física ou jurídica, ou entidade de investimento coletivo, que utiliza os serviços de um participante de negociação para realizar suas operações nos ambientes de negociação ou de um agente de custódia para a custódia de seus ativos"[22].

Sócio é aquele que faz parte de uma sociedade ou é membro de uma associação. Estão abrangidos aqui tanto o sócio-quotista da sociedade limitada quanto o acionista da sociedade anônima. É indiferente, também, para a configuração do delito, o fato de o sócio participar ou não da administração, estando abrangidos o sócio-gerente e o mero quotista, bem como os acionistas minoritários e controladores.

Por **repartição pública competente**, entende-se aquela competente para a obtenção da informação postulada, devendo ser interpretado o tipo no sentido de que se cuide de órgão competente para a fiscalização do SFN, ou seja, BC, CVM, SUSEP ou PREVIC. Desse modo, não haverá o crime caso a informação seja prestada ou omitida em relação a órgão da fiscalização tributária ou instituição financeira, como a CEF (TRF4, AC 20030401026422-0, Tadaaqui, 7ª T., u., 14/08/2007).

13.12.3. Tipo subjetivo

É o dolo, sem qualquer especial fim de agir (TRF4, AC 20007100037560-7, Tadaaqui, 7ª T., u., 16/10/2007), não havendo forma culposa.

---

[22] Disponível em: <www.bovespa.com.br>.

13.12.4. Consumação

O delito consuma-se com a indução ou manutenção em erro da vítima, ou seja, com a formação de uma falsa noção da realidade, a partir da prestação da informação falsa ou omissão da informação que deveria ter sido prestada (STJ, CC 91.162, Lima, 3ª S., u., 12/08/2009). Não se exige, porém, a existência de prejuízo efetivo, cuidando-se de crime de mera conduta (TRF2, AC 19935101036184-7, André Fontes, 2ª TE, u., 16/05/2006).

É possível a tentativa, quando, por exemplo, for prestada a informação falsa ou omitida a informação, mas sem que disso tenha resultado a indução ou manutenção em erro da vítima.

13.12.5. Concurso de crimes

O crime em questão é especial em relação àquele do art. 27-C da Lei n. 6.385/76, bem como em relação ao estelionato (STJ, REsp 1.405.989, Néfi, 6ª T., 23/09/2015).

Se a sonegação de informação se deu com o fim de evasão de divisas, não há concurso material, ocorrendo apenas o delito do art. 22, parágrafo único, primeira parte, por aplicação do princípio da consunção (TRF4, AC 200570000342075, Néfi, 7ª T., u., 10/12/2009).

Na mesma linha, se a informação falsa é prestada com o fim de realização de operação de câmbio, ocorre apenas o crime do art. 21, parágrafo único, restando absorvido o crime ora comentado (TRF4, AC 19987002011090-4, Néfi, 7ª T., u., 16/10/2007).

13.13. EMISSÃO, OFERECIMENTO OU NEGOCIAÇÃO IRREGULAR DE TÍTULOS OU VALORES MOBILIÁRIOS (ART. 7º)

> **Art. 7º** Emitir, oferecer ou negociar, de qualquer modo, títulos ou valores mobiliários:
> I — falsos ou falsificados;
> II — sem registro prévio de emissão junto à autoridade competente, em condições divergentes das constantes do registro ou irregularmente registrados;
> III — sem lastro ou garantia suficientes, nos termos da legislação;
> IV — sem autorização prévia da autoridade competente, quando legalmente exigida:
> Pena — reclusão, de 2 (dois) a 8 (oito) anos, e multa.

13.13.1. Sujeito ativo

Embora o tipo não o diga expressamente, cuida-se de crime próprio dos gestores de instituição financeira. Nada impede, porém, que haja conluio entre a instituição financeira e os administradores da companhia.

13.13.2. Tipos objetivos

Emitir é expedir, lançar, pôr ou colocar em circulação.

Oferecer, aqui, tem o significado de propor, ofertar, lançar à venda, estando ligada ao conceito de **oferta**, ou seja:

> Oferta pública de distribuição, primária ou secundária, é o processo de colocação, junto ao público, de certo número de títulos e valores mobiliários para venda. Envolve desde o levantamento das intenções do mercado em relação aos valores mobiliários ofertados até a efetiva colocação junto ao público, incluindo a divulgação de informações, o período de subscrição, entre outras etapas[23].

Negociar significa, aqui, fazer negócios, comerciar, comprar, vender ou trocar os títulos, *de qualquer modo*, com o que todo ato negocial estará abrangido pelo tipo.

Objeto do delito serão os **títulos ou valores mobiliários**, conforme definidos nos comentários ao art. 1º.

A **emissão** se dá no chamado mercado primário, com a abertura (*initial public offer*) ou aumento do capital. Por mercado primário se entende a "Colocação de títulos resultantes de novas emissões. Empresas utilizam o mercado primário para captar os recursos necessários ao financiamento de suas atividades"[24].

Já a negociação poderá tanto ocorrer no mercado primário quanto no mercado secundário, ou seja, a:

> Negociação de ativos, títulos e valores mobiliários em mercados organizados, onde investidores compram e vendem em busca de lucratividade e liquidez, transferindo, entre si, os títulos anteriormente adquiridos no mercado primário[25].

■ 13.13.2.1. *Títulos falsos ou falsificados*

Título **falso** é aquele produzido sem autorização, imitando o documento verdadeiro, enquanto o **falsificado** é o documento verdadeiro que sofreu alguma alteração em seu conteúdo.

■ 13.13.2.2. *Títulos sem registro prévio*

■ 13.13.2.2.1. *Tipo objetivo*

O **registro prévio** de emissão de valores mobiliários, que se dá junto à CVM, está previsto nos arts. 19, § 4º, e 21 da Lei n. 6.385/76 e 82 da LSA e destina-se a conferir maior segurança às operações, servindo como instrumento para que a CVM possa verificar o cumprimento da legislação, antes mesmo de iniciada a negociação dos títulos[26].

---

23 COMISSÃO DE VALORES MOBILIÁRIOS (Brasil). *O mercado de valores mobiliários brasileiro*. 3. ed. Comissão de Valores Mobiliários, Comitê Consultivo de Educação. Rio de Janeiro: CVM, 2014. p. 214.

24 Disponível em: <www.bovespa.com.br>.

25 Disponível em: <www.bovespa.com.br>.

26 SOARES, Maurício Quadros. *Mercado de valores mobiliários. Instrumentos de regulação e de autorregulação*. São Paulo: Juarez de Oliveira, 2003. p. 22.

Ao efetuar o registro, a CVM não analisa o mérito da negociação, ou seja, a conveniência ou não da realização da operação para o investidor. O objetivo do registro é assegurar o cumprimento do princípio da *full disclosure*. Com efeito:

> O modelo regulatório brasileiro ressalta a importância do sistema de divulgação e disseminação de informações pelos emissores de valores mobiliários. A política de divulgação de informações tem regras bem definidas pela CVM, de aplicação obrigatória pelas companhias abertas. O objetivo é permitir aos investidores e potenciais investidores tomar decisões de compra, venda ou manutenção de posições a partir do fornecimento de informações completas, iguais e disponibilizadas simultaneamente para todos, em consonância com o que é conhecido como princípio do *full disclosure*, ou seja, do acesso do investidor à informação para que ele possa tomar uma decisão informada sobre a conveniência da operação[27].

13.13.2.2.2. Tipo subjetivo

É o dolo, não havendo forma culposa.

13.13.2.3. Títulos sem lastro ou garantia suficiente

13.13.2.3.1. Sujeito ativo

É crime comum, mas, em regra, a responsabilidade será do gestor.

13.13.2.3.2. Tipo objetivo

Lastro é a "garantia implícita em um ativo"[28].

Garantias são: "Depósitos efetuados junto às Bolsas com a finalidade de garantir as operações realizadas nos mercados a termo, futuro e de opções, quando exigidos"[29].

Cuida-se de norma penal em branco, a exigir complementação por normas administrativas que definam quais são o lastro ou as garantias suficientes (STJ, REsp 157.604, José Arnaldo, 5ª T., u., *DJ* 23/11/1998). Efetivamente, ainda que se possa entender o significado dos vocábulos lastro e garantia, como o tipo faz menção a que tais elementares estejam presentes **nos termos da legislação**, cuida-se de norma penal em branco. Sendo assim, ausente a norma que regule ao menos o quantitativo e forma do lastro ou as garantias, não haverá crime.

13.13.2.4. Sem autorização prévia

13.13.2.4.1. Noção

Há casos nos quais se exige prévia autorização de autoridade para a negociação dos títulos, como se dá, por exemplo, quando estes constituem reserva técnica de seguradora ou entidade de previdência.

27 *O mercado de valores mobiliários brasileiro*, p. 134.

28 Disponível em: <http://bovespa.com.br>.

29 Disponível em: <http: //www.portaldoinvestidor.gov.br>.

13.13.2.4.2. Consumação

É crime de mera conduta, não se exigindo a ocorrência de prejuízo para a consumação (TRF3, AC 00014506920024036181, Nelton, 2ª T., u., 23/08/2011).

13.13.2.4.3. Concurso de crimes

Já se entendeu que o delito do art. 27-E da Lei n. 6.385/76 é especial e abrange a conduta aqui descrita, permanecendo o feito, porém, na competência da JF, com fundamento no art. 26 da LCSFN (TRF4, RSE 20067100037341-8, Néfi, 7ª T., m., 01/04/2008). Temos, porém, que a conduta incriminada no art. 27-E não guarda relação com a do inciso IV do art. 7º da LCSFN, sendo forma especial daquela descrita no art. 16 desta lei. A diferença entre o inciso IV do art. 7º e o art. 16 da LCSFN é que naquele a operação não é autorizada, enquanto neste, do art. 16, falta a autorização para o funcionamento da própria instituição, sendo o tipo expresso no sentido de sua aplicação também para instituições dedicadas à distribuição de valores mobiliários, o que constitui, atualmente, o delito da Lei n. 6.385/76.

13.14. EXIGÊNCIA DE REMUNERAÇÃO EM DESACORDO COM A LEGISLAÇÃO (ART. 8º)

> **Art. 8º** Exigir, em desacordo com a legislação (*vetado*), juro, comissão ou qualquer tipo de remuneração sobre operação de crédito ou de seguro, administração de fundo mútuo ou fiscal ou de consórcio, serviço de corretagem ou distribuição de títulos ou valores mobiliários:
> Pena — reclusão, de 1 (um) a 4 (quatro) anos, e multa.

13.14.1. Sujeito ativo

Qualquer pessoa, desde que atuando em instituição financeira (STJ, HC 19.798, Gonçalves, 3ª T., u., *DJ* 17/02/1999; STJ, CC 22.630, Jorge Scartezzini, 3ª S., *DJ* 07/05/2001; STJ, CC 25.519, Fischer, 3ª S., u., *DJ* 19/06/2000).

13.14.2. Tipo objetivo

Exigir é reclamar, impor, ordenar, determinar.

Embora o art. 8º não seja expresso a respeito, deve ser interpretado à luz do art. 1º, entendendo-se como configurado o crime em comento somente quando a exigência indevida se der **no âmbito de uma instituição financeira**.

Exemplifica-se com a cobrança em desacordo com os limites fixados pelo CMN, no exercício da competência prevista no inciso IX do art. 4º da Lei n. 4.595/64, que atribui ao referido órgão o poder de:

> Limitar, sempre que necessário, as taxas de juros, descontos comissões e qualquer outra forma de remuneração de operações e serviços bancários ou financeiros, inclusive os prestados pelo Banco Central da República do Brasil, assegurando taxas favore-

cidas aos financiamentos que se destinem a promover: — recuperação e fertilização do solo; — reflorestamento; — combate a epizootias e pragas, nas atividades rurais; — eletrificação rural; — mecanização; — irrigação; — investimento indispensáveis às atividades agropecuárias.

O mesmo vale para emolumentos cobrados por intermediários no mercado de valores mobiliários. Ao contrário, se a cobrança de juros superior ao limite legal se der **fora do SFN** ou não estiver envolvida uma *instituição financeira*, ocorrerá o crime de **usura**, previsto no art. 4º da Lei n. 1.521/51. A diferença entre os dois delitos não é a conduta, apesar de ser utilizado, no tipo do art. 8º da LCSFN o verbo *exigir*, enquanto no art. 4º da Lei n. 1.521/51 o verbo é *cobrar*. Isso porque, semanticamente, *cobrar* não deixa de ser uma forma de *exigir*, e o tipo da LCSFN não requer ameaça, de modo que não se aproxima da extorsão (CP, art. 158) nem da concussão (CP, art. 316). Mais que isso, se houver grave ameaça e o sujeito ativo for funcionário público, como um empregado de instituição financeira oficial, não estará afastada a hipótese da concussão[30].

Há, porém, posição contrária, no sentido de que o crime em questão somente se configura com exigência, acompanhada de ameaça implícita ou explícita[31].

Somente haverá crime quando a exigência se der **em desacordo com a legislação**, que é termo mais amplo que lei, de modo que as regras sobre os limites da exigência poderão estar fixadas em ato normativo de hierarquia inferior à lei, que complementam, aqui, a norma penal.

Objeto da exigência serão *juros*, *comissão* ou *qualquer remuneração*, ou seja, pagamento em retribuição a um serviço prestado, o que abre espaço para interpretação analógica.

Juros correspondem ao valor, calculado em percentual e percebido em retribuição pelo dinheiro investido, mutuado ou depositado, em um período determinado de tempo.

Comissão é o percentual do valor do negócio pago ao vendedor, agente ou intermediário.

Como o tipo menciona **qualquer tipo de remuneração**, há possibilidade de interpretação analógica.

A remuneração em questão poderá ter como fundamento operação de crédito, ou de seguros, administração de fundo mútuo ou fiscal, ou de consórcio, serviço de corretagem ou distribuição de títulos ou valores mobiliários.

Operação de crédito é o:

---

30 Como ensina Costa Júnior: "O crime configura-se ainda que o sujeito ativo cobre juros ou remuneração, em desacordo com a legislação. (...) O verbo 'exigir' não tem a conotação restritiva de impor, até porque os benefícios constantes do art. 8º acham-se incluídos nos documentos de cobrança, ou no sistema contábil informatizado" (COSTA JÚNIOR, Paulo José da; QUEIJO, Maria Elizabeth; MACHADO, Charles M. *Crimes do colarinho branco*. São Paulo: Saraiva, 2000. p. 95-96).

31 MAIA, Rodolfo Tigre. *Dos crimes contra o sistema financeiro nacional*, p. 83; PIMENTEL, Manoel Pedro. *Crimes contra o sistema financeiro* (Comentários à Lei n. 7.492 de 16.6.86). São Paulo: RT, 1987. p. 75; TÓRTIMA, José Carlos. *Crimes contra o sistema financeiro nacional*, p. 83.

compromisso financeiro assumido em razão de mútuo, abertura de crédito, emissão e aceite de título, aquisição financiada de bens, recebimento antecipado de valores provenientes da venda a termo de bens e serviços, arrendamento mercantil e outras operações assemelhadas, inclusive com o uso de derivativos financeiros[32].

Fundo mútuo é expressão sinônima de *fundo de investimentos*, ou seja:

> Entidade financeira que, pela emissão de título de investimento próprio, o Certificado de Investimento, denominado em quotas, concentra capitais de inúmeros investidores para aplicação em carteiras diversificadas de títulos, valores mobiliários, instrumentos financeiros, derivativos ou *commodities* negociadas em bolsas de mercadorias e futuros[33].

Fundo fiscal é o: "Fundo de investimento cujas aplicações se fazem com recursos de incentivos fiscais regulamentados pelo governo"[34].

O contrato de **corretagem** vem assim definido no art. 772 do CC:

> Pelo contrato de corretagem, uma pessoa, não ligada a outra em virtude de mandato, de prestação de serviços ou por qualquer relação de dependência, obriga-se a obter para a segunda um ou mais negócios, conforme as instruções recebidas.

A **distribuição** é o: "Conjunto de atividades por meio das quais títulos e valores mobiliários, ativos e derivativos financeiros, são colocados à disposição dos investidores"[35].

■ 13.14.3. Tipo subjetivo

É o dolo, consubstanciado na vontade livre e consciente de exigir a cobrança indevida, não havendo forma culposa.

■ 13.14.4. Consumação

Com a mera exigência em desacordo com a legislação, independentemente de efetivo pagamento por parte da vítima ou da existência de prejuízo efetivo.

■ 13.15. FALSIDADE EM TÍTULO (ART. 9º)

> **Art. 9º** Fraudar a fiscalização ou o investidor, inserindo ou fazendo inserir, em documento comprobatório de investimento em títulos ou valores mobiliários, declaração falsa ou diversa da que dele deveria constar:
> Pena — reclusão, de 1 (um) a 5 (cinco) anos, e multa.

---

32 Disponível em: <http://www.bovespa.com.br>.

33 Idem.

34 Idem.

35 Idem.

13.15.1. Sujeito ativo

Embora o tipo não seja expresso a respeito, pressupõe-se que seja cometido no âmbito de uma instituição financeira e que seja autor, portanto, uma das pessoas mencionadas no art. 25 da LCSFN.

13.15.2. Tipo objetivo

É forma especial de falsidade ideológica. Configura-se também em tipo especial, em relação ao delito do art. 6º, por ter objeto mais delimitado.

Fraudar é cometer fraude contra alguém, enganar, prejudicar, lesar, falsificar.

A fraude, aqui, dá-se pelas condutas de inserir ou fazer inserir declaração falsa ou diversa da que deveria constar, consistindo, o delito, forma específica de falsidade ideológica (CP, art. 299).

Na modalidade **inserir**, o agente preenche ou elabora pessoalmente o documento, enquanto, na modalidade **fazer inserir**, o ato físico de elaboração ou preenchimento do documento é levado a efeito por terceiro, em virtude de determinação ou solicitação do agente responsável.

Objeto material do delito é o **documento comprobatório de investimento** em títulos ou valores mobiliários, que poderá ser recibo, nota de venda, boleto etc.

13.15.3. Tipo subjetivo

É o dolo, inexistindo forma culposa. Não se exige, porém, elemento subjetivo específico ou demonstração da finalidade buscada pelo agente (TRF4, AC 20037100028581-4, Néfi, 7ª T., u., 14/02/2006).

13.15.4. Consumação

Com a mera inserção da declaração falsa ou diversa da que deveria constar no documento comprobatório de investimento, independentemente de prejuízo.

13.16. FALSIDADE EM DEMONSTRATIVOS CONTÁBEIS (ART. 10)

> **Art. 10.** Fazer inserir elemento falso ou omitir elemento exigido pela legislação, em demonstrativos contábeis de instituição financeira, seguradora ou instituição integrante do sistema de distribuição de títulos de valores mobiliários:
> Pena — reclusão, de 1 (um) a 5 (cinco) anos, e multa.

13.16.1. Sujeito ativo

Embora o tipo não seja expresso a respeito, pressupõe-se que seja cometido no âmbito de uma instituição financeira, por quem detenha poder de mando na empresa, e que seja autor, portanto, uma das pessoas mencionadas no art. 25 da LCSFN.

Assim, não respondem pelo crime os auditores independentes externos, que não eram responsáveis pela escrituração ou documentação da contabilidade da instituição (STJ, HC 125.853, Napoleão, 5ª T., u., 02/02/2010).

13.16.2. Tipo objetivo

Fazer inserir é determinar a inserção, levar outrem a inserir ou determinar que alguém o faça, sendo a conduta comissiva. Ao contrário do que se dá no art. 9º, **não há menção aqui à modalidade *inserir*.** De todo modo, será improvável que o administrador, pessoalmente, faça o lançamento dos dados, de modo que a omissão não causa maiores dificuldades.

A segunda modalidade, omissiva, consiste em omitir elemento exigido pela legislação. A expressão **legislação**, mais ampla que lei, abrange atos normativos de hierarquia inferior, como aqueles emanados dos órgãos reguladores do SFN.

Exige-se, ainda, para a ocorrência do crime, a **falsidade do elemento inserido**, ou seja, qualquer dado verbal ou numérico que, tendo relevância, possa ser analisado separadamente de outros. Em minha posição, a falsidade em questão poderá ser material ou ideológica, configurando-se, em ambos os casos, o delito.

Os **demonstrativos contábeis** abrangem os seguintes documentos: a) balanço patrimonial; b) demonstração do resultado; c) demonstração das mutações patrimoniais; d) demonstração de lucros ou prejuízos acumulados; e) demonstração de origens e aplicações de recursos[36].

Nesse caso, a lei é expressa ao declarar que **somente haverá o crime tratando-se de instituição financeira**, de modo que a conduta praticada em pessoa jurídica não financeira, ainda que empresária, não configurará o crime em questão, podendo, eventualmente, ser meio para sonegação fiscal ou mesmo configurar delito de falsidade ideológica. A menção a seguradora ou instituição integrante do sistema de distribuição de títulos e valores mobiliários é ociosa, pois tais empresas são consideradas instituições financeiras, nos termos do art. 1º da própria LCSFN.

13.16.3. Tipo subjetivo

É o dolo, inexistindo forma culposa. Não se exige, porém, elemento subjetivo específico ou demonstração da finalidade buscada pelo agente, como a vontade de causar prejuízo ou obter proveito.

13.16.4. Consumação

Com a mera inserção da declaração falsa ou omissão do elemento exigido, ou seja, na formalização do demonstrativo contábil falso (STJ, CC 91.162, Lima, 3ª S., u., 12/08/2009), independentemente de prejuízo para terceiro ou proveito para o agente.

---

36 Disponível em: <http://www.bovespa.com.br>.

13.17. CONTABILIDADE PARALELA (ART. 11)

> **Art. 11.** Manter ou movimentar recurso ou valor paralelamente à contabilidade exigida pela legislação:
> Pena — reclusão, de 1 (um) a 5 (cinco) anos, e multa.

13.17.1. Sujeito ativo

É crime próprio, que somente pode ser praticado pelas pessoas elencadas no art. 25 da LCSFN, como decorrência lógica da própria natureza da conduta, embora o tipo não o diga expressamente.

13.17.2. Tipo objetivo

O delito consiste em manter ou movimentar recursos paralelamente à contabilidade oficial da empresa, na prática conhecida como **caixa dois**. Usualmente, tem por fim a sonegação fiscal, o atendimento de despesas que não possam ser comprovadas, a fraude contra acionistas minoritários ou o aumento do ganho dos administradores ou gerentes, conquanto tais finalidades não sejam essenciais à configuração do delito.

Embora o dispositivo não o diga expressamente, deve ser entendido como **aplicável apenas às instituições financeiras**, como tais elencadas no art. 1º, uma vez que este normatiza apenas comportamentos de instituições financeiras e outras assemelhadas. Assim, a norma não abrange a manutenção de contabilidade paralela em pessoa jurídica não financeira, podendo ocorrer outros delitos, como sonegação fiscal.

Manter é conservar, guardar, reter, e **movimentar** significa, aqui, colocar em movimento, transferir, pagar, receber etc.

Recursos e valores podem ser aqui tomados como sinônimos, entendidos como "objetos materiais que expressam qualquer bem passível de valoração econômica — dólares, moeda nacional, ações, imóveis, móveis etc."[37].

Trata-se de norma penal em branco, uma vez que o tipo faz referência à **contabilidade exigida pela legislação**, assim entendidas as normas expedidas pelo CMN, no exercício da competência concedida pelo inciso XII do art. 4º da Lei n. 4.595/64. Não há exigência, então, de que seja contrariada lei em sentido formal, havendo crime mesmo na contrariedade a ato normativo de hierarquia inferior.

Finalmente, coloca-se a questão acerca da adequação típica da conduta de manter ou movimentar paralelamente à contabilidade **recursos próprios**. Em outras palavras, o crime se configura apenas quando mantidos ou movimentados, no *caixa dois*, recursos de terceiros ou, igualmente, quando isso ocorrer apenas com recursos da própria instituição?

Temos que o crime ocorrerá em qualquer caso, sejam os recursos movimentados ou mantidos à margem da contabilidade próprios ou de terceiros.

[37] MAIA, Rodolfo Tigre. *Dos crimes contra o sistema financeiro nacional*, p. 33.

Assim será porque o tipo não faz menção a esse dado. Quer dizer, caso esse requisito fosse necessário, a lei o erigiria a elementar, ostentando o tipo a seguinte redação: "Manter ou movimentar recurso ou valor *de terceiro* paralelamente à contabilidade exigida pela legislação".

Claro está que esse argumento não é definitivo, tendo em vista que o tipo também não faz menção expressa à instituição financeira, como ocorre nos arts. 3º, 4º, 10, 12, 13, 14, 15, 16, 18, 19 e 20, mas é certo que esse dado é elementar ao crime, interpretando-se a lei em seu conjunto. Mas aí se trata de um consectário lógico de que a lei protege o sistema financeiro, não fazendo sentido que fosse punida, por esta lei, a movimentação paralela à contabilidade em instituição não financeira. Quer dizer, o conceito de instituição financeira é importante para determinar a incidência ou não do art. 11, no sentido de que, não se tratando de instituição financeira, não há que falar no crime ali previsto. Mas, uma vez se concluindo que se trata de instituição financeira, pouco importa sejam os recursos movimentados paralelamente próprios ou de terceiro.

Além disso, o *caixa dois* com recursos próprios também expõe a perigo os recursos dos poupadores, sendo certo, como visto, que a proteção dos interesses de terceiros é o principal fim colimado pela norma em questão. Tanto é assim que um dos objetivos perseguidos pela política do CMN é "zelar pela liquidez e solvência das instituições financeiras" (Lei n. 4.595/64, art. 3º, VI). Tanto é assim que a atividade financeira somente pode ser praticada por quem é autorizado, determinando o CMN percentagem máxima de recursos que podem ser emprestados a um único cliente; índices de encaixes, mobilizações e outras relações patrimoniais, capital mínimo, empréstimo compulsório etc. (Lei n. 4.595/64, art. 4º, X a XIV). Do mesmo modo, o capital inicial de instituições financeiras e seus aumentos são obrigatoriamente realizados em moeda corrente, sendo metade por ocasião da subscrição e o restante no prazo de até um ano (Lei n. 4.595/64, arts. 26 e 27). Todo esse regramento deixa claro que se pretende proteger o investidor, sendo certo que os recursos próprios da instituição também garantem os créditos daquele. Assim, no momento em que a empresa movimenta seus recursos à margem da contabilidade, está solapando a garantia do poupador.

■ 13.17.3. Tipo subjetivo

É o dolo, inexistindo forma culposa. Não se exige, porém, elemento subjetivo específico ou demonstração da finalidade buscada pelo agente, como a vontade de causar prejuízo ou obter proveito. Não afasta o crime em questão o fato de ser a supressão de tributo a finalidade buscada pelo agente, caso em que haverá concurso formal, como examinado no item relativo ao concurso de crimes.

■ 13.17.4. Consumação

Cuidando-se de tipo misto alternativo, a prática de uma ou outra das condutas será suficiente para a caracterização do delito. Em caso de ocorrência de ambas, haverá crime único. Na primeira modalidade, o crime exige habitualidade e é permanente. Na segunda, é instantâneo e de mera conduta.

13.17.5. Concurso de crimes

O crime em questão não é absorvido por eventual crime contra a ordem tributária (Lei n. 8.137/90, art. 1º), pois os delitos atentam contra objetividades jurídicas diferentes, em especial se as condutas forem distintas (TRF4, AC 20030401050798-0, Élcio, 8ª T., u. e m., 24/10/2007).

Em minha posição, haverá concurso material se a sonegação estiver consubstanciada em outros atos, além da contabilidade paralela, como, por exemplo, a utilização de notas fiscais ou a apresentação de declarações falsas.

Sendo o meio para a sonegação, justamente e exclusivamente, a contabilidade paralela, caberá verificar se a fraude foi levada a efeito com desígnios autônomos, como, por exemplo, a fraude contra investidores ou sócios, ou ainda a demonstração de uma situação financeira irreal para a fiscalização, aliada ao fim de suprimir o pagamento de tributo, caso em que haverá concurso formal impróprio.

Por fim, não sendo demonstrada outra finalidade, além da mera supressão de tributo, e sendo a conduta única, o caso será de concurso formal próprio com o crime contra a ordem tributária.

13.18. OMISSÃO DE INFORMAÇÃO (ART. 12)

> **Art. 12.** Deixar, o ex-administrador de instituição financeira, de apresentar, ao interventor, liquidante, ou síndico, nos prazos e condições estabelecidas em lei as informações, declarações ou documentos de sua responsabilidade:
> Pena — reclusão, de 1 (um) a 4 (quatro) anos, e multa.

13.18.1. Noção

As instituições financeiras estão sujeitas a um regime particular de fiscalização, que possibilita aos órgãos competentes, atendidos os requisitos legais, a sua submissão a um regime de **intervenção**, que consiste no afastamento dos administradores estatutários ou contratuais, que são substituídos por um interventor nomeado pelo órgão de fiscalização (Lei n. 6.024/74, arts. 2º e ss.) ou por um Diretor-Fiscal, no caso das seguradoras (Decreto-lei n. 73/66, arts. 89-93).

A par da intervenção, também a **liquidação** das instituições financeiras é objeto de disciplina específica. Nos termos do art. 12 da Lei n. 6.024/74, o processo de intervenção poderá culminar com o seu levantamento ou com a determinação da **liquidação extrajudicial** da instituição financeira, conduzido administrativamente, que se assemelha ao processo da falência. Esse procedimento é aplicável às seguintes entidades:

a) instituições financeiras sujeitas à fiscalização do BC (Lei n. 6.024/74);

b) sociedades arrendadoras que tenham por objeto único a exploração de *leasing* (Res. BC 2.309/96);

c) administradoras de consórcios, fundos mútuos e assemelhados (Lei n. 5.768/71, art. 10);

d) seguradoras (Decreto-lei n. 73/66);

e) entidades abertas de previdência complementar (LC n. 109/2001, art. 73);

f) entidades de capitalização (Decreto-lei n. 261/67, art. 4º);

g) entidades fechadas de previdência complementar, que não estão sujeitas à falência em qualquer hipótese (LC n. 109/2001, art. 47);

h) câmaras ou prestadoras de serviços de compensação e liquidação financeira (LF, art. 193).

A razão da existência desse regime específico está na necessidade de evitar corrida bancária e crise sistêmica, de forma que os órgãos fiscalizadores possam agir de modo rápido e eficiente a fim de sanear ou retirar a instituição insolvente do mercado[38].

A liquidação extrajudicial tem por objetivo, além do saneamento do mercado financeiro, a realização de ativos para satisfação dos passivos, ou seja, a proteção dos credores, como se dá com a recuperação judicial e a falência[39]. Quer dizer, aquilo que se pretende assegurar, ao final, com medidas assecuratórias criminais, pode ser alcançado com maior celeridade por meio da liquidação extrajudicial[40].

O art. 2º, II, da LF exclui as instituições financeiras do regime ali previsto. No entanto, o art. 197 da mesma lei ressalva a aplicabilidade subsidiária do diploma, no que couber, aos regimes previstos no Decreto-lei n. 73/66, que trata das seguradoras; na Lei n. 6.024/74, no Decreto-lei n. 2.321/87 e na Lei n. 9.514/97, até a aprovação das respectivas leis específicas[41]. Com isso, conclui-se que as instituições financeiras continuam sujeitas a falência, de modo que os delitos em questão podem ser cometidos pelo **administrador judicial**, como é chamado na nova lei o antigo síndico, em caso de falência de instituição financeira.

13.18.2. Bem jurídico

É crime pluriofensivo, que atenta contra o SFN e também contra os credores ou investidores da instituição financeira em liquidação ou sob intervenção.

---

38 GARCIA DA FONSECA, Rodrigo. Regulação do sistema financeiro nacional. *Revista de Direito Bancário e do Mercado de Capitais*, n. 24, p. 93-122, abr./jun. 2004. p. 106-107.

39 PRATES, Marcelo Madureira. Recuperação e liquidação de instituições financeiras em crise. *Revista de Direito Bancário e do Mercado de Capitais*, n. 35, p. 19-46, jan./mar. 2007. p. 120.

40 RODRIGUES, Frederico Viana. Saneamento e liquidação de instituições de crédito. *Revista de Direito Bancário e do Mercado de Capitais*, n. 28, p. 164-210, abr./jun. 2005. p. 210.

41 PACHECO, José da Silva. Da falência de instituição financeira em face da Lei n. 11.101, de 2005. *Boletim Semanal Coad/ADV*, n. 25, p. 450-452, 26 jun. 2005. p. 450.

13.18.3. Sujeito ativo

É crime próprio, que somente pode ser praticado pelo **ex-administrador** da instituição financeira, sendo entendidas como administradores as pessoas elencadas no art. 25 da LCSFN.

O ex-administrador da instituição financeira que está sofrendo intervenção ou liquidação extrajudicial tem o dever de cooperar no processo, apresentando as informações, declarações ou documentos que estejam sob sua responsabilidade, sendo esse dever o fundamento do tipo penal ora comentado.

13.18.4. Tipo objetivo

É um **crime omissivo** puro que muito se assemelha ao crime previsto no art. 1º, parágrafo único, da Lei n. 8.137/90, consistindo a conduta em deixar de apresentar as informações, declarações e documentos de sua responsabilidade, ao interventor ou liquidante, no prazo previsto em lei.

De cogitar-se, então, aqui, a aplicação da tese de que não haveria o crime quando os documentos ou informações pudessem ter o efeito de incriminar o ex-administrador, caso em que a omissão estaria acobertada pelo direito constitucional de não se autoincriminar.

13.18.5. Tipo subjetivo

É o dolo, inexistindo forma culposa. Não se exige, porém, elemento subjetivo específico ou demonstração da finalidade buscada pelo agente, como a vontade de causar prejuízo ou obter proveito.

13.18.6. Consumação

Com o término do prazo legal para a entrega das informações, declarações ou documentos.

13.19. DESVIO DE BENS (ART. 13, *CAPUT*)

> **Art. 13.** Desviar (*vetado*) bem alcançado pela indisponibilidade legal resultante de intervenção, liquidação extrajudicial ou falência de instituição financeira.
> Pena — reclusão, de 2 (dois) a 6 (seis) anos, e multa.

13.19.1. Noção

De acordo com o art. 36 da Lei n. 6.024/74: "Os administradores das instituições financeiras em intervenção, em liquidação extrajudicial ou em falência, ficarão com todos os seus bens indisponíveis não podendo, por qualquer forma, direta ou indireta, aliená-los ou onerá-los, até apuração e liquidação final de suas responsabilidades".

Esse, então, o fundamento da proibição que dá ensejo à norma penal ora comentada.

13.19.2. Sujeitos ativos

Respondem pelo delito os ex-administradores da instituição financeira. É partícipe, igualmente, o agente eventualmente beneficiado pelo desvio.

13.19.3. Tipo objetivo

Desviar é dar um destino diverso do que deveria ser dado ou retirar, indevidamente, do local onde estava; é tirar do caminho, rumo ou destino, mover em sentido diverso, alterar o fim ou emprego de alguma coisa, extraviar ou subtrair de forma fraudulenta.

O desvio poderá ocorrer fisicamente, com a retirada de móveis, materiais ou valores da sede da instituição, ou ainda de forma fraudulenta, como no caso de realização de operações de abertura de crédito, de empréstimo ou financiamento e dação em garantia de bem, da liquidanda e de seus administradores, em data posterior à decretação da liquidação (TRF2, AC 99.02.04045-4, Dyrlund, 6ª T., u., 18/12/2002). Haverá crime, igualmente, no caso de **colocação dos bens em nome de terceiros**.

Objeto do crime poderá ser **qualquer bem, móvel ou imóvel**.

13.19.4. Tipo subjetivo

É o dolo consubstanciado na vontade livre e consciente de desviar o bem. Não há forma culposa.

13.19.5. Consumação

Com o efetivo desvio do bem, ainda que não haja proveito para o agente ou prejuízo para terceiro (TRF2, AC 9902040454, Dyrlund, 6ª T., u., 18/12/2002).

13.20. APROPRIAÇÃO OU DESVIO DE BENS (ART. 13, PARÁGRAFO ÚNICO)

> **Art. 13.** (...)
> Parágrafo único. Na mesma pena incorra o interventor, o liquidante ou o síndico que se apropriar de bem abrangido pelo *caput* deste artigo, ou desviá-lo em proveito próprio ou alheio.

13.20.1. Sujeitos ativos

Respondem pelo delito, que é próprio, o interventor e o liquidante, ou seja, a pessoa nomeada para a condução, respectivamente, dos procedimentos de intervenção e liquidação extrajudicial, bem como o terceiro eventualmente favorecido pelo desvio.

13.20.2. Tipo objetivo

Cuida-se de tipo derivado, com idêntico objeto ao da forma básica, do *caput*, sendo diversos o sujeito ativo e um dos verbos nucleares.

Apropriar-se é assenhorear-se, adonar-se, passar a agir como dono.

Desviar é dar um destino diverso do que deveria ser dado ou retirar, indevidamente, do local onde estava; é tirar do caminho, rumo ou destino, mover em sentido diverso, alterar o fim ou emprego de alguma coisa, extraviar ou subtrair de forma fraudulenta.

O objeto do crime é idêntico ao do crime do tipo básico, ou seja, qualquer bem, móvel ou imóvel, e favorecido poderá ser tanto o próprio liquidante ou administrador judicial quanto terceira pessoa.

13.20.3. Tipo subjetivo

É o dolo consubstanciado na vontade livre e consciente de desviar o bem, acompanhado do elemento subjetivo do ânimo de apropriação. Não há forma culposa.

13.20.4. Consumação

Com o efetivo desvio ou apropriação, ainda que não haja proveito para o agente ou prejuízo para terceiro.

13.21. FALSIDADE EM DECLARAÇÃO DE CRÉDITO OU RECLAMAÇÃO (ART. 14)

> **Art. 14.** Apresentar, em liquidação extrajudicial, ou em falência de instituição financeira, declaração de crédito ou reclamação falsa, ou juntar a elas título falso ou simulado:
> Pena — reclusão, de 2 (dois) a 8 (oito) anos, e multa.
> Parágrafo único. Na mesma pena incorre o ex-administrador ou falido que reconhecer, como verdadeiro, crédito que não o seja.

13.21.1. Sujeito ativo

Qualquer pessoa, com exceção do ex-administrador, que responderá, em caso de conluio, pela modalidade do parágrafo único, cuidando-se de exceção dualista à teoria monista em matéria de concurso de crimes.

13.21.2. Tipo objetivo

Cuida-se de modalidade específica de crime de falso, que tem por objetivo a obtenção de vantagem pecuniária em detrimento dos credores legítimos.

Apresentar tem aqui o sentido de pôr em presença, submeter à apreciação, inscrever ou nomear a declaração de crédito ou reclamação a fim de obter o valor ou bem respectivo, por ocasião da apuração dos haveres no procedimento da liquidação, conforme arts. 22 e ss. da Lei n. 6.024/74.

Reconhecer, na modalidade do parágrafo único, é afirmar a veracidade do crédito inidôneo.

A **reclamação** diferencia-se da **declaração** de crédito porque tem por objeto bem pertencente ao reclamante que estava na posse da empresa em liquidação.

Na hipótese de declaração falsa, é o próprio conteúdo do requerimento ou petição na qual está contida a declaração de crédito que é falsa. Na segunda hipótese, a declaração é verdadeira, mas está amparada em **título falso ou simulado**.

■ 13.21.3. Tipo subjetivo

É o dolo consubstanciado na vontade livre e consciente de apresentar a declaração ou reclamação, ciente de sua falsidade.

■ 13.21.4. Consumação

Com a mera apresentação da declaração ou reclamação falsa, ou seu reconhecimento pelo ex-administrador, ainda que não haja proveito para o agente ou prejuízo para terceiro.

■ 13.22. FALSA MANIFESTAÇÃO (ART. 15)

> **Art. 15.** Manifestar-se falsamente o interventor, o liquidante ou o síndico (*vetado*) a respeito de assunto relativo a intervenção, liquidação extrajudicial ou falência de instituição financeira:
> Pena — reclusão, de 2 (dois) a 8 (oito) anos, e multa.

■ 13.22.1. Sujeito ativo

Apenas o interventor ou o liquidante, sendo o crime **de mão própria**, já que a manifestação é **ato personalíssimo**.

■ 13.22.2. Tipo objetivo

Cuida-se de modalidade especial de falsidade ideológica.

Manifestar-se é exprimir-se, declarar, expor a sua opinião ou pensamento, revelar, expor ou publicar algo.

A manifestação em questão poderá ser expressada em forma escrita ou oral, ocorrendo o crime em ambas as possibilidades, embora mais usual seja a primeira.

Somente haverá o crime em caso de **manifestação falsa**, ou seja, desconforme com a realidade, e que tenha relação com assunto relativo à intervenção, liquidação ou falência de instituição financeira.

■ 13.22.3. Tipo subjetivo

É o dolo, consubstanciado na vontade livre e consciente de manifestar-se, ciente da falsidade do conteúdo do que está sendo expressado.

■ 13.22.4. Consumação

Com a mera manifestação falsa, escrita ou oral, independentemente de prejuízo efetivo para quem quer que seja.

13.23. OPERAÇÃO SEM AUTORIZAÇÃO (ART. 16)

> **Art. 16.** Fazer operar, sem a devida autorização, ou com autorização obtida mediante declaração (*vetado*) falsa, instituição financeira, inclusive de distribuição de valores mobiliários ou de câmbio:
> Pena — reclusão, de 1 (um) a 4 (quatro) anos, e multa.

13.23.1. Noção

A exploração de atividades no sistema financeiro é livre à iniciativa privada, mas depende de autorização governamental, tendo em vista que o setor financeiro é sensível, podendo ser utilizado como meio para o cometimento de outros crimes, daí a importância do procedimento administrativo de **autorização** (CC, arts. 45 e 51), no qual são verificadas as idoneidades técnica, moral e econômica dos interessados em atuar em tal mercado. A medida é recomendada, a propósito, nos itens 14 e 27 das 40 Recomendações do GAFI.

Nos termos do art. 18 da Lei n. 4.595/64: "As instituições financeiras somente poderão funcionar no País mediante prévia autorização do Banco Central do Brasil ou decreto do Poder Executivo, quando forem estrangeiras". Em relação a seguradoras, a necessidade de autorização está prevista no art. 74 do Decreto-lei n. 73/66.

13.23.2. Sujeito ativo

É crime comum.

13.23.3. Tipo objetivo

A conduta é **fazer operar**, o que pressupõe a comprovação de operações, o funcionamento da instituição financeira em pelo menos uma das atividades mencionadas no art. 1º, não se exigindo a prática de todas elas.

Há elementar normativa, exigindo-se que o funcionamento se dê **sem autorização legal**.

Não é necessário, ao reconhecimento do tipo, que haja **aparência** de instituição financeira, com a montagem de uma estrutura que se assemelhe ou seja um simulacro de uma instituição financeira, com portas abertas ao público.

Sobre a exigência de **habitualidade** na operação para que seja caracterizado o crime, **há duas posições**.

Para a primeira, que considero acertada, uma vez que a própria redação do tipo assim o indica, **é exigida a habitualidade** para a configuração do delito[42].

Para a segunda, o crime pode ser reconhecido com a prática de um único ato ou de forma eventual[43].

---

[42] SILVA, Antônio Carlos Rodrigues da. *Crimes do colarinho branco*, p. 124; TRF1, AC 199835000001235, Kuschel [Conv.], 4ª T., u., 17/11/2009; TRF3, AC 50.358, 1ª T., 04/09/2018; TRF4, AC 2004.72.00.014152-5, Penteado, 8ª T., u., 17/08/2010.

[43] PIMENTEL, Manoel Pedro. *Crimes contra o sistema financeiro*, p. 124; TRF3, AC 200061050004464, Ramza, 5ª T., u., 02/08/2010.

Há crime na instalação irregular de filial, ainda que a matriz esteja autorizada a funcionar (TRF4, AC 0009038-83.2007.404.7100, Paulsen, 8ª T., *DJ* 13/05/2014).

Exemplos comuns na prática são as operações de consórcio para aquisição de bens, sob a denominação de "clube do carro" ou assemelhadas, bem como a constituição de supostas "sociedades em conta de participação", mas com captação de investimentos do público em geral.

13.23.4. Tipo subjetivo

É o dolo, consubstanciado na vontade livre e consciente de fazer operar a instituição financeira, sem a necessidade de qualquer elemento subjetivo específico.

13.23.5. Consumação

É delito de perigo abstrato e de mera conduta, sendo desnecessária a ocorrência de prejuízo para terceiros (TRF1, AC 20003803004560-7, Hilton Queiroz, 4ª T., u., 13/02/2007; TRF3, AC 200061050004464, Ramza, 5ª T., u., 02/08/2010) ou proveito econômico para o agente (TRF3, AC 20030399026834-1, Stefanini, 1ª T., u., 13/03/2007).

13.23.6. Concurso de crimes

13.23.6.1. Concurso material ou formal

No âmbito de uma instituição financeira que funciona sem autorização, podem ocorrer outros crimes financeiros, em concurso material ou formal, conforme o caso concreto, tais como:

a) gestão fraudulenta (art. 4º) (STF, RHC 117.270-AgR, Celso de Mello, 2ª T., 06/10/2015; STJ, HC 19.909, Jane Silva [Conv.], 5ª T., u., 13/11/2007);
b) apropriação indébita, objeto do art. 5º (STJ, REsp 1.536.393, Fischer, 5ª T., 07/11/2017; TRF4, AC 0009038-83.2007.404.7100, Paulsen, 8ª T., *DJ* 13/05/2014);
c) negociação de títulos sem autorização prévia (art. 7º, IV);
d) evasão de divisas (art. 22);
e) associação criminosa (CP, art. 288).

Efetivamente, se o funcionamento da instituição se dá sem autorização, afastar os demais crimes contra o sistema financeiro nacional teria o efeito de privilegiar aquele que opera irregularmente.

13.23.6.2. Crime continuado

Quem entende ser o crime habitual não admite a continuidade delitiva.

13.23.7. Distinções

13.23.7.1. Estelionato (CP, art. 171)

Já se entendeu configurado o estelionato, e não o delito do art. 16 da LCSFN, em caso no qual era meramente simulada ou prometida a aplicação dos recursos no mercado financeiro ou em consórcio, sem retorno ou aplicação de qualquer investimento, servindo a alegação de empréstimo, aplicação financeira ou participação em consórcio como mero meio fraudulento para a configuração do crime do art. 171 do CP, já que o negócio jamais se concretizava e, de antemão, o dolo era de não devolver os valores (STJ, CC 25.667, Fischer, 3ª S., u., 10/11/1999; STJ, CC 45.108, Vaz, 3ª S., *DJ* 06/02/2006; STJ, CC 73.354, Naves, 26/03/2007). Não assim, porém, quando, no curso do negócio da instituição financeira, ainda que irregular, houve efetiva aplicação dos recursos ou atividade de consórcio, tendo sido prejudicados alguns dos investidores ou clientes.

13.23.7.2. Agiotagem

A distinção tradicional entre a agiotagem e o delito do art. 16 da LCSFN é que naquele delito o agente empresta recursos próprios, sem captá-los no mercado, como visto no item **agiota**, quando examinado o conceito de instituição financeira, bem como no exame da casuística do art. 17, quando arrolados os exemplos em que se entendeu configurado, ou não, o delito.

Outro traço distintivo é que a usura seria marcada pela pessoalidade, com o empréstimo de dinheiro a pessoa determinada, dentro da sua esfera de relações, enquanto no delito do art. 16 os mútuos são feitos em um círculo indeterminado, mediante propaganda ou oferta ao público, afetando a poupança popular (TRF4, AC 20050401009764-6, Néfi, 7ª T., u., 02/05/2006).

13.23.7.3. LCSFN, art. 7º, IV

O inciso IV do art. 7º incrimina a negociação, oferecimento ou negociação de títulos ou valores sem autorização prévia da autoridade competente, quando legalmente exigida. A distinção entre aquele delito e o do art. 16 reside no fato de que no primeiro a autorização diz respeito à realização de uma operação determinada, enquanto no segundo é o próprio funcionamento da instituição que se dá sem autorização. Tanto é assim que o inciso IV somente se aplica aos casos em que a autorização for *legalmente exigida*, o que é incompatível com o fato de que toda instituição financeira depende de autorização para funcionar. Além disso, a aplicabilidade do art. 16 às instituições operantes no mercado de valores mobiliários está expressa no texto legal. Atualmente, de todo modo, a conduta é objeto do art. 27-E da Lei n. 6.385/76.

13.23.7.4. Cobrança não autorizada (LCSFN, art. 8º)

Em relação ao crime previsto no art. 8º da LCSFN há duas posições:

a) há concurso formal com o delito do art. 16 (TRF4, AC 20000401059233-7, Freitas, 7ª T., u., *DJ* 09/04/2003);

b) o crime de operação não autorizada absorve o de cobrança não autorizada (TRF4, AC 20050401023831-0, Élcio, 8ª T., u., 06/08/2008).

13.23.7.5. *Crimes no mercado de capitais*

O delito do art. 27-E da Lei n. 6.385/76 é especial em relação a este, não havendo que falar em revogação do art. 16 da LCSFN (STF, HC 94.955, Ellen Gracie, 1ª T., u., 21/10/2008).

13.24. EMPRÉSTIMO OU ADIANTAMENTO VEDADOS (ART. 17)

> **Art. 17.** Tomar ou receber crédito, na qualidade de qualquer das pessoas mencionadas no art. 25, ou deferir operações de crédito vedadas, observado o disposto no art. 34 da Lei n. 4.595, de 31 de dezembro de 1964.
> Pena — reclusão, de 2 (dois) a 6 (seis) anos, e multa.

13.24.1. Noção

O sentido da incriminação é evitar prejuízos aos investidores e ao mercado mediante o favorecimento de empresas coligadas, sócios ou seus familiares. A proibição de empréstimos ou adiantamentos a pessoas ou empresas coligadas já figurava no art. 34 da Lei n. 4.595/64, que incriminava a conduta em seu inciso I. A Lei n. 13.506/2017 alterou o art. 34 da Lei n. 4.595/64 e também o art. 17 da Lei n. 7.492/86, cuja redação original era bastante confusa.

Registramos, ainda, que há previsão análoga em relação a diretores e gerentes de sociedades anônimas, quando o fato se dá sem autorização da assembleia geral, como previsto no art. 177, § 1º, III, do CP.

13.24.2. Sujeito ativo

É crime próprio, que somente pode ser praticado pelas pessoas mencionadas no art. 25 da LCSFN, expressa a respeito, admitida a coautoria ou participação, nos termos dos arts. 29 e 30 do CP.

Respondem pelo delito tanto o tomador quanto o concedente do mútuo.

13.24.3. Tipo objetivo

Os verbos nucleares são *tomar* ou *receber* o crédito e *deferir* operações de crédito.

Tomar caracteriza a conduta de quem firma o contrato de mútuo ou aceita os valores, como tomador.

A conduta poderá ser sucedida pela modalidade **receber**, que consiste na entrada na posse do dinheiro.

Já a conduta de **conceder** é própria do administrador, ou seja, da instituição ou empresa que autoriza ou defere o crédito.

Na redação originária havia menção expressa à concessão de forma direta ou indireta, suprimida no texto atual. No entanto, o § 5º do art. 34 da Lei n. 4.595/64 assim dispõe: "Considera-se também realizada com parte relacionada qualquer operação que caracterize negócio indireto, simulado ou mediante interposição de terceiro, com o fim de realizar operação vedada nos termos deste artigo". Com isso, não há dúvida de que segue sendo típica a operação realizada mediante a **interposição de terceiro** para fins de dissimulação do verdadeiro destinatário, na chamada *operação triangular.*

Operação de crédito é o:

> compromisso financeiro assumido em razão de mútuo, abertura de crédito, emissão e aceite de título, aquisição financiada de bens, recebimento antecipado de valores provenientes da venda a termo de bens e serviços, arrendamento mercantil e outras operações assemelhadas, inclusive com o uso de derivativos financeiros[44].

As operações vedadas estão assim disciplinadas no art. 34 da Lei n. 4.595/64:

> Art. 34. É vedado às instituições financeiras realizar operação de crédito com a parte relacionada.
>
> § 3º Considera-se parte relacionada à instituição financeira, para efeitos deste artigo:
>
> I — seus controladores, pessoas físicas ou jurídicas, nos termos do art. 116 da Lei n. 6.404, de 15 de dezembro de 1976;
>
> II — seus diretores e membros de órgãos estatutários ou contratuais;
>
> III — o cônjuge, o companheiro e os parentes, consanguíneos ou afins, até o segundo grau, das pessoas mencionadas nos incisos I e II deste parágrafo;
>
> IV — as pessoas físicas com participação societária qualificada em seu capital; e
>
> V — as pessoas jurídicas:
>
> *a)* com participação qualificada em seu capital;
>
> *b)* em cujo capital, direta ou indiretamente, haja participação societária qualificada;
>
> *c)* nas quais haja controle operacional efetivo ou preponderância nas deliberações, independentemente da participação societária; e
>
> *d)* que possuírem diretor ou membro de conselho de administração em comum.

A menção a **controlador** abrange tanto a pessoa física quanto a sociedade ou pessoa jurídica que exerça controle sobre a instituição financeira. A propósito, nos termos do art. 116 da LSA:

> Art. 116. Entende-se por acionista controlador a pessoa, natural ou jurídica, ou o grupo de pessoas vinculadas por acordo de voto, ou sob controle comum, que:
>
> *a)* é titular de direitos de sócio que lhe assegurem, de modo permanente, a maioria dos votos nas deliberações da assembleia-geral e o poder de eleger a maioria dos administradores da companhia;
>
> *b)* usa efetivamente seu poder para dirigir as atividades sociais e orientar o funcionamento dos órgãos da companhia.

A expressão **órgãos estatutários ou contratuais** é ampla, abrangendo, assim, os membros do conselho de administração e do conselho fiscal.

---

44 Disponível em: <http://www.bovespa.com.br>.

Não há necessidade, para o reconhecimento do delito em questão, de que a concedente e a tomadora do empréstimo sejam ambas instituições financeiras (TRF3, AC 98.03.049853-3, Fábio Prieto, 5ª T., m., 27/08/2002).

■ *13.24.3.1. Recursos próprios*

Para a configuração do delito, é irrelevante que os recursos objeto da operação sejam pertencentes a aplicadores ou à própria instituição financeira, uma vez que também estes garantem os aplicadores da instituição e a saúde financeira do sistema. Ademais, tal circunstância não está prevista no tipo (STJ, REsp 313.458, José Arnaldo, 5ª T., u., *DJ* 25/06/2002). Assim, mesmo em caso de operação de crédito com recursos que sejam exclusivamente de propriedade da empresa, haverá o delito em exame (STJ, REsp 466.168, Maria Thereza Moura, 6ª T., m., 17/12/2009; STJ, REsp 1.577.747, Schietti, 6ª T., 20/06/2017)[45].

■ *13.24.3.2. Fraude*

A **fraude não é elementar** do delito em questão, que ocorrerá ainda que a operação tenha sido formalmente registrada, mesmo que sem qualquer dissimulação.

A existência de fraude ou dissimulação, por meio da simulação de outro negócio jurídico ou operação triangular, até porque o tipo refere a possibilidade de **concessão direta ou indireta**, deverá ser considerada na aplicação da pena, como circunstância judicial desfavorável, relativa ao meio empregado.

■ *13.24.3.3. Princípio da insignificância*

Não é aplicável, considerando tratar-se de crime de mera conduta (TRF3, RCCR 20006181006328-2, Ramza, 5ª T., u., 24/06/2003).

■ 13.24.4. Tipo subjetivo

É o dolo, consistente na vontade livre e consciente de efetuar a operação devida. Não se exige elemento subjetivo específico para a configuração do delito (TRF2, AC 20000201014095-1, Liliane Roriz, 2ª TE, u., 04/04/2006).

■ 13.24.5. Consumação

Para a consumação do delito em tela, não se exige prejuízo, cuidando-se de crime de mera conduta (STJ, REsp 466.168, Maria Thereza Moura, 6ª T., m., 17/12/2009) e de perigo abstrato, que não exige habitualidade ou reiteração.

O tipo é misto alternativo, de modo que a consumação ocorre com a **prática de qualquer das condutas** descritas: *tomar*, *receber* ou *deferir*, Assim, o mero deferimento da operação de crédito pelo gerente (STJ, REsp 313.458, José Arnaldo, 5ª T., u., *DJ* 25/06/2002) ou a celebração do contrato (TRF3, AC 19990399088287-6, Ves-

[45] Em sentido contrário, minoritariamente, entendendo que não há crime quando o empréstimo é oriundo de recursos próprios, e não dos poupadores: STJ, HC 7.564, José Arnaldo, 5ª T., u.

na Kolmar, 1ª T., u., 17/07/2007) são suficientes para a consumação do crime, ainda que o valor não seja efetivamente alcançado ao tomador.

Exatamente por se cuidar de crime de mera conduta, é irrelevante e não afasta o crime o estorno da operação (TRF4, AC 7.131, Rosa, 7ª T., m., *DJ* 25/05/2002). Comprovado, porém, que a operação decorreu de mero engano, estará afastado o delito, pela ausência de dolo.

Não descaracteriza o crime, tampouco, o fato de o empréstimo ter sido pago, uma vez que o crime prescinde de prejuízo (TRF1, AC 200138020017661, Mário Ribeiro, 4ª T., u., 09/12/2010; TRF3, AC 20030399003521-8, Nabarrete, 5ª T., u., 27/06/2005).

13.25. QUEBRA DE SIGILO (ART. 18)

> **Art. 18.** Violar sigilo de operação ou de serviço prestado por instituição financeira ou integrante do sistema de distribuição de títulos mobiliários de que tenha conhecimento, em razão de ofício:
> Pena — reclusão, de 1 (um) a 4 (quatro) anos, e multa.

13.25.1. Noção

O tipo em comento foi derrogado pelo art. 10 da LC n. 105/2001, sendo aplicável o art. 18 da LCSFN somente para os casos em que a instituição não esteja abrangida pelo conceito da referida LC.

O dispositivo revogador tem a seguinte redação:

> Art. 10. A quebra de sigilo, fora das hipóteses autorizadas nesta Lei Complementar, constitui crime e sujeita os responsáveis à pena de reclusão, de um a quatro anos, e multa, aplicando-se, no que couber, o Código Penal, sem prejuízo de outras sanções cabíveis.
> Parágrafo único. Incorre nas mesmas penas quem omitir, retardar injustificadamente ou prestar falsamente as informações requeridas nos termos desta Lei Complementar.

Efetivamente, por aplicação do princípio da especialidade, tratando-se de violação de sigilo financeiro, devem prevalecer as normas das leis especiais, e não aquelas previstas no CP.

O tipo da LC n. 105/2001 manteve idêntico apenamento e não revogou, apenas derrogou, aquele do art. 18 da LCSFN, tendo em vista que não abrange todas as hipóteses ali previstas. Isso porque os conceitos de instituição financeira são diversos para efeitos penais e para os fins da lei complementar do sigilo financeiro, como visto anteriormente. As empresas de consórcio e seguros, por exemplo, são consideradas instituições financeiras por equiparação para fins penais (LCSFN, art. 1º, I, parágrafo único), mas não figuram no rol de instituições financeiras obrigadas ao dever de sigilo (LC n. 105/2001, art. 1º, § 1º). Assim, caso um administrador ou empregado de empresa de consórcio divulgue indevidamente informações sobre os clientes da empresa, responderá pelo delito previsto na LCSFN, mas não por aquele tipificado na LC n. 105/2001.

13.26. FRAUDE NA OBTENÇÃO DE FINANCIAMENTO (ART. 19)

> **Art. 19.** Obter, mediante fraude, financiamento em instituição financeira:
> Pena — reclusão, de 2 (dois) a 6 (seis) anos, e multa.
> Parágrafo único. A pena é aumentada de 1/3 (um terço) se o crime é cometido em detrimento de instituição financeira oficial ou por ela credenciada para o repasse de financiamento.

13.26.1. Noção

É uma forma especial de estelionato, devendo prevalecer sobre este em caso de concurso aparente de normas penais, por aplicação do princípio da especialidade (TRF2, AC 20025002000477-5, Calmon [Conv.], 1ª TE, m., 12/09/2007).

13.26.2. Sujeito ativo

É crime comum, que pode ser praticado por qualquer pessoa. Eventualmente, poderá haver concurso de autores com alguém interno à instituição financeira, que responderá pelo mesmo delito, ou, eventualmente, por gestão fraudulenta, desde que presentes os requisitos para aquele delito, em especial a existência de uma pluralidade de operações fraudulentas.

13.26.3. Tipo objetivo

Obter consiste em alcançar ou conseguir algo que se deseja, que aqui é o financiamento.

O emprego da expressão **mediante fraude** caracteriza o tipo como aberto, podendo o meio ser caracterizado pela utilização de documentos material ou ideologicamente falsos, simulação de garantias inexistentes, uso de documentos falsos ou em nome de terceiros, a simulação da existência de empresa onde serão aplicados os recursos oriundos de linha de crédito para expansão industrial.

O tipo limita-se à obtenção de **financiamento** mediante fraude, distinguindo-se o *financiamento* do *empréstimo*, porque aquele está vinculado **ao custeio de operação determinada, tem finalidade certa**, de conhecimento da instituição financeira (TRF4, AC 200170010111391, Tadaaqui, 7ª T., m., 01/12/2009), enquanto o empréstimo tem destinação livre (STJ, CC 107.100, Mussi, 3ª S., u., 26/05/2010; STJ, AgRg-CC 156.185, Fonseca, 3ª S., 14/03/2018).

Assim, a obtenção de empréstimo mediante meio fraudulento configurará estelionato, sendo a ação penal de competência da JE se a vítima não estiver entre as pessoas arroladas no inciso IV do art. 109 da CF (STJ, CC 37.187, 3ª S., u., 08/11/2006).

13.26.3.1. Princípio da insignificância

Não é aplicável (STJ, REsp 1.580.638, Néfi, 6ª T., 22/08/2017).

13.26.4. Tipo subjetivo

É o **dolo**, sem mais, que, assim como a fraude, deve anteceder a obtenção do financiamento (STJ, RHC 10.549, Jorge Scartezzini, 5ª T., u., 13/03/2001, *RSTJ* 145/543).

Admite-se o **dolo eventual**, como nos casos:

a) do agente que permite a remessa de CND falsificada a fim de possibilitar a liberação do financiamento em favor da empresa da qual era procurador (TRF4, EIAC 20017009001504-1, Tadaaqui, 4ª S., u., 19/07/2007);

b) do "engenheiro agrônomo credenciado da instituição financeira que elabora plano técnico de plantio sem vistoriar propriedade rural indicada no contrato de financiamento" (TRF4, AC 19987003011755-5, Vaz, 8ª T., u., 21/11/2007).

13.26.5. Consumação

A consumação dá-se com a obtenção do financiamento, ou seja, no momento da assinatura do contrato, cuidando-se de crime formal (STJ, REsp 761.354, Fischer, 5ª T., 19/09/2006, *DJ* 16/10/2006; STJ, REsp 706.871, Limongi [Conv.], 6ª T., u., 22/06/2010), que dispensa, para sua configuração, o reconhecimento de abalo efetivo ou potencial para o SFN (STJ, CC 158.548, Paciornik, 27/06/2018).

Ao contrário do que se dá com o estelionato, para a consumação do delito em exame não se exige:

a) o prejuízo econômico para a instituição financeira concedente do crédito (TRF3, AC 96030973025, Guimarães, 2ª T., u., 04/05/2010; TRF4, AGEXP 200971000284344, Tadaaqui, 7ª T., u., 15/12/2009);

b) o proveito econômico para o agente (TRF4, AC 20057200008676-2, Penteado, 8ª T., u., 20/08/2008), de modo que a efetiva liberação das parcelas é mero exaurimento (STJ, REsp 682.181, Dipp, 5ª T., *DJ* 26/09/2005).

É possível a tentativa, restando caracterizada nos casos em que o financiamento solicitado não chega sequer a ser concedido.

13.26.6. Concurso de crimes

13.26.6.1. Duplicata simulada

Considerado o princípio da especialidade, o delito do art. 19 da LCSFN afasta o de duplicata simulada, em caso de obtenção de "empréstimo destinado a financiar capital de giro da empresa, mediante apresentação de duplicatas falsas a título de garantia" (TRF4, AC 20000401004156-4, Élcio, 8ª T., u., 23/04/2003).

13.26.6.2. Falsidades

Ficam absorvidos pelo delito em exame os crimes de:

a) falsificação de documento, seja particular ou público (TRF4, AC 20020401004260-7, Penteado, 8ª T., u., 16/02/2005);

b) falsidade ideológica (TRF4, AC 2002.72.00.010411-8, Brunoni [Conv.], 7ª T., u., *DJ* 14/08/2008);

c) uso de documento falso, previsto no art. 304 do CP (TRF4, AC 19980401051302-7, Beltrami [Conv.], 1ª T., u., *DJ* 09/08/2000).

■ *13.26.6.3. Art. 19 da LCSFN*

Há duas posições sobre a possibilidade de concurso entre os delitos dos arts. 19 e 20 da LCSFN.

Para a primeira, que adotamos, a fim de evitar o apenamento excessivo em casos que, na sua maioria, não têm maior expressão, haveria, na hipótese, pós-fato impunível, ao argumento de que a finalidade do empréstimo seria, desde o princípio, irrelevante (TRF4, AC 19987003011755-5, Vaz 8ª T., u., 21/11/2007; TRF4, AC 2006.72.00.005764-0, Ogê [Conv.], 8ª T., 29/06/2010).

Para a segunda, há concurso material com o crime do art. 20, se o agente, após obter o financiamento mediante fraude, dá destinação diversa da contratada aos recursos (TRF1, AC 19993500014626-0, Tourinho, 3ª T., u., 11/12/2006; TRF4, AC 2000.04.01.073074-6, Rosa, TF, 22/01/2002).

■ 13.26.7. Pena

O parágrafo único do art. 19 traz causa de aumento, fundada no fato de que, em regra, os financiamentos oficiais são concedidos com taxas de juros e condições de pagamento mais favoráveis, subsidiadas (TRF3, AC 20000399024502-9, Ramza, 5ª T., u., 25/06/2007).

■ 13.26.8. Ação penal

É pública incondicionada, de competência da JF, independentemente de ser a vítima direta instituição financeira pública ou privada (STJ, CC 30.427, Jorge Scartezzini, 3ª S., u., *DJ* 20/05/2002), nem se questionando sobre a ocorrência de prejuízo a bem, serviço ou interesse da União (STJ, HC 14.131, *DJ* 04/12/2000; TRF4, EIAC 20007204000007-8, Castilho, 4ª S., m., 16/10/2002).

■ 13.27. DESVIO DE FINALIDADE (ART. 20)

> **Art. 20.** Aplicar, em finalidade diversa da prevista em lei ou contrato, recursos provenientes de financiamento concedido por instituição financeira oficial ou por instituição credenciada para repassá-lo:
> Pena — reclusão, de 2 (dois) a 6 (seis) anos, e multa.

■ 13.27.1. Sujeito ativo

É crime comum, sendo autor, usualmente, o administrador da pessoa jurídica beneficiária ou o próprio tomador, admitindo-se, porém, a participação do gerente ou outros empregados da instituição financeira responsáveis pela liberação do dinheiro, como partícipes, desde que tenham aderido à conduta dos autores (STF, HC 81.852, Néri, 2ª T., u., *DJ* 14/06/2002; STJ, HC 13.869, Dipp, 5ª T., u., 20/09/2001).

13.27.2. Tipo objetivo

A prática consiste na obtenção de financiamento agrícola, industrial ou para outra finalidade especificada em lei ou contrato, seguida da aplicação em finalidade diversa daquela prevista na norma ou no instrumento.

Pressuposto material do delito é a existência de **financiamento**, ou seja, mútuo com finalidade determinada. Não será reconhecido o crime em caso de empréstimo, no qual a destinação dos valores é de livre-decisão do tomador.

Mais que isso, a **instituição** concedente do financiamento há de ser **oficial**, ou seja, pública, ou, em caso de **instituição privada**, que tenha sido **credenciada** por instituição pública **para o repasse** dos valores, como intermediária, repassando recursos de origem pública.

A conduta incriminada é **aplicar**, ou seja, utilizar, destinar.

Objeto do crime são os recursos, ou seja, os valores.

Somente haverá crime quando a destinação efetiva é distinta daquela prevista em lei ou contrato. Cuida-se de norma penal em branco, complementada pela lei ou pelo contrato que determinam a destinação a ser dada aos valores.

Não ocorre o crime em comento, porém, quando o agente obtém vantagem indevida ou mediante meio fraudulento, mas aplica os recursos na finalidade legal, podendo cogitar-se, eventualmente, de estelionato (STJ, HC 18.338, Carvalhido, 6ª T., u., 06/08/2002).

Embora a literalidade do dispositivo mencione a aplicação em finalidade diversa da prevista em lei ou contrato, a jurisprudência tem se contentado com a **falta de aplicação na finalidade prevista** para reconhecer o crime, sem exigir, na denúncia, ou mesmo ao longo da instrução criminal, a demonstração da destinação dos recursos (STF, RHC 75.375-2, M. Aurélio, 2ª T., m., *DJ* 06/04/2001; STF, AP 935, Moraes, 1ª. T., 27/02/2018).

13.27.3. Tipo subjetivo

É o dolo, consubstanciado na vontade livre e consciente de aplicar os recursos do financiamento em finalidade que o agente sabia ser diversa dos termos do contrato originário.

Admite-se o dolo eventual (STJ, HC 13.869, Dipp, 5ª T., u., 20/09/2001).

13.27.4. Consumação

O crime consuma-se no momento da aplicação dos recursos em finalidade diversa da prevista (STF, Inq. 2.725, Teori, 2ª T., u., 08/09/2015; STF, AP 554, Barroso,

1ª T., *DJ* 08/02/2015; STF, AP 935, Moraes, 1ª T., 27/02/2018; STJ, RHC 32.698, Reynaldo, 5ª T., 03/12/2015).

É desnecessária a obtenção efetiva de vantagem para a consumação (TRF5, AC 20008100012822-0, Navarro, 4ª T., u., 04/12/2007).

■ 13.28. OPERAÇÃO DE CÂMBIO COM FALSA IDENTIDADE E PRESTAÇÃO DE INFORMAÇÃO FALSA EM OPERAÇÃO DE CÂMBIO (ART. 21)

> **Art. 21.** Atribuir-se, ou atribuir a terceiro, falsa identidade, para realização de operação de câmbio:
> Pena — detenção, de 1 (um) a 4 (quatro) anos, e multa.
> Parágrafo único. Incorre na mesma pena quem, para o mesmo fim, sonega informação que devia prestar ou presta informação falsa.

■ 13.28.1. Bem jurídico

É a boa execução da política econômica do Estado, ou, mais especificamente: "a segurança e lisura nas operações de câmbio e, em última análise, o próprio mercado financeiro e a fé pública" (STJ, REsp 800.280, Fischer, 5ª T., u., 17/08/2006).

■ 13.28.2. Sujeito ativo

É crime comum, tanto na modalidade do *caput* quanto naquela do parágrafo único.

■ 13.28.3. Tipo objetivo

Os delitos do art. 21 são formas especiais da falsa identidade (CP, art. 307), na forma básica, e de falsidade ideológica, na modalidade do parágrafo único, com a finalidade peculiar de realização de operação de câmbio.

A obrigatoriedade da prestação de informações sobre operações de câmbio, regulada em normas emanadas do CMN e do BC, está fundada no art. 21, VIII, da CF.

O tipo em comento era de ocorrência mais frequente quando eram maiores as restrições a compra de moeda estrangeira, sendo comum a utilização dos nomes de falsos turistas e viajantes para aquisição de moeda estrangeira, posteriormente vendida no mercado paralelo, prática atualmente em desuso em razão da proximidade das cotações[46].

Há quatro **modalidades**, estando as duas primeiras previstas no *caput* e as demais no parágrafo único, como segue:

---

46 TÓRTIMA, José Carlos; TÓRTIMA, Fernanda Lara. *Evasão de divisas.* Uma crítica ao conceito territorial de saída de divisas contido no parágrafo único do art. 22 da Lei 7.492. 3. ed. Rio de Janeiro: Lumen Juris, 2009. p. 5.

a) o agente atribui a si próprio identidade falsa;

b) a atribuição da falsa identidade recai sobre terceiro, que poderá ser uma pessoa inexistente ou real, que empresta o nome voluntariamente ou sequer tem conhecimento da operação ou da utilização de seus dados (TRF2, AC 20015101517916-5, Feltrin, 1ª TE, u., 22/03/2006);

c) sonegação de informação que deveria ser prestada, o que deverá ser indicado por norma extrapenal, complementadora do preceito em branco, que impõe o dever de prestar a informação[47];

d) na quarta hipótese, comissiva, há prestação de informação falsa, cuidando-se de uma modalidade especial de falsidade ideológica (TRF2, AC 20005101509117-8, Schwaitzer, 6ª T., u., 14/12/2004; TRF3, AC 20006181000385-6, Herkenhoff, 2ª T., u., 25/03/2008).

Operação é "qualquer transação comandada em um sistema que possa resultar em transferência de fundos, títulos, valores mobiliários ou outros ativos financeiros"[48]. A operação de câmbio será, então, a operação financeira que envolva compra e venda de moeda estrangeira.

Não afasta o crime o fato de que o terceiro tenha anuído com as operações (STJ, AgRg-REsp 1.570.100, Néfi, 6ª T., 22/03/2018).

Em qualquer caso, a conduta fraudulenta deve anteceder a operação de câmbio, que é a finalidade buscada pelo agente, e não sucedê-la. Assim, a omissão sistemática do registro de operações já realizadas por parte de casa de câmbio configura a conduta do art. 11 da LCSFN, e não aquela do art. 21, parágrafo único (TRF4, AC 200371000395140, Vaz, 8ª T., u., 24/02/2010). Em outras palavras, o que configura o crime é a **sonegação de informação para a realização** de operação de câmbio, e não a falta de **comunicação sobre** a realização da operação, que não ostenta tipicidade penal (TRF4, AC 500.5950-44.2010.404.7100, Néfi, 7ª T., 24/05/2011).

■ *13.28.3.1. Ingresso de valores*

Não ocorre o delito em comento, mas mera infração administrativa, no caso de ingresso de valores sem declaração, ainda que em montante superior àquele em que esta é exigida ou em que não há registro no SISBACEN (Lei n. 4.595/64, art. 37; Res. 1.453/88 e Circular 2.677/96), pelas razões que seguem.

As instituições financeiras que operam no mercado de câmbio estão obrigadas, por força do art. 65 da Lei n. 9.069/95, a identificar o cliente ou beneficiário:

> Art. 65. O ingresso no País e a saída do País, de moeda nacional e estrangeira serão processados exclusivamente através de transferência bancária, cabendo ao estabelecimento bancário a perfeita identificação do cliente ou do beneficiário.

---

[47] MAIA, Rodolfo Tigre. *Dos crimes contra o sistema financeiro nacional*, p. 131.

[48] Disponível em: <http: //www.bcb.gov.br/glossario.asp>.

Na mesma linha, o inciso II do art. 9º da Lei n. 9.613/98 determina que as pessoas jurídicas que têm como atividade a compra e venda de moeda estrangeira identifiquem seus clientes e mantenham registro das operações, para atender ao disposto no art. 10, I e II, da mesma lei, e às normas expedidas pelo BACEN, que os regulamentam.

Ocorre que o crime consiste em *atribuir a si ou terceiro falsa identidade*, *sonegar informação* ou *prestar informação falsa* para realizar operação de câmbio. O crime ocorrerá, então, quando o cliente sonegar ou falsear informação exigida pela instituição financeira, ou seja, quando **a conduta fraudulenta antecede** a realização da operação.

A situação é diversa na hipótese em que a própria operação de câmbio deixa de ser informada ao BC. De fato, o BC exige que, além de manter o registro da operação (art. 10, II, da LLD), a instituição responsável informe eletronicamente sua realização, na forma do Regulamento do Mercado de Câmbio e Capitais Internacionais, Título 1: Mercado de Câmbio, Capítulo 3: Contrato de Câmbio, Seção 2: Celebração e Registro no Sisbacen.

Consultando referida norma, verifica-se que a prestação de informação sobre a operação somente é exigível após sua conclusão. Assim, não se pode falar que a informação ao BC foi sonegada *para realizar* a operação de câmbio se, na prática, por conta da regulamentação administrativa, a operação já está concluída quando deveria ter sido informada.

Por fim, **o particular não é destinatário do dever de informar**, não estando obrigado a prestar qualquer informação ao BACEN, pois a prestação de informações é encargo das "instituições financeiras e demais instituições autorizadas a funcionar pelo Banco Central do Brasil, autorizadas a operar no mercado de câmbio" (Regulamento do Mercado de Câmbio e Capitais Internacionais, Título 1: Mercado de Câmbio, Capítulo 3: Contrato de Câmbio, Seção 2: Celebração e Registro no Sisbacen, número 1).

Em suma, o dever de registrar incumbe aos responsáveis pela instituição financeira, não tendo o particular sequer ingerência sobre a prestação ou não de informações, sendo, portanto, atípica a conduta em relação ao particular.

■ 13.28.4. Tipo subjetivo

É o dolo, aliado ao **especial fim de realizar operação de câmbio** (STJ, REsp 800.280, Fischer, 5ª T., u., 17/08/2006).

■ 13.28.5. Consumação

O crime é formal, consumando-se no momento da atribuição da falsa identidade com o fim de realização de operação de câmbio, não se exigindo a obtenção de vantagem (TRF3, AC 20006181000385-6, Herkenhoff, 2ª T., u., 25/03/2008) nem a ocorrência de prejuízo ou sequer a efetivação da operação de câmbio visada pelo agente (TRF2, AC 20005101509117-8, Schwaitzer, 6ª T., u., 14/12/2004).

13.28.6. Concurso de crimes

13.28.6.1. Falsidade em operação de câmbio (LCSFN, art. 21)

A relação entre os delitos dos arts. 21 e 22 da LCSFN é de especialidade, sendo que o crime do art. 22 distingue-se daquele do art. 21 porque naquele há a especial finalidade de remeter as divisas para o exterior (TRF1, AC 199901000074419, Kuschel [Conv.], 4ª T., m., 04/05/2010). Com efeito, ao contrário do que se dá no crime do art. 22, no caso do art. 21 não se exige o fim de promover evasão de divisas, ocorrendo o crime pelo mero fornecimento da informação falsa para a realização da operação de câmbio, ou seja, troca de moeda. Não se perquire, aqui, da intenção de evadir as divisas, podendo o crime em questão ocorrer, por exemplo, na operação de câmbio vinculada a uma exportação, ou mesmo no ingresso de valores no Brasil, em que tenha sido omitida determinada operação ou prestada informação falsa, nos termos da regulamentação administrativa, uma vez que se cuida de norma penal em branco.

Já se afirmou, porém, em sentido contrário, que, se a operação de câmbio realizada com base em informação falsa é seguida da remessa ou transporte dos valores para o exterior, há concurso material entre os crimes dos arts. 21 e 22 da LCSFN (STJ, HC 14.463, José Arnaldo, 5ª T., u., *DJ* 29/10/2001).

13.28.6.2. Crime contra a ordem tributária (Lei n. 8.137/90, art. 1º)

Em relação ao concurso com crime contra a ordem tributária (Lei n. 8.137/90, art. 1º), decorrente da supressão de tributos devidos pela operação fraudulenta, existem duas orientações:

a) há concurso formal heterogêneo (CP, art. 70, parágrafo único) (TRF4, AC 7.175, Freitas, 7ª T., u., *DJ* 19/06/2002; TRF4, AC 1999.71.08.004359-8, Rosa, 6ª T., u., 17/12/2002);

b) o crime contra o SFN resta absorvido pelo crime contra a ordem tributária, aplicando-se o princípio da consunção (TRF4, AC 20020401002257-8, Penteado, 8ª T., u., 01/03/2006), quando a finalidade da prestação de informação falsa for a sonegação tributária (STJ, REsp 908.704, Vaz, 5ª T., u., 15/10/2009).

Adotada a última orientação, uma vez extinta a punibilidade do crime contra a ordem tributária pelo pagamento, não subsiste crime algum (TRF4, RC 9504168973, Dipp, 1ª T., u., 14/05/1996).

13.29. OPERAÇÃO DE CÂMBIO COM O FIM DE EVASÃO DE DIVISAS (ART. 22, *CAPUT*)

> **Art. 22.** Efetuar operação de câmbio não autorizada, com o fim de promover evasão de divisas do País:
> Pena — reclusão, de 2 (dois) a 6 (seis) anos, e multa.

13.29.1. Noção

O dispositivo foi introduzido em nosso ordenamento pela LCSFN, tendo havido casos de evasão de divisas do País sem a possibilidade de punição penal por falta de previsão legal[49]. O fundamento do controle cambial e, por consequência, da incriminação é que as divisas estrangeiras são necessárias para o pagamento de dívidas contraídas no exterior e para o equilíbrio das reservas cambiais, que trazem prosperidade econômica e paz social, promovendo o bem-estar e a segurança da população[50]. Por isso, é privativo do BC o direito de guardar moedas e divisas estrangeiras, bem como a administração exclusiva da operação de ingresso e saída dessas do País.

A incriminação não ofende o inciso XV do art. 5º da CF, que assegura a liberdade de locomoção, incluindo o direito de deixar o território nacional, com seus bens, uma vez que a conduta proibida é apenas a evasão clandestina, fraudulenta, ou não declarada, a fim de possibilitar a fiscalização e a prevenção de outros crimes (TRF3, HC 201003000325676, Stefanini, 5ª T., u., 21/03/2011). Tanto é assim que a CF, em seu art. 22, VII, estabelece a competência privativa da União para legislar sobre câmbio, e o art. 21 atribui à União a competência para "administrar as reservas cambiais do País e fiscalizar as operações de natureza financeira, especialmente as de crédito, câmbio e capitalização, bem como as de seguros e de previdência privada", decorrendo de tais dispositivos os poderes para condicionar ou regular as operações de câmbio[51]. Além disso, o art. VI, 3, dos *Articles of Agreement* do FMI autoriza os membros a exercer controles que regulem o movimento internacional de capitais.

13.29.2. Bem jurídico

É o regular funcionamento do mercado cambial (TRF3, AC 200803990069548, Stefanini, 1ª T., u., 13/05/2008) e a preservação das reservas cambiais[52].

13.29.3. Sujeito ativo

É crime comum, que não exige qualquer qualidade especial do sujeito ativo (STJ, RHC 9.281, Dipp, 5ª T., u., 13/09/2000).

---

49 PIMENTEL, Manoel Pedro. *Crimes contra o sistema financeiro*, p. 155.

50 ALBUQUERQUE, Mário Pimentel. Lavagem de dinheiro e remessa ilegal de divisas: o papel do Poder Judiciário na repatriação de ativos. *Revista do Tribunal Regional Federal, Primeira Região*, n. 4, p. 119-145, abr. 2006. p. 136. Para mais sobre o tema ver: SCHMIDT, Andrei Zenkner; FELDENS, Luciano. *O crime de evasão de divisas:* a tutela penal do sistema financeiro nacional na perspectiva da política cambial brasileira. Rio de Janeiro: Lumen Juris, 2006. p. 135 e ss.

51 FORNAZARI JR., Milton. Evasão de divisas: breves considerações e distinção com o crime de lavagem de dinheiro. *Jus Navigandi*. Disponível em: <http://jus.uol.com.br/revista/texto;12160>, p. 5. Em sentido contrário, afirmando a ilegitimidade da incriminação para a proteção de uma mera função estatal: NUNES, Ricardo Pieri. Evasão de divisas. *Revista Brasileira de Ciências Criminais*, n. 62, p. 134-177, set./out. 2005. p. 145.

52 TÓRTIMA, José Carlos; TÓRTIMA, Fernanda Lara. *Evasão de divisas*, p. 14.

13.29.4. Sujeito passivo

É a União (TRF3, MS 2002.03.00.008659-4, Loverra, 1ª S., u., 18/09/2002).

13.29.5. Tipo objetivo

A conduta consiste em **efetuar**, isto é, levar a efeito ou realizar, operação de câmbio, ou seja:

> Operações de compra e de venda de moeda estrangeira, as operações em moeda nacional entre residentes, domiciliados ou com sede no País e residentes, domiciliados ou com sede no exterior e as operações com ouro-instrumento cambial, realizadas por intermédio das instituições autorizadas a operar no mercado de câmbio pelo Banco Central[53].

As **divisas** se traduzem em elemento normativo do tipo, em relação ao qual há alguma discussão, podendo ser referidas as seguintes definições:

> Divisas são créditos no exterior, em moeda estrangeira. Compreendem: depósitos, letras de câmbio, ordens de pagamento, cheques, valores mobiliários etc. Para maior facilidade de análise, incluímos no conceito de divisas também o papel-moeda estrangeiro[54].
>
> Valores em moedas estrangeiras. As reservas internacionais de um país (cheques, ordens de pagamento, ouro, letras e outros valores mobiliários em moeda forte) são suas divisas[55].

Para a jurisprudência, integram o conceito de divisas:

a) cheques sacados contra bancos (STJ, HC 10.329, Vidigal, 5ª T., u., *DJ* 27/09/1999) ou praças (TRF4, AC 1999.04.01.059260-6, Ellen, 1ª T., u., *DJ* 19/01/2000) do exterior, em moeda estrangeira (TRF2, AC 199551010301586, Maria Helena Cisne, 1ª TE, u., 15/08/2007);

b) "cheques sacados contra instituições financeiras nacionais" (TRF4, AC 1999.04.01.069388-5, Rosa, 7ª T., m., *DJ* 16/01/2002);

c) o ouro, como ativo financeiro ou instrumento cambial, conforme o disposto no art. 153, § 5º, da CF; no Decreto-lei n. 581/69; e na Lei n. 4.595/64, art. 11, III (STJ, HC 8.133, 6ª T., u., 19/09/2000, *caso Najun Turner*);

d) a moeda estrangeira ou nacional (TRF4, RSE 2001.04.01.057892-8, Freitas, 7ª T., m., 21/05/2002).

Não integram o conceito de divisa:

a) mercadorias;

b) o valor negocial do *passe* de um jogador de futebol (STF, HC 88.087, Pertence, 1ª T., u., 17/10/2006);

---

53 Disponível em: <http://bovespa.com.br>.

54 RATTI, Bruno. *Comércio internacional e câmbio.* 10. ed. São Paulo: Aduaneiras, 2001. p. 116.

55 *Dicionário de finanças.* Disponível em: <http://www.bovespa.com.br>.

c) diamantes (TRF1, ACR 200036000033096, Mário Ribeiro, 4ª T., u., 18/10/2010).

Minoritariamente, José e Fernanda Tórtima, partindo do conceito de reserva cambial, afirmam que divisas seriam apenas disponibilidades em poder do BACEN ou de instituições privadas, com o que todos os valores de posse de particulares ou movimentados paralelamente ao mercado oficial de câmbio não seriam alcançados pelo conceito de divisas[56].

Somente haverá crime quando se tratar de **operação não autorizada**, cuidando-se de norma penal em branco. De acordo com a atual regulamentação cambial brasileira, não há exigência de autorização prévia para a realização de câmbio, sendo os controles efetuados *a posteriori*. A regulamentação cambial ainda exige, porém, o registro das operações, de modo que a sua realização fraudulenta ou clandestina segue sendo *não autorizada* e, portanto, criminosa (STJ, REsp 1.497.041, Schietti, 6ª T., 17/11/2015).

A falta de autorização não deve ser confundida com a fraude, desnecessária para a perfectibilização do crime em questão, mas que poderá ser utilizada como meio para a realização da operação de câmbio com fim de evasão de divisas, equivalendo, para fins de adequação típica, à operação não autorizada.

Assim, por exemplo, em caso de:

a) operação levada a efeito com base em contrato simulado ou documentos falsos (TRF3, AC 98030724746, Johonsom, 1ª T., u., 05/09/2006; TRF3, AC 2002.03.99.022858-2, Guimarães, 2ª T., m., 06/02/2007);

b) utilização de contas de pessoas interpostas ou empresas *fantasmas* (TRF2, AC 19905101021066-2, Carvalho, 4ª T., u., 10/03/2004).

Se a operação era autorizada, ou, mais propriamente, foi declarada e considerada regular, não há crime.

■ 13.29.5.1. "Dólar-cabo"

Em regra, a entrada e saída de moeda estrangeira no território nacional, afora o transporte físico, que deverá ser declarada, dá-se mediante transferência bancária, com posterior registro no SISBACEN. Quer dizer, toda operação de câmbio efetuada fora do mercado oficial, ou seja, sem a intermediação de um estabelecimento autorizado a operar no mercado cambial, no chamado **câmbio paralelo**, é considerada irregular e, portanto, não autorizada (Lei n. 4.595/64, art. 10, IX, "d"), podendo configurar o crime em exame caso seja realizada com o fim de evasão de divisas do País. É o caso da prática de remessa de dinheiro por transferência entre *doleiros*, à margem do sistema bancário oficial, por meio de telefone, fac-símile ou correio eletrônico, considerada não autorizada e, portanto, delituosa, ainda que não haja transferência física dos valores, mas compensação entre os operadores, no chamado *dólar-cabo* (TRF3, AC 20050399024006-6, Stefanini, 1ª T., u., 09/10/2007; TRF3, AC 20050399024006-6, Stefanini, 1ª T., u., 08/07/2008).

[56] TÓRTIMA, José Carlos; TÓRTIMA, Fernanda Lara. *Evasão de divisas*, p. 14-21.

Caso a operação de câmbio visando a transferência por dólar-cabo venha a se concretizar, o delito será o da primeira parte do parágrafo único do art. 22, ocorrendo um crime progressivo. Quer dizer, a operação de câmbio com o fim de transferência por sistema informal caracteriza o crime do *caput* do art. 22, enquanto a efetiva remessa fará incidir a primeira parte do parágrafo único, que é a evasão de divisas propriamente dita (STJ, REsp 1.460.561, Reis, 6ª T., 06/11/2018).

Muito embora o transporte físico de valores inferiores a R$10.000,00 seja autorizado sem a exigência de qualquer declaração, é típica a remessa por dólar-cabo em valores inferiores a tal limite (STJ, REsp 1.535.956, Maria Thereza, 6ª T., *DJ* 09/03/2016; AgRg-REsp 1.320.262, Dantas, 5ª T., 12/06/2018).

13.29.5.2. *Omissão no ingresso de divisas*

O tema da tipicidade da infração administrativa conhecida como *sonegação de cobertura cambial*, consistente na omissão do ingresso das divisas decorrentes de uma operação de exportação, perdeu relevância em virtude das modificações introduzidas no mercado de câmbio pela Lei n. 11.371/2006 e, especialmente, pela Res. 3.548/2008, do CMN, pela qual passou a ser permitido aos exportadores brasileiros manter, no exterior, a integralidade dos valores recebidos em virtude de exportação, em conta mantida no estrangeiro.

13.29.5.3. *Importação fraudulenta ou superfaturada*

Será típica, ao contrário, a conduta praticada em caso de importação fraudulenta, quando há efetiva saída do numerário, sem a saída das mercadorias.

Ocorre o crime, ainda, na importação superfaturada, assim entendida aquela em que o valor pago pelas mercadorias é superior ao efetivamente devido, sendo destinado o valor apenas em parte ao exportador estrangeiro, que posteriormente repassa o excesso para conta indicada pelo importador brasileiro, pois saem mais divisas do que seria o devido (TRF4, AC 19997000013518-3, Labarrère, 7ª T., u., 19/06/2007).

13.29.6. Tipo subjetivo

É o dolo, não havendo forma culposa, além do *fim de promover evasão de divisas do País*, caracterizando o elemento subjetivo do injusto. Ausente este, não haverá o crime.

Logo, se a intenção for de efetuar um pagamento de um contrato firmado no exterior[57], formar poupança em moeda estrangeira, ou obter vantagem de outra natureza, não haveria crime[58].

É necessário verificar, porém, se não há mera simulação de operação comercial, com o fim de dar aparência lícita ao contrato de câmbio.

---

[57] PIMENTEL, Manoel Pedro. *Crimes contra o sistema financeiro*, p. 156.

[58] TÓRTIMA, José Carlos. *Crimes contra o sistema financeiro nacional*, p. 142.

13.29.7. Consumação

O crime do *caput* é formal e se consuma com a efetivação das operações de câmbio não autorizadas, sendo desnecessária a efetiva saída do numerário do País, o que se constitui em elemento subjetivo, e não objetivo, do delito (STJ, AgRg-REsp 1.691.688, Fischer, 5ª T., 24/05/2018).

Caso sobrevenha a efetiva saída do numerário, após a realização de operação de câmbio fraudulento, prevalecerá o delito do parágrafo único, restando absorvido o crime do *caput*. Cuida-se de crime progressivo, em que resta absorvido o primeiro delito, que é formal, subsistindo o crime material que lhe sucedeu.

13.29.8. Concurso de crimes

13.29.8.1. Falsidade ideológica e uso de documento falso (CP, arts. 299, 297 e 298)

Se a falsificação (TRF2, AC 20000201073029-8, Alberto Nogueira, 5ª T., u., 23/03/2004) ou o uso de documento falso são meios para a evasão de divisas, restam por este absorvidos (TRF3, AC 2002.03.99.022858-2, Guimarães, 2ª T., m., 06/02/2007).

13.29.8.2. Descaminho (CP, art. 334)

O delito de descaminho não absorve a evasão de divisas, pois o delito mais grave não pode ser absorvido por aquele de menor gravidade (STJ, REsp 886.068, Fischer, 6ª T., u., 10/05/2007).

13.29.8.3. Gestão fraudulenta (LCSFN, art. 4º)

No caso de gerentes de instituição financeira que facilitam ou autorizam a abertura de contas bancárias em nome de *laranjas*, em um esquema criminoso que tem por finalidade remeter, irregularmente, divisas para fora do Brasil, respondem os agentes pelos delitos de gestão fraudulenta e evasão de divisas, em concurso formal, não se podendo falar em consunção, uma vez que o crime-meio, que é a gestão fraudulenta, tem pena maior que o crime-fim, a evasão de divisas (TRF3, AC 20050399024006-6, Stefanini, 1ª T., u., 08/07/2008; TRF4, AC 200570000342051, Vaz, 8ª T., 03/03/2010). Além disso, os delitos protegem bens jurídicos distintos (STJ, HC 221.233, Mussi, 5ª T., u., 20/11/2012).

Em sentido contrário: STJ, AgRg-REsp 1.395.352, Mussi, 5ª T., 03/05/2018.

13.29.8.4. Sonegação de informações (LCSFN, art. 6º)

O crime de sonegação de informação, do art. 6º da LCSFN, é absorvido pela evasão de divisas se a finalidade da omissão foi justamente possibilitar a retirada irregular dos valores do País (TRF4, AC 2002.04.01.049689-8, Freitas, 7ª T., u., 29/04/2003).

■ *13.29.8.5. Falsidade em operação de câmbio (LCSFN, art. 21)*

O delito do art. 22 distingue-se daquele do art. 21 porque naquele há a especial finalidade de remeter as divisas para o exterior (TRF1, AC 199901000074419, Kuschel [Conv.], 4ª T., m., 04/05/2010).

■ 13.30. EVASÃO DE DIVISAS (ART. 22, PARÁGRAFO ÚNICO, PRIMEIRA FIGURA)

> **Art. 22.** (...)
> Parágrafo único. Incorre na mesma pena quem, a qualquer título, promove, sem autorização legal, a saída de moeda ou divisa para o exterior, ou nele mantiver depósitos não declarados à repartição federal competente.

■ 13.30.1. Noção

Diferencia-se do tipo do art. 22, *caput*, porque no caso do parágrafo há efetiva evasão das divisas. Caso tenha ocorrido uma operação de câmbio anterior, cuidar-se-á de crime progressivo, que se inicia com a operação de câmbio, ou seja, com a troca de moeda, e culmina com a sua remessa ou transporte para o exterior, por meio de transferência bancária ou transporte da moeda em espécie. Poderão ocorrer, também, casos em que inexiste ou não há conhecimento acerca de operação de câmbio anterior, configurando-se, porém, o crime ora em exame.

O transporte de moeda em espécie é atividade que, embora seja, em si, lícita, pelos riscos que acarreta, geralmente se dá com dinheiro *sujo*. Cuida-se de prática a ser controlada, estabelecendo a Convenção de Palermo, em seu art. 7º, 2, que:

> 2. Os Estados-Partes considerarão a possibilidade de aplicar medidas viáveis para detectar e vigiar o movimento transfronteiriço de numerário e de títulos negociáveis, no respeito pelas garantias relativas à legítima utilização da informação e sem, por qualquer forma, restringir a circulação de capitais lícitos. Estas medidas poderão incluir a exigência de que os particulares e as entidades comerciais notifiquem as transferências transfronteiriças de quantias elevadas em numerário e títulos negociáveis.

■ 13.30.2. Sujeito ativo

É crime comum.

■ 13.30.3. Tipo objetivo

Promover é fazer avançar, dar causa ou impulso a algo, diligenciar, originar, fomentar ou desenvolver uma atividade, que, no caso, consiste no transporte ou remessa de moeda ou divisa para fora do País.

A conduta de *promover evasão de divisas* abrange tanto a transferência, transporte ou remessa física dos valores, quanto a transferência ou remessa eletrônica, incluindo a transferência por sistema informal, como o chamado *dólar-cabo*

(STJ, REsp 1.367.650, Reis, 6ª T., u., 23/08/2016). Quer dizer, a operação de câmbio com o fim de transferência por sistema informal caracteriza o crime do *caput* do art. 22, enquanto a efetiva remessa fará incidir a primeira parte do parágrafo único, que é a evasão de divisas propriamente dita.

A **finalidade** ou a motivação da saída dos valores **é irrelevante**, havendo crime sempre que a prática se dê **sem autorização legal**, uma vez que a lei menciona a **saída, a qualquer título**.

Objeto do delito será a divisa em moeda nacional ou estrangeira.

Moeda:

é tudo que é geralmente aceito pelo público em pagamento de bens, serviços e ativos de valor, e no reembolso de dívidas. É intermediária de trocas, medida de valor, reserva de valor, tem função liberatória por ser de curso forçado entre a população, e é um padrão de pagamentos[59].

Minoritariamente, José e Fernanda Tórtima afirmam que o bem jurídico protegido seriam as reservas cambiais, ou seja, apenas disponibilidades em poder do BACEN ou de instituições privadas. Em consequência, seria ilegítima a incriminação do transporte ilegal de moeda, por não estar contemplada pelo bem jurídico protegido[60].

Como já dito em relação ao tipo básico, atualmente **não se exige autorização legal** para a saída de moeda ou divisa no exterior, cuidando-se de norma penal em branco, mas mera declaração, que será concomitante, em caso de saída física, ou posterior, em caso de transferência bancária. Desse modo, somente há crime quando a remessa ou a saída dos valores ocorrer de forma **clandestina**, com a remessa ou transporte físico sem declaração, ou **fraudulenta**, com a remessa por meio físico ou eletrônico escudada em documento falso ou prestação de informação falsa, ou a remessa de valor acima do limite em relação ao qual é exigida a declaração.

Entende-se configurado o crime, então, na saída física do numerário, em valor superior ao limite legal (Lei n. 9.069/95, art. 65), sem declaração à autoridade competente, na prática conhecida como **mala preta** ou **contrabando de dinheiro**, ou por meio de empresas de remessa de pacotes, no serviço de *colis postaux*.

A saída física é regulada pela Lei n. 9.069/95, art. 65, § 1º, I, segundo o qual o porte de valores superiores a R$ 10.000,00 deve ser declarado à autoridade alfandegária. Em caso de remessa fraudulenta por meio dólar-cabo, haverá crime mesmo que o valor seja inferior a R$ 10.000,00 (STF, AgR-HC 155693, Fux, 1ª T., 24/08/2018; STJ, REsp 1.535.956, Maria Thereza Moura, 6ª T., 01/03/2016; STJ, AgRg-REsp 1.573.577, Reynaldo, 5ª T., 21/06/2016; STJ, REsp 1.367.650, Reis, 6ª T., u., 23/08/2016).

A evasão também poderá se dar mediante práticas fraudulentas, configuradoras de **fraude cambial**, que caracterizarão, por si sós, o crime do *caput*, ainda que a saída do capital não se concretize, ou o crime do parágrafo único, caso sobrevenha a efetiva remessa das divisas.

---

59 Disponível em: <http://bovespa.com.br>.

60 TÓRTIMA, José Carlos; TÓRTIMA, Fernanda Lara. *Evasão de divisas*, p. 21-22.

São atípicos a **mera posse** ou porte de moeda estrangeira, sem a determinação da operação de câmbio que lhe deu origem, ou mesmo a compra de moeda estrangeira, no mercado paralelo, para formação de poupança dentro do território nacional[61].

Em caso de **aquisição regular** da moeda, não se há de falar em operação de câmbio não autorizada, e, em consequência, não ocorre o crime do *caput* do art. 22. Mas se a moeda, embora regularmente adquirida ou de origem lícita, em valor superior ao limite legal, é transportada sem declaração, ocorre o crime da primeira figura do parágrafo único (TRF3, HC 20070300029819-4, Johonsom, 1ª T., u., 25/09/2007).

13.30.4. Tipo subjetivo

É o dolo.

Há entendimento no sentido de que na hipótese do parágrafo único, ao contrário do que se dá na forma do *caput*, não se exige especial elemento subjetivo do tipo, como a finalidade de evadir divisas, sendo suficiente o dolo, sem mais (STJ, AgRg-REsp 1.430.360, Maria Thereza Moura, 6ª T., 07/11/2017; TRF2, AC 2002.02.01.002638-5, Gueiros, 3ª T., u., 10/09/2002; TRF3, AC 200161190035231, Nelton, 2ª T., u., 03/05/2011), ou a expectativa de lucro com a aplicação financeira (STJ, AgRg-AREsp 529.348, Fonseca, 5ª T., 05/06/2018).

13.30.5. Consumação

Dá-se com a saída efetiva do território nacional, cuidando-se de crime material (TRF5, AC 20058100019572-2, Almeida, 2ª T., u., 12/12/2006) e instantâneo (TRF3, AC 200361810046790, Guimarães, 2ª T., u., 02/03/2010).

O crime do parágrafo único, primeira figura, admite tentativa, como na hipótese em que o agente é preso em zona de fronteira ou em ponte internacional, dentro do território nacional, portando os valores objeto da evasão (TRF1, AC 200736010004489, Tourinho, 3ª T., u., 29/07/2008).

13.30.6. Ação penal

13.30.6.1. Apreensão dos valores

É certo que, até o julgamento da ação penal, os valores devem permanecer apreendidos, considerada a possibilidade de perdimento (TRF3, RCCR 20016000003899-7, Ramza, 5ª T., u., 04/08/2003), bem como o fato de se cuidar de prova do delito (TRF2, MS 20030201001173-8, Fontes, 2ª TE, u., 20/10/2005).

13.30.6.2. Perdimento dos valores

Por fim, quanto à possibilidade de perdimento dos valores apreendidos, há duas orientações.

A primeira nega a possibilidade do perdimento penal, por não ser o dinheiro *instrumento* ou *produto* do crime, mas sim seu objeto, cabendo o perdimento

---

[61] TÓRTIMA, José Carlos; TÓRTIMA, Fernanda Lara. *Evasão de divisas*, p. 12.

administrativo com fundamento no art. 65, I e II, e § 2º, da Lei n. 9.069/95 (STJ, REsp 571.007, José Arnaldo, 5ª T., u., 07/04/2005), que recai sobre o excedente a R$ 10.000,00 (TRF4, AC 20027002006684-2, Almeida, 3ª T., u., 08/05/2006).

Para a segunda posição, que adotamos, o dinheiro ou os cheques podem ser considerados produto ou proveito do crime, autorizando o perdimento com fundamento no inciso II do art. 91 do CP (STJ, REsp 200300932730, Vaz, 5ª T., u., 02/10/2003).

De todo modo, o art. 65 da Lei n. 9.069/95 autoriza a retenção do valor excedente ao limite, como sanção administrativa, em caso de falta de apresentação da Declaração de Porte de Valores (DPV).

■ 13.31. MANUTENÇÃO DE DEPÓSITOS NÃO DECLARADOS NO EXTERIOR (ART. 22, PARÁGRAFO ÚNICO, SEGUNDA FIGURA)

> **Art. 22.** (...)
> Parágrafo único. Incorre na mesma pena quem, a qualquer título, promove, sem autorização legal, a saída de moeda ou divisa para o exterior, ou nele mantiver depósitos não declarados à repartição federal competente.

■ 13.31.1. Noção

Embora previsto no mesmo tipo da evasão de divisas, é crime autônomo, a demandar descrição própria na denúncia (STJ, HC 48.969, Dipp, 5ª T., u., 17/10/2006). A previsão no mesmo tipo decorre do fato de que a manutenção não declarada dos valores poderá ser, em muitos casos, fato subsequente à evasão de divisas.

Não há inconstitucionalidade no tipo em questão, podendo a lei exigir a declaração dos valores mantidos no exterior, sem violar o direito de propriedade ou de locomoção, no que toca à saída do País com seus bens, nos termos do inciso XV do art. 5º da CF (TRF4, AC 200372000096679, Penteado, 8ª T., m., 19/08/2009).

■ 13.31.2. Tipo objetivo

É elementar do delito em exame que a manutenção do depósito no estrangeiro **não seja declarada**, uma vez que inexiste proibição da manutenção em si dos recursos fora do Brasil, de modo que, havendo declaração, não há crime (TRF3, AC 19990399007463-2, Sylvia Steiner, 2ª T., u., 09/04/2002). O delito não requer prévia evasão de divisas, podendo ocorrer mesmo em casos nos quais o nacional brasileiro recebeu os valores diretamente no exterior[62].

Há duas posições a respeito de quem seja a **autoridade competente** para efeitos do crime em questão:

a) para a primeira, que consideramos acertada, o fato deve ser declarado tanto ao BC quanto à RFB, configurando-se o crime na omissão em relação a qualquer dos órgãos (TRF4, AC 200372000101742, Néfi, 7ª T., u., 26/05/2009);

---

62 FORNAZARI JR., Milton. Evasão de divisas, p. 3.

b) para a segunda, a partir de 2001 somente o BC (STJ, AgRg-REsp 1.134.047, Schietti, 6ª T., 25/04/2017), sendo que o documento apropriado é a DCBE — Declaração de Capitais Brasileiros no Exterior.

Há crime quando os depósitos são mantidos tanto em nome próprio quanto por meio de pessoa interposta (TRF4, AC 96.04.08940-4-RS, Beltrami [Conv.], 1ª T., u., 12/12/2000). A conduta é, na segunda hipótese, até mais grave, podendo ser considerada negativamente na fixação da pena.

A **mera abertura** de conta no exterior, sem a efetivação de depósitos, é fato atípico. Mais que isso, de acordo com a regulamentação administrativa, a obrigatoriedade é de declaração da posição em 31 de dezembro do ano de referência. Assim, se houve depósitos durante o ano, mas na data referida o saldo é zero, não há crime (TRF4, AC 200372000091189, Penteado, 8ª T., u., 30/09/2009), a não ser que fique comprovado o subterfúgio de saque dos valores no último dia útil do ano e sua manutenção em poder do agente, por meio de cheque administrativo, por exemplo, seguido de novo depósito nos primeiros dias do ano subsequente. De todo modo, é essencial que, na denúncia, seja indicada a posição da conta em 31 de dezembro ou a utilização do expediente acima, a evidenciar que os valores continuavam a ser mantidos em poder do agente.

Cuida-se de norma penal em branco, havendo duas posições acerca do **limite mínimo para comunicação**, o que está ligado ao entendimento sobre quem é a autoridade competente para a declaração.

A primeira, que pressupõe a obrigatoriedade de declarar também para a fiscalização tributária, reconhece a obrigação de declarar à autoridade fiscal, independentemente de valor, com fundamento no art. 25 da Lei n. 9.250/95 e Decreto n. 3.000/99 (TRF2, AC 200651015170196, Esmeraldo [Conv.], 2ª TE, m., 19/05/2009; TRF4, AC 2001.70.00.032168-6; TRF4, AC 200570000342075, Néfi, 7ª T., u., 10/12/2009).

Para a segunda, tendo como pressuposto que a autoridade competente é exclusivamente o BACEN:

> É atípica a manutenção de depósitos no exterior sem declaração à repartição federal competente, capitulada na segunda parte do parágrafo único do art. 22 da Lei n. 7.492/86, quando os valores mantidos em instituição financeira alienígena estiverem abaixo da quantia que o Banco Central do Brasil dispensa a Declaração de Capitais Brasileiros no Exterior (2001: R$ 200.000,00, nos termos do art. 1º da Circular n. 3.110, de 15-04-2002; 2002: R$ 300.000,00, de acordo com o art. 3º da Circular n. 3.181, de 06-03-2003 e, desde 2003, US$ 100.000,00, conforme as Circulares ns. 3.225, de 12-02-2004, 3.278, de 23-02-2005, 3.345, de 16-03-2007, 3.384, de 07-05-2008 e 3.342, de 03-03-2009) (TRF4, HC 200904000259527, Tadaaqui, 7ª T., m., 22/09/2009).

De outro lado, o aumento do valor mínimo para declaração por alteração da norma complementar da regra penal em branco não torna lícitas as condutas praticadas quando vigorava limite inferior (TRF4, AC 200372000091189, Penteado, 8ª T., u., 30/09/2009).

13.31.3. Tipo subjetivo

É o dolo, consubstanciado na vontade livre e consciente de manter os valores no exterior, sem declaração, não sendo exigido um especial fim de agir (TRF4, AC 20037000051535-0, Élcio, 8ª T., m., 05/11/2008).

13.31.4. Consumação

Considera-se consumado o delito com a simples omissão, ou seja, o agente não informa às autoridades competentes a existência dos depósitos no exterior (TRF3, AC 19990399007463-2, Sylvia Steiner, 2ª T., u., 09/04/2002).

Na modalidade *manter*, é considerado crime permanente (STJ, HC 6.611, Fischer, 5ª T., u., *DJ* 08/06/1998).

13.32. PREVARICAÇÃO (ART. 23)

> **Art. 23.** Omitir, retardar ou praticar, o funcionário público, contra disposição expressa de lei, ato de ofício necessário ao regular funcionamento do sistema financeiro nacional, bem como a preservação dos interesses e valores da ordem econômico-financeira:
>
> Pena — reclusão, de 1 (um) a 4 (quatro) anos, e multa.

13.32.1. Sujeito ativo

É crime próprio de funcionário encarregado da fiscalização.

13.32.2. Tipo objetivo

É uma forma especial de prevaricação (CP, art. 319).

Omitir é deixar de praticar.

Retardar é protelar, delongar, protrair, atrasar, adiar, procrastinar, realizar o ato a destempo.

A terceira forma, comissiva, consiste em **praticar** o ato.

Em qualquer caso, somente haverá crime se houver violação de **disposição expressa de lei**.

Além disso, como traço especializante em relação ao delito do CP, exige-se que o ato de ofício seja *necessário ao regular funcionamento do sistema financeiro nacional, bem como à preservação dos interesses e valores da ordem econômico-financeira*, consubstanciando elementos normativos do tipo[63].

O tipo em comento não apresenta, de outro lado, a elementar normativa *indevidamente*, encontrada no dispositivo do CP.

[63] XAVIER DE ALBUQUERQUE. Sobre a criminalidade econômica: o enigmático crime funcional contra o sistema financeiro nacional (art. 23 da Lei 7.492/86), *Revista Forense*, n. 311, Rio de Janeiro, p. 75-81, jul./set. 1990. p. 78.

13.32.3. Tipo subjetivo

É o dolo, ausente o elemento subjetivo típico da prevaricação (CP, art. 319), consistente na vontade de satisfazer interesse ou sentimento pessoal.

13.33. PENA NOS CRIMES CONTRA O SFN

13.33.1. Pena de multa (art. 33)

> **Art. 33.** Na fixação da pena de multa relativa aos crimes previstos nesta lei, o limite a que se refere o § 1º do art. 49 do Código Penal, aprovado pelo Decreto-lei n. 2.848, de 7 de dezembro de 1940, pode ser estendido até o décuplo, se verificada a situação nele cogitada.

O art. 33 da LCSFN é norma especial em relação ao § 1º do art. 60 do CP, de modo que a multa, aqui, pode ser aumentada em até dez vezes, e não três.

13.33.2. Colaboração premiada (art. 25, § 2º)

> **Art. 25.** (...)
> § 2º Nos crimes previstos nesta Lei, cometidos em quadrilha ou coautoria, o coautor ou partícipe que através de confissão espontânea revelar à autoridade policial ou judicial toda a trama delituosa terá a sua pena reduzida de um a dois terços.

O § 2º do art. 25 da LCSFN autoriza a redução da pena de um a dois terços para o agente que confessar, espontaneamente, *toda a trama delituosa* (TRF3, AC 200503990240066, Stefanini, 1ª T., u., 08/07/2008), em regra que segue sendo invocada para justificar a redução (TRF4, AC 200471000274699, Penteado, 8ª T., u., 09/09/2009).

Em minha posição, porém, a norma específica de colaboração da presente lei está superada pela superveniência do art. 13 da Lei n. 9.807/99, bem como da Lei n. 12.850/2013, que deram nova disciplina ao tema, de forma geral e mais abrangente.

13.34. AÇÃO PENAL NOS CRIMES CONTRA O SFN

Os crimes contra o SFN são de ação penal pública e incondicionada, não estando subordinada à conclusão do processo administrativo eventualmente instaurado perante o órgão de fiscalização (TRF4, HC 3.108, Freitas, 7ª T., u., *DJ* 13/03/2002).

Não impede a ação penal, tampouco, a decisão do CRSFN no sentido da inexistência de infração administrativa (STF, HC 88.749, Barbosa, 2ª T., u., 08/08/2006), pois são autônomas as instâncias penal e administrativa (TRF1, AC 19993300005793-6, Hilton Queiroz, 1ª T., u., 25/10/2005; TRF3, AC 20030399003521-8, Nabarrete, 5ª T., u., 27/06/2005).

13.34.1. Competência

> **Art. 26.** A ação penal, nos crimes previstos nesta lei, será promovida pelo Ministério Público Federal, perante a Justiça Federal.
> Parágrafo único. Sem prejuízo do disposto no art. 268 do Código de Processo Penal, aprovado pelo Decreto-lei n. 3.689, de 3 de outubro de 1941, será admitida a assistência da Comissão de Valores Mobiliários — CVM, quando o crime tiver sido praticado no âmbito de atividade sujeita à disciplina e à fiscalização dessa Autarquia, e do Banco Central do Brasil quando, fora daquela hipótese, houver sido cometido na órbita de atividade sujeita à sua disciplina e fiscalização.

13.34.1.1. Justiça Federal

A CF, no inciso VI de seu art. 109, prevê a possibilidade de que a lei atribua à JF a competência para o processo e julgamento de crimes contra a ordem econômico-financeira e o SFN. O art. 26 da LCSFN foi publicado no exercício de tal autorização, de modo que, cuidando-se de crime contra o SFN, previsto na LCSFN, a competência será da JF, ainda que o delito não atente contra bens, serviços ou interesses da União, autarquia ou empresa pública federal, não tendo aplicação o inciso IV do art. 109 da CF, uma vez que a competência federal é determinada, aqui, em razão da matéria, e não da pessoa (STF, RE 198.488, Velloso, 2ª T., u., *DJ* 11/12/1998; STF, HC 80.612, Sydney Sanches, 1ª T., u., *DJ* 04/05/2001; STF, RHC 66.914, Passarinho; STF, HC 1.663, Néri; STF, HC 83.279, M. Aurélio, 1ª T., u., 10/02/2004; STF, RE 440.097, Velloso, 03/03/2005; STF, RE 454.735, Ellen, 2ª T., *DJ* 18/11/2005; STJ, HC 6.777, *DJ* 25/05/1998).

A competência da JF deflui do art. 109, VI, da CF, o qual limita a abrangência aos casos expressamente definidos em lei. Logo, outros crimes praticados contra a ordem econômico-financeira, estabelecidos em outros diplomas legais que não contenham expressa atribuição de competência à JF, serão da competência da JE (STJ, RHC 7.708, 18/08/1998).

Não afastam a competência da JF as circunstâncias:

a) de ter sido o crime cometido por gerente de Banco de Estado da Federação (STJ, CC 11.969, Adhemar Maciel, 3ª S., u., 05/08/1996);

b) de ter sido o prejuízo suportado por instituição financeira privada (STF, HC 93.733, Britto, 1ª T., u., 17/06/2008).

Será do Juiz Federal, igualmente, a competência para deferir medidas investigativas relacionadas com crime contra o SFN, como a quebra de sigilo financeiro (STJ, RMS 8.632, Gomes de Barros, 1ª T., u., 30/03/1998).

13.34.1.2. Falência

A competência da JF, que tem natureza constitucional e é especial, prevalece sobre a do Juízo de Falências, não tendo aplicação, no caso, o princípio da universalidade deste (STJ, ROHC 6.546, José Arnaldo, *DJ* 09/12/1997).

13.34.1.3. *Competência territorial*

Predomina o entendimento de que a competência é dada pelo local da realização da operação (STJ, CC 21.689, José Arnaldo, 3ª S., u., 16/12/1998), seja esse ou não a sede da empresa (STJ, HC 4.574, Patterson, 6ª T., u., 16/06/1997) ou de filial (STJ, CC 19.796, Fischer, 3ª S., u., 13/05/1998).

13.34.2. Representação do ofendido (art. 27)

> **Art. 27.** Quando a denúncia não for intentada no prazo legal, o ofendido poderá representar ao Procurador-Geral da República, para que este a ofereça, designe outro órgão do Ministério Público para oferecê-la ou determine o arquivamento das peças de informação recebidas.

O art. 27 prevê a possibilidade de representação do ofendido ao PGR em caso de inércia do órgão local do MPF. O órgão do MP designado pelo PGR é obrigado a propor a denúncia, pois não age em nome próprio, e sim em nome do chefe da instituição, do qual é uma *longa manus*. A existência de tal dispositivo não impede o exercício da ação penal subsidiária da pública prevista no art. 29 do CPP, que é direito individual indisponível desde o advento da CF de 1988.

13.35. QUESTÕES PROCESSUAIS

13.35.1. Requisição de documentos pelo MP (art. 29)

> **Art. 29.** O órgão do Ministério Público Federal, sempre que julgar necessário, poderá requisitar, a qualquer autoridade, informação, documento ou diligência, relativa à prova dos crimes previstos nesta lei.
>
> Parágrafo único. O sigilo dos serviços e operações financeiras não pode ser invocado como óbice ao atendimento da requisição prevista no *caput* deste artigo.

O art. 29 da LCSFN trata da possibilidade de requisição de documentos pelo MP. O tema, porém, é mais complexo do que parece revelar o artigo em questão, como passamos a analisar.

Com efeito, é controvertida a questão do acesso do membro do MP a informações financeiras, sem autorização judicial.

A antiga LOMP (LC n. 40/81), em seu art. 15, I e IV, embora autorizasse a requisição de documentos por parte do MP, já ressalvava as informações objeto de sigilo, nos seguintes termos:

> Art. 15. São atribuições dos membros do Ministério Público:
>
> I — promover diligências e requisitar documentos, certidões e informações de qualquer repartição pública ou órgão federal, estadual ou municipal, da Administração Direta ou Indireta, ressalvadas as hipóteses legais de sigilo e de segurança nacional, podendo dirigir-se diretamente a qualquer autoridade; (...)
>
> IV — requisitar informações, resguardando o direito de sigilo.

A Lei da ACP (Lei n. 7.347/85), embora autorize o MP a "requisitar, de qualquer organismo público, certidões, informações, exames e perícias" (art. 8º, § 1º), ressalva, no § 2º do mesmo artigo, os casos em que a lei impuser sigilo, como é o caso das informações bancárias (STJ, REsp 66.854, Cernicchiaro, 6ª T., u., *DJ* 16/12/1996).

Com fundamento no art. 29 da LCSFN, poder-se-ia argumentar que o sigilo financeiro não pode ser oposto ao MP quando se cuidar de investigação atinente a crime contra o SFN, mas não quando versar sobre outros delitos, como referido no acórdão anterior (STJ, RHC 1.290, Costa Lima, 5ª T., u., *DJ* 21/10/1991).

Há, porém, duas objeções: a primeira é a menção do dispositivo à *autoridade*, de modo que não seria aplicável quando a determinação fosse dirigida a pessoas privadas (STJ, HC 1.458, José Dantas, 5ª T., u., *DJ* 07/12/1992), e a segunda é que o sigilo financeiro é matéria reservada à LC, de modo que seriam inócuas na matéria as disposições veiculadas mediante lei ordinária (TRF2, HC 93.02.18736-5, Chalu Barbosa, 1ª T., u., *DJ* 12/05/1994).

Atualmente, o fundamento constitucional para o poder de requisição ministerial é o inciso VIII do art. 129 da CF, que confere ao MP o poder de *requisitar diligências investigatórias*.

O dispositivo constitucional foi regulamentado, para os MPs estaduais, pela Lei n. 8.625/93, em seu art. 26, II e § 2º, que assim dispõe:

> Art. 26. No exercício de suas funções, o Ministério Público poderá: (...)
>
> II — requisitar informações e documentos a entidades privadas, para instruir procedimentos ou processo em que oficie; (...)
>
> § 2º O membro do Ministério Público será responsável pelo uso indevido das informações e documentos que requisitar, inclusive nas hipóteses legais de sigilo.

Segundo o STJ, esse dispositivo não autoriza a quebra de sigilo financeiro sem autorização judicial, até porque a matéria é reservada à LC (STJ, HC 2.352-8, Assis Toledo, 5ª T., *DJ* 09/05/1994). Já o MPF tem sua atividade regulamentada pela LC n. 75/93, cujo § 2º do art. 8º dispõe que: "Nenhuma autoridade poderá opor ao Ministério Público, sob qualquer pretexto, a exceção do sigilo, sem prejuízo da subsistência do caráter sigiloso da informação, do registro, do dado ou do documento que lhe seja fornecido". Esse dispositivo, efetivamente, parece conceder ao MP o poder de requisição de informações, ainda que sigilosas, mantido o dever de preservação do sigilo. Não subsistiria aqui a objeção de que a matéria seria reservada à LC.

No entanto, é majoritária a jurisprudência pela impossibilidade da quebra de sigilo financeiro sem autorização judicial, ao argumento de que: "Somente autorização expressa da Constituição legitimaria o MP a promover, diretamente e sem a intervenção da autoridade judiciária, a quebra do sigilo bancário de qualquer pessoa" (STF, RE 215.301, Velloso, 2ª T., *DJ* 28/05/1999; STJ, REsp 90.275, Patterson, 6ª T., u., *DJ* 02/12/1996). Desse modo, predomina o entendimento no sentido de que pode o MP tão somente requerer ao Poder Judiciário a quebra de sigilo financeiro, seja nos autos de inquérito, ou em procedimento investigatório administrativo instaurado no âmbito do próprio órgão (STJ, ROMS 7.423, Milton Pereira, 1ª T., u., *DJ* 03/11/1997, *RSTJ* 102/62), mas não determinar às instituições financeiras o fornecimento dos documentos, nem exigir o acesso, sem autorização judicial.

Nessa linha, é interessante observar que o STF, embora entenda que inexiste reserva de jurisdição na matéria, interpretou a legislação referente ao MP no sentido de que não foi concedido tal poder, ao contrário do que ocorre com a CPI, cujos poderes investigatórios decorrem diretamente da CF.

Necessário, porém, o registro de que o STF, ao julgar mandado de segurança impetrado por instituição financeira, entendeu, por escassa maioria de um voto, não ser oponível ao MP o sigilo financeiro, no caso concreto, diante da origem pública de parte do dinheiro envolvido nas operações, levando em conta o princípio da publicidade insculpido no art. 37 da CF (MS 21.729, M. Aurélio, Pl., m., *DJ* 19/10/2001).

O Rel., Min. M. Aurélio, que ficou vencido no julgamento, chegou mesmo a afirmar a inconstitucionalidade do § 2º do art. 8º da LC n. 75/93, enquanto os Mins. Corrêa e Celso Mello emprestavam ao dispositivo interpretação conforme para entender que este não abrange o sigilo financeiro. Mesmo para a corrente vencedora, porém, não se adotou posição no sentido da possibilidade ampla de requisição de tais documentos pelo MP. O Min. Gallotti explicitou tal posição, nos seguintes termos:

> (...) Sr. Presidente, apenas para deixar mais claro o meu voto em função do fundamento do voto do eminente Ministro Sydney Sanches, não estou, pelo menos nesse caso concreto, considerando que haja autorização de quebra de sigilo para o Ministério Público Federal. Considero, apenas, estarmos diante de um ato de autoridade, agente do Poder Público, repassando recursos públicos. E pelo próprio art. 37 da Constituição impõe-se todo tipo de publicidade a essa operação. Não há, portanto, a meu ver, quebra de sigilo, mas a revelação de algo que não só não estava sujeito ao sigilo, como para o qual se recomendava a publicidade.

Em minha posição, com a atual regulamentação, que permite a quebra de sigilo diretamente pela administração fazendária, parece incongruente não possa o MP obter tais informações sem intermediação judicial, uma vez que dado tal poder à autoridade fiscal. Mais que isso, a própria LC n. 105/2001, em seu art. 9º, impõe ao BC e à CVM o dever de representar ao MP quando verificarem a ocorrência de crime de ação pública, *juntando à comunicação os documentos necessários à apuração ou comprovação dos fatos*. Parece contraditório possa o MP ter acesso aos documentos em tais circunstâncias, mas não tenha a atribuição de requisitá-los do órgão, desde que mantido o dever de sigilo. Ao depois, sendo o MP o titular da ação penal pública (CF, art. 129, I) e, portanto, destinatário da prova produzida nas investigações policiais, deverá, mais e mais, assumir o papel de coordenação das investigações, aproximando os órgãos fazendários, a polícia, o BACEN, a CVM e o COAF, para tanto, devendo ser facultado ao seu agente o acesso aos documentos bancários, para fazer o juízo sobre a existência ou não de elementos suficientes para dar início à ação penal. De ver-se, ainda, que é dado ao MP o acesso a documentos objeto de sigilo fiscal (CTN, art. 198, § 3º c/c Decreto n. 3.000, de 26 de março de 1999, art. 998), não havendo razão para tratamento diferenciado em relação ao sigilo financeiro.

A crítica que poderia ser feita a essa autorização decorre da circunstância de não ser o MP um órgão imparcial, mas idêntica objeção poderia ser feita à Receita Federal. O melhor, em ambos os casos, é autorizar o acesso, mas responsabilizar o agente público pelo uso indevido das informações, o que, de resto, está previsto genericamente nos arts. 10 e 11 da LC n. 105/2001 e, no caso do MPF, também no § 1º do art. 8º da LC n. 75/93.

Por fim, caso venha a ser admitida a quebra de sigilo financeiro por determinação do MP, sem autorização judicial, deverá esse órgão submeter-se aos mesmos requisitos a que estão sujeitos o juiz e a CPI, a saber: manifestação escrita e fundamentada, delimitação do objeto da investigação, demonstração dos indícios existentes, bem como da necessidade, adequação e proporcionalidade da medida.

13.35.2. Prisão preventiva (art. 30)

> **Art. 30.** Sem prejuízo do disposto no art. 312 do Código de Processo Penal, aprovado pelo Decreto-lei n. 3.689, de 3 de outubro de 1941, a prisão preventiva do acusado da prática de crime previsto nesta lei poderá ser decretada em razão da magnitude da lesão causada (*vetado*).

O art. 30 da LCSFN deve ser interpretado no sentido de mitigar a exigência dos pressupostos e requisitos da prisão preventiva dispostos no CPP, ao qual faz expressa remissão, e não no sentido de que a magnitude da lesão autoriza, por si só, a decretação da prisão preventiva (STF, HC 80.717-8, Ellen, Pl., m., 13/06/2001). Quer dizer, o dispositivo ora comentado não revoga nem cria caso autônomo de prisão preventiva, tendo o mero efeito de complementar os pressupostos da garantia da ordem pública (TRF4, HC 0411152-RS, Teori, 2ª T., *DJ* 21/08/1990) ou da ordem econômica, nos casos em que for expressiva a magnitude da lesão causada pelo crime contra o SFN (STJ, HC 13.845, 5ª T., 07/11/2000; STJ, HC 13.620, Jorge Scartezzini, 5ª T., u., 05/06/2001; STJ, HC 24.798, Fischer, 5ª T., u., 17/12/2002).

13.35.3. Inafiançabilidade e recolhimento à prisão para apelar (art. 31)

> **Art. 31.** Nos crimes previstos nesta lei e punidos com pena de reclusão, o réu não poderá prestar fiança, nem apelar antes de ser recolhido à prisão, ainda que primário e de bons antecedentes, se estiver configurada situação que autoriza a prisão preventiva.

Apesar dos termos do art. 31, em caso de prisão em flagrante, porém, pode ser concedida liberdade provisória sem fiança, mediante compromisso, nos termos do art. 310, parágrafo único, do CPP, sempre que não seja caso de prisão preventiva (STJ, HC 11.778, Gonçalves, 6ª T., u., *DJ* 22/05/2000).

A segunda parte, que estabelece o recolhimento à prisão para apelar, se estiver configurada situação que autoriza a prisão preventiva, é ociosa. O regime aplicável, portanto, é aquele do CPP, cujo art. 387, parágrafo único, com a redação dada pela Lei n. 11.719/2008, deixa claro que a prisão por ocasião da sentença somente será imposta quando presentes os requisitos da prisão preventiva, e que o recolhimento à prisão não é condição para o conhecimento da apelação.

13.35.4. Papel dos órgãos de regulamentação e fiscalização do SFN (art. 28)

> **Art. 28.** Quando, no exercício de suas atribuições legais, o Banco Central do Brasil ou a Comissão de Valores Mobiliários — CVM, verificar a ocorrência de crime previsto nesta lei, disso deverá informar ao Ministério Público Federal, enviando-lhe os documentos necessários à comprovação do fato.
>
> Parágrafo único. A conduta de que trata este artigo será observada pelo interventor, liquidante ou síndico que, no curso de intervenção, liquidação extrajudicial ou falência, verificar a ocorrência de crime de que trata esta lei.

Pela natureza dos delitos em questão, é de suma importância a representação para fins penais formulada pelos órgãos de supervisão do SFN, a saber: BACEN, CVM, SUSEP e PREVIC.

No exercício das suas funções, os órgãos de fiscalização do SFN poderão deparar-se, eventualmente, com fatos que podem configurar ilícitos penais, caso em que, de modo absolutamente legal, têm o poder-dever de comunicar o fato ao MPF, sem que isso configure parcialidade ou ilegalidade (STJ, HC 117.733, Lima, 5ª T., u., 07/05/2009). Nessa linha, não implica quebra indevida de sigilo financeiro, mas cumprimento do dever legal, imposto pelos arts. 28 da LCSFN, 12 da Lei n. 6.385/76 e 1º, § 3º, I, da LC n. 105/2001, a remessa da representação, com cópias dos documentos que deem suporte à narrativa.

Mais que isso, os órgãos de fiscalização contam com servidores habilitados para a compreensão das infrações administrativas e penais que ali ocorrem. Tanto é assim que, as mais das vezes, as ações penais têm por fundamento tais representações, que são um importante filtro criminológico. É importante, então, a criação de uma cultura de oferecimento rápido e eficaz das representações, bem como a integração do MP com os órgãos de fiscalização, para que as representações sejam, tanto quanto possível, completas do ponto de vista penal, evitando as idas e vindas de ofícios de complementação de informações, enquanto marcha a prescrição, e as testemunhas se olvidam dos fatos. O art. 28 da LCSFN estabelece o dever de representação do Banco Central e da CVM, de resto também prevista nos arts. 9º da LC n. 105/2001 e 12 da Lei n. 6.385/76, em relação à CVM.

Bem por isso, nada impede que a denúncia seja oferecida com base nos indícios apurados pelo BACEN e objeto de representação junto ao MPF (STJ, RHC 3.287, Costa Lima, 5ª T., u., 28/02/1994; STJ, RHC 6.265, Anselmo Santiago, 6ª T., 14/04/1998), como se dá, aliás, em relação a qualquer outro delito, que pode ser denunciado com base em outras peças de informação, ainda que não estejam contidas em inquérito policial.

O referido procedimento não é, porém, indispensável, podendo a denúncia estar, ao contrário, baseada em inquérito policial e não em apuração administrativa, quando aquele se revelar suficiente (STJ, RHC 6.265, Anselmo Santiago, 6ª T., 14/04/1998).

■ 13.35.5. Assistência de acusação (art. 26, parágrafo único)

> **Art. 26.** (...)
> Parágrafo único. Sem prejuízo do disposto no art. 268 do Código de Processo Penal, aprovado pelo Decreto-lei n. 3.689, de 3 de outubro de 1941, será admitida a assistência da Comissão de Valores Mobiliários — CVM, quando o crime tiver sido praticado no âmbito de atividade sujeita à disciplina e à fiscalização dessa Autarquia, e do Banco Central do Brasil quando, fora daquela hipótese, houver sido cometido na órbita de atividade sujeita à sua disciplina e fiscalização.

O parágrafo único do art. 26 autoriza ao BC e à CVM a atuação como assistente de acusação, caso em que deverá ser seguida a regra do art. 272 do CPP, ouvido previamente o MP.

■ 13.36. QUESTÕES

1. (CESPE — MPU — Analista — Processual — 2010) No que diz respeito à responsabilidade penal nos crimes contra o sistema financeiro, a legislação de regência prevê sistema próprio de responsabilização para os agentes controladores, administradores, diretores e gerentes de instituição financeira e, divergindo do sistema do Código Penal, impõe-lhes responsabilidade objetiva.

( ) Certo ( ) Errado

2. (CESGRANRIO — Caixa — Advogado — 2012) O diretor da instituição financeira Y colocou em circulação, sem autorização escrita da sociedade emissora, documento representativo de valor mobiliário.

Tal ato é tipificado como crime contra a(o)

a) licitação.
b) administração pública.
c) ordem econômica.
d) livre-circulação de ideias.
e) sistema financeiro nacional.

3. (CESPE — DPU — 2010) A respeito das leis penais especiais, julgue os itens a seguir.

No que tange aos crimes contra o sistema financeiro, para a divulgação de informação falsa ou prejudicialmente incompleta sobre instituição financeira, está prevista a modalidade culposa.

( ) Certo ( ) Errado

4. (FGV — OAB — Exame de Ordem Unificado — II — Primeira Fase — 2010) João da Silva, José da Silva e Maria da Silva são os acionistas controladores do Banco Silva's e Família, cada um com 30% das ações com direito a voto e exercendo respectivamente os cargos de Diretor-Presidente, Diretor Comercial e Diretora de Contabilidade. Em razão das dificuldades financeiras que afetaram o Banco Silva's e Família, os diretores decidem pôr em curso as seguintes práticas:

(1) adquirir no mercado títulos do tesouro nacional já caducos (portanto sem valor algum) e, utilizando-os como simulacro de lastro, emitir títulos do banco para captar recursos financeiros junto aos investidores; (2) forjar negócios com pessoas jurídicas inexistentes a fim de simular ganhos; e, por fim, (3) fraudar o balanço da instituição simulando lucros no exercício ao invés dos prejuízos efetivamente sofridos.

Os primeiros doze meses demonstraram resultados excelentes, com grande aumento do capital, mas os vinte e quatro meses seguintes são marcados por uma perda avassaladora de recursos, levando o banco à beira da insolvência, com um passivo cerca de 50 vezes maior que o ativo. Nesse momento, o Banco Silva's e Família sofre uma intervenção do Banco Central e todos os fatos narrados acima vêm à tona.
Assinale a alternativa que indique o(s) crime(s) praticado(s) pelos acionistas controladores.

a) Crimes de falsidade ideológica, falsidade documental e estelionato qualificado.
b) Crime de gestão temerária de instituição financeira.
c) Crime de gestão fraudulenta de instituição financeira.
d) Crime de gestão temerária em concurso com crime de gestão fraudulenta de instituição financeira.

5. (CESGRANRIO — BNDES — Profissional Básico — Direito — 2013) Em diversos estados da Federação brasileira, têm sido recorrentes os casos em que determinadas pessoas atuam administrando empresas mutuantes e que operam seguros sem a devida autorização do Banco Central do Brasil. Nos termos da legislação específica de natureza penal, ocorreria o crime descrito como

a) fazer operar, sem a devida autorização, instituição financeira, inclusive de distribuição de valores mobiliários ou de câmbio.
b) tomar ou receber, direta ou indiretamente, empréstimo ou adiantamento, ou deferi-lo a controlador, cujo controle seja exercido pela instituição financeira diretamente.
c) violar sigilo de operação prestado por instituição financeira de que tenha conhecimento, em razão de ofício.
d) manifestar-se falsamente o interventor a respeito de assunto relativo à intervenção de instituição financeira.
e) aplicar, em finalidade diversa da prevista em lei ou contrato, recursos provenientes de financiamento concedido por instituição financeira oficial.

6. (FCC — Nossa Caixa — Advogado — 2011) De acordo com a Lei n. 7.492/86, NÃO comete crime contra o sistema financeiro nacional o administrador de instituição financeira que

a) divulgar informação falsa ou prejudicialmente incompleta sobre instituição financeira.
b) deferir empréstimo a parente na linha colateral em terceiro grau, consanguíneo ou afim.
c) geri-la fraudulentamente.
d) mantiver ou movimentar recurso ou valor paralelamente à contabilidade exigida pela legislação.
e) geri-la temerariamente.

7. (CESGRANRIO — BNDES — Advogado — 2010) Tício obtém, mediante fraude, crédito vinculado a *leasing* financeiro, sendo denunciado pelo Ministério Público como incurso nas penas do art. 19, da Lei n. 7.492/86, que regulamenta os crimes contra o Sistema Financeiro Nacional. Alega que inexistiu crime uma vez que o Banco não teria natureza pública.
Diante de tal quadro, conclui-se que

a) a obtenção de crédito fraudulentamente, mediante *leasing*, não caracteriza crime contra o Sistema Financeiro Nacional.
b) a pena cominada é a mesma, seja em instituição privada ou pública, em fatos dessa natureza.
c) a origem da instituição, quer pública ou privada, é irrelevante para tipificar o crime descrito.
d) o crime descrito implica a necessidade de que recursos públicos estejam envolvidos para ser tipificado.
e) somente os mútuos bancários, em sentido estrito, caracterizam o delito em foco.

8. (ESAF — SMF/RJ — Fiscal de Rendas — 2010) Salazar, rico comerciante, apresenta documentação falsa junto à Caixa Econômica Federal com a finalidade de obter financiamento para a aquisição de apartamento em programa federal que privilegia as pessoas de baixa renda que não possuem imóveis próprios. Assim, Salazar apresenta certidão falsa de que não possui outro imóvel. Também, na mesma oportunidade, apresenta contracheque falso que indica ter renda de dois salários mínimos. À luz do previsto nos Crimes contra o Sistema Financeiro Nacional e nos Crimes contra o Patrimônio, julgue os itens abaixo assinalando o correto.

I. Salazar ao obter, mediante fraude, financiamento em instituição financeira comete crime previsto na Lei n. 7.492/86 (Lei dos Crimes do Colarinho Branco);

II. Salazar comete o crime de furto mediante fraude;
III. Salazar comete o crime de estelionato;
IV. Salazar comete o crime de apropriação indébita.
a) Todos estão corretos.
b) I e IV estão corretos.
c) Somente I está correto.
d) I e III estão corretos.
e) III e IV estão corretos.

9. (CESPE — PC/PB — 2009) Se um indivíduo remeter dinheiro para o exterior, sem autorização legal e sem declará-lo à repartição federal competente, ele praticará crime contra

a) o Sistema Financeiro Nacional.
b) a ordem tributária.
c) a ordem econômica.
d) a fé pública.
e) a administração pública.

10. (FUNIVERSA — PC/DF — 2009) Importante atuação da Polícia judiciária deve ser a boa atuação no processamento dos crimes contra o sistema financeiro nacional. Acerca da Lei n. 7.492/1986, assinale a alternativa correta.

a) Foi ela apelidada de lei da lavagem de dinheiro.
b) Para a configuração dos tipos culposos ali previstos, faz-se necessário provar a negligência, imperícia ou imprudência do agente.
c) Se Aristóteles empresta suas economias a juro abusivo, é dever da autoridade policial que disso tomar conhecimento tomar as providências penais cabíveis com base na referida lei.
d) A ação penal decorrente da aplicação da referida lei é de exclusiva competência do Ministério Público Federal, perante o juízo federal.
e) Nos crimes decorrentes da referida lei, não é lícita a concessão de fiança.

■ GABARITO ■

1. Errado.
2. "e". LCSFN, art. 2º.
3. Errado.
4. "c". LCSFN, art. 4º, *caput*.
5. "a". LCSFN, art. 16.
6. "b". LCSFN, art. 17.
7. "c". LCSFN, art. 19.
8. "c". LCSFN, art. 19.
9. "c". LCSFN, art. 22.
10. "d". LCSFN, art. 26.

14

CRIMES DE LICITAÇÕES LEI N. 8.666/93

14.1. NOÇÃO

A Lei n. 8.666/93 é a **lei nacional** sobre licitações, editada para concretizar a determinação contida no inciso XXI do art. 37 da CF, de modo que as regras gerais ali estabelecidas se aplicam também aos Estados-membros e aos Municípios. Mais que isso, nos termos do art. 85 da LL:

> Art. 85. As infrações penais previstas nesta Lei pertinem às licitações e aos contratos celebrados pela União, Estados, Distrito Federal, Municípios, e respectivas autarquias, empresas públicas, sociedades de economia mista, fundações públicas, e quaisquer outras entidades sob seu controle direto ou indireto.

Além da regra constitucional, há um mandamento internacional para a prevenção de crimes em licitações, oriundo da Convenção da ONU contra a corrupção, cujo art. 9º vem assim redigido:

> Art. 9º Cada Estado Participante, em conformidade com os princípios fundamentais de seu ordenamento jurídico, adotará as medidas necessárias para estabelecer sistemas apropriados de contratação pública, baseados na transparência, na competência e em critérios objetivos de adoção de decisões, que sejam eficazes, entre outras coisas, para prevenir a corrupção.

14.2. BEM JURÍDICO

A **moralidade administrativa**, especialmente quanto aos princípios da competitividade e da isonomia (TRF4, AC 00002461420054047100, Baltazar [Conv.], 7ª T., u., 17/12/2013).

14.3. SUJEITO ATIVO

> **Art. 83.** Os crimes definidos nesta Lei, ainda que simplesmente tentados, sujeitam os seus autores, quando servidores públicos, além das sanções penais, à perda do cargo, emprego, função ou mandato eletivo.
> **Art. 84.** Considera-se servidor público, para os fins desta Lei, aquele que exerce, mesmo que transitoriamente ou sem remuneração, cargo, função ou emprego público.

§ 1º Equipara-se a servidor público, para os fins desta Lei, quem exerce cargo, emprego ou função em entidade paraestatal, assim consideradas, além das fundações, empresas públicas e sociedades de economia mista, as demais entidades sob controle, direto ou indireto, do Poder Público.

§ 2º A pena imposta será acrescida da terça parte, quando os autores dos crimes previstos nesta Lei forem ocupantes de cargo em comissão ou de função de confiança em órgão da Administração direta, autarquia, empresa pública, sociedade de economia mista, fundação pública, ou outra entidade controlada direta ou indiretamente pelo Poder Público.

O **art. 84** da LL, à semelhança do art. 327 do CP, veicula **norma penal explicativa**, que traz o conceito de servidor público para os efeitos da lei. Ao contrário do art. 327, utiliza a expressão *servidor público*, e não *funcionário público*. Além disso, discrimina quais são os entes em relação aos quais há equiparação com a condição de servidor, ampliando ainda mais o conceito que a norma do CP, ao mencionar expressamente, além das autarquias, fundações, empresas públicas e sociedades de economia mista, também as *entidades controladas, direta ou indiretamente, pela União, Estados, Distrito Federal e Municípios.*

Pode ser partícipe do crime em questão o assessor jurídico que examina a minuta do edital da licitação (TRF1, MS 20000100042250-3, Carlos Olavo, 2ª S., u., 17/12/2003).

O **Prefeito Municipal** poderá responder pelos crimes da LL, ainda que não seja ordenador de despesa, quando evidenciado que é seu mentor intelectual (STF, Inq. 2.578, Lewandowski, Pl., u., 06/08/2009).

Conforme assentado pelo STJ:

> As infrações penais tipificadas na Lei n. 8.666/1993 não são meio necessário ou fase preparatória ou de execução para a prática de crimes de responsabilidade de prefeitos (art. 1º da Decreto-Lei n. 201/1976), tratando-se de delitos autônomos e distintos, a tutelar bens jurídicos diversos, não sendo possível a aplicação do princípio da consunção. (*Jurisprudência em teses*, edição n. 134, item 12. Disponível em: <https://scon.stj.jus.br/>. Acesso em: 26 abr. 2020).

No entanto, especificamente em relação ao crime do art. 89, o mesmo tribunal firmou a seguinte orientação, veiculada na publicação *Jurisprudência em teses*, edição n. 134, item 2: "O art. 89 da Lei n. 8.666/1993 revogou o inciso XI do art. 1º do Decreto-Lei n. 201/1967, devendo, portanto, ser aplicado às condutas típicas praticadas por prefeitos após sua vigência" (Disponível em: <https://scon.stj.jus.br/>. Acesso em: 26 abr. 2020).

A perda do cargo, emprego, função ou mandato eletivo se refere à posição ocupada por ocasião do delito, não aquela na qual o acusado tenha sido investido posteriormente, em decorrência, por exemplo, de nova eleição (STJ, REsp 1.244.666, Reis, 6ª T., 16/08/2012).

Como se vê na leitura do art. 83, o efeito penal da perda do cargo, emprego, função ou mandato eletivo em decorrência dos crimes de licitações é mais rigoroso que aquele do CP, regulado em seu art. 92, uma vez que independe do quantitativo de pena aplicada. Na literalidade do texto, a perda do cargo em decorrência de crime de licitação também independeria de motivação específica na sentença, ao contrário do que se dá no regime do CP. Registro, porém, que há precedentes em sentido diverso, a exigir motivação específica para a perda do cargo em decorrência de crime licitatório (STJ, AgRg-AgRg-REsp 1.262.992, Og, 6ª T., 17/05/2012; STJ, REsp 1244666, Reis, 6ª T., 16/08/2012).

■ 14.3.1. Perda do cargo

> **Art. 83.** Os crimes definidos nesta Lei, ainda que simplesmente tentados, sujeitam os seus autores, quando servidores públicos, além das sanções penais, à perda do cargo, emprego, função ou mandato eletivo.

A perda do cargo, emprego, função ou mandato eletivo se refere à posição ocupada por ocasião do delito, não aquela na qual o acusado tenha sido investido posteriormente, em decorrência, por exemplo, de nova eleição (STJ, REsp 1.244.666, Reis, 6ª T., 16/08/2012).

Como se vê na leitura do art. 83, o efeito penal da perda do cargo, emprego, função ou mandato eletivo em decorrência dos crimes de licitações é mais rigoroso que aquele do CP, regulado em seu art. 92, uma vez que independe do quantitativo de pena aplicada. Na literalidade do texto, a perda do cargo em decorrência de crime de licitação também independeria de motivação específica na sentença, ao contrário do que se dá no regime do CP. Registro, porém, que há precedentes em sentido diverso, a exigir motivação específica para a perda do cargo em decorrência de crime licitatório (STJ, AgRg-AgRg-REsp 1.262.992, Og, 6ª T., 17/05/2012; STJ, REsp 1.244.666, Reis, 6ª T., 16/08/2012).

■ 14.4. SUJEITO PASSIVO

É o **ente público** no âmbito do qual se dá o procedimento licitatório. Secundariamente, poderão ser vítimas o servidor ou outros participantes do certame.

■ 14.5. TIPO SUBJETIVO

É o **dolo**, em todos os tipos penais, inexistindo forma culposa (TRF4, AC 20047100029546-0, Néfi, 7ª T., u., 08/07/2008)[1].

■ 14.6. DISPENSA OU INEXIGIBILIDADE INDEVIDA (ART. 89)

> **Art. 89.** Dispensar ou inexigir licitação fora das hipóteses previstas em lei, ou deixar de observar as formalidades pertinentes à dispensa ou à inexigibilidade:
> Pena — detenção, de 3 (três) a 5 (cinco) anos, e multa.
> Parágrafo único. Na mesma pena incorre aquele que, tendo comprovadamente concorrido para a consumação da ilegalidade, beneficiou-se da dispensa ou inexigibilidade ilegal, para celebrar contrato com o Poder Público.

[1] PELLEGRINO, Carlos Roberto M. Aspectos penais das licitações e contratos administrativos. *RBCCrim*, n. 42, p. 149-153, jan./mar. 2003. p. 150.

14.6.1. Bem jurídico

Protegem-se a **regularidade e a lisura do procedimento licitatório**, em especial quanto aos **princípios da competitividade e da isonomia**, bem como o **patrimônio público** e a **moralidade administrativa** (STJ, AP 261, Calmon, CE, 02/03/2005; STJ, REsp 1.073.676, Napoleão, 5ª T., u., 23/02/2010; TRF4, AC 20007200001156-9, Penteado, 8ª T., u., 05/10/2005).

14.6.2. Sujeito ativo

O delito do ***caput* é próprio**, somente podendo ser cometido pelo servidor, nos termos do art. 84, com atribuição para tanto[2]. Já o crime do **parágrafo único é comum**, podendo ser cometido, igualmente, pelo particular contratado[3]. Como se vê, cuida-se de **exceção dualista** à teoria monista em matéria de concurso de crimes (STJ, HC 384.302, Dantas, 5ª T., 01/06/2017).

14.6.3. Tipo objetivo

14.6.3.1. Tipo básico

O tipo básico, do *caput*, apresenta duas formas comissivas, caracterizadas pelos verbos **dispensar** e **inexigir**, e uma omissiva, consistente em "deixar de observar as formalidades pertinentes à dispensa ou à inexigibilidade".

As hipóteses de **dispensa** de licitação estão previstas no art. **24 da LL**, em virtude do valor, em caso de guerra, perturbação da ordem, emergência ou calamidade pública, na compra de gêneros perecíveis, na compra ou locação de imóvel para uso da administração etc.

Já os casos de **inexigibilidade**, caracterizados pela **inviabilidade de competição** (STJ, REsp 200600689902, Dipp, 5ª T., u., 07/12/2006), estão listados no art. 25 da LL, que arrola casos como a existência de um fornecedor exclusivo para certos produtos, de notória especialização e de contratação de artistas.

Na terceira hipótese, não são observadas as **formalidades previstas no art. 26 da LL**, que visam a dar publicidade ao procedimento adotado, a fim de que eventuais interessados possam contrastar a decisão da autoridade administrativa, sendo forma omissiva (STJ, EDHC 21.083, Vaz, 5ª T., u., 21/10/2003).

Cuida-se de **norma penal em branco**, pois as hipóteses de dispensa e inexigibilidade, bem assim as formalidades relativas a tais procedimentos, são estabelecidas pela LL.

14.6.3.2. Parágrafo único

O delito do parágrafo único contempla o **particular** que, tendo comprovadamente concorrido para a consumação da ilegalidade, beneficiou-se da dispensa ou inexigibilidade ilegal para celebrar contrato com o Poder Público.

---

[2] STJ, REsp 724.859, Vaz, 5ª T., u., 10/09/2009; NUNES, Adeildo. O crime nas licitações. *Revista da ESMAPE*, n. 9, p. 25-37, jan./jun. 1999. p. 32; PELLEGRINO, Carlos Roberto M. Aspectos penais das licitações e contratos administrativos, p. 152.

[3] SILVA, José Geraldo da; LAVORENTI, Wilson; GENOFRE, Fabiano. *Leis penais especiais anotadas*. 3. ed. Campinas: Millenium, 2002. p. 411.

14.6.4. Tipo subjetivo

É o **dolo** (STJ, AP 281, Direito, CE, *DJ* 23/05/2005; TRF4, AC 20017000022836-4, Élcio, 8ª T., u., 24/03/2004), consubstanciado na vontade livre e consciente de burlar o procedimento licitatório (STF, Inq. 2.648, C. Lúcia, Pl., u., 12/06/2008).

Embora essa conclusão não resulte da literalidade do texto legal, pacificou-se a jurisprudência dos tribunais superiores no sentido da necessidade de **elemento subjetivo específico**, além do dolo consubstanciado no **fim específico de causar dano ao erário** (STF, Inq. 3.077, Toffoli, Pl., m., 29/03/2012; STF, Inq. 3.965, Teori, 2ª T.; STF, AP 700, 2ª T., Toffoli, 23/02/2016; STF, Inq. 3.731, 2ª T., Mendes; STF, AP 580, Rosa Weber, 1ª T., 13/12/2016; STF, Inq 3.674, Fux, 07/03/2017; STJ, AP 214, Fux, CE, u., 07/06/2008; STJ, AgRg-AREsp 238.154, Reis, 6ª T., 12/09/2017; STJ, HC 325713, Mussi, 5ª T., 14/09/2017) ou de beneficiar o particular contratado (TRF4, AC 20007200001156-9, Penteado, 8ª T., u., 05/10/2005).

Sobre o **dolo eventual**, igualmente, há duas posições:

a) é admitido[4];

b) não é admitido (STJ, AP 214, Fux, CE, u., 07/06/2008).

É certo que não há forma culposa (STJ, AP 214, Fux, CE, u., 07/06/2008; TRF4, AC 20047100029546-0, Néfi, 7ª T., u., 08/07/2008) e que não há crime quando o acusado atuou conforme **parecer jurídico** no sentido da inexigibilidade da licitação (STF, Inq. 2482, Fux, Pl.; Inq. 3731, Gilmar Mendes, 2ª T; AP 560, Toffoli, 2ª T., STF, Inq 3753, Fux, 1ª T., 18/04/2017).

14.6.5. Consumação

A primeira figura consuma-se com a **prática do ato administrativo de dispensa ou declaração de inexigibilidade**, ainda que não haja contratação. Na segunda hipótese, a consumação dar-se-á com o **decurso do prazo de publicação do ato de dispensa** e, na terceira, do parágrafo único, por ocasião da **contratação**.

Prevalece na jurisprudência o entendimento de que o delito em exame somente se configura quando há **resultado danoso ao erário** (STF, AP 683, Gilmar Mendes, 2ª T., 09/08/2016; STF, Inq. 2.616, Toffoli, Pl., 29/05/2014; STJ, AP 214, Fux, CE, u., 07/06/2008; STJ, AgRg-AREsp 238.154, Reis, 6ª T., 12/09/2017; STJ, HC 325.713, Mussi, 5ª T., 14/09/2017; STJ, HC 446969, Néfi, 6ª T., 19/06/2018).

14.6.6. Concurso de crimes

14.6.6.1. Concurso aparente

Partindo do pressuposto de que: "O princípio da consunção pode ser aplicado quando um delito serve como fase preparatória ou de execução para um crime mais grave, restando absorvido por este", o STJ entendeu inocorrida absorção dos crimes dos arts. 89 e 90 da LL pelo crime do art. 315 do CP (RHC 200001427415, Vaz, 5ª T., u., 14/03/2005).

---

4 PELLEGRINO, Carlos Roberto M. Aspectos penais das licitações e contratos administrativos, p. 151.

Há forma especial no art. 324 do CPM, de competência da Justiça Militar (TRF3, HC 20060300073831-1, Márcio Mesquita, 1ª T., u., 19/09/2006).

14.6.6.2. *Concurso material*

É possível o concurso material com o crime de corrupção, pois o oferecimento de vantagem não é fase necessária da frustração do crime do art. 89 da LL (TRF4, AC 20020401004954-7, Néfi, 7ª T., u., 19/06/2007).

14.6.7. Pena

A qualidade de funcionário público, por ser elementar do delito, não pode ser valorada negativamente na aplicação da pena, mesmo para o Prefeito Municipal (STJ, HC 95.203, Fischer, 5ª T., u., 24/06/2008; STJ, HC 108.989, Og, 6ª T., u., 28/10/2008).

14.6.8. Ação penal

Não se exige a realização de perícia para o recebimento da denúncia (STJ, AP 214, Fux, CE, u., 07/06/2008).

14.7. FRUSTRAÇÃO OU FRAUDE DO CARÁTER COMPETITIVO (ART. 90)

> **Art. 90.** Frustrar ou fraudar, mediante ajuste, combinação ou qualquer outro expediente, o caráter competitivo do procedimento licitatório, com o intuito de obter, para si ou para outrem, vantagem decorrente da adjudicação do objeto da licitação:
> Pena — detenção, de 2 (dois) a 4 (quatro) anos, e multa.

14.7.1. Sujeito ativo

É crime **comum**, podendo ser cometido por qualquer pessoa, funcionário público ou não (STJ, HC 26089, Dipp, 5ª T., u., 06/11/2003; STJ, AgRg-REsp 1646332, Mussi, 5ª T., 17/08/2017). Admitem-se a coautoria e a participação (STJ, HC 348.084, Fischer, 5ª T., 14/02/2017). O funcionário poderá responder também por corrupção ou concussão, caso configuradas as suas elementares.

Em minha posição, o delito é de **concurso necessário nas modalidades de ajuste e combinação**, mas não em caso de adoção de outro expediente, como no caso, abaixo referido, da criação de *empresas fantasmas*.

Na jurisprudência, já se negou a qualificação de crime de concurso necessário (TRF1, HC 19970100018437-0, Hilton Queiroz, 3ª T., u., 03/09/1997). Em sentido contrário, afirmando residir aí essência da distinção do crime em comento com aquele do art. 93 (TRF4, AC 20007000016661-5, Labarrère, 7ª T., u., 10/05/2005).

14.7.2. Sujeito passivo

O ente licitante, bem como o concorrente prejudicado.

14.7.3. Tipo objetivo

Frustrar é fazer malograr, falhar, baldar, de modo que não se alcance o resultado pretendido ou algo não saia como esperado.

Fraudar é enganar, iludir, defraudar ou obter vantagem por meio de fraude ou engano.

A frustração ou a fraude poderão ocorrer por meio de *ajuste*, *combinação* ou qualquer outro expediente.

Ajuste tem, aqui, o sentido de acordo, trato, ou pacto, sendo, na verdade, sinônimo de combinação. O exemplo poderá ser o ajuste de preços previamente à licitação, de modo a favorecer uma determinada empresa, ou ainda a combinação, de modo que uma empresa seja vencedora em determinada licitação, mas perca em outra, sendo em ambas combinados os preços ou outras condições previamente.

Admite-se a interpretação analógica, pois **qualquer outro expediente**, ou seja, qualquer outro recurso ou meio assemelhado ao ajuste ou combinação, poderá dar ensejo à incidência do tipo. Assim, por exemplo:

a) a adoção de **cláusula exorbitante e injustificada** ou desnecessária, que signifique o direcionamento em favor de determinado concorrente.

b) fracionamento, em um mesmo Município, de despesas referentes a obras de mesma natureza, a serem realizadas em um mesmo município, a fim de adotar modalidade licitatória mais flexível (STF, AP 565, Cármen Lúcia, Pl., 23/05/2014; STF, Inq 4103, Toffoli, 2ª T., 07/11/2017).

Exige-se, no entanto, que a combinação ou o expediente adotados representem frustração do caráter competitivo do procedimento, ou seja, da possibilidade de que seja buscada a proposta mais vantajosa para o poder público, de forma isonômica entre os participantes, o que é da essência da própria ideia de procedimento licitatório. Se a fraude não atenta contra o caráter competitivo do procedimento, o delito será o do art. 93, e não o do art. 90.

14.7.4. Tipo subjetivo

É o **dolo**, acompanhado da **finalidade específica de obter, para si ou para terceiro, vantagem decorrente da adjudicação** do objeto da licitação, ainda que não haja prejuízo material para a administração (STF, Inq 4103, Toffoli, 2ª T., 07/11/2017; STJ, HC 384.302, Dantas, 5ª T., 01/06/2017). Não há forma culposa (TRF4, AC 20047100029546-0, Néfi, 7ª T., u., 08/07/2008). Segundo Miranda: "A adjudicação é o ato pelo qual a autoridade administrativa entrega formalmente o objeto ao vencedor da licitação e o convoca para a assinatura do contrato"[5].

[5] MIRANDA, Henrique Savonitti. *Licitações e contratos administrativos*. Brasília: Senado Federal, 2005. p. 147.

14.7.5. Consumação

Com o **mero ajuste**, combinação ou adoção do expediente no procedimento da licitação, independentemente da efetiva adjudicação, da obtenção de vantagem econômica ou de prejuízo para a administração (STJ, REsp 1.498.982, Schietti, 6ª T., 18/04/2016; STJ, HC 384.302, Dantas, 5ª T., 01/06/2017; STJ, AgRg-REsp 1.626.490, Fischer, 5ª T., 24/05/2018), sendo o **crime formal**, como resulta claro da leitura do tipo, ao afirmar a tipicidade da conduta praticada com o intuito de obter a vantagem.

Em consequência, conforme veiculado na publicação *Jurisprudência em teses*, edição n. 134, item 5: "Em relação ao delito previsto no art. 90 da Lei n. 8.666/1993, o termo inicial para contagem do prazo prescricional deve ser a data em que o contrato administrativo foi efetivamente assinado" (Disponível em: <https://scon.stj.jus.br/>. Acesso em: 26 abr. 2020).

Desse modo, a anulação do certame não afasta o crime (STJ, RHC, Vaz, 5ª T., u., 06/11/2007).

14.7.6. Distinção

O crime do art. 90 distingue-se daquele do art. 93 porque, naquele, o meio fraudulento, ainda que distinto do ajuste ou combinação, é assemelhado a este, tendo por fim a frustração do caráter competitivo. Quer dizer, no delito do art. 90, não há, efetivamente, competição, em virtude do ajuste, combinação, ou do uso de meio análogo, enquanto o delito do art. 93 abrange as demais espécies de fraude (TRF4, AC 20007000016661-5, Labarrère, 7ª T., u., 10/05/2005).

É de distinguir-se, ainda, o crime do art. 95, no qual a fraude é utilizada para afastar ou procurar afastar concorrente ou licitante, que constitui forma especial em relação aos delitos dos arts. 90 e 93.

14.7.7. Concurso de crimes

Há três orientações para os casos em que a licitação fraudada é seguida de **contratação superfaturada**.

Para a primeira, que considero acertada, há concurso material entre os delitos dos arts. 90 e 96, I, da LL, quando a licitação combinada é seguida da contratação por preço superfaturado (TRF2, AC 200551015237080, Abel Gomes, 1ª TE, u., 09/02/2011).

Para a segunda, se ambas as finalidades são alcançadas com uma só conduta, haveria concurso formal (STJ, REsp 1.315.619, Marques [Conv.], 5ª T., u., 15/08/2013).

Para a terceira, se a fraude é concebida com o intuito de possibilitar o desvio da verba pública mediante superfaturamento do contrato (CP, art. 312, *caput*, segunda figura; Decreto-lei n. 201/67, art. 1º, I), resta absorvido o crime do art. 96 da LL (TRF3, AC 20006107000320-9, Cotrim, 2ª T., u., 28/11/2006).

14.7.8. Pena

De acordo com o STJ: "É idônea a valorização negativa da culpabilidade do agente pelo fato de exercer cargo de prefeito ao cometer os crimes previstos nos art. 90 e art. 92 da Lei n. 8.666/1993, dada a lisura e a ética que se esperam de um representante do interesse público" (*Jurisprudência em teses* do STJ, edição n. 134, item 9. Disponível em: <https://scon.stj.jus.br/>. Acesso em: 26 abr. 2020).

O delito em exame é compatível com a agravante da violação do dever inerente ao cargo (CP, art, 61, II, "g"), circunstância que não é elementar do tipo (STJ, AgInt-REsp 1.693.705, Néfi, 6ª T., 19/04/2018); *Jurisprudência em teses*, edição n. 134, item 5).

Em caso de tentativa, se a fraude foi descoberta apenas por ocasião da abertura dos envelopes contendo a documentação para habilitação e as propostas, já próximo da consumação, a redução da pena deve dar-se no mínimo legal de um terço (STJ, HC 86.858, Og, 6ª T., u., 18/11/2008).

■ 14.8. ADVOCACIA ADMINISTRATIVA (ART. 91)

> **Art. 91.** Patrocinar, direta ou indiretamente, interesse privado perante a Administração, dando causa à instauração de licitação ou à celebração de contrato, cuja invalidação vier a ser decretada pelo Poder Judiciário:
> Pena — detenção, de 6 (seis) meses a 2 (dois) anos, e multa.

■ 14.8.1. Noção

Cuida-se de forma especial do crime previsto no art. 321 do CP.

■ 14.8.2. Sujeito ativo

É crime **comum**, podendo ser cometido por qualquer pessoa, funcionário público ou não, e desde que a defesa do interesse leve à invalidação do procedimento pelo Poder Judiciário. Em sentido contrário, afirmando tratar-se de crime próprio de funcionário[6].

■ 14.8.3. Tipo objetivo

Patrocinar é defender ou representar o interesse de alguém, sendo nota característica do delito em questão a ideia de intermediação do interesse de terceiro, atividade análoga à do advogado em favor de seu cliente, daí decorrendo o nome de advocacia administrativa, como figura na rubrica do art. 321 do CP.

A **invalidação do contrato** pelo Poder Judiciário é **condição objetiva de punibilidade** do delito em exame, o que autoriza a conclusão de que a invalidação tenha relação de causa e efeito com irregularidade provocada ou desejada pelo autor do patrocínio.

Não haverá o crime, então, se o agente, constituído como procurador, defende os legítimos interesses do licitante no procedimento administrativo de licitação, o que não poderia ser obstado pelo tipo penal, por representar o exercício regular de um direito.

■ 14.8.4. Tipo subjetivo

É o **dolo**, com o fim específico de representar um interesse escuso perante a administração.

6 NUNES, Adeildo. O crime nas licitações, p. 32.

14.8.5. Consumação

Com o trânsito em julgado da decisão judicial que invalida o procedimento[7], sendo o crime material[8]. Sendo o tipo expresso a respeito, não haverá o crime se a anulação ocorrer no âmbito da própria administração pública.

14.8.6. Distinção

Se o interesse for defendido por funcionário, ocorrerá o crime do art. 321 do CP, o qual restará absorvido pelo crime específico, que é mais grave, caso o procedimento venha a ser invalidado pelo Poder Judiciário. Com essa interpretação, não são deixadas de fora condutas irregulares dos funcionários no âmbito das licitações, nem se pune o particular de modo mais severo que o servidor, já que a pena da lei especial é maior que aquela prevista no CP.

14.9. MODIFICAÇÃO ILEGAL DO CONTRATO (ART. 92, PRIMEIRA FIGURA)

> **Art. 92.** Admitir, possibilitar ou dar causa a qualquer modificação ou vantagem, inclusive prorrogação contratual, em favor do adjudicatário, durante a execução dos contratos celebrados com o Poder Público, sem autorização em lei, no ato convocatório da licitação ou nos respectivos instrumentos contratuais, ou, ainda, pagar fatura com preterição da ordem cronológica de sua exigibilidade, observado o disposto no art. 121 desta Lei:
> Pena — detenção, de dois a quatro anos, e multa.

14.9.1. Bem jurídico

Protege-se aqui, uma vez mais, a regularidade do procedimento licitatório, em especial quanto aos princípios da moralidade, da competitividade e da isonomia, bem como ao princípio da vinculação ao instrumento convocatório, concretizado no art. 41 da LL, segundo o qual: "A administração não pode descumprir as normas e condições do edital, ao qual se acha estritamente vinculada".

A alteração no curso da execução do contrato pode frustrar a competitividade e a isonomia, na medida em que outros podem ter deixado de concorrer ou perdido, por conta de maior preço, vindo a modificação posterior a alterar as condições da competição e favorecer, irregularmente, o contratado.

14.9.2. Sujeito ativo

É crime **próprio** do servidor que tenha competência para decidir ou influir sobre a modificação do contrato, bem como para determinar o pagamento, enquanto o particular favorecido responde pelo crime do parágrafo único (TRF4, AP 200404010170436, Vaz, 4ª S., u., 17/12/2009).

Não responde pelo crime aquele que não tem ingerência sobre a prorrogação do contrato (TRF4, AP 200404010170436, Vaz, 4ª S., u., 17/12/2009).

---

7 NUNES, Adeildo. O crime nas licitações, p. 32.

8 PELLEGRINO, Carlos Roberto M. Aspectos penais das licitações e contratos administrativos, p. 152.

14.9.3. Tipo objetivo

Admitir é aceitar ou tolerar, ou permitir.

Possibilitar consiste em tornar possível ou criar condições favoráveis para que algo aconteça.

Dar causa é provocar, incitar, intervir no procedimento de modo que se chegue a um determinado resultado.

O tipo é misto alternativo, podendo configurar-se o delito mediante qualquer das condutas referidas, alternativamente (STJ, HC 64.372, Og, 6ª T., 06/05/2010).

As **prorrogações e alterações legalmente autorizadas** estão previstas nos arts. 65 e 57 da LL, sendo que não há crime quando a modificação estiver autorizada por lei, pelo instrumento convocatório ou pelo contrato. Exige-se, ainda, para a ocorrência do crime, que a modificação ou prorrogação implique **favorecimento ao contratado**.

O crime em questão se dá na fase posterior à licitação propriamente dita, ou seja, **durante a execução** do contrato que foi objeto do certame, aí residindo uma distinção temporal em relação ao crime do art. 93. Já se admitiu, porém, o reconhecimento da figura do art. 93 quando há demora na assinatura do contrato, invocando-se, para tanto, o art. 81 da LL (TRF1, AC 20023901000343-7, Mário Ribeiro, 4ª T., u., 03/07/2007).

14.9.4. Tipo subjetivo

É o **dolo**, sendo exigido, ainda, o especial fim de causar dano ao erário (STJ, HC 253.013, Maria Thereza Moura, 6ª T., 18/06/2014; STJ, AgRg-REsp 1.360.216, Mussi, 5ª T., 03/03/2015).

Não se admite o dolo eventual e não há forma culposa (STJ, AP 226, Fux, CE, u., 01/08/2007; TRF4, AC 20047100029546-0, Néfi, 7ª T., u., 08/07/2008).

14.9.5. Consumação

Com o favorecimento efetivo do adjudicatário, cuidando-se de crime material (STJ, AgRg-REsp 1.360.216, Mussi, 5ª T., 03/03/2015)[9], sendo que a mera modificação do contrato, sem o efetivo favorecimento, configurará a tentativa.

14.9.6. Concurso de crimes

Admite-se a continuidade delitiva em caso de sucessivas prorrogações criminosas do mesmo contrato (TRF4, AP 200404010170436, Vaz, 4ª S., u., 17/12/2009).

14.10. PAGAMENTO ANTECIPADO (ART. 92, SEGUNDA FIGURA)

14.10.1. Sujeito ativo

É crime **próprio** do funcionário que tenha competência para determinar o pagamento, ou seja, o **ordenador de despesas**. Ao contrário da primeira figura, não há previsão de delito específico para o particular, de modo que o particular contratado que tenha sido favorecido pelo pagamento antecipado responderá, também, pelo crime.

9 PELLEGRINO, Carlos Roberto M. Aspectos penais das licitações e contratos administrativos, p. 153.

14.10.2. Tipo objetivo

O crime consiste em "pagar fatura com preterição da ordem cronológica de sua exigibilidade, observado o disposto no art. 121 desta Lei". A **fatura** é o documento representativo da venda para pagamento futuro, que contém a descrição do serviço prestado ou do bem fornecido, bem como do valor a ser pago, servindo para instruir o procedimento de pagamento pela administração pública.

O delito em comento concretiza a proteção da ordem de pagamento estabelecida pelo art. 5º da Lei, segundo o qual o fator determinante é a ordem da exigibilidade, conforme cada fonte diferenciada de recursos. Em suma, não é dado ao gestor escolher, com base em preferências ou favorecimentos, quais fornecedores vai pagar em primeiro lugar.

O art. 121, citado, é norma temporária, que regula os pagamentos relativos a licitações iniciadas antes da lei, sendo inconveniente sua menção no tipo penal, que é permanente.

14.10.3. Tipo subjetivo

É o **dolo**.

14.10.4. Consumação

Com o efetivo pagamento, sendo admitida a tentativa.

14.11. CONTRATADO FAVORECIDO (ART. 92, PARÁGRAFO ÚNICO)

> **Art. 92.** (...)
> Parágrafo único. Incide na mesma pena o contratado que, tendo comprovadamente concorrido para a consumação da ilegalidade, obtém vantagem indevida ou se beneficia, injustamente, das modificações ou prorrogações contratuais.

14.11.1. Sujeito ativo

A modalidade do parágrafo único é crime de particular, cuidando-se de **exceção dualista** à teoria monista em matéria de concurso de crimes. Cuida-se de crime **próprio do contratado**, assim entendida a pessoa física contratada pela administração diretamente ou o administrador da pessoa jurídica que ocupar tal posição.

14.11.2. Tipo objetivo

Incide nas penas, que são iguais às do tipo principal, o contratado que, tendo concorrido para a ilegalidade, obtém vantagem indevida ou se beneficia, injustamente, das modificações ou prorrogações, estando o delito, assim como o tipo básico, relacionado com o art. 5º da Lei de Licitações (STJ, HC 16.251, José Arnaldo, 5ª T., u., 04/11/2002).

Exige-se, ainda, que o contratado tenha concorrido para a ilegalidade, podendo esse concurso ocorrer de forma comissiva, traduzindo-se em coautoria, participação moral, ou material, e ainda de forma omissiva.

Há **elemento normativo** do tipo, consubstanciado nas elementares **vantagem indevida** ou **benefício injusto**, de modo que não há crime quando a modificação, prorrogação ou pagamento estiverem devidamente justificados pelas circunstâncias do caso concreto.

■ 14.11.3. Tipo subjetivo

É o **dolo**, consubstanciado na vontade livre e consciente de concorrer para a alteração contratual, com o fim de obter vantagem indevida (TRF4, AP 200404010170436, Vaz, 4ª S., u., 17/12/2009).

■ 14.11.4. Consumação

Com o favorecimento efetivo do adjudicatário, sendo que a mera modificação do contrato, sem o efetivo favorecimento, configurará a tentativa (STJ, HC 211.081, Vaz, 5ª T., 20/02/2014).

■ 14.11.5. Concurso de crimes

A norma em comento afasta a incidência do peculato-desvio (CP, art. 312, *caput*), primeira figura, por aplicação do princípio da especialidade (TRF2, AC 19985101034898-1, Vera Lima, 5ª T., m., 15/06/2004).

■ 14.11.6. Ação penal

Não fica subordinada à conclusão do procedimento administrativo, sendo que a imposição de penalidade na via administrativa tampouco determina a condenação na via criminal (TRF1, AC 200536010009984, César Fonseca [Conv.], 3ª T., u., 19/01/2010).

■ 14.12. IMPEDIMENTO, PERTURBAÇÃO OU FRAUDE A ATO LICITATÓRIO (ART. 93)

> **Art. 93.** Impedir, perturbar ou fraudar a realização de qualquer ato de procedimento licitatório:
> Pena — detenção, de 6 (seis) meses a 2 (dois) anos, e multa.

■ 14.12.1. Bem jurídico

É o regular andamento do certame.

■ 14.12.2. Sujeito ativo

Qualquer pessoa, cuidando-se de crime **comum**[10].

■ 14.12.3. Tipo objetivo

O dispositivo em questão, subsidiário do art. 90, é revogador, juntamente com o art. 95 da LL, do art. 335 do CP. O objeto é aqui mais amplo, uma vez que o tipo se refere a qualquer *procedimento licitatório*, enquanto o delito do CP se referia apenas à concorrência e à venda em hasta pública.

[10] NUNES, Adeildo. O crime nas licitações, p. 32.

Impedir é impossibilitar a continuação, interromper, opor-se, tornar impraticável.

Perturbar significa embaraçar, tolher, causar perturbação ou embaraço.

Fraudar é enganar ou causar prejuízo, por meio de fraude.

Configura-se o crime na modalidade fraudar no caso de apresentação de falsa certidão de regularidade fiscal, por exemplo.

Se a fraude consiste na concessão de vantagem ao contratado, após a conclusão da licitação, poderá ocorrer o crime do art. 92 (TRF1, AC 20023901000343-7, Mário Ribeiro, 4ª T., u., 03/07/2007), do art. 297 do CP (STJ, HC 348.414, Maria Thereza Moura, 6ª T., 07/04/2016).

14.12.4. Tipo subjetivo

É o dolo.

14.12.5. Consumação

Com a mera perturbação ou fraude, independentemente de efetivo impedimento ou interrupção do procedimento, bem como de prejuízo para quem quer que seja ou proveito para o agente.

14.12.6. Concurso de crimes

São absorvidos pelo crime em exame, na modalidade *fraudar*, os delitos tipificados nos arts. 297, 301 e 304 do CP, que dispõem, respectivamente, sobre a falsificação de documento público, certidão ou atestado falso e uso de documento falso (TRF1, AC 19980100050440-0, Tourinho, 3ª T., m., 26/03/2007; TRF3, AC 20040399026461-3, Cotrim, 2ª T., u., 06/11/2007; TRF4, AC 19997110009604-9, Néfi, 7ª T., u., 13/06/2006).

Há concurso material entre o delito do art. 93 da LL e os delitos de corrupção ativa e passiva quando a participação do servidor na fraude, em conluio com o licitante, é antecedida da entrega de vantagem indevida com tal finalidade (TRF4, AC 20020401004954-7, Néfi, 7ª T., u., 19/06/2007).

14.12.7. Ação penal

14.12.7.1. Competência

É do JEC (TRF4, AC 19997110009604-9, Néfi, 7ª T., u., 13/06/2006).

A competência territorial é do local da apresentação do documento, ainda que a falsificação tenha se dado em outra localidade (TRF3, CC 20040300071833-9, Nelton, 1ª S., u., 16/02/2005).

14.12.7.2. Decisão administrativa

A decisão favorável do TCU não obsta o prosseguimento da ação penal por crime de fraude em licitação (TRF4, HC 20060400013310-5, De Nardi [Conv.], 7ª T., u., 27/06/2006).

14.13. QUEBRA DE SIGILO DE PROPOSTA (ART. 94)

> **Art. 94.** Devassar o sigilo de proposta apresentada em procedimento licitatório, ou proporcionar a terceiro o ensejo de devassá-lo:
> Pena — detenção, de 2 (dois) a 3 (três) anos, e multa.

14.13.1. Sujeito ativo

Qualquer pessoa, cuidando-se de crime **comum**. Na primeira modalidade típica, é o próprio agente quem pratica a conduta, enquanto na segunda, o autor do fato, que tem acesso à informação, embora não quebre pessoalmente o sigilo, permite que um terceiro, que também responderá pelo crime, faça-o.

14.13.2. Tipo objetivo

O sigilo da proposta é ponto essencial para a regularidade da licitação e para a preservação do princípio da competitividade, estando assegurado o sigilo do conteúdo da proposta pelo § 3º do art. 3º da LL.

Trata-se de modalidade específica de violação do sigilo funcional (CP, art. 325). O objeto aqui é **qualquer procedimento licitatório**, não apenas a concorrência, como previa o art. 326 do CP, revogado pelo dispositivo ora comentado.

Devassar consiste em ter vista para dentro de algo defeso, descobrir algo que é privado, bem como publicar ou divulgar tal informação.

14.13.3. Tipo subjetivo

É o **dolo**, não havendo forma culposa (TRF4, AC 20047100029546-0, Néfi, 7ª T., u., 08/07/2008).

14.13.4. Consumação

Com o mero acesso indevido à informação sigilosa, independentemente de sua divulgação, bem como de prejuízo ou proveito para quem quer que seja.

14.14. AFASTAMENTO DE LICITANTE (ART. 95)

> **Art. 95.** Afastar ou procura afastar licitante, por meio de violência, grave ameaça, fraude ou oferecimento de vantagem de qualquer tipo:
> Pena — detenção, de 2 (dois) a 4 (quatro) anos, e multa, além da pena correspondente à violência.
> Parágrafo único. Incorre na mesma pena quem se abstém ou desiste de licitar, em razão da vantagem oferecida.

14.14.1. Sujeito ativo

Qualquer pessoa, podendo o crime ser cometido também pelo funcionário público. Responde pelo crime, também, na forma do parágrafo único, aquele que, cedendo ao oferecimento da vantagem, desiste de concorrer. O licitante agredido, ameaçado ou ludibriado não será considerado coautor, mas vítima.

14.14.2. Tipo objetivo

Antecedente do tipo em questão é encontrado na parte final do art. 335 do CP, que veio a ser revogado pelo dispositivo ora comentado, bem como pelo art. 93.

Afastar é desviar, distanciar, apartar o licitante do procedimento.

Os meios previstos são a violência, grave ameaça, fraude ou oferecimento de vantagem de qualquer tipo.

A **violência**, aqui, é entendida como a violência física contra pessoa, podendo estar consubstanciada em atos que vão desde as vias de fato até o homicídio.

A **grave ameaça** é a promessa de causar mal injusto e grave à vítima, pessoas de suas relações ou mesmo coisas de sua propriedade, podendo ser realizada de forma verbal, escrita ou simbólica. A violência moral ou contra coisas pode, conforme as circunstâncias, ser considerada forma de ameaça.

A **fraude** é o engano, a trapaça, o engodo dirigido ao licitante.

Por fim, o tipo abre espaço para a **interpretação analógica** ao referir a incriminação do oferecimento de vantagem de qualquer tipo, ou seja, financeira, funcional, ou até mesmo favor sexual.

14.14.3. Tipo subjetivo

É o dolo.

14.14.4. Consumação

É **crime de atentado**, que se consuma com o mero fato de procurar afastar o licitante[11], de modo que não há possibilidade de tentativa.

14.14.5. Distinção

O crime em questão é especial em relação aos dos arts. 90 e 93, que também se dão por meio de fraude.

14.14.6. Pena

É aplicada em concurso material com aquela correspondente à violência, por expressa disposição legal.

14.15. SUPERFATURAMENTO OU FRAUDE NA EXECUÇÃO DO CONTRATO (ART. 96)

> **Art. 96.** Fraudar, em prejuízo da Fazenda Pública, licitação instaurada para aquisição ou venda de bens ou mercadorias, ou contrato dela decorrente:

[11] PELLEGRINO, Carlos Roberto M. Aspectos penais das licitações e contratos administrativos, p. 152-153.

> I — elevando arbitrariamente os preços;
> II — vendendo, como verdadeira ou perfeita, mercadoria falsificada ou deteriorada;
> III — entregando uma mercadoria por outra;
> IV — alterando substância, qualidade ou quantidade da mercadoria fornecida;
> V — tornando, por qualquer modo, injustamente, mais onerosa a proposta ou a execução do contrato:
> Pena — detenção, de 3 (três) a 6 (seis) anos, e multa.

■ 14.15.1. Sujeito ativo

Como o crime se dá no momento da execução do contrato, somente poderá ser autor o contratado ou o administrador da empresa contratada, cuidando-se de **crime próprio** (TRF2, AC 19975101060886-0, Calmon [Conv.], 5ª T., u., 28/09/2004).

■ 14.15.2. Tipos objetivos

É o **mais grave crime da lei**, aplicando-se **apenas para venda de bens ou mercadorias**, não havendo previsão legal para o caso de serviços, de modo que seriam atípicas as condutas referidas nos incisos quando o objeto do contrato for a prestação de serviços (STF, Inq. 3.331, Fachin, 1ª T., u., 01/12/2015; STF, AP 991 QO, Fachin, 2ª T., 28/11/2017; STJ, REsp 1.571.527, Reis, 6ª T., 06/10/2016).

Na formulação veiculada na publicação *Jurisprudência em teses* do STJ, edição n. 134, item 11: "A fraude na licitação para fins de contratação de serviço não está abrangida pelo tipo penal previsto no art. 96 da Lei n. 8.666/1993, uma vez que apresenta hipóteses estreitas de penalidade, não podendo haver interpretação extensiva em prejuízo do réu, à luz do princípio penal da taxatividade" (Disponível em: <https://scon.stj.jus.br/>. Acesso em: 26 abr. 2020).

Apesar da clareza do texto legal, há precedente em sentido contrário, entendendo aplicável o dispositivo a contratos de prestação de serviços (STF, HC 102.063, M. Aurélio, 1ª T., 05/10/2010).

■ *14.15.2.1. Elevação arbitrária de preços (inc. I)*

Elevar arbitrariamente é fazer subir, aumentar os preços de forma desarrazoada, injustificada, sem fundamento ou relação com o aumento dos custos, cuidando-se de **elemento normativo** do tipo, a ser aferido no caso concreto.

O delito poderá ocorrer tanto na fase da licitação quanto por ocasião do contrato dela decorrente, como está expresso no tipo. Sendo assim, o *superfaturamento*, ou apresentação de proposta com preço significativamente superior ao praticado regularmente, caracteriza o delito[12]. Em sentido contrário, já se afirmou que o crime se constitui apenas em caso de elevação do valor inicial da proposta, não havendo crime quando é apresentado preço superior ao que vinha sendo cobrado da administração (TRF4, RVCR 20050401006340-5, Vaz, 4ª S., m., 23/11/2006).

---

12 VIALLE, Cesar Augusto. Estudo sobre a legislação licitacional quanto aos crimes e às penas. *Revista do Tribunal de Contas — Estado do Paraná*, n. 107, p. 51-55, maio/ago. 1993. p. 54.

14.15.2.2. Venda de mercadoria falsa ou deteriorada (inc. II)

O verbo aqui é **vender** e o objeto, **a mercadoria falsa ou deteriorada**. Sendo assim, não ocorre o delito em questão em relação a serviços.

A **mercadoria falsa** é aquela produzida sem licença do detentor dos direitos de marca.

Já a mercadoria **deteriorada** é aquela corrompida, estragada, que perdeu suas propriedades pelo decurso do tempo ou por condições inadequadas de armazenamento ou transporte.

14.15.2.3. Entrega de uma mercadoria por outra (inc. III)

O verbo aqui é **entregar** e o objeto, **mercadoria diversa da contratada**.

O delito pressupõe a **fraude**, sendo atípica a conduta quando o produto entregue está devidamente descrito na fatura (TRF5, AC 20038400004560-6, Francisco Wildo, 1ª T., u., 30/11/2006).

14.15.2.4. Alteração de substância, qualidade ou quantidade da mercadoria (inc. IV)

Alterar é modificar ou trocar o conteúdo do objeto a ser entregue, sem o conhecimento da administração. Na alteração de substância, a coisa em si é diversa em alguma característica essencial, aproximando-se da hipótese do inciso II, como no caso de entrega de remédio sem o princípio ativo. Já na modificação de qualidade, o produto é o acertado, mas a qualidade é inferior àquela adquirida. Por fim, haverá crime no caso de entrega do produto certo, mas em quantidade inferior àquela que foi contratada.

14.15.2.5. Modificação injusta do contrato (inc. V)

A última modalidade, subsidiária das anteriores, está reservada para qualquer outra **modificação injusta do contrato**, abrindo-se espaço para a **interpretação analógica**, por meio de **elemento normativo**. A expressão *injustamente* não tem aqui relação com injustiça natural ou ideal, devendo ser entendida como modificação injustificada ou desarrazoada da execução, que implique proveito para o contratado e prejuízo para a administração.

14.15.3. Tipo subjetivo

É o dolo.

14.15.4. Consumação

Exige-se o efetivo prejuízo, mas é possível a tentativa (TRF5, HC 20070500024315-0, Margarida Cantarelli, 4ª T., u., 15/05/2007).

14.15.5. Concurso de crimes

Sobre o concurso com o delito do art. 90, ver, acima, comentários àquele tipo penal.

14.16. ADMISSÃO À LICITAÇÃO OU CONTRATAÇÃO DE PROFISSIONAL INIDÔNEO (ART. 97)

> **Art. 97.** Admitir à licitação ou celebrar contrato com empresa ou profissional declarado inidôneo:

> Pena — detenção, de 6 (seis) meses a 2 (dois) anos, e multa.
> Parágrafo único. Incide na mesma pena aquele que, declarado inidôneo, venha a licitar ou a contratar com a Administração.

14.16.1. Sujeito ativo

É crime **próprio** do servidor que tenha atribuição de decidir sobre a admissão à licitação ou sobre a assinatura do contrato[13].

O particular ou responsável pela empresa que tenha sido declarada inidônea, e concorrer ou contratar responde pelo delito do parágrafo único.

14.16.2. Tipo objetivo

Admitir tem aqui o sentido de permitir a participação no procedimento, enquanto a celebração do contrato diz respeito à fase posterior, da contratação do vencedor.

A declaração de inidoneidade é uma penalidade, aplicada com fundamento no inciso IV do art. 87 da LL.

14.16.3. Tipo subjetivo

É o dolo.

14.16.4. Consumação

Com a mera admissão à licitação ou contratação, independentemente de proveito ou prejuízo efetivo para quem quer que seja, sendo o crime de mera conduta[14].

14.17. OBSTACULIZAÇÃO, IMPEDIMENTO OU DIFICULTAÇÃO DE REGISTRO (ART. 98)

> **Art. 98.** Obstar, impedir ou dificultar, injustamente, a inscrição de qualquer interessado nos registros cadastrais ou promover indevidamente a alteração, suspensão ou cancelamento de registro do inscrito:
> Pena — detenção, de 6 (seis) meses a 2 (dois) anos, e multa.

14.17.1. Sujeito ativo

É crime próprio do servidor que tenha atribuição de atuar no procedimento do registro[15].

14.17.2. Tipo objetivo

Obstar consiste em causar estorvo, empecer, opor-se.

---

[13] NUNES, Adeildo. O crime nas licitações, p. 33.

[14] PELLEGRINO, Carlos Roberto M. Aspectos penais das licitações e contratos administrativos, p. 152.

[15] NUNES, Adeildo. O crime nas licitações, p. 33.

Impedir é pôr impedimento, vedar, obstruir.

Dificultar equivale a criar dificuldades ou empeços.

Em qualquer das três modalidades da **primeira figura**, o agente ainda **não está inscrito** no registro, sendo as condutas tendentes a evitar a sua realização, **injustamente**, ou seja, sem a existência de motivo efetivo. Não haverá crime quando o servidor exigir o atendimento de formalidades e documentos de forma regular, cumprindo o seu dever legal. Cuida-se, então, de **elemento normativo** do tipo a ser aferido no caso concreto.

Na **segunda figura**, o interessado **já está inscrito** no registro, consistindo a conduta em alterar, suspender, ou cancelar indevidamente o registro. Quer dizer, o registro é modificado, suspenso ou cancelado sem causa regular, devendo, também aqui, ser verificada concretamente a regularidade do procedimento.

O registro cadastral a que o tipo faz menção, regulado pelo art. 34 da LL, é um procedimento a ser adotado por órgãos e entidades que realizem licitações de forma frequente, a fim de manter um rol de concorrentes previamente habilitados.

14.17.3. Tipo subjetivo

É o dolo.

14.17.4. Consumação

A tentativa, na primeira figura, é de difícil ocorrência, pois o **mero dificultar** poderá configurar o crime. Não se exige a ocorrência de prejuízo efetivo, nem de proveito para o agente.

14.18. MULTA

> **Art. 99.** A pena de multa cominada nos arts. 89 a 98 desta Lei consiste no pagamento de quantia fixada na sentença e calculada em índices percentuais, cuja base corresponderá ao valor da vantagem efetivamente obtida ou potencialmente auferível pelo agente.
> § 1º Os índices a que se refere este artigo não poderão ser inferiores a 2% (dois por cento), nem superiores a 5% (cinco por cento) do valor do contrato licitado ou celebrado com dispensa ou inexigibilidade de licitação.
> § 2º O produto da arrecadação da multa reverterá, conforme o caso, à Fazenda Federal, Distrital, Estadual ou Municipal.

O art. 99 da LL estabelece **critérios próprios de cálculo da multa**, totalmente diversos daqueles previstos no CP, que afasta a aplicabilidade da regra geral, pela aplicação do princípio da especialidade (TRF4, AC 19990401078551-2, Freitas, 7ª T., 25/06/2002).

Além disso, ao contrário das multas criminais em geral, que são destinadas ao Fundo Penitenciário Nacional (CP, art. 49), as multas decorrentes de crimes de licitações são destinadas ao ente público prejudicado, como previsto no § 2º do art. 99.

■ 14.19. EFEITO DA CONDENAÇÃO

> **Art. 83.** Os crimes definidos nesta Lei, ainda que simplesmente tentados, sujeitam os seus autores, quando servidores públicos, além das sanções penais, à perda do cargo, emprego, função ou mandato eletivo.

Como se vê, tratando-se de crime de licitações, a perda do cargo é efeito da condenação a ser reconhecido independentemente do quantitativo da pena aplicada e de fundamentação específica, ao contrário do que se dá na disciplina do art. 92 do CP.

■ 14.20. AÇÃO PENAL

> **Art. 100.** Os crimes definidos nesta Lei são de ação penal pública incondicionada, cabendo ao Ministério Público promovê-la.

É pública e incondicionada, como disposto expressamente no art. 100 da LL (STJ, REsp 197.775, Fischer, 5ª T., u. *DJ* 21/06/1999), não estando subordinada, portanto, à conclusão de procedimento administrativo no TCU (TRF1, HC 20070100031521-0, Mendes, 4ª T., u., 27/11/2007).

Admite-se ação penal privada subsidiária da pública (LL, art. 103).

O juiz criminal não fica vinculado à decisão proferida pelo Tribunal de Contas ou pelo Poder Legislativo (STF, HC 87.372, Eros Grau, 2ª T., u., 28/03/2006), em especial se a decisão do TCU, de natureza consultiva, não evidencia atipicidade da conduta, o que não impede que a referida decisão seja considerada pelo juiz, como elemento de convicção (TRF4, HC 20040401006272-0, Tadaaqui, 7ª T., u., 06/04/2004).

■ 14.20.1. Competência

■ *14.20.1.1. Justiça Federal*

A competência será da JF quando a licitação tenha sido promovida pela União, suas autarquias ou empresas públicas, ou quando o contrato for pago com verba federal sujeita à prestação de contas ao TCU (STF, RE 464.621, Ellen, 2ª T., u., 14/10/2008) ou a órgão da administração federal (TRF4, AP 20040401017 0436, Vaz, 4ª S., u., 17/12/2009), ou seja, que não tenha sido incorporada ao patrimônio de outro ente federativo, nos termos das Súms. 208 e 209 do STJ, como, por exemplo:

a) de fraude em licitações com desvio de verbas provenientes do FPM (STF, HC 80.867, Ellen, 1ª T., *DJ* 12/04/2002; STF, RE 464.621, 2ª T., u., 14/10/2008);

b) no caso de licitação com recursos do FUNDESCOLA, vinculado ao Fundo Nacional de Desenvolvimento da Educação (STJ, HC 200601562996, Lima, 5ª T., u., 12/03/2007);

c) no caso de uso de recursos do FUNDEF — Fundo de Manutenção e Desenvolvimento do Ensino Fundamental e de Valorização do Magistério (STF, RE 464.621, 2ª T., u., 14/10/2008; TRF4, NOTCRI 20070400017897-0, Élcio, 4ª S., u., 29/11/2007);

d) de fraude em licitações públicas realizadas com recursos de origem federal, oriundos de convênios firmados entre os Municípios envolvidos e o FNDE (STF, RE 464.621, 2ª T., u., 14/10/2008; STJ, HC 97.457, Fischer, 5ª T., u., 02/06/2009);

e) de fraude envolvendo recursos do Programa Nacional de Combate à Tuberculose (STJ, CC 125.211, Alderita [Conv.], 3ª S., u., 20/03/2013).

14.20.1.2. *Justiça Estadual*

A competência será da JE, porém, nos seguintes casos:

a) de licitação promovida por sociedade de economia mista (TRF3, AC 20040399026461-3, Cotrim, 2ª T., u., 06/11/2007);

b) de "agente público estadual acusado de prática de delito de que trata o art. 89 da Lei n. 8.666/93, não sendo suficiente para atrair a competência da Justiça Federal a existência de repasse de verbas em decorrência de convênio da União com Estado-membro" (STF, HC 90.174, Direito, 1ª T., m., 04/12/2007).

A apresentação de certidão de regularidade fiscal federal para participação em licitação de órgão estadual está fora da competência da JF (STJ, Súm. 107; TRF1, RCCR 20003300024569-0, Plauto Ribeiro, 3ª T., u., 19/06/2001; TRF4, AC 20007106000246-7, Élcio, 8ª T., u., 20/04/2005).

14.20.1.3. *Justiça Militar*

Conforme o STJ, na formulação veiculada na publicação *Jurisprudência em teses*, edição n. 134, item 14: "Compete à Justiça Castrense processar e julgar os crimes licitatórios praticados por militar contra patrimônio sujeito à administração militar (art. 9º do Código Penal Militar — CPM)" (Disponível em: <https://scon.stj.jus.br/>. Acesso em: 26 abr. 2020).

14.20.2. Rito

Os arts. 104 a 107 estabeleciam rito específico para o processamento de ações penais decorrentes de crimes de licitações, com exceção dos casos que tramitam no JEC. A principal peculiaridade era a possibilidade de defesa escrita no prazo de dez dias após o interrogatório. A reforma do CPP veiculada, entre outras, pela Lei n. 11.719/2008 veio, porém, a estabelecer como regra a possibilidade de apresentação de defesa escrita, antes do interrogatório (CPP, art. 396). Mais que isso, o § 4º do art. 394 determinou que: "As disposições dos arts. 395 a 398 deste Código aplicam-se a todos os procedimentos penais de primeiro grau, ainda que não regulados neste Código".

Sendo aplicável subsidiariamente o CPP, nos termos do art. 108 da LL, deverá ser seguido, no que não conflitar com os dispositivos da lei especial, o rito ordinário, sumário ou sumaríssimo conforme os quantitativos de pena indicados pelo § 1º do art. 395 do CPP, que não faz mais distinção, para fins de determinação do rito, entre crimes apenados com reclusão e detenção.

Destaco, porém, que o STJ firmou a seguinte orientação em relação ao momento do interrogatório:

> À luz do sistema constitucional acusatório e dos princípios do contraditório e da ampla defesa, a norma contida no art. 400 do Código de Processo Penal — CPP (com redação dada pela Lei n. 11.719/2008), que prevê a realização do interrogatório ao final da instrução criminal, é de observância obrigatória no âmbito dos procedimentos especiais, não havendo que se falar em afronta ao rito procedimental previsto no art. 104 da Lei de Licitações (*Jurisprudência em teses*, edição n. 134, item 13. Disponível em: <https://scon.stj.jus.br/>. Acesso em: 26. abr. 2020).

■ 14.20.3. Interceptação telefônica

O fato de que os delitos de licitações sejam apenados com detenção cria uma dificuldade na sua investigação, pela inviabilidade, à primeira vista, do recurso à interceptação telefônica, uma vez que tal meio de prova somente pode ser adotado quando o delito é apenado com reclusão (Lei n. 9.296/96, art. 2º, III). Não há impedimento, porém, ao recurso à interceptação, quando houver conexão com crimes apenas com reclusão, como corrupção ou quadrilha (TRF2, HC 20070201004756-8, Abel Gomes, 1ª TE, u. 30/05/2007).

■ 14.21. QUESTÕES

1. (FCC — TCE-SP — Auditor — 2008) Nos crimes relacionados às licitações,

a) o autor terá a pena aumentada da terça parte se ocupante de cargo em comissão em sociedade de economia mista.
b) o autor só poderá perder o cargo no caso de consumação do delito.
c) a pena de multa sempre reverterá para a Fazenda Federal.
d) o agente não é equiparado a servidor público, se exercer função em fundação.
e) a pena de multa pode ser fixada em até trezentos e sessenta dias-multa.

2. (CESGRANRIO — Advogado — Petrobras) Esculápio, prefeito do município de Persepólis, edita ato de dispensa de licitação sem que a hipótese esteja prevista na lei específica. Cientificado o Ministério Público, este determina a instauração de inquérito policial, vindo o dirigente político, após findo o mandato, transformar-se em réu, em ação penal. Aduz em sua defesa que suas contas foram devidamente aprovadas pela Corte de Contas competente e que, portanto, faltaria justa causa para ação penal. As alegações são rejeitadas e ocorre a prolatação de sentença condenatória a detenção de três anos e multa de cinco salários mínimos. Analisando esse caso, conclui-se que o crime

a) não existe, por ausência de condição objetiva de punibilidade.
b) é de fraude à licitação.
c) se caracteriza como dispensa indevida de licitação.
d) deixa de ser caracterizado, após terminado o mandato.
e) foi de peculato.

GABARITO

1. "a". LL, art. 84, § 2º.
2. "c". LL, art. 89.

15

CRIMES CONTRA A ORDEM TRIBUTÁRIA LEI N. 8.137/90

15.1. NOÇÃO

15.1.1. Classificação

Os crimes contra a ordem tributária são espécie de crimes econômicos, ao lado dos crimes contra a economia popular, contra o sistema financeiro nacional, contra o consumidor e as relações de consumo e contra a ordem econômica.

Para fins didáticos, os delitos tributários podem ser divididos em cinco grupos, conforme o quadro abaixo, sendo que aqui serão tratados somente aqueles previstos na Lei n. 8.137/90:

■ Crime Tributário Aduaneiro: tem por objeto tributos externos, decorrentes de exportação ou importação	■ CP, art. 334, segunda figura (Descaminho)
■ Sonegação (condutas fraudulentas)	■ Lei n. 8.137/90, art. 1º (Sonegação Fiscal) ■ Lei n. 8.137/90, art. 2º, I, III, IV e V (Correlatos) — CP, art. 337-A (Sonegação de Contribuição Previdenciária)
■ Apropriação Indébita (consiste na omissão do repasse de tributo devido por terceiro, descontado ou cobrado)	■ CP, art. 168-A (Apropriação Indébita Previdenciária) ■ Lei n. 8.137/90, art. 2º, II (Apropriação Indébita Tributária)
■ Crimes Funcionais (são crimes próprios de servidores públicos fazendários ou encarregados da repressão a delitos aduaneiros)	■ Lei n. 8.137/90, art. 3º (Extravio, Sonegação ou Inutilização de Documento, Corrupção, Concussão e Advocacia Administrativa) ■ CP, art. 316, § 1º (Excesso de Exação) ■ CP, art. 318 (Facilitação de Contrabando ou Descaminho)
■ Falsidades (formas específicas de crimes contra a fé pública)	■ CP, art. 293, I e V (Falsificação de papéis públicos)

15.1.2. Inadimplemento, sonegação e elisão

Desde logo, é importante deixar claro que o mero **inadimplemento**, ou seja, o fato de deixar de pagar tributo, por si só, não constitui crime. Assim, se o contribuinte declara todos os fatos geradores à repartição fazendária, de acordo com a periodicidade exigida em lei, cumpre todas as obrigações tributárias acessórias e tem escrita contábil regular, mas não paga o tributo, não há crime algum.

A sonegação fiscal também não deve ser confundida com o planejamento legal tributário ou **elisão fiscal**, que é a prática legítima do contribuinte consistente em evitar a ocorrência do fato gerador do tributo ou diminuir o valor do tributo a pagar, sem a utilização de fraude.

Por fim, a **sonegação** pressupõe, além da **supressão ou redução de tributo** devido, também a **fraude**. Sem um ou outro desses elementos, a saber, supressão ou redução no pagamento de tributo e fraude, não há sonegação fiscal. Bem por isso a incriminação da sonegação fiscal não viola a vedação constitucional da **prisão por dívida**, objeto do inc. LXVII do art. 5º da CF (STF, ARE 871.189, Rosa Weber, 1ª T., 01/09/2017; STJ, HC 418256, Maria Thereza, 6ª T., 07/12/2017).

O quadro abaixo resume os conceitos ora referidos:

■ Inadimplemento	■ É a mera falta do pagamento do tributo.
■ Elisão Fiscal ou Planejamento Legal Tributário	■ É a prática lícita que visa a evitar a ocorrência do fato gerador ou diminuir o valor dos tributos devidos, sem a utilização de fraude.
■ Sonegação Fiscal	■ É a redução ou supressão do pagamento do tributo, mediante emprego de fraude.

■ 15.2. BEM JURÍDICO

O bem jurídico protegido é a **ordem tributária**, entendida como o interesse do Estado na arrecadação dos tributos, para a consecução de seus fins. Cuida-se de bem macrossocial, coletivo. Secundariamente, protegem-se a Administração Pública, a fé pública, o trabalho e a livre-concorrência, consagrada pela CF como um dos princípios da ordem econômica (art. 170, IV), uma vez que os agentes econômicos que não recolhem regularmente os tributos poderão ter preços melhores do que aquele que recolhe seus tributos, caracterizando uma verdadeira concorrência desleal.

Deve ser lembrado que o Estado arrecada para cumprir certas finalidades, de interesse coletivo, nomeadamente a concretização de políticas públicas que demandam recursos financeiros.

■ 15.3. SUJEITO ATIVO

■ 15.3.1. Crime comum

Os crimes do art. 1º da Lei n. 8.137/90 são considerados **comuns**, uma vez que não é exigida a qualidade de contribuinte ou responsável (CTN, art. 121) do sujeito ativo do delito (STF, HC 164.415, M. Aurélio, 1ª T., 26/11/2019). Basta ver que, muitas vezes, o delito é cometido no âmbito de uma pessoa jurídica, que é a contribuinte, mas a responsabilidade penal recairá sobre os seus administradores, ou mesmo sobre pessoas estranhas ao quadro social, como admite expressamente o art. 11 da Lei n. 8.137/90 (STF, HC 121.719, Gilmar Mendes, 2ª T., 24/11/2015; STJ, AgRg-AREsp 718.217, Schietti, 6ª T., 07/12/2017).

■ 15.3.2. Pessoa jurídica

Em muitos casos, o crime é cometido por meio de pessoa jurídica, mas não é possível penalizá-la em razão desses crimes, uma vez que, não obstante a autorização constitucional para tanto (CF, art. 173, § 5º), a única hipótese de responsabilização direta da pessoa jurídica prevista em lei se dá em relação aos crimes ambientais.

15.3.3. Responsabilidade subjetiva

A responsabilidade penal é sempre subjetiva, de modo que, em caso de crime praticado no âmbito de uma pessoa jurídica, responderá pelo crime **aquele que detinha, de fato, o poder de gestão**. Em consequência:

a) a condenação não pode se basear apenas em dados formais, como a condição de administrador indicada no contrato social ou outro documento, devendo ser comprovado, ao longo da instrução, que o acusado, efetivamente, tomou decisões no sentido da sonegação;

b) poderá ser condenado o administrador de fato, ainda que sem poderes formais de gerência, como no caso da existência de pessoas interpostas ou *laranjas*;

c) a transferência de quotas sociais após os fatos é irrelevante do ponto de vista penal, âmbito no qual responderão aqueles que geriam a empresa à época da ocorrência das práticas ilícitas.

15.3.4. Autoria e participação

Cabe aqui uma indagação dogmática sobre a caracterização e distinção entre autor e partícipe. Pela teoria tradicional e formal da autoria, autor é aquele que pratica a conduta descrita no verbo nuclear do tipo, e quem o auxilia é partícipe. No exemplo do furto, o autor é aquele que subtraiu a coisa, e partícipe é aquele que o auxiliou de outra forma para o sucesso do furto.

A peculiaridade dos crimes contra a ordem tributária é a seguinte: a conduta em si é suprimir ou reduzir tributo mediante fraude, que pode ser o lançamento de uma nota fiscal com valor menor do que o valor real, por exemplo. Em muitos casos, quem faz o lançamento, ou seja, quem produz materialmente a nota fiscal e quem produz a declaração que vai ser encaminhada à repartição fazendária não é o sócio-gerente nem o diretor, mas sim um empregado. Em tais casos, quem será considerado autor? Para essa pergunta, tem-se dado a seguinte resposta: nesses delitos, autor é quem detém o domínio da conduta, ou seja, o domínio final da ação, de acordo com a *teoria do domínio do fato* ou *da organização* (TRF4, AC 20040401025529-6, Eloy Justo, 8ª T., m., 13/06/2007), porque é este quem decide se o fato vai acontecer ou não, independentemente de essa pessoa ter ou não realizado a conduta material de falsificar a nota fiscal. Isso é muito importante, porque geralmente não é o administrador quem pratica a conduta, embora tenha o domínio final sobre a decisão de praticar ou não a conduta delituosa. Assim, **autor será sempre o administrador**, que pode ser o sócio administrador, diretor, administrador por procuração de sócio; administrador de fato que se valha de uma pessoa interposta, que figura formalmente como administrador, mas que não tem nenhuma relação com a empresa, a quem apenas emprestou o nome (STJ, AgRg-AREsp 527.398, Reynaldo, 5ª T., 03/04/2018).

Teoricamente, o empregado, o contador e mesmo o advogado poderão ser considerados partícipes, uma vez evidenciada a sua ciência sobre a fraude nas condutas. Na prática, porém, não é comum que as denúncias sejam dirigidas a terceiros que não os administradores, a não ser quando efetiva e intensamente involucrados nas práticas criminosas, como, por exemplo, no caso do contador que elabora o esquema fraudulento e fornece documentos falsos oriundos até mesmo de outras pessoas jurídicas para as quais presta serviços.

■ 15.4. SUJEITO PASSIVO

É a pessoa jurídica titular do direito de cobrar o respectivo tributo, podendo ser a União, o Estado ou o Município. Se for a União ou Autarquia Federal, a competência será da JF. Nos termos do art. 119 do CTN: "Sujeito ativo da obrigação é a pessoa jurídica de direito público titular da competência para exigir o seu cumprimento".

■ 15.5. TIPO BÁSICO (ART. 1º)

> **Art. 1º** Constitui crime contra a ordem tributária suprimir ou reduzir tributo, ou contribuição social e qualquer acessório, mediante as seguintes condutas:
> I — omitir informação, ou prestar declaração falsa às autoridades fazendárias;
> II — fraudar a fiscalização tributária, inserindo elementos inexatos, ou omitindo operação de qualquer natureza, em documento ou livro exigido pela lei fiscal;
> III — falsificar ou alterar nota fiscal, fatura, duplicata, nota de venda, ou qualquer outro documento relativo à operação tributável;
> IV — elaborar, distribuir, fornecer, emitir ou utilizar documento que saiba ou deva saber falso ou inexato;
> V — negar ou deixar de fornecer, quando obrigatório, nota fiscal ou documento equivalente, relativa a venda de mercadoria ou prestação de serviço, efetivamente realizada, ou fornecê-la em desacordo com a legislação.
> Pena — reclusão de 2 (dois) a 5 (cinco) anos, e multa.

■ 15.5.1. Tipo objetivo

■ *15.5.1.1. Condutas*

O tipo objetivo do crime de sonegação de tributos em geral contém dois verbos: **suprimir** ou **reduzir** tributo, contribuição social ou qualquer acessório. Essa é a primeira parte, que é complementada por uma das condutas fraudulentas previstas nos incisos. O crime de sonegação de tributos em geral é composto pela soma da supressão ou redução de tributo com a presença da fraude prevista em, pelo menos, um dos incisos.

A supressão do tributo acontece quando o agente não paga nada. Vamos supor que a pessoa explore uma atividade econômica, como, por exemplo, venda de doces, feitos em casa. Embora a atividade tome vulto, continua sem alvará, sem inscrição nos órgãos fazendários nem emissão de notas fiscais ou declaração dos rendimentos auferidos pela pessoa física, suprimindo tributo.

A redução do tributo acontece quando o agente recolhe parcialmente o valor devido.

15.5.1.2. Objeto

O objeto da sonegação é o **tributo, contribuição ou qualquer acessório**. A expressão *tributo*, a rigor, abrangeria as contribuições sociais, que são espécies de tributos. Como já houve discussão sobre a natureza tributária das contribuições, o legislador incluiu expressamente as contribuições sociais como objeto do delito, de modo a evitar qualquer dúvida sobre o tema.

A utilização da expressão *qualquer acessório* causa certa dúvida, pois as multas, os juros e a correção monetária não são, a rigor, objeto do crime, que é constituído apenas pelo principal. Temos que não configura o crime, tampouco, o mero descumprimento de obrigação tributária acessória, ainda que se converta em principal, em razão do descumprimento.

Como os dispositivos legais fazem menção ao *tributo*, a tipicidade deve ser dupla, tributária e penal, de modo que, não sendo devido o tributo, não há crime[1]. Na mesma linha, em caso de descumprimento de obrigação tributária acessória, como a emissão de nota fiscal ou declaração, mas inexistindo tributo devido, não há falar em crime contra a ordem tributária, mas mero ilícito administrativo. Por exemplo, se o agente não emitir nota fiscal relativa a uma operação de compra e venda de livros, que é um produto imune à incidência de impostos (CF, art. 150, VI, "d"), não estará cometendo crime contra a ordem tributária, mas mera infração administrativa.

15.5.1.2.1. Renda proveniente de ilícito

É possível a tributação sobre a renda proveniente de atividades ilícitas, de modo que há crime contra a ordem tributária na hipótese, uma vez que se tributa a renda, e não o crime, e levando em conta, ainda, que não seria razoável deixar de tributar quem aufere renda ilicitamente, enquanto está obrigado a contribuir quem o faz de forma lícita (STF, HC 77.530, Pertence, 1ª T., u., 25/08/1998; STJ, HC 7.444, Vidigal, 5ª T., u., *DJ* 03/08/1998; STJ, REsp 1.208.583, Vaz, 5ª T., *DJ* 11/12/2012).

15.5.1.3. Modalidades fraudulentas

15.5.1.3.1. Art. 1º, inc. I

> **Art. 1º** (...)
> I — omitir informação, ou prestar declaração falsa às autoridades fazendárias;

Objeto do crime é a **declaração** omitida ou feita à autoridade fazendária, seja ela feita em papel, ou, como é mais comum atualmente, por meio eletrônico.

Omitir informação é não declarar, constituindo-se em **crime omissivo**. Como exemplo, pode ser citado o caso do contribuinte que, embora tenha renda tributável,

[1] SILVA, Juary C. *Elementos de direito penal tributário*. São Paulo: Saraiva, 1998. p. 170.

não entrega a declaração de ajuste, suprimindo o imposto de renda, mediante omissão de informação. Cuida-se de fraude caracterizada pelo silêncio contraposto à exigência legal de declarar a ocorrência do fato gerador, ou seja, do descumprimento da obrigação tributária acessória (CTN, art. 113, § 2º).

Se o agente declara um valor menor do que realmente percebe, configura-se a segunda modalidade, pois há uma prestação de declaração falsa, que resulta em omissão ou supressão do tributo devido.

Autoridade fazendária será aquela competente para receber e processar as declarações prestadas pelos contribuintes.

15.5.1.3.2. Art. 1º, inc. II

> **Art. 1º** (...)
> II — fraudar a fiscalização tributária, inserindo elementos inexatos, ou omitindo operação de qualquer natureza, em documento ou livro exigido pela lei fiscal;

Fraudar a fiscalização, inserindo elementos inexatos, é uma forma comissiva, porque o agente elabora o documento ou livro, mas com dados inexatos. *Omitir operação de qualquer natureza* é, por exemplo, omitir operação de compra e venda ou de prestação de serviço. Se algumas dessas operações são escrituradas e outras não, em documento ou livro exigido pela lei fiscal, o agente incide no crime pelas operações que não escriturou, embora devesse fazê-lo.

A diferença entre as modalidades dos incisos I e II está no objeto, uma vez que no primeiro a omissão ou falsidade recai sobre a declaração entregue à autoridade fiscal, enquanto no segundo o objeto do crime são os **documentos mantidos em poder da empresa**, a sua escrituração fiscal.

Como a lei menciona o *documento ou livro exigido pela lei fiscal*, cuida-se de uma **norma penal em branco**, a ser preenchida pela lei tributária, que indicará quais são os livros ou documentos previstos. Como o dispositivo faz menção expressa à lei, não serve à complementação da norma em referência o diploma de hierarquia inferior, como decreto, portaria, ordem de serviço etc.

Como exemplo pode ser citada a **meia nota**, que consiste em registrar apenas parcialmente o valor da operação, recebendo o restante do pagamento *por fora*, em conluio com o comprador.

15.5.1.3.3. Art. 1º, inc. III

> **Art. 1º** (...)
> III — falsificar ou alterar nota fiscal, fatura, duplicata, nota de venda, ou qualquer outro documento relativo à operação tributável;

O dispositivo prevê falsidade material, ou seja, a contrafação que recai sobre o suporte físico do documento.

Falsificar é produzir um documento completamente novo. **Alterar** é modificar partes de um documento preexistente.

A expressão *qualquer outro documento relativo à operação tributável* abre espaço à **interpretação analógica**, abrangendo documentos como o conhecimento de transporte, além de possibilitar o reconhecimento do crime caso algum outro tipo de registro, diferente daqueles expressamente previstos, venha a ser criado.

Como exemplos, podem ser citados:

a) a **nota calçada**, assim chamada porque, em notas preenchidas à mão, a falsificação se dá com a colocação de um calço, de modo que o valor efetivo da venda sai na primeira via, que é entregue ao cliente, enquanto a via cativa, que fica no talonário, é preenchida posteriormente com um valor menor, de modo a diminuir a receita, possibilitando a sonegação de ICMS, IPI e Imposto de Renda;

b) a **nota paralela ou talão frio**, que consiste na impressão de dois ou mais talonários ou formulários de notas fiscais, com os mesmos números de série, registrando-se contabilmente apenas as notas de valor menor.

15.5.1.3.4. *Art. 1º, inc. IV*

> **Art. 1º** (...)
> IV — elaborar, distribuir, fornecer, emitir ou utilizar documento que saiba ou deva saber falso ou inexato;

Cuida-se de tipo misto alternativo, que contempla modalidades de falsidade material e ideológica, bem como de uso de documento falso.

Elaborar é preparar ou produzir o documento falso, em hipótese que se confunde com a do inciso anterior.

Distribuir é entregar a um ou vários usuários.

Fornecer é entregar para uso, providenciar, arranjar, havendo casos em que o contador fornece documentos oriundos de outras empresas para as quais presta serviços.

Emitir é preencher o documento e colocá-lo em circulação.

O verbo **utilizar** é particularmente interessante porque cria uma modalidade equivalente ao uso de documento falso (CP, art. 304), punível independentemente de determinação da autoria da falsificação, que é prova difícil de ser produzida. Os delitos têm uma relação de alternatividade. Quer dizer, caso não seja comprovada a autoria da elaboração ou emissão, mas exista prova da utilização, a conduta será típica.

Objeto material do inciso IV é o **documento**, mais amplo, à primeira vista, que aquele do inciso III, embora também se exija que o documento tenha relação com operação tributável, o que acaba por aproximar as duas modalidades. **Documento falso** é aquele que contém falsidade material, e **inexato** é o documento ideologicamente falso.

Como exemplo, pode ser referida a prática do **passivo fictício**, consistente na utilização de **notas frias**, com valores adulterados ou de empresas inexistentes, que já não estão em atividade ou não prestaram o serviço ou a venda, de modo a simular despesas para reduzir o valor devido a título de imposto de renda (TRF4, AC 19980401016551-7, Élcio, 8ª T., u., *DJ* 20/02/2002).

15.5.1.3.5. Art. 1º, inc. V

> **Art. 1º** (...)
> V — negar ou deixar de fornecer, quando obrigatório, nota fiscal ou documento equivalente, relativa a venda de mercadoria ou prestação de serviço, efetivamente realizada, ou fornecê-la em desacordo com a legislação.

A primeira figura incriminada é a negativa de fornecimento, diante do pedido do cliente ou comprador, configurando conduta comissiva. Na modalidade *deixar de fornecer*, que é prática contumaz, é omissivo, caracterizando-se pela falta da emissão da nota, a resultar na supressão ou redução de tributo devido. A terceira modalidade, também comissiva, consiste no fornecimento, mas *em desacordo com a legislação*, ou seja, sem atender aos requisitos das normas legais ou administrativas pertinentes, por exemplo, em relação à descrição completa da mercadoria ou sua numeração.

O objeto é **nota fiscal ou documento equivalente**, abrindo-se espaço à interpretação analógica para incluir, por exemplo, o tíquete da máquina registradora ou outra modalidade que venha a ser criada.

Distingue-se do delito previsto no art. 2º, IV, da Lei n. 1.521/51 (Crimes Contra a Economia Popular), pois este dispositivo somente é aplicado para serviços essenciais, sendo diverso o bem jurídico protegido.

Não deve ser confundido, tampouco, com o crime de duplicata simulada, objeto do art. 172 do CP, pois no crime do CP, que é comissivo, não há o fornecimento da mercadoria ou serviço, atentando contra o patrimônio privado. No delito em exame, ao contrário, sobre ser omissivo, a mercadoria ou serviço é fornecido, mas não há emissão da nota fiscal ou documento equivalente, protegendo-se a ordem tributária.

A consumação do crime não está subordinada ao parágrafo único.

15.5.1.3.6. Quadro-resumo

Segue quadro-resumo do tipo objetivo do crime do art. 1º da Lei n. 8.137/90:

CONDUTAS	OBJETO	MEIO
▪ Suprimir	▪ Tributo	▪ Conduta fraudulenta
▪ Reduzir	▪ Contribuição social	
	▪ Qualquer acessório	

15.5.1.4. Lançamento definitivo

Está atualmente pacificado o entendimento de que há necessidade de **lançamento definitivo** para o **oferecimento de denúncia** em crime de sonegação fiscal, como consolidado na **SV 24** do STF, do seguinte teor: "Não se tipifica crime material contra a ordem tributária, previsto no art. 1º, incisos I a IV, da Lei n. 8.137/90, antes do lançamento definitivo do tributo".

Para o STJ, conforme sintetizado na publicação *Jurisprudência em teses* do STJ, edição n. 90, item 10 : "O delito do art. 1º, inciso V, da Lei n. 8.137/90 é formal e prescinde do processo administrativo-fiscal para o desencadeamento da persecução penal, não se sujeitando aos termos da súmula vinculante n. 24 do STF" (Disponível em: <https://scon.stj.jus.br/>. Acesso em: 26 abr. 2020).

Nessa linha, ainda a **Súm. 78 do TRF4**, a qual, porém, não se compromete com o caráter de condição objetiva de punibilidade do lançamento, como se vê da redação adotada, que segue transcrita: "A constituição definitiva do crédito tributário é pressuposto da persecução penal concernente a crime contra a ordem tributária previsto no art. 1º da Lei n. 8.137/90".

Em regra, **nem sequer inquérito policial poderá ser instaurado** (STF, RHC 83.717, M. Aurélio, 1ª T., u., 16/03/2004; STF, HC 90.957, Mello, 2ª T., u., 11/09/2007), a não ser nos casos em que a instauração do inquérito policial se revele imprescindível para a própria apuração do débito tributário (STF, HC 95.443, Ellen, 2ª T., u., 02/02/2010).

■ 15.5.1.4.1. *Limites da exigência do lançamento definitivo*

A solução adotada pelo STF está sujeita aos limites em seguida arrolados.

Ação judicial cível

Considerada a presunção de legalidade do ato administrativo de lançamento (TRF4, AC 2004.70.03.000284-5, Tadaaqui, 7ª T., u., 26/03/2010), o que se exige é o término do processo administrativo, e **não da ação judicial** cível que lhe sucedeu (STJ, HC 70.447, Dipp, *DJ* 12/03/2007; STJ, HC 378.817, Dantas, 5ª T., 15/05/2018). Assim, não há necessidade de aguardar o término de eventual ação judicial anulatória (STJ, HC 159.111, Fischer, 5ª T., m., 15/06/2010; STJ, HC 137.494, Vaz, 5ª T., 18/09/2011) ou mandado de segurança. Idêntica será a solução, com mais razão, quando for denegada a segurança em primeiro e segundo graus (STJ, REsp 1.071.166, Napoleão, 5ª T., u., 29/09/2009).

Em nosso modo de ver, nada impede a discussão, no âmbito da própria ação penal, da matéria atinente à existência do tributo, como no caso em que a defesa alega que a apreciação dos fatos levada a efeito pela fiscalização é equivocada em relação à classificação de uma determinada mercadoria na tabela do IPI ou à desconsideração de documentos apresentados pelo contribuinte, por exemplo. Caso a matéria esteja sendo discutida no cível, poderá, ainda assim, ser conhecida, incidentalmente, na própria ação penal, ou poderá ser caso de suspensão da ação penal, com fundamento no art. 93 do CPP (TRF4, RSE 00022014020064047102, Márcio Rocha, 7ª T., u., 13/12/2011), até mesmo por economia processual, em caso que demandar, por exemplo, a produção de prova pericial (TRF2, RSE 200751018016344, Azulay, 2ª TE, m., 05/06/2007).

Associação criminosa

Não se exige, tampouco, lançamento definitivo para o oferecimento de denúncia por associação criminosa (CP, art. 288) para sonegação fiscal (STF, HC 84.423, Britto, 1ª T., m., 24/08/2004; STJ, HC 200502042764, Vaz, 5ª T., u., 17/08/2006).

Delito do art. 2º da Lei n. 8.137/90

De notar que a inexistência de lançamento definitivo não impede o oferecimento de ação penal pelo crime do art. 2º, I, da Lei n. 8.137/90, que é considerado crime formal (STF, RHC 90.532 ED, Barbosa, Pl., u., 23/09/2009).

Falsidade

A investigação poderá prosseguir, ainda, em relação a eventual crime de falso, quando não for este absorvido pela sonegação (TRF3, HC 200903000021491, Gramstrup [Conv.], 5ª T., u., 27/07/2009).

Teor da conclusão administrativa

A adoção do entendimento antes referido não tem o efeito de determinar uma vinculação total e absoluta da esfera judicial à administrativa. O que se exige é a existência de lançamento definitivo, e não a afirmação da autoridade administrativa de que houve fraude, o que será decidido, para efeitos penais, pelo Poder Judiciário, até porque não é esse o objetivo do ato administrativo do lançamento (TRF2, AC 199351010379281, Abel Gomes, 1ª TE, u., 12/08/2009). Sendo assim, poderá ser reconhecido o crime, ainda que a administração tributária não tenha afirmado expressamente a ocorrência de fraude ou aplicado a multa qualificada respectiva (STJ, HC 49.470, Fischer, 5ª T., u., 15/08/2006; STJ, AgRg-REsp 1.368.252, Paciornik, 5ª T., 10/04/2018).

Na mesma linha, a autoria do delito é determinada na ação penal, sendo irrelevante o fato de o agente não ter figurado no polo passivo do procedimento administrativo tributário (STJ, AgRg-REsp 1.421.104, Fischer, 5ª T., 10/10/2017).

Regularidade formal do procedimento administrativo

Na formulação veiculada na publicação *Jurisprudência em teses* do STJ, edição n. 99, item 5: "Eventuais vícios no procedimento administrativo-fiscal, enquanto não reconhecidos na esfera cível, são irrelevantes para o processo penal em que se apura a ocorrência de crime contra a ordem tributária" (Disponível em: <https://scon.stj.jus.br/>. Acesso em: 26 abr. 2020).

Extinção do crédito tributário

Tema de relevo é o efeito da extinção do crédito tributário sobre a persecução penal por crime contra a ordem tributária.

Considerada a nova orientação do STF, anteriormente referida, a questão perderá relevância prática, mas é importante afirmar que a **extinção do crédito tributário** (CTN, art. 156, V, IX e X) implicará atipicidade da conduta, quando decorrente de:

a) **decadência** (STF, HC 84.555, Peluso, 2ª T., u., 07/08/2007; STJ, REsp 789.506, Vaz, 5ª T., u., 25/04/2006; STJ, HC 77.986, Lima, 5ª T., u., 13/09/2007);

b) **decisão judicial** (STF, HC 81.321, Peluso, 1ª T., u., 04/12/2007) **ou administrativa** de desconstituição do crédito, anulando o lançamento (STF, HC 86.281, Peluso, 2ª T., u., 09/09/2008).

Fica ressalvada, porém, a possibilidade de novo lançamento, especialmente em caso de vício formal ou, ainda, da obtenção de novos elementos de fato, caso ainda não se tenha operado a decadência.

Já o reconhecimento da **prescrição** do débito não afeta a persecução penal, uma vez que o crédito foi regularmente constituído (STJ, RHC 67.771, Néfi, 6ª T., 10/03/2016; STJ, RHC 81.446, Maria Thereza Moura, 6ª T., 13/06/2017). O tema foi assim sintetizado na publicação *Jurisprudência em teses* do STJ, edição n. 90, item 9: "A constituição regular e definitiva do crédito tributário é suficiente à tipificação das condutas previstas no art. 1º, I a IV, da Lei n. 8.137/90, de forma que o eventual reconhecimento da prescrição tributária não afeta a persecução penal, diante da independência entre as esferas administrativo-tributária e penal".

■ 15.5.1.5. *Princípio da insignificância*

O princípio da insignificância tem como fundamento o fato de a tipicidade não se esgotar na mera adequação formal do fato à norma, ou seja, tem que haver um mínimo de lesão ao bem jurídico protegido. O reconhecimento do princípio da insignificância afasta a tipicidade material, o que acarreta a absolvição sumária com fundamento no inciso III do art. 397 do CPP.

A grande discussão quanto ao princípio da insignificância sempre foi o patamar a ser considerado para sua determinação. Essa tarefa foi facilitada nos crimes contra a ordem tributária, porque a administração tributária passou a editar normas no sentido de que determinado valor não seria inscrito em dívida ativa ou não seria executado. Concluiu, então, que, se a Fazenda não executa civilmente em razão do valor, tampouco se justificaria uma condenação criminal.

O STJ fixou a seguinte tese sobre o tema, em regime de recurso repetitivo: "incide o princípio da insignificância aos crimes tributários federais e de descaminho quando o débito tributário verificado não ultrapassar o limite de R$ 20.000,00 (vinte mil reais), a teor do disposto no art. 20 da Lei n. 10.522/2002, com as atualizações efetivadas pelas Portarias n. 75 e 130, ambas do Ministério da Fazenda (REsp 1.709.029, Reis, 3ª S., m., 28/02/2018, Tema 157).

Não há, porém, como aplicar esse parâmetro aos crimes tributários cometidos em desfavor dos Estados-Membros ou Municípios (STJ, AgRg-RHC 70.842, Mussi, 5ª T., 21/09/2017).

■ 15.5.2. Tipo subjetivo

Não existe sonegação culposa, apresentando a lei, apenas, tipos dolosos.

Prevalece a orientação de que é exigido apenas o dolo, não sendo de indagar-se acerca de um especial estado de ânimo voltado para a sonegação (STF, AP 516, Britto, Pl., *DJ* 03/12/2010; STJ, AgRg-AREsp 493.584, Reynaldo, 5ª T., 02/06/2016; STJ, AgRg-REsp 1.477.691, Néfi, 6ª T., 11/10/2016; STJ, AgRg-REsp 1.640.083, Paciornik, 5ª T., 12/06/2018).

Na formulação veiculada na publicação *Jurisprudência em teses* do STJ, edição n. 90, item 7: "O tipo penal do art. 1º da Lei n. 8.137/90 prescinde de dolo específico, sendo suficiente a presença do dolo genérico para sua caracterização." (Disponível em: <https://scon.stj.jus.br/>. Acesso em: 26 abr. 2020).

■ 15.5.2.1. Dolo eventual

Admite-se o dolo eventual (TRF4, AC 20007000009902-0, Élcio, 8ª T., u., 08/09/2003), no sentido de que, às vezes, o sujeito não tem a compreensão exata do valor ou não executa exatamente as operações fraudulentas.

Na jurisprudência, foram encontradas duas situações em que admitido o dolo eventual, a saber:

a) do contador que criava uma contabilidade falsa, embora houvesse indícios da falsidade dos lançamentos (TRF4, AC 19980401066801-1, Rosa, 1ª T., u., *DJ* 16/06/1999);

b) dos empregados que emprestavam suas contas particulares para depósito de valores da empresa (TRF4, AC 19997100013749-2, Rosa, 7ª T., u., 11/02/2003; TRF4, AC 20047208006117-5, Penteado, 8ª T., u., 18/04/2007).

Outros dois casos que poderiam ensejar o reconhecimento de dolo eventual são o do profissional de saúde que fornece recibos falsos, relativos a serviços que não foram prestados, e do gráfico que imprime notas fiscais sem autorização ou em duplicidade.

No inciso IV, aliás, a utilização da expressão "que saiba ou deva saber falso ou inexato" significa que é admitido o dolo eventual. Do contrário, se somente fosse admitido o dolo direto, seria utilizado tão somente o verbo *saber*. Desse modo, quando o sujeito não tem certeza da veracidade do documento, mas mesmo assim o utiliza, incide no crime em comento.

■ 15.5.2.2. Erro

A supressão ou redução no recolhimento do tributo pode decorrer de erro na interpretação da lei tributária, hipótese que, em minha posição, deve ser tratada como erro de tipo, uma vez que incide sobre a circunstância de suprir ou sobre o fato de dever o tributo, ou seja, sobre um elemento constitutivo do tipo.

Assim, por exemplo, em caso de discussão sobre a classificação de um determinado produto na tabela do IPI, com implicações na alíquota aplicável, sendo comprovada controvérsia judicial sobre a matéria, com interpretações divergentes entre os tribunais.

■ 15.5.3. Consumação

Os crimes dos incisos I a IV do art. 1º da Lei n. 8.137/90, com exceção daquele previsto em seu parágrafo único, são **materiais e de dano**, consumando-se quando todos os elementos do tipo estão reunidos e reconhecidos pela existência de **lançamento definitivo**, nos termos da já mencionada SV 24 do STF (STF, HC 81.611, Pertence, Pl., 09/12/2003; STF, HC 83.414, Barbosa, 1ª T., u., 23/04/2004; STF, AIRE 419.578, Pertence, *DJ* 27/08/2004; STF, HC 84.092, Mello, *DJ* 03/12/2004; STF, HC 85.051, Velloso, 01/07/2005; STF, HC 84.262, Mello, 2ª T., u., 29/04/2005; STF, HC 85.428, Gilmar Mendes, 2ª T., u., 17/05/2005; STJ, HC 56.799, Vaz, 5ª T., u., 13/03/2007).

Na formulação veiculada na publicação *Jurisprudência em teses* do STJ, edição n. 90, itens 4 e 10 (Disponível em: <https://scon.stj.jus.br/>. Acesso em: 26 abr. 2020):

> Os delitos tipificados no art. 1º, I a IV, da Lei n. 8.137/90 são materiais, dependendo, para a sua consumação, da efetiva ocorrência do resultado.
>
> O delito do art. 1º, inciso V, da Lei n. 8.137/90 é formal e prescinde do processo administrativo-fiscal para o desencadeamento da persecução penal, não se sujeitando aos termos da súmula vinculante n. 24 do STF.

Somente com o lançamento definitivo estará consumado o crime e terá início o curso do prazo prescricional. Com efeito, sendo certo que a prescrição nasce com a ação, e estando o MP, até o momento do lançamento definitivo, impedido de oferecer denúncia, tem-se que é somente a partir desse momento que se poderá falar em início do prazo prescricional (STF, HC 84.092, Mello, 2ª T., *DJ* 03/12/2004; STF, HC 86.032, Mello, *DJ* 13/06/2008; STF, ARE 1.048.540, Barroso, 1ª T., 21/08/2017; STJ, AgRg-AREsp 318.790, Schietti, 6ª T., 04/04/2017).

Conforme sintetizado na publicação *Jurisprudência em teses* do STJ, edição n. 90, item 8: "O prazo prescricional, para os crimes previstos no art. 1º, I a IV, da Lei n. 8.137/90, inicia-se com a constituição definitiva do crédito tributário" (Disponível em: <https://scon.stj.jus.br/>. Acesso em: 26 abr. 2020).

Considera-se definitivo o lançamento, tendo início o curso do prazo prescricional, no dia seguinte ao término do prazo para recurso voluntário no processo administrativo fiscal, nos termos do Decreto n. 70.235/72, arts. 10, V; 15, 33 e 56 (TRF4, QOAC 5003816-32.209.404.7201, Baltazar [Conv.], 7ª T., u., 11/09/2011).

■ 15.5.3.1. *Tentativa*

A tentativa, de rara ocorrência, **é punida na modalidade do inciso I do art. 2º**. Quer dizer, em lugar de utilizar-se o art. 14 do CP para a adequação típica de subordinação mediata que caracteriza a tentativa, há um delito autônomo para os raríssimos casos em que o agente não logre, efetivamente, suprimir ou reduzir o tributo. Esta a interpretação compatibilizadora encontrada pela doutrina para dar algum sentido ao inciso I do art. 2º, o qual, em seus elementos objetivos, é tanto ou até mais abrangente que o art. 1º, distinguindo-se deste por ser formal e não material, de modo que a tentativa se enquadra no art. 2º, com apenamento menor[2].

■ 15.5.4. Culpabilidade

Em crimes de sonegação, não tem sido admitida a tese defensiva da exclusão da culpabilidade pela causa supralegal da inexigibilidade de conduta diversa em razão de dificuldades financeiras (TRF1, AC 19973300010172-6, Olindo Menezes, 3ª T., u., 26/03/2007; TRF4, AC 20047100000648-6, Tadaaqui, 7ª T., m., 08/05/2007).

■ 15.5.5. Concurso de crimes

■ 15.5.5.1. *Crime único*

O art. 1º tem sido visto como **crime de conduta múltipla**, de modo que a realização de várias das ações previstas nos incisos, em uma mesma competência, com o

2 EISELE, Andreas. *Crimes contra a ordem tributária*. 2. ed. São Paulo: Dialética, 2002. p. 60.

fim de suprimir ou reduzir o recolhimento de um único tributo, constitui um só crime. Imagine-se que o agente tenha deixado de emitir notas fiscais (inc. V); alterado outras notas fiscais para fazer constar um valor menor do que o valor efetivo da operação (inc. III); inserido os valores inexatos referentes a tais operações em seus livros fiscais (inc. II); e informado tais valores falsos às autoridades fazendárias (inc. I). Por fim, no prazo para o recolhimento do tributo em questão, o agente faz o recolhimento a menor, *reduzindo* o tributo, tal como previsto no *caput* do dispositivo. Todos esses atos são componentes da conduta tendente ao não recolhimento do tributo devido naquela competência. Em outras palavras, as condutas previstas nos incisos do art. 1º da Lei n. 8.137/90 não constituem figuras típicas autônomas, pois o crime consiste em reduzir ou suprimir tributos ou contribuição social, mediante uma ou mais das práticas fraudulentas descritas nos incisos.

Quando o agente emite várias notas de várias operações, durante o mesmo mês, também comete um só crime. Para cada competência vai existir um só crime, ainda que esse crime tenha se desdobrado em vários atos ou em várias operações. Não se considera um crime para cada nota fiscal ou para cada operação, porque os atos fazem parte de um crime único, que vai se consumar com o vencimento do prazo para pagamento do tributo.

15.5.5.2. *Supressão ou redução de tributos diversos*

Sobre o caso daquele que, por meio da omissão de receita, suprime ou reduz **mais de um tributo**, como COFINS, PIS, IR e CSSL, há duas posições.

Para a primeira, que consideramos acertada, há crime único, ainda que seja suprimido mais de um tributo pela mesma conduta (STJ, REsp 1.294.687, Maria Thereza, 6ª. T., *DJ* 24/10/2013; STJ, AgRg-REsp 1.552.955, Fischer, 5ª T., 08/02/2018)[3]. Argumenta-se, para tanto, que: a) o tipo penal faz referência a *tributo*, sendo essa a elementar em questão, contida na lei penal, e não nas diversas leis tributárias; b) no descaminho, mesmo que suprimido o recolhimento de IPI e imposto de importação, considera-se ocorrido crime único; c) em muitos casos, não é possível ao agente deixar de recolher somente um dos tributos, sendo corolário lógico da omissão de declaração a omissão de mais de um tributo; d) objeto de proteção é a ordem tributária, e não cada tributo isoladamente considerado[4].

Para a segunda, há concurso formal (TRF2, AC 19985101048527-3, Abel Gomes, 1ª TE, m., 19/07/2006; TRF4, HC 20030401028162-0, Vaz, TE, u., 14/01/2004). A crítica que poderia ser feita é que, em alguns casos, verifica-se uma distinção meramente formal, como se dá, por exemplo, entre IR e CSSL, que é, na verdade, um adicional do Imposto de Renda, do qual se diferencia apenas pela destinação. Em outros casos, mais de um tributo incide sobre a mesma base, como PIS e COFINS, que são calculados sobre o faturamento.

---

[3] FURLAN, Anderson. Sanções penais tributárias. In: MACHADO, Hugo (Org.). *Sanções penais tributárias*. São Paulo/Fortaleza: Dialética/Instituto Cearense de Estudos Tributários, 2005. p. 39.

[4] ESTELLITA, Heloisa. Sanções penais tributárias. In: MACHADO, Hugo (Org.). *Sanções penais tributárias*. São Paulo/Fortaleza: Dialética/Instituto Cearense de Estudos Tributários, 2005. p. 361.

■ 15.5.5.3. *Crime continuado*

Admite-se, e até é bastante comum, o crime continuado, relativizando-se o critério de trinta dias como prazo máximo para o reconhecimento da conexão temporal, tendo em vista que o delito, usualmente, é cometido com intervalo de tempo mensal, já que a maioria dos tributos são recolhidos a cada mês (STF, HC 89.573, Pertence, *DJ* 26/04/2007). O intervalo considerado razoável na criminalidade tradicional, para não descaracterizar a continuidade delitiva, é de trinta dias. Supondo que o agente tenha omitido o tributo de janeiro a abril, recolheu em maio e omitiu novamente de junho a dezembro, admite-se uma única cadeia de continuidade delitiva, apesar do intervalo de sessenta dias.

Mais que isso, no caso de crime cometido na declaração de ajuste anual do IRPF, tem-se admitido a continuação delitiva com intervalo de um ano quando o delito é praticado por ocasião da entrega da declaração de ajuste, que é anual (TRF3, AC 17919, Nabarrete, 5ª T., u., 22/08/2005; TRF4, ENUL 20057107002138-9, Tadaaqui, 4ª S., u., 19/03/2009).

■ 15.5.5.4. *Crime de falso*

A falsificação cometida como meio para sonegação é absorvida por esta, sendo considerada crime-meio (STF, HC 65.850, Rezek, 2ª T., u., *DJ* 12/05/1988; STF, HC 76.847-4, M. Aurélio, 2ª T., u., *DJ* 04/09/1998; STJ, RHC 1.207, Assis Toledo, *DJ* 24/06/1991).

Não assim, porém, quando a falsidade não é mero meio para o cometimento da sonegação, constituindo prática autônoma, com potencialidade lesiva própria (STF, HC 91.469, Barbosa, 2ª T., u., 20/05/2008; STJ, HC 221.660, Bellizze, 5ª T., u., *DJ* 01/03/2012). Quer dizer, aplica-se o raciocínio que embasa a **Súm. 17 do STJ**, que trata do tema do concurso entre falso e estelionato.

Na formulação veiculada na publicação *Jurisprudência em teses* do STJ, edição n. 99, item 2: "Aplica-se o princípio da consunção ou da absorção quando o delito de falso ou de estelionato (crime-meio) é praticado única e exclusivamente com a finalidade de sonegar tributo (crime-fim)" (Disponível em: <https://scon.stj.jus.br/>. Acesso em: 26 abr. 2020).

■ 15.5.6. Concurso material

■ 15.5.6.1. *Associação criminosa (CP, art. 288)*

Há concurso material entre os crimes de associação criminosa (CP, art. 288) e os delitos contra a ordem tributária efetivamente praticados pelo grupo. De notar, ainda, que a inexistência de lançamento definitivo não impede o oferecimento de ação penal por crime de associação criminosa (STF, HC 84.423, Britto, 1ª T., m., 24/08/2004). Por fim, a extinção ou suspensão da punibilidade do crime efetivamente praticado, como, por exemplo, em função do pagamento (STF, HC 84.223, Grau, 1ª T., u., 03/08/2004; STJ, HC 50.157, Dipp, 5ª T., u., 07/11/2006) do tributo que é objeto do crime de sonegação, não afasta o crime de associação criminosa.

■ 15.5.7. Concurso aparente

■ 15.5.7.1. *Falsificação de selo ou sinal público (CP, art. 293, I e V)*

A falsificação de **selos de controle do IPI**, utilizados em cigarros e bebidas destiladas, configura o crime do inciso I do art. 293 do CP.

A falsificação da autenticação mecânica ou da quitação em guia de recolhimento de tributo caracteriza o crime do inciso V do art. 293 do CP, e não o delito dos incisos II ou III do art. 1º da Lei n. 8.137/90 (TRF4, AC 20030401058203-5, Décio da Silva [Conv.], 7ª T., u., 01/08/2006).

De forma análoga, em caso de utilização de guias falsificadas para a conclusão do procedimento de desembaraço aduaneiro, ocorre o crime do § 1º do art. 293 do CP, e não aquele do inciso III do art. 1º da Lei n. 8.137/90 (TRF4, AC 20030401058203-5, Décio da Silva [Conv.], 7ª T., u., 01/08/2006).

15.5.7.2. *Estelionato (CP, art. 171)*

A sonegação tem em comum com o estelionato o emprego de um meio fraudulento, dele distinguindo-se, porém, pelo efeito que neste é a obtenção de vantagem indevida em prejuízo alheio, enquanto na sonegação o prejuízo é da administração tributária, que não recebe os valores devidos (TRF4, AC 20007104000338-7, Élcio, 8ª T., u., 01/09/2003).

Quando o agente falsifica dados com o fim de receber restituição indevida de imposto de renda, há duas posições:

a) o fato constitui crime contra a ordem tributária (TRF4, AC 20017003002521-2, Vaz, 8ª T., u., 09/05/2007; TRF4, RSE 2005.71.03.003341-1, Élcio, 8ª T., u., 16/05/2007);

b) há estelionato (TRF4, AC 20050401023831-0, Élcio, 8ª T., u., 06/08/2008; TRF4, AC 20057108012046-7, Néfi, 7ª T., u., 03/03/2009).

Adotada a primeira orientação, o efeito principal será possibilitar a extinção da punibilidade pelo pagamento, o que não seria possível em caso de enquadramento no tipo do art. 171 do CP. Discordamos dessa solução, pois o objeto do crime não é o tributo devido, mas uma devolução indevida. Temos que devem ser distinguidas duas hipóteses. Se houver tributo devido e o agente simular pagamento a maior para obter devolução indevida, cometerá dois crimes, em concurso formal, a saber, sonegação em relação à parte que deixou de pagar e estelionato quanto à devolução indevida. Se não havia tributo devido, há somente estelionato, pois o crime contra a ordem tributária pressupõe a existência de débito tributário, de modo que não se poderia falar aqui, de forma autônoma, em sonegação.

15.5.7.3. *Descaminho (CP, art. 334)*

Predomina o entendimento de que o descaminho é uma infração tributária aduaneira, distinguindo-se dos crimes tributários em geral, objeto dos art. 1º e 2º, I (TRF4, AC 20007100041264-1, Penteado, 8ª T., u., 25/07/2007) da Lei n. 8.137, por aplicação do princípio da especialidade, de modo que a fraude que tem por fim a supressão de tributos devidos na importação ou exportação configura descaminho (STF, HC 76.847-4, M. Aurélio, 2ª T., u., *DJ* 04/09/1998). Assim, também, por exemplo, no caso de venda sem nota fiscal, no exercício de atividade comercial, de mercadorias de procedência estrangeira introduzidas irregularmente no Brasil (TRF4, AC 6.512, Rosa, 7ª T., u., 27/08/2002), caso em que ficará absorvido o crime contra a ordem tributária (TRF2, AC 19995101047881-9, Abel Gomes, 1ª TE, u., 15/02/2006).

Há, porém, precedente reconhecendo o concurso material na hipótese de "uso de documento falso, qual seja, notas fiscais frias para dar aparência de legalidade na operação de venda no mercado interno", pois não foi meio para a prática do descaminho (TRF4, AC 95.04.39303-9, Camargo, 2ª T., u., 01/09/1998).

15.5.7.4. *Lei de incentivo à cultura*

> **Lei n. 8.313/91**
> **Art. 40.** Constitui crime, punível com reclusão de dois a seis meses e multa de vinte por cento do valor do projeto, obter redução do Imposto sobre a Renda utilizando-se fraudulentamente de qualquer benefício desta Lei.
> § 1º No caso de pessoa jurídica respondem pelo crime o acionista controlador e os administradores que para ele tenham concorrido.
> § 2º Na mesma pena incorre aquele que, recebendo recursos, bens ou valores em função desta Lei, deixe de promover, sem justa causa, atividade cultural objeto do incentivo.

Como se cuida de renúncia fiscal da União, que envolve tributo federal e está sujeita à prestação de contas perante o Ministério da Cultura e à fiscalização pelo TCU, a competência para o processo e julgamento é da JF (TRF4, Inq. 20000 401108694-4, Escobar, 1ª S., u., 07/02/2001).

15.5.8. Pena

A experiência demonstra que, em regra, as Penas Privativas de Liberdade (PPLs) aplicadas em decorrência de crimes contra a ordem tributária são substituídas por Penas Restritivas de Direitos (PRDs), restando àquelas o papel de *sanção de garantia*, para o caso de descumprimento ou recalcitrância em relação às penas alternativas.

15.5.8.1. *Primeira fase*

Na culpabilidade, devem ser considerados a situação financeira da pessoa jurídica ou do contribuinte, sendo reputada exacerbada quando essa for boa (STJ, HC 36.804, Dipp, 5ª T., u., 21/09/2004), e o grau de escolaridade e esclarecimento do autor, bem como eventuais conhecimentos técnicos que indiquem um grau elevado de consciência da ilicitude (TRF4, AC 20027100016614-6, Penteado, 8ª T., u., 21/03/2007), como no caso de delito praticado por advogado ou contador (TRF4, AC 2006.72.04.004421-7, Vaz, 8ª T., 22/06/2010).

A *conduta social*, em muitos casos, é valorada aqui positivamente, como na situação em que o réu é dirigente de associação de empresários, embora tal circunstância também possa ser valorada negativamente, no sentido de que o líder empresarial deve ser um modelo de conduta.

Os *motivos* poderão ser considerados negativamente quando houver a intenção de esconder outros negócios ilícitos (TRF1, AC 20013400016331-1, Mário Ribeiro, 4ª T., u., 13/08/2007) ou, ainda, de prejudicar sócios, acionistas ou cônjuge. Ao contrário, o motivo da obtenção de proveito econômico ou lucro fácil não poderá ser considerado como negativo, por ser inerente ao tipo penal (STJ, HC 34.347, Carvalhido, 6ª T., 09/08/2004).

A sofisticação e o emprego de estratagemas especialmente elaborados para dificultar a fiscalização poderão ser considerados como *circunstância*, distinguindo-se os casos de mera omissão na entrega de declaração daqueles mais sofisticados, que envolverem o uso de documentos falsos, pessoas interpostas (STJ, HC 431.435, Paciornik, 5ª T., 17/05/2018), sócios ocultos (STJ, AgRg-REsp 1.469.862, Néfi, 6ª T., 15/09/2016) ou empresas-fantasma.

Sendo o tipo multinuclear, a prática de várias condutas que poderiam constituir-se em crimes autônomos é um indicativo da sofisticação (STJ, HC 388.827, Dantas, 5ª T., 03/05/2018). Assim, no caso de crime contra a ordem tributária, quem falsifica nota (inc. III), lança valores a menor na sua contabilidade (inc. II) e presta declaração falsa à fazenda (inc. I) para sonegar o mesmo tributo, nas mesmas competências, comete crime único, mas um crime mais grave que o daquele que simplesmente deixa de declarar valores recebidos de pessoa física (inc. I).

Entre as circunstâncias judiciais, apresenta especial relevo a das *consequências* do crime, na qual deve ser considerado o valor do tributo omitido (STJ, AgRg-AREsp 233.697, Schietti, 6ª T., 21/02/2017; STJ, AgRg-AREsp 1.062.447, Reynaldo, 5ª T., 23/05/2017), bem como eventual recolhimento posterior, ainda que após a denúncia ou parcial.

15.5.8.2. Terceira fase

> **Art. 12.** São circunstâncias que podem agravar de 1/3 (um terço) até a metade as penas previstas nos arts. 1º, 2º e 4º a 7º:
> I — ocasionar grave dano à coletividade;
> II — ser o crime cometido por servidor público no exercício de suas funções;
> III — ser o crime praticado em relação à prestação de serviços ou ao comércio de bens essenciais à vida ou à saúde.

O art. 12 da Lei n. 8.137/90 prevê causas especiais de aumento de pena. Apesar da utilização do verbo *agravar*, a hipótese é de causas especiais de aumento, tendo em vista que o quantitativo é determinado (de um terço até metade), de modo que tais circunstâncias devem ser consideradas na terceira fase da aplicação da pena, e não na segunda, em que são sopesadas as agravantes e atenuantes, em sentido estrito.

A causa de aumento do grave dano à coletividade pode ser validamente cumulada com o aumento decorrente da continuidade delitiva, sem que se configure *bis in idem* e sendo admitida a soma do prejuízo para efeito de apuração da sua incidência (STJ, HC 36.804, Dipp, 5ª T., u., 21/09/2004; TRF4, AC 20017113002013-5, Castilho, 05/11/2003).

Em sentido contrário, sustentando que o valor deverá ser apurado em cada competência: TRF4, AC 20007100011385-6, Néfi, 7ª T., u., 31/09/2006.

Conforme sintetizado na publicação *Jurisprudência em teses* do STJ, edição n. 90, item 1: "O expressivo valor do tributo sonegado pode ser considerado fundamento idôneo para amparar a majoração da pena prevista no inciso I do art. 12 da Lei n. 8.137/90" (Disponível em: <https://scon.stj.jus.br/>. Acesso em: 26 abr. 2020). No mesmo sentido: STF, HC 129.284, Lewandowski, 2ª T., 17/10/2017; STF, HC 170.827 AgR, Moraes, 1ª

T., 24/06/2019). Não se exige, então, que o juiz explicite, na sentença, quais foram os danos concretamente causados (STJ, AgInt-HC 430.487, Schietti, 6ª T., 08/05/2018).

A majorante pode ser reconhecida quando o valor esteja expresso na denúncia, ainda que a inicial não afirme expressamente a existência de grave dano à coletividade (STJ, HC 35.922, Dipp, 5ª T., u., 24/08/2004). Em outras palavras, na formulação veiculada na publicação *Jurisprudência em teses* do STJ, edição n. 90, item 2: "É possível que o magistrado, na sentença, proceda à 'emendatio libelli', majorando a pena em razão da causa de aumento prevista no art. 12, I, da Lei n. 8.137/90, quando houver na denúncia expressa indicação do montante do valor sonegado" (Disponível em: <https://scon.stj.jus.br/>. Acesso em: 26 abr. 2020).

A majorante leva em conta o dano concretamente causado e não aquele potencial (TRF2, AC 20015001010761-7, Roriz, 2ª TE, u., 15/08/2006).

Conforme definido pela 3ª Seção do STJ, na aferição do grave dano devem ser incluídos os acréscimos legais, como multa e juros (REsp 1.849.120, Néfi, 3ª S., 11/03/2020).

No mesmo julgamento, restou definido que: "o grave dano à coletividade é objetivamente aferível pela admissão na Fazenda local de crédito prioritário ou destacado (como grande devedor)". Assim, no caso da União, o valor a ser considerado é de um milhão de reais, que define os expedientes que deverão receber tratamento prioritário, nos termos do art. 14 da Portaria n. 320 da PGFN, ou o valor equivalente fixado pelas autoridades fazendárias estaduais.

Sobre o que deva ser considerado dano grave para fins da incidência da causa de aumento, há duas posições.

Para a primeira, considera-se grave o dano quando o valor sonegado superar dez milhões de reais, que é o parâmetro estabelecido pela Portaria n. 320/2008 da PGFN que regulamentou o Programa de Grandes Devedores, que deverão receber tratamento prioritário por parte daquele órgão (TRF4, AC 0010050-9.2008.404.7000, Néfi, 7ª T., *DJ* 11/02/2011; TRF4, AC 0015628-22.2006.404.7000, Vaz, 8ª T., *DJ* 01/07/2011).

Para a segunda, danos na casa dos milhões são suficientes para atrair a incidência da causa de aumento, ainda que não superado aquele limite, como nos casos em que a sonegação superava dois (STJ, AgRg-AREsp 1.268.981, Reynaldo, 5ª T., 17/05/2018, quatro (STJ, HC 36.804, Dipp, 5ª T., u., 21/09/2004) ou cinco milhões de reais (STJ, AgRg-REsp 1.642.427, Paciornik, 5ª T., 12/06/2018).

A majorante do **inciso II** não se aplica aos delitos do art. 3º, que são próprios de funcionário público, a fim de evitar a dupla valoração da mesma circunstância.

Com relação ao **inciso III**, que trata de prestação de **serviços ou comércio de bens essenciais à vida ou à saúde**, temos que podem ser considerados como tais aqueles assim declarados pela **Lei de Greve** (Lei n. 7.783/89), cujo art. 10 considera serviços ou atividades essenciais: tratamento e abastecimento de água; produção e distribuição de energia elétrica, gás e combustíveis; assistência médica e hospitalar; distribuição e comercialização de medicamentos e alimentos; funerários; transporte coletivo; captação e tratamento de esgoto e lixo; telecomunicações; guarda, uso e controle de substâncias radioativas, equipamento e materiais nucleares; processamento de dados ligados a serviços essenciais; controle de tráfego aéreo.

15.5.8.3. Colaboração premiada

> **Art. 16.** (...)
> Parágrafo único. Nos crimes previstos nesta Lei, cometidos em quadrilha ou coautoria, o coautor ou partícipe que através de confissão espontânea revelar à autoridade policial ou judicial toda a trama delituosa terá a sua pena reduzida de um a dois terços.

O parágrafo único do art. 16 da Lei n. 8.137/90, acrescido pela Lei n. 9.080/95, estabelece regra de *colaboração premiada*, sob as seguintes condições: a) existência de associação criminosa ou coautoria, sendo inaplicável se havia um único agente; b) a espontaneidade da confissão; c) a revelação de toda a trama delituosa, ou seja, a confissão total.

Em minha posição, porém, a norma específica de colaboração da presente lei está superada pela superveniência do art. 13 da Lei n. 9.807/99, que deu nova disciplina ao tema, de forma geral e mais abrangente.

15.5.8.4. Multa

> **Art. 8º** Nos crimes definidos nos arts. 1º a 3º desta lei, a pena de multa será fixada entre 10 (dez) e 360 (trezentos e sessenta) dias-multa, conforme seja necessário e suficiente para reprovação e prevenção do crime.
> Parágrafo único. O dia-multa será fixado pelo juiz em valor não inferior a 14 (quatorze) nem superior a 200 (duzentos) Bônus do Tesouro Nacional BTN.
> **Art. 9º** Caso o juiz, considerado o ganho ilícito e a situação econômica do réu, verifique a insuficiência ou excessiva onerosidade das penas pecuniárias previstas nesta lei, poderá diminuí-las até a décima parte ou elevá-las ao décuplo.

O parágrafo único do art. 8º da Lei n. 8.137/90 estabelece valores para o dia-multa em BTN, extinto pela Lei n. 8.177/91, e não em salários mínimos, como é feito no CP. Diante da extinção do parâmetro legal, três soluções seriam possíveis:

a) aplicar o CP, calculando o valor do dia-multa em salários mínimos, considerando revogada a lei especial a partir da extinção do BTN, o que teria resultado na revogação do parágrafo único do art. 8º, abrindo espaço para a aplicação da regra geral do CP, com fundamento no art. 12 do Código (TRF3, AC 20046126001766-3, Herkenhoff, 2ª T., u., 22/01/2008; TRF4, AC 20000401016014-0, Élcio, 8ª T., 18/03/2002; TRF4, AC 20027100016614-6, Élcio, 8ª T., m., 21/03/2007);

b) aplicar o BTN, atualizado monetariamente (TRF2, AC 99.02.07247-0, Valmir Peçanha, 4ª T., u., 11/12/2002; TRF2, AC 20010201014599-0, Dyrlund, 6ª T., u., 09/12/2003);

c) deixar de aplicar a multa, por inexistir parâmetro legal[5].

---

5 STOCO, Rui. Crimes contra a ordem tributária. In: *Código Penal e sua interpretação jurisprudencial*. São Paulo: RT, 2001. p. 121.

Adotamos a primeira posição, pois a segunda acarreta o inconveniente de ser pouco prática, por não permitir uma ideia, sequer aproximada, dos valores, sem a elaboração de um cálculo, enquanto a terceira deixa sem apenamento pecuniário uma modalidade criminosa em relação à qual esse tipo de sanção tem papel de relevo.

O art. 10 da Lei n. 8.137/90 estabelece a possibilidade de aumento até o décuplo ou redução até um décimo da pena de multa para atender à situação econômica do condenado.

A Lei n. 8.137/90, em seu art. 9º, disciplina forma especial de substituição de penas de reclusão ou detenção por multas, de valores substancialmente mais elevados, em caso de crimes contra a ordem econômica e as relações de consumo, previstos nos arts. 4º a 7º. A forma específica de substituição não tem aplicação no caso de crimes contra a ordem tributária, nem pode ser invocada a regra que autorizava a substituição por multa, constante da Lei n. 4.729/65, que foi revogada pela Lei n. 8.137/90 (TRF3, AC 200461810059480, Ramza, 5ª T., u., 25/01/2009).

■ 15.6. CRIME DE DESOBEDIÊNCIA (ART. 1º, PARÁGRAFO ÚNICO)

> **Art. 1º** (...)
> Parágrafo único. A falta de atendimento da exigência da autoridade, no prazo de 10 (dez) dias, que poderá ser convertido em horas em razão da maior ou menor complexidade da matéria ou da dificuldade quanto ao atendimento da exigência, caracteriza a infração prevista no inciso V.

■ 15.6.1. Tipo objetivo

O delito do parágrafo único do art. 1º da Lei n. 8.137/90 é uma forma específica de desobediência (CP, art. 330) em relação a uma ordem emitida pela autoridade fazendária, configurando-se em mais um instrumento colocado à disposição da fiscalização. O problema é a pena cominada, excessiva se comparada com aquela prevista para a desobediência no CP.

A menção ao prazo é desnecessária, especialmente pelo acréscimo da possibilidade de redução a horas.

Outro problema é a compatibilização do crime em questão com o direito constitucional de não colaborar para a própria incriminação. Imagine-se a seguinte situação: o sonegador recebe a visita da Receita Federal na sua empresa e é intimado a apresentar documentos fiscais, mas não os apresenta. Então, a Receita Federal apreende os documentos e confirma a sonegação, o que culmina na denúncia por sonegação fiscal e pelo crime do parágrafo único, por não ter entregado os documentos. A defesa alega que os documentos não foram entregues no exercício do direito de autodefesa, uma vez que não era obrigado a entregar documentos que iriam incriminá-lo e, portanto, não responderia ao crime do parágrafo único (TRF4, AC 20000401114723-4, Rosa, 7ª T., u., *DJ* 24/04/2002; TRF4, HC 20030401024851-2, Penteado, 8ª T., m., *DJ* 17/09/2003)[6].

[6] ESTELLITA, Heloisa. Sanções penais tributárias, p. 34-35.

15.6.2. Tipo subjetivo

É o dolo, não havendo forma culposa.

Não se exige o fim específico de suprimir ou reduzir tributo (TRF4, AC 19980401046002-3-RS, Fernando Quadros [Conv.], 2ª T., 06/11/2000).

15.6.3. Consumação

Com a mera conduta, não sendo possível a tentativa (STJ, HC 241.770, Schietti, 6ª T., *DJ* 29/06/2016; STJ, AgRg-AREsp 864.080, Reynaldo, 5ª T., 02/02/2017).

15.6.4. Quadro-resumo

TIPO PENAL	DESOBEDIÊNCIA (LEI N. 8.137/90, ART. 1º, PARÁGRAFO ÚNICO)
NOÇÃO	▪ Forma especial de desobediência, de rara ocorrência, pois, em regra, constituirá exercício regular do direito de não produzir prova contra si mesmo.
SUJEITO ATIVO	▪ Qualquer pessoa.
SUJEITO PASSIVO	▪ O ente tributante (União, Estado ou Município).
TIPO OBJETIVO	▪ Deixar de prestar informação.
TIPO SUBJETIVO	▪ Dolo.
CONSUMAÇÃO	▪ Com o vencimento do prazo para prestação da informação.
TENTATIVA	▪ Não é possível.

15.7. ART. 2º, INC. I

> **Art. 2º** Constitui crime da mesma natureza:
> I — fazer declaração falsa ou omitir declaração sobre rendas, bens ou fatos, ou empregar outra fraude, para eximir-se, total ou parcialmente, de pagamento de tributo;

15.7.1. Tipo objetivo

A leitura do inciso I do art. 2º revela grande semelhança com o inciso I do art. 1º.

Em ambos existe o emprego de fraude, e a descrição da conduta é bastante assemelhada. Com efeito, inexiste diferença entre "omitir informação, ou prestar declaração falsa às autoridades fazendárias" (art. 1º, I) e "fazer declaração falsa ou omitir declaração sobre rendas, bens ou fatos, ou empregar outra fraude, para eximir-se, total ou parcialmente, de pagamento de tributo" (art. 2º, I). O inciso I do art. 2º é até mais aberto que o inciso I do art. 1º, pois utiliza a expressão *empregar outra fraude*, ou seja, qualquer outra fraude, admitindo interpretação analógica.

É certo, porém, que os crimes são diversos, observada a expressiva diferenciação no apenamento.

A diferenciação mais aceita é no sentido de que o art. 1º é um crime material, por exigir a efetiva supressão ou redução de tributo, contribuição ou qualquer acessório para sua consumação. Já no art. 2º inexiste essa referência no *caput*, estando mencionada a supressão ou redução do tributo no próprio inciso I, antecedido da preposição *para*. Ora, sempre que o tipo for construído com expressões tais como *para*, *com o fim de*, *a fim de* etc., a elementar que se seguir constituirá elemento subjetivo do tipo. Basta que o agente tenha aquela finalidade, ou seja, não é preciso que o que está descrito depois da preposição efetivamente se concretize para consumar o crime.

Daí resulta que o **inciso I do art. 2º é a forma tentada do art. 1º**. Assim, em vez de utilizar o art. 14 do CP, para fazer a adequação típica da tentativa, utiliza-se o inciso I do art. 2º[7].

Outra corrente afirma residir a diferença no fato de que os crimes do art. 2º, "diversamente dos contidos no art. 1º da Lei n. 8.137/90, não se referem à constituição da obrigação tributária — aspectos ligados à ocorrência do fato gerador, mas sim de condutas ilícitas praticadas por ocasião do pagamento do tributo. Ou seja, após a constituição da obrigação tributária, pela ocorrência do fato gerador, o agente pode, com sua conduta, realizar qualquer dos tipos tratados nos incisos do art. 2º desde que vise ao não pagamento ou redução do montante correspondente ao tributo devido"[8].

■ 15.7.1.1. *Desnecessidade de lançamento definitivo*

Ao contrário do que ocorre com o crime do art. 1º, não se exige o lançamento definitivo para o oferecimento de denúncia pelo delito do art. 2º, I, da Lei n. 8.137/90, por se cuidar de crime formal, e não material (STF, RHC 90.532 ED, Barbosa, Pl., u., 23/09/2009; STJ, HC 385.144, Reynaldo, 5ª T., 19/09/2017).

■ 15.7.2. Tipo subjetivo

É crime doloso, requerendo, além disso, que a conduta seja praticada *para eximir-se, total ou parcialmente, de pagamento de tributo.*

■ 15.7.3. Consumação

É crime formal (TRF2, AC 19990201050857-3, Dyrlund, 6ª T., u., 26/03/2003) e de atentado, que se consuma com a mera prática da conduta tendente a suprimir ou reduzir tributo, não sendo exigida a efetiva supressão ou redução, como se dá em relação aos crimes do art. 1º, que são materiais (TRF2, HC 200702010159437, Maria Helena Cisne, 1ª TE, u., 15/01/2008).

■ 15.7.4. Concurso de crimes

Se foi alcançado o objetivo visado pelo agente, havendo efetiva supressão no recolhimento do tributo, o delito do art. 1º da Lei n. 8.137/90 absorve o do art. 2º, I,

---

7 TRF3, AC 199961810014990, Ramza, 1ª S., u., 30/05/2005; TRF4, AC 20000401029838-1, Penteado, u., *DJ* 05/11/2003; TRF4, AC 20030401046597-3, Vaz, 8ª T., u., 06/07/2005.

8 FERREIRA, Roberto dos Santos. *Crimes contra a ordem tributária*. São Paulo: Malheiros, 1996. p. 60. No mesmo sentido: STJ, RHC 5.123, Adhemar Maciel, 6ª T., u., *DJ* 17/03/1997.

da mesma lei, sendo caso de crime progressivo (TRF4, AC 19980401045084-4, Darós, 2ª T., u., 20/06/2001).

15.7.5. Quadro-resumo

TIPO PENAL	(LEI N. 8.137/90, ART. 2º, I)
NOÇÃO	■ Sendo crime formal, predomina o entendimento de que constitui a forma tentada dos crimes do art. 1º, que são materiais.
SUJEITO ATIVO	■ Qualquer pessoa.
SUJEITO PASSIVO	■ O ente tributante (União, Estado ou Município).
TIPO OBJETIVO	■ "fazer declaração falsa ou omitir declaração sobre rendas, bens ou fatos, ou empregar outra fraude, para eximir-se, total ou parcialmente, de pagamento de tributo".
LANÇAMENTO DEFINITIVO	■ Não é exigido.
TIPO SUBJETIVO	■ Dolo, com o elemento subjetivo específico de eximir-se, total ou parcialmente, do pagamento de tributo.
CONSUMAÇÃO	■ Com a mera declaração falsa ou emprego de outro meio fraudulento.
TENTATIVA	■ Não é possível.

15.8. APROPRIAÇÃO INDÉBITA (ART. 2º, INC. II)

> **Art. 2º** Constitui crime da mesma natureza: (...)
> II — deixar de recolher, no prazo legal, valor de tributo ou de contribuição social, descontado ou cobrado, na qualidade de sujeito passivo de obrigação e que deveria recolher aos cofres públicos;

15.8.1. Noção

Cuida-se da chamada apropriação indébita tributária, que guarda semelhança com o delito do art. 168-A, do CP, que é forma especial, com objeto mais restrito.

15.8.2. Sujeito ativo

Será o responsável pela administração da pessoa jurídica, não se podendo responsabilizar o sócio por atos posteriores ao período de sua gestão.

15.8.3. Tipo objetivo

A apropriação indébita distingue-se da sonegação porque **não requer fraude**. Ao contrário da sonegação, o que caracteriza o crime de apropriação indébita é o fato de o sujeito ter a obrigação tributária acessória de recolher um tributo que não é por ele devido, como, por exemplo, a fonte pagadora do IR, e não repassar ao órgão tributante.

O inciso menciona duas possibilidades: *tributo descontado* ou *cobrado*.

Quanto ao **IRRF**, que **é descontado**, o funcionamento é o seguinte: a fonte pagadora do rendimento (empregador ou contratante) é obrigada a reter uma parcela desse rendimento e fazer o recolhimento para a Receita Federal. Se a fonte fizer o desconto e não recolher, o crime se consuma, e o sujeito ativo é o responsável tributário (empregador ou contratante), uma vez que o tributo foi descontado do sujeito passivo da obrigação, que é o empregado ou prestador de serviço.

O **IPI**, ao contrário, é **cobrado**. A sistemática, em rápidas linhas, é a seguinte: quando uma operação é sujeita a cobrança do IPI, como, por exemplo, a compra de uma mercadoria, o consumidor paga o valor da mercadoria mais o valor do tributo. Se a mercadoria vale 100 reais, o vendedor deve cobrar 110 reais, porque 10 reais são devidos de IPI. O valor de 10 reais, cobrado em razão do IPI, não pertence ao vendedor, mas sim à União, para quem esse valor deve ser recolhido.

Em relação ao **ICMS**, o STJ veio a uniformizar sua jurisprudência no sentido de que o delito ocorre havendo ou não substituição tributária, o que acaba, porém, por acarretar a incriminação do mero inadimplemento (STJ, HC 399.109, Schietti, 3ª S., m., 22/08/2018). O Plenário do STF, de forma análoga, fixou a seguinte tese: "O contribuinte que, de forma contumaz e com dolo de apropriação, deixa de recolher o ICMS cobrado do adquirente da mercadoria ou serviço incide no tipo penal do art. 2º, II, da Lei n. 8.137/1990" (RHC 163.334, Barroso, Pl., m., 18/12/2019).

■ *15.8.3.1. Constitucionalidade*

Como afirmado pelo STF, em regime de repercussão geral: "É constitucional o tipo penal previsto no art. 2º, inc. II, da Lei n. 8.137/1990, por não se configurar a conduta nele descrita como mero ilícito civil" (ARE 999.425 RG, Lewandowski, Pl., 02/03/2017, Tema 937).

■ *15.8.3.2. Inexigibilidade de lançamento definitivo*

Ao contrário do que se dá com os crimes de sonegação fiscal em sentido estrito (Lei n. 8.137/90, art. 1º), a denúncia pode ser oferecida antes do término da discussão na esfera administrativa, cuidando-se de crime de apropriação indébita, do inciso II do art. 2º (STJ, RHC 83.103, Maria Thereza Moura, 6ª T., 01/06/2017).

■ 15.8.4. Tipo subjetivo

É o dolo (TRF4, AC 20047105000177-0, Penteado, 8ª T., u., 22/11/2006), dispensado qualquer especial fim de agir, não sendo necessário sequer o *animus rem sibi habendi* ou ânimo de apropriação, entendido como a vontade de ter a coisa como sua (STF, HC 76.044, Gallotti, 1ª T., u., *DJ* 19/12/1997; AgRg-REsp 1.635.341, Reynaldo, 5ª T., 28/03/2017).

■ 15.8.5. Dificuldades financeiras

Ao contrário do que se dá com a apropriação indébita previdenciária, não se admite a tese da exclusão da culpabilidade por inexigibilidade financeira em razão de dificuldades financeiras da empresa na hipótese de omissão no recolhimento de **IPI** cobrado, pois o delito implica efetivo pagamento por parte do comprador e, em consequência, disponibilidade do dinheiro (TRF4, AC 20020401027143-8, Élcio, 8ª T., u., *DJ* 28/05/2003).

15.8.6. Consumação

Consuma-se o crime com o vencimento do prazo para recolhimento do tributo descontado ou cobrado, cuidando-se de crime instantâneo e não permanente (STJ, HC 374.318, Reynaldo, 5ª T., 16/02/2017).

15.8.7. Concurso de crimes

15.8.7.1. Crime continuado

É admissível, se praticado o crime ao longo de vários meses.

15.8.7.2. Concurso aparente

Se o contador se apropria de valores da empresa destinados ao pagamento de tributos, ocorre o crime de apropriação indébita (CP, art. 168), de competência da JE, ainda que os valores se destinassem, em parte, ao recolhimento de tributos federais (STF, RHC 53.875, Rodrigues Alckmin, 1ª T., 17/09/1975).

15.8.8. Parcelamento

Aplicam-se ao crime em comento as regras dos arts. 9º da Lei n. 10.684/2003 (STJ, HC 29.745, Carvalhido, 6ª T., u., 19/04/2005), 68 da Lei n. 11.941/2009 e 6º da Lei n. 12.382/2011.

15.8.9. Quadro-resumo

TIPO PENAL	APROPRIAÇÃO INDÉBITA TRIBUTÁRIA (LEI N. 8.137/90, ART. 2º, II)
NOÇÃO	■ Forma genérica do crime de apropriação indébita, do qual o art. 168-A do CP constitui a modalidade específica, distinguindo-se uma e outra pelo objeto.
SUJEITO ATIVO	■ Qualquer pessoa.
SUJEITO PASSIVO	■ O ente tributante (União ou Estado).
TIPO OBJETIVO	■ Omissão no recolhimento de tributo: a) descontado (ex.: IRRF); ou, b) cobrado (ex.: IPI).
PRINCÍPIO DA INSIGNIFICÂNCIA	■ Reconhecido para débitos até R$ 20.000,00.
TIPO SUBJETIVO	■ Dolo. Não se exige elemento subjetivo do tipo (ânimo de apropriação).
CULPABILIDADE	■ A orientação majoritária não admite absolvição com fundamento em dificuldades financeiras, ao contrário do que se dá em relação ao delito do art. 168-A do CP.
CONSUMAÇÃO	■ Com o vencimento do prazo para recolhimento.
TENTATIVA	■ Não é possível.

EXTINÇÃO DA PUNIBILIDADE	■ O pagamento integral, a qualquer tempo, mesmo após a denúncia ou sentença, extingue a punibilidade (Lei n. 11.941/2009, art. 69). O parcelamento até o recebimento da denúncia implica suspensão da punibilidade (Lei n. 12.382/2011, art. 6º).
AÇÃO PENAL	■ Pública e incondicionada, de competência da JF, sempre que for lesada a União, e da JE nos demais casos.
PERÍCIA	■ Não é exigida para comprovação da ocorrência do crime.

15.9. ART. 2º, INC. III

> **Art. 2º** Constitui crime da mesma natureza: (...)
> III — exigir, pagar ou receber, para si ou para o contribuinte beneficiário, qualquer percentagem sobre a parcela dedutível ou deduzida de imposto ou de contribuição como incentivo fiscal;

15.9.1. Sujeito ativo

É um crime de particular, figurando o crime do funcionário público no art. 3º. Poderá ser praticado pelo contribuinte, ou por terceiro, como o fornecedor do serviço ou mesmo um intermediário.

15.9.2. Tipo objetivo

Apresenta-se como norma penal em branco, pois a lei tributária dirá o que é "parcela dedutível ou deduzida do imposto ou de contribuição como incentivo fiscal".

Na modalidade **exigir**, assemelha-se à concussão ou à extorsão, embora pouco comum na prática judiciária e sem a exigência de grave ameaça. Exemplifica-se com o caso do responsável por uma entidade beneficente que exige uma parte do valor que o doador poderá descontar do IR, para conceder o documento a ser eventualmente apresentado à Receita Federal.

A segunda modalidade consiste em **pagar** a vantagem a quem tem condições de conceder o documento comprobatório do incentivo fiscal. Se a utilização do documento resultar em efetiva supressão do tributo, ocorrerá o crime do art. 1º, restando absorvida a conduta aqui mencionada.

A terceira conduta é **receber**, que poderia ser praticada, por exemplo, pelo profissional da saúde ou responsável por entidade assistencial ou cultural que recebe a vantagem a fim de fornecer o documento comprobatório da doação ou pagamento que permitirá a dedução no pagamento do tributo. Também aqui, porém, o médico ou odontólogo que fornecer o recibo falso, sem que tenha sido prestado o serviço, responderá como partícipe pelo crime do art. 1º (TRF1, AC 20016102011384-0, Herkenhoff, 2ª T., u., 09/09/2007), restando aplicável o delito em comento somente quando não sobrevier a efetiva redução.

15.9.3. Tipo subjetivo

O emprego da expressão "para si ou para o contribuinte beneficiário" revela a necessidade do **ânimo de apropriação**, como elemento subjetivo do tipo, **além do dolo**.

15.9.4. Consumação

Com as condutas de *exigir*, *pagar* ou *receber*. A primeira modalidade é formal, enquanto as demais são materiais, admitindo tentativa[9].

15.9.5. Concurso de crimes

O fornecimento de recibos médicos ou de entidades assistenciais configurará participação no crime do art. 1º, sempre que o dolo do fornecedor do documento, ainda que eventual, atinja o fato de que o documento será usado para tal fim, o que não será raro, até porque o documento não teria outra finalidade, exceto, talvez, ressarcimento indevido junto a plano de saúde. Quer dizer, caso o documento seja efetivamente utilizado para o fim a que se destina, restará absorvido o crime ora comentado, que será meio para a prática daquele. Ao contrário, se não chegar a ocorrer a utilização ou supressão do tributo, mas a mera exigência, pagamento, ou recebimento do documento, o crime será o do inciso II. O caso é de crime progressivo.

15.9.6. Quadro-resumo

TIPO PENAL	LEI N. 8.137/90, ART. 2º, III
NOÇÃO	■ Delito assemelhado, na estrutura, à corrupção passiva e à concussão, embora praticado por particular.
SUJEITO ATIVO	■ Qualquer pessoa.
SUJEITO PASSIVO	■ O ente tributante (União, Estado ou Município).
TIPO OBJETIVO	■ "exigir, pagar ou receber, para si ou para contribuinte beneficiário, qualquer percentagem sobre a parcela dedutível ou deduzida de imposto ou de contribuição como incentivo fiscal".
TIPO SUBJETIVO	■ Dolo.
CONSUMAÇÃO	■ Com a exigência, pagamento ou recebimento, sendo a primeira modalidade formal e as duas outras, materiais.
TENTATIVA	■ Não é possível na primeira modalidade, sendo admitida nas demais.
CONCURSO DE CRIMES	■ Em regra, será absorvido pela sonegação posterior, configurando-se o crime, apenas, quando os documentos não venham a ser efetivamente utilizados para a sonegação.

15.10. ART. 2º, INC. IV

> **Art. 2º** Constitui crime da mesma natureza: (...)
> IV — deixar de aplicar, ou aplicar em desacordo com o estatuído, incentivo fiscal ou parcelas de imposto liberadas por órgão ou entidade de desenvolvimento;

[9] EISELE, Andreas. *Crimes contra a ordem tributária*, p. 60.

15.10.1. Tipo objetivo

Deixar de aplicar é forma omissiva, enquanto **aplicar em desacordo com o estatuído** tem forma comissiva.

Objeto do crime poderá ser o **incentivo fiscal** ou **parcelas de imposto liberadas por órgão ou entidade de desenvolvimento**. O primeiro, mais usual, é modalidade de renúncia fiscal, consistindo na isenção concedida em caso do preenchimento de determinadas condições. Exemplifica-se com o caso do agente que deixa de recolher parcelas de determinado tributo ao argumento de utilização em ampliação de estabelecimento industrial em determinada região do País (CF, art. 151, I), com suporte em determinada lei de incentivo fiscal, deixando, porém, de aplicar os recursos na finalidade declarada.

Já o segundo é de difícil ocorrência, pois, em regra, a renúncia fiscal limita-se a dispensar o recolhimento, não havendo liberação ou entrega de dinheiro relativo a impostos diretamente em favor de determinados beneficiários.

15.10.2. Tipo subjetivo

É o dolo.

15.10.3. Consumação

Na primeira modalidade, a consumação dá-se com o vencimento do prazo para o emprego dos recursos. Na segunda, com a efetiva aplicação em outra finalidade, admitindo-se a tentativa[10].

15.10.4. Concurso de crimes

O crime em questão é especial em relação ao estelionato, quando consubstanciado em fraude a fim de obter liberação de parcelas do fundo de investimento da Amazônia — FINAME (STJ, HC 88.617, Jane Silva [Conv.], 6ª T., u., 17/06/2008).

15.10.5. Quadro-resumo

TIPO PENAL	LEI N. 8.137/90, ART. 2º, IV
NOÇÃO	■ É uma forma de desvio de finalidade do incentivo fiscal.
SUJEITO ATIVO	■ Qualquer pessoa.
SUJEITO PASSIVO	■ O ente tributante (União, Estado ou Município).
TIPO OBJETIVO	■ "deixar de aplicar, ou aplicar em desacordo com o estatuído, incentivo fiscal ou parcelas de imposto liberadas por órgão ou entidade de desenvolvimento".
TIPO SUBJETIVO	■ Dolo.
CONSUMAÇÃO	■ Com o vencimento do prazo, na primeira modalidade, e com a efetiva aplicação, na segunda.

[10] EISELE, Andreas. *Crimes contra a ordem tributária*, p. 60.

TENTATIVA	■ É admitida na segunda modalidade.
CONCURSO DE CRIMES	■ É crime especial em relação ao estelionato.

15.11. ART. 2º, INC. V

> **Art. 2º** Constitui crime da mesma natureza: (...)
> V — utilizar ou divulgar programa de processamento de dados que permita ao sujeito passivo da obrigação tributária possuir informação contábil diversa daquela que é, por lei, fornecida à Fazenda Pública.

15.11.1. Tipo objetivo

Utilizar é fazer uso, pôr em prática ou aplicação, o que consistirá, em regra, meio para a sonegação, objeto do art. 1º.

Divulgar é propagandear, dar divulgação, oferecer à venda ou cessão, ou ainda comercializar o programa de informática que permita a manutenção do *caixa dois*.

15.11.2. Sujeito ativo

Poderá ser o contribuinte, ou terceiro que se utiliza ou divulga o programa. No caso do contribuinte ou responsável pela administração da empresa, como será mais usual, responderá apenas por sonegação, caso essa venha a se consumar. Já o fornecedor, seja ele o responsável pela elaboração ou apenas pela comercialização, poderá responder como partícipe na sonegação ou pelo delito em comento, conforme o indicar o elemento subjetivo, como passamos a analisar.

15.11.3. Tipo subjetivo

É o dolo.

O fornecedor responderá como partícipe pelo crime de sonegação, caso dela tenha conhecimento específico ou assuma o risco da ocorrência do resultado. Do contrário, responderá pelo crime em comento.

15.11.4. Concurso de crimes

Em minha posição, o delito em comento será absorvido por aquele do art. 1º, se consumada a sonegação.

15.11.5. Quadro-resumo

TIPO PENAL	LEI N. 8.137/90, ART. 2º, V
NOÇÃO	■ Delito de informática que consiste, as mais das vezes, em crime-meio para a sonegação (Lei n. 8.137/90, art. 1º).
SUJEITO ATIVO	■ Qualquer pessoa.

SUJEITO PASSIVO	■ O ente tributante (União, Estado ou Município).
TIPO OBJETIVO	■ "utilizar ou divulgar programa de processamento de dados que permita ao sujeito passivo da obrigação tributária possuir informação contábil diversa daquela que é, por lei, fornecida à Fazenda Pública".
TIPO SUBJETIVO	■ Dolo.
CONSUMAÇÃO	■ Com a mera utilização ou divulgação, ainda que não venha a ser fornecida informação falsa à fazenda pública ou mesmo que o produto não chegue sequer a ser utilizado.
TENTATIVA	■ Na modalidade utilizar, é admissível, caso o agente não logre colocar o programa em funcionamento.
CONCURSO DE CRIMES	■ Se o programa foi efetivamente utilizado, possibilitando a sonegação, o agente que o utilizou responderá somente pelo crime do art. 1º, enquanto o fornecedor poderá responder, ainda assim, pelo crime em comento, conforme tenha ou não o dolo de colaborar para aquele específico fato de sonegação.

■ 15.12. EXTRAVIO, SONEGAÇÃO OU INUTILIZAÇÃO DE LIVRO OU DOCUMENTO (LEI N. 8.137, ART. 3º, I)

> **Art. 3º** Constitui crime funcional contra a ordem tributária, além dos previstos no Decreto-Lei n. 2.848, de 7 de dezembro de 1940 — Código Penal (Título XI, Capítulo I):
> I — extraviar livro oficial, processo fiscal ou qualquer documento, de que tenha a guarda em razão da função; sonegá-lo, ou inutilizá-lo, total ou parcialmente, acarretando pagamento indevido ou inexato de tributo ou contribuição social;

■ 15.12.1. Noção

No art. 3º da Lei, estão previstos crimes funcionais contra a ordem tributária, em medida desnecessária e sujeita a críticas, pois tipos assemelhados já estavam previstos no CP, não se justificando, apenas pela especificidade do bem jurídico, a introdução de novos tipos penais, com penas maiores e elementos típicos ligeiramente diversos.

O delito em questão, de pequena incidência se comparado com o crime análogo praticado por particular (CP, art. 337), nada mais é que forma especial do delito do art. 314 do CP.

■ 15.12.2. Sujeito ativo

Somente o servidor fazendário.

■ 15.12.3. Tipo objetivo

Extraviar, aqui, não tem o sentido de perder, mas de dar destino diverso do que deveria ser dado, desviar, desencaminhar ou fazer desaparecer.

Sonegar é ocultar, deixar de devolver ou restituir, como, por exemplo, no caso de autos de processo levados em carga pelo funcionário.

Inutilizar é destruir, estragar, tornar inútil para o fim a que se destina, configurando-se o delito tanto em caso de destruição total quanto parcial.

Objeto do crime é o **livro oficial**, **processo fiscal** ou **qualquer documento** que esteja na guarda do servidor em razão da função, admitindo-se a interpretação analógica. É pressuposto do delito que o agente tenha a guarda do livro ou documento em razão da função. Assim, se o agente, embora seja funcionário público, recebeu o livro ou documento como particular, responderá, eventualmente, pelo delito do art. 337 do CP.

■ 15.12.4. Tipo subjetivo

Embora o verbo extraviar, em seu uso coloquial, transmita a ideia de uma ação culposa, o elemento subjetivo do tipo é somente o dolo, não sendo punidos extravio, inutilização ou destruição acidentais.

■ 15.12.5. Consumação

O crime é material, consumando-se com o **pagamento indevido ou inexato de contribuição social**, ao contrário do que se dá com o delito do CP, que é formal, consumando-se com o mero fato da interferência em favor do particular, independentemente da obtenção de qualquer vantagem para este ou para o funcionário.

■ 15.12.6. Concurso de crimes

Inexiste concurso com o crime do art. 314 do CP, seja por aplicação do princípio da especialidade, seja porque aquele é expressamente subsidiário.

■ 15.12.7. Quadro-resumo

TIPO PENAL	LEI N. 8.137/90, ART. 3º, I
NOÇÃO	■ Forma especial do crime do art. 314 do CP.
SUJEITO ATIVO	■ Crime próprio de servidor fazendário.
SUJEITO PASSIVO	■ O ente tributante (União, Estado ou Município).
TIPO OBJETIVO	■ As elementares são idênticas às do art. 314 do CP.
TIPO SUBJETIVO	■ Dolo.
CONSUMAÇÃO	■ Com o pagamento indevido ou inexato de tributo ou contribuição social.
TENTATIVA	■ É possível.

■ 15.13. CORRUPÇÃO E CONCUSSÃO (LEI N. 8.137, ART. 3º, II)

> **Art. 3º** Constitui crime funcional contra a ordem tributária, além dos previstos no Decreto-Lei n. 2.848, de 7 de dezembro de 1940 — Código Penal (Título XI, Capítulo I): (...)

> II — exigir, solicitar ou receber, para si ou para outrem, direta ou indiretamente, ainda que fora da função ou antes de iniciar seu exercício, mas em razão dela, vantagem indevida; ou aceitar promessa de tal vantagem, para deixar de lançar ou cobrar tributo ou contribuição social, ou cobrá-los parcialmente.
> Pena — reclusão, de 3 (três) a 8 (oito) anos, e multa.

■ 15.13.1. Noção

O tipo aglutina em modalidade especial os delitos de corrupção passiva (CP, art. 317) e concussão (CP, art. 316). A pena do tipo especial era mais grave que a prevista na redação originária do CP para a corrupção. No entanto, com a alteração introduzida pela Lei n. 10.763/2003, que elevou a pena dos crimes de corrupção previstos no CP, a pena máxima da corrupção prevista no CP restou superior àquela da lei especial, ficando ainda desproporcional com a pena prevista para o delito de concussão, que é de maior gravidade.

Apresenta grande importância prática, pois a natureza do trabalho de fiscalização tributária dá ensejo a práticas criminosas dessa ordem.

■ 15.13.2. Sujeito ativo

É crime próprio de funcionário fazendário, podendo o particular responder por corrupção ativa (CP, art. 333). O funcionário responde ainda que não esteja no exercício da função ou ainda que não a tenha assumido, por ocasião da prática do ato, desde que a cobrança se dê em razão dela, ou seja, que haja um nexo entre o delito e a função.

■ 15.13.3. Tipo objetivo

Exigir significa ordenar, reclamar imperiosamente, impor como obrigação. Característica desse delito é que seja cometido *metus publicae potestatis* ou *autorictatis causa*, isto é, a vítima teme represálias por parte do funcionário, em decorrência da condição de autoridade ou da ameaça, concreta ou velada.

Solicitar é pedir, procurar, buscar, rogar, induzir, manifestar o desejo de receber, sendo da essência dessa modalidade que a iniciativa tenha partido do funcionário público.

Receber é tomar, obter, acolher, alcançar, entrar na posse, cuidando-se de modalidade bilateral, como já referido.

Aceitar promessa de vantagem, que também é modalidade bilateral do delito, consiste em consentir, concordar, estar de acordo, anuir ao recebimento, diante da oferta do particular.

Tanto a exigência quanto a solicitação podem ser **explícitas ou implícitas**. Basta à caracterização da exigência o temor genérico da autoridade, não se exigindo a promessa de causar mal determinado.

O objeto do delito é a **vantagem indevida**. A forma mais comum será a vantagem econômica, em dinheiro, mas o crime poderá ser reconhecido na entrega de vantagem de outra natureza, como, por exemplo, a entrega de bens em espécie, favores sexuais, vantagem funcional, como remoção ou promoção, etc. Cuida-se de **elemento normativo** do tipo, devendo ser avaliado, no caso concreto, se a vantagem era ou não indevida.

15.13.4. Tipo subjetivo

É o dolo, além do **elemento subjetivo** do tipo, revelado pela expressão: "para deixar de lançar ou cobrar tributo ou contribuição social, ou cobrá-los parcialmente" (STJ, HC 7.364, 6ª T., m., *DJ* 18/09/1999). Se não for essa a finalidade da cobrança, o crime é o do CP, ainda que a exigência se dê para deixar de cobrar multa tributária.

15.13.5. Consumação

Assim como se dá com as formas básicas (CP, arts. 316 e 317), o crime em comento é **formal**, consumando-se com a mera exigência, solicitação ou aceitação da promessa, **independentemente do efetivo pagamento ou da prática de qualquer ato** por parte do servidor.

15.13.6. Ação penal

É pública e incondicionada, sendo a competência determinada pelo órgão ao qual está vinculado o funcionário. Assim, em caso de funcionário da Receita Federal, a competência será da JF e, sendo o crime cometido por funcionário da Fazenda Estadual ou Municipal, a competência será da JE.

Não se exige, para o oferecimento da denúncia, a existência de lançamento definitivo (TRF5, HC 200905001211802, Francisco Cavalcanti, 1ª T., u., 13/01/2010).

15.13.7. Quadro-resumo

TIPO PENAL	LEI N. 8.137/90, ART. 3º, II
NOÇÃO	▪ Forma especial do crime dos arts. 316 e 317 do CP, aglutinado em um só tipo.
SUJEITO ATIVO	▪ Crime próprio de servidor fazendário.
SUJEITO PASSIVO	▪ O ente tributante (União, Estado ou Município).
TIPO OBJETIVO	▪ As elementares são assemelhadas às dos arts. 316 e 317 do CP.
CONSUMAÇÃO	▪ Com a mera exigência, solicitação ou aceitação da promessa de vantagem, independentemente do efetivo recebimento ou da prática de algum ato pelo servidor.
TENTATIVA	▪ É possível.

15.14. ADVOCACIA ADMINISTRATIVA (LEI N. 8.137, ART. 3º, III)

> **Art. 3º** Constitui crime funcional contra a ordem tributária, além dos previstos no Decreto-Lei n. 2.848, de 7 de dezembro de 1940 — Código Penal (Título XI, Capítulo I): (...)
>
> III — patrocinar, direta ou indiretamente, interesse privado perante a administração fazendária, valendo-se da qualidade de funcionário público.
>
> Pena — reclusão, de 1 (um) a 4 (quatro) anos, e multa.

15.14.1. Noção

Cuida-se de forma especial de advocacia administrativa (CP, art. 321), praticada perante a administração fazendária.

15.14.2. Sujeito ativo

O servidor fazendário.

15.14.3. Tipo objetivo

Incide no crime do CP o servidor que praticar advocacia administrativa perante a Administração Pública em geral e no crime do inciso III aquele que a praticar perante a administração fazendária.

O verbo **patrocinar** significa intermediar, engajando-se na pretensão ou interesse veiculados pelo particular, de modo que não estará configurado o crime no mero pedido de informações ou preferência para decisão.

15.14.4. Quadro-resumo

TIPO PENAL	LEI N. 8.137/90, ART. 3º, III
NOÇÃO	■ Forma especial do crime do art. 321 do CP.
SUJEITO ATIVO	■ Crime próprio de servidor fazendário.
SUJEITO PASSIVO	■ O ente tributante (União, Estado ou Município).
TIPO OBJETIVO	■ As elementares são assemelhadas às do art. 321 do CP.
CONSUMAÇÃO	■ Com a mera intermediação, independentemente de vantagem ou do sucesso na obtenção da finalidade pretendida.

15.15. AÇÃO PENAL

É **pública e incondicionada** (STF, Súmula 609), no sentido de não estar subordinada a uma condição de procedibilidade, não obstante subordinada à existência de lançamento definitivo, nos termos da SV 24 do STF.

15.15.1. Representação fiscal para fins penais

É indiscutível a natureza pública e incondicionada da ação penal em relação aos crimes contra a ordem tributária.

A praxe da remessa de um documento denominado *representação fiscal para fins penais* pode induzir a engano. Essa *representação* é o instrumento por meio do qual o servidor fazendário leva ao conhecimento do MP os fatos suspeitos de que teve conhecimento no exercício de sua atividade. O agente fiscal elabora o auto de infração, lança o tributo e faz a chamada representação fiscal para fins penais para o MP. Esse instrumento é muito importante, porque a fiscalização atua como um filtro criminológico, considerando-se que o fiscal tem conhecimento das particularidades desse tipo de crime. A importância desse instrumento se dá também devido ao fato de que dificilmente tais delitos são investigados pela Polícia. O modo de conhecimento dos crimes tributários pela justiça penal se dá principalmente por representações da administração tributária.

Bem por isso, o compartilhamento de tais dados com o MP não representa quebra indevida de sigilo bancário em relação aos documentos em que se baseou a administração tributária (STJ, HC 422.473, Reis, 6ª T., 20/03/2018).

A representação fiscal para fins penais, resultado de um dever imposto aos servidores da administração fazendária quando tiverem ciência de fatos que constituam crimes, tem, porém, a natureza de mera *notícia-crime*, não constituindo condição para a propositura da ação penal (TRF4, AC 20047112003047-9, Tadaaqui, 7ª T., u., 12/08/2008).

Não se exige a juntada da íntegra do processo administrativo fiscal (STJ, RHC 94288, Reynaldo, 5ª T., 22/05/2018).

■ 15.15.2. Inquérito policial

É certo, porém, que, como em qualquer outro delito, também em relação aos crimes contra a ordem tributária, a instauração de inquérito não é condição de procedibilidade para o oferecimento da ação penal (STF, HC 79.399-1, Jobim, 2ª T., m., *DJ* 01/06/2001; STJ, RHC 5.094, 6ª T., 20/05/1996).

■ 15.15.3. Competência

É definida pelo ente tributante.

Assim, a competência será da JF:

a) se o objeto do crime for tributo federal (STF, RHC, Sydney Sanches, *RT* 626:367);

b) se, pela mesma conduta, forem sonegados tributos federais e estaduais, a competência será da JF, na linha da Súmula 122 do STJ, segundo a qual: "Compete à Justiça Federal o processo e julgamento unificado dos crimes conexos de competência federal e estadual, não se aplicando a regra do art. 78, II, 'a', do Código de Processo Penal" (TRF4, RSE 20027107017081-3, Élcio, 8ª T., u., *DJ* 26/11/2003);

c) se utilizados "documentos material e ideologicamente falsificados perante o Poder Judiciário Federal e a Secretaria da Receita Federal" (TRF4, MS 20060400034174-7, Néfi, 7ª T., u., 17/01/2007).

A competência será da JE em caso de delito que tenha por objeto tributos estaduais ou municipais.

■ 15.16. QUESTÕES PROCESSUAIS

■ 15.16.1. Denúncia

Bem por isso, a jurisprudência majoritária e tradicional é no sentido de que, tratando-se de delitos societários, não é inepta a denúncia que não descreve individualmente a conduta de cada réu, devendo, porém, "estabelecer o vínculo de cada sócio ou gerente ao ato ilícito que lhe está sendo imputado" (STF, HC 79.399-1, Jobim, 2ª T., m., *DJ* 01/06/2001).

É essencial, porém, que se indique:

a) a natureza do tributo ou tributos omitidos (TRF4, AC 20040401044253-9, Vaz, 8ª T., u., 07/11/2007);

b) os valores que deixaram de ser recolhidos (TRF4, AC 97.04.61829-8, Rosa, 1ª T., u., *DJ* 09/06/1999; TRF4, AC 20040401039553-7, Vaz, 8ª T., m., 11/04/2007);

c) a forma de realização da fraude;

d) as datas em que os fatos ocorreram, ou seja, se o meio fraudulento utilizado foi a nota paralela, a denúncia deve mostrar quais são as notas e qual o valor, bem como qual é a outra nota e qual o valor dessa outra nota.

15.16.2. Questão prejudicial

Como dito anteriormente, os efeitos da SV 24 do STF limitam-se a obstar o oferecimento da denúncia antes do término do procedimento administrativo-fiscal, mas não se estendem à discussão judicial acerca da existência do crédito tributário.

Em tais casos, duas soluções são possíveis.

A primeira é o exame incidental da questão tributária no bojo da própria ação penal, pelo juiz criminal.

A segunda é a suspensão da ação penal com fundamento no art. 93 do CPP, que trata das questões prejudiciais. Destacamos que a suspensão somente terá lugar caso:

a) já tenha sido proposta ação no juízo cível;

b) se trate de questão *de difícil solução*;

c) não se trate de questão sobre estado de pessoa (CPP, art. 92) ou outra matéria sobre a qual a lei civil limite a produção da prova;

d) *se dê após a oitiva das testemunhas e da produção de outras provas consideradas urgentes.*

De todo modo, a suspensão não é obrigatória ou automática (STJ, HC 159.111, Fischer, 5ª T., m., 15/06/2010; STJ, RHC 26.231, Fischer, 5ª T., u., 16/03/2010; STJ, AgRg-RHC 85.834, Mussi, 5ª T., 20/02/2018), nem mesmo quando tenha sido concedida antecipação de tutela na ação cível (STJ, RHC 22.534, Fischer, 5ª T., u., 17/04/2008). Com efeito, a suspensão em caso da chamada *questão prejudicial heterogênea* é uma faculdade concedida ao juiz, a ser decidida discricionariamente (STJ, HC 38.117, Naves, 6ª T., u., 19/05/2005), conforme as circunstâncias do caso concreto, levando em conta a plausibilidade da tese invocada.

Na formulação veiculada na publicação *Jurisprudência em teses* do STJ, edição n. 90, item 13: "A pendência de ação judicial ou de requerimento administrativo em que se discuta eventual direito de compensação de créditos fiscais com débitos tributários decorrentes da prática de crimes tipificados na Lei n. 8.137/90 não tem o condão, por si só, de suspender o curso da ação penal, dada a independência das esferas cível, administrativo-tributária e criminal" (Disponível em: <https://scon.stj.jus.br/>. Acesso em: 26 abr. 2020).

Entendeu-se cabível a suspensão em caso no qual foi proferida sentença de procedência da ação anulatória, ainda que pendente o julgamento de apelação (STJ, RHC 27.774, Dantas, 5ª T., 12/12/2017).

15.16.3. Prova pericial

É comum a alegação de falta de prova da materialidade por ausência de perícia contábil. A providência não é, no entanto, necessária, porque o próprio levantamento do fiscal, que tem presunção de veracidade, é suficiente como prova da materialidade do crime (STF, HC 76.382, Velloso, 2ª T., u., 29/09/1998; STJ, RHC 43.332, Mussi, 5ª T., 14/10/2014; STJ, AgRg-AREsp 1.243.367, Maria Thereza, 6ª T., 03/05/2018), a não ser que haja alguma dificuldade probatória específica evidenciada no caso concreto.

15.17. EXTINÇÃO DA PUNIBILIDADE

15.17.1. Noção

Nos crimes contra a ordem tributária, o interesse do Estado em arrecadar levou o legislador a criar causas específicas de extinção da punibilidade, consubstanciadas no pagamento integral e no parcelamento do tributo, as quais se somam às causas gerais de extinção da punibilidade previstas no art. 107 do CP.

A existência de regras específicas de extinção da punibilidade para os crimes tributários sofre a crítica de que representaria o reconhecimento de que os crimes tributários têm mero caráter arrecadatório, sem maior carga de ofensividade, de modo que o direito penal tributário seria um desvio dos fins do direito penal.

No entanto, é de ver que a reparação do dano é um objetivo a ser perseguido também pelo direito penal, que reconhece, de modo geral, a mitigação da pena em caso de reparação por parte do agente, o que não é exclusivo do direito penal tributário (*v.* CP, arts. 15, 16, 65, III, "b", 312, § 2º, e 143). Mais que isso, modernamente a vítima ocupa papel mais central na justiça penal, que passou a ostentar um papel mais reparador ou restaurativo, como demonstra a previsão legal expressa da composição dos danos civis como causa de despenalização (Lei n. 9.099/95, arts. 69 a 75), bem como a existência de penas que revertem em favor da vítima (CP, art. 45, § 1º, e CTB, art. 297).

Não há, então, incompatibilidade entre o fato de incriminar determinada conduta e, depois, emprestar relevância penal à reparação do dano dela decorrente, o que, como visto, é regra geral de direito penal, e não especificidade dos crimes contra a ordem tributária. O que chama a atenção aqui e pode, porém, ser questionado é o tratamento desigual entre sonegadores e autores de outros crimes não violentos contra o patrimônio público particular, como furto, apropriação indébita e estelionato, em relação aos quais se poderia, então, admitir também a extinção da punibilidade pela reparação do dano. O mesmo vale para outros delitos não violentos, como o descaminho e mesmo a apropriação indébita previdenciária, parcialmente excluída do regime de extinção da punibilidade dos crimes tributários em geral.

De todo modo, a concessão de remissões, anistias fiscais ou parcelamentos está dentro do espaço de conformação do legislador, no exercício de opções políticas que constituem a sua tarefa própria, não estando sujeita a controle judicial quanto à oportunidade das medidas, desde que atendidos os critérios dos arts. 150, § 6º, e 195, § 11, da CF (TRF3, AC 200103990150047, Stefanini, 5ª T., u., 11/01/2010).

Na história recente, regra dessa ordem figurava na redação originária da Lei n. 8.137/90, em seu art. 14, revogado pela Lei n. 8.383/91. A possibilidade da extinção veio a ser restabelecida, porém, pelo art. 34 da Lei n. 9.249/95, que determinava a extinção da punibilidade quando o agente promovesse o recolhimento do tributo, com seus acessórios (multa, correção monetária e juros), antes do recebimento da denúncia.

Sobrevieram as regras do art. 15 da Lei n. 9.964/2000 (REFIS); do art. 9º da Lei n. 10.684/2003 (PAES ou REFIS II); dos arts. 68 e 69 da Lei n. 11.941/2009 (PAEX ou REFIS IV) e do art. 6º da Lei n. 12.382/2011, que reconheceram legislativamente os efeitos do parcelamento.

15.17.2. Pagamento

> **Lei n. 11.941/2009**
> **Art. 69.** Extingue-se a punibilidade dos crimes referidos no art. 68 quando a pessoa jurídica relacionada com o agente efetuar o pagamento integral dos débitos oriundos de tributos e contribuições sociais, inclusive acessórios, que tiverem sido objeto de concessão de parcelamento.
> Parágrafo único. Na hipótese de pagamento efetuado pela pessoa física prevista no § 15 do art. 1º desta Lei, a extinção da punibilidade ocorrerá com o pagamento integral dos valores correspondentes à ação penal.

O dispositivo acima transcrito regula a situação do **pagamento integral do débito**, que acarreta a extinção da punibilidade, em qualquer momento da persecução penal, ainda que após o trânsito em julgado da sentença penal condenatória.

Os delitos mencionados no art. 68 são os seguintes: arts. 1º e 2º da Lei n. 8.137/90 e arts. 168-A e 337-A do CP.

Embora o dispositivo mencione somente a pessoa jurídica, a regra também favorece pessoas físicas.

15.17.3. Parcelamento

> **Lei n. 9.430/96**
> **Art. 83.** (com a redação dada pelo art. 6º da Lei n. 12.382/2011)
> § 1º Na hipótese de concessão de parcelamento do crédito tributário, a representação fiscal para fins penais somente será encaminhada ao Ministério Público após a exclusão da pessoa física ou jurídica do parcelamento.
> § 2º É suspensa a pretensão punitiva do Estado referente aos crimes previstos no *caput*, durante o período em que a pessoa física ou a pessoa jurídica relacionada com o agen-

te dos aludidos crimes estiver incluída no parcelamento, desde que o pedido de parcelamento tenha sido formalizado antes do recebimento da denúncia criminal.
§ 3º A prescrição criminal não corre durante o período de suspensão da pretensão punitiva.
§ 4º Extingue-se a punibilidade dos crimes referidos no *caput* quando a pessoa física ou a pessoa jurídica relacionada com o agente efetuar o pagamento integral dos débitos oriundos de tributos, inclusive acessórios, que tiverem sido objeto de concessão de parcelamento.
§ 5º O disposto nos §§ 1º a 4º não se aplica nas hipóteses de vedação legal de parcelamento.
§ 6º As disposições contidas no *caput* do art. 34 da Lei n. 9.249, de 26 de dezembro de 1995, aplicam-se aos processos administrativos e aos inquéritos e processos em curso, desde que não recebida a denúncia pelo juiz.

A regra confere ao parcelamento o efeito de suspender a punibilidade, não de extingui-la, o que fica condicionado ao pagamento integral, com o cumprimento das condições do parcelamento.

A Lei n. 12.382/2011, em seu art. 6º, modificou substancialmente a disciplina da extinção da punibilidade em crimes tributários, para limitar a extinção da punibilidade pelo parcelamento aos casos em que isso ocorrer antes do recebimento da denúncia (Lei n. 9.430/96, art. 83, § 6º, c/c Lei n. 9.249/95, art. 34). Como a lei fez expressa menção ao parcelamento, nada dispondo sobre pagamento, temos que segue em vigor, para o pagamento, a regra anterior, da Lei n. 11.941/2009, admitindo efeitos penais independentemente de ter o pagamento ocorrido antes ou depois do recebimento da denúncia (STF, HC 116.828, Toffoli, 1ª T., 13/08/2013).

O recebimento da denúncia a que se refere o dispositivo é aquele constante na decisão judicial que recebe a denúncia (CPP, art. 399), após a resposta do denunciado (CPP, arts. 396 e 396-A), e não a do oferecimento da denúncia mediante protocolização na Vara Criminal ou Distribuição. Desse modo, o denunciado poderá efetuar o pagamento ou requerer o parcelamento no prazo para resposta. Uma vez comprovado o pagamento, consultando-se a autoridade fazendária sempre que houver qualquer dúvida a respeito, o Juiz deverá absolver sumariamente o acusado, em razão da extinção da punibilidade (CPP, art. 397, IV). Em caso de parcelamento, suspende-se a pretensão punitiva do Estado.

Temos que a alteração foi acertada, uma vez que a limitação dos efeitos penais do pagamento ou parcelamento aos casos em que isso se dá até o recebimento da denúncia representa um incentivo concreto ao pagamento e à reparação do dano. Beneficia-se o acusado, que evita os ônus materiais e emocionais da ação penal, e também o Estado, que, além de receber a exação devida, deixa de despender recursos materiais e humanos com o processamento da ação penal. Corrigiu-se, em suma, o exagero de liberalidade da extinção da punibilidade a qualquer tempo, que não incentivava o pagamento antecipado nem permitia uma administração mais racional dos recursos da Justiça Penal.

A Lei n. 12.382/2011, ao restringir uma causa de extinção da punibilidade, é considerada lei penal, e, sendo desfavorável, não se aplica aos fatos ocorridos antes de sua entrada em vigor, em relação aos quais o parcelamento, a qualquer tempo, atrairá os efeitos penais da extinção da punibilidade ou suspensão do processo e do prazo prescricional, conforme o regramento anterior.

Desde o advento da Lei n. 11.941/2009, não deve haver dúvida sobre o estabelecimento de um novo regime para a extinção da punibilidade nos crimes tributários, estando revogado o art. 34 da Lei n. 9.249/95, que dava suporte.

■ 15.17.4. Quadro-resumo

Como houve, na matéria, uma sucessão de várias leis no tempo, com requisitos, abrangência e efeitos diversos, o quadro seguinte serve aos fins de possibilitar uma visão geral e resumida do tema:

FUNDAMENTO LEGAL	REQUISITO	LIMITE	EFEITO	ABRANGÊNCIA
■ Lei n. 11.941/2009, art. 69	■ Pagamento	■ A qualquer tempo	■ Extinção da punibilidade	■ Crimes tributários e previdenciários
■ Lei n. 12.382/2011, art. 6º	■ Parcelamento	■ Até o recebimento da denúncia	■ Suspensão da punibilidade	■ Crimes tributários e previdenciários, exceto o do art. 168-A do CP

Desse modo, a **situação atual do tema** obedece às seguintes regras, derivadas da aplicação dos arts. 69 da Lei n. 11.941/2009 e 6º da Lei n. 12.382/2011, com as ressalvas decorrentes da ultratividade de legislação anterior mais favorável:

a) o pagamento integral, incluindo o principal, multa e juros, a qualquer tempo, inclusive após o trânsito em julgado da condenação e início da execução, determina a extinção da punibilidade, para os crimes contra a ordem tributária em geral (Lei n. 8.137/90, arts. 1º e 2º), bem como para os crimes contra a ordem tributária previdenciária (CP, arts. 168-A e 337-A), com fundamento no art. 69 da Lei n. 11.941/2009, restando excluídos o descaminho (CP, art. 334) e outros crimes contra a previdência social, como o estelionato (CP, art. 171);

b) o parcelamento, até o recebimento da denúncia, determina a suspensão da punibilidade e, em consequência, de eventual ação penal, enquanto o acusado ou a empresa se mantiverem adimplentes com o parcelamento, em regime que abrange os crimes contra a ordem tributária em geral (Lei n. 8.137/90, arts. 1º e 2º), bem como a sonegação de contribuição previdenciária (CP, art. 337-A), excluída a apropriação indébita previdenciária (CP, art. 168-A), porque os débitos decorrentes de contribuições descontadas e não recolhidas não podem ser parcelados (Lei n. 10.666/2003, art. 7º), tendo sido vetado o § 2º do art. 5º da Lei n. 10.684/2003, que autorizava, de forma excepcional, o parcelamento daqueles débitos.

15.17.5. Constitucionalidade

Embora ainda penda de julgamento a ADI 4.273, que trata da matéria, o STF vem, incidentalmente, afirmando a constitucionalidade das regras que regulam a extinção da punibilidade em consequência de pagamento ou parcelamento tributário (STF, HC 81.929, Peluso, 06/12/2003; STF, HC 86.465, Barbosa, 2ª T., u., 06/02/2007).

15.17.6. Formalização

Não há dúvida de que o parcelamento que gera efeitos em relação à persecução penal é aquele formalizado conforme previsto em lei, não devendo ser confundido com a mera efetivação de pagamentos mensais por parte do devedor, até porque nesse caso não são atendidas as condições usualmente impostas para a concessão do parcelamento, como a confissão da dívida, desistência de ações judiciais, oferecimento de garantias etc.

Com efeito, desde a época da vigência do art. 34 da Lei n. 9.249/95 se entendeu que o **parcelamento espontâneo**, aquele em que o contribuinte simplesmente recolhe parcelas conforme tenha disponibilidade ou vontade, não atrai os efeitos penais (TRF4, HC 20010401043194-2, Castilho, 8ª T., u., *DJ* 12/09/2001; TRF4, AGEPN 20077107000709-2, Néfi, 7ª T., u., 25/09/2007).

Como nem sempre será fácil determinar se o débito parcelado corresponde ao mesmo que é objeto da ação penal, e a tarefa de tal verificação cabe, primariamente, à autoridade administrativa, o ideal é consultar a administração tributária para verificar a situação do débito, mesmo quando a defesa trouxer a documentação pertinente (TRF4, AC 20020401005276-5, Labarrère, u., *DJ* 17/12/2003).

Uma vez reconhecida a inclusão no programa de parcelamento pela administração tributária, mediante ato de concessão ou homologação do pedido, não haverá dúvida sobre a aplicação dos efeitos penais. Na mesma linha, a exclusão pela autoridade administrativa implicará a retomada do procedimento criminal.

15.17.7. Exclusão

Operada a exclusão da empresa do programa, prossegue a ação penal (TRF3, HC 2002030000003169-6, Peixoto Junior, 2ª T., u., *DJ* 22/07/2002), ainda que o contribuinte esteja discutindo, na via administrativa ou judicial, a permanência no programa (TRF4, AC 20020401005276-5, Germano, 7ª T., u., 18/05/2004). Em sentido contrário, afirma-se que, na pendência de recurso administrativo, não teria efeito a exclusão.

Remanesce a suspensão penal, porém, quando, embora tenham ocorrido atrasos, não se deu a exclusão por ato do comitê gestor (TRF4, RSE 20037001017329-0, Vaz, 8ª T., u., 30/06/2004).

Mais que isso, a manutenção de pagamentos mensais após a exclusão formal do regime de parcelamento não tem efeitos penais (TRF4, AGEPN 20077107000709-2, Néfi, 7ª T., u., 25/09/2007).

15.17.8. Extensão a outros delitos

Extinta a punibilidade do crime de sonegação, **não é possível a persecução penal pelo crime-meio** (TRF1, HC 101.893-0, Gonçalves, 3ª T., u., *DJ* 15/04/1991; TRF4, AC 20010401070149-0, Germano, 7ª T., u., *DJ* 28/05/2003).

Não se aplica a extinção pelo pagamento, porém:

a) ao crime de associação criminosa que tenha se dedicado à sonegação (STF, HC 84.223, Grau, 1ª T., u., 03/08/2004; STJ, HC 50.157, Dipp, 5ª T., u., 07/11/2006);

b) ao crime de lavagem de dinheiro decorrente da sonegação (LLD, art. 2º, § 1º).

15.17.9. Amplitude subjetiva

A causa de suspensão e extinção da punibilidade é objetiva, aplicando-se a todos os coautores e partícipes, ainda que não tenham sido responsáveis pelo pagamento.

15.17.10. Procedimento

Quanto ao procedimento, temos por mais conveniente que os autos permaneçam sob a guarda do juízo de primeiro grau, cabendo ao MP, como titular da ação penal, acompanhar a situação do contribuinte a fim de requerer o prosseguimento do feito em caso de exclusão do programa (TRF4, AC 2008.71.07.000145-8, Néfi, 7ª T., u., 21/01/2011).

Não poderão ser praticados atos processuais durante o período de suspensão da pretensão punitiva, sob pena de nulidade (STJ, AgRg-AREsp 811.524, Schietti, 6ª T., 07/12/2017).

15.17.11. Iniciativa

Cuidando-se de causa de suspensão da pretensão punitiva ou de extinção da punibilidade, temos que a matéria poderá e deverá ser conhecida de ofício pelo Juiz, aplicando-se de forma extensiva o art. 61 do CPP. Evidentemente, a extinção também poderá ser postulada pela defesa ou pelo MP.

15.17.12. Inquérito policial

Sobre o prosseguimento do inquérito policial enquanto pendente o parcelamento, há duas posições.

Para a primeira, a suspensão da pretensão punitiva impede não só o curso da ação penal, mas também do inquérito policial (TRF3, HC 20040300004648-9, Ramza, 5ª T., m., 28/03/2005), uma vez que sua única finalidade é subsidiar a ação penal (HC 20010401083770-3, Castilho, 8ª T., u., *DJ* 20/02/2002), e, além disso, não corre o prazo prescricional (STJ, HC 29.745, Carvalhido, 6ª T., u., 19/04/2005), de modo que o inquérito será, igualmente, suspenso e não arquivado (TRF2, RHC 20035101508734-6, Schwaitzer, 6ª T., u., 14/04/2004; TRF2, HC 4.808, Maria Helena Cisne, 1ª TE, u., 31/01/2007), sem prejuízo do seu prosseguimento e oferecimento da denúncia em caso de descumprimento do acordo (TRF4, HC 20020401012045-0, Freitas, 7ª T., u, *DJ* 30/04/2003).

Em sentido contrário: TRF1, RCHC 20013801001993-3, 3ª T., u., 29/04/2003; TRF4, AC 20010401048703-0, Germano, 7ª T., u., 07/08/2001. Também admitindo a continuidade do inquérito, já na vigência da lei do PAES: TRF5, RSE 20028100019271-9, Francisco Cavalcanti, 2ª T., u., 14/12/2004. Pelo prosseguimento do inquérito quando não há certeza sobre a concessão do parcelamento: TRF2, HC 20020201026740-6, Schwaitzer, 6ª T., m., 25/06/2003.

Nossa posição é no sentido de que não deverá prosseguir o inquérito, em regra, que representará um constrangimento desnecessário para os investigados, já que, uma vez cumprido o parcelamento, não há possibilidade de instauração da ação penal. Poderão, eventualmente, ser tomadas medidas urgentes, como a oitiva de testemunhas de idade avançada ou doentes, bem como poderão ser mantidos documentos já apreendidos, para o prosseguimento de eventual ação penal futura.

■ 15.18. QUADRO-RESUMO GERAL

TIPO PENAL	SONEGAÇÃO FISCAL (LEI N. 8.137/90, ART. 1º)
SUJEITO ATIVO	■ Qualquer pessoa, incluindo agentes políticos e empregadores domésticos.
SUJEITO PASSIVO	■ O ente tributante (União, Estado ou Município).
TIPO OBJETIVO	■ Conduta ■ Objeto ■ Meio ■ Suprimir ■ Tributo ■ Condutas fraudulentas ■ Reduzir ■ Contribuição Social ■ (incisos) ■ Qualquer acessório
LANÇAMENTO DEFINITIVO	■ É exigido. "Não se tipifica crime material contra a ordem tributária, previsto no art. 1º, incisos I a IV, da Lei n. 8.137/90, antes do lançamento definitivo do tributo" (STF, Súmula Vinculante 24). ■ Obs.: a) não se aplica este entendimento ao crime de associação criminosa; b) não se exige o esgotamento da via judicial cível.
TIPO SUBJETIVO	■ **Dolo** ■ Não há forma culposa. ■ O **erro** sobre a **interpretação da lei tributária** pode caracterizar **erro de tipo.**
CULPABILIDADE	■ Dificuldades financeiras, ainda que **extremadas, não configuram** inexigibilidade de conduta diversa.
CONSUMAÇÃO	■ Por ocasião do lançamento definitivo.
TENTATIVA	■ A forma tentada, de rara ocorrência, atrai a incidência do art. 1º, I, e não do art. 14 do CP.

EXTINÇÃO DA PUNIBILIDADE	■ O parcelamento integral acarreta a extinção da punibilidade, enquanto o pagamento integral, a qualquer tempo, mesmo após a denúncia ou sentença, extingue a punibilidade (Lei n. 11.941/2009, arts. 68 e 69).
AÇÃO PENAL	■ Pública e incondicionada, de competência da JF, sempre que for lesada a União, e da JE nos demais casos. O lançamento definitivo é elementar ou condição objetiva de punibilidade, e não condição exigida para o oferecimento da denúncia, que não é condicionada, em sentido estrito, à representação fiscal para fins penais.
PERÍCIA	■ Não é exigida para comprovação da ocorrência do crime.

■ 15.19. QUESTÕES

1. (FCC — 2012 — PGM — João Pessoa-PB — Procurador) O crime contra a ordem tributária previsto no art. 1º, IV, da Lei n. 8.137/90 ("elaborar, distribuir, fornecer, emitir ou utilizar documento que saiba ou deva saber falso ou inexato"),

a) é punido a título de culpa.
b) caracteriza-se independentemente da intenção de suprimir tributo.
c) caracteriza-se independentemente de remuneração a quem fornece o documento falso ou inexato.
d) caracteriza-se independentemente da intenção de reduzir tributo.
e) não pode ser praticado por quem não é contribuinte.

2. (VUNESP — 2012 — TJ-RJ — Juiz) Assinale a alternativa que retrata o entendimento sumulado pelo Supremo Tribunal Federal.

a) Não se tipifica crime material contra a ordem tributária, previsto no art. 1º, incisos I a IV, da Lei n. 8.137/90, antes de exaurida a discussão na esfera cível.
b) Não se tipifica crime material contra a ordem tributária, previsto no art. 1º, incisos I a IV, da Lei n. 8.137/90, antes do lançamento definitivo do tributo.
c) Não se tipifica crime contra a ordem tributária antes de exaurida a discussão na esfera cível.
d) Não se tipifica crime contra a ordem tributária antes do lançamento definitivo do tributo.

3. (FCC — 2012 — TRF2 — Analista Judiciário) Ana falsificou nota fiscal para reduzir o valor da operação a ela correspondente e reduzir o tributo devido. Maria prestou declaração falsa às autoridades fazendárias, para suprimir o tributo devido em operação comercial. Ana e Maria responderão por crimes

a) de falsificação de documento particular e falsidade ideológica, respectivamente.
b) de falsificação de documento público e falsidade ideológica, respectivamente.
c) contra a ordem tributária.
d) contra a ordem econômica.
e) de falsificação de documento particular e contra a ordem tributária, respectivamente.

4. (FGV — 2010 — SEAD-AP — Fiscal da Receita Estadual) Muito se discute sobre a natureza do crime contra a ordem tributária como crime formal ou crime material. Admitindo-se o enquadramento como crime material, ainda que hipoteticamente, seria correto afirmar que:

a) não admite tentativa.
b) não se pode falar em culpa.
c) é irrelevante o aspecto subjetivo para a configuração do crime.
d) é necessário haver efetiva supressão ou redução do tributo.
e) o crime deverá estar previsto em lei.

5. (FCC — 2010 — TCE-AP — Procurador) Nos crimes contra a ordem tributária,

a) não tipifica delito funcional o ato de utilizar ou divulgar programa de processamento de dados que permita ao sujeito passivo da obrigação tributária possuir informação contábil diversa daquela que é, por lei, fornecida à Fazenda Pública.

b) é admissível o concurso de pessoas apenas na forma de coautoria.
c) a pena pode ser aumentada até a metade, se praticado o delito por funcionário público e ocasionar grave dano à coletividade.
d) é punível apenas a supressão de tributo ou contribuição social.
e) é admissível a forma culposa.

6. (FGV — 2010 — SEAD-AP — Adaptada) Em relação aos crimes contra a ordem tributária, não configura causa da extinção da punibilidade:

a) o pagamento integral do tributo e acréscimos devidos.
b) a anistia.
c) a *abolitio criminis*.
d) a prescrição.
e) o parcelamento do débito tributário.

7. (FCC — 2009 — SEFAZ-SP) Nos crimes contra a ordem tributária,

a) é inadmissível a forma culposa.
b) o sujeito ativo é sempre o contribuinte ou funcionário público.
c) é inadmissível o concurso de pessoas.
d) é cabível a tentativa, se formais.
e) são puníveis apenas condutas comissivas.

8. (CESPE — 2013 — Delegado Federal) Se os crimes funcionais, previstos no art. 3º da Lei n. 8.137/1990, forem praticados por servidor contra a administração tributária, a pena imposta aumentará de um terço até a metade.

( ) Certo ( ) Errado

9. (CESPE — 2013 — PC-BA — Delegado) Servidor público que, na qualidade de agente fiscal, exigir vantagem indevida para deixar de emitir auto de infração por débito tributário e de cobrar a consequente multa responderá, independentemente do recebimento da vantagem, pela prática do crime de concussão, previsto na parte especial do Código Penal (CP).

( ) Certo ( ) Errado

10. (CESPE — 2013 — TC-DF — Procurador) No crime funcional contra a ordem tributária consistente em exigir, solicitar ou receber, para si ou para outrem, direta ou indiretamente, ainda que fora da função ou mesmo antes de iniciar seu exercício, mas em razão dela, vantagem indevida; ou aceitar promessa de tal vantagem, para deixar de lançar ou cobrar tributo ou contribuição social, ou cobrá-los parcialmente, extingue-se a punibilidade do agente, desde que haja pagamento integral do tributo antes da persecução penal em juízo, nos termos da lei regente dos crimes contra a ordem tributária.

( ) Certo ( ) Errado

11. (FEPESE — 2010 — SEFAZ-SC — AFRE) Em relação aos crimes contra a ordem tributária (Lei n. 8.137/90) é correto afirmar:

a) A ação penal em relação aos crimes que tipifica é pública incondicionada.
b) "A supressão ou redução de tributo" contemplado no art. 1º da lei compreende, impostos, taxas, contribuições de melhoria e contribuições sociais, não se referindo às mesmas condutas praticadas em relação aos empréstimos compulsórios.
c) Entre as condutas tipificadas pela lei como crimes contra a ordem tributária e equiparados (art. 2º), há crimes nas modalidades culposa e dolosa.
d) As condutas de utilizar ou divulgar programas de processamento de dados que permitam ao sujeito passivo da obrigação tributária possuir informação contábil diversa daquela que é, por lei, fornecida à Fazenda Pública, não constituem crime contra a ordem tributária.
e) Nos crimes previstos na Lei n. 8.137/90, cometidos em quadrilha ou coautoria, o coautor ou partícipe que através de confissão espontânea revelar à autoridade policial ou judicial toda a trama delituosa terá a sua pena reduzida pela metade.

■ GABARITO ■

1. "c".
2. "b".
3. "c".
4. "d".
5. "a".
6. "e".
7. "a".
8. "errado".
9. "errado".
10. "errado".
11. "a".

16

CRIMES CONTRA O MEIO AMBIENTE LEI N. 9.605/98

16.1. NOÇÃO

A Lei de Crimes Ambientais (LCA) consolida em um **único diploma** as **infrações administrativas e os delitos ambientais**, de modo a dar efetividade ao **mandamento constitucional de proteção do meio ambiente** (CF, art. 225).

Embora existam várias particularidades, que serão examinadas adiante, são aplicáveis subsidiariamente as regras do CP e do CPP, por força do disposto nos arts. 12 do CP e **79 da LCA**.

16.2. BEM JURÍDICO

É o **meio ambiente** entendido como: "o conjunto de condições, leis, influências e interações de ordem física, química e biológica, que permite, abriga e rege a vida em todas as suas formas" (**Lei n. 6.938/81, art. 3º, I**). O meio ambiente é considerado "bem de uso comum do povo e essencial à sadia qualidade de vida, impondo-se ao Poder Público e à coletividade o dever de defendê-lo e preservá-lo para as presentes e futuras gerações", nos termos do art. 225 da CF (STF, MS 22.164, Mello, Pl., u., 30/10/1995).

Com efeito, o inciso VII do § 1º do art. 225 da CF impõe ao Poder Público, para assegurar a efetividade desse direito, o dever de: "proteger a fauna e a flora, vedadas, na forma da lei, as práticas que coloquem em risco sua função ecológica, provoquem a extinção de espécies ou submetam os animais a crueldade".

Destacamos, ainda, que a proteção do meio ambiente poderá representar **limitação ao direito de propriedade**, o que é objeto de menção expressa no § 1º do art. 1.228 do CC, como segue:

> § 1º O direito de propriedade deve ser exercido em consonância com as suas finalidades econômicas e sociais e de modo que sejam preservados, de conformidade com o estabelecido em lei especial, a flora, a fauna, as belezas naturais, o equilíbrio ecológico e o patrimônio histórico e artístico, bem como evitada a poluição do ar e das águas.

16.2.1. Princípio da insignificância

Há duas posições sobre a aplicabilidade do princípio da insignificância em matéria de crimes ambientais.

Para a primeira, que é predominante, como se verá adiante, no exame dos delitos em espécie, admite-se a invocação do referido princípio, uma vez que o fato de se tratar do meio ambiente como bem jurídico não afasta os demais princípios do direito penal, como lesividade, fragmentariedade e intervenção mínima[1].

Para a segunda corrente, minoritária, seria inaplicável o princípio da insignificância, com base nos seguintes argumentos:

a) ainda que a conduta, isoladamente, possa parecer insignificante, não é possível mensurar, de antemão, os seus efeitos, considerados no conjunto com outras condutas, ao bem jurídico tutelado (TRF1, RSE 200734000443948, Hilton Queiroz, 4ª T., m., 09/12/2008; TRF3, AC 200361240004658, Nekatschalow, 5ª T., u., 23/11/2009);

b) a LCA já contempla penas leves que possibilitam, em regra, a aplicação da transação penal ou da suspensão condicional do processo (TRF3, RCCR 200160030000662, Stefanini, 1ª T., u., 07/08/2007);

c) cuida-se de direito indisponível (TRF1, RSE 200734000443948, Hilton Queiroz, 4ª T., m., 09/12/2008; TRF3, AC 200161020052072, Johonsom, 1ª T., u., 23/05/2006);

d) em matéria ambiental, vige o princípio da prevenção ou precaução[2];

e) o meio ambiente é essencial à vida e à saúde de todos (TRF3, AC 200461240001110, Vesna Kolmar, 1ª T., u., 12/12/2006);

f) cuida-se de bem jurídico insuscetível de avaliação econômica (TRF4, AC 2004.72.08.001805-1, Vaz, 8ª T., *DE* 10/01/2007).

16.3. SUJEITO ATIVO

> **Art. 2º** Quem, de qualquer forma, concorre para a prática dos crimes previstos nesta Lei, incide nas penas a estes cominadas, na medida da sua culpabilidade, bem como o diretor, o administrador, o membro de conselho e de órgão técnico, o auditor, o gerente, o preposto ou mandatário de pessoa jurídica, que, sabendo da conduta criminosa de outrem, deixar de impedir a sua prática, quando podia agir para evitá-la.

A primeira parte da regra transcrita é ociosa, pois apenas repete o que já figura no art. 13 do CP. Já a segunda parte não tem o condão de estabelecer responsabilização penal objetiva (STF, HC 97.484, Ellen, 2ª T., u., 23/06/2009), nem de excluir a responsabilização da pessoa jurídica pela omissão imprópria, mas sim de possibilitar

[1] BRIÃO DA SILVA, Murilo. O princípio da insignificância em matéria ambiental. In: BALTAZAR JUNIOR, José Paulo; SILVA, Fernando Quadros da (Org.). *Crimes ambientais. Estudos em homenagem ao des. Vladimir Passos de Freitas.* Porto Alegre: Verbo Jurídico, 2010. p. 148.

[2] MILARÉ, Édis. *Direito do ambiente.* Doutrina — Jurisprudência — Glossário. 3. ed. São Paulo: RT, 2004. p. 777.

a imputação aos administradores, na linha do § 2º do art. 13 do CP (STJ, RMS 49.909, Reynaldo, 5ª T., 16/05/2017).

■ 16.4. RESPONSABILIDADE PENAL DA PESSOA JURÍDICA

> **Art. 3º** As pessoas jurídicas serão responsabilizadas administrativa, civil e penalmente conforme o disposto nesta Lei, nos casos em que a infração seja cometida por decisão de seu representante legal ou contratual, ou de seu órgão colegiado, no interesse ou benefício da sua entidade.
> Parágrafo único. A responsabilidade das pessoas jurídicas não exclui a das pessoas físicas, autoras, coautoras ou partícipes do mesmo fato.

■ 16.4.1. Admissibilidade

Dando cumprimento ao disposto no § 3º do art. 225 da CF, o art. 3º da LCA estabeleceu, a par da responsabilização civil e administrativa, a possibilidade da *responsabilização penal* das pessoas jurídicas. O sentido da regra é o de superar as dificuldades de imputação, comuns em crimes cometidos no âmbito de pessoas jurídicas, atendendo também ao fato de que os mais graves atentados ao meio ambiente são perpetrados por meio de empresas, em decisões tomadas de forma colegiada e privada, e motivados pelo lucro[3].

Os argumentos contrários à responsabilização penal da pessoa jurídica são, basicamente, os seguintes: a) inconstitucionalidade do art. 3º da LCA; b) ausência de conduta; c) ausência de vontade; d) incompatibilidade das penas criminais com a natureza das pessoas jurídicas; e) inexistência de dogmática penal adequada às pessoas jurídicas; f) inexistência de uma legislação de adaptação[4]; g) falta de regulamentação suficiente para assegurar o devido processo legal (TRF2, RSE 200151090003241, Abel Gomes, 1ª TE, 13/10/2005).

Em minha posição, a *constitucionalidade* do art. 3º da LCA decorre da própria opção do constituinte que determinou a adoção da responsabilização penal em matéria ambiental no § 3º do art. 225, verdadeira norma constitucional criminalizadora, a qual deve ser interpretada em conjunto com as regras constitucionais que estabelecem o direito penal da culpa e a pessoalidade das penas (TRF4, MS 2002.04.01.013843-0, Germano, 7ª T., m., *DJ* 26/02/2003).

---

3 QUADROS DA SILVA, Fernando. Responsabilidade penal da pessoa jurídica: a jurisprudência brasileira e a consolidação do instituto. In: BALTAZAR JUNIOR, José Paulo; SILVA, Fernando Quadros da (Org.). *Crimes ambientais. Estudos em homenagem ao des. Vladimir Passos de Freitas*. Porto Alegre: Verbo Jurídico, 2010. p. 165-166. Sobre a evolução histórica e fundamentos da responsabilização penal da pessoa jurídica, *v.*: TRF4, MS 2002.04.01.013843-0, Germano, 7ª T., m., *DJ* 26/02/2003.

4 QUADROS DA SILVA, Fernando. Responsabilidade penal da pessoa jurídica, p. 158.

Quanto à **compatibilidade com a dogmática penal**, em relação, especificamente, ao aspecto da **conduta**, o STJ entendeu que: "Se a pessoa jurídica tem existência própria no ordenamento jurídico e pratica atos no meio social através da atuação de seus administradores, poderá vir a praticar condutas típicas e, portanto, ser passível de responsabilização penal" (STJ, REsp 564.960, Dipp, 5ª T., u., 02/06/2005).

Em relação à **vontade**, o STJ afirmou que: "A atuação do colegiado em nome e proveito da pessoa jurídica é a própria vontade da empresa" (STJ, REsp 564.960, Dipp, 5ª T., u., 02/06/2005).

Quanto à **culpabilidade**, afirmou o STJ que: "A culpabilidade, no conceito moderno, é a responsabilidade social, e a culpabilidade da pessoa jurídica, neste contexto, limita-se à vontade do seu administrador ao agir em seu nome e proveito" (STJ, REsp 564.960, Dipp, 5ª T., u., 02/06/2005).

16.4.2. Requisitos

Nos estritos termos do art. 3º da LCA, é requisito, para que se reconheça a responsabilidade da pessoa jurídica, que a infração penal tenha sido cometida: a) por decisão de seu representante legal ou contratual; b) no interesse ou em benefício da pessoa jurídica.

Não há que falar, então, em responsabilização penal:

a) se o ato foi praticado por iniciativa isolada de um empregado ou para proveito pessoal do dirigente (TRF4, MS 2002.04.01.013843-0, Germano, 7ª T., m., *DJ* 26/02/2003);

b) no caso de mero acidente, sem culpa, que não trouxe benefício para a pessoa jurídica (TRF2, MS 200102010466368, Vera Lima, 5ª T., m., 30/04/2002), a não ser que esteja prevista a modalidade culposa, e a conduta anterior tenha trazido proveito para a entidade (TRF4, HC 2.869, Germano, 7ª T., u., *DJ* 31/10/2001);

c) quando não há comprovação do nexo de causalidade entre eventual decisão do gestor e o fato (STF, HC 83.554, Gilmar Mendes, 2ª T., 16/08/2005).

16.4.3. Dupla imputação

Não se exige a dupla imputação, ou seja, a denúncia simultânea das pessoas físicas responsáveis pela gestão, o que esvaziaria o próprio sentido que informa a possibilidade da responsabilização penal da pessoa jurídica (STF, RE 548.181, Rosa Weber, 1ª T., m., 06/08/2013; STJ, RHC 48.172, Reis, 6ª T., 20/10/2015; STJ, RMS 39.173, Reynaldo, 5ª T., 06/08/2015).

16.4.4. Penas para pessoas jurídicas

> **Art. 21.** As penas aplicáveis isolada, cumulativa ou alternativamente às pessoas jurídicas, de acordo com o disposto no art. 3º, são:
> I — multa;

II — restritivas de direitos;
III — prestação de serviços à comunidade.
Art. 22. As penas restritivas de direitos da pessoa jurídica são:
I — suspensão parcial ou total de atividades;
II — interdição temporária de estabelecimento, obra ou atividade;
III — proibição de contratar com o Poder Público, bem como dele obter subsídios, subvenções ou doações.
§ 1º A suspensão de atividades será aplicada quando estas não estiverem obedecendo às disposições legais ou regulamentares, relativas à proteção do meio ambiente.
§ 2º A interdição será aplicada quando o estabelecimento, obra ou atividade estiver funcionando sem a devida autorização, ou em desacordo com a concedida, ou com violação de disposição legal ou regulamentar.
§ 3º A proibição de contratar com o Poder Público e dele obter subsídios, subvenções ou doações não poderá exceder o prazo de dez anos.
Art. 23. A prestação de serviços à comunidade pela pessoa jurídica consistirá em:
I — custeio de programas e de projetos ambientais;
II — execução de obras de recuperação de áreas degradadas;
III — manutenção de espaços públicos;
IV — contribuições a entidades ambientais ou culturais públicas.

Ao contrário do que se dá em relação às pessoas físicas (CP, art. 44; LCA, art. 7º), **as penas restritivas de direitos (PRDs) para pessoas jurídicas são originárias, não tendo natureza substitutiva**.

Conforme o STJ: "na hipótese de aplicação de pena de multa e restritiva de direitos à pessoa jurídica, em virtude da omissão da Lei 9.605/1998, adotam-se, subsidiariamente, as disposições do Código Penal, nos termos do seu art. 109 e do art. 79 da Lei 9.605/1998" (AgRg-AREsp 1.616.383, Néfi, 6ª T., 19/05/2020).

A escolha da pena e sua aplicação isolada ou cumulativa deverá ser fundamentada com base no art. 59 do CP, sendo que a sua duração, na omissão da lei, deverá ser limitada à duração da pena privativa de liberdade que seria aplicável às pessoas físicas (TRF4, HC 2.869, Germano, 7ª T., u., *DJ* 31/10/2001).

Parece certo que a pena de multa é menos grave que as demais, enquanto o critério para determinar a escolha entre a Prestação de Serviços à Comunidade (PSC) e as demais PRDs dependerá da extensão da pena efetivamente fixada e das circunstâncias do caso. Por exemplo, a suspensão total de atividades é, sem dúvida, uma pena mais severa que a suspensão parcial, mas a interdição de um estabelecimento ou atividade que é essencial para a empresa, embora não seja total, poderá equivaler, na prática, a uma suspensão total.

É correto afirmar, de todo modo, que a pena imposta à pessoa jurídica deve guardar proporcionalidade com aquela que tenha sido aplicada ao seu dirigente pelos mesmos fatos (TRF1, AC 200833100002834, Roberto Veloso [Conv.], 3ª T., u., 20/07/2010).

■ *16.4.4.1. Multa*

Na falta de regramento específico, entendeu-se que a pena de multa aplicada à pessoa jurídica deve ser proporcional à pena privativa de liberdade aplicada ao seu dirigente, não se justificando a aplicação daquela no máximo quando esta foi fixada em grau inferior (TRF5, AC 200281000147611, Manoel Erhardt, 2ª T., u., 15/04/2008).

O quantitativo da multa será determinado pela gravidade da conduta e pela situação financeira da empresa, por aplicação dos arts. 18 e 6º, III, da LCA.

16.4.4.2. *Penas restritivas de direito*

> **Art. 22.** As penas restritivas de direitos da pessoa jurídica são:
> I — suspensão parcial ou total de atividades;
> II — interdição temporária de estabelecimento, obra ou atividade;
> III — proibição de contratar com o Poder Público, bem como dele obter subsídios, subvenções ou doações.
> § 1º A suspensão de atividades será aplicada quando estas não estiverem obedecendo às disposições legais ou regulamentares, relativas à proteção do meio ambiente.
> § 2º A interdição será aplicada quando o estabelecimento, obra ou atividade estiver funcionando sem a devida autorização, ou em desacordo com a concedida, ou com violação de disposição legal ou regulamentar.
> § 3º A proibição de contratar com o Poder Público e dele obter subsídios, subvenções ou doações não poderá exceder o prazo de dez anos.

Em relação à suspensão parcial ou total de atividade e à interdição temporária de estabelecimento, obra, ou atividade, a lei estabeleceu um **requisito rígido** para a aplicação, de modo que aquelas penas somente poderão ser aplicadas quando presentes as situações dos §§ 1º ou 2º do art. 22. A suspensão e a interdição não são limitadas à atividade, estabelecimento ou obra em situação irregular, que seria uma mera consequência da falta de autorização, podendo ser adotada até mesmo administrativamente. A ideia de pena pressupõe consequências que vão além da mera cessação do agir criminoso, de modo que a suspensão e a interdição podem estender-se a outras atividades, obras ou estabelecimentos da mesma empresa.

Nenhuma das duas penas é perpétua, o que decorre tanto da vedação constitucional para tal quanto da própria ideia de *suspensão* e *interdição temporária*. Não havendo previsão legal de limitação temporal, o máximo a ser adotado é equivalente ao tempo da maior pena privativa de liberdade aplicável à pessoa física nas mesmas circunstâncias.

A LCA não prevê requisito específico para a proibição de contratar com o Poder Público, que poderá, portanto, ser aplicada, cumulativamente com outras penas, na maioria dos casos de crimes ambientais.

16.4.4.3. *Prestação de serviços à comunidade*

> **Art. 23.** A prestação de serviços à comunidade pela pessoa jurídica consistirá em:
> I — custeio de programas e de projetos ambientais;
> II — execução de obras de recuperação de áreas degradadas;
> III — manutenção de espaços públicos;
> IV — contribuições a entidades ambientais ou culturais públicas.

Das quatro formas enumeradas pela LCA como prestação de serviços à comunidade, somente aquelas dos incisos II e III têm, efetivamente, a natureza de *prestação de serviços*, pois as modalidades dos incisos I e IV traduzem-se, em verdade, no pagamento de prestações em dinheiro.

16.4.4.4. *Efeito da condenação*

> **Art. 24.** A pessoa jurídica constituída ou utilizada, preponderantemente, com o fim de permitir, facilitar ou ocultar a prática de crime definido nesta Lei terá decretada sua liquidação forçada, seu patrimônio será considerado instrumento do crime e como tal perdido em favor do Fundo Penitenciário Nacional.

A **liquidação forçada** prevista no art. 24 não deve ser confundida com a mera **desconsideração da personalidade jurídica**, objeto do art. 4º, que tem efeitos meramente patrimoniais, sem acarretar despersonificação ou extinção da pessoa jurídica. O instituto aqui disciplinado é mais drástico, devendo ser reservado para casos extremos, a ser motivadamente declarado na sentença.

16.4.5. Prescrição

A fim de evitar imprescritibilidade, "os prazos prescricionais das reprimendas de multa e restritivas de direitos impostas cumulativamente à pessoa jurídica pela prática dos delitos da Lei n. 9.605/1998 devem obedecer as mesmas regras do Código Penal previstas para as penas privativas de liberdade" (STJ, AgInt-RHC 117.584, Dantas, 5ª T., 26/11/2019).

Com efeito, "para o cômputo do prazo prescricional em abstrato, deve-se levar em consideração a disposição do art. 109, parágrafo único, do Código Penal, segundo a qual antes de transitar em julgado a sentença final, aplicam-se às penas restritivas de direito o mesmo prazo previsto para as privativas de liberdade" (STJ, AgRg-RMS 56.158, Néfi, 6ª T., 19/06/2018).

Assim, a prescrição em abstrato é regulada pelo máximo da pena privativa de liberdade (PPL) prevista para a pessoa física, conforme os prazos do art. 109 do CP (STJ, REsp 847.476, Gallotti, 6ª T., u., 08/04/2008; AgRg-AgRg-AREsp 1.289.926, Mussi, 5ª T., 09/04/2019), enquanto a prescrição em concreto é calculada pelo tempo de duração da pena imposta, de acordo com o art. 110 do CP (TRF4, HC 2.869, Germano, 7ª T., u., *DJ* 31/10/2001).

16.4.6. Ação penal contra pessoa jurídica

16.4.6.1. *Denúncia*

A denúncia deve conter a narração do fato delituoso, bem como a imputação em relação àqueles que tinham poder de decisão na empresa (TRF4, MS 2002.04.01.013843-0, Germano, 7ª T., m., *DJ* 26/02/2003).

16.4.6.2. Citação

A citação da pessoa jurídica deve dar-se na pessoa do representante legal da empresa, e não em relação a quem não tem poderes para recebê-la (TRF5, HC 200005000416292, Nereu Santos, 3ª T., u., 15/02/2001).

16.4.6.3. Mandado de segurança e habeas corpus

Se a ação penal está dirigida apenas contra a pessoa jurídica, a ação adequada para buscar seu trancamento é o mandado de segurança (STJ, AGRMS 13.533, Napoleão, 3ª S., u., 23/06/2008), e não o *habeas corpus*, uma vez que não há risco de constrição da liberdade pessoal (STF, HC 92.921, Lewandowski, 1ª T., m., 19/08/2008; STF, HC 88.747 AgR, Britto, 1ª T., m., 15/09/2009).

16.4.6.4. Interrogatório

O interrogatório deve ser conduzido na pessoa do representante legal (TRF1, HC 200601000184898, Mário Ribeiro, 4ª T., u., 30/07/2006) ou do dirigente responsável pelo ato, e não de preposto (TRF4, MS 2002.04.01.013843-0, Germano, 7ª T., m., *DJ* 26/02/2003). Em caso de empresas de grande porte, com atividades em múltiplos locais, como se dá com empresas do ramo do petróleo, de energia, mineradoras ou transporte naval, não será razoável determinar o comparecimento do Presidente da empresa, sendo mais adequado que o interrogatório seja conduzido pelo dirigente da subsidiária ou agência local, que provavelmente estará até mesmo mais bem informado sobre os fatos.

16.5. PENAS

16.5.1. Primeira fase

> **Art. 6º** Para imposição e gradação da penalidade, a autoridade competente observará:
> I — a gravidade do fato, tendo em vista os motivos da infração e suas consequências para a saúde pública e para o meio ambiente;
> II — os antecedentes do infrator quanto ao cumprimento da legislação de interesse ambiental;
> III — a situação econômica do infrator, no caso de multa.

O art. 6º faz menção a circunstâncias a serem consideradas na aplicação da pena, em complemento ao disposto no art. 59 do CP, de modo que, tratando-se de crimes ambientais, o que interessa não são apenas as *consequências*, como referido no art. 59 do CP, mas as *consequências para a saúde pública e para o meio ambiente*, que, juntamente com os *motivos*, levarão a uma conclusão sobre a *gravidade do fato*. Mais que isso, os *antecedentes* serão examinados com especial atenção para o *cumprimento da legislação ambiental*.

A existência de regras específicas não afasta a consideração das demais circunstâncias judiciais do art. 59, mas permite que as consequências, os motivos e os antecedentes, quando especialmente relevantes do ponto de vista ambiental, tenham preponderância em relação às demais circunstâncias judiciais.

Por fim, é ociosa a referência à situação econômica do infrator, em caso de multa. É que o art. 18 da LCA já dispõe que a "multa será calculada segundo os critérios do Código Penal", o qual, por sua vez, já contempla a consideração da situação econômica do réu (CP, art. 60).

16.5.2. Segunda fase

16.5.2.1. Atenuantes

> **Art. 14.** São circunstâncias que atenuam a pena:
> I — baixo grau de instrução ou escolaridade do agente;
> II — arrependimento do infrator, manifestado pela espontânea reparação do dano, ou limitação significativa da degradação ambiental causada;
> III — comunicação prévia pelo agente do perigo iminente de degradação ambiental;
> IV — colaboração com os agentes encarregados da vigilância e do controle ambiental.

A LCA traz, em seu art. 14, circunstâncias atenuantes próprias dos crimes ambientais.

A existência da atenuante do inciso II não afasta a possibilidade de aplicação, aos delitos ambientais, da causa de diminuição de que trata o art. 16 do CP. De todo modo, a atenuante em questão é especial em relação àquela do art. 65, III, "b", do CP (TRF4, AC 200204010343358, Élcio, 8ª T., u., 10/03/2003), não se exigindo, aqui, que a minoração das consequências tenha se dado *logo após* o crime, ou que a reparação tenha ocorrido antes da sentença. A atenuante do inciso II do art. 14 da LCA não se apresenta, então, limitada no tempo, ao contrário do que se dá na regra do CP.

Por sua vez, a regra especial refere o *arrependimento do infrator*, o que dá a ideia de um requisito subjetivo na atenuação, mitigado pela referência da lei a dados objetivos que servem para a avaliação da existência de arrependimento. Como na atenuante tradicional do CP, também aqui se exige que a reparação do dano ou limitação significativa das consequências se dê por ato espontâneo do agente, e não em decorrência da ação das autoridades administrativas, judiciais ou do MP, caso em que não será reconhecida por lhe faltar a espontaneidade (TRF4, AC 200472010077157, Laus, 8ª T., u., 24/02/2010).

Não se exige a eliminação da degradação ambiental, mas apenas que seja esta *significativa*, ou seja, de monta, representativa em relação ao dano causado.

16.5.2.2. Agravantes

> **Art. 15.** São circunstâncias que agravam a pena, quando não constituem ou qualificam o crime:
> I — reincidência nos crimes de natureza ambiental;
> II — ter o agente cometido a infração:
> *a)* para obter vantagem pecuniária;
> *b)* coagindo outrem para a execução material da infração;
> *c)* afetando ou expondo a perigo, de maneira grave, a saúde pública ou o meio ambiente;
> *d)* concorrendo para danos à propriedade alheia;
> *e)* atingindo áreas de unidades de conservação ou áreas sujeitas, por ato do Poder Público, a regime especial de uso;

f) atingindo áreas urbanas ou quaisquer assentamentos humanos;
g) em período de defeso à fauna;
h) em domingos ou feriados;
i) à noite;
j) em épocas de seca ou inundações;
l) no interior do espaço territorial especialmente protegido;
m) com o emprego de métodos cruéis para abate ou captura de animais;
n) mediante fraude ou abuso de confiança;
o) mediante abuso do direito de licença, permissão ou autorização ambiental;
p) no interesse de pessoa jurídica mantida, total ou parcialmente, por verbas públicas ou beneficiada por incentivos fiscais;
q) atingindo espécies ameaçadas, listadas em relatórios oficiais das autoridades competentes;
r) facilitada por funcionário público no exercício de suas funções.

Em minha posição, a redação da alínea "a" do inciso II, que trata do crime cometido *para* obter vantagem pecuniária, autoriza a conclusão de que a intenção de receber vantagem pecuniária já é suficiente para a incidência da agravante, não sendo exigido o efetivo recebimento. Em sentido contrário, exigindo a prova do recebimento da vantagem: TRF4, AC 200570080015761, Vaz, 8ª T., u., 01/10/2008.

A agravante foi reconhecida no caso de descumprimento de ordem de interdição do estabelecimento e continuação da atividade empresarial (STJ, AgRg-AREsp 1.527.212, Reynaldo, 5ª T., 19/09/2019).

Aplica-se a agravante da alínea "e" do inciso II em caso de crime ocorrido em área especialmente protegida (UC), uma vez que nem todo local interditado à pesca consistirá em UC (STJ, REsp 680.007, Dipp, 5ª T., u., 15/02/2005).

A agravante da alínea "g" do inciso II, relativa ao crime praticado em período de defeso, não se aplica ao delito do art. 34, pois a proibição constitui elementar do crime (TRF3, AC 200161120060558, Nelton, 2ª T., u., 25/03/2008; TRF3, AC 200261020105925, Márcio Mesquita, 1ª T., u., 08/12/2009; TRF4, AC 200070080008199, Tadaaqui, 7ª T., u., 01/08/2006).

Foi reconhecida a agravante da alínea "h" do inciso II, em relação ao delito do art. 63, em caso de construção "feita às pressas, em meio a um feriadão, para dificultar a ação dos fiscais" (TRF4, AC 200304010405551, Penteado, 8ª T., u., 24/03/2004).

A agravante da alínea "i" do inciso II, que trata dos crimes praticados durante a noite, incide, por exemplo, se o transporte dos animais (LCA, art. 29, § 4º, III) ocorreu durante o período noturno (TRF4, AC 2005.71.00.029862-3, Élcio, 8ª T., u., 01/04/2009).

A agravante em relação ao delito praticado "no interior de espaço territorial especialmente protegido" (art. 15, II, "l") tem caráter objetivo (AgRg-EDcl-REsp 1.795.893, Reynaldo, 5ª T., 23/06/2020).

Não se aplica ao tipo da pesca proibida, por constituir circunstância elementar, a agravante prevista no art. 15, II, "l", da Lei n. 9.605/98, que trata do espaço territorial especialmente protegido (TRF3, AC 200261020105925, Márcio Mesquita, 1ª T., u., 08/12/2009).

Aplica-se a agravante da alínea "o" do inciso II, que trata do abuso do direito de licença, permissão ou autorização, quando devidamente comprovado que se trata de pescador profissional registrado (TRF3, AC 19961020021856, Nabarrete, 5ª T., u., 21/05/2007; TRF3, AC 200261020034086, Cecília Mello, 2ª T., u., 21/08/2007).

Exemplo de espécie ameaçada, a atrair a incidência da agravante da alínea "q" do inciso II do art. 15 da LCA, é a arara-azul (*anodorhynchus hyacinthinus*) (TRF4, ACR 005.71.00.040396-0, Vaz, 8ª T., u., 28/03/2007).

Há previsão de circunstância agravante, ainda, se a ocorrência do dano afetar espécies ameaçadas de extinção (LCA, arts. 40, § 2º, e 40-A, § 2º).

16.5.3. Multa

> **Art. 18.** A multa será calculada segundo os critérios do Código Penal; se revelar-se ineficaz, ainda que aplicada no valor máximo, poderá ser aumentada até três vezes, tendo em vista o valor da vantagem econômica auferida.

As multas previstas nos tipos penais da LCA têm natureza penal, somente podendo ser impostas por autoridade judicial, e não administrativa (TRF5, AC 200785010002740, Francisco Wildo, 2ª T., u., 01/09/2009).

A multa é pena principal e, estando prevista sua aplicação de forma cumulativa com PPL, não pode ser substituída por PRD (TRF5, AC 200183000106475, Ridalvo Costa, 3ª T., u., 04/03/2004).

16.5.4. Penas restritivas de direitos

> **Art. 7º** As penas restritivas de direitos são autônomas e substituem as privativas de liberdade quando:
> I — tratar-se de crime culposo ou for aplicada a pena privativa de liberdade inferior a quatro anos;
> II — a culpabilidade, os antecedentes, a conduta social e a personalidade do condenado, bem como os motivos e as circunstâncias do crime indicarem que a substituição seja suficiente para efeitos de reprovação e prevenção do crime.
> Parágrafo único. As penas restritivas de direitos a que se refere este artigo terão a mesma duração da pena privativa de liberdade substituída.

No regime da LCA, os requisitos para aplicação de PRDs apresentam algumas diferenças em relação ao que é exigido pelo art. 44 do CP.

Como se vê, na LCA, ao contrário do que se dá no CP:

a) não há referência ao fato de o crime ter sido cometido com violência ou grave ameaça à pessoa;
b) a reincidência é irrelevante.

Desse modo, no âmbito dos crimes ambientais, a reincidência não constitui impedimento à substituição.

16.5.4.1. Rol

> **Art. 8º** As penas restritivas de direito são:
> I — prestação de serviços à comunidade;
> II — interdição temporária de direitos;

> III — suspensão parcial ou total de atividades;
> IV — prestação pecuniária;
> V — recolhimento domiciliar.

Quanto ao rol de PRDs, a LCA inova por incluir, no art. 8º, duas penas não previstas no art. 43 do CP, a saber, a suspensão parcial ou total de atividades e o recolhimento domiciliar. Em contrapartida, não há previsão de limitação de fim de semana para delitos ambientais.

16.5.4.2. *Prestação de serviços à comunidade*

> **Art. 9º** A prestação de serviços à comunidade consiste na atribuição ao condenado de tarefas gratuitas junto a parques e jardins públicos e unidades de conservação, e, no caso de dano da coisa particular, pública ou tombada, na restauração desta, se possível.

A PSC aplicada em decorrência de crime ambiental deve ser cumprida, preferencialmente, em atividade de defesa do meio ambiente, de modo a promover a conscientização do apenado para a preservação do meio ambiente, o que deverá ser especificado, desde logo, na sentença.

A restauração da coisa implica o retorno ao estado anterior ou originário, podendo consistir, portanto, na demolição parcial da edificação, com a exclusão de parcela acrescida de forma irregular (STJ, AgRg-EDcl-REsp 1.795.893, Reynaldo, 5ª T., 23/06/2020).

16.5.4.3. *Interdição temporária de direitos*

> **Art. 10.** As penas de interdição temporária de direito são a proibição de o condenado contratar com o Poder Público, de receber incentivos fiscais ou quaisquer outros benefícios, bem como de participar de licitações, pelo prazo de cinco anos, no caso de crimes dolosos, e de três anos, no de crimes culposos.

A ideia da interdição é, em tese, interessante, mas a sua efetividade depende da criação de cadastros estaduais ou, ainda melhor, nacionais de empresas impedidas, nos quais figure também o nome dos sócios, a fim de impedir que o cumprimento da pena seja evitado pelo fácil expediente de abrir outra empresa.

16.5.4.4. *Suspensão de atividades*

> **Art. 11.** A suspensão de atividades será aplicada quando estas não estiverem obedecendo às prescrições legais.

A pena somente é aplicável quando se tratar de atividade que demande habilitação especial, licença ou autorização do poder público, de forma análoga ao art. 47 do CP.

16.5.4.5. *Prestação pecuniária*

> **Art. 12.** A prestação pecuniária consiste no pagamento em dinheiro à vítima ou à entidade pública ou privada com fim social, de importância, fixada pelo juiz, não inferior a um salário mínimo nem superior a trezentos e sessenta salários mínimos. O valor pago será deduzido do montante de eventual reparação civil a que for condenado o infrator.

Os limites da prestação pecuniária impostos pelo art. 12 da LCA são idênticos aos fixados pelo CP, art. 45, § 1º, variando a pena entre 1 e 360 salários mínimos. Há uma pequena diferença de redação quanto à possibilidade de dedução da reparação civil. O CP afirma que: "O valor pago será deduzido do montante de eventual condenação em ação de reparação civil, se coincidentes os beneficiários". Como se vê, o art. 12, acima transcrito, não faz menção à identidade de beneficiários, de modo que o valor da prestação pecuniária poderá ser deduzido da reparação civil, ainda que os beneficiários sejam distintos.

16.5.4.6. *Recolhimento domiciliar*

> **Art. 13.** O recolhimento domiciliar baseia-se na autodisciplina e senso de responsabilidade do condenado, que deverá, sem vigilância, trabalhar, frequentar curso ou exercer atividade autorizada, permanecendo recolhido nos dias e horários de folga em residência ou em qualquer local destinado a sua moradia habitual, conforme estabelecido na sentença condenatória.

Na LCA, o recolhimento domiciliar tem a natureza da PRD, ao contrário do que se dá no sistema do CP, em que a medida é limitada a alguns casos específicos de apenados que estejam no regime aberto (LEP, art. 117).

16.5.4.7. *Suspensão condicional da pena*

> **Art. 16.** Nos crimes previstos nesta Lei, a suspensão condicional da pena pode ser aplicada nos casos de condenação a pena privativa de liberdade não superior a três anos.

Embora o instituto se encontre um tanto esvaziado em virtude da ampliação da possibilidade de substituição por PRD, que é mais favorável, vale o registro de que, tratando-se de crimes ambientais (LCA, art. 16), pode ser concedida suspensão em condenação a PPL até três anos, e não dois, como se dá em relação ao *sursis* comum e ao especial (CP, art. 77).

16.6. MEDIDAS DESPENALIZADORAS

16.6.1. Transação

> **Art. 27.** Nos crimes ambientais de menor potencial ofensivo, a proposta de aplicação imediata de pena restritiva de direitos ou multa, prevista no art. 76 da Lei n. 9.099, de

> 26 de setembro de 1995, somente poderá ser formulada desde que tenha havido a prévia composição do dano ambiental, de que trata o art. 74 da mesma lei, salvo em caso de comprovada impossibilidade.

O requisito da reparação do dano encontra fundamento na própria CF, que impõe ao Poder Público o dever de restaurar os processos ecológicos essenciais e prover o manejo ecológico das espécies e ecossistemas (CF, art. 225, § 1º, I). Na mesma linha, o art. 2º, VIII, da Lei n. 6.938/81 instituiu o princípio da recuperação das áreas degradadas[5].

Desse modo, pode ser negada a transação enquanto não for atendido aquele requisito (TRF2, HC 200002010221604, Benedito Gonçalves, 4ª T., u., 29/08/2000), entendido como *ajuste para a reparação* do dano, e não para a reparação em si, que se poderá prolongar no tempo, de acordo com a extensão dos danos[6].

O art. 27 da LCA ressalva a **impossibilidade de reparação**, como nos casos em que não houver lesão a ser reparada ou em que a reparação em si for faticamente impossível.

16.6.2. Suspensão condicional do processo

> **Art. 28.** As disposições do art. 89 da Lei n. 9.099, de 26 de setembro de 1995, aplicam-se aos crimes de menor potencial ofensivo definidos nesta Lei, com as seguintes modificações:
> I — a declaração de extinção de punibilidade, de que trata o § 5º do artigo referido no *caput*, dependerá de laudo de constatação de reparação do dano ambiental, ressalvada a impossibilidade prevista no inciso I do § 1º do mesmo artigo;
> II — na hipótese de o laudo de constatação comprovar não ter sido completa a reparação, o prazo de suspensão do processo será prorrogado, até o período máximo previsto no artigo referido no *caput*, acrescido de mais um ano, com suspensão do prazo da prescrição;
> III — no período de prorrogação, não se aplicarão as condições dos incisos II, III e IV do § 1º do artigo mencionado no *caput*;
> IV — findo o prazo de prorrogação, proceder-se-á à lavratura de novo laudo de constatação de reparação do dano ambiental, podendo, conforme seu resultado, ser novamente prorrogado o período de suspensão, até o máximo previsto no inciso II deste artigo, observado o disposto no inciso III;
> V — esgotado o prazo máximo de prorrogação, a declaração de extinção de punibilidade dependerá de laudo de constatação que comprove ter o acusado tomado as providências necessárias à reparação integral do dano.

Nos termos do art. 28 da LCA, a extinção da punibilidade depende da comprovação da **reparação do dano ambiental** (TRF4, RSE 200603990349720, Stefanini,

---

[5] MARTINS, Tiago do Carmo. Transação e suspensão condicional da pena nos crimes ambientais. In: BALTAZAR JUNIOR, José Paulo; SILVA, Fernando Quadros da (Org.). *Crimes ambientais. Estudos em homenagem ao des. Vladimir Passos de Freitas*. Porto Alegre: Verbo Jurídico, 2010. p. 225.

[6] MARTINS, Tiago do Carmo. Transação e suspensão condicional da pena nos crimes ambientais, p. 227.

1ª T., u., 28/10/2008), mediante **laudo de constatação da reparação** do dano ambiental ou comprovação da impossibilidade de fazê-lo, o que não pode ser reconhecido quando a reparação do dano consiste na demolição de uma residência, o que é factível (TRF5, RSE 200082000094612, Francisco Cavalcanti, 1ª T., u., 06/09/2007).

Já se admitiu o reconhecimento da extinção da punibilidade quando, cumpridas todas as demais condições, o órgão ambiental encarregado se omite em elaborar o laudo relativo à reparação do dano ambiental (STJ, AgRg-AREsp 1.610.986, Reis, 6ª T., 09/06/2020).

Para tanto, a forma de reparação e a advertência a respeito deverão figurar na decisão que defere a suspensão condicional (TRF3, RSE 199961060094299, Baptista Pereira, 5ª T., u., 17/09/2007).

Além disso, são aplicáveis à suspensão do processo em matéria de crime ambiental as condições listadas no art. 89 da Lei n. 9.099/95, mas o inciso III do art. 28 da LCA afasta a aplicação das condições previstas nos incisos II, III e IV do § 1º do art. 89 da Lei n. 9.099 durante o período de prorrogação.

16.6.3. Termo de compromisso (art. 79-A)

> **Art. 79-A.** Para o cumprimento do disposto nesta Lei, os órgãos ambientais integrantes do SISNAMA, responsáveis pela execução de programas e projetos e pelo controle e fiscalização dos estabelecimentos e das atividades suscetíveis de degradarem a qualidade ambiental, ficam autorizados a celebrar, com força de título executivo extrajudicial, termo de compromisso com pessoas físicas ou jurídicas responsáveis pela construção, instalação, ampliação e funcionamento de estabelecimentos e atividades utilizadores de recursos ambientais, considerados efetiva ou potencialmente poluidores. (*Incluído pela Medida Provisória n. 2.163-41, de 23/08/2001*)

Embora o termo de ajustamento seja instrumento de grande importância para o encaminhamento consensual de questões ambientais complexas, a jurisprudência vem se orientando no sentido de que a assinatura de termo de compromisso ou de ajustamento de conduta não afasta a tipicidade penal da conduta (STF, HC 86.362, Direito, 1ª T., u., 16/10/2007; STJ, REsp 1.154.405, Schietti, 6ª T., 18/05/2017), não impedindo, portanto, a instauração da ação penal, ante a independência entre as esferas penal e administrativa (STJ, HC 82.911, Lima, 5ª T., u., 05/05/2009; STJ, AP 888, Andrighi, CE, 02/05/2018; STJ, AgRg-AREsp 1.058.993, Mussi, 5ª T., 07/06/2018), em especial se a conduta se perpetuou (STJ, REsp 922.588, Vaz, 5ª T., u., 27/09/2007). Para que seja alcançado um estímulo efetivo à reparação dos danos e à consensualidade, seria conveniente alteração legislativa ou construção jurisprudencial que estendesse às esferas penais os efeitos do acordo administrativo, pois a ineficácia do acordo na esfera penal diminui o interesse nessa solução.

Nada impede, entretanto, que o fato seja considerado na dosimetria da pena (TRF4, AC 200472040043356, Élcio, 8ª T., u., 25/03/2009).

De forma especial, o art. 60 da Lei n. 12.651/2012, considerado constitucional pelo STF, suspende a prescrição da pretensão punitiva em relação aos crimes dos arts. 38, 39 e 48, durante o período de cumprimento do termo de compromisso para recuperação da área degradada (STF, ADC 42, Fux, Pl., m., 28/02/2018).

16.7. AÇÃO PENAL

É pública e incondicionada, não ficando subordinada:

a) à conclusão do procedimento administrativo (TRF1, HC 2008.01.00.016391-5, Mário Ribeiro, 4ª T., u., 27/05/2008; TRF3, RSE 200961100055593, Ramza, 5ª T., u., 07/12/2009);

b) à discussão sobre o valor da multa aplicada na via administrativa (TRF2, HC 200902010025788, Azulay, 2ª TE, u., 30/06/2009);

c) à composição dos danos civis, em sentido estrito, pois o art. 74 da Lei n. 9.099/95 não se aplica aos casos de ação penal pública, sem prejuízo da exigência da reparação como condição para a transação penal, nos termos do art. 27 da LCA[7].

16.7.1. Competência

A competência é, em regra, da JE (STJ, CC 88.013, Napoleão, 3ª S., u., 27/02/2008), uma vez que a proteção do meio ambiente é de competência comum da União, dos Estados e dos Municípios, e que não existe regra constitucional ou legal que determine a Justiça competente (STJ, REsp 200200848713, José Arnaldo, 5ª T., u., 15/05/2003), razão pela qual foi **cancelada a Súmula 91 do STJ**, que estabelecia a competência federal para crimes contra a fauna.

Sendo assim, aplicam-se as **regras gerais de competência federal** estabelecidas no art. 109 da CF. A competência **será da JF**, então, quando o delito:

a) tiver sido praticado **em detrimento de bens, serviços ou interesse de ente federal**, nomeadamente a União, suas autarquias ou empresas públicas (STJ, HC 38.649, Gallotti, 6ª T., u., 25/04/2006);

b) for **transnacional**, e o Brasil tenha se obrigado a reprimi-lo por tratado ou convenção (CF, art. 109, V);

c) tiver sido cometido **a bordo de navio ou aeronave** (CF, art. 109, IX); ou

d) em caso de **conexão** do crime ambiental **com delito de competência federal (STJ, Súm. 122)**.

16.7.1.1. Justiça Estadual

A competência será da JE nos seguintes casos:

a) de crime cometido em **área particular** (STJ, CC 30.260, Fontes de Alencar, 3ª S., u., 22/02/2006; STJ, CC 104.383, Mussi, 3ª S., u., 28/04/2010) não onerada (STJ, CC 30.636, Dipp, 3ª S., u., 18/02/2002), ainda que:

a.1) as terras estejam localizadas em **áreas de fronteira**, que somente serão consideradas bens da União quando devolutas e indispensáveis à defesa das

---

[7] MARTINS, Tiago do Carmo. Transação e suspensão condicional da pena nos crimes ambientais, p. 226.

fronteiras (CF, art. 20, II), sendo as demais dos Estados (CF, art. 26, IV), sendo que o § 2º do art. 20 da CF não designa a faixa de fronteira como bem da União, limitando-se a dispor que ela "é considerada fundamental para defesa do território nacional" (TRF1, RCCR 2006.32.00.006298-1, Olindo Menezes, 3ª T., u., 13/08/2007);

a.2) tenham sido cortadas **árvores ameaçadas de extinção** (TRF4, AC 200672060036627, Néfi, 7ª T., u., 08/04/2008);

a.3) o fato tenha ocorrido em área de **cerrado** (STF, RE 349.189, Moreira Alves, 1ª T., u., 17/09/2002; STF, RE 349.191, Ilmar Galvão, 1ª T., u., 17/12/2002; STJ, REsp 620.819, Dipp, 5ª T., u., 17/06/2004).

b) de descumprimento de compromisso de recuperação do meio ambiente, perpetrado em terras particulares (STJ, CC 29.735, Dipp, 3ª S., u., *DJ* 16/10/2000);

c) de crime cometido em **áreas de patrimônio nacional** (CF, art. 225, § 4º), a saber, a **Mata Atlântica** (STF, RE 299.856, Ilmar Galvão, 1ª T., u., *DJ* 01/03/2002; STF, RE 300.244, 1ª T., 20/11/2001), a **Floresta Amazônica, a Serra do Mar e o Pantanal Mato-Grossense**, que não são considerados patrimônio da União ou *patrimônio federal* (STJ, REsp 610.015, Fischer, *DJ* 14/06/2004);

d) se trate de **manguezal**, não servindo a determinar a competência federal o fato de que cabe ao IBAMA a execução da política nacional do meio ambiente (TRF5, AC 200384000036605, Paulo Lima, 3ª T., u., 09/10/2008);

e) de crime ambiental **cometido por indígena** (STJ, CC 93.120, Mussi, 3ª S., u., 09/06/2010);

f) de crime de **parcelamento irregular de solo urbano**, objeto da Lei n. 6.766/79 (STJ, CC 34.473, Gonçalves, 3ª S., u., *DJ* 01/07/2002);

g) se trate de **área de preservação permanente**, nos termos do inciso II do art. 3º da Lei n. 12.651/2012 (STJ, REsp 592.009, Lima, 5ª T., u., 12/04/2005; STJ, REsp 849.423, Dipp, 5ª T., u., 19/09/2006; STJ, HC 110.405, Maria Thereza Moura, 6ª T., u., 16/06/2009).

■ *16.7.1.2. Justiça Federal*

Segue a casuística dos fatores que determinam a competência federal.

■ *16.7.1.2.1. Bens da União*

A competência será da JF sempre que o delito afetar bens da União, como nos casos seguintes:

a) quando o fato se der em **UC federal** (STJ, CC 147.694, Reynaldo, 3ª S., 10/08/2016), tais como **parques nacionais** (STJ, CC 88.013, Napoleão, 3ª S., u., 27/02/2008);

b) crime praticado em **ilha costeira de propriedade da União** (TRF2, HC 200702010005732, Feltrin, 1ª TE, u., 10/04/2007);

c) se o crime ocorreu em **área de treinamento do Exército** (TRF4, AC 2006 72140009653, Eloy Justo [Conv.], 8ª T., u., 05/08/2009);

d) quando ocorrer em **terreno de marinha** (STJ, HC 165.931, Vaz, 5ª T., u., 01/03/2011) ou **acrescido de terrenos de marinha**, por se tratar de bem da União (STJ, AGREsp 942.957, Mussi, 5ª T., u., 19/04/2012);
e) crime de **lavra irregular (LCA, art. 55)**, por recair sobre bem da União (CF, arts. 20, IX; 176 e 109, IV), a quem pertencem os recursos minerais e jazidas, mesmo no subsolo;
f) extração de areia em local de propriedade da União (Lei n. 8.176/91, art. 2º).

16.7.1.2.2. *Águas da União*

A competência será da JF quando o delito ocorrer em águas de propriedade da União (CF, art. 20, III), especificamente:

a) em **rio interestadual**, ou seja, aquele que banhe mais de um Estado-membro (STJ, CC 38.036, Dipp, 3ª S., u., *DJ* 22/04/2003; STJ, RMS 26.721, Maria Thereza Moura, 6ª T., 12/04/2012), desde que a lesão não seja apenas local, como no caso de pequena quantidade de pescado apreendida, em que prevalecerá a competência da Justiça Estadual (STJ, CC 146.373, Reynaldo, 3ª S., 11/05/2016; STJ, AgRg-CC 145.487, Néfi, 3ª S., 28/09/2016); STJ, AgRg-CC 154.856, Fischer, 3ª S., 13/12/2017; STJ, AgRg-CC 159.231, Mussi, 3ª S., 24/10/2018);
b) em **lago de usina hidrelétrica** formado por rio ou rios interestaduais (STJ, CC 45.154, Dipp, 3ª S., u., 08/09/2004);
c) no **mar territorial brasileiro** (STJ, CC 33.333, Dipp, 3ª S., u., 18/02/2002; STJ, CC 35.978, Fischer, 3ª S., u., 25/09/2002; STJ, RHC 15.852, Fischer, 5ª T., u., 28/09/2004), estabelecido em 12 milhas de distância da costa (Lei n. 8.617/93, art. 1º), que é considerado patrimônio da União (CF, art. 20, VI);
d) em margens dos referidos cursos d'água.

Quanto ao rio interestadual, o STJ acabou por criar, embora sem base normativa expressa, um requisito a mais, qual seja: "para atrair a competência da Justiça Federal, o dano decorrente de pesca proibida em rio interestadual deveria gerar reflexos em âmbito regional ou nacional, afetando trecho do rio que se alongasse por mais de um Estado da Federação, como ocorreria se ficasse demonstrado que a atividade pesqueira ilegal teria o condão de repercutir negativamente sobre parte significativa da população de peixes ao longo do rio, por exemplo, impedindo ou prejudicando seu período de reprodução sazonal" (STJ, CC 154.859, Reynaldo, 3ª S., 22/11/2017).

16.7.1.2.3. *Serviço da União ou de autarquia federal*

A competência será da JF por **afetar o serviço da União ou de Autarquia Federal, notadamente o IBAMA** e o **ICMBio**, nos casos de crimes:

a) **praticados por funcionário público federal (STJ, Súmula 147)**, ainda que por equiparação (CP, art. 127, § 1º), como no caso de engenheiros florestais cadastrados pelo IBAMA, no exercício de função pública (STJ, HC 47.364, Quaglia, 6ª T., u., 04/04/2006);
b) quando se apuram **crimes praticados com o objetivo de ludibriar ou dificultar a ação fiscalizatória do IBAMA**, que é autarquia federal (STJ, REsp 1.006.383, Fischer, 5ª T., u., 21/08/2008);

c) quando instaurada a ação penal com base em laudo da fiscalização do IBAMA, a quem competia expedir a licença faltante (STJ, HC 18.366, 6ª T., u., 05/03/2002);
d) no caso do crime do art. 68, quando consistente em omissão na entrega do relatório de atividades potencialmente poluidoras, na forma dos arts. 17-B e 17-C da Lei n. 6.939/81, uma vez que "caracterizado o interesse específico da autarquia federal na atualização dos dados do Cadastro Técnico Federal para o cumprimento de sua atribuição de se informar acerca das atividades potencialmente poluidoras, exercendo, assim, a defesa ambiental na esfera federal" (STJ, CC 172.819, Paciornik, 3ª S., 26/08/2020).

Não se considera afetado o serviço da União, de modo que não é reconhecida a competência da Justiça Federal, nos casos de:

a) a atividade estar sujeita à fiscalização do IBAMA (STF, RE 300.244, Moreira Alves, 1ª T., *DJ* 19/11/2001; HC 81.916, Mendes, 2ª T., *DJ* 11/10/2002; RE 349.189, Moreira Alves, 1ª T., *DJ* 14/11/2002; RE 349.191, Galvão, 1ª T., *DJ* 07/03/2003);
b) o fato de o sistema DOF ter sido instituído, implantado e mantido pelo IBAMA em seu sítio eletrônico (Portaria/MMA n. 253/2006, art. 1º e IN n. 112/2006 do IBAMA) (STJ, CC 141.822, Schietti, 3ª S., 09/09/2015; CC 147.393, Reynaldo, 3ª S., 14/09/2016).

▪ 16.7.1.2.4. *Interesse da União ou ente federal*

O interesse da União ou de Ente Federal foi reconhecido como fundamento da competência federal nos seguintes casos:

a) "ação penal que tenha por objeto crime ambiental envolvendo **espécie da fauna em perigo de extinção**, tendo em vista o manifesto interesse do IBAMA, já que lhe incumbe, além de elaborar o levantamento e a listagem dos animais em vias de extermínio, a concessão de autorização prévia para a captura e a criação de tais espécimes", nos termos do art. 57 da Lei n. 9.985/2000 (STJ, CC 37.137, Fischer, 3ª S., u., 12/03/2003); STJ, AgRg-CC 151.367, Palheiro, 3ª S., 13/06/2018);
b) **falsificação de Autorização para Transporte de Produtos Florestais (ATPF)**, que ofende interesse da União (STJ, RHC 58.071, Maria Thereza Moura, 6ª T., 16/06/2015);
c) crime ocorrido em **terras indígenas** (TRF1, RCCR 200642000016992, Cândido Ribeiro, 3ª T., u., 17/10/2006; TRF1, RCCR 2006.42.00.001700-7/RR, Mário Ribeiro, 4ª T., u., 06/09/2007), como no caso em que havia indícios de que a madeira fora retirada de reserva indígena (TRF1, RSE 200437010000945, Hilton Queiroz, 4ª T., u., 22/09/2009);
d) "depósito indevido de terra em área de proteção ambiental da Bacia do Rio Paraíba do Sul, instituída por Decreto Presidencial, sujeita à restrição administrativa ao uso da propriedade e a incentivos e investimentos do Governo Federal" (STJ, CC 109.707, Maria Thereza Moura, 3ª S., u., 14/04/2010);
e) crimes ocorridos no **entorno de UC federal** (STJ, CC 100.852, Mussi, 3ª S., u., 28/04/2010; STJ, CC 154.889, Reynaldo, 3ª S., 22/11/2017; TRF1, RSE

0019469-50.2012.4.01.3200, Monica Sifuentes, 3ª T., u., 11/03/2014; TRF2, RSE 200951150007645, Granado, 1ª TE, u., 03/11/2010).

16.7.1.2.5. *Internacionalidade*

A internacionalidade determina a competência federal:

a) no caso dos delitos dos arts. 30, 31 e 29, III, caracterizando o **tráfico internacional de animais** (STJ, ARE 737.977 RG, Fux, Pl., 02/05/2013; STF, RE 835.558, Fux, Pl., 09/02/2017);

b) quando o delito do art. 56 se dá mediante **transporte internacional de combustível** (TRF4, RSE 200871030009689, Tadaaqui, 7ª T., u., 09/02/2010).

16.7.1.2.6. *Propriedade particular*

Como já visto, a competência será, em regra, da JE para os crimes ocorridos em propriedades particulares, mas há alguns casos, **além daquele das áreas de entorno**, mencionadas no item anterior, em que se entendeu haver particularidade a determinar a competência federal, como no caso dos delitos:

a) ocorridos em propriedade particular que integra "Área de Relevante Interesse Ecológico — **ARIE** criada pelo CONAMA/MME", o que determina o interesse da União (STJ, CC 59.535, Maria Thereza Moura, 3ª S., u., 12/09/2007);

b) praticados em **reserva particular do patrimônio natural**, de interesse público, na forma da Lei n. 9.985/2000 (STJ, CC 35.476, Dipp, 3ª S., u., 11/09/2002);

c) ocorrido em área de preservação ambiental criada por Decreto Federal (STJ, CC 142.016, Reynaldo, 3ª S., 26/08/2015).

16.8. QUESTÕES PROCESSUAIS

16.8.1. Perícia

> **Art. 19.** A perícia de constatação do dano ambiental, sempre que possível, fixará o montante do prejuízo causado para efeitos de prestação de fiança e cálculo de multa.
> Parágrafo único. A perícia produzida no inquérito civil ou no juízo cível poderá ser aproveitada no processo penal, instaurando-se o contraditório.

A exigibilidade de laudo pericial segue, no que couber, as regras gerais do processo penal (CPP, arts. 158-184), com exceção do determinado pelo *caput* do art. 19, transcrito.

16.8.2. Apreensão de bens

> **Art. 25.** Verificada a infração, serão apreendidos seus produtos e instrumentos, lavrando-se os respectivos autos.
> § 1º Os animais serão libertados em seu *habitat* ou entregues a jardins zoológicos, fundações ou entidades assemelhadas, desde que fiquem sob a responsabilidade de técnicos habilitados.

> § 2º Tratando-se de produtos perecíveis ou madeiras, serão estes avaliados e doados a instituições científicas, hospitalares, penais e outras com fins beneficentes.
> § 3º Os produtos e subprodutos da fauna não perecíveis serão destruídos ou doados a instituições científicas, culturais ou educacionais.
> § 4º Os instrumentos utilizados na prática da infração serão vendidos, garantida a sua descaracterização por meio da reciclagem. Verificada a infração, serão apreendidos seus produtos e instrumentos, lavrando-se os respectivos autos.

O dispositivo segue a linha do CPP, que prevê a apreensão dos produtos e instrumentos do crime como tarefa da autoridade policial (CPP, art. 6º, II). É de ver, porém, que a apreensão, em matéria ambiental, também tem finalidade administrativa e é cabível também em caso de infrações administrativas (LCA, art. 72, § 6º), uma vez que o inciso IV do art. 72 da LCA prevê a apreensão como sanção administrativa. Bem por isso, na fase preliminar, investigatória, **a apreensão poderá ser levada a cabo tanto por autoridade policial quanto administrativa**.

A apreensão penal deverá estar formalizada em um **auto**, como deixa claro o texto do dispositivo.

Produto do crime é a coisa que resulta diretamente do ato criminoso.

Já o **instrumento** do crime é a coisa empregada para sua execução, como a arma de caça, a rede, a motosserra, entre outras[8].

Ao contrário do art. 91 do CP, o art. 25 da LCA não menciona o **proveito** do crime, como a paga ou recompensa. Isso não significa, porém, que tais valores não estarão sujeitos à apreensão e ao perdimento em matéria de crimes ambientais, devendo ser aplicada aqui a regra geral do CP.

■ 16.8.2.1. *Animais (art. 25, §§ 1º e 2º)*

A soltura dos animais em seu *habitat* deverá ser adotada em caso de animais selvagens recentemente capturados e saudáveis. Em caso de animais feridos ou mantidos em cativeiro por largo tempo, a soltura imediata poderá não ser a melhor solução, devendo os animais ser entregues aos cuidados de instituições como jardins zoológicos, fundações ou entidades assemelhadas, a fim de que o pessoal especializado trate os animais e verifique a possibilidade de sua libertação. A segunda hipótese constitui uma modalidade de depósito e assegura a vantagem da reversibilidade[9].

■ 16.8.2.2. *Produtos perecíveis e madeiras*

A doação imediata, prevista no § 3º do art. 25 da LCA, ainda no curso da investigação ou da ação penal, sem a certeza da ocorrência do crime, violaria o direito de

---

8 AVELINE, Paulo Vieira. Da apreensão do produto e do instrumento de infração administrativa ou de crime. In: BALTAZAR JUNIOR, José Paulo; SILVA, Fernando Quadros da (Org.). *Crimes ambientais. Estudos em homenagem ao des. Vladimir Passos de Freitas*. Porto Alegre: Verbo Jurídico, 2010. p. 195.

9 AVELINE, Paulo Vieira. Da apreensão do produto e do instrumento de infração administrativa ou de crime, p. 198.

propriedade do investigado. É de aplicar-se, então, a solução prevista pelo § 5º do art. 120 e art. 144-A do CPP, aplicáveis analogicamente, de acordo com o art. 79 da LCA, com a alienação em leilão, depositando-se o produto em conta à disposição do juízo, de modo a evitar a deterioração e custos com depósito, adotando-se a doação apenas quando a venda for inviável, por exemplo, por ausência de interessados (STJ, REsp 730.034, Campbell, 2ª T., u., 09/03/2010).

16.8.2.3. Produtos e subprodutos não perecíveis

O § 4º do art. 25 da LCA traz regra de destinação definitiva dos bens, que não poderá ser adotada no curso da ação penal. A solução será, então, o depósito dos bens não perecíveis até o trânsito em julgado, ou, havendo dificuldades para tanto, em decorrência do seu volume ou custos de depósito, a alienação e depósito judicial do valor apurado, nos termos do art. 144-A do CPP.

16.8.2.4. Instrumentos

A LCA não disciplina de forma suficientemente clara o tema do destino a ser dado aos instrumentos de infração, pois a única disposição a respeito é aquela contida no § 5º do art. 25.

De todo modo, a decisão acerca da manutenção da constrição processual em tais casos dependerá, aqui, da interpretação a ser dada ao dispositivo em relação à destinação final, pois, havendo possibilidade de perdimento, as coisas ainda interessam ao processo, na letra do art. 118 do CPP, não podendo ser devolvidas. Ao contrário, caso não se vislumbre a possibilidade de perdimento e as coisas já tenham sido periciadas, assegurando-se a produção da prova, deverão, em princípio, ser devolvidas a quem de direito.

16.8.2.5. Perdimento

A LCA estabeleceu um regime de perdimento especial para os bens utilizados na prática de crime ambiental, distinto daquele estabelecido no art. 91 do CP, de acordo com o qual somente é declarado o perdimento dos instrumentos "que consistam em coisas cujo fabrico, alienação, uso, porte ou detenção constitua fato ilícito".

Efetivamente, o § 5º do art. 25 da LCA, indo além da medida processual penal da apreensão dos bens, disciplina também o perdimento e destinação de bens apreendidos (CF, art. 5º, XLV e XLVI) em decorrência de infrações penais ambientais[10]. Como se vê, não há aqui exigência de que o instrumento seja *ilícito* para que possa ser aplicada a pena de perdimento (TRF4, AC 200871000308253, Vaz, 8ª T., u., 15/07/2009).

Uma leitura literal do § 5º do art. 25 aponta, então, no sentido de que todo e qualquer bem utilizado na prática de crime ambiental poderá ser objeto de perdimento, independentemente de qualquer outra consideração, como a proporcionalidade

[10] AVELINE, Paulo Vieira. Da apreensão do produto e do instrumento de infração administrativa ou de crime, p. 190 e 203.

com o proveito obtido[11] ou a ilicitude da sua posse, alienação, fabrico ou detenção (TRF4, AP 200504010097701, Vaz, 4ª S., u., 15/05/2008).

Há, porém, algumas decisões mitigando o rigor da norma, acrescentando, como requisitos para o perdimento, a *utilização reiterada* em crime ambiental e *a proporcionalidade* entre o valor do proveito e do bem. Nessa linha, a qual não acompanhamos, por estabelecer requisito não previsto em lei, entendeu-se que não tem lugar o perdimento em caso de bens **utilizados apenas ocasionalmente** para a prática de crime ambiental (TRF1, AC 200836030034966, Assusete Magalhães, 3ª T., u., 06/07/2009).

Destaco que a questão de: "Aferir se é condição para a apreensão do instrumento utilizado na prática da infração ambiental a comprovação de que o bem é de uso específico e exclusivo para a atividade ilícita (Lei n. 9.605/1998, art. 25, § 4º, atual § 5º)" foi afetada ao rito dos recursos repetitivos pela 1ª Seção do STJ (REsps 1.814.945, 1.814.944 e 1.816.353/RO, Campbell, Tema 1.036).

16.8.3. Sentença

16.8.3.1. Fixação do valor do dano

> **Art. 20.** A sentença penal condenatória, sempre que possível, fixará o valor mínimo para reparação dos danos causados pela infração, considerando os prejuízos sofridos pelo ofendido ou pelo meio ambiente.
> Parágrafo único. Transitada em julgado a sentença condenatória, a execução poderá efetuar-se pelo valor fixado nos termos do *caput*, sem prejuízo da liquidação para apuração do dano efetivamente sofrido.

Já se entendeu que o dispositivo dá suporte à condenação à reparação específica, em sentença criminal (TRF4, AC 0002468-31.2005.404.7107, Moro [Conv.], 8ª T., *DJ* 16/08/2011). Interessante, também, lembrar, quanto ao tema, o art. 4º da LCA, que prevê a desconsideração da personalidade jurídica para efeito da reparação do dano ambiental.

16.9. CAÇA (ART. 29)

> **Art. 29.** Matar, perseguir, caçar, apanhar, utilizar espécimes da fauna silvestre, nativos ou em rota migratória, sem a devida permissão, licença ou autorização da autoridade competente, ou em desacordo com a obtida:
> Pena — detenção de seis meses a um ano, e multa.
> (...)
> § 2º No caso de guarda doméstica de espécie silvestre não considerada ameaçada de extinção, pode o juiz, considerando as circunstâncias, deixar de aplicar a pena.
> § 3º São espécimes da fauna silvestre todos aqueles pertencentes às espécies nativas, migratórias e quaisquer outras, aquáticas ou terrestres, que tenham todo ou parte de seu ciclo de vida ocorrendo dentro dos limites do território brasileiro, ou águas jurisdicionais brasileiras.

[11] AVELINE, Paulo Vieira. Da apreensão do produto e do instrumento de infração administrativa ou de crime, p. 213-214.

16.9.1. Sujeito ativo

É crime comum.

16.9.2. Tipo objetivo

16.9.2.1. Condutas

As condutas incriminadas são matar, perseguir, caçar, apanhar ou utilizar, estando expressamente excluídos os atos de pesca, nos termos do § 6º.

Matar é abater, sacrificar, fazer morrer.

Perseguir é ir ao encalço, seguir ou procurar o animal.

Caçar é perseguir com fim de matar ou colocar em cativeiro.

Apanhar é apreender o animal vivo.

Utilizar é aproveitar de qualquer forma, seja como alimento, vestimenta, matéria-prima ou mesmo para mero deleite.

O objeto são **espécimes da fauna silvestre**, sejam eles **nativos ou em rota migratória**, tal como definidos no § 3º do art. 29.

Embora a lei faça referência a **espécimes**, no plural, é de entender-se como típica a morte ou aprisionamento de um só animal.

Cuida-se de **norma penal em branco**, e a conduta não será criminosa nos **raros casos em que a caça for permitida**, como, por exemplo, para fins de controle de uma espécie que tenha se reproduzido de forma excessiva e ameace o equilíbrio ecológico. Em relação à caça amadorística desportiva, que era admitida no RS, veio a ser proibida por decisão judicial, por representar crueldade contra animais, vedada pelo inciso VII do § 1º do art. 225 da CF (TRF4, EIAC 200471000214812, Thompson, 2ª S., m., 13/03/2008).

16.9.2.2. Formas derivadas (§ 1º)

> **Art. 29.** (...)
>
> § 1º Incorre nas mesmas penas:
>
> I — quem impede a procriação da fauna, sem licença, autorização ou em desacordo com a obtida;
>
> II — quem modifica, danifica ou destrói ninho, abrigo ou criadouro natural;
>
> III — quem vende, expõe à venda, exporta ou adquire, guarda, tem em cativeiro ou depósito, utiliza ou transporta ovos, larvas ou espécimes da fauna silvestre, nativa ou em rota migratória, bem como produtos e objetos dela oriundos, provenientes de criadouros não autorizados ou sem a devida permissão, licença ou autorização da autoridade competente.

A conduta do **inciso I** não consiste em caçar, mas em **impedir a procriação, por outras formas**, como o impedimento do acasalamento dos animais.

A modalidade do **inciso II** visa, igualmente, a permitir a procriação da espécie animal, ao proteger o **ninho, abrigo, ou criadouro natural**.

O **inciso III** tem por fundamento **evitar o comércio ilegal**, cuidando-se de **norma penal em branco** (TRF5, RCCR 9905619593, Élio Wanderlei [Conv.], 3ª T., u., 18/09/2003).

Dessa forma, o agente que adquire, vende ou expõe à venda os objetos em questão não responde por receptação (CP, art. 180), mas pelo crime do art. 29, § 1º, III, da LCA (TRF4, AC 005.71.00.040396-0, Vaz, 8ª T., u., 28/03/2007).

■ 16.9.3. Tipo subjetivo

É o **dolo**, não havendo forma culposa.

■ *16.9.3.1. Erro de proibição*

É de difícil reconhecimento, tendo em vista que a proibição da caça é amplamente conhecida.

■ 16.9.4. Consumação

Na modalidade *matar*, o crime é material, consumando-se com a morte do animal, enquanto as demais modalidades são formais[12].

O crime do art. 29, § 1º, III, da LCA "é de ação múltipla e se consuma com a prática de qualquer uma das condutas descritas no tipo" (TRF2, AC 200551014903758, Liliane Roriz, 2ª TE, u., 16/06/2009).

Nas modalidades de guardar ou ter em cativeiro animal silvestre, é crime permanente (STJ, HC 72.234, Napoleão, 5ª T., u., 09/10/2007).

■ 16.9.5. Pena

> **Art. 29. (...)**
> § 4º A pena é aumentada de metade, se o crime é praticado:
> I — contra espécie rara ou considerada ameaçada de extinção, ainda que somente no local da infração;
> II — em período proibido à caça;
> III — durante a noite;
> IV — com abuso de licença;
> V — em unidade de conservação;
> VI — com emprego de métodos ou instrumentos capazes de provocar destruição em massa.
> § 5º A pena é aumentada até o triplo, se o crime decorre do exercício de caça profissional.

A lei não define as *espécies raras* ou *ameaçadas de extinção*, cuidando-se, portanto, de **elemento normativo** na causa de aumento.

A causa de aumento do *período proibido* (inc. II) parece-nos de difícil reconhecimento, uma vez que a caça é, em geral, proibida, de modo que essa circunstância já

---

12 WOLFF, Rafael. Crimes contra a fauna. Uma abordagem crítica. In: BALTAZAR JUNIOR, José Paulo; SILVA, Fernando Quadros da (Org.). *Crimes ambientais. Estudos em homenagem ao des. Vladimir Passos de Freitas*. Porto Alegre: Verbo Jurídico, 2010. p. 247.

é elementar do crime. Com efeito, a caça somente é permitida de forma excepcional, quando houver licença, permissão ou autorização da autoridade competente.

Por **noite** se considera o período de ausência da luz solar.

De acordo com o inciso I do art. 2º da Lei n. 9.985/2000, entende-se por Unidade de Conservação **(UC)**: o "espaço territorial e seus recursos ambientais, incluindo as águas jurisdicionais, com características naturais relevantes, legalmente instituído pelo Poder Público, com objetivos de conservação e limites definidos, sob regime especial de administração, ao qual se aplicam garantias adequadas de proteção".

Em relação aos métodos ou instrumentos capazes de provocar destruição em massa, cuida-se de **dado normativo**, a ser verificado no caso concreto.

Já o § 5º autoriza aumento até o triplo em caso de **caça profissional**.

16.9.5.1. *Perdão judicial*

> **Art. 29.** (...)
> § 2º No caso de guarda doméstica de espécie silvestre não considerada ameaçada de extinção, pode o juiz, considerando as circunstâncias, deixar de aplicar a pena.

O § 2º do art. 29 configura hipótese de perdão judicial, a qual "não configura direito absoluto do infrator, mas, ao revés, prerrogativa do juízo, com base nos princípios da razoabilidade e da proporcionalidade, dependentemente das circunstâncias do caso concreto" (STJ, REsp 1.686.089, Benjamin, 2ª T., 07/12/2017).

16.9.6. Ação penal

Em regra, a competência é da JE, tendo sido **cancelada a Súmula 91 do STJ**.

A competência será **federal** quando o delito:

a) ocorrer em **parque nacional**[13];
b) for praticado **a bordo de navio ou aeronave** (CF, art. 109, IX);
c) for de **tráfico internacional de animais** (TRF4, AC 200671150010947, Laus, 8ª T., u., 09/12/2009);
d) envolver **animais em perigo de extinção** (STJ, CC 37.137, Fischer, 3ª S., u., *DJ* 10/04/2003; STJ, CC 145.875, Reynaldo, 3ª S., 10/08/2016).

16.10. EXPORTAÇÃO IRREGULAR DE PELES E COUROS (ART. 30)

> **Art. 30.** Exportar para o exterior peles e couros de anfíbios e répteis em bruto, sem a autorização da autoridade ambiental competente:
> Pena — reclusão, de um a três anos, e multa.

16.10.1. Sujeito ativo

Qualquer pessoa, cuidando-se de crime comum.

[13] FREITAS, Gilberto Passos de; FREITAS, Vladimir Passos de (Org.). *Crimes contra a natureza*. 9. ed. São Paulo: RT, 2012. p. 49.

16.10.2. Tipo objetivo

Exportar é remeter para o exterior, sendo desnecessária, portanto, a expressa menção à remessa para fora do território nacional.

Considerada a redação dada ao tipo, não está abrangida a **comercialização nacional** de tais peles e couros, que poderá configurar o crime do art. 29, § 1º, III.

A exportação **devidamente autorizada** pela autoridade competente será atípica.

16.10.3. Tipo subjetivo

É o dolo, não havendo forma culposa.

16.10.4. Consumação

Com a saída das peles e couros do território nacional.

16.10.5. Ação penal

A competência é da JF, em razão da internacionalidade do delito (CF, art. 109, V).

16.11. INTRODUÇÃO IRREGULAR DE ESPÉCIME ANIMAL NO PAÍS (ART. 31)

> **Art. 31.** Introduzir espécime animal no País, sem parecer técnico oficial favorável e licença expedida por autoridade competente:
> Pena — detenção, de três meses a um ano, e multa.

16.11.1. Bem jurídico

É a **fauna nacional**, pois os espécimes exóticos tendem a disseminar-se de forma indiscriminada, pela ausência de predadores (TRF4, AC 200371040188480, Konkel [Conv.], 3ª T., u., 09/02/2010).

16.11.2. Tipo objetivo

Introduzir é fazer entrar, seja por local clandestino ou mesmo por zona alfandegada, em fundos falsos, ou com guias falsas, ou sem revelar o transporte do espécime animal.

Há elemento normativo do tipo, a ser apurado no caso concreto, acerca da existência de parecer técnico favorável e licença expedida por autoridade competente.

Não se configura o crime quando evidenciado **mero transporte** dos espécimes dentro do território nacional (TRF4, AC 2005.71.00.029862-3, Élcio, 8ª T., u., 01/04/2009).

16.11.3. Tentativa

É possível, quando a introdução do animal no território nacional é obstada pela autoridade policial (TRF4, RSE 2005.70.02.010057-7, Penteado, 8ª T., u., 03/09/2008).

16.11.4. Ação penal

É da competência da JF, uma vez que o ingresso de animais exóticos no Brasil está sujeito à autorização do IBAMA, que é autarquia federal (STJ, CC 96.853, Og, 3ª S., u., 08/10/2008).

16.12. MAUS-TRATOS (ART. 32)

> **Art. 32.** Praticar ato de abuso, maus-tratos, ferir ou mutilar animais silvestres, domésticos ou domesticados, nativos ou exóticos:
> Pena — detenção, de três meses a um ano, e multa.
> § 1º Incorre nas mesmas penas quem realiza experiência dolorosa ou cruel em animal vivo, ainda que para fins didáticos ou científicos, quando existirem recursos alternativos.
> § 2º A pena é aumentada de um sexto a um terço, se ocorre morte do animal.

16.12.1. Noção

O delito em questão revogou o art. 64 da LCP[14].

16.12.2. Sujeito ativo

Qualquer pessoa, sendo o crime comum.

16.12.3. Tipo objetivo

Praticar ato de **abuso** é a utilização excessiva das forças do animal, como no caso daquele que leva o cavalo de tração à exaustão.

A expressão **maus-tratos** representa **elemento normativo** do tipo, cabendo ao juiz, e não ao perito, a avaliação de sua ocorrência no caso concreto (TRF4, AC 005.71.00.040396-0, Vaz, 8ª T., u., 28/03/2007). Configuram o crime, por exemplo, práticas reconhecidas como crueldade contra animais, sendo, portanto, vedadas pelo art. 225, § 1º, VII, da CF, tais como:

a) a **farra do boi** (STF, RE 153.531, M. Aurélio, 2ª T., m., 03/06/1997);
b) as **rinhas de galo** (STF, ADI 3.776, Peluso, Pl., u., 14/06/2007; ADI 1.856, Mello, Pl., u., 26/05/2011);
c) a **vaquejada** (STJ, ADI 4.983, M. Aurélio, Pl., 06/10/2016).

No entanto, conforme decidido pelo STF: "É constitucional a lei de proteção animal que, a fim de resguardar a liberdade religiosa, permite o sacrifício ritual de animais em cultos de religiões de matriz africana" (RE 494.601, Fachin, Pl., m., 28/03/2019).

Ferir é machucar, cortar, bater com chicote ou relho, de modo a causar ferimentos.

Mutilar é forma mais intensa de ferir, como no ato de cortar membros ou órgãos do animal.

O tipo é aberto, podendo ocorrer por ação ou omissão (TRF4, AC 005.71.00.040396-0, Vaz, 8ª T., u., 28/03/2007), como na privação de água ou alimento para o animal.

Animais silvestres são aqueles que vivem naturalmente fora do cativeiro (Lei n. 5.197/67, art. 1º).

Animais domésticos são aqueles que "através de processos tradicionais e sistematizados de manejo e melhoramento zootécnico tornaram-se domésticos, possuin-

---

14 CALHAU, Lélio Braga. Meio ambiente e tutela penal nos maus-tratos contra animais. *Seleções Jurídicas ADV*, p. 14-19, out. 2007, p. 17.

do características biológicas e comportamentais em estreita dependência do homem, podendo inclusive apresentar aparência diferente da espécie que os originou", tais como cães, porcos ou galinhas[15].

Animais domesticados são aqueles que foram retirados do meio silvestre e adaptados para a vida em cativeiro, como é comum ocorrer com papagaios ou araras.

Animais nativos são aqueles oriundos do meio silvestre nacional (LCA, art. 29, § 3º).

Animais exóticos são aqueles que não são encontrados no meio silvestre nacional.

O § 1º incrimina as condutas de **vivissecção**, consistentes em experiências dolorosas ou cruéis com animais vivos, ainda que para fins científicos ou didáticos, quando houver método alternativo.

16.12.4. Tipo subjetivo

É o dolo.

16.12.5. Consumação

Com a prática efetiva da conduta de abusar, ferir, mutilar ou praticar maus-tratos a animais (TRF4, AC 005.71.00.040396-0, Vaz, 8ª T., u., 28/03/2007).

16.12.6. Pena

Conforme o § 2º, a pena é aumentada de um terço se ocorrer a morte do animal.

16.13. PERECIMENTO DE ESPÉCIMES DA FAUNA AQUÁTICA (ART. 33, *CAPUT*)

> **Art. 33.** Provocar, pela emissão de efluentes ou carreamento de materiais, o perecimento de espécimes da fauna aquática existentes em rios, lagos, açudes, lagoas, baías ou águas jurisdicionais brasileiras:
> Pena — detenção, de um a três anos, ou multa, ou ambas cumulativamente.
> Parágrafo único. Incorre nas mesmas penas:
> I — quem causa degradação em viveiros, açudes ou estações de aquicultura de domínio público;
> II — quem explora campos naturais de invertebrados aquáticos e algas, sem licença, permissão ou autorização da autoridade competente;
> III — quem fundeia embarcações ou lança detritos de qualquer natureza sobre bancos de moluscos ou corais, devidamente demarcados em carta náutica.

16.13.1. Tipo objetivo

Provocar é dar causa, levar à ocorrência, sendo que aqui o resultado é o perecimento de espécimes da fauna aquática e a ação é a emissão de efluentes ou o carreamento de materiais.

[15] CALHAU, Lélio Braga. Meio ambiente e tutela penal nos maus-tratos contra animais, p. 16.

Efluentes são fluidos ou gases, geralmente decorrentes de processos industriais.

Materiais são os resíduos sólidos carreados aos cursos d'água mencionados.

Como se vê, **não há aqui ato de pesca**, como conceituado no **art. 36 da LCA**, mas **mero perecimento de espécimes**, sendo essa a distinção do delito em comento em relação àquele do art. 34.

16.13.2. Formas derivadas (art. 33, parágrafo único)

O inciso I é limitado a viveiros, açudes ou estações de aquicultura **de domínio público**, não configurando o delito em exame a degradação em águas de propriedade privada.

Degradação é a corrupção ou deterioração, sendo que:

- **Viveiro** é o aquário ou local utilizado para a reprodução dos animais.
- **Açude** é o reservatório de água artificial, construído mediante represamento de um curso d'água de pequenas dimensões ou formado pela água da chuva.
- **Aquicultura** é a criação de animais aquáticos em cativeiro.

Enquanto o inciso I trata de instalações artificiais, o **inciso II protege os campos naturais** de invertebrados aquáticos e algas, incriminando a sua exploração desautorizada.

Por fim, o **inciso III** protege os **bancos de moluscos ou corais**, incriminando as práticas de fundear embarcações ou lançar detritos, quando aqueles locais de especial interesse para a reprodução da fauna e da flora aquáticas estejam devidamente demarcados em carta náutica, tornando inequívoca a ciência sobre sua localização.

Fundear embarcação é a conduta de lançar âncora de modo a permanecer naquele local.

16.13.3. Tipo subjetivo

É o dolo, não havendo forma culposa.

16.13.4. Consumação

Com o efetivo perecimento de espécimes da fauna aquática, na forma básica e naquela do inciso I, que são crimes materiais.

Já as modalidades dos incisos II e III prescindem de resultado material, consumando-se com a mera realização das condutas de explorar, fundear embarcação ou lançar detritos.

16.14. PESCA PREDATÓRIA (ART. 34)

> **Art. 34.** Pescar em período no qual a pesca seja proibida ou em lugares interditados por órgão competente:
> Pena — detenção, de um a três anos, ou multa, ou ambas as penas cumulativamente.
> Parágrafo único. Incorre nas mesmas penas quem:

I — pesca espécies que devam ser preservadas ou espécimes com tamanhos inferiores aos permitidos;
II — pesca quantidades superiores às permitidas, ou mediante a utilização de aparelhos, petrechos, técnicas e métodos não permitidos;
III — transporta, comercializa, beneficia ou industrializa espécimes provenientes da coleta, apanha e pesca proibidas.
Art. 36. Para os efeitos desta Lei, considera-se pesca todo ato tendente a retirar, extrair, coletar, apanhar, apreender ou capturar espécimes dos grupos dos peixes, crustáceos, moluscos e vegetais hidróbios, suscetíveis ou não de aproveitamento econômico, ressalvadas as espécies ameaçadas de extinção, constantes nas listas oficiais da fauna e da flora.

16.14.1. Bem jurídico

É a fauna ictiológica.

16.14.2. Sujeito ativo

É crime comum, podendo ser praticado por qualquer pessoa.

16.14.3. Tipo objetivo

16.14.3.1. Objeto

Podem ser objeto do crime em exame espécimes de quaisquer dos grupos mencionados no art. 36.

Dois pontos devem ser aqui destacados, sendo o primeiro a **irrelevância da possibilidade de proveito econômico** para o reconhecimento do crime.

Quanto à ressalva contida na parte final do dispositivo, em relação às **espécies ameaçadas de extinção**, temos que a melhor interpretação é a seguinte: a ressalva diz respeito somente à possibilidade de aproveitamento econômico, vedada em relação às espécies ameaçadas de extinção, mas admitida em relação às demais. Quer dizer, a ressalva não torna atípica a pesca de espécies ameaçadas de extinção, que é típica à luz do art. 34, I (STJ, REsp 1.262.965, Vaz, 5ª T., u., 19/11/2013).

Se o delito tem por objeto *cetáceos,* o crime é o do art. 1º da Lei n. 7.643/87.

16.14.3.2. Norma penal em branco

Cuida-se, em todas as modalidades, de norma penal em branco, complementada por atos administrativos da autoridade competente, que definirão: a) os períodos e locais proibidos; b) as espécies que devem ser preservadas; c) os tamanhos dos espécimes cuja pesca é permitida; d) as quantidades em que a pesca é permitida; e) os aparelhos, técnicas, petrechos e métodos proibidos (STJ, HC 304.952, Néfi, 6ª T., 10/03/2016).

16.14.3.3. Tipo básico (período ou local proibido)

O *caput* incrimina, no tipo básico, as condutas de pesca em período ou local proibido.

O fato de ser a pesca proibida no local é suficiente para a caracterização do crime, que não é afastado pelo fato de que os petrechos utilizados eram permitidos, como vara de bambu, linha chumbada e anzol (TRF3, AC 20026125001 2878, Johonsom, 1ª T., u., 03/11/2009).

16.14.3.4. *Condutas derivadas (art. 34, parágrafo único)*

O inciso I veda a pesca de determinadas espécies ou de espécimes de tamanhos inferiores aos permitidos em norma complementar, tratando-se de norma penal em branco.

O inciso II trata da pesca em quantidades superiores às permitidas ou mediante a utilização de aparelhos, petrechos, técnicas ou métodos proibidos, tratando-se de norma penal em branco.

Finalmente, o inciso III trata das condutas posteriores aos atos de pesca propriamente ditos.

Transportar é levar de um local para outro, como, por exemplo, dos barcos, praia ou porto para o local da comercialização ou consumo.

Comercializar é vender, oferecer à venda, trocar ou negociar o pescado.

Beneficiar é o ato de tornar o produto mais adequado ao consumo, como, por exemplo, retirando as entranhas, escama ou casca.

Industrializar é preparar em série, com a utilização de maquinário, para posterior comercialização em larga escala, como em enlatados.

Se o mesmo agente pesca e depois transporta, comercializa, beneficia ou industrializa os mesmos espécimes, responde por crime único, tratando-se de progressão criminosa ou crime progressivo (TRF4, AC 200671000387120, Cláudia Cristofani [Conv.], 8ª T., u., 14/01/2009).

16.14.4. Tipo subjetivo

É o dolo.

16.14.5. Consumação

De acordo com o art. 36 da LCA, já é típica a prática de condutas **tendentes à pesca**, ainda que não seja capturado efetivamente nenhum espécime (STJ, AgRg--AREsp 1.172.493/SC, Schietti, 6ª T., *DJ* 01/08/2018).

Mais que isso, o tipo é **misto alternativo**, consumando-se com a prática de qualquer das condutas descritas na norma, respondendo pelo crime aquele que transporta, comercializa ou industrializa o pescado, ainda que não tenha cometido os atos de pesca propriamente ditos (TRF3, AC 200061120048475, Guimarães, 2ª T., u., 19/05/2009).

Por conta disso, a jurisprudência majoritária considera o delito como **formal** e **de perigo abstrato** (TRF3, AC 200161130005362, Johonsom, 1ª T., u., 05/08/2008; TRF4, AC 200872000124363, Néfi, 7ª T., m., 16/03/2010), de modo que não se admite a tentativa.

16.14.6. Concurso de crimes

O crime é de ação múltipla ou conteúdo variado (TRF3, AC 200061120048475, Guimarães, 2ª T., u., 19/05/2009), respondendo o agente por crime único quando praticar mais de uma das condutas previstas, em relação ao mesmo objeto, na mesma oportunidade.

16.14.7. Pena

As penas previstas são: "detenção, de um a três anos, ou multa, ou ambas as penas cumulativamente" (art. 34 da LCA). Sendo a cominação alternativa, deverá o juiz justificar, na sentença, as razões para a escolha entre uma ou outra, em especial caso opte pela pena privativa de liberdade ou aplique ambas cumulativamente, nos termos do art. 59, I, do CP.

Não se aplicam ao tipo em questão, por constituírem circunstâncias elementares, as agravantes previstas no art. 15, II, "g" e "l", da LCA, que tratam da pesca em período de defeso ou em local proibido.

16.15. PESCA MEDIANTE EXPLOSIVOS, SUBSTÂNCIAS TÓXICAS OU ASSEMELHADOS (ART. 35)

> **Art. 35.** Pescar mediante a utilização de:
> I — explosivos ou substâncias que, em contato com a água, produzam efeito semelhante;
> II — substâncias tóxicas, ou outro meio proibido pela autoridade competente.

16.15.1. Noção

O ato de *pesca* é definido no art. 36, cuidando-se o tipo em questão de forma especial, mais grave que a forma básica, definida no art. 34, em razão do perigo comum.

16.15.2. Sujeito ativo

Qualquer pessoa, cuidando-se de crime comum.

16.15.3. Tipo objetivo

Explosivo é a substância ou material capaz de causar explosão, caracterizada pela liberação de grande volume de gases e intenso aumento da temperatura mediante reação química rápida e violenta. Há cláusula de interpretação analógica, pois o crime também poderá ocorrer com a utilização de substâncias que produzam efeito semelhante quando colocadas em contato com a água.

São **substâncias** *tóxicas* aquelas capazes de causar intoxicação ou envenenamento dos animais. Há cláusula de **interpretação analógica**, pois o crime também poderá ocorrer com a utilização de substâncias proibidas que produzam efeito semelhante.

A utilização de meio proibido, mas não tóxico, por si só, não leva ao reconhecimento do crime em questão, mas sim daquele do inciso II do art. 34.

16.16. EXCLUSÃO DE CRIME (ART. 37)

> **Art. 37.** Não é crime o abate de animal, quando realizado:
> I — em estado de necessidade, para saciar a fome do agente ou de sua família;
> II — para proteger lavouras, pomares e rebanhos da ação predatória ou destruidora de animais, desde que legal e expressamente autorizado pela autoridade competente;
> III — (*Vetado*).
> IV — por ser nocivo o animal, desde que assim caracterizado pelo órgão competente.

O **inciso I** traz caso especial de **estado de necessidade**, hipótese especial da regra dos arts. 23, I, e 24 do CP, sendo o ônus da prova da defesa.

Já as modalidades dos **incisos II e IV** configuram o **exercício regular de direito** quando comprovado que determinado animal, não raro pela extinção ou diminuição de seu predador natural, passe a adotar comportamento predatório, destruidor ou nocivo, circunstância essa que deverá ser regularmente reconhecida pelo órgão ambiental competente, a fim de que seja caracterizada a exclusão da ilicitude da conduta.

16.17. DESTRUIÇÃO, DANO OU UTILIZAÇÃO DE FLORESTA DE PRESERVAÇÃO PERMANENTE (ART. 38)

> **Art. 38.** Destruir ou danificar floresta considerada de preservação permanente, mesmo que em formação, ou utilizá-la com infringência das normas de proteção:
> Pena — detenção, de um a três anos, ou multa, ou ambas as penas cumulativamente.
> Parágrafo único. Se o crime for culposo, a pena será reduzida à metade.

16.17.1. Sujeito ativo

Qualquer pessoa, cuidando-se de crime comum.

16.17.2. Tipo objetivo

16.17.2.1. Objeto

"O **elemento normativo** do tipo **floresta** designa 'a formação arbórea densa, de alto porte, que recobre área de terra mais ou menos extensa', sendo essencial que seja constituída por árvores de grande porte, e não incluindo a vegetação rasteira" (STJ, HC 200700110074, Fischer, 5ª T., u., 21/06/2007).

Não afasta o crime o fato de se tratar de **floresta em formação**, mas, em qualquer caso, somente são protegidas aquelas consideradas **de preservação permanente**.

O inciso II do art. 3º da Lei n. 12.651/2012 apresenta o seguinte conceito:

> Área de Preservação Permanente — APP: área protegida, coberta ou não por vegetação nativa, com a função ambiental de preservar os recursos hídricos, a paisagem, a estabilidade geológica e a biodiversidade, facilitar o fluxo gênico de fauna e flora, proteger o solo e assegurar o bem-estar das populações humanas.

A seu turno, o art. 6º da mesma Lei assim dispõe:

Art. 6º Consideram-se, ainda, de preservação permanente, quando declaradas de interesse social por ato do Chefe do Poder Executivo, as áreas cobertas com florestas ou outras formas de vegetação destinadas a uma ou mais das seguintes finalidades:

I — conter a erosão do solo e mitigar riscos de enchentes e deslizamentos de terra e de rocha;

II — proteger as restingas ou veredas;

III — proteger várzeas;

IV — abrigar exemplares da fauna ou da flora ameaçados de extinção;

V — proteger sítios de excepcional beleza ou de valor científico, cultural ou histórico;

VI — formar faixas de proteção ao longo de rodovias e ferrovias;

VII — assegurar condições de bem-estar público;

VIII — auxiliar a defesa do território nacional, a critério das autoridades militares;

IX — proteger áreas úmidas, especialmente as de importância internacional.

16.17.2.2. *Condutas*

Os verbos nucleares são **destruir, danificar ou utilizar**, cuidando-se de **tipo comissivo** (TRF2, Inq. 367, Abel Gomes, Pl., u., 03/04/2008), sendo que, na última modalidade, somente há crime se a utilização ocorre com infringência das normas de proteção.

Supressão é uma forma de destruição, constituindo conduta típica (STJ, AgInt-REsp 1.560.668, Reis, 6ª T., 25/08/2020).

16.17.2.3. *Atividades agrossilvipastoris*

De acordo com os arts. 59, § 5º, 60 e 61-A da Lei n. 12.651/2012, há possibilidade da regularização da exploração de atividade agrícola em APPs, atendidas certas condições. Em síntese, **foi autorizada a continuidade das atividades agrossilvipastoris em áreas rurais consolidadas até 22 de julho de 2008**. No entanto, se essas áreas rurais, embora consolidadas, estejam em APP, ao longo de cursos d'água naturais, **o proprietário ou possuidor está obrigado a recuperá-las, por meio do Programa de Regularização Ambiental — PRA**, o que é condição para obtenção dos benefícios da nova lei. Enquanto a área está sendo recuperada, a punibilidade fica suspensa, vindo a ser extinta com a bem sucedida conclusão do plano. Desse modo, não há que falar em *abolitio criminis*, pois a nova lei não descriminou o desmatamento de APP para fins de exploração agropecuária (STJ, AgRg-REsp 1.408.507, Fischer, 5ª T., 12/09/2017) ; STJ, REsp 1.406.833, Néfi, 6ª T., 20/03/2018).

O art. 60 da Lei n. 12.651/2012, considerado constitucional pelo STF, suspende a prescrição da pretensão punitiva em relação aos crimes dos arts. 38, 39 e 48, durante o período de cumprimento do termo de compromisso para recuperação da área degradada (STF, ADC 42, Fux, Pl., m., 28/02/2018).

16.17.3. Tipo subjetivo

Na forma básica, é o dolo, mas há previsão de forma culposa, com apenamento reduzido à metade, nos termos do parágrafo único.

16.17.4. Consumação

Com a destruição ou dano, nas duas primeiras modalidades, que são materiais[16].

A modalidade *utilizar* é de perigo, mas considerada crime permanente (STF, HC 91.005, Britto, 1ª T., u., 24/04/2007).

16.17.5. Concurso de crimes

O delito do art. 39 é especial em relação ao do art. 38 da LCA, mas, se houve corte de árvores e destruição ou inutilização de outras em APP, há crime único, restando o delito do art. 39 absorvido por aquele do art. 38 (STJ, HC 52.722, Maria Thereza Moura, 6ª T., u., 25/03/2008).

16.17.6. Perícia

A comprovação da materialidade do delito exige prova pericial (STJ, AgRg-REsp 1.782.765, Vaz, 6ª T., *DJ* 02/08/2019; STJ, AgRg-AREsp 1.571.857/PR, Reynaldo, 5ª T., *DJ* 22/10/2019; STJ, HC 570.680, Fischer, 5ª T., 26/05/2020).

16.18. DESTRUIÇÃO, DANO OU UTILIZAÇÃO DE VEGETAÇÃO DA MATA ATLÂNTICA (ART. 38-A)

> **Art. 38-A.** Destruir ou danificar vegetação primária ou secundária, em estágio avançado ou médio de regeneração, do Bioma Mata Atlântica, ou utilizá-la com infringência das normas de proteção:
> Pena — detenção, de 1 (um) a 3 (três) anos, ou multa, ou ambas as penas cumulativamente.
> Parágrafo único. Se o crime for culposo, a pena será reduzida à metade.

16.18.1. Sujeito ativo

Qualquer pessoa, cuidando-se de crime comum.

16.18.2. Tipo objetivo

Como se vê, **as condutas são idênticas àquelas previstas no art. 38**, do qual se diferencia o delito em exame pelo **objeto material**, que aqui não será a floresta de preservação permanente, mas sim a **vegetação, primária ou secundária, em estágio avançado ou médio de regeneração, desde que integre o Bioma Mata Atlântica**.

De acordo com o art. 2º da Lei n. 11.428/2006, **integram o Bioma Mata Atlântica**: "as seguintes formações florestais nativas e ecossistemas associados, com as respectivas delimitações estabelecidas em mapa do Instituto Brasileiro de Geografia

[16] ROCHA, Alex Peres. Comentários aos crimes contra a flora previstos nos artigos 38, 39, 40, 41 e 48 da Lei n. 9.605/98. In: BALTAZAR JUNIOR, José Paulo; SILVA, Fernando Quadros da (Org.). *Crimes ambientais. Estudos em homenagem ao des. Vladimir Passos de Freitas*. Porto Alegre: Verbo Jurídico, 2010. p. 335.

e Estatística — IBGE, conforme regulamento: Floresta Ombrófila Densa; Floresta Ombrófila Mista, também denominada de Mata de Araucárias; Floresta Ombrófila Aberta; Floresta Estacional Semidecidual; e Floresta Estacional Decidual, bem como os manguezais, as vegetações de restingas, campos de altitude, brejos interioranos e encraves florestais do Nordeste".

Biomas "são grandes ecossistemas que compreendem várias comunidades bióticas em diferentes estágios de evolução, em vasta extensão geográfica. Por necessidade ecológica, os biomas apresentam intensa e extensa interação edáfica e climática, definindo assim as condições ambientais características. É a unidade ecológica imediatamente superior ao ecossistema. (...) Os grandes biomas brasileiros são a Floresta Amazônica, a Mata Atlântica, o Pantanal Mato-Grossense, o Cerrado, a Caatinga, o Domínio das Araucárias, as Pradarias e os ecossistemas litorâneos"[17].

Vegetação primária é aquela que sofreu nenhuma ou mínima intervenção humana, ou seja: "aquela de máxima expressão local com grande diversidade biológica, sendo os efeitos das ações antrópicas mínimos ou ausentes a ponto de não afetar significativamente suas características originais de estrutura e espécies" (Res. CONAMA 392/2007, art. 1º, I).

O mesmo ato, em seu art. 2º, II, define a **vegetação secundária, ou em regeneração** como: "aquela resultante dos processos naturais de sucessão, após supressão total ou parcial da vegetação primária por ações antrópicas ou causas naturais, podendo ocorrer árvores remanescentes da vegetação primária".

Na mesma Resolução será encontrada, igualmente, a definição dos estágios inicial, avançado e médio de regeneração, determinada pela estrutura da vegetação, predominância, tamanho, variedade e presença de espécies determinadas.

Os verbos nucleares são **destruir, danificar ou utilizar**, cuidando-se de tipo comissivo, sendo que, na última modalidade, somente há crime se a utilização ocorre com infringência das normas de proteção.

▪ 16.18.3. Tipo subjetivo

Na forma básica, é o dolo, mas há previsão de forma culposa, com apenamento reduzido à metade, nos termos do parágrafo único.

▪ 16.18.4. Consumação

Com a destruição, dano ou utilização, sendo que, na modalidade *utilizar*, o crime é permanente.

▪ 16.18.5. Pena

Com fundamento na racionalidade que deu origem à Súmula 171, o STJ assim decidiu: "como o preceito secundário do crime (...) previsto no art. 38-A, *caput*, da Lei n. 9.605/1998, comina aplicação cumulativa ou isolada de detenção e pagamento

---

[17] MILARÉ, Edis. *Direito do ambiente*. 3. ed. São Paulo: RT, 2004, p. 968.

de multa, a substituição da pena privativa de liberdade não pode ser por pena pecuniária" (STJ, AgRg-HC 576.794, Vaz, 6ª T., 23/06/2020).

16.18.6. Perícia

A comprovação da materialidade do delito exige prova pericial (STJ, HC 570.680, Fischer, 5ª T., 26/05/2020).

16.19. CORTE DE ÁRVORE EM FLORESTA DE PRESERVAÇÃO PERMANENTE (ART. 39)

> **Art. 39.** Cortar árvores em floresta considerada de preservação permanente, sem permissão da autoridade competente:
> Pena — detenção, de um a três anos, ou multa, ou ambas as penas cumulativamente.

16.19.1. Sujeito ativo

Qualquer pessoa, cuidando-se de crime comum.

16.19.2. Tipo objetivo

À semelhança do delito do art. 38, o tipo em questão também tem por objeto a floresta de preservação permanente, do qual se distingue pela conduta, que é mais aberta naquele, no qual o delito se configura por qualquer forma de dano, destruição ou utilização, enquanto **no delito ora comentado a conduta consiste apenas no ato de cortar árvores, sem autorização da autoridade competente**.

Sobre o conceito de APP, *v.* arts. 3º e 6º da Lei n. 12.651/2012, transcritos nos comentários ao art. 38.

É atípico o corte de árvores exóticas, ainda que às margens de rio (STJ, REsp 1557500, Maria Thereza Moura, 6ª T., 02/06/2016).

O art. 60 da Lei n. 12.651/2012, considerado constitucional pelo STF, suspende a prescrição da pretensão punitiva em relação aos crimes dos arts. 38, 39 e 48, durante o período de cumprimento do termo de compromisso para recuperação da área degradada (STF, ADC 42, Fux, Pl., m., 28/02/2018).

16.19.3. Tipo subjetivo

É o dolo, **não havendo previsão de forma culposa, ao contrário do art. 38**.

16.19.4. Consumação

Com o corte de árvores, cuidando-se de crime material.

16.19.5. Pena

A cominação de penas é alternativa.

16.19.6. Concurso de crimes

O delito do art. 39 é especial em relação ao do art. 38 da LCA, mas, se houve corte de árvores e destruição ou inutilização de outras em área de preservação permanente, há crime único, restando o delito do art. 39 absorvido por aquele do art. 38 (STJ, HC 52.722, Maria Thereza Moura, 6ª T., u., 25/03/2008)[18].

16.20. DANO A UNIDADES DE CONSERVAÇÃO DE PROTEÇÃO INTEGRAL (ART. 40)

> **Art. 40.** Causar dano direto ou indireto às Unidades de Conservação e às áreas de que trata o art. 27 do Decreto n. 99.274, de 6 de junho de 1990, independentemente de sua localização:
> Pena — reclusão, de um a cinco anos.
> § 1º Entende-se por Unidades de Conservação de Proteção Integral as Estações Ecológicas, as Reservas Biológicas, os Parques Nacionais, os Monumentos Naturais e os Refúgios de Vida Silvestre.
> § 2º A ocorrência de dano afetando espécies ameaçadas de extinção no interior das Unidades de Conservação de Proteção Integral será considerada circunstância agravante para a fixação da pena.
> § 3º Se o crime for culposo, a pena será reduzida à metade.

16.20.1. Noção

O projeto que resultou na Lei n. 9.985/2000 alterava a redação do *caput* do art. 40 da LCA e introduzia o art. 40-A, com o texto abaixo:

> Art. 40. Causar significativo dano à flora, à fauna e aos demais atributos naturais das Unidades de Conservação de Proteção Integral e das suas zonas de amortecimento:
>
> Pena — reclusão, de dois a seis anos.
>
> Art. 40-A. Causar significativo dano à flora, à fauna e aos demais atributos naturais das Unidades de Conservação de Uso Sustentável e das suas zonas de amortecimento:
>
> Pena — reclusão, de um a três anos.

No entanto, a nova redação dada ao *caput* do art. 40, bem como o *caput* do art. 40-A, foi vetada pelo Presidente da República, pelos motivos seguintes:

> Tanto a nova redação que se pretende dar ao *caput* do art. 40 como a redação dada ao *caput* do art. 40-A da Lei n. 9.605, de 12 de fevereiro de 1998, afrontam todos os princípios que regem o Direito Penal, que exigem que a norma penal estabeleça de modo claro e objetivo, a figura penal, o delito que se deseja reprimir, excluindo-se do seu aplicador, a definição de sua ocorrência ou não.
> Em ambas alterações o legislador utilizou-se da expressão “causar dano significativo”,

[18] Sobre o conflito entre os arts. 39 e 40, *v.* comentários ao art. 40, abaixo.

de natureza puramente subjetiva, deixando ao alvedrio do aplicador da lei penal definir se a conduta do suposto infrator configura ou não o delito, tornando imprecisa a sua definição.

Em suma, sua vigência importaria introduzir na legislação penal brasileira fator inarredável de insegurança na relação do cidadão com o Estado, em função da indefinição da figura delituosa que se deseja coibir.

O veto aos dispositivos acima transcritos cabe por serem contrários ao interesse público.

Com isso, permaneceu em vigor o art. 40, em sua feição originária (STF, HC 89.735, Direito, 1ª T., u., 20/11/2007; STJ, HC 49.607, Dipp, 5ª T., u., 29/06/2006), que não faz distinção entre unidade de conservação de proteção integral ou de uso sustentável. Desse modo, embora o art. 7º da Lei n. 9.985/2000 contemple as duas modalidades como figuras diferentes, a distinção é irrelevante do ponto de vista penal (STJ, AgRg-REsp 1.834.244, Reynaldo, 5ª T., 08/10/2019).

16.20.2. Sujeito ativo

Qualquer pessoa, cuidando-se de crime comum.

16.20.3. Tipo objetivo

O objeto primeiro do crime são as **unidades de conservação**, tal como definidas pelo art. 2º, I, da Lei n. 9.985/2000, ou seja: "espaço territorial e seus recursos ambientais, incluindo as águas jurisdicionais, com características naturais relevantes, legalmente instituído pelo Poder Público, com objetivos de conservação e limites definidos, sob regime especial de administração, ao qual se aplicam garantias adequadas de proteção".

Já o art. 27 do Decreto n. 99.274/90 trata do **entorno de UCs**, com a seguinte redação: "Nas áreas circundantes das Unidades de Conservação, num raio de dez quilômetros, qualquer atividade que possa afetar a biota ficará subordinada às normas editadas pelo Conama".

As APPs não equivalem às UCs, de modo que o dano causado àquelas não configura o crime em questão (STJ, REsp 849.423, Dipp, 5ª T., u., 19/09/2006; STJ, REsp 897.319, Schietti, 6ª T., 15/10/2015).

A conduta incriminada consiste em **causar dano**, que poderá ser **direto ou indireto**.

16.20.4. Tipo subjetivo

Na forma básica, é o dolo, consubstanciado na vontade livre e consciente de causar dano, direto ou indireto, às Unidades de Conservação.

Há modalidade culposa, para a qual a pena é reduzida à metade (LCA, art. 40, § 3º).

16.20.5. Consumação

Com a ocorrência de dano efetivo, cuidando-se de **crime material** ou de resultado. Não há crime, então, quando há laudo pericial concluindo pela inexistência de impacto ambiental de qualquer espécie em decorrência do desmatamento (STJ, HC 48.749, Dipp, 5ª T., u., 02/05/2006).

O crime é **instantâneo de efeitos permanentes** (STJ, REsp 897.426, Vaz, 5ª T., u., 28/04/2008).

16.20.6. Distinção

O art. 40 é especial em relação ao art. 39, por ocorrer no interior de UC (TRF4, RSE 200572000116304, Élcio, 8ª T., u., 10/06/2009), incluindo a conduta do corte de árvores (TRF4, AC 2005.72.04.010264-0, Vaz, 8ª T., u., 17/09/2008).

O mesmo raciocínio se aplica para a relação entre os delitos dos arts. 40 e 60, sendo o traço especializante o "fato de o dano ser causado a uma 'Unidade de Conservação' e não a atividade ilícita 'construir, reformar, ampliar'", pois, do contrário, "danos indiretos a Unidades de Conservação seriam punidos mais severamente (1 a 5 anos de reclusão — art. 40) que a própria edificação irregular em áreas tais (1 a 6 meses de detenção e/ou multa — art. 60)" (TRF4, HC 200804000348908, Vaz, 8ª T., u., 29/10/2008).

16.20.7. Concurso de crimes

Já foi reconhecido o concurso material entre os delitos dos arts. 40, 48 e 64 quando o agente destrói a vegetação nativa, constrói em solo não edificável e impede a regeneração natural da vegetação (STJ, REsp 1.125.374, Dipp, 5ª T., u., 02/08/2011).

16.20.8. Pena

A pena é reduzida à metade em caso de crime culposo, nos termos do § 3º do art. 40.

O apenamento é alternativo, podendo ser aplicada somente a pena de multa, se as circunstâncias judiciais forem amplamente favoráveis. Há previsão de circunstância agravante se a ocorrência do dano afetar espécies ameaçadas de extinção (LCA, arts. 40, § 2º, e 40-A, § 2º).

16.20.9. Perícia

Cuidando-se de infração que deixa vestígios, a perícia é essencial para comprovação da materialidade, na forma do art. 158 do CPP (STJ, AgRg-AREsp 1.265.705, Dantas, 5ª T., 26/06/2018).

16.21. DANO A UNIDADES DE CONSERVAÇÃO DE USO SUSTENTÁVEL (ART. 40-A)

> **Art. 40-A.** (...)
> § 1º Entende-se por Unidades de Conservação de Uso Sustentável as Áreas de Proteção Ambiental, as Áreas de Relevante Interesse Ecológico, as Florestas Nacionais, as Reservas Extrativistas, as Reservas de Fauna, as Reservas de Desenvolvimento Sustentável e as Reservas Particulares do Patrimônio Natural.
> § 2º A ocorrência de dano afetando espécies ameaçadas de extinção no interior das Unidades de Conservação de Uso Sustentável será considerada circunstância agravante para a fixação da pena.
> § 3º Se o crime for culposo, a pena será reduzida à metade.

16.21.1. Tipo objetivo

O projeto que resultou na Lei n. 9.985/2000, além de alterar a redação do art. 40 da LCA, introduzia o art. 40-A, com o texto abaixo:

> Art. 40-A. Causar significativo dano à flora, à fauna e aos demais atributos naturais das Unidades de Conservação de Uso Sustentável e das suas zonas de amortecimento: (AC)
> Pena — reclusão, de um a três anos. (AC)

No entanto, a nova redação dada ao *caput* do art. 40, bem como o *caput* do art. 40-A, foi vetada pelo Presidente da República, pelos motivos transcritos no exame do art. 40. Não foram vetados, porém, os parágrafos do novel art. 40-A.

Adotou-se, então, a interpretação de que **o delito seguiu sendo aquele definido no *caput* do art. 40**, com a sua redação originária, passando os **parágrafos do art. 40-A a figurar como parágrafos do art. 40**, que trata, de forma genérica, de UC, tendo o efeito **de tornar típica a causação de dano em UC de uso sustentável, não definida no § 1º do art. 40** (TRF4, AC 200170080019347, Labarrère, 7ª T., m., 06/06/2006).

16.22. INCÊNDIO EM MATA OU FLORESTA (ART. 41)

> **Art. 41.** Provocar incêndio em mata ou floresta:
> Pena — reclusão, de dois a quatro anos, e multa.
> Parágrafo único. Se o crime é culposo, a pena é de detenção de seis meses a um ano, e multa.

16.22.1. Tipo objetivo

Por **incêndio** se entende o "fogo descontrolado e de proporções em ambiente arbóreo protegido pela lei ambiental" (STJ, REsp 933.356, Maria Thereza Moura, 6ª T., u., 18/12/2007).

Mata é o "conjunto de árvores de porte médio, naturais ou cultivadas"[19].

Floresta "é a formação arbórea densa, de alto porte, que recobre área de terra mais ou menos extensa"[20].

Não há crime se não foi ateado fogo na mata ou floresta, mas sim:

a) à capoeira, ainda que tenha se alastrado e queimado mato em propriedade vizinha (STJ, CC 10.634, Vidigal, 3ª S., u., *DJ* 08/05/1995), desde que não seja reconhecida a culpa do autor do fato;

b) em área de mata seca em estado inicial de regeneração (STJ, RHC 24.859, Mussi, 5ª T., u., 29/04/2010).

Não há crime, **mas exercício regular de direito**, quando o uso do fogo na vegetação se dá em uma das exceções previstas no art. 38 da Lei n. 12.651/2012.

---

[19] PRADO, Luiz Régis. *Direito penal do ambiente*. 2. ed. São Paulo: RT, 2009. p. 213.

[20] PRADO, Luiz Régis. *Direito penal do ambiente*, p. 213.

Não há crime, tampouco, pois reconhecido o **estado de necessidade**, quando o agente produz o fogo com o fim de sinalizar o local onde se encontrava perdido, acompanhado de um menor, a fim de possibilitar localização e resgate (TRF2, AC 200151090003630, André Fontes, 2ª TE, u., 19/06/2008).

■ 16.22.2. Tipo subjetivo

Na modalidade básica, é o dolo.

O parágrafo único prevê a existência de forma culposa, com pena de detenção, de seis meses a um ano.

■ 16.22.3. Consumação

Com o incêndio, independentemente de prejuízo econômico ou dano para terceiro (TRF1, RCCR 200334000198268, Tourinho, 3ª T., u., 14/09/2004).

■ 16.22.4. Distinções

O delito em exame se diferencia daquele do art. 250 do CP, porque o bem jurídico protegido neste é a incolumidade pública, razão pela qual somente ocorre o crime do CP quando houver exposição a perigo da vida, integridade física ou patrimônio de terceiro, o que não é exigido pelo art. 41 da LCA[21].

Em caso de fogo de singelas proporções, mantido sob controle, não há incêndio.

■ 16.23. SOLTAR BALÕES (ART. 42)

> **Art. 42.** Fabricar, vender, transportar ou soltar balões que possam provocar incêndios nas florestas e demais formas de vegetação, em áreas urbanas ou qualquer tipo de assentamento humano:
> Pena — detenção, de um a três anos, ou multa, ou ambas as penas cumulativamente.

■ 16.23.1. Tipo objetivo

Fabricar é montar, reunir as partes de modo a formar o balão.

Vender é comercializar, em troca de dinheiro.

Transportar é levar de um local a outro.

Soltar é colocar o balão em voo.

Objeto do crime é o balão que possa causar risco de incêndio em florestas ou outras formas de vegetação, ou ainda em áreas urbanas ou habitadas, ou seja, o **balão acionado por fogo**.

■ 16.23.2. Tipo subjetivo

É o dolo.

---

21 ROCHA, Alex Peres. Comentários aos crimes contra a flora previstos nos artigos 38, 39, 40, 41 e 48 da Lei n. 9.605/98, p. 340.

16.23.3. Consumação

Com o mero ato de fabricar, vender, transportar ou soltar o balão, ainda que não haja dano efetivo, cuidando-se de crime de perigo.

16.24. EXTRAÇÃO DE MINERAIS DE FLORESTAS DE DOMÍNIO PÚBLICO OU DE PRESERVAÇÃO PERMANENTE (ART. 44)

> **Art. 44.** Extrair de florestas de domínio público ou consideradas de preservação permanente, sem prévia autorização, pedra, areia, cal ou qualquer espécie de minerais:
> Pena — detenção, de seis meses a um ano, e multa.

16.24.1. Tipo objetivo

Floresta é a "associação arbórea de grande extensão e continuidade"[22].

Bens de domínio público são aqueles pertencentes às pessoas jurídicas de direito público interno, a saber, a União, os Estados, o Distrito Federal, os Municípios, as autarquias e as fundações públicas, sejam eles de uso comum, de uso especial ou dominicais (CC, arts. 98, 41 e 99).

As **florestas de preservação permanente** são aquelas assim definidas pelos arts. 3º, II, e 6º da Lei n. 12.651/2012.

Poderão ser objetos do crime pedra, areia, cal ou qualquer outra espécie de mineral, admitida a interpretação analógica.

O delito somente se configura quando a extração se der sem autorização da autoridade competente.

16.24.2. Tipo subjetivo

É o dolo, que resta caracterizado de forma induvidosa quando a conduta se prolonga no tempo (TRF4, AC 200571000426560, Artur de Souza [Conv.], 8ª T., u., 06/08/2008).

16.24.3. Concurso de crimes

O crime em comento é especial em relação ao do art. 55.

Assim como se dá em relação ao art. 55, o agente responde, em regra, pelo crime do art. 44 em concurso material com aquele do art. 2º da Lei n. 8.176/91 (TRF4, AC 200571000426560, Artur de Souza [Conv.], 8ª T., u., 06/08/2008).

16.25. TRANSFORMAÇÃO DE MADEIRA DE LEI EM CARVÃO (ART. 45)

> **Art. 45.** Cortar ou transformar em carvão madeira de lei, assim classificada por ato do Poder Público, para fins industriais, energéticos ou para qualquer outra exploração, econômica ou não, em desacordo com as determinações legais:
> Pena — reclusão, de um a dois anos, e multa.

[22] MILARÉ, Édis. *Direito do ambiente*, p. 986.

16.25.1. Tipo objetivo

Cortar é derrubar a árvore protegida.

Transformar em carvão é o processo da queima da madeira em fornos para produção de carvão vegetal.

A expressão **madeira de lei** designa as madeiras nobres, de alta durabilidade. Conforme a doutrina:

> A madeira de lei é a originária de árvores de grande porte e que exigem maior proteção contra o corte desenfreado. (...)
> Chamadas também de madeiras duras, dão material mais forte e próprio para construções e trabalhos expostos a intempéries. São delas bons exemplos a araucária, a imbuia, o jacarandá, o mogno e o cedro[23].

Mais que isso, somente haverá crime se o corte ou transformação se der **em desacordo com as determinações legais**, o que traduz elemento subjetivo do tipo.

16.25.2. Tipo subjetivo

É o dolo, aliado ao **elemento subjetivo específico** de que o corte ou transformação se dê *para fins industriais, energéticos ou para qualquer outra exploração, econômica ou não.*

16.25.3. Consumação

O tipo é misto alternativo, consumando-se com a prática de uma das condutas, a saber, cortar *ou* transformar em carvão, de modo que também é típica a conduta de cortar para outra finalidade que não seja a transformação em carvão.

16.26. COMÉRCIO OU INDUSTRIALIZAÇÃO IRREGULAR DE PRODUTOS VEGETAIS (ART. 46, *CAPUT*)

> **Art. 46.** Receber ou adquirir, para fins comerciais ou industriais, madeira, lenha, carvão e outros produtos de origem vegetal, sem exigir a exibição de licença do vendedor, outorgada pela autoridade competente, e sem munir-se da via que deverá acompanhar o produto até final beneficiamento:
> Pena — detenção, de seis meses a um ano, e multa.

16.26.1. Tipo objetivo

Receber é aceitar em depósito, entrar na posse do produto.

Adquirir é comprar, entrar na propriedade, em razão de contrato oneroso.

Poderão ser **objeto** do crime a madeira em estado natural, bem como sob a forma de lenha ou carvão, bem como qualquer outro produto de origem vegetal.

---

23 FREITAS, Gilberto Passos de; FREITAS, Vladimir Passos de (Org.). *Crimes contra a natureza*, p. 179.

Somente haverá crime se as condutas forem praticadas sem a **documentação outorgada pela autoridade competente**, conforme as normas administrativas, que visa a controlar a origem regular do produto.

16.26.2. Tipo subjetivo

É o dolo, aliado à finalidade comercial ou industrial, de modo que não se caracteriza o crime se a aquisição se der por particular, para fins privados, como o consumo próprio.

16.26.3. Consumação

Com a prática de qualquer uma das condutas previstas no tipo, que é múltiplo ou de conteúdo variado.

16.27. FORMA DERIVADA (ART. 46, PARÁGRAFO ÚNICO)

> **Art. 46.** (...)
> Parágrafo único. Incorre nas mesmas penas quem vende, expõe à venda, tem em depósito, transporta ou guarda madeira, lenha, carvão e outros produtos de origem vegetal, sem licença válida para todo o tempo da viagem ou do armazenamento, outorgada pela autoridade competente.

16.27.1. Tipo objetivo

Vender é entregar em troca de dinheiro.

Expor à venda é colocar à disposição, oferecer à venda.

Ter em depósito é manter em estoque, para venda posterior.

Transportar é levar de um lugar a outro.

Guardar é manter em depósito por conta de terceiro.

O objeto é idêntico ao do *caput*.

Assim como na forma básica, somente haverá crime se as condutas forem praticadas sem a **documentação outorgada pela autoridade competente**, conforme as normas administrativas, que visam a controlar a origem regular do produto.

16.27.2. Tipo subjetivo

É o dolo, **não sendo exigido intuito de comercialização** (TRF2, AC 200551014903758, Liliane Roriz, 2ª TE, u., 16/06/2009).

16.27.3. Consumação

Como o delito é múltiplo, consuma-se com a prática de qualquer das condutas previstas no tipo, como, por exemplo, o mero transporte.

16.27.4. Concurso de crimes

O crime de falsidade ideológica não é absorvido pelo crime do parágrafo único do art. 46 da LCA, que tem pena menor. Assim, se houve comercialização de madeira sem licença e inserção de declarações diversas das que deviam constar em ATPF, há concurso formal de crimes, pois diversos os bens jurídicos protegidos (STJ, REsp 896.312, Lima, 5ª T., u., 16/08/2007).

■ 16.28. IMPEDIMENTO OU DIFICULTAÇÃO DA REGENERAÇÃO DE FLORESTAS OU VEGETAÇÃO (ART. 48)

> **Art. 48.** Impedir ou dificultar a regeneração natural de florestas e demais formas de vegetação:
> Pena — detenção, de seis meses a um ano, e multa.

■ 16.28.1. Sujeito ativo

Qualquer pessoa, sendo o crime comum.

No entanto, quando praticado sob a forma omissiva, somente responde aquele que tem a posição de garante em virtude de lei, que de outra forma assumiu o compromisso de evitar o resultado ou criou o risco de sua ocorrência, na forma do § 2º do art. 13 do CP (STJ, REsp 897.426, Vaz, 5ª T., u., 28/04/2008).

Nessa linha, é penalmente responsável o adquirente ou ocupante do imóvel, ou seja, "o agente que, mesmo não sendo construtor da obra, deixa de promover ou impede a regeneração da vegetação natural destruída em decorrência dela" (STJ, AgRg-REsp 1.497.163, Fischer, 5ª T., 19/04/2018).

■ 16.28.2. Tipo objetivo

As condutas são **impedir**, que significa impossibilitar ou obstruir, e **dificultar**, que é tornar difícil ou custoso de fazer.

Regeneração natural é o processo de reprodução do que foi arruinado ou destruído.

Objeto material do crime são, então, as **florestas** e **demais formas de vegetação** integrantes da flora brasileira[24], como, por exemplo, o mangue (STJ, REsp 1.497.445, Schietti, 6ª T., 15/10/2015), não se exigindo que se trate de APP (STJ, AgRg-REsp 1.498.059, Raposo [Conv.], 17/09/2015).

O tipo é aberto, podendo ser praticado de forma comissiva ou omissiva (STJ, RHC 16.171, 6ª T., u., 25/06/2004), como, por exemplo, no caso de manutenção de edificação em local de floresta.

O art. 60 da Lei n. 12.651/2012, considerado constitucional pelo STF, suspende a prescrição da pretensão punitiva em relação aos crimes dos arts. 38, 39 e 48, durante o período de cumprimento do termo de compromisso para recuperação da área degradada (STF, ADC 42, Fux, Pl., m., 28/02/2018).

■ 16.28.3. Tipo subjetivo

É o dolo, não havendo forma culposa.

---

[24] Sobre a distinção entre floresta e vegetação, *v.* comentário ao art. 40 (STJ, REsp 849.423, Dipp, 5ª T., u., 19/09/2006).

16.28.4. Consumação

Em geral, como no caso de construção, será permanente (STF, RHC 83.437, Barbosa, 1ª T., m., 10/02/2004; STF, ARE 923.296, Mendes, 2ª T., 10/11/2015; STJ, AgRg-REsp 1.133.632, Schietti, 6ª T., 27/09/2016; AgRg-AREsp 312.502, Fischer, 13/06/2017), pois o proprietário pode, a qualquer momento, fazer cessar a permanência, demolindo a edificação (STJ, HC 116.088, Vaz, 5ª T., u., 16/09/2010).

16.28.5. Concurso de crimes

Pode haver dúvidas sobre o concurso entre os delitos dos arts. 48, 63 e 64, especialmente em caso de *construção em solo não edificável*, tendo prevalecido, por certo período, a orientação de que há concurso material (STJ, REsp 1.125.374, Dipp, 5ª T., 02/08/2011; STJ, AgRg-REsp 1.214.052, Reis, 6ª T., 26/02/2013; STJ, RMS 49.909, Reynaldo, 5ª T., 16/05/2017).

16.29. DESTRUIR, DANIFICAR, LESAR OU MALTRATAR PLANTAS DE ORNAMENTAÇÃO DE LOGRADOUROS PÚBLICOS OU EM PROPRIEDADE PRIVADA ALHEIA (ART. 49)

> **Art. 49.** Destruir, danificar, lesar ou maltratar, por qualquer modo ou meio, plantas de ornamentação de logradouros públicos ou em propriedade privada alheia:
> Pena — detenção, de três meses a um ano, ou multa, ou ambas as penas cumulativamente.

16.29.1. Sujeito ativo

Qualquer pessoa, cuidando-se de crime comum.

16.29.2. Tipo objetivo

Cuida-se de forma especial de delito de dano.

Destruir é estragar de modo intenso, tornando a coisa imprestável para o fim a que se destinava.

Danificar é causar dano.

Lesar é machucar, ferir, sendo que a conduta, assim como **maltratar**, é inapropriada em relação a plantas.

Objeto do crime são as plantas de ornamentação, ou seja, de enfeite, embelezamento, utilizadas em logradouro público ou propriedade privada alheia.

16.29.3. Tipo subjetivo

É o dolo, aliado ao especial fim de causar dano, não havendo crime quando a derrubada ou retirada das plantas têm por fim a garantia da visibilidade para o tráfego ou a segurança de linhas de transmissão de energia elétrica, ou, ainda, dos transeuntes.

Em claro exagero punitivo, pune-se, também, a forma culposa, embora com pena mitigada.

16.29.4. Consumação

Com a efetiva destruição ou dano, cuidando-se de crime material.

16.30. DESTRUIÇÃO OU DANO DE FLORESTAS OU VEGETAÇÃO DE ESPECIAL PRESERVAÇÃO (ART. 50)

> **Art. 50.** Destruir ou danificar florestas nativas ou plantadas ou vegetação fixadora de dunas, protetora de mangues, objeto de especial preservação:
> Pena — detenção, de três meses a um ano, e multa.

16.30.1. Tipo objetivo

Destruir é estragar de modo intenso, tornando a coisa imprestável para o fim a que se destinava.

Danificar é causar dano.

Floresta é a "associação arbórea de grande extensão e continuidade"[25]. Será **nativa** a floresta crescida naturalmente, sem intervenção humana, ao contrário da **plantada**, que se origina de reflorestamento.

Conforme o inciso X do art. 2º da Res. CONAMA 303/2002, **duna** é a "unidade geomorfológica de constituição predominante arenosa, com aparência de cômoro ou colina, produzida pela ação dos ventos, situada no litoral ou no interior do continente, podendo estar recoberta, ou não, por vegetação". Objeto do delito será a **vegetação fixadora das dunas**, que impede o seu deslocamento, desmoronamento ou destruição.

Mangue ou manguezal é o:

> ecossistema litorâneo que ocorre em terrenos baixos, sujeitos à ação das marés, formado por vasas lodosas recentes ou arenosas, às quais se associa, predominantemente, a vegetação natural conhecida como mangue, com influência flúvio-marinha, típica de solos limosos de regiões estuarinas e com dispersão descontínua ao longo da costa brasileira, entre os estados do Amapá e Santa Catarina (Res. CONAMA 303/2002, art. 2º, IX).

16.31. DESMATAMENTO, EXPLORAÇÃO ECONÔMICA OU DEGRADAÇÃO DE FLORESTA EM TERRAS DE DOMÍNIO PÚBLICO OU DEVOLUTAS (ART. 50-A)

> **Art. 50-A.** Desmatar, explorar economicamente ou degradar floresta, plantada ou nativa, em terras de domínio público ou devolutas, sem autorização do órgão competente:
> Pena — reclusão de 2 (dois) a 4 (quatro) anos e multa.
> § 1º Não é crime a conduta praticada quando necessária à subsistência imediata pessoal do agente ou de sua família.
> § 2º Se a área explorada for superior a 1.000 ha (mil hectares), a pena será aumentada de 1 (um) ano por milhar de hectare.

[25] MILARÉ, Édis. *Direito do ambiente,* p. 986.

16.31.1. Sujeito ativo

Qualquer pessoa, cuidando-se de crime comum.

16.31.2. Tipo objetivo

Desmatar significa, literalmente, tirar o mato, ou seja, cortar as árvores que compõem a floresta.

A conduta de **explorar economicamente** se refere a qualquer outra forma de obtenção de vantagem, que não envolva o corte das árvores, incluindo as práticas extrativistas, como a retirada de galhos, cascas, frutos, sementes ou seiva.

Por fim, **degradar**, aqui, significa danificar, estragar.

Objeto do crime são as **florestas**, **plantadas ou nativas**, desde que localizadas em terras de domínio público ou devolutas.

"O elemento normativo do tipo **floresta** designa 'a formação arbórea densa, de alto porte, que recobre área de terra mais ou menos extensa', sendo essencial que seja constituída por árvores de grande porte e não incluindo a vegetação rasteira" (STJ, HC 200700110074, Fischer, 5ª T., u., 21/06/2007).

Floresta nativa é aquela que existe naturalmente no local, enquanto a **plantada** é aquela formada por ação do homem.

Terras de domínio público são aquelas que pertencem à União, Estados, Distrito Federal, Municípios, autarquias e fundações públicas (CC, arts. 98, 41 e 99).

Já as **terras devolutas** são aquelas "que nunca entraram, legitimamente, no domínio particular" (STF, RE 72.020, Rodrigues Alckmin, 10/10/1973), ou seja, que nunca foram objeto de ocupação por particulares, após o descobrimento do Brasil. Pertencem à União "as terras devolutas indispensáveis à defesa das fronteiras, das fortificações e construções militares, das vias federais de comunicação e à preservação ambiental, definidas em lei" (CF, art. 20, II), enquanto as demais pertencem aos Estados (CF, art. 26, IV). De lembrar, ainda, que: "São indisponíveis as terras devolutas ou arrecadadas pelos Estados, por ações discriminatórias, necessárias à proteção dos ecossistemas naturais" (CF, art. 225, § 5º).

16.31.2.1. Exclusão de crime

O delito fica excluído na hipótese do § 1º do art. 50-A.

16.31.3. Tipo subjetivo

É o dolo.

16.31.4. Pena

Há causa de aumento prevista no § 2º, conforme a extensão da área explorada.

16.32. COMERCIALIZAÇÃO OU UTILIZAÇÃO DE MOTOSSERRA SEM LICENÇA OU REGISTRO (ART. 51)

> **Art. 51.** Comercializar motosserra ou utilizá-la em florestas e nas demais formas de vegetação, sem licença ou registro da autoridade competente:
> Pena — detenção, de três meses a um ano, e multa.

16.32.1. Sujeito ativo

Qualquer pessoa, cuidando-se de crime comum.

16.32.2. Tipo objetivo

Comercializar consiste em vender ou alugar o equipamento.

Utilizar é fazer uso da máquina.

Objeto do crime são as **florestas** ou **quaisquer outras formas de vegetação**.

Há elemento normativo do tipo, sendo atípica a conduta quando ocorrer o devido **registro e** houver **licença** para utilização (Lei n. 12.651/2012, art. 69).

Motosserra é uma serra portátil, acionada por motor, utilizada para o abate de árvores e outras formas de vegetação.

16.32.3. Tipo subjetivo

É o dolo.

16.32.4. Consumação

Com a mera comercialização ou utilização sem registro ou licença, independentemente da superveniência de resultado naturalístico, uma vez que se trata de crime de mera conduta (TRF1, AC 200741000064748, Murilo Almeida [Conv.], 3ª T., u., 02/09/2011).

16.33. INGRESSO IRREGULAR EM UNIDADE DE CONSERVAÇÃO PORTANDO SUBSTÂNCIA OU INSTRUMENTO PARA CAÇA OU EXPLORAÇÃO FLORESTAL (ART. 52)

> **Art. 52.** Penetrar em Unidades de Conservação conduzindo substâncias ou instrumentos próprios para caça ou para exploração de produtos ou subprodutos florestais, sem licença da autoridade competente:
> Pena — detenção, de seis meses a um ano, e multa.

16.33.1. Sujeito ativo

Qualquer pessoa, cuidando-se de crime comum.

16.33.2. Tipo objetivo

Penetrar é ingressar, adentrar o terreno da UC, **conduzindo**, ou seja, portando, carregando, **substâncias** ou **instrumentos** próprios para caça ou exploração de subprodutos florestais.

De acordo com o § 1º do art. 40 da LCA, com a redação dada pela Lei n. 9.985/2000: "Entende-se por Unidades de Conservação de Proteção Integral as Estações Ecológicas, as Reservas Biológicas, os Parques Nacionais, os Monumentos Naturais e os Refúgios de Vida Silvestre".

A seu turno, o art. 2º, I, da Lei n. 9.985/2000 define UC como:

> espaço territorial e seus recursos ambientais, incluindo as águas jurisdicionais, com características naturais relevantes, legalmente instituído pelo Poder Público, com objetivos de conservação e limites definidos, sob regime especial de administração, ao qual se aplicam garantias adequadas de proteção.

Substância é o produto químico ou natural que possa ser utilizado para as finalidades mencionadas no tipo.

Instrumento é o aparelho ou dispositivo que sirva a tais finalidades. Armas de fogo podem ser consideradas instrumentos próprios para caça, fazendo incidir o tipo penal (TRF2, AC 200151070006900, Abel Gomes, 1ª TE, u., 06/04/2005), quando se tratar de armas de caça. Não assim, quando as armas não forem apropriadas para a caça, mas sim para defesa ou ataque.

A **caça** é a atividade de perseguir animais para matá-los ou colocá-los em cativeiro.

A **exploração de subprodutos florestais** diz respeito a qualquer atividade extrativista, como, por exemplo, a coleta de frutos, sementes, raízes etc.

Há elemento normativo do tipo, pois o ingresso somente será criminoso se ocorrer **sem licença da autoridade competente**.

16.33.3. Tipo subjetivo

É o dolo.

16.33.4. Consumação

Com o ingresso na UC, cuidando-se de crime de perigo.

O crime é permanente, protraindo-se a consumação enquanto o agente estiver dentro da UC portando as substâncias ou instrumentos referidos no tipo (TRF2, AC 200551014900320, Azulay, 2ª TE, u., 17/06/2008).

16.33.5. Concurso de crimes

O crime do art. 52 da LCA é especial em relação ao crime de porte ilegal de arma de fogo (TRF2, AC 200151070006900, Abel Gomes, 1ª TE, u., 06/04/2005).

Caso sobrevenha a efetiva caça ou exploração de subprodutos florestais, o crime em questão restará absorvido por aquele do art. 29 ou do art. 40, respectivamente, cuidando-se de crime progressivo.

16.34. POLUIÇÃO (ART. 54)

> **Art. 54.** Causar poluição de qualquer natureza em níveis tais que resultem ou possam resultar em danos à saúde humana, ou que provoquem a mortandade de animais ou a destruição significativa da flora:

Pena — reclusão, de um a quatro anos, e multa.
§ 1º Se o crime é culposo:
Pena — detenção, de seis meses a um ano, e multa.

16.34.1. Sujeito ativo

Qualquer pessoa, cuidando-se de crime comum[26], até mesmo o funcionário público, em caso de omissão penalmente relevante, caso tenha o dever jurídico de evitar o resultado na forma do § 2º do art. 13 do CP (STJ, REsp 1.618.975, Reis, 6ª T., 07/03/2017). Veja-se que o art. 3º da Lei n. 6.938/81 conceitua como poluidor: "a pessoa física ou jurídica, de direito público ou privado, responsável, direta ou indiretamente, por atividade causadora de degradação ambiental".

16.34.2. Tipo objetivo

O conceito de **poluição** é encontrado no art. 3º, III, da Lei n. 6.938/81, como segue:

> III — poluição, a degradação da qualidade ambiental resultante de atividades que direta ou indiretamente:
> *a)* prejudiquem a saúde, a segurança e o bem-estar da população;
> *b)* criem condições adversas às atividades sociais e econômicas;
> *c)* afetem desfavoravelmente a biota;
> *d)* afetem as condições estéticas ou sanitárias do meio ambiente;
> *e)* lancem matérias ou energia em desacordo com os padrões ambientais estabelecidos.

A poluição poderá ser **de qualquer natureza**, como, por exemplo, aquática, atmosférica, do solo, sonora (STJ, AgRg-REsp 1.442.333, Reis, 6ª T., 14/06/2016), visual ou por resíduos sólidos.

Em caso de poluição aquática, poderá ser objeto do crime qualquer tipo de água, seja subterrânea, superficial, lacustre, marítima, doce, salobra ou salgada[27]. O tipo de água atingido ou a forma de realização da conduta poderão levar, porém, à caracterização das formas qualificadas dos incisos I, III, IV ou V do § 2º do art. 54. Especificamente para a poluição marinha, poderá ser utilizado o conceito da Convenção da ONU sobre o Direito do Mar, art. 1, 4, do seguinte teor:

> "Poluição do meio marinho" significa a introdução pelo homem, direta ou indiretamente, de substâncias ou de energia no meio marinho, incluindo os estuários, sempre que a mesma provoque ou possa vir a provocar efeitos nocivos, tais como danos aos

[26] BUGALHO, Nelson Roberto. Crime de poluição, do art. 54 da Lei 9.605/98. *Revista de Direito Ambiental*, n. 11, p. 15-24, jul./set. 1998, p. 17.

[27] PRADO, Luiz Régis. *Direito penal do ambiente*, p. 189.

recursos vivos e à vida marinha, riscos à saúde do homem, entrave às atividades marítimas, incluindo a pesca e as outras utilizações legítimas do mar, alteração da qualidade da água do mar, no que se refere à sua utilização e deterioração dos locais de recreio.

É controvertida a caracterização do crime em caso de atividade poluidora que respeite os padrões ambientais estabelecidos e esteja devidamente autorizada. Há duas posições. Para a primeira, haverá crime, em especial se as regras ambientais forem inidôneas, inadequadas ou inexistentes[28]. Para a segunda, não haverá crime, por ausência de ilicitude[29].

Causar é dar causa, provocar, ocasionar, de modo que **causar poluição** é o mesmo que **poluir**, ou seja, sujar ou corromper, tornando prejudicial à saúde, o que pode dar-se por ação ou omissão (TRF2, Inq. 367, Abel Gomes, Pl., u., 03/04/2008). Quer dizer, a poluição criminosa é aquela que decorre de atividade humana, e não de fato da natureza.

Não afasta o crime o fato de que o local já se encontrasse poluído anteriormente (TRF4, AC 200572040016643, Vaz, 8ª T., u., 15/07/2009).

Por fim, o tipo apresenta elementos normativos, consubstanciados nas expressões **em níveis tais** e destruição **significativa**, de modo que, para o reconhecimento do crime, exige-se não só a comprovação da exposição ao risco da saúde humana ou dos danos à fauna ou à flora, mas também de sua extensão, sendo caso de absolvição quando o laudo é genérico, referindo a ação poluidora do conjunto dos imóveis existentes na praia, e não apenas ao estabelecimento comercial dos acusados (TRF2, AC 200451080002174, Azulay, 2ª TE, m., 07/07/2009).

■ 16.34.3. Tipo subjetivo

Na forma básica, é o dolo, admitida a forma eventual[30].

Há previsão de forma culposa, com pena mitigada, no § 1º do art. 54.

■ 16.34.4. Consumação

A formulação utilizada "possam resultar em danos à saúde humana" leva à conclusão de que o crime é formal e de perigo abstrato[31], consumando-se com a mera prática das condutas descritas no tipo, independentemente da comprovação de qual-

---

28 MACHADO, Paulo Affonso Leme. Da poluição e outros crimes ambientais na Lei 9.605/98. *Revista de Direito Ambiental*, n. 14, p. 9-19, abr./jun. 1999, p. 12.

29 BARBOSA, Daniel Marchionatti. Da poluição e outros crimes ambientais. In: BALTAZAR JUNIOR, José Paulo; SILVA, Fernando Quadros da (Org.). *Crimes ambientais. Estudos em homenagem ao des. Vladimir Passos de Freitas*. Porto Alegre: Verbo Jurídico, 2010. p. 358-359.

30 BARBOSA, Daniel Marchionatti. Da poluição e outros crimes ambientais, p. 361.

31 BUGALHO, Nelson Roberto. Crime de poluição, do art. 54 da Lei 9.605/98, p. 20.

quer resultado (STJ, AgRg-AREsp 956.780, Reynaldo, 5ª T., 27/09/2016; STJ, RMS 50.393, Fischer, 5ª T., 12/09/2017; STJ, EREsp 1.417.279, Paciornik, 3ª S., 11/04/2018; STJ, AgRg-AREsp 1.273.153, Dantas, 5ª T., 26/06/2018), não sendo exigido dano efetivo para a saúde humana (LCA, art. 54, *caput*, primeira figura), bem como em relação à forma qualificada do inciso V do § 2º.

Já para os casos de mortandade de animais ou destruição significativa da flora[32], previstos no *caput*, bem como para os incisos I a IV do § 2º, exige-se resultado material[33].

Caso a poluição tenha sido causada pelo armazenamento indevido de lixo industrial, o delito é eventualmente permanente, de modo que o prazo prescricional somente se inicia com a cessação da permanência, na forma do inc. III do art. 111 do CP (STJ, AgRg-REsp 1.847.097, Paciornik, 5ª T., 05/03/2020).

16.34.5. Concurso de crimes

O delito de poluição, redigido de forma ampla, entra em conflito aparente com vários outros dispositivos penais, como exposto na tabela seguinte[34].

DISPOSITIVO PENAL	SITUAÇÃO	FUNDAMENTO
■ CP, art. 170 — Envenenamento de Água Potável	■ Em vigor	■ Especialidade
■ CP, art. 171 — Corrupção ou Poluição de Água Potável	■ Revogado	■ Incompatibilidade
■ CP, art. 250 — Incêndio	■ Em vigor	■ Especialidade. Possível o concurso formal.
■ CP, art. 252	■ Em vigor	■ Especialidade
■ LCP, art. 38	■ Em vigor	■ Bem jurídico diverso
■ LCP, art. 42 — Perturbação de Sossego	■ Em vigor	■ Bem jurídico diverso
■ Lei n. 6.938/81, art. 15 — Poluição	■ Revogado	■ Idêntica matéria

16.34.6. Pena

Aplicam-se as causas de aumento do art. 58[35].

16.35. POLUIÇÃO QUALIFICADA (ART. 54, § 2º)

Art. 54. (...)
§ 2º Se o crime:

[32] MACHADO, Paulo Affonso Leme. Da poluição e outros crimes ambientais na Lei 9.605/98, p. 12.

[33] BARBOSA, Daniel Marchionatti. Da poluição e outros crimes ambientais, p. 360.

[34] BELLO FILHO, Ney de Barros. Anotações ao crime de poluição. *Revista CEJ*, Brasília, n. 22, p. 49-62, jul./set. 2003, p. 55-56; BARBOSA, Daniel Marchionatti. Da poluição e outros crimes ambientais, p. 362.

[35] BUGALHO, Nelson Roberto. Crime de poluição, do art. 54 da Lei 9.605/98, p. 22-23.

> I — tornar uma área, urbana ou rural, imprópria para a ocupação humana;
> II — causar poluição atmosférica que provoque a retirada, ainda que momentânea, dos habitantes das áreas afetadas, ou que cause danos diretos à saúde da população;
> III — causar poluição hídrica que torne necessária a interrupção do abastecimento público de água de uma comunidade;
> IV — dificultar ou impedir o uso público das praias;
> V — ocorrer por lançamento de resíduos sólidos, líquidos ou gasosos, ou detritos, óleos ou substâncias oleosas, em desacordo com as exigências estabelecidas em leis ou regulamentos;
> Pena — reclusão, de um a cinco anos.

16.35.1. Tipo objetivo

Os incisos I a IV são **formas qualificadas pelo resultado**, enquanto no inciso V a qualificadora decorre do **desvalor da conduta**[36].

A qualificadora do **impedimento da ocupação humana** pode decorrer tanto de **poluição do solo**, causada por resíduos sólidos, quanto de **poluição das águas**. A lei não determina uma extensão mínima para a área atingida, mas deverá ser maior do que um terreno urbano ou uma pequena propriedade rural[37].

Veja-se que a área poluída, sem condições sanitárias adequadas, não pode ser objeto de parcelamento do solo urbano (Lei n. 6.766/79, art. 3º, II e IV).

O inciso II diz respeito à **poluição atmosférica**, que: "resulta da alteração das características físicas, químicas ou biológicas normais da atmosfera"[38]. É irrelevante, para o reconhecimento da qualificadora, que a saída dos moradores tenha se dado por iniciativa própria ou por determinação do Poder Público[39].

No caso do inciso III, que trata da **poluição hídrica**, o objeto material não precisa ser água potável, podendo recair sobre reservatórios dos quais é extraída a água a ser tratada para posterior abastecimento público[40]. Mais que isso, a interrupção não precisa ser permanente, sendo suficiente que tenha durado algumas horas[41].

Praia, objeto material do inciso IV, segundo o § 3º do art. 10 da Lei n. 7.661/88, é: "a área coberta e descoberta periodicamente pelas águas, acrescida da faixa subsequente de material detrítico, tal como areias, cascalhos, seixos e pedregulhos, até o limite onde se inicie a vegetação natural, ou, em sua ausência, onde comece um outro ecossistema". Está incluída na proteção do dispositivo a praia fluvial[42].

---

[36] BARBOSA, Daniel Marchionatti. Da poluição e outros crimes ambientais, p. 363.

[37] BELLO FILHO, Ney de Barros. Anotações ao crime de poluição, p. 58-59.

[38] MILARÉ, Édis. *Direito do ambiente*, p. 161.

[39] MACHADO, Paulo Affonso Leme. Da poluição e outros crimes ambientais na Lei 9.605/98, p. 13.

[40] BARBOSA, Daniel Marchionatti. Da poluição e outros crimes ambientais, p. 264.

[41] MACHADO, Paulo Affonso Leme. Da poluição e outros crimes ambientais na Lei 9.605/98, p. 13.

[42] BELLO FILHO, Ney de Barros. Anotações ao crime de poluição, p. 58-60.

A última qualificadora diz respeito ao **lançamento de resíduos sólidos, líquidos ou gasosos**. Por resíduo se entende a substância descartada, ainda que pudesse, em tese, ser reaproveitada ou reciclada caso não tivesse sido descartada[43].

Já os **detritos** são sobras sólidas e não aproveitáveis.

Por fim, também configura o delito o descarte irregular de **óleos ou substâncias oleosas**, que poderão ter origem mineral, vegetal ou animal.

Como o inc. V expressamente menciona a prática "em desacordo com as exigências estabelecidas em leis ou regulamentos", conclui-se que se trata de norma penal em branco, sendo considerada inepta a denúncia que não aponta a norma complementadora que foi descumprida (STJ, HC 511.640, Paciornik, 5ª T., 02/06/2020).

16.35.2. Tipo subjetivo

É o dolo. Sobre a admissibilidade da forma culposa, há duas posições:

a) a poluição qualificada não admite forma culposa, que vem prevista no § 1º, sendo inaplicável às modalidades típicas do § 2º[44];
b) admite-se a forma culposa[45].

16.35.3. Consumação

Com a ocorrência do resultado mencionado nos incisos I a IV, ainda que haja posterior limpeza da área, ou com a prática da conduta mencionada no inciso V, exigindo-se, no último caso, a demonstração do risco de dano em virtude da conduta, cuidando-se de crime de perigo concreto (STJ, AgRg-AREsp 904.753, Néfi, 6ª T., 15/12/2016; STJ, REsp 1.638.060, Reis, 6ª T., 03/05/2018).

16.36. POLUIÇÃO OMISSIVA (ART. 54, § 3º)

> **Art. 54.** (...)
> § 3º Incorre nas mesmas penas previstas no parágrafo anterior quem deixar de adotar, quando assim o exigir a autoridade competente, medidas de precaução em caso de risco de dano ambiental grave ou irreversível.

16.36.1. Tipo objetivo

O tipo consagra o **princípio da precaução** e constitui-se em forma especial de desobediência, caracterizando-se pelo descumprimento de uma ordem concreta da autoridade, e não pelo mero descumprimento da legislação. Trata-se de crime omis-

---

[43] MACHADO, Paulo Affonso Leme. Da poluição e outros crimes ambientais na Lei 9.605/98, p. 15.

[44] BELLO FILHO, Ney de Barros. Anotações ao crime de poluição, p. 58; MACHADO, Paulo Affonso Leme. Da poluição e outros crimes ambientais na Lei 9.605/98, p. 12; TRF2, AC 200551020052335, Azulay, 2ª TE, u., 18/09/2007.

[45] BUGALHO, Nelson Roberto. Crime de poluição, do art. 54 da Lei 9.605/98, p. 21.

sivo próprio (STJ, HC 58.604, Dipp, 5ª T., u., 19/09/2006), aplicável somente às condutas de poluição enumeradas no *caput* e § 3º do art. 54, mas não a outros crimes ambientais (TRF4, AC 200171010001782, Élcio, 8ª T., u., 24/05/2006).

A degradação ambiental prévia não afasta o crime, que pode ser reconhecido pelo agravamento das consequências para o meio ambiente, ainda que haja dano preexistente à conduta incriminada (STF, HC 90.023, Direito, 1ª T., u., 06/11/2007).

16.36.2. Consumação

É crime de mera conduta, consumando-se com a mera omissão (STJ, HC 58.604, Dipp, 5ª T., u., 19/09/2006) ou com o descumprimento das medidas ordenadas.

16.37. LAVRA SEM AUTORIZAÇÃO (ART. 55)

> **Art. 55.** Executar pesquisa, lavra ou extração de recursos minerais sem a competente autorização, permissão, concessão ou licença, ou em desacordo com a obtida:
> Pena — detenção, de seis meses a um ano, e multa.

16.37.1. Noção

O alto grau de agressão ao meio ambiente inerente à atividade mineradora levou o próprio legislador constituinte a qualificar a atividade como degradadora, no § 2º do art. 225 da CF, determinando que: "Aquele que explorar recursos minerais fica obrigado a recuperar o meio ambiente degradado, de acordo com solução técnica exigida pelo órgão público competente, na forma da lei".

16.37.2. Bem jurídico

O solo e o subsolo, enquanto partes do meio ambiente (TRF2, RSE 200851060001169, Liliane Roriz, 2ª TE, u., 17/03/2009), mas não como propriedade da União, que constitui o bem jurídico protegido pelo delito do art. 2º da Lei n. 8.176/91.

16.37.3. Tipo objetivo

A **pesquisa** vem assim definida no art. 14 do Código de Minas (Decreto-lei n. 227/67):

> Art. 14. Entende-se por pesquisa mineral a execução dos trabalhos necessários à definição da jazida, sua avaliação e a determinação da exequibilidade do seu aproveitamento econômico.
>
> § 1º A pesquisa mineral compreende, entre outros, os seguintes trabalhos de campo e de laboratório: levantamentos geológicos pormenorizados da área a pesquisar, em escala conveniente, estudos dos afloramentos e suas correlações, levantamentos geofísi-

cos e geoquímicos; aberturas de escavações visitáveis e execução de sondagens no corpo mineral; amostragens sistemáticas; análises físicas e químicas das amostras e dos testemunhos de sondagens; e ensaios de beneficiamento dos minérios ou das substâncias minerais úteis, para obtenção de concentrados de acordo com as especificações do mercado ou aproveitamento industrial.

Conforme o art. 36 do Código de Minas (CM): "Entende-se por **lavra** o conjunto de operações coordenadas objetivando o aproveitamento industrial da jazida, desde a extração das substâncias minerais úteis que contiver, até o beneficiamento das mesmas".

Como se vê, a **extração mineral** é uma das fases da lavra, antecedendo o beneficiamento das substâncias minerais. No entanto, a menção específica à extração espanca qualquer dúvida sobre a incriminação do ato de extração em si, independentemente do posterior beneficiamento, ou do regime em que se dá o aproveitamento não autorizado, que será criminoso ainda que não se trate de regime de *concessão de lavra*, estendendo-se, por exemplo, à garimpagem ilegal[46].

No primeiro caso, não há autorização, enquanto no segundo existe autorização, mas a lavra se dá em desacordo com a autorização existente (TRF5, AC 200684020000400, Ivan Lira, 4ª T., u., 12/05/2009).

■ *16.37.3.1. Extração para obras públicas*

Como já visto, a extração de minerais sem autorização é, em primeira linha, sancionada penalmente, não só pelo art. 55 da LCA, mas também pelo art. 2º da Lei n. 8.176/91.

No entanto, de acordo com o art. 2º do CM, com a redação dada pela Lei n. 9.827/99, a extração mineral levada a efeito por órgão da administração, para utilização em obra pública, não requer autorização administrativa, de modo que não ocorre o crime do art. 2º da Lei n. 8.176/91 (TRF4, Inq. 200904000043099, Vaz, 4ª S., u., 15/04/2010). Idêntico raciocínio se aplica, segundo o STJ, quando a obra foi licitada para realização por particular, que segue, em sua execução, o projeto apresentado pela Administração, uma vez que não haveria crime se a execução da obra fosse direta, por parte do órgão licitante (STJ, HC 31.395, Gallotti, 6ª T., u., 08/11/2005).

■ 16.37.4. Tipo subjetivo

É o dolo, **não sendo exigida finalidade comercial**, de modo que há crime ainda que a extração não autorizada tenha fins científicos (TRF3, AC 200361060114991, Cecília Mello, 2ª T., u., 22/01/2008).

[46] CARDOZO DA SILVA, Marcelo. Do crime ambiental de pesquisa, de lavra e de extração de recursos minerais. In: BALTAZAR JUNIOR, José Paulo; SILVA, Fernando Quadros da (Org.). *Crimes ambientais. Estudos em homenagem ao des. Vladimir Passos de Freitas.* Porto Alegre: Verbo Jurídico, 2010. p. 387-389.

16.37.5. Consumação

Com a mera extração do material sem autorização da autoridade competente, não sendo exigido outro resultado (TRF2, AC 200550010025734, Abel Gomes, 1ª TE, u., 06/04/2009), como o proveito econômico (TRF3, AC 200161050033432, Guimarães, 2ª T., u., 19/05/2009).

O crime é permanente, iniciando-se o prazo prescricional com a cessação da permanência (TRF2, AC 200551540052706, Maria Helena Cisne, 1ª TE, m., 15/07/2009).

16.37.6. Concurso de crimes

16.37.6.1. Concurso aparente

O delito do art. 55 é especial em relação ao do art. 40, sendo reconhecido aquele, ainda que o ato de extração de minerais tenha ocorrido no interior de UC (TRF4, PIMP 200704000203343, Néfi, 4ª S., m., 18/09/2008).

16.37.6.2. Usurpação

Em caso de lavra sem autorização, há concurso formal entre os delitos do art. 2º da Lei n. 8.176/91 e do art. 55 da LCA (STJ, RHC 5.149, Fischer, 5ª T., 07/04/2015; STJ, AgRg-REsp 1.205.986, Néfi, 6ª T., 20/08/2015; STJ, AgRg-REsp 1.580.693, Maria Thereza Moura, 6ª T., 05/04/2016), não tendo a LCA revogado o tipo da usurpação de bem da União (TRF3, HC 200703000071813, Cecília Mello, 2ª T., u., 23/10/2007), nem sendo caso de aplicação do princípio da especialidade (TRF4, RSE 2000.72.04.003008-3, Castilho, 8ª T., u., *DJ* 30/04/2003).

CRIME	LCA, ART. 55	LEI N. 8.176/91, ART. 2º
BEM JURÍDICO	■ Meio Ambiente	■ Patrimônio da União
CONDUTA	■ Executar pesquisa, lavra ou extração, independentemente de efetiva apropriação.	■ Constitui crime contra o patrimônio, na modalidade de usurpação, produzir bens ou explorar matéria-prima pertencentes à União.
ELEMENTOS NORMATIVOS	■ "falta de autorização legal" ou o "desacordo às obrigações impostas pelo título autorizativo".	■ "falta de competente autorização, permissão, concessão ou licença, ou em desacordo com a obtida".

16.37.7. Ação penal

A competência é da JF, por recair sobre bem da União (CF, arts. 20, IX, 176 e 109, IV), à qual pertencem os recursos minerais e jazidas, mesmo no subsolo.

16.38. OMISSÃO NA RECUPERAÇÃO (ART. 55, PARÁGRAFO ÚNICO)

> **Art. 55.** (...)
> Parágrafo único. Nas mesmas penas incorre quem deixa de recuperar a área pesquisada ou explorada, nos termos da autorização, permissão, licença, concessão ou determinação do órgão competente.

16.38.1. Sujeito ativo

O crime é comum. Se a mesma pessoa for responsável pela degradação e pela omissão na recuperação, haverá crime único.

16.38.2. Tipo objetivo

O dispositivo concretiza o dever de recuperação imposto pelo § 2º do art. 225 da CF.

A primeira forma é omissiva, quando o agente deixa de recuperar a área, enquanto a segunda é comissiva, quando há recuperação, mas esta contraria a forma determinada pela autoridade.

16.38.3. Tipo subjetivo

É o dolo.

16.39. SUBSTÂNCIA TÓXICA, PERIGOSA OU NOCIVA (ART. 56)

> **Art. 56.** Produzir, processar, embalar, importar, exportar, comercializar, fornecer, transportar, armazenar, guardar, ter em depósito ou usar produto ou substância tóxica, perigosa ou nociva à saúde humana ou ao meio ambiente, em desacordo com as exigências estabelecidas em leis ou nos seus regulamentos:
> Pena — reclusão, de um a quatro anos, e multa.
> (...)
> § 2º Se o produto ou a substância for nuclear ou radioativa, a pena é aumentada de um sexto a um terço.
> § 3º Se o crime é culposo:
> Pena — detenção, de seis meses a um ano, e multa.

16.39.1. Noção

Cuida-se de forma especial de contrabando, nas modalidades importar e exportar (TRF4, RSE 200871030001708, Penteado, 8ª T., u., 30/07/2008).

16.39.2. Sujeito ativo

É crime comum, que pode ser praticado por qualquer pessoa.

16.39.3. Tipo objetivo

Produzir é dar existência, criar, seja por processo mecânico ou industrial, seja mediante mistura caseira ou manual.

Processar, aqui, tem o sentido de submeter os materiais ou matérias-primas a um processo físico, químico ou biológico de transformação.

Embalar é empacotar ou dividir a produção em recipientes para transporte ou comercialização.

Importar é trazer do exterior para o Brasil.

Exportar é levar a substância para o exterior.

Comercializar é vender.

Fornecer é prover, entregar, gratuitamente ou não, podendo ser aplicada ao fornecedor que entrega a droga em consignação, para recebimento do preço depois da venda a varejo.

Transportar é levar de um lugar a outro.

Guardar significa ter sob vigilância ou cuidado em favor de terceiro.

Armazenar e **ter em depósito** são condutas sinônimas que significam conservar ou reter à disposição a substância, por conta própria.

Por fim, **usar** é aplicar o produto na sua destinação própria.

Todas as condutas previstas no tipo legal são comissivas (TRF2, Inq. 367, Abel Gomes, Pl., u., 03/04/2008).

As modalidades guardar, armazenar e ter em depósito são permanentes.

Objeto do crime é o produto ou substância tóxica, perigosa ou nociva à saúde humana ou ao meio ambiente, como agrotóxicos, combustíveis, venenos, produtos químicos, pneus usados (STJ, REsp 1.524.517, Néfi, 6ª T., 17/08/2017) etc.

Cuida-se de norma penal em branco, pois o delito somente se configura quando as condutas são praticadas *em desacordo com as exigências estabelecidas em leis ou nos seus regulamentos*, sendo inepta a denúncia que não menciona a norma complementar (STJ, HC 370.972, Néfi, 6ª T., 22/11/2016; STJ, REsp 1.439.150, Schietti, 6ª T., 05/10/2017; AgRg-HC 585.526, Mussi, 5ª T., 04/08/2020).

16.39.3.1. *Modalidades derivadas*

> **Art. 56.** (...)
> § 1º Nas mesmas penas incorre quem:
> I — abandona os produtos ou substâncias referidos no *caput* ou os utiliza em desacordo com as normas ambientais ou de segurança;
> II — manipula, acondiciona, armazena, coleta, transporta, reutiliza, recicla ou dá destinação final a resíduos perigosos de forma diversa da estabelecida em lei ou regulamento.

A conduta de **abandonar** consiste em não dar a destinação adequada aos produtos ou substâncias.

A **utilização** em desacordo com as normas de segurança é modalidade que se caracteriza como tipo penal em branco, a ser complementado pelas regras administrativas sobre a segurança dos produtos.

16.39.4. Tipo subjetivo

Nas modalidades do *caput* e do § 1º, é o dolo, mas há previsão de modalidade culposa no § 3º, com pena de detenção, de seis meses a um ano, e multa.

16.39.5. Consumação

O crime é formal e de perigo abstrato, consumando-se com a mera prática da conduta típica, independentemente de dano efetivo ao meio ambiente (STJ, RHC 64.039, Dantas, 24/05/2016; STJ, REsp 1.439.150, Schietti, 6ª T., 05/10/2017).

16.39.6. Concurso de crimes

O tipo em comento revogou os arts. 20, 22 e 25 da Lei n. 6.453/77, além das condutas de *beneficiar* e *comercializar* minério nuclear, previstas no art. 24 do mesmo diploma legal, tendo em vista a expressa menção a material nuclear ou radioativo constante do § 2º[47].

O crime em questão é especial em relação aos crimes:

a) do art. 278 do CP (TRF3, AC 200161060091714, Guimarães, 2ª T., u., 15/12/2009);

b) de contrabando (STJ, REsp 1524517, Néfi, 6ª T., 17/08/2017);

c) do art. 54, § 2º, I, quando consistir em abandono de produtos e substâncias, na forma do inciso I do § 1º do art. 56[48].

As condutas de transportar ou manter agrotóxicos em depósito são absorvidas pelo crime do art. 15 da Lei n. 7.802/89, quando evidenciado que a finalidade é sua comercialização (TRF4, AC 2007.70.05.000625-0, Penteado, 8ª T., u., 18/02/2009), uma vez que o agrotóxico é considerado *substância tóxica* (TRF4, AC 200070050057615, Malucelli [Conv.], 8ª T., u., 09/12/2009), e deve ser aplicado aqui o princípio da especialidade (TRF4, AC 200071010025332, Penteado, 8ª T., u., 09/09/2009; STJ, REsp 1.378.064, Fischer, 5ª T., 27/06/2017).

A exceção fica por conta das modalidades importar, processar, embalar, exportar, fornecer, armazenar, guardar e ter em depósito, que não são previstas no art. 15 da Lei n. 7.802/89[49].

16.39.7. Prova pericial

A comprovação da materialidade do delito depende de prova pericial, sendo insuficientes meras fotografias do material apreendido (STJ, AgRg-RHC 117.540, Paciornik, 5ª T., 19/05/2020).

O objetivo da perícia, porém, é verificar se a substância corresponde a uma das listadas na norma integradora, e não a atestar as propriedades tóxicas, perigosas ou

---

47 RIBEIRO, Viviane Martins. Problemas fundamentais da tutela penal nas atividades nucleares. *Revista dos Tribunais*, v. 843, p. 442-472, jan. 2006, p. 461.

48 BELLO FILHO, Ney de Barros. Anotações ao crime de poluição, p. 58-59.

49 VAZ, Paulo Afonso Brum. Crimes de agrotóxicos. In: BALTAZAR JUNIOR, José Paulo; SILVA, Fernando Quadros da (Org.). *Crimes ambientais. Estudos em homenagem ao des. Vladimir Passos de Freitas*. Porto Alegre: Verbo Jurídico, 2010. p. 417.

nocivas do produto, que são presumidas diante de sua inclusão na norma regulamentadora (STJ, REsp 1.439.150, Schietti, 6ª T., 05/10/2017).

16.40. CRIMES PRETERDOLOSOS (ART. 58)

> **Art. 58.** Nos crimes dolosos previstos nesta Seção, as penas serão aumentadas:
> I — de um sexto a um terço, se resulta dano irreversível à flora ou ao meio ambiente em geral;
> II — de um terço até a metade, se resulta lesão corporal de natureza grave em outrem;
> III — até o dobro, se resultar a morte de outrem.
> Parágrafo único. As penalidades previstas neste artigo somente serão aplicadas se do fato não resultar crime mais grave.

Cuida-se de crimes preterdolosos, respondendo o agente por culpa em relação ao resultado que determina o aumento, a não ser que resulte crime mais grave, como homicídio, por exemplo, nos termos do parágrafo único do mesmo art. 58.

Considerada a ubicação do artigo, a causa de aumento não é aplicável aos delitos dos arts. 60 e 61, que integram a mesma Seção, mas lhe são posteriores.

16.41. OBRA OU SERVIÇO POTENCIALMENTE POLUIDOR SEM LICENÇA (ART. 60)

> **Art. 60.** Construir, reformar, ampliar, instalar ou fazer funcionar, em qualquer parte do território nacional, estabelecimentos, obras ou serviços potencialmente poluidores, sem licença ou autorização dos órgãos ambientais competentes, ou contrariando as normas legais e regulamentares pertinentes:
> Pena — detenção, de um a seis meses, ou multa, ou ambas as penas cumulativamente.

16.41.1. Tipo objetivo

A própria CF, no inciso IV do § 1º do art. 225, comete ao Poder Público o dever de exigir estudo prévio de impacto ambiental para obras ou atividades potencialmente causadoras de significativa degradação do meio ambiente. Já no plano legal, o dispositivo confere proteção penal ao descumprimento da exigência do **licenciamento ambiental**, previsto no art. 10 da Lei n. 6.938/81, do seguinte teor:

> Art. 10. A construção, instalação, ampliação e funcionamento de estabelecimentos e atividades utilizadoras de recursos ambientais, considerados efetiva e potencialmente poluidores, bem como os capazes, sob qualquer forma, de causar degradação ambiental, dependerão de prévio licenciamento de órgão estadual competente, integrante do Sistema Nacional do Meio Ambiente — SISNAMA, e do Instituto Brasileiro do Meio Ambiente e Recursos Naturais Renováveis — IBAMA, em caráter supletivo, sem prejuízo de outras licenças exigíveis.

Na segunda hipótese, da desconformidade com as normas legais e regulamentares pertinentes, cuida-se de norma penal em branco (STJ, RHC 64.430, Gurgel, 5ª T., 19/11/2015).

A respeito da caracterização do crime como de perigo concreto ou abstrato, há duas orientações.

Para a primeira, que considero acertada, não basta à configuração do delito a inexistência de licença ou autorização, tampouco a contrariedade às normas legais ou regulamentares, exigindo-se a comprovação de que os estabelecimentos, obras ou serviços sejam **potencialmente poluidores**, ou seja, capazes de tender ao dano, tratando-se, então, de crime de perigo concreto a ser demonstrado mediante análise técnica imparcial (STJ, AgRg-REsp 1.846.884, Reis, 6ª T., 25/08/2020; TRF2, AC 200551540042804, Abel Gomes, 1ª TE, u., 22/07/2009).

Em outra formulação, que aponta para resultado análogo, já se afirmou que do fato de ser exigida a licença ambiental não resulta necessariamente a conclusão de que a atividade seja potencialmente poluidora (STJ, AgRg-REsp 1.411.354, Ribeiro, 5ª T., 19/08/2014; AgRg-REsp 1.840.129, Reynaldo, 5ª T., 04/08/2020).

Para a segunda: "O crime previsto no art. 60 da Lei n. 9.605/98 é de perigo abstrato, do qual não se exige prova do dano ambiental, sendo certo que a conduta ilícita se configura com a mera inobservância ou descumprimento da norma, pois o dispositivo em questão pune a conduta do agente que pratica atividades potencialmente poluidoras, sem licença ambiental" (STJ, RHC 89.461, Fischer, 5ª T., 17/05/2018).

16.41.2. Tipo subjetivo

É o dolo, não havendo forma culposa.

16.41.3. Consumação

O delito é de perigo abstrato, de ação múltipla ou conteúdo variado (TRF2, RSE 200151090003241, Abel Gomes, 1ª TE, 13/10/2005), consumando-se com a prática de qualquer das condutas previstas no tipo, independentemente da produção de dano efetivo (STJ, RHC 89.461, Fischer, 5ª T., 17/05/2018).

Na modalidade *fazer funcionar,* o delito é permanente (TRF2, RSE 200151090003241, Abel Gomes, 1ª TE, 13/10/2005; TRF4, AC 200371000572700, Néfi, 7ª T., m., 23/10/2007), de modo que o prazo prescricional tem início na data em que cessa a permanência, nos termos do art. 111, III, do CP (STJ, HC 94.101, Mussi, 5ª T., u., 13/08/2009).

Mais que isso, a lei penal é aplicável mesmo a instalações anteriores à publicação da LCA, desde que prossiga a conduta de *fazer funcionar* após a entrada em vigor da nova lei (TRF2, RSE 200151110000318, André Fontes, 2ª TE., u., 07/06/2006).

16.41.4. Prova

Adotada a orientação de que se trata de crime de perigo concreto, seria imprescindível a prova pericial para comprovação da materialidade (STJ, AgRg-REsp 1.846.884, Reis, 6ª T., 25/08/2020).

16.42. DISSEMINAÇÃO DE DOENÇA, PRAGA OU ESPÉCIES DANOSAS (ART. 61)

> **Art. 61.** Disseminar doença ou praga ou espécies que possam causar dano à agricultura, à pecuária, à fauna, à flora ou aos ecossistemas:
> Pena — reclusão, de um a quatro anos, e multa.

16.42.1. Tipo objetivo

O dispositivo em questão revogou o art. 259, *caput*, do CP.

Disseminar é espalhar, propagar, difundir, fazer chegar. O tipo é aberto, podendo ocorrer pela utilização de sementes contaminadas, pela mistura de espécimes contaminados com outros saudáveis ou pelo mero transporte de espécimes portadores da doença ou praga[50].

Doença é a modificação ou alteração do estado normal de saúde de um ser vivo.

Praga é o ataque de animais ou doenças sobre plantações ou vegetais.

Espécie é "a menor população natural considerada suficientemente diferente de todas as outras para merecer um nome científico, sendo assumido ou provado que permanecerá diferente de outras, ainda que possam ocorrer eventuais intercruzamentos com espécies próximas"[51].

Agricultura é a atividade de cultivar a terra para obtenção de vegetais úteis para alimentação ou outras necessidades humanas, bem como para a criação de animais.

Pecuária é a atividade de criação de animais para alimentação e outras necessidades do homem.

Fauna é o "conjunto de animais que vivem em um determinado ambiente, região ou época"[52].

Flora é a "totalidade das espécies vegetais que compreende a vegetação de uma determinada região, sem qualquer expressão de importância individual. Compreende também algas e fitoplânctons marinhos flutuantes"[53].

Ecossistema "significa um complexo dinâmico de comunidades vegetais, animais e de micro-organismos e o seu meio inorgânico que interagem como uma unidade funcional" (Convenção sobre Diversidade Biológica, art. 2º).

---

[50] MACHADO, Paulo Affonso Leme. Da poluição e outros crimes ambientais na Lei 9.605/98, p. 19.

[51] MILARÉ, Édis. *Direito do ambiente*, p. 983.

[52] MILARÉ, Édis. *Direito do ambiente*, p. 985.

[53] MILARÉ, Édis. *Direito do ambiente*, p. 985.

16.42.2. Tipo subjetivo

É o dolo, admitida a forma eventual. Ao contrário do tipo revogado, do art. 259 do CP, não há previsão de forma culposa.

Não foi reconhecido o dolo no caso em que o plantio das espécies exóticas contava com apoio da Prefeitura Municipal, não tendo havido autuação por parte do IBAMA por ocasião do plantio (TRF4, AC 00001533020054047107, Márcio Rocha, 7ª T., u., 09/11/2010).

16.42.3. Consumação

O delito se consuma com a mera disseminação, não se exigindo que a prática seja habitual ou acarrete dano efetivo, sendo suficiente a potencialidade danosa.

16.43. DESTRUIÇÃO, INUTILIZAÇÃO OU DETERIORAÇÃO DE BEM PROTEGIDO (ART. 62)

> **Art. 62.** Destruir, inutilizar ou deteriorar:
> I — bem especialmente protegido por lei, ato administrativo ou decisão judicial;
> II — arquivo, registro, museu, biblioteca, pinacoteca, instalação científica ou similar protegido por lei, ato administrativo ou decisão judicial:
> Pena — reclusão, de um a três anos, e multa.
> Parágrafo único. Se o crime for culposo, a pena é de seis meses a um ano de detenção, sem prejuízo da multa.

16.43.1. Noção

O tipo em questão revogou o art. 165 do CP[54].

16.43.2. Sujeito ativo

Qualquer pessoa, cuidando-se de crime comum.

16.43.3. Tipo objetivo

Destruir é reduzir a coisa a escombros, derrubar, demolir, fazer ruir.

Inutilizar é tornar o objeto do crime impróprio ao fim a que se destina.

Deteriorar é corromper, estragar, conspurcar, sujar.

Objeto do crime será o bem especialmente protegido por lei, ato administrativo ou decisão judicial.

---

[54] SANTOS FILHO, Roberto Lemos dos. Dos crimes contra o ordenamento urbano e o patrimônio cultural. In: BALTAZAR JUNIOR, José Paulo; SILVA, Fernando Quadros da (Org.). *Crimes ambientais. Estudos em homenagem ao des. Vladimir Passos de Freitas*. Porto Alegre: Verbo Jurídico, 2010. p. 436.

16.43.4. Tipo subjetivo

No tipo básico, é o dolo, admitida a forma eventual (TRF4, AC 200304010431331, Penteado, 8ª T., u., 22/09/2004).

Há forma culposa, prevista no parágrafo único, com pena mitigada.

16.44. ALTERAÇÃO DE EDIFICAÇÃO OU LOCAL PROTEGIDO (ART. 63)

> **Art. 63.** Alterar o aspecto ou estrutura de edificação ou local especialmente protegido por lei, ato administrativo ou decisão judicial, em razão de seu valor paisagístico, ecológico, turístico, artístico, histórico, cultural, religioso, arqueológico, etnográfico ou monumental, sem autorização da autoridade competente ou em desacordo com a concedida:
> Pena — reclusão, de um a três anos, e multa.

16.44.1. Tipo objetivo

Alterar é modificar, produzir alterações ou mudanças, que recaiam sobre o **aspecto**, ou seja, a aparência externa, ou a **estrutura**, a parte interna da edificação ou local protegido.

Somente haverá crime se o **motivo da proteção** for um daqueles indicados pela lei, ou seja, que se trate **de edificação ou local com especial valor** de uma das seguintes ordens: a) paisagístico, ou seja, que tenha se incorporado à paisagem urbana; b) ecológico; c) turístico; d) artístico; e) histórico; f) cultural; g) religioso; h) arqueológico; i) etnográfico, ou seja, de especial relevo para o estudo de um povo ou etnia; ou, j) monumental, que seja extraordinário ou grandioso.

Exige-se, para a caracterização do delito, a ocorrência **de impacto no aspecto** da área protegida (TRF2, HC 200802010096213, Aluísio Mendes [Conv.], 1ª TE, u., 18/03/2009; TRF4, RSE 2001.72.07.002388-7, Rosa, 7ª T., u., *DJ* 30/04/2003). Não há crime, então, quando já havia no local obras de porte semelhante, pela falta da elementar de **alteração do aspecto paisagístico** (TRF4, AC 200372070016405, Élcio, 8ª T., 11/10/2006), que configura **elemento normativo do tipo**, assim como o valor ecológico, turístico, artístico, histórico, cultural, religioso, arqueológico, etnográfico ou monumental (TRF3, RSE 200461060066964, Renato Toniasso [Conv.], 2ª T., u., 20/06/2006).

Somente haverá crime na **inexistência de autorização da autoridade competente** (TRF4, RSE 2001.72.07.002388-7, Rosa, 7ª T., u., *DJ* 30/04/2003).

16.44.2. Consumação

Com a ocorrência do impacto ambiental.

16.44.3. Tipo subjetivo

É o dolo, não havendo forma culposa (STF, RHC 130.840, M. Aurélio, 1ª T., 24/10/2017).

16.44.4. Distinção

Se a conduta de construção ou reforma em solo não edificável, implicando alteração de local especialmente protegido por lei, é anterior à entrada em vigor da LCA, aplica-se o art. 166 do CP (TRF4, AC 200372070019893, Vaz, 8ª T., u., 21/09/2005).

16.44.5. Perícia

Cuidando-se de infração que deixa vestígios, a perícia é essencial para comprovação da materialidade, na forma do art. 158 do CPP (STJ, AgRg-AREsp 1.265.705, Dantas, 5ª T., 26/06/2018).

16.45. CONSTRUÇÃO EM SOLO NÃO EDIFICÁVEL (ART. 64)

> **Art. 64.** Promover construção em solo não edificável, ou no seu entorno, assim considerado em razão de seu valor paisagístico, ecológico, artístico, turístico, histórico, cultural, religioso, arqueológico, etnográfico ou monumental, sem autorização da autoridade competente ou em desacordo com a concedida:
> Pena — detenção, de seis meses a um ano, e multa.

16.45.1. Sujeito ativo

Qualquer pessoa.

16.45.2. Tipo objetivo

Promover é realizar, dar causa, colocar trabalho, material e pessoas em ordem a construir.

Construção é toda obra humana destinada a moradia, indústria, comércio, exploração agrícola ou extrativa, incluindo "atividades como edificação, reforma, demolição, muramento, escavação, aterro, pintura e outros trabalhos destinados a beneficiação ou conservação" (TRF4, AC 200372000111061, Labarrère, 7ª T., m., 19/06/2007).

Há **elemento normativo do tipo**, que somente se realiza quando não há autorização da autoridade competente ou quando o ato se dá em desacordo com a autorização que foi concedida.

16.45.3. Tipo subjetivo

É o dolo.

16.46. PICHAÇÃO E GRAFITE (ART. 65)

> **Art. 65.** Pichar ou por outro meio conspurcar edificação ou monumento urbano:
> Pena — detenção, de 3 (três) meses a 1 (um) ano, e multa.
> § 1º Se o ato for realizado em monumento ou coisa tombada em virtude do seu valor artístico, arqueológico ou histórico, a pena é de 6 (seis) meses a 1 (um) ano de detenção e multa.
> § 2º Não constitui crime a prática de grafite realizada com o objetivo de valorizar o patrimônio público ou privado mediante manifestação artística, desde que consentida pelo proprietário e, quando couber, pelo locatário ou arrendatário do bem privado e, no caso de bem público, com a autorização do órgão competente e a observância das posturas municipais e das normas editadas pelos órgãos governamentais responsáveis pela preservação e conservação do patrimônio histórico e artístico nacional.

16.46.1. Sujeito ativo

Qualquer pessoa.

16.46.2. Tipo objetivo

Cuida-se de forma especial de dano (CP, art. 163). *Pichar* é pintar inscrições com tinta.

O tipo admite interpretação analógica ao mencionar qualquer outro meio que consista em *conspurcar*, ou seja, sujar, riscar, danificar o objeto material do crime, que poderá ser *edificação ou monumento urbano*.

16.46.3. Forma qualificada

Há forma qualificada, sendo a pena de seis meses a um ano de detenção e multa.

Monumento é a construção ou escultura que visa a homenagear ou lembrar algum fato histórico ou pessoa notável.

O **tombamento** é o ato administrativo que visa a preservar bens de valor histórico, cultural, arquitetônico, ambiental ou etnográfico, impedindo a sua destruição ou descaracterização mediante inscrição em Livro do Tombo (Decreto-lei n. 25/37).

16.46.4. Exclusão do crime

Não haverá crime, nos termos do § 2º, se a conduta for autorizada pelo proprietário ou autoridade competente, para fins artísticos.

16.46.5. Tipo subjetivo

É o dolo (TRF5, AC 200183000129992, Geraldo Apoliano, 3ª T., u., 21/10/2004).

16.46.6. Prova pericial

Tratando-se de infração que deixa vestígios, é essencial a realização de exame pericial, direto ou indireto para demonstração da materialidade (STJ, REsp 1.771.714, Paciornik, 5ª T., 25/06/2019).

16.47. AFIRMAÇÃO FALSA OU ENGANOSA, OMISSÃO DA VERDADE OU SONEGAÇÃO DE INFORMAÇÕES OU DADOS (ART. 66)

> **Art. 66.** Fazer o funcionário público afirmação falsa ou enganosa, omitir a verdade, sonegar informações ou dados técnico-científicos em procedimentos de autorização ou de licenciamento ambiental:
> Pena — reclusão, de um a três anos, e multa.

16.47.1. Sujeito ativo

Somente o funcionário público.

16.47.2. Tipo objetivo

Afirmação falsa é aquela que não corresponde à verdade, enquanto se qualifica como *enganosa* a afirmação que, sem ser propriamente falsa, distorce a verdade ou ressalta dados irrelevantes para o processo em discussão, com o fim de enganar.

Sonegar, aqui, significa deixar de fornecer, negar, não atender a pedidos de informações ou dados.

Informações e **dados técnico-científicos** são todos os fatores que podem influenciar na concessão da autorização ou licenciamento, sendo que os dados são aqueles objetivos, e as informações contêm, também, avaliações qualitativas ou valorativas a respeito do procedimento.

16.47.3. Tipo subjetivo

É o dolo, consubstanciado na vontade livre e consciente de fazer afirmação falsa ou enganosa, sonegar informações ou omitir a verdade. Se o funcionário acredita na afirmação feita, embora errônea, não há crime.

16.47.4. Consumação

O delito é formal, consumando-se no momento em que o funcionário faz a afirmação falsa ou enganosa, omite a verdade ou sonega informações ou dados, independentemente da conclusão do procedimento administrativo, da efetiva obtenção da autorização ou licenciamento visados pelo particular ou de qualquer dano efetivo ao meio ambiente.

16.48. CONCESSÃO IRREGULAR DE LICENÇA, AUTORIZAÇÃO OU PERMISSÃO (ART. 67)

> **Art. 67.** Conceder o funcionário público licença, autorização ou permissão em desacordo com as normas ambientais, para as atividades, obras ou serviços cuja realização depende de ato autorizativo do Poder Público:
> Pena — detenção, de um a três anos, e multa.

16.48.1. Noção

O delito atenta contra a administração ambiental, guardando semelhança com a prevaricação e a falsidade ideológica, sendo, no entanto, mais específico, por resguardar a administração pública ambiental, constituindo o reverso da medalha do crime do art. 60, no qual se pune o particular, enquanto o delito do art. 67 está dirigido ao funcionário público[55].

A norma em questão concretiza a proteção penal da regra do art. 10 da Lei n. 6.938/81, que trata do licenciamento ambiental.

Objeto material do delito é o procedimento de autorização ou licenciamento ambiental.

16.48.2. Sujeito ativo

Somente o funcionário público que tenha atribuição para atuar no procedimento de concessão do ato questionado (STJ, RHC 53.832, Reis, 6ª T., 19/03/2015).

16.48.3. Tipo objetivo

Cuida-se de norma penal em branco, pois somente há crime quando a licença, autorização ou permissão é concedida **em desacordo com as normas ambientais**, como se dá, por exemplo, quando o funcionário deixa de exigir EIA-RIMA (TRF1, AC 2001.34.00.026522-3, Olindo Menezes, 3ª T., u., 08/07/2007). Não ocorre o crime em comento quando o ato contrariar outras normas, que não tenham caráter ambiental, caso em que poderá ocorrer outro crime, como prevaricação, por exemplo.

O caráter provisório do ato não afasta o crime (TRF4, RSE 200771000128970, Vaz, 8ª T., u., 21/05/2008).

Exige-se que a concessão da licença possa, em tese, causar dano ou colocar em risco o meio ambiente (TRF4, ENUL 2007.71.00.012897-0, Penteado, 4ª S., m., 16/10/2008).

Não afasta o crime, de plano, o fato de que tenham sido concedidas todas as licenças ambientais, quando o que se investiga no inquérito policial, que se buscava trancar por *habeas corpus*, é justamente a regularidade da emissão das licenças (STJ, ROHC 17.553, Vaz, 5ª T., *DJ* 20/03/2006).

---

[55] FREITAS, Gilberto Passos de; FREITAS, Vladimir Passos de (Org.). *Crimes contra a natureza*, p. 251.

16.48.4. Tipo subjetivo

É o dolo, na modalidade do *caput*, admitida a forma culposa, nos termos do parágrafo único.

16.48.5. Consumação

O crime é formal e de perigo abstrato, consumando-se com a mera concessão da licença, autorização ou permissão, ainda que não efetivamente construída a obra, iniciadas as atividades ou serviços, ou comprovada a ocorrência de danos efetivos ao meio ambiente (STJ, AgRg-REsp 1.730.114, Dantas, 5ª T., 04/09/2018; STJ, AgRg--REsp 1.675.032, Mussi, 5ª T., 25/09/2018).

16.49. OMISSÃO DE OBRIGAÇÃO DE RELEVANTE INTERESSE AMBIENTAL (ART. 68)

> **Art. 68.** Deixar, aquele que tiver o dever legal ou contratual de fazê-lo, de cumprir obrigação de relevante interesse ambiental:
> Pena — detenção, de um a três anos, e multa.
> Parágrafo único. Se o crime é culposo, a pena é de três meses a um ano, sem prejuízo da multa.

16.49.1. Bem jurídico

Além do meio ambiente, protege-se a moralidade administrativa, o que torna inaplicável o princípio da insignificância (STJ, AgRg-AREsp 962.776, Néfi, 6ª T., 17/10/2017).

16.49.2. Sujeito ativo

É crime próprio daquele que tenha o dever legal ou contratual de cumprir obrigação de relevante interesse ambiental, seja funcionário público ou não (STJ, HC 84.498, Napoleão, 5ª T., u., 28/05/2008).

16.49.3. Tipo objetivo

A existência de **obrigação de relevante interesse ambiental** constitui elemento normativo do tipo, a ser verificado concretamente (TRF4, AC 200570050000184, Élcio, 8ª T., u., 27/05/2009).

Como exemplos podem ser referidas a omissão de:

a) relatório de atividades potencialmente poluidoras e utilizadoras de recursos naturais (Lei n. 6.938/81, arts. 17-B e 17-C);

b) instalação de rastreador em embarcação pesqueira, na forma dos arts. 31 a 33 da Lei n. 11.959/2009, arts. 31 a 33 (STJ, AgRg-AREsp 962.776, Néfi, 6ª T., 17/10/2017);

c) relatório de destinação de pneumáticos, conforme Resolução CONAMA n. 416/2009 e IN n. 1/2010 (STJ, AgRg-RHC 123.609, Néfi, 6ª T., 12/05/2020).

O delito, sendo omissivo próprio, pressupõe a possibilidade fática e jurídica de realização da conduta ordenada.

16.49.4. Tipo subjetivo

É o dolo, havendo previsão de forma culposa no parágrafo único.

16.49.5. Consumação

O crime não requer resultado naturalístico para sua consumação, sendo irrelevantes, portanto, as alegações de ausência de prejuízo concreto e de pagamento da multa imposta pelo IBAMA (STJ, HC 84.498, Napoleão, 5ª T., u., 28/05/2008).

16.50. OBSTAR OU DIFICULTAR A FISCALIZAÇÃO (ART. 69)

> **Art. 69.** Obstar ou dificultar a ação fiscalizadora do Poder Público no trato de questões ambientais:
> Pena — detenção, de um a três anos, e multa.

16.50.1. Sujeito ativo

Ao contrário dos demais crimes contra a administração ambiental, o do art. 69 é um crime comum, podendo ser cometido por qualquer pessoa.

16.50.2. Tipo objetivo

Cuida-se de delito assemelhado ao de resistência (CP, art. 329), do qual se distingue, porém, por não exigir violência ou grave ameaça, bem como pela especialidade do ato que é obstaculizado ou dificultado, que somente poderá ser, no delito ora examinado, a fiscalização ambiental.

Obstar é impedir, evitar, causar embaraço ou impedimento.

Dificultar é opor obstáculos, tornar difícil ou custoso, atrapalhar, embaçar.

16.50.3. Tipo subjetivo

É o dolo.

16.50.4. Consumação

O delito é formal, consumando-se com o mero ato de obstar ou dificultar a ação da fiscalização, não se exigindo a violência ou ameaça (TRF4, RSE 2007.71.00.037085-9, Élcio, 8ª T., m., 25/06/2008), nem a obtenção de proveito econômico (STJ, HC 281.832, Schietti, 6ª T., 21/05/2015).

16.51. ESTUDO, LAUDO OU RELATÓRIO FALSO OU ENGANOSO (ART. 69-A)

> **Art. 69-A.** Elaborar ou apresentar, no licenciamento, concessão florestal ou qualquer outro procedimento administrativo, estudo, laudo ou relatório ambiental total ou parcialmente falso ou enganoso, inclusive por omissão:
> Pena — reclusão, de 3 (três) a 6 (seis) anos, e multa.
> § 1º Se o crime é culposo:
> Pena — detenção, de 1 (um) a 3 (três) anos.
> § 2º A pena é aumentada de 1/3 (um terço) a 2/3 (dois terços), se há dano significativo ao meio ambiente, em decorrência do uso da informação falsa, incompleta ou enganosa.

16.51.1. Sujeito ativo

O crime é comum, podendo ser cometido por qualquer pessoa.

16.51.2. Tipo objetivo

O art. 69-A, introduzido pela Lei n. 11.284/2006, constitui forma especial de falsidade ideológica.

Elaborar é criar, produzir, redigir.

Apresentar é o ato de protocolizar, fazer juntar ao procedimento ou entregar, como interessado.

Licenciamento é o ato administrativo que autoriza a realização de atividade potencialmente poluidora, nos termos do art. 10 da Lei n. 6.938/81.

Concessão florestal é a "delegação onerosa, feita pelo poder concedente, do direito de praticar manejo florestal sustentável para exploração de produtos e serviços numa unidade de manejo, mediante licitação, à pessoa jurídica, em consórcio ou não, que atenda às exigências do respectivo edital de licitação e demonstre capacidade para seu desempenho, por sua conta e risco e por prazo determinado" (Lei n. 11.284/2006, art. 3º, VII).

O tipo abre a possibilidade de interpretação analógica ao mencionar **qualquer outro procedimento administrativo**, entendido este como a sucessão encadeada de atos administrativos voltada a uma finalidade.

Estudo é um dos atos que podem compor o procedimento administrativo, a fim de examinar uma questão ou objeto determinado.

Laudo é o documento firmado por um perito acerca de questão ou objeto determinado.

Relatório é a exposição escrita dos resultados de uma visita ou exame.

O que caracteriza o crime é a elaboração de **documento falso**, ou seja, que não corresponda à realidade, ou **enganoso**, que seja redigido de forma a desviar a atenção para dado não relevante, ou que de outra forma tenha por fim enganar, levar o destinatário a erro.

Admite-se expressamente a forma omissiva, caracterizada pela falta intencional de uma informação relevante.

16.51.3. Tipo subjetivo

É o dolo na forma básica, havendo previsão de forma culposa no § 1º.

16.51.4. Consumação

O delito é formal, consumando-se com a mera elaboração ou apresentação do documento falso ou enganoso. Se houver prejuízo ao meio ambiente, incide a causa de aumento do § 2º.

16.52. QUESTÕES

1. (UFPR — 2013 — TJ-PR — Juiz) Sobre a responsabilidade penal da pessoa jurídica na Lei n. 9.605/1998, considere as seguintes afirmativas:

1. As pessoas jurídicas são responsáveis penalmente nos casos em que a infração seja cometida por decisão de seu representante legal ou contratual, ou de seu órgão colegiado, no interesse ou benefício da sua entidade.
2. A responsabilidade das pessoas jurídicas não exclui a das pessoas físicas, autoras, coautoras ou partícipes do mesmo fato.
3. As penas aplicáveis isolada, cumulativa ou alternativamente às pessoas jurídicas são: pena pecuniária, penas restritivas de direitos e prestação de serviço à comunidade.
4. A pena de prestação de serviços à comunidade, na modalidade de execução de obras de recuperação de áreas degradadas, deve ser cumprida pelo seu representante legal ou contratual, ou pelos integrantes do seu órgão colegiado.

Assinale a alternativa correta.

a) Somente as afirmativas 1 e 3 são verdadeiras.
b) Somente as afirmativas 1, 2 e 3 são verdadeiras.
c) Somente as afirmativas 2 e 4 são verdadeiras.
d) Somente as afirmativas 1, 3 e 4 são verdadeiras.

2. (VUNESP — 2013 — CETESB — Advogado) A Lei n. 9.605/98, que cuida dos crimes ambientais, estabelece que

a) nos crimes nela previstos, a suspensão condicional da pena deve ser aplicada nos casos de condenação à pena restritiva de direitos não superior a cinco anos.
b) a multa será calculada segundo os critérios do Código de Processo Penal.
c) a sentença penal condenatória deverá fixar o valor máximo para reparação dos danos causados pela infração.
d) a proibição imposta à pessoa jurídica de contratar com o Poder Público e dele obter subsídios não poderá exceder o prazo de quinze anos.
e) a pessoa jurídica constituída ou utilizada, preponderantemente, com o fim de permitir, facilitar ou ocultar a prática de crime definido nesta Lei terá decretada sua liquidação forçada, seu patrimônio será considerado instrumento do crime e como tal perdido em favor do Fundo Penitenciário Nacional.

3. (CESGRANRIO — 2013 — BNDES — Profissional Básico — Direito) A Lei Federal n. 9.605/1998 dispõe sobre as sanções penais e administrativas derivadas de condutas e atividades lesivas ao meio ambiente, sendo comumente designada como Lei de crimes ambientais. Considerada uma das normas mais importantes para a proteção do meio ambiente ecologicamente equilibrado, a Lei vem sendo interpretada pela jurisprudência e doutrina, destacando-se que

a) a responsabilidade penal da pessoa jurídica em crimes ambientais não exige a imputação simultânea daquela e da pessoa natural que atua em seu nome.

b) a manifestação de óbice a ação de fiscalização somente será considerada crime, se a ação provocar danos ambientais.
c) a denúncia que não descreve a conduta criminosa praticada pelo paciente, mencionando apenas sua condição de sócio de empresa, será considerada inepta.
d) as penas relacionadas aos crimes ambientais devem ser aplicadas pelo IBAMA.
e) os servidores públicos não podem ser réus em ações que tenham como fundamento a Lei Federal n. 9.605/1998.

4. (MPE-SC — 2013 — Promotor) Analise cada um dos enunciados das questões abaixo e assinale "certo" — (c) ou "errado" — (e)

Nos crimes ambientais de menor potencial ofensivo, conforme a Lei n. 9.605/98, a proposta de aplicação imediata de pena não privativa de liberdade somente poderá ser formulada desde que tenha havido a prévia composição do dano ambiental, salvo comprovada impossibilidade.

( ) Certo ( ) Errado

De acordo com a Lei n. 9.605/98, em caso de suspensão condicional do processo por crime ambiental, declara-se extinta a punibilidade do acusado ao final do prazo de suspensão do processo, independentemente da constatação de reparação do dano ambiental.

( ) Certo ( ) Errado

5. (CESPE — 2013 — DPE-RR — Defensor Público) Acerca dos crimes contra o meio ambiente, previstos na Lei n. 9.605/1998, assinale a opção correta.

a) Nos crimes ambientais, a responsabilidade penal da pessoa jurídica será sempre reflexa, e, de acordo com entendimento consolidado na doutrina e na jurisprudência dos tribunais superiores, a pessoa jurídica não poderá ser responsabilizada por crime culposo, salvo quando essa infração for imputada única e exclusivamente ao ente moral.
b) Admite-se a aplicação das circunstâncias agravantes genéricas previstas no CP aos crimes ambientais e, de igual modo, a aplicação das agravantes genéricas ambientais aos delitos comuns da lei ambiental em apreço, em face do princípio da subsidiariedade, preconizado de forma expressa em ambos os diplomas legais.
c) Nos crimes ambientais, a concessão do *sursis* (comum e especial) segue idênticos requisitos do CP; neles, são igualmente cabíveis o *sursis* etário e o *sursis* humanitário nas condenações não superiores a quatro anos.
d) Os crimes ambientais, em relação aos entes morais, são plurissubjetivos ou de concurso necessário; contudo, não se pode imputar concomitantemente a mesma infração penal a pessoa física e a pessoa jurídica, sob pena de ofensa ao princípio do *non bis in idem*.
e) Na fixação da pena por delitos ambientais, o juiz deverá levar em conta, de forma preponderante, os bons ou maus antecedentes ambientais do infrator e, apenas supletivamente, os outros antecedentes.

6. (MPE-PR — 2012 — Promotor) São crimes ambientais:

I. pescar em período no qual a pesca seja proibida ou em lugares interditados por órgão competente;
II. pescar mediante a utilização de explosivos ou substâncias que, em contato com a água, produzam efeito semelhante;
III. exportar para o exterior peles e couros de anfíbios e répteis em bruto, sem autorização da autoridade ambiental competente;
IV. introduzir espécie animal no país, sem parecer técnico oficial favorável e licença expedida por autoridade competente;
V. praticar ato de abuso, maus-tratos, ferir ou mutilar animais silvestres, domésticos ou domesticados, nativos ou exóticos.

a) Todas as alternativas são corretas.
b) Todas as alternativas são incorretas.
c) As alternativas I, II, III e V são corretas.
d) As alternativas I, II, III e IV são corretas.
e) As alternativas II, III, IV e V são corretas.

7. (CESPE — 2012 — PC-AL — Delegado) Nos crimes ambientais, é viável e possível a prorrogação do prazo de suspensão condicional do processo, por mais um ano além do máximo previsto, que é de quatro anos, dependendo a declaração de extinção da punibilidade de laudo que comprove ter o acusado adotado todas as providências inerentes à reparação integral do dano.

( ) Certo ( ) Errado

8. (FGV — 2012 — OAB — Exame de Ordem) Luísa, residente e domiciliada na cidade de Recife, após visitar a Austrália, traz consigo para a sua casa um filhote de coala, animal típico daquele país e inexistente no Brasil. Tendo em vista tal situação, assinale a afirmativa correta.

a) Ao trazer o animal, Luísa não cometeu qualquer ilícito ambiental já que a propriedade de animais domésticos é livre no Brasil.
b) Ao trazer o animal, Luísa, em princípio, não cometeu qualquer ilícito ambiental, pois o crime contra o meio ambiente só se configuraria caso Luísa abandonasse ou praticasse ações de crueldade contra o animal por ela adotado.
c) Ao trazer o animal, Luísa cometeu crime ambiental, pois o introduziu no Brasil sem prévio licenciamento ambiental, sendo a Justiça estadual de Pernambuco competente para julgar a eventual ação.
d) Ao trazer o animal, Luísa cometeu crime ambiental, pois o introduziu no Brasil sem licença e sem parecer técnico oficial favorável, sendo a Justiça Federal competente para julgar a eventual ação.

9. (PUC-PR — 2012 — TJ-MS — Juiz) José da Silva, diretor executivo da "Indústria de Cal JS Ltda.", foi indiciado pela Delegacia de Crimes Ambientais da SSP/MS pela prática do crime de poluição atmosférica, praticado através do lançamento de grande quantidade de fumaça emitida pelos fornos da sociedade comercial que dirige, comprovadamente em níveis superiores aos permitidos pelo órgão ambiental estadual conforme perícia realizada. Do ponto de vista da responsabilidade penal, o acusado está sujeito a ser denunciado pelo Ministério Público e:

a) Responder pela prática da contravenção penal prevista no artigo 38 do Decreto-lei n. 3.668, de 1941 (emissão de fumaça, vapor ou gás), ainda que não cause ofensa física, molestamento ou perigo a terceiros.
b) Responder por crime de poluição, previsto no art. 54 da Lei n. 9.605/98, desde que os efeitos da conduta resultem ou possam ter resultado danos à saúde humana, ou que provoquem a mortandade de animais ou a destruição significativa da flora.
c) Responder por crime de poluição previsto no art. 54 da Lei n. 9.605/98 em concurso material com o art. 132 do Código Penal (perigo para a vida ou a saúde de outrem), desde que os efeitos da conduta resultem ou possam resultar danos de natureza grave exclusivamente à saúde humana.
d) Responder por crime de poluição, independentemente do resultado da conduta, uma vez que no crime de poluição aplica-se o princípio da responsabilidade objetiva.
e) Responder por crime de poluição, previsto no art. 54 da Lei n. 9.605/98, perante o Juizado Especial Criminal, facultando-se-lhe a possibilidade de firmar transação com o Promotor de Justiça.

10. (FEPESE — 2012 — FATMA — Advogado) Analise as afirmativas abaixo, a respeito da Lei de Crimes Ambientais (Lei n. 9.605/98):

1. A sanção penal de multa será calculada segundo os critérios do Código Civil e, na hipótese de ela revelar-se ineficaz, ainda que aplicada no valor máximo, poderá ser aumentada até três vezes, tendo em vista o valor da vantagem econômica auferida.
2. Dentre as circunstâncias que atenuam a pena, está o arrependimento do infrator, manifestado pela espontânea reparação do dano.
3. Dentre as circunstâncias que agravam a sanção penal, quando esta não constitui ou qualifica o crime, considera-se o fato de ter o agente cometido a infração em domingos, feriados ou durante a noite.
4. Por se tratar de responsabilidades distintas, a perícia produzida no inquérito civil ou no juízo cível não poderá ser aproveitada no processo penal.

Assinale a alternativa que indica todas as afirmativas corretas.

a) É correta apenas a afirmativa 2.
b) São corretas apenas as afirmativas 1 e 2.

c) São corretas apenas as afirmativas 1 e 4.
d) São corretas apenas as afirmativas 2 e 3.
e) São corretas apenas as afirmativas 2 e 4.

GABARITO

1. "b".
2. "e".
3. "c".
4. "Certo" e "Errado".
5. "e".
6. "a".
7. "Certo".
8. "d".
9. "b".
10. "d".

17

LAVAGEM DE DINHEIRO LEI N. 9.613/98

17.1. NOÇÃO

A incriminação da lavagem de dinheiro, veiculada pela Lei n. 9.613/98, é resultado de compromisso assumido pelo Brasil no plano internacional, ao firmar a *Convenção de Viena*, a *Convenção de Palermo* (art. 6º) e a *Convenção de Mérida* (art. 14).

A Lavagem de Dinheiro (LD) pode ser conceituada como atividade de desvinculação ou afastamento do dinheiro da sua origem ilícita para que possa ser aproveitado.

A criação desse tipo penal parte da ideia de que o agente que busca proveito econômico na prática criminosa precisa disfarçar a origem dos valores, ou seja, desvincular o dinheiro da sua procedência delituosa e conferir-lhe uma aparência lícita a fim de poder aproveitar os ganhos ilícitos, considerado que o móvel de tais crimes é justamente a acumulação material.

17.1.1. Fases

Para fins didáticos apenas, é costume demonstrar o processo da lavagem em três fases, de acordo com o modelo do GAFI, a saber:

FASES	DESCRIÇÃO	EXEMPLOS
COLOCAÇÃO (*PLACEMENT*)	■ Separação física do dinheiro dos autores do crime. ■ É antecedida pela captação e concentração do dinheiro.	■ Aplicação no mercado formal, mediante depósito em banco, troca por moeda estrangeira, remessa ao exterior por meio de *mulas*, transferência eletrônica ou física para *paraísos fiscais*, importação subfaturada; aquisição de imóveis, obras de arte, joias etc.
DISSIMULAÇÃO (*LAYERING*)	■ Nessa fase, multiplicam-se as transações anteriores, por meio de muitas empresas e contas, de modo que se perca a trilha do dinheiro (*paper trail*), constituindo-se na lavagem propriamente dita, que tem por objetivo fazer com que não se possa identificar a origem ilícita dos valores ou bens.	■ Várias transferências por cabo (*wire transfer*) ou sucessivos empréstimos.
INTEGRAÇÃO (*INTEGRATION* OU *RECYCLING*)	■ O dinheiro é empregado em negócios lícitos ou na compra de bens, dificultando ainda mais a investigação, já que o criminoso assume ares de respeitável investidor, atuando conforme as regras do sistema.	■ Compra de uma empresa já existente e em funcionamento, aquisição de um empreendimento imobiliário, simulação de obtenção em pagamento por serviços de difícil mensuração, como consultoria, por exemplo.

De ver que, para a consumação do delito, não se exige a ocorrência dessas três fases.

17.1.2. Extraterritorialidade

Não impede a aplicação da lei brasileira o fato de que a infração penal antecedente tenha sido praticada no exterior (LLD, art. 2º, II), como no caso do ingresso não declarado de valores que haviam sido objeto de evasão de divisas no país de origem (TRF3, CJ 201003000356740, 1ª S., m., 05/05/2011).

Aplica-se ao crime em comento o art. 7º, I, "b", e II, "a", do CP, de modo que, atendidas as condições do § 2º, o delito é punível ainda que praticado no exterior, por conta do princípio da justiça universal ou cosmopolita (TRF3, HC 20060300111807-9, Johonsom, 1ª T., u., 04/09/2007).

17.2. BEM JURÍDICO

A determinação do bem jurídico ofendido não é tranquila na doutrina, sendo três as principais correntes[1]:

a) o mesmo **bem jurídico da infração penal antecedente**, que é novamente ou mais intensamente lesado com a prática da lavagem;

b) a **administração da justiça**, na ideia de que o cometimento desses crimes torna difícil a recuperação do produto do crime e que isso dificultaria a ação da Justiça, sendo este o bem jurídico principal, ao lado da ordem econômica e do sistema financeiro;

c) a **ordem econômica ou socioeconômica** afetada, porque, as mais das vezes, a lavagem se dá mediante utilização do sistema financeiro, bem como porque a lavagem constitui um obstáculo para a atração de capital estrangeiro lícito, além de comprometer a confiança[2], que é essencial ao funcionamento do sistema financeiro.

Mais acertado, em nosso modo de ver, é considerar o crime como **pluriofensivo** (TRF4, AC 19997103001155-3, Germano, 1ª T., u., 18/12/2000), atingindo a ordem econômica, a administração da justiça e o bem jurídico protegido pela infração penal antecedente.

17.3. SUJEITOS ATIVO E PASSIVO

É crime **comum**, que, no Brasil, **pode ser cometido até mesmo pelo sujeito ativo da infração penal antecedente** (STJ, AP 458, Dipp, CE, m., 16/09/2009), ao contrário do que se dá com a receptação (CP, art. 180) e com o favorecimento real (CP, art. 349), que não podem ter como autor a mesma pessoa que praticou a infração penal antecedente.

No entanto, em decisão que tem o mérito de evitar o apenamento excessivo, assim se manifestou o STF: "quando a ocultação configura etapa consumativa do deli-

---

1 PITOMBO, Sérgio A. Moraes. *Lavagem de dinheiro. A tipicidade do crime antecedente.* São Paulo: RT, 2003. p. 72.

2 PITOMBO, Sérgio A. Moraes. *Lavagem de dinheiro. A tipicidade do crime antecedente*, p. 80.

to antecedente — caso da corrupção passiva recebida por pessoa interposta — de autolavagem se cogita apenas se comprovados atos subsequentes, autônomos, tendentes a converter o produto do crime em ativos lícitos, e capazes de ligar o agente lavador à pretendida higienização do produto do crime antecedente" (STF, AP 694, Rosa Weber, 1ª T., 02/05/2017).

A participação no delito antecedente não é condição para que possa o agente ser sujeito ativo da LD (STF, HC 84.869-9, Pertence, 1ª T., u., 21/06/2005; STJ, ROMS 16.813, Dipp, 5ª T., u., 23/06/2004; STJ, AP 458, Dipp, CE, m., 16/09/2009; TRF1, HC 20030100042543-8, Carlos Olavo, 4ª T., u., 18/02/2004; TRF2, HC 200802010179611, Abel Gomes, 1ª TE, u., 10/06/2009).

17.3.1. Sujeito passivo

O principal é a coletividade, ou o Estado. Secundariamente, poderá ser outra pessoa que sofreu prejuízo econômico.

17.4. TIPO OBJETIVO

> **Art. 1º** Ocultar ou dissimular a natureza, origem, localização, disposição, movimentação ou propriedade de bens, direitos ou valores provenientes, direta ou indiretamente, de infração penal. (*Redação dada pela Lei n. 12.683, de 2012*)

17.4.1. Infrações penais antecedentes

Assim como a receptação (CP, art. 180) e o favorecimento real (CP, art. 345), a LD, considerada um **crime derivado, acessório** (TRF1, HC 200301000425438, Carlos Olavo, 4ª T., u., 18/02/2004) ou parasitário, pressupõe a ocorrência de um delito anterior. Não se admite a LD de infração penal cometida posteriormente aos atos de lavagem imputados (TRF4, AC 2005.72.00.000260-8, Élcio Pinheiro de Castro, 8ª T., m., 30/07/2008). Para receber a denúncia pelo crime de LD, deve o juiz verificar a existência de **indícios da infração penal antecedente**, o que **não significa que deva haver condenação prévia**.

Na atual redação da lei brasileira, não há rol de crimes antecedentes, pois bens, direitos ou valores **provenientes de qualquer infração penal** poderão ser objeto de lavagem de dinheiro, de modo a abranger até mesmo as **contravenções penais**, nomeadamente o *jogo do bicho* e o *jogo de azar* (LCP, arts. 58 e 50).

Admite-se, ainda, que a própria lavagem de dinheiro seja considerada o crime antecedente, na chamada lavagem de lavagem ou **lavagem em cadeia**, desde que comprovado o crime antecedente da primeira[3].

[3] BADARÓ, Gustavo Henrique; BOTTINI, Pierpaolo Cruz. *Lavagem de dinheiro. Aspectos penais e processuais penais*. São Paulo: RT, 2012. p. 89.

17.4.1.1. *Tentativa*

É irrelevante, para a configuração do crime de LD, que a infração penal antecedente tenha sido apenas tentada, desde que, nesse processo, tenham sido produzidos bens aptos a serem lavados[4].

17.4.2. Objeto material

É mais amplo que o dinheiro, abrangendo **bens, direitos ou valores**.

Os **bens** objeto do crime podem ser **móveis ou imóveis**.

Direitos podem ser títulos ou papéis que representem outros bens.

Valores é expressão que designa a moeda em espécie.

Ao contrário do que ocorre com a receptação, que somente pode ter por objeto coisas móveis ou mobilizadas, aqui o objeto é mais amplo, até pela possibilidade da **proveniência indireta**, o que abrangeria o bem derivado, por revenda ou transformação, daquele que foi objeto do crime, e mesmo a paga ou recompensa por seu cometimento[5].

Não integram o objeto material da lavagem de dinheiro:

a) os instrumentos do crime[6];

b) os bens cuja posse ou detenção constitui fato ilícito, como drogas ou armas, puníveis como delitos autônomos.

17.4.3. Condutas

As condutas são **ocultar** ou **dissimular**, as quais recairão sobre um dos seguintes **dados** do objeto material do delito: **natureza, origem, localização, disposição, movimentação ou propriedade**.

Ocultar significa esconder, simular, encobrir, silenciar, sonegar.

Dissimular traduz a ideia de disfarçar, camuflar, exigindo *fraude*, o que não se dá na primeira modalidade.

Não há lavagem de dinheiro:

a) sem ocultação ou dissimulação, não há lavagem de dinheiro (STJ, AP 458, Dipp, CE, m., 16/09/2009), como nas hipóteses em que o agente, valendo-se do produto do crime, compra imóvel em seu próprio nome, onde passa a residir[7], ou deposita o dinheiro em conta de sua titularidade[8];

b) com o mero proveito econômico do produto do crime, utilizado no pagamento de contas ou gasto em viagens e restaurantes (STJ, AP 458, Dipp, CE, m., 16/09/2009).

---

4 BADARÓ, Gustavo Henrique; BOTTINI, Pierpaolo Cruz. *Lavagem de dinheiro*, p. 120.

5 PITOMBO, Sérgio A. Moraes. *Lavagem de dinheiro*, p. 109.

6 MAIA, Rodolfo Tigre. *Lavagem de dinheiro (lavagem de ativos provenientes de crime). Anotações às disposições criminais da Lei 9.613/98*. São Paulo: Malheiros, 1999, p. 62.

7 PITOMBO, Sérgio A. Moraes. *Lavagem de dinheiro*, p. 109.

8 MENDRONI, Marcelo Batlouni. *Crime de lavagem de dinheiro*. São Paulo: Atlas, 2006, p. 107.

As tabelas abaixo resumem o significado dos verbos nucleares e dos dados que vêm a ser ocultos ou dissimulados:

VERBO	SIGNIFICADO	EXEMPLO
OCULTAR	■ Esconder, simular, encobrir, silenciar, sonegar.	■ Depositar valores em conta no exterior, não declarada.
DISSIMULAR	■ Disfarçar, camuflar, mascarar, fingir ou alterar a verdade.	■ Colocar bens próprios em nome de terceiro.

DADO OCULTADO OU DISSIMULADO	SIGNIFICADO	EXEMPLO
NATUREZA	■ *Natureza* tem aqui o sentido de qualidade, tipo ou espécie, de modo que haverá dissimulação da natureza quando se fizer passar uma coisa por outra de diferente espécie ou qualidade.	■ Transporte de pedras preciosas declaradas como outro tipo de bem.
ORIGEM	■ É a procedência ou fonte, o lugar de onde veio ou o processo pelo qual algo foi produzido.	■ Mescla de valores oriundos de negócios lícitos com o produto do crime.
LOCALIZAÇÃO	■ É o ato de localizar-se ou estar localizado, é a situação ou posição física do objeto.	■ Depósito em conta no exterior, não declarada.
DISPOSIÇÃO	■ É a ordenação, arrumação ou arranjo.	■ Depósitos fracionados (*smurfing*).
MOVIMENTAÇÃO	■ É a circulação ou trânsito, ou ainda o ato de movimentar, deslocar ou transportar.	■ Transporte físico dos valores para o exterior, sem declaração.
PROPRIEDADE	■ É a "faculdade de usar, gozar e dispor da coisa, e o direito de reavê-la do poder de quem quer que injustamente a possua ou detenha" (CC, art. 1.228). A qualidade de dono.	■ Colocação dos bens em nome de pessoa interposta.

Qualquer dos verbos pode ser combinado com qualquer das demais elementares, de modo que tanto a ocultação quanto a dissimulação podem dizer respeito à natureza, origem, localização, disposição, movimentação ou propriedade de bens, direitos ou valores. Tudo a se resumir no quadro seguinte, quanto ao tipo básico:

VERBOS NUCLEARES	DADO	OBJETO MATERIAL	PROVENIÊNCIA	INFRAÇÃO PENAL
■ ocultar	■ natureza	■ bens	■ direta	■ crime
■ dissimular	■ origem	■ direitos	■ indireta	■ contravenção
	■ localização	■ valores		
	■ disposição			
	■ movimentação			
	■ propriedade			

Não raro, a dissimulação implicará também ou terá a finalidade de ocultação, e vice-versa, casos em que se confundirão ambos os verbos, respondendo o agente, no entanto, por crime único, pois o tipo é misto alternativo[9], configurando-se com a prática de uma ou outra das condutas referidas (TRF3, AC 200260000030280, Cotrim, 2ª T., u., 22/04/2009).

Não se exigem **sofisticação ou rebuscamento** na ocultação ou dissimulação, pois o tipo não reclama "o vulto e a complexidade dos exemplos de requintada 'engenharia financeira' transnacional, com os quais se ocupa a literatura" (STF, RHC 80.816, Pertence, 1ª T., u., 18/06/2001).

17.4.3.1. Ocultação

A *ocultação* foi reconhecida nos seguintes precedentes jurisprudenciais:

a) do "depósito de cheques de terceiro recebidos pelo agente, como produto de concussão, em contas correntes de pessoas jurídicas, às quais contava ele ter acesso", caracterizando ocultação da origem, da localização e da propriedade dos valores respectivos (STF, RHC 80.816, Pertence, 1ª T., u., 18/06/2001);
b) na hipótese da utilização de **pessoas interpostas** "para ocultar dinheiro proveniente de crime" (TRF1, AC 200241000004376-3, Carlos Olavo, 4ª T., u., 04/08/2004), que poderá constituir ocultação da origem, movimentação, disposição e propriedade, conforme o caso concreto;
c) a ocultação da localização foi reconhecida no ato de esconder quantia superior a cinco milhões de reais em valores provenientes da atuação de organização criminosa em **parede falsa** de um apartamento (TRF2, HC 5.355, Abel Gomes, 1ª TE, u., 12/12/2007).
d) da ocultação de vultosos valores em espécie em malas localizadas em apartamento desocupado (STF, Pet 7346, Fachin, 2ª T., 08/05/2018).

A *ocultação e a dissimulação da movimentação* podem dar-se:

a) em **fundos falsos de veículos, junto ao corpo**, em caixas de alimentos, em saltos de calçados, ou dentro de mercadorias, máquinas, veículos ou cavidades corporais, assim como é feito com drogas;
b) pela **transferência do dinheiro** (*wire transfer*) ou por meio de transporte físico sem declaração na saída e na entrada (***mala preta***), ou declarando apenas o ingresso dos valores, cheques ou cheques de viagem;
c) pela utilização de transportadores (*carriers*) como FedEx ou assemelhados;
d) valendo-se de contas correntes de **doleiros** (*black market broker*), não raro dissimulados como agências de turismo, ou *laranjas*, utilizados para o pagamento de remessas de drogas para o exterior.

17.4.3.2. Dissimulação

É comum a **dissimulação da origem** criminosa dos recursos, o que se pode dar mediante variadas formas, como:

9 MAIA, Rodolfo Tigre. *Lavagem de dinheiro,* p. 65.

a) utilização de **empresa de fachada** (TRF3, HC 200703000899281, Johonsom, 1ª T., u., 18/12/2007, *caso Abadia*; TRF4, ENUL 200071000412641, Tadaaqui, 4ª S., m., 17/12/2009);

b) a **incorporação imobiliária**[10] e a atividade rural, que pode ser combinada com o subfaturamento de despesas, de modo a criar lucro fictício, sendo especialmente adequada pela dificuldade de apuração dos custos reais da atividade (*v.* Lei n. 4.591/64, art. 53, III) e de suas verdadeiras dimensões, além de serem atividades com baixa tributação;

c) o trabalho autônomo, em especial no ramo da prestação de serviços especializados, como consultoria ou advocacia, pela dificuldade em mensurar o valor da contraprestação;

d) o **empréstimo de regresso**, em que uma pessoa interposta ou empresa de fachada, constituída pelo próprio lavador, simula um empréstimo, às vezes proveniente do exterior, para o lavador, dando aparência de licitude ao dinheiro que, na verdade, já lhe pertencia (STJ, AP 458, Dipp, CE, m., 16/09/2009)[11];

e) a **doação fictícia**, geralmente entre parentes ou conhecidos, que é, do ponto de vista tributário, um rendimento isento, de modo que nem sequer seria exigido o pagamento de tributo;

f) compra de bilhetes de **loteria**, em que o agente compra o bilhete premiado do ganhador, entrega o real valor do prêmio, com ágio, e declara que ganhou na loteria;

g) na **ação judicial simulada**, que resulta em acordo ou revelia.

h) do "recebimento de vantagem indevida na forma de **doações eleitorais** (...) na medida em que esses valores são apresentados na Prestação de Contas Eleitoral como de origem lícita, a indicar possível estratégia para conferir aparência de licitude ao dinheiro (STF, Inq. 4.141, Barroso, 1ª T., 12/12/2017);

i) depósito dos valores recebidos por atos de corrupção em contas vinculadas a **trusts** (STF, Inq 4.146, Teori, Pl., 22/06/2016).

■ 17.5. TIPO SUBJETIVO

O elemento subjetivo é o **dolo**, não havendo forma culposa. É discutível a exigência de um especial fim de agir, na modalidade básica, como a vontade de ocultar ou dissimular. Para a primeira orientação, ausente tal finalidade, não existiria lavagem de dinheiro, podendo ocorrer receptação (STF, ARE 686.707 AgR, Fux, 1ª T., u., 30/10/2012; STF, Inq 4.633, Fachin, 2ª T., 08/05/2018; STJ, AP 472, Teori, CE, u., 01/06/2011).

Há, porém, posição em sentido contrário, afirmando que não se exige outro elemento subjetivo, como especial fim de agir, na modalidade básica (TRF3, AC 200661020013088, 5ª T., u., 13/06/2011).

---

10 BLANCO CORDERO, Isidoro. Criminalidad organizada y mercados ilegales. *Eguzkilore*, n. 11, p. 213-231, dez. 1997, p. 227.

11 BLANCO CORDERO, Isidoro. Criminalidad organizada y mercados ilegales, p. 227-228.

17.5.1. Dolo eventual

É admitido (TRF4, AC 200671000326842, Vaz, 8ª T., u., 15/07/2009), como consignado na exposição de motivos, o que, de resto, pode ser inferido pela substituição da expressão *sabendo serem oriundos*, constante do projeto originário, por *provenientes*, constante do *caput* do art. 1º. Assim, é suficiente que o dolo atinja a existência da infração penal antecedente, não se exigindo que o lavador conheça especificamente como se deu a conduta anterior.

Admitir o dolo eventual implica, ainda, admitir a ocorrência do crime quando o lavador do dinheiro não tem a certeza de que o objeto da lavagem é produto de atividade criminosa, mas assume o risco de que os bens tenham origem criminosa, com base no indicativo dado pelas circunstâncias do fato.

17.5.2. Prova do dolo

Sobre a prova do dolo no crime de lavagem, o item 7-A da Nota Interpretativa sobre a Recomendação 3 (Crime de Lavagem de Dinheiro) do GAFI vem assim redigido: "a) A intenção e o conhecimento necessários para provar o crime de lavagem de dinheiro possam ser inferidos por circunstâncias factuais objetivas".

A Convenção de Palermo traz regra análoga a respeito, na alínea "f" do art. 6º, como também o faz o art. 28 da Convenção de Mérida.

17.6. CONSUMAÇÃO

Tanto o tipo básico, do *caput*, quanto aqueles dos §§ 1º e 2º são **mistos alternativos**, configurando-se com a prática de qualquer das condutas referidas, não sendo exigida para a consumação, portanto, necessariamente, a conversão em ativos lícitos (TRF3, AC 200661020013088, 5ª T., u., 13/06/2011), que é uma das modalidades do crime.

No tipo básico, as modalidades *adquirir, trocar, movimentar* e *transferir* são instantâneas de efeitos permanentes, enquanto são consideradas permanentes as condutas de *guardar, ter em depósito* e *ocultar* (STF, AP 863, Fachin, 1ª T., 23/05/2017). No âmbito do STF, não há, ainda, posição firmada a respeito do tema (STF, Inq. 2.471, Lewandowski, Pl., 29/09/2011).

Ao contrário do crime do *caput*, que é material, o delito do § 1º é formal, como resulta claro pelo emprego da expressão *para ocultar ou dissimular*. Cuida-se, assim, de um tipo antecipado, que se consuma ainda que não haja efetiva ocultação ou dissimulação, sendo bastante para a consumação a mera conversão em ativos lícitos, ou a prática de qualquer das condutas dos incisos, aproximadas ao crime de receptação, para que exista o delito.

17.6.1. Tentativa

> **Art. 1º** (...)
> § 3º A tentativa é punida nos termos do parágrafo único do art. 14 do Código Penal.

A crítica que se faz ao § 3º é de que essa regra também tem previsão no CP e que não seria necessário repeti-la, uma vez que o art. 12 do CP dispõe expressamente que as regras gerais se aplicam aos fatos incriminados por lei especial, se esta não dispuser de modo diverso.

Nas modalidades do § 1º, não há possibilidade de tentativa, uma vez que é suficiente a finalidade de ocultação (STF, RHC 80.816, Pertence, 1ª T., u., 18/06/2001).

17.7. TIPOS DERIVADOS (LLD, ART. 1º, §§ 1º E 2º)

17.7.1. Noção

O § 1º tipifica a prática de condutas específicas, com o mesmo objeto material do *caput*, visando à ocultação ou dissimulação, enquanto o § 2º incrimina as condutas da integração e da associação.

17.7.2. Conversão em ativos lícitos (§ 1º, I)

> **§ 1º** Incorre na mesma pena quem, para ocultar ou dissimular a utilização de bens, direitos ou valores provenientes de infração penal:
> I — os converte em ativos lícitos;

Converter é transformar uma coisa em outra, substituir, sub-rogar, mudar a substância ou natureza da coisa.

Ativos são: "Bens, direitos, créditos e valores pertencentes a uma empresa ou pessoa"[12].

Lícito é a qualidade daquilo que é legal ou permitido, em oposição a ilícito, proibido ou ilegal.

A **conversão em ativos lícitos** consiste, então, na transformação de ativos ilícitos em lícitos, mediante aquisição, troca, permuta, cessão ou transformação. São exemplos de ativos lícitos ativos societários como quotas em sociedades limitadas ou participação acionária em companhias, créditos, aplicações financeiras, depósitos bancários, contratos de câmbio, valores mobiliários e outros bens, móveis ou imóveis (TRF3, HC 2004.03.00.071859-5, Ramza, 5ª T., 14/02/2005).

Entendeu-se configurada a hipótese na compra de imóveis e veículos com os valores provenientes de peculato (TRF4, AC 19997103001155-3, Germano, 1ª T., u., 18/12/2000).

Outro exemplo é o chamado **investimento direto**, em que o lavador injeta os valores oriundos de atividade ilícita em uma empresa lícita, valendo-se de uma empresa de fachada, nacional ou estrangeira, como suposta investidora ou compradora[13].

---

12 *Dicionário de finanças*. Disponível em: <http://www.bovespa.com.br>.

13 BLANCO CORDERO, Isidoro. Criminalidad organizada y mercados ilegales, p. 228.

17.7.3. Condutas assemelhadas à receptação (§ 1º, II)

> § 1º Incorre na mesma pena quem, para ocultar ou dissimular a utilização de bens, direitos ou valores provenientes de infração penal: (...)
> II — os adquire, recebe, troca, negocia, dá ou recebe em garantia, guarda, tem em depósito, movimenta ou transfere;

17.7.3.1. Tipo objetivo

Adquirir é comprar onerosamente.

Receber é aceitar o que é oferecido, dado, entregue ou enviado, ou, ainda, adquirir sem ônus.

Trocar é permutar, dar uma coisa em contraprestação ao recebimento de outra ou em pagamento por um serviço, bem como trocar dinheiro por moedas ou notas de valor menor ou maior.

Negociar significa comercializar ou fazer negócios, o que pode scr feito mediante atos de compra, venda ou troca, sendo sinônimo de traficar. Traduz também a ideia de intermediação, corretagem ou agenciamento, ou seja, praticar diligências ou atos de favorecimento ou ajuste para a conclusão de um negócio.

Dar ou receber em garantia é entregar ou tomar um bem como garantia de cumprimento de um negócio ou obrigação, como se dá com caução ou hipoteca.

Guardar é armazenar, ter sob vigilância ou cuidado, em favor de terceiro.

Ter em depósito é manter, armazenar, conservar ou reter à disposição a substância, por conta própria.

Movimentar é levar de um lugar a outro, ainda que dentro do mesmo estabelecimento ou prédio.

Transferir tanto pode ter o sentido físico, de transferir de um local a outro, no sentido de transportar, quanto de transferir a propriedade ou titularidade a terceiro.

17.7.3.2. Tipo subjetivo

Ao contrário do que se dá com a modalidade básica, aqui é **exigido o especial fim de agir**, direcionado à ocultação ou dissimulação do produto da infração penal. Ausente esse, o caso será de mera receptação (STF, ARE 686.707 AgR, Fux, 1ª T., u., 30/10/2012; STJ, HC 423.799, Dantas, 5ª T., 17/05/2018; STJ, RHC 98.228, Reynaldo, 5ª T., 07/06/2018).

17.7.3.3. Consumação

O crime é **formal** (STF, ARE 686.707 AgR, Fux, 1ª T., u., 30/10/2012).

17.7.4. Superfaturamento ou subfaturamento em importação ou exportação (§ 1º, III)

> § 1º Incorre na mesma pena quem, para ocultar ou dissimular a utilização de bens, direitos ou valores provenientes de infração penal: (...)
> III — importa ou exporta bens com valores não correspondentes aos verdadeiros.

Importar é trazer do estrangeiro ou introduzir no território nacional algo vindo de outro país.

Exportar é mandar, remeter ou levar para outro país.

Exemplifica-se com o caso do agente que tem dinheiro no exterior, oriundo de crime, para lá transportado por meios não oficiais, tais como contrabando físico ou transferência por doleiros, pretendendo introduzir os valores no Brasil, com aparência legal. Basta, para tanto, valer-se de uma exportação superfaturada, em que se declara o recebimento a título de pagamento dos bens exportados, quando o valor ou parte dele já estava no Brasil, sendo oriundo de crime anterior. O processo inverso poderá ser utilizado para a retirada do dinheiro do país, superfaturando-se a importação, com o pagamento de valor superior ao real pelas mercadorias importadas, de modo que, dissimuladamente, seja ocultada a movimentação dos valores de origem ilícita que se pretende levar para fora do país.

Em qualquer caso, o crime poderá ocorrer em conluio com a contraparte estrangeira, ou utilizando uma *empresa de fachada*.

A relação com o tipo do *caput* é de **especialidade**, uma vez que também aqui haverá dissimulação da origem dos valores.

17.7.5. Integração ou utilização de valores suspeitos em atividade econômica ou financeira (§ 2º, I)

> § 2º Incorre, ainda, na mesma pena quem:
> I — utiliza, na atividade econômica ou financeira, bens, direitos ou valores provenientes de infração penal;

O delito em comento corresponde à fase de **integração**, ou seja, quando o agente utiliza bens, valores ou direitos que sabe serem de origem criminosa em atividade lícita, solapando, assim, o princípio da livre concorrência. Uma vez ingressados os valores na prática lícita, torna-se difícil apurar quais valores têm origem na prática criminosa e quais decorrem dos lucros normais da atividade econômica legal.

Utilizar é fazer uso ou servir-se de algo, tornar útil, dar emprego ou utilidade, aproveitar, tirar partido ou vantagem.

Atividade econômica é toda ação humana que envolva a troca de bens, produtos ou serviços, enquanto a **atividade financeira** diz respeito à atuação no mercado financeiro, ou seja, ao conjunto dos mercados que inclui a troca de moeda, crédito, câmbio e mercado de capitais.

17.7.6. Associação (§ 2º, II)

> § 2º Incorre, ainda, na mesma pena quem: (...)
> II — participa de grupo, associação ou escritório tendo conhecimento de que sua atividade principal ou secundária é dirigida à prática de crimes previstos nesta Lei.

17.7.6.1. Tipo objetivo

O inciso II, bastante criticado, consiste em forma específica do crime do art. 288 do CP, que descreve a associação criminosa. Sendo assim, cuida-se de crime autônomo em relação à lavagem, podendo o agente responder, em concurso material, pelo crime ora descrito e também por aquele do *caput*. O inciso seria desnecessário, porque os tipos penais já existentes ou as regras gerais de participação, do CP, seriam suficientes para alcançar os efeitos pretendidos pelo tipo em comento.

Grupo poderá ser um certo número de pessoas reunidas, sejam físicas ou jurídicas.

Associação, aqui, é qualquer grupo de pessoas reunidas para um fim comum, como na associação criminosa (CP, art. 288) e na associação para o tráfico (Lei n. 11.343/2006, art. 35), não tendo o vocábulo o sentido técnico de pessoa jurídica sem fins lucrativos constituída por um grupo de pessoas reunidas em torno de um interesse ou objetivo comum, cuidando-se de forma especial do delito de associação criminosa (CP, art. 288).

A expressão **escritório** pretende alcançar a atividade de assessoria financeira para fins de *blindagem patrimonial*, como é o caso de alguns escritórios de contabilidade, assessoria ou mesmo de advogados, que extrapolam de suas funções próprias, típicas e legais, passando a atuar de forma efetivamente criminosa, embora sabedores da origem ilícita dos fundos.

Poderá ser utilizado, porém, no caso, comum, de *empresas de fachada* empregadas para lavagem de dinheiro, tais como revendas de veículos, casas noturnas e transporte clandestino de passageiros.

17.8. CONCURSO DE CRIMES

Como o tipo é **misto alternativo**, a subsunção da conduta a mais de um dos verbos contidos nos tipos configura crime único. Da mesma forma, não há concurso de crimes na lavagem de **vários bens provenientes de um único crime**, podendo incidir, eventualmente, a causa de aumento da reiteração (LLD, art. 1º, § 4º), que visa a atribuir tratamento mais rigoroso ao criminoso profissional, afastando a aplicação da regra geral da continuidade delitiva (TRF4, AC 200670000200420, Vaz, 8ª T., u., 19/11/2008). Quer dizer, a conversão em ativos lícitos (art. 1º, I) poderá ser considerada meio para a dissimulação, prevista no *caput* (TRF3, AC 200260000030280, Cotrim, 2ª T., u., 22/04/2009).

Haverá **crime único**, igualmente, quando houver **vários atos de lavagem dos valores auferidos com um só crime antecedente** (TRF4, AC 200570000222744, Vaz, 8ª T., u., 19/11/2008). Podem surgir dificuldades quando, após a condenação por lavagem, consistente na utilização de contas de pessoas interpostas, são descobertas novas contas. Em tais casos, é cabível nova condenação, sem prejuízo do posterior reconhecimento da continuidade delitiva ou reiteração (LLD, art. 1º, § 4º), em sede de execução penal (LEP, art. 66, III, "a").

17.8.1. Concurso material

Com relação ao concurso de crimes, o entendimento é o de que há **concurso material com a infração penal antecedente**, como, por exemplo, a associação para o tráfico ou corrupção (STF, Inq. 2.471, Lewandowski, Pl., 29/09/2011). Essa **não seria uma hipótese de crime progressivo ou de pós-fato impunível**, ainda que o agente tenha, com a lavagem, alcançado o proveito visado com a infração penal antecedente, porque a autonomia dos crimes está expressa na própria lei, sendo característica do crime de lavagem de dinheiro a condição de crime parasitário ou acessório (STJ, AP 458, Dipp, CE, m., 16/09/2009).

Relativizando o rigor excessivo do apenamento que decorreria desse entendimento, o STF entendeu, porém, que somente se cogita de autolavagem quando "comprovados atos subsequentes, autônomos, tendentes a converter o produto do crime em ativos lícitos, e capazes de ligar o agente lavador à pretendida higienização do produto do crime antecedente" (STF, AP 694, Rosa Weber, 1ª T., 02/05/2017).

17.8.2. Evasão de divisas (LCSFN, art. 22)

É controvertido o tema da relação entre a lavagem de dinheiro e a evasão de divisas.

Em minha posição, na remessa do dinheiro para o exterior com o fim de ocultação, há concurso formal impróprio entre os crimes de lavagem de dinheiro e evasão de divisas, pois os desígnios são autônomos, embora estejam os crimes consubstanciados nos mesmos atos (TRF4, ENUL 200172050071220, Néfi, 4ª S., m., 16/04/2009). Assim, também, entre lavagem de dinheiro e manutenção de conta no exterior sem declaração (TRF4, AC 200372000101742, Néfi, 7ª T., u., 26/05/2009; TRF4, AC 200570000342051, Vaz, 8ª T., 03/03/2010).

Já se entendeu, porém:

a) pela ocorrência de crime de evasão de divisas, tão somente, quando não há evidência de fim específico de lavagem (TRF1, AC 20033600015427-1, Tourinho, 3ª T., u., 29/04/2005);

b) pela ocorrência de lavagem de dinheiro, unicamente, quando a finalidade era dar aparência de licitude aos valores (TRF1, AC 20033600008505-4, Tourinho, 3ª T., u., 25/07/2006).

17.8.3. Crime contra a ordem tributária (Lei n. 8.137/90, arts. 1º e 2º)

Há duas posições.

Para a primeira, poderá haver concurso material se a sonegação e a lavagem de dinheiro estiverem consubstanciadas em atos distintos. Se os atos forem os mesmos, haverá, em regra, concurso formal impróprio, observada a existência de desígnios autônomos. Não há consunção, porque a ocultação e a dissimulação da natureza e origem dos valores não são meios necessários para a realização do crime contra a ordem tributária (TRF3, HC 2004.03.00.071859-5, Ramza, 5ª T., 14/02/2005; TRF4, HC 20010401005080-6, Darós, 2ª T., u., 22/03/2001) e, além disso, os bens jurídicos são distintos (TRF3, AC 200161810001220, Jeuken [Conv.], 5ª T., u., 16/02/2009).

Para a segunda, a conduta de omitir e prestar declaração falsa à fiscalização tributária que serve como meio necessário para a lavagem de dinheiro é absorvida por este, aplicando-se o princípio da consunção (STJ, HC 368.551, Reynaldo, 5ª T., 01/06/2017).

Poderá haver, ainda, casos em que o lavador tem interesse em pagar os tributos a fim de dar aparência de legitimidade aos valores.

17.9. PENA

A PPL prevista, de três a dez anos de reclusão, é bastante expressiva, superando, em muitos casos, a pena da infração penal antecedente e resultando em penas finais elevadas, pois aplicadas, em regra, em cúmulo material.

17.9.1. Primeira fase

Podem ser valoradas como circunstâncias judiciais "objetivo de lucro fácil e enriquecimento ilícito", não sendo inerentes ao tipo penal em questão (STJ, HC 19.902, Dipp, 5ª T., u.).

17.9.2. Segunda fase

Não se aplica ao crime de lavagem de dinheiro a causa de aumento da **conexão teleológica** (CP, art. 61, II, "b"), uma vez que é inerente ao crime em questão que seja cometido para assegurar a ocultação ou vantagem de crime anterior (TRF3, AC 200161810001220, Jeuken [Conv.], 5ª T., u., 16/02/2009).

17.9.3. Terceira fase

O § 4º do art. 1º, com a redação dada pela Lei n. 12.683/2012, estabelece aumento de um a dois terços, para qualquer dos crimes, e não mais apenas para a modalidade básica, do *caput*, se o crime for cometido de **forma reiterada** ou por intermédio de **organização criminosa**.

Impõe-se fazer distinção entre a causa de aumento da reiteração, que varia de um a dois terços (LLD, art. 1º, § 4º), e a do crime continuado, que varia de um sexto a dois terços (CP, art. 71).

A melhor interpretação é no sentido de que a causa de aumento da reiteração, sendo mais rigorosa, e colocada ao lado daquela da organização criminosa, visa a atribuir tratamento mais rigoroso ao criminoso profissional ou habitual, afastando a regra da continuidade delitiva (TRF4, AC 200670000200420, Vaz, 8ª T., u., 19/11/2008), até mesmo por se tratar de regra especial.

Será aplicada, porém, a regra do art. 71 do CP quando, não se tratando de criminoso profissional ou habitual, que faça do crime o seu meio de vida, estejam presentes os requisitos para aquele instituto, nomeadamente a similitude das circunstâncias de tempo, lugar, maneira de execução e outras semelhantes.

Com efeito: "É assente na jurisprudência e na doutrina que a habitualidade delitiva afasta o reconhecimento da continuidade. A continuidade delitiva é ficção jurídica em benefício do réu, cujos requisitos compreendem circunstâncias semelhantes de tempo, lugar, modo de execução e vínculo subjetivo entre as condutas perpetradas. De outro turno, a habitualidade verifica-se quando o agente faz do crime seu modo de vida, o que exige sanção mais severa, sendo incompatível com a aplicação do benefício previsto no artigo 71 do Código Penal" (TRF3, AC 00062518620064036181, Hélio Nogueira, 5ª T., 23/03/2015). No mesmo sentido: STF, AP 470.

Assim, tratando-se de reiteração, parece incompatível fazer incidir também o aumento da continuidade delitiva.

Em suma, então, as conclusões são as seguintes: a) a causa de aumento da reiteração, objeto do § 4º do art. 1º da LLD, afasta a continuidade delitiva, por aplicação do princípio da especialidade; b) as causas de aumento da organização criminosa e do crime continuado são incompatíveis entre si; c) será aplicada a causa de aumento da lei especial, mais severa, quando se tratar de crime cometido de forma profissional, quando o agente fizer do crime meio de vida; d) será reconhecido o crime continuado, mais favorável, quando, não se tratando de criminoso profissional, estiverem presentes os requisitos do art. 71 do CP.

A causa de aumento da reiteração (LLD, art. 1º, § 4º), até porque colocada ao lado daquela da organização criminosa, visa a atribuir tratamento mais rigoroso ao **criminoso profissional**, afastando a regra da continuidade delitiva (TRF4, AC 200670000200420, Vaz, 8ª T., u., 19/11/2008), até mesmo por se tratar de regra especial. Em sentido contrário, aplicando o art. 71 do CP: STF, AP 470.

A aplicação do § 4º do art. 1º da LLD não determina, porém, necessariamente, a ocorrência de crime único, ainda que a prática se dê por intermédio de organização criminosa (STJ, HC 76.906, Jane Silva [Conv.], 5ª T., u., 13/11/2007). Ao contrário, tratando-se de reiteração, parece incompatível fazer incidir também o aumento da continuidade delitiva.

Em suma, então, as conclusões são as seguintes: a) a causa de aumento da reiteração, objeto do § 4º do art. 1º da LLD, afasta a continuidade delitiva, por aplicação do princípio da especialidade; b) as causas de aumento da organização criminosa e do crime continuado são compatíveis entre si.

Com isso, não há impedimento à incidência, sucessiva, da causa de aumento da reiteração, bem como da continuidade delitiva.

17.9.3.1. *Colaboração premiada*

> **Art. 1º** (...)
> § 5º A pena poderá ser reduzida de um a dois terços e ser cumprida em regime aberto ou semiaberto, facultando-se ao juiz deixar de aplicá-la ou substituí-la, a qualquer tempo, por pena restritiva de direitos, se o autor, coautor ou partícipe colaborar espontaneamente com as autoridades, prestando esclarecimentos que conduzam à apuração das infrações penais, à identificação dos autores, coautores e partícipes, ou à localização dos bens, direitos ou valores objeto do crime.

A matéria regulada no § 5º do art. 1º da LLD sofre um influxo da Lei n. 9.807/99 e da Lei das Organizações Criminosas (LOC), podendo a prova ser obtida mediante uma medida cautelar de produção antecipada.

Na redação dada ao dispositivo pela Lei n. 12.683/2012, é explicitado que os benefícios poderão ser reconhecidos **a qualquer tempo**, ou seja, mesmo após o recebimento da denúncia ou mesmo durante a execução. A alteração é criticável por permitir ao acusado que manobre, somente passando a colaborar após a sua própria condenação, diante da falta de outra perspectiva.

A LOC, por ser posterior e tratar do campo específico da criminalidade organizada, deve ser aplicada à colaboração premiada sempre que se tratar de organização criminosa, ou, de forma subsidiária, quanto ao procedimento, ainda que não se trate de organização.

17.9.4. Efeitos da condenação

> **Art. 7º** São efeitos da condenação, além dos previstos no Código Penal:
> I — a perda, em favor da União — e dos Estados, nos casos de competência da Justiça Estadual —, de todos os bens, direitos e valores relacionados, direta ou indiretamente, à prática dos crimes previstos nesta Lei, inclusive aqueles utilizados para prestar a fiança, ressalvado o direito do lesado ou de terceiro de boa-fé;
> II — a interdição do exercício de cargo ou função pública de qualquer natureza e de diretor, de membro de conselho de administração ou de gerência das pessoas jurídicas referidas no art. 9º, pelo dobro do tempo da pena privativa de liberdade aplicada.
> § 1º A União e os Estados, no âmbito de suas competências, regulamentarão a forma de destinação dos bens, direitos e valores cuja perda houver sido declarada, assegurada, quanto aos processos de competência da Justiça Federal, a sua utilização pelos órgãos federais encarregados da prevenção, do combate, da ação penal e do julgamento dos crimes previstos nesta Lei, e, quanto aos processos de competência da Justiça Estadual, a preferência dos órgãos locais com idêntica função.
> § 2º Os instrumentos do crime sem valor econômico cuja perda em favor da União ou do Estado for decretada serão inutilizados ou doados a museu criminal ou a entidade pública, se houver interesse na sua conservação.

Em relação aos bens, o texto é distinto daquele do art. 91, II, "b", do CP, em **três pontos**.

Primeiro, enquanto o CP limita os efeitos aos instrumentos ilícitos e ao produto do crime, **a LLD é mais ampla**, podendo o perdimento se estender ao objeto, ao produto e ao instrumento do crime, seja a coisa lícita ou ilícita.

Segundo, enquanto no regime do CP o perdimento é sempre em favor da União, **no caso da LLD os Estados-membros serão destinatários** dos bens em relação aos delitos de sua competência.

Terceiro, o § 1º autoriza a União e os Estados a regulamentarem a destinação dos bens, direitos e valores aos **órgãos encarregados da persecução penal e julgamento da lavagem de dinheiro**.

A lei ressalva expressamente o direito do lesado ou de terceiro de boa-fé, que não estarão sujeitos ao perdimento.

Já quanto ao exercício de **cargo**, o inciso II do art. 7º da LLD se diferencia do inciso I do art. 92 do CP em três pontos:

a) a **interdição aqui é mais ampla** do que aquela prevista no inciso I do art. 92 do CP, por abranger também **posições ocupadas na iniciativa privada**;

b) a interdição aqui é tratada como **efeito genérico da condenação**, de modo que o seu reconhecimento não está subordinado ao parágrafo único do art. 91 do CP, a exigir que tais efeitos sejam motivadamente declarados na sentença, sendo suficiente a **menção ao dispositivo legal**, sem exigência de motivação específica;

c) enquanto a regra do CP implica apenas a perda do cargo ou função ocupado ao tempo do crime, a regra da LLD agrega o efeito do **impedimento de ocupar novamente aquele cargo** pelo dobro da pena aplicada.

Registramos que o afastamento do servidor também tem lugar como medida **cautelar**, em razão do disposto no art. 17-D, introduzido pela Lei n. 12.683/2012, o qual é objeto da ADI 4.911.

■ 17.10. AÇÃO PENAL

> **Art. 2º** O processo e julgamento dos crimes previstos nesta Lei:
> I — obedecem às disposições relativas ao procedimento comum dos crimes punidos com reclusão, da competência do juiz singular;

A ação penal é **pública incondicionada**, sendo o rito comum (art. 2º, I).

A propositura da ação penal **não depende da existência ou conclusão de procedimento administrativo-fiscal**, como se dá em relação aos crimes de sonegação fiscal, por exigência da SV 24 do STF (STF, HC 84.949, C. Lúcia, 1ª T., u., 22/08/2006; STJ, AP 458, Dipp, CE, m., 16/09/2009).

No entanto, a adesão ao Regime Especial de Regularização Cambial, que trata da "declaração voluntária de recursos, bens ou direitos de origem lícita, não declarados ou declarados com omissão ou incorreção em relação a dados essenciais, remetidos ou mantidos no exterior, ou repatriados por residentes ou domiciliados no País", acompanhada do pagamento de imposto e multa, implica extinção da punibilidade da lavagem de dinheiro, nos termos do art. 5º, § 1º, VI, da Lei n. 13.254/2016.

17.10.1. Competência

> **Art. 2º** O processo e julgamento dos crimes previstos nesta Lei: (...)
> III — são da competência da Justiça Federal:
> *a)* quando praticados contra o sistema financeiro e a ordem econômico-financeira, ou em detrimento de bens, serviços ou interesses da União, ou de suas entidades autárquicas ou empresas públicas;
> *b)* quando a infração penal antecedente for de competência da Justiça Federal.

O crime de lavagem de dinheiro não é, por si só, de competência federal (STJ, HC 23.592, Dipp, 5ª T., u., 04/11/2003), sendo a competência da JE quando não houver prejuízo para a União, quando a infração penal antecedente for da sua competência e quando a lavagem for interna e não se valer de instituição financeira, mas de outros meios.

A competência da JF vem prevista no inciso III do art. 2º da LLD, devendo ser reconhecida quando:

a) atentar contra o SFN ou a ordem econômica financeira, caso que não tem apresentado maior relevância prática;

b) a **infração penal antecedente** for de competência **federal**;

c) a **lavagem de dinheiro for transnacional**, embora a infração penal antecedente seja de competência estadual (STJ, CC 32.861, Dipp, 3ª S., u., 10/10/2001, *Caso Maluf*).

A competência será da JF, ainda, pela conexão com a sonegação de tributos federais ou outro delito de competência federal (STJ, Súmula n. 122).

17.10.2. Unidade de processo e julgamento

O inciso II do art. 2º da LD comete ao juiz competente para o julgamento do crime de LD a atribuição para decidir sobre a unidade de processo e julgamento, que deve ser verificada caso a caso, conforme critérios de conveniência. A prática tem indicado que há casos em que é conveniente a manutenção dos feitos reunidos, até para maior eficácia probatória, e outros em que recomendada a separação, pelo excessivo número de acusados, ritos diversos etc. Tendo em vista a independência entre os crimes e a existência de *motivo relevante*, como referido no art. 80 do CPP, tem-se como possível a separação dos processos.

17.10.3. Varas especializadas

No âmbito da JF, foram especializadas varas das capitais para o processo e julgamento de crimes de lavagem de dinheiro, com competência para o processo e julgamento de feitos ocorridos em todo o Estado, em prática que vem sendo considerada legal (STJ, CC 39.367, 3ª S., u., 08/10/2003) e constitucional (STF, HC 88.660, C.

Lúcia, Pl., m., 15/05/2008; STF, HC 85.060 MC, Grau, 02/12/2004; STF, HC 91.253 MT, Lewandowski, 16/10/2007; HC 94.146, Mendes), não configurando tribunal de exceção, vedado pelo inciso XXXVII do art. 5º da CF (TRF3, HC 200603000104425, Stefanini, 1ª T., u., 28/08/2007).

17.10.4. Autonomia

> **Art. 2º** O processo e julgamento dos crimes previstos nesta Lei: (...)
> II — independem do processo e julgamento das infrações penais antecedentes, ainda que praticados em outro país, cabendo ao juiz competente para os crimes previstos nesta Lei a decisão sobre a unidade de processo e julgamento; (...)
> § 1º A denúncia será instruída com indícios suficientes da existência da infração penal antecedente, sendo puníveis os fatos previstos nesta Lei, ainda que desconhecido ou isento de pena o autor, ou extinta a punibilidade da infração penal antecedente.

Nos termos do inc. II do art. 2º da LLD, o crime de lavagem é **independente de processo e julgamento da infração penal antecedente** (STF, RHC 105.791, C. Lúcia, 2ª T., u., 11/12/2012; STF, HC 93.368, Fux, 1ª T., u., 09/08/2011), "ainda que desconhecido ou isento de pena o autor, ou extinta a punibilidade da infração penal antecedente" (LLD, art. 2º, § 1º).

Essa autonomia é condicionada à existência de **indícios** (CPP, art. 239) **da infração penal antecedente** (LLD, art. 2º, § 1º), devidamente descrita na denúncia (STF, HC 132.179, Toffoli, 2ª T., 26/09/2017), sendo desnecessária a existência de prova cabal da materialidade da infração penal antecedente (STF, HC 94.958, Barbosa, 2ª T., u., 09/12/2008; STF, HC 93.368, Fux, 1ª T.; STF, HC 138.092, Barroso, 1ª T., 06/02/2018), tendo sido adotada a chamada *acessoriedade limitada*[14].

A redação do § 1º deixa aberta a questão sobre a exigência de **prova plena** para a sentença, pois apenas regula o oferecimento da denúncia. O "caput", a seu turno, admite o processo de julgamento do crime de lavagem de dinheiro ainda que não haja condenação pelo crime antecedente, de modo que, mesmo na sentença, não é necessário comprovar a existência da infração penal antecedente com todas as suas elementares, sendo suficiente a comprovação da existência da infração penal antecedente e dos bens, direitos ou valores que dela derivam.

A questão não é, porém, tranquila, havendo casos em que a sentença absolutória em relação ao crime anterior não poderá ser ignorada pelo juízo criminal em que tramita a ação penal por lavagem de dinheiro (TRF3, AC 200060020023223, Nogueira, 5ª T., u., 22/06/2009), como nos casos em que afirmada:

a) a inocorrência do fato (CPP, art. 386, I);
b) a falta de prova de sua existência (CPP, art. 386, II);

[14] DE CARLI, Carla Veríssimo. *Lavagem de dinheiro. Ideologia da criminalização e do discurso*. 2. ed. Porto Alegre: Verbo Jurídico, 2012. p. 178.

c) a atipicidade da conduta, nos termos do inciso III do art. 386 do CPP (TRF4, AC 200372000088660, Brunoni [Conv.], 8ª T., u., 24/02/2010);
d) sobrevier *abolitio criminis* ou anistia.

17.10.5. Citação por edital

> **Art. 2º** (...)
> § 2º No processo por crime previsto nesta Lei, não se aplica o disposto no art. 366 do Decreto-Lei n. 3.689, de 3 de outubro de 1941 (Código de Processo Penal), devendo o acusado que não comparecer nem constituir advogado ser citado por edital, prosseguindo o feito até o julgamento, com a nomeação de defensor dativo.

O dispositivo transcrito afasta a aplicação do **art. 366 do CPP**, que trata da suspensão do processo e da prescrição em relação ao acusado que, citado por edital, não comparece nem constitui defensor, devendo a ação penal prosseguir, com a nomeação de defensor dativo (TRF3, AC 200560050012766, Herkenhoff, 2ª T., u., 27/08/2008)[15].

O dispositivo da LLD deve ser compreendido no contexto de um delito no qual, muitas vezes, o agente se utiliza de pessoas interpostas, sendo essa a razão da opção legislativa que se fez, a qual permite o prosseguimento da ação penal a fim de que se obtenha o efeito do perdimento, o qual somente pode ser alcançado com o trânsito em julgado da condenação. Em caso de suspensão da ação penal, os bens ficariam sob constrição indefinidamente, o que não seria razoável. Desse modo, o dispositivo deve ser considerado compatível com a CF, ao menos nos casos em que existam bens sob constrição.

17.10.6. Ação controlada e infiltração de agentes

> **Art. 1º, § 6º.** Para a apuração do crime de que trata este artigo, admite-se a utilização da ação controlada e da infiltração de agentes.
> **Art. 4º-B.** A ordem de prisão de pessoas ou as medidas assecuratórias de bens, direitos ou valores poderão ser suspensas pelo juiz, ouvido o Ministério Público, quando a sua execução imediata puder comprometer as investigações.

Assim como se dá nas investigações relativas a organizações criminosas (LOC, arts. 8º e 9º) e nos crimes de tráfico ilícito de drogas (Lei n. 11.343/2006, art. 53, II), também na lavagem de dinheiro há possibilidade de ação controlada, na qual, embora ciente da ocorrência do crime, a polícia ou agência investigatória retarda a ação para o momento mais conveniente, como se vê da leitura do art. 4º-B.

A seu turno, o § 6º do art. 1º, introduzido pela Lei n. 13.964/2019, admitiu expressamente a ação controlada e a infiltração de agentes nas investigações por lavagem de dinheiro.

---

[15] Pela inconstitucionalidade do dispositivo: TRF3, HC 00380993420114030000, Lunardelli, 1ª T., u., 18/12/2012.

■ 17.11. MEDIDAS ASSECURATÓRIAS

> **Art. 4º** O juiz, de ofício, a requerimento do Ministério Público ou mediante representação do delegado de polícia, ouvido o Ministério Público em 24 (vinte e quatro) horas, havendo indícios suficientes de infração penal, poderá decretar medidas assecuratórias de bens, direitos ou valores do investigado ou acusado, ou existentes em nome de interpostas pessoas, que sejam instrumento, produto ou proveito dos crimes previstos nesta Lei ou das infrações penais antecedentes. (...)
> § 2º O juiz determinará a liberação total ou parcial dos bens, direitos e valores quando comprovada a licitude de sua origem, mantendo-se a constrição dos bens, direitos e valores necessários e suficientes à reparação dos danos e ao pagamento de prestações pecuniárias, multas e custas decorrentes da infração penal. (...)
> § 4º Poderão ser decretadas medidas assecuratórias sobre bens, direitos ou valores para reparação do dano decorrente da infração penal antecedente ou da prevista nesta Lei ou para pagamento de prestação pecuniária, multa e custas.

■ 17.11.1. Noção

A incriminação da lavagem de dinheiro tem como um dos fundamentos principais, justamente, o ataque ao braço financeiro da criminalidade organizada, bem como evitar a continuidade da prática delitiva (STF, Inq-QO 2.248, Britto, Pl., u., 25/05/2006; TRF3, AC 200660000011631, Ramza, 5ª T., u., 26/01/2009).

■ 17.11.2. Legitimidade para postular

Como deixa claro o art. 4º, a medida pode ser decretada:

a) pelo juiz, de ofício;
b) a requerimento do MP;
c) em virtude de representação da autoridade policial, caso em que deve ser ouvido o MP antes da decretação da medida.

■ 17.11.3. Bens passíveis de constrição

Tendo em vista o disposto no § 4º do art. 4º, bem como os §§ 1º e 2º do art. 91 do CP, é admitida a constrição sobre bens do patrimônio do investigado que não guardem relação com o crime, considerado o valor do arbitramento da responsabilidade, incluindo o prejuízo causado, bem como as despesas processuais e o valor provável das penas pecuniárias (CPP, arts. 135 e 140). Com isso, o regime da LLD fica assemelhado ao do CPP e do Decreto-lei n. 3.240/1941, nos quais a constrição pode recair sobre o produto do crime (CPP, art. 125) ou mesmo sobre o conjunto do patrimônio (CPP, arts. 134 e 137).

■ 17.11.4. Requisitos

Tendo em vista a natureza da medida, exige-se, ainda, *fundada suspeita* da referida vinculação com a lavagem de dinheiro (STF, Inq-QO 2.248, Britto, Pl., u.,

25/05/2006). Não se pode olvidar, porém, que a medida tomada é cautelar, de modo que não se pode exigir maior rigor probatório na comprovação da suspeita e da vinculação, admitindo-se, portanto, o sequestro quando houver indícios *suficientes* da origem ilícita dos bens (STJ, ROMS 15.995, Dipp, 5ª T., u., 12/08/2003). Por suficientes aqui se entendem indícios mínimos, e não veementes (TRF4, AC 2006.70.00.010009-6, Vaz, 8ª T., u., 24/10/2007), aplicando-se o princípio *in dubio pro societate* (TRF4, AC 200872000074682, Tadaaqui, 7ª T., u., 07/04/2009). Não é suficiente, todavia, a *mera suspeita* (TRF1, MS 200401000386947, Olindo Menezes, 2ª S., u., 06/04/2005).

Já o perigo na demora é presumido, de forma absoluta, nas medidas cautelares patrimoniais processuais penais, não se exigindo demonstração de dilapidação do patrimônio (TRF4, AC 200670000267537, Néfi, 7ª T., u., 08/07/2009).

17.11.5. Alienação antecipada

> **Art. 4º** (...)
> § 1º Proceder-se-á à alienação antecipada para preservação do valor dos bens sempre que estiverem sujeitos a qualquer grau de deterioração ou depreciação, ou quando houver dificuldade para sua manutenção.

A medida está de acordo com o art. 144-A do CPP.

17.11.6. Pedido de restituição

> **Art. 2º** (...)
> § 2º No processo por crime previsto nesta Lei, não se aplica o disposto no art. 366 do Decreto-Lei n. 3.689, de 3 de outubro de 1941 (Código de Processo Penal), devendo o acusado que não comparecer nem constituir advogado ser citado por edital, prosseguindo o feito até o julgamento, com a nomeação de defensor dativo. (...)
> **Art. 4º** (...)
> § 3º Nenhum pedido de liberação será conhecido sem o comparecimento pessoal do acusado ou de interposta pessoa a que se refere o *caput* deste artigo, podendo o juiz determinar a prática de atos necessários à conservação de bens, direitos ou valores, sem prejuízo do disposto no § 1º.

Cuida-se de regra especial, que afasta a incidência da disciplina do CPP acerca do pedido de restituição (TRF1, AC 200638090030846, Tourinho, 3ª T., u., 21/08/2007), cujo fundamento é o fato de que, muitas vezes, os bens constritos são colocados em nome de pessoas interpostas. Exige-se, então, o comparecimento pessoal do acusado ou da pessoa interposta, sob pena de não ser conhecido o pedido de restituição, justamente para determinar a revelação do verdadeiro proprietário.

Não há incompatibilidade entre o § 3º do art. 4º, que exige o comparecimento pessoal para o pedido de restituição, e o § 2º do art. 2º, que afasta a aplicação do mesmo dispositivo em ação penal por delito de lavagem de dinheiro. O art. 366 do

CPP diz que, quando o réu não comparece nem constitui defensor, suspende-se o processo. Quando o § 2º do art. 2º afasta a aplicação do art. 366 do CPP, quer dizer que o sujeito pode ser citado por edital, mas que o processo não fica suspenso, enquanto o § 3º do art. 4º estabelece que não se conhecerá do pedido de restituição sem o comparecimento pessoal. Então, no caso de o acusado não comparecer nem constituir defensor, o processo por crime de lavagem de dinheiro segue o seu curso normal e não existe a possibilidade de fazer o pedido de restituição, porque é condição de procedibilidade o comparecimento pessoal do acusado.

17.11.7. Inversão do ônus da prova

> **Art. 4º** (...)
> § 2º O juiz determinará a liberação total ou parcial dos bens, direitos e valores quando comprovada a licitude de sua origem, mantendo-se a constrição dos bens, direitos e valores necessários e suficientes à reparação dos danos e ao pagamento de prestações pecuniárias, multas e custas decorrentes da infração penal.

O dispositivo não implica inversão do ônus da prova, no sentido de que caiba ao investigado ou acusado comprovar a licitude de seu patrimônio. A regra apenas assegura a liberação antecipada dos bens, antes do término da ação penal, restando a perda subordinada às regras ordinárias, pressupondo, então, a condenação com trânsito em julgado, nos termos dos arts. 91 do CP c/c 133 e 143 do CPP. Quer dizer, a inversão do ônus da prova se aplica apenas à devolução antecipada dos bens, não importando em presunção nem representando ofensa indevida ao direito de propriedade do investigado, à presunção de inocência, ao devido processo legal ou à ampla defesa (TRF4, AC 20047100029403-0, Élcio, 8ª T., u., 11/05/2005).

17.11.8. Administração dos bens

> **Art. 5º** Quando as circunstâncias o aconselharem, o juiz, ouvido o Ministério Público, nomeará pessoa física ou jurídica qualificada para a administração dos bens, direitos ou valores sujeitos a medidas assecuratórias, mediante termo de compromisso.
> **Art. 6º** A pessoa responsável pela administração dos bens:
> I — fará jus a uma remuneração, fixada pelo juiz, que será satisfeita com o produto dos bens objeto da administração;
> II — prestará, por determinação judicial, informações periódicas da situação dos bens sob sua administração, bem como explicações e detalhamentos sobre investimentos e reinvestimentos realizados.
> Parágrafo único. Os atos relativos à administração dos bens sujeitos a medidas assecuratórias serão levados ao conhecimento do Ministério Público, que requererá o que entender cabível.

Os arts. 5º e 6º da LLD autorizam a nomeação de pessoa qualificada para administração dos bens, direitos ou valores, *quando as circunstâncias o aconselharem*. A medida pressupõe oitiva prévia do MP, que terá ciência dos atos relativos à administração, consistente em uma espécie de intervenção judicial, por meio do administrador, o que é especialmente conveniente em caso de bens de difícil gestão, como fazendas ou empresas, embora o texto mencione, de forma ampla, bens, direitos ou valores, que constituem o objeto material do crime. *Administração* é o ato ou efeito de administrar, a gestão de negócio ou patrimônio.

O administrador, que será remunerado com o produto da administração dos bens, fica obrigado a prestar, periodicamente, informações da situação dos bens e medidas tomadas. Não é dado ao administrador, no entanto, dispor gratuitamente dos bens sob constrição (TRF1, MS 200401000336510, Tourinho, 2ª S., m., 18/05/2005). Conforme o parágrafo único do art. 6º, os atos do administrador serão levados ao conhecimento do MP, que é chamado a atuar aqui no duplo papel de fiscal da lei e responsável pela persecução penal, e, portanto, interessado na manutenção dos bens.

Não é recomendável que a nomeação do administrador recaia sobre o próprio réu (TRF4, MS 200904000412755, Beltrami [Conv.], 8ª T., u., 27/01/2010), o que iria de encontro ao espírito da LLD, que é o de coibir o proveito econômico do crime (TRF2, MS 201002010037409, Azulay, 2ª TE, u., 01/06/2010).

Já se decidiu pela possibilidade da nomeação de uma "auditoria, na condição de fiscal designada pelo Poder Judiciário, para acompanhar efetivamente as administrações das empresas suspeitas de utilização para lavagem de dinheiro e outros delitos" (AGMS 20030401051735-3, Labarrère, 7ª T., u., 17/02/2004).

O texto da lei não limita a autorização a empresas ou fazendas, de modo que também outros bens podem ser colocados sob administração, representando uma boa solução para bens sujeitos a depreciação, tais como veículos, aeronaves e embarcações, que podem ser colocados sob administração da autoridade policial (TRF5, CT 20078300007815-9, Cavalcante, 1ª T., u., 28/02/2008), em uma alternativa razoável à alienação antecipada, evitando o sucateamento dos bens apreendidos.

De lembrar, ainda, a possibilidade de colocação dos bens à disposição de órgãos de segurança pública, autorizada pelo art. 133-A do CPP.

■ 17.12. COOPERAÇÃO JURÍDICA INTERNACIONAL

> **Art. 8º** O juiz determinará, na hipótese de existência de tratado ou convenção internacional e por solicitação de autoridade estrangeira competente, medidas assecuratórias sobre bens, direitos ou valores oriundos de crimes descritos no art. 1º praticados no estrangeiro.
>
> § 1º Aplica-se o disposto neste artigo, independentemente de tratado ou convenção internacional, quando o governo do país da autoridade solicitante prometer reciprocidade ao Brasil.
>
> § 2º Na falta de tratado ou convenção, os bens, direitos ou valores privados sujeitos a medidas assecuratórias por solicitação de autoridade estrangeira competente ou os recursos provenientes da sua alienação serão repartidos entre o Estado requerente e o Brasil, na proporção de metade, ressalvado o direito do lesado ou de terceiro de boa-fé.

O art. 8º, ao tratar da cooperação internacional, autoriza a adoção de medidas assecuratórias sobre bens, direitos ou valores oriundos de crimes de lavagem de dinheiro, cometidos no estrangeiro. O § 2º do mesmo artigo estabelece, de forma pioneira, a divisão por metade do produto da alienação dos bens submetidos a perdimento após constrição solicitada por autoridade estrangeira, ressalvada a existência de disposição diversa em instrumento internacional.

A seu turno, o art. 18 da Convenção de Palermo prevê a cooperação internacional para fins probatórios ou qualquer outro tipo de assistência compatível com o direito interno do Estado Requerido. Por fim, os itens 36 a 40 das Quarenta Recomendações fazem referências específicas a medidas que possam facilitar a cooperação jurídica internacional.

17.13. CONTROLE ADMINISTRATIVO

Nos arts. 9º e seguintes, instituiu a LLD um sistema de **controles administrativos** em matéria de lavagem de dinheiro, atribuído às entidades fiscalizadoras e regulamentadoras do SFN, as quais são encarregadas de regulamentar as obrigações (art. 10) das pessoas físicas e jurídicas sujeitas à lei (art. 9º) quanto a:

a) identificação de clientes e manutenção de cadastros (art. 10, I);
b) manutenção de registros das transações (art. 10, II);
c) adoção de políticas, procedimentos e controles internos que permitam o cumprimento desses deveres (art. 10, III);
d) cadastramento no órgão supervisor ou no COAF;
e) atendimento às requisições formuladas pelo COAF (art. 10, V);
f) comunicação de operações suspeitas (art. 10, II).

Além de regulamentar a atividade das pessoas sujeitas aos mecanismos de controle, cabe também aos órgãos de supervisão a tarefa de impor **penalidades administrativas** pelo descumprimento de tais obrigações (art. 12). Em relação àqueles setores sujeitos às obrigações que não contam com um órgão de fiscalização específico, tais atividades são desempenhadas pelo COAF.

Sendo assim, a fiscalização é distribuída da seguinte forma:

a) ao BACEN cabe a fiscalização de Instituições Financeiras, empresas de compra e venda de moeda estrangeira ou ouro, de arrendamento mercantil e administradoras de consórcios;
b) à CVM compete a fiscalização de corretoras e distribuidoras de títulos e valores mobiliários; bolsas de valores; bolsas de mercadorias e futuros;
c) à PREVIC é atribuída a fiscalização de entidades fechadas de previdência privada (fundos de pensão);
d) à SUSEP toca a fiscalização de entidades de seguro e capitalização;
e) finalmente, ao COAF, que tem a competência residual (art. 14, § 1º), incumbe fiscalizar empresas que exploram cartões de crédito, meios eletrônicos ou magnéticos para transferência de fundos, *factoring*, sorteios e promoção imobiliária ou compra e venda de imóveis.

17.13.1. Noção

Partindo da concepção de que o **Estado não pode fiscalizar tudo**, a lei impõe a particulares, cuja atividade pode servir de meio para a lavagem de dinheiro, obrigações no sentido de evitar e coibir a ocorrência do crime em exame, na chamada política de ***compliance***, ou seja, a ação realizada de acordo com um pedido ou comando, que não é de fácil implantação, em especial porque a pessoa obrigada também tem lucro com a operação.

17.13.2. Pessoas sujeitas aos mecanismos de controle

As pessoas arroladas pelo art. 9º da Lei, sejam elas instituições financeiras ou não, estão obrigadas, então, a deveres, traduzidos em procedimentos que consistem na **identificação dos clientes, vigilância, manutenção dos registros e comunicação de operações suspeitas**.

Conforme o art. 9º da LLD, estão sujeitos aos mecanismos de controle os segmentos adiante arrolados:

a) mercados financeiro e monetário (art. 9º, I);
b) mercado de câmbio (art. 9º, II);
c) mercado de valores mobiliários (art. 9º, III e parágrafo único, I);
d) mercado de seguros (art. 9º, parágrafo único, II);
e) cartões de crédito, credenciamento ou transferência de fundos (art. 9º, parágrafo único, III e IV);
f) consórcios (art. 9º, parágrafo único, III);
g) arrendamento mercantil (*leasing*), as de fomento comercial (*factoring*) e as empresas simples de crédito (ESC) (art. 9º, parágrafo único, V);
h) sorteios e loterias (art. 9º, parágrafo único, VI);
i) filiais, representantes, procuradores, agentes, comissionários ou assemelhados de entidades estrangeiras que explorem alguma das atividades arroladas (art. 9º, parágrafo único, VII e IX) ou representantes, no exterior, em relação a pessoas sediadas no Brasil (art. 9º, parágrafo único, XVIII);
j) outras atividades sujeitas à autorização de órgão de supervisão do SFN (art. 9º, parágrafo único, VIII);
k) mercado imobiliário (art. 9º, parágrafo único, X);
l) comércio de joias, pedras e metais preciosos, objetos de arte, antiguidades e outros bens de luxo ou alto valor (art. 9º, parágrafo único, XI e XII);
m) atividades que envolvam grande volume de recursos em espécie (art. 9º, parágrafo único, XII);
n) juntas comerciais e registros públicos (art. 9º, parágrafo único, XIII);
o) atividades de assessoria, consultoria, contadoria, auditoria, aconselhamento e assistência (art. 9º, parágrafo único, XIV);
p) transferências de atletas profissionais, feiras, exposições e eventos;
q) transporte e guarda de valores;
r) comercialização de produtos rurais.

Com a introdução do inciso XIV do art. 9º, que trata das atividades de assessoria, consultoria, contadoria, auditoria, aconselhamento ou assistência de qualquer natureza, discutido na ADI 4.841, restou superado o entendimento de que a lei brasileira não incluía entre as pessoas obrigadas os advogados e contadores (TRF4, ENUL 200770000265650, Vaz, 4ª S., 13/06/2011).

Sobre o tema, registramos que a CEDH, no caso Michaud *v.* França, entendeu não haver violação do sigilo profissional, na imposição de comunicar operações suspeitas quando o advogado toma parte em negociações dos clientes ou age como *trustee,* ou se o assessoramento se dá em relação a transações comerciais, e não em processos judiciais[16].

Mesmo antes, já se entendeu, porém, que a sociedade de advogados, ao assessorar a compra e venda de imóveis, não exerce atividade típica de advocacia, estando sujeita, então, ao inciso X do art. 9º da Lei n. 9.613/98 (TRF1, AMS 200734000042271, Daniel Ribeiro, 6ª T., u., 22/03/2010).

■ 17.13.3. Deveres

■ *17.13.3.1. Identificação*

O dever de identificação (LLD, art. 10, I) pode ser resumido na regra: **conheça seu cliente**, também referida como dever de vigilância relativo à clientela (*Customer Due Diligence — CDD*), à qual se soma a política "conheça seu empregado". A matéria é objeto do item D.10 das *Quarenta Recomendações.*

Especial cuidado deve ser observado em relação a **pessoas politicamente expostas**, isto é:

> indivíduos a quem estão ou foram cometidas funções públicas proeminentes nacionais, como, por exemplo, Chefe de Estado ou de Governo, altos quadros políticos, altos cargos governamentais, judiciais ou militares, altos quadros de empresas públicas e funcionários importantes de partidos políticos (Glossário das Quarenta Recomendações).

■ *17.13.3.2. Manutenção dos registros*

Esse dever, previsto no inciso II do art. 10, é objeto do item 11 das *Quarenta Recomendações.*

■ *17.13.3.3. Comunicação de operações suspeitas ou atípicas*

Já o **dever de comunicação** é corolário do dever de vigilância, estando regulado pelo art. 11 da LLD. O dever imposto às pessoas obrigadas é de comunicar a realização de **operações atípicas**, assim entendidas aquelas cuja natureza, complexidade, volume ou caráter não habitual, ante o perfil do cliente, indiquem a possibilidade de que se trate de uma operação visando à lavagem de dinheiro.

Nas *Quarenta Recomendações* se lê:

---

[16] Disponível em: <http://hudoc.echr.coe.int/sites/eng/pages/search.aspx?i=001-115377>.

20. Comunicação de operações suspeitas. Se uma instituição financeira suspeitar ou tiver motivos razoáveis para suspeitar que os fundos sejam produtos de atividade criminosa ou estejam relacionados ao financiamento do terrorismo, ela deveria estar obrigada, por lei, a comunicar prontamente suas suspeitas à unidade de inteligência financeira (UIF).

A título exemplificativo, são consideradas suspeitas as seguintes operações:

a) transações de **alto valor em espécie**, como a solicitação à instituição financeira para o saque de 4 milhões de reais em dinheiro (TRF5, AC 200981000040770, Francisco Cavalcanti, 1ª T., u., 10/02/2011), a não ser que, pelo tipo de negócio da empresa, isso seja comum, como cinema ou rede de lanchonetes;
b) falta de comprovação documental em negócios de alto valor;
c) transferência em espécie e mediante transporte pessoal de altos valores em dinheiro ou metais preciosos, operação atípica e arriscada;
d) **riqueza incompatível com o perfil do cliente**;
e) explicação irreal para a movimentação da conta ou o faturamento da empresa;
f) realização de **operações estruturadas**, ou seja, a divisão de vários depósitos de pequeno valor, de modo a ficar abaixo do limite determinado para a comunicação, na chamada prática do *smurfing*; ou fracionamento (STF, Inq 4.141, Barroso, 1ª T., 12/12/2017);
g) **clientes sem tradição** no mercado;
h) pagamento antecipado de importação ou recebimento antecipado de exportação;
i) operações com **paraísos fiscais**;
j) **cláusulas atípicas**, como inexistência de juros ou de prazo para pagamento, ou, ainda, possibilidades de prorrogação a livre critério do devedor;
k) grande número de transações com baixo saldo médio;
l) conta utilizada como repositório temporário;
m) transferências eletrônicas internacionais frequentes;
n) vários depositantes distintos;
o) remessa internacional de cheques assinados em branco;
p) **falta de comprovação dos negócios vultosos** (*supporting rationale*);
q) transferência pessoal de ativos valiosos, como dinheiro em espécie ou ouro, pelo alto risco de segurança da operação;
r) **faturamento empresarial irreal**;
s) operação incompatível com o perfil do cliente, como depósitos e transferências de alto valor diante dos rendimentos apresentados no histórico da movimentação.

De ver que a realização da comunicação em questão **não gera responsabilização penal ou administrativa**, salvo casos de comprovada má-fé (LLD, art. 11, § 2º). Ao contrário, o descumprimento do dever de comunicação pode gerar responsabilização administrativa, nos termos do art. 12 da LLD.

17.13.4. Sanções administrativas

As pessoas obrigadas que não cumprirem os deveres determinados pelos arts. 10 e 11 da LLD poderão sofrer as seguintes sanções administrativas, aplicadas de forma cumulativa ou isolada (LLD, art. 12):

a) advertência;

b) multa pecuniária variável;

c) inabilitação temporária, pelo prazo de até dez anos, para o exercício do cargo de administrador das pessoas jurídicas obrigadas;

d) cassação ou suspensão da autorização para o exercício de atividade, operação ou funcionamento.

■ 17.14. CONSELHO DE CONTROLE DE ATIVIDADES FINANCEIRAS — COAF

> **Art. 14.** Fica criado, no âmbito do Ministério da Economia, o Conselho de Controle de Atividades Financeiras — COAF, com a finalidade de disciplinar, aplicar penas administrativas, receber, examinar e identificar as ocorrências suspeitas de atividades ilícitas previstas nesta Lei, sem prejuízo das competências de outros órgãos e entidades. (Redação dada pela Medida Provisória n. 886, de 2019)
>
> § 1º As instruções referidas no art. 10 destinadas às pessoas mencionadas no art. 9º, para as quais não exista órgão próprio fiscalizador ou regulador, serão expedidas pelo COAF, competindo-lhe, para esses casos, a definição das pessoas abrangidas e a aplicação das sanções enumeradas no art. 12.
>
> § 2º O COAF deverá, ainda, coordenar e propor mecanismos de cooperação e de troca de informações que viabilizem ações rápidas e eficientes no combate à ocultação ou dissimulação de bens, direitos e valores.
>
> § 3º O COAF poderá requerer aos órgãos da Administração Pública as informações cadastrais bancárias e financeiras de pessoas envolvidas em atividades suspeitas.

De acordo com o item 29 das 40 Recomendações do GAFI:

> Os países deveriam estabelecer uma unidade de inteligência financeira (UIF) que sirva como um centro nacional de recebimento e análise de: (a) comunicações de operações suspeitas; e (b) outras informações relevantes sobre lavagem de dinheiro, crimes antecedentes e financiamento do terrorismo, e de disseminação dos resultados de tal análise. A UIF deveria ser capaz de obter informações adicionais das entidades comunicantes e ter acesso rápido a informações financeiras, administrativas e de investigação que necessite para desempenhar suas funções adequadamente.

Dando cumprimento a tal recomendação, foi criado o COAF, a unidade financeira de inteligência do Brasil, atualmente vinculada administrativamente ao BACEN, embora dotada de autonomia técnica e operacional, nos termos do art. 2º da Lei n. 13.974/2020.

A unidade financeira de inteligência, conhecida, no plano internacional, pela sigla FIU (*Financial Intelligence Unit*), tem as atribuições:

a) normatizar os deveres de identificação, comunicação e manutenção de registros, sem prejuízo dos demais órgãos, bem como de aplicação de penalidades administrativas pelo descumprimento de tais deveres, para os setores nos quais não exista órgão regulador e fisca-lizador próprio (LLD, art. 14, § 1º);

b) receber comunicações de operações suspeita, o que não representa violação de sigilo financeira (LC n. 105/2001, art. 2º, § 6º);

c) analisar as operações e repassar as informações para as autoridades competentes, com fundamento na Lei n. 9.613/98 e no inc. II do art. 3º da Lei n. 13.974/2020, que lhe atribui competência para: "produzir e gerir informações de inteligência financeira para a prevenção e o combate à lavagem de dinheiro"
d) "promover a interlocução institucional com órgãos e entidades nacionais, estrangeiros e internacionais que tenham conexão com suas atividades" (Lei n. 13.974/2020, art. 3º, II).

O COAF, como órgão de inteligência, não detém atribuições de investigação propria-mente ditas, ou seja, de produção de provas, mas de mera circulação de informação. Isso não impede que os Relatórios de Inteligência Financeira alcançados às autoridades policiais ou ao MP não possam ser utilizados, na fase investigatória, para instruir um pedido de intercep-tação telefônica ou quebra de sigilo financeiro (STJ, HC 191.378, Reis, 6ª T., 15/09/2011; STJ, RMS 35.410, Vaz, 5ª T., u., 22/10/2013; TRF4, HC 0007683-90.2010.404.0000, Pente-ado, 8ª T., DJ 27/05/2010).

O STJ já afirmou, porém, que o RIF não pode servir, sem outros indícios, para o pedido de quebra de sigilo fiscal ou bancário, quando não há demonstração da impossibilidade da obtenção da prova por outros meios (STJ, HC 191.378, Reis, 6ª T., 15/09/2011).

De acordo com o art. 15 da LLD, o COAF comunica tanto situações suspeitas de lavagem de dinheiro quanto de outros delitos.

17.14.1. Compartilhamento de informações

> **Art. 14.** (...)
> § 3º O COAF poderá requerer aos órgãos da Administração Pública as informações cadastrais bancárias e financeiras de pessoas envolvidas em atividades suspeitas.
> **Art. 15.** O COAF comunicará às autoridades competentes para a instauração dos procedimentos cabíveis, quando concluir pela existência de crimes previstos nesta Lei, de fundados indícios de sua prática, ou de qualquer outro ilícito.

É essencial que as agências estatais, tanto policiais como administrativas, cooperem entre si e compartilhem informações.

Sendo assim, é permitido ao MP solicitar ao COAF que apure operações suspeitas e comunique suas conclusões (STJ, RMS 52.677, Reynaldo, 5ª T., 27/04/2017), ou solicite informações ao COAF (STF, RE 1.058.429 AgR, Moraes, 1ª T., 20/02/2018), uma vez que a provocação feita pelo MP "não desnatura a comunicação do ilícito indiciariamente constatado pelo COAF, que possui prerrogativa de encaminhar Relatório de Inteligência Financeira comunicando a operação suspeita" (STJ, RHC 73.331, Néfi, 6ª T., 25/10/2016).

Nessa linha, o § 2º do art. 14 da LLD dispõe que: "O COAF deverá, ainda, coordenar e propor mecanismos de cooperação e de troca de informações que viabilizem ações rápidas e eficientes no combate à ocultação ou dissimulação de bens, direitos e valores". Além disso: "O COAF poderá requerer aos órgãos da Administração Pública as informações cadastrais, bancárias e financeiras de pessoas envolvidas em atividades suspeitas" (LLD, art. 14, § 3º, incluído pela Lei n. 10.701/2003). Criou-se, aí, mais uma hipótese de transferência de sigilo, relevante para que possa o COAF bem desempenhar suas relevantes funções, embora possa ser questionada a possibilidade da regulação por lei ordinária.

O STF, em regime de repercussão geral, fixou a seguinte tese sobre o tema do compartilhamento de informações obtidas pelo COAF:

> 1. É constitucional o compartilhamento dos relatórios de inteligência financeira da UIF e da íntegra do procedimento fiscalizatório da Receita Federal do Brasil, que define o lançamento do tributo, com os órgãos de persecução penal para fins criminais, sem a obrigatoriedade de prévia autorização judicial, devendo ser resguardado o sigilo das informações em procedimentos formalmente instaurados e sujeitos a posterior controle jurisdicional. 2. O compartilhamento pela UIF e pela RFB, referente ao item anterior, deve ser feito unicamente por meio de comunicações formais, com garantia de sigilo, certificação do destinatário e estabelecimento de instrumentos efetivos de apuração e correção de eventuais desvios. (RE 1055941, Tema 990, Pl., m., 4.12.19).

■ 17.15. QUADRO-RESUMO

<table>
<tr><th>TIPO PENAL</th><th colspan="5">LAVAGEM DE DINHEIRO (LEI N. 9.613/98, ART. 1º)</th></tr>
<tr><td>NOÇÃO</td><td colspan="5">■ Processo pelo qual o autor do crime transforma recursos ou bens oriundos de certos crimes em ativos com origem aparentemente legal.</td></tr>
<tr><td>BEM JURÍDICO</td><td colspan="5">■ Crime pluriofensivo, que atenta contra: a) a administração da justiça; b) a ordem econômico-financeira; c) o bem jurídico protegido pela infração penal antecedente.</td></tr>
<tr><td>SUJEITO ATIVO</td><td colspan="5">■ Qualquer pessoa, incluindo o autor da infração penal antecedente.</td></tr>
<tr><td>SUJEITO PASSIVO</td><td colspan="5">■ A coletividade.</td></tr>
<tr><td rowspan="6">TIPO OBJETIVO</td><td>Verbos nucleares</td><td>Objeto</td><td>Objeto material</td><td>Proveniência</td><td>Infração penal antecedente</td></tr>
<tr><td>■ ocultar</td><td>■ natureza</td><td>■ bens</td><td>■ direta</td><td>■ crimes</td></tr>
<tr><td>■ dissimular</td><td>■ origem</td><td>■ direitos</td><td>■ indireta</td><td>■ contravenções</td></tr>
<tr><td></td><td>■ localização</td><td>■ valores</td><td></td><td></td></tr>
<tr><td></td><td>■ disposição</td><td></td><td></td><td></td></tr>
<tr><td></td><td>■ propriedade</td><td></td><td></td><td></td></tr>
<tr><td>PRINCÍPIO DA INSIGNIFICÂNCIA</td><td colspan="5">■ É aplicável.</td></tr>
<tr><td>TIPO SUBJETIVO</td><td colspan="5">■ É o dolo, admitida a forma eventual. Não há forma culposa. Admite-se prova indiciária para a comprovação do dolo.</td></tr>
<tr><td>CONSUMAÇÃO</td><td colspan="5">■ Na modalidade básica, com a efetiva ocultação ou dissimulação.
■ Na modalidade do § 1º do art. 1º, com a mera prática de condutas com a finalidade de ocultação ou dissimulação.</td></tr>
<tr><td>TENTATIVA</td><td colspan="5">■ É possível, em tese, para a forma básica, embora seja de difícil ocorrência.</td></tr>
</table>

PENA	■ É aumentada de 1 a 2/3 em casos de prática reiterada ou crime cometido por meio de organização criminosa.
AÇÃO PENAL	■ Pública e incondicionada, de competência da JF sempre que: a) causar prejuízo à União, suas autarquias ou empresas públicas; b) a infração penal antecedente for de competência federal; c) a lavagem for internacional. É da JE nos demais casos. ■ Em razão da relativa **independência** do crime de lavagem de dinheiro, bastam indícios da ocorrência do crime antecedente para o oferecimento da denúncia por lavagem de dinheiro (LLD, art. 2º, I e § 1º). ■ Não se aplica o art. 366 do CPP (LLD, art. 3º, § 2º).
MEDIDAS ASSECURATÓRIAS	■ Podem ser apreendidos ou sequestrados bens que sejam **objeto** do crime (LLD, art. 4º). ■ A comprovação da origem lícita dos bens autoriza a devolução antecipada (LLD, art. 4º, § 2º). ■ O conhecimento do pedido de restituição requer comparecimento pessoal do requerente (LLD, art. 4º, § 3º).
CONTROLE ADMINISTRATIVO	■ A LLD estabelece, em seus arts. 9º a 11, um sistema de controle administrativo pelo qual várias pessoas físicas e jurídicas, que operam em atividades que possam ser utilizadas para lavagem de dinheiro, financeiras ou não, são obrigadas, conforme instruções e limites específicos para cada segmento, a: a) identificar seus clientes; b) manter registros das suas operações; c) atender às requisições das autoridades de controle; d) comunicar a ocorrência de **operações suspeitas**. ■ A omissão de tais deveres pode levar à aplicação de penalidades (LLD, art. 12).
COAF	■ O Conselho de Controle de Atividades Financeiras é a **unidade financeira de inteligência** do Brasil, à qual cabe disciplinar, receber comunicações de operações suspeitas e aplicar penalidades às pessoas obrigadas, com exceção daquelas sujeitas a outros órgãos de fiscalização.

■ 17.16. QUESTÕES

1. (CESPE — 2009 — TCE — TO) Julgue os itens subsequentes, relativos ao crime de lavagem de dinheiro.

I. A Lei n. 9.613/1998 é resultante do compromisso assumido pelo Brasil ao firmar a Convenção Contra o Tráfico Ilícito de Entorpecentes e de Substâncias Psicotrópicas, conhecida como Convenção de Viena.

II. O delito de lavagem de dinheiro é crime autônomo, não se constituindo em mero exaurimento do crime que o antecede, previsto na Lei n. 9.613/1998.

III. A Lei n. 9.613/1998 prevê caso de conivência punível, imputando a prática de crime a quem utiliza, na atividade econômica ou financeira, bens, direitos ou valores que sabe serem provenientes da prática de crime contra o sistema financeiro nacional.

IV. A participação ou autoria do crime antecedente ao de lavagem de dinheiro não é condição para que seja o seu agente sujeito ativo do crime de lavagem de dinheiro.

V. Ainda que não haja efetiva ocultação ou dissimulação da utilização de bens, direitos ou valores provenientes da prática do crime de tráfico ilícito de substâncias entorpecentes ou drogas afins, é bastante para a consumação do crime de lavagem de dinheiro a mera conversão em ativos lícitos.

A quantidade de itens certos é igual a

a) 1.
b) 2.
c) 3.
d) 4.
e) 5.

2. (CONSULPLAN — 2013 — Banestes) De acordo com a Lei n. 9.613, de 3 de março de 1998, que dispõe sobre crime de lavagem de dinheiro, analise as afirmativas abaixo.

I. A Lei n. 9.613/98 traz um rol taxativo de crimes em relação aos quais é possível a lavagem de dinheiro quando o agente ocultar ou dissimular a natureza, origem, localização, disposição, movimentação ou propriedade de bens, direitos ou valores provenientes, direta ou indiretamente deles.
II. A pena será aumentada de um a dois terços, se os crimes definidos na referida lei forem cometidos de forma reiterada ou por intermédio de organização criminosa.
III. Aquele coautor do crime de lavagem de dinheiro que, espontaneamente, colaborar com as autoridades, prestando esclarecimentos que conduzam à apuração das infrações penais, não faz jus à diminuição de pena.

Está(ão) correta(s) apenas a(s) afirmativa(s)

a) I.
b) II.
c) III.
d) I e II.
e) II e III.

3. (FUNCAB — 2012 — PC-RJ — Delegado) Oto, a fim de dificultar eventual investigação, depositou vários cheques de terceiros, recebidos como produto de concussão da qual participou, em contas correntes de três empresas de sua propriedade, às quais esperava ter acesso. Observando o caso concreto, analise as assertivas abaixo:

I. Oto deve responder por favorecimento real e lavagem de capitais.
II. A figura de lavagem de capitais é caracterizada pela ocultação ou dissimulação da origem, da localização, da disposição, da movimentação ou da propriedade dos valores respectivos, provenientes, direta ou indiretamente, de qualquer infração penal.
III. Se reconhecido que Oto praticou o crime de lavagem de capitais, resta excluída sua participação no crime de concussão.
IV. O tipo de lavagem de dinheiro não reclama nem o êxito definitivo da ocultação ou dissimulação, visado pelo agente, nem o vulto e a complexidade dos exemplos de requintada "engenharia financeira" transnacional.

Agora, indique a opção que contempla apenas as assertivas verdadeiras.

a) I e II.
b) II e III.
c) III e IV.
d) I e III.
e) II e IV.

4. (CESPE — 2012 — AGU) Julgue os itens subsequentes, a respeito da *notitia criminis* e dos procedimentos relativos aos crimes de lavagem de dinheiro.

Se o acusado pelo delito de lavagem de dinheiro for citado por edital e não comparecer à audiência nem constituir advogado, ficarão suspensos o processo e o curso do prazo prescricional, podendo o juiz determinar a produção antecipada das provas consideradas urgentes e, se for o caso, decretar a prisão preventiva do réu.

( ) Certo ( ) Errado

A apuração do crime de lavagem de dinheiro é autônoma e independe do processamento da ação penal e da condenação em crime antecedente.

( ) Certo ( ) Errado

5. (CESPE — 2009 — AGU) A respeito da lavagem de dinheiro e crimes contra o sistema financeiro nacional, julgue os seguintes itens.

O processo e o julgamento dos crimes de lavagem de dinheiro independem do processo e do julgamento dos crimes antecedentes, ainda que praticados em outro país.

( ) Certo ( ) Errado

Compete à justiça estadual o processo e o julgamento dos crimes de lavagem de dinheiro, ainda que o crime antecedente seja de competência da justiça federal, desde que não tenha sido praticado em detrimento de bens, serviços ou interesses da União, ou de suas entidades autárquicas ou empresas públicas.

( ) Certo ( ) Errado

6. (VUNESP — 2010 — MPE-SP — Analista) Nos termos do quanto determina o art. 2º, da Lei n. 9.613/98, no processo e julgamento dos crimes de "Lavagem" ou Ocultação de Bens, Direitos e Valores,

I. a competência é da Justiça Federal quando a do crime antecedente também for;
II. admite-se a citação por edital e, nessa hipótese, segue-se a suspensão do processo e do prazo prescricional;
III. a denúncia será instruída com indícios suficientes da existência do crime antecedente, sendo puníveis os fatos de "lavagem" ainda que desconhecido ou isento de pena o autor do crime antecedente.

É correto o que se afirma em

a) II, apenas.
b) III, apenas.
c) I e III, apenas.
d) II e III, apenas.
e) I, II e III.

7. (CESPE — 2004 — Delegado Federal) Os altos preços verificados nas exportações de determinada empresa importadora atraíram a atenção da Polícia Federal, que descobriu que os artigos eram exportados com valores bastante acima dos praticados pelo mercado, como forma de fazer ingressar no país, de maneira aparentemente lícita, rendimentos obtidos a partir de tráfico internacional de drogas. Nessa situação, os responsáveis pelas referidas exportações cometeram crime de lavagem de dinheiro.

( ) Certo ( ) Errado

8. (CESPE — 2009 — SECONT-ES — Auditor) O delito de lavagem de dinheiro é autônomo e independente dos crimes antecedentes.

( ) Certo ( ) Errado

9. (CESPE — 2012 — TJ-RO — Analista) De acordo com a lei que versa sobre crimes de lavagem de dinheiro, assinale a opção correta.

a) A condenação por crime de lavagem de dinheiro abrange a perda total dos bens, direitos, ativos e valores relacionados direta ou indiretamente à prática do crime, em favor da União.
b) A tentativa de praticar crimes de lavagem de dinheiro é sancionada, por disposição legal expressa, com as mesmas penas aplicadas ao delito consumado.
c) É crime ocultar ou dissimular a natureza, origem, localização, disposição, movimentação ou propriedade de bens, direitos ou valores provenientes, direta ou indiretamente, de infração penal, sendo a pena referente a esse crime aumentada de um a dois terços, caso tenha sido cometido de forma reiterada ou por intermédio de organização criminosa.
d) O julgador é expressamente autorizado a reduzir a pena de um a dois terços, deixar de aplicá-la ou, ainda, substituí-la por pena restritiva de direitos, se o autor, o coautor ou o partícipe colaborar com as autoridades, prestando esclarecimentos que conduzam à apuração das infrações penais, à identificação dos autores, coautores e partícipes, ou à localização dos bens, direitos ou valores objeto do crime, contanto que o faça até a prolação da sentença.
e) A pena destinada à pessoa que oculta ou dissimula a utilização de bens, direitos ou valores provenientes de infração penal aplica-se, também, à pessoa que participa de grupo, associação ou escritório, realizando atividade principal ou secundária dirigida à prática de crimes de lavagem de dinheiro.

10. (CESPE — 2012 — TCE-ES — Auditor — adaptada) A Lei n. 9.613/98 determina, de forma expressa, o dever legal de o advogado e de a pessoa jurídica que preste, ainda que eventualmente,

consultoria jurídica, assessoria, consultoria e assessoramento comunicar atividade suspeita de lavagem de dinheiro.

( ) Certo ( ) Errado

11. (CESPE — 2009 — SECONT-ES — Auditor) O delito de lavagem de dinheiro é autônomo e independente dos crimes antecedentes.

( ) Certo ( ) Errado

■ GABARITO ■

1. "e".
2. "b".
3. "e".
4. "Errado" e "Certo".
5. "Certo" e "Errado".
6. "c".
7. "Certo".
8. "Certo".
9. "c".
10. "Errado". A Lei não é expressa a respeito, mas pode assim ser interpretada (art. 9º, XIV).
11. "Errado". A independência é relativa.

18

ORGANIZAÇÃO CRIMINOSA LEI N. 12.850/2013

18.1. VIGÊNCIA

> **Art. 1º** Esta Lei define organização criminosa e dispõe sobre a investigação criminal, os meios de obtenção da prova, infrações penais correlatas e o procedimento criminal a ser aplicado.

A LOC regulou inteiramente a matéria e revogou expressamente a Lei n. 9.034/95 (art. 26), tendo entrado em vigor após 45 dias de sua publicação oficial (art. 27), ocorrida em 5 de agosto de 2013.

18.2. CONCEITO

18.2.1. Relevância

Afora a utilização das técnicas especiais de investigação mencionadas na LOC, o conceito de organização criminosa também será relevante para os seguintes efeitos:

a) reconhecimento da causa de diminuição de pena do art. 33, § 4º, da Lei n. 11.343/2006;

b) imposição do Regime Disciplinar Diferenciado (RDD) (LEP, art. 52, 1º, II);

c) formação de colegiado (Lei n. 12.694/2012, art. 1º);

d) determinação de competência de varas especializadas em crime organizado (Lei n. 12.694/2012, art. 1º-A);

e) a caracterização como crime equiparado à hediondo quando a organização criminosa estiver voltada à prática de crime hediondo ou equiparado (Lei n. 8.072/90, art. 1º, parágrafo único, V).

Tendo em vista tais implicações, bem como a controvérsia sobre a aplicabilidade do conceito da Organização de Palermo, bem se vê a necessidade de uma definição, pelo legislador brasileiro, sobre o conceito de organização criminosa.

18.2.2. Conceito legal

> **Art. 1º** (...)
> § 1º Considera-se organização criminosa a associação de 4 (quatro) ou mais pessoas estruturalmente ordenada e caracterizada pela divisão de tarefas, ainda que informalmente, com objetivo de obter, direta ou indiretamente, vantagem de qualquer natureza, mediante a prática de infrações penais cujas penas máximas sejam superiores a 4 (quatro) anos, ou que sejam de caráter transnacional.

Na análise do conceito legal anteriormente transcrito, é essencial levar em conta aquele dado pela Convenção de Palermo (Decreto n. 5.015/2004) em seu art. 2º, como segue:

> a) "Grupo criminoso organizado" — grupo estruturado de três ou mais pessoas, existente há algum tempo e atuando concertadamente com o propósito de cometer uma ou mais infrações graves ou enunciadas na presente Convenção, com a intenção de obter, direta ou indiretamente, um benefício econômico ou outro benefício material;
>
> b) "Infração grave" — ato que constitua infração punível com uma pena de privação de liberdade, cujo máximo não seja inferior a quatro anos ou com pena superior;
>
> c) "Grupo estruturado" — grupo formado de maneira não fortuita para a prática imediata de uma infração, ainda que os seus membros não tenham funções formalmente definidas, que não haja continuidade na sua composição e que não disponha de uma estrutura elaborada.

Segue quadro comparativo dos conceitos de organização criminosa na LOC e na Convenção de Palermo:

	ORGANIZAÇÃO CRIMINOSA (LOC)	CONVENÇÃO
NÚMERO DE AGENTES	4 ou mais	3 ou mais
ESTRUTURA	▪ "estruturalmente ordenada".	▪ "Grupo estruturado" — grupo formado de maneira não fortuita para a prática imediata de uma infração, ainda que os seus membros não tenham funções formalmente definidas, que não haja continuidade na sua composição e que não disponha de uma estrutura elaborada.
DIVISÃO DE TAREFAS	▪ Expressamente exigida, "ainda que informalmente".	▪ Não é exigida expressamente.
VANTAGEM VISADA	▪ Qualquer vantagem.	▪ "intenção de obter, direta ou indiretamente, um benefício econômico ou outro benefício material".
INFRAÇÕES COMETIDAS	▪ Pena máxima superior a 4 anos ou ▪ Transnacionais.	▪ Pena máxima igual ou superior a 4 anos ou ▪ Enunciadas na Convenção.

É de notar, porém, que a LOC manteve no ordenamento jurídico, com alterações, o tipo do art. 288 do CP, que tratava da quadrilha ou bando, agora sob o nome de *Associação Criminosa*, aproximando-se do modelo italiano, que contempla o tipo específico da associação criminosa de tipo mafioso ao lado da associação criminosa simples. O **critério distintivo essencial** entre os tipos de associação criminosa (CP, art. 288) e organização criminosa (LOC, arts. 1º e 2º) não é o número de agentes ou o fato de visar a crimes graves, mas sim o fato de ser a organização estruturalmente ordenada e contar com divisão de tarefas. Sendo assim, é possível que um grupo que tenha mais de três agentes e tenha por finalidade a prática de crimes com pena superior a quatro anos seja tratado como associação cri1minosa (CP, art. 288), desde que não seja estruturalmente ordenado e não conte com divisão de tarefas.

Com isso, temos que o Brasil dá cumprimento pleno ao disposto na Convenção, além de dar resposta proporcionada aos casos mais simples e mais complexos de associações voltadas para o crime.

Dito isso, ao exame dos elementos da conceituação legal.

18.2.2.1. Associação estruturalmente ordenada

O texto legal menciona a **associação de quatro ou mais pessoas estruturalmente ordenada**. O vocábulo associação designa uma união de pessoas (CC, art. 53) em torno de um objetivo comum, sendo que as associações constituídas para fins lícitos, que não tenham caráter paramilitar, gozam de expressa proteção constitucional (CF, art. 5º, XVII a XXI).

Aqui se trata de uma **união de pessoas com um objetivo ilícito**, de modo que a utilização do termo associação serve aos fins de deixar claro que o conceito somente é aplicável quando houver algum grau de permanência ou estabilidade, de modo a distinguir a organização e a associação do mero concurso de agentes, ainda que a lei brasileira, ao contrário da Convenção de Palermo, não exija que a organização seja *existente há algum tempo.*

Essa conclusão se fortalece pela exigência de que a associação seja **estruturalmente ordenada**, o que vai ao encontro da Convenção de Palermo, no ponto em que define o grupo estruturado como aquele *formado de maneira não fortuita*, ainda *que não disponha de uma estrutura elaborada* (art. 2º, "c").

18.2.2.2. Pluralidade de agentes

A própria ideia de organização traduz a presença de uma coletividade de agentes, de modo que não se concebe uma organização criminosa unipessoal, cuidando-se de **tipo penal de concurso necessário**. Bem por isso, a LOC exige um **mínimo de quatro pessoas** para o reconhecimento da organização criminosa, enquanto o tipo da associação criminosa, na nova redação dada ao art. 288 do CP, estará configurado com a participação de três agentes.

Basta ao reconhecimento do crime a confirmação da participação de quatro ou mais pessoas, ainda que nem todas tenham sido identificadas e denunciadas (STJ, AgRg-REsp 1.753.609, Mussi, 5ª T., 07/05/2019).

18.2.2.3. Divisão de tarefas

O conceito legal considera organização criminosa aquela que, ao lado dos demais elementos, seja **caracterizada pela divisão de tarefas, ainda que informal-**

mente. Embora a formulação seja distinta, a exigência não contraria a Convenção de Palermo, que reconhece a organização criminosa, *ainda que seus membros não tenham funções formalmente definidas.*

Não se exige, porém, que a divisão de tarefas seja formal, ou seja, que haja um organograma ou designações específicas para os membros.

18.2.2.4. Fim de obtenção de vantagem

A LOC aponta como objetivo da organização obter, direta ou indiretamente, **vantagem de qualquer natureza**, de modo que o móvel da associação criminosa, à luz do direito brasileiro, não será necessariamente econômico, embora isto seja o mais comum. Tanto é assim que o § 5º do art. 91-A do CP admite o perdimento de bens utilizados para a prática de crimes por organizações criminosas, ainda que tais instrumentos não sejam coisas ilícitas ou proibidas.

Esse ponto é merecedor de crítica, pois o reconhecimento do fim lucrativo é traço característico das organizações criminosas.

A referência a *vantagem de qualquer natureza*, não apenas econômica, dificulta a distinção entre organizações criminosas e grupos terroristas, o que é agravado pela expressa extensão da aplicação da lei às organizações terroristas (art. 1º, § 2º, II), como examinado, adiante, no item 18.2.3.2.

18.2.2.5. Prática de infrações penais graves ou transnacionais

Exige-se, ainda, que a organização busque alcançar os seus objetivos *mediante a prática de infrações penais cujas penas máximas sejam superiores a 4 (quatro) anos, ou que sejam de caráter transnacional.*

Como se vê, o requisito é alternativo, e não cumulativo, sendo exigida a intenção de praticar crimes graves **ou** de caráter transnacional.

O primeiro critério é objetivo, pois faz menção a um quantitativo mínimo de pena. Há, porém, uma diferença relevante em relação ao critério da *infração grave* dado pelo art. 2.b da Convenção de Palermo, bem como pelo art. 2º da Lei n. 12.694/2012, para os quais a pena máxima *igual* a quatro anos é suficiente, enquanto a LOC exige pena máxima *superior* a quatro anos.

Tendo em vista esse critério objetivo, não estão abrangidos pela lei os grupos que se dediquem à exploração das contravenções do jogo de azar e jogo do bicho (LCP, arts. 50 e 58), a não ser que haja evidências da prática de outros delitos.

O segundo se refere aos crimes que, independentemente da pena prevista, tenham caráter transnacional, ou seja, crimes comuns que apresentam um elemento transnacional, que atravessa fronteiras, embora não estejam previstos ou sejam reconhecidos como crimes pelo direito internacional[1], sem embargo da utilização de normas de direito internacional para definição da competência ou cooperação internacional.

---

[1] PAUST, Jordan J. et al. *International criminal law. Cases and materials.* Durham: Carolina Academic Press, 1996. p. 18.

Se a transnacionalidade dos delitos não foi considerada para a caracterização da organização criminosa, reconhecida em virtude da prática de crimes graves, poderá o caráter transnacional do delito ser reconhecido como causa de aumento (STJ, HC 489.166, Reis, 6ª T., 02/06/2020).

Cuidando-se de elementar do delito, a denúncia deverá indicar claramente quais os delitos praticados pelos membros da organização (STJ, HC 541.858, Reis, 6ª T., 26/05/2020).

18.2.3. Extensão da aplicabilidade da lei

> **Art. 1º** (...)
> § 2º Esta Lei se aplica também:
> I — às infrações penais previstas em tratado ou convenção internacional quando, iniciada a execução no País, o resultado tenha ou devesse ter ocorrido no estrangeiro, ou reciprocamente;
> II — às organizações terroristas, entendidas como aquelas voltadas para a prática dos atos de terrorismo legalmente definidos. (Redação dada pela Lei n. 13.260, de 2016)

18.2.3.1. Crime transnacional previsto em tratado

O inciso I do § 2º do art. 1º retoma o critério da transnacionalidade, de modo que, atendido tal requisito, a LOC será aplicável ainda que não se trate de organização criminosa, nos termos do § 1º do art. 1º. Quer dizer, o efeito do inciso I do § 2º é estender a aplicação da lei à criminalidade transnacional, ainda que não seja praticada por meio de organização criminosa.

Aqui, à semelhança do que se dá com a definição da competência federal em função da transnacionalidade (CF, art. 109, V), a exigência é dúplice, devendo concorrer a previsão em tratado ou convenção internacional, como elemento de direito, aliada ao dado fático de que o resultado tenha ou devesse ter ocorrido em país diverso.

18.2.3.2. Organizações terroristas

A seu turno, o inciso II do § 2º do art. 1º estende a aplicação da lei às organizações terroristas, devendo ser observado aqui o art. 2º da Lei n. 13.260/2016, que assim define o terrorismo:

> Art. 2º O terrorismo consiste na prática por um ou mais indivíduos dos atos previstos neste artigo, por razões de xenofobia, discriminação ou preconceito de raça, cor, etnia e religião, quando cometidos com a finalidade de provocar terror social ou generalizado, expondo a perigo pessoa, patrimônio, a paz pública ou a incolumidade pública.
>
> § 1º São atos de terrorismo:
>
> I — usar ou ameaçar usar, transportar, guardar, portar ou trazer consigo explosivos, gases tóxicos, venenos, conteúdos biológicos, químicos, nucleares ou outros meios capazes de causar danos ou promover destruição em massa;
>
> II — (*Vetado*);

III — (*Vetado*);

IV — sabotar o funcionamento ou apoderar-se, com violência, grave ameaça a pessoa ou servindo-se de mecanismos cibernéticos, do controle total ou parcial, ainda que de modo temporário, de meio de comunicação ou de transporte, de portos, aeroportos, estações ferroviárias ou rodoviárias, hospitais, casas de saúde, escolas, estádios esportivos, instalações públicas ou locais onde funcionem serviços públicos essenciais, instalações de geração ou transmissão de energia, instalações militares, instalações de exploração, refino e processamento de petróleo e gás e instituições bancárias e sua rede de atendimento;

V — atentar contra a vida ou a integridade física de pessoa.

Ocorre que a finalidade é o principal traço a distinguir a associação criminosa dos grupos terroristas, em relação aos quais **os fins políticos prevalecem sobre os econômicos**.

Com efeito, as organizações terroristas distinguem-se das organizações criminosas em sentido estrito, em primeiro lugar na diferença de objetivos, já que os grupos terroristas não têm como fim último o lucro, mas a tomada do poder político, com o pretexto de uma ideologia política, religiosa ou étnica[2]. Os grupos criminosos organizados em sentido estrito, ao contrário, buscam, essencialmente, o lucro[3] e não contam com um projeto de dominação política, valendo-se, eventualmente, da corrupção, da cooptação ou da infiltração nos poderes públicos a fim de evitar a persecução penal, mas sem um objetivo de efetiva tomada do poder estatal.

18.3. TIPOS PENAIS

18.3.1. Tipo básico (art. 2º, *caput*)

> **Art. 2º** Promover, constituir, financiar ou integrar, pessoalmente ou por interposta pessoa, organização criminosa:
> Pena — reclusão, de 3 (três) a 8 (oito) anos, e multa, sem prejuízo das penas correspondentes às demais infrações penais praticadas.

18.3.1.1. Noção

O art. 2º tipifica o delito de organização criminosa, dando cumprimento ao compromisso assumido pelo Brasil ao firmar a **Convenção de Palermo** (arts. 5º e 34, 1).

18.3.1.2. Bem jurídico

O bem jurídico protegido é a **paz pública**, e, secundariamente, os bens jurídicos protegidos pelos crimes visados pela organização.

---

2 FABIÁN CAPARROS, Eduardo A. Criminalidad organizada. In: GUTIERRES FRANCÉS, Maria Luz; SÁNCHEZ LOPES, Virginia. *El nuevo Codigo Penal:* primeros problemas de aplicación. Salamanca: Asociación de Estudios Penales Pedro Dorado Montero. Universidade de Salamanca, 1997. p. 13.

3 PALAZZO, Francesco. La mafia hoy: evolución criminológica e legislativa. In: FERRÉ OLIVÉ, Juan Carlos; ANARTE BORRALLO, Enrique. *Delincuencia organizada. Aspectos penales, procesales y criminológicos.* Huelva: Universidad de Huelva. Fundación el Monte, 1999. p. 163.

18.3.1.3. *Sujeito ativo*

O crime é **comum**, podendo ser praticado por qualquer pessoa.

Embora o delito seja plurissubjetivo, para o cômputo do número mínimo de quatro pessoas, podem ser consideradas pessoas que não tenham sido identificadas, desde que não haja dúvida de sua existência, ou menores, caso em que incidirá a causa de aumento do inc. I do § 4º do art. 2º (STJ, HC 406.213, Dantas, 5ª T., 10/10/2017).

18.3.1.4. *Sujeito passivo*

É a **coletividade**.

18.3.1.5. *Tipo objetivo*

A elementar **organização criminosa** remete ao conceito do § 1º do art. 1º, já examinado anteriormente, no item 18.2.2.

Promover é impulsionar, fomentar, fazer avançar.

Constituir é formar, compor, instituir, reunir, estabelecer, organizar.

Financiar é custear, bancar, fornecer os meios financeiros.

Integrar é fazer parte, compor, juntar-se, tornar-se membro, incorporar-se, seja pessoalmente ou mediante pessoa interposta.

18.3.1.6. *Tipo subjetivo*

É o **dolo**, não havendo forma culposa. A própria Convenção de Palermo, em seu art. 5º, prevê a incriminação quando os atos forem **praticados intencionalmente**.

Relevante lembrar que, nos termos do item 2 do art. 5 da Convenção de Palermo, o conhecimento, a intenção, a finalidade, a motivação ou o acordo para formação da organização **poderão ser inferidos de circunstâncias factuais objetivas**.

18.3.1.7. *Consumação*

O crime é permanente (STF, AO 2.275, Fux, 1ª T., 23/10/2018; AgRg-REsp 1.722.075, Raposo, 5ª T., 17/12/2019), **formal e de conduta múltipla**, consumando-se com a mera prática de qualquer das condutas enunciadas, independentemente da produção de qualquer resultado naturalístico.

18.3.1.8. *Concurso de crimes*

Em caso de prática efetiva de crimes pela organização, haverá concurso material, por expressa disposição legal, pois o preceito secundário da norma incriminadora comina as sanções, **sem prejuízo das penas correspondentes às demais infrações penais praticadas**.

18.3.1.9. Penas

18.3.1.9.1. Agravante (art. 2º, § 3º)

> **Art. 2º** (...)
> § 3º A pena é agravada para quem exerce o comando, individual ou coletivo, da organização criminosa, ainda que não pratique pessoalmente atos de execução.

Não havendo previsão de quantitativo para o aumento, trata-se de **agravante**, a ser aplicada na segunda fase da aplicação da pena privativa de liberdade, por ocasião da fixação da pena provisória.

O dispositivo seria desnecessário, pois o inciso I do art. 62 do CP já prevê a agravação para quem "promove, ou organiza a cooperação no crime ou dirige a atividade dos demais agentes". De todo modo, a regra ora introduzida é interessante por deixar clara a agravação para o dirigente, **ainda que este não pratique pessoalmente os atos de execução**.

18.3.1.9.2. Causas de aumento

> **Art. 2º** (...)
> § 2º As penas aumentam-se até a metade se na atuação da organização criminosa houver emprego de arma de fogo.
> (...)
> § 4º A pena é aumentada de 1/6 (um sexto) a 2/3 (dois terços):
> I — se há participação de criança ou adolescente;
> II — se há concurso de funcionário público, valendo-se a organização criminosa dessa condição para a prática de infração penal;
> III — se o produto ou proveito da infração penal destinar-se, no todo ou em parte, ao exterior;
> IV — se a organização criminosa mantém conexão com outras organizações criminosas independentes;
> V — se as circunstâncias do fato evidenciarem a transnacionalidade da organização.

As causas de aumento são objetivas, aplicando-se a todos os coautores do crime, desde que tenham entrado em sua esfera de conhecimento (STJ, HC 494.628, Reis, 6ª T., 21/05/2019).

18.3.1.9.2.1. Arma de fogo

Arma de fogo, de acordo com a Convenção Interamericana contra a Fabricação e o Tráfico ilícito de Armas de Fogo, Munições, Explosivos e outros Materiais Correlatos (Decreto n. 3.229/99), é:

> a) qualquer arma que conste de pelo menos um cano pelo qual uma bala ou projétil possa ser expelido pela ação de um explosivo, que tenha sido projetada para isso, ou que

possa ser convertida facilmente para tal efeito, excetuando-se as armas antigas fabricadas antes do século XX, ou suas réplicas; ou

b) qualquer outra arma ou artefato destrutivo, tal como bomba explosiva, incendiária ou de gás, granada, foguete, lança-foguetes, míssil, sistema de mísseis ou mina.

A causa de aumento em questão não traz quantitativo mínimo de aumento, mas prevê que a majoração se dê *até a metade*, o que deixa claro tratar-se de aumento variável, devendo o quantitativo ser justificado pelo magistrado, podendo ser aplicado no máximo, por exemplo, pelo tipo e quantidade do armamento utilizado (STJ, AgRg-REsp 1.837.977, Néfi, 6ª T., 18/02/2020).

■ 18.3.1.9.2.2. Participação de criança ou adolescente

A primeira causa de aumento mencionada pelo § 4º do art. 2º é relativa à participação de criança ou adolescente (ECA, art. 2º), estando fundada, em primeiro lugar, no mandamento constitucional de proteção à criança e ao adolescente como pessoas em formação (CF, art. 227). Em segundo lugar, leva-se em conta o fato de que muitas crianças e adolescentes são cooptados pelas organizações, às quais fornecem mão de obra[4], o que é facilitado pela falta de perspectivas e pelo desemprego estrutural, sendo considerado, ainda, vantajoso para as organizações, tendo em vista a disciplina diversa da legislação de infância e juventude em comparação com a legislação penal dirigida a adultos[5].

■ 18.3.1.9.2.3. Concurso de funcionário público

O inciso II do § 4º do art. 2º prevê o aumento de pena em caso de concurso de funcionário público (CP, art. 327). O fundamento da agravação é a violação do dever de probidade por parte do funcionário, além do aproveitamento dessa condição para a prática de infração penal, o que se poderá dar pelo fornecimento de informações ou outras facilidades.

■ 18.3.1.9.2.4. Destinação ao exterior

A causa de aumento do inciso III do § 4º do art. 2º diz respeito à circunstância de estar o proveito ou produto da infração destinado ao exterior. O que se prevê aqui é um aumento decorrente de um particular aspecto da **transnacionalidade**, que não se dá por ocasião da execução do crime em si, mas sim da finalidade de destinar-se o produto ou proveito do crime ao exterior, total ou parcialmente. A racionalidade da

---

4 ANARTE BORRALLO, Enrique. Conjeturas sobre la criminalidad organizada. In: FERRÉ OLIVÉ, Juan Carlos; ANARTE BORRALLO, Enrique. *Delincuencia organizada. Aspectos penales, procesales y criminológicos*. Huelva: Universidad de Huelva. Fundación El Monte: Huelva, 1999. p. 21.

5 CIAPPI, Silvio. Crime organizado e gangues juvenis. A perspectiva italiana. In: CERETTI, Adolfo et al. *Ensaios criminológicos*. Tradução de Lauren Paoletti Stefanini. São Paulo: Instituto Brasileiro de Ciências Criminais, 2002. p. 180.

causa de aumento reside na maior dificuldade que a transposição de fronteiras impõe para a reparação do dano e recuperação do produto do crime.

18.3.1.9.2.5. *Conexão com outras organizações*

A majorante da conexão com outras organizações reconhece a importância da característica do entrelaçamento (*Verflechtung*) ou da rede (*Netzwerk*)[6], que decorre da superação do *paradigma mafioso*, da organização monopolística e fortemente hierarquizada, como único modelo de organização criminosa, que passou a coexistir com a ideia da cooperação entre vários grupos, conforme a necessidade, formando-se vínculos horizontais, e não verticais, entre os indivíduos e os grupos[7].

A ideia de cooperação e a existência de relações mais ou menos frouxas entre os grupos permitem "a existência de uma rede criminosa e de inúmeros desdobramentos ilícitos dela decorrentes" (STJ, HC 26.621, Dipp, 5ª T., u., 18/09/2003).

18.3.1.9.2.6. *Transnacionalidade*

Além de determinar a extensão da incidência da lei (art. 1º, § 2º, I), a transnacionalidade também implicará aumento da pena (art. 2º, § 4º, V).

18.3.2. Embaraço de investigação (art. 2º, § 1º)

> **Art. 2º** (...)
> § 1º Nas mesmas penas incorre quem impede ou, de qualquer forma, embaraça a investigação de infração penal que envolva organização criminosa.

18.3.2.1. *Noção*

A incriminação decorre do emprego sistemático de meios para evitar ou dificultar a produção de prova, mencionada no art. 23 da Convenção de Palermo, seja de forma antecipada, pela imposição de lei do silêncio (STF, HC 85.964, M. Aurélio, 1ª T., u., 29/06/2005), ritualística ou não, seja no curso do processo, com ofertas de cooptação, pressão, violência efetiva ou disposição para o uso de violência contra testemunhas (STJ, HC 30.048, Fischer, 5ª T., u., 28/10/2003), membros da organização (TRF1, RCCR 20043600004275-8, Tourinho, 3ª T., u., 13/12/2004, caso *Comendador Arcanjo*), peritos e agentes policiais do MP ou magistrados. Durante o processo, é de mencionar ainda a tática de tumultuar o andamento da ação penal, na busca de

6 ALBRECHT, Hans-Jörg. Organisierte Kriminalität — Theoretische Erklärungen und empirische Befunde. In: *Organisierte Kriminalität und Verfassungsstaat*. Heidelberg: C. F. Müller, 1997. p. 16.

7 ALMEIDA DA COSTA, Renata. *A sociedade complexa e o crime organizado. A contemporaneidade e o risco nas organizações criminosas*. Rio de Janeiro: Lumen Juris, 2004. p. 56.

atraso que possa levar à soltura ou à prescrição, por meio de expedientes procrastinatórios, como o arrolamento de testemunhas desnecessárias ou inexistentes, residentes em outros estados ou países, ou de difícil oitiva, como políticos de alto escalão ou diretores de grandes empresas.

■ *18.3.2.2. Sujeito ativo*

Qualquer pessoa.

■ *18.3.2.3. Tipo objetivo*

A primeira conduta consiste em **impedir**, que significa obstar, impossibilitar, obstaculizar, tornar impraticável.

A segunda modalidade é **embaraçar**, ou seja, dificultar, atrapalhar, estorvar.

O objeto da ação será a investigação de infração penal que envolva organização criminosa, podendo o delito ter lugar durante a fase da ação penal (STJ, RHC 102.117, Paciornik, 5ª T., 04/10/2018; STJ, HC 487.962, Paciornik, 5ª T., 28/05/2019).

Não responde pelo crime em questão o advogado que, sabedor da possibilidade de busca e apreensão, orienta o cliente a substituir o aparelho celular no qual estavam armazenadas conversas em aplicativo que poderiam servir de prova à investigação. Entendeu-se que o advogado, ao orientar o cliente a adotar comportamento que evitaria a produção da prova, estaria acobertado pela imunidade garantida ao exercício da sua profissão (STJ, AgRg-AREsp 1.454.994, Mussi, 5ª T., 18/02/2020).

■ *18.3.2.4. Tipo subjetivo*

É o **dolo**.

■ *18.3.2.5. Consumação*

A modalidade impedir traduz a ideia de efetivo impedimento, com a paralisação ou insucesso da investigação, mas em tais casos o crime já estará consumado na modalidade embaraçar, de modo que **a tentativa será de difícil ocorrência**.

■ *18.3.2.6. Concurso de crimes*

O crime em comento prevalecerá sobre os delitos dos arts. 343, 344 e 347 do CP, por aplicação do princípio da **especialidade**.

■ 18.3.3. Revelação da identidade ou imagem do colaborador (art. 18)

> **Art. 18.** Revelar a identidade, fotografar ou filmar o colaborador, sem sua prévia autorização por escrito:
> Pena — reclusão, de 1 (um) a 3 (três) anos, e multa.

18.3.3.1. *Sujeito ativo*

Qualquer pessoa.

Se o crime for cometido por funcionário público, restará afastado o delito do art. 325 do CP, por força do princípio da especialidade.

18.3.3.2. *Tipo objetivo*

Revelar a identidade é dar a conhecer a identidade do colaborador a terceiro estranho ao processo, conforme direitos reconhecidos nos incisos I, II e V do art. 5º da Lei.

As demais condutas são **filmar** ou **fotografar**.

Não haverá crime, em qualquer modalidade, se existir autorização escrita do colaborador.

18.3.3.3. *Tipo subjetivo*

É o **dolo**.

18.3.3.4. *Consumação*

Com a mera revelação da identidade, realização da imagem ou tomada da fotografia, independentemente de outro resultado.

18.3.3.5. *Concurso de crimes*

O crime em comento prevalecerá sobre os delitos do art. 325 do CP, ainda que o autor seja funcionário público.

18.3.4. Falsa colaboração (art. 19)

> **Art. 19.** Imputar falsamente, sob pretexto de colaboração com a Justiça, a prática de infração penal a pessoa que sabe ser inocente, ou revelar informações sobre a estrutura de organização criminosa que sabe inverídicas:
> Pena — reclusão, de 1 (um) a 4 (quatro) anos, e multa.

18.3.4.1. *Noção*

Cuida-se de **tipo especial de calúnia** que visa a evitar a **colaboração falsa ou pilotada**, ou seja, a desvirtuação do instituto da colaboração premiada, mediante sua utilização para fins outros, como a vingança ou o desvio da atenção sobre os verdadeiros responsáveis.

18.3.4.2. *Sujeito ativo*

Somente o réu colaborador, pois o crime somente ocorre quando o ato for prestado *sob pretexto de colaboração com a justiça*. Se o agente não ostentar essa qualidade, poderá responder pelos delitos de calúnia ou denunciação caluniosa.

18.3.4.3. *Tipo objetivo*

Imputar tem aqui o sentido de acusar, atribuir a responsabilidade, assacar a alguém a prática de infração penal, somente havendo crime se a imputação não corresponder à verdade.

O tipo exige que a imputação se dê em relação a **pessoa determinada**, e não de forma genérica.

Na segunda modalidade, a conduta consiste em **revelar**, ou seja, dar a conhecer, denunciar, tendo por objeto não mais a pessoa, mas sim **informações sobre a estrutura de organização criminosa**, que o agente sabe inverídicas.

Exige-se, ainda, que o ato seja praticado **sob pretexto de colaboração com a justiça**, ou seja, na qualidade de réu colaborador.

18.3.4.4. *Tipo subjetivo*

É o **dolo**, somente sendo admitida a modalidade **direta**, como revela o texto, ao referir-se a pessoa **que sabe** ser inocente e a informações **que sabe** inverídicas.

18.3.4.5. *Consumação*

Com a mera imputação ou prestação de informação falsa, independentemente de outro resultado.

18.3.4.6. *Concurso de crimes*

O crime em comento prevalecerá sobre a calúnia (CP, art. 138), mas, se em decorrência das informações falsas sobrevier a instauração de procedimento investigatório, estará configurada a denunciação caluniosa (CP, art. 339), que absorverá o crime da lei especial.

18.3.5. Violação de sigilo de ação controlada ou infiltração (art. 20)

> **Art. 20.** Descumprir determinação de sigilo das investigações que envolvam a ação controlada e a infiltração de agentes:
> Pena — reclusão, de 1 (um) a 4 (quatro) anos, e multa.

18.3.5.1. *Noção*

Cuida-se de forma especial do delito do art. 325 do CP, que reforça o sigilo determinado pela lei a fim de assegurar o sucesso de ação controlada (art. 8º, § 2º) ou infiltração policial (art. 12), bem como a segurança do agente infiltrado (arts. 12, §§ 1º e 2º, e 14, II, III e IV).

18.3.5.2. *Sujeito ativo*

Qualquer pessoa que tenha acesso à informação sigilosa.

18.3.5.3. *Tipo objetivo*

Descumprir é desobedecer, deixar de cumprir, violar a determinação de sigilo da investigação (art. 23).

Somente haverá o crime em questão se a violação envolver sigilo de **ação controlada** (art. 8º) ou **infiltração** de agentes (art. 10).

18.3.5.4. *Tipo subjetivo*

É o **dolo**.

18.3.5.5. *Consumação*

Com o mero descumprimento, independentemente de outro resultado.

18.3.5.6. *Concurso de crimes*

O crime em comento prevalecerá sobre o delito do art. 325 do CP, ainda que o autor seja funcionário público.

18.3.6. Recusa ou omissão de dados cadastrais, registros, documentos ou informações (art. 21)

> **Art. 21.** Recusar ou omitir dados cadastrais, registros, documentos e informações requisitadas pelo juiz, Ministério Público ou delegado de polícia, no curso de investigação ou do processo:
> Pena — reclusão, de 6 (seis) meses a 2 (dois) anos, e multa.

18.3.6.1. *Noção*

Cuida-se de **forma especial de desobediência**, envolvendo a negativa no fornecimento de dados cadastrais legalmente requisitados por autoridade judiciária, quando necessário, ou diretamente pelo delegado ou membro do MP, na forma do art. 15.

18.3.6.2. *Sujeito ativo*

Qualquer pessoa.

18.3.6.3. *Tipo objetivo*

Recusar é negar-se a fornecer os dados cuja entrega seja obrigatória.

A conduta de **omitir** estará configurada quando o agente não responde, ou seja, não manifesta expressamente a recusa, ou presta as informações, omitindo dolosamente dados relevantes.

Dados cadastrais são aqueles que digam respeito a qualificação, filiação, endereço, bem como números de telefone ou contas bancárias.

Registros são anotações documentadas a respeito de atos jurídicos mantidos em repartições públicas, como será o caso de registros públicos, ou privadas, como instituições financeiras e centrais de proteção ao crédito.

Documentos são papéis ou registros eletrônicos que contenham dados juridicamente relevantes.

Informações são quaisquer outros dados de relevo, em qualquer suporte, físico ou eletrônico, que possam se revelar úteis para a investigação criminal.

18.3.6.4. *Tipo subjetivo*

É o **dolo**.

18.3.6.5. *Consumação*

Com a mera recusa ou prestação da informação dolosamente incompleta, independentemente de outro resultado.

18.3.6.6. *Concurso de crimes*

O crime em comento prevalecerá sobre a desobediência (CP, art. 330).

18.3.7. Uso indevido de dados cadastrais (art. 21, parágrafo único)

> **Art. 21.** (...)
> Parágrafo único. Na mesma pena incorre quem, de forma indevida, se apossa, propala, divulga ou faz uso dos dados cadastrais de que trata esta Lei.

18.3.7.1. *Noção*

Cuida-se de forma especial de violação de sigilo (CP, art. 325).

18.3.7.2. *Sujeito ativo*

Qualquer pessoa.

18.3.7.3. *Tipo objetivo*

Como se vê, a modalidade do parágrafo único somente poderá ter por objeto os ***dados cadastrais de que trata esta lei***, ou seja, aqueles mencionados expressamente pelo art. 15:

Apossar-se é tomar posse, acessar.

Propalar é dar conhecimento a terceiro.

Divulgar é tornar público, dar a conhecer de forma ampla.

Fazer uso é utilizar, dar serventia, aproveitar.

Somente haverá crime, em qualquer caso, quando a conduta for praticada **de forma indevida**, o que constitui **elemento normativo do tipo**, a ser aferido no caso concreto. Não haverá crime se os dados cadastrais forem utilizados para os fins da investigação, ou se a informação é repassada a terceiro dentro de tais limites, como na formulação de pedido de quebra de sigilo financeiro ou pedido de busca e apreensão formulado à autoridade judiciária.

18.3.7.4. *Tipo subjetivo*

É o dolo.

18.3.7.5. *Consumação*

Com a mera prática de qualquer das condutas, independentemente de outro resultado.

18.3.7.6. *Concurso de crimes*

O crime em comento prevalecerá sobre a violação de sigilo funcional (CP, art. 325).

18.4. INVESTIGAÇÃO E MEIOS DE OBTENÇÃO DE PROVA (CAP. II)

> **Art. 3º** Em qualquer fase da persecução penal, serão permitidos, sem prejuízo de outros já previstos em lei, os seguintes meios de obtenção da prova:
> I — colaboração premiada;
> II — captação ambiental de sinais eletromagnéticos, ópticos ou acústicos;
> III — ação controlada;
> IV — acesso a registros de ligações telefônicas e telemáticas, a dados cadastrais constantes de bancos de dados públicos ou privados e a informações eleitorais ou comerciais;
> V — interceptação de comunicações telefônicas e telemáticas, nos termos da legislação específica;
> VI — afastamento dos sigilos financeiro, bancário e fiscal, nos termos da legislação específica;
> VII — infiltração, por policiais, em atividade de investigação, na forma do art. 11;
> VIII — cooperação entre instituições e órgãos federais, distritais, estaduais e municipais na busca de provas e informações de interesse da investigação ou da instrução criminal.

O art. 3º, que abre o Capítulo II, arrola os meios de prova permitidos para a investigação de crimes em que estejam envolvidas organizações criminosas, sem prejuízo de outros já previstos em lei, abrangendo aqueles regulados tanto no CPP quanto em leis especiais. Isso porque, em relação ao crime organizado, há necessidade da adoção de técnicas especiais de investigação, como recomendado, explicitamente, no art. 50 da Convenção de Mérida.

Dito isso, ao exame dos meios de prova arrolados pelo art. 3º da LOC.

■ 18.4.1. Colaboração premiada (art. 3º, I)

■ *18.4.1.1. Noção*

A LOC, ao regulamentar o acordo de colaboração premiada (arts. 4º, §§ 6º a 15, e 7º), empresta ao instituto da colaboração premiada, de forma clara, o caráter de *conformidade* no processo penal ou *justiça negociada*[8], sempre que o acordo envolver a colaboração, e a superação da visão do instituto como uma mera causa de diminuição de pena, a ser reconhecida pelo juiz, por ocasião da sentença, tenha ou não havido um acordo formal entre acusação e defesa, ou seja, um negócio jurídico processual (STF, HC 127.483, Toffoli, 27/08/2015; STJ, RHC 43.776, Mussi, 5ª T., 14/09/2017), como reconhecido expressamente no art. 3º-A da LOC, com incluído pela Lei n. 13.964/2019.

Sua importância no âmbito do crime organizado decorre da natural tentativa de manter em segredo os crimes cometidos pela organização, sendo extremamente difícil determinar em que contexto ocorreram sem a colaboração de alguém interno à instituição[9]. Permite, ainda, obviar a dificuldade da Justiça Penal em recair sempre sobre os *peixes pequenos* ou *soldados* da organização, encarregados do *serviço sujo*, como os transportadores de droga, enquanto os mandantes restam protegidos pelo manto da organização lícita ou com aparência de lícita.

■ *18.4.1.2. Crítica*

O instituto da colaboração premiada sofre críticas de uma pretensa *imoralidade* ou atentado à eticidade do Estado por estimular a delação[10].

Barona Vilar opõe aos mecanismos de conformidade no processo penal, entre os quais pode ser incluída a colaboração premiada, as seguintes críticas: a) viola o princípio de obrigatoriedade da ação penal; b) atenta contra princípios do processo penal, tais como oralidade, imediação, publicidade e do juiz natural, presunção de inocência, direito à defesa no processo regular, busca da verdade material e coação sobre o imputado[11]. Critica-se, ainda, o fato de que o colaborador poderia ser mais propenso

---

[8] BARONA VILAR, Sílvia. La conformidad en el proceso penal y la justicia negociada. In: GUTIÉRREZ-ALVIZ CONRADI, Faustino (Director). *La criminalidad organizada ante la justicia*. Universidade de Sevilla. Ayuntamento de Sevilla. Universidade Internacional Menendez Pelayo: Sevilha, 1996. p. 86.

[9] TROTT, Stephen S. O uso de um criminoso como testemunha: um problema especial. Tradução de Sérgio Fernando Moro. *Revista CEJ*, n. 37, abr./jun. 2007, p. 69 e 74.

[10] ZAFFARONI, Eugenio Raúl. Crime organizado: uma categorização frustrada. *Discursos Sediciosos*, Rio de Janeiro, n. 1, p. 45-67, 1º sem. 1996, p. 59.

[11] BARONA VILAR, Sílvia. La conformidad en el proceso penal y la justicia negociada, p. 87.

a mentir a fim de alcançar os benefícios decorrentes da colaboração[12], ou mesmo de mentir por vingança[13].

Em minha posição, a colaboração premiada é indispensável no âmbito da criminalidade organizada, e os ganhos que podem daí advir superam, largamente, os inconvenientes apontados pela doutrina. O instituto vem, na verdade, na mesma linha da confissão, do arrependimento eficaz e da reparação do dano, nada havendo aí de imoral (TRF2, HC 20030201015554-2, Maria Helena Cisne, 1ª T., 06/10/2004), residindo a sua racionalidade no fato de que o agente deixa de cometer crimes e passa a colaborar com o Estado para minorar seus efeitos, evitar sua perpetuação e facilitar a persecução. Bem por isso, o instituto está baseado na utilidade e no interesse público (LOC, art. 3º-A).

■ *18.4.1.3. Lei aplicável*

A colaboração premiada está prevista nos seguintes dispositivos legais: CP, art. 159, § 4º; LCSFN, art. 25, § 2º; Lei n. 8.072/90, art. 8º; Lei n. 8.137/90, art. 16; LLD, art. 1º, § 5º; Lei n. 9.807/99, arts. 13 a 15; Lei n. 11.343/2006, art. 41, e LOC, arts. 4º a 7º.

Coloca-se, então, a questão da vigência de todos os dispositivos referidos, por especialidade, ou da eventual revogação pelas regras supervenientes. Para responder a tal indagação, partimos da premissa de que a matéria não é de direito processual, mas material, por ter direta implicação com a pena a ser aplicada, de modo que o conflito entre as leis, aqui, deve ser resolvido também de acordo com os princípios que regem a aplicação da lei penal no tempo. Não há que falar, ainda, em cumulação de benefícios previstos em leis diversas.

Para a perfeita compreensão do tema, segue quadro com os requisitos e extensão dos benefícios possíveis em cada uma das leis mencionadas:

FUNDAMENTO LEGAL	BENEFICIÁRIO	REQUISITOS	BENEFÍCIOS
■ CP, art. 159, § 4º	■ "concorrente"	■ "libertação do sequestrado"	■ Redução de 1 a 2/3
■ LCSFN, art. 25, § 2º	■ "coautor ou partícipe"	■ "crime cometido em quadrilha ou coautoria" ■ "confissão espontânea" ■ "revelação de toda a trama delituosa"	■ Redução de 1 a 2/3
■ Lei n. 8.072/90, art. 8º, § 2º	■ "participante ou associado"	■ "desmantelamento" do bando ou quadrilha	■ Redução de 1 a 2/3

[12] MEDINA ARIZA, Juan J. Una introdución al estudio criminológico del crimen organizado. In: FERRÉ OLIVÉ, Juan Carlos; ANARTE BORRALLO, Enrique. *Delincuencia organizada. Aspectos penales, procesales y criminológicos*. Huelva: Universidad de Huelva. Fundación El Monte: Huelva, 1999. p. 128.

[13] TROTT, Stephen S. O uso de um criminoso como testemunha, p. 71.

■ Lei n. 8.137/90, art. 16, parágrafo único	■ "coautor ou partícipe"	■ "crime cometido em quadrilha ou coautoria" ■ "confissão espontânea" ■ "revelação de toda a trama delituosa"	■ Redução de 1 a 2/3
■ LLD, art. 1º, § 5º	■ "autor, coautor ou partícipe"	■ "colaborar espontaneamente com as autoridades, prestando esclarecimentos que conduzam à apuração das infrações penais, à identificação dos autores, coautores e partícipes, ou à localização dos bens, direitos ou valores objeto do crime"	■ Redução de 1 a 2/3 ■ Regime inicial aberto ou semiaberto ■ Perdão judicial ■ Substituição por PRD, a qualquer tempo
■ Lei n. 9.807/99, art. 13	■ "acusado"	■ primariedade ■ colaboração efetiva e voluntária com a investigação e o processo criminal, da qual resulte: I — a identificação dos demais coautores ou partícipes da ação criminosa; II — a localização da vítima com a sua integridade física preservada; III — a recuperação total ou parcial do produto do crime.	■ Perdão judicial
■ Lei n. 9.807/99, art. 14	■ "indiciado ou acusado"	■ "colaborar voluntariamente com a investigação policial e o processo criminal na identificação dos demais coautores ou partícipes do crime, na localização da vítima com vida e na recuperação total ou parcial do produto do crime, no caso de condenação"	■ Redução de 1 a 2/3
■ Lei n. 11.343/2006, art. 41	■ "indiciado ou acusado"	■ "colaborar voluntariamente com a investigação policial e o processo criminal na identificação dos demais coautores ou partícipes do crime e na recuperação total ou parcial do produto do crime"	■ Redução de 1 a 2/3
■ LOC, art. 4º	■ "aquele que tenha colaborado efetiva e voluntariamente com a investigação e com o processo criminal"	I — a identificação dos demais coautores e partícipes da organização criminosa e das infrações penais por eles praticadas; II — a revelação da estrutura hierárquica e da divisão de tarefas da organização criminosa; III — a prevenção de infrações penais decorrentes das atividades da organização criminosa; IV — a recuperação total ou parcial do produto ou do proveito das infrações penais praticadas pela organização criminosa; V — a localização de eventual vítima com a sua integridade física preservada.	■ Perdão judicial ■ Redução até dois terços ■ Substituição por PRD ■ Não oferecimento de denúncia

Como se vê, as disposições da Lei n. 9.807/99 são abrangentes em relação ao âmbito subjetivo de aplicação e mais favoráveis quanto à extensão do benefício, que pode chegar ao perdão judicial, previsto, anteriormente, apenas para o caso de lavagem de dinheiro. Possui, ainda, um sistema de graduação do benefício, pela combinação do disposto nos arts. 13 e 14, que dá maior flexibilidade e possibilita adequação da medida ao caso concreto. Os efeitos específicos, como aquele mencionado no art. 159 do CP, são objeto do inciso II do art. 13 da Lei n. 9.807 e estão previstos também em seu art. 14. Não há previsão específica do *desmantelamento* do bando ou quadrilha, mas tal efeito é substituído, com maior grau de precisão, pela identificação dos coautores ou partícipes.

Parece autorizado concluir, então, que o sistema da Lei n. 9.807/99 regula de forma global a matéria (STJ, HC 97.509, Lima, 5ª T., u., 15/06/2010), revogando as disposições especiais anteriores (LINDB, art. 2º, § 1º).

Já com relação à Lei n. 11.343/2006, que é posterior, parece-nos que o caso é de coexistência do art. 41 da Lei Antidrogas com o art. 13 da Lei n. 9.807/99, a ser aplicado para os casos de agente primário que atenda também aos requisitos do parágrafo único do dispositivo.

É de considerar, também, por especialidade, a manutenção em vigor do dispositivo da LLD, que traz previsão de benefícios específicos, além de ser posterior, quando considerada a nova redação dada pela Lei n. 12.683/2012.

Igual raciocínio deve ser aplicado à LOC, que, além de ser posterior, trata do campo específico da criminalidade organizada, de modo que os seus dispositivos deverão ser aplicados, em detrimento até mesmo daqueles das Leis de Drogas e de Lavagem de Dinheiro, sempre que se tratar de organização criminosa.

18.4.1.4. Precauções

Embora útil, ou até mesmo indispensável, a colaboração **não deve ser banalizada**, em razão dos riscos de acusações indevidas, bem como da exposição dos colaboradores e seus familiares (STJ, HC 97.509, Lima, 5ª T., u., 15/06/2010). Bem por isso, os agentes públicos envolvidos no procedimento devem tomar redobrados cuidados na avaliação da veracidade das declarações do colaborador[14], que pode estar motivado por vingança ou pelo desejo de se livrar da própria culpa, sem esquecer o risco de que a investigação seja dirigida no sentido desejado pela organização criminosa, valendo-se de supostos colaboradores *pilotados*[15], que façam chegar informações à Polícia como meio de se livrar de rivais ou comparsas indesejáveis[16].

[14] MORENO CATENA, Victor. La protección de los testigos y peritos en el proceso penal español. In: FERRÉ OLIVÉ, Juan Carlos; ANARTE BORRALLO, Enrique. *Delincuencia organizada. Aspectos penales, procesales y criminológicos.* Huelva: Universidad de Huelva. Fundación El Monte: Huelva, 1999. p. 144.

[15] PALAZZO, Francesco. La mafia hoy, p. 174.

[16] CASABONA, Carmelo. Functions of the public prosecutor, enquiries and witness turning king's

Importante, ainda, que a colaboração seja conduzida e avaliada por profissionais conhecedores da técnica e do fenômeno da criminalidade organizada. Aconselha-se, até, que o colaborador seja ouvido por um só membro do MP, em isolamento total, seguindo-se a coleta de elementos de confirmação, de modo que as declarações do colaborador sejam valoradas mais como elemento de informação do que como meio de prova[17], quando mais não seja pelos riscos que esse meio de prova apresenta, uma vez que o colaborador poderá ser dirigido pela organização para prejudicar alguém ou dar informações falsas, ou apenas queira livrar sua própria pele.

Recomenda-se, ainda, **parcimônia no oferecimento de benefícios** decorrentes da colaboração[18], não se oferecendo, de plano, os benefícios em grau máximo.

Bem por isso, o § 14 do art. 4º assim dispõe: "Nos depoimentos que prestar, o colaborador renunciará, na presença de seu defensor, ao direito ao silêncio e estará sujeito ao compromisso legal de dizer a verdade".

Outra regra adotada para evitar o desvirtuamento da colaboração é a limitação dos efeitos da colaboração, como deixa expresso o § 16 do art. 4º, com a redação dada pela Lei n. 13.964/2019, nos seguintes termos:

> § 16. Nenhuma das seguintes medidas será decretada ou proferida com fundamento apenas nas declarações do colaborador: I - medidas cautelares reais ou pessoais; II - recebimento de denúncia ou queixa-crime; III - sentença condenatória.

18.4.1.5. *Requisitos*

> **Art. 4º** O juiz poderá, a requerimento das partes, conceder o perdão judicial, reduzir em até 2/3 (dois terços) a pena privativa de liberdade ou substituí-la por restritiva de direitos daquele que tenha colaborado efetiva e voluntariamente com a investigação e com o processo criminal, desde que dessa colaboração advenha um ou mais dos seguintes resultados:
> I — a identificação dos demais coautores e partícipes da organização criminosa e das infrações penais por eles praticadas;
> II — a revelação da estrutura hierárquica e da divisão de tarefas da organização criminosa;
> III — a prevenção de infrações penais decorrentes das atividades da organização criminosa;

evidence in the repression of organized crime: the Italian experience. In: LONGO, Francesca. *The European Union and the challenge of transnational organized crime*: towards a common police and judicial approach. Milão: Giuffrè, 2002. p. 82.

17 CASABONA, Carmelo. Functions of the public prosecutor, enquiries and witness turning king's evidence in the repression of organized crime, p. 85.

18 TROTT, Stephen S. O uso de um criminoso como testemunha, p. 75.

> IV — a recuperação total ou parcial do produto ou do proveito das infrações penais praticadas pela organização criminosa;
> V — a localização de eventual vítima com a sua integridade física preservada.

A lei exige a **efetividade da colaboração**, consubstanciada na obtenção de um ou mais dos **resultados** enumerados no art. 4º.

Para além de tais requisitos, o reconhecimento do benefício requer:

a) **confissão do agente** em relação aos delitos para os quais concorreu (LOC, art. 3º-C, § 3º);
b) **voluntariedade** da manifestação de vontade (LOC, art. 4º, § 7º, IV);
c) **efetividade da colaboração** (LOC, art. 4º, § 1º e § 7º, III), com o fornecimento de **informações concretas**, desconhecidas até então;
d) completude, devendo o colaborador "narrar todos os fatos ilícitos para os quais concorreu e que tenham relação direta com os fatos investigados" (LOC, art. 3º-C, § 3º e art. 4º, § 17)
e) cessação do envolvimento do colaborador em "conduta ilícita relacionada ao objeto da colaboração" (LOC, art. 4º, § 18)
f) exame da **personalidade** do colaborador (LOC, art. 4º, § 1º);
g) **natureza, circunstâncias, gravidade e repercussão social** do fato criminoso (LOC, art. 4º, § 1º);
h) **constância**, não se beneficiando o réu que vem a se retratar (LOC, art. 4º, § 10);
i) a existência de **elementos de confirmação**, consubstanciados em outras provas (LOC, art. 4º, § 16), indicados pela defesa (LOC, art. 3º-C, § 4º) que poderão decorrer da própria revelação, como a apreensão de bens, a libertação da vítima ou a prisão de coautores.

Não servem como elementos de corroboração anotações pessoais do próprio colaborador (STF, Inq 3.994, Toffoli, 2ª T., m., 18/12/2017).

Conforme o Enunciado 22 da I Jornada de Direito Penal e Processual Penal do CJF: "As restrições previstas no § 16 do art. 4º da Lei n. 12.850/2013, com a redação dada pela Lei n. 13.964/2019, aplicam-se também aos processos penais para os quais a colaboração premiada foi trasladada como prova emprestada".

18.4.1.5.1. *Confissão*

É inerente à ideia da colaboração premiada a confissão do agente (STJ, REsp 1.102.736, Vaz, 5ª T., u., 04/03/2010; STJ, AGA 1.285.269, Og, 6ª T., u., 04/11/2010; TRF4, AC 200671990009100, Labarrère, 7ª T., u., 03/10/2006), como está expresso em alguns dos dispositivos legais que tratam da matéria (LCSFN, art. 25, § 2º, e Lei n. 8.137/90, art. 16, parágrafo único; LOC, art. 3º-C, § 3º), o que decorre da própria essência do instituto, que prevê a mitigação da persecução penal em relação ao colaborador, pressupondo, então, que tenha ele, em tese, responsabilidade penal pelos fatos. Aquele que **se limita a imputar a responsabilidade a terceiros**, sem confessar a sua própria, **não é** considerado **colaborador**, mas informante ou testemunha.

Mais que isso, somente se beneficia o colaborador que tenha participado dos mesmos delitos (STJ, HC 123.380, Fischer, 5ª T., u., 24/03/2009). Se não houve participação de outros agentes, não há lugar para a colaboração premiada (STJ, HC 99.422, Napoleão, 5ª T., u., 12/08/2008).

■ 18.4.1.5.2. *Efetividade da colaboração*

Além disso, exige-se **efetividade da colaboração**, como deixam expresso o § 1º e o inc. III do § 7º do art. 4º da LOC, ou seja, que se trate de **informações relevantes**, que venham a contribuir de fato com a investigação (STJ, HC 118.030, Mussi, 5ª T., u., 01/10/2009).

Desse modo, não se beneficia aquele que presta **informações vagas**, inconclusivas, superficiais, pouco importantes ou já amplamente conhecidas.

Não se beneficia, tampouco, o agente que **modifica sua versão** dos fatos ao depor em sede judicial (TRF3, AC 20036110003283-9, Guimarães, 2ª T., u., 13/09/2005).

Essencial, ainda, a existência de **elementos de confirmação** dos dados do colaborador, sendo que, na falta destes, não há direito à redução (TRF3, AC 9103011842-8, 1ª T., u., 19/11/1991).

■ 18.4.1.6. *Momento*

A lei brasileira não limita a colaboração à fase investigatória, mas diferencia os efeitos conforme o momento em que celebrado o acordo, uma vez que a colaboração anterior à sentença apresenta um leque maior de benefícios, que vão desde o perdão judicial até a substituição por PRD, enquanto a colaboração posterior à sentença é mais limitada, como deflui da leitura do § 5º do art. 4º da LOC, segundo o qual: "Se a colaboração for posterior à sentença, a pena poderá ser reduzida até a metade ou será admitida a progressão de regime ainda que ausentes os requisitos objetivos".

■ 18.4.1.7. *Extensão*

Conforme o caso e o momento processual, os benefícios decorrentes da colaboração podem ser:

a) perdão judicial (art. 4º, *caput*);

b) redução da pena em até dois terços (art. 4º, *caput*) ou substituição por PRD (art. 4º, *caput*);

c) não oferecimento de denúncia, desde que o colaborador não seja o líder da organização, seja o primeiro a colaborar e se trate de infração ainda desconhecida (art. 4º, § 4º e 4º-A);

d) redução da pena até a metade ou progressão de regime, no caso de colaboração posterior à sentença (art. 4º, § 5º).

É admissível que o acordo de colaboração contemple sanções premiais que não tenham sido previstas expressamente no rol da LOC, desde que aceitas pelo acusado, devidamente assistido, uma vez que o "princípio da legalidade veda a imposição de penas mais graves do que as previstas em lei, por ser garantia instituída em favor do jurisdicionado em face do Estado. Deste modo, não viola o princípio da legalidade a fixação de pena mais favorável" (STF, Inq 4.405 AgR, Barroso, 1ª T., 27/02/2018).

Nessa linha, embora a lei não seja expressa a respeito, entendeu-se que o acordo, podendo dispor sobre a liberdade, também poderá tratar de questões como:

a) a reparação do dano ou devolução do produto do crime, como recomendado no art. 26, I, "b", da Convenção de Palermo (STF, HC 127.483, Toffoli, 27/08/2015);
b) a forma ou o local de cumprimento de recolhimento domiciliar;
c) a limitação do perdimento, como no caso em que foi acordado que não seriam objeto de medidas constritivas bens de origem lícita (TRF5, AC 00035171620164058200, Élio Wanderley, 1ª T., 14/09/2017);
d) o cumprimento da pena de PSC em tempo inferior ao determinado no § 4º do art. 46 do CP (TRF4, 5015116-65.2017.404.7000, Gebran, 8ª T., 17/09/2017).

São vedadas, sob pena de nulidade, as cláusulas que:

a) afastem os critérios de definição do regime inicial de cumprimento de pena determinado pelo art. 33 do CP e as regras de cada regime (LOC, art. 4º, § 7º, II);
b) modifiquem os requisitos para progressão de regime, não mencionadas no § 5º do próprio art. 4º (LOC, art. 4º, § 7º, II);
c) de renúncia ao direito de impugnar a decisão homologatória (LOC, art. 4º, § 7º-B).

Não poderá ser objeto de acordo a prisão preventiva. Na mesma linha: "não é lícita a inclusão de cláusulas concernentes às medidas cautelares de cunho pessoal" (STJ, RHC 76.026, Fischer, 5ª T., 06/10/2016).

Também não é possível afastar, no acordo de colaboração, a obrigação de reparar o dano, estabelecida em favor da vítima, podendo o juiz fixar valor mínimo para reparação na sentença na forma do inc. IV do art. 387 do CPP.

O **critério decisivo** para determinar o tipo de benefício e sua quantificação é a **eficácia da colaboração**, como resulta da leitura dos §§ 1º e 2º do art. 4º. Bem por isso, o § 3º do art. 4º prevê a possibilidade de suspensão do prazo para oferecimento da denúncia, ou mesmo de suspensão do próprio processo, por até seis meses, prorrogáveis por igual período. Ao longo desse prazo, será verificada a eficácia da colaboração, de modo a determinar a sua adequação, que poderá resultar até mesmo no não oferecimento da denúncia ou no pedido de perdão judicial (STF, HC 129.877, Marco Aurélio, 1ª T., 18/04/2017).

Secundariamente, também poderão ser considerados os demais dados mencionados no § 1º do art. 4º, a saber: personalidade do colaborador, natureza, circunstâncias, gravidade e repercussão social do fato criminoso.

O § 4º do art. 4º prevê, ainda, o não oferecimento da denúncia, mas com requisitos objetivos mais restritos, uma vez que limitado a quem: "I — não for o líder da organização criminosa; II — for o primeiro a prestar efetiva colaboração nos termos deste artigo". Mais que isso, o benefício somente é aplicável aos casos em que se trate de **infração desconhecida**, ou seja, sobre a qual não tenha sido instaurado inquérito ou procedimento investigatório (art. 4º, § 4º-A).

O objetivo do dispositivo é estimular a efetividade da colaboração, possibilitando favor maior àquele integrante que pioneiramente romper com o usual pacto de silêncio.

■ 18.4.1.7.1. Extensão subjetiva

A diminuição da pena decorrente da colaboração é pessoal e incomunicável aos demais investigados ou acusados (STJ, HC 33.833, Dipp, 5ª T., u., 19/08/2004; STJ, REsp 418.341, Fischer, 5ª T., u., 08/04/2003). Não se beneficia da redução, tampouco, o corréu cuja responsabilidade foi comprovada justamente com base na prova decorrente da colaboração (STF, HC 85.176, M. Aurélio, 1ª T., m., *DJ* 08/04/2005).

■ 18.4.1.7.2. Vinculação

A própria ideia de negócio jurídico processual, calcado na confiança e na boa-fé, pressupõe que as partes fiquem **vinculadas aos seus termos**, pois, do contrário, de nada adiantaria instrumentalizar o resultado das negociações, se não fosse ela vinculante ao menos para as partes envolvidas. Se assim fosse, estaríamos na mesma situação anterior à atual regulamentação, em que a colaboração era vista como uma mera causa de diminuição de pena, em que o acusado colaborava, mas não tinha nenhuma garantia de que aquilo que lhe era prometido na negociação seria cumprido (STF, HC 127.483, Toffoli, Pl., 27/08/2015).

Na sistemática atual, é certo que o colaborador poderá se retratar, como deixa expresso o § 10 do art. 4º, com a ressalva de que, em tal caso, "as provas autoincriminatórias produzidas pelo colaborador não poderão ser utilizadas exclusivamente em seu desfavor". Em virtude dessa **proibição de prova**, não poderá o acusado, igualmente, beneficiar-se da atenuante da confissão. Afora os casos de retratação ou imprestabilidade por ausência de elementos de confirmação ou contradição com outras provas, não será dado à acusação ou ao juiz deixar de utilizar o material probatório decorrente da colaboração[19].

---

[19] PULEIO, Francesco; FONZO, Ignazio. Seminario de estudios. Reflexiones sobre la lucha contra

Mais que isso, conforme o § 6º do art. 3º-B: "Na hipótese de não ser celebrado o acordo por iniciativa do celebrante, esse não poderá se valer de nenhuma das informações ou provas apresentadas pelo colaborador, de boa-fé, para qualquer outra finalidade."

Já em caso de mera ineficácia da colaboração por falta de elementos de confirmação ou simples retratação da versão por parte do colaborador, não incide a referida proibição de prova, que fica restrita aos casos de expressa retratação da vontade de fazer um acordo.

Embora o já citado § 10 mencione que *as partes podem retratar-se da proposta*, tal direito não é reconhecido de forma ampla à polícia e ao MP, que somente poderão retratar-se com alguma justificativa, ainda que outro Delegado ou membro do MP passe a conduzir o caso, o que nos parece importante para atribuir certa segurança ao colaborador.

À propósito, a proposta de colaboração apresentada pela defesa (art. 3º-C) pode ser indeferida sumariamente, de forma justificada (art. 3º-B, § 1º). Ultrapassada a fase do indeferimento sumário e uma vez lavrado o termo de confidencialidade, o indeferimento ou revogação da colaboração somente terão lugar com justa causa (art. 3º-B, § 2º).

Tema espinhoso é o da **vinculação do juiz** aos termos do acordo, tendo em vista a expressa vedação à participação do juiz nas negociações (art. 4º, § 6º). A questão deve ser respondida à luz da previsão de homologação do acordo (art. 4º, §§ 7º a 8º), bem como do § 11, segundo o qual: "A sentença apreciará os termos do acordo homologado e sua eficácia".

Consideradas tais regras, bem como o caráter negocial da medida, temos que **o juiz da sentença também está vinculado** aos termos do acordo homologado, por si ou por outro magistrado, observado que o inc. XVI do art. 3º-A do CPP conferiu a atribuição da homologação ao Juiz das Garantias. No entanto, é no momento da sentença, após concluída a instrução e obtido o conjunto da prova, que o juiz poderá aferir com maior precisão o requisito da eficácia da colaboração, podendo, então, suprimir, total ou parcialmente, o benefício concedido, de forma justificada, caso, ao final, se comprove que a colaboração não foi eficaz. Na sentença, também poderá ser avaliada a constância do colaborador, que poderá perder o benefício prometido em caso de retratação ou modificação da versão inicialmente apresentada, em descumprimento ao dever de falar a verdade, imposto pelo § 14 do art. 4º (STJ, HC 354.800, Reynaldo, 5ª T., 19/09/2017).

Tanto é assim que o inciso I do art. 6º menciona que o acordo deverá conter o relato da colaboração e *seus possíveis resultados*. Também por isso o § 3º do art. 4º autoriza a suspensão do prazo para oferecimento da denúncia ou mesmo suspensão

la delincuencia organizada en el modelo acusatorio oral. Parte II. La experiencia Italiana en matéria de investigación sobre el crímen organizado con especial referencia al narcotráfico. In: *Delincuencia organizada y sistema acusatório*. Bogotá: Fiscalía General de la Nación, 2005. p. 197.

do processo, enquanto se obtêm outros elementos ou se buscam os resultados efetivos da colaboração, que poderão não ser imediatos.

Caso o juiz entenda por afastar ou reduzir o benefício proposto e aceito no acordo homologado, tanto o MP quanto a defesa poderão, por meio de apelação, questionar a avaliação sobre a eficácia levada a efeito pelo magistrado na sentença.

Quer dizer, então, que o juiz, ao proferir a sentença, está vinculado ao acordo homologado, ressalvada a possibilidade de avaliação quanto a sua eficácia, com base nos dados apurados na instrução. Não é dado ao juiz, porém, na sentença, reavaliar a regularidade, voluntariedade e legalidade do acordo já levada a efeito por ocasião da homologação do acordo.

18.4.1.8. *Direitos do colaborador*

> Art. 5º São direitos do colaborador:
> I — usufruir das medidas de proteção previstas na legislação específica;
> II — ter nome, qualificação, imagem e demais informações pessoais preservados;
> III — ser conduzido, em juízo, separadamente dos demais coautores e partícipes;
> IV — participar das audiências sem contato visual com os outros acusados;
> V — não ter sua identidade revelada pelos meios de comunicação, nem ser fotografado ou filmado, sem sua prévia autorização por escrito;
> VI — cumprir pena ou prisão cautelar em estabelecimento penal diverso dos demais corréus ou condenados.

As **medidas de proteção** previstas em lei específica incluem aquelas arroladas no art. 7º da Lei n. 9.807/99, com fundamento no § 2º do art. 15 daquele diploma legal, embora refira, equivocadamente, o art. 8º.

A previsão de medidas de proteção do réu colaborador, bem como de seus familiares, além da redução de pena ou perdão judicial, à semelhança daquelas previstas para as testemunhas, leva em conta o fato de que o risco para o réu é até maior que aquele previsto para testemunhas[20], ante a possibilidade, nada desprezível, de que ocorra uma tentativa de vingança contra o colaborador[21]. Essas medidas poderão ser adotadas tanto dentro do estabelecimento prisional, mantendo-se o preso separado, quanto fora, em caso de réu solto ou de perdão judicial. Nesse sentido, adequada a lei brasileira, que já consagrava expressamente a proteção do acusado no art. 15 da Lei n. 9.807/99, agora confirmada na LOC.

Também se admite a **retificação do registro civil** para alteração do nome do colaborador, com fundamento no art. 9º da Lei n. 9.807/99 e arts. 57, § 7º, e 58, parágrafo único, da Lei de Registros Públicos (LRP).

---

20 MORENO CATENA, Victor. La protección de los testigos y peritos en el proceso penal español, p. 144.

21 PALAZZO, Francesco. La mafia hoy, p. 174.

A **preservação do nome, qualificação, imagem e outros dados pessoais** somente tem lugar quando for apontado risco concreto para o colaborador ou sua família, não havendo um direito subjetivo à preservação de tais dados em todo e qualquer caso de colaboração (STF, Inq. 4.419 AgR, Fachin, 2ª T., 13/06/2017). Não há sentido, por exemplo, em exigir sigilo dos dados pessoais de colaborador que são de conhecimento público (STF, Inq 4.435 AgR, Marco Aurélio, 1ª T., 12/09/2017).

A violação do direito à preservação da identidade e imagem do colaborador é sancionada penalmente pelo art. 18 da LOC.

Afora os direitos mencionados no art. 5º, ao colaborador também é garantida a **assistência de advogado** (art. 4º, §§ 6º, 14 e 15; art. 3º-C, § 1º e art. 6º, III e IV). Mais que isso, a fim de garantir a defesa efetiva, em caso de conflitos de interesses entre acusados ou de colaborador hipossuficiente, deverá a autoridade participante solicitar a presença de outro advogado ou defensor público (art. 3º-C, § 2º).

Também serve aos fins de garantir a ampla defesa do colaborador a previsão de disponibilização de cópia do registro das tratativas e dos atos de colaboração (art. 4º, § 13).

Não obstante a colaboração tenha o caráter de negócio jurídico processual, uma vez presentes os requisitos legais há direito do acusado interessado em colaborar em receber os benefícios legais, razão pela qual o indeferimento da colaboração ou a sua revogação devem ser fundamentadas (art. 3º-B, §§ 1º e 2º).

18.4.1.9. *Deveres do colaborador*

Muito embora assegurado o **direito de retratação** (art. 4º, § 10), é certo que o colaborador tem o **dever de dizer a verdade** (art. 4º, § 14), de que resulta um dever correlato de **constância nas informações prestadas**, no sentido de que a modificação no teor de suas informações ou a retratação implicarão a perda da condição de colaborador e, em consequência, dos benefícios assegurados pelo acordo.

Afora isso, o colaborador tem o **dever de comparecer** para ser ouvido em juízo, o que será essencial para sujeitar suas declarações ao contraditório, uma vez que os defensores daqueles que vierem a ser acusados em função das declarações do colaborador não participaram da fase inicial.

Daí dispor o § 12 do art. 4º o seguinte: "§ 12. Ainda que beneficiado por perdão judicial ou não denunciado, o colaborador poderá ser ouvido em juízo a requerimento das partes ou por iniciativa da autoridade judicial". Quer dizer, caso não tenha sido denunciado ou já tenha sido beneficiado por perdão judicial, o colaborador tem o dever de comparecer, como informante.

Mas a regra acima transcrita não tem o condão de afastar o dever do colaborador de comparecer e depor sobre os fatos objeto da colaboração, ainda que tenha sido denunciado ou não tenha sido beneficiado pelo perdão judicial. A condição de réu colaborador se diferencia, nesse ponto, dos réus em geral, que não estão sujeitos aos deveres de comparecimento e de falar a verdade.

Por fim, caso seja beneficiário de especiais medidas de proteção, o réu colaborador tem o **dever de adotar conduta compatível com a sua proteção**, evitando exposição a riscos desnecessários, sob pena de perda da proteção oferecida, nos termos da alínea "b" do inciso II do art. 10 da Lei n. 9.807/99.

■ *18.4.1.10. Procedimento*

A lei confere à defesa à iniciativa de formalizar o procedimento de colaboração, mediante apresentação de proposta firmada por advogado com poderes especiais ou firmada pela parte e pelo defensor, a qual deverá conter a narrativa de todos os fatos ilícitos para os quais o colaborador concorreu, com todas as suas circunstâncias bem como a indicação dos elementos de corroboração (art. 3º-C).

O recebimento da proposta pelo MP ou pela polícia demarca o início das negociações e do dever de confidencialidade, podendo ser indeferida sumariamente, de forma justificada (art. 3º-B, § 1º).

Caso o pedido não seja indeferido sumariamente, as partes deverão firmar Termo de Confidencialidade, que será vinculante para os envolvidos (art. 3º-A, § 2º), sendo admissível a realização de instrução para complementação das informações apresentadas no pedido.

O STF assentou a constitucionalidade do § 2º e do § 6º do art. 4º da LOC, para admitir, então, a possibilidade de que a colaboração premiada ocorra no âmbito da autoridade policial, sem a participação simultânea do MP (ADI 5.508, Pl., m., Marco Aurélio, 20/06/2018). Desse modo, as negociações se dão diretamente:

a) entre a autoridade policial e o acusado, assistido por defensor, com posterior manifestação do MP;
b) entre o MP e o acusado, sempre assistido por defensor.

O equilíbrio do sistema é mantido, porém, pois o acordo deve ser submetido à apreciação judicial, como previsto no § 7º.

A participação do juiz nas negociações é vedada de forma expressa (art. 4º, § 6º), o que é coerente com um sistema processual acusatório e com o caráter negocial do instituto (STF, Pet 7.074 QO, Fachin, Pl., 29/06/2017). A intervenção judicial fica reservada para as fases posteriores, de controle da legalidade e adequação do procedimento, tanto por ocasião da homologação (art. 4º, §§ 7º a 8º) como da sentença, quando será verificada a existência ou não de elementos de corroboração que comprovem a eficácia da colaboração (art. 4º, § 11).

Caberá ao juiz de garantias (CPP, art. 3º-B, XVII) ou ao relator, caso o feito seja de competência originária de tribunal (STF, HC 127.483, Toffoli, *DJ* 03/02/2016), fazer o controle da regularidade do procedimento, devendo o magistrado determinar o comparecimento do colaborador para ouvi-lo sigilosa e diretamente, acompanhado do defensor (art. 4º, § 7º). Se a proposta não atender aos requisitos legais, por exemplo, porque a colaboração não foi eficaz, ou por lhe faltar o requisito da voluntariedade, o juiz poderá recusar a homologação, devolvendo-a às partes para adequações (art. 4º, § 8º). Não se conformando as partes com a recusa, poderão recorrer.

Conforme o STF: "A homologação judicial do acordo de colaboração, por consistir em exercício de atividade de delibação, limita-se a aferir a regularidade, a voluntariedade e a legalidade do acordo, não havendo qualquer juízo de valor a respeito das declarações do colaborador" (STF, HC 127.483, Toffoli, Pl., 27/08/2015) ou "da conveniência e oportunidade acerca da celebração deste negócio jurídico processual" (STJ, HC 354.800, Reynaldo Fonseca, 5ª T., 19/09/2017).

Como autoriza o § 2º do art. 4º, mesmo depois da proposta inicial, poderão o MP requerer, a qualquer tempo, antes da sentença, e o delegado, no curso do inquérito, representar pela concessão do perdão judicial, ainda que esse benefício não tenha figurado na proposta inicial. Uma vez formulada a proposta pelo MP ou ouvido este, em caso de representação policial, a representação ou requerimento, que deverão contar também com a concordância da defesa, dado o caráter consensual do instituto, serão levados ao conhecimento do juízo para homologação, seguindo-se, a partir daí, o mesmo procedimento dos §§ 7º e 8º. Em caso de recusa judicial ao perdão, as partes poderão recorrer.

18.4.1.10.1. *Caráter negocial*

Art. 4º (...)

§ 6º O juiz não participará das negociações realizadas entre as partes para a formalização do acordo de colaboração, que ocorrerá entre o delegado de polícia, o investiga do e o defensor, com a manifestação do Ministério Público, ou, conforme o caso, entre o Ministério Público e o investigado ou acusado e seu defensor.

§ 7º Realizado o acordo na forma do § 6º deste artigo, serão remetidos ao juiz, para análise, o respectivo termo, as declarações do colaborador e cópia da investigação, devendo o juiz ouvir sigilosamente o colaborador, acompanhado de seu defensor, oportunidade em que analisará os seguintes aspectos na homologação:

I — regularidade e legalidade;

II — adequação dos benefícios pactuados àqueles previstos no caput e nos §§ 4º e 5º deste artigo, sendo nulas as cláusulas que violem o critério de definição do regime inicial de cumprimento de pena do art. 33 do Decreto-Lei nº 2.848, de 7 de dezembro de 1940 (Código Penal), as regras de cada um dos regimes previstos no Código Penal e na Lei nº 7.210, de 11 de julho de 1984 (Lei de Execução Penal) e os requisitos de progressão de regime não abrangidos pelo § 5º deste artigo;

III — adequação dos resultados da colaboração aos resultados mínimos exigidos nos incisos I, II, III, IV e V do caput deste artigo;

IV — voluntariedade da manifestação de vontade, especialmente nos casos em que o colaborador está ou esteve sob efeito de medidas cautelares.

> § 7º-A O juiz ou o tribunal deve proceder à análise fundamentada do mérito da denúncia, do perdão judicial e das primeiras etapas de aplicação da pena, nos termos do Decreto-Lei nº 2.848, de 7 de dezembro de 1940 (Código Penal) e do Decreto-Lei nº 3.689, de 3 de outubro de 1941 (Código de Processo Penal), antes de conceder os benefícios pactuados, exceto quando o acordo prever o não oferecimento da denúncia na forma dos §§ 4º e 4º-A deste artigo ou já tiver sido proferida sentença.
> § 7º-B. São nulas de pleno direito as previsões de renúncia ao direito de impugnar a decisão homologatória.
> § 8º O juiz poderá recusar a homologação da proposta que não atender aos requisitos legais, devolvendo-a às partes para as adequações necessárias.
> § 9º Depois de homologado o acordo, o colaborador poderá, sempre acompanhado pelo seu defensor, ser ouvido pelo membro do Ministério Público ou pelo delegado de polícia responsável pelas investigações.
> § 10. As partes podem retratar-se da proposta, caso em que as provas autoincriminatórias produzidas pelo colaborador não poderão ser utilizadas exclusivamente em seu desfavor.
> § 11. A sentença apreciará os termos do acordo homologado e sua eficácia.

A LOC deixou clara a caracterização da colaboração premiada como negócio jurídico processual, ou seja, um mecanismo de justiça consensual, como se vê do art. 3º-A e dos §§ 6º a 11 do art. 4º, dos quais destacamos a utilização dos termos acordo, negociações e proposta, tudo a revelar a superação do modelo que via a colaboração como mera causa de redução da pena.

18.4.1.10.2. Assistência de advogado

> **Art. 4º** (...)
> § 15. Em todos os atos de negociação, confirmação e execução da colaboração, o colaborador deverá estar assistido por defensor.

Concretizando a garantia constitucional da ampla defesa, deverá o colaborador estar assistido por defensor em *todos os atos de negociação, confirmação e execução da colaboração* (art. 4º, § 15), a fim de que tenha ele assistência técnica qualificada a respeito das vantagens e ônus decorrentes da colaboração. Não há direito de participação das demais defesas durante as declarações do colaborador (STJ, RHC 68.542, Maria Thereza Moura, 6ª T., 19/04/2016). A necessidade da presença de defensor é reforçada expressamente:

a) no § 6º do art. 4º, que exige a presença do defensor durante a negociação;
b) no § 14 do art. 4º, que trata da renúncia do direito ao silêncio;
c) nos incisos III e IV do art. 6º, que exigem a expressa concordância e a assinatura do defensor no termo de acordo de colaboração.

Além disso, a fim de garantir a defesa efetiva, em caso de conflitos de interesses entre acusados ou de colaborador hipossuficiente, deverá a autoridade participante solicitar a presença de outro advogado ou defensor público (art. 3º-C, § 2º).

Também serve aos fins de garantir a ampla defesa do colaborador a previsão de disponibilização de cópia do registro das tratativas e dos atos de colaboração (art. 4º, § 13).

18.4.1.10.3. Registro dos atos

> **Art. 3º** (...)
> § 13. O registro das tratativas e dos atos de colaboração deverá ser feito pelos meios ou recursos de gravação magnética, estenotipia, digital ou técnica similar, inclusive audiovisual, destinados a obter maior fidelidade das informações, garantindo-se a disponibilização de cópia do material ao colaborador.

Por registro dos atos de colaboração se entende aqui a tomada do depoimento do colaborador, devendo ser objeto de registro também as tratativas. O objetivo da lei é a obtenção da maior fidelidade possível das informações, evitando-se a perda decorrente da redução a termo das declarações em virtude da interposição de uma pessoa que interpreta o conteúdo do que foi dito.

Nada impede, nessa linha, a oitiva do colaborador por teleconferência, como admitido na Itália desde 1988, com notável economia de recursos públicos[22].

Quanto ao acordo em si, deverá ser formulado por escrito, contendo o seguinte (art. 6º):

> I — o relato da colaboração e seus possíveis resultados;
>
> II — as condições da proposta do Ministério Público ou do delegado de polícia;
>
> III — a declaração de aceitação do colaborador e de seu defensor;
>
> IV — as assinaturas do representante do Ministério Público ou do delegado de polícia, do colaborador e de seu defensor;
>
> V – a especificação das medidas de proteção ao colaborador e à sua família, quando necessário.

Não foi reconhecida a nulidade do procedimento:

> a) pelo fato de não terem sido os depoimentos filmados ou gravados, mas apenas reduzidos (STF, Inq 4.146, Teori Zavascki, Pl., 22/06/2016);
>
> b) mera alegação de erro na transcrição das declarações do colaborador (TRF4, HC 5032948-33.2015.404.0000, Gebran, 8ª T., 24/09/2015).

[22] CASABONA, Carmelo. Functions of the public prosecutor, enquiries and witness turning king's evidence in the repression of organized crime, p. 86.

18.4.1.10.4. Sigilo do procedimento

> **Art. 3º-B.** O recebimento da proposta para formalização de acordo de colaboração demarca o início das negociações e constitui também marco de confidencialidade, configurando violação de sigilo e quebra da confiança e da boa-fé a divulgação de tais tratativas iniciais ou de documento que as formalize, até o levantamento de sigilo por decisão judicial.
> (...)
> **Art. 7º** O pedido de homologação do acordo será sigilosamente distribuído, contendo apenas informações que não possam identificar o colaborador e o seu objeto.
> § 1º As informações pormenorizadas da colaboração serão dirigidas diretamente ao juiz a que recair a distribuição, que decidirá no prazo de 48 (quarenta e oito) horas.
> § 2º O acesso aos autos será restrito ao juiz, ao Ministério Público e ao delegado de polícia, como forma de garantir o êxito das investigações, assegurando-se ao defensor, no interesse do representado, amplo acesso aos elementos de prova que digam respeito ao exercício do direito de defesa, devidamente precedido de autorização judicial, ressalvados os referentes às diligências em andamento.
> § 3º O acordo de colaboração premiada e os depoimentos do colaborador serão mantidos em sigilo até o recebimento da denúncia ou da queixa-crime, sendo vedado ao magistrado decidir por sua publicidade em qualquer hipótese.'

O art. 3º-B prevê a confidencialidade na faze extrajudicial, das tratativas iniciais e documentos que a formalizem, de modo que a negociação e o depoimento do colaborador poderão ocorrer de forma sigilosa, sem o conhecimento ou participação dos corréus e suas defesas.

Se as tratativas não chegaram a bom termo e não foi homologado acordo de colaboração, não há direito de vista da documentação das tratativas que sequer foram juntadas aos autos e utilizadas como prova (STJ, RHC 131.043, Reynaldo, 5ª T., 08/09/2020).

A reserva é mantida na fase judicial por ocasião da distribuição do procedimento para homologação do acordo, que não conterá, na autuação, informações que possam identificar o colaborador ou seu objeto, conforme expressa determinação do *caput* do art. 7º.

Uma vez distribuído o pedido de homologação, o acesso aos autos será restrito ao juiz, ao MP e à polícia, podendo o defensor ter acesso, mediante autorização judicial, aos elementos de prova que digam respeito ao direito de defesa, ou seja, quando houver imputação de fato dirigida ao requerente (STF, Inq. 3.983, Teori, Pl., 03/03/2016; STF, Rcl 24.116, Gilmar Mendes, 2ª T., 13/12/2016), mas não àqueles que digam respeito a diligências em andamento, tudo nos termos do § 2º (STF, Rcl. 24.116, Gilmar Mendes, 2ª T., 13/12/2016; STF, Inq 4.435 AgR, Marco Aurélio, 1ª T., 12/09/2017). A fim de dar cumprimento ao dispositivo, é aconselhável que eventuais medidas de busca e apreensão, quebra de sigilo bancário ou fiscal, interceptação telefônica ou prisão que decorram da colaboração sejam autuadas em separado, assegurando-se ao defensor do colaborador o acesso aos autos do acordo de colaboração.

A redação atual do § 3º do art. 7º veda expressamente o levantamento do sigilo antes do recebimento da denúncia.

Conforme o STF: "simples especulação jornalística a respeito da existência de acordo de colaboração premiada ou da sua homologação judicial ou de declarações que teriam sido prestadas pelo colaborador não é causa juridicamente suficiente para a quebra do regime de sigilo, sobretudo porque poderia comprometer a investigação" (STF, Pet 6.164 AgR, Teori, 2ª T., 06/09/2016).

■ *18.4.1.10.5. Rescisão ou revogação*

O acordo poderá ser rescindido, por decisão fundamentada em caso de:

a) descumprimento dos deveres por parte do colaborador;
b) omissão dolosa sobre fato objeto da colaboração (art. 4º, § 17);
c) perseverância na conduta ilícita objeto da colaboração (art. 4º, § 18).

A revogação não acarreta nulidade ou imprestabilidade das provas decorrentes da colaboração, uma vez que a rescisão tem efeitos restritos às partes, sem prejudicar ou beneficiar terceiros (STF, HC 127.483, Toffoli, Pl., DJ 04/02/2016; Inq. 3.979, Teori, 2ª T. 27/09/2016; Inq 4.483 QO, Fachin, Pl., 21/09/2017).

■ 18.4.2. Gravação ambiental (art. 3º, II)

O inciso II do art. 3º da LOC prevê a possibilidade da "captação ambiental de sinais eletromagnéticos, ópticos ou acústicos", medida que pode ser adotada, então, para a investigação em casos de organização criminosa (STF, Inq. 2.424, Peluso, Pl., 26/11/2008, *Operação Hurricane*).

■ *18.4.2.1. Conceitos*

Captação designa aqui a filmagem ou gravação realizada pela própria autoridade policial, enquanto a *interceptação* é a obtenção dos sinais por meio da interferência em um sistema previamente instalado por terceiro para fins de filmagem ou gravação.

Sinais eletromagnéticos são aqueles gravados em fita ou banda magnética, enquanto **sinais óticos** são imagens e **acústicos** são os sons, de modo que a lei autoriza a gravação e a filmagem ambientais, bem como a produção de fotografias, seu registro e análise, para fins de prova, mediante autorização judicial.

■ *18.4.2.2. Admissibilidade*

A efetivação da medida deverá atender à regulamentação do art. 8º-A da Lei n. 9.296/96, introduzido pela Lei n. 13.964/2019, que, superando a jurisprudência anterior, prevê que a medida somente possa ser tomada com autorização judicial, para fins de investigação ou instrução criminal de infração com pena máxima superior a quatro anos, quando presentes os requisitos de necessidade e indispensabilidade da medida, com prazo de 15 dias, renováveis, desde que demonstrada a necessidade e se tratar de infração permanente, habitual ou continuada.

Sobre a degravação, aplicável, por analogia, o regramento da Lei n. 9.296/96 (TRF 4, HC 19990401032301-2, Élcio, TF, 08/07/1999). Desse modo, a prova assim obtida pode ser validamente utilizada em procedimento administrativo disciplinar (STF, Inq. 2424 QO-QO, Peluso, Pl., m., 20/06/2007).

18.4.3. Ação controlada (art. 3º, III)

> **Art. 8º** Consiste a ação controlada em retardar a intervenção policial ou administrativa relativa à ação praticada por organização criminosa ou a ela vinculada, desde que mantida sob observação e acompanhamento para que a medida legal se concretize no momento mais eficaz à formação de provas e obtenção de informações.
> § 1º O retardamento da intervenção policial ou administrativa será previamente comunicado ao juiz competente que, se for o caso, estabelecerá os seus limites e comunicará ao Ministério Público.
> § 2º A comunicação será sigilosamente distribuída de forma a não conter informações que possam indicar a operação a ser efetuada.
> § 3º Até o encerramento da diligência, o acesso aos autos será restrito ao juiz, ao Ministério Público e ao delegado de polícia, como forma de garantir o êxito das investigações.
> § 4º Ao término da diligência, elaborar-se-á auto circunstanciado acerca da ação controlada.
> **Art. 9º** Se a ação controlada envolver transposição de fronteiras, o retardamento da intervenção policial ou administrativa somente poderá ocorrer com a cooperação das autoridades dos países que figurem como provável itinerário ou destino do investigado, de modo a reduzir os riscos de fuga e extravio do produto, objeto, instrumento ou proveito do crime.

A ação controlada, ou entrega vigiada, prevista também nos arts. 4º-B da LLD; 53, II, da Lei n. 11.343/2006; e 2, "i", da Convenção de Mérida, representa uma relativização do dever policial de ação imediata ante o flagrante delito, em nome da maior utilidade da investigação, em medida bastante pragmática, sempre que não representar risco maior para a vida de vítimas, policiais, terceiros ou envolvidos. Desse modo, o agente mantido sob vigilância poderá, legitimamente, vir a ser preso em momento distinto dos demais autores do fato (TRF3, HC 20020300026318-2, Souza Ribeiro, 2ª T., u., 09/10/2002).

A literalidade da LOC, na linha do que já fazia a Lei de Drogas, aponta no sentido da necessidade de **autorização judicial para a ação controlada**, devendo o pedido ser distribuído sigilosamente, elaborando-se, ao final, auto circunstanciado, tudo nos termos dos §§ 1º a 4º do art. 8º.

Registro, porém, precedentes do STJ no sentido de que o § 1º do art. 8º da LOC não impõe como requisito a prévia autorização judicial para a ação controlada, apenas a comunicação ao juízo (STJ, HC 424.553, Reynaldo, 5ª T., 21/08/2018), com a finalidade de "proteger o trabalho investigativo, de forma a afastar eventual crime de prevaricação ou infração administrativa por parte do agente público" (STJ, HC 512.290, Schietti, 6ª T., 18/08/2020).

Por fim, o art. 9º prevê que, em caso de **transposição de fronteiras**, a medida seja instrumentalizada em concerto com as autoridades dos demais países envolvidos, a fim de evitar os riscos de fuga ou perda dos produtos, objeto, instrumento ou proveito do crime.

18.4.4. Acesso a registros, dados cadastrais, documentos e informações (art. 3º, IV)

A obtenção, análise e cruzamento de dados é meio essencial de atividade investigativa nesse campo da criminalidade, em que a produção da prova passa exatamente pela construção de um quadro ou mosaico, no qual as peças são bastante difusas.

Bem por isso, o inciso IV do art. 3º prevê, como meio de prova em investigações sobre organizações criminosas, o "acesso a registros de ligações telefônicas e telemáticas, a dados cadastrais constantes de bancos de dados públicos ou privados e a informações eleitorais ou comerciais", o que vem a ser detalhado nos arts. 15 a 17 da lei.

18.4.4.1. Dados cadastrais

> **Art. 15.** O delegado de polícia e o Ministério Público terão acesso, independentemente de autorização judicial, apenas aos dados cadastrais do investigado que informem exclusivamente a qualificação pessoal, a filiação e o endereço mantidos pela Justiça Eleitoral, empresas telefônicas, instituições financeiras, provedores de internet e administradoras de cartão de crédito.

O art. 15, assemelhado ao art. 17-B da LLD, objeto da ADI 4.906, define e assegura o acesso direto, sem intervenção judicial, sobre dados cadastrais (STJ, REsp 1.561.191, Benjamin, 2ª T., 19/04/2018). A violação do dever de informar é sancionada pessoalmente pelo art. 21.

18.4.4.2. Empresas de transporte

> **Art. 16.** As empresas de transporte possibilitarão, pelo prazo de 5 (cinco) anos, acesso direto e permanente do juiz, do Ministério Público ou do delegado de polícia aos bancos de dados de reservas e registro de viagens.

Do art. 16, aplicável a transportes de passageiros por qualquer meio, extrai-se, de pronto, um **dever de manutenção** de tais registros pelo prazo de cinco anos. Em segundo lugar, como a lei assegura o *acesso direto e permanente*, é certo que **está dispensada a autorização judicial**, podendo ser construído até mesmo um acesso remoto e informatizado a tais informações, adotadas as devidas cautelas de preservação do registro de quem as acessar, para evitar abusos ou uso indevido da informação.

18.4.4.3. *Relações de chamadas*

> **Art. 17.** As concessionárias de telefonia fixa ou móvel manterão, pelo prazo de 5 (cinco) anos, à disposição das autoridades mencionadas no art. 15, registros de identificação dos números dos terminais de origem e de destino das ligações telefônicas internacionais, interurbanas e locais.

Para além da informação sobre os dados cadastrais, determinada pelo art. 15, as empresas de telefonia estão obrigadas a fornecer também, **independentemente de autorização judicial**, as **relações de chamadas** dos últimos cinco anos.

À semelhança do que se dá em relação ao art. 16, também aqui deflui da regra o **dever de manutenção** de tais registros pelo prazo de cinco anos. Não há que falar, tampouco, em necessidade de autorização judicial, o que seria compatível com a redação que determina estarem as informações *à disposição das autoridades mencionadas no art. 15.*

Como a lei assegura o *acesso direto e permanente*, é certo que está dispensada a autorização judicial, podendo ser construído até mesmo um acesso remoto e informatizado a tais informações, adotadas as devidas cautelas de preservação do registro de quem as acessar, para evitar abusos ou uso indevido da informação.

18.4.4.4. *Acesso a dados em geral*

Por dados se entendem quaisquer registros privados, mantidos em meio eletrônico ou mesmo em papel, como as anotações de um caderno ou agenda. De acordo com o art. 232 do CPP: "Consideram-se documentos quaisquer escritos, instrumentos ou papéis, públicos ou particulares". Pois bem, fora os casos especificamente regulados pela lei, como se dá com os dados bancários, fiscais, ou eleitorais, ou ainda aqueles mantidos no interior de uma residência, os dados em geral não estão sujeitos a proteção, podendo ser acessados livremente pela autoridade investigatória.

Sobre a pretensa proteção de dados no texto da CF, assim já nos manifestamos:

> Afasta-se aqui a tentativa de fundamentar o sigilo financeiro no inciso XII do art. 5º da CRFB, que trata das comunicações de dados, e não dos dados, que não estão, por si, cobertos por sigilo, mas encontram-se protegidos enquanto objeto de correspondência ou de comunicação. Tanto é assim que se admite a interceptação apenas no caso de comunicação telefônica, em virtude de sua instantaneidade. Como afirmou o Min. Moreira Alves, em voto proferido no julgamento do MS n. 21.729-4: "as palavras voam, enquanto que os escritos permanecem. Cuida-se de forma de comunicação que não deixa vestígios para sua realização". Caso se entenda que os dados referidos no inciso XII do art. 5º da CRFB são quaisquer dados, entendidos estes como informações, independentemente de estarem sendo ou não comunicados, todo e qualquer registro de informações em qualquer suporte, como papel, fitas gravadas, disquetes, computadores, estaria coberto por sigilo. Essa solução inviabilizaria, na prática, a prova de qualquer ilícito, ad-

ministrativo ou penal, bem como as provas no processo civil, de modo que não pode ser esta a interpretação do dispositivo constitucional[23].

18.4.5. Interceptação de comunicações telefônicas e telemáticas (art. 3º, V)

O tema é objeto da Lei n. 9.296/96.

18.4.6. Afastamento dos sigilos financeiro ou bancário e fiscal (art. 3º, VI)

18.4.6.1. Sigilo financeiro ou bancário

Conforme o inciso VI do art. 3º da LOC, é admitida a quebra de sigilo bancário para fins de investigação que envolva organizações criminosas, *nos termos da legislação específica*, especificamente a LC n. 105/2001[24].

18.4.6.2. Sigilo fiscal

18.4.6.2.1. Noção

Conforme o inciso VI do art. 3º da LOC, é admitida a quebra de sigilo fiscal para fins de investigação que envolva organizações criminosas, *nos termos da legislação específica.*

O sigilo fiscal, regulado pelo art. 198 do CTN, tem por objeto o segredo das informações fiscais dos contribuintes, reunidas pelas autoridades fazendárias, não devendo ser confundido com o sigilo financeiro (STJ, HC 7.618, Dipp, 5ª T., u., *DJ* 17/02/1999), que é disciplinado pela LC n. 105/2001, que recai sobre as informações relativas a operações ativas e passivas, bem como aos serviços prestados pelas instituições financeiras.

Estão cobertas por sigilo fiscal as informações obtidas, em razão do ofício, por servidores fazendários: "sobre a situação econômica ou financeira do sujeito passivo ou de terceiros e sobre a natureza e o estado de seus negócios ou atividades" (CTN, art. 198).

Não estão cobertos por sigilo fiscal:

a) os livros comerciais da empresa, seja em papel ou em registros eletrônicos (TRF4, AC 20030401046597-3, Vaz, 8ª T., u., 06/07/2005);

b) as faturas comerciais ou *invoices*, que têm natureza mercantil (TRF4, AC 19997008003078-4, Élcio, 8ª T., u., 07/12/2005).

A quebra do sigilo fiscal pressupõe a instauração regular de processo administrativo que tenha por fim investigação do sujeito passivo (TRF4, HC 20070400026864-7, Tadaaqui, 7ª T., u., 04/09/2007).

---

[23] BALTAZAR JUNIOR, José Paulo. *Sigilo bancário e privacidade*. Porto Alegre: Livraria do Advogado, 2005. p. 62.

[24] BALTAZAR JUNIOR, José Paulo. *Sigilo bancário e privacidade*, p. 62.

Ao analisar a questão do acesso a informações financeiras pela administração tributária, o STF assim se manifestou, em regime de repercussão geral: "O art. 6º da Lei Complementar 105/01 não ofende o direito ao sigilo bancário, pois realiza a igualdade em relação aos cidadãos, por meio do princípio da capacidade contributiva, bem como estabelece requisitos objetivos e o translado do dever de sigilo da esfera bancária para a fiscal" (RE 601.314, Fachin, Pl., 24/02/2016). A seu turno, o STJ firmou o entendimento de que os dados obtidos pela Receita Federal não podem ser compartilhados ou repassados ao MP ou à Polícia para utilização em investigação criminal sem autorização judicial (STJ, RHC 42.332, Maria Thereza Moura, 6ª T., 13/12/2016; STJ, HC 334.211, Reynaldo, 5ª T., 16/03/2017).

A exceção fica por conta da representação formulada após o lançamento definitivo, autorizada expressamente pelo inc. I do § 3º do art. 198 do CTN (STJ, RHC 75.532, Paciornik, 5ª T., 09/05/2017).

■ *18.4.6.2.2. Competência*

A medida somente pode ser decretada pelo Juiz com competência para o julgamento de eventual ação penal (STJ, AGP 1.611, Delgado, CE, u., 15/05/2002), a requerimento da defesa, do MP, ou mesmo de ofício, o que não implica quebra do princípio acusatório (TRF4, AC 20030401046597-3, Vaz, 8ª T., u., 06/07/2005).

■ *18.4.6.2.3. Ministério Público*

Ao contrário do que se dá com o sigilo bancário, há posição no sentido de que o sigilo fiscal pode ser quebrado diretamente pelo MPF, consoante autorizam o § 2º do art. 7º e o art. 8º da LC n. 75/93 (TRF4, HC 20070400026864-7, Tadaaqui, 7ª T., u., 04/09/2007; TRF4, HC 20070400029968-1, Néfi, 7ª T., u., 20/11/2007).

Em sentido contrário: STJ, ROMS 25.375, Fischer, 5ª T., u., 19/02/2008; STJ, HC 31.205, Carvalhido, 6ª T., u., 02/09/2004; STJ, RHC 20.329, Jane Silva [Conv.], 5ª T., u., 04/10/2007; TRF1, HC 20030100021898-6, Luciano Amaral, 3ª T., u., 16/09/2003. Tendo em vista a posição do STJ, que afirma a ilicitude da prova daí decorrente (STJ, HC 31.205, Carvalhido, 6ª T., empate, 02/09/2004), quando ausente a autorização judicial, é mais prudente fazê-lo com autorização judicial, a fim de evitar anulação do feito e perda da prova.

Afirmando a mera legitimidade do MP para requerer a quebra de sigilo fiscal ao Poder Judiciário: STJ, MC 5.512, Fischer, 5ª T., u., 18/03/2003.

■ *18.4.6.2.4. Iniciativa*

A medida poderá ser decretada pelo Juiz, de ofício (TRF4, AC 200204010523361, Germano, 7ª T., u., 16/12/2003), ou a requerimento da autoridade policial ou do MP. Em caso de colidência, pensamos que a medida também poderá ser requerida pela defesa, em relação a informações de corréus.

■ *18.4.6.2.5. Requisitos*

Em caso de quebra determinada por CPI ou autoridade judicial, exige-se motivação idônea, em cumprimento ao determinado no inciso IX do art. 93 da CF, bem como indícios da ocorrência do fato (STJ, HC 59.257, Maria Thereza Moura, 6ª T., u., 22/08/2006), ou seja, *causa provável* (TRF2, AI 20030201004710-1, Carvalho, 4ª T., u., 09/06/2004).

■ *18.4.6.2.6. Objetivos*

Já se afirmou incabível a quebra de sigilo fiscal com o fim de apurar a capacidade financeira do réu de fazer frente à multa pecuniária (TRF4, MS 20050401019312-0, Penteado, 8ª T., u., 27/07/2005). Levando em conta, porém, que a medida vem sendo admitida para fins de localização de bens em ação de execução fiscal, quando esgotados outros meios para tanto (TRF2, AI 20020201035991-0, Feltrin, 2ª T., u., 15/04/2003), e na falta de disposição legal que limite o uso da medida à investigação criminal ou instrução processual penal, como se dá em relação à interceptação telefônica, não vejamos óbice à concessão de quebra para fins de verificação da capacidade financeira para pagamento de sanção penal.

■ *18.4.6.2.7. Medida cabível*

O deferimento de quebra de sigilo fiscal pode ser atacado por meio de *habeas corpus* (STJ, HC 35.713, Carvalhido, 6ª T., u., 28/03/2006).

■ 18.4.7. Infiltração de agentes (art. 3º, VII)

■ *18.4.7.1. Conceito e noção*

A lei brasileira não traz um conceito de infiltração policial. Na doutrina colhe-se a seguinte definição:

> Consiste basicamente em permitir a um agente da Polícia ou do serviço de inteligência infiltrar-se no seio da organização criminosa, passando a integrá-la como se criminoso fosse —, na verdade como se um novo integrante fosse. Agindo assim, penetrando no organismo e participando das atividades diárias, das conversas, problemas e decisões, como também por vezes das situações concretas, ele passa a ter condições de melhor compreendê-la para melhor combatê-la através do repasse das informações às autoridades[25].

Quer dizer, a infiltração policial ocorre quando o agente tenha efetivamente "forjado a condição de integrante da organização, ao ser introduzido no seu âmago dissimuladamente, agindo como se fosse um de seus componentes, primando por uma relação direta e pessoal com os demais (...) de modo estável e não eventual" (STJ, RHC 84.366, Maria Thereza Moura, 6ª T., 23/08/2018).

[25] MENDRONI, Marcelo Batlouni. *Crime organizado*. 5. ed. São Paulo: Atlas, 2015. p. 184.

Sendo assim, entendeu-se não haver propriamente infiltração policial nos casos assim descritos:

a) da mera coleta de informações em manifestações populares, sem vinculação a uma organização criminosa específica (STJ, RHC 57.023, Reis, 6ª T., 08/08/2017);

b) "se o agente limitou-se a representar familiares da pessoa sequestrada nas negociações com os perpetradores, ainda que sob identidade falsa", mas "sem se introduzir ou se infiltrar na organização criminosa com o propósito de identificar e angariar a confiança de seus membros ou obter provas sobre a estrutura e o funcionamento do bando" (STJ, HC 512.290, Schietti, 6ª T., 18/08/2020).

O fundamento principal da utilização da ação encoberta ou infiltração policial no âmbito de organizações criminosas reside na possibilidade de alcançar, por tal meio, o cerne do grupo e, assim, recolher provas do envolvimento dos mandantes.

Além das dificuldades e riscos de ordem prática, não são poucas aquelas de ordem jurídica, sejam materiais, sejam processuais. Entre as primeiras, coloca-se o problema dos delitos cometidos pelo agente. Do ponto de vista processual, o problema consiste em trazer para os autos uma prova que poderá colocar em risco o agente infiltrado, além de comprometer outras operações policiais.

■ *18.4.7.2. Constitucionalidade*

Não há inconstitucionalidade no fato de a CF não prever expressamente o recurso à infiltração policial, uma vez que, interpretado o texto em seu conjunto, estando ali assegurados os direitos à vida e à integridade física e moral, à igualdade, à liberdade e à segurança, é de concluir-se que estão autorizados, também, os meios para sua garantia[26].

■ *18.4.7.3. Legitimidade*

> **Art. 10.** A infiltração de agentes de polícia em tarefas de investigação, representada pelo delegado de polícia ou requerida pelo Ministério Público, após manifestação técnica do delegado de polícia quando solicitada no curso de inquérito policial, será precedida de circunstanciada, motivada e sigilosa autorização judicial, que estabelecerá seus limites.
> § 1º Na hipótese de representação do delegado de polícia, o juiz competente, antes de decidir, ouvirá o Ministério Público.

A medida poderá ser requerida:

a) pela autoridade policial, ouvido o MP (arts. 10, § 1º, e 12, § 1º);

---

[26] GONÇALVES, Fernando; ALVES, Manoel João; GUEDES VALENTE, Manuel Monteiro. *O novo regime jurídico do agente infiltrado*. Coimbra: Almedina, 2001. p. 11. No mesmo sentido, pela legalidade da medida: TRF2, HC 200802010197868, Abel Gomes, 1ª TE, u., 11/02/2009.

b) pelo MP, após manifestação técnica do delegado, quando solicitada no curso do inquérito policial (art. 10, *caput*).

Como se vê, a lei aponta no sentido de uma sintonia entre a Polícia e o MP quanto à adoção da medida, que não poderá ser apreciada pelo Poder Judiciário sem a necessária manifestação de ambos os órgãos. A única ressalva seria a infiltração requerida pelo MP fora do inquérito policial, que se antevê de escassa aplicação na prática, pois não se concebe uma infiltração de agentes no curso de uma ação penal. Desse modo, a única possibilidade seria a de uma infiltração no curso de uma investigação conduzida diretamente pelo MP, a qual, de todo modo, somente poderia ser levada a efeito por *agentes de polícia* que tivessem eventualmente sido cedidos ao MP para apoio direto em suas atividades.

A competência para apreciação da medida é do juiz, sendo a lei expressa ao dispor que a medida *será precedida de circunstanciada, motivada e sigilosa autorização judicial, que estabelecerá seus limites* (art. 10, *caput, in fine*).

Por fim, a execução da medida é privativa de servidores das carreiras policiais, incluindo a Polícia Militar, uma vez que o art. 10 menciona somente *agentes de polícia*.

18.4.7.4. Requisitos

> **Art. 10.** (...)
> § 2º Será admitida a infiltração se houver indícios de infração penal de que trata o art. 1º e se a prova não puder ser produzida por outros meios disponíveis.
> (...)
> **Art. 11.** O requerimento do Ministério Público ou a representação do delegado de polícia para a infiltração de agentes conterão a demonstração da necessidade da medida, o alcance das tarefas dos agentes e, quando possível, os nomes ou apelidos das pessoas investigadas e o local da infiltração.

A infiltração de agentes somente é admitida se houver **indícios de infração penal** praticada por organização criminosa, transnacional ou terrorista, ou seja, nos limites do art. 1º da LOC, como estabelece o § 2º do art. 10. Afora isso, também é de ser admitida a medida em casos de **tráfico de drogas**, por força do inciso I do art. 53 da Lei n. 11.343/2006, mediante aplicação do procedimento estabelecido pela LOC.

Afora os indícios da prática de infração penal que admita a medida, ou seja, da **causa provável**, o requisito essencial para o deferimento será a demonstração da **imprescindibilidade da medida**, evidenciando-se que a prova buscada não poderá ser obtida por outros meios ou que são escassas as probabilidades de obtê-la sem lançar mão de tal recurso (arts. 10, § 2º, e 11).

Para além da demonstração da necessidade, o requerimento do MP ou a representação do delegado deverão conter certa **limitação objetiva**, que contemple, além da descrição preliminar do objeto da investigação, nos limites do possível (art. 11):

a) o alcance das tarefas dos agentes;

b) os nomes ou apelidos das pessoas investigadas;

c) o local da infiltração.

A decisão que deferir a infiltração, como qualquer decisão judicial, deverá ser motivada (CF, art. 93, IX, e LOC, art. 10, *caput*). A lei exige, ainda, que a **decisão** seja **circunstanciada e sigilosa**, devendo estabelecer os **limites** da infiltração.

18.4.7.5. Prazo

> **Art. 10.** (...)
> § 3º A infiltração será autorizada pelo prazo de até 6 (seis) meses, sem prejuízo de eventuais renovações, desde que comprovada sua necessidade.

A infiltração poderá ser deferida pelo prazo máximo de seis meses, podendo ser inferior (art. 10, § 3º) ou ser prorrogada, se necessário, por mais de uma oportunidade, estando as renovações também sujeitas ao prazo de até seis meses.

18.4.7.6. Controle

> **Art. 10.** (...)
> § 4º Findo o prazo previsto no § 3º, o relatório circunstanciado será apresentado ao juiz competente, que imediatamente cientificará o Ministério Público.
> § 5º No curso do inquérito policial, o delegado de polícia poderá determinar aos seus agentes, e o Ministério Público poderá requisitar, a qualquer tempo, relatório da atividade de infiltração.
> **Art. 12.** (...)
> § 1º As informações quanto à necessidade da operação de infiltração serão dirigidas diretamente ao juiz competente, que decidirá no prazo de 24 (vinte e quatro) horas, após manifestação do Ministério Público na hipótese de representação do delegado de polícia, devendo-se adotar as medidas necessárias para o êxito das investigações e a segurança do agente infiltrado.
> § 2º Os autos contendo as informações da operação de infiltração acompanharão a denúncia do Ministério Público, quando serão disponibilizados à defesa, assegurando-se a preservação da identidade do agente.
> § 3º Havendo indícios seguros de que o agente infiltrado sofre risco iminente, a operação será sustada mediante requisição do Ministério Público ou pelo delegado de polícia, dando-se imediata ciência ao Ministério Público e à autoridade judicial.

É perceptível o objetivo da lei em não deixar a atividade de infiltração ao arbítrio exclusivo de qualquer órgão, como se percebe, em primeiro lugar, da legitimidade concorrente atribuída à Polícia e ao MP para requerê-la, com a necessária manifestação do outro órgão de persecução penal, em qualquer caso (arts. 10, *caput* e § 1º, e 12, § 1º). Complementa o controle institucional a necessidade da intervenção judicial para a implementação da medida.

Mas o controle continua na execução da medida, como se vê do § 5º do art. 10. Embora o texto não o diga, estando a medida sujeita à autorização judicial, também o juiz poderá requisitar relatório da atividade de infiltração, até mesmo para fazer cessar eventual ilegalidade ou excesso.

Por fim, também o resultado da infiltração estará sujeito a controle, até mesmo processual, do contraditório, tendo em vista o contido no § 2º do art. 12.

Em caso de risco iminente para o agente, a infiltração será sustada, mediante determinação do Delegado ou requisição do MP (art. 12, § 3º). A requisição do MP deverá ser dirigida ao Delegado, que determinará então a cessação da operação, dando ciência ao Juiz e ao MP sobre o atendimento da requisição. Já em caso de determinação direta do Delegado, sem iniciativa do MP, igualmente deverá ser dada ciência ao MP e ao Juiz, de modo a possibilitar o controle sobre a efetiva necessidade da medida.

18.4.7.7. *Sigilo*

> **Art. 12.** O pedido de infiltração será sigilosamente distribuído, de forma a não conter informações que possam indicar a operação a ser efetivada ou identificar o agente que será infiltrado.

Nenhum reparo a ser feito na distribuição sigilosa, mas a vedação sobre conter *informações que possam indicar a operação a ser efetivada* deve ser interpretada no sentido de que a autuação ou o registro deverão ser preservados em relação a terceiros, não se aplicando ao juiz e ao membro do MP, que necessariamente terão ciência sobre a operação a ser efetivada. Do contrário, caso se entendesse que o sigilo sobre a operação a ser efetivada se estenderia ao juiz, o art. 12 entraria em contradição com a exigência, constante do art. 11, de que o pedido contenha *a demonstração da necessidade da medida, o alcance das tarefas dos agentes e, quando possível, os nomes ou apelidos das pessoas investigadas e o local da infiltração*. Mais que isso, se não for dado ao juiz conhecer o objeto e o que se pretende com a medida, como poderia ele avaliar a necessidade de sua adoção, ou proferir decisão *circunstanciada e motivada*, que estabeleça os *limites* da infiltração, como exige o art. 10? Por fim, a se interpretar de modo isolado e literal o art. 12, a infiltração seria convertida em verdadeira autorização em branco para a polícia, o que não pode ser o objetivo da lei.

O sigilo em relação a terceiros também é objeto da parte final do § 1º do art. 12, que determina ao juiz a adoção das *medidas necessárias para o êxito das investigações e a segurança do agente infiltrado*.

Uma vez concluída a infiltração e oferecida a denúncia, cessa o sigilo sobre a realização da operação, já que as informações daí decorrentes instruirão a denúncia, como determina o § 2º do art. 12. Quer dizer, ao longo da instrução criminal, o único dado que permanecerá em sigilo é a identidade do agente infiltrado (arts. 12, § 2º, e 14, III).

18.4.7.8. *Imunidade do agente infiltrado*

> **Art. 13.** O agente que não guardar, em sua atuação, a devida proporcionalidade com a finalidade da investigação, responderá pelos excessos praticados.
> Parágrafo único. Não é punível, no âmbito da infiltração, a prática de crime pelo agente infiltrado no curso da investigação, quando inexigível conduta diversa.

A necessidade de proteger o agente infiltrado da acusação de crimes eventualmente cometidos durante a atuação infiltrada levou à inclusão do art. 13 da LOC. Tendo em vista o dispositivo acima, parece certo que o agente infiltrado não responderá pela prática de atos que formalmente seriam qualificados como delituosos, com base nos seguintes fundamentos:

a) pela ausência do elemento subjetivo, como se dá com a falsa identidade (CP, art. 307);
b) pela inexigibilidade de conduta diversa, como no caso de transporte de drogas ilícitas;
c) pelo exercício regular de um direito, como no caso de uso de documentos falsos, autorizada pelo art. 14, II, da LOC.

Não é admissível, porém, que o policial cometa **crimes graves**, como lesões corporais ou homicídio. Caso confrontado com tais situações, até mesmo sob o pretexto de demonstração de lealdade ou coragem, o policial terá que ter raciocínio rápido e esperteza para sair da situação sem cometer a violência, ainda que com risco de comprometer a operação policial.

18.4.7.9. *Direitos do agente*

> **Art. 14.** São direitos do agente:
> I — recusar ou fazer cessar a atuação infiltrada;
> II — ter sua identidade alterada, aplicando-se, no que couber, o disposto no art. 9º da Lei n. 9.807, de 13 de julho de 1999, bem como usufruir das medidas de proteção a testemunhas;
> III — ter seu nome, sua qualificação, sua imagem, sua voz e demais informações pessoais preservadas durante a investigação e o processo criminal, salvo se houver decisão judicial em contrário;
> IV — não ter sua identidade revelada, nem ser fotografado ou filmado pelos meios de comunicação, sem sua prévia autorização por escrito.

Como se vê, a atuação como infiltrado pressupõe a **voluntariedade do agente**, não podendo ser imposta com base na hierarquia, nem constitui dever profissional do policial.

A **alteração da identidade**, prevista no inciso II, tem dupla finalidade. Em primeiro lugar, representa autorização legal para que o agente faça uso de nome e documentos falsos no curso da infiltração, sem que isso tenha caráter delituoso, já que haverá o exercício regular de um direito. Em segundo lugar, em caso de indevida revelação da identidade, o agente terá direito a alteração do nome como medida de proteção.

A **preservação do nome, qualificação, imagem, voz e demais informações pessoais** não se limita ao período da investigação, estendendo-se ao processo criminal, como se vê do inciso III do art. 14. Daí se retira que o agente infiltrado **não está sujeito ao dever de depor como testemunha**. A lei ressalva, porém, a possibilidade de decisão judicial em sentido contrário, como poderá ocorrer, por exemplo, quando o próprio agente abrir mão de tal direito ou quando não houver risco para o agente, considerado o perfil dos criminosos envolvidos.

Corolário do direito à preservação da identidade no processo (inc. III) é a vedação da sua divulgação pelos meios de comunicação, assegurada no inciso IV e incriminada pelo art. 20.

18.4.8. Compartilhamento de informações (art. 3º, VIII)

> **Art. 3º** (...)
> VIII — cooperação entre instituições e órgãos federais, distritais, estaduais e municipais na busca de provas e informações de interesse da investigação ou da instrução criminal.

Acertada a regra, embora tenha sentido programático, pois a compartimentalização das atividades e a divisão dos órgãos de inteligência fazem com que, além das disputas entre as várias agências, do gasto adicional e da duplicidade de esforços, o conhecimento dos problemas acabe sendo apenas parcial, razão pela qual o compartilhamento de informações é estratégia essencial no controle do crime organizado, como disposto no art. 7º, "b", da Convenção de Palermo.

18.5. AÇÃO PENAL

18.5.1. Competência

Os delitos são de ação penal pública e incondicionada.

A competência será da Justiça Estadual em regra, passando a ser da Justiça Federal caso os delitos visados ou cometidos pelos membros da organização sejam da competência federal ou em caso de internacionalidade quanto a crime que o Brasil se obrigou a reprimir.

Não há lugar aqui para competência da Justiça Militar (STJ, AgRg-REsp 1.867.861, Reynaldo, 5ª T., 05/05/2020).

18.6. REGRAS PROCESSUAIS

18.6.1. Procedimento ordinário

> Art. 22. Os crimes previstos nesta Lei e as infrações penais conexas serão apurados mediante procedimento ordinário previsto no Decreto-Lei n. 3.689, de 3 de outubro de 1941 (Código de Processo Penal), observado o disposto no parágrafo único deste artigo.
> Parágrafo único. A instrução criminal deverá ser encerrada em prazo razoável, o qual não poderá exceder a 120 (cento e vinte) dias quando o réu estiver preso, prorrogáveis em até igual período, por decisão fundamentada, devidamente motivada pela complexidade da causa ou por fato procrastinatório atribuível ao réu.

O art. 22 prevê a aplicação do procedimento ordinário, o que vai ao encontro do inciso I do § 1º do art. 394 do CPP, que determina a adoção de tal rito quando se tratar de crime cuja sanção máxima cominada foi igual ou superior a quatro anos de pena privativa de liberdade.

18.6.2. Prazo da prisão cautelar

A regra do parágrafo único do art. 22 estabelece prazo para conclusão da instrução, concretizando o direito à duração razoável do processo (CF, art. 5º, LXVIII), bem como possibilita o reconhecimento do constrangimento ilegal decorrente do excesso de prazo (CPP, art. 648, II). A regra não ignora, porém, a possível demora decorrente da complexidade de tais ou de outras causas, na linha da jurisprudência sumulada pelo STJ nos seguintes verbetes:

> 21. Pronunciado o réu, fica superada a alegação de constrangimento ilegal da prisão por excesso de prazo na instrução.
>
> 52. Encerrada a instrução criminal, fica superada a alegação de constrangimento por excesso de prazo.
>
> 64. Não constitui constrangimento ilegal o excesso de prazo na instrução, provocado pela defesa.

18.6.3. Afastamento das funções públicas

> Art. 2º, § 5º. Se houver indícios suficientes de que o funcionário público integra organização criminosa, poderá o juiz determinar seu afastamento cautelar do cargo, emprego ou função, sem prejuízo da remuneração, quando a medida se fizer necessária à investigação ou instrução processual.

Na linha do inc. VI do art. 319 do CPP, a LOC admite o afastamento cautelar de funcionário público, a fim de evitar que possam influenciar negativamente a investigação, seja pelo acesso a informações privilegiadas, destruição de provas ou influência sobre testemunhas (STJ, QO-CauInomCrim 7, Fischer, CE, 04/04/2018). O afastamento poderá incluir a proibição de acesso às dependências do órgão, contato com servidores e utilização dos serviços normalmente disponibilizados aos colaboradores da organização (QO-CauInomCrim 24, Falcão, CE, 05/02/2020).

■ 18.6.4. Segredo de justiça e acesso aos autos

> **Art. 23.** O sigilo da investigação poderá ser decretado pela autoridade judicial competente, para garantia da celeridade e da eficácia das diligências investigatórias, assegurando-se ao defensor, no interesse do representado, amplo acesso aos elementos de prova que digam respeito ao exercício do direito de defesa, devidamente precedido de autorização judicial, ressalvados os referentes às diligências em andamento.

A **publicidade** plena dos atos processuais **é a regra** no nosso ordenamento jurídico, encontrando fundamento no art. 5º, LX, da CF. A própria CF autoriza, porém, restrições à publicidade, quando a defesa da vida privada e da intimidade (CF, art. 5º, X) ou o interesse social o exigirem.

Esse é o caso dos expedientes investigatórios que digam respeito a organizações criminosas, em relação aos quais há possibilidade de restrição do acesso aos autos, nos casos de colaboração premiada (art. 7º), ação controlada (art. 8º, §§ 2º e 3º) e infiltração de agentes (art. 12), já examinados, bem como no art. 23.

A regulamentação da LOC é compatível com a interpretação que já vinha sendo dada ao tema pela jurisprudência consolidada na SV 14 do STF, assim redigida:

> É direito do defensor, no interesse do representado, ter acesso amplo aos elementos de prova que, já documentados em procedimento investigatório realizado por órgão com competência de polícia judiciária, digam respeito ao exercício do direito de defesa.

O entendimento sumulado reconhece o direito de acesso aos autos, ressalvando, porém, com fundamento na parte final do inciso XXXIII do art. 5º da CF, bem como no art. 7º, § 1º, 1, da Lei n. 8.906/94, as medidas cuja vista possa acarretar sua ineficácia, como interceptação telefônica em curso, busca e apreensão, sequestro de bens e prisão (STF, HC 87.827, Pertence, 1ª T., u., 25/04/2006; STF, HC 8.820, M. Aurélio, Pl., m., 23/11/2006; STJ, HC 88.104, Maria Thereza Moura, 6ª T., u., 06/12/2007).

Cuida-se, na hipótese, de **contraditório diferido**, devendo ser deferida a vista a partir do momento em que a medida não mais represente possibilidade de frustração da investigação.

■ 18.6.5. Prazo de vista e interrogatório

> **Art. 23.** (...)
> Parágrafo único. Determinado o depoimento do investigado, seu defensor terá assegurada a prévia vista dos autos, ainda que classificados como sigilosos, no prazo mínimo de 3 (três) dias que antecedem ao ato, podendo ser ampliado, a critério da autoridade responsável pela investigação.

Elogiável, por garantir a ampla defesa, a regra do parágrafo único do art. 23, que assegura a vista dos autos pelo prazo mínimo de três dias antes da oitiva do investigado, suprimindo uma lacuna na regulamentação legal.

■ 18.7. QUESTÃO

1. (CESPE — 2009 — TRF2 — Juiz Federal) Considerando a Convenção das Nações Unidas contra o crime organizado transnacional, julgue os seguintes itens.

I. Grupo criminoso organizado é conceituado como o grupo estruturado de três ou mais pessoas, existente há algum tempo e atuando concertadamente com o propósito de cometer uma ou mais infrações graves ou enunciadas na convenção, com a intenção de obter, direta ou indiretamente, um benefício econômico ou outro benefício material.

II. A infração será considerada de caráter transnacional se for cometida em um só Estado, mas envolver a participação de grupo criminoso organizado que pratique atividades criminosas em mais de um Estado.

III. Os Estados-partes que aderiram à convenção cumprirão as obrigações dela decorrentes com respeito aos princípios da igualdade soberana e da integridade territorial dos Estados, bem como da não ingerência nos assuntos internos dos demais.

IV. A convenção prevê a responsabilidade das pessoas jurídicas, respeitando-se o ordenamento jurídico de cada Estado-parte, responsabilidade que poderá ser penal, civil ou administrativa e não obsta a responsabilidade penal das pessoas físicas que tenham cometido as infrações.

Assinale a opção correta.

a) Apenas os itens I e III estão certos.
b) Apenas os itens I e IV estão certos.
c) Apenas os itens II e III estão certos.
d) Apenas os itens II e IV estão certos.
e) Todos os itens estão certos.

■ GABARITO ■

1. "e".

REFERÊNCIAS

ALBRECHT, Hans-Jörg. Organisierte Kriminalität — Theoretische Erklärungen und empirische Befunde. In: *Organisierte Kriminalität und Verfassungsstaat.* Heidelberg: C. F. Müller, 1997. p. 1-40.

ALBUQUERQUE, Mário Pimentel. Lavagem de dinheiro e remessa ilegal de divisas: o papel do Poder Judiciário na repatriação de ativos. *Revista do Tribunal Regional Federal, Primeira Região,* n. 4, p. 119-145, abr. 2006.

ALMEIDA DA COSTA, Renata. *A sociedade complexa e o crime organizado. A contemporaneidade e o risco nas organizações criminosas.* Rio de Janeiro: Lumen Juris, 2004.

ALMEIDA, Isabel Dias; HERINGER JÚNIOR, Bruno. Liberdade de religião e sacrifício de animais: Lei Estadual Gaúcha n. 12.131/2004. *Revista de Estudos Criminais,* n. 22, p. 197-204, 2006.

ANARTE BORRALLO, Enrique. Conjeturas sobre la criminalidad organizada. In: FERRÉ OLIVÉ, Juan Carlos; ANARTE BORRALLO, Enrique. *Delincuencia organizada. Aspectos penales, procesales y criminológicos.* Huelva: Universidad de Huelva. Fundación El Monte: Huelva, 1999.

ANDREUCCI, Ricardo Antonio. *Legislação penal especial.* 3. ed. São Paulo: Saraiva, 2007.

AVELINE, Paulo Vieira. Da apreensão do produto e do instrumento de infração administrativa ou de crime. In: BALTAZAR JUNIOR, José Paulo; SILVA, Fernando Quadros da (Org.). *Crimes ambientais. Estudos em homenagem ao des. Vladimir Passos de Freitas.* Porto Alegre: Verbo Jurídico, 2010. p. 189-219.

BADARÓ, Gustavo Henrique; BOTTINI, Pierpaolo Cruz. *Lavagem de dinheiro. Aspectos penais e processuais penais.* São Paulo: RT, 2012.

BALTAZAR JUNIOR, José Paulo. *Sigilo bancário e privacidade.* Porto Alegre: Livraria do Advogado, 2005.

BARBOSA GOMES, Joaquim Benedito. Discriminação racial e princípio constitucional da igualdade. *Revista de Informação Legislativa,* n. 142, p. 307-323, abr./jun. 1999.

BARBOSA, Daniel Marchionatti. Da poluição e outros crimes ambientais. In: BALTAZAR JUNIOR, José Paulo; SILVA, Fernando Quadros da (Org.). *Crimes ambientais. Estudos em homenagem ao des. Vladimir Passos de Freitas.* Porto Alegre: Verbo Jurídico, 2010. p. 357-378.

BARONA VILAR, Sílvia. La conformidad en el proceso penal y la justicia negociada. In: GUTIÉRREZ-ALVIZ CONRADI, Faustino (Director). *La criminalidad organizada ante la justicia.* Universidade de Sevilla. Ayuntamento de Sevilla. Universidade Internacional Menendez Pelayo: Sevilha, 1996. p. 85-106.

BELLO FILHO, Ney de Barros. Anotações ao crime de poluição. *Revista CEJ*, Brasília, n. 22, p. 49-62, jul./set. 2003.

BELLUCCI, Fábio (Coord.). Do crime contra a ordem tributária previsto no art. 2º, II, da Lei Federal 8.137, de 27.12.90. *RBCCrim*, São Paulo, RT, n. 6, 1994.

BENJAMIN, Antonio Herman. Crimes de consumo no Código de Defesa do Consumidor. *Revista de Direito do Consumidor,* São Paulo, RT, n. 3, set./dez. 1992.

BITENCOURT, Cezar Roberto. *Tratado de direito penal.* 11. ed. São Paulo: Saraiva, 2011. v. 2.

______; BREDA, Juliano. *Crimes contra o sistema financeiro nacional & contra o mercado de capitais.* Rio de Janeiro: Lumen Juris, 2010.

BLANCO CORDERO, Isidoro. Criminalidad organizada y mercados ilegales. *Eguzkilore*, n. 11, p. 213-231, dez. 1997.

BRIÃO DA SILVA, Murilo. O princípio da insignificância em matéria ambiental. In: BALTAZAR JUNIOR, José Paulo; SILVA, Fernando Quadros da (Org.). *Crimes ambientais. Estudos em homenagem ao des. Vladimir Passos de Freitas.* Porto Alegre: Verbo Jurídico, 2010. p. 39-154.

BUGALHO, Nelson Roberto. Crime de poluição, do art. 54 da Lei 9.605/98. *Revista de Direito Ambiental*, n. 11, p. 15-24, jul./set. 1998.

CALHAU, Lélio Braga. Meio ambiente e tutela penal nos maus-tratos contra animais. *Seleções Jurídicas ADV*, p. 14-19, out. 2007.

CAMINHA, Uinie. *Securitização.* São Paulo: Saraiva, 2007.

CANEDO, Carlos. *O genocídio como crime internacional.* Belo Horizonte: Del Rey, 1999.

CAPEZ, Fernando. *Curso de direito penal. Legislação penal especial.* 8. ed. São Paulo: Saraiva, 2013. v. 4.

CARDOZO DA SILVA, Marcelo. Do crime ambiental de pesquisa, de lavra e de extração de recursos minerais. In: BALTAZAR JUNIOR, José Paulo; SILVA, Fernando Quadros da (Org.). *Crimes ambientais. Estudos em homenagem ao des. Vladimir Passos de Freitas.* Porto Alegre: Verbo Jurídico, 2010. p. 379-393.

CASABONA, Carmelo. Functions of the public prosecutor, enquiries and witness turning king's evidence in the repression of organized crime: the Italian experience. In: LONGO, Francesca. *The European Union and the challenge of transnational organized crime*: towards a common police and judicial approach. Milão: Giuffrè, 2002. p. 77-89.

CIAPPI, Silvio. Crime organizado e gangues juvenis. A perspectiva italiana. In: CERETTI, Adolfo et al. *Ensaios criminológicos.* Tradução de Lauren Paoletti Stefanini. São Paulo: Instituto Brasileiro de Ciências Criminais, 2002.

COMISSÃO DE VALORES MOBILIÁRIOS (Brasil). *O mercado de valores mobiliários brasileiro.* 3. ed. Comissão de Valores Mobiliários, Comitê Consultivo de Educação. Rio de Janeiro: CVM, 2014.

COSTA JUNIOR, Paulo José. *Direito penal das licitações.* 2. ed. São Paulo: Saraiva, 2004.

______; QUEIJO, Maria Elizabeth; MACHADO, Charles M. *Crimes do colarinho branco.* São Paulo: Saraiva, 2000.

DE CARLI, Carla Veríssimo. *Lavagem de dinheiro. Ideologia da criminalização e do discurso.* 2. ed. Porto Alegre: Verbo Jurídico, 2012.

DE SANCTIS, Fausto Martin. *Punibilidade no sistema financeiro nacional.* Campinas: Millenium, 2003.

DELMANTO, Celso; DELMANTO, Roberto; DELMANTO JÚNIOR, Roberto. Código Penal comentado. 6. ed. Rio de Janeiro: Renovar, 2002.

DICIONÁRIO de Finanças. Disponível em: <http://www.bovespa.com.br>. Acesso em: 12 out. 2009.

DOLCINI, Emilio; PALIERO, Carlo Enrico. *Direito penal bancário.* Tradução de Rodrigo Régnier Chemin Guimarães. 2. ed. Curitiba: Juruá, 2003.

EISELE, Andreas. *Crimes contra a ordem tributária.* 2. ed. São Paulo: Dialética, 2002.

ESTELLITA, Heloisa. Sanções penais tributárias. In: MACHADO, Hugo (Org.). *Sanções penais tributárias.* São Paulo/Fortaleza: Dialética/Instituto Cearense de Estudos Tributários, 2005. p. 327-385.

FABIÁN CAPARROS, Eduardo A. Criminalidad organizada. In: GUTIERRES FRANCÉS, Maria Luz; SÁNCHEZ LOPES, Virginia. *El nuevo Codigo Penal:* primeros problemas de aplicación.

Salamanca: Asociación de Estudios Penales Pedro Dorado Montero. Universidade de Salamanca, 1997. p. 169-182.

FARIA, Bento de. *Das contravenções penais*. Rio de Janeiro: Record, 1958.

FERREIRA, Roberto dos Santos. *Crimes contra a ordem tributária*. São Paulo: Malheiros, 1996.

FONSECA, Antonio Cezar Lima da. *Abuso de autoridade:* comentários e jurisprudência. Porto Alegre: Livraria do Advogado, 1997.

______. *Direito penal do consumidor*. 2. ed. São Paulo: Livraria do Advogado, 1999.

FORNAZARI JR., Milton. Evasão de divisas: breves considerações e distinção com o crime de lavagem de dinheiro. *Jus Navigandi*. Disponível em: <http://jus.uol.com.br/revista/texto;12160>. Acesso em: 22 ago. 2011.

FRAGOSO, Heleno Cláudio. *Lições de direito penal. Parte especial*. 9. ed. Rio de Janeiro: Forense, 1997. v. I.

______. *Terrorismo e criminalidade política*. Rio de Janeiro: Forense, 1981.

FRANCO, Alberto Silva. *Crimes hediondos*. São Paulo: RT, 1991.

FREITAS, Gilberto Passos de; FREITAS, Vladimir Passos de (Org.). *Crimes contra a natureza*. 9. ed. São Paulo: RT, 2012.

______; ______. *Abuso de autoridade*. 4. ed. São Paulo: RT, 1991.

FURLAN, Anderson. Sanções penais tributárias. In: MACHADO, Hugo (Org.). *Sanções penais tributárias*. São Paulo/Fortaleza: Dialética/Instituto Cearense de Estudos Tributários, 2005. p. 13-99.

GARCIA DA FONSECA, Rodrigo. Regulação do sistema financeiro nacional. *Revista de Direito Bancário e do Mercado de Capitais*, n. 24, p. 93-122, abr./jun. 2004.

GASPARINI, Diogenes. *Crimes na licitação*. 3. ed. São Paulo: NDJ, 2004.

GONÇALVES, Fernando; ALVES, Manoel João; GUEDES VALENTE, Manuel Monteiro. *O novo regime jurídico do agente infiltrado*. Coimbra: Almedina, 2001.

GRECO FILHO, Vicente. *Tóxicos*. 11. ed. São Paulo: Saraiva, 1996.

______. *Tóxicos*. 6. ed. São Paulo: Saraiva, 1989.

HUNGRIA, Nélson. *Comentários ao Código Penal*. 2. ed. Rio de Janeiro: Forense, 1959. v. IX.

______. *Comentários ao Código Penal*. 4. ed. Rio de Janeiro: Forense, 1958. v. 1, t. II.

JESUS, Damásio de. *Código Penal anotado*. 15. ed. São Paulo: Saraiva, 2004.

______. *Direito penal*. 23. ed. São Paulo: Saraiva, 2003. v. 1.

______. *Lei das contravenções penais anotada*. 8. ed. São Paulo: Saraiva, 2001.

LEITE, Manuel Carlos da Costa. *Lei das contravenções penais*. São Paulo: RT, 1976.

MACHADO, Paulo Affonso Leme. Da poluição e outros crimes ambientais na Lei 9.605/98. *Revista de Direito Ambiental*, n. 14, p. 9-19, abr./jun. 1999.

MAHONEY, Kathleen. Hate speech, equality and the state of canadian law. 44 *Wake Forest L R*. 321, 2009.

MAIA, Rodolfo Tigre. *Dos crimes contra o sistema financeiro nacional*. Anotações à Lei Federal n. 7.492/86. São Paulo: Malheiros, 1996.

______. *Lavagem de dinheiro (lavagem de ativos provenientes de crime). Anotações às disposições criminais da Lei 9.613/98*. São Paulo: Malheiros, 1999.

MARTINS, Rafaela Santos. Crimes de pesca. In: BALTAZAR JUNIOR, José Paulo; SILVA, Fernando Quadros da (Org.). *Crimes ambientais. Estudos em homenagem ao des. Vladimir Passos de Freitas*. Porto Alegre: Verbo Jurídico, 2010. p. 279-323.

MARTINS, Tiago do Carmo. Transação e suspensão condicional da pena nos crimes ambientais. In: BALTAZAR JUNIOR, José Paulo; SILVA, Fernando Quadros da (Org.). *Crimes ambientais. Estudos em homenagem ao des. Vladimir Passos de Freitas*. Porto Alegre: Verbo Jurídico, 2010. p. 221-235.

MEDINA ARIZA, Juan J. Una introdución al estudio criminológico del crimen organizado. In: FERRÉ OLIVÉ, Juan Carlos; ANARTE BORRALLO, Enrique. *Delincuencia organizada. Aspectos penales, procesales y criminológicos*. Huelva: Universidad de Huelva. Fundación El Monte: Huelva, 1999. p. 109-134.

MENDRONI, Marcelo Batlouni. *Crime organizado. Aspectos gerais e mecanismos legais*. 5. ed. São Paulo: Atlas, 2015.

______. *Crime de lavagem de dinheiro*. São Paulo: Atlas, 2006.

MILARÉ, Édis. *Direito do ambiente*. Doutrina — Jurisprudência — Glossário. 3. ed. São Paulo: RT, 2004.

MIRANDA, Henrique Savonitti. *Licitações e contratos administrativos*. Brasília: Senado Federal, 2005.

MORENO CATENA, Victor. La protección de los testigos y peritos en el proceso penal español. In: FERRÉ OLIVÉ, Juan Carlos; ANARTE BORRALLO, Enrique. *Delincuencia organizada. Aspectos penales, procesales y criminológicos*. Huelva: Universidad de Huelva. Fundación El Monte: Huelva, 1999. p. 135-149.

MOTTA, Ricardo Cavalcante. Perspectivas jurídicas cíveis e criminais quanto à discriminação racial. *Revista Jurídica UNIJUS*, n. 9, p. 129-137, nov. 2005.

NOGUEIRA, Paulo Lúcio. *Leis especiais:* aspectos penais. São Paulo: Leud, 1998.

NUNES, Adeildo. O crime nas licitações. *Revista da ESMAPE*, n. 9, p. 25-37, jan./jun. 1999.

NUNES, Ricardo Pieri. *Revista Brasileira de Ciências Criminais*, n. 62, p. 134-177, set./out. 2005.

OLIVEIRA LIMA, Sebastião de; TOSTA DE LIMA, Carlos Augusto. *Crimes contra o sistema financeiro nacional*. São Paulo: Atlas, 2003.

OSÓRIO, Fábio Medina; SCHAFER, Jairo Gilberto. Dos crimes de discriminação e preconceito. Anotações à Lei 8.081, de 21.9.1990. *Revista dos Tribunais*, n. 714, p. 329-338, abr. 1995.

PACHECO, José da Silva. Da falência de instituição financeira em face da Lei n. 11.101, de 2005. *Boletim Semanal Coad/ADV*, n. 25, p. 450-452, 26 jun. 2005.

PALAZZO, Francesco. La mafia hoy: evolución criminológica e legislativa. In: FERRÉ OLIVÉ, Juan Carlos; ANARTE BORRALLO, Enrique. *Delincuencia organizada. Aspectos penales, procesales y criminológicos*. Huelva: Universidad de Huelva. Fundación el Monte, 1999. p. 161-175.

PAUST, Jordan J. et al. *International criminal law. Cases and materials*. Durham: Carolina Academic Press, 1996.

PELLEGRINO, Carlos Roberto M. Aspectos penais das licitações e contratos administrativos. *RBCCrim*, n. 42, p. 149-153, jan./mar. 2003.

PIMENTEL, Manoel Pedro. *Crimes contra o sistema financeiro* (Comentários à Lei n. 7.492 de 16.6.86). São Paulo: RT, 1987.

PITOMBO, Antônio Sérgio Altieri de Moraes. Considerações sobre o crime de gestão temerária de instituição financeira. In: SALOMÃO, Heloísa Estellita (Coord.). *Direito penal empresarial*. São Paulo: Dialética, 2001. p. 49-54.

______. *Lavagem de dinheiro. A tipicidade do crime antecedente*. São Paulo: RT, 2003.

PRADO, Luiz Régis. *Direito penal do ambiente*. 2. ed. São Paulo: RT, 2009.

PRADO, Luiz Regis. *Direito penal econômico*. São Paulo: RT, 2004.

PRATES, Marcelo Madureira. Recuperação e liquidação de instituições financeiras em crise. *Revista de Direito Bancário e do Mercado de Capitais*, n. 35, p. 19-46, jan./mar. 2007.

PULEIO, Francesco; FONZO, Ignazio. Seminario de estudios. Reflexiones sobre la lucha contra la delincuencia organizada en el modelo acusatorio oral. Parte II. La experiencia Italiana en matéria de investigación sobre el crímen organizado con especial referencia al narcotráfico. In: *Delincuencia organizada y sistema acusatório*. Bogotá: Fiscalía General de la Nación, 2005. p. 167-210.

QUADROS DA SILVA, Fernando. Responsabilidade penal da pessoa jurídica: a jurisprudência brasileira e a consolidação do instituto. In: BALTAZAR JUNIOR, José Paulo; SILVA, Fernando

Quadros da (Org.). *Crimes ambientais. Estudos em homenagem ao des. Vladimir Passos de Freitas*. Porto Alegre: Verbo Jurídico, 2010. p. 155-187.

RATTI, Bruno. *Comércio internacional e câmbio*. 10. ed. São Paulo: Aduaneiras, 2001.

RIBEIRO, Viviane Martins. Problemas fundamentais da tutela penal nas atividades nucleares. *Revista dos Tribunais*, v. 843, p. 442-472, jan. 2006.

ROCHA, Alex Peres. Comentários aos crimes contra a flora previstos nos artigos 38, 39, 40, 41 e 48 da Lei n. 9.605/98. In: BALTAZAR JUNIOR, José Paulo; SILVA, Fernando Quadros da (Org.). *Crimes ambientais. Estudos em homenagem ao des. Vladimir Passos de Freitas*. Porto Alegre: Verbo Jurídico, 2010. p. 325-355.

RODRIGUES, Frederico Viana. Saneamento e liquidação de instituições de crédito. *Revista de Direito Bancário e do Mercado de Capitais*, n. 28, p. 164-210, abr./jun. 2005.

RUIVO, Marcelo Almeida. *Criminalidade financeira. Contribuição à compreensão da gestão fraudulenta*. Porto Alegre: Livraria do Advogado, 2011.

SANTOS FILHO, Roberto Lemos dos. Dos crimes contra o ordenamento urbano e o patrimônio cultural. In: BALTAZAR JUNIOR, José Paulo; SILVA, Fernando Quadros da (Org.). *Crimes ambientais. Estudos em homenagem ao des. Vladimir Passos de Freitas*. Porto Alegre: Verbo Jurídico, 2010. p. 431-456.

SANTOS, Christiano Jorge. *Crimes de preconceito e discriminação:* análise jurídico-penal da Lei n. 7.716/89 e aspectos correlatos. São Paulo: Max Limonad, 2001.

SCHMIDT, Andrei Zenkner; FELDENS, Luciano. *O crime de evasão de divisas:* a tutela penal do sistema financeiro nacional na perspectiva da política cambial brasileira. Rio de Janeiro: Lumen Juris, 2006.

SEIXAS FILHO, Aurélio Pitanga. Crimes contra a ordem tributária. Observações. *Revista Forense*, n. 333, fev./mar. 1996.

SILVA, Antônio Carlos Rodrigues da. *Crimes do colarinho branco*. Brasília: Brasília Jurídica, 1999.

SILVA, José Geraldo da; LAVORENTI, Wilson; GENOFRE, Fabiano. *Leis penais especiais anotadas*. 3. ed. Campinas: Millenium, 2002.

SILVA, Juary C. *Elementos de direito penal tributário*. São Paulo: Saraiva, 1998.

SOARES, Luiz Eduardo. A política nacional de segurança pública: histórico, dilemas e perspectivas. *Estudos Avançados — Universidade de São Paulo*, v. 21, n. 61, p. 77-97, set./dez. 2007.

SOARES, Maurício Quadros. *Mercado de valores mobiliários. Instrumentos de regulação e de autorregulação*. São Paulo: Juarez de Oliveira, 2003.

STOCO, Rui. Abuso de autoridade. In: *Código Penal e sua interpretação jurisprudencial*. São Paulo: RT, 2001.

______. Crimes contra a ordem tributária. In: *Código Penal e sua interpretação jurisprudencial*. São Paulo: RT, 2001.

SZKLAROWSKI, Leon Frejda. Crimes de racismo no direito brasileiro. *Revista do CEJ/CJF*, n. 11, p. 79-87.

______. Crimes de racismo. Crimes resultantes de discriminação ou preconceito de raça, cor, etnia, religião ou procedência nacional. *Revista de Informação Legislativa*, n. 135, p. 19-36, jul./set. 1997.

SZNICK, Valdir. Contravenção por preconceito de raça, cor, sexo e estado civil. *Revista Justitia*, v. 138, p. 49-55, abr./jun. 1987.

TEJO, Célia Maria Ramos. *Dos crimes de preconceito de raça ou de cor:* comentários à Lei 7.716, de 5 de janeiro de 1989. Campina Grande: EDUEP, 1998.

TÓRTIMA, José Carlos. *Crimes contra o sistema financeiro nacional*. Rio de Janeiro: Lumen Juris, 2000.

______; TÓRTIMA, Fernanda Lara. *Evasão de divisas*. Uma crítica ao conceito territorial de saída de divisas contido no parágrafo único do art. 22 da Lei 7.492. 3. ed. Rio de Janeiro: Lumen Juris, 2009.

TREVISAN, Antoninho Marmo. *O combate à corrupção nas prefeituras do Brasil*. 2. ed. Cotia: Ateliê Editorial, 2003.

TROTT, Stephen S. O uso de um criminoso como testemunha: um problema especial. Tradução de Sérgio Fernando Moro. *Revista CEJ*, n. 37, p. 68-93, abr./jun. 2007.

VAZ, Paulo Afonso Brum. Crimes de agrotóxicos. In: BALTAZAR JUNIOR, José Paulo; SILVA, Fernando Quadros da (Org.). *Crimes ambientais. Estudos em homenagem ao des. Vladimir Passos de Freitas*. Porto Alegre: Verbo Jurídico, 2010. p. 397-430.

VIALLE, Cesar Augusto. Estudo sobre a legislação licitacional quanto aos crimes e às penas. *Revista do Tribunal de Contas — Estado do Paraná*, n. 107, p. 51-55, maio/ago. 1993.

WOLFF, Rafael. Crimes contra a fauna. Uma abordagem crítica. In: BALTAZAR JUNIOR, José Paulo; SILVA, Fernando Quadros da (Org.). *Crimes ambientais. Estudos em homenagem ao des. Vladimir Passos de Freitas*. Porto Alegre: Verbo Jurídico, 2010. p. 237-278.

XAVIER DE ALBUQUERQUE. Sobre a criminalidade econômica: o enigmático crime funcional contra o sistema financeiro nacional (art. 23 da Lei 7.492/86). *Revista Forense*, n. 311, Rio de Janeiro, p. 75-81, jul./set. 1990.

ZAFFARONI, Eugenio Raúl. Crime organizado: uma categorização frustrada. *Discursos Sediciosos*, Rio de Janeiro, n. 1, p. 45-67, 1º sem. 1996.